Paul Erker

Rente im Dritten Reich

Paul Erker

Rente im Dritten Reich

Die Reichsversicherungsanstalt für Angestellte
1933 bis 1945

DE GRUYTER
OLDENBOURG

ISBN 978-3-11-064608-5
e-ISBN (PDF) 978-3-11-065274-1
e-ISBN (EPUB) 978-3-11-064674-0

Library of Congress Control Number: 2019936781

Bibliografische Information der Deutschen Nationalbibliothek
Die Deutsche Nationalbibliothek verzeichnet diese Publikation in der Deutschen Nationalbibliografie; detaillierte bibliografische Daten sind im Internet über http://dnb.dnb.de abrufbar.

Umschlagabbildung: Der Beirat der RfA ca. 1936 (Bildarchiv der DRV-Bund, Berlin)
Druck und Bindung: CPI books GmbH, Leck

www.degruyter.com

Inhalt

Einleitung — 1
Problemaufriss, Fragestellungen und Forschungsstand — **1**
Konzeptioneller Ansatz und Untersuchungsaspekte — **5**

1 Problemlagen der Rentenversicherung am Ende der Weimarer Republik. Die RfA und das Alterssicherungssystem vor 1933 — 13

2 Die RfA als Behörde. Transformation und Kontinuitäten innerhalb des NS-Verwaltungsstaats — 42
2.1 „Säuberungsaktionen", Gleichschaltung und der „Fall Grießmeyer" — **42**
2.2 Die versicherungsrechtliche Gesetzgebung 1933 bis 1935: Reformbestrebungen und Sanierungsmaßnahmen unter neuem Vorzeichen und deren Handhabung in der Verwaltungspraxis — **72**
2.3 Die Rolle der DAF in rentenversicherungsrechtlichen Verfahren und die Entwicklung der Sozialgerichtsbarkeit — **105**

3 Rentenversicherungspolitische Weichenstellungen und die Verflechtung mit NS-Unrecht: Inklusions- und Exklusionsprozesse durch das Verwaltungshandeln — 135
3.1 Behördlicher Ausbau zwischen organisatorischer Effizienz und weiterer Selbstgleichschaltung — **135**
3.2 Verwaltungshandeln im nationalsozialistischen Behördenalltag — **188**

4 Die Expansion der Angestelltenversicherung. Das Handwerkerversorgungsgesetz und die Einbeziehung des Sudetenlands und Österreichs 1938/39 — 252
4.1 „Angestelltenversicherung nur für die leistungsschwachen Handwerker, die sonst niemand haben will". Das Handwerkerversorgungsgesetz — **252**
4.2 Die Eingliederung der österreichischen Angestelltenversicherung in die RfA — **275**
4.3 An den Grenzen verwaltungsorganisatorischer Effizienz: Die RfA und das Sudetenland — **295**
4.4 Zwischenfazit und statistischer Überblick zur Phase 1933 bis 1939 — **311**

5 Die RfA im Krieg. Rechtliche Rahmenbedingungen und die Chimäre des „Altersversorgungswerks“ der DAF im Spiegel der Verwaltungspraxis — 319
5.1 Die Leistungsverbesserungsgesetze von 1941 und 1942 — **320**
5.2 Rentenversicherungsverwaltung im Schatten der Sozialversicherungspropaganda der DAF — **336**
5.3 Die anhaltenden Probleme mit der Durchführung des Handwerkerversorgungsgesetzes oder: Beitragsüberwachung und Leistungsbescheide im Zeichen nationalsozialistischer Rechtsanwendung — **349**

6 Behördenorganisation im Krieg und die rentenversicherungsrechtlichen Folgen der Kriegswirtschaft — 375
6.1 Personalentwicklung, verwaltungstechnische Neuerungen und Büroalltag im Zeichen der Verwaltungsvereinfachung — **375**
6.2 Arbeitskräftemobilisierung, kriegsbedingte Berufsunfähigkeit und Kriegswitwen: Geschlechtsspezifische Aspekte der Rentenversicherung — **413**
6.3 Umsiedler und Juden: Radikalisierung der verwaltungsmäßigen Inklusions- und Exklusionspolitik einzelner Versichertengruppen — **455**
6.4 Die gescheiterte Rechtsangleichung: Vermögensauseinandersetzung und Angestelltenversicherung in Österreich und dem Sudetenland — **478**

7 Die rentenversicherungsrechtliche Seite des NS-Besatzungsregimes — 516
7.1 „Amtsstelle Straßburg“: Die RfA und die besetzten Westgebiete — **517**
7.2 „Polenstatut“ und andere Sonderrechte: Angestelltenversicherung in den eingegliederten und besetzten Ostgebieten — **541**
7.3 Statistischer Rückblick: Rentenbewegungen, Versicherungs- und Beitragsleistungen in der Angestelltenversicherung 1939 bis 1944/45 — **581**

8 Die RfA 1944/45 und der lange Weg der rentenversicherungsrechtlichen Aufarbeitung der NS-Zeit — 595

Schlussbemerkungen — 615

Quellen- und Literaturverzeichnis — 624
I Quellenverzeichnis — **624**
II Literaturverzeichnis — **630**

Abkürzungsverzeichnis — 633

Verzeichnis der Tabellen, Schaubilder und Abbildungen — 634

Chronologischer Überblick über die wichtigsten Gesetze und Verordnungen zur Angestelltenversicherung in der NS-Zeit — 638

Register — 639

Einleitung

Problemaufriss, Fragestellungen und Forschungsstand

Die Erwartungen an die Rentenpolitik der neuen Regierung waren nach der Machtübernahme der Nationalsozialisten am 30. Januar 1933 sehr hoch. Rentenempfänger wie Beitragszahler gingen nach den massiven Kürzungen der Notverordnungspolitik am Ende der Weimarer Republik von einer raschen Rücknahme der Maßnahmen sowie deutlichen Erhöhungen der niedrigen Renten aus. In der Folgezeit waren Rente und Alterssicherung ein zentrales Thema für die Debatten, Spannungen und Konfliktfelder in der entstehenden nationalsozialistischen „Volksgemeinschaft". Die Reichsversicherungsanstalt für Angestellte (RfA) als Versicherungsträger für die Angestellten stand mit im Zentrum dieser Entwicklung. Über die „Rentenwelt" der NS-Zeit, zumal in Bezug auf die Angestellten, d.h. über die Vielschichtigkeit des Verhältnisses von Versicherten und Versicherungsträger zum NS-Regime und seinen Funktionsträgern und Organisationen, allen voran der DAF, wissen wir jedoch trotz der ausgeprägten Forschung über Sozialpolitik im Nationalsozialismus noch relativ wenig. Die Rolle, Bedeutung und Funktion der RfA bei der Aufrechterhaltung und den komplexen Veränderungen des Alterssicherungssystems in der von der „Volksgemeinschaft"-Ideologie geprägten Gesellschaft der NS-Zeit zwischen 1933 und 1945 ist weitgehend unerforscht. Inwieweit gab es eine schleichende „Nazifizierung" des Rentenrechts und welchen zeitspezifischen Dynamiken waren Beitragszahler wie Rentenberechtigte in der NS-Zeit unterworfen? Wie schlug sich dies in der Verwaltungsarbeit der RfA nieder? Wie entwickelte sich die Behördenkultur, inwieweit erwiesen sich traditionelle und eingefahrene Verwaltungspraktiken als Residuen von Behördenautonomie gegenüber Politisierungsversuchen von innen wie von außen, und inwieweit blieben alte Selbstverwaltungsstrukturen trotz formaler Abschaffung weiterhin erhalten? In Bezugnahme auf das Diktum von Max Weber: „Herrschaft ist im Alltag primär Verwaltung"[1], wird im Folgenden die RfA als Teil der Herrschaftsstrukturen und des Herrschaftsapparats des NS-Regimes verstanden. Allerdings war die RfA immer auch untergeordnete und weisungsgebundene Behörde. Wie war daher das Verhältnis zwischen RfA und Reichsversicherungsamt (RVA) sowie Reichsarbeitsministerium (RAM) auf der einen Seite, wie die Beziehung zu den NSDAP- und DAF-Stellen, und wie veränderte sich dies vor dem Hintergrund einer geradezu atemlosen, hektischen und zunehmend widersprüchlichen Rentenversicherungsgesetzgebung, nicht zuletzt auch im Gefolge des Krieges?

Die bisherigen Forschungen zur Rentenversicherung in der NS-Zeit weisen erhebliche methodische und konzeptionelle Defizite, Erkenntnislücken und weiße Flecken auf. Ähnlich wie andere Ministerialbürokratien entwarf auch die ehemalige

1 Max Weber, Wirtschaft und Gesellschaft, 5. Aufl., Tübingen 2002, S. 126; vgl. Wolfgang Seibel, Verwaltung verstehen. Eine theoriegeschichtliche Einführung, Frankfurt 2016, S. 19.

 https://doi.org/10.1515/9783110652741-001

Führungsspitze des Reichsarbeitsministeriums mit großer Deutungskraft das Bild einer politisch neutralen Verwaltung, die allein fachlichen Grundsätzen folge und sich als Initiator und Exekutor „sachgerechter Rechtsgestaltung" verstehe.[2] Dieses Selbstbild fand Eingang in die historische Forschung. Dadurch wurde aber Art und Umfang des Beitrags verdeckt, den das RAM und seine nachgeordneten Institutionen zum Funktionieren, zur Stabilität und damit aber auch zur verbrecherischen Politik des NS-Regimes geleistet haben. Es dominiert ein relativ festgefügtes dichotomisches Bild, das einerseits auf die bloße Rechtsentwicklung und die diversen Gesetzesmaßnahmen der Rentenversicherung zentriert, andererseits von der Gegenüberstellung der RAM-Ministerialbürokratie und den NS-Institutionen, insbesondere der DAF, geprägt ist.[3] Dabei werden schematisch zwei Phasen unterschieden: Auf die Sanierungspolitik zwischen 1933 bis 1939 folgte eine Periode der Leistungsausweitungen während des Zweiten Weltkriegs, die allerdings als bloße „Bestechungspolitik" des Regimes interpretiert wird.[4] Die Forschung ist gleichsam auf dem Stand der 1970er/80er Jahre stehen geblieben. Damit wurde vor allem auch ein entscheidendes Defizit perpetuiert, denn die eigentlichen Träger der staatlichen Rentenversicherung, von der Reichsversicherungsanstalt für Angestellte (RfA) über den Reichsverband Deutscher Versicherungsträger bis zu den Landesversicherungsanstalten, kommen in diesen Darstellungen als Akteure und zentrale Scharniere zwischen staatlicher Rentenpolitik und den Versicherten praktisch nicht vor.[5] Dementsprechend wurden bislang auch kaum oder gar nicht Akten und Quellenmaterial aus den Überlieferungen dieser Institutionen in der Forschung verwendet. Die Geschichte der Rentenversicherung in der NS-Zeit ist bislang mithin weitgehend eine Geschichte ohne die RfA und ihr Akten-

2 Vgl. dazu jetzt für ähnliche Vorgänge im Innenministerium: Frank Bösch, Andreas Wirsching, Hüter der Ordnung. Das Innenministerium in Bonn und Ost-Berlin nach dem Nationalsozialismus, Göttingen 2018.

3 Vgl. Tanja Anette Glootz, Geschichte der Angestelltenversicherung des 20. Jahrhunderts, Berlin 1999. Vgl. u. a. auch Franz Ruland, Die Geschichte des Verbandes Deutscher Rentenversicherungsträger (VDR), in: Deutsche Rentenversicherung 60 (2005), S. 354–361. Siehe auch D.-J. Schäfer, 75 Jahre Verband Deutscher Rentenversicherungsträger, in: Deutsche Rentenversicherung 49 (1994), S. 571–636 und „Alterssicherung in Deutschland". Festschrift für Franz Ruland zum 65. Geburtstag, Nomos, Baden-Baden 2007. Vgl. auch Franz Ruland, (Hrsg.), Handbuch der gesetzlichen Rentenversicherung: Festschrift aus Anlass des 100jährigen Bestehens der gesetzlichen Rentenversicherung. Im Auftr. d. Vorstandes d. Verb. Dt. Rentenversicherungsträger (VDR), Frankfurt 1990, darin der knapp 200-seitige Abriss zur Geschichte der gesetzlichen Rentenversicherung in Einzelbeiträgen von insgesamt sieben Autoren, sowie die völlig neu bearbeitete und aktualisierte Neufassung nun von Eberhardt Eichenhofer, Herbert Rische, Winfried Schmähl (Hrsg.), Handbuch der gesetzlichen Rentenversicherung SGB VI, Köln 2011, S. 1–100.

4 Die These von der Instrumentalisierung der Sozialpolitik im NS als „Erkaufen von Zustimmung" und die Interpretation der Leistungsverbesserungen der Rentenversicherung als gezielte und intendierte „Bestechungspolitik" wurde ebenso oft geäußert wie ungeprüft übernommen. Vgl. Götz Aly, Hitlers Volksstaat. Raub, Rassenkrieg und nationaler Sozialismus, Frankfurt 2005.

5 Vgl. aber u. a. Marc von Miquel (Hrsg.), Sozialversicherung in Diktatur und Demokratie, Essen 2007.

material.[6] Fragen nach der personellen und institutionellen Kontinuität bzw. Diskontinuität der Reichsversicherungsanstalt für Angestellte (RfA) über die politischen Zäsuren von 1933 und 1945 hinweg sind bis jetzt noch nicht systematisch untersucht worden.[7] Hans-Jörg Bonz kommt dabei das Verdienst zu, erstmals die Verstrickungen der RfA in das NS-Unrecht thematisiert zu haben, aber seit seinen beiden kleinen Aufsätzen von 1991 sind keine empirisch neuen Ergebnisse hinzugekommen.[8] Auch die Ausbreitung der Sozialversicherung, darunter auch der Rentenversicherung, auf die besetzte Gebiete ist ein bislang noch kaum untersuchter Bereich.[9]

Dazu kommt eine starke Zentrierung der Forschung auf die politisch-juristische Seite der Rentenversicherungsproblematik, d. h. Gesetzgebung und politische Entscheidungsprozesse, vor allem der Konflikte zwischen RAM und DAF. Diese oft deskriptive Darstellung der Rentenversicherungsgeschichte entlang der diversen Gesetze von 1933, 1934, 1937 und 1939 sowie den weiteren Gesetzen in den Kriegsjahren[10] blendete die Auswirkungen dieser Maßnahmen und die Perspektive der Versicherten lange aus. Erst mit den beiden Studien von Schlegel-Voß und Möckel und jüngst vor allem dem noch laufenden Projekt zur Geschichte des Reichsarbeitsministerium wurde hier ein Perspektivwechsel eingeleitet bzw. auch emprisch umgesetzt.[11] Nach

---

6 Es liegen zwar ältere profunde Überblicksdarstellungen zur NS-Sozialpolitik vor, vgl. etwa Marie-Luise Recker, Nationalsozialistische Sozialpolitik im Zweiten Weltkrieg, München 1985; Karl Teppe, Zur Sozialpolitik des Dritten Reiches am Beispiel der Sozialversicherung, in: AfS 17 (1977), S. 195–250. Diese spiegeln aber den aktuellen Forschungsstand zu diesem zentralen Kapitel deutscher Geschichte im 20. Jahrhundert nicht mehr wider.

7 Nach wie vor eine zentrale Quelle: 25 Jahre Angestelltenversicherung 1913–1937, Berlin 1937.

8 Vgl. Hans-Jörg Bonz, Geplant, aber nicht in Kraft gesetzt: Das Sonderrecht für Juden und Zigeuner in der Sozialversicherung des nationalsozialistischen Deutschland, in: Zeitschrift für Sozialreform 38, H. 3 (1992), S. 148–164 sowie ders., Die Stellung der Juden in der Deutschen Rentenversicherung, in: Zeitschrift für Sozialreform 34 (1988), H. 7, S. 425–427; vgl. auch ders., Für Staatsfeinde keine Rente. Das Ruhen der Renten bei staatsfeindlicher Betätigung im nationalsozialistischen Deutschland, in: Zeitschrift für Sozialreform 37, H. 9. (1991), S. 517–531.

9 Einige Hinweise bislang nur bei Eckart Reidegeld, Staatliche Sozialpolitik in Deutschland, Bd. II: Sozialpolitik in Demokratie und Diktatur 1919–1945, Wiesbaden 2006, insbesondere S. 441–561.

10 Besonders ausgeprägt bei Michael Nitsche, Die Geschichte des Leistungs- und Beitragsrechts der gesetzlichen Rentenversicherung von 1889 bis zum Beginn der Rentenreform, Frankfurt 1986, hier zur NS-Zeit S. 224 ff. Vgl. auch Alfred C. Mierzejewski, A History of the German Public Pension System. Continuity and Change, N.Y./London 2016, zur NS-Zeit die Seiten 109–155.

11 Vgl. Lil-Christine Schlegel-Voß, Alter in der „Volksgemeinschaft". Zur Lebenslage der älteren Generation im Nationalsozialismus, Berlin 2005 sowie Benjamin Möckel, „Nutzlose Volksgenossen"? Der Arbeitseinsatz alter Menschen im Nationalsozialismus. Eine kulturhistorische und sozialgeschichtliche Untersuchung über den Altersdiskurs und die Sozialpolitik des Alters im Nationalsozialismus, Berlin 2010. Zur Geschichte des RAM vgl. Alexander Nützenadel (Hrsg.), Das Reichsarbeitsministerium im Nationalsozialismus. Verwaltung, Politik, Verbrechen, Göttingen 2017, darin die Aufsätze von Rüdiger Hachtmann, Reichsarbeitsministerium und Deutsche Arbeitsfront. Dauerkonflikt und informelle Kooperation, S. 137–173 sowie Alexander Klimo, Rentenversicherung zwischen Arbeitseinsatz und Diskriminierung, S. 214–245. Vgl. vor allem jetzt auch Alexander Klimo, Im Dienste des Arbeitseinsatzes. Rentenversicherungspolitik im „Dritten Reich", Göttingen 2018.

wie vor besteht jedoch eine Forschungslücke über die Entwicklung der RfA als Trägerinstitution, zumal Studien, die die RfA als moderne Bürokratie und Leistungsverwaltungsinstitution darstellen und nicht, wie lange Zeit von den RfA-Nachfolgeorganisationen selbst dargestellt, als Opfer und bloßen Zwängen unterworfene Institution, die „der systematischen Unterwanderung ihrer Organe durch Nazi-Funktionäre keinen Widerstand entgegensetzen konnte."[12] Man weiß jedoch schon längst unter anderem aus der unternehmenshistorischen Forschung, dass das Verhältnis von Staat und Regime bzw. Partei eine komplexe Gemengelage von Anpassung, vorauseilendem Gehorsam, Ambivalenzen, von Zwang und Handlungsspielräumen sowie Radikalisierung war. Anstelle des Dualismus von Staat und Partei hat die NS-Forschung längst das Neben-, Gegen- und Durcheinander von Maßnahmen und Verordnungen herausgearbeitet, das verbunden war mit fortschreitender Radikalisierung und polykratischem Kompetenzwirrwarr.[13] Unter dem Begriff „Neue Staatlichkeit" ist das von Rüdiger Hachtmann in seiner ganzen Komplexität beschrieben worden, wobei diese Perspektive für die Rentenversicherung forschungspraktisch noch nicht angewendet wurde. Auch im Kontext der seit einiger Zeit vor allem unter dem Begriff der „Volksgemeinschaft" laufenden neuen Welle von Forschungen zur Sozial- und Gesellschaftsgeschichte der NS-Zeit wird die Rentenversicherung eher am Rande mit untersucht.[14] Das existierende Alterssicherungssystem war zwischen 1933 und 1945 einem komplexen Transformationsprozess unterworfen, der durch Sanierungskontinuität, Modernisierungsimpulse, neue Legitimationsversuche, Herrschaftsinstrumentalisierung und Rasse-Ideologisierung sowie nicht zuletzt den massiven rentenpolitischen Folgen des Krieges geprägt wurde. Gegenüber einem in der jüngeren Forschung oft angewendeten starren Schema von Inklusion und Exklusion erscheint es sinnvoll, nicht nach festen, klar bestimmten Ein- und Ausschlusskriterien zu suchen, sondern eher den flexiblen und dynamischen Charakter dieser Rentenversicherung in der „Volksgemeinschafts-Ideologie" ins Blickfeld zu nehmen und die Anpassungsfähigkeit der vorherrschenden Sozialversicherungs-Regeln sowie die

12 Vgl. Möckel, S. 73 und S. 104. Dieses einfache Bild der Opfer- und Widerstandsrolle des RAM vermittelt nach wie vor auch Mierzejewski, S. 112 ff., der die ganze Geschichte der Rentengesetzgebung in der NS-Zeit allein unter der Perspektive der „Strategie" und „Taktik" des RAM sieht.

13 In diese Richtung argumentiert jetzt auch explizit Rüdiger Hachtmann, S. 137 ff.

14 Vgl. Detlef Schmiechen-Ackermann u. a. (Hrsg.), Der Ort der „Volksgemeinschaft" in der deutschen Gesellschaftsgeschichte, Paderborn 2017; Uwe Danker, Astrid Schwabe (Hrsg.), Die NS-Volksgemeinschaft. Zeitgenössische Verheißung, analytisches Konzept und ein Schlüssel zum historischen Lernen? Göttingen 2017; Martina Steber, Bernhard Gotto (Hrsg.), Visions of Community in Nazi Germany. Social Engineering and Private Lives, Oxford 2014; Dietmar von Reeken, Malte Thießen (Hrsg.), „Volksgemeinschaft" als soziale Praxis. Neue Forschungen zur NS-Gesellschaft vor Ort. Paderborn 2013 sowie Frank Bajohr, Michael Wildt (Hrsg.), Volksgemeinschaft. Neue Forschungen zur Gesellschaft des Nationalsozialismus, Fischer, Frankfurt am Main 2009.

Maßnahmen an die Anforderungen der nationalsozialistischen Arbeitsideologie und Arbeitskräftepolitik zu betonen.[15]

Vor dem Hintergrund dieser Thesen der 1990er Jahre und dem aktuellen Forschungsstand gilt es auch die Sozialpolitik-Forschung wieder anschlussfähig zu machen und die Geschichte der Rentenversicherung in der NS-Zeit jenseits der alten Interpretamente und vorherrschenden Bilder neu zu vermessen und zu analysieren.[16] Es geht nicht nur einfach darum, die dunklen Seiten und Schatten auf dem weitgehend unbefleckten Schild des Versicherungsträgers aufzudecken, sondern ganzheitlich die Komplexität und Ambivalenz der RfA darzustellen, zwischen effizienter, moderner Rentenversicherungsverwaltung, damaliger „Dienstleistungsproduktion" und als Garant für das Funktionieren des Alterssicherungssystems, aber eben auch die Deformation, Politisierung und Verstrickung in die NS-Verbrechen. Die Studie reiht sich damit auch ein in die seit 2009 verstärkt laufenden Forschungen, durch die eine ganze Reihe von Bundesbehörden in großangelegten Projekten ihre NS-Vergangenheit untersuchen lassen.[17]

Konzeptioneller Ansatz und Untersuchungsaspekte

Die vorliegende Studie setzt in dreifacher Hinsicht neue Akzente: Methodisch-konzeptionell, thematisch-inhaltlich und in Bezug auf die Quellenbasis. *Methodisch-konzeptionell* geht es dabei um eine problemorientierte Behördengeschichte, die sich die Aufgabe setzt, die Stellung der RfA im nationalsozialistischen Institutionengefüge zwischen 1933 und 1945 näher zu bestimmen. Eine moderne politische Institutionengeschichte wird mit einer Prozessgeschichte der rentenrechtlichen Entwicklung und des daraus resultierenden Verwaltungshandelns – eine Mischung aus Leistungsausweitung und Leistungsverweigerung – mit ihren jeweiligen Folgen für die unterschiedlichen Versichertengruppen verknüpft. Damit stellt sich die Frage, welche Stellung das RfA im nationalsozialistischen Herrschaftsgefüge innehatte, welche Handlungsspielräume es gab, welche Netzwerke es innerhalb und außerhalb des engeren institutionellen Gefüges gab und wie Entscheidungsprozesse abliefen. Um all dies in seiner Komplexität und zeitlichen Dynamik erfassen zu können und auch die Fülle des Quellenmaterials in den Griff zu bekommen, ist die Zentrierung auf *einen* Versicherungsträger entscheidend, zumal durch die bislang weitgehend fehlende

15 Vgl. auch Klimo, Arbeitseinsatz. Siehe auch in Bezug auf die knappschaftliche Pensionsversicherung Schlegel-Voß, S. 131 f.

16 Ebenso hilfreich wie grundlegend dabei Wolfgang Seibel, Verwaltung verstehen. Eine theoriegeschichtliche Einführung, Frankfurt 2016.

17 Vgl. dazu den Überblick von Christian Mentel, Nils Weise, Die Zentralen Deutschen Behörden und der Nationalsozialismus. Stand und Perspektiven der Forschung, hrsg. von ZZF und IfZ, Berlin/München 2016, als PDF unter: https://www.ifz-muenchen.de/fileadmin/user_upload/Neuigkeiten%202016/2016_02_13_ZZF_IfZ_PM_BKM-Studie_FINAL_Neu.pdf. Zugriff am 17.4.2017.

Unterscheidung von Arbeiterinvalidenversicherung bzw. den Landesversicherungsanstalten als deren Versicherungsträger und der Angestelltenversicherung bzw. die RfA wichtige Unterschiede rechtlicher wie verwaltungsorganisatorischer Art unberücksichtigt geblieben sind. Die Beurteilung des Sanierungsgsetzes von 1933 sowie des Ausbaugesetzes von 1937 fällt jedoch aus der Perspektive der Invalidenversicherung (IV) ganz anders aus als aus der Sicht der Angestelltenversicherung (AV). Die Geschichte der RfA als Rentenversicherungsanstalt der Angestellten in der NS-Zeit unterscheidet sich erheblich von der Geschichte der Landesversicherungsanstalten in dieser Zeit.[18] Die Verwaltungsgeschichte der RfA wird im Folgenden als eine *dichte Beschreibung* vorgelegt, denn nur so erscheint es möglich, das vielschichtige tägliche Verwaltungshandeln im Kontext der Gesetzgebungsmaßnahmen, wie es sich in den hunderten von Akten niederschlug, zu rekonstruieren und zu analysieren.[19] Diese dichte Beschreibung wird dabei gleichsam gestützt und verknüpft mit den analytischen Ergebnissen und Anregungen von Wolfgang Seibels theoriegeschichtlicher Einführung „Verwaltung verstehen". Sören Eden und andere haben jüngst alternative methodische Überlegungen zur Verwaltungsanalyse vorgelegt, die jedoch wenig überzeugend erscheinen.[20] Der Leser mag selbst über den jeweiligen empirischen Ertrag der konkurrierenden Ansätze entscheiden.

Bisher wurde vor allem nur die Geschichte der Rentner, also der Leistungsempfänger untersucht, die Geschichte der Millionen Versicherten, d. h. AV-pflichtigen oder freiwilligen Beitragszahler, die vor allem Ziel der rentenpolitischen Zukunftsverspre-

---

18 Vgl. als einen ersten Schritt die kleine Studie von Christoph Wehner, Die Landesversicherungsanstalten Baden und Württemberg im „Dritten Reich". Personalpolitik, Verwaltung und Rentenpraxis 1933–1945, Bochum 2017.

19 „Thick description" ist ein ursprünglich aus der Ethnologie kommendes Konzept, nach dem der Forscher an seinen Gegenstand nicht nach theoriegeleiteten Fragestellungen herangeht, sondern eine beschreibende Rekonstruktion vornimmt und das Subjekt seiner Forschung selbst sprechen lässt. Vgl. dazu unter anderem Jörg Baberowski, Gibt es eine historische Wirklichkeit und wie können Historiker von ihr erzählen? Überlegungen zum Verhältnis von Geschichte und Ethnologie, in: Jens Hacke, Matthias Pohling (Hrsg.), Theorie in der Geschichtswissenschaft. Einblicke in die Praxis des historischen Forschens, Frankfurt 2008, S. 102ff.

20 Vgl. Sören Eden, Henry Marx, Ulrike Schulz, Ganz normale Verwaltungen? Methodische Überlegungen zum Verhältnis von Individuum und Organisation am Beispiel des Reichsarbeitsministeriums 1919 bis 1945, in: VfZ 66 (2018), S. 487–520. Der ziemlich apodiktisch gehaltene Aufsatz beginnt schon mit der Missdeutung, dass Verwaltungsgeschichte als neues, eigenes Forschungsfeld verstanden wird. Basierend auf der Organisationssoziologie von Stefan Kühl wird ein Ansatz entwickelt, der sich ganz auf die drei Forschungsziele und Erkenntnisinteressen von Täterschaft, Schuld und NS-Belastung, mithin allein auf moralische Kategorien richtet. Dabei fallen die Verfasser denn auch in das alte (und verfälschende) Muster der Dualität von hier Arbeitsministerium mit untergeordneten Behörden und dort DAF und NS-Stellen zurück. Was nicht vorkommt und ausgeblendet wird, sind die Außenbeziehungen. Die komplexe Interaktion und Interdependenz von Verwaltung und Gesellschaft, d. h. etwa die RfA und die Beitragszahler/Rentner, fällt völlig unter den Tisch. Diese Dimension lässt sich mit dem Kühl'schen Schema auch nicht erfassen.

chen des NS-Regimes waren, jedoch ausgeblendet.[21] Das soll in dieser Studie nachgeholt werden. Es geht mithin nicht nur um die Geschichte einer Behörde, sondern auch vielfach um die Einbeziehung der Perspektive der Versicherten und Rentner bzw. „Rentenbewerber" und Antragsteller. Rente im Dritten Reich bezog sich nicht nur auf „gegenwärtige" Renten von Rentenberechtigten und Rentenbeziehern, sondern auch auf zukünftige Renten der Millionen Beitragszahler im Angestelltenverhältnis und ihre damit erworbenen Ansprüche. Beide Versichertengruppierungen haben in unterschiedliche Art und Weise gegenüber der RfA als dem für sie zuständigen Versicherungsträger ihre Probleme, Beschwerden, Fragen und finanzielle Lage geschildert. Nach jeder Gesetzesänderung bzw. deren bloßer propagandistischer Ankündigung erhielt die RfA hunderte von Briefen der Versicherten, die in einem regen Schriftverkehr in der Regel auch beantwortet wurden. Die Behörde war damit nahe an der „Rentenwirklichkeit" der Bevölkerung und konnte so unmittelbar und schnell Unbilligkeiten, Fehlentwicklungen und Härten der einzelnen Maßnahmen realisieren und beheben. Sie stand damit aber auch gleichsam unter permanentem Rechtfertigungs- und Erklärzwang, musste Begründungen und Erläuterungen abgeben. Anstelle einer reinen Institutionsperspektive geht es mithin darum, die rege Interaktion zwischen Verwaltung und den von den Verwaltungsakten Betroffenen sichtbar zu machen und die damit verbundenen Interdependenzen aufzudecken. Prinzipiell werden dabei die beiden Hauptebenen der Verwaltungsfunktion im Hinblick auf die Sicherstellung des Alterssicherungssystems im Angestelltenbereich unterschieden: Zum einen das Problem der Beitragserhebung, Beitragsüberwachung und der prinzipiellen Versicherungspflicht, d. h. die Verwaltungspraxis gegenüber den Millionen von Versicherten, zum anderen die Frage der Antragsbearbeitung und Leistungszuerkennung im Versicherungsfall, d. h. die Arbeit gegenüber den hunderttausenden Rentnern und Rentenberechtigten. Diese zweifache Aufgabenfunktion spiegelt sich auch in der Organisationsstruktur der RfA wider.

Die Untersuchung geht auch den vielfältigen Ambivalenzen zwischen Norm und Wirklichkeit nach, die die Tätigkeit der RfA prägten. Erstens die Rechtsordnung und die Rechtswirklichkeit des Verwaltungshandelns. Inwiefern ist hier ein Auseinanderklaffen zu konstatieren? Wo und inwieweit wurde im NS das Rentenrecht administrativ umdefiniert? Wie stand es um Reichweite und Wirkungen der rentenpolitischen Gesetze und Verordnungen und deren Umsetzung durch die RfA? Dabei konnte es von der Politisierung eines Rentenversicherungsproblems über die Formulierung rechtlicher Normen und Verordnungen bis zur Verabschiedung konkreter Maßnahmen sowie ihrer Anwendung in der Praxis und Implementierung zu erheblichen Veränderungen kommen. Unter dieser Perspektive werden die zahlreichen rentenversicherungsrechtlichen Gesetze zwischen 1933 und 1945 näher und neu analysiert. Daneben ist auch die Ambivalenz zwischen Nivellierung und Re-Differenzierung zentral, zwischen der Inklusion neuer Versichertengruppen und der Exklusion von sozialen

21 So auch bei Klimo, Arbeitseinsatz.

Gruppen, die von der NS-Führung aus der „Volksgemeinschaft" ausgeschlossen wurden. Eine erhebliche Pluralität der Abstufungen, Versichertengruppierungen und Vielfalt der Statusgruppen, Sonderregelungen etc. steht vielfältigen „Harmonisierungstendenzen" gegenüber. Einerseits gab es Vereinfachungstendenzen des Rentenrechts, zugleich aber auch über zahllose Durchführungsverordnungen und Sonderrechte eine erhebliche Zunahme der rechtlichen Komplexität. Der signifikanten Ausweitung der von den staatlichen Rentenversicherung erfassten Personenkreise (strukturell wie geographisch) und auch der Ausdehnung des Leistungskatalogs stand gleichzeitig die Tendenz zum Zurückdrängen von (Invaliden-)Renten, der Renteneintritte durch Verlängerung der Arbeits- und Beschäftigungszeiten sowie die Exklusion von Versicherten aus der Volksgemeinschaft gegenüber.

Thematisch untersucht die Studie vor allem sechs Themenfelder und Problemaspekte. Erstens wird die RfA als Behörde und moderne Leistungsverwaltung zwischen bürokratischer Effizienz und organisatorischer Transformation analysiert. Hier geht es zum einen um die Personalpolitik, um Vorgänge der personellen Säuberung und Gleichschaltung in der RfA nach 1933, aber auch um Beförderungen und Rekrutierung von Personal. Dazu kommt die Frage von Behördenkultur, Selbstverwaltung und Selbstverständnis. Insofern ist es unter anderem erforderlich, einen genaueren Blick auf Funktionen und Rolle des 1935 neu installierten RfA-Beirates zu werfen. Es geht dabei um die Suche nach Residuen der Selbstverwaltung, um die Verteidigung von Autonomie und Ermessensspielräumen trotz formaler Beseitigung der Selbstverwaltungsorgane. Auch unter dieser Perspektive wird der seit 1931 amtierende Präsident der RfA, Albert Grießmeyer, biographisch näher unter die Lupe genommen. Wie vollzog sich der Wandel der Verwaltungsabläufe in der RfA; welche Reformschübe, aber auch Deformationen, Aushöhlungen und Rückschritte im Rentenversicherungsrecht und in der Rentenversicherungspraxis gab es? Im Mittelpunkt steht dabei auch das Verhältnis zwischen RfA und NSDAP sowie der DAF, insbesondere deren Rechtsberatungsstellen. Daneben geht es auch um den weiteren organisatorischen Aufbau und die Entwicklung der bürokratischen Verwaltungsstrukturen der RfA (Organe, Abteilungen, Arbeitsprozesse, Ausschüsse etc.) im Zuge der nationalsozialistischen Expansionspolitik.

Zweitens wird der Aspekt der Reformen und Leistungsausweitungen sowie die Auswirkungen des Krieges auf das Rentenversicherungsrecht und auf die Entwicklung der Beitrags- und Leistungsentwicklung untersucht. Erst durch das Herunterbrechen der zahlreiche Gesetze, Verordnungen und Erlasse in der Rentenpolitik auf die Ebene der einzelnen Versicherungsträger werden die tatsächlichen Effekte und Wirkungen und vor allem das Konglomerat von intendierten und nicht-intendierten Auswirkungen sichtbar. Viele Maßnahmen der Rentengesetzgebung waren unausgegoren, widersprüchlich und vor allem auch oft bloße Symbolpolitik mit zum Teil erst verspätet sichtbaren Effekten der Leistungsverbesserungen, aber auch Leistungsminderungen. Die zahlreichen neuen Berufe, Beschäftigungsverhältnisse und Dienstpflichten (zum Teil allgemeinwirtschaftlich, zum Teil aber NS-spezifisch bedingt) lösten oft lange Debatten über die jeweilige rentenversicherungsrechtliche Behandlung und Bewertung, d. h. die Eingruppierung in die AV oder die IV aus. Nicht zuletzt waren sowohl rassische als auch völkische Kriterien dem Versicherungsrecht prinzipiell fremd, und vor allem waren die entsprechenden Gruppierungen unter den Millionen von Versicherten und Rentnern in den Versicherungsunterlagen der RfA nicht zu identifizieren. Exklusion erschien daher versicherungsrechtlich scheinbar einfach, erwies sich verwaltungspraktisch aber als schwer umsetzbar. Ebenso erforderten die Inklusionsmaßnahmen erhebliche verwaltungsorganisatorische Anstrengungen. Mit der Handwerkerversicherung dehnte die RfA ihren Wirkungskreis auf einen Personenkreis aus, der bis dahin vor allem über private Individualversicherungen bei den Lebensversicherungsunternehmen vorsorgte. Diese Regelung brachte die RfA in Konkurrenz zur privaten Versicherungswirtschaft, über die wir bisher noch kaum etwas wissen und die daher unter dem Stichwort „konkurrierende vs. komplementäre Versorgungskonzepte" genauer ausgelotet wird. Und schließlich: Gerade in der Angestelltenversicherung, in der die Zahl der weiblichen Versicherten traditionell hoch war und nahezu die Hälfte aller Angestelltenversicherungspflichtigen ausmachte, eröffnet sich eine dezidiert geschlechtsspezifische Dimension, die im folgenden genauer untersucht wird: Sei es hinsichtlich der vielfältigen spezifischen angestelltenversicherungspflichtigen Berufstätigkeiten und Beschäftigungsverhältnisse von Frauen, der ideologisch motivierten Beitragsrückerstattungen bei Heirat und deren veränderter Handhabung im Krieg, der dramatischen Zunahme von Witwen- und Hinterbliebenenrenten im Krieg sowie der 1942/43 erfolgenden Regelungen der Rentenansprüche für geschiedene Frauen. Vor allem gilt es auch zu untersuchen, wo und inwieweit der Krieg als massenhafter Auslöser von rentenrechtlichen Vorgängen wirkte, sei es als Zunahme von Invalidenrenten, Witwen- und Waisenrenten und auch von Rehabilitationsmaßnahmen. Ausdrücklich unberücksichtigt bleibt aus Gründen der Quellenüberlieferung die Untersuchung der Gesundheitsfürsorgemaßnahmen der RfA, obwohl es sich hierbei durch den zunehmenden Einbezug der Rentenversicherung und der RfA in die Bekämpfung von Volkskrankheiten (neben Tbc auch Diabetes) und in die Gesundheitsvorsorge der „Volksgemeinschaft", die einen wachsenden Anteil der Verwaltungsarbeit der RfA ausmachte, um ein wichtiges Thema handelt. Doch in den Akten des RfA-Archivs ist hierzu so gut wie nichts überliefert.

Drittens geht es um die Finanz- und Vermögensentwicklung, d. h. die betriebswirtschaftliche Seite in der Behördengeschichte der RfA auf der Basis der hier erstmals vollständig erfassten und ausgewertete Jahresberichte, Bilanzen und weiterer statistischer Überlieferungen. Vor dem Hintergrund der wirtschaftlichen und finanziellen Handlungsspielräume einerseits, aber auch erheblicher Finanzierungssorgen angesichts der demographischen Entwicklung andererseits vollzog sich die Debatte um die Rückkehr zum Anwartschaftsdeckungsverfahren, bei gleichzeitiger Implementierung neuer Finanzierungselemente durch Reichszuschuss und Reichsgarantie. Daneben stärkte aber das „Ausbaugesetz" von 1937 erheblich die Finanzen der Rentenversicherung durch bedeutende Beitragsübertragungen aus der Arbeitslosenversicherung. Die Auseinandersetzungen und Debatten um das Finanzierungsprinzip kommen mithin ebenso zur Sprache wie das immer stärker staatlichen Zwängen unterworfene

Vermögensmanagement und die komplizierten Vermögensauseinandersetzungen mit den ehemaligen Versicherungsträgern insbesondere Österreichs, der Tschechoslowakei und Polens. Wie entwickelte sich das Verhältnis von Rentenbeiträgen und Einnahmen sowie Rentenleistungen und Ausgaben? Wie waren die finanziellen Auswirkungen der jeweiligen Gesetze und VO auf die RfA? Konnte sich die Behörde an den Vermögen der vormaligen Versicherungsträger der übernommenen Rentner und Versicherten bereichern oder mussten deren Finanzverpflichtungen wegen fehlender Deckungsgrundlagen vom RfA-Haushalt bestritten werden und führte das zu einer langfristigen Belastung und Schwächung der Vermögensbasis?

Viertens steht die räumliche Ausdehnung der deutschen AV-Gesetze und damit auch die geographische Expansion der RfA im Fokus. Soweit Gebiete annektiert oder annektionsähnlich besetzt wurden, wanderte der Geltungsbereich der Reichsversicherung mit, gleichwohl in abgestufter Rechtsanwendung. Darüber, wie verwaltungspraktisch die Anwendung der reichsrechtlichen Bestimmungen zur Rentenversicherung im Saarland, in Österreich, den Sudetendeutschen Gebieten, in Elsass-Lothringen, im Memelland, den „eingegliederten Ostgebieten", Warthegau/Polen bzw. im Generalgouvernement erfolgte, liegen noch keine gesicherten Erkenntnisse vor. Welche rentenversicherungsrechtliche Situation herrschte in den Gebieten? Wie waren Art und Umfang der Eingriffe der reichsdeutschen Rentenversicherung in die dort bestehende Sozialversicherung? Welche Rolle spielte dabei die RfA und welche Folgen hatten diese Ausweitungen für die RfA-Arbeit, für Vermögensentwicklung und Leistungsgewährungen?

Fünftens wird die Frage nach der rentenversicherungsrechtlichen Verwaltung des Unrechts und die Verstrickung in das NS-Unrechtssystem gestellt, d. h. die Angleichung des Rentenrechts an die NS-Verfolgungsmaßnahmen wie das Ruhen der Renten sogenannter Staatsfeinde und die sukzessive Aushöhlung des Rechtscharakters der Rente und die völkisch-rassisch motivierten, diskriminierenden Maßnahmen gegen Juden und „Nationalpolen". Dabei wird der sich in der Sozialrechtsordnung des Dritten Reichs vollziehende Prozess des Herausdefinierens „fremden Volkstums" wie Juden und Zigeuner aus dem Leistungskatalog der staatlichen Sozialpolitik und der Rentenversicherung, die nur für Angehörige der Volksgemeinschaft konzipiert sein sollten, näher untersucht. Die Verfolgungs- und Diskriminierungspraxis des NS-Regimes bildete sich auch früh auf dem Gebiet des Rentenrechts und der Rentengewährung ab. Wie waren die rentenversicherungsrechtlichen Implikationen von Zwangsarbeit, Deportation und Judenvernichtung. Unter der Perspektive der Angestelltenversicherung fand dieser Aspekt in der Arbeit der RfA weit weniger Niederschlag als in der Arbeit der Landesversicherungsanstalten. Dennoch war auch hier die RfA stark involviert.

Sechstens schließlich wird ein kurzer Ausblick auf die Zeit nach 1945 vorgenommen. Historiker, die sich mit der Geschichte der Rentenversicherung beschäftigen, müssen immer auch einen spezifischen ‚time lag' berücksichtigen. 1933 war die RfA mit den vielfach gebrochenen und keineswegs kohärenten Versichertenbiographien der kurz vor der Jahrhundertwende Geborenen und von Erstem Weltkrieg, Inflation und Arbeitslosigkeit der Weltwirtschaftskrise direkt Betroffenen befasst. Es folgten die zahllosen versicherungsrechtlichen Probleme der durch das NS-Regime geschaffenen Beschäftigungsverhältnisse sowie die Frage der Anrechnung von Wartezeiten und Anwartschaften. Die Konturen der „Rentenversicherungs-Welt" der NS-Zeit wurden jedoch erst nach 1945 sichtbar, als in den 1950er bis 1970er Jahren unter anderem die ehemaligen Angehörigen der SS-Totenkopfverbände ihre Ansprüche auf Anerkennung als Rentenversicherungszeiten ebenso geltend machten wie die BdM-Führerinnern oder hauptamtlichen NSV-Kassierer. Die Bundesversicherungsanstalt für Angestellte (BfA) als Nachfolgebehörde der RfA sollte noch einen langen Weg der rentenversicherungsrechtlichen Aufarbeitung der NS-Zeit vor sich haben.

Quellenmäßig kann sich die Untersuchung auf eine Materialbasis stützen, die durch neue und bislang von der Forschung noch nicht benutzte Bestände erweitert wurde. Neben den RVA-Akten im Bundesarchiv stehen dabei die Registraturbestände der DRV-Bund im Mittelpunkt.[22] Der Bestand der intern auch als „RfA-Archiv" bezeichneten Überlieferung umfasst insgesamt ca. 500 Akteneinheiten oder 60 lfd. Meter mit einer Laufzeit von 1919 bis 1945, jedoch deutlichem Schwerpunkt in der NS-Zeit. Dabei geht es vor allem um die Einführung rentenversicherungsrechtlicher Maßnahmen in diversen Gebieten sowie Akten zu zahlreichen grundsätzlichen versicherungsrechtlichen Tatbeständen wie versicherungspflichtige Beschäftigungsverhältnisse und unterschiedliche Berufe bzw. Personenkreise. Ein zweiter Teil des RfA-Aktenbestandes, zu dem es einen gesonderten Aktenplan gibt, beschäftigt sich u. a. mit versicherungsrechtlichen Fragen in den von Deutschland besetzten Gebieten. Neben diversem Schriftverkehr befinden sich in dem Bestand auch Geschäftsverteilungspläne, Verfügungen zu einzelnen Versicherungsfragen, Protokolle von Referentenbesprechungen, interne Vermerke, Unterlagen von Direktoriums- und Beiratssitzungen sowie Statistiken.[23]

Das Projekt wurde mit Mitteln des Forschungsnetzwerks Alterssicherung (FNA) der Deutschen Rentenversicherung Bund finanziert, das auch die Drucklegung ermöglichte. Für Unterstützung sei Britta Hopfengart gedankt, die die umfassende Betreuung im RfA-Archiv leistete, Ralf Lagies, der mir Zugang zu den Registraturbeständen der Grundsatzabteilung verschaffte, und Nicole Jacobi vom Bundesarchiv Berlin für die geduldige Bereitstellung der RVA-Akten. Daneben geht Dank an Stefan Jahn und Peter Heller vom FNA für die Projektbetreuung seitens des Mittelgebers sowie an Dr. Tim Köhler-Rama, der als damaliger Leiter des FNA das Projekt mit angestoßen hat. Vielen Dank für die große Unterstützung auch an Judith Riedel von der Bibliothek der DRV-Bund sowie Hans-Jörg Bonz, der mir erste Einblicke in die komplizierte Rentenversicherungsproblematik verschaffte und sein unveröffentlichtes Manuskript zur RfA-Geschichte und vor allem auch die Kopien von inzwischen nicht

---

22 Vgl. Paul Erker, Dierk Hoffmann, Expertise zur Sicherung und Archivierung von historisch bedeutenden Dokumenten der Deutschen Rentenversicherung Bund, MS 44 Seiten, Berlin Mai 2013.

23 Vgl. dazu auch die dem Quellenverzeichnis vorgestellten Bemerkungen zur groben Charakterisierung des Bestands, S. 687.

mehr existierenden RfA-Unterlagen (Personalakten) überließ. Dank nicht zuletzt an Dierk Hoffmann, der das Manuskript gegenlas und das ganze Projekt über als kompetenter Ansprech- und wissenschaftlicher Austauschpartner fungierte.

1 Problemlagen der Rentenversicherung am Ende der Weimarer Republik. Die RfA und das Alterssicherungssystem vor 1933

Das System der staatlichen Rentenversicherung befand sich Anfang der 1930er Jahre in einer prekären Lage. Schrumpfende Beitragseinnahmen bei gleichzeitig steigenden Leistungsausgaben für Ruhegeldzahlungen infolge von Arbeitslosigkeit oder Alter sowie Witwen- und Waisenrenten rissen rasch wachsende Defizite in die Kassen der Versicherungen. Die sozialpolitischen Diskussionen wurden neben dem alles überschattenden Kampf gegen die Arbeitslosigkeit daher auch von der Frage einer Reform und Sanierung der Rentenversicherung beherrscht. Doch die Lage in den einzelnen Versicherungszweigen war höchst verschieden. Während in der Invalidenversicherung die Deckungsgrundlage massiv geschrumpft war und die Vermögensreserven angegriffen werden mussten, mithin ein akuter Sanierungsbedarf bestand, stand die Angestelltenversicherung vergleichsweise solide da. Auch die RfA hatte durch Krieg und Inflation massive finanzielle Einbußen erlitten. Die Zahl der Heilbehandlungen etwa war im Ersten Weltkrieg sprunghaft angestiegen, gleichzeitig war es, da viele Versicherungspflichtige Kriegsdienst leisten mussten, zu beträchtlichen Beitragsausfällen gekommen.[1] Das Deckungsvermögen der RfA schrumpfte. Dazu kam, dass etwa zwei Drittel des Gesamtvermögens in Kriegsanleihen angelegt war und im Strudel der Inflation wertlos wurde.[2] Ende Oktober 1923 waren aus dem Vermögen von schätzungsweise rund 900 Mio. Goldmark ganze 45 Mio. Goldmark übrig geblieben. Auf die ca. drei Mio. Versicherten umgerechnet hatte jeder von ihnen von dem angesparten Kapital von 300 Goldmark ca. 285 Goldmark verloren.[3]

Aber nach der Währungsstabilisierung gelang eine rasche Konsolidierung der Finanzen, die nicht nur durch steigende Beitragseinnahmen, sondern vor allem auch durch hohe Zinserträge beschleunigt wurde. Sie mündete in den Jahren zwischen 1924 und 1928/29 in zahlreichen Leistungsverbesserungen und einen Ausbau des Versicherungssystems. Eine Reihe neuer Gesetze im Mai 1924 (Angestelltenversicherungsgesetz), Juli 1925 und März 1928 (Gesetz über Leistungen in der Invalidenversicherung und Angestelltenversicherung) hatte zunächst eine deutliche Stärkung der Selbstverwaltungsorgane in der RfA mit sich gebracht. Statt vier standen nun sechs ehrenamtliche Mitglieder im Direktorium den vier ernannten Beamten gegenüber mit

1 Vgl. dazu auch Hans-Jörg Bonz, Die Geschichte der Angestelltenversicherung, unveröffentl. Manuskript, Berlin 1988 (im Folgenden Bonz-MS), S. 349 ff.

2 Indikator für das sich beschleunigende Tempo der Inflation war die Erhöhung der Versicherungspflichtgrenze, d. h. der versicherungspflichtigen Jahresarbeitsverdienstgrenze. Zunächst, im Juli 1921, bereits auf 30.000 Mark angehoben, stieg sie bis Ende 1922 auf 840.000 Mark, um in den Monaten der Hyperinflation 1923 auf 7,2 Mio. Mark anzusteigen. Vgl. Bericht des Direktoriums der RfA über das Geschäftsjahr 1921, dito für 1922 und 1923, in: RfA-Archiv Nr. 10 sowie auch Bonz-MS, S. 350.

3 Vgl. 25 Jahre Angestelltenversicherung, S. 145.

 https://doi.org/10.1515/9783110652741-002

entsprechendem Gewicht bei Entscheidungsprozessen. Auch die Überwachungs- und Kontrollrechte des Verwaltungsrates waren ausgeweitet worden.[4] Daneben standen aber vor allem vielfältige Veränderungen im Versicherungs- und Leistungsrecht: eine Erhöhung der Jahresarbeitsverdienstgrenze von 4000 RM auf 6000 RM, dann auf 8400 RM, eine Heraufsetzung der Beiträge und Erweiterung der Beitragsklassen sowie durch Festsetzung des Grundbetrags auf 480 RM eine deutliche Erhöhung der jährlichen Mindestversicherungsleistung für Ruhegeldempfänger.[5] Auch die Steigerungsbeiträge, der zweite Bestandteil der Ruhegeldes neben dem Grundbetrag, wurden (entsprechend den jeweiligen Beitragsklassen) erhöht, Kinderzuschuss und Witwenrente angehoben. Das durchschnittliche Rentenniveau in der Angestelltenversicherung lag dennoch nur bei 63 RM im Monat, ca. 40 Prozent des Durchschnittsverdienstes aller RfA-Versicherten.[6] Vor allem wurden auch die Wartezeiten verkürzt und die Altersgrenze von 60 Jahren für Versicherte der Invalidenversicherung, die in eine angestelltenversicherungspflichtige Beschäftigung übertraten (die sogenannten Wanderversicherten), aufgehoben. Prinzipiell galt: Wer Anspruch auf eine Rente aus der AV erhob, musste nachweisen können, dass er die Wartezeit erfüllt und die Anwartschaft aufrechterhalten hatte. Wartezeit meint die Mindestzahl von Beitragsmonaten, für die der Versicherte Beiträge geleistet hat. Die Anwartschaft verlangte, dass diese festgelegte Mindestzahl an Beiträgen auch während bestimmter gesetzlich vorgeschriebenen Zeiten entrichtet wurde. In der Regel mussten 60 Beitragsmonate vorgewiesen werden, dann galt die Wartezeit als erfüllt. Für den Bezug von Ruhegeld bei Vollendung des 65. Jahres waren 180 Beitragsmonate notwendig. Dabei war die Anrechnung von Ersatzzeiten möglich. Bei den Anwartschaften galt, dass jährlich mindestens sechs Monatsbeiträge bezahlt sein mussten. Wenn es zu große zeitliche Lücken gab, in denen keine Beitragszahlungen geleistet worden waren, dann kam es zum Verlust der Anwartschaft und alle bisherigen Beiträge waren verloren. Der Nachweis über die geleisteten Beiträge erfolgte über den Kauf und das Einkleben von Marken entsprechende den jeweiligen Beitragsklassen, die sich nach der Höhe des Einkommens bestimmten, in die Versichertenkarte.

Die Folge der Gesetzesänderungen war, dass sich nach 1929 die Zahl der Ruhegeldanträge sprunghaft erhöht und gegenüber dem Vorjahr mehr als verdoppelt hatte. Zudem wurde der Versichertenkreis ausgedehnt, unter anderem durch die Einführung der Selbstversicherung für Ärzte und selbständige Gewerbetreibende (bei einem Höchstalter von 40 Jahren und einer verlängerten Wartezeit von 180 Beitragsmonaten) sowie durch Abschaffung der Altersgrenze von 16 Jahren als Versicherungseintrittsgrenze. Schließlich hatte das Gesetz vom März 1929 die Möglichkeit geschaffen, Ruhegeld auch solchen Versicherten zu gewähren, die älter als 60 Jahre waren und seit mindestens einem Jahr arbeitslos waren.[7] Entsprechend waren nicht nur die Zahl der

4 Vgl. Glootz, S. 63.
5 Vgl. 25 Jahre Angestelltenversicherung, S. 33 f.
6 Vgl. auch Schlegel-Voß, S. 47.
7 Vgl. ebd., S. 36.

RfA-Versicherten (von 2,8 im Jahr 1926 auf 3,2 Mio. im Jahr 1929) und der Rentenbestand (von 108.011 auf 192.949), sondern auch die Rentenleistungen förmlich explodiert (von 60,66 Mio. RM auf 134,82 Mio. RM im selben Zeitraum). Auch die Beitragsleistungen, d. h. die Einnahmen der RfA stiegen (von 245,7 auf 372,3 Mio. RM), blieben aber mit einem Plus von 51,5 Prozent deutlich hinter den Ausgabensteigerungen zurück.[8] Dennoch war die finanzielle Lage der RfA vergleichsweise stabil und weit entfernt vom defizitbelasteten und höchst instabilen Zustand der Invaliden-, aber auch der Knappschaftsversicherung. Jahr für Jahr verbuchte die RfA Jahresüberschüsse in Millionenhöhe und verzeichnete im Jahr 1930 mit 323 Mio. RM sogar einen Rekordstand.

Auf den ersten Blick schienen die Finanzen der RfA mithin gesund und solide. Das bis Ende 1931 auf mehr als zwei Mrd. RM angestiegene Vermögen bildete scheinbar ein beruhigendes Polster für stürmische Jahre, zumal wenn man die Kritierien des in der Inflationszeit faktisch geltenden Umlageverfahrens anlegte. Demnach wurden die Beitragseinnahmen an den jeweils notwendigen Leistungen ausgerichtet, was eine Politik der fallweisen Mittelbeschaffung nach sich zog. Tatsächlich jedoch, wenn man den strengen Maßstab des Anwartschaftsdeckungsverfahrens anlegte, das innerhalb der RfA nach wie vor das Denken bestimmte, reichte das Vermögen gerade aus, die Verpflichtungen aus den bereits bewilligten Renten kapitalmäßig langfristig zu erfüllen. Für die notwendige Deckung der Anwartschaften sämtlicher Beitragszahler blieb nur ein unzureichender Bruchteil des hierzu benötigten Kapitals übrig. In einer internen Denkschrift über die voraussichtliche künftige Vermögenslage hatte die RfA Ende 1926 bereits konstatiert, dass im Jahr 1936 die Ausgaben die Einnahmen aus Beiträgen übersteigen werden und „mit dem Ende des Jahres 1953 der letzte Rest des Vermögens der Reichsversicherungsanstalt voraussichtlich aufgezehrt sein wird“.[9] Um die Anwartschaften langfristig zu decken, müssten die Beiträge eigentlich mehr als doppelt so hoch sein. Ende 1928, in einer erneuten Prognose zur künftigen Vermögenslage der RfA, sah das Bild der zu erwartenden Entwicklung zwar bereits erheblich freundlicher aus – demnach reichten die Beiträge nun bis zum Jahr 1941 zur Deckung der Ausgaben, erst 1955 würde das Vermögen angegriffen werden müssen und 1977 war mit einer völligen Aufzehrung des Vermögens zu rechnen.[10] Eine Erhöhung der Beiträge war auch rein rechnerisch bzw. versicherungsmathematisch nicht mehr akut. Dennoch war deutlich, dass das Anwartschaftsdeckungssystem als Finanzierungssystem auf tönernen Füßen stand und über kurz oder lang zu kollabieren drohte. Der rasante Wandel des Anteils der Rentenausgaben an den Beitrags-

8 Zusammengestellt und berechnet nach den Angaben in: Bericht des Direktoriums der Reichversicherungsanstalt für Angestellte über das Geschäftsjahr 1932 sowie Voranschlag für das Kalenderjahr 1931, in: RfA-Archiv Nr. 10/11. Vgl. auch 25 Jahre Angestelltenversicherung 1913–1937, Berlin 1937.

9 Denkschrift über die Vermögenslage der Reichsversicherungsanstalt für Angestellte 1926, S. 34, in: RfA-Archiv, Handakte Granzow.

10 Vgl. Denkschrift über die Vermögenslage der Reichsversicherungsanstalt für Angestellte 1928, S. 21, in: ebd.

einnahmen, der 1926 noch 22,5 Prozent betragen hatte, bis 1932 jedoch auf knapp 72 Prozent kletterte, zeigte eine bedrohliche Tendenz auf.[11]

Im Vergleich zu den anderen Versicherungszweigen, allen voran der Invalidenversicherung, war die Angestelltenversicherung dennoch geradezu ein Hort der Stabilität. Ende 1930 standen den ca. 3,5 Mio. Versicherten lediglich etwa 200.000 Vollrentner (129.000 Ruhegeldempfänger und 64.000 Witwen- bzw. 38.000 Waisenrentenempfänger) gegenüber. Das Verhältnis der Versicherten zu den Rentnern belief sich auf 19 zu 1, während in der Invalidenversicherung (6 Beitragszahler auf einen Rentner) und der Knappschaftsversicherung (1,5 bis 2 zu 1) bereits eine dramatische Lage herrschte.[12] Die Weltwirtschaftskrise verschlechterte dann für alle Versicherungszweige massiv die Parameter. Die rigorosen Rentenkürzungen der Notverordnungspolitik Brünings und Papens erfassten auch die Angestelltenversicherung, die allerdings insgesamt weniger stark von den Auswirkungen der Deflation betroffen wurde. Im Zuge der Krise brach jedoch eine neue hitzige und höchst kontrovers geführte rentenpolitische Debatte aus, in deren Mittelpunkt immer mehr die Frage einer Verschmelzung von Invalidenversicherung und Angestelltenversicherung rückte, oder zumindest die Frage nach Art und Umfang eines Vermögenstransfers von Letzerer zu Ersterer zwecks deren Sanierung. Zu allem Übel waren in diesem Zusammenhang zunehmende Einflussversuche durch das RAM festzustellen, das seine Befugnisse als Aufsichtsbehörde immer öfter geltend machte und Einfluss auf die verwaltungspolitische Arbeit der RfA durchzusetzen versuchte, die man dort als regelrechte Angriffe auf die Selbstverwaltung wahrzunehmen begann.

Mitten in dieser Situation starb der seit 1922 amtierende RfA-Präsident Dr. Theodor von Olshausen am 2. September 1930 und Albert Grießmeyer trat als dessen Nachfolger nach einer kurzen Übergangsphase Anfang März 1931 an die Spitze der RfA. Der zu diesem Zeitpunkt 51-jährige Verwaltungsjurist stammte aus Bayern, wo er sein Jurastudium absolviert hatte, um danach im Reichsmarineamt tätig zu werden.[13] Nach verschiedenen Dienstreisen nach Ostindien und Nordamerika wurde Grießmeyer zur Gouvernementsverwaltung Kiautschou versetzt. Dort geriet er 1914 in japanische Kriegsgefangenschaft, aus der er erst im Dezember 1919 freikam. Im Frühjahr 1920 war er dann nach Deutschland zurückgekehrt und im Sommer 1920 in das Reichsarbeitsministerium berufen worden, wo er sechs Jahre als Personalreferent tätig war, ehe ihm die Leitung der Personal-, Haushalts- und Organisationsabteilung übertragen wurde. Für die Leitung der RfA brachte Grießmeyer mithin keinerlei spezifische Kompetenzen mit, weder war er bis dahin mit rentenversicherungsrechtlichen Details befasst noch irgendwie in rentenpolitische Debatten involviert gewesen. Ihn zeichneten dagegen vor allem organisatorische Fähigkeiten, Personalführungskompeten-

11 Vgl. 25 Jahre Angestelltenversicherung, S. 96.

12 Vgl. Bonz-MS, S. 366.

13 Zur den biographischen Daten Grießmeyers (* 20.11.1879 in Ansbach, + 30.3.1967 in München) vgl. die Angaben in seiner Personalakte in BArch , R 3901/103525, darin auch ein Auszug aus dem Internationalen Biogr. Archiv vom 15.7.1931 zu seinem Werdegang.

zen und eingehende Erfahrung mit Finanzverwaltungsangelegenheiten aus.[14] Dennoch gab es aus Sicht des Direktoriums und des Verwaltungsrats der RfA weitaus geeignetere und vor allem auch aus der eigenen Behörde kommende Kandidaten für die Präsidenten-Nachfolge. Am 8. November 1930 hatte der damalige Reichsarbeitsminister Stegerwald dem Vorsitzenden des Verwaltungsrats der RfA vertraulich eine Liste von fünf möglichen Nachfolgern als RfA-Präsident präsentiert, um, bevor der Reichsrat sein Vorschlagsrecht ausübte, das Votum des Selbstverwaltungsorgans der RfA zu hören. Neben Grießmeyer standen dabei die beiden Oberregierungsräte Rudolf Haenel und Dr. Richard Lehmann sowie Senatspräsident Dr. Schulte-Holthausen und der Geheime Regierungsrat Dr. Schulz auf der Liste.[15] Haenel und Lehmann – acht bzw. zehn Jahre älter als Grießmeyer – waren seit 1912 im Direktorium der RfA, Letzterer der langjährige Stellvertreter des Präsidenten und zur Zeit auch amtierender Vorsitzender des Verwaltungsrats. Schulte-Holthausen, mit 41 Jahren noch vergleichsweise jung, hatte bereits eine Verwaltungskarriere im Reichsversicherungsamt vorzuweisen, während Schulz nach Tätigkeiten im Reichsarbeitsministerium sowie im Reichsversicherungsamt (RVA) Direktor des Hauptversorgungsamtes Schlesien in Breslau geworden war. Innerhalb des Verwaltungsrates gab es jedoch über den Wunschkandidaten keine lange Diskussion. Auf der Sitzung am 21. November wurde, nachdem nicht nur die beiden direkt betroffenen Direktoren, sondern sämtliche Beamte des höheren Dienstes die Sitzung verlassen hatten, von den 24 verbliebenen Verwaltungsratsmitgliedern als Vertreter der Arbeitgeber und Versicherten ein einstimmiger Beschluss gefasst: „Der Verwaltungsrat ist der Meinung, dass im Direktorium der Reichsversicherungsanstalt vorhandene Kräfte durchaus geeignet sind für das Amt des Präsidenten, und dass deshalb grundsätzlich außenstehende Herren nicht in Betracht gezogen werden sollten."[16] Von den vorgeschlagenen Kandidaten sei nach Auffassung des Verwaltungsrates allein der Geheime Oberregierungsrat Haenel für den Präsidentenposten geeignet, da Lehmann der Altersgrenze schon zu nahe war. Im übrigen wäre auch der dritte beamtete RfA-Direktor Hans Schaefer, der in der Vorschlagsliste des RAM nicht auftauchte, für das Präsidentenamt geeignet. Doch im Reichsarbeitsministerium kümmerte man sich wenig um das Votum des Verwaltungsrates. Im Februar 1931 ernannte man mit Wirkung zum 1. März Grießmeyer zum neuen Präsidenten des Direktoriums der RfA. Über die Gründe kann man nur spekulieren. Es könnte durchaus im Kalkül des Ministeriums gelegen haben, mit Grießmeyer bewusst einen RfA-externen Beamten an die Spitze der Behörde zu setzen, eventuell um damit größere Einflussmöglichkeiten zu erhalten und dann auch auszuüben. Vielleicht wollte man aber auch mit Hilfe eines von außen kommenden, in Organisations- und Vermögensverwaltung versierten Beamten frischen Wind in die RfA als Rentenversicherungsbehörde bringen.

14 Vgl. dazu das Zeugnis der Marineverwaltung vom September 1920, in: ebd.

15 Vgl. das Schreiben vom 8.11.1930 sowie der weitere Schriftwechsel, in: ebd.

16 Der Beschluss vom 21.11.1930 als Anhang zur Niederschrift der Verwaltungsratssitzung am 21.11. 1930, in: BArch R 112/93.

Die Ernennung sorgte jedenfalls für erhebliche Irritationen und offene Entrüstung innerhalb der RfA, nicht nur auf Direktoriums- und Verwaltungsratsebene, sondern auch unter den Vertrauensleuten. Die Ortsgruppe Berlin-Pankow des Deutschnationalen Handlungsgehilfen-Verbandes etwa protestierte in einer Entschließung gegen Grießmeyers Ernennung. „Die seit Jahrzehnten von Angestellten und Arbeitgebern klaglos verwaltete Reichsversicherungsanstalt ist eine Selbstverwaltungseinrichtung, bei der die Reichsbehörde nie Veranlassung zum Einschreiten hatte", hieß es darin.

> Trotz dieser reibungslosen Verwaltung hat der Reichsrat den Vorschlag des Verwaltungsrats verworfen und einen in der Sozialversicherung fremden Ministerialbeamten zum Präsidenten vorgeschlagen. Es liegt die Vermutung nahe, dass aufgrund des Abstimmungsergebnisses die hinter dem Beschluss stehenden Länder und Provinzen in dem jetzigen Präsidenten einen ihren eigenen Wünschen willfährigen Beamten sehen. Wir Kaufmannsgehilfen sehen in dieser Erledigung nicht nur eine unsachliche und darum schädigende Handlung, sondern auch eine Geringschätzung und Missachtung des Selbstverwaltungsprinzips.[17]

Der Verwaltungsrat selbst hatte, als er Mitte Februar anlässlich einer Sitzung des Haushalts- und Rechnungsausschusses von der vollzogenen Ernennung Grießmeyers erfuhr, umgehend die Einberufung einer Sonder-Vollversammlung beschlossen, um dort über die Reaktion zu beraten.[18] Auf der inzwischen 70. Sitzung wurde dann abermals einstimmig eine Resolution an den Reichsarbeitsminister beschlossen. Darin hieß es:

> Die Nichtbeachtung des einstimmigen Vorschlags des Verwaltungsrates bei der Ernennung des Präsidenten der Reichsversicherungsanstalt beweist die Notwendigkeit der Stärkung des Selbstverwaltungsrechts. Aus diesem Grund weist der Verwaltungsrat erneut mit Nachdruck auf den gemeinsam mit dem Direktorium im Mai 1929 gemachten Vorschlag der Abänderung des § 100 AVG hin.[19]

Darin hatte man gefordert, dass der Präsident und die anderen beamteten Direktoriumsmitglieder grundsätzlich vom Verwaltungsrat bestellt werden sollten bzw. durch den Reichspräsidenten auf Einzelvorschlag des Verwaltungsrates. Diese weitgehenden Forderungen zum Ausbau der Selbstverwaltung waren aber in der Reichsarbeitsministerialbürokratie abgeblockt und nie weiterverfolgt worden. Und auch diesmal blieb der Protest des Verwaltungsrates ohne Resonanz.

Trotz der besonderen Umstände seiner Ernennung gelang es dem neuen RfA-Präsidenten offenbar schnell, sich nicht nur die professionelle Loyalität seiner Direktoriums-Kollegen zu verschaffen, sondern auch seitens des Verwaltungsrates und unter den RfA-Beschäftigten Respekt zu erhalten. Wer etwa geglaubt hatte, Grießmeyer sei eine Marionette des RAM, sah sich schnell eines Besseren belehrt. Auf der

17 Die Entschließung vom 18.3.1931, in: ebd.

18 Vgl. Auszug aus der Niederschrift der Sitzung des Haushalts- und Rechnungsausschusses vom 16.2.1931, in: ebd.

19 Niederschrift der 70. Verwaltungsratssitzung am 25.2.1931, in: ebd.

erstmals unter seiner Leitung abgehaltenen 71. Sitzung des Verwaltungsrates am 24. März 1931 ging es denn gar nicht mehr um die Person Grießmeyers, sondern die RfA war mit ganz anderen, akuten Problemen konfrontiert: Erstens der Finanzlage und zweitens den Auswirkungen der Notverordnungspolitik. Auf der Tagesordnung stand zunächst die Beratung des Rechnungsabschlusses und der Bilanz für das Jahr 1930. Allenthalben zogen düstere Wolken über der RfA auf. Schon im Dezember 1930 hatte man im Verwaltungsrat hier einen Wendepunkt konstatiert, als aufgrund sinkender Beitragseinnahmen bei stärker als erwartet ansteigenden Ausgaben der Vermögenszuwachs erstmalig geringer als im Vorjahr ausgefallen war.[20] Der Durchschnitt der Beitragszahlungen sank – eine Folge der wachsenden Arbeitslosigkeit auch unter den Angestellten, und der gleichzeitig vollzogene Gehaltsabbau würde sich mit Verzögerung erst noch im kommenden Jahr negativ beim Beitragsaufkommen bemerkbar machen. Die vom Statistischen Reichsamt in Verbindung mit dem Reichspostministerium regelmäßig vorgenommene Auswertung der Beitragsmarkenverkäufe lieferte ein detailliertes Schlaglicht auf die aktuelle Einkommensstruktur der Versicherten, und diese zeigte für 1931 besorgniserregende Entwicklungen bei der Verteilung auf die insgesamt zehn Beitragsklassen. Auf die unteren Gehaltsklassen (A bis C, d.h. Monatseinkommen bis 200 RM) entfielen 63 Prozent des Beitragseingangs, die drei mittleren Gehaltsklassen (D bis F mit Monatseinkommen zwischen 200 und 500 RM) machten 32,3 Prozent aus, während auf die vier obersten Gehaltsklassen über 500 RM (G bis K) ganze 4,6 Prozent entfielen.[21] Allein zwischen I. und IV. Quartal 1931 zeigten sich deutliche Zuwächse bei den niedrigen Einkommensklassen zu Lasten der höheren Gruppen. Und auch der Markenverkauf insgesamt schrumpfte von 8,9 Mio. Stück auf 8,7 Mio. Mit anderen Worten: Immer mehr Versicherte waren gezwungen, sich in niedrigeren Einkommens- und damit auch Beitragsklassen zu versichern, mit langfristigen negativen Folgen für die spätere Ruhegeldhöhe, oder aber sie konnten ihre Beiträge überhaupt nicht mehr aufbringen. Bis 1933 sollten sich hier weitere dramatische Veränderungen ergeben: Der Anteil der unteren Gehaltsklassen stieg auf über 70 Prozent, während die mittleren Gehaltsklassen nur noch 26,6 Prozent, die vier höchsten Gehaltsklassen 3,3 Prozent ausmachten.[22] Angesichts der sinkenden Beitragseinnahmen gewannen die Zinseinnahmen als Einkommensquelle für die RfA erheblich an Bedeutung. Hatten sie 1925 mit ca. elf Prozent der Beitragseinnahmen noch eine geringe Rolle gespielt, so machten sie inzwischen fast 35 Prozent, d.h. ein Drittel aus. Sollte auch diese Stütze wegfallen oder schwächer werden, drohten zusätzliche Probleme.

Der weitaus brisantere Tagesordnungspunkt auf der 71. RfA-Verwaltungsratssitzung war aber der Bericht über die Ausschussverhandlungen zu den Plänen des RAM hinsichtlich der Heranziehung der Angestelltenversicherung zur Sanierung der

20 Vgl. Niederschrift der 69. Sitzung des Verwaltungsrates vom 9.12.1930, S. 2, in: BArch R 112/93.
21 Vgl. dazu die Statistik des Markenverkaufs in den vier Quartalen 1931, in: RfA-Archiv Fach 13, Nr. 1.
22 Vgl. dazu die Angaben in: 25 Jahre Angestelltenversicherung, S. 50.

Knappschafts- und Invalidenversicherung. Vom Verband der Landesversicherungsanstalten war dem RfA-Direktorium eine umfangreiche Denkschrift zugeleitet worden, in der unter anderem die Forderungen nach Zahlung von 500 Mio. RM durch die RfA, nach Nichterstattung der Steigerungsbeträge für Wanderversicherte und nach Einschränkungen des Versichertenkreises der Angestelltenversicherung erhoben wurden.[23] Die Forderungen waren aus Sicht der RfA-Gremien eine einzige Zumutung. Das Problem der Ausgleichszahlungen für Wanderversicherte war zwischen der RfA und den LVA eigentlich bereits im April 1927 mit der Zahlung von 33 Mio. RM endgültig bereinigt worden und zudem hatte die RfA gegenüber den Landesversicherungsanstalten als Repräsentanten der Arbeiter-Invalidenversicherung immer betont, kein Interesse an einer „Verwässerung des Angestelltenbegriffs" zu haben und sich daher gegen die Heranziehung weiterer Berufsarten in die Angestelltenversicherung ausgesprochen.[24] Die Forderungen der Landesversicherungsanstalten waren zudem nicht neu. Immer wieder, zuletzt im März 1929, wurde das Thema der Abgeltungsfrage zwischen Invaliden- und Angestelltenversicherung von neuem aufgerollt und behauptet, der Zuwachs der Versichertenzahl der Angestelltenversicherung sei auf Kosten der Invalidenversicherung geschehen.[25] Der Verwaltungsrat protestierte denn auch in einer einstimmig verfassten Resolution „auf das Schärfste" gegen eine Übertragung von Vermögensteilen der RfA und eine Einstellung der Rückzahlungen in der Wanderversicherung. Und man wies „mit Entschiedenheit alle Forderungen zurück, die das Vermögen der RfA für Zwecke anderer Sozialversicherungszweige heranziehen wollen".[26] Das Direktorium wurde beauftragt, eine entsprechende Gegendenkschrift auszuarbeiten. Zugleich wurde dieses allerdings auch ermächtigt, „nach Maßgabe der flüssigen Mittel der RfA gegebenenfalls Vermögensanlagen der Reichsknappschaft anzukaufen".[27]

Tatsächlich hatte das Reichsarbeitsministerium schon länger immer wieder massiv auf die Vermögenspolitik und Anlagestrategie der RfA Einfluss genommen. Im November 1930 etwa war auf der 68. Sitzung des Verwaltungsrats als erster Tagesordnungspunkt „der Erwerb eines weiteren größeren Postens von Reichsbahnvorzugsaktien auf Wunsch des Reiches" in Höhe von 150 Mio. RM besprochen worden.[28] Direktorium und Verwaltungsrat billigten zwar nach eingehender Debatte die Transaktion, allerdings unter Abgabe einer ergänzenden Erklärung, in der die ausdrückliche Erwartung ausgesprochen wurde, „dass die Mittel der RfA ihr in Zukunft nicht für Zwecke entzogen werden, die nicht den eigentlichen Aufgaben der Angestelltenver-

23 Vgl. Niederschrift der 71. Verwaltungsratssitzung vom 24.3.1931, S. 7, in: BArch R 112/95.

24 Vgl. Niederschrift der Verwaltungsratssitzung vom 9.12.1930, S. 4, in: BArch R 112/93 sowie auch Bonz-MS, S. 367 f.

25 Vgl. dazu Schreiben des RfA-Direktoriums vom 16.3.1929, in: RfA-Archiv, Fach 117, Nr. 6.

26 Ebd.

27 Ebd., S. 4.

28 Niederschrift über die 68. Sitzung des RfA-Verwaltungsrats vom 21.11.1930, in: BA, R 112/93 sowie auch der umfangreiche Schriftwechsel dazu, in: RfA-Archiv, Fach 115, Nr. 14 bis 18.

sicherung entsprechen, und insbesondere nicht zugunsten der Invalidenversicherung in Anspruch genommen werden".[29] Mit dieser Anlage seien die finanziellen Möglichkeiten der RfA, dem Reich zu helfen, für einige Jahre erschöpft. Das neuerliche Eingehen auf die Forderungen aus dem RAM zeigte, dass man sich trotz aller verbaler Proteste den staatlichen Wünschen und Forderungen letztlich jedoch nicht entziehen konnte. Die Knappschaftsversicherung bedurfte der Sanierung, die Invalidenversicherung musste weit früher als nach den Berechnungen erwartet zur Deckung ihrer Leistungen auf ihr Vermögen zurückgreifen, während die Angestelltenversicherung noch vergleichsweise günstig dastand und Rücklagen zur Deckung späterer Leistungen bilden konnte. Unter den sich verschärfenden Bedingungen der Weltwirtschaftskrise war es daher geradezu zwangsläufig, dass es dadurch zu einer Verschärfung der „Verteilungskämpfe" zwischen den LVA und der RfA um das Beitragsaufkommen und die Vermögensbestände kam. Und das RAM hatte sich, so die Befürchtungen in der RfA, dabei offensichtlich auf die Seite der Invalidenversicherung geschlagen.

Schon Ende April 1931 lag das geforderte Gutachten des RfA-Direktoriums vor.[30] Unter dem Titel „Zum Kampf um Versichertenbestand und Vermögen der Angestelltenversicherung" wurde zum einen klargestellt, dass sich die RfA auf keinerlei Verhandlungen mit den LVA einlassen würde. Dann wies man detailliert nach, dass der Zuwachs an Versicherten in der AV durch das natürliche Wachstum der Angestelltenschaft aufgrund des wirtschaftlichen Strukturwandels bedingt war und von einer „Aushöhlung" der Invalidenversicherung (IV) keine Rede sein konnte. Schließlich wurde hinsichtlich der Wanderversicherung eine Gegenrechnung aufgemacht, aus der deutlich hervorging, dass der IV nicht nur kein Schaden, sondern sogar ein Gewinn von bislang 67 Mio. RM entstanden war.[31] Mit einer Vermögensübertragung von der RfA auf die Invalidenversicherung würde man, so das Fazit, den drohenden Vermögensverfall der Invalidenversicherung vielleicht um einige Jahre aufhalten, diese aber nie zu einer wirklichen Gesundung führen, die AV dagegen dadurch selbst in Kürze hilfsbedürftig machen und in die Krise hineinreißen. „Noch ist die Angestelltenversicherung gesund", so hieß es abschließend in der Denkschrift. „Es muss der Erwartung Ausdruck gegeben werden, dass die Organe der Gesetzgebung nicht die Hand dazu bieten, auch diesen Zweig der Sozialversicherung in seinem finanziellen Bestande zu gefährden."[32] Gleichsam flankierend dazu suchte Grießmeyer auch die breite Öffentlichkeit. Unter der Überschrift „Angestelltenversicherung und Wirtschaftskrise" erschien unter anderem im *Hamburger Fremdenblatt* unter seinem Na-

29 Ebd., S. 3.

30 Vgl. BArch R 89/3387.

31 Vgl. das Gegengutachten und die diversen Notizen dazu in: RfA-Archiv, ohne Signatur, Aktenkonvolut Regalreihe 5. Grießmeyer ließ sich die Ergebnisse dieses eigenen Gutachtens von zwei externen Experten bestätigen und veröffentlichte es dann am 3. November 1931 (S. 43 – 49) unter dem Titel „Die Wanderversicherung – ein Vorteil für die Invalidenversicherung" in den hauseigenen „Mitteilungen der Reichsversicherungsanstalt für Angestellte".

32 Denkschrift vom 27.4.1931, S. 9, in: BArch R 89/3387.

men ein längerer Artikel über die aktuelle Lage und Entwicklung der RfA. Hinter dem düsteren Bild der AV, das er darin zeichnete, indem er mit konkreten Zahlen auf die rückläufigen Beitragseinnahmen, den sinkenden Versichertenbestand bei gleichzeitig höheren Ausgaben an Rentenleistungen hinwies, stand vermutlich das Kalkül, den allenthalben spürbaren politischen Begehrlichkeiten gegenüber dem Versicherungsträger und dessen Vermögenslage einen Riegel vorzuschieben.[33] „Die Krise hat", so schloss er den Artikel, „wenn auch bisher nur in langsamem Fortschreiten, nun auch in fühlbarer Form die Angestelltenversicherung in ihren Bannkreis gezogen. Sie greift von zwei Seiten an: sie vermindert die Beiträge und vermehrt die Lasten. Wirtschaftskrise ist auch Versicherungsnot."[34]

Dass sich Grießmeyer schnell als Verfechter der RfA-Interessen innerhalb der hochkochenden rentenpolitischen Diskussion profilierte, zeigte sich nicht nur an dem Konflikt mit der IV, sondern auch am Widerstand und der massiven Kritik gegenüber der rentenpolitischen Notverordnungspolitik des RAM. Am 18. Dezember 1931 war von der Regierung Brüning die vierte Notverordnung erlassen worden, die massive Änderungen des Rechtszustandes in der Sozialversicherung mit sich brachte und vor allem auch die Angestelltenversicherung betraf. Die Änderungen bezogen sich zum einen auf die Leistungsvoraussetzungen, zum anderen auf die Leistungsbemessungen. So wurde die Wartezeit von 30 auf 60 Beitragsmonate aufgrund der Versicherungspflicht heraufgesetzt und sie erhöhte sich auf 120 Beitragsmonate, wenn weniger als 60 Beitragsmonate nachgewiesen waren.[35] Dazu kamen ausgefeilte Ruhensbestimmungen für das Zusammentreffen von Rentenleistungen unterschiedlicher Provenienz – wurden etwa bislang Renten aus der Angestellten- und der Invalidenversicherung gezahlt, so wurde künftig nur noch das höhere Ruhegeld gewährt –, die alle darauf hinaus liefen, dass die Rentenleistungen massiv gekürzt wurden. Noch vor dem Inkrafttreten erhob der Verwaltungsrat der RfA auf seiner 72. Sitzung am 15. Dezember 1931 dagegen massiven Protest. Man verwahrte sich dagegen, „dass die in der IV als notwendig befundenen Einsparungsmaßnahmen auf die Versicherung der Angestellten übertragen wurden, ohne die besonderen Verhältnisse dieses Versichertenkreises gebührend zu berücksichtigen und ohne die Organe der Selbstverwaltung zu hören".[36] Doch anstelle der geforderten raschen Wiederherstellung der Rechte der Angestelltenversicherten sollte es noch weit schlimmer kommen. Auf der Verwaltungsratssitzung im März 1932 stand bereits wieder die desolate finanzielle Lage der IV auf der Tagesordnung. Grießmeyer war dazu Anfang März ins RAM einbestellt und mit neuen Forderungen konfrontiert worden. Die RfA sollte der IV Geldmittel zuführen, und zwar auf dem Wege des Ankaufs von Wertpapieren aus dem Vermögen der Landesversicherungsanstalten unter gleichzeitiger Anrechnung von Steigerungsbe-

33 Der Artikel in: RfA-Archiv Fach 53, Nr. 4.

34 Ebd.

35 Vgl. 25 Jahre Angestelltenversicherung, S. 37 f. und auch Glootz, S. 67 ff.

36 Niederschrift der 72. Verwaltungsratssitzung vom 15.12.1931, S. 5, in: BArch R 112/97.

trägen, die die Landesversicherungsanstalten der RfA zu erstatten hatten.[37] Das RfA-Direktorium hatte sich schließlich breitschlagen lassen und seine Bereitschaft erklärt, für rund 53 Mio. RM von den LVA sechsprozentige Schatzanweisungen des Reichs sukzessive anzukaufen.[38] Die Hergabe von weiteren zwölf Mio. RM hatte man allerdings abgelehnt. Das Direktorium sei sich klar, so rechtfertigte man sich gegenüber dem Verwaltungsrat, dass mit dem Abschluss dieses Geschäfts die RfA an die Grenzen ihrer finanziellen Beweglichkeit ging. Gleichzeitig aber betonte Grießmeyer, dass die Transaktion eine für die RfA durchaus ertragreiche und günstige Vermögensanlage bedeutete. Dennoch kam von Seiten der Arbeitgeber wie der Versicherten deutliche Kritik. Während Erstere monierten, dass damit die notwendige Sanierung der Invalidenversicherung weiter hinausgeschoben werde, wiederholten Letzere ihre grundsätzlichen Bedenken gegen diese Art der Inanspruchnahme von Mitteln der Angestelltenversicherung. Allerdings waren sich zugleich alle einig, dass man den Zwängen des RAM in Form der potenziellen Einflussnahme auf die Vermögensverwaltung der RfA ausgesetzt war und man dort die Übernahme der Schatzanweisungen auch unter weit ungünstigeren Bedingungen hätte anordnen können.[39]

Am 14. Juni 1932 folgte dann die nächste Notverordnung. Ungeachtet der Tatsache, dass inzwischen Vertreter des RfA-Direktoriums und -Verwaltungsrats die Gelegenheit erhalten hatten, dem Reichsarbeitsminister gegenüber persönlich ihre Bedenken gegen die Notverordnungspolitik vorzubringen, und vor allem ein Mitsprache- und Prüfungsrecht aller entsprechenden Pläne gefordert hatten, führte die Verordnung zu weiteren wesentlichen Leistungsminderungen auch in der Angestelltenversicherung. Noch im Januar 1932 hatte man durch Vertreter der Selbstverwaltungsorgane dem Reichsarbeitsminister eine detaillierte Aufstellung darüber gegeben, auf welchen Gebieten im Einzelnen die Notverordnung die besonderen Verhältnisse der AV außer Acht gelassen hatte und daher entsprechende Änderungen erbeten wurden.[40] Es ging vor allem um drei Punkte: erstens im Bereich der Leistungsvoraussetzungen, wo sich die Verlängerung der Wartezeit besonders hart auf das Altersruhegeld sowie die weiblichen Versicherten insgesamt auswirkten; zweitens auf dem Gebiet der Leistungsbemessungen mit der Festsetzung der Altersgrenze auf 15 Jahre sowie drittens diverse Vorschriften zum Ruhen der Rente, die sich nicht mit der versicherungsrechtlichen Gestaltung der Angestelltenversicherung vertrugen. Nur wenig später, am 27. Mai 1932, hatte auch Grießmeyer als RfA-Präsident den inzwischen amtierenden neuen Reichsarbeitsminister, Hugo Schäffer, in einem Gespräch eindringlich darauf hingewiesen, dass die Lage der Angestelltenversicherung „nicht dazu nötige, im Wege

---

37 Vgl. Niederschrift der 73. Verwaltungsratssitzung vom 8.3.1932, S. 4, in: BArch R 112/103.

38 Eine der Bedingungen seitens der RfA war dabei, dass die Reichsbank ihr einen Lombardkredit über 27 Mio. RM für die Dauer von mindestens einem Jahr einräumte und die dafür fälligen Zinsen von den LVA erstattet wurden.

39 Vgl. ebd., S. 6.

40 Vgl. Brief Grießmeyers an den RAM vom 21.1.1932, in: BArch R 89/3409. Vgl. dazu auch Niederschrift der Direktoriumssitzung vom 7.1.1932, in: RfA-Archiv Nr. 9.

von Notverordnungen gesetzgeberisch behandelt zu werden".[41] Schäffer als vormaliger Präsident des RVA (der nach wenigen Monaten im Amt im November 1932 dorthin auch wieder zurückkehrte) hätte dieser Argumentation eigentlich weit mehr Verständnis entgegenbringen müssen als seinem rentenversicherungsrechtlich unerfahrenen Vorgänger. Aber alle politischen Interventionsversuche blieben erfolglos. Nach den neuen Bestimmungen waren die laufenden Renten vom 1. August 1932 an bei den Ruhegeldern um sechs RM, bei den Witwenrenten um fünf RM und bei den Waisenrenten um vier RM im Monat zu kürzen. Zudem wurde der Grundbetrag des Ruhegelds von 480 RM jährlich auf 396 RM gekürzt, der Kinderzuschuss von bisher 120 RM auf 90 RM.[42] Es sollte bis 1941 dauern, bis die Ruhens- und Kürzungsvorschriften wieder das Niveau von 1930 erreichten.

Zusätzliche Härten ergaben sich auch für diejenigen Angestellten, die sich in Erwartung zukünftiger Leistungen der AV freiwillig weiterversichert hatten und sich aufgrund der Ruhensvorschriften nun getäuscht sahen. Für eine Rückerstattung der entrichteten freiwilligen Beträge fehlte jedoch die gesetzliche Grundlage. Es war kein Wunder, dass sich daraufhin unter den Angestellten und ihren Verbänden lauter Protest erhob. Die Notverordnung habe Eingriffe in die Angestelltenversicherung gebracht, „die die schlimmsten Befürchtungen übertroffen haben", hieß es etwa in einem Schreiben der sozialpolitischen Abteilung des Deutschen Werkmeister-Verbandes im Juni 1932 an Grießmeyer.[43] Keine der Abbaumaßnahmen sei aus der Lage der AV heraus zu erklären oder zu rechtfertigen. Die Verschlechterung ihrer Leistungen sei nichts als das Ergebnis eines unerträglichen bürokratischen Schematismus und des Willens, alle sozialpolitischen Leistungen abzubauen. Vor allem sei mit den Bestimmungen „das gesamte Etatrecht des Verwaltungsrates sowie jede selbstständige Finanzgebarung der AV in Frage gestellt".[44]

Die beiden Notverordnungen bedeuteten zwar auf der einen Seite durchaus nennenswerte Einsparungen bei den Leistungsausgaben der RfA, insbesondere dass die Wartezeiten wieder auf den Stand vor 1929 verlängert worden waren, brachte eine erhebliche Entspannung bei den neu gestellten Ruhegeldanträgen. Zum Jahresende 1932 verzeichneten die Statistiker der RfA 12.457 Ruhegeldempfänger und 13.054 Hinterbliebenenrentner, deren Ansprüche in Höhe von zusammen 876.828 RM monatlich als Folge der Notverordnungsmaßnahmen zwangsweise ruhten. Die laufenden Kürzungen machten zudem knapp 1,5 Mio. RM monatlich aus (990.162 RM Ruhegelder, 477.773 RM Hinterbliebenenrenten), wovon jedoch fast eine Mio. RM der Invalidenversicherung zugutekam.[45] Die RfA wurde bei ihren Leistungsausgaben mithin monatlich tatsächlich nur um 1,3 Mio. RM entlastet. Diesen Ersparnissen standen jedoch auf der anderen Seite zusätzliche Kosten und finanzielle Belastungen gegenüber, al-

41 Bericht auf der Sitzung des Direktoriums am 20.6.1932, in: ebd.

42 Zu den weiteren Leistungsänderungen vgl. 25 Jahre Angestelltenversicherung, S. 38 f.

43 Das Schreiben in: BArch R 112/99.

44 Ebd., Bl. 2.

45 Vgl. dazu die Angaben in: BArch R 112/100, Bl. 15/16 sowie Bericht des Direktoriums für 1932, S. 6.

len voran einmalige und laufende erhebliche Mehrarbeiten, die man allein für das laufende Haushaltsjahr (u.a. für die Einstellung von über 100 Aushilfskräften, Locherinnen und Prägerinnen) auf 175.000 RM veranschlagte.[46] In der Abteilung I Versicherung war man sich schnell klar gewesen, dass die Durchführung der Notverordnungsmaßnahmen „im Einzelfall viel Arbeit verursachen wird".[47] Schon die intern von der Abteilung I Leistung im Dezember 1931 entworfenen „Richtlinien für die Bearbeitung der Leistungssachen aufgrund der 4. Notverordnung vom 8.12.1931" hatten zwölf Seiten umfasst, im Juli 1932 ergänzt durch weitere 16 Seiten Richtlinien in Bezug auf die weitere Notverordnung.[48] Dazu kam, dass auch die sozialversicherungsrechtlichen Konflikte deutlich zunahmen, d.h. die Widersprüche gegen die RfA-Bescheide stiegen erheblich, von 5884 Fällen im Jahr 1931 auf 7573 Fälle ein Jahr später (plus 28,8 Prozent).[49] Nur ein Bruchteil der in den Berufungsinstanzen verhandelten Bescheidanfechtungen war allerdings erfolgreich (850 Fälle, d.h. zwölf Prozent). Die Mehrzahl der Berufungen richtete sich gegen die Ablehnung des Ruhegeldanspruchs wegen noch nicht bestehender Berufsunfähigkeit bzw. gegen die Entziehung des Ruhegeldes nach Wiedereintritt der Berufsfähigkeit und resultierten damit gleichsam aus notverordnungsunspezifischen Gründen. Dennoch mussten die RfA-Mitarbeiter unter dem Strich wachsenden Arbeitsaufwand für Angelegenheiten der Sozialversicherungsgerichtsbarkeit hinnehmen. Was in der Öffentlichkeit auch weitgehend unbeachtet geblieben war, war die Tatsache, dass die Notverordnung auch deutliche Zinssenkungen mit sich gebracht hatte, die auf der Einnahmenseite der RfA 1932 mit einer Einbuße von 20 Mio. RM negativ zu Buche schlugen.[50] Die Zinsausfälle fraßen damit praktisch die gesamten Notverordnungseinsparungen wieder auf. Die Notverordnung hatte immerhin auch die Möglichkeit eröffnet, dass die RfA als selbstverwaltete Institution auf eigene Initiative die niedrigen gesetzlichen Regelleistungen durch widerrufliche Mehrleistungen ergänzen konnte – allerdings auch hier nur nach Zustimmung des RAM und in Form einer Satzungsänderung. Diese Möglichkeit versuchten Direktorium und Verwaltungsrat nun einvernehmlich zu nutzen.

Als der Verwaltungsrat im August 1932 zu seiner nächsten Sitzung zusammenkam, lag eine Beschlussvorlage des Direktoriums auf dem Tisch, durch die seitens der RfA wieder Kinderzuschüsse und Waisenrenten über das vollendete 15. Lebensjahr hinaus bis zum 18. Lebensjahr geleistet wurden und zudem eine Elternrente als neue Leistung der AV eingeführt wurde.[51] Die Elternrente sollte in Höhe der Witwenrente nach dem Tod des Versicherten gewährt werden, wenn kein Anspruch auf Witwen- oder Witwerrente bestand. Berechtigt wären demnach für die Dauer der Bedürftigkeit nacheinander der Vater oder die Mutter des Versicherten, wenn sie vor Eintritt des Versi-

46 Vgl. die entsprechende Beschlussvorlage für die Verwaltungsratssitzung am 1./2.8.1932, in: ebd.
47 Interne Notiz vom 9.8.1932, in: RfA-Archiv Nr. 17.
48 Die Richtlinien vgl. RfA-Archiv Nr. 17.
49 Vgl. Bericht des Direktoriums der RfA für das Geschäftsjahr 1932, S. 4f., in: BArch R 112/110.
50 Vgl. ebd., S. 5ff.
51 Vgl. Niederschrift der 74. Verwaltungsratssitzung am 2.8.1932, S. 5, in: BArch R 112/103.

cherungsfalls überwiegend von dessen Arbeitsverdienst unterhalten worden waren. Doch über die Verabschiedung des Mehrleistungsprogramms kam es zwischen Arbeitgebern und Versichertenvertretern zu Differenzen. Erstere lehnten die Elternrente als neue Leistungsart innerhalb der AV ab, so dass schließlich nur der erste Teil der Entschließung verabschiedet wurde. Und selbst dann gab es noch Schwierigkeiten. Denn nachdem Grießmeyer hinsichtlich der erforderlichen Genehmigung durch die Aufsichtsbehörde und der möglichst raschen Umsetzung der Mehrleistungen im Herbst 1932 Vorbesprechungen im RAM geführt hatte, war ihm signalisiert worden, dass keine Aussicht bestand, die nötige Zustimmung zu der Satzung zu finden, wenn in ihr die Mehrleistungen in dem von der RfA am 2. August beschlossenen Umfang vorgeschlagen würden.[52] So wurde auf der Sitzung des Verwaltungsrates am 29. November nur eine deutlich abgespeckte Version des Mehrleistungsprogramms in Form einer Satzungsänderung beschlossen, die dann auch umgehend von Ministerialdirektor Krohn und Ministerialrat Wankelmuth, die als Vertreter des RAM persönlich erschienen waren, genehmigt und damit in Kraft gesetzt wurde.[53]

Letztlich war das aber nur ein Tropfen auf den heißen Stein der erzwungenen Leistungskürzungen. Zwischen Frühjahr und Herbst 1932 riss denn die Flut von Protestschreiben und Entschließungen aus den Ortsausschüssen der RfA-Vertrauensmänner gegen die Notverordnungsmaßnahmen nicht ab. „4. Notverordnung = einseitig Recht brechen, Vertrauensbruch, Rückschritt für Versicherte und Versicherungsträger“, hieß es etwa in einer Resolution eines niederschlesischen Ortsausschusses.[54]

> In welchem Licht stehen wir Vertrauensmänner, die wir nach bisherigem Recht den sich verheiratenden weiblichen Versicherten empfohlen haben, sich freiwillig weiter zu versichern, ob die Wartezeit erfüllt war oder nicht? Ein Erstattungsanspruch besteht nun aber bei unerfüllter Wartezeit nicht mehr [...]. Der sparsame, an die Zukunft denkende Mensch, wird, sofern die Wartezeit nicht erfüllt war, um seine vertrauensvoll der Sozialversicherung gegebenen Ersparnisse betrogen [...]. Das Hauptziel der Angestelltenversicherung, unsere Hinterbliebenen vor Not zu schützen, hat die Notverordnung ohne Grund glatt zerschlagen [...]. Haben wir eine Selbstverwaltung oder nicht? Wenn wir eine haben sollten, dann ist die ganze Notverordnung eine Vergewaltigung, gegen die wir in all ihren Einzelheiten Front machen.[55]

In ausführlichen, von Grießmeyer persönlich unterzeichneten Schreiben versuchte das RfA-Direktorium um Verständnis für die Zwangslage der Selbstverwaltungs-

52 Vgl. Schreiben Grießmeyers an die Mitglieder des Verwaltungsrates vom 17.11.1932, in: BArch R 112/100.

53 Vgl. Niederschrift über die 75. Sitzung des Verwaltungsrats am 29.11.1932, in: BArch R 112/103. Faktisch sollten im Geschäftsjahr dann 7182 entsprechende „Mehrleistungs-Renten“ aufgrund der Satzungsänderung gewährt werden, das waren 54,7 Prozent der insgesamt 13.139 neu erteilten Waisenrenten in diesem Jahr. Vgl. 25 Jahre Angestelltenversicherung, S. 74, über die Höhe der damit verbundenen Ausgaben.

54 Vgl. diese und weitere Resolutionen in: RfA-Archiv Fach 108, Nr. 10.

55 Ebd.

gremien zu werben und verwies auf die erheblichen Interventionsbemühungen beim RAM zur Rücknahme der Restriktionen hin.[56] Als neuer RfA-Präsident suchte er aber auch darüber hinausgehend den direkten Kontakt zu den Vertrauensmännern vor Ort. Erstmals wurden im Frühjahr 1932 sogenannte Bezirkstagungen abgehalten, an denen neben Vertretern der jeweiligen Ortausschüsse auch die Vertrauensärzte und Überwachungsbeamte teilnahmen. Vor allem aber erschien auch Grießmeyer selbst zusammen mit seinen wichtigsten Abteilungsdirektoren und einzelnen Verwaltungsratsmitgliedern. Der Bericht von der ersten Bezirkstagung, die am 8. Mai 1932 in Stuttgart stattfand, zeigt deutlich, wie wichtig der neue Kommunikationsstil des RfA-Präsidenten mit den regionalen Repräsentanten seiner Behörde war und dass er als notwendiger Schulterschluss der RfA angesichts der wachsenden Verunsicherung und der Anfeindungen empfunden wurde.[57] Er gebe einen vollkommen offenen Bericht über die Lage der Angestelltenversicherung, so begann Grießmeyer seine Ansprache, und erwarte ebenso offene Kritik.[58] Er geißelte denn in der Folge mit deutlichen Worten die einzelnen Bestimmungen und hielt mit Kritik an den dadurch geschaffenen großen Härten gegenüber den Versicherten nicht hinter dem Berg. Und er verkniff sich auch nicht eine ungeschminkte Darstellung des Konflikts mit der Invalidenversicherung. „Das grundsätzlich Entscheidende zwischen Invalidenversicherung und der Angestelltenversicherung ist durch den Versicherungsgedanken bei uns viel schärfer durchgeführt als bei der Invalidenversicherung, bei der das Reich einen Zuschuss gewährt", so Grießmeyer. „Wir wollen uns nicht Leistungen entziehen, die aufgrund der Beitragsentrichtung entstanden sind."[59] Den Worten Grießmeyers schloss sich eine intensive Aussprache an, die schließlich in einer einstimmig gefassten Resolution mündete. Darin wurden sämtliche Forderungen seitens der IV zurückgewiesen und gegen die schematische Angleichung der Leistungsvoraussetzungen entschieden Einspruch erhoben. Man erwarte eine umgehende Wiederherstellung der Rechte der Versicherten und eine angemessene Berücksichtigung der Selbstverwaltungsorgane.[60] Grießmeyer versprach, diese Resolution an den Reichsarbeitsminister weiterzuleiten und im übrigen nichts unversucht zu lassen, um eine Linderung der gesetzlichen Härten herbeizuführen. In den folgenden Monaten fanden in 18 weiteren Großstädten entsprechende Bezirkstagungen statt, und an fast allen nahm Grießmeyer mit seinen Verwaltungsbeamten teil.

Die folgenden Tabellen zeigen noch einmal im Überblick rein zahlenmäßig die höchst dynamischen Bewegungen bei Versicherten, Beiträgen und Leistungen in der

56 Vgl. dazu etwa Schreiben vom 21.10.1932 an den Ortsausschuss Meissen, in: RfA-Archiv, Fach 114, Nr. 13.

57 Vgl. den Bericht vom 8.5.1932, in: Selbstverwaltung in der Angestelltenversicherung vor 1945, (zusammengestellt von der Bibliothek der BfA), Berlin 1958, S. 1–9.

58 Vgl. ebd., S. 2.

59 Ebd.

60 Die Entschließung als Anhang in: ebd.

Angestelltenversicherung am Ende der Weimarer Republik. Die Zahl der Versicherten ging 1932 nach einer zunächst erfolgten deutlichen Expansion auf das Niveau von 1928 zurück, um dann jedoch wieder rasch anzuwachsen.

Tab. 1: Rentenbewegungen, Versicherungs- und Beitragsleistungen in der Angestelltenversicherung (1928 bis 1933)

Jahr	Zahl der Versicherten insg.
1928	2,8 Mio.
1929	3,2 Mio.
1930	3,5 Mio.
1931	3,29 Mio.
1932	2,87 Mio.
1933	3,6 Mio.

Quelle: Zusammengestellt und berechnet nach den Angaben bei Mörschel, 1990, S. 640.

Entsprechend deutlich schwankten auch die Beitragseinnahmen, die nach dem Höhepunkt im Jahr 1930 mit 385 Mio. RM bis 1932/33 um über ein Viertel auf 287 Mio. RM einbrachen. Von ungebrochener Bedeutung waren die anhaltend hohen Zinseinkünfte, deren Anteil an den Gesamteinnahmen 1929 erst 18,8 Prozent betrug, dann aber 1933 auf 27,1 Prozent kletterte.

Tab. 2: Einnahmen der RfA 1926 bis 1933 (in Mio. RM)

Jahr	Beitragsleistungen	Zinsen	Sonstiges	Gesamt
1926	245,70	37,06	4,47	287,3
1929	372,26	93,16	30,41	495,9
1930	385,13	123,46	39,18	547,8
1931	343,44	134,35	45,26	523,1
1932	287,70	114,33	44,30	446,3
1933	287,81	121,68	39,26	448,7

Quelle: Zusammengestellt und berechnet nach den Angaben bei Mörschel, 1990, S. 640.

Höchst dynamisch entwickelten sich auch die Ausgaben, insbesondere für Rentenleistungen, von einst 53 Mio. RM im Jahr 1926 auf über 225 Mio. RM im Jahr 1933, und anders als bei der Beitragsentwicklung blieben hier die Ausgaben kontinuierlich hoch, so dass zwischen Beitragseinnahmen und Leistungsgewährungen wie gesehen eine wachsende Lücke klaffte.

Tab. 3: Ausgaben der RfA für Pflichtleistungen sowie Heilfürsorge (in Mio. RM)

Jahr	Renten	Einm. Leistungen	Heilfürsorge	Gesamt
1926	53,2	2,1	16,0	71,3
1929	139,7	5,6	23,5	168,8
1930	175,8	7,8	27,1	210,7
1931	209,9	10,4	28,9	249,2
1932	217,2	12,4	21,9	251,5
1933	227,6	15,5	20,2	263,3

Dies war unter anderem dem schnell wachsenden Rentenbestand geschuldet. Die Zahl der laufenden Ruhegeldempfänger sowie Hinterbliebenenrenten verdreifachte sich zwischen 1926 und 1933 und auch die Struktur der gewährten Renten durchlief in diesem Zeitraum eine markante Veränderung.

Tab. 4: Rentenbestand 1926 bis 1933

Jahr	laufende Renten
1926	108.011
1929	192.949
1930	231.938
1931	274.898
1932	298.598
1933	341.391

Tab. 5: Rentenstruktur (Art der Leistungen und prozentualer Anteil bezogen auf die Gesamtzahl der Zugänge an Rentenanträgen)

Jahr	Berufsunfähigkeit	Alter	Arbeitslosigkeit	Witwen	Waisenrente
1926	33,9	19,4	–	25,8	20,8
1929	39,0	22,4	3,4	19,3	16,0
1930	44,2	17,9	3,3	19,2	15,3

Tab. 5: Rentenstruktur (Art der Leistungen und prozentualer Anteil bezogen auf die Gesamtzahl der Zugänge an Rentenanträgen) *(Fortsetzung)*

Jahr	Berufsunfähigkeit	Alter	Arbeitslosigkeit	Witwen	Waisenrente
1931	46,3	15,3	4,7	18,9	15,3
1932	54,6	9,3	7,3	19,8	9,1
1933	44,2	6,6	7,8	19,3	22,1

Quelle: Zusammengestellt und berechnet nach den Angaben in: Bericht des Direktoriums der Reichversicherungsanstalt für Angestellte über das Geschäftsjahr 1932 sowie 25 Jahre Angestelltenversicherung 1913–1937, Berlin 1937, S. 59 und S. 73.

Die sich hinter den nackten Zahlen verbergenden Schicksale der betroffenen Bevölkerung, sei es als Beitragszahler oder bereits als Rentenempfänger, kommen dabei nur unzureichend zum Vorschein: die gewährten Ruhegelder wegen Berufsunfähigkeit, die von Haus aus fast drei Viertel der Ruhegelder ausmachten und deren Zahl weiter stieg, der schrumpfende Anteil an Altersruhegeldern bei gleichzeitigem deutlichem Anstieg der gewährten Renten wegen Arbeitslosigkeit und Berufsunfähigkeit, und schließlich der eher konstante Anteil von Witwenrenten, während die Waisenrenten aufgrund der Folgen der Kürzungspolitik stark schwankten. Auch die Zahl der eingereichten Anträge auf Heilverfahren sank nach einem Höchststand im Jahr 1930 (knapp 80.000) rapide auf 64.000, von denen nur noch 36.870, d. h. etwas mehr als die Hälfte, genehmigt wurde.[61] In den folgenden Jahren sollten sich hier infolge von NS-Aufrüstungsboom und Krieg weitere massive Veränderungen ergeben, zumal sich aufgrund des spezifischen time lag die Folgen der Weltwirtschaftskrise erst später vollends in den verschiedenen Rentenversicherungs-Kennzahlen der RfA sichtbar niederschlagen sollten.

Grießmeyer übernahm mit der RfA eine noch junge, keine 18 Jahre alte Behörde, die allerdings mit ihren inzwischen 1228 Beschäftigten bereits über eingespielte Verwaltungspraxis sowie effiziente Organisationsstrukturen und Arbeitsabläufe verfügte und die mit Krieg und Inflation ihre ersten großen Herausforderungen bereits hatte bewältigen müssen.[62] Die Leitungs- und Kontrollgremien bestanden aus dem Direktorium, in dem vier beamteten Mitgliedern sechs ehrenamtliche, von den Vertrauensmännern auf sechs Jahre gewählte Mitglieder als Vertreter der Arbeitgeber bzw. der Versicherten gegenübersaßen. Anfang 1931 waren dies Generaldirektor Dr. Jakob Hasslacher, Vorstandsvorsitzender der Rheinischen Stahlwerke AG und Mitglied des Reichstags; der Berliner Bankier Generalkonsul Paul von Mendelssohn-Bartholdy

61 Vgl. dazu ausführlich „Das Heilverfahren der Angestelltenversicherung in den Jahren 1928 bis 1931“, in: Mitteilungen der RfA Nr. 5, 1933, S. 11–25 sowie Bericht des Direktoriums über das Geschäftsjahr 1932, S. 7 f.

62 Zu den organisatorischen Anfängen der RfA vgl. 25 Jahre Angestelltenversicherung, S. 15 ff. und auch Glootz, S. 47 ff.

sowie Direktor Max Ebbecke, Vorstand der Elektrischen Licht- und Kraftanlagen AG Berlin; auf Versichertenseite ergänzt durch Clara Mleinek, Mitglied des Vorstands des Verbandes der weiblichen Handels- und Büroangestellten und der Geschäftsführung des Gewerkschaftsbundes; Alfred Diller, Geschäftsführer des Deutschnationalen Handlungsgehilfen-Verbandes sowie Max Greger, Geschäftsführer des Gewerkschaftsbundes der Angestellten. Unter den Beamten nahm der Präsident eine doppelte Rechtsstellung ein. Als kollegiales Mitglied stand er den übrigen beamteten Mitgliedern gleich, gab aber kraft seines Amtes bei Stimmengleichheit den Ausschlag. Und er war qua Amt gleichzeitig auch Vorsitzender des Verwaltungsrates. Das operative Geschäft der eigentlichen Verwaltungstätigkeit verteilte sich auf vier Abteilungen, unter denen vor allem die Abteilung I Versicherung und die Abteilung I Leistung das verwaltungsorganisatorische Rückgrat bildeten. Hier konnte sich Grießmeyer mit den Oberregierungsräten im Direktorenrang Arthur Granzow (Leiter der Abteilung I Versicherung) und Hugo Koch (Leiter der Abteilung I Leistung) auf zwei ebenso kompetente wie bewährte Rentenversicherungs-Verwaltungsfachleute verlassen, die ihn auch – beide ohne Parteimitglieder zu sein – die gesamte NS-Zeit hindurch begleiten sollten.

Praktisch sämtliche Gesetzesvorlagen und Entwürfe zu Durchführungsverordnungen, ebenso wie die Bewertung und Auslegung der Rentenanträge und deren Verbescheidung, die dann vielfach auch in entsprechende Abteilungsverfügungen gegossen wurden, gingen über die Schreibtische dieser beiden oberen RfA-Beamten.[63] Koch war auch Mitherausgeber des wichtigsten, über 800 Seiten starken Kommentars zum Angestelltenversicherungsgesetz.[64] Grießmeyer selbst unterzeichnete dann nur noch die entsprechenden Beschlüsse, Stellungnahmen und Bescheide sowie den darüber hinausgehenden Schriftverkehr mit dem RVA, dem RAM, den LVA, Versicherten und Arbeitgebern. Den Beamten der Abteilung I Leistung oblag dabei unter anderem auch der regelmäßige Kontakt mit den versicherungsrechtsprechenden Behörden, allen voran den Oberversicherungsämtern. Die RfA-Fachleute nahmen – das war unter Grießmeyer offenbar erstmals neu eingeführt worden – auch stichprobenartig an Spruchkammersitzungen teil und sprachen die wichtigsten Problem- bzw. Beschwerdefälle in den Berufungsverfahren vor Ort durch – wie etwa „die häufiger von Oberversicherungsämtern unrichtig vorgenommene Anrechnung von Kriegs-

63 Vgl. dazu etwa das Protokoll der Referentenbesprechung der Gesamtabteilung I vom 3.12.1930, in: RfA-Archiv Nr. 7.

64 Der Kommentar erschien in mehreren Auflagen und Ergänzungen. Vgl. Das Angestelltenversicherungsgesetz mit sämtlichen Ausführungsbestimmungen und allen sonstigen die Angestelltenversicherung berührenden Gesetzen, Verordnungen, Bekanntmachungen und zwischenstaatlichen Verträgen nach dem neuesten Stand (1. März 1938), Kommentar von Hugo Koch und Otto K. Hartmann, Berlin 1938 sowie Das Angestelltenversicherungsgesetz: nach dem neuesten Stande (Mai 1942–April 1943); mit sämtlichen Ausführungsbestimmungen; Kommentar von H. Koch, O. K. Hartmann und A. Grießmeyer, Berlin 1943.

Schaubild 1: Organisation der Reichsversicherungsanstalt für Angestellte (RfA) 1931

dienstzeiten".[65] Monatlich waren im Jahr 1931 rund 130.000 Ruhegelder, 65.000 Witwen- und 38.000 Waisengelder auszuzahlen. Dazu kamen rund 30.000 einmalige Ersatzleistungen, vor allem Erstattungen an heiratende weibliche Versicherte. Monat für Monat wurden durchschnittlich zudem rund 4700 Neubewilligungen an Renten ausgesprochen, denen ca. 1100 Abgänge gegenüberstanden. Rund 81.000 Anträge auf Heilverfahren standen zudem in diesem Jahr zur Entscheidung, von denen rund 49.000 bewilligt wurden.[66] Erheblichem zusätzlichem Arbeitsaufwand infolge der

65 Vgl. dazu etwa exemplarisch den achtseitigen Bericht eines RfA-Beamten vom 23.11.1931 über seinen Besuch beim OVA Dortmund, in: RfA-Archiv Nr. 103, hier auch weitere Besuchsberichte für 1931 und 1932.

66 Vgl. Bericht der Revisions- und Treuhand AG, Oktober 1931, S. 4.

Notverordnungen sahen sich auch die knapp über 100 Überwachungsbeamten der RfA gegenüber, die über das ganze Reich verstreut vor Ort intensiv die ordnungsgemäße Abführung der Rentenversicherungsbeiträge, insbesondere der Arbeitgeberanteile, überprüften. Im Zusammenhang mit dem krisenbedingt erheblichen Anstieg der Konkurse häuften sich auch die Fälle von Beitragsrückständen oder völligem Beitragsausfall.[67] Darüber hinaus fungierten die Überwachungsbeamten aber auch als Auskunfts- und Beratungsstellen der RfA. In diesen Zeiten der zahlreichen leistungseinschränkenden und beitragsrelevanten rentenversicherungsrechtlichen Gesetzesänderungen und der Unsicherheit über die Zukunft der Angestellenversicherung überhaupt war der Informationsbedarf besonders hoch. Grießmeyer führte auch hier eine Neuerung ein: An die Überwachungsbeamten gingen künftig regelmäßig Rundschreiben des RfA-Präsidiums, in denen über die neueste Rechtsprechung und aktuelle Verwaltungspraktiken (Merkblätter und Abteilungsverfügungen) seitens der Behörde informiert wurde.[68]

Kaum im Amt, ließ Grießmeyer durch die Deutsche Revisions- und Treuhand AG auch die Organisation der einzelnen Geschäftsabteilungen genauer unter die Lupe nehmen und trieb auch sonst die Rationalisierung der RfA weiter voran.[69] In ihrem 35-seitigen Bericht, den die Prüfer Ende Oktober 1931 vorlegten, attestierten sie der Behörde insgesamt durchaus effiziente Organisationsstrukturen und vor allem, „dass der gesamte Rechnungs- und Zahlungsverkehr mit einem an sich zweckmäßig aufgebauten laufenden Kontrollsystem überzogen ist".[70] Ein Großteil der Verwaltungsprozesse wurde bereits mit maschineller Unterstützung abgewickelt. Buchungs- und Additionsmaschinen erleichterten die Arbeit bei Adressverwaltung, Abrechnungs- und Auszahlverfahren. Erhebliches Rationalisierungspotenzial barg allerdings die Organisation des Schriftwechsels. Dieser lief in der Regel so ab, dass die Expedienten in den Abteilungen die Konzepte handschriftlich abfassten und diese dann nach Abzeichnung durch den zuständigen Referenten in die zentrale Kanzlei zur Anfertigung der Reinschrift gaben. Diese wurden dann zusammen mit dem Konzept von besonderen Büroangestellten nochmals verglichen und von diesen die Richtigkeit der Abschrift bestätigt. Die Absendung der Schriftstücke erfolgte dann erst nach einer nochmals umständlichen Zuführung über die Botenzimmer.

Veraltet war auch das Buchhaltungssystem. Moderne Maschinen fehlten hier, nach wie vor wurde handschriftlich gebucht. Sämtliche Zahlungsvorgänge und alle

---

67 Vgl. dazu etwa auch das Schreiben des DNHV Niedersachsen vom 22.1.1932 an die RfA, in: RfA-Archiv Fach 13, Nr. 6.

68 Vgl. exemplarisch Rundschreiben Nr. 31 an die Überwachungsbeamten vom 6.12.1932, in: RfA-Archiv Nr. 1.

69 Der Prüfungsauftrag lautete im Detail: „eine Untersuchung der Organisation der einzelnen Geschäftsabteilungen unter besonderer Berücksichtigung der Sicherheit des Zahlungs- und Abrechnungsverkehrs und der dazu notwendigen Kontrollen". Vgl. ein gedrucktes Exemplar des Berichts im Bestand der Bibliothek der Deutschen Rentenversicherung Bund unter der Signatur 745-II A 3c.

70 Ebd., S. 32.

Abb. 1: Bürobote

Umbuchungen wurden chronologisch in den Hauptbüchern, von denen je eines für Ausgaben und Einnahmen bestand, vermerkt. Probleme gab es auch an der Schnittstelle zwischen noch bestehender Handarbeit und Büromaschineneinsatz. Das galt vor allem für die Rentenblätter, die vielfach mit undeutlichen handschriftlich eingetragenen Ziffern an die Lochkartenstelle gelangten und die Arbeitsvorgänge eher verzögerten als beschleunigten. Und die RfA kämpfte inzwischen wieder mit erheblichen Raumproblemen, obwohl nur kurz zuvor 1930 als mächtiger Erweiterungsbau ein neues Kartei- und Archivgebäude errichtet worden war.[71]

Die Prüfer monierten zu kleine Büroräume und eine erhebliche räumliche Zersplitterung, etwa die große Entfernung zwischen den Rentenfestsetzungs- und -ausrechnungsdienststellen einerseits und der Lochkartenstelle sowie der Rentenbuchhalterei andererseits. Diese war kurz zuvor, Mitte 1930, bereits auf Lochkartenverfahren umgestellt worden. Es machte nicht nur zahlreiche bisherige Arbeitsgänge überflüssig, die automatische Aufrechnung der Zahlungen erleichterte auch den monatlichen Rechnungsabschluss.[72]

---

71 Der knapp drei Mio. RM teure Neubau hatte in der Presse zum Teil zu massiver Kritik geführt. Vgl. Bonz-MS, S. 381ff.

72 Vgl. dazu Bericht des Direktoriums der RfA über das Geschäftsjahr 1930, S. 8, in: BArch R 112/102. Vgl. auch Bonz-MS, S. 372ff.

Abb. 2: Das neue Kartei- und Archivgebäude der RfA in Berlin-Wilmersdorf, Ruhrstraße

Massive Rationalisierungsbemühungen hatte es in der RfA schon früher gegeben. Bereits im Januar 1923 war das alte Kontenverfahren durch das Markenverfahren abgelöst worden.[73] Anstelle der bisherigen Beitragszahlungen per Einzahlung auf ein Postscheckkonto mussten nun entsprechende Beitragsmarken gekauft und auf der Versicherungskarte eingeklebt werden. Allein dadurch wurden zwei Drittel des damaligen Beamtenstamms der RfA eingespart. Das neue Verfahren ließ aber mit Markenfälschungen, Markendiebstahl und illegaler Wiederverwendung bereits geklebter Marken ganz neue, rentenversicherungsrechtliche Kriminalitätsdelikte entstehen. Legendär war der spektakuläre Markenraub bei einem Berliner Postamt im Januar 1929, als Versicherungsmarken im Wert von 830.000 RM gestohlen wurden.[74] 1929 hatte man eine eigene Kommission zur Prüfung der Frage einer weiteren Vereinfachung des Geschäftsbetriebes der RfA gebildet.[75] Eines ihrer Ergebnisse war der Beschluss zur Einführung des Lochkartensystems mit Hilfe sogenannter Powers-Maschinen, die die Verbuchung und Verrechnung der Rentenzahlungen künftig erheblich schneller und einfacher bewältigten. Dabei standen den Investitionskosten von ca. 85.000 RM jährliche Ersparnisse an allgemeinen Geschäftsunkosten von 175.184 RM gegenüber.[76] Vorbilder für den Aufbau moderner, mechanisierter Verwaltungsstrukturen gab es für die RfA zu dieser Zeit bereits einige. Die zuständigen RfA-Be-

73 Vgl. dazu Gerd Atzert, Die Beitragsnachweise der Angestelltenversicherung, S. 10 ff.

74 Vgl. dazu RfA-Archiv, Fach 49.

75 Vgl. dazu näher RfA-Archiv, Nr. 1 sowie BArch R 112/173.

76 Notiz vom 13.2.1929, in: ebd.

amten orientierten sich dabei vor allem an der neu erschienenen Schrift über „Neue Wege zur Büroreform in der öffentlichen Verwaltung", in der die Einrichtung des Lochkartenverfahrens bei der Müllbeseitigung der Stadt Berlin detailliert beschrieben wurde.[77] Umfangreichen Personalabbaumaßnahmen, wie sie die RfA noch Anfang der 1920er Jahre betroffen hatten, kamen diesmal nicht zum Zuge. Die Zahl der 1155 Beschäftigten im Jahr 1930 stieg bis Anfang 1933 geringfügig auf 1207.[78] Auch an der Struktur der RfA-Belegschaft änderte ich dabei nichts: 52 waren Beamte und Angestellte des höheren Dienstes, etwas über 700 Bürovorsteher, Dienststellenleiter und Expedienten im mittleren Dienst und rund 450 einfache Registratur- und sonstige Arbeitskräfte.

Von Anfang an war die RfA zudem auf eine positive Wahrnehmung in der breiten Öffentlichkeit bedacht. Mit viel Aufwand präsentierte man sich etwa auf der zwischen Mai und Oktober 1930 in Dresden stattfindenden Internationalen Hygieneausstellung als moderne Dienstleistungsbehörde im Bereich Rentenversicherung, Wohnungsfürsorge sowie Heilverfahren und Gesundheitspflege.[79]

Abb. 3: Modernes RfA-Emblem 1930

Dennoch konnte man nicht verhindern, dass die RfA von Seiten der Versicherten immer wieder ins Kreuzfeuer der Kritik geriet.[80] Aber auch aus den Kreisen der Vertrauensmänner kamen immer wieder Rückmeldungen über die Stimmungslage vor Ort. „In letzter Zeit", so schrieb etwa ein Berliner Vertrauensmann im September 1931 an den neuen RfA-Präsidenten, „häufen sich die Klagen der Versicherten bzw. Rentenantragsteller darüber, dass die Erledigung der betreffenden Anträge sehr lange

77 Vgl. Ludwig Steeg, Neue Wege zur Büroreform in der öffentlichen Verwaltung, Berlin 1929, in: ebd.
78 Vgl. dazu Übersicht über die Veränderungen im Personalbestande der RfA für die Zeit 1.1.32 bis 1.12. 1932, in: BArch R 112/100.
79 Vgl. dazu den Ausstellungskatalog in: BArch R 112/91.
80 Vgl. dazu etwa den Ordner „Presseangriffe gegen die Rentenversicherung", in: RfA-Archiv Fach 57, Nr. 1. Vgl. auch Bonz-MS, S. 380 ff.

dauert."[81] Vor allem im Fall von Ruhegeldanträgen wegen Berufsunfähigkeit kam es offenbar zu wochenlangen Verzögerungen, die allerdings auch auf die umfangreichen Ermittlungen, Berechnungen und auch vertrauensärztlichen Begutachtungen zurückzuführen waren.

Alles in allem spiegelte sich die „Rentenwelt" der Weimarer Republik mit ihren vielfach gebrochenen Versichertenbiographien nachhaltig in der Arbeit der RfA wider. Tausende ehemalige Angestellte wiesen infolge von Arbeitslosigkeit in ihren Versichertenkonten große Beitragslücken auf, oder sie mussten zwangsweise ihre früheren Beschäftigungen aufgeben und waren nun als Arbeiter tätig, mit entsprechenden Rückwirkungen auf Dauer und Höhe ihrer späteren Rentenansprüche. Und vielen Versicherten drohte infolge der Wirtschaftskrise auch ein Verfall der Anwartschaft. Die Frage der Anrechnung der Kalendermonate der Arbeitslosigkeit ohne Beitragsleistung als Beitragsmonate für die Aufrechterhaltung der Anwartschaften – wie es etwa der Allgemeine freie Angestelltenbund (AfA-Bund) im August 1932 forderte (und vom RfA-Direktorium abgelehnt wurde) – war daher auch eines der am hitzigsten diskutierten rentenpolitischen Themen.[82] Die Einführung neuer Ersatzzeiten hätte aber bei den Beitragszahlungen nur eine noch größere Lücke gerissen. Neben den Folgen der Kriegsjahre und Zeiten von Arbeitslosigkeit machten sich auf der anderen Seite aber auch das Wachstum der Angestelltenschaft, die stärker als die Arbeiterschaft zunahm, und ab 1926 auch deutliche Einkommenszuwächse bemerkbar, die die Einzahlung in höhere Beitragsklassen (mit entsprechend erworbenen höheren Rentenanwartschaften) ermöglichten. Eigentlich waren die faktischen Auswirkungen der Rentenkürzungen infolge der Notverordnungen gar nicht so gravierend: Die durchschnittliche Rentenhöhe von Ruhegeldempfängern sank von 62,7 auf 60,8 RM monatlich, d. h. um drei Prozent.[83] Umso verheerender aber waren die psychologischen Folgen und der tiefgreifende Vertrauensverlust in das staatliche Alterssicherungssystem. Und wirklich einschneidend getroffen hatte es ohnehin die Ärmsten der Armen, denn die Witwenrenten schrumpften um 22 Prozent (auf 30,6 RM pro Monat), die Waisenrenten sogar um durchschnittlich 27,9 Prozent (auf 22,7 RM pro Monat).[84] Viele der Betroffenen sackten in eine Lebenslage ab, die an das Existenzminimum grenzte.[85] Die

---

81 Schreiben vom 18.9.1931 sowie das ausführliche Antwort- bzw. Rechtfertigungsschreiben der Leistungsabteilung, das dann aber unter dem Namen des Präsidenten abgeschickt wurde, in: RfA-Archiv Nr. 82.

82 Vgl. Auszug aus der Niederschrift über die Sitzung des Direktoriums vom 1.8.1932 sowie auch das fünfseitige Begründungsschreiben der Abt. I Versicherung zur Ablehnung des Antrags, in: RfA-Archiv Fach 114, Nr. 13. Es ging dabei um diejenigen arbeitslosen Angestellten, die nicht nach dem Arbeitsvermittlungs- und Arbeitslosenversicherungsgesetz betreut wurden und direkt der Fürsorgepflicht unterlagen. Für die übrigen Angestellten galt, dass die Anwartschaftsbeiträge für Arbeitslose aus den Mitteln der Reichsanstalt für Arbeitsvermittlung und Arbeitslosenversicherung zu entrichten waren.

83 In der Invalidenversicherung fielen die Kürzungen allerdings weit massiver aus. Hier betrugen die Einbußen zwischen sieben und 15 Prozent.

84 Vgl. die Angaben im Bericht des Direktoriums für 1932, S. 6, in: BArch R 112/110.

85 Vgl. auch Glootz, S. 68.

Herabsetzung der Rente infolge der Notverordnungen bedeutete mithin eine Aushöhlung des Versicherungsprinzips. Dessen war man sich durchaus auch im RAM bewusst. Als etwa am 3. Dezember 1932 dort eine Aussprache über einen Referentenentwurf zu Grundsätzen der Berechnung der künftigen Renten aus der IV und der AV sowie zur Frage der Sanierung der Rentenversicherungen mit Vertretern der Landesversicherungsanstalten, der Reichsknappschaft, des Verbands der Deutschen Privat-Pensionskassen, des Reichsversicherungsamtes sowie der RfA stattfand,[86] gab man sich seitens der Ministerialbürokratie durchaus selbstkritisch.[87] Bei den laufenden Leistungen seien keine weiteren Kürzungen mehr möglich, so dass eigentlich nur eine Erhöhung der Beiträge blieb, die allerdings schon doppelt so hoch waren wie vor dem Krieg. „Nach den schweren Eingriffen in die wohlerworbenen Rechte der Versicherten" seien nicht aus Gründen des Mitleids, sondern aus staatspolitischen Gründen Maßnahmen notwendig, um künftige Erschütterungen des Vertrauens bei den Versicherten zu verhüten, so zitierte Koch Ministerialdirektor Krohn. Es müsste unter allen Umständen vermieden werden, dass Eingriffe, wie sie die letzten Verordnungen gebracht hätten, sich wiederholten. Man müsste deshalb die Rentenversicherung so aufbauen, dass sie auf die Dauer zu halten sei, da sonst das Vertrauen der Versicherten endgültig verloren gehen würde.[88] Allerdings hatten die RfA-Vertreter schnell bemerkt, dass es sich dabei vielfach um reine Lippenbekenntnisse handelte und hinter dem als bloße Diskussionsgrundlage bezeichneten Referentenentwurf des RAM – der letztendlich dann im Dezember 1933 in ein neues Rentenversicherungsgesetz („Sanierungsgesetz") münden sollte – faktisch nur neue Rentenminderungen auch für die AV standen. Direktor Schaefer äußerte denn auch unverhohlen sein Unverständnis darüber, dass man bereits an neue Herabsetzungen der Leistungen herangehe, obwohl die Auswirkungen der letzten Notverordnungen sich in der AV noch gar nicht übersehen ließen und man frühestens 1934 dazu eine Bilanz aufstellen könnte.[89] Für die AV, so bekräftigte er noch einmal die Haltung der RfA, seien keine neuen Änderungen erforderlich – eine Position, der man seitens des RAM jedoch das dort geradezu als zwangsläufig verstandene Junktim von IV und AV entgegenhielt. „Es sei unmöglich, dass bei einer Regelung in der IV die AV nicht auch geregelt würde."[90] Die grundsätzlichen rentenpolitischen Problemkonstellationen blieben damit erst einmal ebenso weiterbestehen wie die daraus resultierenden Umsetzungsschwierigkeiten im Verwaltungsalltag. Sie reichten weit in die NS-Zeit hinein und blieben bestimmend und prägend für das operative Geschäft der RfA. Immerhin zeichnete sich zu diesem Zeitpunkt bereits ab, dass sich die gesamtwirtschaftliche Lage verbesserte und im

---

86 Diese war durch Direktor Schaefer und Clara Mleinek als Mitglieder des Direktoriums sowie zwei Vertreter des Verwaltungsrats und den Leiter der Abt. I Leistung, Koch, vertreten.

87 Vgl. dazu die von Koch erstelle ausführliche Besprechungsnotiz vom 5.12.1932, in: RfA-Archiv Fach 113, Nr. 9.

88 Ebd., S. 2 RS.

89 Vgl. ebd., S. 3 RS.

90 Ebd., S. 5.

Zuge dessen über kurz oder lang auch wieder steigende Beitragseinnahmen zu verzeichnen sein würden.

Die RfA war „im Strudel vieler Belastungsproben“[91] dennoch eine effiziente Behörde geblieben. Allerdings hatte man schon vielfach nicht nur eine eingeschränkte, sondern letztlich auch bereits eine ausgehöhlte Selbstverwaltung hinnehmen müssen, deren sukzessive Abschaffung damit lange vor der NS-Zeit einsetzte.[92] Das RAM nutzte massiv seine Eingriffsrechte als staatliche Aufsichtsbehörde, vor allem bei der Aufstellung bzw. Verabschiedung des Haushalts und der Vermögensverwaltung der RfA, und es scherte sich beim Gesetzgebungsvorgang auch wenig um die Selbstverwaltungsorgane. Durch die Ernennung der beamteten Präsidiumsmitglieder sicherten sich die staatlichen Instanzen unmittelbaren Einfluss auf die und in der Behörde.[93] Alle Beschwerden des RfA-Verwaltungsrats darüber, dass Mittel der AV zu irgendeiner Form der Subventionierung der IV verwendet wurden, dass die Gesetzgebung schematisch die Dinge der IV und AV gleichmäßig behandelte und über einen Kamm scherte und schließlich dass gesetzgeberische Maßnahmen ohne vorherige Anhörung und Beteiligung der Organe der AV durchgeführt wurden, blieben ohne Erfolg, obwohl hier Arbeitgeber wie Versicherte sowie das Direktorium der RfA einig gewesen waren. Die traditionelle, konservative Ministerialbürokratie des RAM bestimmte die Rentenpolitik, „eine Bürokratie, die schon durch die Notverordnungspraxis parlamentsunabhängig und normbestimmend geworden war“ und ihre Handlungsautonomie in der Folgezeit ungeachtet des politischen Systemwechsels weiter ausbauen und festigen sollte.[94] Um dies zu verdecken, sollte sie später den Mythos von der Verteidigung der sozialpolitischen Rechte und Prinzipien der Weimarer Republik gegen die DAF und das NS-Regime in die Welt setzen. Die Notverordnungspolitik wurde jedenfalls innerhalb der AV als permanente Missachtung des Selbstverwaltungsprinzips und dessen Demontage verstanden, über den allenthalben damit einhergehend registrierten massiven Rechtsbruch vieler sozialversicherungsrechtlichen Bestimmungen hinaus. Dazu kamen auch noch wachsende politische Angriffe auf die Selbstverwaltung. Für erheblichen Wirbel hatte etwa im November 1931 ein Artikel gesorgt, der in der Hauszeitung der Behörde (*Der RfA-Beamte*) erschienen war. Darin wurde nach einem lang ausholenden historischen Exkurs über das Selbstverwaltungsprinzip scharfe und weitgehend auch polemisch vorgetragene Kritik an der Art und Weise der Selbstverwaltung in der RfA geäußert.[95] Es gebe ein ganz unberechtigtes Übergewicht des ehrenamtlichen Teils des Direktoriums, dessen Macht und Kompetenzen zudem fast ganz auf die laufenden Verwaltungsgeschäfte reduziert worden seien, während der Verwaltungsrat die gesamten Geschicke der RfA in den Händen halte. Der Einfluss des Reiches sei gegenüber der „ungeheuren Machtbefugniss des Verwaltungsrates“

91 Glootz, S. 62.
92 So auch bereits Sachße/Tennstedt, Der Wohlfahrtsstaat im Nationalsozialismus, S. 131.
93 Vgl. auch Hockerts, Sozialpolitische Entscheidungen, S. 132.
94 Hockerts, Sicherung im Alter, S. 307.
95 Vgl. „Selbstverwaltung“, in: *Der RfA-Beamte* Nr. 11 vom 1.11.1932.

abgesehen von der Staatsaufsicht gering. Im Interesse der Versicherten sei es angebracht, die Befugnisse des Verwaltungsrates wieder erheblich zu vermindern und dafür den Einfluss des Reiches zu stärken. Der Präsident dürfe nicht einem vielköpfigen Verwaltungsrat untergeordnet sein, dem man „in Beamtenfragen und in verwaltungstechnischen Fragen jede Kompetenz absprechen müsse". Auch mit dem Vertrauensmännerapparat leiste sich die RfA „Neben- und Überorganisationen", deren Wahlen jedes Mal über eine Mio. RM kosteten. Verfasser des Artikels war Dr. Karl Lasch, eine schillernde Figur, die Anfang 1931 in München ursprünglich Jura studieren wollte, dort den Bayerischen Justizminister Hans Frank kennenlernte und von diesem fortan gefördert worden war. Im Juni 1931 NSDAP-Mitglied geworden arbeitete Lasch zum Zeitpunkt der Artikelveröffentlichung in der Rechtsabteilung der NSDAP. Im Oktober 1933 sollte Lasch durch Frank zum hauptamtlichen Geschäftsführer der Akademie für Deutsches Recht ernannt, Anfang 1934 dann deren Direktor werden.[96] Der Artikel war auch Gegenstand der RfA-Verwaltungsratssitzung Ende November 1932 gewesen, und Grießmeyer berichtete dort, dass er dem Vorsitzenden des Verbandes der Beamten der RfA e.V., der als Herausgeber des *RfA-Beamten* fungierte, seine Auffassung über „die über den Rahmen einer sachlichen Kritik weit hinausgehenden und in ihrer Form verletzenden Ausführungen" über die Organe und Personen der Selbstverwaltung nachdrücklich zur Kenntnis gebracht und einen deutlichen Verweis erteilt habe.[97]

Das alles dominierende Thema auch in den folgenden Jahren blieb daher die Sanierung der Rentenversicherung insgesamt und der Abbau bzw. die Rückgängigmachung der verhassten Rentenkürzungen, verschärften Anwartschaftsbestimmungen und verlängerten Wartezeiten für Versicherte. Und auch die Frage der tendenziellen Angleichungstendenzen zwischen IV und AV blieb auf der sozialpolitischen Tagesordnung. Im Ansatz hatte es etwa schon 1922 mit der Beseitigung der Doppelversicherung und der Einführung der Wanderversicherung mit gegenseitiger Anrechnung der Beiträge, d. h. der gesetzlichen rentenversicherungsrechtlichen Regelung im Fall der immer häufigeren Wanderung der Beschäftigten aufgrund wechselnder Erwerbstätigkeiten zwischen den beiden Versicherungszweigen, erste Schritte der Annäherung der Versicherungszweige Invalidenversicherung als Rentenversicherung der Arbeiter und der Angestelltenversicherung gegeben.[98] Die Forderung nach einer Zusammenlegung und „Verschmelzung" von Angestelltenversicherung und Invalidenversicherung durchzieht wie ein roter Faden die sozialpolitischen Debatten des Kaiserreichs und der Weimarer Republik.[99] Immer wieder gab es regelrechte Denkschriften-Kriege um die Selbständigkeit der Sonder-

---

96 Vgl. https://de.wikipedia.org/wiki/Karl_Lasch. Zugriff am 3.7.2017.
97 Vgl. Niederschrift der 75. Sitzung des Verwaltungsrates vom 29.11.1932, in: BArch R 112/103, Bl. 18.
98 Vgl. dazu Glootz, S. 64 und Bonz-MS, S. 371 f. und auch 25 Jahre Angestelltenversicherung, S. 28 ff.
99 Vgl. dazu Glootz, S. 65 ff.

versicherung für die Angestellten.[100] Zuletzt war die RfA 1927/28 massiver Kritik in der Öffentlichkeit ausgesetzt gewesen. „Wohin steuert die Angestelltenversicherung? Unerträgliches Steigen der Beiträge unvermeidbar", meldete etwa die *Deutsche Bergwerks-Zeitung*, während der Berliner Ortsverein des Deutschnationalen Handlungsgehilfen-Verbandes unter der Parole „Ausbau oder Zertrümmerung unserer Standesversicherung?" Gegenwehr zu mobilisieren versuchte.[101] Hinter den Angriffen steckten unter anderem nicht nur die Arbeitgeber, die etwa gegen die Erhöhung der Versicherungspflichtgrenze als untragbare neue Belastung gewettert hatten, sondern vor allem die privaten Lebensversicherungsunternehmen, die eine Einengung ihres Geschäftsfeldes aufgrund der Einbeziehung höher bezahlter Angestellter in die AV befürchteten – Konfliktlinien, die ungeachtet aller Veränderungen auch in der NS-Zeit weiterbestehen sollten. Andererseits aber beförderte die Krise auch verschärfte Abgrenzungen. Man müsse ausdrücklich darauf hinweisen, so hieß es etwa in einer internen Notiz eines RfA-Abteilungsdirektors im April 1931, dass IV und AV, wenn sie auch den selben Versicherungszweck verfolgen, in ihrer Struktur doch erheblich voneinander abweichen. Wenn sie auch beide Zwangsversicherungen sind, so ist doch die AV in erheblichem Umfange mit privatrechtlichen Gedanken durchsetzt und nähert sich dem Wesen einer privaten Versicherung. Man denke nur an die freiwillige Höherversicherung und an den Einkauf von Beitragsmonaten.[102]

Das Grundprinzip war dabei von Anfang an strittig: Versicherung oder Versorgung, d. h. ein auf Beiträge oder ein auf Mitteln aus allgemeinen Steuern beruhendes Alterssicherungsmodell. Auch dies zog sich wie ein roter Faden durch die folgenden Jahre der NS-Herrschaft.

---

100 Vgl. für die Zeit 1917/1920 – 1922 etwa die umfangreichen Schriftwechsel und Denkschriften in: RfA-Archiv Fach 123, Nr. 2 bis Nr. 5.

101 Vgl. dazu die diversen Presseartikel in: RfA-Archiv Fach 118, Nr. 1 und Nr. 2 sowie auch die in der Broschüre „Selbstverwaltung in der Angestelltenversicherung vor 1945" (zusammengestellt von der Bibliothek der BfA), Berlin 1958, abgedruckten Dokumente.

102 Die Notiz in: RfA-Archiv, ohne Signatur, Aktenkonvolut Regalreihe 5.

2 Die RfA als Behörde. Transformation und Kontinuitäten innerhalb des NS-Verwaltungsstaats

Die RfA durchlief nicht erst seit der NS-Zeit einen Transformationsprozess, der sich unter anderem in der Beschneidung der Selbstverwaltung niederschlug. Aber seit 1933 beschleunigten sich diese Wandlungen erheblich. Die Behörde wurde Teil des NS-Verwaltungsstaates, was wiederum Spuren in der Behördenkultur hinterließ, dessen massivster Ausdruck zunächst die Säuberung der Belegschaft von politisch als unzuverlässig geltenden und von jüdischen Beamten und Angestellten war. In der Folgezeit war die Verwaltungspraxis – vor dem Hintergrund einer zunehmend von Komplexität und einer wachsenden Zahl von Verordnungen und Erlassen geprägten Gesetzgebung – von Inklusions- und Exklusionstendenzen mit intendierten, aber auch nicht intendierten Effekten geprägt, und von der Einschaltung der DAF-Rechtsberatungsstellen in die Leistungsgewährung sowie die Arbeit der Sozialgerichtsbarkeit.

2.1 „Säuberungsaktionen“, Gleichschaltung und der „Fall Grießmeyer“

Als sich der RfA-Verwaltungsrat am 7. Mai 1933 zu seiner ersten Sitzung nach der nationalsozialistischen Machtergreifung traf, war die Zusammensetzung der Mitglieder noch unverändert. Lehmann, Haenel und Schaefer neben Grießmeyer als beamtete Direktoriumsmitglieder, Diller, Greger und Mleinek als weitere ehrenamtliche Direktoriumsmitglieder für die Versicherten und Hasslacher, Ebbecke und Mendelssohn-Bartholdy für die Arbeitgeber.[1] Ebenso waren die übrigen Beiratsmitglieder als Vertreter der Arbeitgeber und der Versicherten vollzählig erschienen. Auch sonst verlief die Sitzung in gewohnter Weise: Es ging um die Annahme des Rechnungsabschlusses und der Bilanz für das Jahr 1932, die Leiter des Haushalts- und des Rechnungsausschusses sowie des Heilverfahrensausschusses erstatteten Bericht und schließlich informierte das Direktorium über den Umfang der bewilligten Mehrleistungen (in 9952 Fällen) und die damit verbundene Einstellung von 51 Aushilfsangestellten. Auch in der Leistungsabteilung war infolge der erheblich vermehrten Arbeiten eine Erhöhung der Zahl der neu einzustellenden Dienstanfänger von 60 auf 75 geplant.[2] Doch es gab zwei Dinge außerhalb der Tagesordnungspunkte: Zum einen hatte Grießmeyer in seiner Begrüßungsansprache deutlich gemacht, dass

1 Vgl. Niederschrift der 76. Sitzung des Verwaltungsrates am 7.3.1933, in: BArch R 112/103.

2 Vgl. ebd., S. 4.

 https://doi.org/10.1515/9783110652741-003

> es nicht angebracht erscheine, im gegenwärtigen Zeitpunkt der Ankündigung einer Wirtschaftsverbesserung nach schwerster Krise Entschlüsse versicherungstechnischer oder finanzieller Art für die weitere Zukunft zu treffen; für solche Entscheidungen sei die Entwicklung der nächsten Zeit abzuwarten.[3]

Zum anderen war in einer Sondernummer des *Völkischen Beobachter* vom 28. Februar 1933 unter der Überschrift „Noch mehr Sonderzulagen in der Angestelltenversicherung“ ein Artikel mit massiven Angriffen auf die RfA und seinen Präsidenten erschienen, der Grießmeyer dazu veranlasst hatte, zur Feststellung des Verfassers, der offensichtlich innerhalb der RfA saß, eingehende Maßnahmen zu treffen. Der Artikel und die Reaktion Grießmeyers sollten bald weitreichende Folgen haben.

Erst ein Jahr später, am 19. Februar 1934 sollte der Verwaltungsrat zu seiner insgesamt 77. und auch letzten Sitzung zusammentreten. In der Zwischenzeit hatte sich die personelle Zusammensetzung massiv verändert. Während die beamteten Mitglieder des Direktoriums ebenso wie die Vertreter der Arbeitgeber unverändert blieben, saßen als ehrenamtliche Versichertenvertreter nun DAF-Funktionäre im Direktorium, und auch die übrigen Versichertenvertreter waren entsprechend ausgewechselt worden. Von den drei prominentesten NS-Funktionären, dem Leiter des Sozialpolitischen Amtes der DAF, Karl Peppler, dem Staatskommissar und Berliner NSDAP-Stadtrat Max Faltin sowie dem NSBO-Landesobmann Bayern, Kurt Frey, hatte es aber nur Faltin für nötig befunden, im wichtigsten Organ der RfA als Vertreter des neuen Regimes Präsenz zu zeigen. Frey und Peppler entschuldigten sich wegen dringenderen parteidienstlichen Angelegenheiten.[4] Diesmal eröffnete Grießmeyer die Sitzung mit einer Ergebenheitsadresse an die neuen Machthaber:

> Der Regierung sei dafür zu danken, dass sie im Gegensatz zu den früheren Regierungen durch die Belebung der Wirtschaft die Steigerung der Beitragseinnahmen herbeigeführt und ohne Rücksicht auf Sonderinteressen die gesunde Grundlage der Angestelltenversicherung wiederhergestellt habe.[5]

In der Führung und der Organisation der RfA hatte sich mithin formal nicht viel geändert, aber unter dem Deckmantel dieser scheinbaren Kontinuität war es zu massiven Veränderungen gekommen. Die Weichen für eine rasche Transformation der RfA als integraler Teil der sich neu formierenden NS Verwaltung waren gestellt worden. Am 18. Mai 1933 war durch das Reichsarbeitsministerium das „Gesetz über Ehrenämter in der sozialen Versicherung und der Reichsversorgung“ erlassen worden, das, zusammen mit zwei Durchführungsverordnungen, den Weg für die Amtsenthebungen der ehrenamtlichen Versichertenvertreter und damit die Aushöhlung der Selbstver-

3 Ebd., S. 2.

4 Vgl. die Schreiben vom 6.2. und 8.2.1934 an Grießmeyer sowie die Niederschrift der 77. Sitzung des Verwaltungsrates am 19.2.1934, in: BArch R 112/102.

5 Ebd., S. 3.

waltung der RfA freimachte.[6] Mit Hilfe des bereits im April 1933 erlassenen Gesetzes zur Wiederherstellung des Berufsbeamtentums startete Grießmeyer in der RfA eine beispiellose Säuberungs- und Gleichschaltungsaktion, die sich zunächst auf den Verwaltungsrat und das Direktorium, dann aber auch auf die gesamte Mitarbeiterschaft erstreckte. Der RfA-Präsident handelte dabei in einer Mischung aus vorauseilendem Gehorsam und eifriger Eigeninitiative, aber er stand dabei auch unter dem ständigen Druck der neuen NS-Funktionäre innerhalb des Direktoriums, die schon auf der Direktoriumssitzung im April 1933 auf eine „raschere Ablösung der noch tätigen Mitglieder marxistischer Richtung" in den Organen der RfA drängten.[7] Formal erfolgte das Ausscheiden der bisherigen ehrenamtlichen Mitglieder von Direktorium wie Verwaltungsrat durch den schriftlich erfolgten Entzug des Vertrauens des jeweiligen, inzwischen gleichgeschalteten Angestelltenverbandes, auf deren Basis Grießmeyer dann die Amtsenthebung aussprach – ein ziemlich bürokratisches und langwieriges Verfahren und die jeweiligen stellvertretenden Verwaltungsratsmitglieder bzw. Ersatzleute, insgesamt 60 Personen, mit einbeziehend. Das Ganze sollte sich denn auch bis Ende Dezember 1933 hinziehen.[8]

Viele der Versichertenvertreter zogen es vor, dem entwürdigenden Amtsenthebungsverfahren zuvorzukommen und – auf einem RfA-seitig rasch entworfenen Vordruckformular – „freiwillig" zurückzutreten, darunter der Gewerkschafter Max Greger als langjähriges ehrenamtliches Direktoriumsmitglied und auch Clara Mleinek.[9] Die ebenso prominente wie langjährige Gewerkschaftsführerin gab ihren Entschluss aber noch persönlich (und ohne jegliche politische Konnotation) auf der RfA-Direktoriumssitzung am 16. Oktober 1933 bekannt. Und Grießmeyer bereitete ihr mit einer ausführlichen, durchaus ehrlich gemeinten Würdigung, in der er ihre großen Verdienste um die Sozialversicherung „niemals in dem Sinn einer einseitigen Interessenvertretung" hervorhob, einen ehrenvollen Abgang.[10] Auch den vier ehemaligen stellvertretenden Direktoriumsmitgliedern schrieb Grießmeyer einen höflichen, allerdings auch bei den Betroffenen möglicherweise als zynisch empfundenen Brief, in dem er sein „Bedauern" über das Ausscheiden äußerte und für die wertvolle Mitarbeit den verbindlichsten Dank aussprach.[11] Zur selben Zeit hatte dann die noch als „Deutsche Arbeitsfront – Gesamtverband der Deutschen Angestellten" firmierende NS-Organisation an Grießmeyer eine erste „Vorschlagsliste" für die Besetzung der

---

6 Vgl. das Gesetz in: Mitteilungen der RfA Nr. 6, 1933, S. 28 – 30.

7 Vgl. Auszug aus der Niederschrift der Direktoriumssitzung vom 24.4.1933, in: BArch R 112/162.

8 Vgl. dazu etwa Schreiben Grießmeyer vom 22.8.1933 an den Hamburger Vertrauensmann und Angestelltenvertreter Hermann Pohl, in: BArch R 112/160 sowie das Schreiben des Deutschen Werkmeister-Verbandes vom 11.7.1933 an die RfA zur Abberufung ihrer drei vormaligen Vertreter, in: BArch R 112/162.

9 Zu Mleinek vgl. Hans-Jörg Bonz, Clara Mleinek. Wegbereiterin der selbständigen Angestelltenversicherung, in: BfA-Intern vom Mai 1989, S. 8 – 9.

10 Vgl. Auszug aus der Niederschrift der Direktoriumssitzung vom 16.10.1933, in: ebd.

11 Vgl. Brief Grießmeyers vom 20.10.1933, in: ebd.

ehrenamtlichen Mitglieder im Direktorium (Karl Peppler, Alfred Diller und Max Faltin) sowie im Verwaltungsrat geschickt.[12] Entsprechend erfolgte dann die nach den neuen Bestimmungen durch den RfA-Präsidenten erfolgende Neuberufung der Versichertenvertreter. So würdigend Grießmeyer Mleinek verabschiedet hatte, so mahnend begrüßte er Karl Peppler auf dessen erster Direktoriumssitzung Ende Oktober 1933. Er sei überzeugt, so Grießmeyer,

> dass sich die Zusammenarbeit in den gleichen harmonischen Formen gestalten werde, wie es in diesem Hause Tradition geworden sei, immer zum Wohle der versicherten Angestellten, in denen das Direktorium zwar nichts Besseres als die Arbeiter sehe, wohl aber etwas Anderes; so sei die Angestelltenversicherung ein getreues Spiegelbild des wirtschaftlichen Lebens und er hoffe, in Herrn Peppler einen starken Bundesgenossen als Verfechter einer selbständigen Angestelltenversicherung gefunden zu haben [...].[13]

Das Hinausdrängen der Versichertenvertreter und deren Ersetzung durch Berufung auf Vorschlag der DAF erfolgte jedoch keineswegs reibungslos.[14] Eine Reihe von ehemaligen Versichertenvertretern verweigerte den „freiwilligen“ Rücktritt und schrieb daher in ihren selbst formulierten Erklärungen stattdessen vom „ausdrücklichen Wunsch“ seitens der RfA-Leitung. Und Hermann Pohl, der langjährige Hamburger Gewerkschaftsvertreter nahm in seinem ausführlichen Brief an Grießmeyer kein Blatt vor dem Mund. Die Entziehung des Vertrauens sei sachlich völlig unberechtigt und sei aus ganz anderen, „Ihnen wohl durchaus bekannten Gründen“ erfolgt.[15] Pohl wandte sich vertrauensvoll an Grießmeyer, in der Hoffnung, dass dieser ihn eventuell bei einem Einspruch gegen die Abberufung unterstützen würde, nicht ahnend, dass der RfA-Präsident längst als willfähriger Vollstrecker der Gleichschaltung fungierte. Der Vertrauensmann der RfA schloss den Brief mit der geradezu trotzigen Ankündigung, „dass ich auch weiterhin etwa zu mir kommende Angestellte in den Fragen der Angestelltenversicherung beraten werde, ohne Rücksicht darauf, ob ich in Zukunft ein Ehrenamt bekleide oder nicht“.[16] Tatsächlich antwortete Grießmeyer auf den Brief und verwies einerseits auf die ihm auferlegten gesetzlichen Zwänge bei der Amtsenthebung, sicherte andererseits aber auch zu, Pohl regelmäßig die „Mitteilungen der RfA“ sowie die diversen Merkblätter zukommen zu lassen, damit dieser nicht amtlich und offiziell, aber privat und informell seine Beratungstätigkeit ausüben könnte. Für Wirbel sorgte auch die Überprüfung des ehrenamtlichen Direktoriumsmitglieds Paul von Mendelssohn-Bartholdy. Grießmeyer hatte dem Berliner Bankier wie allen anderen auch einen entsprechenden Fragebogen zur Durchführung des Gesetzes zur Wiederherstellung des Berufsbeamtentums zugeschickt. Mendels-

12 Die Liste vom 13.10.1933, in: ebd.
13 Auszug aus der Niederschrift über die Direktoriumssitzung vom 30.10.1933, in: ebd.
14 Zu den personellen Veränderungen des Verwaltungsrates im Einzelnen vgl. Mitteilungen der RfA Nr. 13, 1933, S. 1.
15 Schreiben Pohls an Grießmeyer vom 28.8.1933, in: BArch R 112/162.
16 Ebd.

sohn-Bartholdy gab dabei als Konfession „evangelisch" an, bei seiner Großmutter „evangelisch oder jüdisch?".[17] Nach eingehender Prüfung befand Grießmeyer jedoch, dass bei dem Bankier kein Anlass zur Amtsenthebung vorlag, zumal Mendelssohn-Bartholdy auch im Ersten Weltkrieg gedient hatte und damit Frontkämpfer war. Die NS-Vertreter im Direktorium empfanden es jedoch als Zumutung, bei den 14-täglichen Sitzungen weiterhin neben einem „Juden" sitzen zu müssen.

Auch alle anderen Verwaltungsratsmitglieder erhielten den berüchtigten Fragebogen, den insbesondere eine Reihe von Arbeitgebervertretern, allesamt gestandene Mitglieder des Vorstands oder oberen Managements deutscher Großkonzerne, geradezu als Zumutung empfanden, zumal Grießmeyer bei der Überprüfung der Nachweise arischer Eltern bzw. Großeltern höchst akribisch war und sich mit unklaren oder lückenhaften Angaben nicht zufriedengab. Das musste etwa der Vertreter der Arbeitgeber im Verwaltungsrat, Prof. Dr. Eichelberg erfahren. Obschon dieser in seinem Fragebogen als Konfession seiner Vorfahren jeweils evangelisch angegeben hatte, erschien dem zuständigen Sachbearbeiter der Name mit verdächtigem jüdischem Anklang. Eichelberg wurde daraufhin von Grießmeyer aufgefordert, zusätzlich zu den bereits eingereichten Abstammungsurkunden seiner Eltern auch noch die seiner vier Großeltern vorzulegen.[18] Auch vor dem dienstrechtlich vermutlich zweifelhaften Einsatz der RfA-Überwachungsbeamte zur Exekution der Gleichschaltung schreckte Grießmeyer nicht zurück. In einem Schreiben an den Königsberger Überwachungsbeamten hieß es:

> Sie werden beauftragt, alsbald in der Ihnen geeignet erscheinenden Weise (Ortsausschuss, Polizei etc.) vertraulich festzustellen und zu berichten, ob der Arbeitgeber-Ersatzmann des Verwaltungsrates Hugo Blumenthal arischer Abstammung ist und verneinendenfalls, ob er Frontkämpfer war.[19]

Das Ergebnis der Überprüfung war, dass Blumenthal Jude und kein Frontkämpfer war und somit wurde er von Grießmeyer umgehend seines Amtes enthoben. Von einer ganzen Reihe von ehrenamtlichen Vertretern bekam Grießmeyer überhaupt keinen Fragebogen zurück, so dass er sich im Juli 1933 nicht nur zu Mahnschreiben, sondern im Fall des Leipziger Fabrikdirektors Fritz Molitor abermals zum Einsatz des dortigen Überwachungsbeamten veranlasst sah, der das Verwaltungsratsmitglied an der Haustür zur Abgabe des ausgefüllten und unterschriebenen Fragebogens aufforderte.[20] Der Chemnitzer Textilunternehmer Theodor Haase verweigerte dennoch das Ausfüllen des Fragebogens und legte gleichzeitig von sich aus sein Amt nieder. Ihre

---

17 Der Fragebogen sowie der weitere Schriftwechsel dazu in: ebd.

18 Vgl. dazu etwa Schreiben Prof. Eichelbergs an Grießmeyer vom 1.11.1933, in: BArch R 112/163.

19 Schreiben vom 28.8.1933, in: ebd.

20 Vgl. den Bericht des Überwachungsbeamten vom 17.9.1933, in: BArch R 112/163. Darin begründet Molitor seine ausstehende Rückgabe mit aufwändigen Erkundigungen zu den genauen Personalien seiner Vorfahren.

„freiwillige" Rücktrittserklärung verweigerte dagegen die Gewerkschaftsfunktionärin Maria Hellersberg, die im Juni 1933 gegenüber der Bundesleitung des Gewerkschaftsbundes der Angestellten auch einen Rechtsanwalt einschaltete, letztlich dann aber durch Beschluss des RfA-Direktoriums vom 26. Juni von ihrem Amt entbunden wurde.[21]

Dass es Grießmeyer auch durchaus darum ging, die Gleichschaltung und personelle Säuberung der RfA nicht nur streng nach Gesetz, sondern auch in enger Abstimmung mit den neuen Machthabern vorzunehmen, zeigt sich etwa daran, dass er im August 1933 eine Dienstreise nach Danzig zur dortigen Tagung des Gesamtverbandes der Deutschen Angestellten unternahm und dort explizit Besprechungen mit Staatsrat Forster, Dr. Ley und Peppler, alles zentrale Figuren der sich zu diesem Zeitpunkt erst formierenden DAF, abhielt.[22] Dennoch gab es offenbar auch Differenzen innerhalb der NS-Stellen. Anfang September 1933 etwa erhielt Grießmeyer aus Kassel ein Schreiben des NSBO-Gaubetriebszellenobmanns Kurhessen, in dem sich dieser massiv über die schleppende bzw. fehlende Neubesetzung der Ehrenämter in der Angestelltenversicherung beschwerte.[23] Die RfA habe bereits im Juni von ihm umfangreiche Vorschläge zur Amtsenthebung von Vertrauensmännern der Arbeitgeber wie Arbeitnehmer und entsprechenden Neubesetzungen erhalten. Wie man jedoch nun feststelle, würden die betreffenden Personen noch immer in der Angestelltenversicherung amtieren. Vor allem der Kasseler RfA-Vertrauensmann und Gewerbeoberkontrolleur war dem NSBO-Funktionär ein Dorn im Auge, aber auch der Wiesbadener Arbeitnehmer-Vertreter, dessen Abberufung man gefordert hatte, war noch im Amt. „Wir erbitten Auskunft", so hieß es in einem neuerlichen Schreiben der NSBO, das diesmal an die DAF in Berlin gerichtet war, „ob der Berufung der von uns vorgeschlagenen Parteigenossen stattgegeben ist?"[24] Mit der Antwort aus Berlin war man jedoch keineswegs zufrieden, „denn nach inzwischen eingegangener Mitteilung des Präsidenten des Direktoriums der RfA sind unsere vom Gesamtverband der deutschen Arbeiter gutgeheißenen Vorschläge zur Neubesetzung von frei gewordenen Ehrenämtern im Verwaltungsrat der RfA nicht berücksichtigt."[25]

Neben den Verwaltungsratsmitgliedern wurde aber auch die gesamte Belegschaft der RfA einer massiven Säuberungswelle unterworfen. Mit dem Gesetz zur Wiederherstellung des Berufsbeamtentums bekam Grießmeyer die Handhabe, seine Beamten von „Nichtariern", Kommunisten und „anderen Marxisten" sowie allen sonstigen „politisch unzuverlässigen" Beschäftigten zu säubern. Eigentlich waren die RfA-Beamten trotz der Bezeichnung keine Reichsbeamten, sondern nur Angestellte im Sinne des Berufsbeamtengesetzes. Dennoch musste sich in der Folgezeit der Großteil der

21 Vgl. das Schreiben von Hellersberg an Grießmeyer vom 22.6.1933, in: ebd.
22 Information Grießmeyers auf der Direktoriumssitzung am 21.8.1933, in: BArch R 112/162.
23 Vgl. das Schreiben vom 6.9.1933, in: BArch R 112/11.
24 Schreiben an die DAF, Amt für Sozialversicherung vom 18.9.1933, in: ebd.
25 Schreiben vom 20.11.19933, in: ebd.

RfA-Beschäftigten einem geradezu inquisitorischen Verfahren aus Fragebogenbeantwortung und einem eigens eingerichteten Untersuchungsausschuss unterwerfen.

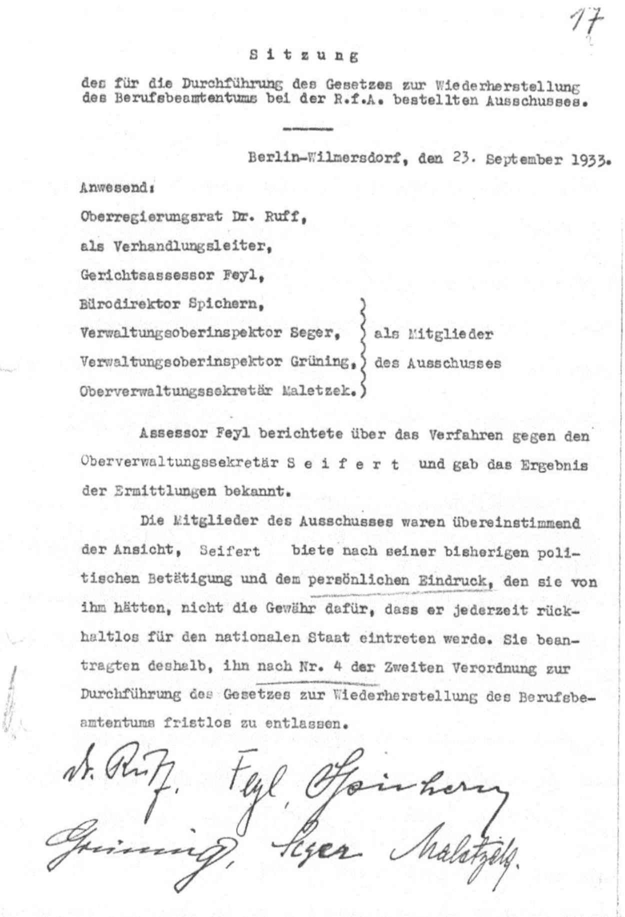

17

S i t z u n g

des für die Durchführung des Gesetzes zur Wiederherstellung des Berufsbeamtentums bei der R.f.A. bestellten Ausschusses.

Berlin-Wilmersdorf, den 23. September 1933.

Anwesend:

Oberregierungsrat Dr. Ruff,
als Verhandlungsleiter,
Gerichtsassessor Feyl,
Bürodirektor Spichern,
Verwaltungsoberinspektor Seger,
Verwaltungsoberinspektor Grüning,
Oberverwaltungssekretär Maletzek.
} als Mitglieder des Ausschusses

Assessor Feyl berichtete über das Verfahren gegen den Oberverwaltungssekretär S e i f e r t und gab das Ergebnis der Ermittlungen bekannt.

Die Mitglieder des Ausschusses waren übereinstimmend der Ansicht, Seifert biete nach seiner bisherigen politischen Betätigung und dem persönlichen Eindruck, den sie von ihm hätten, nicht die Gewähr dafür, dass er jederzeit rückhaltlos für den nationalen Staat eintreten werde. Sie beantragten deshalb, ihn nach Nr. 4 der Zweiten Verordnung zur Durchführung des Gesetzes zur Wiederherstellung des Berufsbeamtentums fristlos zu entlassen.

Dr. Ruff. Feyl. Spichern
Grüning. Seger. Maletzek.

Abb. 4: Protokoll der Sitzung des RfA-internen Ausschusses für die Durchführung des Gesetzes zur Wiederherstellung des Berufsbeamtentums vom 23. September 1933

Von den Personalakten der damaligen Zeit sind bedauerlicher Weise nur wenige erhalten geblieben, dennoch wird in den darin enthaltenen Unterlagen ein durchaus repräsentatives Bild der damaligen Vorgänge sichtbar.[26] Im September 1933 war etwa

26 In den Registraturen der RfA-Nachfolgeinstitution DRV-Bund finden sich keinerlei alte Personalakten mehr. Es existiert dort nur eine Liste von 24 Personalakten mit RfA-Eintrittsjahren zwischen 1912 und 1939, die offensichtlich dem Bundesarchiv angeboten wurden, dort aber nicht auffindbar sind. Die folgenden Bemerkungen stützen sich daher ganz auf die Kopien von ca. 50 Personalakten für die Zeit von 1933 bis 1945, die Hans-Jörg Bonz, langjähriger Ministerialdirektor im Bundesarbeitsministerium

ein Oberverwaltungssekretär vor den zur Durchführung des Berufsbeamtengesetzes bestellten Ausschuss zitiert worden. Der RfA-Angestellte war Mitglied der SPD „und reger Funktionär in der Partei“ gewesen sowie durch „abfällige Bemerkungen im Hause“ aufgefallen, wie die Befragung einer Reihe von Mitarbeitern aus der entsprechenden Abteilung des Beschuldigten ergab.[27] Als dieser selbst vernommen wurde, gab dieser ebenso ausführlich wie unerschrocken Einblicke in seine politisch-moralischen Überzeugungen.

> Ich gebe zu, dass ich wiederholt ziemlich heftige politische Auseinandersetzungen mit Kollegen gehabt habe, und zwar deshalb, weil ich mich für verpflichtet hielt, den Staat gegen Angriffe – auch wenn sie von nationaler Seite kamen – in Schutz zu nehmen [...]. Zur Erklärung meiner Handlungsweise möchte ich noch bemerken, dass ich den Nationalsozialismus nicht verstehe, vor allem deshalb, weil ich als Christ alle Mitmenschen lieben soll und daher nicht Antisemit sein kann.[28]

S. wurde schließlich gezwungen, eine Erklärung zu unterschreiben, in der er versicherte, dass er „keinerlei Beziehungen zur Sozialdemokratischen oder Kommunistischen Partei, ihren Hilfs- und Ersatzorganisationen und ihren Vertretern im Auslande mehr unterhalte“. Bei wahrheitswidriger Abgabe dieser Erklärung wurde Dienstentlassung oder fristlose Kündigung angedroht. Doch wenig später beschloss der „Säuberungsausschuss“ so oder so seine fristlose Entlassung. Der RfA-Beamte wehrte sich und erhob im Oktober in einem Brief an das Reichsversicherungsamt Einspruch. Im Januar 1934 kam es daraufhin zu einer erneuten Untersuchung mit Zeugenvernehmungen.[29] Doch mit Bescheid vom Februar 1934 sah das RVA keine Veranlassung, der Beschwerde des entlassenen Beamten stattzugeben. Auch in einem anderen Fall hatte der Einspruch eines gleichermaßen – wegen früherer SPD-Zugehörigkeit und zahlreicher Zeugnisse politischer Unzuverlässigkeit und „linksgerichtete[n] Fanatismus“ – belasteten Oberverwaltungssekretärs, der als langjähriger und erfahrener Expedient in der Abteilung I Versicherung mit dem Schriftwechsel zu Arbeitgebern wie Versicherten befasst gewesen war, keinen Erfolg. Im Dezember 1933 schickte zwar das RVA Grießmeyer die Personalakte des Betroffenen mit der Bemerkung zurück, dass die Kündigung insbesondere hinsichtlich der dahinterstehenden dienstlichen Belange nicht nachvollziehbar sei. Die RfA-Personalabteilung musste denn auch eingestehen, dass bei der internen Untersuchung die Beweise für eine fristlose Entlassung nicht ausgereicht hatten. Das Dienstverhältnis habe man „nach der milderen Vorschrift der Nr. 6 der zweiten Durchführungsverordnung“, die anstelle einer fristlosen Entlassung

bzw. Sächsischen Sozialministerium Ende der 1980er Jahre im Zusammenhang mit dem ihm erteilten Auftrag zur Erarbeitung einer Gesamtgeschichte der Rentenversicherung bzw. RfA/BfA erstellt hat.

27 Vgl. dazu und zum Folgenden die Unterlagen in der Personalakte M.S., in: Archiv Bonz.

28 Verhandlungsprotokoll vom 12.9.1933, in: ebd.

29 „Die Verwaltungsinspektoren G. und W. können sich zwar nicht erinnern, selbst Gehässigkeiten oder Hetzereien von ihm gehört zu haben, sie halten es aber für möglich, dass er sich anderen Beamten gegenüber anders benommen hat.“ Ebd.

mit entsprechenden versorgungsrechtlichen Folgen nun ein „Ausscheiden" unter voller Aufrechterhaltung der Versorgungsbezugsrechte vorsah, gekündigt. „Diese Kündigung müsse aber „im Interesse des Dienstes unbedingt aufrecht erhalten werden. Es ist dringend erforderlich, dass endlich in politischer Hinsicht Ruhe in der Beamtenschaft der RfA geschaffen wird."[30] Zum 31. März 1934 endete daher die Dienstzeit von W. bei der RfA.

Es war aus der Perspektive der Betroffenen nur zu gut nachzuvollziehen, dass sie in der Regel nicht den Mut zu einem gegensätzlichen politischen Bekenntnis aufbrachten, sondern ihre Staats- und Regierungstreue auch unter den neuen Machtverhältnissen bekundeten. Ein weiterer, als SPD-Mitglied und Marxist beschuldigter RfA-Verwaltungsinspektor etwa versuchte vor dem Säuberungsausschuss geradezu verzweifelt, durch Loyalitätsbekundungen der drohenden Entlassung zu entgehen. Sowohl bei der SPD wie beim Reichsbanner sei er bloßer Beitragszahler gewesen. „Ich stehe jetzt, wie es ja meine Pflicht als Beamter ist, vollständig hinter der nationalsozialistischen Regierung. Ich bin zwar selbst noch nicht Nationalsozialist, bemühe mich aber, mir die nationalsozialistischen Gedankengänge anzueignen", so hieß es in dem Vernehmungsprotokoll.[31] Der Ausschuss sah tatsächlich keinen Anlass für eine Entlassung, jedoch jedoch wollte er unbedingt sicherstellen „ihn in Zukunft von jeder Beförderung auszuschließen".[32] Und dennoch wurde der 53-jährige Beamte nach 19 Jahren RfA-Zugehörigkeit Ende Oktober 1933 entlassen. Bis Ende Januar 1934 ließ man ihm seine bisherigen Bezüge, danach erhielt er entsprechend den Bestimmungen des Berufsbeamtengesetzes nur noch drei Viertel.

Letztendlich war bei der ganzen Säuberungsaktion nicht viel herausgekommen. Als Grießmeyer im November 1933 dem Reichsarbeitsministerium Vollzug meldete, waren nur sieben Personen, darunter ein Vertragsarzt, zwei Beamte des mittleren Dienstes, drei weibliche Büroangestellte und eine Laborantin aufgrund ihres jüdischen Bekenntnisses entlassen worden. Zehn Beamte des mittleren Dienstes und zwei Unterbeamte sowie ein Hilfsamtsgehilfe erhielten ihre fristlose Kündigung aus politischen Gründen, da sie nach ihrer bisherigen politischen Betätigung nicht die Gewähr dafür boten, „dass sie jederzeit rückhaltlos für den nationalsozialistischen Staat eintreten" würden.[33] Im höheren Dienst versetzte Grießmeyer nur einen als Oberregierungsrat tätigen Juristen als „Nichtarier" in den Ruhestand. Alles in allem waren damit gerade einmal 20 „Säuberungen" vollzogen worden, die zudem nicht alle Bestand hatten. 15 Bedienstete legten gegen ihre Entlassung Einspruch ein und in vier Fällen, in denen die Kündigung wegen politischer Unzuverlässigkeit erfolgt war, hob

---

30 Schreiben der RfA an das RVA vom 8.1.1934, in: ebd.

31 Vernehmungsprotokoll vom 20.9.1933, in: Personalakte E.U., in: ebd.

32 Protokoll der Sitzung des Ausschusses vom 21.9.1933, in: ebd.

33 Vgl. Schreiben der RfA an das RAM vom 18.11.1933, in: BArch R 3901/5570; vgl. dazu auch Bonz-MS, S. 441 ff.

das zuständige Reichsversicherungsamt als Aufsichtsbehörde die Entlassungsverfügung der RfA auf.[34]

Wichtiger als diese „Säuberung“ war daher der damit verbundene politische Konformitätsdruck, die Drohung mit Sanktionsmöglichkeiten bei Nichtanpassung und die dadurch in Gang gesetzte nazifizierende Veränderung der Organisationskultur innerhalb der RfA. In die Säuberungsverfahren waren dutzende Kollegen und Mitarbeiter der Beschuldigten involviert worden und die jeweiligen Fälle waren über Monate verwaltungsinternes Gesprächsthema. Die Mitglieder des „Säuberungsausschusses“, allen voran die jeweiligen Verhandlungsleiter, traten dabei oft wie eine behördeninterne Gerichtsbarkeit auf. Und die RfA griff nicht nur zum Mittel der Kündigung, sondern maßregelte auch frühere SPD-Mitglieder und sonstige ehemalige Sympathisanten für Linksparteien unter den Beamten mit Beförderungssperren. „In den Akten ist zu vermerken, dass der Beamte innerhalb der nächsten 5 Jahre nicht befördert werden darf“, hieß es lapidar.[35] Wieviele Mitarbeiter davon betroffen waren, lässt sich nicht mehr feststellen. Gleichzeitig mehrten sich nun in auffälliger Weise die Fälle, in denen alte NSDAP-Mitglieder mit Verweis auf ihre politische Vergangenheit um Wiedereinstellung bzw. Festanstellung bei der RfA nachsuchten, vielfach mit Erfolg, wie etwa jener Verwaltungsinspektor i. c.R., der seit Dezember 1932 NSDAP-Mitglied war und, 43 Jahre alt, im Zuge der Personaleinschränkungen 1932 von der RfA entlassen bzw. als sogenannter „Wartestandsbeamte“ in den einstweiligen Ruhestand versetzt worden war. Im August 1933 waren seine Bemühungen um Wiederanstellung erfolgreich, er wurde in der Heilverfahrensabteilung im Registraturdienst beschäftigt und in eine Planstelle der Besoldungsgruppe A 4a eingewiesen. In den folgenden Jahren machte er durchaus Karriere und diente sich vom Sachbearbeiter für Anträge auf Gewährung von Heilverfahren bis zum Regierungsoberinspektor hoch.[36] Auch andere vergleichsweise junge RfA-Beamte machten plötzlich Karriere. Einer von ihnen brachte es in kurzer Zeit zum Regierungsamtmann und wurde dann Bürovorsteher der größten Abteilung der RfA, der Leistungsabteilung. „Nach unseren Feststellungen war R. der typische scharfe Vertreter der Partei und der SA in einer Behörde“, notierte dazu später der Betriebsrat der RfA in seinem Schreiben an die Entnazifizierungskommission.

> Seine Ernennung zum Amtmann und zum Bürovorsteher hat er allein seiner „linientreuen“ Haltung zur Partei und SA zu verdanken. Er sah in den ihm unterstellten Mitarbeitern nur Soldaten seines „Führers“, wie er sich ausgedrückt haben soll. Sehr oft erschien er in „hoher“ SA-Uniform.[37]

34 Vgl. ebd., Bl. 442f. sowie Schreiben der RfA an das RAM vom 22.11.1934, in: BArch R 3901/5570.

35 Vgl. Vermerk vom 28.9.1933, in: Archiv Bonz sowie auch Bonz-MS, S. 443.

36 Vgl. dazu die Personalakte, hierin Ernennungsschreiben vom 30.1.1943, in: Archiv Bonz. Diese ganze Umbruchphase 1933/34 ist bei Glootz ziemlich undifferenziert dargestellt. Weder kann von einer „systematischen Unterwanderung“ der RfA mit „Nazi-Funktionären“ die Rede sein, noch von „massenhaften Entlassungen“ von Sozialversicherungsbeamten. Vgl. Glootz, S. 73f.

37 Vgl. das Schreiben vom 17.12.1946 in der Personalakte in: Archiv Bonz.

Bei Beförderungen war Grießmeyer inzwischen sowieso nicht mehr autonom. Jeder Wechsel des Amtsstatus wurde der Berliner Gauleitung mit der Bitte um Genehmigung angezeigt und erst wenn vom Gau-Personalamt qua politischem Führungszeugnis eine positive politische Beurteilung kam, konnte die Beförderung vollzogen werden.[38]

Dass in der RfA schnell auch der neue Geist des NS-Regimes sicht- und spürbar wurde, dafür sorgte auch Grießmeyer mit einer Reihe von Präsidialverfügungen. Sie befassten sich mit Dingen wie der genauen Beschreibung der Ausübung des „Deutschen Grußes",[39] dem automatischen Abzug des Winterhilfswerk-Beitrags[40] oder der geschlossenen Abordnung der gesamten Belegschaft unter Führung Grießmeyers zur Teilnahme an den Feierlichkeiten zum 1. Mai auf dem Tempelhofer Feld.[41] Regelmäßig wurde die RfA-Belegschaft zur Unterbrechung ihrer Arbeit für Appelle, Vorträge (etwa über die „Lebensordnung in der Gemeinschaft der Schaffenden" durch RVA-Direktor Prof. Dr. Dersch) und zur Übertragung von Führerreden veranlasst, und bei allen NS-Feierlichkeiten wurde das RfA-Gebäude reichlich mit Hakenkreuzfahnen beflaggt. Auch wenn die meisten diese Verfügungen auf der Basis von entsprechenden Erlassen des RAM ergangen waren, so war Grießmeyer in dieser Phase doch auch von sich aus eifrig bemüht, der RfA möglichst schnell nicht nur das Gesicht, sondern auch den Geist einer strammen „NS-Behörde" zu geben. Die Förderung nationalsozialistischer Gesinnung wurde nun auch Pflicht der Behörden. So wurde denn auch die RfA-Bibliothek per Verfügung mit umfangreicher „nationalsozialistischer Literatur" bestückt.

Und es häuften sich die Fälle von Denunziation, denen die inzwischen als „Belegschaftsvertreter" amtierenden Hauptvertrauensleute Verwaltungsamtmann Braß und Verwaltungsinspektor Maletzek sowie der Fachschaftsgruppenleiter Verwaltungsoberinspektor Beutler und der Verbindungsmann zur DAF bei der RfA, Verwaltungsamtmann Reinecke, akribisch nachgingen. Anfang Mai 1934 erschien etwa der Dienstanfänger Heinz M. bei den Vertrauensleuten und gab an, dass der Verwaltungsoberinspektor R., stellvertretender Dienststellenleiter der Abteilung I Leistung 3, sich abfällig über einen Artikel im *Völkischen Beobachter* geäußert habe.[42] Daraufhin

38 Vgl. Beispiel dazu in den diversen Personalakten, in: ebd.

39 Vgl. Präsidialverfügung vom 24.8.1933 sowie vom 14.12.1933, in: RfA-Archiv Nr. 18.

40 „[...] da ich überzeugt bin, dass das gesamte Personal der RfA Wert darauf legt, sich an diesem Werk nationaler Solidarität zu beteiligen, habe ich die Hauptkasse angewiesen, bei den künftigen Lohn- und Gehaltszahlungen die oben genannten Abzüge vorzunehmen und dem Winterhilfswerk zu überweisen".

41 „Um die Einheitlichkeit des Aufmarsches zu heben, empfiehlt es sich, dass die Amtswalter der NSDAP Uniform anlegen und die übrigen Teilnehmer nach Möglichkeit blauen Anzug und blaue Schirmmütze tragen. Wer zum Tragen der Hakenkreuzbinde berechtigt ist, legt sie an. Wer sich infolge körperlicher Behinderung den Anstrengungen des Marsches nicht gewachsen fühlt, meldet dieses schriftlich unter Angabe des Grundes dem Personalbüro." Präsidialverfügung vom 28.4.1934, in: RfA-Archiv Nr. 19.

42 Der Artikel lautete: „Kommandierte Menschen und Fahnen. Wie unter Dollfuss der 1. Mai aussieht", worüber der Denunzierte laut dem an Grießmeyer weitergeleiteten Vernehmungsprotokoll geäußert

Abb. 5: Das RfA-Zentralgebäude in der Ruhrstraße 2, Berlin Zehlendorf ca. 1935

wurden mehrere RfA-Beschäftigte befragt, die zum Teil als Be-, aber auch als Entlastungszeugen auftraten. Letztlich informierte dann Grießmeyer Mitte Mai 1934 den betroffenen Beamten, dass er beabsichtige, wegen der Äußerungen ein Dienststrafverfahren gegen ihn einzuleiten. Er könne sich dazu binnen vier Tagen mit evtl. Einwendungen äußern. In diesem Zusammenhang wurde gleich gegen einen weiteren Verwaltungsbeamte aus der Leistungsabteilung ein Dienststrafverfahren angekündigt. Dieser war wegen seiner Äußerung, „eines Tages müssten diejenigen, die nicht Mitglieder der NSDAP seien, gehen, und dann würden die Stellen mit alten Kämpfern, die teilweise noch junge Burschen seien, besetzt", angezeigt worden.[43] Mit der Angelegenheit beschäftigte sich Ende Mai 1934 schließlich sogar das Direktorium, das nach Vortrag der Ermittlungsergebnisse des zuständigen Referenten für die Personalsachen der Beamten des mittleren Dienstes beschloss, die beiden Beamten nicht mit einer Entlassung zu bestrafen, jedoch einen präsidialen Verweis zu erteilen.[44] Bemerkenswerterweise fiel der Beschluss nur durch die beamteten Direktoriumsmit-

haben soll: „Wie kann solch ein Artikel in die Zeitung gesetzte werden, wo es doch in Deutschland viel schlimmer aussieht"? Das Protokoll vom 4.5.1934 sowie der weitere Schriftwechsel dazu in: Personalakte W.R., Achiv Bonz.

43 Ebd.,

44 Vgl. Auszug aus der Niederschrift der Sitzung der beamteten Mitglieder des Direktoriums vom 29.5. 1934, in: ebd.

glieder. Bei einer Hinzuziehung der regimetreuen „ehrenamtlichen" Direktoriumsmitglieder wäre das Urteil vermutlich weniger mild ausgefallen.[45]

Das RfA-Direktorium bemühte sich zumindest nach außen hin auch um die rasche Umsetzung der explizit antisemitischen Bestimmungen, wie sie etwa im Gesetz über Ehrenämter in der Sozialversicherung festgelegt waren. So waren nichtarische Ärzte künftig ebenso wenig im Dienst der RfA zugelassen wie auch jüdische Rechtsanwälte in Sozialgerichtsverfahren die Behörde nicht mehr vertreten durften.[46] Das setzte allerdings aufwändige Ermittlungen in Gang, denn „die Durchführung dieses Erlasses bietet insofern Schwierigkeiten, als die politische Einstellung der bei den Gerichten zugelassenen Rechtsanwälten hier nicht bekannt ist und auch aus dem Namen nicht immer ersehen werden kann, ob der Rechtsanwalt deutsch-stämmig ist", wie der Direktor der Abteilung I Leistung, Koch, im Mai 1933 an Grießmeyer schrieb.[47] Um den Verfügungen gerecht zu werden, blieb daher nichts anderes übrig, als ein Verzeichnis sämtlicher vor Gericht schwebender Leistungssachen mit den dabei für die RfA-Seite involvierten Anwälten zu erstellen und dann systematisch deren Rassezugehörigkeit zu eruieren. Dasselbe Problem stellte sich für hunderte von Ärzten, die entweder als Gutachter, Sanatoriumsangestellte oder Vertrauensärzte in den verschiedensten Stellen des rentenversicherungsrechtlichen Leistungsprozesses involviert waren. Doch die mit den entsprechenden Recherchen beauftragte Personalabteilung arbeitete ebenso akribisch wie schnell. Bereits im Juli 1933 etwa erhielt der Hamburger Rechtsanwalt Johann Behrend Levy von der RfA den Bescheid, dass ihm das seit Mai 1931 übertragene Mandat zur Vertretung der RfA-Angelegenheiten vor dem Hamburger Landgericht aufgrund seiner nicht-arischen Abstammung mit sofortiger Wirkung entzogen wurde.[48]

Der Leistungs-, vor allem aber der Heilverfahrensbereich der RfA bot zudem ein breites Einfallstor für nationalsozialistisches Gedankengut. Das zeigt sich etwa bei der Berücksichtigung erb- und rassebiologischer Gesichtspunkte bei der Bewilligung von Heilverfahren, der erwähnten Ausschaltung jüdischer Ärzte sowie der Nichtbelegung von Heilstätten, die sich im Eigentum von Juden befanden. Die Haltung der verschiedenen RfA-Stellen war dabei, wie später noch ausführlicher zu zeigen sein wird, keineswegs homogen. So stand auf der Tagesordnung einer der ersten Direktoriumssitzungen unter neuer ehrenamtlicher Besetzung im Januar 1934 ein Bericht über den Lehrkurs „Erblehre und Rassenhygiene in Beziehung zum Heilverfahren der RfA", den

---

45 R. sollte im Herbst 1943 noch einmal Opfer einer Denunziation von RfA-„Kollegen" werden. Wegen abfälliger Äußerungen über die deutsche Kriegsführung wurde er im September 1943 verhaftet und im Mai 1944 zu neun Monaten Gefängnis wegen Heimtückevergehen verurteilt. Zugleich eröffnete die RfA erneut ein Dienststrafverfahren gegen ihn. Vgl. Protokoll der Vernehmung vom 28.7.1944, in: ebd. Wenig später wurde R. unter deutlicher Kürzung seiner Pensionsbezüge – ohne Anwendung der von R. befürchteten vollen Aberkennung seines Pensionsanspruchs – von der RfA in den Ruhestand versetzt.

46 Vgl. dazu auch das Schreiben des RAM an die RfA vom 2.5.1933, in: RfA-Archiv Nr. 18.

47 Das Schreiben vom 16.5.1933, in: ebd.

48 Das Schreiben vom 26.7.1933, in: RfA-Archiv Nr. 52.

die Sachbearbeiter der Heilverfahrensabteilung und die Heilstättenärzte ablegen mussten, und es ging um den Antrag eines jüdischen Sanatoriuminhabers, dem die RfA offenbar schon die Kündigung der Geschäftsbeziehung und die Verweigerung der weitern Belegung mit RfA-Patienten angezeigt hatte. Er bat um einen Zeitaufschub, vermutlich um das Sanatorium verkaufen zu können.[49] Gleichzeitig aber ordnete Grießmeyer in einer Präsidialverfügung vom Dezember 1934 – obschon mit ausdrücklichem Verweis auf die „Verpflichtung zur Geheimhaltung aller sich auf die Unfruchtbarmachung einer erbkranken Person beziehenden Vorgänge“ – eine Änderung des Verfahrensweges und der Verfahrensdokumentation an.[50] Seit Anfang 1934 mussten sich auch die bei der RfA tätigen Ärzte der Pflicht unterwerfen, alle Personen, die an einer Erbkrankheit oder an schwerem Alkoholismus litten, zu melden. Die aus Neuanträgen oder Vorakten einschließlich der Kinder- und Zuschussheilverfahren bekannt werdenden Fälle von Krankheiten, die unter das Gesetz zur Verhütung erbkranken Nachwuchses fielen, waren in den Heilverfahrensakten „besonders kenntlich“ zu machen und außerdem in gesonderten Listen unter Angabe des Namens, Geburtsdatums und Wohnorts sowie der Versichertennummer des Betroffenen bzw. seiner Angehörigen zu vermerken.[51] Schon früh hatte es zudem in den entsprechenden NS-Stellen Bemühungen gegeben, „das für die Erbforschung so außerordentlich wichtige Material“ der RfA zu erfassen, was bald darauf dazu führte, dass eine Feststellung von Zwillingen aus den ärztlichen Unterlagen bei Heilverfahrensanträgen erfolgte.[52] Es muss offenbleiben, welche konkreten Konsequenzen sich im Einzelfall aus dieser prinzipiellen Neubewertung des Rehabilitationsbereichs ergaben. Auf die Gewährung von Rehabilitationsleistungen hatten die Versicherten zumal, anders als im Leistungsbereich, keinen Rechtsanspruch. Nach außen hin jedenfalls demonstrierte die RfA schon in ihrem Geschäftsbericht für 1934 ihren vollzogenen Anpassungsprozess. „Bei der Prüfung der Heilverfahrensanträge wurden erbbiologische Gesichtspunkte gebührend berücksichtigt“, steht da.[53]

Der erste eigentliche antisemitische Sündenfall der RfA, in dem die Behörde ohne Not und rechtliche Zwänge zum Akteur nationalsozialistischen Unrechts wurde, ereignete sich jedoch im klassischen Leistungsbereich, und zwar schon im August 1933.

---

49 Vgl. Tagesordnung der Direktoriumssitzung vom 8.1.1934, in: BArch R 112/159. Tatsächlich ging es um das Wiesbadener Sanatorium am Grünweg, das nach Lage und Ausstattung zu den besten von der RfA belegten Häusern gehörte, dessen Besitzer Lubowski jedoch Jude war. Man beschloss, das Sanatorium zunächst unverändert weiter zu belegen, um den Erben genügend Zeit zum Verkauf zu geben. Wenn es ihnen gelänge, einen arischen Käufer zu finden, so war durchaus eine Weiterbelegung des Hauses durch die RfA angedacht. Vgl. dazu die Aussage des zuständigen Verwaltungsreferenten vom 11.7.1935, in: BArch R 9361-I, 13951.

50 Vgl. Präsidialverfügung vom 29.12.1934, in: RfA-Archiv Nr. 20 und Abteilungsverfügung vom Januar 1935, in: RfA Archiv Nr. 73.

51 Vgl. dazu die Leitsätze des zuständigen RfA-Arztes Dr. von Gimborn vom Dezember 1933, in: RfA-Archiv Nr. 19.

52 Vgl. Abteilungsverfügung vom Oktober 1934 mit Vermerk, in: RfA-Archiv Nr. 19.

53 Vgl. Mitteilungen der RfA Nr. 6, 1934, S. 17 und dazu auch Bonz-MS, S. 588 ff.

Es ging, auf der Basis der RfA-spezifischen Mehrleistungsgewährung um den Antrag auf Waisenrente für ein jüdisches Kind, das im Ausland eine Talmud-Schule besuchte. Der Leiter der Leistungsabteilung hatte entsprechend der Rechtslage für eine Gewährung plädiert, den Fall jedoch ins Direktorium zum Beschluss gegeben. Wie nicht anders zu erwarten, war auf der Direktoriumssitzung im August 1933 von Seiten des NSDAP-Stadtrats Faltin vehement Widerspruch dagegen eingelegt worden, und Grießmeyer knickte, obschon klar war, dass damit ein Bruch der Gesetzesbestimmungen vollzogen wurde, ein. Es wurde beschlossen, die gesetzlich festgelegte Zahlung von Waisenrenten an Juden abzulehnen.[54] Die RfA ging aber noch einen großen Schritt darüber hinaus und schlug in einem ausführlichen Schreiben an das Reichsversicherungsamt eine entsprechende Gesetzesänderung vor, die den Fall zumindest nachträglich legitimiert hätte. Ausgangspunkt war die Tatsache, dass beim Aufenthalt eines Rentenberechtigten im Ausland nach geltendem Recht bei deutschen Staatsbürgern ein Ruhen der Rente überhaupt nicht, bei Ausländern nur dann eintrat, wenn der Berechtigte sich freiwillig gewöhnlich im Ausland aufhielt. „Die Erfahrungen der letzten Zeit haben gezeigt", so hieß es in dem von Grießmeyer unterzeichneten Schreiben, „dass diese Bestimmungen nicht ausreichen, und dass unter Umständen aus allgemeinen staatspolitischen Gründen ein Ruhen der Rente über die jetzigen Vorschriften hinaus angezeigt sein kann."[55] Wenn ein rentenberechtigter Deutscher in staatsfeindlicher Absicht nach dem Ausland verzieht, bot das bestehende Recht keine Handhabe, die Zahlung der Rente einzustellen. Im Fall der jüdischen Waisen wäre, dessen war man sich bewusst, eine Berufung gegen den RfA-Entscheid ohne Zweifel erfolgreich, so dass auch hier ein Riegel vorgeschoben werden müsste, denn „es wäre nicht zu rechtfertigen, die Rente für den Berechtigten nach dem Ausland zu zahlen und ihm dadurch seine Ausbildung in einem möglicherweise deutsch-feindlichen Sinne zu ermöglichen".[56] Grießmeyer plädierte daher vehement dafür, die gesetzlichen Möglichkeiten zu schaffen, die es dem Versicherungsträger, sprich der RfA, erlaubte, von sich aus die Rentenzahlung bei einem Aufenthalt im Ausland einzustellen, wenn dieser aus staatspolitischen Gründen unerwünscht war.

> Wir schlagen deshalb vor, die jetzigen Ruhensvorschriften des AVG durch eine Vorschrift zu ergänzen, durch die die RfA ermächtigt wird, nach ihrem Ermessen die Rente und den Kinderzuschuss bei einem Aufenthalt des Berechtigten im Ausland ruhen zu lassen. Um eine dem Staatswohl unzuträgliche Erörterung allgemeiner staatspolitischer Notwendigkeiten vor den Spruchbehörden zu vermeiden, halten wir es ferner für nötig, die Einlegung eines Rechtsmittels gegen die Entscheidung der RfA in diesen Fällen auszuschließen.[57]

---

54 Vgl. dazu RfA-Archiv Nr. 9 sowie Schreiben der RfA an das RVA vom 16.9.1933, in: BArch R 89/4309 und nicht zuletzt auch die Erwähnung des Vorgangs im Schreiben an das oberste Parteigericht vom 26.9.1936, in: BArch R 9361-I, 13951.

55 Schreiben vom 16.9.1933, S. 1, in: BArch R 89/4309. Der Schriftwechsel dazu auch in: RfA-Archiv Fach 113, Nr. 14.

56 Ebd., S 2.

57 Ebd., S. 3.

Es stand außer Zweifel, dass die RfA in den Jahren 1933/34 damit „in der Frage der Gewährung von Leistungen an Regimegegner und Nichtarier weit über das damals aus der Sicht der Machthaber staatspolitisch Vertretbare hinausgeeilt [war], so dass sie vom RAM gebremst werden musste".[58] Auch das RVA hatte gegen den weitgehenden Vorschlag, der nicht zuletzt auch die Aufsichtskompetenz gegenüber der RfA eingeschränkt hätte, rechtliche wie politische Bedenken und verwarf daher eine Gesetzesänderung.[59] Dennoch hatte sich die RfA damit zum Vorreiter für die später dann doch erfolgte restriktive Auslegung und Anwendung von Ruhensvorschriften zur Instrumentalisierung gegen Regimegegner und „Staatsfeinde" gemacht.

Im Laufe der Zeit hatte es auch Veränderungen im Leitungsgremium der RfA gegeben. In dem noch im Dezember 1933 amtierenden Direktorium der beamteten Mitglieder aus Grießmeyer, Lehmann, Haenel und Schaefer war im Mai 1934 durch das altersbedingte Ausscheiden von Lehmann, der auch als Stellvertreter Grießmeyers amtiert hatte, eine Neubesetzung notwendig geworden. An seine Stelle trat Direktor Dr. Paul Ruff, der zum Leiter der Abteilung Gesundheitsfürsorge aufstieg. Es ist nicht klar, inwieweit Grießmeyers Entscheidung den neuen politischen Verhältnissen geschuldet war und damit eine Konzession an die NS-Vertreter darstellte. Denn Ruff war schon seit Juli 1931 NSDAP-Mitglied gewesen und damit „der einzig leitende Beamte der RfA, der vor der Machtübernahme Parteigenosse geworden ist", wie er selbst später einmal stolz erklärte.[60] Schon im April 1933 hatte Grießmeyer umfangreiche personelle Veränderungen in der Präsidialabteilung vorgenommen und das wichtige Personalreferat dem damaligen Oberregierungsrat Ruff unterstellt.[61] Was auch immer die Motive für die nun erneute Beförderung Ruffs gewesen sein mögen, Grießmeyer sollte diese Entscheidung jedenfalls schnell bereuen. Am 20. Dezember 1934 ernannte Reichsarbeitsminister Seldte Grießmeyer entsprechend dem auch in der Verwaltung allenthalben eingeführten Führerprinzips zum alleinigen Leiter der RfA, der nun auch die Befugnisse des Direktoriums übernahm.[62] Die bisherigen Organe der RfA, Vertrauensmänner, Verwaltungsrat und Direktorium, wurden abgeschafft. Aber auch der Präsidenten-Titel fiel damit zunächst weg. Das Ganze war, was die Person und Funktion Grießmeyers anging, beamtenrechtlich kompliziert und auch Ausdruck ziemlicher personalpolitischer Turbulenzen, auf die noch genauer einzugehen sein wird. Formal wurde Grießmeyer daher vom 1. Januar 1935 an nur mit der „Wahrnehmung der Geschäfte des Leiters der RfA beauftragt", eine tatsächliche Ernennung zum Leiter der RfA unter Berufung in das Reichsbeamtenverhältnis mit der Amtsbezeichnung Präsident sollte, so die Planungen, erst im Laufe des Jahres 1935 erfolgen. Pünktlich zum Jahresbeginn richtete sich Grießmeyer denn auch mit einer „Bekanntmachung an die Gefolgschaft" im Hause. Darin informierte er über seine Be-

58 Bonz-MS, S. 591 f.

59 Vgl. das Schreiben des RVA an das RAM vom 27.6.1934, in: BArch R 89/5066.

60 Schreiben Ruffs vom 17.6.1936, in: BArch R 9361 I-13951.

61 Vgl. dazu Präsidialverfügung vom 11.4.1933, in: RfA-Archiv Nr. 1.

62 Das Schreiben Seldtes vom 20.12.1934, in: BArch R 89/3467.

auftragung und künftige Funktion, und kündigte zugleich als seine drei gleichberechtigten Stellvertreter die bisherigen Direktoriumskollegen Haenel, Schaefer und Ruff an. Die RfA bleibe, so versicherte Grießmeyer, die selbständige reichsgesetzliche Trägerin der Angestelltenversicherung. „Wir wollen uns nach wie vor in treuer Pflichterfüllung und Kameradschaft in den Dienst unserer Anstalt und damit der Volksgemeinschaft stellen, um unser Teil beizutragen am Werk des Führers", hieß es abschließend ganz im Duktus des NS-Staates.[63] Zu diesem Zeitpunkt bereits war Grießmeyer jedoch, obwohl er sich als eifriger Vollstrecker der Neuausrichtung der RfA hervorgetan hatte, selbst ins Visier politischer Machtkämpfe und personalpolitischer Angriffe geraten.

Der RfA-Präsident war am 1. Mai 1933 NSDAP-Mitglied geworden, dazu wenig später auch im NS-Rechtswahrerbund und der Nationalsozialistischen Volkswohlfahrt. Im Laufe der Jahre kamen weitere Mitgliedschaften in diversen NS-Organisationen hinzu. Dazu kam eine kurze, von Juni 1933 bis Ende 1934 reichende Episode als Mitglied im SS-Reitersturm Potsdam.[64] Um nicht den Anschein politischer Unzuverlässigkeit aufkommen zu lassen, war Grießmeyer – durchaus schweren Herzens – aus der Loge „Schlaraffia" ausgeschieden, der er fast 30 Jahre lang, seit 1925 auch in deren Berliner Vorstand, angehört hatte.[65] Grießmeyer hatte, wohl auch aufgrund der etwas dubiosen Art seiner Präsidentenwahl innerhalb der RfA, viele Gegner, deren Haltung aber durchaus wechselhaft und opportunistisch war. Exemplarisch dafür war ein Brief, den der Verband der Beamten der Reichsversicherungsanstalt für Angestellte e.V. im April 1933 an Reichsarbeitsminister Seldte schrieb.[66] Gerüchteweise werde verlautet, so hieß es darin, dass in absehbarer Zeit eine Änderung in der obersten Leitung der RfA vollzogen werden solle. Dies gehe inzwischen so weit, dass bereits auch der Nachfolger „in ziemlich bestimmer Form" benannt worden sei. Und weiter:

> Wir bekennen ehrlich, dass die gesamte Beamtenschaft der RfA gleich nach dem 30. Januar des Jahres eine anderweitige Regelung der Verhältnisse bei der RfA in personeller Hinsicht angestrebt hat, zumal sie aus eigener Kenntnis der Dinge überzeugt gewesen ist, dass der jetzige Präsident immer mehr und mehr von seinen nächsten Mitarbeitern in den Kreis des allmächtigen Verwaltungsrates und das nichtbeamtete Direktorium einbezogen wurde und der Herr Präsident hierdurch nach und nach der gesamten Beamtenschaft entfremdet worden ist.[67]

Man habe deshalb mehrmals mit Grießmeyer gesprochen und von diesem auch gefordert, den Personalreferenten, Direktor Granzow, und einige mittlere Beamten von ihren Posten zu entfernen und diese Stellen mit Beamten zu besetzen, die das volle Vertrauen der gesamten Beamtenschaft besäßen.

---

63 Die Bekanntmachung in: RfA-Archiv Nr. 18.

64 Vgl. BArch R 9361/I Nr. 1006 sowie auch Schreiben Grießmeyers an das RAM vom 5.10.1938, in: BArch R 3901/103525 (die umfangreiche mehrteilige Personalakte Grießmeyers beim RAM).

65 Vgl. Abschrift des Austrittsschreibens vom 2.10.1933, in: ebd.

66 Das Schreiben vom 20.4.1933, in. ebd.

67 Ebd., S. 1.

> Diesem Verlangen ist erfreulicherweise entsprochen worden, die Umbesetzung ist reibungslos und ohne Erschütterung der dienstlichen Obliegenheiten erfolgt [...]. Aus all diesen Erwägungen bittet die Führung des Verbandes der Beamten der RfA, von einem etwa beabsichtigten Wechsel in der obersten Leitung der RfA abzusehen und unsere Behörde von den damit verbundenen Erschütterungen zu bewahren.

Auch die eventuelle Einsetzung eines Reichskommissars werde nach Lage der Dinge nunmehr als überflüssig erachtet, da hierdurch das Ansehen der Behörde leiden würde. Die gesamte Beamtenschaft der RfA, die durch Fleiß, Pflichterfüllung und Treue in hervorragendem Maße zum guten Ruf der RfA beigetragen habe, „braucht jetzt keinen Reichskommissar, da sie heute wieder geschlossen und vertrauensvoll hinter ihrem Präsidenten, Herrn Grießmeyer, steht“.[68]

Auslöser der Gerüchte um eine Abberufung Grießmeyers waren zwei Artikel gewesen, die kurz hintereinander im Februar 1933 im *Völkischen Beobachter* erschienen waren. Sie waren ein Indiz dafür, dass der RfA-Präsident auch außerhalb der Behörde mächtige Feinde hatte. In den Beiträgen waren zum einen Art und Höhe der Direktoren-Zulage (von 2400 RM), zum anderen weitere dubiose „Sonderzulagen“ sowie eine SPD- und judenfreundliche Personalpolitik Grießmeyers scharf kritisiert worden.[69] Es war offensichtlich, dass die NSDAP damit zum Sturm auf die RfA und ihre Selbstverwaltungsorgane blies, denn der zweite Artikel schloss mit dem Aufruf an die Arbeitgeber und alle Versicherten, durch Ausübung ihres Wahlrechts dafür zu sorgen, dass im Verwaltungsrat und Direktorium die NSDAP die Mehrheit erhielt. Vor allem die Tatsache, dass sich schnell abzeichnete, dass Grießmeyer entgegen den Erwartungen im NS-Lager unbeschadet Präsident der RfA bleiben würde, war den Gegner ein Dorn im Auge. Allein die bald darauf erfolgte Besetzung der ehrenamtlichen Posten in Verwaltungsrat und Direktorium durch DAF-Funktionäre reichte diesen offensichtlich nicht. Vor diesem Hintergrund spricht vieles dafür, dass Grießmeyer sich bei den „Säuberungsaktionen“ und auch der Leistungspolitik in den Jahren unmittelbar nach der Machtergreifung so radikal gebärdete, um seine Kritiker Lügen zu strafen. Denn in den folgenden Jahren, insbesondere auch im Krieg, sollte Grießmeyer bald wieder eine gegenüber dem NS-Regime und deren sozial- bzw. versicherungspolitischen Ideologen deutlich distanziertere Personal- wie Leistungspolitik verfolgen, die wieder stark die Interessen der RfA als Verwaltungsbehörde im Auge hatte. Doch jenes Kalkül der vorauseilenden Anpassung, ging letztlich nicht auf.

Mitte Dezember 1934 ging eine lange Eingabe, an den Führer und Reichskanzler Adolf Hitler gerichtet, in der Wilhelmstraße ein, die von dort umgehend auch an das Reichsarbeitsministerium weitergeleitet wurde. Der Zeitpunkt des Denunziationsschreibens war nicht von ungefähr gewählt, denn die Ernennung Grießmeyers als

---

68 Ebd., S. 2.

69 Vgl. „Merkwürdige Gratifikationen! Die Direktoren-Zulagen in der Angestelltenversicherung“, in: VB vom 15.2.1933 sowie „Noch mehr ‚Sonderzulagen‘ in der Angestelltenversicherung“, in: VB vom 27.2.1933, beide Artikel als Abschrift in: BArch R 3901/103525, Teil 2, Bd. 2.

Alleinführer und Präsident der RfA, die auf Vorschlag des RAM nur Hitler selbst vornehmen konnte, stand unmittelbar bevor. Das Ganze war, wie sich erst viel später herausstellen sollte, ein vielfach undurchsichtiges, letztlich aber abgekartetes Spiel zwischen den unterschiedlichen Gegnern Grießmeyers, die aus den verschiedenen Verwaltungsbereichen der RfA kamen, aber auch aus „alten Kämpfern" innerhalb wie außerhalb der RfA bestanden und sich zeitweise miteinander verbündet hatten, gleichzeitig aber auch jeweils eigenständig immer neue Angriffe gegen Grießmeyer starteten. In der Eingabe jedenfalls wurde Hitler aufgefordert, die Ernennungsurkunde nicht zu unterzeichnen und stattdessen ein umfangreiches Untersuchungsverfahren gegen den RfA-Leiter zu eröffnen.

> Wiederholte Vorstöße hoher SS- und SA-Führer und alter Parteigenossen [zur Untersuchung von Verfehlungen Grießmeyers] scheiterten an dem geschickten Auffangen durch die Reaktionäre und Freunde des Grießmeyer im Reichsarbeitsministerium und an der Kunst des letzeren, unter der Maske eines Nationalsozialisten die gutgläubigen Parteigenossen einzuwickeln [...]. Unter gar keinen Umständen dürfen die alten Nationalsozialisten erleben, dass das mehrfache Milliardenvermögen und das jährliche Einkommen von über 300 Mio. RM der RfA in die unumschränkte Gewalt eines einzelnen Leiters gegeben wird, dessen nationalsozialistische Unzuverlässigkeit zum Himmel schreit.[70]

Der Eingabe angefügt waren Abschriften von drei Schreiben, die diverse NS-Parteigänger schon zu früheren Zeiten u. a. an Goebbels gerichtet hatten und darin eine ganze Fülle von Vorwürfen zum Amtsgebaren Grießmeyers erhoben, allen voran die angebliche Begünstigung von Juden, sei es bei der Beförderungspolitik, des ärztlichen Personals in den RfA-eigenen Sanatorien oder auch bei der Vermögensverwaltung durch Geschäfte mit jüdischen Bankiers. Dazu kamen aber auch Vorwürfe, die sich nicht allein auf dienstliche Belange beschränkten, insbesondere der angebliche Missbrauch des RfA-eigenen Dienstwagens für Privatzwecke, weswegen gegen Grießmeyer schon im Mai 1933 ein sogenanntes Uschla-Verfahren vor dem örtlichen Parteigericht der NSDAP angestrengt sowie auch eine Anzeige bei der Berliner Staatsanwaltschaft wegen Korruption erstattet worden war. Zwei der Schreiben stammten von intimen Kennern der Vorgänge und Entscheidungsabläufe innerhalb der RfA, Dr. König, der von Grießmeyer erst kurz zuvor als Sanatoriumsarzt wegen diverser Verfehlungen entlassen worden war, und Max Faltin, der gleichfalls Ende Dezember aus dem Direktorium der RfA ausschied, dies allerdings nicht als Folge der NS-eigenen Gesetze zur Änderung der Selbstverwaltungsorgane sah, sondern sich als Opfer der Verdrängung durch Grießmeyer verstand. So kam es, dass immer neue Details über die gesamte Präsidentschaftszeit Grießmeyers auch vor 1933 ans Tageslicht gezerrt wurden und daraus – parteipolitisch aufgeladen – auch immer neue Vorwürfe und Verfehlungen konstruiert wurden. Das Reichsarbeitsministerium und Grießmeyer selbst hielten die ganze Angelegenheit eigentlich für schnell erledigt: Der RfA-Leiter hatte in einem achtseitigen Schreiben an das RAM detailliert zu den „ge-

70 Das Schreiben vom 11.12.1934, in: ebd.

meinen Denunziationen“ Stellung genommen und aus seiner Sicht sämtliche Vorwürfe entkräftet.[71] Auch im RAM kam man nach „genauester Prüfung“ zu dem Schluss, dass

> sämtliche Vorwürfe der Eingabe völlig falsch sind. Nach der ganzen Sachlage und nach Inhalt und Form der Eingabe sind die Anzeiger nicht durch die von nationalsozialistischer Gesinnung getragene Sorge um das Volkswohl, sondern von der Absicht geleitet, unter Ausnutzung der nationalsozialistischen Bewegung eine ihnen missliebige Persönlichkeit zu beseitigen.[72]

Doch Grießmeyer wie das RAM hatten die Hartnäckigkeit der Gegner unterschätzt, die alle Register der innerparteilichen Gerichtsbarkeit zogen und dabei auch ihr Netzwerk in diversen Parteistellen wie Ministerien nutzten. Das Ganze entwickelte sich letztlich zu einem regelrechten Machtkampf zwischen RAM und diversen NSDAP-Stellen um die Hoheit von Personalentscheidungen, wobei allerdings dann wiederum der ausgehandelte Kompromiss zwischen dem RAM und Martin Bormann als oberstem Chef der Parteikanzlei den Konflikt endgültig beilegen sollte. Das sollte jedoch erst im August 1936, mehr als eineinhalb Jahre nach Ausbruch der Auseinandersetzungen, der Fall sein. Da die „Causa Grießmeyer“ nicht nur RfA-intern für Unruhe sorgte, sondern darüber hinaus auch nahezu die gesamte damalige NS-Partei- und Ministerprominenz von Goebbels über Seldte, Frick und Bormann bis zu Hitlers Stellvertreter Rudolf Hess auf die eine oder andere Weise involviert war und auch innerparteilich hohe Wellen schlug, sollen die Abläufe im Folgenden kurz näher geschildert werden.

Obwohl das RAM keinen Anlass für ein dienststrafrechtliches Verfahren sah, waren aber nach den erhobenen Vorwürfen zunächst die beiden Ermittlungsverfahren, das eine als strafrechtliches Verfahren bei der Staatsanwaltschaft Moabit, das andere als Parteigerichtsverfahren beim Kreisgericht II der NSDAP, Berlin Halensee, in Gang gekommen. Und die Gegner Grießmeyers legten mit einer Reihe von weiteren Eingaben und Schreiben nach. Das eine ging an Rudolf Hess, den Stellvertreter Hitlers, und forderte nochmals ausdrücklich die Aussetzung der Ernennung zum RfA-Präsidenten bis zum Abschluss des Parteigerichtsverfahrens, dessen Ausgang deutlich zeigen würde, „dass der bereits mit der kommissarischen Leitung beauftrage Präsident nicht die geeignete Persönlichkeit ist, um im nationalsozialistischen Sinne diese größte deutsche Sozialversicherungsanstalt weiterhin zu führen“.[73] Interessanterweise tauchen in dem Schreiben, das die mangelnde Qualifikation Grießmeyers zu untermauern sich bemüht, auch Informationen und Andeutungen auf, die den Vorwurf verstärkten, dass es schon bei der Wahl Grießmeyers 1931 nicht mit rechten

---

71 Vgl. das Schreiben vom 16.1.1935, in: ebd.

72 Schreiben des RAM an den Verbindungsstab der NSDAP vom 28.1.1935, in: ebd.

73 Schreiben vom 14.1.1935, in: ebd.

Dingen zugegangen sei.[74] Das andere Schreiben ging an das Kreisgericht der NSDAP mit ergänzenden Anschuldigungen gegen Grießmeyer. Diese bezogen sich nicht nur auf weitere Privatfahrten mit seinem Dienstwagen, sondern auf frühere Grundstückgeschäfte der RfA unter dessen Präsidentschaft mit jüdischen Gutsbesitzern und jüdischen Bankiers. Dabei wurden vertrauliche Interna unter anderem aus der Direktoriumssitzung vom Oktober 1933 ausgebreitet, die nur von Faltin stammen konnten.[75] Sie zeigten aber auch, dass spätestens zu diesem Zeitpunkt Faltin und Grießmeyer innerhalb des RfA-Direktoriums zutiefst verfeindet waren. Es wurde ein Ausspruch Grießmeyers kolportiert, dass Faltin „jegliche sachlichen und persönlichen Voraussetzungen fehlen, um mir oder jedem Leiter der Reichsversicherungsanstalt für Angestellte als nützlicher Berater zur Seite zu stehen".[76]

Obwohl das RAM weiterhin an einer schnellen Ernennung Grießmeyers zum RfA-Präsidenten interessiert war und auch seitens des Sozialamts der DAF, das in die ganze Angelegenheit nicht involviert war, eine Unbedenklichkeitsbescheinigung vorlag, brauten sich vor allem aufgrund des laufenden Parteigerichtsverfahrens über dem Behördenleiter dunkle Wolken zusammen. Denn die DAF hatte ihre Zustimmung explizit vom Urteil des in Sachen Grießmeyer tätigen Parteigerichts abhängig gemacht.[77] Das RAM sah sich daraufhin zu massiven Interventionen veranlasst: Zum einen versuchte man die Akten der Staatsanwaltschaft zur Einsicht einzuziehen, zum anderen gab es eine direkte Besprechung mit Reichsleiter Bormann, bei der unmissverständlich geäußert wurde, dass Grießmeyer wegen dienstlicher Verfehlungen nicht von einem Parteigericht zur Verantwortung gezogen werden könne. Dies obliege vielmehr allein dem RAM als Dienstvorgesetzem. Man bat daher, das Verfahren „schleunigst" einzustellen zu lassen.[78] Doch Hess und Bormann erteilten schließlich die Auskunft, dass das Parteigericht, da das Verfahren einmal eröffnet sei, vom Stellvertreter des Führers unabhängig sei und damit praktisch nicht mehr gestoppt werden könne. Zwischen der Ministerial- und der Parteibürokratie kam es daher bald

74 Demnach hatte es im Reichsrat zwei Wahlgänge gegeben. Im ersten Wahlgang war der vom Verwaltungsrat vorgeschlagene Geheime ORR Haenel mit einer Stimme Mehrheit zum Präsidenten gewählt worden. Daraufhin aber veranlasste das RAM für den nächsten Tag eine nochmalige Abstimmung. In der Zwischenzeit gewährte man dem lippischen Ländchen ein Reichsdarlehens, dessen Vertreter „dann für das Darlehen dankend umfiel und so die Entscheidung für Grießmeyer brachte". Vgl. ebd., S. 2. Grießmeyer stellte die Vorgänge in Erwiderung der Vorwürfe anders dar. Demnach habe die Probeabstimmung die Einstimmenmehrheit für Haenel ergeben, die endgültige Abstimmung dann aber den Stimmenvorsprung für ihn, da ein preußischer Provinzialvertreter seine Meinung geändert habe. Die damals schon nationalsozialistisch regierten Länder Braunschweig und Mecklenburg hätten sich der Stimme enthalten. Vgl. Erwiderung Grießmeyers gegenüber dem Parteigericht vom 28.3.1935, in: ebd.

75 Vgl. das Schreiben Dr. Bäckers an das Kreisgericht II vom 9.3.1935, in: ebd.

76 Schreiben des Kreisgerichts der NSDAP an Grießmeyer vom 18.6.1935, in: ebd.

77 Das Schreiben der DAF an das RAM vom 18.4.1935, in: BArch R 3901/103525, Teil 2, Bd. 1.

78 Schreiben des RAM an Hess o. Datum; auch an das Justizministerium ging ein entsprechendes Schreiben.

zu kontroversen prinzipiellen Erörterungen über den Gegenstand und die Reichweite von beamtenrechtlicher Dienst- und Parteigerichtsbarkeit. So oder so, die Ernennung Grießmeyers zum RfA-Präsidenten verzögerte sich damit weiter.

Inzwischen hatte sich beim Kreisgericht der NSDAP ein umfangreicher Katalog von, aus Sicht der Gegner, umfassend belegten Verfehlungen Grießmeyers angesammelt. Neben den pauschalen Vorwürfen der Judenfreundlichkeit wurden dabei viele interne verwaltungstechnische Details ausgebreitet, insbesondere im Bereich der Hypotheken- bzw. Darlehensvergabe und anderer Vorgänge der Vermögensverwaltung, die es Außenstehenden, gleich ob auf RAM-Seite oder Parteiseite, schwer machte zu entscheiden, ob und wenn ja welche Verfehlungen des RfA-Präsidenten tatsächlich vorlagen. Eine der Anschuldigungen etwa lautete, dass Grießmeyer „aus Gefälligkeit gegen den Juden Merzbach im Herbst 1933 in Millionenbeträgen unverzinsliche Wiederaufbauzuschläge zu Reichsschuldbuchforderungen gekauft und erst auf Einspruch des Direktoriumsmitglieds Faltin damit aufgehört habe“.[79] Ein anderer Vorwurf betraf die von Grießmeyer angeblich veranlasste „Einweisung jüdischer kurbedürftiger Versicherter in die eigenen Heilanstalten und Zusammenlegung mit SA- und SS-Männern in ein- und demselben Zimmer ohne Berücksichtigung der daraus entstehenden Proteste“.[80] Und natürlich stand auch Grießmeyers langjährige Logenzugehörigkeit auf der Liste. Die Vorwürfe reichten dabei inzwischen nicht nur in die Anfangsjahre seiner Amtszeit vor 1933 zurück, sondern betrafen neben dienstlichen auch private „Verfehlungen“. Nicht zuletzt ging es auch um mehrere Fälle von Ernennungen und Beförderungen von Beamten gegen den ausdrücklichen Willen der NS-Beamtenschaft.

Grießmeyer versuchte vor allem den Vorwurf zu widerlegen, dass er nicht nur dienstlich, sondern auch privat „fast ausschließlich nur in jüdischen Kreisen verkehrte“.[81] Schon in seiner Zeit in der Führung der „Schlaraffia“ habe er sich gegen den „verhältnismäßig starken jüdischen Einfluss“ in der Loge gewandt.[82] Das Problem war allerdings, dass sich Grießmeyer in seinen detaillierten, seitenlangen Ausführungen zu den einzelnen Anklagepunkten und Vorwürfen zunehmend in Widersprüche verwickelte. Was die Nutzung des RfA-Dienstwagens, immerhin ein sechssitziges Maybach-Cabriolet mit Chauffeur, für private Zwecke anging, gab dieser durchaus zu, dass er damit nicht nur gelegentlich seinen Sohn zur Universität gebracht habe, sondern ihn auch seiner Frau für gelegentliche Besorgungsfahrten überlassen habe. „Dass meine Frau mit dem Dienstwagen ins Damenkränzchen gebracht wird, trifft zu. Die Damen der höheren Beamten der RfA treffen sich allmonatlich einmal im Café.“ Die Stellung und dienstliche Tätigkeit des Leiters der RfA, eines Instituts mit starken wirtschaftlichen Interessen und 2,4 Mrd. RM Vermögen bringe es zudem mit sich,

79 Vgl. Entgegnung Grießmeyers gegenüber dem Kreisgericht vom 28.3.1935, in: ebd.
80 Ebd.
81 Vgl. dazu Grießmeyers „verantwortliche Äußerung zu dem Bericht des Sturmbannführers Raschke an Minister Dr. Goebbels“, in: ebd.
82 Ebd.

„dass der Leiter in persönlicher Fühlung mit den verschiedensten Kreisen des wirtschaftlichen und behördlichen Lebens, in Klubs oder Vereinen lebt, an Vorträgen oder repräsentativen Veranstaltungen teilnimmt". Der Kraftwagen habe die selbstverständliche Aufgabe, ihm, der in Schlachtensee wohne, „diesen Teil meiner präsidialen Pflichten zu erleichtern". Im Übrigen bestünden, was die Benutzung des Wagens betreffe, gegenüber der RfA keine besonderen Vorschriften; „sie unterliegt meinem Ermessen".[83]

Manche der monierten Grundstückstransaktionen und Darlehensentscheidungen waren nicht vollständig nachvollziehbar, so dass die Vorwürfe eines damit zu Ungunsten der RfA entstandenen Schadens im Raum stehen blieben. Und schließlich zeigte sich, dass auch Grießmeyer seine Gegner nicht mit Samthandschuhen anfasste. Von dem im Oktober 1934 bei der RfA ausgeschiedenen Arzt Regierungsrat Dr. König beschaffte sich Grießmeyer die Scheidungsunterlagen, auf deren Basis er „einen so wenig erfreulichen Eindruck vom Charakter dieses Arztes" erhielt, dass er beschloss, diesem keine neue Anstellung bei der RfA zu verschaffen.[84] Auch darüber hinaus hatte er zur Entkräftung der Vorwürfe auf eigene Faust Untersuchungen innerhalb der RfA vorgenommen und Be- und Entlastungszeugen befragt und die Aussagen Letzterer für seine Verfahren protokollieren lassen. Um den Verfasser sowohl der damaligen Artikel im *Völkischen Beobachter* als auch der Eingabe an Hitler zu identifizieren, veranstaltete Grießmeyer eine geradezu inquisitorische Suche. Da es für ihn „eine unerträgliche Zumutung wäre, mit diesem Menschen, wenn er der Behörde angehört, noch länger unter dem gleichen Dach zu arbeiten", zitierte er alle 54 höheren Beamten zu sich und verlangte von jedem von ihnen eine schriftlich unterzeichnete Erklärung, mit den Schreiben bzw. Artikeln nichts zu tun zu haben. Wen Grießmeyer als Mitglied des gegen ihn aktiven „Komplotts" identifizierte, gegen den ging er seinerseits mit Sanktionen vor. So versetzte er den zuständigen ärztlichen Sachbearbeiter für das Sanatorium Bad Kudowa und entließ im August 1935 den dortigen Facharzt für innere Krankheiten wegen angeblich festgestellter Mängel in der Sanatoriumsleitung.[85] Grießmeyer nutzte zudem seinerseits seine bestehenden Netzwerke, vor allem innerhalb des RAM, um von dort ständig den aktuellen zwischenministeriellen Briefwechsel zu seinem Fall zu erhalten. So bekam Grießmeyer auch sofort Kenntnis von den neu auftauchenden Vorwürfen, auf die er dann umgehend reagieren konnte. Bei all dem wurde aber jedenfalls auch deutlich, dass die RfA in ihrer nach außen hin gezeigten Diskriminierungspolitik gegen Juden faktisch im Verfahrensalltag diese zunächst keineswegs so konsequent umsetzte, sondern ambivalent und pragmatisch vorging, sei es bei der Beschäftigung jüdischer Ärzte, der Belegung jüdischer Sanatorien, bei Geschäften mit jüdischen Banken oder der Indienstnahme jüdischer Rechtsanwälte und Notare.

---

83 Vgl. die vierseitige Stellungnahme Grießmeyers zu den entsprechenden Vorwürfen, in: ebd.

84 Schreiben Grießmeyers an das RAM vom 16.1.1935, in: BArch R 3901/103525, Teil 2, Bd. 2.

85 Vgl. dazu die umfangreichen Schriftwechsel sowie das Entlassungsschreiben Grießmeyers vom 16.8.1935, in: BArch R 89/3498.

Im Juni machte Grießmeyer dann den taktischen Fehler, einvernehmlich mit dem RAM die Zuständigkeit und Rechtmäßigkeit des Parteigerichts in Zweifel zu ziehen. Damit bekam der Konflikt plötzlich eine grundsätzliche Bedeutung und die Auseinandersetzung drohte zu eskalieren. Anfang Juli wurde Grießmeyer informiert, dass das Verfahren (wegen ehrenrührigen Handlungen und Zuwiderhandlungen gegen die Bestrebungen der Partei) nun auch formell eröffnet wurde und ein erster Verhandlungstag mit sechs vorgeladenen Zeugen, die sämtlich aus dem gegnerischen Lager stammten, für den 18. August anberaumt worden war. Mit einem auch nur annähernd günstigen Ausgang des Verfahrens konnte Grießmeyer längst nicht mehr rechnen und letztlich stand damit für ihn seine gesamte berufliche Karriere auf dem Spiel, auch wenn das Ermittlungsverfahren bei der Staatsanwaltschaft Berlin inzwischen eingestellt worden war. Erneut sah sich daher das RAM zu Interventionen bei Rudolf Hess gezwungen, aber von dort kamen widersprüchliche Signale. Im August informierte man das RAM, dass man das Kreisgericht angewiesen habe, zunächst keinen Termin zur Hauptverhandlung anzusetzen bzw. den angesetzten Termin zu verschieben; im Dezember jedoch hieß es in einem weiteren Schreiben von Hess, dass „ich in das gegen Grießmeyer anhängige Parteigerichtsverfahren nicht eingreifen kann". Nachdem jedoch inzwischen allen Beteiligten auch auf Parteiseite klar war, dass eine möglichst baldige Erledigung des „Falles Grießmeyer" erforderlich war, machte Hess einen Kompromissvorschlag, der es (zumindest auf der obersten Ebene) allen Seiten erlaubte, das Gesicht zu wahren. Anstatt das Parteigerichtsverfahren zu ver- bzw. behindern, wie es Grießmeyer und das RAM versuchten, schlug Hess einen möglichst raschen Abschluss des Verfahrens vor und zwar unter der Maßgabe, dass auf seine Bitten hin das Verfahren aus der Zuständigkeit des Kreisgerichts herausgenommen würde, um es in letzter und oberster Instanz durch das Oberste Parteigericht erledigen zu lassen.[86] Das Kreisgericht wehrte sich zwar geradezu verzweifelt gegen den parteiregelwidrigen Kompetenzentzug und ließ Grießmeyer noch am 21. Dezember per einstweiliger Verfügung durch den zuständigen NSDAP-Ortgruppenleiter aus der Partei ausschließen.[87] Doch letztlich war man machtlos. Im April 1936 erklärte das Kreisparteigericht den von ihm selbst angestrengten Parteiausschluss für unzulässig und hob den entsprechenden Beschluss auf; am 5. August 1936 wurde Grießmeyer vom Gaugericht von allen gegen ihn erhobenen Anschuldigung freigesprochen.[88]

86 Schreiben Hess' an das RAM vom 12.12.1935, in: BArch R 3901/103525, Teil 2, Bd. 2.

87 Zu den innerparteilichen Kompetenzstreitigkeiten und der Beschwerde über den „klaren Bruch der Verfahrensvorschriften" durch Hess vgl. etwa auch das Schreiben des Kreisgerichts an das Oberste Parteigericht vom 25.11.1935 sowie den Brief vom 26.2.1936 („Die Angelegenheit hat so weite Kreise gezogen und hat eine ganze Reihe von alten Parteigenossen und Träger des goldenen Parteiabzeichens und Blutordensträger, die sich in ähnlichen Kämpfen abmühen, zusammengeführt, dass sie über die lange Dauer und den Gang dieses Verfahrens von einer Sprachlosigkeit in die andere fallen"), in: BArch R 9361 I–13951. Ende Februar 1936 schaltete sich sogar der zuständige Chef des Sicherheitshauptamtes ein. Vgl. Schreiben an das Oberste Parteigericht vom 24.2.1936, in: ebd.

88 Der Urteilsspruch mit Begründung vom 5.8.1936, in: BArch R 3901/103525, Teil 2, Bd. 2.

Endlich stand damit – nach über eineinhalb Jahren „kommissarischer Leitung" – der Ernennung Grießmeyers zum Präsidenten der RfA nichts mehr im Wege. Nach außen hin war die Verzögerung mit haushaltstechnischen Verzögerungen begründet worden. Für Grießmeyer, dessen Planstelle bei der RfA weggefallen sei, könne erst im Reichshaushaltsplan 1936 eine neue Planstelle als Reichsbeamter und RfA-Präsident geschaffen werden, so die Begründung. Zusammen mit dem Reichsinnenministerium wurde eine Lösung gefunden, die vorsah, dass Grießmeyer seine Stelle nicht wechseln, sondern nur aus der Stelle einer Körperschaft des öffentlichen Rechts in eine Stelle eines Reichsbeamten überführt werden sollte. Dadurch war eine Ernennung durch Hitler nicht mehr notwendig. Zudem wurde auch vermieden, „dass dem Führer und Reichskanzler die unschön wirkende Urkunde mit dem Wortlaut: ‚Ich ernenne den früheren Präsidenten des Direktoriums der RfA zum Präsidenten der RfA' vorgelegt wird", wie es in einem Vermerk des RAM hieß.[89]

Mitte Januar 1936 verfassten die RfA-Vertrauensleute Beutler, Reinecke und Maletzek, die vermutlich zu den Unterzeichnern des Loyalitätsschreibens vom April 1933 an Reichsarbeitsminister Seldte gehörten, eine Art Chronologie der ganzen Affäre, die durchaus Licht in die verworrenen Abläufe brachte.[90] Demnach war der Auslöser der folgenden Konflikte das vorzeitige Ausscheiden des früheren Regierungsrates der RfA, Dr. med. König, unter Verzicht auf Amtsbezeichnung und Pension im Oktober 1934. König kam damit disziplinarischen Maßnahmen und einer unehrenhaften Entlassung zuvor. Im Vorfeld dessen war es von Anfang 1934 bis in den Herbst hinein zu häufigeren Zusammenkünften im Zimmer des Personalreferenten ORR Dr. Wilhelm gekommen, an denen neben König, Stadtrat Faltin und einem Hilfsamtsgehilfen namens Ludwig auch Direktor Ruff teilnahm.

> Bei diesen Zusammenkünften wurde ganz offensichtlich schon über die gegen den Präsidenten der RfA zu ergreifenden Schritte beraten, weil damals schon das Ausscheiden Königs zu erwarten stand. Ludwig erhielt bei diesen Zusammenkünften den Auftrag, Verbindung zu den verschiedenen Parteistellen herzustellen und belastendes Material gegen Grießmeyer zu beschaffen. Gleichzeitig versuchte Faltin, allerdings vergeblich, den Verbindungsmann der RfA zur DAF auf seine Seite zu ziehen. Ruff und Faltin unternahmen offenbar weitere Versuche, auf einige RfA-Mitarbeiter mit einer Mischung aus Beförderungsversprechen und Drohungen Druck auszuüben.

Das Ausscheiden Königs im Oktober sowie Faltins im Dezember 1934 gab dann sozusagen das Startsignal für die Maßnahmen gegen Grießmeyer, die mit den Korruptionsvorwürfen und der Eingabe an Hitler ihren Anfang nahmen. Damit kam ans Tageslicht, dass auch Direktor Ruff, den Grießmeyer gerade erst befördert hatte, aktiv in den Komplott involviert war. Dieser hatte ab Juli 1935 ein zusätzliches Motiv für seine Intrigen, denn das RAM hatte ihn aufgrund von offensichtlichen Mängeln in der

89 Vermerk des RAM vom 7.9.1936, in: ebd.
90 Die neunseitige Zusammenstellung vom 18.1.1936, in: BArch R 9361 I–13951.

Sanatoriumsverwaltung als zuständigen Direktor der Heilverfahrensabteilung beurlauben lassen.

Es spricht mithin einiges dafür, dass sich der Fall Grießmeyer hinter den Kulissen tatsächlich zu einem Machtkampf zwischen Partei und RAM entwickelt hatte, bei dem es nicht nur um den RfA-Präsidenten, sondern auch um Ruff ging. So sahen es jedenfalls die Gegner Grießmeyers. „Inzwischen hat die Angelegenheit in der RfA eine für die Partei untragbare Wendung genommen“, schrieb etwa der SA-Verbindungsführer im Reichspropagandaministerium im Februar 1936 an das Oberste Parteigericht nach München.

> Sie scheint sich zu einer Machtfrage zwischen der vom Führer bekämpften Ministerialbürokratie des RAM und der Partei auszuwachsen. Bei dieser Machtprobe darf die Partei unter keinen Umständen den kürzeren ziehen. Eigentlich hätte die Eröffnung des parteigerichtlichen Hauptverfahrens gegen Grießmeyer dem RAM Veranlassung geben müssen, zu prüfen, ob Grießmeyer von seinem Posten als beauftragter Leiter der RfA zu beurlauben sei. Statt dessen hat das RAM im Juli 1935 den einzigen vor der Machtübernahme in die NSDAP eingetretenen leitenden Beamten der RfA, Pg. Dr. Paul Ruff, beurlaubt.[91]

Mitte Februar 1936, mehr als sieben Monate später, sei diesem nun vom RAM eröffnet worden, dass das RAM beabsichtige, ihn nach § 5 des Gesetzes zur Wiederherstellung des Berufsbeamtentums aus der Direktoriumsleitung der RfA zu entfernen und wieder in eine untergeordnete Stelle zurückzuversetzen. Dass das RAM damit ein NS-spezifisches Gesetz, das eigentlich zum Einsatz gegen „Juden, Marxisten und Kommunisten“ geschaffen worden war, gegen einen Alt-Parteigenossen einsetzen wollte, empörte die Grießmeyer-Gegner – allen voran Ruff selbst – besonders.[92] Tatsächlich nahm Grießmeyer im Mai 1936 im Zuge einer Satzungsänderung der RfA eine deutliche Umbesetzung der Führungsstruktur vor. Einziger Stellvertreter wurde nun Direktor Schaefer während die Bestellung von Ruff und Haenel, der wenig später sowieso altersbedingt ausscheiden sollte, als Stellvertreter widerrufen wurde und beide mit sofortiger Wirkung aus dem Direktorium ausschieden.[93] Ruff wurde zum Unterabteilungsleiter in der Abteilung III Vermögensverwaltung degradiert. Ein Jahr später, im November 1937 sollte Ruff dann auf eigene Bitten aus der RfA ausscheiden.[94] Ein interner Vermerk eines Mitarbeiters des Obersten Parteigerichts in München vom 6. November 1936 fasste die ganze Angelegenheit denn noch einmal prägnant zusammen:

91 Schreiben vom 26.2.1936, in: ebd.

92 Vgl. ebd., S. 2 sowie das Schreiben Ruffs vom 17.6.1936 an das Oberste Parteigericht in München in: ebd.

93 Vgl. ebd. sowie die Bekanntmachung Grießmeyers in: RfA-Archiv Fach 108, Nr. 17.

94 Vgl. Schreiben Grießmeyers an das RAM vom 25.11.1937, in dem er das Entlassungsgesuch Ruffs „dringend“ befürwortete, in: BArch R 89/3479.

> Ich habe die gesamten Akten nochmals geprüft und bin zu der Feststellung gekommen, dass das Verfahren gegen Grießmeyer vom Gaugericht ordnungsgemäß und sorgfältig durchgeführt worden ist und das Grießmeyer freisprechende Urteil der Sachlage gerecht wird. Für die in der RfA eingerissenen Zustände sind die Parteigenossen Dr. König, Ruff und andere in erster Linie verantwortlich. Die Versetzung des Dr. Ruff in ein anderes Amt war im dienstlichen Interesse notwendig.[95]

Für den Ruf der RfA spielte die ganze Angelegenheit kaum eine Rolle, da unter den damaligen Verhältnissen so gut wie keiner der Vorwürfe an die breitere Öffentlichkeit drang. Dennoch litt die Verwaltungsinstitution insgesamt, da ihr Leiter und Präsident mehr als eineinhalb Jahre fast völlig mit der Abwehr der Vorwürfe und den partei- wie strafgerichtlichen Verfahren beschäftigt war. Selbst dem Gaugericht erschien im April 1936 die Aufhebung des Parteiausschlusses von Grießmeyer „unbedingt notwendig, da sich die Unruhe in der Reichsversicherungsanstalt sonst immer mehr zugespitzt hätte".[96]Auch wenn Grießmeyer mit der Ministerialbürokratie des RAM eine starke Verbündete hatte, war seine Position innerhalb der diversen verwaltungspolitischen Netzwerke der Versicherungsträger, in denen auch die sozialpolitischen Gesetzgebungsverfahren ausgehandelt wurden, etwa auch gegenüber den Leitern der Landesversicherungsanstalten, in dieser Zeit wohl eher geschwächt. Politisch stand Grießmeyer zudem gleichsam unter Beobachtung, jedenfalls hatte das Gaugericht seinen Freispruch mit der deutlichen Rüge verbunden, dass „der Angeschuldigte bei engerer Fühlungnahme mit den politischen Dienststellen des Gaues eine schärfere Handhabung in der Judenfrage hätte erreichen können".[97] Grießmeyer wurde

> nachdrücklich darauf hingewiesen, dass er in Zukunft eine engere Verbindung in derartigen Fragen mit den Dienststellen der Partei halten muss, um auch in dem nicht durchweg mit Nationalsozialisten besetzten Staatsapparat die Erfüllung der nationalsozialistischen Forderungen zu ermöglichen.[98]

Der personelle und organisatorische Umbau der RfA seit der NS-Machtergreifung kam damit erst Anfang 1936 zu einem vorläufigen Abschluss. Die Vertrauensleute als zweiter wichtiger Pfeiler der Selbstverwaltung waren mit der Durchführung der Fragebogenaktion und darauffolgenden Amtsenthebungen „gesäubert" worden, und

---

95 Vermerk vom 6.11.1936, in: BArch R 9361 I–13951.

96 Schreiben des Gaugerichts an das Oberste Parteigericht in München vom 9.4.1936, in: ebd.

97 Beschluss vom 5.8.1936, S. 16 f., in: ebd.

98 Ebd. Für Grießmeyer war der Fall damit endlich erledigt, doch innerparteilich rumorte es zunächst erheblich weiter. Geradezu wütend versuchten die Gegner des RfA-Präsidenten Material für ein neues Parteigerichtsverfahren zu sammeln. Interessanterweise wurde von ihnen nun auch der Rechtsbruch bei der Verweigerung der Rentenzahlung an die jüdische Waise an der ungarischen Talmudschule als Verfehlung des RfA-Präsidenten angeführt, obschon der Beschluss ja ganz im Sinne der NS-Ideologie war. Vgl. das Schreiben an das Oberste Parteigericht in München vom 26.9.1936, in: BArch R 9361 I–13951, Bl. 172. Doch mit dem Bescheid vom August 1936 war die Angelegenheit auch parteigerichtlich endgültig erledigt.

immerhin noch zwei Jahre, bis Ende 1934, bestehen geblieben. Sie hatten ihre Funktionen weiter ausgeübt, nachdem die eigentlich für Januar 1934 anstehende Neuwahl zunächst ausgesetzt, schließlich ganz gestrichen worden war.[99] Erst zum Jahresbeginn 1935 wurden sie abgeschafft. Die Vertrauensleute waren keineswegs sämtlich gewerkschafts- und damit SPD-nahe Vertreter der Versicherten gewesen. Unter ihnen befanden sich auch viele schwarze bzw. „braune" Schafe, die mit dem neuen Regime sympathisierten wie etwa jener Bericht eines württembergischen Vertrauensmanns zeigt, der gegen einen jüdischen Gewerbebetrieb hetzte und den Inhaber verdächtigte, die Rentenversicherungsbeträge für die beiden Angestellten unterschlagen zu haben.[100]

Nach dem Wegfall der Vertrauensleute änderte sich einiges im Verfahrensablauf bzw. der Art der Mitwirkung bei der Durchführung des Angestelltenversicherungsgesetzes. Die Anträge auf Leistungen und Heilfürsorge waren künftig entweder unmittelbar an die RfA zu richten, sie konnten aber auch beim zuständigen örtlichen Versicherungsamt, falls es bei diesen einen Ausschuss für Angestelltenversicherung gab, abgegeben werden. Sämtliche bisherige AV-Vertreter in diesen Ausschüssen sowie die Beisitzer bei den Spruchbehörden der Angestelltenversicherung wurden im Übrigen ausgewechselt und „gleichgeschaltet". Aber auch jede andere Behörde war zur Entgegennahme von Leistungsanträgen verpflichtet. Beratung und Auskünfte erteilten neben der RfA selbst, die in Berlin seit jeher eine eigene Auskunftsstelle betrieb, die Überwachungsbeamten vor Ort und neuerdings auch die örtlichen Rechtsberatungsstellen der DAF. An die Stelle des Verwaltungsrats, der zunächst aufwändig „gesäubert" und gleichgeschaltet, dann ebenfalls Ende 1934 ganz abgeschafft wurde, trat nun der bereits erwähnte Beirat. In ihm saßen, nicht mehr gewählt, sondern vom Reichsversicherungsamt nach Anhörung der DAF berufen, fünf Vertreter der Arbeitgeber sowie deren – insgesamt zehn – erste und zweite Stellvertreter bzw. Ersatzleute. Die Zusammensetzung des Beirats wies eine große Kontinuität zum alten Verwaltungsrat auf: Zu Jakob Hasslacher, dem Generaldirektor der Rheinischen Stahlwerke, Max Ebbecke, Direktor der Berliner Elektrische Licht- und Kraftanlagen AG, und Otto Neubaur, Vorstandsmitglied bei der Reichs-Kredit-Gesellschaft, waren nur Hermann Krücken aus Krefeld (als Vertreter des Verbandes der Deutschen Eisenwarenhändler) und Horst Boehm (als Vertreter der ostpreußischen Gutsbesitzer) gekommen.[101] Unter den Stellvertretern war wie auch schon zuvor u. a. Fritz Reuters, Generaldirektor der Nordstern Lebensversicherungsgesellschaft, sowie der Bankier Karl Joerger, Mitin-

99 Vgl. Mitteilungen der RfA Nr. 1, 1934, S. 1 sowie Mitteilungen der RfA Nr. 1, 1935, S. 1. Vgl. auch bereits der Aufruf Grießmeyers an die Vorstände der Ortsausschüsse der Vertrauensmänner der Angestelltenversicherung vom 1. Juni 1933, in dem er zunächst auch die „Säuberung" der Vertrauensleute von Nichtariern und Kommunisten etc. entsprechend dem Gesetz zur Wiederherstellung des Berufsbeamtentums angekündigt hatte, in: Mitteilungen der RfA Nr. 7, 1933, S. 1.

100 Vgl. Bericht vom 2.1.1934 an die RfA, in: RfA-Archiv Fach 11, Nr. 6.

101 Vgl. die Liste der neuen Beitratsmitglieder in: Mitteilungen der RfA Nr. 12, 1935, S. 1 sowie auch die DAF-Berufungslisten in: BArch R 89/3468.

haber des Bankhauses Delbrück, Schickler & Co. Die fünf Vertreter der Versicherten waren dagegen sämtlich neu berufen worden ebenso wie ihre zehn Stellvertreter, unter denen als Vertreter des Reichsnährstandes drei landwirtschaftliche Angestellte waren. Namhafte DAF-Funktionäre waren nun nicht mehr darunter, sieht man von Dr. Franz Wischer, Abteilungsleiter im Sozialamt der DAF, ab.[102] Und es gab weitere neue Beiratsmitglieder: Zum einen ein Vertreter der Ärzte (mit einem Stellvertreter), zum anderen ein Vertreter der Gebietskörperschaften (mit zwei Stellvertretern), hier repräsentiert durch Ministerialdirektor Dr. Engel aus dem RAM. Später sollten noch je ein Vertreter der Versicherten und der Arbeitgeber aus dem Sudetengau und der „Ostmark" hinzukommen.

Als sich der neue Beirat am 25./26. November 1935 zu seiner ersten Sitzung traf, war das Gremium gegenüber früher zahlenmäßig nahezu gleich, aber personell vielfältiger geworden. Auffällig war jedoch, dass nun keine Frauen mehr unter den Versichertenvertretern waren. Die Männer waren im neuen Beirat unter sich, obwohl die Geschlechterperspektive in der angestelltenversicherungsrechtlichen Praxis künftig auf verschiedenste Weise an Bedeutung gewinnen sollte.

Abb. 6: Der Beirat der RfA ca. 1936

102 Dieser war aber bereits im Oktober 1935 wieder ausgeschieden bzw. abberufen worden. Vgl. Schreiben der DAF an die RfA vom 24.10.1935, in: BArch R 89/3468.

In Vielem entsprach der neu errichtete Beirat der RfA, der nun das traditionelle Prinzip der Selbstverwaltung repräsentieren sollte, mithin nicht mehr den ursprünglichen Prinzipien. Nicht zuletzt waren seine Mitglieder vorerst nur bis Ende Dezember 1936, mithin gerade einmal ein Jahr, berufen worden. Die Art und Weise, wie Grießmeyer in einem Zeitschriftenaufsatz über die grundlegenden organisatorischen Änderungen bei der RfA im abgelaufenen Geschäftsjahr 1934 schrieb, konnte man denn auch durchaus als kritische Bemerkung verstehen:

> Von den ursprünglichen Organen der Angestelltenversicherung Direktorium, Verwaltungsrat und Vertrauensmännern, die die lebendige Verbindung zwischen Anstalt und den Versicherten sowie den Unternehmern darstellten, von alledem war nach dem 31. Dezember 1934 nichts mehr übriggeblieben; an ihre Stelle tritt der allein verantwortliche Leiter und ein ihm beizugesellender Beirat, der künftig den Gedanken der Selbstverwaltung zu repräsentieren hat. Es ist ein Gebot der Dankbarkeit, der wertvollen Mitarbeit ehrend zu gedenken, die die früheren Organe zum Nutzen der Versicherung in ehrenamtlicher Tätigkeit geleistet hat.[103]

Und Grießmeyer reagierte auf die allzu selbstherrliche Besetzungspolitik der DAF mit behördlicher, formaljuristischer Resistenz. Als das Sozialamt der DAF im November 1935 für zwei „ihrer" ausgeschiedenen Beiratsmitglieder einfach zwei externe Nachfolger präsentierte, monierte Grießmeyer gegenüber dem RVA, dass das Einrücken von nicht dem Beirat angehörenden Personen an die Stelle eines ausgeschiedenen Mitglieds nicht im Einklang mit den gesetzlichen Verordnungen stehe. Nur wenn die DAF sämtliche von ihr benannten Beitratsmitglieder zur Niederlegung ihrer Ämter bewegen würde und eine komplette Neubenennungsliste erstellte, wäre der Wechsel möglich.[104]

Tatsächlich bedeutete der Beirat nicht die völlige Abschaffung, sondern eher die Fortsetzung der schon in der Weimarer Republik eingesetzten Aushöhlung der Selbstverwaltung. Und wie noch zu zeigen sein wird, agierte der Beirat faktisch, trotz der deutlich beschnittenen Rechte, durchaus weiterhin in der Tradition des Verwaltungsrates als Kontrollorgan gegenüber der RfA-Leitung; dies wurde auch von Grießmeyer so verstanden und praktiziert. Entscheidungskompetenzen besaß man nicht mehr, aber nimmt man die überlieferten Protokolle als Maßstab, so fanden im RfA-Beirat zumindest vielfach regere und kontroversere Diskussionen statt als im Verwaltungsrat. Die neuen Beiratsmitglieder hatten denn auch auf ihrer ersten zweitägigen Sitzung gleich ein umfangreiches Programm zu bewältigen: Jeder der Direktoren berichtete ausführlich über die Aufgaben seines jeweiligen Arbeitsgebietes und die entsprechenden versicherungsrechtlichen wie versicherungspraktischen Entwicklungen.[105] Die Berufszählung von 1933 hatte etwa ergeben, dass sich – für die RfA Beamten überraschend – die Zahl der Angestellten insgesamt auf inzwischen

103 Albert Grießmeyer, Die Angestelltenversicherung im Jahre 1934, in: Der Sozialversicherungsbeamte 3 (1935), H. 8, S. 178–179.

104 Schreiben Grießmeyers an das RVA vom 8.11.1935, in: BArch R 89/3468.

105 Niederschrift über die erste Sitzung des Beirates der RfA vom 25./26.11.1935, in: ebd., Bl. 2–38.

4,053 Mio. Personen stark ausgeweitet hatte. Und auch ein gegenüber der Arbeiterschaft markantes Charakteristikum hatte sich deutlich verstärkt: der Anteil der weiblichen Versicherten, der knapp 40 Prozent aller RfA-Versicherten ausmachte.[106] Seit 1933 waren aufgrund der wirtschaftlichen Erholung Jahr für Jahr die Beitragseinnahmen nach den Jahren des Schrumpfens wieder um zehn Prozent auf inzwischen ca. 350 Mio. RM gestiegen. Die durchschnittliche Höhe des Ruhegeldes war allerdings keineswegs gestiegen, sondern weiter auf knapp 55 RM im Monat gesunken. Auch der Anteil der Rentenempfänger, die als Wanderversicherte Leistungen aus beiden Versicherungszweigen erhielten und damit deutlich höhere Durchschnittsrenten bekamen, war markant von einst 79 Prozent aller RfA-Rentner auf 30 Prozent gesunken. Und was die Finanzlage der RfA anging, so standen 2,5 Mrd. RM Vermögen ca. 7,5 Mrd. RM an laufenden Rentenansprüchen und Anwartschaftsdeckungsbeträgen für künftige Rentenansprüche gegenüber. Bedenklich war auch in den Augen des zuständigen RfA-Direktors die mehr denn je erfolgende Inanspruchnahme der RfA-eigenen Mittel für Maßnahmen des Wohnungsbaus und der Arbeitslosenbekämpfung durch die Reichsregierung, und das bei einem höchst besorgniserregenden weiteren Absinken der Zinssätze. Die anstehenden aktuellen Problemlagen waren mithin gewaltig. Grießmeyer trug zudem, wie in den Jahren zuvor, den Voranschlag für das kommende Haushaltsjahr vor und erläuterte die Zahlen. Dabei gab es gleich die erste Kritik, als der Posten für die Ausgaben einmaliger Leistungen aufgerufen wurde. Die Ruhensbestimmungen, insbesondere soweit sie die freiwillig versicherten Ehefrauen betreffen, bedürften unbedingt der Abänderung, so monierte ein Beiratsmitglied unter allgemeiner Zustimmung, und seien „mit dem Rechtsempfinden nicht in Einklang zu bringen".[107] Grießmeyer versprach daraufhin, beim RAM entsprechend vorstellig zu werden. Spätestens jetzt war man jenseits aller Ideologie mitten in den Problemen des Verwaltungsalltags der RfA angekommen.

2.2 Die versicherungsrechtliche Gesetzgebung 1933 bis 1935: Reformbestrebungen und Sanierungsmaßnahmen unter neuem Vorzeichen und deren Handhabung in der Verwaltungspraxis

Die Machtübernahme der NSDAP erfolgte in einer rentenversicherungspolitisch allenthalben aufgeheizten Stimmung. Unter den Angestellten herrschte vielfach wachsende Kritik an den gesetzlichen Regelungen, während gleichzeitig die neue NS-Regierung mit einer großen Erwartungshaltung hinsichtlich einer raschen Aufhebung der verhassten Kürzungen der Notverordnungsjahre konfrontiert wurde. Und in den ja noch bestehenden Selbstverwaltungsorganen herrschte ein Machtkampf angesichts

106 Vgl. ebd., Bericht Schaefers, S. 2.
107 Ebd., S. 5.

der anstehenden Neuwahlen der Vertrauensmänner, die dann aber letztlich nicht mehr stattfinden sollten. Der Bericht des RfA-Überwachungsbeamten und Leiters der örtlichen Auskunftsstelle in Kassel vom 19. März 1933 ist exemplarisch.[108] Es heißt darin:

> Die Erfahrungen anlässlich der Auskunftserteilung und in Angestelltenversammlungen zeigen, dass unter der Angestelltenschaft ein steigender Unwille bemerkbar wird, der in einer vor wenigen Tagen hier stattgefundenen Angestelltenversammlung, in welcher ich ein Referat über die Leistungen der Angestelltenversicherung übernommen hatte, zu heftigen Angriffen eines nationalsozialistischen Redners gegen das Direktorium der RfA führte. Wenn den Angriffen auch offenbar die Absicht zugrunde lag, Stimmung zu machen für die anlässlich der kommenden Vertrauensmännerwahlen aufzustellende nationalsozialistische Liste, so wurde doch in geschickter Weise u. a. der Umstand als Angriffsfläche benutzt, dass man den mittellosen Arbeitslosen zumutet, die Beiträge für die Erhaltung der Anwartschaft selbst aufzubringen, was in den meisten Fällen das Erlöschen der Anwartschaft zur Folge habe. Der Redner forderte die Anrechnung der Stellungslosigkeit als Beitragsmonate für die Anrechnung der Anwartschaft – eine Forderung, die auch schon von Angestelltenverbänden erhoben worden ist, z. B. vom Verband der weiblichen Handels- und Büroangestellten.[109]

Mit seinen Einwänden, dass die geforderte Anrechnung eine erhebliche Mehrbelastung der RfA und damit eine Verschlechterung des Wertes der Anwartschaften aller übrigen Versicherten bedeute, stieß der Überwachungsbeamte auf wenig Gehör. „Es ist in der Tat so, dass etwas geschehen muss, denn der in der Versammlung zutage getretene Unwille macht sich in jeder Sprechstunde bemerkbar“, notierte dieser in seinem Bericht und schloss ergänzend mit detaillierten Vorschlägen für einen entsprechenden Änderungserlass.[110] Der Tenor der Berichte und Forderungen der überall noch amtierenden Schriftführer der Ortsausschüsse der Vertrauensmänner von den Jahreshauptversammlungen war ganz ähnlich.[111]

Die Krise der Anwartschaftsaufrechterhaltung prägte das ganze Jahr über die politische Diskussion in der Angestelltenversicherung. Die anhaltende Arbeitslosigkeit vieler Versicherten brachte es mit sich, dass diesen die Aufbringung der Marken

108 Bericht vom 19. 3. 1933, in: RfA-Archiv Fach 114, Nr. 13.

109 Ebd. Vgl. dazu auch den beigefügten Zeitungsbericht „Was geht in der Angestelltenversicherung vor?“ in der NSDAP-nahen „Hessischen Volkswacht“.

110 Ebd., S. 2.

111 Vgl. etwa das Protokoll der Jahreshauptversammlung des Ortsausschusses Leipzig vom 28. 3. 1933 sowie das ausführliche Antwortschreiben der RfA in: RfA-Archiv Fach 114, Nr. 13. Und allenthalben herrschte weiterhin große Unsicherheit über die Zukunft der Rentenversicherung. Die in der Leipziger „Notgemeinschaft Deutscher Angestellten e.V.“ organisierten Renten- und Ruhestandsgeldempfänger der RfA erhoben etwa im April 1933 in einer Petition an den neuen Reichskanzler Adolf Hitler „schärfsten Protest gegen evtl. Zusammenlegung der Angestellten-Versicherung mit der Invalidenversicherung und den Knappschaftskassen“. Das Schreiben vom 8. 4. 1933, in: ebd. Vgl. auch die Entschließung des Ortsausschusses der Vertrauensleute für den Bezirk Heidenheim (Benz) vom 24. 5. 1933, in der die unverzügliche Aufhebung aller Notverordnungen für die Angestelltenversicherung gefordert wurde, in: RfA-Archiv Fach 117, Nr. 11.

für die Aufrechterhaltung der Anwartschaft nicht mehr möglich war, weil die Unterstützungssätze zu gering waren, um noch Marken zu kaufen. „Gibt es denn nicht die Möglichkeit, diesen Versicherten zu helfen, indem sie bei Wiederbeschäftigung die Marken nachzahlen können oder ihnen sonst eine Erleichterung gegeben werden kann?", hieß es in einem der zahlreichen Schreiben aus dem Kreis der Vertrauensmänner an das RfA-Direktorium. „Bisher hat das Wohlfahrtsamt den Verfall der Anwartschaft verhütet, indem es die dringendsten Marken geklebt hat. Neuerdings lehnt das Wohlfahrsamt es jedoch ab, die Anwartschaften für Versicherte unter 45 Jahren aufrechtzuerhalten."[112] Ein weiteres Thema der rentenpolitischen Debatte war die Änderung der Voraussetzungen für den Bezug des Altersruhegeldes wegen Arbeitslosigkeit. Wenn Angestellte das 60. Lebensjahr vollendet und ein Jahr lang erwerbslos gewesen waren, konnten sie bislang in den Genuss des Ruhegeldes gelangen, das sonst erst ab dem 65. Lebensjahr beansprucht werden konnte. Nach einem Erlass des Reichsarbeitsministeriums zur Verlängerung der Krisenfürsorge war dies nach dem 31. März 1933 nicht mehr möglich.[113] Kompliziert wurde die Situation noch dadurch, dass faktisch immer häufiger das Ruhegeld niedriger war als die Krisenunterstützung, was die Versicherten dazu veranlasste, ihre Ruhegeldanträge zurückzunehmen und nicht, wie bis dahin die Regel, den Antrag auf Einstellung der Krisenunterstützung zu stellen, in der Annahme, dass diese niedriger als das Ruhegeld war.[114] Letztlich waren aber alle Rentenversicherungsträger noch mit der Durchführung der letzten, am 18. Februar 1933 erlassenen Notverordnung befasst, über deren Auslegung der Ruhensbestimmungen beim Zusammentreffen mehrerer Versorgungsrenten es – wie auch schon bei den Notverordnungen zuvor – zwischen der RfA und den LVA erhebliche Differenzen gab.[115]

Dauerthema zwischen den beiden Rentenversichungsträgern war zudem die Reglung der Wanderversicherung. Im Kontext der Verordnung zur Durchführung von Vorschriften der Sozialversicherung vom 9. Januar 1933 schlossen RfA und LVA ein Abkommen über das Verfahren bei Feststellung der Rente eines Wanderversicherten oder seiner Hinterbliebenen, das, wie die Leistungsabteilung der RfA klagte, durch die Pflicht zur Anhörung der Träger der Invalidenversicherung „in erster Linie für uns eine erhebliche Vermehrung unserer Arbeit und Verwaltungskosten zur Folge hat, die wir ausschließlich im Interesse der Landesversicherungsanstalten und ohne jede Gegenleistung aufzuwenden haben".[116] Schließlich lief auch eine intern wie öffentlich

---

112 Schreiben vom 19.7.1933 sowie vom 1.8.1933, in: ebd.

113 Vgl. dazu die diversen Schriftwechsel vom Mai 1933 in: RfA-Archiv Fach 117, Nr. 1.

114 Vgl. die Notiz Kochs vom 28.10.1933, in: RfA-Archiv Nr. 101.

115 Vgl. dazu etwa die Besprechungsniederschrift im RAM vom 3.3.1933, in: RfA-Archiv Nr. 101 sowie RfA-Schreiben vom 7.2.1933 an das RAM, in der seitens der RfA die Auslegung durch das RVA für „nicht richtig" erklärt wurde. Vgl. auch Schreiben der RfA an das RAM vom 24.2.1933 betr. Durchführung der Not-VO vom 18.2.1933, in: ebd.

116 Schreiben der RfA an den Reichsverband deutscher Landesversicherungsanstalten vom 11.7.1933, in: RfA-Archiv Nr. 7. Vgl. dazu auch Abteilungsverfügung vom 24.8.1933, in: ebd.

geführte Diskussion über Ausnahmevorschriften für ältere Angestellte hinsichtlich der Verkürzung ihrer Wartezeit für das Altersruhegeld. Direktorium und Verwaltungsrat der RfA lehnten jedoch jegliche Ausnahmevorschriften strikt ab, unbeschadet der Forderung nach einer generellen Ermäßigung der Wartezeiten in der Angestelltenversicherung. In einer Notiz von RfA-Direktor Koch von Mitte März 1933, die dann wenig später so auch als Schreiben an das RAM ging, heißt es dazu:

> Durch die Notverordnungen und die zahlreichen in den verschiedenen Durchführungsverordnungen verstreuten Änderungen derselben für besondere Fälle ist das Rechtsgebiet der Angestelltenversicherung jetzt schon so verwickelt, dass es für jemanden, der sich nicht dauernd damit befasst, kaum mehr zu übersehen und auch für den Versicherungsträger nur unter größten Schwierigkeiten durchzuführen ist. Weitere Ausnahmevorschriften zu den jetzigen Bestimmungen würden diese Lage nur verschlimmern, und sie sind deshalb abzulehnen, selbst wenn sich für einzelne Versicherte oder auch ganze Gruppen Härten daraus ergeben sollten.[117]

Im September 1933 versuchte das RAM dann allen gestiegenen Erwartungen nach einer raschen Aufhebung der Rentenkürzungen durch die Notverordnungen einen Riegel vorzuschieben. In einem Erlass heißt es lapidar:

> Durch die Verordnung des Herrn Reichspräsidenten vom 18. Februar 1933 und die Verordnung vom 5. Juli 1933 sind bereits einige Härten der früheren Notverordnungen gemildert worden. Die durch die Notverordnung vom 14. Juni 1932 bewirkte Minderung der Renten kann jedoch wegen der finanziellen Lage der Sozialversicherung noch nicht aufgehoben werden. Sobald es die Wirtschaftslage gestattet, wird geprüft werden, ob und in welcher Hinsicht weitere Milderungen möglich sind.[118]

Diese Standardformel hängte die RfA in der Folgezeit nun auch ihren Antwortschreiben auf die zahlreichen Anfragen von Versicherten wie Rentnern an.

Am 7. Dezember 1933 wurde das Gesetz zur Erhaltung der Leistungsfähigkeit der Invaliden-, der Angestellten- und der knappschaftlichen Versicherung erlassen. Es brachte durchaus eine Reihe von Abmilderungen der Notverordnungsbestimmungen bei der Aufrechterhaltung der Anwartschaft und der Erweiterung der Ersatzzeiten, aber auch, was die Versicherten rasch realisierten, neue Restriktionen und versteckte Leistungskürzungen sowie vor allem keine Änderungen bei den Ruhensvorschriften und bei den Wartezeiten.[119] Auf den ersten Blick ging es um eine nachhaltige Sanierung der Rentenversicherung, unter anderem über eine Änderung der Rentenberechnung, die (mittelfristige) Rückkehr zum Anwartschaftsdeckungsverfahren sowie weitere Maßnahmen finanztechnischer Art wie die (ebenfalls mittelfristig vorgesehene) Beitragsübertragung von der Arbeitslosenhilfe auf die Angestelltenversiche-

117 Notiz Kochs vom 10.3.1933 bzw. Schreiben an das RAM vom 22.3.1933, in: RfA-Archiv Fach 113, Nr. 5.

118 Zitiert nach der Abteilungsverfügung vom 5.10.1933, in: ebd.

119 Zur Vorgeschichte des Sanierungsgesetzes vgl. Schlegel-Voß, Alter in der Volksgemeinschaft, S. 52–55.

rung.[120] Die Versicherungspflichtgrenze wurde von 8400 RM auf 7200 RM herabgesetzt, die bisherige Gehaltsstufe H wurde in eine Beitragsklasse für die freiwillige Beitragsentrichtung umgewandelt. Der Grundbetrag wurde jedoch gleichzeitig von 396 RM auf 360 RM jährlich herabgesetzt, ebenso wie die Steigerungsbeiträge. Wesentliche Änderungen ergaben sich auch für die Wanderversicherten. Ihnen standen nun selbständige Rentenansprüche aus jedem der Versicherungszweige zu, deren Leistungsvoraussetzungen erfüllt waren, d. h. sämtliche in den drei Versicherungszweigen gezahlten Rentenbeiträge wurden gegenseitig auf die Wartezeiten angerechnet und in einer Gesamtleistung zusammengefasst.

Konkret bedeutete dies, dass viele Versicherte nun eine Leistung beanspruchen konnten, die ihnen bisher wegen nicht erfüllter Wartezeiten nicht gewährt worden war. Andererseits mussten nun bei wanderversicherten Angestellten auch die besonderen Leistungsvoraussetzungen der Invalidenversicherung erfüllt sein und zudem erhielten diese den in der Invalidenversicherung erdienten Steigerungsbetrag nur noch insoweit, als er zwölf RM im Monat überstieg. Das hatte zur Folge, dass der Anteil der Rentenempfänger, die neben Leistungen aus der AV auch solche aus der IV erhielten, drastisch von einst 79 Prozent (1931) auf 30 Prozent (1934) sank.[121] Schließlich führte man die (bis Ende 1937 geltende) Möglichkeit ein, eine Rente auch ohne Feststellung einer wesentlichen Änderung in den Verhältnissen des Rentenberechtigten schon dann zu entziehen, wenn eine neue Prüfung ergab, dass der Rentenempfänger nicht berufsunfähig war. Ob durch das Gesetz vom Dezember 1933 tatsächlich AV wie IV auf scheinbar gesicherte versicherungsmathematische Grundlagen gestellt wurden und damit die Basis für die Sanierung der Rentenversicherung gelegt wurde, wie es vom RAM allenthalben verkündet und dann später auch in der Forschung vielfach übernommen wurde, ist gerade aus der Sicht der RfA und der Angestelltenversicherung fraglich. In Vielem war es eine bloße Fortsetzung der alten Notverordnungspolitik, die dem Dogma der Anwartschaftsdeckung und dem damit verfolgten disziplinierenden Grundsatz „keine Leistungserhöhung ohne entsprechende Deckung“ verpflichtet war.[122] Diese eigentliche Zielrichtung der Maßnahme wurde von der RAM-Ministerialbürokratie später noch durch den selbst geschaffenen Mythos ergänzt, dass es sich bei dem Gesetz um das Ergebnis zielstrebiger Sanierungsvorhaben gehandelt habe, deren rasche Realisierung den Versuch einer radikalen Reform der Sozialversicherung nach nationalsozialistischen Gesichtspunkten verhindert habe.[123] „Die Reform wird nicht etwa hinauslaufen auf eine große Einheitskasse der Versicherun-

120 Vgl. zu den Maßnahmen im Einzelnen 25 Jahre Angestelltenversicherung, S. 41 f. und Eckart Reidegeld, Staatliche Sozialpolitik in Deutschland, Bd. II: Sozialpolitik in Demokratie und Diktatur 1919 – 1945, Wiesbaden 2006, insbesondere S. 451 ff. sowie auch Bonz-MS, S. 517 ff. und Schlegel-Voß, S. 204 f.

121 Vgl. dazu die Ausführungen auf der Beiratssitzung der RfA vom 25./26. 11. 1935, S. 9, in: BArch R 89/3468.

122 Vgl. dazu auch Manow, Kapitaldeckung oder Umlage, S. 157 f. und auch Hockerts, Sicherung im Alter, S. 307 f. Zur Bewertung des Gesetzes auch Schlegel-Voß, S. 55 f.

123 Vgl. Glootz, S. 77.

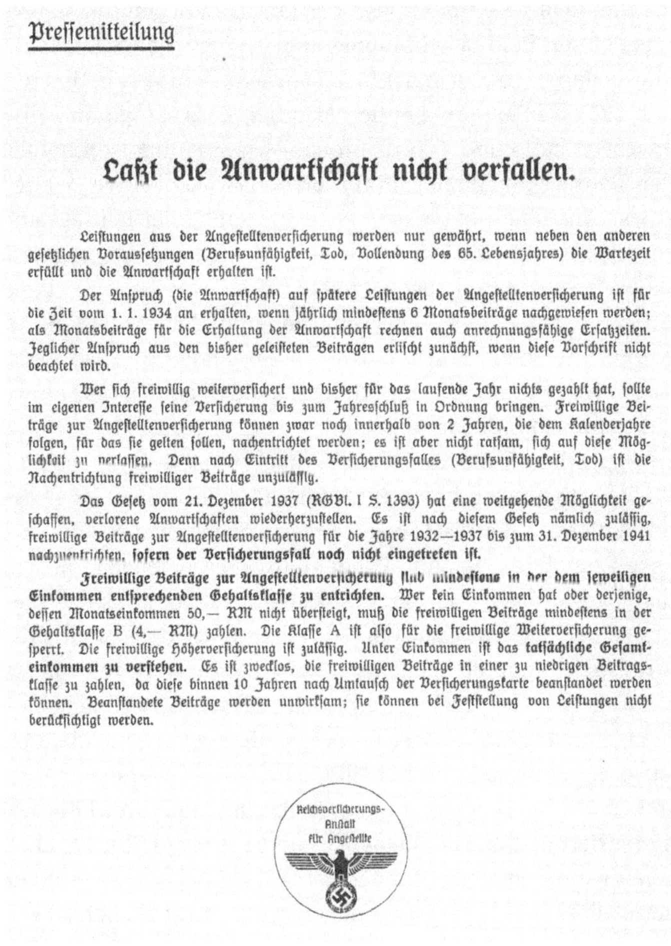

Pressemitteilung

Laßt die Anwartschaft nicht verfallen.

Leistungen aus der Angestelltenversicherung werden nur gewährt, wenn neben den anderen gesetzlichen Voraussetzungen (Berufsunfähigkeit, Tod, Vollendung des 65. Lebensjahres) die Wartezeit erfüllt und die Anwartschaft erhalten ist.

Der Anspruch (die Anwartschaft) auf spätere Leistungen der Angestelltenversicherung ist für die Zeit vom 1. 1. 1934 an erhalten, wenn jährlich mindestens 6 Monatsbeiträge nachgewiesen werden; als Monatsbeiträge für die Erhaltung der Anwartschaft rechnen auch anrechnungsfähige Ersatzzeiten. Jeglicher Anspruch aus den bisher geleisteten Beiträgen erlischt zunächst, wenn diese Vorschrift nicht beachtet wird.

Wer sich freiwillig weiterversichert und bisher für das laufende Jahr nichts gezahlt hat, sollte im eigenen Interesse seine Versicherung bis zum Jahresschluß in Ordnung bringen. Freiwillige Beiträge zur Angestelltenversicherung können zwar noch innerhalb von 2 Jahren, die dem Kalenderjahre folgen, für das sie gelten sollen, nachentrichtet werden; es ist aber nicht ratsam, sich auf diese Möglichkeit zu verlassen. Denn nach Eintritt des Versicherungsfalles (Berufsunfähigkeit, Tod) ist die Nachentrichtung freiwilliger Beiträge unzulässig.

Das Gesetz vom 21. Dezember 1937 (RGBl. I S. 1393) hat eine weitgehende Möglichkeit geschaffen, verlorene Anwartschaften wiederherzustellen. Es ist nach diesem Gesetz nämlich zulässig, freiwillige Beiträge zur Angestelltenversicherung für die Jahre 1932—1937 bis zum 31. Dezember 1941 nachzuentrichten, **sofern der Versicherungsfall noch nicht eingetreten ist.**

Freiwillige Beiträge zur Angestelltenversicherung sind mindestens in der dem jeweiligen Einkommen entsprechenden Gehaltsklasse zu entrichten. Wer kein Einkommen hat oder derjenige, dessen Monatseinkommen 50,— RM nicht übersteigt, muß die freiwilligen Beiträge mindestens in der Gehaltsklasse B (4,— RM) zahlen. Die Klasse A ist also für die freiwillige Weiterversicherung gesperrt. Die freiwillige Höherversicherung ist zulässig. Unter Einkommen ist das **tatsächliche Gesamteinkommen zu verstehen.** Es ist zwecklos, die freiwilligen Beiträge in einer zu niedrigen Beitragsklasse zu zahlen, da diese binnen 10 Jahren nach Umtausch der Versicherungskarte beanstandet werden können. Beanstandete Beiträge werden unwirksam; sie können bei Feststellung von Leistungen nicht berücksichtigt werden.

Reichsversicherungs-
Anstalt
für Angestellte

Abb. 7: RfA-Merkblatt „Laßt die Anwartschaft nicht verfallen“ von 1934

gen“, so hatte RAM-Staatssekretär Krohn damals gegenüber der Presse verkündet, „sie wird vielmehr die Verantwortlichkeit der einzelnen Versicherungsträger stärken, aber die Nachteile der Zersplitterung bekämpfen.“[124]

Tatsächlich war damit aber ein Weg eingeschlagen worden, der mehr einen errechneten Deckungsbedarf als einen beobachtbaren Leistungsbedarf zum Maßstab nahm.[125] Mit dem Sanierungsgesetz wurde mithin der „sozialpolitische Standard der Notverordnungszeit endgültig zementiert“.[126] Die RfA hatte allerdings, wie erwähnt, bereits bei den ersten Vorbesprechungen des Gesetzentwurfs im Dezember 1932 er-

124 „Sanierung der Rentenversicherung“, in: *Soziale Praxis* 42 (1933), S. 1507–1514.
125 Vgl. Hockerts, Sicherung im Alter, S. 308.
126 Schlegel-Voß, S. 56.

hebliche Bedenken unter anderem gegen die neuen Leistungskürzungen um sieben Prozent bei gleichzeitig geplanten Beitragserhöhungen um 1,5 Prozent vorgebracht, zumal man den Sanierungsbedarf vor allem in der Invalidenversicherung sah. Und bei Erlass des Gesetzes Ende 1933 war bereits deutlich sichtbar, dass die gesamtwirtschaftliche Erholung eingesetzt hatte und sich damit das Missverhältnis von hohen Ausgaben und sinkenden Beitragseinnahmen in absehbarer Zeit umkehren würde. Spätestens seit Juli 1933 war eine langsame, aber stetige Steigerung der Beitragseinnahmen zu verzeichnen gewesen und zudem waren über das ganze Jahr gesehen 185.000 neue Beitragszahler überhaupt hinzugekommen.[127] Dennoch war klar, dass, wie schon damals die *Soziale Praxis* urteilte, „die Versicherten in dem neuen Gesetz zuerst die Leistungsminderungen sehen und schmerzlich empfinden [werden]. Das wird sich noch verschärfen, wenn durch die Erhöhung der Beiträge das Verhältnis zwischen Beiträgen und Leistungen individuell noch ungünstiger wird."[128]

Die Auswirkungen des „Sanierungsgesetzes" waren höchst ambivalent. Die Änderungen der Anwartschaftsbedingungen brachten mit der Einführung der Möglichkeit zur Nachentrichtung fehlender Beiträge zwar Erleichterungen, waren aber zugleich, was die Bedingungen zum Erlöschen und Wiederaufleben von Versicherungen betrafen, noch komplizierter geworden.[129] Der Teufel steckte wie immer im Detail. Das Gesetz ließ etwa offen, aus welcher Wartezeit der Grundbetrag zu berechnen war, wenn mit den Pflichtbeiträgen der anderen Versicherungszweige die Wartezeit von 60 Pflichtbeitragsmonaten erfüllt war. Die Auslegung des Gesetzes ließ zwei verschiedene Berechnungsarten zu, einmal bei alleiniger Berücksichtigung der Pflichtbeiträge, zum anderen aber auch bei Einbeziehung freiwillig entrichteter Beiträge.[130] Faktisch trafen die Maßnahmen die Kleinrenten stärker als die mittleren und höheren Renten, so dass die Differenzierung der Einkommens- und Lebensverhältnisse eher vorangetrieben als nivelliert wurde. Und es schuf auch eine Trennungslinie zwischen älteren und jüngeren angestellten Beitragszahlern. Gleichzeitig wurde die bereits vor 1933 eingeleitete Angleichung des Rentenrechts in der Angestellten- und Invalidenversicherung deutlich verstärkt.

Die Gesetzgebung bemühte sich um die Schaffung weitgehender Gleichheit bei den Rechtsbegriffen und um eine Vereinheitlichung des materiellen Rechts.[131] Dass dies jedoch weitgehend auf dem Papier stand und Wunschdenken blieb, hatte sich schon im Vorfeld der Verabschiedung des Gesetzes am heftigen Ringen zwischen den drei Versicherungsträgern um die Leistungskriterien gezeigt. Knappschaftliche Berufsunfähigkeit unterschied sich deutlich von Berufsunfähigkeit im Sinne des Ange-

127 Vgl. Niederschrift der 77. Sitzung des RfA-Verwaltungsrates vom 19.2.1934, S. 4, in: BArch R 112/102.

128 *Soziale Praxis* 42 (1933), S. 1523.

129 Vgl. dazu im Einzelnen RfA-Archiv Fach 24, Bd. 5 und 6 sowie auch den umfangreichen Schriftwechsel bzgl. entsprechender Anfragen in: RfA-Archiv Fach 55, Nr. 3.

130 Vgl. dazu die Notiz von Direktor Schaefer vom 11.6.1934, in: RfA-Archiv Nr. 19.

131 Zur Bewertung des Sanierungsgesetzes vgl. auch Bonz-MS, S. 524f.

stelltenversicherungsgesetzes, ganz zu schweigen von der Berufsinvalidität in der Invalidenversicherung.[132] Jemand, der als Bergarbeiter längst arbeitsunfähig war, konnte in einer später aufgenommenen angestelltenversicherungs-pflichtigen Tätigkeit noch voll leistungsfähig sein. Dasselbe galt für einen invaliden Handarbeiter. Die RfA verteidigte daher vehement eine strenge Umsetzung des Grundsatzes „getrennte Renten bei getrennten Leistungsvoraussetzungen"; andernfalls sah man „auch für unser Verhältnis zur IV schwerwiegende, unsere ganze Versicherungsgrundlage umstürzende Folgen".[133] Vor allem aber wurden die großen Hoffnungen und Erwartungen in weiten Teilen der Versicherten auf eine Änderung bzw. Abschaffung der Ruhensbestimmungen, der Kürzungen sowie eine Milderung der Wartezeitbestimmungen beim Altersruhegeld enttäuscht. Das Schreiben der Ingolstädter Vertrauensmänner an das RfA-Direktorium vom 15. Dezember 1933 war exemplarisch.[134]

Bezeichnenderweise verteidigte die RfA in ihrem Antwortschreiben das neue Gesetz eher halbherzig. „Die durch das Gesetz vom 7.12.1933 auch für die Angestelltenversicherung eingeführten Änderungen, über die die Organe der RfA vorher nicht gehört worden sind, bezwecken insbesondere die Wiedereinführung des Anwartschaftsdeckungsverfahrens", hieß es darin. Um das Ziel der Leistungsfähigkeit zu erreichen, müssten diese wieder so festgesetzt werden, dass sie versicherungstechnisch tragbar seien. „Die künftige Entwicklung der AV wird zeigen, ob Verbesserungen ohne Beitragserhöhungen möglich sein werden. Wesentliche Härtemilderungen durch Ausführungsvorschriften dürften in Kürze nicht zu erwarten sein."[135] Nicht zuletzt bestanden bei näherem Hinsehen viele Unklarheiten und entsprechender Auslegungsbedarf.

Die Vertrauensmänner der RfA wurden mit Anfragen über die neuen gesetzlichen Bestimmungen regelrecht überhäuft, insbesondere was die Neugestaltung der Rentenfestsetzung und die künftige (verminderte) Höhe der anzurechnenden Steigerungsbeträge betraf.[136] Vor allem bei den freiwillig Weiterversicherten löste das Gesetz eine regelrechte Panik aus. „Wie steht es bei den beabsichtigten Kürzungen mit den freiwillig erhöht gezahlten Beiträgen?", lautete die besorgte Frage eines Beitragszahlers schon im September 1933. Würden bei dem geplanten Leistungsabbau die Sonderzahlungen der älteren Angestellten, die diese unter Verzicht auf den Abschluss einer Lebensversicherung jahrelang geleistet hatten, mit berücksichtigt? Die jüngeren Angestellten, deren Zukunftssicherung offenbar vor allem die Maßnahmen dienten, würden dadurch nicht geschädigt werden, „während sie bei Wegfall für die betref-

132 Vgl. dazu die Schriftwechsel zwischen der RfA und der Reichsknappschaft vom Mai 1933 sowie dann die Besprechungen mit dem RAM vom 28.9.1934 und vom 20.11.1934 in: RfA-Archiv Nr. 62/63 sowie Nr. 108.

133 Interne Notiz für Direktor Koch vom 16.5.1933, in: ebd.

134 Vgl. RfA-Archiv, Fach 11, Nr. 9.

135 Vgl. das Schreiben vom 23.12.1933 in: ebd.

136 Vgl. Schreiben des Vertrauensmanns der Ortsgruppe Einbeck an die RfA vom 28.12.1933 und Antwortschreiben der RfA vom 11.1.1934, in: RfA-Archiv Fach 90, Nr. 3.

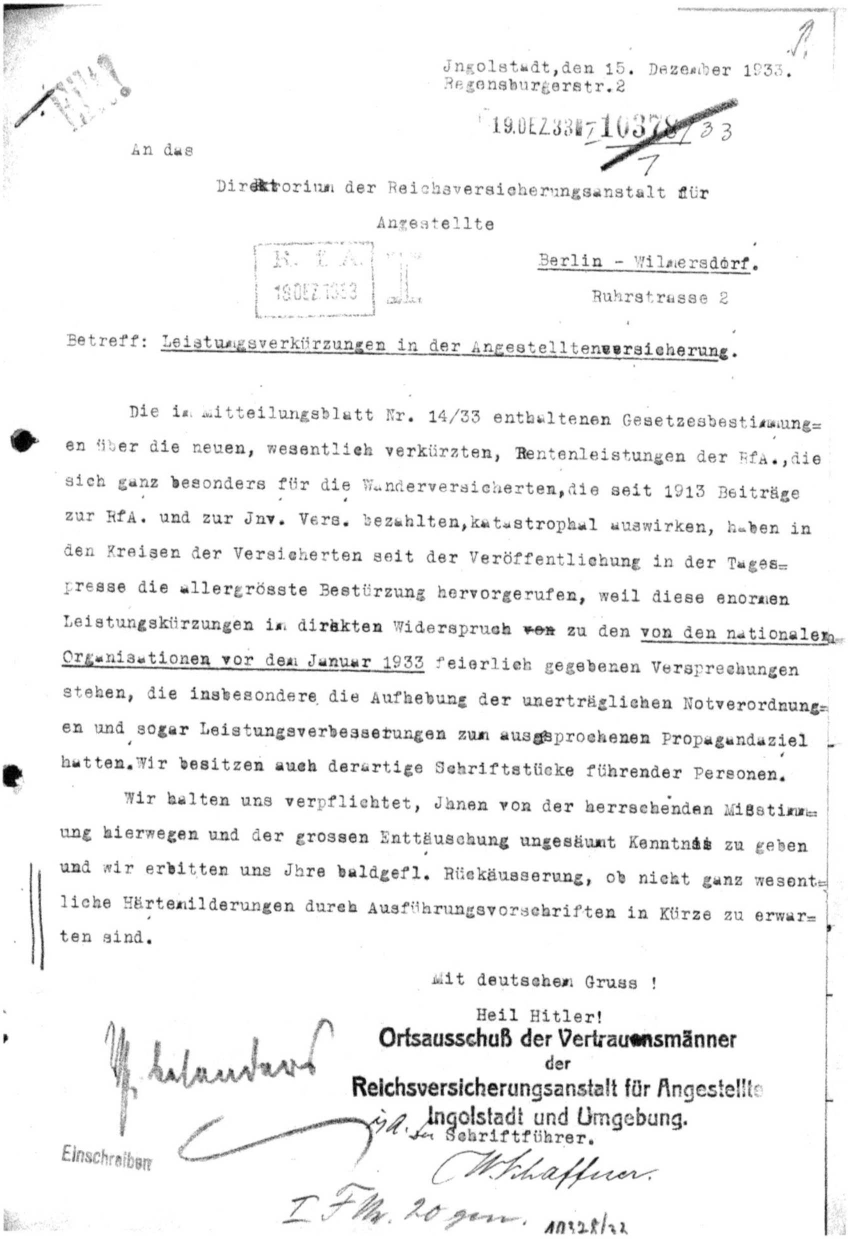

Jngolstadt, den 15. Dezember 1933.
Regensburgerstr. 2

19.DEZ.33 10378/33

An das

Direktorium der Reichsversicherungsanstalt für

Angestellte

R. f. A.
19.DEZ.1933

Berlin - Wilmersdorf.

Ruhrstrasse 2

Betreff: Leistungsverkürzungen in der Angestelltenversicherung.

Die im Mitteilungsblatt Nr. 14/33 enthaltenen Gesetzesbestimmungen über die neuen, wesentlich verkürzten, Rentenleistungen der RfA., die sich ganz besonders für die Wanderversicherten, die seit 1913 Beiträge zur RfA. und zur Jnv. Vers. bezahlten, katastrophal auswirken, haben in den Kreisen der Versicherten seit der Veröffentlichung in der Tagespresse die allergrösste Bestürzung hervorgerufen, weil diese enormen Leistungskürzungen im direkten Widerspruch zu den von den nationalen Organisationen vor dem Januar 1933 feierlich gegebenen Versprechungen stehen, die insbesondere die Aufhebung der unerträglichen Notverordnungen und sogar Leistungsverbesserungen zum ausgesprochenen Propagandaziel hatten. Wir besitzen auch derartige Schriftstücke führender Personen.

Wir halten uns verpflichtet, Jhnen von der herrschenden Missstimmung hierwegen und der grossen Enttäuschung ungesäumt Kenntnis zu geben und wir erbitten uns Jhre baldgefl. Rückäusserung, ob nicht ganz wesentliche Härtemilderungen durch Ausführungsvorschriften in Kürze zu erwarten sind.

Mit deutschem Gruss !

Heil Hitler!

Ortsausschuß der Vertrauensmänner
der
Reichsversicherungsanstalt für Angestellte
Ingolstadt und Umgebung.
i.A. Schriftführer.

Einschreiben

Abb. 8: Schreiben der Ingolstädter Vertrauensmänner an das RfA-Direktorium vom 15. Dezember 1933

fenden älteren Angestellten, die infolge ihres Lebensalters die Differenz gar nicht wieder aufholen können, eine ganz außerordentliche Schädigung bedeuten würden".[137] „Ist es überhaupt noch ratsam", so schrieb ein anderer Versicherter im Januar 1934 an die RfA, „die freiwillige Weiterversicherung aufrecht zu erhalten? Welche Möglichkeiten gibt es, die gezahlten Beiträge zurückzuerhalten?"[138] Ein anderer Versicherter war noch deutlicher. In seinem Brief an die RfA heißt es:

> Ich erhalte erst heute genauer Kenntnis von der neuerlichen Herabsetzung der Leistungen der Angestelltenversicherung. Außer der Herabsetzung des Grundbetrags auf nur noch 30 M im Monat sind Sie dazu übergegangen, ab 1. Januar 1934 den Steigerungssatz von 15 Prozent für jeden gezahlten Monatsbeitrag aufzuheben und feste Steigerungssätze der einzelnen Klassen zu erheben, die nur noch ca. 12 Prozent ausmachen. Dies gilt auch für die bereits vor dem 1. Januar gezahlten Beiträge. Das ist Vertragsbruch, den ich nicht anerkenne. Ich habe auf Grund Ihrer früheren Versicherungsbedingungen ab Juli 1928 einen freiwillig höheren Beitrag gezahlt in der Annahme, dass mir hierauf 15 Prozent Steigerungsbetrag zur Rente angerechnet werden [...]. Ich stelle Ihnen anheim, den alten Vertragszustand für die freiwillig gezahlten Beiträge wiederherzustellen oder mir den freiwillig gezahlten Betrag zurückzuzahlen. Ich bin zwangsversichert in Klasse E = 16 RM, freiwillig bezahlte ich Klasse G = 25 RM. Die Differenz beträgt für die eingezahlten 67 Monate 604 RM, die ich zurückerbitte.[139]

Immerhin sah das neue Gesetz vor, dass der Teil der Rente, der auf freiwillige Beiträge entfiel, von den Ruhensbestimmungen ausgenommen war. Die Regelungen im Einzelfall waren jedoch reichlich unklar, und Berechnungen darüber, wie sich im Einzelfall die Ruhensvorschriften auswirkten, „bedauern wir bei der großen Zahl der uns zugehenden Anfragen nicht vornehmen zu können", wie die RfA in ihrem standardisierten Antwortschreiben mitteilte.[140] Ein Anspruch auf Rückerstattung der freiwilligen Beiträge bestand jedenfalls nicht. Vor allem hatte das Gesetz für die Aufrechterhaltung der Anwartschaft durch freiwillige Beiträge neue Hürden errichtet. Vom 1. Januar 1934 an waren für die freiwillige Weiterversicherung sechs Monatsbeiträge in der entsprechenden Gehaltshöhe erforderlich, das waren zwei Monatsbeiträge mehr als bisher. „Woher soll jemand 24 RM zusätzliche Beiträge nehmen, wenn er nichts weiter hat als Einnahmen ungefähr in Höhe der Unterstützungssätze?", hieß es dazu in einem Schreiben an die RfA.[141] Zudem stand in den Zeitungen allenthalben zu lesen, dass sich zusätzlich die Beiträge für freiwillig Versicherte um 1,5 Prozent erhöhen würden. Für viele Versicherte war das nicht mehr erschwinglich und bedeutete daher die zwangsläufige Aufgabe der freiwilligen Weiterversicherung.[142]

Viele verunsicherte stellenlose Versicherte wurden nun auch bei den Arbeits- und Fürsorgeämtern vorstellig, da laut neuem Gesetz rückwirkend zum 1. April 1933 die

137 Schreiben an die RfA vom 18.9.1933, in: RfA-Archiv Fach 57, Nr. 1.
138 Brief vom 16.1.1934, in: RfA-Archiv Fach 55, Nr. 3/4.
139 Schreiben vom 5.1.1934, in: RfA-Archiv Fach 113, Nr. 9.
140 Vgl. dazu das Schreiben vom 3.2.1934, in: RfA-Archiv Fach 55, Nr. 3/4.
141 Vgl. Schreiben vom 30.3.1934, in: RfA-Archiv Fach 113, Nr. 6.
142 Vgl. dazu u. a. das Schreiben eines freiwillig Versicherten an die RfA vom 10.1.1934, in: RfA-Archiv Fach 114, Nr. 15.

Ämter keine Marken mehr zur Aufrechterhaltung der Anwartschaft kleben mussten, sondern eigene Ersatzzeitenscheine ausgestellt wurden. Die Anrechnung der neuen Ersatzzeit für die Zeit vor dem 1. April 1933 war mithin nicht zulässig.[143] Abgesehen davon, dass jegliche nähere Bestimmungen fehlten, durch wen und in welcher Form die Zeiten zu bescheinigen waren, bedeutete dies faktisch für die unterstützten Arbeitslosen einen Nachteil, da keine Beiträge mehr entrichtet wurden und ihnen damit auch die Steigerungsbeträge verloren gingen. „Die Anrechnung der Arbeitslosigkeit als Ersatzzeit in der AV bedeutet somit lediglich eine Entlastung der Reichsanstalt für Arbeitsvermittlung und Arbeitslosenversicherung zu Lasten der RfA und damit zu Lasten der Gesamtheit der versicherten Angestellten", kommentierte ein RfA-Beamter die Entwicklung in ungewohnter Offenheit in einem Antwortschreiben an einen Versicherten.[144] Anfragen kamen auch aus vielen Betrieben, da infolge der Herabsetzung der Jahresarbeitsverdienstgrenze für einen Teil der Angestellten ab 1. Januar 1934 die Versicherungspflicht entfiel; unklar war jedoch, ob darunter auch jene Angestellten fielen, die schon im Oktober 1933 die neue Jahresarbeitsverdienstgrenze überschritten hatten. Angesichts der vielen Unklarheiten konnte man Seitens der RfA oft nur auf künftige Durchführungsverordnungen des RAM verweisen, in denen die offenen Fragen geklärt werden würden.

Erhebliche Unruhe unter den Angestelltenrentnern hatte auch die angekündigte Überprüfung der Ruhegelder wegen Berufsunfähigkeit ausgelöst. Das Gesetz sah die Entziehung von zu Unrecht bezogenen Renten bei all denjenigen vor, die jünger als 60 Jahre waren, und bei denen keine Berufsunfähigkeit festgestellt wurde.[145] Im Juni 1934 hatten sich denn auch eine Reihe von betroffenen Rentnern an das RAM gewandt und die Befürchtung geäußert, dass es für die Ärzte dabei nur darum ging, „soviel Renten wie möglich abzubauen, ohne Rücksicht auf den Zustand des Kranken". Man befürchte „allerhand Härten", obwohl die finanzielle Lage der Angestelltenversicherung nicht derart sei, dass sie zu solchen harten Maßnahmen greifen müsste.[146] Für die RfA bedeuteten die außerordentlichen Nachprüfungen einen riesigen Aufwand. Da die Entziehungen gesetzlich nur bis zum Jahresende 1937 möglich waren, musste man zunächst aus den Rentenakten die entsprechenden Rentner herausfiltern, die dann einer beschleunigten außerordentlichen Nachprüfung unterworfen wurden.[147] Im Zweifelsfall war eine sorgfältige Prüfung des Gesundheitszustandes und der Arbeitsfähigkeit des Versicherten erforderlich und allenthalben war mit sich widersprechenden ärztlichen Gutachten oder Grenzfällen zu rechnen. Nachzuprüfen waren, wie die Leistungsabteilung im Februar errechnete, rund 62.000 Ruhegeldakten, von denen dann 50.542 in die engere Untersuchung einbezogen wurden. Die Nachprüfung selbst erfolgte durch die zu diesem Zeitpunkt noch amtierenden Vertrauensmänner

143 Vgl. dazu den Schriftwechsel vom Januar und Februar 1934 in: RfA-Archiv Fach 24, Nr. 6.
144 Schreiben vom 30.7.1934, in: RfA-Archiv Fach 113, Nr. 6.
145 Vgl. dazu auch Mitteilungen der RfA vom 29.3.1934, S. 1.
146 Schreiben an das RAM vom 20.6.1934, in: RfA-Archiv Nr. 19.
147 Vgl. dazu Abteilungsverfügung vom 6.3.1934, in: RfA-Archiv Nr. 23.

der RfA oder durch Polizeibehörden; mit den ärztlichen Untersuchungen wurden die Vertrauensärzte beauftragt. In einem geradezu als Hilferuf formulierten Vermerk der Büroleitung der Leistungsabteilung vom 26. Februar 1934 heißt es:

> Nach der vorstehenden Aufstellung kommen in den nächsten 10 Monaten 21419 Akten zur Vorlage, das sind über 2000 Akten monatlich oder 80 täglich. Mehr kann den Lei I-Dienststellen nicht zugemutet werden, weil es in vielen Fällen mit den vertrauensärztlichen Gutachten nicht immer getan sein wird.[148]

Tatsächlich kam es immer wieder vor, dass Betroffene die Nachuntersuchung schlicht verweigerten, woraufhin häufig die Rente ohne zeitliche Begrenzung entzogen wurde. Verglichen mit dem bürokratischen Aufwand und der negativen Wirkung – nicht nur in den Kreisen der betroffenen Rentner – war der tatsächliche Effekt der Maßnahme gering. Zwischen April 1934 und September 1935 überprüfte die RfA insgesamt 45.294 Ruhegeldempfänger, nur bei 4998 Fällen erfolgte eine Entziehung der Rente.[149] Hiervon wurden aber wiederum 4187 infolge wesentlicher Veränderungen der Verhältnisse entzogen, 738 fielen wegen Verzichts weg und nur in 73 Fällen wurde die Rente aufgrund der ursprünglichen Bestimmungen, also wegen unrechtmäßigen Bezugs bei bestehender Berufsfähigkeit entzogen. Andererseits waren die später veröffentlichten Zahlen zu den Entziehungen wegen Wiedereintritt der Berufsfähigkeit bezogen auf die einzelnen Jahre durchaus nennenswert. Im Jahr 1934 wurden etwa 2898 Renten entzogen, 1935 waren es 3615, das waren immerhin zwischen 11 und 15 Prozent des überprüften Gesamtbestands.[150] Letztendlich spiegelte sich in diesen Zahlen aber eine infolge der verbesserten Wirtschaftslage geänderte Einstellung der Beitragszahler zur Berufsfähigkeit wider. In guten Zeiten blieben Angestellte, die an der Grenze der Berufsfähigkeit standen oder sogar berufsunfähig waren, noch erwerbstätig und zogen den Arbeitsverdienst der geringeren Rente vor. In Krisenjahren jedoch wurde von diesen die Rente beantragt.

Widersprüchlich wie das Gesetz fiel letztendlich auch die Reaktion der RfA darauf aus. Nach außen hin feierte man schon im Geschäftsbericht für 1933 das Gesetz als Grundstein der Sanierung der Sozialversicherung und stellte – obwohl die tatsächlichen Auswirkungen der Maßnahmen frühestens Ende 1934 sichtbar sein konnten – einen direkten Zusammenhang zur insgesamt günstigen Finanzlage der RfA her.[151] In dem Bericht des Direktoriums der RfA für das abgelaufene Geschäftsjahr wurde weit über den notwendigen Rahmen hinaus der schöpferische Gestaltungswille der neuen Reichsregierung gepriesen, verbunden mit einer Ergebenheitsadresse an Adolf Hitler.[152] Präsident Grießmeyer hatte die Präsentation des Geschäftsberichts 1933 zum

148 Vermerk vom 26.2.1934, in: RfA-Archiv Fach 113, Nr. 5.
149 Vgl. dazu der Bericht auf der Beiratssitzung der RfA vom 25./26.11.1935, S. 6 f., in: BArch R 89/3468.
150 Vgl. dazu 25 Jahre Angestelltenversicherung, S. 65.
151 Vgl. Bericht der RfA zum Geschäftsjahr 1933, in: Mitteilungen der RfA vom 12.5.1934.
152 Bericht des Direktoriums der RfA über das Geschäftsjahr 1933, S. 3, in: BArch R 112/102.

Anlass für eine große Inszenierung genommen. Formaler Anlass war das 20-jährige Bestehen der Angestelltenversicherung, das Grießmeyer geschickt nutzte, um die Bedeutung seiner Behörde ins Rampenlicht zu stellen. In einer gut besuchten Pressekonferenz gab er ausführliche Erläuterungen zur Erfolgsbilanz und anschließend erfolgte noch eine allgemeine Besichtigung der Behörde, die, wie es in einem Bericht hieß, „einen starken Eindruck von der besonderen sozialen und wirtschaftlichen Bedeutung und Eigenständigkeit der Angestelltenversicherung" vermittelte.[153] Intern gab es bezüglich des Sanierungsgesetzes jedoch erhebliche Skepsis. Schon auf der Direktoriumssitzung am 4. Dezember 1933, als Direktor Schaefer einen ersten Überblick über das beschlossene, aber noch nicht veröffentlichte Gesetz gab, war man sich einig, dass hinsichtlich der mutmaßlichen Auswirkungen eine Beitragserhöhung von 1,5 Prozent notwendig sein würde.[154] Auf einer weiteren Sitzung am 11. Dezember ging es abermals um die Folgen, und dabei machte Schaefer auf einen kaum beachteten Aspekt aufmerksam. Nach dem Gesetz war die Reichsregierung nun in der Lage, den Betrag, bis zu dem das Vermögen der RfA in verbrieften Forderungen gegen das Reich oder eines Landes sowie in Reichsschuldbuchforderungen anzulegen war, ohne Bindung an die bisher festgelegte Grenze von 25 Prozent des Vermögens bestimmen zu können.[155] In der anschließenden Aussprache machte denn auch Oberregierungsrat Haenel „eindringlich auf die durch das Gesetz bewirkte Ausschaltung der Selbstverwaltung bei der versicherungstechnischen Bilanzaufstellung und Beitragsbemessung und insbesondere bei der Anlegung des Vermögens aufmerksam".[156] Mit anderen Worten: Nicht erst das nationalsozialistisch geprägte Aufbaugesetz von 1934, sondern das noch vielgepriesene Gesetz der RAM-Ministerialbürokratie vom Dezember 1933 versetzte der Selbstverwaltung der RfA den Todesstoß.

Als Antwort auf die vielen enttäuschten und kritischen Anfragen der Versicherten über die nach wie vor ausgebliebene Aufhebung der Ruhensvorschriften der Vierten Notverordnung von 1931 konnte man seitens der RfA auf die offizielle Haltung des RAM verweisen. Dieses hatte Anfang März 1934 auf die Flut von Beschwerden und Kritik aus den Reihen der Versicherten mit einem neuen Pauschalbescheid reagiert. In dem von Reichsarbeitsminister Seldte unterzeichneten Erlass heißt es:

> Aus Anlass des Gesetzes zur Erhaltung der Leistungsfähigkeit der Invaliden-, Angestellten- und der knappschaftlichen Versicherung vom 7. Dezember 1933 sind die versicherungstechnischen Grundlagen dieser Versicherungszweige genau nachgeprüft worden. Dabei hat sich ergeben, dass die laufenden Renten nicht erhöht werden können und dass die künftige Rentenzahlung nur dadurch gesichert werden konnte, dass von allen Beteiligten, vom Reich, von den Versicherten und von der Wirtschaft Opfer gebracht werden. Bei dieser Lage der Rentenversicherung sehe ich

153 Zwanzig Jahre Angestelltenversicherung, in: *Soziale Praxis* 43 (1934), S. 490 – 494.
154 Vgl. Auszug aus der Niederschrift der Direktoriumssitzung vom 4.12.1933, in: RfA-Archiv Nr. 9.
155 Vgl. Auszug aus der Niederschrift der Direktoriumssitzung vom 11.12.1933, in: ebd.
156 Ebd.

> mich außerstande, die laufenden Renten zu erhöhen und die früheren Kürzungen oder Ruhensbestimmungen zu beseitigen oder noch weiter zu mildern.[157]

Der Erlass fand wie schon derjenige vom September 1933 zuvor als Abteilungsverfügung Eingang in den Standardschriftwechsel der RfA.

Die auf Seiten der RfA erhoffte Klärung der vielen offenen Fragen der Anwendung des Leistungserhaltungsgesetzes auf dem Wege der entsprechenden Ausführungsbestimmungen erfüllte sich jedoch nicht. Ehe am 17. Mai 1934 dazu die erste Verordnung erlassen wurde, war der entsprechende Entwurf des RAM auch der RfA zur Kommentierung zugesandt worden. Es war ein Konvolut von 86 Seiten, das inhaltlich von den RfA-Experten regelrecht zerrissen und strikt abgelehnt wurde, vor allem da sich zeigte, dass es darin nicht nur um Durchführungsvorschriften zum Gesetz vom 7. Dezember ging, sondern auch wesentliche Teile des Angestelltenversicherungsgesetzes geändert wurden. Auf zehn eng beschriebenen Seiten hielt RfA-Direktor Koch seine kritischen Bemerkungen zu dem Referentenentwurf der Durchführungsverordnung fest.[158] Als gravierend sah er etwa die Aufweichung der Voraussetzungen für Leistungsgewährungen. Nach der Fassung würde ein Anspruch auf Invalidenrente wegen vorübergehender Invalidität auch ohne Erfüllung der Wartezeit und ohne Erhaltung der Anwartschaft bestehen. „Dieses Ergebnis ist untragbar."[159] Zahlreiche Detailregelungen hielt Koch für entbehrlich, da Zweck und Notwendigkeit der jeweiligen Bestimmung nicht zu erkennen seien, vor allem aber auch letztlich mit erheblichem zusätzlichem Arbeitsaufwand für die RfA verbunden sein würde, wie etwa die neue Berechnung der nach altem Recht festgesetzten Renten bei Eintritt des Versicherungsfalls in dem anderen Versicherungszweig. „Sie wird auch Unzufriedenheit bei den Berechtigten hervorrufen und für diese schwer verständlich sein."[160]

Auf der Sitzung des RfA-Direktoriums am 5. Februar 1934 wurde daher ein eindeutiges Urteil gefällt. Man war

> einstimmig der Ansicht, dass der Entwurf infolge der Herausnahme bisheriger wesentlicher Bestimmungen aus dem Angestelltenversicherungsgesetz und deren Ersatzes durch Verweisungen auf die Reichsversicherungsordnung das Angestelltenversicherungsgesetz zu einem nicht mehr lesbaren Gesetze mache, daher abzulehnen [sei] und dass dieser Standpunkt bei der in Aussicht genommenen Besprechung im Reichsarbeitsministerium mit Entschiedenheit zu vertreten sei.[161]

Tatsächlich kam es daraufhin zu diversen Besprechungen zwischen den RfA- und den RAM-Beamten, allerdings offenbar ohne dass wesentliche Korrekturen an der

157 Der Erlass als Abteilungsverfügung vom 7.4.1934, in: RfA-Archiv, o. Signatur, Regal 5.
158 Vgl. die Bemerkungen vom 6.2.1934, in: RfA-Archiv Fach 108, Nr. 15.
159 Ebd., S. 1.
160 Ebd., S. 10.
161 Auszug aus der Niederschrift der Direktoriumssitzung vom 5.2.1934, in: RfA-Archiv Nr. 9.

Durchführungsverordnung vorgenommen wurden.[162] Am 17. Mai 1934 wurde die „Verordnung über die Änderung, die neue Fassung und die Durchführung von Vorschriften der Reichsversicherungsordnung, des Angestelltenversicherungsgesetzes und des Reichsknappschaftsgesetzes“ erlassen.[163] Auf zehn eng bedruckten Seiten erließ daraufhin die Leistungsabteilung „Richtlinien für die Anwendung“ dieser Verordnung im täglichen Verwaltungshandeln. Wie von den RfA-Experten jedoch erwartet, gab es weiterhin erheblichen Abstimmungsbedarf und Auslegungsunterschiede zwischen den drei Versicherungsträgern, insbesondere was die Wanderversicherten anging. Fast monatlich trafen sich nun die jeweiligen Vertreter im RAM, um die Detailfragen zu diskutieren und handhabbare Regelungen für die Umsetzung wie etwa die Berechnung des Teilgrundbetrages und den Umfang der dabei zu berücksichtigenden freiwilligen Beiträge auszuhandeln.[164]

Ungeachtet dessen löste das „Sanierungsgesetz“ auch eine neue Welle von Klagen gegen die als ungerecht empfundenen Bestimmungen aus. Viele Gesetzeslücken und Mehrdeutigkeiten wurden erst im Laufe der folgenden Jahre auf dem Wege von Beschwerden und Urteilen des Revisionssenats des RVA geschlossen bzw. geklärt. Ein Fall betraf etwa eine Klägerin aus Hamburg, die zunächst in der Invalidenversicherung und seit November 1927 als Verkäuferin in der Angestelltenversicherung versichert gewesen war. Sie hatte 1931 geheiratet und im November 1933 ihre Stellung aufgegeben. Mitte Januar beantragte die Klägerin bei der RfA die Rückerstattung der für sie gezahlten Beiträge, was von der Behörde jedoch mit Verweis auf die noch nicht erfüllte Wartezeit abgelehnt wurde. Die früher von ihr an die IV gezahlten Beiträge, auf die die Versicherte verwies, waren nach dem neuen Gesetz vom Dezember 1933 allerdings nicht mehr zu berücksichtigen. Dagegen klagte die Betroffene; ihre Revision wurde jedoch eindeutig verworfen, da die Zusammenrechnung der Beiträge aus IV und AV für die Wartezeit nur bei Rentenansprüchen, nicht aber bei Rückerstattungsansprüchen galt.[165] Ein zweiter Fall betraf einen Altersruhegeld-Empfänger, der gleichfalls Wanderversicherter war und bislang wegen der fehlenden Beitragsjahre in der AV bisher nur eingeschränkte Leistungen erhalten hatte. Fraglich war nun, ob der Rentner die Neufestsetzung (und damit Erhöhung) des Ruhegeldes beanspruchen konnte, wenn er später berufsunfähig wurde, da eine Bestimmung darüber in dem neuen Gesetz nicht enthalten war. Seitens der RfA wurde dies verneint; jedoch bekam diesmal der Kläger mit Urteil des Ersten Revisionssenats des RVA vom 5. September 1935 Recht.[166]

---

162 Vgl. dazu etwa den Vermerk Kochs über eine telefonische Besprechung mit dem RAM am 10.2.1934, in: RfA-Archiv Fach 108, Nr. 15.

163 Vgl. dazu Mitteilungen der RfA vom 29.5.1934.

164 Vgl. dazu die Niederschrift der Besprechungen vom 9.6.1934 und vom 25.7.1934, in: RfA-Archiv Nr. 58.

165 Der Fall als Grundsatzentscheidung in: BArch R 89/23085.

166 Der Fall als Grundsatzentscheidung in: BArch R 89/23086.

Zu allem Übel aus Sicht der RfA sorgten währenddessen auch noch ständig neue Gerüchte über anstehende Restriktionen für Unruhe und heizten die rentenpolitische Stimmung an. Die RfA-Beamten hatten alle Mühe, den entsprechenden Anfragen aufklärend entgegenzutreten. Das Altersruhegeld aus der Angestelltenversicherung würde neuerdings schon vom 60. (und nicht erst 65.) Lebensjahr gezahlt, hieß es etwa im Mai 1934. Nur kurz zuvor hatte jedoch das Gerücht für Aufregung gesorgt, dass Altersrente künftig nur solchen 65-Jährigen bewilligt werde, die gleichzeitig 50 Prozent berufsunfähig seien, und überhaupt würden die Versicherungsbeiträge ab 1. Juli wieder eine allgemeine Erhöhung erfahren.[167] Den im Sommer 1934 neuerlich aufkommenden Debatten über eine Milderung der Wartezeitbestimmungen beim Altersruhegeld erteilten zumindest die Versicherungsmathematiker in der RfA eine eindeutige Absage. Die Bestimmung der längeren Wartezeit von 180 Beitragsmonaten sei letztendlich eine versicherungstechnische Schutzbestimmung, so hieß es in einem internen Vermerk:

> Sie soll die Gesamtheit der Versicherten und ihrer Arbeitgeber vor der Belastung schützen, die in erheblichem Masse dadurch eintritt, dass zu spät in die Versicherung kommende Angestellte nach geringer Beitragsdauer in großer Zahl vom 65. Lebensjahr an Altersrente beziehen, dabei weiter in Stellung und Verdienst bleiben ohne jedoch Beiträge zu leisten. Dieser Schutz vor der Altersüberlastung der sozialen Versicherung hat eine hohe Bedeutung und wird voraussichtlich noch sehr an Bedeutung gewinnen [...]. Der Durchschnittsbeitrag der Angestelltenversicherung reicht nur aus für Versicherte, die bis etwa zum Alter 35 in die AV eintreten. Jeder Eintritt eines Versicherten höheren Alters bedeutet einen finanziellen Verlust, der zu Lasten der Gesamtheit der AV-Versicherten geht und die Rentenaussichten der mit jüngeren Jahren beigetretenen Versicherten, die lange Jahre Beiträge leisten müssen, schmälert.[168]

Schon wenige Monate nach dem Sanierungsgesetz kam am 5. Juli 1934 mit dem Gesetz über den Aufbau der Sozialversicherung („Aufbaugesetz") die nächste Flut rentenversicherungsrechtlicher Bestimmungen mit weitreichenden Folgen.[169] Vor allem war es mit insgesamt 16 Durchführungsverordnungen bis zum April 1937 keine grundlegende Neuordnung zugunsten eines einheitlichen Sozialversicherungsrechts, sondern im Gegenteil wurde eine neue Dimension rentenversicherungsrechtlicher Kompliziertheit und Unübersichtlichkeit geschaffen. Und der Gesetzgeber schuf die Basis für eine weitere Umgestaltung der Sozialversicherung nach NS-Gesichtspunkten. In dem Gesetz ging es vor allem um prinzipielle sozialversicherungsrechtliche Aspekte mit dem Anspruch einer Neuordnung. Unter dem Dach einer einheitlichen Reichsversicherung wurden nun Krankenversicherung, Rentenversicherung und Unfallversicherung zusammengefasst. Diese formale Vereinheitlichung sollte der rechtlichen Zersplitterung der einzelnen

167 Vgl. dazu die entsprechende Anfrage der Kreisbauernschaft Glogau vom 8.5.1934 sowie die Anfrage der Schriftleitung des Steglitzer Anzeigers an die RfA vom 4.3.1934, in: RfA-Archiv Fach 64, Nr. 3.
168 Vermerk vom 31.8.1934, in: RfA-Archiv, Handakte Granzow.
169 Vgl. dazu u.a. Mitteilungen der RfA vom 9.7.1934 und Amtliche Nachrichten für die Reichsversicherung Nr. 8, 1934, S. 308–318.

Zweige und den allenthalben herrschenden Zentrifugaltendenzen entgegenwirken, die, so hieß es in der ausführlichen Begründung des Gesetzes, unter anderem zu einer ungenügenden Ausgeglichenheit des Versicherungswagnisses geführt hätten.[170] Auf den ersten Blick schien das Gesetz ein weiterer Sieg der Ministerialbürokratie des RAM gegenüber den sozialversicherungspolitischen Ideologen in der NSDAP bzw. DAF zu sein.[171] Die Grundfragen, ob die Neuordnung auf dem Prinzip der Versorgung oder wie bisher der Versicherung beruhen und ob eine Einheitsversicherung gegenüber dem System mehrgliedriger Versicherungsträger der Vorzug gegeben werden sollte, waren jeweils zugunsten Letzterer entschieden worden.[172] Tatsächlich war das Aufbaugesetz ein reines Rahmengesetz, das allgemeine Grundsätze enthielt, die mit Inhalten und konkreten Maßnahmen auf dem Wege von Durchführungsverordnungen erst in den folgenden Monaten und Jahren gefüllt werden sollten.[173]

Noch im Laufe des Jahres 1934 wurden die ersten fünf Durchführungsverordnungen zu dem Gesetz erlassen, mit einer Fülle weitreichender organisatorischer Regelungen, die vor allem die oben bereits erwähnte Abschaffung der letzten Reste der Selbstverwaltung und die Durchsetzung des Führerprinzips zum Zweck hatten. Aber nicht nur intern, sondern auch extern veränderte sich nun die Position der RfA im sozialversicherungsrechtlichen Behörden- und Institutionengefüge. Zum einen wurde eine Neuordnung der versicherungsrechtlichen Befugnisse insofern vorgenommen, als die Aufsicht über die RfA auf das Reichsversicherungsamt (RVA) übertragen, gleichzeitig aber die Aufsicht zur Weisungsbefugnis erweitert wurde. Die RfA ihrerseits wurde zum alleinigen Träger der Rentenversicherung der Angestellten bestimmt. Sie behauptete damit nicht nur ihre institutionelle Selbständigkeit, sondern gewann noch an Bedeutung. Faktisch ergaben sich hierbei allerdings eine Reihe von Problemen. Zum einen blieben Sonderrechtsbestimmungen bestimmter Angestelltengruppen, allen voran der Bergbauangestellten in der Knappschaftsversicherung und der Eisenbahnangestellten, bestehen. Zum anderen versuchte die See-Berufsgenossenschaft bzw. Seekasse als Sozialversicherungsträger der Seeleute den Auftrag des Aufbaugesetzes zum Zusammenwirken der Versicherungsträger auf ihre Weise und damit auch auf Kosten der RfA zu nutzen.[174] Die Vorschläge der Seekasse wurden daher in der Ruhrstraße strikt abgelehnt, „weil sie die Stellung der RfA als einheitli-

---

170 Vgl. ebd., S. 311.

171 Vgl. dazu auch die eingehende Bewertung des Gesetzes in der Sozialen Praxis 43 (1934), S. 890–898 („Auf dem Wege zum einheitlichen Sozialversicherungsrecht. Das Aufbau-Gesetz").

172 Vgl. dazu auch RAM-Ministerialdirektor Hans Engel, Aus der Entstehungsgeschichte des Aufbaugesetzes, in: Der Sozialversicherungsbeamte Jg. 1934, Folge 23 vom 2.12.1934, S. 457–459.

173 Vgl. auch Bonz-MS, S. 466 ff. sowie Hans Engel, Weitere Maßnahmen zur Durchführung des Gesetzes über den Aufbau der Sozialversicherung, in: Sozialversicherungsrecht vom 16.6.1935, S. 273–275.

174 Vgl. dazu den umfangreichen „Vorschlag für das Zusammenwirken der RfA mit der Seekassse" vom November 1934, in: RfA-Archiv Fach 51, Nr. 2.

chen Versicherungsträger im Reiche stark beeinträchtigen und praktisch eine Sonderanstalt auf dem Gebiet der Angestelltenversicherung schaffen".[175]

Ein wesentlicher Vorgang in diesem Zusammenhang war aber die gleichfalls im Zuge der neunten Ausführungsverordnung zum 31. Dezember 1935 verfügte Aufhebung der Ersatzkassen, die als Besonderheit der Angestelltenversicherung in Form von berufsständischen Ersatzeinrichtungen fungierten und deren Mitglieder der Versicherung in der RfA gleichgestellt waren. Die Ersatzkassen hatten im Laufe der Jahre zwar an Bedeutung verloren. Von den als Versicherungseinrichtungen zugelassenen 30 Kassen im Jahr 1918 waren nur noch neun Ersatzkassen übriggeblieben, die aber immer noch ca. 70.000 Versicherte umfassten.[176] Die bedeutendste noch bestehende Ersatzkasse war diejenige des Deutschen Bank- und Bankiergewerbes, die allein ca. 60.000 Mitglieder hatte. Die übrigen waren meist für einzelne Unternehmen gegründet worden. Politisch war die Aufhebung der Ersatzkassen kein spezifisch nationalsozialistisches Anliegen. Schon früher hatten die Angestelltenverbände nie große Sympathien für die Sondereinrichtungen gehabt. Die betroffenen Kassen selbst jedoch wehrten sich vehement gegen die Auflösung. Das Hauptproblem war die Überweisung bzw. die Art der Berechnung der Höhe der an die RfA zu überweisenden Deckungsmittel, insgesamt rund 105 Mio. RM. Dabei war die in der Durchführungsverordnung festgelegte Vermögensauseinandersetzung für die Ersatzkassen sehr günstig.[177] Offengeblieben war aber der Punkt, ob und in welchem Umfang die RfA auch anderweitige (und aus Sicht der RfA evtl. unerwünschte oder unsichere) Vermögensstücke der Ersatzkassen zu übernehmen hatte. Darüber hinaus ergaben sich verwaltungspraktisch und auch finanziell eine Reihe weiterer Probleme und Schwierigkeiten. Zum einen erforderte die Abwicklung, die sich in Einzelfällen über Jahre hinziehen sollte, für die damit befasste Versicherungsabteilung erhebliche Arbeitsbelastung. Zum anderen zeigte sich, dass bei einer Reihe von Ersatzkassen das vorgefundene Vermögen zur Deckung der Verbindlichkeiten nicht mehr ausreichte und der entstandene Verlust der RfA zur Last fiel. Und es gab weitere Ungereimtheiten. So hatte etwa, wie die Überprüfungen der RfA ergaben, die Ersatzkasse des Deutschen Bank- und Bankiergewerbes in fast 500 Fällen in den Inflationsjahren Rentenleistungen zu Unrecht festgesetzt, die nun ebenfalls von der RfA ab Januar 1936 zu übernehmen waren.[178]

Es gab denn auch kaum eine Ersatzkasse, mit der die RfA keine Streitverfahren wegen finanztechnischer und rentenrechtlicher Detailfragen vor den zuständigen

175 Stellungnahme der Versicherungsabteilung vom 23.11.1934, in: ebd.

176 Vgl. dazu die Ausführungen im Geschäftsbericht der RfA für 1935, S. 6, in: BArch R 89/3468.

177 Vgl. dazu die im Vorfeld geführten Debatten und Schriftwechsel bezüglich des Referentenentwurfs der Durchführungsverordnung vom Mai 1935, in: BArch R 89/3163. Den Ersatzkassen war es dabei gelungen, auf den Inhalt und die konkreten Maßnahmen der Verordnung erheblich Einfluss zu nehmen, wogegen sich die RfA ihrerseits vehement zu wehren versuchte.

178 Vgl. dazu den Schriftwechsel zwischen RfA und der Banken-Ersatzkasse vom August 1935 ff. in: RfA-Archiv Nr. 116.

Oberversicherungsämtern austrug. Die Ersatzkasse des Deutschen Bank- und Bankiergewerbes hatte etwa schon im Vorfeld der Durchführungsverordnung unter ihren Mitgliedern massiv Stimmung gegen das Gesetz und damit auch gegen die RfA gemacht mit der Behauptung, dass bei Verlust der Ersatzkasseneigenschaft mit einer erheblichen Kürzung der Anwartschaften und Renten zu rechnen sei.[179] RfA und Bankenersatzkasse trugen schließlich im Mai 1936 ihren Streit über die Höhe der an die RfA zu überweisenden Deckungsmittel vor dem Beschlusssenat des RVA gerichtlich aus. Die RfA ging dabei als Sieger hervor und der Ersatzkasse wurde untersagt, selbständig Abzüge von fast 800.000 RM bei den zu überweisenden Mitteln vorzunehmen.[180] Ähnliche Probleme bei der Berechnung und Festsetzung des Schuldbetrages hatte die RfA mit der Müllerei-Pensionskasse. Diesmal ging es um eine Summe von 978.501 RM, die die Ersatzkasse nach den Berechnungen der RfA an diese abzuführen hatte, der seitens der Ersatzkasse aber eine erhebliche Herabsetzung der Deckungsrücklage, sprich nur 549.000 RM, gegenübergestellt wurde. Auch hier bekam die RfA letztendlich Recht; aber das Verfahren zog sich bis Dezember 1937 hin.[181]

Ein besonderer Fall war schließlich die Abwicklung und Vermögensauseinandersetzung der Pensions-, Witwen- und Waisenkasse für Angestellte der Firma Rudolf Mosse. Während zu Jahresbeginn 1938 die Vermögensabwicklung mit den verbliebenen acht Ersatzkassen im Wesentlichen abgeschlossen waren, hatte die Abwicklung und Überführung der Ersatzkasse des im Herbst 1932 bereits in Konkurs gegangenen und dann im Laufe des Jahres 1934 bereits arisierten jüdischen Medienkonzerns trotz aller Bemühungen seitens der RfA-Beamten eigentlich noch gar nicht begonnen.[182] Die Sache war dadurch kompliziert, dass die Ersatzkasse mit ca. 500 Mitgliedern und 259 Rentenberechtigten infolge des Konkurses des Mosse-Konzerns keinerlei Deckungsrücklage besaß und das gesamte Vermögen, das vor dem Konkurs über fünf Mio. RM betragen hatte, im Wesentlichen nur noch aus Ansprüchen von ca. 1,6 Mio. RM gegenüber der Firma bestand, über deren Vermögen das Vergleichsverfahren eröffnet worden war. Die in einer „Interessengemeinschaft der Rentenbezugsberechtigten der Mosse-Kasse" zusammengeschlossenen Ersatzkassenmitglieder hatten schon Ende 1934 mit einer Eingabe an den Reichsarbeitsminister und den Reichswirtschaftsminister auf ihre Notlage aufmerksam gemacht und ein Einspringen der RfA bzw. eine Garantie ihrer Pensionsansprüche durch diese gefordert.[183] Dagegen

---

179 Vgl. dazu das 10-seitige Schreiben zum Ersatzkassenproblem von RfA-Direktor Haenel an das RAM vom 13.6.1935, in: BArch R 89/3163.

180 Das Urteil mit 7-seitiger Begründung vom 6.5.1936, in: RfA-Archiv Fach 101, Nr. 5.

181 Vgl. dazu das Urteil vom 10.12.1937 mit 13-seitiger Begründung sowie weiterem umfangreichen Schriftwechsel in: BArch R 89/22703. Dennoch verblieb der Ersatzkasse, wie die Versicherungsmathematiker der RfA ausrechneten, letztendlich dennoch ein Reingewinn von 560.000 RM aus über die Jahre hinaus vereinnahmten reichsgesetzlichen Mitteln. Vgl. Aktenvermerk vom 16.10.1936, in: BArch R 89/3166.

182 So auch der Tenor des Schreibens der RfA-Leitung an das RVA vom 13.1.1938, in: BArch R 89/3449.

183 Vgl. dazu das Schreiben der RfA an das RVA vom 25.2.1935, in: BArch R 89/3387.

hatte sich die RfA mit aller Entschiedenheit gewehrt, vor allem da dann Mittel aus der staatlichen Angestelltenversicherung zur Deckung „von nichtgesetzlichen, nur satzungsmäßigen privaten Pensionsansprüchen herangezogen werden würden".[184] Strittig war auch hier die zumindest theoretisch an die RfA zu überweisende Deckungsrücklage, weniger in ihrer Höhe von 747.920 RM als in der Art und Weise der Anrechnung von anderen, aus Sicht der RfA höchst ungesicherten Vermögenswerten wie hypothekarischen Forderungen und Darlehen. Das wurde nach einem Urteil des Beschlusssenats des RVA vom 28. April 1937 entsprechend der Rechtsposition der RfA abgelehnt.[185] Die RfA wurde damit nicht verpflichtet, auch die Verluste mitzutragen, die die Pensionskasse im Lauf der Jahre angehäuft hatte. Dass durchaus Vermögensmasse als Deckungsgrundlage bestand, zeigte sich bei der im Prozess überreichten Vermögensübersicht, die neben Hypotheken von 530.000 RM auch Effekten von 400.000 RM und Grundbesitz im Wert von 300.000 RM aufwies.[186] Die Angelegenheit zog sich noch bis Anfang 1939 hin, nachdem sich im Herbst 1938 auch noch das Reichpropagandaministerium eingeschaltet hatte. Erst am 9. März 1939 konnte Grießmeyer an das RVA melden, dass die Vermögensauseinandersetzung mit der früheren Pensionskasse der Firma Mosse durch Überweisung des geschuldeten Deckungskapitals vollständig abgeschlossen werden konnte.[187]

Im Zuge der nach und nach erfolgten versicherungsrechtlichen Ausgestaltung des Aufbaugesetzes über Durchführungsverordnungen hatten sich inzwischen weitere neue rentenversicherungsmäßige Detailprobleme und Entwicklungen ergeben, mit denen die RfA nun befasst war. Erstens ging es um die versicherungsrechtlichen Implikationen der 1933 im Zuge des Gesetzes zur Wiederherstellung des Berufsbeamtentums erfolgten tausenden von Entlassungen. Zweitens war die Einordnung und Bewertung neuer und im Gefolge der NS-Beschäftigungsmaßnahmen entstandener Beschäftigungsverhältnisse vielfach ungeklärt, zunächst vor allem hinsichtlich der Frage der Anrechnung der Arbeitsdienstpflicht bei den Anwartschaftszeiten, und drittens rückte die komplexe Entwicklung der – seit den 1920er Jahren bestehenden und nun vom NS-Regime aus ideologischen Gründen geförderten – Rückzahlung von Versicherungsbeiträgen an verheiratete Frauen, die aus dem Berufsleben ausschieden, in den Mittelpunkt der Arbeit der RfA-Beamten. Die zahlreichen Entlassungen von bisher versicherungsbefreiten Beamten und Angestellten im Rahmen der politischen Säuberung mit Hilfe des Gesetzes zur Wiederherstellung des Berufsbeamtentums hatten rentenrechtliche Folgen. Die jeweiligen Behörden und Kommunen waren nun verpflichtet, die Betroffenen bei der RfA nachzuversichern und damit die entsprechenden, zum Teil weit zurückreichenden Beiträge an die RfA nachzuzahlen. Die Tatsache an sich war unstrittig, da der Grund des Ausscheidens aus der versicherungsfreien Beschäftigung unerheblich war und damit grundsätzlich die Nachversi-

184 Ebd., S. 2.
185 Das Urteil vom 28.4.1937 in: RfA-Archiv Fach 101, Nr. 4.
186 Vgl. Schreiben der RfA-Leitung an das RVA vom 13.1.1938, in: BArch R 89/3449.
187 Schreiben Grießmeyers an das RVA vom 9.3.1939, in: ebd.

cherung zu erfolgen hatte und die Betroffenen Rentenberechtigung erlangt hatten. Jedoch gab es auf der einen Seite zwischen dem Versicherungsträger und den vormaligen Arbeitgebern bald Differenzen um die rückwirkende Dauer und Höhe der Nachzahlungen, auf der anderen Seite stritten viele Betroffene mit der nun für sie zuständigen RfA um die Ruhegeldgewährung.

Die entsprechenden Konflikte schlugen sich denn auch mit zeitlicher Verzögerung in den Entscheidungen der Sozialgerichte bzw. des Revisionssenats des RVA nieder. Aus den vielen Fällen seien einige ebenso interessante wie exemplarische herausgegriffen. In einem ersten Verfahren ging es um einen Verwaltungssekretär aus Bad Nauheim, der nach seiner Entlassung durch die Stadt unter Wegfall seiner Ruhestandsbezüge, d. h. ohne Anspruch auf Unterstützung oder Rente, ordnungsgemäß nachversichert worden war und dafür 944 RM für 60 Beitragsmonate an die RfA gezahlt hatte. Dieser Betrag umfasste auch den Versichertenanteil. Auf Antrag des Betroffenen hin gewährte ihm die RfA im März 1934 das Ruhegeld. Nachträglich wandelte die Kommune jedoch Ende September 1934 die Entlassung in eine Ruhestandsversetzung um, d. h. der Rechtsgrund der Entlassung wurde geändert, so dass die Verpflichtung zur Nachentrichtung entfiel und die Stadt ihrerseits die Rente in Höhe von drei Vierteln des Ruhegehalts zahlen musste. Die RfA weigerte sich nun aber, die Beiträge zurückzuzahlen, da der Betroffene bereits Ruhegehalt von ihr erhielt und dazu den Steigerungsbetrag aus den nachentrichteten Beiträgen bezog.[188] Auf die Proteste der Stadt hin schaltete sich sogar der Reichsstatthalter von Hessen ein und die ganze Angelegenheit landete schließlich am 30. Oktober 1936 vor dem Revisionssenat des RVA, wo die RfA Recht bekam und keine Rückzahlung leisten musste.[189] Ähnlich ging es der AOK Limbach, die für den von ihr aus politischen Gründen entlassenen Kassenleiter 2209 RM nachentrichtet hatte. Der Betroffene hatte zunächst beim Oberversicherungsamt Chemnitz gegen die AOK auf Wiederzuerkennung seines Ruhegehalts geklagt und war auch zunächst erfolgreich gewesen, dann aber war der Bescheid durch das sächsische Arbeitsministerium wieder aufgehoben worden. Der ehemalige Kassenleiter hatte jedoch weiter hartnäckig um seine Pensionsansprüche gekämpft und tatsächlich durch Beschluss des sächsischen Innenministeriums vom 1. Juli 1935 rückwirkend sein Ruhegehalt zuerkannt bekommen. Auch in diesem Fall behielt die RfA die Nachzahlung ein, trotz massiver Intervention des sächsischen Arbeitsministeriums beim RVA, das sich allerdings ganz der Rechtsauffassung der RfA anschloss.[190]

Für die Betroffenen selbst bedeuteten die Entlassungen oft erhebliche finanzielle Härten und ein zähes und verzweifeltes Ringen, wenn sie versuchten, wenigstens ihre

---

188 Der Vorgang in: RfA-Archiv Fach 111, Nr. 3 sowie auch in Fach 1010, Nr. 5.

189 Das Urteil als Grundsatzentscheidung vom 30.10.1935, in: RfA-Archiv, Fach 101, Nr. 5. Der Vorgang auch mit weiterem Schriftwechsel in: BArch R 89/3165 sowie R 89/22703, hier vor allem der Schriftwechsel der RfA mit dem Oberversicherungsamt Darmstadt, Kammer für Angestelltenversicherung, die zunächst zugunsten der Stadt entschieden hatte.

190 Der Vorgang in: BArch R 89/3427. Weitere ähnlich gelagerte Fälle in: BArch R 89/3387.

Ansprüche aus der Rentenversicherung geltend zu machen. Erst nach einigem Hin und Her wurde etwa im Februar 1936 bei der Leistungsabteilung eine neue Verwaltungspraxis verfügt. Demnach war in Fällen, in denen den Betroffenen zur Vermeidung unbilliger Härten seitens der Kommunen Übergangsgelder gewährt worden waren, diese nicht auf die RfA-Renten anzurechnen. Sie fielen unter die Ruhensbestimmungen und die Vorschriften über die Nachversicherung fanden mithin erst nach Fortfall des Übergangsgeldes Anwendung.[191] Ein ehemaliger thüringischer Regierungsrat etwa musste hart um seine Rentenansprüche kämpfen. Am 30. Juni 1933 aus politischen Gründen entlassen, erhielt er zunächst bis Ende September 1933 Wartegeld. Der Betroffene war seit 1923 als Regierungsrat angestellt gewesen und seit 1924 Beamter im Wartestand. Die für ihn nachzuentrichtenden Beiträge wurden dann zunächst gezahlt, doch schon kurz darauf erhielt der Betroffene von der RfA einen Bescheid, in dem die Aufrechnungsbescheinigung für unwirksam erklärt wurde, da, so die Rechtsauffassung in der Ruhrstraße, Beiträge für die Zeit als Wartestandsbeamter nicht nachgezahlt werden müssten. Geradezu verzweifelt pochte demgegenüber der ehemalige Regierungsrat auf sein Recht, dass die nachentrichteten Beiträge in voller Höhe bei der Rentenfestsetzung berücksichtigt würden, und legte gegen den Bescheid der RfA zur Rentenberechnung Berufung ein.[192] Der Fall landete Ende November 1936 vor dem Revisionssenat des RVA, der die RfA zwar dazu verurteilte, dem Kläger für einige Monate Steigerungsbeträge bei der Rentenfestsetzung zu bewilligen. In der Hauptsache bekam die RfA jedoch Recht.[193]

Ein prominentes Beispiel ist die Ruhegeldangelegenheit des früheren Berliner Polizeipräsidenten Otto Bauknecht. Dieser war 1933 entlassen worden und erhielt danach eine jederzeit widerrufliche staatliche Rente von 210 RM im Monat, dazu seit 1. Mai 1936 ein bei der RfA beantragtes und bewilligtes Ruhegeld von 78,80 RM. Die Frage war nun, inwieweit Bauknechts Rente unter die Ruhensbestimmungen fiel. RfA und RVA waren hier unterschiedlicher Meinung. Nach dem reinen Wortlaut des Gesetzes waren die nach § 2, Absatz 3 des Gesetzes zur Wiederherstellung des Berufsbeamtentums bewilligten Renten nicht unter die Bezüge einzubeziehen, die das Ruhen der Rente bewirkten. In einem internen Vermerk des RVA heißt es:

> Die Freistellung der auf Grund dieses Gesetzes ausgeschiedenen Personen von den Ruhensvorschriften würde wegen des Anlasses, der zum Ausscheiden aus dem Dienst geführt hat, gegenüber den nach den allgemeinen beamtenrechtlichen Vorschriften ausgeschiedenen versorgungsberechtigten Personen eine ungerechtfertigte Besserstellung bedeuten.[194]

In der Ruhrstraße war man jedoch anderer Meinung. Bauknecht waren beide Renten ungekürzt zu gewähren und an dieser Position hielt man auch trotz Einsprüche des

191 Vgl. Abteilungsverfügung vom 21.2.1936, in: RfA-Archiv Fach 111, Nr. 3.
192 Der Vorgang mit diversem Schriftwechsel in: BArch R 89/23088.
193 Das Urteil vom 25.11.1936, in: ebd.
194 Vgl. Vermerk vom 19.11.1936, in: RfA-Archiv Nr. 21.

RVA fest.[195] Im Oktober 1936 jedenfalls erhielt das Reichsarbeitsministerium eine ursprünglich an das Reichsinnenministerium gerichtete Anfrage des Reichsführers SS und Chefs der Deutschen Polizei, ob

> hinsichtlich der Anwendung von Ruhensvorschriften der Verordnung vom 17. Mai 1934 die Ansicht der RfA vertreten wird, dass ein Unterschied zu machen ist zwischen Renten nach § 2, Abs. 3 des Berufsbeamtengesetzes einerseits und ruhegehaltsähnlichen Zuwendungen im eigentlichen Sinne andererseits.[196]

Man war jedenfalls bereit, die Unterstützung nochmals für drei Jahre in Höhe von einem Zehntel des zuletzt bezogenen Grundgehalts von 12.600 RM zu zahlen. Letztlich sprach dann aber das RAM ein Machtwort, indem es sich die Position des RVA zu eigen machte.

Ein letztes Beispiel sei in diesem Zusammenhang noch erwähnt, das die keineswegs von den NS-Machthabern beabsichtigten Folgewirkungen der Gleichschaltung und Säuberung zeigt. Es ging um die früheren Führungsfunktionäre des Bayerischen Gewerkschaftsbundes, die als Angestellte bei einem ersatzkassenähnlichen Bayerischen Versorgungsverband versichert waren, faktisch jedoch nach dem AVG versicherungsbefreit waren. Mit dem Verbot der Gewerkschaften und der Entlassung der Funktionäre waren diese jedoch auch automatisch ohne Ruhegeld aus dem Versorgungsverband ausgeschieden, und in diesem Fall waren daher für die Zeit der Versicherungsfreiheit Beiträge des vormaligen Arbeitgebers nachzuentrichten. Es ging dabei um 8253 RM, und die RfA machte sich nun beharrlich daran, diese Rückstände einzutreiben.[197] Weder beim Versorgungsverband noch beim Gewerkschaftsbund war, infolge der inzwischen erfolgten Zwangsauflösung, etwas zu holen und so hielt man sich an die DAF als quasi Rechtsnachfolger der Gewerkschaften. Dort hielt man sich allerdings für nicht zuständig und verwies auf das (noch beschlagnahmte und unter staatlicher Verwaltung stehende) Vermögen des Gewerkschaftsbundes.[198] Inzwischen war es schon Sommer 1937 geworden, ohne dass die Bemühungen der RfA-Abteilung von Erfolg gekrönt worden waren. Die Behörde wandte sich schließlich an das Reichsinnenministerium und beantragte dort, „eine angemessene Entschädigung aus Mitteln der DAF und der Vermögensverwaltung der DAF zu gewähren".[199] Die Angelegenheit sollte sich letztendlich bis August 1944 hinziehen, ehe die Vermögensverwaltung der DAF mit einem Vergleichsvorschlag und der Überweisung von 4000 RM an die RfA endlich einen Schlussstrich unter die Nachentrichtungsforderungen der Behörde zog. All diese Beispiele zeigen, dass die politische Säuberung und die ent-

195 Vgl. Schreiben der RfA an das RVA vom 23.10.1936 sowie zum Disput mit dem RVA Schreiben vom 19.11.1936, in: BArch R 89/3409.
196 Vgl. Schreiben vom 7.10.1936, in: ebd.
197 Vgl. den Vorgang, darunter das Schreiben der RfA an den ADGB Bayern vom 15.6.1933, in: RfA-Archiv Fach 89, Nr. 3.
198 Vgl. Schreiben der Vermögensverwaltung der DAF an die RfA vom 24.8.1937, in: ebd.
199 Schreiben vom 30.4.1938 an das RIMi, in: ebd.

sprechenden Entlassungen komplizierte Rentenversicherungs-Fälle schuf, die von den neuen Machthabern so keinesfalls intendiert gewesen waren und für deren Bewältigung erhebliche Arbeitskapazitäten der RfA erforderlich waren.

Mit einem ganz anderen versicherungsrechtlichen Problem hatten sich die RfA-Sachbearbeiter schon seit Anfang 1933 herumschlagen müssen. Es ging um die Einordnung und Bewertung der im freiwilligen Arbeitsdienst Beschäftigten und um die Frage, inwieweit dafür Beitragszahlungen an die RfA anfielen und vor allem ob die hier abgeleisteten Zeiten als Ersatzzeiten für die Anwartschaft angerechnet werden konnten. Prinzipiell galt schon seit 1932, dass der Eintritt in den freiwilligen Arbeitsdienst kein Beschäftigungsverhältnis begründete und daher Versicherungspflicht nicht in Frage kam. Allerdings machten die Überwachungsbeamten wie Vertrauensmänner der RfA im Frühjahr 1933 immer häufiger die Beobachtung, dass bei vielen Gemeindeverwaltungen, Vereinen und Verbänden unter dem Deckmantel des Arbeitsdienstes tatsächlich versicherungpflichtige Tätigkeiten verrichtet wurden.[200] Vor allem waren auch die Inhaber von Führungs- und Verwaltungsstellen im freiwilligen Arbeitsdienst, etwa die Lagerführer, versicherungspflichtig. Doch für die ca. 500 Arbeitsdienstführer im Gau Niederschlesien waren, wie der dortige Überwachsungsbeamte im Januar 1934 nach Berlin meldete, seitens der dortigen Gauleitung noch keinerlei Marken geklebt worden. Der Beitragsrückstand summierte sich inzwischen auf fast 24.000 RM.[201] Ein Einschreiten der RfA erschien hier dringend nötig, zumal wenn man sich vor Augen führte, dass es in Deutschland inzwischen 34 Gauleitungen mit vermutlich ähnlichen Verhältnissen gab. Der RfA entging damit, wie der Überwachungsbeamte der Berliner Zentrale vorrechnete, eine Beitragssumme von über 800.000 RM als zinsbringendes Kapital. Unklar war zudem die gesetzliche Lage, wer die Pflichtbeiträge zur Aufrechterhaltung der Anwartschaft in der Angestelltenversicherung während einer Arbeitsdienst-Zeit zu entrichten hatte. Die entsprechenden NS-Arbeitsgauvereine lehnten dies ab und verwiesen auf eine (der RfA nicht bekannte) Verfügung, nach der Beiträge aus Mitteln des Arbeitsdienstes nur dann zu zahlen seien, wenn die Anwartschaft in der Zeit zu verfallen drohte, in der der betreffende Arbeitsdienstwillige im Arbeitsdienst tätig war.

Im Zweifelsfall schlug sich die RfA denn auch auf die Seite der Versicherten und zögerte nicht, sich mit den NS-Funktionären anzulegen. Im Februar 1935 forderte man etwa in einem Schreiben an den Reichsarbeitsführer die zu Recht von einem Betroffenen geltend gemachte Übernahme der Beitragsnachzahlung zur Erhaltung der Anwartschaft.[202] Im Fall eines Breslauer Arbeitsdienstmannes ging die strittige Frage nach anhaltender Weigerung der zuständigen Arbeitsgauleitung bis vor das Oberversicherungsamt, wo die RfA verlor, und schließlich vor den Beschlusssenat des RVA, der im November 1937 dann letztendlich zugunsten der RfA und des Versicherten

200 Vgl. Vermerk vom 13.1.1933 sowie auch Brief der RfA an die Gemeinde Ansbach vom 2.11.1933, in: RfA-Archiv Fach 11, Nr. 1.

201 Schreiben des Görlitzer Überwachungsbeamten an die RfA vom 8.1.1934, in: ebd.

202 Schreiben der RfA vom 5.2.1936, in: RfA-Archiv Fach 11, Nr. 3.

entschied.[203] Die Rechtslage war äußerst kompliziert: Auch in dem „Sanierungsgesetz" war zu diesem Aspekt nichts weiter gesagt worden. Und das Ganze wurde noch schwieriger dadurch, dass bei den betroffenen Arbeitsdienstleistenden die Haltung und Erwartung weit verbreitet war, dass während der Dienstpflichtzeit nicht nur die Beitragspflicht zur AV wegfallen , sondern die Pflichtzeit auch entsprechend bei den Warte- und Anwartschaftszeiten angerechnet würde. Auf die dann unerwartet von der RfA zugesandten Bescheide mit der Aufforderung der entsprechenden Beitragsnachzahlung der Arbeitsdienstzeit reagierten die Betroffenen daher mit erheblichem Unmut. „Nun soll ich, nachdem ich dem Vaterland 1/2 Jahr mit Schaufel und Spaten in Ehren gedient habe", so beschwerte sich etwa im Juni 1935 ein ehemaliger Arbeitsdienstler, „die Angestelltenversicherung für diese Zeit nachbezahlen, was für mich natürlich ein schwerer finanzieller Schlag wäre [...]."[204] Letztendlich war man sich innerhalb der RfA durchaus bewusst, dass diese versicherungsrechtliche Behandlung des freiwilligen Arbeitsdienstes vor allem für Frauen ungerecht war. Eine ehemalige weibliche Arbeitsdienstleistende etwa schrieb im November 1935:

> Ich möchte darauf hinweisen, dass der weibliche Arbeitsdienst durchaus nicht freiwillig gewesen ist, denn das Arbeitsamt trat seiner Zeit hier an die einzelnen Betriebe heran und verlangte einen entsprechenden Austausch der Arbeitsplätze zugunsten von älteren, stellungslosen Gefolgschaftsmitgliedern. Da, wie Ihnen bekannt, die Entlohnung im Arbeitsdienst ja sehr bescheiden gewesen ist (ca. 6 RM im Monat), ist es meiner Ansicht nach eine sehr große wirtschaftliche Härte, wenn man jetzt nachträglich 4 RM pro Monat nachkleben soll, um die Anwartschaft in der AV nicht zu verlieren.[205]

Mit der Einführung der allgemeinen Wehrpflicht und der Arbeitsdienstpflicht im Laufe des Jahres 1935 ergaben sich dann neue versicherungsrechtliche Konstellationen. Die Führer des Arbeitsdienstes wurden nun in planmäßige Stellen des RAD übernommen und damit entfiel künftig die Angestelltenversicherungspflicht. In einem internen Vermerk der Versicherungs-Abteilung vom Oktober 1935 heißt es:

> Es wird sich nicht umgehen lassen, die Zeiten, in denen ein Versicherter der Wehrpflicht oder der Arbeitsdienstpflicht genügt, als Ersatzzeiten zur Erhaltung der Anwartschaft und als Vormonate für die freiwillige Weiterversicherung in das Angestelltenversicherungsgesetz einzubeziehen.[206]

Eine entsprechende Änderung wurde daraufhin dem RVA vorgeschlagen, allerdings verbunden mit der deutlichen Warnung, dass

---

203 Das Verfahren und Urteil vom 12.11.1937, in: ebd. Es gab dutzende weitere, ähnliche Fälle, in denen erst nach Verurteilung die Reichsarbeitsdienststellen zur Nachzahlung der Versicherungsbeiträge bereit waren.

204 Brief vom 21.6.1935, in: RfA-Archiv Fach 11, Nr. 2.

205 Brief vom 13.11.1935 an die RfA, in: RfA-Archiv Fach 24, Bd. 5.

206 Vermerk vom 11.10.1935, in: RfA-Archiv Fach 114, Nr. 13.

> von einer rentensteigernden Anrechnung der Militär- und Arbeitsdienstzeit sowie von einer Anrechnung dieser Zeiten auf die Wartezeit der Angestelltenversicherung abgesehen werden sollte, da eine solche Anrechnung für die Versicherungsträger infolge der dadurch eingetretenen Mehrbelastungen ohne einen anderen Ausgleich untragbar ist.[207]

Weit mehr als die Arbeitsdienstpflicht bewegte die weiblichen Angestellten als Beitragszahlerinnen die Frage der Rückerstattung von Rentenversicherungsbeiträgen im Falle der Heirat und dem damit verbundenen Ausscheiden aus dem Beschäftigungsverhältnis. Die Möglichkeit der teilweisen Beitragsrückerstattung an die weiblichen Versicherten gab es schon seit 1918, doch sie hatte unter den arbeitsmarktpolitischen und familienideologischen Zielen der NSDAP nun neue Aktualität gewonnen.[208] Seit jeher war der Anteil der Frauen unter den Versicherungsnehmern der RfA mit ca. 40 Prozent aller Mitglieder überdurchschnittlich hoch. Daher hatte man auch versucht, deren Interessen im Gesetz besonders zu berücksichtigen. Die Beiträge waren für männliche und weibliche Versicherte absolut gleich und richteten sich nach dem Einkommen. Sie waren aber relativ gesehen für weibliche Angestellte höher, weil eine der Hauptleistungen – die Witwen- und Waisenrente – für sie so gut wie wegfiel. Dafür hatte der Gesetzgeber einen gewissen Ausgleich geschaffen, indem er die Wartezeit für die weiblichen Versicherten auf nur die Hälfte derjenige der Männer festlegte und die erwähnte Möglichkeit zur Rückerstattung der Hälfte der Beiträge im Fall von Heirat und Berufsaufgabe schuf. Aus Sicht des Versicherungsträgers bedeutete dies jedoch auch eine Befreiung von Risiken bei gleichzeitigem leistungslosem Zuwachs der Vermögensmasse. Anderseits widersprach die Rückzahlung aus Sicht der Versicherungsexperten eigentlich dem Wesen der Versicherung und der Verwendung der Beiträge allein für Versicherungsfälle, wobei die Meinungen hierzu jedoch weit auseinandergingen. So herrschte innerhalb der RfA offensichtlich eine andere Sicht, nämlich dass der Eintritt der Voraussetzungen für die Beitragserstattung bei Heirat einer weiblichen Versicherten ein Versicherungsfall und die Beitragserstattung selbst eine echte Versicherungsleistung darstellte. Die Erstattung ebenso wie die Rentenansprüche setzten die Erfüllung der Wartezeit und die Erhaltung der Anwartschaft voraus, die in einem Feststellungsverfahren durch einen mit Rechtsmitteln anfechtbaren Bescheid festgestellt wurden.[209] Nach der NS-Machtergreifung hatte auch in dieser sozialversicherungsrechtlichen Frage zunächst in weiten Kreisen Verunsicherung bestanden, verbunden mit wilden Gerüchten über die in Kürze anstehende Abschaffung der Rückzahlungsoption.[210] Vor allem aber hatte es auch hier große Erwartungen gegeben, dass die Kriterien für den Erhalt der Rückerstattung gemildert

207 Schreiben vom 17.10.1935, in: ebd.

208 Zur Entwicklung der Rückerstattungen seit 1918 vgl. 25 Jahre Angestelltenversicherung, S. 79 sowie die diversen Schriftwechsel und Statistiken in: RfA-Archiv Fach 122, Nr. 15.

209 Vgl. Schreiben Kochs an die LVA Westfalen vom 1.4.1938, in: RfA-Archiv Fach 111, Nr. 11.

210 Vgl. etwa die Anfrage des Leipziger Versicherungsamtes an die RfA vom 29.9.1933, in: RfA-Archiv Fach 113, Nr. 11.

werden würden. Um die Gemüter zu beruhigen, sah sich die RfA sogar zu einer eigenen Pressemitteilung veranlasst.[211]

Pressemitteilung.

Beitragserstattung bei Heirat.

Heiratet eine weibliche Versicherte **nach Erfüllung der Wartezeit** und scheidet sie binnen drei Jahren nach der Heirat aus der Angestelltenversicherung aus, so ist ihr nach § 47 des Angestelltenversicherungsgesetzes ein Teil der Beiträge zu erstatten, wenn bis zur Heirat die Anwartschaft erhalten ist. Es werden erstattet

a) aus den für die Zeit vom 1. Januar 1924 bis zum Ausscheiden aus der Versicherung geleisteten Pflicht- und freiwilligen Beiträgen zur **Angestelltenversicherung** die Hälfte,

b) ohne rechtliche Verpflichtung, wenn mindestens 30 Beitragsmonate vor dem 1. Januar 1924 zurückgelegt sind, für diese Beiträge als Abgeltung einheitlich 30 RM.

Die Wartezeit beträgt 60 Beitragsmonate, wenn diese sämtlich auf Grund der Versicherungspflicht zurückgelegt sind, hingegen 120 Beitragsmonate, wenn weniger als 60 Beitragsmonate auf Grund der Versicherungspflicht nachgewiesen sind. Der Anspruch auf Beitragserstattung verfällt, wenn er nicht binnen 3 Jahren nach der Heirat bei der Reichsversicherungsanstalt geltend gemacht wird.

Die Beitragserstattung ist ausgeschlossen, wenn die Versicherte von der Entrichtung der eigenen Beitragshälfte auf Grund einer privaten Lebensversicherung befreit gewesen ist.

Wenn die Erstattung erfolgt ist, so bestehen keine weiteren Ansprüche aus den bisher geleisteten Beiträgen.

Die neuerdings wieder auftauchenden Gerüchte, es bestehe die Absicht, die Vorschriften über die Beitragserstattung in der Angestelltenversicherung an weibliche Versicherte bei Heirat aufzuheben, entbehren jeder Grundlage.

Reichsversicherungsanstalt für Angestellte

Abb. 9: RfA-Merkblatt „Beitragserstattung bei Heirat" von 1935

Tatsächlich waren die zu erfüllenden Voraussetzungen für die Rückerstattung hoch, so galt etwa mindestens eine Wartezeit von fünf Jahren, wodurch jedoch vor allem dem potenziellen Missbrauch ein Riegel vorgeschoben wurde. Es sollte verhindert werden, dass weibliche Versicherte wegen Heirat ausschieden, die Rückerstattung erhielten und dann nach wenigen Monaten wieder in ein versicherungspflichtiges Beschäftigungsverhältnis eintraten, um neue Rückerstattungsansprüche zu erwerben. Immer wieder hatten weibliche Versicherte gegen die strikte Auslegung der Rückerstattungsbedingungen und auf Anerkennung von Anwartschaftszeiten und

211 Vgl. RfA-Archiv Fach 53, Nr. 4 sowie auch Mitteilungen der RfA vom 15.11.1935.

Beitragszeiten – letztlich erfolglos – geklagt.[212] Nach entsprechender Kritik der weiblichen Versicherten verwies die RfA schon im Herbst 1933 darauf, dass man bereits beim RAM angeregt habe, die Voraussetzungen zu mildern. Doch das „Sanierungsgesetz" enthielt keine Bestimmungen hierzu. Für viele angestellte Frauen, die wegen Heirat aus dem Beschäftigungsverhältnis ausschieden, stellte sich auch die Frage, ob es nicht zweckmäßig war, weiterhin in der Angestelltenversicherung zu bleiben, allerdings war dann vielfach unklar, wie später die gegenseitige Aufrechnung der Rentenansprüche der Ehepartner sein würde und erst recht, wie sich die Versorgung im Falle des Todes eines der Partner darstellte. Noch im Juli 1936 erregte das Thema der „Härten bei der Beitragserstattung an weibliche Versicherte" die Gemüter, das sogar – wie die Berliner Gauleitung in einem an RfA-Präsident Grießmeyer persönlich gerichteten Schreiben mitteilte – ausführlicher Gegenstand des monatlichen Stimmungsberichts an Hitler-Stellvertreter Rudolf Hess war. Die lapidare Antwort aus der Ruhrstraße lautet:

> Die Tatsache, dass nach dem zur Zeit geltenden Recht und der Rechtsprechung des RVA die zur knappschaftlichen Pensionsversicherungen der Angestellten entrichteten Beiträge auf die Wartezeit in der Angestelltenversicherung nicht anzurechnen sind, ist auch von der RfA als Härte empfunden worden.[213]

Nach entsprechenden Stellungnahmen gegenüber dem RAM und mit Rücksicht auf eine in Aussicht stehende Gesetzesänderung sei die RfA schon seit Anfang Juni in der Verwaltungspraxis dazu übergegangen, die entsprechenden Beiträge bei der Berechnung der Wartezeit zu berücksichtigen.

Ungeachtet der gesetzlichen Lage erfolgte in der NS-Zeit eine rasante Zunahme der Zahl der Anträge auf Beitragsrückerstattung wie der tatsächlich erfolgten Erstattungsleistungen. Zwischen 1932/33 und 1939 verdoppelte sich die Zahl der Erstattungen von knapp 50.000 auf über 100.000, die Erstattungsleistungen verdreifachten sich nahezu von 11,3 auf 30,2 Mio. RM. Doch letztendlich zeigt auch der Blick auf die durchschnittlich erstatteten Beiträge, dass diese mit Beträgen zwischen 280 und 350 RM eher gering ausfielen, allerdings in der absoluten Höhe über die Jahre deutlich gestiegen waren.

212 Vgl. etwa das Beispiel einer früheren Buchhalterin, deren Berufungsklage mit Urteil vom 10.1.1934 durch den Revisionssenat des RVA abgewiesen wurde, in: RfA-Archiv Nr. 108.
213 Schreiben vom 18.7.1936, in: RfA Fach 113, Nr. 10.

Tab. 6: Entwicklung der Beitragsrückerstattungen an weibliche Versicherte wegen Heirat (1932 bis 1939)[214]

Jahr	Zahl der Anträge	Erstattungsleistung in Mio. RM	Durchschnittlich erstatteter Betrag
1932	47.915	11,367	286,71 RM
1933	56.393	14,319	299,91 RM
1934	71.097	19,00	306,59 RM
1935	68.993	19,361	317,38 RM
1936	68.039	19,317	322,28 RM
1937	70.929	20,527	331,93 RM
1938	86.593	24,250	345,20 RM
1939	106.910	30,209	349,00 RM

Es war offensichtlich, dass der ideologische Kampf der NSDAP gegen Doppelverdienertum und das Herausdrängen weiblicher Arbeitskräfte aus dem Arbeitsmarkt seine Früchte trug. Allerdings wuchs unter den weiblichen Versicherten zunehmend die Kritik an den bestehenden Bedingungen der Rückerstattung. „Warum“, so hieß es etwa im Dezember 1935 in einem Schreiben an die RfA, „werden an uns Angestellte, die nun 10 Jahre und mehr in der Reichsversicherung sind, im Falle der Verheiratung nur die Hälfte der eingezahlten Beiträge ausgezahlt?“[215] Wenn man eine Lebensversicherung abschließen würde, bezahlte man auch nicht mehr, bekäme aber den vollen Betrag. Immer häufiger wurde auch der Wegfall der Wartezeit bis zur Rückerstattung gefordert, was, wie die Versicherungsmathematiker der RfA ausrechneten, für den Versicherungsträger eine jährliche Mehrbelastung von fünf bis sechs Mio. RM bedeuten würde.[216] Erst mit dem Ausbaugesetz 1937 sollte eine deutliche Erleichterung der Erstattungsvoraussetzungen erfolgen, indem nun bei der Wartezeit eventuelle Beiträge zur Invalidenversicherung mit angerechnet werden konnten. In der Statistik zeigte sich denn auch 1938 ein deutlicher Anstieg. Bis dahin hatten hunderte von Frauen erfolglos gegen die Anrechnung, die bis dahin ja nur für Rentengewährung, nicht aber für Rückerstattungen galt, geklagt.[217]

---

214 Zusammengestellt und berechnet nach den Angaben in: Bericht des Direktoriums der Reichsversicherungsanstalt für Angestellte über das Geschäftsjahr 1933, S. 7, 25 Jahre Angestelltenversicherung 1913–1937, Berlin 1937, S. 79/80, RfA-Geschäftsbericht für 1935, S. 10, RfA-Geschäftsbericht 1937, S. 11, RfA-Geschäftsbericht 1938, S. 11, in: RfA-Archiv Nr. 78 und RfA-Jahresbericht 1940, S. 4. Die Zahlen in den Geschäftsberichten weichen von den Zahlen im Jubiläumsbuch von 1937 ab. Sie sind hier höher als dort angegeben.

215 Schreiben vom 10.12.1935, in: RfA-Archiv Fach 113, Nr. 11.

216 Vgl. Vermerk vom 15.9.1939, in: RfA-Archiv, Handakte Granzow.

217 Vgl. eine Reihe von Fällen in: BArch R 89/23086.

Allerdings sollte sich im Zeichen des Arbeitskräftemangels infolge von Rüstungsboom und Krieg die Rückerstattungsregelung für das Regime als kontraproduktiv herausstellen. Für viele Betriebe war diese Maßnahme ein fataler Anreiz zur Beschäftigungsaufgabe der weiblichen Angestellten, die man verzweifelt zu verhindern suchte. Die auch von Seiten der RfA eher intern und leise vertretene Ansicht, dass es für die Versicherten bei weitem vorteilhafter sei, sich die Beiträge nicht erstatten zu lassen, sondern sich die Anwartschaften auf die übrigen Leistungen wie Ruhegeld und Heilverfahren zu erhalten, verhallte ungehört.[218] Schon seit 1938 mehrten sich die besorgten und verunsicherten Anfragen von Behörden, Unternehmen und der ehemaligen Versicherten selbst, wie sich die rentenrechtliche Situation im Falle einer Wiederbeschäftigung einer verheirateten Angestellten darstellte.[219] Falls es sich nur um eine geringfügige Beschäftigung mit einer Entlohnung von unter 100 RM im Monat handelte oder aber auch nur um einen kurzfristigen Arbeitseinsatz als Aushilfskraft von nicht über drei Monaten Dauer, blieb die Beschäftigung versicherungsfrei. Wurde eine verheiratete Frau jedoch von vornherein als volle Arbeitskraft eingestellt oder wurden die vorher genannten Kriterien nicht erfüllt, so standen die dann zur Aufnahme einer Beschäftigung oftmals gezwungenen Frauen wieder am Anfang einer neuen Versicherungsbiographie ohne nachgewiesene Beitragsjahre und Anwartschaftszeiten. Eine Pflicht zur Rückzahlung der Rückerstattung an die RfA, wie vielfach befürchtet wurde, erfolgte jedoch nicht. Angesichts dieser arbeitsmarktpolitischen Zwänge der Frauenbeschäftigung wurden im Laufe des Jahres 1938 weitere Erleichterungen eingeführt, die das Rückerstattungsverfahren allerdings auch erheblich verkomplizierten. Die Voraussetzung der Aufgabe der Berufstätigkeit entfiel und die Zeit bis zur Erfüllung der Anwartschaft nach der Eheschließung wurde von drei auf zwei Jahre verkürzt. Diese Regelung galt allerdings nur für Ehen, die nach dem 1. Januar 1938 geschlossen wurden. Für die, die früher geheiratet hatte und die Rückerstattung beantragte, galt das alte Recht. Und es blieb dabei, dass mit der Rückerstattung das bestehende Versicherungskonto und damit auch jeglicher Anspruch aus den früheren Beiträgen endgültig erlosch.[220]

Die rentenrechtlichen Aspekte der weiblichen Versicherten beschäftigten die RfA aber auch noch in einer anderen Hinsicht. Im Juli 1935 hatte die Reichsleitung der NSDAP, Hauptamt für Volkswohlfahrt, an das RAM ein Schreiben gerichtet, in dem es um die Frage der Kapitalisierung von Witwenrenten im Falle der Wiederverheiratung

218 Vgl. Antwortschreiben der RfA auf eine Anfrage der Zigarrenfabrik Villinger vom 11.3.1939 bzw. 28.3.1939, in: RfA-Archiv Nr. 43 b.

219 Vgl. dazu die Anfrage an die RfA vom 4.12.1938 und das Antwortschreiben vom 30.12.1938, in: RfA-Archiv Fach 71, Nr. 10. Weitere Anfragen aus Unternehmen und diverser NSDAP-Kreisleitungen im Laufe des Jahres 1939 in: RfA-Archiv Fach 9, Nr. 5 und RfA-Archiv Nr. 43 b.

220 Vgl. dazu Richtlinien für die Bearbeitung der Erstattungsanträge der Abteilung Kontenverwaltung vom 6.1.1938, in: RfA-Archiv Nr. 43 b. Siehe auch Schreiben der RfA an Versicherte vom 25.11.1939 sowie 8.11.1940, in: RfA-Archiv Fach 9, Nr. 5.

ging.[221] Darin wurde beklagt, dass es häufig vorkomme, dass Witwen mit einem Mann nur deshalb in wilder Ehe lebten, weil sie durch eine Heirat Rentenansprüche verlieren würden. Das widersprach den nationalsozialistischen Zielen in der Familien- wie Bevölkerungspolitik und man schlug daher eine durchaus hohe Abfindung des Rentenanspruchs, etwa in Höhe der Ehestandsdarlehen, im Fall der Wiederverheiratung vor. Tatsächlich gab es jedoch bereits eine entsprechende Regelung, nach der die Witwe bei Wiederheirat das Dreifache ihrer Jahresrente (im Durchschnitt waren das knapp über 1000 RM) erhielt, wie das Arbeitsministerium in seinem Antwortschreiben betonte.[222] Damit hielt man die Angelegenheit für erledigt, doch das NSDAP-Hauptamt für Wohlfahrtspflege ließ nicht locker und schlug über das geltende Recht hinaus eine Reihe weiterer Formen der Kapitalisierung von Witwenrenten vor. Das Ganze landete schließlich im Oktober 1935 auf dem Tisch von RfA-Direktor Koch. Dieser lehnte aber die NSDAP-Vorschläge strikt ab. In einem internen Vermerk, der dann wörtlich in das Antwortschreiben an das RVA übernommen wurde, heißt es:

> Der Antrag will in der Hauptsache die Zahl der Wiederverheiratungen der Witwen erhöhen. Als Mittel hierzu soll das Angebot einer ganz neuartigen Versicherungsleistung der Angestelltenversicherung dienen: einer Ehefrauenrente an Stelle der Kapitalabfindung. Allgemein betrachtet erscheint es nicht bedenkenfrei, eine neue Art von Renten der Vielheit der Renten in Deutschland hinzuzufügen. Man würde damit noch mehr als bisher das Bild eines Rentenstaates schaffen.[223]

Damit war der Vorschlag endgültig vom Tisch.

Alles in allem bescherte das Aufbaugesetz mit seinen zahlreichen Durchführungsverordnungen den RfA-Angestellten in der Leistungsabteilung wie der Rentenbuchhaltung, aber auch in der Versicherungsabteilung geradezu eine permanente Erlass- und Verordnungsflut, in deren Gefolge die Gesetzeslage nicht einfacher, sondern vielfach komplizierter und unübersichtlicher wurde. Einerseits ergaben sich für die Versicherten Verbesserungen durch die weiter ausgebaute Zusammenrechnung der Beiträge aus Invaliden- und Angestelltenversicherung bei Anwartschafts- und Beitragszeiten. Gleichzeitig wurde jedoch die schon komplexe Anwartschaftsregelung mit Aufhebung der Dreivierteldeckung und Einführung der sogenannten Halbdeckung noch unübersichtlicher: Es gab neue Regelungen zum Erlöschen und Wiederaufleben von Anwartschaften, Veränderungen der bestehenden Anwartschaftsfristen sowie bei Zahl und Höhe der jeweiligen Anwartschaftsbeiträge und es gab neue Regeln für die Möglichkeiten der freiwilligen Weiterversicherung etwa bei der Aufrechterhaltung erworbener Anwartschaft auf künftige Leistungen. Bei all dem musste ständig geprüft und beachtet werden, wann und inwieweit für die jeweiligen Versicherten das alte Recht oder die neuen Rechte anzuwenden waren. Und von einer Abschaffung der

---

221 Das Schreiben vom 10.7.1935 sowie der weitere Schriftwechsel dazu, in: RfA-Archiv Fach 113, Nr. 12.

222 Das Schreiben vom 9.8.1935, in: ebd.

223 Vgl. den Vermerk vom 23.10.1935 sowie ein weiterer Vermerk vom 4.11.1935 und das Schreiben der RfA an das RVA vom 13.11.1935, in: RfA-Archiv Fach 113, Nr. 12.

Ruhensbestimmungen und Rücknahme der Kürzungen bzw. Erhöhung der Renten und Rückführung auf ihr Vorkrisenniveau war weiterhin keine Rede. Zum Jahresende 1934, nach zwei scheinbar grundlegenden Reformgesetzen zur Rentenversicherung war die Stimmungslage bei den Versicherten vergleichsweise schlecht. So stand etwa in einem an das RfA-Direktorium gerichteten Schreiben vom November 1934:

> Von Miesmachern und Kritikastern muss man fortwährend hören, dass die langen Jahre in die Angestelltenversicherung gezahlten Beiträge verloren sind, da nur diejenigen die festgesetzte Rente bekommen, die sie tatsächlich bedürfen [...]. Um diesen Gerüchten endlich mit Nachdruck entgegentreten zu können, wäre ich Ihnen sehr verbunden, wenn Sie offiziell bestätigen würden, dass die Rechte, die die Mitglieder der Angestelltenversicherung durch jahrelange Zahlungen ihrer Beiträge erworben haben, unangetastet bleiben [...].[224]

Der Schriftführer des Ortausschusses Ingolstadt der RfA-Vertrauensmänner richtete Ende Dezember 1934 in seinem vermutlich letzten Schreiben an das RFA-Direktorium einen regelrechten Brandbrief:

> Wir halten uns verpflichtet, Ihnen von der immer mehr zunehmenden Missstimmung und Aufregung in Angestelltenkreisen wegen der Kürzung der Steigerungsbeiträge [...] ergebenst Kenntnis zu geben und Sie zu bitten, bei den einschlägigen Reichsregierungsstellen dahin wirken zu wollen, dass diese tatsächlich bestehenden großen Härten beschleunigt beseitigt werden. Seit vielen Wochen vergeht [zudem] keine Woche, in der wegen der gegenüber früher äußerst verzögerten Behandlung von Rentenanträgen lebhafte Klage geführt wird. Früher war eine flottere und raschere Sachbehandlung seitens der RfA zur allgemeinen Befriedigung feststellbar und es war auch ein gewisses Vertrauen zu beobachten, das immer mehr zu schwinden droht und eine gewisse Beunruhigung in die Versichertenkreise bringt, das auch durch die schönsten weltanschaulichen und sonstigen Aufklärungsvorträge nicht gestärkt werden kann. Die Versicherten fühlen sich benachteiligt [...]. Wie die Auswirkungen dieses als schreiendes Unrecht allgemein empfundenen neuen „Rechts“ ist, beweisen die zahlreichen Besuche in den Sprechstunden und die Tränen, die dabei von den vielen Witwen und Waisen, welche sich in bitterster Notlage befinden, berechtigter Weise vergossen werden. Es wird nicht begriffen, dass in einem neuen deutschen Rechtsstaat und entgegen dem öffentlich bekannten Willen des hochgeschätzten Führers eine solche Schlechterstellung der Wanderversicherten überhaupt möglich ist [...]. Wenn auch evtl. versicherungstechnische Gründe hierfür bestimmend gewesen sein mögen, so ist die breite Masse eben der Auffassung, dass mit zweierlei Maß gemessen und dass die höheren Einkommensbezieher bei den neuen Steigerungssätzen viel besser gestellt wurden als die große Zahl der wirtschaftlich schwächeren Angestellten. Schließlich herrscht auch eine zunehmende Besorgnis wegen des Vermögens der RfA, von dem vermutet wird, dass es der Deutschen Arbeitsfront auf Nimmerwiedersehen einverleibt wird.[225]

Tatsächlich bemühten sich die RfA-Abteilungen redlich, dem durch die neuen Gesetze und die vielfach erst mit erheblicher Zeitverzögerung erlassenen Durchführungsver-

---

224 Das Schreiben vom 20.11.1934, in: RfA-Archiv Fach 19, Nr. 3. Vgl. auch diverse Schreiben an die RfA ähnlichen Inhalts in: RfA-Archiv Fach 112, Nr. 2.

225 Schreiben vom 30.12.1934 sowie dazu auch das ausführliche Antwort- bzw. in Sachen verzögerte Antragserledigung Rechtfertigungsschreiben der RfA vom 7.2.1935, in: RfA-Archiv Fach 112, Nr. 2.

ordnungen verursachten massiven Arbeitsanfall Herr zu werden. Im April 1935 erstellte Direktor Koch eine 73-seitige Zusammenstellung über „Geschäftsgang und Verfahren der Abteilung I Leistungen", um angesichts der unübersichtlich gewordenen Gemengelage aus Rechtsbeschlüssen und Rechtsentscheidungen sowie sonstigen Grundsätzen, Verfügungen und Anordnungen die Verwaltungsarbeit nicht nur zu erleichtern, sondern auch für die Gleichmäßigkeit in Ablauf und Qualität des Feststellungs- und Bescheidverfahrens zu sorgen.[226] Auch die internen Prüfungen des Geschäftsgangs durch die Prüfungsstelle wurden intensiviert.[227] Dass die RfA im Frühjahr 1935 in ihrem Bericht über das Geschäftsjahr 1934 stolze Zahlen über deutliche Beitragseinnahmesteigerungen um zehn Prozent (auf 316,9 Mio. RM) sowie eine weitere Verbesserung der Vermögensrücklagen verkündete, ließ die kritischen Fragen nach Rücknahme der Rentenkürzungen und steigenden Leistungen eher noch lauter werden.[228] Geradezu gebetsmühlenartig wurde dem aber aus der Ruhrstraße entgegengehalten, dass

> das günstige Ergebnis der RfA nicht zu dem Fehler verleiten darf, die versicherungstechnische Gesamtlage der Anstalt als außerhalb aller Schwierigkeiten anzusehen [...]. Das Anwartschaftsdeckungsverfahren verlangt, dass nicht nur die bereits bewilligten Rentenleistungen, sondern sämtliche Anwartschaften auf spätere Leistungen kapitalmäßig gedeckt werden. Dieses Ziel erfordert jedoch noch eine beträchtliche Steigerung der bisherigen Rücklage der RfA.[229]

Zur selben Zeit gab es aber, vor allem im Gefolge der Zeitungsberichte über eine von DAF-Führer Robert Ley Anfang Dezember 1935 gehaltene Rede, schon eine neue Welle von Gerüchten und Verunsicherungen. So heißt es in dem besorgten Schreiben eines Versicherten an die RfA:

> Nach diesen Ausführungen liegt der Gedanke nahe, dass über kurz oder lang alle Versicherungszweige zusammengelegt werden und die günstigen Voraussetzungen der Angestelltenversicherung, die immer wieder zu hoher Beitragsleistung ansporne, auf ein ganz einfaches Gesamtniveau zurückgeführt werden.[230]

---

226 Die gedruckte Broschüre in: RfA-Archiv, ohne Signatur.

227 Vgl. etwa Bericht über die Prüfung des Geschäftsgangs der Abt. I Leistung vom 24.11.1934 sowie die Prüfergebnisse einer schon im Juni 1933 vorgenommenen Untersuchung der Arbeitsvorgänge der Leistungsabteilung, in: RfA-Archiv Nr. 16. Als Durchschnitt der Antragsbearbeitung sämtlicher Dienststellen der Abt. I Leistung wurden dabei 59 Tage errechnet, vereinzelt dauerte die Bearbeitung aber auch über 90 Tage.

228 Vgl. den Bericht der RfA über das Geschäftsjahr 1934, in: Mitteilungen der RfA vom 24.5.1935, S. 17 f.

229 Antwortschreiben der RfA vom 15.4.1937, in: RfA-Archiv Nr. 20.

230 Schreiben vom 9.12.1935, in: RfA-Archiv Fach 14, Nr. 1.

2.3 Die Rolle der DAF in rentenversicherungsrechtlichen Verfahren und die Entwicklung der Sozialgerichtsbarkeit

Auch im Nationalsozialismus blieb der Rechtsanspruch auf Rentenleistungen unberührt ebenso wie die Möglichkeiten zur rechtlichen Überprüfung durch die Instanzen der Sozialgerichtsbarkeit, deren formale Unabhängigkeit ebenfalls weitergalt. Doch es gab bei genauerem Hinsehen eine Reihe von Veränderungen, die auf eine Abkürzung der Instanzenwege, eine zahlenmäßige Reduzierung der Widerspruchsverfahren und letztlich eine stärkere politische Steuerung der versicherungsrechtlichen Konflikte hinausliefen. Zunächst hatte die zweite Durchführungsverordnung zum Aufbaugesetz vom 24. Oktober 1934, mit der die Vertrauensmänner der RfA abgeschafft wurden – sie konnten damit künftig nicht mehr in Leistungssachen in Anspruch genommen werden –, für erhebliche Verwirrung und Unsicherheit unter den Versicherten gesorgt. Von Seiten der Überwachungsbeamten kamen aus allen Teilen des Deutschen Reichs besorgte Berichte über die damit verbundenen Verzögerungen, Unklarheiten und zum Teil auch chaotischen Verhältnisse bei Auskunftserteilung, Rechtsberatung und vor allem im Antragsverfahren. Der Wegfall der Vertrauensmänner hatte geradezu zu einem Ansturm auf die Versicherungsämter geführt, denen oft die nötige Sachkenntnis bei Leistungsanträgen und Auskunftsersuchen der Angestelltenversicherten fehlten.[231] Von den rund 960 Versicherungsämtern besaßen nur 36 auch einen Ausschuss für Angestelltenversicherung und damit das nötige versicherungsrechtliche Wissen, während bei den übrigen Stellen „die Kenntnis des Rechts der Angestelltenversicherung durchwegs gering sind".[232] Erheblich frequentiert war auch die schon immer bestehende zentrale Auskunftsstelle der RfA am Fehrbelliner Platz, in der 22 Auskunftsbeamter täglich zeitweise bis zu 600 Rat suchenden Versicherten Fragen beantworteten, aber auch allerhand Beschwerden und Unmut auf mündlichem wie schriftlichem Wege entgegennehmen mussten.[233] Seit Januar 1933 war dort in den Beschwerdebriefen eine zunehmende Instrumentalisierung der neuen politischen Verhältnisse zu bemerken: Immer öfter verbanden Antragsteller ihr Anliegen mit der Drohung, sich direkt an die obersten Parteiführer oder die nationalsozialistische Presse zu wenden.[234]

Prinzipiell traten nun die Rechtsberatungsstellen der DAF im Rentenverfahren an die Stelle der Vertrauensmänner, aber der Übergang der Kompetenzen verlief alles

231 Vgl. Schreiben der RfA an die Überwachungsbeamten vom 12.3.1935, in: RfA-Archiv Fach 70, Nr. 4 sowie exemplarisch das Schreiben des Überwachungsbeamten aus Görlitz an die RfA vom 23.5.1935, in: ebd.

232 Interner Vermerk für das RfA-Präsidium vom 7.3.1935, in: RfA-Archiv Nr. 20.

233 Vgl. dazu RfA-Archiv Fach 8, Nr. 4 sowie auch den Bericht im *Völkischen Beobachter* vom 29.3. 1934. Dazu gab es noch zwei Kriegsblinde, die nur telefonische Auskünfte bei Anfragen von außerhalb gaben, jeder gab im Durchschnitt täglich 300 telefonische Auskünfte. Vgl. Prüfbericht der RVA von 1939, S. 32, in: BArch R 89/3450.

234 Vgl. dazu etwa auch den Bericht eines leidgeprüften Auskunftsbeamten vom 17.7.1933, in: ebd.

andere als reibungslos und vor allem auch nicht automatisch.[235] Denn entgegen den bereits in der ersten Januarwoche 1935 in den Zeitungen veröffentlichen Meldungen hatte es vorab intensive Verhandlungen zwischen RfA und DAF über Art und Umfang der Rolle der Rechtsberatungsstellen im Rentenverfahren gegeben.[236] Ende Januar einigte man sich schließlich auf „Richtlinien für die Rechtsberatungsstellen der DAF über die Art der Mitwirkung bei Durchführung des Angestelltenversicherungsgesetzes", die dann am 26. Januar veröffentlicht wurden.

Darin wurden die Aufgaben und Kompetenzen der DAF-Rechtsberatungsstellen detailliert festgelegt. Den Rechtsberatern wurde seitens der RfA – bei Anträgen auf Ruhegeld, Hinterbliebenenrente, Beitragsrückerstattung oder Heilverfahren – eine eingehende Vorprüfung bezüglich der Erfülllung der gesetzlichen Voraussetzungen für den Leistungsanspruch auferlegt. Die Versicherten waren auf eventuelle Bedenken aufmerksam zu machen. In Fällen, die von vornherein aussichtlos erschienen, war die DAF nicht verpflichtet, den Antrag anzunehmen, sondern der Antragsteller musste seinen Antrag selbst direkt bei der RfA einreichen. Die DAF-Stellen standen den Versicherten nicht nur zu Beratung und Auskunft, sondern auch in Streit- und Beschwerdefällen zur Verfügung. Ein Monopol bestand für die DAF jedoch nicht, denn prinzipiell stand jedem Versicherten nach wie vor der direkte Weg zur RfA in allen Angelegenheiten offen. Daneben waren als Versichertenvertreter gegenüber der Behörde auch alle zugelassenen Rechtsanwälte, die geschäftsfähigen Angehörigen sowie die Betriebsführer, denen die Beteiligten als Gefolgschaftsmitglieder angehörten, berechtigt. Die Rechtsberatungsstellen erhielten dabei auch keinen Behördenstatus und galten auch nicht als Organe der RfA im Sinne des AVG, d. h. für den Beginn der Rente blieb nach wie vor der Zeitpunkt des Eingangs des Rentenantrags bei der RfA oder einer anderen deutschen Behörde entscheidend.

Bis sich die Rechtsberatungsstellen mit Hilfe der zahllosen Merkblätter, Antragsformulare und Drucksachenmaterialien der RfA in die Materie einarbeiteten, vergingen oft Monate. So heißt es in einem Schreiben von Mitte April 1934 an die RfA-Direktion:

> Als ehemaliger Vertrauensmann der RfA für Landsberg/Warthe erlebe ich es beinahe alle Tage, dass die Versicherten, die einen Antrag bei der RfA gleich welcher Art stellen wollen, von einer Stelle zur anderen zwecks Empfangnahme des betreffenden Antragsformulars geschickt werden. Der Arzt schickt den betreffenden Antragsteller zur Rechtsberatungsstelle der DAF, diese zur

235 Vgl. dazu allgemein Simone Rücker, Das Rechtsberatungswesen von 1919 – 1945 und die Entstehung des Rechtsberatungsmissbrauchsgesetzes von 1935, Tübingen 2007 sowie zur Rolle der Rechtsberatungsstellen auch Rüdiger Hachtmann, Reichsarbeitsministerium und Deutsche Arbeitsfront. Dauerkonflikt und informelle Kooperation, in: Alexander Nützenadel (Hrsg.), Das Reichsarbeitsministerium im Nationalsozialismus. Verwaltung, Politik, Verbrechen, Göttingen 2017, S. 160, wobei der Blick hier allein auf die Rechtsberatungsstellen bei Arbeitskonflikten gerichtet ist, die von ihrer Rolle bei Rentenkonflikten abweicht, d. h. eine stärkere Differenzierung vorzunehmen wäre.

236 Vgl. dazu auch die interne, explizit nicht zur Veröffentlichung bestimmte Mitteilung Grießmeyers an die Ortsausschüsse vom 7.1.1935, in: RfA-Archiv Fach 53, Nr. 4.

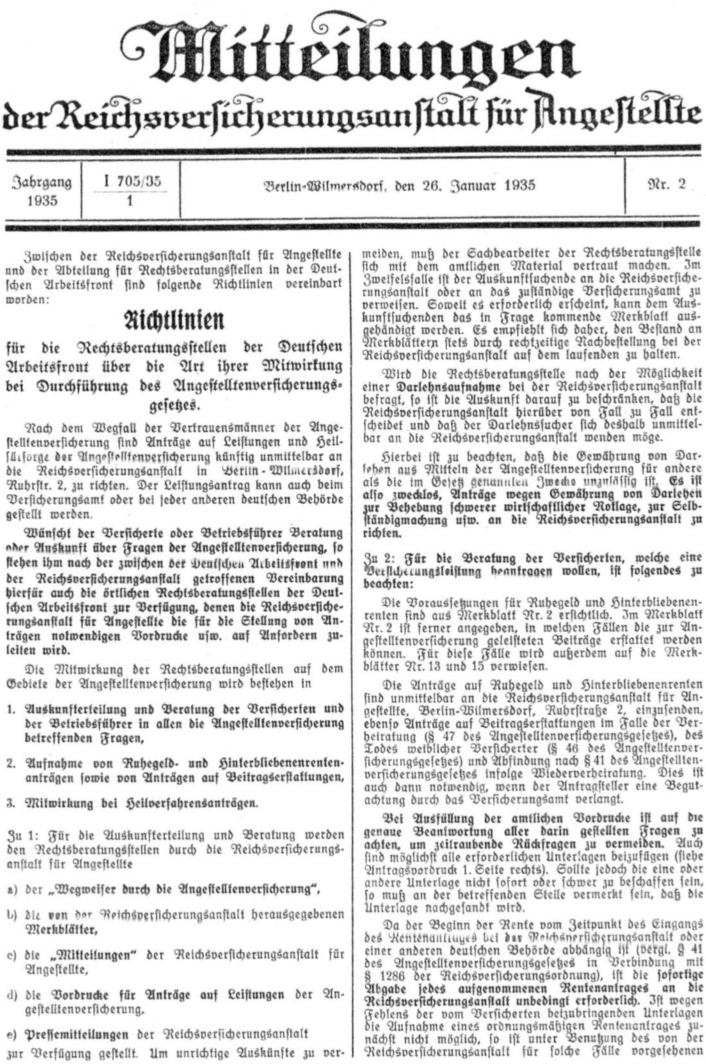

Mitteilungen der Reichsversicherungsanstalt für Angestellte

Jahrgang 1935	I 705/35 / 1	Berlin-Wilmersdorf, den 26. Januar 1935	Nr. 2

Zwischen der Reichsversicherungsanstalt für Angestellte und der Abteilung für Rechtsberatungsstellen in der Deutschen Arbeitsfront sind folgende Richtlinien vereinbart worden:

Richtlinien

für die Rechtsberatungsstellen der Deutschen Arbeitsfront über die Art ihrer Mitwirkung bei Durchführung des Angestelltenversicherungsgesetzes.

Nach dem Wegfall der Vertrauensmänner der Angestelltenversicherung sind Anträge auf Leistungen und Heilfürsorge der Angestelltenversicherung künftig unmittelbar an die Reichsversicherungsanstalt in Berlin-Wilmersdorf, Ruhrstr. 2, zu richten. Der Leistungsantrag kann auch beim Versicherungsamt oder bei jeder anderen deutschen Behörde gestellt werden.

Wünscht der Versicherte oder Betriebsführer Beratung oder Auskunft über Fragen der Angestelltenversicherung, so stehen ihm nach der zwischen der Deutschen Arbeitsfront und der Reichsversicherungsanstalt getroffenen Vereinbarung hierfür auch die örtlichen Rechtsberatungsstellen der Deutschen Arbeitsfront zur Verfügung, denen die Reichsversicherungsanstalt für Angestellte die für die Stellung von Anträgen notwendigen Vordrucke usw. auf Anfordern zuleiten wird.

Die Mitwirkung der Rechtsberatungsstellen auf dem Gebiete der Angestelltenversicherung wird bestehen in

1. **Auskunfterteilung und Beratung der Versicherten und der Betriebsführer in allen die Angestelltenversicherung betreffenden Fragen,**
2. **Aufnahme von Ruhegeld- und Hinterbliebenenrentenanträgen sowie von Anträgen auf Beitragserstattungen,**
3. **Mitwirkung bei Heilverfahrensanträgen.**

Zu 1: Für die Auskunfterteilung und Beratung werden den Rechtsberatungsstellen durch die Reichsversicherungsanstalt für Angestellte

a) der „**Wegweiser durch die Angestelltenversicherung**",

b) die **von der** Reichsversicherungsanstalt herausgegebenen **Merkblätter,**

c) die „**Mitteilungen**" der Reichsversicherungsanstalt für Angestellte,

d) die **Vordrucke für Anträge auf Leistungen** der Angestelltenversicherung,

e) **Pressemitteilungen** der Reichsversicherungsanstalt

zur Verfügung gestellt. Um unrichtige Auskünfte zu vermeiden, muß der Sachbearbeiter der Rechtsberatungsstelle sich mit dem amtlichen Material vertraut machen. Im Zweifelsfalle ist der Auskunftsuchende an die Reichsversicherungsanstalt oder an das zuständige Versicherungsamt zu verweisen. Soweit es erforderlich erscheint, kann dem Auskunftsuchenden das in Frage kommende Merkblatt ausgehändigt werden. Es empfiehlt sich daher, den Bestand an Merkblättern stets durch rechtzeitige Nachbestellung bei der Reichsversicherungsanstalt auf dem laufenden zu halten.

Wird die Rechtsberatungsstelle nach der Möglichkeit einer **Darlehnsaufnahme** bei der Reichsversicherungsanstalt befragt, so ist die Auskunft darauf zu beschränken, daß die Reichsversicherungsanstalt hierüber von Fall zu Fall entscheidet und daß der Darlehnssucher sich deshalb unmittelbar an die Reichsversicherungsanstalt wenden möge.

Hierbei ist zu beachten, daß die Gewährung von Darlehen aus Mitteln der Angestelltenversicherung für andere als die im Gesetz genannten Zwecke unzulässig ist. **Es ist also zwecklos, Anträge wegen Gewährung von Darlehen zur Behebung schwerer wirtschaftlicher Notlage, zur Selbständigmachung usw. an die Reichsversicherungsanstalt zu richten.**

Zu 2: **Für die Beratung der Versicherten, welche eine Versicherungsleistung beantragen wollen, ist folgendes zu beachten:**

Die Voraussetzungen für Ruhegeld und Hinterbliebenenrenten sind aus Merkblatt Nr. 2 ersichtlich. Im Merkblatt Nr. 2 ist ferner angegeben, in welchen Fällen die zur Angestelltenversicherung geleisteten Beiträge erstattet werden können. Für diese Fälle wird außerdem auf die Merkblätter Nr. 13 und 15 verwiesen.

Die Anträge auf Ruhegeld und Hinterbliebenenrenten sind unmittelbar an die Reichsversicherungsanstalt für Angestellte, Berlin-Wilmersdorf, Ruhrstraße 2, einzusenden, ebenso Anträge auf Beitragserstattungen im Falle der Verheiratung (§ 47 des Angestelltenversicherungsgesetzes), des Todes weiblicher Versicherter (§ 46 des Angestelltenversicherungsgesetzes) und Abfindung nach § 41 des Angestelltenversicherungsgesetzes infolge Wiederverheiratung. Dies ist auch dann notwendig, wenn der Antragsteller eine Begutachtung durch das Versicherungsamt verlangt.

Bei Ausfüllung der amtlichen Vordrucke ist auf die genaue Beantwortung aller darin gestellten Fragen zu achten, um zeitraubende Rückfragen zu vermeiden. Auch sind möglichst alle erforderlichen Unterlagen beizufügen (siehe Antragsvordruck 1. Seite rechts). Sollte jedoch die eine oder andere Unterlage nicht sofort oder schwer zu beschaffen sein, so muß an der betreffenden Stelle vermerkt sein, daß die Unterlage nachgesandt wird.

Da der Beginn der Rente vom Zeitpunkt des Eingangs des Rentenantrages bei der Reichsversicherungsanstalt oder einer anderen deutschen Behörde abhängig ist (vergl. § 41 des Angestelltenversicherungsgesetzes in Verbindung mit § 1286 der Reichsversicherungsordnung), ist die **sofortige Abgabe jedes aufgenommenen Rentenantrages an die Reichsversicherungsanstalt unbedingt erforderlich.** Ist wegen Fehlens der vom Versicherten beizubringenden Unterlagen die Aufnahme eines ordnungsmäßigen Rentenantrages zunächst nicht möglich, so ist unter Benutzung des von der Reichsversicherungsanstalt für solche Fälle vorgesehenen

Abb. 10: „Richtlinien für die Rechtsberatungsstellen der DAF über die Art der Mitwirkung bei Durchführung des Angestelltenversicherungsgesetzes"

> Verwaltungsstelle der DAF und diese dann zu mir, und von keiner Stelle erhält der Antragsteller das Gesuchte.[237]

Ähnliche Berichte kamen von den Überwachungsbeamten – und von den DAF Stellen selbst, die mit der neuen Aufgabe entweder überfordert waren oder aber darüber gar

237 Brief vom 13.4.1934, in: RfA-Archiv Fach 19, Nr. 2.

nicht hinreichend informiert worden waren. Etwa Ende April 1935 wandte sich die DAF-Verwaltungsdienstelle des Gaus Westfalen Süd in Unna folgendermaßen an die RfA:

> Nach einer Zeitungsnotiz, die vor einigen Wochen erschien, sollen Anträge jetzt durch die örtlichen Dienststellen der DAF erfolgen. Aus diesem Grunde sind auch schon eine ganze Reihe Ihrer Versicherten zu uns gekommen. Wir mussten diese aber immer wieder abweisen und zu den früheren Vertrauensmännern schicken. Diese beschweren sich jetzt bei uns und zwar deshalb, weil ihnen in der Zwischenzeit die entsprechenden Formulare ausgegangen sind.[238]

Obwohl rechtlich abgeschafft, übten vielerorts die früheren Vertrauensmänner informell und unter dem Deckmantels des privaten Engagements zum Teil noch jahrelang ihre alte Funktion aus.[239] Geradezu ein Kuriosum war aber die Anfrage des Bürgermeisters von Freystadt in Niederschlesien Anfang Dezember 1938. Die Anträge auf Gewährung von Ruhegeld oder sonstigen Leistungen der Angestelltenversicherung, so hieß es darin,

> wurden früher von sogenannten Vertrauensmännern aufgenommen. Es soll jetzt eine Neuorganisation erfolgt sein, die die Inanspruchnahme von Vertrauensmännern entbehrlich gemacht hat. Es ist aber nicht bekannt, wo jetzt die Anträge auf Leistungen der Angestelltenversicherung zu stellen sind [...].[240]

Noch im März 1942 sollten im sächsischen Annaburg Antragsteller für eine Angestelltenrente von den Kommunalbehörden in Unkenntnis des Verfahrensablaufs an den damaligen Vertrauensmann verwiesen werden.[241]

Vielerorts waren die Rentenanträge irrtümlicher Weise von den jeweiligen Verwaltungsstellen der DAF anstatt von den Rechtsberatungsstellen bearbeitet worden. Und es gab immer wieder Probleme mit verzögerten Antragsweiterleitungen durch die DAF, was zu Lasten der Versicherten ging und die jeweilige DAF-Stelle dann durch eindringliches Bitten um Kulanz seitens der RfA auszubügeln versuchte. In der Ruhrstraße wies man allerdings entsprechende Ansinnen schon aus rechtlichen

---

238 Schreiben vom 23.4.1935, in: ebd. Vgl. auch das geradezu verzweifelte Schreiben des in Versicherungsfragen völlig unbedarften DAF-Ortsgruppenwalters von Neudamm, Gau Kurmark vom 22.9. 1935, an den sich nun plötzlich „sehr viele Volksgenossen, die Polizei und auch die städtischen Behörden" in Sachen Versicherung wandten, in: RfA-Archiv, Fach 19, Nr. 2.

239 Für die RfA selbst ergab sich dadurch allerdings die Frage, ob Leistungsanträge, die nach dem 31. Dezember 1934 noch von Vertrauensmännern aufgenommen worden waren, als rechtsgültig für den Beginn der Rente zu bewerten waren. Vgl. Abteilungsverfügung vom 2.1.1935, in: RfA-Archiv Nr. 90.

240 Schreiben vom 5.12.1938, in: RfA-Archiv Nr. 92. Nicht minder kurios ist die Anfrage der DAF-Kreisverwaltung Labiau (Ostpreußen) an die RfA vom 18.4.1936, in der „um Zusendung von Formularen für die Beantragung von Heilverfahren" gebeten wird. „Diese unsere Anforderung ist deshalb notwendig, weil hier in Labiau keine Vertrauensmänner zu ermitteln sind und die Behörden wie Magistrat und Landratsamt uns ebenfalls keine Auskünfte gegeben können", in: RfA-Archiv Nr. 43 b.

241 Vgl. das Schreiben an die RfA und das Antwortschreiben vom 20.3. bzw. 31.3.1942, in: RfA-Archiv Nr. 95.

Gründen strikt zurück. „Für die Verzögerung der Weitergabe des Antrags durch die DAF hat sie selbst, aber nicht die RfA einzustehen", hieß es dazu in einem internen Vermerk von Ende November 1935. „Für die Zahlung der Rente für den Monat Februar durch die RfA fehlt daher jegliche rechtliche oder moralische Verpflichtung."[242] Mancherorts versuchten sich die DAF-Stellen jedoch offensichtlich im Laufe der Zeit aus der Beratungsverpflichtung zu stehlen. Im Dezember 1939 jedenfalls beklagte sich der Bürgermeister der sächsisch-anhaltinischen Stadt Leopoldshall bei der RfA, dass sich „im hiesigen Bezirk die DAF weigert, Rentenanträge entgegenzunehmen und die Antragsteller zum Rathaus schickt".[243] Nach und nach gelang es aber, in der Antragspraxis und Versichertenberatung die DAF-Rechtsberatungsstellen in das von der RfA vorgegebene behördliche Verfahrensprocedere einzugliedern, auch wenn die RfA immer wieder mit Falschauskünften der DAF-Stellen konfrontiert war. In der Regel hielten sich die Rechtsberater – von der RfA laufend mit entsprechendem Material versorgt – über die aktuellen versicherungsrechtlichen Entwicklungen auf dem Laufenden. Und manche von ihnen ließen sich im Selbstverständnis der früheren RfA-Vertrauensleute gesondert von der RfA in ihrer neuen Funktion quasi legitimieren.

> Ich ersuche um gefl. Zusendung eines Wegweisers durch die Angestelltenversicherung mit Textausgabe und Anhang, enthaltend die Nachtragsgesetze und Ausführungsbestimmungen sowie einer kleinen Anzahl der für die jeweils in Frage kommenden Anträge erforderlichen Formularien, da ich als Ortswalter der DAF alle anfallenden Erledigungen an Stelle des bisherigen Vertrauensmannes der Angestelltenversicherung zu tätigen bestimmt worden bin,

schrieb etwa der DAF-Funktionär aus dem bayerischen Neuburg a.d. Donau an die RfA. „Ich ersuche weiter um Ihre Einverständniserklärung zur Übernahme dieser Vertrauensstellung."[244] In der Folgezeit entwickelte sich denn auch ein reger Schriftwechsel zwischen den DAF-Stellen und den RfA-Dienststellen über die zahllosen Details und rechtliche Zweifelsfragen des komplizierten AV-Rechts, die sich bei der Vorprüfung der Anträge ergaben.[245]

Die RfA hatte in der Praxis von Anfang an aber auch mit Eigenmächtigkeiten und politisch motivierten Kompetenzüberschreitungen der DAF zu kämpfen. So hatte sich etwa die DAF-Rechtsberatungsstelle Wuppertal im März 1935 eigenmächtig in die Einziehung von säumigen Versicherungsbeiträgen durch Unternehmen eingeschaltet, für die, wie die Überwachungsstelle der RfA nach Berlin meldete, allein diese zuständig war. Auf entsprechende Ermahnungen durch die Behörde hin rechtfertigte

---

242 Vermerk Kochs vom 27.11.1935 in Sachen Ruhegeld des Gustav M., in: RfA-Archiv Nr. 86.

243 Schreiben vom 13.12.1939, in: RfA-Archiv Nr. 92 b. Ähnlich auch die Klage eines anderen Bürgermeisters im Mai 1939 darüber, dass „in letzter Zeit die Angestelltenmitglieder [von der Arbeitsfront] wieder zurückkamen und erklärten, dass die DAF mit der Angestelltenversicherung nichts zu tun habe". Auch auf direkten Anruf zur Klärung bei der DAF hin „wurde diese ablehnende Haltung bestätigt". Schreiben vom 22.5.1939, in: RfA-Archiv Fach 19, Nr. 2.

244 Das Schreiben vom 20.8.1936, in: RfA-Archiv Fach 19, Nr. 2.

245 Vgl. ebd.

man sich bei der DAF mit dem lapidaren Hinweis, „dass die Arbeitgeber vor den Rechtsberatungsstellen der DAF Respekt haben und an diese eher zahlen als an den Überwachungsbeamten der RfA“.[246] Schon dass die DAF überhaupt von säumigen Versicherungsbeitragszahlern erfuhr, widersprach eigentlich der Gesetzeslage, denn Auskunft über etwaige Rückstände bei den Versicherungsbeiträgen musste die RfA nur auf Verlangen den betroffenen Versicherten erteilen. Erst wenn diese dann zur Wahrung ihrer Interessen eine DAF-Rechtsberatungsstelle beauftragt hatten, erhielt auch diese die entsprechenden Informationen. Schon im April 1934 hatten eine Reihe von Überwachungsbeamten nach Berlin gemeldet, dass sich die Fälle häuften, in denen sie von verschiedenen DAF-Funktionären wie Betriebszellenobmännern um Mitteilung der Ergebnisse von Beitragsprüfungen gebeten wurden. Auffälligerweise geschah dies vor allem dann, wenn die DAF-Leute die Prüfungen mit dem Verdacht von Beitragsrückständen selbst angeregt hatten. Es war naheliegend, dass sich dahinter häufig auch Repressionsversuche gegen politisch unliebsame oder jüdische Unternehmen verbargen, die man über etwaige aufgedeckten Beitragsbetrug belangen wollte. Dennoch stellte sich RfA-Präsident Grießmeyer in einem Schreiben an das RAM auf den Standpunkt, dass die DAF als parteiamtliche Einrichtung der NSDAP auch Körperschaft des öffentlichen Rechts sei und daher eine enge Zusammenarbeit der RfA mit der Arbeitsfront „hiernach geboten [ist]“.[247] Es bestünden daher keine Bedenken, den zuständigen DAF-Beauftragten das Ergebnis der Beitragsprüfungen bekanntzugeben. Entsprechend wurden daher auch die Überwachungsbeamten angewiesen, in diesem Sinne zu verfahren. Allein dem RAM war es in diesem Fall zu verdanken, dass es so weit nicht kam, denn dort war man im Gegensatz zu Grießmeyer der Auffassung, dass die Ergebnisse von Betriebsprüfungen zu den Betriebs- und Geschäftsgeheimnissen im Sinne des § 346 AVG gehörten und daher nur nach Zustimmung des betroffenen Betriebsinhabers an die DAF weitergegeben werden könnten.[248] Die ganze Angelegenheit blieb jedoch aufgrund der Hartnäckigkeit der DAF auch in der Folgezeit akut und im Juli 1936 beteiligte sich das RAM selbst – gegen den anhaltenden Widerstand des RVA – an einer Aufweichung der strikten Position und sah „im Einzelfall“ durchaus die Möglichkeit zur Zurückstellung der bisherigen rechtlichen Bedenken gegen eine Weitergabe der Betriebsprüfungsergebnisse.[249] Prinzipiell wurden aber in der Verwaltungspraxis, trotz wiederholter Anfragen und Forderungen der DAF, Mitteilungen über Beitragsrückstände von Unternehmen durch die Versicherungsträger nicht weitergegeben.[250]

---

246 Schreiben der DAF Wuppertal an die RfA vom 14. 5. 1935, in: RfA-Archiv Fach 19, Nr. 2.

247 Schreiben Grießmeyers an das RAM vom 16. 4. 1934, in: BArch R 89/3427.

248 Schreiben des RAM an die RfA vom 1. 8. 1935, in: ebd.

249 Vgl. Schreiben des RAM vom 15. 7. 1936 sowie Schreiben des RVA an das RAM vom 3. 10. 1936, in: ebd.

250 Vgl. Schreiben der DAF Kreisleitung Breslau-Land an die RfA vom 5. 2. 1937 sowie das Antwortschreiben der RfA vom 15. 2. 1936, verbunden mit einer entsprechenden am 17. 11. 1936 erlassenen Abteilungsverfügung, in: RfA-Archiv Fach 19, Nr. 2.

Vor allem aber wandten sich die Rechtsberatungsstellen in zunehmendem Maße an die RfA-Dienststellen, um in anstehenden Verfahren nicht nur Akteneinsicht, sondern auch Aktenübersendung zu fordern. Mit Hinweis auf den damit verbundenen erheblichen bürokratischen Aufwand (bei ca. 500 Rechtsberatungsstellen und durchschnittlich zwei Akteneinsichtanforderungen pro Tag ergaben sich tägliche Bewegungen von über 2000 ein- oder ausgehenden Akten) ersuchte die RfA in einem Schreiben an das Zentralbüro der DAF in Berlin um eine entsprechende Anweisung an die Rechtsberatungsstellen, künftig von diesen Einsichtnahmen abzusehen.[251] Von dort kam jedoch eine an Grießmeyer adressierte Rückantwort mit der Information, dass man der Bitte nicht entsprechen werde und vielmehr anregte, dass die RfA ihren Standpunkt noch einmal überprüfen sollte. Geradezu belehrend heißt es in dem Schreiben:

> Sie wissen, dass die Rechtsberatungsstellen der DAF nicht nur die Aufgabe haben, den Versicherten zu beraten, sondern auch durch vertrauensvolle Zusammenarbeit mit den Versicherungsträgern an einer einwandfreien Aufklärung der Streitfälle mit zu arbeiten und so ohne gesetzliche Bestimmungen entsprechende Entscheidungen zu ermöglichen. Hierzu ist aber erforderlich, dass die Rechtsberater sich über den tatsächlichen Stand des Rentenverfahrens restlose Klarheit verschaffen und nicht nur auf die Informationen der rechtsuchenden Mitglieder der DAF angewiesen sind. In solchen Fällen, in denen aus den amtlichen Akten klar ersichtlich ist, dass die Ansprüche der Kläger ungerechtfertigt sind und ein anhängiges oder auf Wunsch des Klägers anhängig zu machendes Verfahren keine Aussicht auf Erfolg bietet, wird seitens der Rechtsberatungsstellen kein Rechtsschutz gewährt bzw. eine bereits übernommene Vertretung niedergelegt. Darüber hinaus wird durch Aufklärung auf die Mitglieder eingewirkt, damit sie auch von sich aus nicht das aussichtslose Verfahren fortsetzen. Eine solche Rechtsschutztätigkeit kann mit Erfolg aber nur dann durchgeführt werden, wenn es dem Rechtsberater ermöglicht wird, Einblick in die amtlichen Akten zu nehmen.[252]

Damit war die eigentliche von Seiten der DAF-Führung beabsichtigte Stoßrichtung der Beratungstätigkeit klar beschrieben. Es ging darum, eine quasi-gerichtliche Funktion den eigentlichen Instanzen der Sozialgerichtsbarkeit vorzuschalten und damit erheblich Einfluss auf die Rentenfeststellungsverfahren zu gewinnen.

Rein rechtlich konnten die Rechtsberater erst nach offiziellem und formellem Antrag beim Oberversicherungsamt bzw. bei der RfA und nur im Fall eines anhängigen Verfahrens Akteneinsicht erhalten und ansonsten galt prinzipiell für die RfA-Dienststellen eine behördliche Schweigepflicht nach außen über alle verfahrensinternen Dinge. Einen Rechtsanspruch auf Einsicht in die Rentenakten hatten die Rentenberechtigten nach dem Gesetz nicht und damit war auch für den gesetzlich bestellten Vertreter des Versicherten und somit auch für die DAF ungeachtet einer Bevollmächtigung ein Recht auf Akteneinsicht nicht gegeben. Das galt erst recht für die Einsichtnahme in Niederschriften von Zeugen- und Sachverständigenvernehmungen

251 Vgl. Schreiben vom 9.2.1935, in: RfA-Archiv Nr. 86.
252 Schreiben der DAF an die RfA vom 23.2.1935, in: ebd.

sowie ärztliche Gutachten.[253] Die Rechtsberatungsstelle Koblenz etwa forderte im Juni 1935 künftig die generelle Einsicht in sämtliche Bewilligungen und Ablehnungen der von ihr betreuten Heilverfahrensanträge, was man seitens der Leistungsabteilung schon mit Verweis auf arbeitstechnische Gründe zurückwies.[254] Schon dass man seitens der RfA darauf bestand, im Falle einer Rechtsvertretung für einen Versicherten immer eine offizielle schriftliche Vollmachterteilung vorzulegen, rief bei den DAF-Stellen, die darin wohl nicht zu Unrecht auch ein Misstrauen der RfA gegenüber der DAF sahen, erheblichen Unwillen hervor.[255] Anders als im Fall der Weitergabe von Betriebsprüfungsergebnissen zeigte sich hier der RfA-Präsident im Einvernehmen mit seinen Beamten unnachgiebig. In einem Schreiben an das RVA Mitte Juni 1935 betonte er die bestehende strikte Verwaltungsübung, die in einer eigenen Präsidialverfügung vom 22. Februar 1935 festgelegt worden war, und lehnte „die angeregte Erweiterung des Rechts auf Akteneinsicht“ ab.[256] Dennoch war die Behörde nur kurz darauf gezwungen, die erlassenen Richtlinien über die Akteneinsicht durch Parteidienststellen der NSDAP dahingehend zu erweitern, dass Anträgen des Reichsschatzmeisters der NSDAP sowie auch Ersuchen des Obersten Parteigerichts auf Übersendung von Akten „zu entsprechen ist“.[257] Der DAF war diesbezüglich aber weiterhin ein Riegel vorgeschoben.

Prinzipiell beschäftigte diese Frage auch alle anderen Versicherungsträger. Während einer Besprechung von RfA, RVA, Landesversicherungsanstalten und Reichsknappschaft im Dezember 1935 bekräftige Direktor Koch noch einmal die Position der RfA, „dass der Arbeitsfront als Vertreterin der Versicherten nur Rechte im Rahmen des Rechts der Versicherten eingeräumt werden könnten“. Die RfA habe deshalb die Übersendung von Akten grundsätzlich abgelehnt, sich jedoch – quasi als Kompromiss gegenüber dem Zentralbüro der DAF – bereit erklärt, zu bestimmten Fragen schriftlich oder mündlich durch Vermittlung der Berliner Beratungsstelle in ihren Diensträumen an Hand der Akten Auskunft zu erteilen. „Eine Aushändigung der Akten erscheine wegen der vielfach darin enthaltenen Vermerke über Zweifelsfragen und ärztliche Notizen nicht ratsam.“[258] Im selben Atemzug relativierte RfA-Direktor Schaefer allerdings diese Position. Für die Überlassung von Heilverfahrensakten zur Einsicht, zum Beispiel durch die NSV, seien „andere Gesichtspunkte maßgebend“. In Fällen der Ablehnung des Heilverfahrens, weil z. B. Berufsunfähigkeit nicht mehr

253 Vgl. dazu Schreiben des RVA an die DAF vom 19. 2. 1935, in: RfA-Archiv Nr. 20.

254 Schreiben der DAF Koblenz vom 14. 6. 1935 und Antwortschreiben der RfA vom 26. 6. 1935, in: RfA-Archiv Fach 19, Nr. 2.

255 Vgl. etwa das Schreiben der DAF-Rechtsberatungsstelle Hamburg an die RfA vom 25. 10. 1934 sowie der interne RfA-Vermerk dazu sowie das Antwortschreiben an die DAF vom 17. 1. 1935, in: RfA-Archiv Nr. 86.

256 Das Schreiben vom 14. 6. 1935, in: ebd.

257 Verfügung vom 8. 6. 1935, in: RfA-Archiv, Ordner Verfügungen und Erlasse, ohne Signatur.

258 Niederschrift der Besprechung vom 10. 12. 1935, S. 3, in: RfA-Archiv Fach 112, Nr. 3. Vgl. auch das Schreiben an das Zentralbüro der DAF vom 4. 4. 1935, in: RfA-Archiv Nr. 86.

vermieden werden könne oder Behebung der Berufsunfähigkeit nicht mehr zu erwarten sei, springe die NSV sehr oft ein, „und dann sei für deren Ärzte die Einsicht der Heilverfahrensakten sehr erwünscht".[259] Letztlich waren sich aber alle Versicherungsträger darin einig, den zunehmenden Forderungen der DAF-Dienststellen, nicht nur der Rechtsberatungsstellen, auf Einsicht der Rentenakten, nicht nachzugeben. Man konnte sich seitens der RfA auf die mit der DAF ausgehandelten Richtlinien berufen, in denen etwa bewusst davon abgesehen worden war, auch den Ausgang des Rentenverfahrens den Rechtsberatungsstellen mitzuteilen, ebenso wie auch früher ja den Vertrauensmännern der Angestelltenversicherung keine Nachricht über den Ausgang des Verfahrens zu geben gewesen war.[260]

Doch die DAF ließ nicht locker. In fast gleichlautenden Schreiben wandten sich im Februar bzw. Dezember 1937 zwei Rechtsberatungsstellen an die RfA, um zu erreichen, dass in von ihnen vertretenen Rechtsfällen anstelle der umständlich zu erstellenden Abschriften der ärztlichen Gutachten diese doch in einer Ausfertigung direkt an die Rechtsberatungsstelle geschickt würden oder aber, bei Vorhandensein mehrerer Gutachtenausfertigungen, eine Fassung für den eigenen Bedarf aus den Rentenakten entnommern werden könnten.[261] Die RfA-Beamten waren darüber regelrecht entsetzt. Die DAF könne gar nicht beurteilen, wie oft ärztliche Gutachten in mehreren Ausfertigungen vorlägen, „weil sie doch nur ganz selten Akten erhält [...]. Der Geschäftsverkehr mit den Rechtsberatungsstellen wird vollständig unübersichtlich, wenn die einzelnen Wünsche befriedigt werden."[262] All dies war Teil des Versuchs der DAF, die Rechtsberatung zu monopolisieren und im Zuge dessen auch die Spruchtätigkeit der sozialgerichtlichen Instanzen zu bestimmen. Eine Reihe von DAF-Stellen etwa besorgte sich die gewünschten Akten einfach unter Umgehung der RfA bei den zuständigen Versicherungs- und Oberversicherungsämtern, denen gegenüber man, wie etwa die DAF-Rechtsberatungsstelle Hamburg, eine angebliche Änderung der Rechtslage suggerierte, die der DAF „ausschließlich die Rechtsvertretung in allen Spruchsachen der Sozialversicherung vorbehalte", was schlichtweg falsch war.[263] Vor allem aber erklärte sich nach Interventionen der Gauberatungsstelle der DAF Berlin die RfA im April 1937 damit einverstanden, dass künftig allen Vorbescheiden und berufungsfähigen Bescheiden über gesetzliche Leistungen ein auf farbigem Papier gedruckter Hinweis anzukleben war, der folgenden Wortlaut hatte: „Wichtig für Mit-

---

259 Ebd.

260 So auch der Tenor des Schreibens der RfA an die DAF-Rechtsberatungsstelle des Gaus Schlesien vom 31.3.1936, in: ebd.

261 Schreiben der Rechtsberatungsstelle Braunschweig vom 16.2.1937 und Schreiben der Rechtsberatungsstelle Hamburg vom 20.12.1937 sowie die dazugehörenden Antwortschreiben der RfA, in: RfA-Archiv Nr. 86.

262 Notiz des Direktors Koch vom 10.1.1938, in: ebd.

263 So das Schreiben vom 17.12.1935 der Rechtsberatungsstelle Hamburg an das dortige Versicherungsamt, das sich daraufhin verunsichert an die RfA wandte. Vgl. auch das Antwortschreiben der RfA vom 19.1.1936, in dem das Festhalten an der strikten Position betont wurde, in: RfA-Archiv Nr. 86.

glieder der DAF. Die Rechtsberatungsstelle der Deutschen Arbeitsfront berät Sie kostenlos in allen Fragen dieses Bescheides. Welche Rechtsberatungsstelle für Sie zuständig ist, erfahren Sie durch jeden Amtswalter der DAF."[264] Dieser Hinweis konnte von vielen Versicherten einerseits geradezu als Aufforderung empfunden werden, ohne eigenes Risiko und Kosten gegen als ungerecht empfundene RfA-Bescheide zu klagen. Andererseits konnte damit aber auch das Gegenteil erreicht werden, indem die Versicherten gleichsam aufgefordert wurden, sich vor Einlegung eines Rechtsmittels erst mit der DAF in Verbindung zu setzen, die dann eventuell für eine Rücknahme der Beschwerde plädierte.[265] So klagte denn auch später der Präsident der Reichsrechtsanwaltskammer gegen den DAF-Zettel mit der Begründung, dass dadurch praktisch die Rechtsanwälte in den Verfahren vor den Oberversicherungsämtern in der Mehrzahl der Fälle ausgeschaltet wurden.[266]

Anfang März 1937 war es in der Ruhrstraße auch zu einem direkten Gespräch der Vertreter der Rechtsberatungsstellen in der DAF mit Präsident Grießmeyer und dem Leiter der Leistungsabteilung, Koch, gekommen. Dabei beschwerten sich die DAF-Funktionäre zunächst darüber, dass bei den Schulungstagungen für die Rechtsberater die Vertreter der RfA eine „kühle Reserve" gezeigt hätten. Insbesondere sei dies bei einer Tagung in Breslau aufgefallen, „wo der Überwachungsbeamte unter anderem in der Versammlung die Frage gestellt hätte, ob die Rechtsberatungsstellen auch nichtarische Versicherte betreuten".[267] Außerdem wurde beklagt, dass es die RfA inzwischen als einziger Versicherungsträger ablehne, den Rechtsberatungsstellen auf Anforderung ihre Akten zu übersenden. Der praktizierte Kompromiss mit der Einsichtnahme in der Berliner Rechtsberatungszentrale habe sich als wenig praktikabel erwiesen. Da die Rechtsberater zur Verschwiegenheit verpflichtet und zudem angewiesen seien, von den Aktenanforderungen sparsamsten Gebrauch zu machen, und somit mit höchsten 100 versandten Akten im Jahr zu rechnen sei, dürften doch keine Bedenken mehr hierzu bestehen. Das Drängen blieb nicht ohne Erfolg. In einer Notiz von Koch heißt es:

> Die Gründe für unsere bisherige ablehnende Stellungnahme trug ich eingehend vor; wies insbesondere darauf hin, dass eine Versendung der II H-Akten [Heilfürsorge] keinesfalls in Frage

---

264 Vgl. Rundschreiben vom 21.4.1937, in: BArch R 89/3390 sowie dazu auch das Schreiben der DAF-Gauverwaltung Berlin an den „sehr verehrten Parteigenossen Grießmeyer" vom 9.1.1937 und das ebenfalls mit persönlicher Anrede an den „verehrten Parteigenossen Brand" versehene Antwortschreiben Grießmeyers vom 27.1.1937, mit dem er sich zur Verwendung der Hinweiszettel bereit erklärte, in: RfA-Archiv Nr. 86.

265 Ab März 1940 hatten daher die RfA wie auch vorher schon die LVA auf die Beifügung der DAF-Zettel bei ihren Bescheiden verzichtet. Vgl. Schreiben der RfA an das RVA vom 29.5.1940, in: BArch R 89/3181.

266 Vgl. Schreiben des RVA vom 12.7.1940 an das RAM, in: ebd.

267 Vermerk Kochs über die Besprechung vom 2.3.1937, in: RfA-Archiv Nr. 22.

> käme. Der Herr Präsident sagte aber Prüfung der Frage zu, inwieweit wir versuchsweise den Wünschen der Rechtsberatungsstellen auf Aktenübersendung künftig entsprechen könnten.[268]

Eine eindeutige Zusage machte die RfA auch in der Frage der Zustellung aller Bescheide und Anerkenntnisse in Berufungsverfahren in denjenigen Fällen, in denen die DAF sich als bevollmächtigt ausgewiesen habe. Aus Sicht der RfA hatte man sich damit flexibel gegenüber der DAF verhalten und die geltende Rechtslage weiterhin über besondere Wünsche der DAF gestellt. Dennoch erfolgte letztendlich eine schrittweise Aufweichung der restriktiven Handhabung; allenthalben entstanden für die DAF Einfallstore, über die sie sich dann doch Zugang zu den Rentenakten verschaffen konnte. Die Intervention des DAF-Hauptamtes für Rechtsberatung mündete denn auch schon im April 1937 in einer Abteilungsverfügung, in der festgelegt wurde, dass künftig dem Ersuchen einer Rechtsberatungsstelle um Übersendung von Akten über schwebende Verfahren in Leistungssachen zu entsprechen sei. Auch bezüglich rechtskräftig abgeschlossener Verfahren seien die Akten nun zu übersenden, „wenn dies nach dem angegebenen Zweck der Anforderung und nach Lage der Sache gerechtfertigt und unbedenklich erscheint".[269] Von der Übersendung nach wie vor auszunehmen waren die Kontokarte, die grüne Versicherungskarte, die Akten über Heilverfahren, die Verhandlungen über Ersatzansprüche sowie sonstige Teile der Akten wie persönliche Bemerkungen und Vermerke. Auch die Handakten über eine Berufung oder Revision waren, solange das Spruchverfahren schwebte, nicht zu übersenden.[270] Die RfA-Sachbearbeiter besaßen mithin immer noch ein wenig Ermessensspielraum, die Akteneinsicht durch die DAF abzulehnen.[271] Und dieser Spielraum wurde offenbar auch genutzt, denn im Frühjahr 1938 berichtete die Kölner Überwachungs- und Auskunftsstelle der RfA von anhaltenden Beschwerden der örtlichen DAF-Rechtsberatungsstelle. Man erhalte von der RfA über den Erfolg eines Antrags niemals Bescheid, dabei legten „die Herren der Rechtsberatung großen Wert darauf, zu wissen, ob ein Heilverfahren genehmigt, ein Rentenantrag Erfolg hatte, einem Antrag auf Rückerstattung stattgegeben wurde".[272] Im Gegensatz zur Verwaltungspraxis der RfA teile die Landesversicherungsanstalt stets den Ausgang eines Antrags mit. „Am allermeisten wurde darüber geklagt, dass bei Streitverfahren, in denen ein Rechtsberater der DAF die Vertretung übernommen hat, dieser von der RfA behandelt wird, als wäre er garnicht vorhanden!" Die RfA korrespondiere grundsätzlich nur mit den Versicherten.[273] Dennoch war inzwischen auch die Liste der

268 Ebd.

269 Die Abteilungsverfügung vom 10.4.1937, in: ebd.

270 Vgl. ebd. sowie auch eine weitere Abteilungsverfügung, hier zur Zustellung von Bescheiden an Bevollmächtigte, vom 7.6.1937, in: ebd.

271 Angaben darüber, wieviele Akten tatsächlich an die DAF-Rechtsberatungsstellen geschickt worden sind, lassen sich, obwohl dies prinzipiell statistisch erfasst wurde, nicht mehr finden.

272 Bericht des Kölner Überwachungsbeamten vom 7.2.1938, in: RfA Fach 68, Nr. 1.

273 Ebd.

Dienststellen und Gliederungen der NSDAP, denen nach der Präsidialverfügung Grießmeyers auf Verlangen die Renten- und Versichertenakten, aber auch Personal- und Dienststrafsachen bekanntzugeben waren, erheblich länger geworden. Aktenversendung, Akteneinsicht oder Aktenauskunft konnten nun auch für den Stellvertreter des Führers oder von diesem benannte Stellen wie Gauleiter, für den Chef des Stabes der SA bis zum Gruppenführer abwärts, für Reichsführer SS mit allen nachgeordneten Dienststellen gewährt werden.[274] Mit Jahresbeginn 1937 war es der DAF zudem gelungen, durch die gesetzliche Bestellung der Rechtsberatungsstellen als Antragsannahmestellen ihre Kompetenzen weiter auszubauen. Damit waren, was vielfach übersehen wurde, die Rechtsberatungsstellen direkter Bestandteil des Leistungsverfahrens in der Rentenversicherung geworden.[275] Sie schalteten sich nicht mehr, wie dies bis dahin meist der Fall gewesen war, erst im Laufe des Streitverfahrens ein, sondern hatten nunmehr die Möglichkeit, bereits am Beginn der Rentenantragsverfahren aktiv zu werden.[276]

Der Kampf um die Akten ging jedoch noch weiter. Ein Schlaglicht, wie sich das Verhältnis zwischen RfA und DAF-Rechtsberatungsstellen nach drei Jahren Verwaltungspraxis eingespielt hatte, wirft das ausführliche Schreiben der Rechtsberatungsstelle Hamburg an die RfA.

Darin heißt es:

> Es ist nicht die Aufgabe der Rechtsberater der DAF, unter allen Umständen Renten- oder sonstige Ansprüche ihrer Mandanten gegenüber den Versicherungsträgern durchzusetzen, sondern sie prüfen – unabhängig von beiden Streitparteien – selbstständig die Berechtigung des Anspruchs oder seiner Verweigerung. Gelangt der Rechtsberater zu der Erkenntnis, dass der Anspruch seines Mandanten mit Sinn und Zweck des geltenden Rechts nicht vereinbart werden kann, so legt er die Vertretung nieder oder er zieht auch kraft seiner Vollmacht – unter Umständen selbst gegen den Willen des Mandanten – das eingelegte Rechtsmittel zurück. Aus dieser Aufgabe heraus legen die Rechtsberater der hiesigen Dienststelle Berufungen grundsätzlich und fast ausnahmslos beim Versicherungsträger, nicht beim Oberversicherungsamt ein.[277]

Der Rechtsberatungsstelle waren, wie aus dem Schreiben weiter hervorging, in den Fällen, wo der Streit doch vor dem Oberversicherungsamt ausgetragen worden war, von diesem ausnahmslos sämtliche Akten des jeweiligen Versicherungsträgers einschließlich der Heilverfahrensakte der RfA zur Verfügung gestellt worden. Weiter heißt es:

274 Präsidialverfügung vom 14.6.1937, in: RfA-Archiv Nr. 22.

275 Dies betonte geradezu triumphierend der Gaurechtsberater für Frankfurt am Ende eines Aufsatzes in der Deutschen Invalidenversicherung. Vgl. Dr. H. Voß, Gaurechtsberater der DAF Frankfurt, „Die sozialversicherungsrechtliche Tätigkeit der Rechtsberatungsstellen der DAF“, in: Deutsche Invalidenversicherung Nr. 3 (1938), S. 39.

276 Vgl. dazu auch „Fünfjähriges Bestehen der Rechtsberatungsstellen der Deutschen Arbeitsfront“, in: Deutsche Rentenversicherung Nr. 6 (1939), S. 113.

277 Schreiben vom 15.2.1938 an die RfA in: RfA-Archiv Nr. 86.

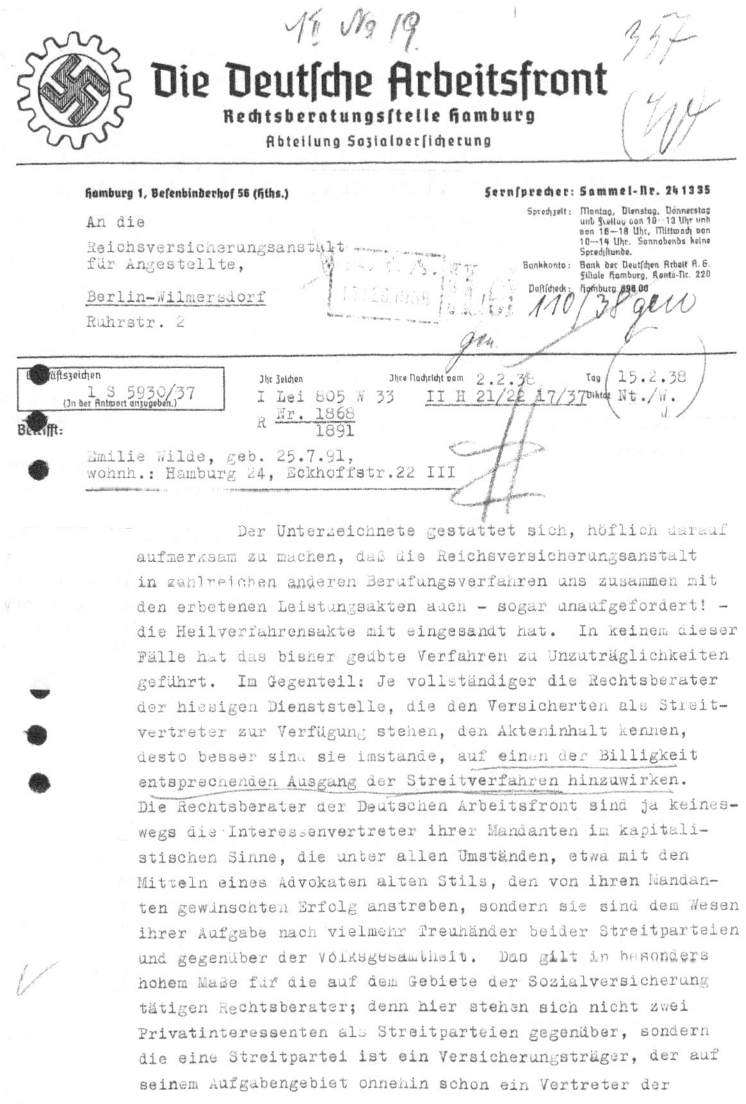

Die Deutsche Arbeitsfront
Rechtsberatungsstelle Hamburg
Abteilung Sozialversicherung

Hamburg 1, Besenbinderhof 56 (Hths.)

Fernsprecher: Sammel-Nr. 241335
Sprechzeit: Montag, Dienstag, Donnerstag und Freitag von 10–12 Uhr und von 16–18 Uhr, Mittwoch von 10–14 Uhr. Sonnabends keine Sprechstunde.
Bankkonto: Bank der Deutschen Arbeit A.G. Filiale Hamburg, Konto-Nr. 220
Postscheck: Hamburg 898 00

An die
Reichsversicherungsanstalt
für Angestellte,
Berlin-Wilmersdorf
Ruhrstr. 2

Geschäftszeichen (In der Antwort anzugeben.): 1 S 5930/37
Ihr Zeichen: I Lei 805 W 33 R Nr. 1868 / 1891
Ihre Nachricht vom 2.2.38 II H 21/22 17/37
Tag 15.2.38
Diktat Nt./W.

Betrifft:
Emilie Wilde, geb. 25.7.91,
wohnh.: Hamburg 24, Eckhoffstr.22 III

Der Unterzeichnete gestattet sich, höflich darauf aufmerksam zu machen, daß die Reichsversicherungsanstalt in zahlreichen anderen Berufungsverfahren uns zusammen mit den erbetenen Leistungsakten auch – sogar unaufgefordert! – die Heilverfahrensakte mit eingesandt hat. In keinem dieser Fälle hat das bisher geübte Verfahren zu Unzuträglichkeiten geführt. Im Gegenteil: Je vollständiger die Rechtsberater der hiesigen Dienststelle, die den Versicherten als Streitvertreter zur Verfügung stehen, den Akteninhalt kennen, desto besser sind sie imstande, auf einen der Billigkeit entsprechenden Ausgang der Streitverfahren hinzuwirken. Die Rechtsberater der Deutschen Arbeitsfront sind ja keineswegs die Interessenvertreter ihrer Mandanten im kapitalistischen Sinne, die unter allen Umständen, etwa mit den Mitteln eines Advokaten alten Stils, den von ihren Mandanten gewünschten Erfolg anstreben, sondern sie sind dem Wesen ihrer Aufgabe nach vielmehr Treuhänder beider Streitparteien und gegenüber der Volksgesamtheit. Das gilt in besonders hohem Maße für die auf dem Gebiete der Sozialversicherung tätigen Rechtsberater; denn hier stehen sich nicht zwei Privatinteressenten als Streitparteien gegenüber, sondern die eine Streitpartei ist ein Versicherungsträger, der auf seinem Aufgabengebiet ohnehin schon ein Vertreter der

Abb. 11: Schreiben der DAF-Rechtsberatungsstelle Hamburg an die RfA vom 15. Februar 1938

Wir würden es daher außerordentlich begrüßen, wenn die RfA in Berücksichtigung dieser Erwägungen nicht nur das bisher geübte Verfahren fortsetzte, uns im Rahmen eines Berufungsstreites mit den Leistungsakten auch die Heilverfahrensakten zur Verfügung zu stellen, sondern im Bedarfsfall die Heilverfahrensakten auch ohne Streitverfahren übersenden würde.[278]

278 Ebd.

Offenbar war der zuständige Referent der RfA angesichts dieses Schreibens alarmiert. Wenn auf Aktenanforderung der DAF hin auch Heilverfahrensakten mitgesandt worden seien, so hieß es in einem Vermerk, so könne es sich hier nur um ein gelegentliches Versehen handeln. Es sei zudem rechtlich mehr als zweifelhaft, dass das Oberversicherungsamt den DAF-Vertretern Akten der RfA ohne weiteres zugänglich gemacht habe.[279] Vor allem aber, und dies stand dann auch in dem Antwortschreiben an die Hamburger Rechtsberatungsstelle, bestand für die DAF in Heilverfahrenssachen überhaupt kein Anlass, etwaige Rechtsansprüche von Mandanten zu vertreten. Denn die Heilverfahrensleistungen waren zwar Regelleistungen, aber darauf bestand bei den Versicherten überhaupt kein Rechtsanspruch. Den Begehrlichkeiten der DAF wurde daher eine klare Absage erteilt. Im Zweiten Weltkrieg sollte die ganze Angelegenheit eine zusätzliche Brisanz erfahren, weil sich nun auch das DAF-Amt für Arbeitseinsatz einschaltete und von den Versicherungsträgern Einsichtnahme in die vertrauensärztlichen Nachuntersuchungen zur Überwachung des Krankenstandes beanspruchte.[280]

Versuche verschiedener NS-Stellen und NS-Organisationen, auf das umfangreiche Aktenmaterial und die darin enthaltenen Informationen Zugriff zu erhalten, hatte es im Übrigen schon seit 1933 gegeben. Zur Erfassung aller hilfsbedürftigen Personen hatte etwa das Winterhilfswerk bzw. nationalsozialistische Amt für Volkswohlfahrt bei der RfA um Herausgabe der Zahlungsunterlagen der Rentenempfänger bei den Poststellen gebeten, womit man im RAM, an das die RfA das Anliegen zur Entscheidung weitergereicht hatte, prinzipiell keine Probleme hatte.[281] Später ging es dem Winterhilfswerk aber vielmehr um eine möglichst lückenlose Erfassung von Spendern, sprich die Einbeziehung der Pensions- und Ruhegehaltsempfänger in das WHW-Abzugsverfahren.[282] Im März 1934 war die Gauleitung Baden der NSDAP bei der RfA mit dem Ersuchen vorstellig geworden, die Mitgliedsbeiträge direkt vom Ruhegeld abzuziehen und diese dann an die Partei abzuführen, was einen Verstoß gegen die Gesetzeslage bedeutet hätte und daher strikt abgelehnt wurde.[283] Und immer wieder landeten auf den Schreibtischen der RfA-Dienststellen Anfragen von DAF-Kreisverwaltungen mit der Bitte um genaue Angaben der im jeweiligen Gebiet wohnenden Angestellten-, Witwen- und Waisenrentenempfänger, was man seitens der Behörde mit Verweis auf die Rentenlisten, die nur jahrgangsweise nach den Geburtsjahren und nicht nach Wohnorten geführt wurden, zurückwies.[284] Besonders prekär war die Heranziehung von Renten- und Heilverfahrensakten für erbbiologische Auswertun-

279 Vermerk vom 9.3.1938, in: ebd.

280 Schreiben des RVA an die DAF vom 20.12.1940, in: BArch R 89/4473.

281 Vgl. Schreiben vom 5.10.1933 in: RfA-Archiv Nr. 18.

282 Schreiben der Kieler Gauführung des WHW an die RfA vom 1.9.1938, in: RfA-Archiv Nr. 91 b.

283 Vgl. Notizen der Abt. I Leistung vom 3.3.1934, in: ebd.

284 Ähnliche Anfragen hatte es auch von den Finanzämtern gegeben, in diesem Fall ging es um die Überprüfung von Kontrollmitteilungen zur Steuerzahlung von Rentenempfängern. Vgl. RfA-Archiv Nr 91 b.

gen. Schon im März 1934 hatte hier die Thüringische Landesversicherungsanstalt eine entsprechende Anfrage des Landesamtes für Rassewesen positiv beschieden, allerdings zunächst nur für bereits ausgesonderte Akten von Versicherten, die in den Jahren zwischen 1920 und 1930 verstorben waren.[285] Das RVA hatte dazu gleichfalls sein Placet gegeben. Im Oktober 1935 hatte es eine weitere Anfrage des Kaiser-Wilhelm-Instituts für Genealogie und Demographie an das RVA gegeben, im Rahmen von Vorarbeiten für die weitere Ausgestaltung des Gesetzes zur Verhütung des erbkranken Nachwuchses aus den Akten „Zwillingspaare mit bestimmten Krankheitsbildern" heraussuchen zu lassen.[286] Ob auch die RfA entsprechende Anfragen erhielt, ist nicht nachweisbar, aber doch zu vermuten. Auch in diesen Fällen dürfte man sich aber auf den geltenden Rechtsstandpunkt des gesetzlichen Schweigegebots und der Geheimhaltungspflicht gestellt haben.

Letztlich aber wirkte das Engagement der DAF aus Sicht der RfA durchaus im erhofften Sinn. Zum einen ging es um die Erwartung, dass den RfA-Beamten im Vorfeld der direkten Kontakte mit den Versicherten viel Arbeit abgenommen und die erzwungene Lücke, die die Abschaffung der Vertrauensmänner gerissen hatte, weitgehend geschlossen würde. Zum anderen ging es auch darum, insgesamt die Zahl der gerichtlichen Verfahren mit Einsprüchen und Berufungen zu verringern und auf die als wirklich strittigen und rechtsunklar erscheinenden Fälle zu konzentrieren.

Tab. 7: Entwicklung der Berufungen gegen Rentenbescheide der RfA (1932 bis 1939)

Jahr	Berufungen insgesamt	Davon erfolgreich	Revisionen gegen Entscheidungen der Oberversicherungsämter
1932	7573	850	831
1933	9181	1181	781
1934	8579	924	812
1935	7622	741	828
1936	5687	510	668
1937	5005	605	537
1938	3861	424	437
1939	3518	395	352

Quelle: Bericht des Direktoriums der RfA über das Geschäftsjahr 1933, S. 5, in: BArch R 112/102 sowie RfA-Geschäftsberichte 1935 bis 1938, in: RfA-Archiv Nr. 78 sowie „Die Angestelltenversicherung im Jahre 1940", Bericht des Präsidenten der RfA, in: BArch R 89/3513.

285 Vgl. der Vorgang in: BArch R 89/4405, Bl. 33 ff.
286 Schreiben vom 31.10.1935, in: ebd.

Ein Blick auf die Statistik zeigt, dass sich hier durchaus komplementäre Interessen von RfA aus behördlicher und verwaltungstechnischer Sicht und DAF aus ideologischer wie rechtspraktischer Perspektive, verstanden als quasi „volksgesellschaftliche" Konfliktminderung und Harmonisierung, ergaben. Die Zahl der Berufungsverfahren ging von ihrem Höhepunkt im Jahr 1933 bis 1939 ebenso kontinuierlich wie deutlich um über 60 Prozent zurück, ebenso wie die Revisionsverfahren gegen Entscheidungen der Oberversicherungsämter. Die Quote der erfolgreichen Einspruchsverfahren änderte sich allerdings in der NS-Zeit praktisch nicht. Sie blieb mit ca. zwölf Prozent ziemlich konstant. Und auch die Gründe für die eingelegten Widersprüche gegen die RfA-Bescheide blieben unverändert. Die große Mehrheit betraf Einsprüche gegen abgelehnte Ruhegeldansprüche wegen noch nicht bestehender Berufsunfähigkeit, etwa ein Drittel betraf Berufungen gegen die Entziehung des Ruhegeldes nach Wiedereintritt der Berufsfähigkeit.[287] Wieviele Einsprüche mit Hilfe der DAF-Rechtsberatungsstellen erfolgten, wurde von der RfA-Statistik nicht erfasst und lässt sich nachträglich nicht eruieren.[288] Nimmt man etwa die im Juni 1938 verhandelten Streitsachen in der Spruchkammer für Angestelltenversicherung des Oberversicherungsamtes Königsberg oder diejenigen des AV-Ausschusses des Versicherungsamtes Köln vom 14. November 1939 als Indikator, so waren es nicht überdurchschnittlich viele. In Königsberg war in keinem Fall die DAF als Vertreter des Berufungsklägers tätig, in Köln nur in zwei von sieben Fällen.[289]

Auch die etwaige Annahme, dass von den Rechtsberatungsstellen vertretene Revisionsfälle überdurchschnittlich hohe Erfolgsquoten hatten, lässt sich empirisch nicht überprüfen. Die Gaurechtsberatungsstelle Berlin jedenfalls war im Januar 1937 nach dreijähriger Tätigkeit offenbar mit der bisherigen Entwicklung nicht zufrieden. Ihr Amtsleiter beklagte sich in folgenden Worten gegenüber Präsident Grießmeyer:

> Zahlreiche Mitglieder der DAF nehmen unsere beratende bzw. rechtswahrende Tätigkeit verspätet oder aus Unkenntnis gar nicht in Anspruch. Die Zahl der aussichtslosen Berufungsverfahren erfährt hierdurch zweifellos eine unnötige und das Oberversicherungsamt und die Versicherungsträger mit Leerlauf belastende Vermehrung, die sich vielleicht durch unsere Mitwirkung vermeiden lässt.[290]

287 Insgesamt gab es in der Berufungs- und Revisionsstatistik der RfA 18 verschiedene Revisionskategorien. Vgl. dazu Notiz vom 28.7.1938, in: RfA-Archiv Nr. 23.

288 Werner Hellwig, der Leiter des Amtes für Rechtsberatung in der DAF, sprach in einem Aufsatz nur pauschal von 206.000 Verfahren, die in der Sozialversicherung von den Rechtsberatern im Jahr 1938 zu bearbeiten waren. Vgl. Werner Hellwig, Die Stellung der Rechtsberatungsstellen der Deutschen Arbeitsfront im Arbeitsleben, in: *Soziale Praxis* 48 (1939), S. 771–776.

289 Vgl. Vermerk Kochs über seine Teilnahme an der Spruchkammersitzung vom 11.7.1938, in: RfA-Archiv Nr. 104 sowie Bericht des Versicherungsamtes Köln an die RfA vom 6.11.1939, in: RfA-Archiv Fach 64, Nr. 3.

290 Schreiben vom 9.1.1937, in: RfA-Archiv Nr. 86.

In der RfA sah man das durchaus positiver. In einem Zwischenresümee, das die RfA gegenüber dem RVA zog, heißt es:

> Nach unseren Erfahrungen wurde in vielen Fällen, in denen die Berechtigten sich an die Rechtsberatungsstelle gewandt haben, keine Berufung eingelegt oder die schon eingelegte Berufung ist zurückgenommen worden und sind dadurch aussichtslose Berufungen oder Beschwerden vermieden worden.[291]

Womit man seitens der Behörde offenbar keine Probleme hatte, war, dass die Rechtsberatungsstellen auch bewusst in die Instanzenwege des Berufungsverfahrens eingriffen. Unter dem Vorwand der Entlastung der Versicherungs- und Oberversicherungsämter wurde die Berufungsschrift direkt bei der RfA eingereicht und es wurde versucht, das Verfahren selbst im Vorfeld durch Abschluss eines Vergleichs zu beenden. Im Erfolgsfall sollte zudem die daraufhin erfolgte Anerkennung des Rentenanspruchs per Bescheid durch den Versicherungsträger nicht mehr an das Oberversicherungsamt, sondern direkt an die Gaurechtsberatungsstelle erfolgen.[292] Tatsächlich war die der örtlichen Beratungsstelle übergeordnete Gaubehörde befugt, entsprechende Verfahren erster und zweiter Instanz jederzeit selbst in Bearbeitung zu nehmen und durchzuführen. Sie war außerdem zuständig für Verfahren II. Instanz, d. h. Berufungen, Revisionen und Beschwerden in Beschlussverfahren. Unter bestimmten Voraussetzungen konnte die Gaurechtsberatungsstelle auch die Kosten für ihr notwendig erscheinende ärztliche Gutachten übernehmen. Durch intensive Schulungen, eine regelmäßig ergänzte eigene Entscheidungssammlung und nicht zuletzt infolge des intensiven Schriftverkehrs mit der RfA hatte man sich in der DAF inzwischen durchaus ein erhebliches rentenversicherungsrechtliches Knowhow angeeignet.[293]

Auch im RVA hatte man gegen diese rechtlich zulässige Praxis, durch Einigungsverhandlungen der Rechtsberatungsstelle und des Versicherungsträgers die Austragung des Streites vor den Versicherungsbehörden zu vermeiden, keine Bedenken, zumal „Fälle, in denen Vertreter der DAF Vergleiche zum Nachteil der Kläger abgeschlossen haben, hier nicht bekannt geworden sind".[294] Dass durch die Tätigkeit der DAF jedoch der Rechtsschutzgedanke in der Sozialversicherung seinem Wesen und Inhalt nach eine grundsätzliche Wandlung erfuhr, wurde weitgehend übersehen.[295] Für die oberen DAF-Funktionäre der Rechtsberatungsstellen ging es darum,

---

291 Schreiben vom 29.5.1940, in BArch R 89/3181.

292 Vgl. dazu etwa den Bericht der LVA Berlin an die RfA vom 26.3.1936, in: RfA-Archiv Nr. 60.

293 Vgl. DAF-Entscheidungssammlung, Bd. 2, 1937, hrsg. vom Amt für Rechtsberatungsstellen im Zentralbüro der DAF (288 Seiten), in: Bibliothek der DRV-Bund, Sig. 13568 XXIII D sowie auch „Das Verfahren in der Sozialversicherung", hrsg. vom Amt für Berufserziehung der DAF, in: ebd., Sig. 11665 II A 18a.

294 Schreiben des RVA an das RAM vom 16.7.1936, in: BArch R 89/5066.

295 Vgl. dazu auch Simone Rücker, Das Rechtsberatungswesen von 1919–1945 und die Entstehung des Rechtsberatungsmissbrauchsgesetzes von 1935, Tübingen 2007, insb. S. 291 ff.

dass nur Ansprüche an die Sozialversicherung gestellt wurden, die auch gegenüber der „Volksgemeinschaft" vertreten werden konnten. In einem Aufsatz des Frankfurter Gaurechtsberaters heißt es:

> In dem Bestreben, Versicherungsträger und Versicherungsbehörden von unnötigen Verfahren zu entlasten und die Versicherten selbst vor den nachteiligen Folgen langdauernder Rentenkämpfe zu bewahren, sehen die Rechtsberatungsstellen ihre Aufgabe darin, sich nur für die Befriedigung berechtigter Leistungsansprüche einzusetzen. Die Gewährung des Rechtsschutzes hat daher für die Rechtsberatungsstelle zur Voraussetzung, dass die beabsichtigte Rechtsverfolgung Aussicht auf Erfolg bietet und mit den nationalsozialistischen Grundsätzen und denen von der Ehre der Arbeit in Einklang steht [...]. Damit ist das Winkelkonsulententum, das in der Sozialversicherung ein beliebtes Betätigungsfeld fand und der mutwilligen Rechtsverfolgung Vorschub leistete, ausgeschaltet worden.[296]

Überhaupt waren die Verbindungen zwischen RVA und DAF weit enger als zur RfA. Es lag schon in der Position des RVA als übergeordnete und damit auch mächtige Behörde in allen sozialversicherungsrechtlichen Angelegenheiten begründet, dass die DAF hier enge Kontakte aufbaute. Und die im Vergleich zur RfA zweifellos bestehende weit größere ideologische Nähe des Führungsgremiums des Versicherungsamtes zum NS-Regime begünstigte dies. Seit November 1935 trafen sich regelmäßig die Funktionäre des DAF-Amtes für Rechtsberatung mit dem Präsidium des RVA, um „von Zeit zu Zeit wichtige Fragen aus dem Arbeitsgebiet des Reichsversicherungsamtes" zu besprechen.[297] Auf der Besprechung am 2. Dezember 1935 etwa ging es auch um die RfA. Es bestand demnach Einverständnis zwischen RVA und DAF, „dass nach der gegenwärtigen Gesetzeslage die RfA gegenüber Rentenempfängern, die in nichtarischen Geschäften einkaufen, nichts veranlassen kann".[298] Eine entsprechende Eingabe einer NSDAP-Ortsgruppe sollte daher auch nicht an das RAM weitergeleitet werden. In einer weiteren Besprechung Ende Februar 1937 ging es dann um die „Bekämpfung des Winkelkonsulententums" sowie um die höchst strittige und vom RVA strikt abgelehnte Weiterleitung von Abschriften von Senatsentscheidungen an die DAF, in denen diese jedoch nicht die Vertretung übernommen hatte. Letztlich ging es aber auch um viele versicherungsrechtliche Detailfragen und die jeweilige Rechtsprechung des RVA, gegenüber der die DAF „grundlegende Änderungen" in der Auslegung geltend machte."[299] Man könne daher an der bisherigen Rechtsprechung nicht mehr festhalten.

Es ist nicht klar, inwieweit auch die Führung der RfA zumindest nachträglich vom Inhalt dieser Besprechungen erfuhr. Grießmeyer jedenfalls war schon von Amts wegen

---

296 Dr. H. Voß, Gaurechtsberater der DAF Frankfurt, „Die sozialversicherungsrechtliche Tätigkeit der Rechtsberatungsstellen der DAF", in: Deutsche Invalidenversicherung Nr. 3 (1938), S. 38.

297 Vgl. dazu die Notiz vom 16.11.1935 sowie die Vermerke über die Besprechungen in: BArch R 89/7087.

298 Vermerk über die Besprechung vom 2.12.1936, in: ebd., Bl. 27.

299 Niederschrift der Besprechung vom 8.3.1939, in: ebd., Bl. 52.

zu Kontakten mit der DAF gezwungen. So trat er etwa als Teilnehmer bzw. Diskussionsredner auf einer Ende November 1936 organisierten Tagung der Berliner Gaurechtsberatungsstelle auf. Dabei führte der dortige Leiter, Dr. Wischer, der auch die Gespräche mit dem RVA organisierte, das große Wort und redete dem im Parteiprogramm vorgesehenen großzügigen Ausbau der Altersversicherung, mithin dem von der NS-Führung beabsichtigten grundsätzlichen Umbau des Sozialversicherungssystems das Wort. Er regte eine „eingehende Überprüfung" der früheren Entscheidungen des RVA an, kritisierte scharf die Mitwirkung der Ärzte bei der Gutachtertätigkeit und beim bestehenden Spruchverfahren und beklagte abschließend, „dass die Rechtsprechung durch die jetzigen gesetzlichen Vorschriften vielfach gehemmt wäre, den neuen Geist des Nationalsozialismus voll zum Durchbruch zu bringen".[300] In der anschließenden Aussprache trat auch RfA-Präsident Grießmeyer auf, der, so hieß es eher kryptisch in dem Vermerk des ebenfalls anwesenden RVA-Präsidenten Schäffer, „im großen und ganzen, nachdem er sich mit mir in Verbindung gesetzt hatte, den Ausführungen Dr. Wischers beipflichtete".[301]

Wie auch immer: Mit der rechtlichen Einordnung der DAF-Rechtsberatungsstellen als Bestandteil des Leistungsverfahrens in der Rentenversicherung hatte das NS-Regime einen direkten Hebel zur Beeinflussung der Sozialgerichtsbarkeit im nationalsozialistischen Sinne installiert. Dem stand nicht entgegen, dass die bis 1939 etwa 1300 hauptamtlich tätigen Rechtsberater in knapp 500 über das ganze Reich verteilten Rechtsberatungsstellen in ihrer täglichen Arbeit mit der komplexen Rentenwirklichkeit jenseits aller sozialversicherungsrechtlicher Volksgemeinschafts-Ideologie konfrontiert waren, mit den vielen Widersprüchen der komplizierten Gesetzgebung, den vielen Grenzfällen und individuellen Härten der Versicherten. Nur zu oft übernahmen sie daher jenseits der ideologischen Verpflichtung durchaus die Rolle der Interessenvertretung der Versicherten und kämpften für deren Rechte. Aus den zahllosen Fällen, die zwischen DAF-Rechtsberatungsstellen und der RfA im Vorfeld diskutiert und abgeklärt wurden, seien, ohne Anspruch auf Repräsentativität, im Folgenden nur einige wenige herausgegriffen. In einem Fall hatte die RfA der Witwe eines Versicherten die Waisenrente gestrichen, nachdem deren Sohn 18 Jahre alt geworden war, sich allerdings noch für eineinhalb Jahre in der Ausbildung befand. Aufgrund des Hinweises der Betroffenen auf angeblich von der RfA praktizierte Ausnahmefälle wandte sich daher die Rechtsberatungsstelle in Heilbronn an die RfA, wo man jedoch die Rechtmäßigkeit der beendeten Waisenrentenzahlung begründete.[302] Im März 1938 waren viele Rechtsberatungsstellen mit der Frage konfrontiert, ob die Waisenrente oder der Kinderzuschuss zur Rente auch über das 15. Lebensjahr hinaus bei Ableistung des (weiblichen) Pflichtjahres gewährt würde, was nur möglich war, wenn dies als Schul- und Berufsausbildung gezählt wurde. Offenbar planten viele Witwen, in

300 Aktenvermerk vermutlich von RVA-Präsident Schäffer vom 26.11.1936 über die Teilnahme an der Tagung, in: ebd., Bl. 33 ff.
301 Ebd., Bl. 34.
302 Vgl. den Fall mit dem dazugehörenden Schriftwechsel vom April/Mai 1935, in: RfA-Archiv Nr. 86.

diesem Fall ihr Kind nicht mehr in die Schule zu schicken, sondern das Pflichtjahr ableisten zu lassen. Auf eine entsprechende Anfrage der Rechtsberatungsstelle Ludwigsburg hatte die RfA zunächst nicht geantwortet und sie dann negativ beschieden, da das Pflicht- bzw. Landjahr im sozialversicherungsrechtlichen Sinn keine Berufsausbildung darstellte.[303] Diese Position hielt man bei der DAF für „nicht richtig", wie man der RfA deutlich mitteilte, verbunden mit der Bitte um Mitteilung, „nach welchen Richtlinien Sie prüfen, ob solche von höherer Stelle bestehen oder Entscheidungen der Spruchbehörden vorliegen".[304]

Nicht selten kam es auch vor, dass die Rechtsberatungsstellen auf scheinbar ungerecht behandelte Versicherte hereinfielen, die bei der RfA schon lange als notorische Querulanten bekannt waren, die sich teilweise auch erfolgreich der diversen Parteistellen zu bedienen wussten. Einer dieser Fälle erreichte nach Umwegen über das Reichsarbeitsministerium und das Zentralbüro der DAF im August 1938 auch die RfA. Es ging um einen ehemaligen Reichsbahnbeschäftigten, für den im Jahr 1920 (wegen kurzzeitiger Versicherungsfreiheit) keine Versicherungsbeiträge nachgewiesen waren, die dieser dennoch einklagen wollte. Obwohl man seitens der RfA die DAF informierte, dass es sich hier um einen Versicherten handelte, „der seit 1934 in kürzeren oder längeren Abständen durch die Spruchbehörden der AV, die Gliederungen der Partei und die Presse einen vermeintlichen Anspruch bei uns geltend zu machen versucht, der völlig unbegründet ist", ließ die DAF-Stelle nicht locker und forderte von der RfA genauere Begründungen und Nachweise. Erst Anfang 1939 konnte der Fall daher im Sinne der Behörde endlich abgeschlossen werden.[305] Auch im Falle der Berufsunfähigkeit seemännisch Angestellter verwickelte die Rechtsberatungsstelle durch Einschaltung ihres dafür zuständigen obersten Amtes die RfA-Leistungsabteilung in einen langwierigen versicherungsrechtlichen Diskurs. Die RfA hatte einem Seesteuermann in der Hochseefischerei die Rente mit der Begründung entzogen, dass er nicht mehr berufsunfähig sei. Man hatte dabei auf ein ärztliches Gutachten verwiesen, wonach der Betroffenen wohl unfähig war, seinen früheren Beruf auszuüben, jedoch als Kontrollbeamter oder für andere Büroarbeiten durchaus berufsfähig war. Dagegen hatte der Versicherte sich hilfesuchend an die Rechtsberatungsstelle gewandt, die schließlich im August 1936 sogar für eine direkte Unterredung mit den RfA-Direktoren Schaefer und Koch in der Ruhrstraße vorstellig wurde. Künftig musste in ähnlichen Fällen ein externer Gutachter hinzugezogen werden, um die Art und Weise der Berufsunfähigkeit konkret zu bestimmen.[306]

In vielen Fällen wurden die Rechtsberatungsstellen letztlich zum Sprachrohr des Unmuts in der Bevölkerung und dabei mischten sich zunehmend auch andere Abteilungen und Ämter der DAF und der NSDAP ein. Im November 1936 etwa beschwerte

---

303 Vgl. den Schriftwechsel vom März/April 1938, in: RfA-Archiv Nr. 86 sowie auch das Schreiben der RfA vom 19.4.1938 an den Reichsverband deutscher Landesversicherungsanstalten in: RfA Nr. 23.

304 Schreiben der Gaurechtsberatungsstelle Dresden vom 13.1.1939, in: ebd.

305 Der Fall mit dem dazugehörigen Schriftwechsel in: RfA-Archiv Fach 98, Nr. 3.

306 Der Fall mit dem dazugehörenden Schriftwechsel vom Juli bis Oktober 1936, in: RfA-Archiv Nr. 86.

sich der Gauorganisationsleiter der Berliner NSDAP bei der RfA über erhebliche Missstimmung und Verärgerung in der Bevölkerung über die Besteuerung der Renten. Die „Volksgenossen“ seien der Meinung, dass die Steuern von den Renten schon durch die RfA abgezogen wurden, und klagten nun über plötzliche Nachzahlungsforderungen der Finanzämter – ein Problem, mit dem die RfA tatsächlich nichts zu tun hatte, zumal man auch rechtlich gar nicht befugt war, die Rentenberechtigten darüber aufzuklären, ob und inwieweit sie einkommenssteuerpflichtig waren oder nicht, wie man der Gauleitung ebenso geduldig wie detailliert darlegte.[307] Die Abteilung Frauenberufe im Amt für Berufserziehung der DAF-Gauverwaltung Hamburg verlangte im Juli 1935 von der RfA Auskunft über den Fall einer Rentenempfängerin, die Rente wegen Arbeitslosigkeit nach dem 60. Lebensjahr bezog, die – nach der neuen Gesetzeslage bezüglich der Berufsunfähigkeitsrente – einer Neuberechnung unterzogen werden musste, was eine deutliche Verschlechterung bedeutete. „Wenn diese Auskunft richtig wäre, müsste in einem solchen Fall ja auch die Altersrente nach dem 65. Lebensjahr neu berechnet und die Rentenempfängerin würde von diesem Zeitpunkt an eine erhebliche Verschlechterung ihrer Rentenbezüge erfahren“ – was, je nach Jahr der Antragstellung, auch tatsächlich der Fall war.[308]

Immer wieder stolperten die Rechtsberatungsstellen auch über die komplizierte Materie im Fall von Rentenansprüchen von Wanderversicherten und wurden mit den Unklarheiten und Auslegungsfragen infolge der aktuellen Gesetzgebung konfrontiert und mit den sich für die Versicherten daraus ergebenden konkreten Folgen. Erwähnt sei in diesen Zusammenhang abschließend noch der Fall der Berliner Versicherten Erna Sch. Ihr im September 1934 gestellter Antrag auf Ruhegeld war mit Bescheid vom 15. Oktober auch auf der Basis eines fachärztlichen Gutachtens abgelehnt worden. Die Betroffene hatte sich daraufhin an die DAF-Rechtsberatungsstelle gewandt und diese per Vollmacht mit der weiteren Wahrung ihrer Ansprüche beauftragt. Diese hatte denn auch umgehend Widerspruch eingelegt. Der Fall brachte aber alle Beteiligten in die Bredouille, denn die Verkäuferin war Jüdin, was die DAF-Rechtsberater nicht wussten, für die RfA-Sachbearbeiter jedoch aus den Akten ersichtlich war. Soweit sich aus dem hierzu überlieferten Schriftwechsel schließen lässt, gab es über das weitere Vorgehen innerhalb der RfA durchaus unterschiedliche Meinungen. „Wir haben meines Erachtens die Pflicht, alles zu tun auch außerhalb der bestehenden Vorschriften“, so hieß es dazu in einem internen Vermerk, „um solche Grotesken zu verhindern, dass zum Beispiel der DAF als Vorspann zum Kämpfer für eine nicht arische Persönlichkeit gegen die RfA missbraucht wird.“[309] Demgegenüber hielt jedoch Direktor Koch in einem Vermerk an Grießmeyer seinerseits fest, dass dem Revisionsantrag der DAF aus Rechtsgründen entsprochen werden müsste, gegen ein etwaiges anderes Vorgehen

307 Vgl. dazu den Schriftwechsel vom November und Dezember 1936, in: ebd.

308 Vgl. das Schreiben vom 8.7.1935 und das detaillierte Antwortschreiben der RfA vom 13.7.1935, in: ebd.

309 Vgl. den Vorgang und Vermerk vom 14.11.1934, in: ebd.

„aus politischen Gründen" habe er erhebliche Bedenken.[310] Der RfA-Präsident entschied sich dann offenbar für ein flexibles Vorgehen. Einerseits informierte man über den RfA-Verbindungsmann zur DAF das Sozialamt der DAF noch im November über die „falsche" Rechtsvertretung, mit der Folge, dass diese umgehend ihr Mandat niederlegte, andererseits jedoch verfolgte man bei der RfA das Widerspruchsverfahren in der Ruhegeldangelegenheit der Versicherten gemäß den versicherungsrechtlichen Bestimmungen weiter. Wie der Fall letztlich entschieden wurde, geht aus den Akten leider nicht hervor.

Das Besondere der damaligen Sozialgerichtsbarkeit in der Rentenversicherung war, dass in der Funktion des RVA als Behörde und letzte und höchste Instanz des dreigliedrigen sozialversicherungsrechtlichen Streitverfahrens (nach Versicherungsamt und Oberversicherungsamt) Aufsicht und Rechtsprechung miteinander verwoben waren, ein Prinzip, das schon vor 1933 galt und von den Nationalsozialisten beibehalten bzw. durch die Einführung der Weisungsbefugnis noch gestärkt wurde.[311] Rechtsprechung und Verwaltung vermischten sich mithin und damit verschwammen hier auch die Grenzen zwischen Judikative und Exekutive.[312] Die Verwaltungspraxis und sozialversicherungsrechtliche Rechtsprechung orientierte sich dennoch lange Zeit nicht an nationalsozialistischen Grundsätzen, daher waren in der NS-Presse etwa 1935 auch allenthalben Klagen über Verwaltungsentscheidungen zu lesen, die nationalsozialistischem Rechtsdenken entgegenstünden.[313] Am 4. Januar 1934 tagte etwa der Erste Beschlusssenat der RVA, um über einen versicherungsrechtlichen Streitfall zu sprechen, in dem es um die Nachentrichtung von Versicherungsbeiträgen durch die Gemeinde Schöneiche für einen wegen Untreue entlassenen Kommunalbeamten ging. Das Verfahren war weniger wegen seines Urteils als vielmehr wegen der mitgelieferten Urteilsbegründung bemerkenswert und sorgte auch für gewisses Aufsehen. Obwohl die Verpflichtung des Arbeitgebers zur Nachversicherung eines ausgeschiedenen Beamten dem allgemeinen „Volksempfinden" wenig entspreche, so stand da, so sprächen doch eine Reihe von Gründen für die Bejahung der Nachversicherungspflicht. Solange keine Änderung der Vorschriften über die Nachentrichtung von Beiträgen eintrete, „kann es auf den Grund des Ausscheidens nicht ankommen". Das geltende Recht sei auch im Dritten Reich anzuwenden und an dem obersten Grundsatz der rechtsprechenden Behörden sei festzuhalten, dass nämlich „es nicht Aufgabe der Richter sein kann, dem Gesetz entgegen zu entscheiden, auch dann nicht, wenn es das

---

310 Vermerk Kochs vom 23.11.1934, in: ebd.

311 Vgl. dazu auch Alfred Christmann, Siegfried Schönholz, Die Errichtung des Reichsversicherungsamtes, in: Entwicklung des Sozialrechts. Festgabe aus Anlass des 100jährigen Bestehens der sozialgerichtlichen Rechtsprechung. Hrsg. vom Deutschen Sozialrechtsverband, Köln 1984, S. 39 ff.

312 Daher wurden nach 1945 hier andere Strukturen der Sozialgerichtsbarkeit aufgebaut. Vgl. Hockerts, Sozialpolitische Entscheidungen, S. 160 f.

313 Vgl. etwa Der Deutsche Verwaltungsbeamte vom 10.3.1935, S. 131 (als Kopie in: RfA-Archiv Nr. 19).

geschriebene Recht als unvereinbar mit der nationalsozialistischen Auffassung hält".[314]

In der rentenversicherungsrechtlichen Gesetzgebung machte sich dennoch eine deutliche Tendenz zur Verkürzung des Instanzenzuges bemerkbar, infolgedessen in einer Reihe von Fällen in Abweichung vom bisherigen Recht die Revision nicht mehr zulässig war.[315] Prinzipiell kannte das Recht zwei voneinander deutlich getrennte Verfahrensarten, das Spruchverfahren für die Verfolgung von Leistungsansprüchen und das Beschlussverfahren für Beitragsstreitigkeiten. Vor allem bei Ersterem waren auf entsprechende Bescheide des Oberversicherungsamtes weitere Beschwerden nicht mehr zulässig, seit 1939 auch bei Letzerem.[316] Die Institutionen und Instanzen der Sozialgerichtsbarkeit in der Rentenversicherung blieben aber weiterhin unangetastet. Aufgrund des großen Bedarfs und der bislang noch reichsweit eher geringen Verbreitung von Ausschüssen für die Angestelltenversicherung bei den städtischen Versicherungsämtern erfolgten im Laufe der Jahre, wie etwa im Februar 1939 in Essen, eine Reihe von Neueinrichtungen. An Gewicht gewannen dadurch aber vor allem die Oberversicherungsämter, da sie weit häufiger als früher endgültig entschieden. Die RfA bemühte sich schon seit jeher, in engem Kontakt mit den Oberversicherungsämtern, die Qualität der Rechtsprechung und die immer wieder auftauchenden Verfahrensmängel im Zusammenwirken von RfA und OVA zu verbessern bzw. zu beheben. Dies beschäftigte die RfA-Beamten weit mehr als die potenziellen weltanschaulichen Einflussnahmen durch die DAF-Rechtsberatungsstellen. Ein Streitpunkt war etwa der Vorwurf der Oberversicherungsämter , dass die Bescheide der RfA häufig nur unzureichend begründet seien und zudem die Fristen für die Abgabe von Gegenerklärungen bezüglich Berufungen und die Einsendung der Akten oft nicht eingehalten würden.[317] Die RfA ihrerseits monierte gegenüber den Ämtern unter anderem die Art und Weise der Beweiserhebung in Verfahren zur Berufsunfähigkeit. Außerdem wurde bemängelt, dass die Oberversicherungsämter bei der Behandlung der Berufung gegen Entziehungsbescheide oft „zu nachgiebig gegen die Ansprüche der Versicherten" seien.[318]

---

314 Der Vorgang in: BArch R 89/22702, Bl. 21 ff. Diese Position konnte man allerdings auch anders begreifen und ganz dem nationalsozialistischen Rechtsdenken entsprechend bewerten und die zitierte letzte Passage orientierte sich offenbar an einer kurz zuvor gehaltenen Rede des damaligen Justizstaatssekretärs Freisler. Vgl. dazu „Anwendung bestehender Gesetze", in: Deutsche Gemeindebeamten-Zeitung vom 4.11.1934, S. 688 (als Kopie in: ebd.).

315 Vgl. dazu etwa auch das Schreiben des OVA Dresden an die RfA vom 29.8.1934, in: RfA-Archiv Nr. 19. Eine regelrechte Zäsur sollte hier vor allem die Verordnung über die Vereinfachung des Verfahrens in der Reichsversicherung und der Arbeitslosenversicherung vom 28.10.1939 darstellen.

316 Vgl. dazu auch den Bericht des RVA an das RAM hierzu vom 20.11.1939, in: BArch R 89/3169.

317 Vgl. die daraufhin erlassene Abteilungsverfügung vom 3.4.1933 sowie der Bericht von RfA-Direktor Koch vom 6.3.1933 über seine Teilnahme an der Spruchkammersitzung des OVA Leipzig, in: RfA-Archiv Nr. 103 a.

318 Vgl. Schreiben der RfA an eine Reihe von OVÄ vom 29.3.1934 sowie Bericht Kochs über eine Unterredung mit dem Spruchkammervorsitzenden des OVA Hamburg am 24.9.1934, in: ebd.

Geradezu besorgniserregende Zustände waren offenbar im Laufe des Jahren 1935 im OVA Hannover aufgetreten, die es für RfA-Direktor Koch „dringend erforderlich“ machten, mit dem dortigen Vorsitzenden eine gründliche Aussprache zu führen. In einer ganzen Reihe von Fällen hatte man sich dort (zugunsten der Versicherten) „über ganz eindeutige Gesetzesvorschriften einfach hinweggesetzt“ und Entscheidungen „im offenen Widerspruch gegen das Gesetz“ getroffen.[319] Trotz Erlöschen der Anwartschaft waren Leistungen zuerkannt, Steigerungsbeträge von einem früheren Zeitpunkt als dem Antragsmonat an bewilligt und Rentenkürzungen bzw. Ruhensbestimmungen nicht angewendet worden. Nach einer erfolgten Aussprache vor Ort kamen die Dinge offenbar wieder ins Lot, aber nur wenig später sah sich Koch zu einer intensive Aussprache mit den Beamten des OVA Berlin veranlasst.[320] Zu offenen Differenzen kam es etwa auch im Sommer 1937 mit dem OVA München, das wegen verzögerter bzw. von der RfA in einigen Fällen nochmals beantragter Einholung ärztlicher Gutachten massiv gegen die „Eingriffe in das hier amtliche Berufungsverfahren und eine unnötige Verlängerung desselben zum Nachteil der Versicherten“ protestierte.[321] Höchst empfindlich reagierte die RfA jedoch ihrerseits, wenn sie von Oberversicherungsämtern in deren Entscheidungsbegründungen offen kritisiert wurde. Im September 1938 hatte etwa das OVA Karlsruhe in einer Urteilsbegründung die Ablehnung eines Heilverfahrens durch die RfA gerügt, worauf die RfA mit deutlichen Worten reagierte:

> Da dem OVA nicht die Aufsicht über die RfA zusteht, bitten wir, künftig in den Begründungen der Entscheidungen von solchen für die Entscheidung über den Anspruch nicht erheblichen und nicht zur Zuständigkeit des OVA gehörenden Erörterungen absehen zu wollen, da dadurch das Ansehen des Versicherungsträgers nach außen hin unnötig geschädigt wird.[322]

Nimmt man nun eine zufällige Auswahl von Einzelfällen, in denen Versicherte als Kläger gegen die RfA ihre Ansprüche letztinstanzlich bis vor die Sozialgerichte bzw. den Revisionssenat des RVA getragen haben, näher unter die Lupe, so zeigt sich die ganze Vielfalt der damaligen „Rentenversicherungswelt“ und die Komplexität bei der Anwendung der gesetzlichen Regelungen. Sie resultierten letztlich darin, dass die Versicherten entgegen den Hoffnungen nur eine (meist geringe) monatliche Geldsumme als Ruhegeld oder Witwen- und Waisenrente erhielten. [323] Weit verbreitet waren Urteile zur Klärung komplizierter Auslegungsfragen vor allem bei Wanderver-

319 Vermerk Kochs vom 18.1.1936, in: RfA-Archiv Nr. 104.

320 Vgl. dazu die zwölfseitige Niederschrift der Aussprache vom 25.1.1936, in: ebd. Vgl. dazu auch die Niederschrift über die Referentenbesprechung der Abteilung I Leistung vom 30.4.1936, in: ebd.

321 Vgl. dazu den Bericht über die Dienstreise nach München vom 29.7.1937 und das Schreiben des OVA München an die RfA vom 15.11.1937, in: ebd.

322 Schreiben vom 6.10.1938, in: ebd.

323 Im RfA-Archiv sind unter der Signatur Fach 100, Nr. 1–8 und 101, Nr. 1–9 sowie in den Aktenkonvoluten Nr. 106–109 ca. 5000 RVA-Entscheidungen des Revisionssenats zwischen 1927 bis 1945 überliefert. Vgl. auch zahlreiche Fälle und Urteilssammlungen in: BArch R 89/22702 und R 89/23084.

sicherten, ob und in welcher Höhe Steigerungsbeträge und Ersatzzeiten anerkannt, Wartezeiten und Beitragsmonate, u. a. auch für geleistete Kriegsdienstzeiten im Ersten Weltkrieg, angerechnet werden konnten. Erst recht kompliziert wurde es in den Fällen, wo die Klägerin als Witwe des Versicherten Ansprüche geltend machte.[324] Der rentenrechtliche Alltag der Spruch- und Revisionsbehörden war unspektakulär und in ihm spiegelten sich auch praktisch (noch) nicht die spezifischen Verhältnisse der NS-Zeit wider. Oft ging es um die nachträgliche Bewertung der Versicherungspflichtigkeit und vor allem die Einordnung in die Invaliden- oder Angestelltenversicherung.[325] Ein häufiger Streitpunkt war auch die versicherungsrechtliche Behandlung der sogenannten Meistersöhne.

Dass sich NS-spezifische Besonderheiten in den Revisionsakten finden, sei es hinsichtlich des Duktus in Schreiben der Kläger oder auch der involvierten Behörden, ist eher die Ausnahme. In einigen Fällen, zu denen der direkte Schriftverkehr mit den betroffenen Versicherten überliefert ist, lassen sich hin und wieder Verweise auf den neuen NS-Staat finden. So begründete etwa im August 1934 eine Witwe ihren Widerspruch gegen den Bescheid des OVA Leipzig folgendermaßen:

> In Reden und Zeitungsartikeln wird vom Führer, Ministern und anderen Berufenen ständig darauf hingewiesen, dass sich die Rechtsprechung dem Volksempfinden anpassen muss. Mein Fall ist m. E. ein solcher, in dem man nicht starr nach den Paragraphen der Versicherungsordnung entscheiden sollte, denn ich und mein Mann zusammen haben ja mehr beigesteuert, als für den Eintritt des Versicherungsfalls nötig ist.[326]

Es gab auch immer wieder Fälle, in denen Versicherte ihre Beschwerden und Widersprüche direkt durch Eingaben und Briefe an die NS-Führung, von Hitler über dessen Parteikanzlei und Stellvertreter Rudolf Hess bis zu Göring, Goebbels und auch Reichsarbeitsminister Seldte, richteten. Die Versuche, damit das gesetzliche Revisionsverfahren zu umgehen und quasi außergerichtlich über die politische Ebene Recht zu bekommen, scheiterten jedoch. In allen Fällen landeten die Schreiben letztlich auf den Schreibtischen der RfA-Sachbearbeiter.[327] Die Art der Entscheidung wurde damit

324 Vgl. etwa den Fall des Bankbeamten August S., der am 22. 5. 1935 vor dem Revisionssenat des RVA verhandelt und entschieden wurde, ebenso den Fall des Zigarrenhändlers Karl B., am 13. 5. 1936 verhandelt, und den der Witwe Marie J., deren Revision am 2. 12. 1937 verhandelt wurde, alle in: BArch R 89/23085.

325 Vgl. etwa der Fall des, hier von der Schweriner Rechtsberatungsstelle der DAF vertreten, Betriebsaufsehers in einer Zuckerfabrik, Wilhelm S., der unter Aufhebung des Beschlusses des Versicherungsamtes Schwerin als AV-pflichtig eingestuft wurde und damit mit seiner Berufung Erfolg hatte, in: BArch R 89/22704.

326 Fer Fall der Witwe Margarete B., verhandelt am 12. 12. 1935 vor dem Revisionssenat der RVA, in: BArch R89/23087. Der Einspruch der Witwe hatte im übrigen Erfolg und die RfA wurde verurteilt, die Hinterbliebenenrente zu zahlen.

327 Als Beispiel etwa der Fall einer Berliner Versicherten, die im November 1938 eine entsprechende Eingabe an Göring geschickt hatte, in der sie nach vorher bereits im September 1937 vom RVA zurückgewiesener Berufung gegen die teilweise Ruhegeldverweigerung wegen Berufsunfähigkeit erneut

nicht beeinflusst; allerdings sorgten die Schreiben „von oben" durchaus für eine beschleunigte Behandlung und Verbescheidung der jeweiligen Angelegenheiten. Dass die RfA wie vermutlich auch andere Zentralbehörden durch die Eingaben und Gesuche an oberste Stellen dennoch durchaus in eine schwierige Situation geraten konnten, machte ein Erlass von Reichskanzleichef Lammers im Juli 1938 deutlich, den Grießmeyer als Präsidialverfügung an seine Mitarbeiter weitergab. Darin wurde moniert, dass „einzelne Bescheide im Hinblick auf das Verhältnis der Behördenzuständigkeit zur Person des Führers so gefasst waren, dass sie sowohl mit Recht im Volke Anstoß erregt als auch das Missfallen des Führers ausgelöst haben".[328] Selbstverständlich greife Hitler in Einzelfällen nicht in die Verwaltung ein, es gehe aber nicht an, „dass die Behörden daraus folgern und es mehr oder weniger deutlich zum Ausdruck zu bringen versuchen, der Führer und Reichskanzler könne und dürfe in die von ihnen bearbeiteten Angelegenheiten nicht eingreifen".[329]

Eher eine Ausnahme durch seine deutliche „NS-Färbung" des Revisionsverfahrens war der Fall einer ehemaligen Opernsängerin aus Hamburg, die im September 1935 gegen den Bescheid einer verweigerten Ruhegeldzahlung wegen Berufsunfähigkeit geklagt hatte. In der Begründung des vorangegangenen Bescheids der Spruchkammer stand unter anderen zu lesen, dass diese

> in bewusstem Gegensatz zu der früheren Rechtsprechung des Reichsversicherungsamtes der Ansicht [ist], dass die Klägerin, die Ehefrau ist, sich unter Berücksichtigung der heute im nationalsozialistischen Staate geltenden Rechtsauffassung auch auf einen hausfraulichen Beruf, den natürlichen Beruf einer jeden Frau, verweisen lassen muss. Davon, dass die Ausübung eines solchen Berufes einem sozialen Abstieg für die Klägerin bedeutet, kann nach dem heute geltenden nationalsozialistischen Grundsätzen keine Rede sein. Für die Klägerin käme eine gehobene Stellung, etwa Hausdame, in Betracht.[330]

Ein besonderer Fall war auch die Klage einer Angestellten der damaligen Hannoverschen Landeskreditanstalt. Nach ihre Eheschließung im Februar 1937 hatte diese die Beitragsrückerstattung beantragt, was aber von der RfA mit Hinweis auf die mit 59 (statt der geforderten 60) Monaten Beitragszahlung nicht erfüllte Wartezeit abgelehnt worden war. Die Betroffene hatte sich daraufhin an die zuständige DAF-Rechtsberatungsstelle gewandt, die dann Klage erhob, gleichzeitig aber im Vorfeld durch eine

---

ihre Ansprüche geltend zu machen versucht hatte. „Wie wir Ihnen bereits mit Schreiben vom 13.12.1938 mitteilten", so stellte denn auch die RfA in einem Schreiben klar, „wird Ihnen das Ruhegeld nur aufgrund des Bescheids der RfA vom 30.9. weitergezahlt. Ihre Annahme, dass Ihnen auf Grund Ihrer Eingabe an den Herrn Generalfeldmarschall Göring weitergewährt wird, trifft nicht zu." Schreiben vom 23.12.1938 in: BArch R 89/23090.

328 Präsidialverfügung vom 4.7.1938, in: RfA Nr. 23.

329 Ebd.

330 Der Bescheid vom 4.9.1935 sowie die Entscheidung des RVA-Senats vom 1.10.1936 (in der die Klägerin Recht bekam und der Revision, wie es als Formel in diesen Fällen hieß, „der Erfolg nicht versagt werden kann"), in: BArch R 89/23086.

interne Absprache mit dem vormaligen Arbeitgeber erreichte, dass dieser nachträglich für 1937 der Angestellten einen Urlaubsanspruch von drei Tagen gewährte und dafür den darauf entfallenden Versicherungsanteil nachentrichtete. Damit waren, so das Kalkül von DAF wie Klägerin, die nötigen Wartezeiten und Beitragszahlungen erreicht. Doch der zuständige RfA-Sachbearbeiter verwehrte nach wie vor die Beitragsrückzahlung mit dem klaren Hinweis auf die der DAF vermutlich bewusst gewesenen Gesetzwidrigkeit dieses Vorgehens.[331] Dass der wütende Ehemann der Klägerin der RfA daraufhin drohte, die Angelegenheit nicht auf sich beruhen zu lassen, sondern „dass sich zumindest die Sozialabteilung der Reichsführung SS damit befassen wird", half nicht viel.[332] Auch der Revisionssenat wies die Berufung zurück und gab der RfA Recht. Auch von Seiten der DAF wurde der Fall nicht mehr aufgerollt. Letztlich zeigt sich, dass es mithin als wenig ergiebig erscheint, in den Revisionsakten und Spruchkammerentscheidungen des RVA nach Spuren von NS-Unrecht zu suchen. Auf die versicherungsrechtliche Behandlung der Juden und die Entwicklung der Sozialgerichtsbarkeit im Krieg wird jedoch noch später einzugehen sein. Erst im Juli 1941 sollte auch die RfA per Rundschreiben an alle Versicherungsträger mehr oder weniger deutlich verpflichtet werden, in ihren Entscheidungen des Verwaltungshandelns auf die „Erfordernisse einer sozialen und volksnahmen Rechtsanwendung" Rücksicht zu nehmen. Lediglich formale Rechtsbedenken „dürfen in keinem Falle dazu führen, den Versicherten innerlich begründete Ansprüche abzuschneiden oder zu verkümmern".[333]

Hinsichtlich der Rolle der DAF in der Angestelltenversicherung ergibt sich ein ambivalenter Befund. Einerseits lässt sich durchaus die These vertreten, dass es der RfA gelungen war, die DAF über ihre Rechtsberatungsstellen und deren Wirken zu instrumentalisieren, in das Verwaltungsprocedere einzubinden und und somit die Zahl der Konflikte sowie der Einspruchverfahren deutlich zu reduzieren. Andererseits hat die DAF über ihre vielfältige und im Einzelfall nur schwer zu kontrollierende Mitwirkung an der Umsetzung des AV-Gesetzes erfolgreich die RfA für ihre Zwecke zu instrumentalisieren verstanden. Wie in so vielen Bereichen, allen voran in Wirtschaft und Unternehmen, lässt sich auch hier eine Komplementarität unterschiedlicher Interessen von NS-Stellen und formal parteifremden Institutionen wie der RfA als Versicherungsträger beobachten. Aber so konstruktiv sich weitgehend die Zusammenarbeit von DAF-Rechtsberatungsstellen und RfA-Dienststellen in der täglichen Verwaltungspraxis entwickelte, so sah sich die RfA doch immer wieder auf übergeordneter Ebene Angriffen der Arbeitsfront ausgesetzt. Vor allem das DAF-Presseorgan *Der Angriff* und die SS-Zeitung *Schwarzes Korps* bildeten eine Speerspitze für Unmutsäußerungen und Kritik an der RfA. Immer wieder machten sie in einer Reihe von Artikeln und Kommentaren Stimmung gegen die Reichsversicherungsanstalt und das

331 Vgl. Schreiben der RfA an das OVA Hannover vom 29.9.1937, in: ebd.
332 Schreiben vom 14.11.1938, in: ebd.
333 Rundschreiben vom 30.7.1941 betreffs „Soziale Rechtsanwendung" in: RFA-Archiv Fach 19, Nr. 5.

alte Sozialversicherungssystem. Im Februar 1937 waren im *Angriff* etwa unter der Überschrift „Sind die Beiträge zu hoch?“ die von Seiten der RfA durchaus propagierte Möglichkeit einer freiwilligen Höherversicherung massiv kritisiert und demgegenüber die geradezu gegenteilige Forderung nach einer „notwendigen Verschmelzung der Invaliden- und Angestelltenversicherung“ erhoben worden.[334]

Im März 1937 veröffentliche das *Schwarze Korps* unter der Überschrift „Grundsätzliche Rechtsbegriffe“ massive Angriffe auf die Verwaltungspraxis der Versicherungsträger.[335] Der nationalsozialistische Staat habe keinen Anlass,

> vor dem Gebäude der Sozialversicherung mit ehrfürchtigem Schauern haltzumachen. Die Klagen der Versicherten sind Legion. Häufen sie sich schon in den Schriftleitungen zu Bergen, so ist anzunehmen, dass zuständigere Stellen sie kaum bewältigen können. Und dann treten diese Fälle ein, wo ein Mann, der viele Jahre lang treu und brav seine Beiträge gezahlt hat, mit den bisher gezahlten Geldern auch noch die Anwartschaft auf seine Rente verliert, weil er sich eines geringfügigen formellen Versäumnisses schuldig gemacht hat. Das ist nicht Volksrecht, denn das Volk versteht dieses Recht nie und nimmer. Das ist nur die Folge einer überspitzten und deshalb zu schwerfälligen Apparatur. Nach dem Rechtsempfinden des Volkes dürfte ein einmalig gezahlter Beitrag überhaupt nicht verlorengehen können [...]. Man muss daher die Möglichkeit der Nachentrichtung nichtgezahlter Beiträge erleichtern.[336]

All diese Passagen waren von einem Versicherten, der den Artikel seinem Protestschreiben an die RfA beigelegt hatte, um ihm damit mehr Gewicht zu verleihen, dick angestrichen worden. Auch die weitere Passage, in der die Unzulänglichkeiten des Sozialversicherungsrechts wegen des für den normalen Menschen undurchdringlichen Gestrüpps von Paragraphen als nachgerade „Geheimwissenschaft“ angeprangert wurde, war fett markiert. Wenig später verstärkte das SS-Organ mit einem Artikel über „Stehkragensozialismus“ die Kritik an der Verwaltungsbürokratie und dankbar druckte man etwa im Februar 1938 eine der häufigen Beschwerden von Versicherten über angeblich unhaltbare Zustände in einzelnen RfA-Sanatorien anlässlich von Heilverfahrensaufenthalten ab.[337] Fast zeitgleich dazu hatte auch die DAF-Zeitschrift *Der Angriff* unter der Überschrift „Ist Bürokratie heilbar?“ ein Kesseltreiben gegen die Verwaltungsbürokratie und damit auch gegen die RfA eröffnet und die offenbar zahlreichen Leserbriefe mit Beschwerden über die Versicherungsanstalt einfach an

---

334 Vgl. *Der Angriff* vom 17.2.1937 in: RfA-Archiv Fach 19, Nr. 3.

335 Grundsätzliche Rechtsbegriffe in: Das Schwarze Korps vom 18.3.1937, S. 11 bzw. RfA-Archiv Fach 94, Nr. 2.

336 Ebd.

337 Vgl. Das Schwarze Korps vom 22.4.1937 und die daraufhin erfolgte besorgte Anfrage eines Versicherten und das Antwortschreiben der RfA vom 14.5.1937, in: RfA-Archiv Fach 19, Nr. 3. Die Sanatoriums-Kritik hatte auch deshalb Staub aufgewirbelt und innerhalb der RfA für erheblichen zusätzlichen Arbeitsaufwand gesorgt, da der ausführliche „Mängelbericht“ gleichzeitig auch an Göring gegangen war und eine umfangreiche Überprüfung durch die RfA in dem entsprechenden Sanatorium ausgelöst hatte. Vgl. die Schriftwechsel in: BArch R 89/3448.

die Ruhrstraße weitergeleitet.[338] Im März 1938 sorgte dann ein Artikel unter der Überschrift „Drei Jahre auf Ruhegeld gewartet" für erhebliches Aufsehen. Darin wurde der Fall eines Ablehnungsbescheids mit anschließendem Berufungsverfahren eines schwerkriegsbeschädigten RfA-Versicherten geschildert, der sich von November 1934 bis Ende 1937 hingezogen hatte und, nachdem der Fall mit der Gewährung eines Ruhegeldes abgeschlossen wurde, als hürdenreicher bürokratischer Kampf eines Verwaltungsopfers um dessen Rechtsanspruch auf soziale Leistung dargestellt wurde.[339]

Diese und ähnliche Angriffe waren von den NS-Presseorganen nicht ohne Hintergedanken lanciert worden, wollte man sich damit doch als Sprachrohr der unzufriedenen Versicherten gerieren und politischen Druck auf die Behörde und ihre Verwaltungspraxis ausüben. Doch die RfA war öffentliche Angriffe jeglicher politischer Couleur spätestens seit der Weimarer Republik gewohnt. Schon im September 1936 hatte eine Pressemeldung im *Aufbau*, dem Organ des Hauptamtes Handwerk und Handel der DAF, über „Die Altersversorgung der Selbständigen" für erhebliche Beunruhigung in der Öffentlichkeit gesorgt. Darin wurde die Unübersichtlichkeit und Vielfalt der Reichsversicherungsordnung mit ihren „1805 Paragraphen" und über „2000 weiteren Anordnungen, Verordnungen und Durchführungsverordnungen" gegeißelt und die Idee einer Einheitsversicherung „für jeden schaffenden Deutschen, gleichgültig ob er selbständig oder unselbständig ist", gepriesen, gegen die aber „sehr viele Widerstände, insbesondere seitens der Bürokratie [...] zu erwarten seien".[340] In einem Schreiben an den Reichsarbeitsminister forderte daher Grießmeyer, „da der Aufsatz in weiten Kreisen Beunruhigung hervorgerufen hat und Auslassungen dieser Art nach unserer Auffassung geeignet sind, das Vertrauen in die Sozialversicherung zu erschüttern", offiziell gegen die Darstellung Stellung zu nehmen.[341] Im Laufe des Jahres 1935 hatten zudem die sich seit der Machtergreifung wie ein roter Faden durch die rentenpolitische Stimmung in der Öffentlichkeit ziehenden Gerüchte über eine Übernahme der RfA durch die DAF und eine Zusammenlegung von Invaliden- und Angestelltenversicherung einen neuen Höhepunkt erreicht.[342] Der inzwischen in diesem Zusammenhang angesammelte Schriftverkehr und die zahlreichen Briefe von Versicherten wurden von der Dienststelle I der Versicherungsabteilung in einer eigenen Sonderakte gesammelt. Geradezu verzweifelt versuchte die RfA diesen Gerüchten über eine Verschmelzung der Versicherungen entgegenzutreten. Dies entbehre, so hieß es in einem Standardbrief an die Versicherten, jeglicher Grundlage und die

338 Vgl. Schreiben der Schriftleitung an die RfA vom 8.2.1937, in: RfA-Archiv Fach 57, Nr. 1.

339 Vgl. ebd., der Artikel in: *Der Angriff* vom 9.3.1938, der wie auch alle anderen entsprechenden Schreiben und Zeitungsausschnitte ordentlich in einer eigenen Sammelmappe namens „Angriffe gegen die RfA" gesammelt wurde. Vgl. RfA-Archiv Nr. 82.

340 „Die Altersversorgung der Selbständigen", in: *Der Aufbau* 4 (1936), S. 4–5.

341 Schreiben der RfA an das RAM vom 11.9.1936, in: BArch R 89/3389.

342 Vgl. Schreiben an die RfA vom 9.10.1934 in der hierzu eine eigens angelegte Sonderakte „DAF – Verschmelzung der RfA" in: RfA-Archiv Fach 19, Nr. 3.

einzelnen Sozialversicherungszweige blieben bestehen, also auch die Angestelltenversicherung mit der RfA als Träger.[343] Dazu verwies man auf eine kurze Pressemitteilung des NS-Informationsdienstes, in der unter der Überschrift „Sozialversicherung und Deutsche Arbeitsfront" betont wurde, dass, „um Zweifel auszuräumen, eine Überführung der reichsgesetzlichen Sozialversicherung in die Deutsche Arbeitsfront nicht beabsichtigt ist".[344] Doch trotz aller Beteuerungen blieb die Verunsicherung unter den Versicherten bestehen. In einem Brief an die RfA heißt es:

> Aus all den Zeichen der letzten Zeit kann man entnehmen, dass auch die Reichsversicherungsanstalt ihrem Ende entgegen geht. Vor einiger Zeit war hier von der Deutschen Arbeitsfront ein Redner, der ausführte, dass alle Sozialversicherungen zusammengelegt würden, die dann in die Deutsche Arbeitsfront aufgehen [...]. Nach meiner Ansicht würden dann alle Angestellten, die seit der Gründung der RfA angehören und dort ihr Geld hingegeben haben, schwer geschädigt werden. Alle diese Nachrichten haben bei der Angestelltenschaft eine berechtigte Unruhe hervorgerufen. Ich wäre Ihnen überaus dankbar, wenn Sie mir hierüber eine Nachricht zukommen lassen würden.[345]

Im Dezember 1936 sah sich die RfA daher zu einer erneuten offiziellen Pressemitteilung gezwungen.

> Gegenüber verschiedenen Gerüchten sei darauf hingewiesen, dass für die Renten aus der Sozialversicherung das von der Regierung Adolf Hitlers im Jahre 1933 geschaffene Versicherungsrecht maßgeblich ist und bleibt. Hiernach haben die Versicherten, ihre Witwen und Waisen einen von den Versicherungsgerichten verfolgbaren Rechtsanspruch auf die Rente, der unabhängig davon ist, ob der Berechtigte bedürftig ist oder nicht.[346]

Gleichzeitig wurde die Behörde indessen mit einer weiteren Flut von rentenversicherungsrechtlichen Gesetzen und Verordnungen konfrontiert und steuerte organisatorisch auf eine neue Belastungsprobe zu.

---

343 Schreiben vom 13.2.1935, in: ebd.

344 Vgl. ebd.

345 Brief vom 18.6.1936, in: ebd.

346 Mitteilungen der RfA Nr. 12, 1936, S. 1.

3 Rentenversicherungspolitische Weichenstellungen und die Verflechtung mit NS-Unrecht: Inklusions- und Exklusionsprozesse durch das Verwaltungshandeln

3.1 Behördlicher Ausbau zwischen organisatorischer Effizienz und weiterer Selbstgleichschaltung

Am 25./26. November 1935 kam der neu berufene Beirat der RfA zu seiner ersten Sitzung zusammen.[1] Unter Leitung von Präsident Grießmeyer und im Beisein von Vertretern des RAM sowie des RVA standen nach einem allgemeinen Lagebericht vor allem zwei Themen auf der Tagesordnung: die Aktivitäten im Wohnungsbau und die Vermögenspolitik der RfA.[2] Seit 1933 waren die Rücklagen von 2,1 Mrd. RM um 27,6 Prozent auf 2,68 Mrd. RM gestiegen, 1936 sollte die Drei-Mrd.-RM-Grenze übersprungen, 1939 mit 3,9 Mrd. fast die nächste Milliardenhürde erreicht werden. Um allerdings etwaigen Begehrlichkeiten einen Riegel vorzuschieben, betonte die RfA-Leitung gegenüber dem Beirat das alte Dogma der Anwartschaftsdeckung. Den rund 2,5 Mrd. RM Vermögen stünden daher nicht nur ca. 2,5 Mrd. laufende Rentenansprüche gegenüber, sondern weitere fünf Mrd. RM künftige Rentenansprüche.[3] Tatsächlich aber nahm das Reich längst in erheblichem und wachsendem Umfang die Mittel der RfA für eigene Zwecke in Anspruch. Geradezu verzweifelt versuchte dabei die RfA die eigentlich gesetzlich vorgeschriebenen Grundsätze der Vermögensanlage zu verteidigen – lange Zeit durchaus erfolgreich. Demnach musste das Vermögen mündelsicher, d. h. mit möglichst hoher Sicherheit angelegt werden. Darunter fielen im Wesentlichen Aktien staatlicher Unternehmen, ferner Darlehen an die öffentliche Hand und erstrangige Hypotheken; auch Grundbesitz war zulässig. Die RfA hatte daher vor allem immer auf eine größtmögliche Mischung der vier verschiedenen Anlagearten Wert gelegt und dabei auch eine weitgehende Streuung nach wirtschaftlichen und territorialen Gesichtspunkten angestrebt, verbunden mit einem Fristenmanagement, d. h. unterschiedlichen Laufzeiten mit Tilgungsmöglichkeiten und damit der Chance zur flexiblen weiteren Optimierung des Anlagenportfolios.[4] Die drei großen Vermögensgruppen Wertpapiere, Darlehen und Hypotheken machten mit je etwas über 30 Prozent gleichgroße Anteile aus, während der Grundbesitzanteil am

1 Vgl. Niederschrift über die erste Sitzung des Beirats der RfA am 25./26.11.1935, in: BArch R 89/3468.
2 Interessanterweise wurden dem Beirat auch die drei Vertreter der RfA-Belegschaft, Fachschaftsgruppenleiter Kliem, Hauptvertrauensmann Maletzek und Betriebszellenobmann Schirrmacher, vorgestellt.
3 Vgl. ebd., S. 3.
4 Vgl. Vortrag Regierungsrat Haenel als Leiter der Abt. III (Vermögensverwaltung) auf der Beiratssitzung, S. 6, in: ebd. Vgl. auch 25 Jahre Angestelltenversicherung, S. 148 ff.

Gesamtvermögen nur zwischen 0,6 und 0,9 Prozent umfasste. Den größten Posten unter den Wertpapiern machten 1935 dabei mit knapp 300 Mio. RM Zertifikate zu siebenprozentigen Reichsbahn-Vorzugsaktien aus, gefolgt von Anleihen des Reichs und der Länder mit 247 Mio. RM.[5] Der gesamte Hypothekenbestand gliederte sich auf annähernd 24.000 Hypotheken an städtischen Grundstücken, dazu kamen weitere 1000 landwirtschaftliche und rund 350 industrielle und gewerbliche Hypotheken.[6] Mit Abstand größter Schuldner war hier seit jeher die Gagfah (Gemeinnützige Aktiengesellschaft für Angestellten-Heimstätten), die 1935 eine hypothekarische Verschuldung bei der RfA von knapp 180 Mio. RM aufwies, gefolgt vom Kommunalen Umschuldungsverband mit etwa 160 Mio. RM. Während die meisten Schulden mithin das Reich bzw. die öffentliche Hand betrafen, trugen praktisch die etwa 36.000 Mieter und Eigenheimbesitzer, die durch ihre Leistungen die Verzinsung und Tilgung der Gagfah-Hypotheken sicherten, die Verschuldung der Gagfah.

Ziel all dessen war es, einen möglichst hohen Zinsertrag zu erwirtschaften, der 1935 etwa 138 Mio. RM ausmachte und bis 1938 auf über 180 Mio. RM stieg; das waren fast 30 Prozent der Beitragseinnahmen bzw. knapp 20 Prozent der Gesamteinnahmen der RfA.[7] Doch es gab weitere außerordentliche Vermögenszuwächse. Einen deutlichen Schub bei den Rücklagen hatte es etwa 1935 durch das Hinzukommen des Vermögens der Saarversicherungsanstalt für Angestellte mit rund 15 Mio. RM sowie des Vermögens der Ersatzkassen mit etwa 110 Mio. RM gegeben. Allerdings barg die Übernahme der Ersatzkassen auch Risiken. Im November 1937 wandte sich der Reichsstatthalter von Hamburg an die RfA mit der dringenden Bitte, die in Not geratene Hamburgische Versorgungskasse für staatliche Angestellte zu übernehmen. Es ging um einen Versichertenbestand von 8358 Personen und einem Rentnerbestand von knapp 1500 Ruhegeldempfängern sowie Witwen und Waisen. Angeblich stand den laufenden Versorgungsleistungen von monatlich 80.353 RM ein Vermögen von 4,4 Mio. RM gegenüber. Die Versicherungsmathematiker der RfA hatten jedoch schnell einen tatsächlichen Fehlbetrag von 6 Mio. RM festgestellt und rieten dringend von einer Übernahme der Kasse ab.[8] Seit jeher war aber auch ein weiterer Grundsatz der Anlagepolitik der RfA gewesen, den sozialen Wohnungsbau zu fördern, sprich Darlehen und Hypotheken für den Wohnungsbau, darunter auch Hypotheken zur Förderung des Eigenheimbaus, an Versicherte zu vergeben. Dafür verlangte die RfA Ende 1935 zwischen 4,5 und fünf Prozent Zinsen. Ein Spezifikum war auch, dass die RfA langfristig plante und auf dem Geldmarkt daher als Kreditnehmer nicht auftrat. Der

---

5 Vgl. Geschäftsbericht für 1935, S. 28, in: BArch R 89/3468. Zur Vermögensverwaltung und Anlagepolitik vgl. auch Bericht des Direktoriums der RfA über das Geschäftsjahr 1933, S. 14 ff., in: BArch R 112/102.

6 Vgl. Vortrag Haenel auf der Beiratssitzung, S. 10, in: BArch R 89/3468.

7 Vgl. Geschäftsbericht für das Jahr 1935, S. 26 und Geschäftsbericht für das Jahr 1938, S. 34, in: BArch R 89/3468.

8 Vgl. Schreiben des Reichsstatthalters vom 19.11.1937 sowie RfA-Vermerk vom 19.1.1938, in: RfA-Archiv Fach 111, Nr. 4.

dauernde Zustrom größerer Einnahmen an Beiträgen und Zinsen und der stetige Rückfluss von Tilgungsbeiträgen machte eine weitere Liquidität des Vermögens entbehrlich. Allerdings erforderte die sofortige Daueranlegung große Erfahrung und ein sicheres Gefühl für den vermutlichen Ablauf der Auszahlung. All dies wurde durch einen Lombard-Kredit ermöglicht, der der RfA bei der Reichsbank zur Verfügung stand.

Bei der Verteilung der Vermögensstrukturen zeichnen sich auf den ersten Blick zumindest bis 1938 keine deutlichen Verschiebungen ab. Weiterhin machten Wertpapiere, Darlehen und Hypotheken zwischen 31 und 34 Prozent des Gesamtvermögens aus, der Anteil des Grundbesitzes war inzwischen auf 0,9 Prozent leicht gestiegen.[9] Doch bei genauerem Hinsehen zeigen sich markante Verschiebungen, die signalisieren, dass sich der Handlungsspielraum der RfA in ihrer Vermögenspolitik immer weiter einschränkte. Schon 1933 hatte man sich in den Dienst des neuen Regimes gestellt und als Sondermaßnahme insgesamt über 100 Mio. RM unter anderem in Form von Darlehen an die Deutsche Gesellschaft für öffentliche Arbeiten sowie die Deutsche Siedlungsbank für die Arbeitsbeschaffungsmaßnahmen gegeben.[10] Und auch 1936 notierte man im Geschäftsbericht, dass

> in diesem letzten Jahre des ersten Vierjahresplans es die Reichsversicherungsanstalt – entsprechend ihrer ganzen bisherigen Betätigung – für ihre selbstverständliche Pflicht [hielt], zur erfolgreichen Durchführung der Maßnahmen der Reichsregierung mit allen Kräften beizutragen und deshalb ihre Mittel in erster Linie solchen Zwecken zuzuführen, die der Belebung der Wirtschaft und der Arbeitsbeschaffung dienten.[11]

Die Zinserträge, die so wichtig für die Vermögensentwicklung der RfA waren, sanken. Den deutlichsten Einschnitt hatte man hier schon zwischen 1931 und 1933 hinnehmen müssen, als die Zinseinnahmen bei einem Zinssatz von 6,8 bis 5,4 Prozent bei 130 Mio. RM stagnierten, obwohl im gleichen Zeitraum das Vermögen um mehr als 500 Mio. zugenommen hatte.[12] Seither waren die Zinserträge infolge der Zinssenkungspolitik der NS-Regierung langsam, aber kontinuierlich um jährlich etwa 40 Mio. RM gesunken. Auch von der ursprünglich im Sanierungsgesetz von Dezember 1933 vorgesehenen Mittelübertragung der Reichsanstalt für Arbeitsvermittlung und Arbeitslosenversicherung war bei der RfA bis 1936 nichts angekommen. Ende 1936 gewährte die Arbeitslosenversicherung immerhin 20 Mio. RM als Ausgleich für den Zinsausfall infolge der wiederholten Verschiebung der Beitragsübertragung, von denen allerdings nur ganze 6 Mio. RM an die RfA überwiesen wurden.[13] Anleihen des Reichs hatten inzwischen ein Volumen von fast 800 Mio. RM erreicht – 1934 waren es noch erst 171

9 Vgl. die Bilanz im Geschäftsbericht für 1938, S. 36, in: BArch R 89/3468.
10 Vgl. Bericht des Direktoriums der RfA über das Geschäftsjahr 1933, S. 17, in: BArch R 112/102.
11 Geschäftsbericht 1935, S. 14, in: RfA-Archiv Nr. 78.
12 Vgl. Vortrag Haenel auf der RfA-Beiratssitzung vom 26.11.1935, S. 11, in: BArch R 89/3468.
13 Vgl. Rundschreiben des RVA an die Rentenversicherungsträger vom 13.7.1936, in: BArch R 89/3427 sowie Bericht auf der Beiratssitzung vom 18.5.1936, S. 2, in: BArch R 89/3468.

Mio. RM gewesen – und damit die Reichsbahnvorzugsaktien deutlich überflügelt. Die Diversifikation der Anlagen nahm deutlich ab und gleichzeitig stiegen die Portfoliorisiken. RfA-Direktor Haenel hatte schon in seinem Vortrag vor dem Beirat im November 1935 bei seinem historischen Rückblick deutlich auf die gewaltigen Verluste der RfA durch die Anrechnung nicht gezahlter Beiträge und die dadurch entstandenen ungedeckten Mehrbelastungen sowie die Anlage des größten Vermögensanteils in später wertlose Kriegsanleihen verwiesen. Ohne dass es explizit ausgesprochen wurde, war man sich in der RfA-Führung offenbar durchaus bewusst, dass der Versicherungsträger durch den NS-Staat erneut in eine ähnliche Zwangslage manövriert zu werden drohte.

Tatsächlich sollte das RVA im Oktober 1937 initiativ werden, gegen die Bedenken der RfA die strengen Kriterien der Vermögensverwaltung, hier vor allem der Hypothekenvergabe, aufzuweichen, indem man „neue" Sicherheiten für die Beschaffung sogenannter dritter Hypotheken für die Förderung des Siedlungswesens konstruierte.[14] Dazu kam, dass seit April 1938 sämtliche Versicherungsträger gezwungen wurden, Vermögen und Rücklagen mindestens zur Hälfte in verbriefte Forderungen gegen das Reich oder Reichsschuldverschreibungen anzulegen, oder, solange dieser Betrag nicht erreicht wurde, mindestens zwei Drittel des jährlichen Vermögenszuwachses entsprechend zu investieren. „Die Vermögensverwaltung ist in weitem Maße zwangsläufig geworden", kommentierte Grießmeyer damals unverblümt diese Entwicklung gegenüber dem Beirat.[15] Von den erwarteten rund 400 Mio. RM Überschuss des Haushaltsjahres 1938 mussten demnach 300 Mio. RM in „Reichswerten" angelegt werden. Für die Beleihung von Bauten und den Kauf von Grundbesitz waren demgegenüber stark einschränkende Bestimmungen ergangen. Angesichts dieses Anlagezwangs hatten die Versicherungsträger, selbst wenn sie wollten, praktisch keinen Spielraum mehr für andere Anlageformen. Da der Plan zur politisch gewollten massiven Förderung des Siedlungswesens „immerhin gewisse Gefahren für die Sicherheit und den Ertrag der zur Verfügung gestellten Gelder der Rentenversicherung in sich birgt", sollte das Reich mit der Übernahme von Ausfallbürgschaften die gesetzlichen Voraussetzungen für die Mittelvergabe durch die Versicherungsträger gleichsam neu begründen.[16]

Das Vermögen der RfA wurde zudem zur Sanierung der maroden Gagfah benutzt. Im Zuge einer verdeckten Transaktion, „um zu vermeiden, dass die mit der Gagfah arbeitenden Kreise die Aktionärseigenschaft der RfA erkennen", hatte die RfA im Oktober 1935 mit Hilfe der Thüringischen Staatsbank, die quasi als Strohmann fungierte, aus eigenen Mitteln für rund 5,75 Mio. RM das bei der DAF liegende Gagfah-Aktienpaket erworben und mit weiteren sechs Mio. RM eine Kapitalerhöhung bei der

14 Vgl. Bericht des RVA an das RAM über die ablehnende Stellungnahme der RfA vom 5.10.1937, in: BArch R 89/4393.

15 Niederschrift der Beiratssitzung vom 28.11.1938, S. 2, in: BArch R 89/3470.

16 Vgl. Bericht auf der Beiratssitzung vom 18.5.1936, S. 5, in: BArch R 89/3468.

Wohnungsbaugesellschaft vorgenommen.[17] Im Dezember 1937 erfolgte eine weitere Kapitalerhöhung auf 18 Mio. RM, an der die RfA mit 16,8 Mio. RM beteiligt war. Die Übernahme der 1918 als gemeinnützige Wohnungsbaugesellschaft gegründeten Gagfah durch die RfA wäre eine eigene Darstellung wert, denn der Transaktion gingen langwierige, vielfach intern und hinter verschlossenen Türen erfolgte Verhandlungen und Gespräche zwischen RVA, DAF, Thüringischer Staatsbank bzw. dem Thüringischen Ministerpräsidenten Willy Marschler, dem RAM und den Vermögensfachleuten der RfA voraus.[18] Eigentlicher Drahtzieher und Initiator der ganzen Aktion war offenbar Marschler gewesen, der, seit 1934 Aufsichtsratsvorsitzender der Gagfah, die RfA nicht nur für die Sanierung der Gesellschaft, sondern auch für eine Verlegung des Hauptsitzes von Berlin nach Weimar gewinnen konnte.[19] Das RAM hatte seine Zustimmung zu dem Kauf an die Bedingung geknüpft, dass die RfA der Aufsicht über die Geschäftsführung der Gagfah eine besondere Sorgfalt widmete.[20] In der Folge trat daher nicht nur Grießmeyer als stellvertretender Vorsitzender in den Aufsichtsrat ein, sondern auch zwei weitere RfA-Beamte. Es war mithin weniger vermögenspolitisches Kalkül als vielmehr staatspolitische Vorgabe, dass die RfA inzwischen geradezu eine Monopolstellung im Bereich der Wohnungsneubauförderung erreichte. Mehr als die Hälfte aller vom Reich verbürgten Hypotheken auf Wohnungsneubauten kamen 1935 allein von der RfA, woraus aber gleichzeitig zu erkennen ist, wie stark die Wohnungsneubauförderung aus Mitteln des allgemeinen Kapitalmarktes inzwischen eingeengt worden war. Mit dem Gagfah-Engagement sollte die RfA nicht recht glücklich werden. In einem internen Vermerk vom März 1939 war von einer erneuten Unterkapitalisierung in Höhe von 6,7 Mio. RM die Rede und anhaltenden Mängeln in der Geschäftsüberwachung durch die RfA. Erst jetzt sollte auch die endgültige Übernahme sämtlicher Aktien der Gagfah erfolgen und mit ihr auch die alleinige Kontrolle über das Gebaren der Gagfah-Geschäftsführung. Bis Oktober 1938 war die hohe Summe von

17 Vgl. Entwurf des Treuhandvertrags vom 14.5.1935, in: BArch R 89/3466. Der tatsächliche Kapitalbedarf hatte mit neun Mio. sogar noch erheblich höher gelegen, denn neben der Kapitalerhöhung vergab die RfA noch ein Darlehen von drei Mio. RM. Vgl. dazu auch den Vortrag Haenels auf der Beiratssitzung vom November 1935, in: ebd. sowie auch Bonz, Manuskript, S. 344–349 zur länger zurückreichenden Geschichte des Verhältnisses von Gagfah und RfA. Vgl. auch Gagfah 1918–1968. Eine Dokumentation, Berlin 1968. Eine Gesamtgeschichte der Gagfah harrt noch der wissenschaftlichen Untersuchung.

18 Vgl. etwa die Besprechungsniederschrift vom 5.9.1935 in den Geschäftsräumen von Ministerpräsident Marschler in Weimar, in: BArch R 89/3466.

19 Vgl. dazu auch Vermerk über eine Besprechung bei Grießmeyer am 6.12.1935, bei der Direktor Haenel auch über die finanzielle Lage der Gagfah berichtete. Demnach war die Gagfah infolge kurzfristiger Kredite illiquid geworden und benötigte dringend frisches Kapital, das die DAF damals aber nicht bereitstellen wollte. Vgl. den Vermerk in: BArch R 89/3447.

20 Vermerk Grießmeyers vom 3.10.1935, von dem sich Marschler im Übrigen in seiner Position als Aufsichtsratsvorsitzender angegriffen fühlte, weshalb er ein entsprechendes Schreiben an Grießmeyer richtete, in: ebd.

259 Mio. RM an RfA-Mitteln in Gagfah-Bauten festgelegt worden, was den Fachleuten der Vermögensabteilung in der Ruhrstraße offenbar erhebliche Sorgen bereitete.[21]

Doch zurück zur Beiratssitzung vom November 1935. Beraten wurde dort im Zusammenhang mit der Vermögenspolitik auch der Voranschlag für das Haushaltsjahr 1936, der unbeanstandet beschlossen wurde. Einige der Beiratsmitglieder nutzten die Erläuterung der einzelnen Haushaltstitel ganz in der Tradition der Vertretung der Versicherteninteressen zu weitergehenden rentenversicherungspolitischen Bemerkungen und Forderungen. Die Ruhensbestimmungen, insbesondere soweit sie die freiwillig versicherten Ehefrauen beträfen, so vermerkte das Protokoll die Wortmeldung eines Beiratsmitglieds, bedürften einer Abänderung und seien mit dem Rechtsempfinden nicht in Einklang zu bringen.[22] Grießmeyer versprach, entsprechend beim RAM vorstellig zu werden, und hielt, wie ein Schreiben vom 19. Dezember 1935 über das RVA an das RAM zeigt, auch Wort.[23]

Die Vermögensverwaltung sowie die Ausgabenpolitik und die sich aus Sicht der RfA hier ergebenden wachsenden Zwänge und Vorgaben dominierten auch die nächsten Beiratssitzungen. Schon bei einer Besprechung von Grießmeyer und seinen beiden Stellvertretern Haenel und Schaefer im Reichsversicherungsamt Ende Februar 1936 war der RfA-Führung mitgeteilt worden, dass man die Bereitstellung erheblicher Mittel für die Reichsaufgaben in der Gesundheitsfürsorge erwartete.[24] Die Bekämpfung der Tuberkulose und der Geschlechtskrankheiten stand aus ideologischen Gründen beim Kampf um die Förderung der Volksgesundheit ganz oben auf der Agenda der NS-Sozialpolitik, und die RfA mit ihren zehn eigenen Heilanstalten und 121 Vertragssanatorien, Heilstätten und Kurheimen war dafür eine zentrale Institution zur Instrumentalisierung im Sinne der NS-Politik.[25] Schon 1934 hatte man 400.000 RM für den Reichs-Tuberkulose-Ausschuss bereitgestellt, eine Reihe von RfA-Beamten, allen voran der Leiter der Abteilung II (Gesundheitsfürsorge) Dr. Walther von Gimborn, arbeiteten in diversen Arbeitsgemeinschaften und vertraten die deutschen Interessen

21 Vgl. den Vermerk vom 10.3.1939, in: BArch R 89/3466.

22 Vgl. Protokoll der Beiratssitzung vom 26.11.1935, S. 5, in: ebd.

23 Schreiben Grießmeyers vom 19.12.1935, in: BArch R 89/3409.

24 Aktenvermerk über die Besprechung vom 25.2.1936, in: BArch R 89/3447.

25 Vgl. dazu auch die ebenso ausführlichen wie statistisch unterfütterten und überdurchschnittlich umfangreichen Darstellungen zur Heilfürsorge der RfA in: 25 Jahre Angestelltenversicherung, S. 105–140. Mit den Vertragshäusern, in denen die RfA für ihre Patienten Kost und Logis zahlte, gab es häufig Ärger. Die Qualifikation als RfA-Vertragshaus war für die Vermieter bzw. Betreiber ein lukratives Geschäft und nach der Machtergreifung hatte das ganze System noch eine politische Dimension erhalten. So wurden jüdische Besitzer zunehmend ausgeschaltet, aber auch Häuser bei der Belegung nicht mehr berücksichtigt, deren Besitzer oder Pächter Doppelverdiener waren. Exemplarisch waren etwa die Auseinandersetzungen im April 1937 bei der Belegung bzw. Nicht-mehr-Berücksichtigung von zwei Kurhäusern im niederschlesischen Bad Altheide. Dort waren zeitweise bis zu 38 Häuser mit AV-Patienten belegt worden und unter den Betreibern waren auch ein bei der kommunalen Badeverwaltung tätiger Oberkellner sowie ein Kurhausportier, die sich beide (letztlich erfolglos) an die Kanzlei des Führers mit ihrer Beschwerde wegen der Belegungspolitik der RfA gewandt hatten. Vgl. dazu das Schreiben der RfA an das RVA vom 8.4.1937, in: BArch R 89/3390.

auf internationalen Tagungen wie dem Tuberkulose-Kongress im Herbst 1936 in Lissabon. Jahr für Jahr gingen mit steigender Tendenz über 100.000 Anträge auf Heilverfahren in der Ruhrstraße ein, und für die bewilligten knapp 50.000 Anträge wurden über 20 Mio. RM pro Jahr aufgewendet.[26] Mit der Nationalsozialistischen Volkswohlfahrt (NSV) wurden zudem Gespräche über die gegenseitige Zuständigkeitsabgrenzung für Heilverfahren geführt, die vor allem dazu führten, dass die RfA auf Zuschüsse Dritter verzichtete. Die NSV erzielte dadurch erhebliche Einsparungen, während auf die RfA jährliche Mehrkosten von 150.000 RM zukamen.[27] Auch die DAF suchte sich auf Kosten der RfA schadlos zu halten. Vertreter des Amtes „Kraft durch Freude" hatten angeregt, die Schiffe der KdF-Flotte, die im Winter nicht benötigt wurden, als eine Art schwimmender Sanatorien der Versicherungsträger zu verwenden, und die RfA sicherte zu, mit 400 Versicherten einen entsprechenden Pilotversuch zu starten.[28]

Die Heilfürsorge der RfA war auch Gegenstand der folgenden Sitzungen des Beirats. Dieser hatte inzwischen eine Aufwertung und erweiterte Kompetenzen erhalten. Um den Betriebsführern und Versicherten „einen maßgeblichen Einfluss auf die wesentlichsten, den Bestand und die wirtschaftlichen Grundlagen des Versicherungsträgers betreffenden Maßnahmen zu sichern", war dem Beirat in wichtigen Fragen wie Erlass und Änderung der Satzung sowie Feststellung des Haushaltsplanes ein Recht auf Gehör gegeben worden.[29] Zudem bedurfte der RfA-Leiter alljährlich für das abgelaufene Geschäftsjahr der formellen Entlastung durch den Beirat, was auf der zweiten Beiratssitzung am 18. Mai 1936 nach der Vorlage des neuen Haushaltsplanes durch Grießmeyer auch erstmals geschah.[30] Im Falle einer Ablehung der Entlastung hätte das RVA als Aufsichtsbehörde über die strittigen Punkte entschieden. Faktisch waren damit eigentlich wieder Elemente der früheren Selbstverwaltung installiert worden. Und auch dass auf Initiative von Grießmeyer die damaligen Beirats-Ausschüsse – der Haushalts- und Rechnungsausschuss und der Heilverfahrensausschuss – wieder gebildet wurden, war eine Rückkehr zu den traditionellen Organisationsstrukturen. Das gestiegene Selbstbewusstsein des Beirats signalisierte unter anderem auch, dass wie selbstverständlich auch wieder sämtliche stellvertretende Beiratsmitglieder an der Sitzung teilnahmen, obwohl dies das RVA deutlich als unzulässig monierte.[31] Tatsächlich war unübersehbar, dass der Beirat eine gewisse Eigendynamik entwickelte und vermehrt zu grundsätzlichen Fragen der Rentenversicherung Stellung nahm. Noch auf der Sitzung im Mai wurde rege und offen über eine ganze Reihe von Problemaspekten diskutiert: von der Verunsicherung bei den Überwachungsbeamten und in der Öffentlichkeit über die künftige Selbständigkeit der RfA

26 Vgl. Geschäftsbericht für das Jahr 1935, S. 12f., in: BArch R 89/3468.
27 Vgl. Bericht Direktor Schaefers auf der Besprechung im RVA vom 25.2.1936, in: BArch R 89/3447.
28 Vgl. Niederschrift der dritten Beiratssitzung vom 10.8.1936, S. 9, in: BArch R 89/3468.
29 Vgl. RGBl. I, S. 400, zitiert nach Bonz-MS, S. 481.
30 Vgl. Niederschrift über die zweite Sitzung des Beirats der RfA am 18.5.1936, S. 3, in: BArch R 89/3468.
31 Vgl. Vermerk vom 18.6.1936, in: ebd.

und die Rolle der DAF bis zu einzelnen Bestimmungen wie der Beibehaltung der Berufsunfähigkeit mindestens ein Jahr arbeitsloser Versicherter und der Ausdehnung der Beitragsrückerstattungen beim Tod von weiblichen Versicherten auch auf ledige männliche Versicherte.[32] Allerdings wurde auch nachgefragt, ob in den RfA-Sanatorien noch jüdische Ärzte als Vertrauensärzte oder behandelnde Ärzte tätig seien, was von Grießmeyer und von Gimborn unisono verneint wurde.[33]

Auch auf der dritten Beiratssitzung Mitte August 1936 änderte sich an der Rollenverteilung und dem durchaus konstruktiven Zusammenwirken von Präsident und Beirat nichts. Im Mittelpunkt standen diesmal unter anderem die Bemühungen der RfA-Vermögensverwaltung, ihr Anlageportfolio stärker zu diversifizieren und vor allem vermehrt in Grundstücke zu investieren. Das Vermögen sollte nicht nur in Papierforderungen, sondern auch in effektiven Werten angelegt werden, was vom Beirat einstimmig gebilligt wurde.[34] Dies erschien umso dringender, als der größte Teil der Vermögensneuanlagen gezwungenermaßen in Reichsanleihen angelegt worden war. Die RfA hatte mit 40 Mio. RM allein acht Prozent der gesamten neuen Anleihen des Reichs übernommen. Das war aber nicht alles. Auf Geheiß des RVA hatte die RfA die Finanzierung einer ganzen Reihe weiterer, dem NS-Regime genehmen Prestigebauten übernommen wie das Haus des Deutschen Rechts (mit 2,2 Mio. RM zu fünf Prozent) oder den Bau der Deutschlandhalle (für 3 Mio. RM) im Rahmen der Mitfinanzierung der Olympischen Spiele.[35] Seit 1934 waren der RfA auch regelmäßige Zahlungen von 5 Mio. RM an die DAF auferlegt, ebenso wie 20 Mio. RM, die man „auf Anregung des Herrn Chefpräsidenten [der RVA]“ an die Invalidenversicherung als Zuschuss für den Arbeiterwohnungsbau überwies.[36] Und nicht zuletzt sollte die RfA im November 1938 die Finanzierung des Neubaus des RVA-Dienstsitzes übernehmen. Das alte Dienstgebäude in der Berliner Innenstadt stand den Neugestaltungsplänen von Generalbauinspektor Speer im Wege, so dass der Umzug des Reichsversicherungsamtes in die Gegend der Nord-Südachse vorgesehen war. Um dem Reich die sofortige Aufwendung der Baukosten von rund 20 Mio. RM zu ersparen, war die RfA aufgefordert worden, den Bau zu finanzieren und ihn dann an das Reich zu vermieten.[37]

All dem gegenüber bemängelte das RVA jedoch im selben Atemzug, dass die Aufwendungen der RfA für freiwillige Leistungen in Höhe von 27 Mio. RM im Vergleich zu den anderen Versicherungsträgern zu hoch seien. Dabei war dies unter anderem den Forderungen der verschiedenen, unter dem Dach der DAF organisierten Berufs-

---

32 Vgl. Niederschrift über die zweite Sitzung des Beirats der RfA am 18.5.1936, S. 4, in: BArch R 89/3468.

33 Vgl. Niederschrift über die zweite Sitzung des Beirats der RfA am 18.5.1936, S. 6, in: ebd.

34 Vgl. dazu den Vortrag Haenels vor dem Beirat in: Niederschrift über die dritte Sitzung des Beirats der RfA vom 10.8.1936, S. 4, in: ebd.

35 Vgl. Vermerk über eine Besprechung Grießmeyers mit Schaefer und Haenel beim RVA vom 30.10.1936, in: BArch R 89/3447.

36 Vermerk über eine Besprechung beim RVA vom 21.1.1937, in: ebd.

37 Vgl. Niederschrift über die Sitzung des Beirats der RfA vom 28.11.1938, S. 9, in: BArch R 89/3470.

gruppen geschuldet, die immer neue Ausweitungen der Heilverfahrensregelungen der RfA verlangten, wie etwa die Reichsmusikkammer, die Zahnheilverfahren auch für die Blasmusiker forderte.[38] Spätestens seit dem Aufbaugesetz von 1934 war die RfA zur Trägerin von Gemeinschaftsaufgaben verpflichtet, und dazu gehörte an erster Stelle der Betrieb von Heilanstalten und Erholungsheimen.[39] Die RfA wurde zudem für den Kampf gegen die Tuberkulose immer stärker in Anspruch genommen und instrumentalisiert.[40] Ferner beteiligte sich die RfA gemeinsam mit den Landesversicherungsanstalten an den auf Veranlassung der DAF reichsweit stattfindenden Betriebsuntersuchungen durch anteilige Übernahme der Untersuchungskosten sowie durch Heilmaßnahmen bei den für behandlungsbedürftig befundenen Belegschaftsmitgliedern. Vor allem aber gewährte die RfA immer wieder und in erheblichem Umfang kostenlose Gesundheitsfürsorgeleistungen an verdiente Nationalsozialisten. Bereits seit 1933 beteiligte sich die RfA auf Drängen der Obersten SA-Führung an der „Hitler-Spende" durch Gewährung von 2500 kostenlosen Verpflegungstagen in den Sanatorien Wehrawald und Schwarzwaldheim für lungenkranke SA-, SS-, NSBO- und Stahlhelm-Männer, die keiner Versicherung angehörten.[41] Weitere RfA-Sanatorien und Kurheime wurden in der Folgezeit dafür nutzbar gemacht. Seit 1935 kamen eine Reihe weiterer Führungsleute und politische Leiter ohne Versicherungszugehörigkeit in den Genuss kostenloser Heilverfahren.[42] In vorauseilendem Gehorsam war die RfA zudem dazu übergegangen, bei Erholungsanträgen Fragebogen zurückzuschicken, in denen zu beantworten war, ob und seit wann der Betreffende Parteigenosse war. Diese Praxis veranlasste im November 1938 sogar den Stab des Stellvertreters des Führers zur Intervention, um den damit verbundenen Eindruck zu entkräften, dass in erster Linie nur Parteigenossen in den Genuss der RfA-Gesundheitsfürsorgemaßnahmen kämen.[43] Das RVA hatte zudem dafür gesorgt, dass auf die RfA weitere Aufgaben im Bereich der Gesundheitsfürsorge zukamen, etwa durch die Erweiterung der nachgehenden Fürsorge und der Arbeitstherapie. All dies waren deutliche Indizien dafür, dass das RVA seine Aufsichtsfunktion durchaus eng interpretierte und die RfA an der kurzen Leine führte.

---

38 Vgl. Vermerk über die Besprechung beim RVA vom 30.10.1936, in: BArch R 89/3447.

39 Vgl. auch den von RfA-Regierungsrat Dr. Haueisen verfassten Artikel über „Die Reichsversicherungsanstalt für Angestellte als Trägerin von Gemeinschaftsaufgaben", in: Deutsche Rentenversicherung Nr. 7 (1939), S. 124–130. Vgl. auch Bericht des Leiters der RfA betr. seine Aufsicht über die Ersatzkassen der Krankenversicherung für Angestellte im Jahre 1936, in: RfA-Geschäftsbericht 1936, S. 19–23.

40 Vgl. dazu Curt Perlin (RfA-Beamter), Die Rentenversicherung im Kampf gegen die Tuberkulose, in: NS-Sozialpolitik 6 (1939), S. 456–459.

41 Vgl. Bericht des Direktoriums der RfA über das Geschäftsjahr 1933, S. 6, in: BArch R 112/102. Zum folgenden vgl. auch Bonz-MS, ohne genaue Seitenangabe.

42 Vgl. Geschäftsbericht 1936, S. 12, Geschäftsbericht 1937, S. 13 und Geschäftsbericht 1938, S. 13, in: BA Berlin R 89/3468.

43 Vgl. BArch R 89/3388, Bl. 187–189. Vgl. auch Bonz-MS, ohne Seitenangabe.

Auf der Beiratssitzung im August 1936 hatte Grießmeyers Stellvertreter Schaefer auch die aktuellen Zahlen zu Beitragseinnahmen und Leistungsausgaben vorgetragen, und hier konnte er eine Zäsur verkünden. Denn bereits im Juli 1936 war die alte Höchstmarke bei den Beitragseinnahmen von 385 Mio. RM im Jahr 1930 erstmals übersprungen worden, wobei allerdings berücksichtigt werden muss, dass damals der Betrag von 3,5 Mio. Versicherten aufgebracht worden war, während es nun inzwischen 4,1 Mio. Versicherte waren. Trotz der Steigerung der Beitragseinnahmen wies die Struktur der Angestelltenversicherung nach wie vor Verwerfungen auf. Eine Analyse des Zustroms der Beitragszahler zeigte, dass immerhin 51.000 vormals arbeitslose Angestellte wieder Arbeitsstellen hatten; ca. 70.000 Angestellte waren durch die Übernahme der Ersatzkassen zur RfA hinzugekommen und etwa weitere 50.000 angestellte Versicherte waren im Rahmen des normalen Neuzugangs hinzugekommen.[44] Trotz der guten Zahlen erschien der RfA-Leitung daher nach wie vor eine Erhöhung der Beiträge als unumgänglich, um die Leistungen der Angestelltenversicherung künftig sicherzustellen – eine Forderung, die das NS-Regime so höchst ungern öffentlich machen wollte.

Es spricht vieles dafür, dass die DAF von den ihr zugestandenen Mitsprache- bzw. Berufungsrechten bei der Zusammensetzung des Beirats nicht profitieren konnte.[45] Dem RVA wie dem RAM war offenbar daran gelegen, die Beiräte zu einem echten Konsultativorgan zu machen, und auch Grießmeyer betrachtete die Beiratsmitglieder zweifellos nicht als verlängerten Arm der DAF, sondern als Vertreter der Versichertengemeinschaft, worauf er jeden Einzelnen auch auf der ersten Beiratssitzung per Handschlag verpflichtet hatte. Ende 1936 war im Übrigen die erste Amtsperiode des Beirats abgelaufen und eine Neubestellung, diesmal für die Zeit von Januar 1937 bis Dezember 1941, erfolgt. An der personellen Zusammensetzung hatte sich dabei nicht viel geändert, bemerkenswert waren nur zwei Neubesetzungen bei den Versichertenvertretern, wo Rudolf Lencer, Leiter der Reichsbetriebsgemeinschaft Banken und Versicherungen, sowie der Behördenangestellte Wilhelm Kemnitz die beiden ausscheidenden Beiräte ersetzten.[46] Bei den Vertretern der Betriebsführer war alles beim Alten geblieben. Dort fungierten unter anderen immer noch Jakob Hasslacher, der Generaldirektor der Rheinischen Stahlwerke, Otto Neubaur, Vorstandsmitglied der Reichs-Kredit-Gesellschaft, Max Ebbecke, Direktor der Berliner BEWAG, sowie Fritz Reuters, Generaldirektor der Nordstern Lebensversicherungs AG, als RfA-Beiräte. Im Vorfeld hatte es allerdings hinter den Kulissen eine umfangreiche Korrespondenz zwischen RVA, RfA und dem Sozialamt der DAF gegeben. Zum einen hatte Grießmeyer massive Bedenken gegen eine Wiederberufung des stellvertretenden Beiratsmitglieds Hans Hermann Fassbender angemeldet, da dieser bis dahin noch an keiner Beirats-

44 Vgl. Niederschrift über die dritte Sitzung des Beirats der RfA vom 10.8.1936, S. 7, in: BArch R 89/3468.

45 So schon die These in Bonz-MS, S. 487. Vgl. auch Teppe, S. 238.

46 Vgl. Der Beirat der RfA in: Mitteilungen der RfA Nr. 2, 1937.

sitzung teilgenommen hatte.[47] Zum anderen waren Zweifel aufgetaucht, ob Generaldirektor Hasslacher „noch die Betriebsführereigenschaft“ besaß, da dieser schon längst aus dem Vorstand der Stahlwerke ausgeschieden war. Fassbender wurde tatsächlich nicht mehr berufen, Hasslacher nach einer Rückfrage bei der Reichsgruppe Industrie aber wohl. Schon am 14. Dezember gab das Sozialamt der DAF als letzte Instanz grünes Licht für die Neubesetzung.

Zwischen März 1937 und April 1939, der letzten Sitzung vor dem Krieg, trat der RfA-Beirat noch fünf Mal zusammen. Die Sitzungen standen dabei ganz im Zeichen der glänzenden Zahlen, die die finanzielle Konsolidierung der RfA signalisierten. Und Oberregierungsrat Haenel, einer der beiden Stellvertreter Grießmeyers und der Leiter der Abteilung III, der trotz aller wachsenden Zwänge Garant für eine solide Vermögensverwaltungspolitik der RfA war, schied im März 1937 altersbedingt aus.[48] Ende November 1937 stand dann die bereits erwähnte zweite Kapitalerhöhung um sechs Mio. RM bei der Gagfah auf der Tagesordnung, und um die Zustimmung der Beiratsmitglieder zu sichern, waren dazu auch Ministerpräsident Marschler sowie Gagfah-Generaldirektor Knoblauch angereist.[49] Die Kapitalerhöhung wurde, nachdem Grießmeyer noch einmal die Zustimmung auch von RVA und RAM betont hatte, ebenso durchgewinkt wie der vorgelegte Finanzplan für das Haushaltsjahr 1938. Die übrigen Aktivitäten der RfA-Leitung standen jedoch ganz im Zeichen des Jubiläums der Behörde. Im September 1937 hatte Grießmeyer das RVA aus Anlass des 25. Jahrestages des Inkrafttretens des Angestelltenversicherungsgesetztes um die Genehmigung zur Abhaltung einer „schlichten Feierstunde“ gebeten.[50] Doch bei der am 17. Januar 1938 stattfindenden Feier waren alle vertreten, die Rang und Namen in der Sozialversicherungspolitik hatten. Auffälligerweise standen aber, obschon mit Sicherheit gleichfalls eingeladen, keine DAF-Funktionäre auf der Rednerliste.[51]

Doch Grießmeyers Rede war selbst ein klares Bekenntnis zur Indienstnahme der RfA für die nationalsozialistischen Ziele, und damit – ohne Not und durchaus aus innerer Überzeugung – eine geradezu unterwürfige Geste gegenüber dem Nationalsozialismus und seinen anwesenden Vertretern, allen voran des stellvertretenden Gauleiters von Berlin, Artur Görlitzer.[52] Die ganze bisherige Entwicklung der Angestelltenversicherung und erst recht die gegenwärtige und künftige Aufgabenstellung wurde in der Darstellung des RfA-Präsidenten geradezu auf die NS-Bewegung und ihre

47 Schreiben an das RVA vom 23.11.1936, in: BArch R 89/3469.

48 Vgl. dazu Niederschrift über die fünfte Sitzung des Beirats der RfA vom 15.3.1937, S. 5, in: BArch R 89/3468.

49 Vgl. Niederschrift über die sechste Sitzung des Beirats der RfA vom 29.11.1937, in: ebd.

50 Schreiben Grießmeyers vom 1.9.1937, in: BArch R 89/3446.

51 Die DAF-Position vertrat vermutlich Rudolf Lencer, der aber in seiner Funktion als Beiratsmitglied sprach. Am Vorabend der Veranstaltung hatte schon ein aufwändig organisierter Gefolgschaftsabend stattgefunden, unter anderem mit zahlreichen Einlagen des Männerchors der RfA und weiterer RfA-Belegschaftsangehöriger sowie anschließendem Tanz.

52 Die Rede wurde abgedruckt als Beilage zum Geschäftsbericht der RfA für 1937, S. 41–47, in: RfA-Archiv Nr. 78.

25 Jahre
Reichsversicherungsanstalt
für Angestellte
1913 — 1937

Berlin-Wilmersdorf, den 17. Januar 1938

Feierstunde
zum
25 jährigen Bestehen
der Reichsversicherungsanstalt für Angestellte
Beginn 11 Uhr

1. Quartettsatz c-moll opus postum . . . . Franz Schubert
Gespielt vom Fehse-Quartett Berlin
2. Es sprechen:
der Leiter der Reichsversicherungsanstalt für Angestellte,
Präsident Grießmeyer
der Leiter der Fachschaftsgruppe „Reichsversicherung" im R. D. B.,
Verwaltungsoberinspektor Beutler
der Herr Reichsminister Seldte
der Leiter des Reichsversicherungsamts,
Präsident Dr. Schäffer
der Vorsitzende des Reichsverbandes Deutscher Landesversicherungsanstalten,
Landeshauptmann Kolbow
das Mitglied des Beirats der Reichsversicherungsanstalt für Angestellte,
Reichsamtsleiter Lencer
3. Schlußwort des Leiters der Reichsversicherungsanstalt für Angestellte.

Aenderungen vorbehalten

Abb. 12: Programm zur Feier des 25-jährigen Bestehens der RfA am 17. Januar 1938

ideologischen sozialpolitischen Ziele ausgerichtet, wie etwa die Mitwirkung an der Schaffung eines „kräftigen, gesunden und lebensfrohen Volkstums", „.[...] denn was hülfe es ihr, wenn sie noch so hohe Renten bezahlte und hätte doch ein schwächliches, krankes und schaffensmüdes Volk hinter sich".[53] Selbst der auch von Grießmeyer als sehr niedrig benannte Betrag von 58,30 RM als damals monatliche Durchschnittsrente wurde noch schön gerechnet und als guter Ausgangspunkt für einen Leistungsausbau nach nationalsozialistischen Grundsätzen dargestellt. Der RfA-Präsident ließ zudem ein aufwändiges, fast 200 Seiten starkes Jubiläumsbuch erstellen, das nicht nur nach außen die Leistungen der RfA dokumentierte, sondern auch allen Mitarbeitern, die darin sämtlich namentlich aufgeführt worden waren, in die Hand gedrückt wurde.[54] Von der von nationalsozialistischem Gedankengut triefenden Rede Grießmeyers hob sich das Buch deutlich ab. Obschon im Duktus der NS-Zeit geschrieben, findet sich darin ein statistisch angereicherter Rückblick auf die gesetzliche wie behördliche Entwicklung der Angestelltenversicherung. Selbst der Völkische Beobachter druckte eine Sonderausgabe, in der Grießmeyer die Leistungen der Reichsversicherung für Angestellte pries.[55] Man könnte diese Aktivitäten Grieß-

53 Ebd., S. 45.
54 25 Jahre Angestelltenversicherung. 1913–1937, Berlin 1938.
55 Albert Grießmeyer, Spiegelbild eines Vierteljahrhunderts. Die Leistungen der Reichsversicherung für Angestellte, in: Völkischer Beobachter Nr. 7 vom 7.1.1938.

meyers durchaus auch als strategische Instrumentalisierung des Jubiläums und als politischen Schachzug verstehen, durch den öffentliche Akzeptanz und Zusammenhalt unter den Mitarbeitern geschaffen und zugleich etwaigen anderslautenden sozialversicherungspolitischen Überlegungen bei der DAF der Wind aus den Segeln genommen werden sollte. Man kann sie aber auch als politische Unterwerfung und Anpassung an das NS-Regime sehen, hinter der die tatsächliche Bereitschaft zur Instrumentalisierung der RfA für die Ziele des Nationalsozialismus stand. Rudolf Lencer jedenfalls, seinerzeit Leiter der Reichsbetriebsgemeinschaft Banken und Versicherungen und RfA-Beiratsmitglied, schrieb in seiner, in den Monatsheften für NS-Sozialpolitik abgedruckten Würdigung der Angestelltenversicherung anlässlich des Jubiläums geradezu drohend, dass „Bewegung und Staat in Zukunft einen noch größeren Einfluss auf die Rentenversicherungsträger nehmen [werden]. Die Ausrichtung muss in jeder Beziehung nach nationalsozialistischen Grundsätzen vorgenommen" und dem Ziel eines großzügigen Ausbaus der Altersversorgung untergeordnet werden.[56] Und auch bei den Versicherten löste Grießmeyers Rede ein durchaus zwiespältiges Echo aus, wie der unten stehende Brief zeigt.

Im Jubiläumsjahr konnte Grießmeyer zudem neue Rekordzahlen verkünden. Die RfA verzeichnete mit knapp 457 Mio. RM die höchsten Beitragseinnahmen in ihrer nun 25-jährigen Geschichte. Schon während der Beiratssitzung im November 1936 hatte man im Übrigen auch den Abschluss der seit 1934 dauernden Neubaumaßnahmen gefeiert, die mit etwas über einer Mio. RM zu Buche schlugen. Nun hatte man endlich auch freie Hand in der Restbebauung des Fehrbelliner Platzes, denn die DAF hatte endgültig ihre Pläne fallen gelassen, die die RfA gezwungen hätte, die Spitze ihres dortigen Grundstücks als Freifläche auszuweisen.[57]

Grießmeyer war als RfA-Präsident inzwischen unangefochten und weithin respektiert; er war offensichtlich auch in die politischen Kreise hinein gut vernetzt, auch wenn seine Verbindungen im Einzelnen aus den Quellen nur undeutlich hervorgehen. Über einen repräsentativen Dienstwagen verfügend war Grießmeyer schon 1934 in den Aufsichtsrat der Deutschen Bau- und Bodenbank gewählt worden, dazu kam dann im Dezember 1935 das Aufsichtsratsmandat bei der Gagfah.[58] Für beide Nebenbeschäftigungen erhielt er jährlich 2400 bzw. 1200 RM Vergütung, zusätzlich zu seinem Gehalt als RfA-Präsident von über 18.000 RM. Und es kamen weitere Aufsichtsratsmandate hinzu: Ende 1938 trat Grießmeyer auf entsprechende Anfrage der DAF in den Aufsichtsrat der „Neuland" Gemeinnützige Wohnungs- und Siedlungsgesellschaft m.b.H. „in der Stadt des KdF-Wagens" ein, im März 1939 in den Aufsichtsrat der Deutschen Wohnstätten-Hypothekenbank AG.[59] Der RfA-Präsident war auch häufiger Gastredner auf diversen DAF-Fachtagungen wie etwa der am 15. Oktober 1937 in Frankfurt statt-

56 Rudolf Lencer, Zum 25jährigen Jubiläum der Angestelltenversicherung, in: Monatshefte für NS-Sozialpolitik 5 (1938), S. 40 – 41.

57 Protokoll der Beiratssitzung vom 30.11.1936, S. 4, in: BArch R 89/3468.

58 Vgl. Notiz vom 24.4.1934, in: BArch R 3901/103525, Bd. 1.

59 Vgl. Genehmigungsanfrage Grießmeyers an das RAM vom 5.11.1938 sowie vom 20.3.1939, in: ebd.

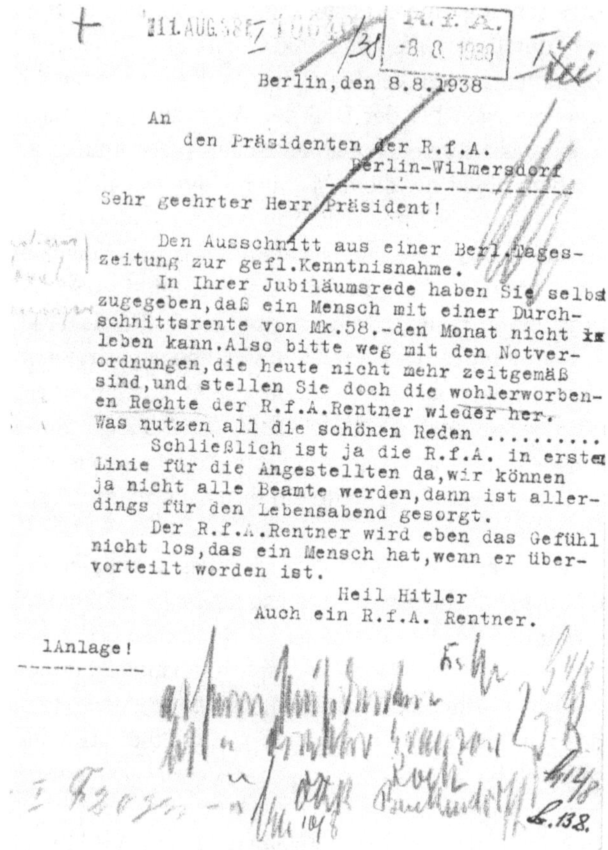

Berlin, den 8.8.1938

An
den Präsidenten der R.f.A.
Berlin-Wilmersdorf

Sehr geehrter Herr Präsident!

Den Ausschnitt aus einer Berl. Tageszeitung zur gefl. Kenntnisnahme.

In Ihrer Jubiläumsrede haben Sie selbst zugegeben, daß ein Mensch mit einer Durchschnittsrente von Mk. 58.- den Monat nicht leben kann. Also bitte weg mit den Notverordnungen, die heute nicht mehr zeitgemäß sind, und stellen Sie doch die wohlerworbenen Rechte der R.f.A. Rentner wieder her.

Was nutzen all die schönen Reden ....

Schließlich ist ja die R.f.A. in erster Linie für die Angestellten da, wir können ja nicht alle Beamte werden, dann ist allerdings für den Lebensabend gesorgt.

Der R.f.A. Rentner wird eben das Gefühl nicht los, das ein Mensch hat, wenn er übervorteilt worden ist.

Heil Hitler
Auch ein R.f.A. Rentner.

1 Anlage!

Abb. 13: Brief eines Versicherten an Präsident Grießmeyer vom 8. August 1938

findenden Sondertagung der neu gegründeten Reichsfachgruppe Sozialversicherung in der Reichsbetriebsgemeinschaft Banken und Versicherungen, wo Grießmeyer vor über 1000 Teilnehmern über die Sanierung der Rentenversicherungen sprach.[60] In den wenig später gegründeten Beirat der Fachgruppe Sozialversicherung im Fachamt Banken und Versicherungen der DAF ließ sich Grießmeyer allerdings nicht berufen. Als Vertreter der RfA saß dort jedoch sein Personalleiter und enger Vertrauter Dr. Gaber.[61]

Wie wichtig für Grießmeyer die Außendarstellung der RfA war, zeigen die Vorgänge um die Organisation und Beteiligung an einer DAF-Ausstellung im Dresdner

60 Vgl. dazu den Bericht zur Tagung und auch zu Grießmeyers Vortrag, in: *Soziale Praxis* 46 (1937), S. 1330 – 1334 und in: Deutsche Invaliden-Versicherung 9 (1937), S. 225 – 227.

61 Vgl. dazu die Notiz zur Neuberufung des Beirats in: Deutsche Rentenversicherung Nr. 12 (1939), S. 208 – 209.

Hygiene-Museum über „Gesundes Leben, Frohes Schaffen" im Dezember 1937. Auf einer Besprechung waren die zur Beteiligung aufgeforderten Versicherungsträger, aber auch Industrie- und Wirtschaftsvertreter, eigentlich mit vollendeten Tatsachen konfrontiert worden: Die Wehrmacht und die DAF beanspruchten fast die ganze Ausstellungsfläche, alle anderen sollten sich vor allem an den zu erwartenden hohen Kosten beteiligen – als Staatszuschuss waren vom Finanzministerium ganze 10.000 RM genehmigt worden.[62] Für die Rentenversicherungsträger war eine kleine Abteilung mit Darstellungen zur Bekämpfung von Seuchen- und Volkskrankheiten, zu Kinderfürsorge und zum Wohnungs- und Siedlungswesen vorgesehen. Unter diesen Umständen lehnten RVA und RAM eigentlich eine Beteiligung ab, aber in der RfA war man offenbar entschlossen, keine Kosten zu scheuen und präsentierte im Juli 1938 ein aufwändiges Ausstellungskonzept, mit einem eigens angefertigten Modell des RfA-eigenen Nordseekurheims Uterum/Föhr, Wandbildern sowie zahlreichen weiteren Fotos.[63] Eine zumindest formelle Stärkung seiner Machtposition ergab sich für Grießmeyer schließlich auch durch die Gründung des Reichsverbandes Deutscher Rentenversicherungsträger im Oktober 1938, der als Dachverand der LVA, der RfA sowie der Knappschaftsversicherung fungieren sollte. Präsident wurde durch Berufung des RAM Dr. Martin Möbius, Leiter der LVA Sachsen in hohem SS-Rang und rentenversicherungspolitischer Hardliner, der die ideologische wie praktische Ausrichtung der Rentenversicherung auf die Ziele des NS-Regimes weit mehr als Grießmeyer vorantrieb. Sein Stellvertreter wurde Grießmeyer, der allerdings, obwohl er an den regelmäßigen Sitzungen des Reichsverbands teilnahm, keine größere Rolle spielte.[64]

Grießmeyer entwickelte vor allem aber ein ausgeprägtes Faible für die Teilnahme an internationalen Tagungen. Den Anfang sollte eigentlich der Internationale Kongress der Sozialversicherungsfachleute machen, der im Mai 1935 in Budapest stattfand. Aber die damaligen Turbulenzen um sein Parteigerichtsverfahren verhinderten die Teilnahme, so dass sein Stellvertreter Schaefer zu dem Treffen fuhr und auch als Redner auftrat.[65] Der Zweite Internationale Kongress fand im September 1936 in Dresden statt, und hier war Grießmeyer inzwischen präsent, auch wenn der Leiter des Referats 5 (Auslandssachen) in der Abteilung I Leistung, Dr. Gottfried Denicke, den Fachvortrag hielt. Er sprach über „Erfahrungen der Reichsversicherungsanstalt für

62 Vgl. Vermerk über die Besprechung des RVA vom 17.12.1937, in: BArch R 89/3448.

63 Darunter war etwa eine bildliche Darstellung der seit Bestehen der RfA gewährten 750.000 Heilverfahren, dargestellt in Form eines 50 km langen Marschblocks der Versicherten in Zwölferreihe. Vgl. Schreiben Grießmeyers an das RVA vom 23.7.1938, in: ebd.

64 Zu den Machtkämpfen innerhalb der LVA im Hintergrund und Vorfeld der Reichsverbandsgründung vgl. unter anderem Martin Döge, Männlichkeit und ‚Volksgemeinschaft'. Der westfälische Landeshauptmann Karl Friedrich Kolbow (1899–1945). Biographie eines NS-Täters, Paderborn 2015, S. 273 ff.

65 Vgl. Die Rationalisierung der Sozialversicherung: Die Arbeiten des Ersten Internationalen Kongresses der Sozialversicherungsfachleute, Budapest 1935 sowie dazu auch der Bericht in: Deutsche Invaliden-Versicherung 7 (1935), S. 107–112.

Angestellte im Verkehr mit ausländischen Versicherungsträgern“ und plädierte, in straffem NS-Duktus gehalten, für eine bessere zwischenstaatliche Zusammenarbeit durch möglichst weitgehende gegenseitige Rechtsangleichung.[66] Ehe im Frühjahr 1938 in Wien der Dritte Internationale Kongress der Sozialversicherungsfachleute auf dem Reiseplan Grießmeyers stand, winkte noch die Tagung des Internationalen Verbandes für Wohnungswesen und Städtebau in London, die dort im Juli 1937 abgehalten wurde und deren Mitglied die RfA war. Hatte das RVA bislang sämtliche Auslandsreisen Grießmeyers problemlos abgesegnet, so gab es diesmal Probleme. Auch das RAM mochte nicht allein entscheiden und bat im Juni um die Entscheidung des Führers und Reichskanzlers.[67] Nur wenig später beantragte Grießmeyer erneut eine Dienstreise ins Ausland. Diesmal ging es nach Lugano, wo der vorbereitende Ausschuss des Wiener Sozialversicherungskongresses tagte, dessen Mitglied der RfA-Präsident inzwischen geworden war.[68] Nahezu zeitgleich publizierte Grießmeyer mehrere Aufsätze, etwa über „Die Berechtigung und Bedeutung der Angestelltenversicherung in Deutschland“, in der angesehenen italienischen Fachzeitschrift *Le Assicurazioni Sociali.*[69] Im April 1938 folgte schließlich die große internationale Tagung in Wien, und Grießmeyer nutzte die Teilnahme nicht nur zu einem Auftritt mit einem Quasi-Koreferat als erster Diskussionsredner zum Thema „Vermögensanlage der Sozialversicherungsträger“, sondern auch zu einem Abstecher nach Budapest auf Einladung der ungarischen Landessozialversicherungsanstalt.[70] Noch im September desselben Jahres stand dann eine Dienstreise nach Venedig zur Sitzung des von Grießmeyer inzwischen geleiteten Vorbereitungsausschusses auf dem Programm, auf der die Details der nächsten Internationalen Tagung der Sozialversicherungsfachleute, diesmal im Frühjahr 1939 in Rom, diskutiert wurden.[71] In dem Genehmigungsgesuch Grießmeyers an das RAM heißt es:

---

66 Vgl. den Vortrag in: Bericht über die Arbeiten des Zweiten Internationalen Kongresses der Sozialversicherungsfachleute in Dresden vom 4.–8.9.1936, hrsg. vom Reichsverband Deutscher Landesversicherungsanstalten, Stuttgart/Berlin 1938, S. 67–70.

67 Vgl. Anfrage Grießmeyers vom 4.3.1937, in: BArch R 89/3467. Wie die Entscheidung verlief, geht nicht aus den Akten hervor. Vermutlich wurde der Antrag jedoch abgelehnt.

68 Vgl. Schreiben Grießmeyers vom 11.3.1937 sowie der Bericht der dortigen Beratungen in: ebd.

69 Vgl. den Aufsatz in: Assicurazioni Sociali 12 (1936), S. 178–183 sowie Albert Grießmeyer, Wesen und Umfang der Deutschen Angestelltenversicherung, in: *Le Assicurazioni Soziali* 15 (1939), S. 492–498.

70 Vgl. Bericht über die Arbeiten des Dritten Internationalen Kongresses der Sozialversicherungsfachleute in Wien vom 18.–22.5.1938, hrsg. vom Reichsverband der Sozialversicherungsträger in Wien, Wien 1938, S. 202–207. Grießmeyers Beitrag fiel dabei weniger durch fachkundige Äußerungen zur Vermögensverwaltung der RfA auf als durch allgemeine Bemerkungen im NS-Duktus, etwa dass es in der Frage der Erhaltung des Vermögens der Sozialversicherung im Falle eines allgemeinen Vermögensverfalls keine absolute Krisenfestigkeit gebe, da die Sozialversicherung nach deutscher Auffassung auf Gedeih und Verderb mit der Volksgemeinschaft und damit auch mit dem Volksvermögen schicksalsmäßig verbunden sei. Vgl. auch den Bericht zur Tagung in: Deutsche Invalidenversicherung 10 (1938), S. 89–99.

71 Vgl. den Bericht Grießmeyers vom 3.10.1938 über die Vorbereitungstagung, auf der neben Deutschland, Italien und Ungarn auch Polen vertreten war, in: BArch R 89/3467.

> Ich gehöre wohl nicht zu den Persönlichkeiten des Staates, deren Auslandsreisen der besonderen Zustimmung des Auswärtigen Amts und der Genehmigung des Führers bedürfen, aber ich möchte nicht verfehlen, darauf aufmerksam zu machen, dass ich als Präsident des Vorbereitenden Ausschusses obigen Kongresses in die Lage komme, in Rom öffentlich aufzutreten oder zu sprechen. Es wird sich hierbei zwar immer nur um unpolitische Reden handeln, aber ich bitte zu entscheiden, welche Mitteilungen hierwegen an Auswärtiges Amt oder Präsidialkanzlei zu geben sind.[72]

Im Bewusstsein und Selbstverständnis seiner Bedeutung ließ sich Grießmeyer daher auch gleich eine Beamtenuniform schneidern, um im „uniformreichen Italien" vor allem bei der für Kongressbeginn vorgesehenen Kranzniederlegung angemessen auftreten zu können.[73] Doch dies war voreilig erfolgt, und als Grießmeyer nachträglich im November 1939 beim RAM eine Genehmigung dafür einholen wollte, kam wenig später zur Empörung des RfA-Präsidenten ein Absageschreiben zurück.[74] Erst nach einigem Hin und Her erteilte das RAM die Genehmigung, allerdings nur für eine feldgraue Uniform; Grießmeyer hatte sich aber eine weit eindrucksvollere blaue Uniform machen lassen. Der Krieg ließ diese Posse dann in den Hintergrund treten, zumal deshalb auch die vorgesehene Tagung in Rom nicht stattfand.

Mehr noch als sein Bedachtsein auf die eigene Außenwirkung und die präsidiale Repräsentanz der RfA in der Öffentlichkeit hatte Grießmeyer in den nun seit der Machtergreifung amtierenden fünf Jahren maßgeblich daran mitgewirkt, die RfA kontinuierlich zu einer willfährigen Behörde im NS-Verwaltungsstaat zu transformieren. Die Durchsicht seiner Präsidialverfügungen gibt einen deutlichen Eindruck von der Art und Intensität dieses Prozesses. Vor allem Betriebsappelle und Abordnungen zu Aufmärschen gehörten nun geradezu zum Behördenalltag. Aus Anlass der dritten Wiederkehr des „Tages der nationalen Erhebung" wurde die Belegschaft am 30. Januar 1936 gegen Mittag zum gemeinschaftlichen Rundfunkempfang des SA-Appells mit der Rede Hitlers zur Versammlung im großen Speise- bzw. Sitzungssaal aufgerufen und im Anschluss an die Führerrede kündigte Grießmeyer noch eigene Gedanken „über die besondere Bedeutung des Tages" an.[75] Zuvor schon waren die RfA-Beamten per Verfügung zum Bezug der nationalsozialistischen Presse aufgefordert worden. Darunter wurde, in einer ergänzenden Präsidialverfügung besonders die Halbmonatsschrift „Die Wehrmacht" zur „Vertiefung des Wehrgedankens im deutschen Volk" empfohlen, und in einer Verfügung vom 1. Februar 1936 hatte Grießmeyer alle auf Lebenszeit angestellten Beamten des höheren und mittleren Dienstes aufgefordert, sich an einer KdF-Sammlung für bedürftige Gefolgschaftsmitglieder zu beteiligen. Zur Erleichterung des Verfahrens und in Annahme des Einverständnisses der Betroffenen erfolgte im Jahr darauf durch die Hauptkasse als „Kameradschaftsbeitrag" gleich ein direkter Abzug von den April-Bezügen in Höhe der Hälfte einer Mo-

72 Schreiben Grießmeyers vom 14.8.1939, in: ebd.

73 Notiz Grießmeyers vom 30.11.1939, in: BArch R 3901/103525, Bd. 1.

74 Vgl. Antrag vom 9.11.1939 und Schreiben vom 15.11.1939, in: ebd.

75 Präsidialverfügung vom 29.1.1936, in: RfA-Archiv Nr. 2.

Abb. 14: RfA-Präsident Albert Grießmeyer in Uniform (1939)

natsspende für das Winterhilfswerk. Wer nicht damit einverstanden war, konnte sich melden.[76] Ähnlich pragmatisch ging die RfA-Leitung per Präsidialverfügung bei der Einrichtung eines „Olympia-Fonds" vor. Es ging dabei um die angemessene Vertretung Deutschlands auf den Zuschauerrängen der im Jahr 1940 in Tokio geplanten Olympischen Spiele. Grießmeyers Idee war, auch sechs bis acht RfA-Gefolgschaftsmitglieder nach Japan zu schicken; dafür sollten alle Beschäftigten ab 1. Januar 1937 Monat für Monat 0,10 RM in einen Fonds einzahlen. Bis zum Sommer 1940 würden sich damit rund 6000 RM ergeben, mit denen die Reise der per Losentscheid ausgewählten Teilnehmer dann finanziert werden könnte. Für zusätzlich vier RM konnte jeder RfA-Beschäftigte eine „Glücksanwartschaft" erwerben.[77]

Regelmäßig fanden nun auch Vorträge zur „allgemeinen beruflichen Weiterbildung" statt, wobei die Teilnahme nahezu der gesamten Belegschaft per Präsidialverfügung angeordnet wurde. Da ging es einmal um „Grundsätzliches aus der neueren Rechtsprechung zur Sozialversicherung", über die ein RVA-Direktor Ende Februar 1936 sprach, aber auch um „Marksteine in der Entwicklung des Nationalsozialismus" oder

76 Vgl. Präsidialverfügung vom 1.2.1936 sowie Präsidialverfügung vom 6.3.1937, in: ebd.
77 Vgl. die Präsidialverfügung vom 12.9.1936 und vom 15.12.1936, in: ebd.

um „Die Lage und Bedeutung des Auslandsdeutschtums“, um „Aufgaben und Ziele der NS-Gemeinschaft ‚Kraft durch Freude‘“ oder wie im Januar 1939 um „Die Aufgaben und Organe der Staatssicherung“ (Vortragender: SS-Obersturmführer Werner Best).[78] Es gab so gut wie keine öffentliche Führerrede, sei es auf dem Reichsparteitag in Nürnberg, vor den Arbeitern des Essener Krupp-Konzerns oder auf DAF-Tagungen, die nicht in den Räumen der RfA per Gemeinschaftsempfang übertragen wurden.[79] Und es gab in Berlin keine öffentlichen Kundgebungen wie 1.–Mai-Feier, Hitler-An- und Ab fahrten oder Staatsempfänge ausländischer Gäste wie der Besuch Mussolinis im September 1937, zu dem nicht die RfA-Belegschaft in meist dreihundertköpfigen Abordnungen oder gar vollzählig aufzumarschieren hatte.[80] Grießmeyer beteiligte sich auch eifrig an der Ausbreitung des Hitler- und Führerkultes. Im Lichthof der Behörde wurde am 20. April 1936 eine Hitler-Büste aufgestellt und feierlich enthüllt; regelmäßig wurden am Geburtstag Hitlers Betriebsappelle abgehalten und Ehrenlisten zur Eintragung für das „Dankopfer der Nation an den Führer“ ausgelegt.[81] Keineswegs alle dieser Präsidialverfügungen waren nur den entsprechenden Erlassen des RAM oder anderer Reichsministerien zur Bekanntgabe an die Gefolgschaft geschuldet, wie etwa der Aufruf zur Beteiligung an und entsprechenden Abstimmung bei der Scheinwahl des Reichstags, verbunden mit der (nachträglichen) Volksabstimmung zur Eingliederung von Österreich am 10. April 1938, sondern sie entsprangen durchaus der Eigeninitiative Grießmeyers. Diesen Ideologisierungs- und Konformisierungsmaßnahmen konnte sich praktisch kein RfA-Beschäftigter entziehen. Zwei Aspekte der behördeninternen Entwicklung, die maßgeblich von Grießmeyer geprägt und von ihm verantwortet wurden, seien kurz näher beleuchtet: zum einen die Personalpolitik, zum anderen der weitere Ausbau zu einer modernen Leistungsverwaltung.

Rekrutierung, Beförderungen und zweite Säuberungswelle: Aspekte der Personalpolitik

Die Hoheit über die Personalpolitik der RfA hatte neben Grießmeyer, der sich insbesondere die letzte Entscheidungsbefugnis in allen Personalsachen der Beamten und Angestellten des höheren Dienstes ausbedungen hatte, Dr. Erwin Gaber inne, der Leiter des Personalreferats, enger Vertrauter Grießmeyers und später selbst erster Präsident der RfA-Nachfolgebehörde BfA. Gaber war erst 1932 zur RfA gekommen und damals gerade 29 Jahre alt gewesen. Allerdings besaß in allen Personalangelegenheiten auch das RVA als Aufsichtsbehörde ein Mitspracherecht und vor allem mussten

78 Vgl. dazu u. a. die Präsidialverfügungen vom 3.5.1938 und 21.1.1939, in: RfA Archiv Nr. 3.

79 Vgl. die entsprechenden Präsidialverfügungen vom 26.9., 24.3. und 24.9.1936, in: ebd.

80 Vgl. dazu die Präsidialverfügungen vom 27.4. und 29.4.1936 (darin war unter anderem detailliert geregelt, welche Abteilungen wieviele Gefolgschaftsmitglieder für die insgesamt 391 RfA-Mitarbeiter umfassende Ehrenabordnung zu stellen hatten) sowie vom 23.3.1936 und 25.9.1937, in: ebd.

81 Vgl. die Präsidialverfügungen vom 24.4.1937, 12.4.1937 und 19.4.1938, in: ebd.

sämtliche Neueinstellungen und nicht zuletzt auch die Beförderungen durch das Personalamt der Berliner NSDAP-Gauleitung abgesegnet werden. Erst nach deren Zustimmung konnten die jeweiligen personalpolitischen Maßnahmen vorgenommen werden.[82] Dass die Gauleitung auch vor direkten personalpolitischen Interventionen nicht zurückschreckte, hatte die RfA-Leitung schon unmittelbar nach der Machtergreifung zu spüren bekommen. Damals waren zur Bewältigung von vorübergehenden Mehrarbeiten 25 Hilfskräfte eingestellt worden, die zum überwiegenden Teil alte Kämpfer der NSDAP waren. Eigentlich sollte diesen vertragsgemäß zum April 1934 gekündigt werden, was aber auf Drängen der Gauleitung seitens des RfA-Direktoriums rückgängig gemacht wurde. Auch ein erneuter Kündigungsversuch zum Monatsende Juni wurde durch Intervention der Parteistelle verhindert.[83] Die für die RfA geltende Prüfungsordnung für die Angestellten des gehobenen wie des einfachen mittleren Dienstes war nach der Machtergreifung schnell an die neuen politischen Verhältnisse angepasst worden. Bei der mündlichen Prüfung musste der jeweilige Bewerber hinreichende Kenntnisse der nationalsozialistischen Weltanschauung, der Rassenkunde, Rassen- und Erbgesundheitspflege und des Aufbaus der NSDAP nachweisen.[84] Die NS-Parteizugehörigkeit war noch nicht Voraussetzung, sollte jedoch im Juli 1941 mit dem Erlass einer neuen Ausbildungs- und Prüfungsordnung verpflichtend werden.[85] Obligatorisch war jedoch seit Juli 1937 der Besuch eines NS-Lagers für Verwaltungsbeamte im oberbayerischen Tutzing, in dem die Anwärter für den höheren Staatsdienst in dreiwöchigen Lehrgängen einer besonderen weltanschaulichen Schulung unterzogen wurden.[86]

Auch die Beamten des Reichsfinanzministeriums hatten ein gewichtiges Wort mitzureden. Mit ihnen hatte Grießmeyer alle Mühe, bei der Aufstellung des Personalhaushalts nicht nur die dringend benötigten zusätzlichen Stellen durchzusetzen, sondern auch Angestellte und Beamte mit den geforderten höheren Qualifikationen rekrutieren zu können. Im November 1936 klagte denn auch Grießmeyer auf der Beiratssitzung ungeschminkt über die zunehmend prekäre Personallage der RfA. Noch immer galt die alte Dienstordnung, nach der im mittleren Dienst Anstellungen auf Lebenszeit sowie mit Ruhegehalt und Hinterbliebenenrente nicht vorgenommen werden konnten. Ausgebildete Dienstanfänger waren daraufhin scharenweise ausgeschieden, wenn ihnen andernorts planmäßige Anstellungen auf Lebenszeit angeboten wurden. Die Angestellten des mittleren Dienstes waren mit fast 1000 Personen gleichsam das personelle Rückgrat der RfA, wobei die Personalstärke inzwischen je-

---

82 Vgl. einige Bespiele dazu in den Resten der RfA-Personalakten, Bestand Bonz.

83 Vgl. Schreiben der Gauleitung an das RAM vom 6.7.1934 sowie die Stellungnahme der RfA dazu vom 3.8.1934, in: BArch R 3901/5705, Bl. 153 f.

84 Vgl. die jeweiligen Prüfungsordnungen vom 25.1.1936, in: RfA-Archiv Nr. 2 sowie auch Schreiben der RfA an das RVA vom 22.3.1938, in: BArch R 89/3485, Bl. 39 ff.

85 Vgl. Bonz-MS, S. 51 f.

86 Vgl. dazu das Scheiben von Vizepräsident Schaefer an das RAM zusammen mit einer Liste der zum Lehrgang einzuberufenden Assessoren der RfA vom 8.7.1937, in: BArch R 89/3481.

doch auf 875 gesunken war; von den als Ersatz vorgesehenen jungen Nachwuchskräften waren im Laufe der zurückliegenden Jahre 116 bereits wieder ausgeschieden.[87] Durch einen dann auch verabschiedeten Nachtrag in der Dienstordnung der RfA, die die Aussicht auf planmäßige Anstellung eröffnete, hoffte Grießmeyer, dieser Entwicklung endlich einen Riegel vorschieben zu können. Die Personalprobleme blieben jedoch bestehen. Aufgrund eines Erlasses des RAM durften bei der RfA nur 231 der im gehobenen mittleren Dienst Beschäftigten die Amtsbezeichnung „Verwaltungsoberinspektor" führen. Das hatte zu einem regelrechten Beförderungsstau geführt, denn der ungünstige Altersaufbau in der davon betroffenen RfA-Beamtenschaft gab nur einem ganz verschwindend kleinen Teil die Aussicht, während ihrer Dienstlaufbahn noch je die Amtsbezeichnung Verwaltungsoberinspektor erhalten zu können.[88] Von den ca. 300 davon betroffenen altgedienten RfA-Beamten war der Großteil zudem bereits 1920 zu Verwaltungsinspektoren ernannt worden und damit seit 17 Jahren in der gleichen Dienststellung. Dass dies demotivierend wirkte, lag auf der Hand. Um all diese drängenden Probleme zu lösen, hatte sich Grießmeyer über sein Personalreferat schon 1935 bei der Vorlage des neuen Besoldungs- und Haushaltsplans für das laufende Geschäftsjahr mit dem Reichsfinanzministerium angelegt und den offenen Konflikt nicht gescheut, denn die geplanten personellen Aufstockungen waren vom Ministerium gerügt und deren Finanzierung verweigert worden. In einem fünfseitigen Schreiben an das RVA kritisierte Grießmeyer das Verhalten des Finanzministeriums, dem er auch unverblümt die Zuständigkeit hinsichtlich der Organisation der Träger der Sozialversicherung absprach.[89]

> Es ist nicht meine Aufgabe, dem Herrn Reichsminister der Finanzen gegenüber die Grenzen der Zuständigkeit aufzuzeigen; ich möchte nur darauf hinweisen, dass, sowie die RfA in Frage kommt, jedenfalls kein Vertreter des Reichsfinanzministeriums sich an Ort und Stelle über organisatorische Notwendigkeiten und Möglichkeiten unterrichtet hat. Daher kommt es auch, dass der Vorschlag des Reichsministers der Finanzen sachlich unbrauchbar ist.[90]

Doch er konnte sich nicht durchsetzen.

Zwei Jahre später startete Grießmeyer einen neuen Versuch. Im August 1937 legte er dem RAM über das RVA einen umfangreichen Stellenplan vor, durch den er für insgesamt 1040 Bedienstete, darunter vor allem 610 Verwaltungsoberinspektoren, 79 Verwaltungsinspektoren und 246 Verwaltungssekretäre, Beamtenstellen einzurichten plante.[91] Da Stellen für Beamte nur eingerichtet werden durften, sofern sie der Wahrnehmung obrigkeitlicher Aufgaben dienten bzw. aus Gründen der staatlichen Sicherheit nicht von Angestellten oder Arbeitern versehen werden durften, erläuterte und begründete er ebenso ausführlich wie detailliert die „obrigkeitliche Natur" der

87 Vgl. Protokoll der Beiratssitzung vom 30.11.1936, S. 3, in: BArch R 89/3469.
88 Vgl. Schreiben RfA an das RAM vom 3.11.1937, in: BArch R 89/3486.
89 Schreiben vom 23.4.1935, in: BArch R 89/3478, Bl. 24 ff.
90 Ebd. Vgl. dazu auch Bonz-MS, S. 78 ff.
91 Vgl. das Schreiben vom 25.8.1937, in: BArch R 89/3482.

jeweiligen Amtsträger und Verwaltungsleute. Gleichsam im Windschatten des 25-jährigen Jubiläums plante er gleichzeitig, eine Reihe der altbewährten Beamten endlich zu befördern. Ob dies gelang, ist unklar, das RVA meldete jedenfalls Bedenken an, zumal Grießmeyer schon im April 1937 anlässlich des Führergeburtstags eine Welle von Beförderungen vorgenommen hatte.[92] Die Engpässe in den einzelnen Dienstrangen nahmen jedoch weiter zu. Als Verwaltungsamtmänner waren etwa gerade einmal 25 im Stellenplan vorgesehen; dabei wäre dringend eine Verdoppelung nötig, wie der Personalleiter im August 1938 dem RVA gegenüber klagte.[93] Insbesondere bei der Rekrutierung ärztlicher Kräfte als Referenten in der Heilverfahrensabteilung gab es erhebliche Schwierigkeiten, da diese nur nach der Tarifordnung des öffentlichen Dienstes bezahlt werden durften, was gegenüber andernorts oder freiberuflich tätigen Ärzten erhebliche Einkommenseinbußen bedeutete.[94] Auch die Möglichkeiten zur Einstellung und Beförderung von Regierungsräten war, wie Grießmeyer in einer weiteren Sitzung Ende November 1938 dem Beirat gegenüber beklagte, begrenzt.[95]

Das ganze Problem der Personalentwicklung bei der RfA wurde noch dadurch kompliziert, dass der „RfA-Beamte" einen eigenen und gegenüber den Reichsbeamten unklar abgegrenzten Status hatte. Das Problem bestand schon seit den 1920er Jahren, als das RVA in einer Grundsatzentscheidung bestimmt hatte, dass

> die Büro- und Kanzleibeamten der RfA weder Reichsbeamte sind noch die Rechte und Pflichten der Reichsbeamten haben. Sie sind vielmehr als freie Angestellte von dem Direktorium der Anstalt zu berufen. Durch ihre Anstellung erlangen sie auch nicht mittelbar die Rechtsstellung von Beamten.[96]

Eigentlich war im Aufbaugesetz von 1934 vorgesehen gewesen, dass die im Dienst der RfA beschäftigten Beamten des höheren Dienstes Reichsbeamte sind, doch aufgrund der Abstimmungsprobleme mit den entsprechenden Beamten der LVA kam eine entsprechende Durchführungsverordnung nicht zustande. Für Grießmeyer und die betroffenen RfA-Beamten war dies eine massive Ungerechtigkeit, die man auch als Zurücksetzung der Behörde insgesamt auffasste, verwehrte man der RfA doch damit sozusagen den Status als Reichsbehörde. Auch der Reichsrechnungshof hatte im Mai 1935 bei seinen Prüfungen moniert, dass die Dienstbezüge der mittleren und der Unterbeamten der RfA an die der Reichsbeamten noch nicht angeglichen worden waren.[97] Die ganze Angelegenheit hatte sich dann zu einer regelrechten Groteske entwickelt, als es um die Abnahme des Treueeids auf den Führer ging, was eigentlich

92 Vgl. die entsprechende Präsidialverfügung vom 20.4.1937, in: RfA-Archiv Nr. 2.
93 Vgl. dazu auch den Personalhaushaltsplan für das Geschäftsjahr 1938, in: ebd.
94 Schreiben der RfA an das RAM vom 24.10.1938, in: BArch R 89/3485.
95 Vgl. Protokoll der Beiratssitzung vom 28.11.1938, S. 7, in: BArch R 89/3468.
96 Zitiert nach Bonz-MS, S. 390 f.
97 Vgl. das Schreiben des Rechnungshofes vom 15.5.1935 sowie das Antwortschreiben der RfA an das RVA vom 23.8.1935, in: BArch R 89/3486.

nur „echten" Reichsbeamten des höheren Dienstes zustand. Grießmeyer forderte, dass durch ihn nicht nur die höheren RfA-Beamten, sondern auch die im kündbaren Angestelltenverhältnis Beschäftigten des mittleren und unteren Dienstes per Handschlag den Treueeid ableisten sollten. Eine rechtsbegründende Wirkung sei damit nicht verbunden, dafür aber eine starke statusbezogene Aufwertung der Betroffenen.[98] Das RAM verweigerte jedoch den RfA-Mitarbeitern und Grießmeyer die Vereidigung auf den Führer, was, so jedenfalls versuchte es Letzterer der Aufsichtsbehörde gegenüber zu vermitteln, zu massiver Empörung in der Gefolgschaft geführt habe. Tatsächlich hatte sich eine Reihe von Betroffenen geweigert, nicht das statusmäßig minderwertigere Gelöbnis auf Hitler abzulegen, und die Leistung eines Treueeids gefordert, wenn ihnen schon auch die anderen beamtenrechtlichen Zugeständnisse wie Dienstzeitanrechung und Versorgungszulagen nicht gewährt würden.[99] Im September 1939 kochte die ganze Angelegenheit im Rahmen einer Arbeitsgerichtsklage eines Dienststellenleiters sowie eines Bürovorstehers gegen die RfA erneut hoch, wobei klar war, dass die Behördenleitung eigentlich auf Seiten der Kläger stand und sich in ihren Besoldungsmaßnahmen und der Frage der unerreichten „Beamtenwerdung der Angestellten" nur als Ausführende sah, die an die Weisungen des Reichsfinanz- und des Reichsarbeitsministeriums gebunden war.[100] „Es fand sich bisher niemand", so hieß es in der Berufungsbegründung der Kläger rückblickend, „der die Verwirrung in den Verhältnissen der ‚Bediensteten' der Sozialversicherungsträger beseitigt hätte. Auf diese Weise ist die Unzufriedenheit und Unsicherheit bei den Bediensteten bestehen geblieben."[101]

Tatsächlich war der beamten- und besoldungsrechtliche Status der Bediensteten der RfA ziemlich heterogen: Neben den planmäßigen Beamten des höheren Dienstes mit Rechten und Pflichten von Reichsbeamten gab es die übrigen Beamten der RfA, die aufgrund der Dienstordnung Dauerangestellte auf Lebenszeit waren, die Angestellten mit gesetzlicher oder vereinbarter Kündigung ihrer Beschäftigungsverhältnisse sowie schließlich die als Arbeiter tätigen RfA-Angehörigen. Trotz mehrerer Anläufe war auch zu Kriegsbeginn die Frage der Beamteneigenschaft der RfA-Beschäftigten des höheren Dienstes nach wie vor ungeklärt. Grießmeyer hatte noch im Oktober 1939 einen Erlass des RAM über die „Änderung der Amtsbezeichnung der im Geschäftsbereich der Sozialverwaltung tätigen Beamten des gehobenen Dienstes" zum Anlass genommen, auch für die RfA entsprechende Änderungen anzuordnen. Demnach führten die Verwaltungsamtmänner, -inspektoren und -oberinspektoren nun die Fachbezeichnung „Regierungsamtmann".[102] Doch schnell stellte sich heraus,

98 Vgl. Schreiben Grießmeyers an das RAM vom 16.1.1936, in: BArch R 89/3479. Vgl. dazu auch Bonz-MS, S. 40 ff.

99 Vgl. dazu auch Bonz-MS, S. 54 ff.

100 Vgl. Schreiben des Reichsfinanzministeriums vom 25.9.1939, in: BArch R 89/3508.

101 Schreiben vom 28.12.1939, S. 4, in: ebd. Das Verfahren vor dem Arbeitsgericht wurde endgültig im November 1940 ohne Ergebnis und durch Rücknahme der Klage beendet.

102 Vgl. die Präsidialverfügung vom 20.10.1939, in: RfA-Archiv Nr. 3.

dass Grießmeyer auf eigene Faust gehandelt hatte. Trotz Drängen des RAM weigerte er sich beharrlich, diesen Erlass rückgängig zu machen.[103] Und er beschloss, „um den Arbeitsfrieden zu erhalten und aus sozialen Rücksichten", allen im Arbeiterverhältnis stehenden RfA-Beschäftigten einen widerruflichen Lohnzuschlag zu gewähren. Aber auch hier verweigerte das RAM seine Zustimmung.[104]

Die bloßen Zahlen zur Entwicklung der Beschäftigten in der RfA verdecken daher vielfach die dahinterstehenden Probleme einer auf Wachstum und steigende Qualifikationsbedürfnisse ausgerichteten Behörde. Seit der Stagnation im Jahr 1932 mit 1361 beschäftigten Beamten, Angestellten und Arbeitern war die Zahl der Gefolgschaftsmitglieder bis Ende 1939 langsam aber kontinuierlich auf 1872, d. h. um 37 Prozent gestiegen.[105] Die Qualifikationsstruktur der Beschäftigten hatte sich dabei allerdings nicht verändert. Nach wie vor stellten die knapp 70 Beamten sowie 21 Angestellte des höheren Dienstes die Minderheit unter der Belegschaft, während 1560 RfA-Mitarbeiter Beamte des mittleren und unteren Dienstes waren, davon 465 Frauen. Dazu gab es 63 männliche Arbeiter und 102 Reinigungsfrauen.[106] Dass Frauen schon lange vor der Machtergreifung der Nationalsozialisten „nur in sachlich bedingtem Umfang" beschäftigt worden, und kaum in gehobeneren Bedienstetenpositionen mit Aufstiegschancen vertreten waren, war weder behörden- noch RfA-spezifisch.[107] Bei der RfA hielt man sich zugute, dass man im Vergleich zu anderen Versicherungsträgern den mit etwa 40 Prozent überdurchschnittlich hohen Anteil von Frauen unter den Versicherten auch angemessen bei der Zusammensetzung der RfA-Beschäftigten berücksichtigte. Im Jubiläumsjahr 1937 waren immerhin 540 weibliche Beschäftigte unter der RfA-Gefolgschaft, das waren knapp 30 Prozent. Die große Mehrheit von ihnen arbeitete aber als Verwaltungssekretärinnen und einfache Büroangestellte; es gab nur drei Verwaltungsinspektorinnen, davon zwei in der Dienstelle 1 der Kontenverwaltung und eine in der Dienststelle 2 der Abteilung I Versicherung.[108] Umso bewerkenswerter war es, dass sich im Oktober 1937 eine einfache Büroangestellte der Leistungsabteilung in einem elfseitigen Schreiben an den Reichsarbeitsminister wandte und über die fortgesetzte Benachteiligung der Frauen bei der RfA klagte.[109] Seit März 1933 bei der RfA, war die Betroffene – wie auch ihre fünf Kolleginnen – mehrmals bei der Auswahl zur Zulassung zum Lehrgang für die Verwaltungsprüfung des gehobenen mittleren Dienstes unter den Dienstanfängern übergangen worden. Alle Versuche in Bezug auf

---

103 Vgl. das Schreiben Grießmeyers an das RAM und RVA vom 19.2.1940, in: BArch R 89/3489, Bl. 164 f.

104 Schreiben Grießmeyers an den Reichstreuhänder für den öffentlichen Dienst vom 24.8.1939, in: BArch R 89/3487.

105 Vgl. die Zusammenstellung des Personalstands der RfA bei Bonz-MS, S. 87.

106 So die Angaben mit Stand 1.10.1938 im Prüfbericht des RVA, S. 3, in: BArch R 89/3450.

107 So später auch die Auskunft der RfA an die Gauleitung Berlin vom 3.8.1934, in: BArch R 5705/5, vgl. auch Bonz-MS, S. 63.

108 Das ergab die Auswertung der namentlichen und mit Dienstbezeichnung versehenen Liste sämtlicher Gefolgschaftsmitglieder, die als Beilage in der 25-Jahre-Festschrift gedruckt wurde.

109 Vgl. das Schreiben vom 27.10.1937, in: BArch R 89/3459.

Gespräche mit Grießmeyer und der Personalleitung und diverse schriftliche Gesuche waren abgeblockt und verworfen worden. In dem Schreiben an den Minister heißt es:

> Es ist mir bekannt, dass der nationalsozialistische Staat der Anstellung weiblicher Beamter nicht günstig gesinnt ist, weil er den eigentlichen Wert der Frau erst in ihrem natürlichen Beruf als Frau und Mutter erfüllt sieht [...]. Doch hat auch der nationalsozialistische Staat die Anstellung weiblicher Beamter für die Zukunft durch gesetzliche Bestimmungen nicht unmöglich gemacht, nicht einmal die Einberufung weiblicher Kräfte für die Beamtenlaufbahn verhindert.[110]

Sie forderte daher nun das RAM dazu auf, sie zu der in den Anstellungsgrundsätzen für Angestellte des einfachen und mittleren Dienstes vorgesehenen und ihr damit auch zustehenden Verwaltungsprüfung für den gehobenen mittleren Dienst zuzulassen, und ihr eine Anstellung in einer planmäßigen Lebenszeitstelle zu gewähren sowie die Amtsbezeichnung und die Bezüge eines nichtplanmäßigen Beamten zu verleihen. Grießmeyer, zur Stellungnahme aufgefordert, gab dabei offen zu, dass er im Gefolge der nationalsozialistischen Erhebung und den damit veränderten Verhältnissen bewusst dazu übergegangen war, bei der lebenslänglichen Anstellung von Nachwuchskräften als Beamte der RfA nur männliche Bedienstete zu berücksichtigen und die weiblichen Angestellten auszuschließen.[111] RAM, RVA und RfA waren sich in dieser Frage völlig einig und im Januar 1938 wurde daher das Gesuch der Angestellten abgelehnt.

Weit mehr Diskriminierungen sahen sich jedoch ungeachtet des Geschlechts diejenigen RfA-Beschäftigten ausgesetzt, die den rassischen und politischen Vorgaben des Regimes nicht entsprachen. Im Frühjahr 1936 hatte eine zweite große Säuberungswelle innerhalb der RfA-Belegschaft eingesetzt. Begonnen hatte es unter anderem mit einer Präsidialverfügung Grießmeyers – auf Anordnung des RAM – vom 19. Februar 1936, in der von den bei der RfA tätigen Dauerangestellten „mit Rücksicht auf ihre beamtenähnliche Tätigkeit" eine Erklärung über die Zugehörigkeit zu Freimaurerlogen gefordert wurde, die dem Personalbüro vorzulegen war.[112] Die Angelegenheit war durchaus pikant, denn zum einen war Grießmeyer selbst Logenmitglied gewesen, zum anderen gab es mit dem Unterabteilungsleiter der Heilfürsorgeabteilung, Dr. med. Walther von Gimborn, einen prominenten RfA-Beamten, der von der Erfassung betroffen war. Im November 1936 hatte Grießmeyer zunächst noch an das RVA „Fehlanzeige" gemeldet, im Juni 1937 jedoch einen Rückzieher machen müssen und von insgesamt vier RfA-Beamten mit ehemaliger Logenzugehörigkeit berichtet.[113] Für die Betroffenen galt, dass sie nur mit Zustimmung des Stellvertreters des Führers (weiter-)beschäftigt werden durften; das hatte Grießmeyer allerdings zugunsten von Gimborn, den er als medizinischen Experten der Heilverfahrensverwaltung auf keinen Fall verlieren wollte, zunächst eng ausgelegt, sah sich dann aber doch zu einer

110 Ebd., S. 9.
111 Schreiben Grießmeyers an das RAM vom 20.11.1937, in: ebd.
112 Verfügung vom 19.2.1936, in: RfA-Archiv Nr. 2.
113 Vgl. Schreiben Grießmeyer an das RVA vom 5.6.1937, in: BArch R 89/3481.

Kehrtwendung gezwungen. In einem Schreiben würdigte er nun ausführlich die Verdienste seines Beamten, betonte, trotz der fehlenden Parteizugehörigkeit, dessen nationale und politische Zuverlässigkeit und bat um eine offizielle Zustimmung zur Weiterbeschäftigung, die auch kurz darauf folgte. Bei anderen ehemaligen Logenangehörigen war Grießmeyer dagegen weniger großzügig und einsatzfreudig. Einem Verwaltungsoberinspektor und Dienststellenleiter in der Leistungsabteilung war zum 1. Januar 1937 eine Beförderungsstelle zum Amtmann genehmigt worden, die ihm jedoch auf Einspruch der DAF-Fachschaft des Reichsbundes der Deutschen Beamten mit der Begründung der ehemaligen Logenmitgliedschaft und eines angeblich falsch angegebenen Austrittsdatums wieder aberkannt wurde.[114] Der Betroffene hatte sich schon wegen einer Denunziation 1933 vor dem politischen Ausschuss der RfA verantworten müssen, worauf Grießmeyer mit einer fünfjährigen Beförderungssperre reagierte. Nach erfolgreichem Widerspruch war im Mai 1936 eine Rehabilitation und Aufhebung der Beförderungssperre erfolgt; nun machte aber das DAF-Personalamt erneut Front gegen den unliebsamen Beamten und Grießmeyer knickte gegenüber den NS-Beamtenfunktionären ein. Wegen Widersprüchen über die Zeitangaben des Logenaustritts wurde die Beförderung weiter solange zurückgestellt, bis der Betroffene die entsprechenden Nachweise erbringen würde.[115] Als dies dem Verwaltungsoberinspektor im Frühjahr 1939 endlich gelang, hatten Grießmeyer und Gaber jedoch die Stelle bereits anderweitig besetzt.[116]

Nicht minder übel erging es auch denjenigen RfA-Beschäftigten, die aufgrund einer im September 1936 vom RAM gestarteten Aktion ihre Rasseeigenschaft nachweisen mussten. Sämtliche verheiratete Beamten und Dauerangestellte wurden in einer neuen Fragebogenaktion zu Angaben darüber aufgefordert, inwieweit sie selbst Juden, „jüdische Mischlinge" oder „jüdisch versippt" waren, d. h. jüdische Ehepartner besaßen. Über das entsprechende Ergebnis hatte Grießmeyer umgehend zu berichten und sich gleichzeitig dazu zu äußern, ob die betreffenden Bediensteten im Dienst belassen werden konnten oder eine Versetzung in den Ruhestand angezeigt erschien. Der Rücklauf der ganzen Aktion war allerdings schleppend. Ende Oktober hatten von den ca. 900 in Frage kommenden RfA-Bediensteten erst 700 die Fragebogen – und zwar vielfach unvollständig – beantwortet. Wie schon 1933 agierten Grießmeyer und sein Personalleiter Gaber bei den Ermittlungen über die Abstammung der Betroffenen äußerst eifrig – nunmehr auf der Grundlage der Nürnberger Rassengesetze von 1935. Am 20. Januar 1937 informierte Grießmeyer in einem als geheim deklarierten Schreiben das RVA darüber, dass bei der RfA insgesamt neben vier jüdischen Beamten neun jüdisch versippte Bedienstete vorhanden seien. Hinsichtlich des weiteren Beschäftigungsverhältnisses äußerte er sich noch nicht, da erst noch die gleichzeitig erfor-

114 Vgl. das umfangreiche Schreiben des Betroffenen an das Reichsinnenministerium vom 25. 3. 1938, in: BArch R 89/3504.

115 Bescheid des RVA vom 23. 5. 1938, in: ebd.

116 Vgl. das Beschwerdeschreiben des Betroffenen an das Reichsinnenministerium vom 20. 4. 1939 sowie auch die Stellungnahme Grießmeyers vom 9. 5. 1939, in: BArch R 89/3505.

derliche Stellungnahme der Gauleitung eingeholt werden musste.[117] Ende Mai meldete der RfA-Präsident dann Vollzug und korrigierte zunächst die Zahl der „jüdisch versippten" Beamten auf fünf.[118] Vier der Betroffenen waren im mittleren Dienst beschäftigt, einer im höheren Dienst. Die vier ersteren wurden zum Ende Juni in den Ruhestand versetzt, für den Beamten des höheren Dienstes jedoch, Regierungsrat Dr. med. Oskar Gummig, Frontkämpfer und seit 1929 bei der RfA als einer der inzwischen dienstältesten Sachbearbeiter der Abteilung für Gesundheitsfürsorge, erbat Grießmeyer eine Ausnahmeregelung und die Belassung im Dienst. Alles hing vom politischen Zeugnis der Parteistellen ab, das schließlich sogar in Form eines Schreibens des Stellvertreters des Führers aus München im Mai auf dem Schreibtisch Grießmeyers landete. Darin wurde Gummig eine überaus korrekte Haltung bescheinigt, zugleich aber keine bejahende Einstellung zum nationalsozialistischen Staat attestiert.[119] Letztlich konnte Grießmeyer aber seinen Beamten behalten. Mindestens ebenso altgedient und für das reibungslose Arbeiten der RfA als Behörde mitverantwortlich war die Verwaltungssekretärin Käthe W. Seit 1924 in der Behörde tätig war die nun 44-Jährige für die Archivierung und Durchprüfung der laufenden Versichertenakten verantwortlich, und im Verhinderungsfall hatte sie auch den Aufsicht führenden Beamten der Dienstelle vertreten. Doch für ihren Verbleib setzten sich Grießmeyer und Gaber im April 1937 nicht ein. Wegen ihrer jüdischen Großeltern väterlicherseits wurde sie zwangsweise in den Ruhestand versetzt und ihre Personalakte mit dem Verweis „Wiederverwendung unerwünscht" versehen.[120]

Womit weder die Parteistellen noch Grießmeyer gerechnet hatten, war, dass sich die Entlassenen massiv wehrten und um ihre Rehabilitierung kämpften. Ursprünglich hatte Gaber den Betroffenen nahegelegt, sich entsprechend der RfA-Dienstordnung mit vollem Ruhegehalt pensionieren zu lassen, um einer drohenden Dienstentlassung zu entgehen. Das taten diese auch, was aber kurz darauf den Unmut des RVA erregte, denn anstelle einer Sanktion bekamen die Angestellten, „im besten Mannesalter stehend und voll dienstfähig", nun ihre ganze Pension.[121] Im RVA wie in der RfA zerbrach man sich daher den Kopf darüber, wie der zwar rechtswidrig ergangene, aber formell rechtswirksame Pensionierungsbescheid zurückgenommen werden könnte. Zudem kam zu Tage, dass die RfA bei ihren Ermittlungen über das Ziel hinausgeschossen war und bei einem Verwaltungsoberinspektor völlig zu Unrecht „jüdische Versippung" angenommen hatte. In der Personalabteilung der RfA lag daher bereits dessen Wiedereinstellungsbegehren auf dem Schreibtisch. Die Äußerungen, die der RfA-Personaldirektor bei dem darauffolgenden Gespräch im RVA Ende September machte, sprechen Bände über

117 Vgl. Schreiben Grießmeyers an das RVA vom 20.1.1937, in: BArch R 89/3481.

118 Da sich herausgestellt habe, dass die übrigen vier, wenn auch ihre Ehefrauen „jüdischen Bluteinschlag" hätten, nicht jüdisch versippt im Sinne des RAM-Erlasses seien. Schreiben vom 31.5.1937, in: ebd.

119 Brief vom 24.5.1937, in: ebd.

120 Vgl. die Personalakte Käthe W., in: Bestand Bonz.

121 Vermerk vom 17.9.1937, in: BArch R 89/3482.

die in der Behörde herrschende personalpolitische Ausrichtung. Er gab freimütig zu, den Begriff der „jüdischen Versippung“ bewusst weit gefasst zu haben, da man gleichsam in Vorwegnahme einer weiteren Verschärfung der antijüdischen Gesetzgebung im Falle einer anstehenden Verbeamtung davon ausgegangen war, dass die Weiterbeschäftigung des Betroffenen über kurz oder lang sowieso nicht möglich gewesen wäre. „Eine Wiedereinstellung des Z. würde die RfA nicht freiwillig vornehmen, da sie sich damit Missdeutungen politischer Art aussetzen könnte.“[122] Auch Grießmeyer argumentierte gegenüber dem RVA, dass das Gesuch des Z. um Pensionierung „sein freier Entschluss war“ und die Neueinstellung von Personen, deren Ehefrauen nicht arischer Abstammung waren, ausgeschlossen sei. „Im Übrigen halte ich eine Wiederverwendung auch im Hinblick auf die bevorstehende Beamtenwerdung nicht für angebracht.“[123] Die Eingabe des zu Unrecht entlassenen RfA-Beamten verdeutlicht, dass und wie Gaber von der Personalabteilung ihn massiv unter Druck gesetzt hatte.[124] Der Fall zog sich allerdings zum Missfallen der RfA-Personalstelle weiter hin, denn das RVA sah durchaus eine Berechtigung zur Wiedereinstellung, was Gaber dazu veranlasste, im Mai 1938 über die Reichsstelle für Sippenforschung weitere Erkundigungen über die Abstammung des Verwaltungsoberinspektors und seiner Frau einzuholen.[125] Im Februar 1939 meldete dann Gaber geradezu triumphierend an das RVA, dass die Ehefrau jüdischer Mischling mit zwei der Rasse nach volljüdischen Großelternteilen sei und daher keine Veranlassung bestehe, die Versetzung in den Ruhestand rückgängig zu machen.[126]

Und es gab weitere Fälle: Der eine betraf einen RfA-Verwaltungsoberinspektor, der in Stuttgart als Überwachungsbeamter tätig war und wegen seiner jüdischen Ehefrau von Personalreferent Gaber vorgeladen wurde. Dieser eröffnete ihm, dass er als „jüdisch versippter“ Beamter keinesfalls in Stellungen, die mit Publikumsverkehr verbunden waren, verwendet werden konnte. Seine weitere Beschäftigung bei der RfA sei daher höchst zweifelhaft und allenfalls könne über das Gesuch einer Versetzung in den Innendienst eine Regelung gefunden werden.[127] Der Betroffene weigerte sich allerdings, sowohl ein entsprechendes Gesuch als auch einen Antrag auf Versetzung in den Ruhestand zu stellen, worauf aufgrund der vielfach ungeklärten gesetzlichen Lage der RfA-Personalstelle nichts anderes übrig blieb, als ihn im Dienst zu belassen. Die übereifrige Säuberungspolitik und das von vorauseilendem Gehorsam bei der politischen wie rassischen Überprüfung der Belegschaft geprägte Verhalten von RfA-

122 Vermerk des Besprechungsergebnisses vom 23.9.1937, in: ebd.

123 Schreiben vom 31.7.1937, in: BArch R 89/3505.

124 Vgl. dazu die Eingabe von W.Z. vom 12.7.1937 an den Reichsarbeitsminister, in: BArch R 89/3505. Vgl. dazu auch die erhaltene, umfangreiche Personalakte von W.Z. mit dem gesamten Schriftwechsel, in: Bestand Bonz.

125 Schreiben des Leiters der Reichsstelle an Gaber vom 30.5.1938, in: ebd.

126 Schreiben vom 21.2.1939, in: ebd.

127 Vgl. der Bericht des betroffenen Verwaltungsoberinspektors vom 20.2.1937 an den Reichsarbeitsminister in: BArch R 3901/5705.

Personalreferent Gaber entwickelte sich letztlich aus der Perspektive der Behörde kontraproduktiv. Alle Betroffenen wandten sich letztendlich mit Gesuchen zur Wiedereinstellung und Verweisen auf die von der RfA ausgeübten Zwänge, denen keine gesetzliche Bestimmung zugrunde lag, direkt an das RAM. Dabei hatte Gaber, wohlwissend um die sich ergebenden dienstrechtlichen Probleme, den Betroffenen deutlich vermittelt, dass es „sehr gefährlich sei", das RAM zur Entscheidung anzurufen, da Grießmeyer als RfA-Präsident die Pensionierungen „selbständig aus Wohlwollen zu den betroffenen Beamten wegen ihrer langjährigen treuen Dienste behandele".[128] Im Schreiben eines der Betroffenen an das RAM heißt es:

> Diese erschütternde Mitteilung über die Vernichtung meiner Existenz traf mich gänzlich unerwartet und brachte mich seelisch völlig aus dem Gleichgewicht. Bei der Kürze der mir gestellten Frist für den bedingungslosen Pensionierungsantrag blieb mir zunächst keine andere Entscheidung [...]. Meine Bitte, Herr Reichsminister, geht nun dahin, meine Wiedereinstellung in den Dienst der RfA zu den früheren Bedingungen verfügen zu wollen, da bisher keine gesetzliche Bestimmung ergangen ist, wonach der Abbau aller nichtarisch verheirateter Beamten gefordert würde.[129]

Letztlich gelang jedoch keinem der „jüdisch belasteten" früheren RfA-Beamten die Wiedereinstellung. Die rassische Säuberung der RfA-Belegschaft wurde jedoch gleichzeitig zum auch in den Folgejahren praktizierten Prinzip des Personalmanagements. Bei jeder Neueinstellung und vor allem auch jeder Heirat eines RfA-Beamten wurde der Nachweis der deutschblütigen Abstammung und beharrlich die Beibringung der entsprechenden Nachweise eingefordert.[130] Wie erhalten gebliebene Personalakten zeigen, sollte der RfA-Personalreferent auch während des Krieges sein ideologisch-rigides Verhalten beibehalten und mit Dienststrafverfahren gegen Beamte vorgehen, die von Kollegen wegen Zweifeln am Endsieg denunziert worden waren.

Dass Gaber aber auch bei der politischen Säuberung keineswegs effizient gewesen war, zeigt der Fall einer Verwaltungsangestellten, auf die das Personalreferat allen Fragebogenaktionen und Überprüfungen der politischen Vergangenheit zum Trotz erst im Mai 1937 infolge der Verhaftung durch die Gestapo aufmerksam geworden war. Angeklagt wegen Hochverrats wurde die seit 1934 bei der RfA zunächst aushilfsweise, seit Mai 1935 dann auf Dauer angestellte Sachbearbeiterin, die zugleich aktiv im kommunistischen Jugendverband und in den Widerstandsplanungen der KPD gewesen war. Sie wurde zu sechs Jahren Zuchthaus verurteilt und im Zuge dessen auch aus der RfA entlassen.[131] Überhaupt nahm es die RfA-Personalabteilung auch in anderen Fällen, in denen es ihr opportun schien, mit den NS-Rassevorstellungen dann doch

128 So die Wiedergabe von Gabers Äußerung im Schreiben der VOI K.D. an das RAM vom 6.7.1937, in: BArch R 89/3483.
129 Ebd., S. 2.
130 Vgl. dazu etwa Vermerk vom 7.12.1941 in einer der wenigen überlieferten Personalakten, hier des Überwachungsbeamten Gustav N., in: Bestand Bonz.
131 Vgl. die Personalakte von Hildegard B. in: ebd.

nicht so genau. Im Juli 1939 etwa beantragte der Personalreferent die Verleihung des Treudienst-Ehrenzeichens an den Hausmaler des Sanatoriums Schwarzwaldheim. Das Problem war, dass dieser mit zwei volljüdischen Großeltern als Mischling ersten Grades galt. Nach den Kriterien des Erlasses zum Reichsbürgergesetz, so lautete das Argument, gelte er damit aber nicht als Jude im Sinne dieser Bestimmungen und daher stehe einer Verleihung nichts im Wege.[132]

Insgesamt waren jedoch nicht viele RfA-Beschäftigte von den Diskriminierungsmaßnahmen direkt betroffen; von einer massenhaften Entlassungswelle kann keine Rede sein.[133] Doch auch die wenigen bekannt gewordenen Fälle sorgten für ein Klima der Angst und Anpassung, und vermutlich gab es auch eine in ihrem Umfang nicht näher zu bestimmende Dunkelziffer bei den politisch motivierten Beförderungsablehnungen. Tatsächlich geben die wenigen überlieferten Personalakten deutliche Hinweise darauf, dass bei den RfA-Beschäftigten in mehr als nur den offiziell als „jüdisch versippt“ gemeldeten Fällen schon bei geringsten rassischen „Bedenken“ die „freiwillige“ Beantragung der Versetzung in den Ruhestand durch das Personalreferat betrieben wurde. Einer Verwaltungssekretärin etwa wurde, obwohl seit 1911 von ihrem damaligen jüdischen Ehemann geschieden, die vorzeitige Pensionierung nahegelegt, da dieser Ehe eine Tochter entstammte und andernfalls die zwangsweise Pensionierung mit stark gekürzter Pension durchgesetzt würde.[134] Letztendlich ließen sich die personalpolitischen Maßnahmen Grießmeyers und Gabers zwischen 1935 und 1938 unter der Formel zusammenfassen, die auch schon der RfA-Fachschaftsleiter Beutler im Februar 1937 gegenüber einem der „jüdisch versippten“ Beamten geäußert hatte: Es handele sich „um zwei Gruppen von Beamten; bei der einen habe die RfA kein Interesse daran, sie zu entlassen, bei der anderen Gruppe habe die RfA kein Interesse daran, sie zu behalten“.[135] Das Rasseargument war mithin nur vorgeschoben.

Um Wiedereinstellung und Rehabilitierung bemühten sich tatsächlich auch eine Reihe von RfA-Bediensteten, die 1933 aus politischen Gründen entlassen worden waren. Aber trotz des inzwischen spürbaren Mangels an qualifizierten Sachbearbeitern lehnte das RAM dies mit Verweis auf einen Erlass des Stellvertreters des Führers ab, denn der Zeitpunkt für eine Wiederverwendung dieser Entlassenen sei noch nicht gekommen.[136] Erstaunlicherweise war die RfA-Personalstelle aber auch bei der Wiedereinstellung „Alter Kämpfer“ und angeblich während der Weimarer Republik wegen

132 Vgl. Schreiben zur Verleihung vom 12.7.1939, in: BArch R 89/3489.

133 So die Darstellung ohne weitere Nachweise bei Glootz, S. 74.

134 Viele dieser Fälle kamen erst im Zuge der Wiedergutmachung nach 1945 zum Vorschein. Vgl. Personalakten-Bestand Bonz. Vgl. hier die Akte von Frieda G. und deren Schreiben an die BfA vom 30.1.1956, in: ebd.

135 Vermerk W.Z. über die Besprechung im Personalreferat vom 10.2.1937, in: Personalakte H.M., Bestand Bonz.

136 Erst im Laufe des Jahres 1939 und des Krieges wurden entsprechende Gesuche positiv beschieden und die Betroffenen, allerdings auch nur bei Nachweis der politischen Läuterung u. a. durch Parteieintritt und politisches Engagement, eingestellt. Vgl. einige Fälle in den Personalakten, Bestand Bonz.

ihrer nationalsozialistischen Überzeugung entlassenen RfA-Bedienstete relativ unbestechlich geblieben. Das bereits im Juni 1933 erlassene „Gesetz über die Aufhebung der im Kampf für die nationale Erhebung erlittenen Dienststrafverfahren und sonstigen Maßregelungen" hatten eine ganze Reihe Personen, die im Zuge der zwischen 1924 und 1933 erfolgten Entlassungswellen bei der RfA aus der Behörde ausgeschieden waren, zu nutzen versucht, um ihre Wiedereinstellung zu betreiben. Bei genauerem Hinsehen zeigt sich allerdings meist, dass die Entlassungen nicht aus politischen Gründen, sondern wegen unterdurchschnittlicher Arbeitsleistungen oder gar dienstrechtlicher Verfehlungen erfolgt waren.[137] Einige RfA-Beschäftigte suchten zudem auf andere Weise von dem Erlass zu profitieren und verlangten – wie im Fall eines 1924 entlassenen, 1929 jedoch wieder in der RfA eingestellten Verwaltungsinspektors und inzwischen SA-Sturmmanns – eine Neufestsetzung der Besoldung entsprechend dem Dienstalter, das sich ohne Unterbrechung der Laufbahn ergeben hätte.[138] Hier, wie auch in einer ganzen Reihe anderer Fälle jedoch widerstand die RfA den Begehrlichkeiten und hielt trotz zum Teil massiver politischer Interventionen etwa durch Empfehlungs- und Antragsschreiben einer Gauleitung an ihren damaligen Entlassungs- und Besoldungsbeschlüssen fest.[139] Auch die diversen Anordnungen Hitlers über Stellenvorbehalte für Versorgungsanwärter und Nationalsozialisten sowie Sonderaktionen zur Unterbringung von Amtsleitern der NSDAP und von SA-Führern blieben, anders als man etwa erwarten könnte, in der RfA-Personalpolitik ohne größere Wirkung. Zwar hatte das Direktorium der RfA schon im Mai 1934 beschlossen, den bei der Behörde tätigen Dienstanfängern aus dem Stand der Zivilanwärter, die sich vor dem 30. Januar 1933 nachweislich in den nationalen Verbänden wie NSDAP, SA, SS und HJ betätigt hatten, eine auf 170 RM erhöhte Monatsvergütung zu gewähren.[140] Aber Anfang 1937 zeigte sich, dass von den im Laufe des Jahres 1936 ursprünglich 74 offenen Stellen des einfachen mittleren Bürodienstes sämtliche wiederbesetzt worden waren, jedoch mangels Nachfrage nur eine der eigentlich 30 reservierten Stellen mit einem dieser „politischen" Versorgungsanwärter, einem ehemaligen Berufssoldaten. Im weit höhere Qualifikationen erforderlichen Bürodienst der Expedienten waren eigentlich elf Stellen freigeworden, die aber sämtlich aufgrund der vom RAM angeordneten Änderung der Dienstordnung weggefallen waren. Alles in allem waren am Schluss des Kalenderjahres 1936 bei der RfA 38 Versorgungsanwärter

137 Vgl. dazu eine Reihe von Fällen in: BArch R 89/3478, darunter vor allem der Fall des schon am 1.1. 1924 zwangsweise in den Ruhestand versetzten RfA-Verwaltungsinspektors Julius S. Dessen Fall zog sich, unter anderem auch weil S. auf die ablehnenden Bescheide der RfA mit Eingaben und Gesuchen an das RAM und Hitlers Stellvertreter Rudolf Hess antwortete, das ganze Jahr 1935 über hin.

138 Vgl. den Fall Karl B., in: BArch R 89/3479.

139 Vgl. Schreiben der RfA, Präsidentenabteilung – auffälligerweise nicht von Grießmeyer, sondern von Haenel unterzeichnet –, an das RVA vom 6.9.1935, in: ebd.

140 Vgl. dazu die entsprechenden Vergütungsregelungen und diversen Nachweise in einigen Personalakten, in: Bestand Bonz. Diese Vergünstigung entfiel zum 1.10.1938. Vgl. dazu auch Bonz-MS, S. 72 sowie auch BArch R 89/3478, RfA-Erlass zu den Anstellungsgrundsätzen vom Februar 1933 mit den Ergänzungsparagraphen.

auf Privatdienstvertrag beschäftigt, 30 ehemalige Berufssoldaten und acht ehemalige Angehörige der Schutzpolizei.[141] Die Fälle, in denen arbeitslose Angestellte ihre Einstellungsgesuche bei der RfA mit Nachweisen der politischen Tätigkeit sowie Bescheinigungen verschiedener Parteistellen ergänzten, um ihre Chancen als Dienstanfänger zu verbessern, nahmen allerdings deutlich zu.[142]

Tatsächlich gab es vor allem bei Beförderungen eine nachweisbare Bevorzugung politisch aktiver Nationalsozialisten auf Kosten anderer Bediensteter mit gleicher, wenn nicht sogar besserer Qualifikation und Erfahrung sowie mit gleicher oder gar größerer Anzahl geleisteter Dienstjahre. Bei einigen, erst wenige Jahre zuvor bei der RfA eingetretenen Regierungsassessoren ist ein auffallender zeitlicher Zusammenhang zwischen Parteieintritt und raschem Aufstieg durch Beförderung festzustellen.[143] Eine schnelle Karriere vom einfachen Betriebsassistenten zum Beamten machte auch der DAF-Betriebsobmann bei der RfA.[144] Von einer Beförderung vom Verwaltungsamtmann zum Regierungsrat und der Höherstufung des Besoldungsdienstalters profitierte auch der als DAF-Verbindungsmann zur RfA eingesetzte RfA-Beamte Robert Reinecke. Er war ebenso ein NSDAP- wie RfA-Urgestein, denn seit 1913 Expedient und Kalkulator war er schon im September 1922 Parteimitglied geworden und hatte in Würzburg auch die dortige Ortsgruppe gegründet.[145] In Würdigung dieser Verdienste erschien es Grießmeyer denn auch angebracht, die Beförderung anlässlich des Führergeburtstags vornehmen zu können. Überhaupt standen auffallend viele „alte Kämpfer“ bei den Ernennungen zu höheren Dienstgraden obenan, wie etwa der seit August 1934 als juristischer Hilfsarbeiter bei der RfA tätige Dr. Otto Dageförde, der im Juli 1937 zum Regierungsrat ernannt wurde. Dageförde war seit November 1932 NSDAP-Mitglied und hatte sich, wie in seiner Personalakte explizit vermerkt worden war, schon seit Mitte des Jahres 1930 „zielbewusst für den Sieg der nationalsozialistischen Revolution eingesetzt“.[146] Auch außerhalb der RfA hatte er Karriere gemacht und es zum SS-Unterscharführer in der Reichsführung des SD-Hauptamtes gebracht. Bei vielen Parteimitgliedern gab es offensichtlich geradezu die feste Erwartung einer gegenüber anderen Bediensteten bevorzugten Beförderung. Im September 1936 etwa hatte sich der als Überwachungsbeamter tätige Verwaltungsoberinspektor Karl S. mit Hinweis auf seine seit Januar 1931 bestehende Parteimitgliedschaft beim Stellvertreter des Führers über seine ausstehende Beförderung auf eine Amtmannstelle beschwert.

141 Schreiben der RfA an das RAM bzw. RVA vom 26.1.1937, in: BArch R 89/3387.

142 Vgl. dazu eine Reihe von Beispielen in den erhaltenen Personalakten, etwa die von Erwin R. sowie Günther M., in: Bestand Bonz.

143 Vgl. dazu das Schreiben zur Ernennung vom 8.6.1939, in: BArch R 89/3505, Bl. 173 ff.

144 Vgl. dazu die Präsidialverfügung vom 18.5.1937, in: RfA-Archiv Nr. 2.

145 Vgl. Schreiben zur Beantragung der Ernennung vom 1.4.1936, in: BArch R 89/3479.

146 Vgl. dazu den Vorgang mit einem Schreiben Grießmeyers an das RAM vom 13.7.1937, in: BArch R 89/3482. Als weiteres Beispiel für die bevorzugte Beförderung eines „alten Kämpfers“ war die Ernennung des Regierungsassessors Albrecht von Altrock im März 1939 zum Regierungsrat. Altrock war seit August 1932 Parteimitglied gewesen. Vgl. dazu Schreiben vom 22.3.1939, in: BArch R 89/3505.

Zwar hatte Grießmeyer, wie er auf die darauffolgende Anfrage aus dem RVA hin mitteilte, alle drei in Zukunft freiwerdenden Amtmannstellen bei den Überwachungsbeamten für die drei parteiältesten Bewerber vorgemerkt. Das Pech des S. aber war, dass darunter ein Verwaltungsinspektor war, der wesentlich früher in die NSDAP eingetreten war und daher bei der Beförderung zuerst zum Zug kam.[147] Zudem zeigte sich bei der genaueren Nachprüfung, dass S. sein Überwachungsamt wegen zahlreicher parteiamtlicher Dienstgeschäfte kaum ausübte. Und dann tauchte noch ein Schreiben der NSDAP-Ortsgruppe Bad Oynhausen, der Heimatgemeinde des Beamten, vom Januar 1934 auf, in dem ein vernichtendes Urteil über die Charaktereigenschaften von S. gefällt wurde und das mit dem Satz endete: „Für die Stadtgemeinde sowohl als auch für die Bewegung würde es ein Segen sein, wenn S. möglichst weit von hier weg versetzt würde."[148]

Ein besonders markantes Beispiel für parteipolitische Patronage bei den Beförderungen war Otto Braß, seit 1917 bei der RfA und im März 1930 NSDAP-Mitglied geworden, seit 1934 auch Oberführer der SS und NSDAP-Reichstagsmitglied. Obschon im April 1933 noch einfacher Verwaltungsoberinspektor, der zwischen 1934 und 1936 eine politische Karriere als Stabsführer der SS in Königsberg sowie in Berlin begann, wurde Braß seine Stelle quasi reserviert. Am 1. Januar 1937 trat er wieder als Referent in der Gesundheitsfürsorgeabteilung ein und wurde nur wenig später, im März 1938 zum Regierungsrat in den höheren Dienst befördert.[149] Nicht zuletzt machte auch Grießmeyers Personalreferent Dr. Erwin Gaber selbst eine schnelle Karriere bei der RfA. Parteimitglied seit April 1933 und seit Juli 1932 als juristischer Hilfsarbeiter (Assessor) bei der RfA, wurde Grießmeyers Vertrauter im Dezember 1939 zum Oberregierungsrat ernannt.[150] Es gab aber durchaus auch Beispiele, bei denen die fachlichen Qualitäten und Kompetenzen letztlich doch gegenüber poltischen Bewertungen den Ausschlag gaben. Dr. Hans-Wolf Dockhorn, medizinischer Referent in der Gesundheitsfürsorgeabteilung der RfA, wurde von Grießmeyer im Januar 1938 zur Beförderung als Regierungsrat vorgeschlagen, obwohl er Nicht-Pg war und von den Parteistellen über seine Teilnahme am Tutzinger „Reichslager für Beamte" ein verheerendes politisches Zeugnis ausgestellt bekommen hatte.[151] Opfer der Benachteiligungen bei der Beför-

147 Vgl. das Schreiben Grießmeyers an das RVA vom 10.8.1936 sowie den weiteren Schriftwechsel dazu in: BArch R 89/3480.

148 Abschrift des Briefes vom 25.1.1934, in: ebd.

149 Braß' Beförderungsweg bei der RfA lief auch im Krieg weiter. Obschon zwischenzeitlich als Landrat im Sudetengau tätig und seit September 1939 als Kompanieführer einer Einheit der Waffen-SS eingezogen, wurde für ihn im Oktober 1941 die Einweisung in eine Planstelle der Besoldungsgruppe A 2 a vorgenommen. Vgl. dazu das Schreiben vom 4.10.1941, in: BArch R 89/3505. Vgl. auch den Wikipedia-Eintrag zu Braß, https://de.wikipedia.org/wiki/Otto_Bra%C3%9F, zuletzt aufgerufen am 24.10.2017.

150 Vgl. dazu das Schreiben und den Ernennungsvorschlag vom 1.12.1939, in: Barch R 89/3506.

151 Vgl. Schreiben vom 25.1.1938, in: Barch R 89/3504. „Der ärztliche Referent Dr. med. Hans-Wolf Dockhorn, welchen Sie zur Ernennung zum Regierungsrat auf Lebenszeit vorschlagen, hat an dem Lehrgang Nr. 26 des Reichslagers für Beamte teilgenommen", heißt es in dem Zeugnis. „Dockhorn nahm an der Lagergemeinschaft keinen inneren Anteil, da ihm jedes Gemeinschaftsempfinden fehlt.

derung wegen Nichtzugehörigkeit zur NSDAP gab es dennoch zuhauf. Doch deren Fälle wurden wenn überhaupt erst nach 1945 bekannt. Ein im Oktober 1916 bei der RfA eingetretener Verwaltungsinspektor beklagte sich nach Kriegsende:

> Wie mir zur Kenntnis gelangte, bin ich auch wiederholt zur Beförderung vorgeschlagen worden, jedoch scheiterte diese unter anderem daran, dass ich nicht Mitglied der NSDAP war und keine Mitarbeit in einer Gliederung der Partei nachweisen konnte. Eine Zurücksetzung erblicke ich auch darin, dass andere Beamte, die zur gleichen Zeit oder später bei der RfA eingetreten sind, ohne besondere dienstliche Veranlassung lediglich aufgrund ihrer Parteizugehörigkeit zu Oberinspektoren befördert worden sind, obwohl sie dem Dienstalter nach noch nicht hätten befördert werden können.[152]

Gleichwohl war die RfA kein Sammelbecken von überzeugten Nationalsozialisten. Nach einer Erhebung vom Februar 1939 waren 460 der damals 1687 Bediensteten Parteimitglieder, das waren 24 Prozent.[153] Ihr Anteil variierte jedoch zwischen den einzelnen Gruppierungen und Dienstgraden erheblich. Den „Nazifizierungsgrad" mit 65 Prozent wiesen die Angestellten des höheren Dienstes auf, gefolgt von den Beamten des höheren Dienstes, unter denen fast jeder Zweite NSDAP-Mitglied war. Bei den Unterbeamten betrug der Parteizugehörigkeitsanteil 32 Prozent, bei den Beamten des mittleren Dienstes 27 Prozent, und am Ende rangierten mit 17 bzw. 16 Prozent die Arbeiter und einfachen Büroangestellten. Im Vergleich zu den anderen Versicherungsträgern stand die RfA damit aus damaliger Sicht des RVA bei weitem am schlechtesten da, denn in der Unfall- und der Invalidenversicherung etwa lagen die Zahlen der Parteimitglieder unter den Bediensteten bei Beamten wie Angestellten um bis zu zehn Prozent höher.[154] Bis Juli 1940 sank der Grad der Parteizugehörigkeit unter den RfA-Beschäftigten sogar leicht auf 22,2 Prozent.[155] Mit Ausnahme der Präsidialabteilung, in der Vizepräsident Schaefer einziger Nicht-Pg war, waren alle wichtigen Abteilungsleitungspositionen sowohl in der Vermögensverwaltung als auch in der Leistungs- und Versichertenabteilung mit Nicht-Parteimitgliedern besetzt und keinen politisch motivierten Personalwechseln unterworfen. Viele der jüngeren RfA-Beamten unter den Parteimitgliedern sollten aber, wie Gaber oder Dr. Rudolf Schmidt – seit 1934

Er ist ein typischer Einzelgänger. Außerdem hat er kein soldatisches Empfinden und zeigte eine mangelhafte Dienstauffassung. In den Arbeitsgemeinschaften des Lagers war er ungenügend. Aus seiner im Lehrgang gezeigten Gesamthaltung kann nur gefolgert werden, dass ihm die nationalsozialistische Weltanschauung noch ein völlig fremder Begriff ist. Die Pflichten eines Beamten im nationalsozialistischen Staat hat er noch nicht erkannt. Ihm wurde von der Lagerleitung das Prädikat ‚nicht genügend' gegeben. Seine Teilnahme an einem Wiederholungslehrgang ist vor der planmäßigen Anstellung notwendig." Schreiben vom 6.5.1938, in: ebd.

152 Schreiben vom 6.7.1945, in: Wiedergutmachungsfall A.G., Personalakten, Bestand Bonz.

153 Vgl. Schreiben an das RVA vom 10.2.1939, in: BArch R 89/3485, Bl. 160.

154 Vgl. die vergleichende Aufstellung vom 17.2.1939, in: ebd.

155 Vgl. das umfangreiche Verzeichnis der NSDAP-Mitglieder bei der RfA nach dem Stande vom 1.7.1940, in: BArch R 89/3493.

bei der RfA -, bis 1938 zum Regierungsrat in der Leistungsabteilung aufsteigen und nach 1945 Karriere machen.[156]

Ungeachtet dessen wurde unter Grießmeyer der Ausbau der RfA zu einer modernen Leistungsverwaltung vorangetrieben. Seit dem Ende der Wirtschaftskrise war die Behörde im Zuge der einsetzenden konjunkturellen Erholung, des Zustroms an Versicherten und der zusätzlichen Aufgaben erheblich expandiert. Aus den 1228 Beamten und Angestellten, die 1931 in der Behörde arbeiteten, waren inzwischen 1768 RfA-Beschäftigte geworden. Außer den Veränderungen in der Leitungsstruktur, dem Wegfall von zwei der drei stellvertretenden Direktoren Grießmeyers und der Schaffung eines „Vizepräsidenten der RfA", der Aufsichtsbehörde und der Vertretungsorgane hatte sich an der Behördenstruktur auf der Ebene des operativen Verwaltungshandelns selbst nicht viel geändert. Nach wie vor gab es vier Abteilungen mit ihren Unterabteilungen, Dienststellen und Referaten, die allerdings an Zahl deutlich zugenommen hatten. Bei der Abteilung I Versicherung gab es etwa vier Referate und sechs Dienststellen mehr, in der Leistungsabteilung waren zusätzlich drei Referate und zwei Dienststellen eingerichtet worden. Im Detail selbst hatte es allerdings im Sinne einer gleichsam permanenten Optimierung der Verwaltungsabläufe laufend Veränderungen in der Geschäftsverteilung der Referate gegeben.[157] Um die Einheitlichkeit des Geschäftsganges für die Leistungsabteilung bei der Bearbeitung der Rentensachen und für die Versicherungsabteilung in Fragen der Berufsfähigkeit auch hinsichtlich der ärztlichen Begutachtung sicherzustellen, war etwa im Oktober 1934 die Bearbeitung der allgemeinen ärztlichen Angelegenheiten in der Hand eines ärztlichen Referenten zusammengefasst worden.[158]

Was wie eine einfache Verbesserung der Verwaltungsorganisation aussah, war in der Praxis ein kompliziertes Austarieren von Abteilungskompetenzen mit weitreichenden Rückwirkungen auf den jeweiligen Geschäftsgang und die verwaltungsmäßigen Entscheidungsprozesse.[159] Im August 1935 wurde zudem unter der Bezeichnung Abteilung I Leistung 14 eine neue zentrale Auslandsstelle geschaffen, und im November 1936, um die Präsidialabteilung nach der Übernahme der Aufsicht über die Ersatzkassen von Aufgaben zu entlasten, wurden die Angelegenheiten des Überwachungsdienstes wie schon zu früheren Zeiten in die Abteilung I Leistung zurückverlagert. Die rasante Vermehrung nicht nur der Versicherten-, sondern auch der Rentnerzahl machten im Oktober 1936 Neueinstellungen in der Renten- wie Zinsenbuchhalterei notwendig. Auch bei den Aufbewahrungsfristen für Akten und im

156 Vgl. das Schreiben Grießmeyers zur Ernennung von Schmidt in: BArch R 89/3484, Bl. 163ff. Schmidt wurde in den 1950er Jahren zweiter Präsident der RfA-Nachfolgebehörde BfA.

157 Vgl. dazu etwa die Geschäftsverteilungspläne der Leistungsabteilung vom 1.6.1935 und vergleichend dazu vom 1.3.1938, in: RfA-Archiv Nr. 73.

158 Vgl. Präsidialverfügung vom 4.10.1934, in: RfA-Archiv Nr. 72 a.

159 Vgl. dazu das siebenseitige Schreiben Kochs vom 17.6.1935 über die vielfach nach wie vor unklaren Verfahrensregelungen zwischen Leistungs- und Heilverfahrensabteilung, insbesondere im Fall des Zusammentreffens von Heilverfahren mit einem Ruhegeldverfahren in: RfA-Archiv Nr. 20.

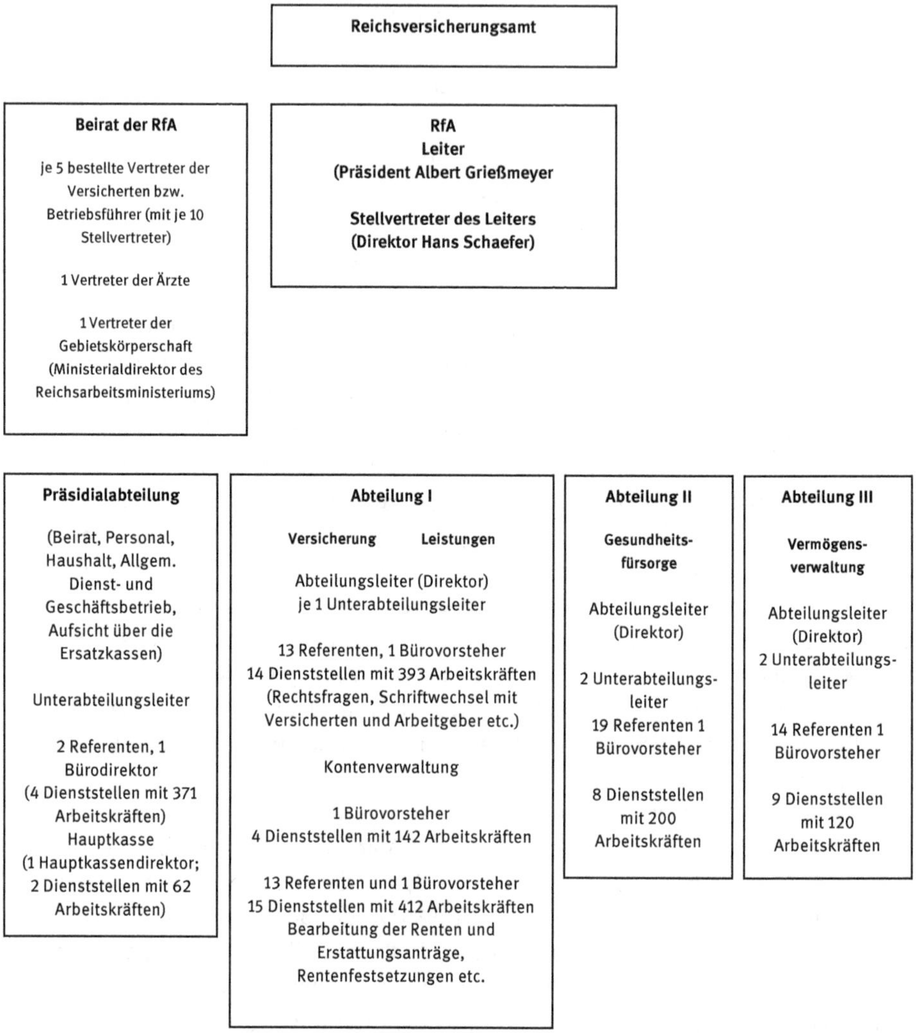

Schaubild 2: Organisation der Reichsversicherungsanstalt für Angestellte (RfA) 1937
Quelle: 25 Jahre Angestelltenversicherung, S. 191.

Schriftverkehr gab es nennenswerte Änderungen. Im Frühjahr 1935 wurde etwa auf Veranlassung des RVA „mit Rücksicht auf die Durchführung des Gesetzes zur Verhütung erbkranken Nachwuchses“ die Aufbewahrungsfrist von Akten erheblich verlängert, um das in den Versicherungsakten enthaltene Material für die Erb- und Rassenpflege nutzbar zu machen.[160] Ende April 1937 erließ Grießmeyer zudem eine

160 Rundschreiben des RVA an die Sozialversicherungsträger vom 28.2.1935, in: BArch R 89/3457 sowie die Verfügung zur Aussonderung von Akten der Leistungsabteilung vom 5.4.1935, in: ebd.

Präsidialverfügung zum Schriftverkehr, in dem genau geregelt wurde, wer wann mit welcher Formel die jeweiligen Schriftstücke unterzeichnen durfte.[161] Formal unterzeichnet, ob in Originaltinte oder als Unterschriftenstempel, waren sämtliche Schreiben und Bescheide, die die Ruhrstraße verließen, von Grießmeyer. Aber nur diejenigen, die im Briefkopf auch „Der Präsident" trugen, waren ihm selbst zuzuschreiben, alle anderen Briefe, in denen etwa „Der Leiter" (in dem von Beamten und Angestellten des höheren Dienstes geführten Schriftwechsel) oder „In Vertretung" bzw. „Im Auftrag" stand, stammten von den Unterabteilungsleitern und Referenten.[162]

Die Verwaltungsarbeit der RfA stand ganz im Zeichen einer Rationalisierung und Automatisierung bzw. Mechanisierung der Geschäftsabläufe. Der Einsatz von Lochkartenmaschinen, Addier- und Rechenmaschinen, Schreibmaschinen und Adressiermaschinen, Sortiermaschinen, Prägemaschinen und Tabellendruckern, der schon zuvor bei der RfA Einzug gehalten hatte, wurde angesichts von 436.000 Rentenempfängern und jährlich rund 27.000 neu hinzukommenden Rentnern im Herbst 1937 massiv ausgebaut.[163] Man setzte dabei nach wie vor auf die Beratungskompetenz der erfahrenen Firma Powers, aber auch von Siemens. Es waren kleine, aber sich umso massiver nachteilig auf die Arbeitsabläufe auswirkende Engpässe, die es zu beheben galt. Die noch Ende der 1920er Jahre angeschafften sechsstelligen Rechenmaschinen etwa reichten infolge der immer mehr anwachsenden Höhe und Zahl der Beiträge längst nicht mehr aus und mussten durch zehnstellige Rechenmaschinen ersetzt werden. In einem Vermerk an den Bürovorsteher der Leistungsabteilung vom Oktober 1937 heißt es:

> Ferner sind an den Berechnungen, die durch die Maschinen vorgenommen werden müssen, sowohl die Rechendamen als auch die Prüfer beteiligt, insgesamt 17 Personen, die bei dem derzeitigen Stand einen dauernden Austausch der Maschinen erforderlich machen. Für die glatte Abwicklung des Dienstbetriebes ist dieser Zustand natürlich sehr störend.[164]

Vor allem die Kontenverwaltung litt unter den rasant steigenden Arbeitsanforderungen. Zur Beseitigung der sich drohend abzeichnenden Engpässe allein im Raumbedarf für Kartenschränke hatte man kurzzeitig überlegt, sogenannte Sammelkonten einzurichten. Aber nachdem interne Berechnungen ergeben hatten, dass die dafür notwendige Übertragung der damals vorhandenen rund 14 Mio. Versicherungskarten mindestens zwei Jahre dauern und Kosten von fast zwei Mio. RM verursachen würde,

---

161 Vgl. Präsidialverfügung vom 29.4.1937, in: RfA-Archiv Nr. 2.

162 Ohne Kenntnis dieser Verwaltungspraxis besteht die Gefahr zu Fehlurteilen, wie sie etwa Mierzejewski unterlaufen, der praktisch sämtliche RfA-Schreiben inhaltlich und damit auch verantwortungsmäßig Grießmeyer direkt zuordnet. Der RfA-Präsident und die RfA werden dadurch als Einheit begriffen, was der Realität der Behörde völlig widerspricht.

163 Vgl. dazu etwa das Schreiben der Büroleitung der Abt. I über den Bedarf an Büromaschinen vom 13.10.1937, in: RfA-Archiv Nr. 13.

164 Der Vermerk vom 7.10.1937, in: ebd.

ließ man das Projekt wieder fallen.[165] Die Arbeitsabläufe und die Organisation des Dienstbetriebs in der RfA erschienen allerdings vielen anderen Versicherungsträgern durchaus vorbildlich. Auf dem Internationalen Kongress der Sozialversicherungsfachleute in Budapest, der unter dem Oberthema „Die Rationalisierung der Sozialversicherung" stand, referierte RfA-Vizepräsident Schaefer über „Die Rentenzahlung in der Deutschen Angestelltenversicherung unter Verwendung des Lochkartenverfahrens".[166] Er schilderte detailliert den Stand der bei der RfA inzwischen erreichten Mechanisierung des Verwaltungsbetriebes. Im Mittelpunkt standen dabei die verschiedenen Maßnahmen, die man eingeführt hatte, um auch bei den rasant steigenden Versicherten- und Rentenempfängerzahlen die rechtzeitige und richtige Zahlung der Renten zu gewährleisten. Das waren zum einen die Bereitstellung der monatlichen Zahlungsunterlagen für die Post, über die die Auszahlung der Renten an die Empfänger erfolgte, zum anderen die besondere Buchführung über die gezahlten Beträge. Die Grundlagen für diese Mechanisierung des Rentenauszahlungs- und Buchungsverfahrens mit Hilfe von Lochkartenmaschinen waren wie erwähnt schon 1930 gelegt worden, seitdem war das Verfahren laufend weiterentwickelt und modernisiert worden, und deutlichster Ausdruck für den Erfolg der Maßnahme waren die niedrigen Verwaltungskosten. Ein Ende Dezember 1938 vorgenommener Vergleich des Renten- und Personalbestands infolge Umstellung der Rentenbuchhaltung auf das Lochkartensystem gegenüber dem Jahr 1928 zeigte einen gleichgebliebenen Personalbestand von 61 bei allerdings einer Vervierfachung des Rentenbestandes und damit potenziellen Arbeitsaufwandes. Die einst über 30 Buchhalter waren dabei zunehmend von Prägerinnen und Locherinnen sowie Zuarbeiterinnen verdrängt worden, unter dem Strich konstatierte man jährliche Kosteneinsparungen von 730.620 RM.[167]

Auch die gleichfalls ausgebauten regelmäßigen Kontrollen der in der Präsidialabteilung angesiedelten Prüfstelle zeigten, dass die Qualität des Verwaltungshandels hoch und die Mängelquote der Bescheide und Bewilligungen der Leistungsabteilung niedrig war.[168] Mit Hilfe der Lochkarten hatte man in der RfA auch ein ausgeklügeltes Verfahren zur ebenso schnellen wie exakten Durchführung statistischer Erhebungen entwickelt. Das Ergebnis waren seit 1935 rasch aufeinanderfolgende Statistische Sonderhefte, in denen das umfangreiche Material an laufenden Renten versicherungstechnisch ausgewertet wurde. Das betraf etwa die statistische Auswertung der

165 Vgl. Notiz der Kontenverwaltung vom 10.8.1934, in: RfA-Archiv Fach 115, Nr. 3.

166 Vgl. den Vortrag in: Die Rationalisierung der Sozialversicherung: Die Arbeiten des ersten Internationalen Kongresses der Sozialversicherungsfachleute, Budapest 1935, S. 86–94. Vgl. auch das Antwortschreiben der RfA auf eine entsprechende Anfrage zum Einsatz des Lochkartensystems durch die Ungarische Landes-Sozialversicherungsanstalt vom 14.12.1935, in: RfA-Archiv Nr. 202.

167 Vgl. die Gegenüberstellung im Bd. 3 der Anlagen zum Revisionsgutachten der RVA, S. 18, in: BArch R 89/3453.

168 Vgl. dazu etwa die Prüfberichte für die Zeit vom 2.6. bis 14.7.1937, in der 220 Rentenakten auf sachliche und rechnerische Richtigkeit überprüft worden waren. Bei 21 Akten ergaben sich meist kleinere Beanstandungen. Bei der Prüfung von gleichfalls 220 Akten im Juli 1938 ergeben sich nur 10 Beanstandungen. Vgl. dies und weitere Prüfberichte in: RfA-Archiv Nr. 22 und Nr. 23.

laufenden Witwenrenten des Kalenderjahrgangs 1934 und dann auch 1935 sowie die aktuellen, höchst dynamischen Rentenbewegungen, d.h. Bestand und Aufbaugliederung der aktiven Versicherten der RfA, deren Neuzugänge, Berufsunfähigkeit und Aktivensterblichkeit.[169] In der mathematisch-statistischen Durchdringung ihres Versichertenbestandes war die RfA damit anderen Versicherungsträgern weit voraus. Das war auch das Ergebnis einer umfassenden Betriebsprüfung, die das RVA zwischen Oktober 1938 und April 1939 bei der RfA durchführte. Akribisch wurden innerhalb dieser über ein halbes Jahr dauernden Prüfung sämtliche Arbeitsabläufe in den einzelnen Abteilungen und Dienststellen und die vielfältigen Organisationsstrukturen der RfA durchleuchtet. Dazu kamen Besichtigungen und Kontrollen bei zahlreichen Überwachungsstellen sowie einer Reihe von Heilstätten der RfA. Die Ergebnisse fanden sich dann in einem 104-seitigen Abschlussbericht, ergänzt durch sechs umfangreiche Anlagenbände, insgesamt 522 Seiten.[170]

Einen konkreten Anlass für diesen Aufwand gab es nicht. Es mag sein, dass die RVA damit nur ihre Machtposition als Aufsichtsbehörde demonstrieren wollte. Die Prüfergebnisse vermittelten dabei von der RfA das Bild einer modernen Leistungsverwaltung, das auch die Kontrolleure aus dem RVA merklich beeindruckte. Auch wenn einige der Abläufe aus heutiger Sicht umständlich erscheinen, wie etwa die Organisation der Zentralkanzlei, so waren sie für damalige Verhältnisse und im Vergleich zu anderen Behörden durchaus modern und effizient. In der Kanzlei arbeiteten 42 Stenotypistinnen, und die Kanzleiarbeit wurde vom Kanzleileiter so auf die einzelnen Maschinenschreiberinnen verteilt, dass diese möglichst immer für das selbe Arbeitsgebiet der einzelnen Abteilungen schrieben. „Hierdurch lernen sie die Handschrift der Sachbearbeiter kennen und werden mit den fachtechnischen Ausdrücken vertraut, wodurch Rückfragen vermieden werden.“[171] Jede Stenotypistin hatte täglich etwa 50 bis 60 Schreiben zu verfassen, die dann von Lesegruppen zu je zwei Leserinnen gegengelesen und beglaubigt wurden. Für größere Abschriften etwa ärztlicher

---

169 Vgl. Statistisches Sonderheft der RfA Nr. 1 und 2 (1935) und Sonderheft Nr. 3 (1936), in: RfA-Archiv, Handakte Granzow. Bis 1939 erschienen insgesamt acht Statistische Sonderhefte der RfA. Trotz des Maschineneinsatzes war der Aufwand für die Erstellung der Statistiken enorm. Im März 1937 erstellte die Leistungsabteilung eine exemplarische Auswertung des Jahrgangs R 1871. Hierbei kamen 15.000 Rentenempfänger in Frage, mit deren Auswertung zwei Locherinnen 80 Stunden ununterbrochen beschäftigt waren. Die umfangreicheren Statistiken erstreckten sich allerdings auf bis zu 150.000 Rentenempfänger, wofür zur Auswertung rechnerisch 80 Tage und eine zusätzliche Sortiermaschine mit zwei Mann Bedienung sowie zwei weitere Locherinnen notwendig waren. Vgl. Vermerk des Büroleiters Minow an Koch vom 24.3.1937, in: RfA-Archiv Nr. 78.

170 Vgl. Aktenvermerk zur Vorbesprechung über das Prüfprogramm vom 22.11.1938 sowie „Bericht über die Geschäftsprüfung bei der Reichsversicherungsanstalt für Angestellte 1938/39“, in: BArch R 89/3450. Die Anlagenbände befassten sich mit folgenden Bereichen: Bd. 1: Präsidialabteilung, Bd. 2: Prüfung von Überwachungsstellen, Bd. 3: Sammlung von Dienstanweisungen und Beschreibung des Lochkartenverfahrens, Bd. 4: Diverses zu den Heilanstalten, Bd. 5: Bericht über die Besichtigung des RfA-eigenen Gutes Elslaake sowie Diverses zur Gagfah und Bd. 6: Sammlung von Vordrucken der Leistungsabteilung.

171 Bericht, S. 15, in: ebd.

Gutachten gab es bereits eine Lichtbildstelle mit Fotokopierer. In dem Prüfbericht hervorgehoben wurde auch die Bedeutung der Prüfstelle, die quasi als interne Revision fungierte, wobei den Begutachtern die Zahl der Prüfer angesichts des großen Umfangs der zu prüfenden Unterlagen nicht ausreichend erschien.[172]

Auch die Organisation der komplizierten und umfangreichen Zahlungsflüsse der RfA, die Verwaltung der Kassengelder, der Lombardentnahmen bei der Reichsbank, der Geldzuflüsse und Auszahlungen sowie der diversen Maßnahmen im Zusammenhang mit der Vermögensverwaltung wie das Fristenmanagement von Darlehen und Hypotheken, war nicht nur ohne Beanstandung, sondern offensichtlich auch modern und effizient.[173] Das galt auch für das Herzstück der RfA, die Kontenverwaltung, deren Aufgabe ja nicht nur das karteimäßige Sammeln und Ablegen der in jedem Jahr eingehenden rund zwei Mio. Versichertenkarten war, sondern die auch deren regelmäßige Prüfung nach den verschiedensten Gesichtspunkten wie Beruf, Alter, Befreiung, Beitragszeiten etc. übernahm, so dass im Leistungsfalle keinerlei Klärungen mehr zu erfolgen brauchten. Das zweite Herzstück der RfA war der Ablauf der Rentenfestsetzung, der mit der Briefannahme der eingehenden Rentenanträge begann. Von dort gingen diese an die Kontenverwaltung weiter, um dann, zusammen mit eventuellen Anlagen, dem zuständigen Dienststellenleiter vorgelegt zu werden. Die weiteren Stationen waren die Registratur und die Rentenexpedition, wo die genaue Prüfung der Anträge auf Anwartschaft, Wartezeit und Vollständigkeit der erforderlichen Unterlagen erfolgte. Im Zweifelsfall gingen die Anträge auf Ruhegeld nun an den beratenden Arzt zur Stellungnahme, dann wieder zurück zu den Rentenexpedienten, die eine Rentenverfügung erstellten, die vom jeweiligen Dienststellenleiter gegengezeichnet wurde, ehe die Unterlagen dann zur Bescheidstelle liefen, wo die Reinschriften der Bescheide erfolgten sowie mit Hilfe der Rechenmaschine die Rentenberechnung vorgenommen wurde. Alles wurde schließlich von einem Prüfer noch einmal kontrolliert und dann dem Referenten, einem Beamten des höheren Dienstes, zur endgültigen Festsetzung und Zeichnung vorgelegt.[174] Es folgte die Eintragung in Rentenlisten und eine abermalige Prüfung durch die Rentenkontroll-Abteilung, die auch die zu zahlenden Renten in der Rentenbuchhalterei verbuchten. Erst dann ging der Bescheid an die Absendestelle und von dort an den künftigen Rentenbezieher.

Auch die Organisation der Heilverfahren, die keine Pflichtleistungen der RfA waren, erschien den RVA-Prüfern zweckmäßig und trotz ständiger Zunahme der Anträge (1937: 160.190) und der hier besonders häufig erforderlichen Zusammenarbeit mit anderen Versicherungsträgern effizient geregelt. Der RfA wurde bescheinigt, dass sie in der Bewilligung von Heilverfahren durchaus nicht kleinlich verfuhr. Die Prüfbeamten nahmen auch keinen Anstoß an den erwähnten kostenlosen Heilverfahren für NS-Parteifunktionäre und andere verdiente Nationalsozialisten.[175] Dieses Räder-

172 Vgl. ebd., S. 17.
173 Vgl. ebd., S. 24 ff.
174 Vgl. ebd., S. 55 ff.
175 Vgl. ebd., S. 79.

werk des Dienstbetriebs in der Ruhrstraße lief offensichtlich gut geölt und ohne größere Reibungsverluste.[176] Doch die atemlose und komplizierter werdende Gesetzgebung, das weitere Anwachsen der Zahl der Versicherten wie Rentnern und die Zunahme der Dynamik der Rentenbewegungen, die räumliche Expansion der Angestelltenversicherung über die bisherigen Reichsgrenzen hinaus und nicht zuletzt der Krieg mit all seinen Folgen sollten die Verwaltungsarbeit der RfA bald an ihre Grenzen und darüber hinaus bringen. Im Frühjahr 1939 jedoch attestierten die Betriebsprüfer des RVA alles in allem, dass sich keinerlei Mängel und Beanstandungen ergeben hatten. „In allen Abteilungen [wird] von allen Beamten und Angestellten mit großem Fleiß und großer Sachkenntnis gearbeitet, so dass die Versicherten und ihre Arbeitgeber das Bewusstsein haben können, dass die Verwaltung der Angestelltenversicherung gut geführt wird", so teilte man Grießmeyer und praktisch allen Abteilungsleitern und übrigen höheren Beamten auf der großen Abschlussbesprechung am 14. April mit.[177] Das Urteil stärkte die Position und das Ansehen der RfA als Behörde wie auch die seines Präsidenten Grießmeyer, der wenige Monate später auch seinen 60. Geburtstag feierte, gleichzeitig mit seinem 40-jährigen Dienstjubiläum.[178] Zu diesem Zeitpunkt war schon ein Teil der weiteren Gesetzgebung und deren Umsetzung abgeschlossen. Die eigentlichen Belastungsproben und Krisen der Angestelltenversicherung standen aber noch bevor.

Das Ausbaugesetz 1937 und seine Folgen

Im Vorfeld des Gesetzes zum Ausbau der Rentenversicherung vom 21. Dezember 1937 hatte eine rege versicherungsrechtliche Debatte fachintern wie in der breiten Öffentlichkeit das Bild bestimmt. Eines der Hauptthemen war die Herabsetzung der Altersgrenze von 60 Jahren bei Erhalt der Arbeitslosenrente auf 50 Jahre oder noch weniger. Dazu heißt es in einem internen Vermerk der Leistungsabteilung von Ende April 1936:

> Es steht zweifellos fest, dass eine Not der älteren Angestellten, schon vom Lebensalter 40 an beginnend, vorhanden ist [...]. Nicht nur weibliche, sondern in größerem Maße auch männliche Angestellte sind von dieser „Altersnot" des Angestelltenstandes betroffen. Dies gab schon seit Jahrzehnten Anlass zu Klagen seitens der Vertreter der Angestellten.[179]

176 Im Allgemeinen erfolgte die Erledigung eines Rentenantrags innerhalb von drei bis vier Monaten, in zahlreichen Fällen erging der Bescheid aber bereits innerhalb von vier bis sechs Wochen.

177 Ebd., S. 104.

178 Vgl. dazu die kurze Würdigung und Laudatio durch Möbius in: Deutsche Rentenversicherung 11 (1939), Nr. 12, S. 1.

179 Vermerk vom 24.4.1936, in: RfA-Archiv Handakte Granzow.

Den nun aber allenthalben auftauchenden Forderungen nach einer entsprechenden Gesetzesänderung erteilte man RfA-intern eine klare Absage. Auf die damit verbundenen Mehrausgaben sei die RfA nicht eingerichtet, wie überhaupt die im Aufbaugesetz von 1933 in Aussicht gestellte, aber nach wie vor nicht umgesetzte Beitragserhöhung dringend gefordert werden müsse.[180] Das andere Thema, um das die Diskussion kreiste, war die Härte der komplizierten Anwartschaftsbestimmungen. Immer wieder erschienen in der Tagespresse kritische Artikel über die „Anwartschaftskatastrophe" infolge nicht geklebter Marken in der Invaliden- wie Angestelltenversicherung. Alfred Anders, Mitglied der Akademie für Deutsches Recht und Vorsitzender des dortigen Ausschusses für Sozialversicherung, erstellte im Dezember 1936 in der Zeitschrift „Der Sozialversicherungsbeamte" eine umfangreiche Liste zur Reform des Anwartschaftsrechts.[181] Der Großteil der Forderungen richtete sich dabei auf Gesetzesänderungen in der Invalidenversicherung im Sinne einer Angleichung an bereits bestehende Bestimmungen des Angestelltenversicherungsrechts, wie etwa die Abschaffung der sogenannten Dreivierteldeckung zugunsten einer Bestimmung, nach der bereits die Belegung der Hälfte des ganzen Versicherungszeitraums vom Eintritt in die Versicherung bis zum Versicherungsfall selbst zum Erhalt der Anwartschaft und der Berechtigung der Leistungszahlung (die sogenannte Halbdeckung) genügte.

Diese Tendenz zur weiteren Entschärfung, aber nicht völligen Abschaffung der Notverordnungen sowie zur Vereinheitlichung der Bestimmungen in der Rentenversicherung, die damit nicht die Angestelltenversicherung, sondern die Invalidenversicherung in den Mittelpunkt von Gesetzesmaßnahmen rückte, zeigte sich auch in den ersten Referentenentwürfen, die im März 1937 aus dem RAM kommend auch auf dem Schreibtisch der RfA-Abteilungsleiter zur Kommentierung landeten.[182] Der Entwurf eines damals noch als Gesetz über die weitere Vereinfachung, Vereinheitlichung und finanzielle Neuordnung in der Reichsversicherung firmierenden Maßnahmenpakets verstand sich dabei in seiner vorangestellten Begründung explizit als „Überleitung zu einem neuen einheitlichen Volksversicherungsgesetz".[183] Im Zentrum standen drei Dinge: die Neuregelung des Anwartschaftsrechts, der Ausbau der Beitragsrückerstattung bzw. die Erleichterung der Rückerstattungsbedingungen sowie, nach wie vor ganz im Zeichen der Sanierungsbemühungen, die Neuordnung des finanziellen Verhältnisses der Sozialversicherung zum Reich. Schon einen Monat später übereichte die RfA dem RAM ihren von Abteilungsdirektor Granzow verfassten Kommentar zu dem Gesetzesentwurf. Er begrüßte die Reformabsichten, übte aber im Detail massive und unverhohlene Kritik an einer ganzen Reihe von Bestimmungen.[184] Anders als die Landesversicherungsanstalten, die als Träger der Invalidenversicherung einhellig das

180 Vgl. ebd.

181 Vgl. den Artikel in: DSB 26 (1936), S. 649 – 650 sowie auch der Beitrag dazu in *Soziale Praxis* 45 (1936), S. 1499 – 1503 und weitere einschlägige Zeitungsausschnitte in: RfA-Archiv Fach 3, Nr. 2.

182 Vgl. den 50 Seiten dicken ersten Entwurf vom 9.3.1937, in: BArch R 89/3165.

183 Vgl. ebd., Bl. 95.

184 Die RfA-Stellungnahme vom 9.4.1937, in: BArch R 89/3165, Bl. 138 ff.

beabsichtigte neue Gesetz begrüßten, war man in der RfA über einzelne, den Kern der Angestelltenversicherung berührende Bestimmungen geradezu entsetzt. Schon gegen die kommentarlose Beseitigung des Abschnitts des Angestelltenversicherungsgesetzes über „Geschäftsgang und Verfahren" und dessen Ersetzung durch einen im einzelnen nicht näher bestimmten Bezug auf für die Invalidenversicherung geltende Vorschriften meldete man erhebliche Bedenken an. Nicht nur die Verständlichkeit des Gesetzes im Vergleich zu den bestehenden Regelungen würde dadurch erheblich erschwert, sondern auch die Rechtsanwendung selbst. „Es dürfte", so hieß es daher in der RfA-Stellungnahme, „nicht gerechtfertigt sein, für eine verhältnismäßig kurze Übergangszeit in der Angestelltenversicherung ein Gesetz einzuführen, mit dem, wenn auch nur äußerlich, neues Recht geschaffen werde, „das demnächst [aber] wieder beseitigt werden soll."[185] Wie auch schon 1933 und 1934 waren viele Bestimmungen nicht im Gesetz selbst geregelt, sondern sollten erst in späteren Durchführungsverordnungen näher bestimmt werden. Auch das kritisierte Granzow deutlich. Vor allem was die komplizierte Regelung der nun möglichen Nachentrichtung von Beiträgen zur Aufrechterhaltung bzw. Wiederbelebung der Anwartschaft anging, sah man massive Probleme auf die AV und ihren Träger RfA zukommen. Durch die Nachversicherung mit Hilfe einfacher Beitragszahlungen würde dem Versicherungsträger „namhafter Schaden" entstehen, umso mehr, als die nachgezahlten Beiträge auch als Pflichtbeiträge gelten sollten. Damit wurde aber auch die Wartezeit weitgehend abgekürzt. All dies widersprach fundamental dem eigentlich geltenden Grundsatz des Anwartschaftsdeckungsverfahrens.

Dazu kamen die Folgen der beabsichtigten Öffnung der Sozialversicherung für die Selbständigen durch freiwilligen Beitritt.

> Die Freiwilligkeit führt zu einer Selbstauslese der Versicherten mit dem Ergebnis, dass die ungünstigen Risiken: die Verheirateten, Kinderreichen und Personen von schwacher Gesundheit dem Versicherungsträger zur Last fallen, während die zum Ausgleich erforderlichen günstigen Risiken, Junggesellen u. a. der Versicherung fern bleiben,

monierten die RfA-Beamten. Zudem waren in diesem Fall auch geringere Beitragsmonate (sechs statt wie in der AV durchschnittlich 9,5) vorgesehen. „Dies ist versicherungstechnisch zu wenig und zerstört auch den Sinn der Anwartschaftsdeckung [...]. Jedenfalls darf der Zustand nicht eintreten, dass die Selbständigen die halbe Beitragsleistung, die Unselbständigen die ganze Beitragsleistung haben."[186] In einer ganzen Reihe von Einzelbestimmungen entdeckten die RfA-Beamten zudem neu geschaffene Härten und Ungerechtigkeiten. Den zentralen Punkt, der von der RfA immer wieder als Reformverlangen vorgetragen worden war, die Milderung oder Abschaffung der Ruhensbestimmungen, suchten die RfA-Beamten in dem Gesetzentwurf vergeblich – dies beschäftigte auch das RVA, denn in Erwartung neuer Bestimmungen hatten

185 Ebd., S. 2.
186 Ebd., S. 6 f.

die Revisionssenate die zahlreichen anstehenden Streitverfahren schon längere Zeit vorübergehend ausgesetzt. Der inzwischen entstandene Rückstau ungeklärter Revisionsverfahren war erheblich und damit auch die Gefahr, dass bei den Versicherten durch die Verfahrensaussetzungen Hoffnungen geweckt worden wären, „die vielelleicht nicht erfüllt werden können und sich dann nur in umso größere Enttäuschung verwandelt".[187] Dafür entdeckten die RfA-Beamten in dem Referentenentwurf, dass einige aus ihrer Sicht wesentliche Bestimmungen zur Vermögensverwaltung weggefallen und durch neue Regelungen ersetzt worden waren. Diese öffneten dem RVA als Aufsichtsbehörde in Form von Genehmigungsvorbehalten Tür und Tor für weitere massive Eingriffe in die Entscheidungen zur Anlage des Vermögens.[188] Der von der RfA seit jeher bewusst gepflegte Grundsatz einer vielfältigen Mischung der Vermögensanlagen wurde damit weitestgehend unmöglich gemacht. Der ganze Aufbau des Vermögens „erfährt eine grundlegende Wandlung", unter anderem auch mit der Folge eines deutlichen Absinkens des durchschnittlichen Zinsertrags.[189]

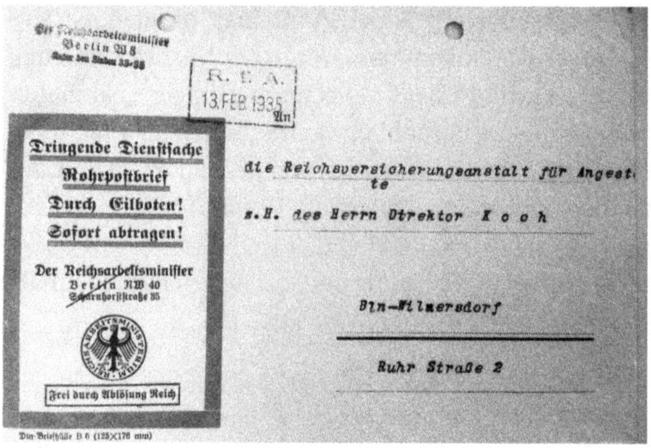

Abb. 15: Dienstschriftverkehr zwischen dem RAM und der RfA (1935)

Unter dem Strich gab es drei Entwürfe sowie einen Vorentwurf des Ausbaugesetzes, zu dem die Versicherungsträger ausgiebig gehört worden waren. Den Bedenken der RfA war dabei allerdings kaum Gehör geschenkt worden.[190] Am zweiten Entwurf, der im Juli vorgelegt worden war, hatten die RfA-Beamten nach wie vor kritisiert, dass „die in Aussicht genommene Regelung die für die Handhabung des

187 Schreiben des RVA an das RAM vom 17.6.1937, in: BArch R 89/3165.

188 Das betraf vor allem die Genehmigungspflicht beim Ankauf inländischer Grundstücke. Vgl. RfA-Stellungnahme vom 9.4.1937, S. 18, in: BArch R 89/3165.

189 Vgl. RfA-Stellungnahme vom 9.4.1937, in: BArch R 89/3165, Bl. 138 ff.

190 Vgl. dazu auch einen entsprechenden frustrierten handschriftlichen Vermerk an Vizepräsident Schaefer vom 10.9.1937, in: RfA-Archiv Nr. 23.

Gesetzes wichtigsten Bestimmungen in der Schwebe [lässt]".[191] Grießmeyers Rede Mitte Oktober 1937 auf der Reichsarbeitstagung der Reichsbetriebsgemeinschaft Banken und Versicherungen in Frankfurt, die die Sanierung der Rentenversicherungen zum Thema hatte, kann man durchaus als einen letzten und vergeblichen Versuch deuten, die Gesetzesmacher im RAM vor teuren Experimenten und der Zerstörung des Anwartschaftsdeckungsverfahrens zu warnen.[192] Als das Gesetz Ende Dezember 1937 erschien und zum 1. Januar 1938 in Kraft trat, war die Reaktion gespalten.[193] Die NS-Presse, allen voran *Das Schwarze Korps*, bejubelte die grundsätzliche Neuordnung der Regelungen von Wartezeit und Anwartschaft sowie die große Zahl einzelner Verbesserungen für die Versicherten im Ausbaugesetz. Jedem Deutschen, auch wenn er nicht versicherungspflichtig war, biete sich nun die Möglichkeit, durch freiwillige Beitragsleistungen, die vor dem 40. Lebensjahr einsetzen oder durch freiwillige Wiederaufnahme früherer Pflichtbeiträge in den Genuss der Altersversorgung zu gelangen.[194] In der *Sozialen Praxis* legte auch Gerhard Zschimmer, der zuständige Ministerialdirigent im RAM seine Deutung des Ausbaugesetzes dar.[195] Darin pries er zuallererst die finanztechnische Seite des Gesetzes, mit der die eigentlich vorgesehene offene Beitragserhöhung durch eine verdeckte infolge der Übertragung von Beiträgen der Arbeitslosenversicherung auf die IV und die AV vorgenommen werde. Als Beitragssatz würden im Durchschnitt 4,8 Prozent des Arbeitseinkommens festgesetzt, in Wirklichkeit betrug der von den Versicherten aufzubringende Beitragssatz aber sechs Prozent, da 1,2 Prozent des Arbeitseinkommens aus der Arbeitslosenversicherung auf die RfA übertragen wurden. Der RfA flossen dadurch künftig jährlich etwa 110 Mio. RM zu, der Invalidenversicherung ein doppelt so hoher Betrag. Dazu übernahm seinerseits das Reich erstmals für weitere Versicherungsleistungen die Zusage finanzieller Mittel als Zuschuss. Die faktischen Leistungsverbesserungen waren eher marginal, sie bewegten sich „in Richtung einer weiteren Auflockerung der früheren Notverordnungen", wie Zschimmer kryptisch schrieb, und sie betrafen vor allem die Invalidenversicherten. Sie machten alles in allem, so jedenfalls die Berechnungen des RAM, 130 Mio. RM aus, die weiteren Erleichterungen der Versicherung etwa 20 Mio. RM, Beitragssenkungen für die Bergleute 70 Mio. RM und die Verstärkung des Sondervermögens für die Kinderbeihilfen 277 Mio. RM. Die Kosten für das Ausbaugesetz schlugen insgesamt mit einem Betrag von rund einer halben Mrd. RM zu Buche. Aus dieser Perspektive wurden denn auch die eigentlichen Ziele hinter dem Ausbaugesetz viel deutlicher sichtbar: Erstens wurde unter dem Signum der „endgültigen Sanie-

---

191 Stellungnahme vom 14.8.1937, in: RfA-Archiv Handakte Granzow.

192 Vgl. den Bericht der Tagung und die Rede Grießmeyers in: Deutsche Invalidenversicherung 9 (1937), S. 225–226.

193 Vgl. das Gesetz über den Ausbau der Rentenversicherung in: Mitteilungen der RfA Nr. 13, 1937, S. 45–52. Vgl. auch Glootz, S. 79.

194 Vgl. „Das Ziel: Volksversicherung!", in: Das Schwarze Korps vom 27.1.1938, S. 6–7.

195 Gerhard Zschimmer, Gesundung und Ausbau der deutschen Rentenversicherung, in: *Soziale Praxis* 47 (1938), S. 66–70.

rung“ bei Erhaltung der Sozialversicherungsleistungen die offene Beitragserhöhung, die dem Image des Regimes wohl erheblich geschadet hätte, vermieden. Zweitens wurde mit der faktischen Rechtsangleichung weiter Teile der Bestimmungen zwischen Invaliden- und Angestelltenversicherung tatsächlich eine erste Etappe zur nationalsozialistischen Volksversicherung sowie zum Ausbau der Versicherungsleistungen nach nationalsozialistischen Grundsätzen eingeschlagen. Drittens ging es um Beitragserleichterungen für die Bergleute, d. h. um die Loyalitätssicherung bei einer zentralen Gruppe in der Arbeiterschaft, und viertens verfolgte man mit den Kinderbeihilfen eine klare nationalsozialistische Familien- und Bevölkerungspolitik.[196] Für die Angestellten brachte das neue Gesetz jedoch so gut wie nichts. Im Gegenteil: Nimmt man das Ausbaugesetz und dessen Umsetzung über die tägliche Verwaltungsarbeit der RfA näher unter die Lupe, so zeigten sich viele Probleme und Nachteile für diese Versichertengruppe.

Der zentrale Punkt in der Neuregelung des Anwartschaftsrechts war die Einführung der sogenannten Halbdeckung. Künftig galt die Anwartschaft in der AV wie der IV auch dann als erhalten, wenn beim Eintritt des Versicherungsfalls durch Berufsunfähigkeit, durch Tod oder durch Vollendung des 65. Lebensjahres die Zeit seit dem ersten Eintritt in die Versicherung nur zur Hälfte mit Beiträgen belegt waren. Auch die neu geschaffenen Möglichkeiten zur Verteilung der Wochenbeiträge sowie zu Beitragsnachzahlungen beseitigten empfindliche Härten des geltenden Rechts. Die tatsächliche Anwendung der Halbdeckungs-Regelung war jedoch reichlich unklar. Erst eine Anfrage der Sozialabteilung des IG-Farben-Konzerns Anfang Februar 1938 über die Anrechnung der an sich rentensteigernd wirkenden Kriegs-, Arbeits- und Militärdienstzeiten brachte zu Tage, dass in der Angestelltenversicherung diese Anrechnung nicht mehr erfolgte und vom Gesetzgeber bewusst ausgeschlossen worden war. Dies, so beeilte sich der zuständige RfA-Referent in seinem Antwortschreiben zu betonen, bedeute für die Angestellten keine Verschlechterung der bisherigen Lage.[197] In einem internen Vermerk für RfA-Vizepräsident Schaefer vom Oktober 1938 steht:

> Zahlreiche Versicherte haben, zum Teil bestärkt durch Auskünfte der Behörde oder einer anderen zuständigen Stelle, im Vertrauen auf die Dreivierteldeckung die Beitragsleistungen wieder aufgenommen. Sie müssen aber jetzt bei Eintritt des Versicherungsfalles erfahren, dass die Dreivierteldeckung seit 1938 nicht mehr gilt, und Halbdeckung nicht vorhanden ist.[198]

Auch das Wiederaufleben der Anwartschaft trotz erloschener Beitragsmarken durch Nachentrichtung war beseitigt worden. Das neue Recht kannte das Wiederaufleben

196 Vgl. dazu auch die ziemlich unverblümte Darstellung von Inhalt und Bedeutung des Ausbaugesetzes von Oberregierungsrat Dobbernack, einem anderen hauptverantwortlichen Referenten bzw. Staatssekretär im RAM in der Deutschen Invalidenzeitung 10 (1938), S. 3–7.

197 Vgl. das Schreiben der IG Farben vom 11.2.1938 sowie das Antwortschreiben vom 3.3.1938, in: RfA-Archiv Fach 3, Nr. 2.

198 Vermerk vom 9.10.1938, in: RfA-Archiv Fach 113, Nr. 6.

der Anwartschaft nicht mehr, allerdings gab es eine Übergangsregelung mit Stichtag 31. Dezember 1937, d.h. die Zulassung der Nachentrichtung von Beiträgen für zurückliegende Zeiten (1931 bis 1937) und eine Härtefallklausel. Viele Versicherte, die aufgrund der neuen Regelungen nun eine Rentenleistung erwarteten, wurden enttäuscht. Denn an dem Prinzip, dass Rentenleistungen der AV voraussetzten, dass die Wartezeit erfüllt und außerdem die Anwartschaft erhalten sein musste, hatte das Ausbaugesetz nichts geändert. Ob die Anwartschaft durch die Halbdeckung erhalten war, konnte nur im Versicherungsfall beurteilt werden. War sie zu diesem Zeitpunkt nicht erreicht, so blieben auch die zur Erreichung der Halbdeckung geleisteten freiwilligen Beiträge für die Anwartschaft unwirksam. War die Halbdeckung erreicht, so konnte gleichwohl eine Rente nur gewährt werden, wenn die Wartezeit erfüllt war. Die neuen Regelungen für die Verkürzung der Wartezeit durch freiwillige Beiträge zur Halbdeckung galten zudem erst ab dem 1. Januar 1938 und nicht rückwirkend.[199] In einem bald als Standardtext formulierten Bescheid an einen Versicherten vom Februar 1938 steht:

> Ihre Anwartschaft aus den für 1914/1918 zur Angestelltenversicherung entrichteten Beiträgen ist nach wie vor erloschen. Ein Versicherter, dessen Anwartschaft erloschen ist, kann sich freiwillig weiterversichern, um die Halbdeckung in der AV zu erreichen [...]. Die Versicherung zur Erreichung der Halbdeckung geschieht aber auf eigene Gefahr des Versicherten; denn die Beiträge werden erst wirksam, wenn im Versicherungsfall die Halbdeckung vorhanden ist. Wenn dieses Ziel nicht erreicht wird, so bleiben die Beiträge unwirksam und werden nicht zurückgezahlt.[200]

Nicht rückwirkend angerechnet werden konnte die Halbdeckung auch auf die Beitragsrückerstattung der verheirateten Frauen, auch wenn sich in der Öffentlichkeit hier vielfach andersartige Auffassungen und Informationen verbreitetet hatten. Ein RfA-Beamter blickt in einem Aufsatz zurück:

> In Übereinstimmung mit der Verwaltungsübung der RfA mangels Rechtsgrundlage kann dem nicht gefolgt werden. Es ist bedauerlich, dass durch diese den entscheidenden Punkt übersehende Auslegung bei den betroffenen Ehefrauen Hoffnungen erregt worden sind – wie sich aus zahlreichen Zuschriften an die RfA ergeben hat –, die nicht in Erfüllung gehen können.[201]

Bald häuften sich daher bei den DAF-Rechtsberatungsstellen wie der RfA selbst die Anträge auf Anwendung der Härtefallregelung und auf Kulanz bei der Gewährung und Berechnung von Renten. Dabei hatte die RfA schon im Herbst 1937 im Vorgriff auf die zu erwartende Regelung vielfach Kulanz in ihrer Verwaltungspraxis geübt und Anträge auf Gewährung von Renten, die wegen Erlöschens der Anwartschaft eigentlich

---

199 Vgl. das entsprechende Erläuterungsschreiben aus der Versichertenabteilung auf eine Anfrage nach Klärung durch den Frankfurter Überwachungsbeamten vom 12.3.1938 hin, in: ebd.
200 Bescheid vom 11.2.1938, in: RfA-Archiv Fach 94, Nr. 2.
201 ORR Otto Hartmann, Zur neuen Beitragserstattung in der Rentenversicherung der Arbeiter und Angestellten, in: Deutsche Rentenversicherung 11 (1939), S. 23–26, hier S. 24.

abzulehnen waren, in Rücksprache mit dem RVA dann gewährt, „wenn eine formalrichtige Ablehnung eine dem Rechtsempfinden nicht entsprechende Härte bedeuten würde".[202] Bei den seit 1938 nun eingehenden zahlreichen Anträgen auf Anwendung der Härtefallregelung, die auf den Schreibtischen der RfA-Beamten landeten, zeigte man sich jedoch in Anwendung der Gesetzeslage unnachgiebig. Ungeachtet dessen, dass die DAF-Rechtsberatungsstellen für eine flexible Handhabung der Bestimmungen zugunsten ihrer jeweiligen Mandanten plädierten, lehnte die RfA die Anträge fast durchweg ab.[203] Der Tenor der Bescheide lautet:

> Eine Ermächtigung, in Fällen besonderer Härte die Anrechnung von Invalidenbeiträgen auf die Halbdeckung neben gleichzeitig entrichteten Angestelltenversicherungsbeiträgen zuzulassen, oder die bis zum Inkrafttreten des Ausbaugesetzes erreichte Dreivierteldeckung über den 31. Dezember 1937 fortdauern zu lassen, sieht das Gesetz nicht vor.[204]

Nach wie vor wich trotz der Angleichungstendenzen das Anwartschaftsrecht in der Angestelltenversicherung grundlegend von dem der Invalidenversicherung ab und entsprechend waren Schwierigkeiten beim Übergang von einer zur anderen Versicherung zu erwarten, d. h. bei den sogenannten Wanderversicherten. Von einer Vereinfachung des komplizierten Anwartschaftsrechts und von „klaren, einfachen Vorschriften, die auch dem einfachen Manne verständlich sein müssten", wie RAM-Staatsekretär Zschimmer überheblich in der *Sozialen Praxis* geschrieben hatte, konnte keine Rede sein.[205]

Das galt auch für die mit dem Ausbaugesetz vorgenommene Erweiterung der freiwilligen Selbstversicherungsmöglichkeiten sowie die Entrichtung von Zusatzbeiträgen. Seit dem 1. Januar 1938 waren alle deutschen Staatsangehörigen, die nicht versicherungspflichtig waren, bis zum vollendeten 40. Lebensjahr zum freiwilligen Eintritt in die Angestelltenversicherung berechtigt, und zwar ohne Rücksicht auf die Höhe des Einkommens und die Zugehörigkeit zu einer bestimmten Berufsgruppe. Damit war die alte Regelung, nach der die freiwillige Selbstversicherung erst nach aufwändiger Einzelfallprüfung entschieden wurde, aufgehoben.[206] Dies bedeutete eine weite Öffnung der Rentenversicherung „für jedermann", die bis zur Rentenreform von 1957 gelten sollte und durch das Rentenreformgesetz vom Oktober 1972 erneut und ergänzt durch Nachversicherungsregelungen wieder eingeführt wurde. Damals gab es jedoch auf Seiten der RfA erhebliche Bedenken gegen die Neuregelung der Selbstversicherung, insbesondere gegen eine laxe Handhabung der Nachversicherungs-

202 Präsidialverfügung vom 1.12.1937, in: RfA-Archiv Nr. 22.

203 Vgl. dazu eine Sammlung von Härtefällen in: BArch R 89/3534.

204 Bescheid vom 21.6.1938, in: RfA-Archiv Fach 3, Nr. 2. Vgl. dazu auch die Abteilungsverfügung zur Härtefallklausel vom 17.2.1938, in: RfA-Archiv Nr. 23.

205 Vgl. Zschimmer, Gesundung und Ausbau der deutschen Rentenversicherung, in: *Soziale Praxis* 47 (1938), S. 69. Vgl. auch das umfangreiche eigens dafür erstellte Merkblatt Nr. 4a zur Halbdeckung in der Angestelltenversicherung, in: RfA-Archiv Fach 3, Nr. 2.

206 Vgl. dazu den diversen Schriftwechsel in: RfA-Archiv Fach 64, Nr. 3.

möglichkeiten. Laut Gesetz war es auch den später eintretenden freiwilligen Selbstversicherern nur bis 1. Januar 1938 erlaubt, Beiträge nachzuentrichten. Auf dieser Haltung beharrte auch die RfA in ihrer Verwaltungspraxis, denn faktisch bedeuteten alle anderen Auslegungen eine für die RfA teure, für die Versicherten allerdings ziemlich günstige Verkürzung der Wartezeiten um die Hälfte. Konflikte zwischen den Pflichtversicherten und den freiwillig Versicherten waren damit geradezu vorprogrammiert. Das RVA jedoch unterlief mit seiner Rechtsprechung diese Handhabung und eröffnete den Selbstversicherten die Möglichkeit, auch für die Zeit von 1932 bis 1937 freiwillige Beiträge nachzuentrichten.[207] Die RfA sah sich daher im Oktober 1939 gezwungen, auf die Position des RVA einzuschwenken.[208] Vehement wehrte sich die RfA auch gegen die von den Landesversicherungsanstalten praktizierte Verwaltungshandhabung des Ausbaugesetzes, auch den nach Vollendung des 40. Lebensjahres gestellten Anträgen auf Selbstversicherung zu entsprechen, wenn durch Nachverwendung von Beiträgen der Eintritt in die Selbstversicherung gleichsam vor das 40. Lebensjahr zurückverlegt wurde.[209]

Mindestens den Versicherungsmathematikern unter den RfA-Beamten waren all diese Regelungen ein Graus, hegten sie doch eine grundsätzliche Abneigung gegen die freiwillige Versicherung bei einer an sich auf Versicherungspflicht beruhenden Einrichtung. Die freiwillig Versicherten stellten für sie eine „Selbstauslese besonders gefährdeter Personen“ mit versicherungstechnisch höheren Risiken dar.

> Die freiwillige Übernahme einer Vergrößerung der ungünstigen Risiken durch Entgegennahme von Zusatzbeiträgen schließt Gefahrenmomente für die Anstalt ein, die sich allen versicherungsmathematischen Berechnungen entziehen, weil eine ihre Grundlagen – das Wahrscheinlichkeitsmoment – zum Teil dadurch ausgeschaltet ist, dass dem Willen der Versicherten, möglichst günstig abzuschneiden, freier Lauf gelassen wird,

so hieß es in einem internen Vermerk.[210] Daher erschien es der RfA aus grundsätzlichen Erwägungen und im eigenen Interesse notwendig, die freiwillige Versicherung wenn nicht auszuschließen, so doch möglichst – etwa durch Verbot der Versicherung in den „unrentablen“ Gehaltsklassen A und B – zu beschränken zu suchen.[211]

---

207 Vgl. Abteilungsverfügung Abt. I Versicherung vom 25.6.1938, in: RfA-Archiv Nr. 23 sowie dazu u. a. das Schreiben des Versicherungsamts Stuttgart an das RfA vom 27.4.1940, in: ebd.

208 Vgl. Abteilungsverfügung vom 19.10.1939, in: RfA-Archiv Fach 1, Nr. 1 sowie Vermerk vom 29.4. 1940, in: RfA-Archiv Fach 11, Nr. 7.

209 Vgl. Schreiben des Reichsverbandes Deutscher Versicherungsanstalten an die RfA vom 14.6.1938 sowie das Antwortschreiben vom 27.6.1938, in dem die RfA ihren andersartigen Standpunkt bekräftigte, in: RfA-Archiv Fach 111, Nr. 7. Vgl. dazu auch die umfangreichen Vorschläge von Direktor Koch vom 15.2.1938 für eine Durchführungsverordnung zum Ausbaugesetz sowei das entsprechende Schreiben der RfA an das RVA vom 18.2.1938, in: RfA-Archiv, Handakte Granzow.

210 Vermerk vom 15.7.1938, in: RfA-Archiv Handakte Granzow.

211 Vgl. den Vermerk bereits vom 13.11.1935 sowie das darauf aufbauende Schreiben an das RVA vom 14.11.1935, in: RfA-Archiv Nr. 20.

Das Ausbaugesetz eröffnete zudem auch die Möglichkeit zur Überversicherung, d.h. die Versicherung konnte in einer höheren als der gesetzlich vorgeschriebenen Beitragsklasse erfolgen, allerdings war vorher eine einvernehmliche Vereinbarung zwischen Arbeitgeber und Versichertem notwendig. Auch hier meldete das RfA gegenüber dem entsprechenden Referentenentwurf im Juni 1938 massive Bedenken an, vor allem gegen die geplante Gleichstellung von Zusatzbeiträgen und freiwilligen Beiträgen, was ebenfalls ein Einfallstor für die Versicherten schuf, eine schnellere Erfüllung der Wartezeit, die Verhütung von Anwartschaftsverlusten und die Erlangung höherer Versicherungsleistungen zu erreichen.

> Von der neuen Möglichkeit, noch durch Zusatzbeiträge Leistungen zu erzielen, würden voraussichtlich nur Versicherte Gebrauch machen, die sich entweder jahrelang um ihre Versicherung nicht gekümmert haben oder die mit einem alsbaldigen Leistungsanspruch zu rechnen haben; das würde aber zu einer nicht erwünschten Risikoauslese führen,

notierten die RfA-Beamten dazu.[212] Das Ziel war eine allgemeine Erhöhung der anerkanntermaßen zu niedrigen Renten, allerdings durch freiwillige Initiative und Beiträge der Versicherten.[213] Das Zusatzbeitrags-System sah eine gewisse Mindestbeitragshöhe vor, ein Widerspruch, wie die RfA-Beamten monierten. Denn da die Zusatzversicherung auf der freien Entscheidung des Versicherten beruhte, „sollte man auch die Höhe der Zusatzbeitragsleistung dem freien Willen des Versicherten und vor allem seiner finanziellen Leistungsfähigkeit überlassen".[214] Zudem hatten die RfA-Sachbearbeiter berechnet, dass die entsprechenden Bestimmungen aus dem RAM tatsächlich nur geringe Höherleistungen der Rente mit sich bringen würden, die weit unter den Erwartungen der Versicherten lagen. In einem internen Vermerk der Büroleitung der Abteilung I Leistung von Mitte Juli 1938 heißt es dazu gleichsam zusammenfassend:

> Der Wille, eine Erhöhung der Renten zu ermöglichen, ist zu begrüßen. Der Weg scheint mir allerdings ein reichlich umständlicher zu sein, abgesehen davon, dass ich die Beamten bedauere, die später Beitragsübersichten aufstellen und Renten berechnen müssen, haben sie doch auseinander zu halten: Pflicht-, freiwillige, Höherversicherungs-, Zusatzversicherungs- und Zusatzbeiträge mit ihrer verschiedenartigen Verwertung. Ganz außer allem Zweifel wird sich beim Versicherungsfall ein umfangreicher und unbefriedigender Schriftwechsel ergeben und das Verfahren wesentlich verzögern.[215]

---

212 Vermerk vom 15.7.1938, in: RfA-Archiv Fach 114, Nr. 20.

213 Vgl. dazu die elfseitige Stellungnahme der RfA vom 8.7.1938 zu dem Referentenentwurf , in: RfA-Archiv Fach 114, Nr. 20.

214 Ebd., S. 4.

215 Stellungnahme vom 13.7.1938, in: RfA-Archiv Fach 114, Nr. 20. Vgl. dazu auch das 22-seitige Schreiben Grießmeyers an das RVA dazu vom 26.7.1938 mit der deutlich ablehnenden Stellungnahme, in: RfA-Archiv Fach 114, Nr. 20. Im April 1939 schickte das RAM an die RfA und das RVA einen neuen Entwurf für eine Verordnung über Zusatzbeiträge in der Rentenversicherung. Vgl. dazu auch die eher zurückhaltende Stellungnahme des RVA vom 9.5.1939, in: BArch R 89/3169.

Auffälligerweise sah man sich hier einer Meinung mit dem Sozialamt der DAF.[216]

Ein weitgehend unbeachtetes Beispiel für die Rückwirkungen der Rechtsangleichung auf die Verwaltungspraxis der RfA war die Gewährung des Kinderzuschusses und der Waisenrente. Den Anspruch auf diese Leistungen hatte die RfA wie erwähnt als satzungsgemäße Mehrleistung bei Schul- oder Berufsausbildung auch auf die Jahre zwischen dem 15. und 18. Lebensjahr ausgedehnt hatte. Das Ausbaugesetz führte dies nun allgemein, d. h. auch in der Invalidenversicherung ein und schuf damit einen gesetzlichen Anspruch, wobei allerdings die Begriffe der Schul- und Berufsausbildung nicht näher bestimmt worden waren. Für die RfA bedeutete dies, dass sie ihre Satzung ändern musste: „Die entgegenkommendere Auslegung, die in der Verwaltungsübung der RfA für Mehrleistungen maßgebend war, [ist] für die Entscheidung über die gesetzlichen Ansprüche nicht mehr anzuwenden", hieß es in einem Vermerk.[217] Andere Maßnahmen und Verwaltungspraktiken im Geschäftsverkehr zwischen den verschiedenen Versicherungsträgern, die höchst arbeitsintensiv waren und erheblichen bürokratischen Aufwand erforderten, wie etwa die erforderliche Anhörung im Rentenfeststellungsverfahren von Wanderversicherten oder bei der Zuständigkeit für die Feststellung und Zahlung der Leistungen von Wanderversicherten, ließ das Gesetz dagegen bestehen und unterwarf es keiner Vereinheitlichung bzw. Vereinfachung.[218] Der Hauptprofiteur des Ausbaugesetzes war zweifellos die Invalidenversicherung; erst jetzt wurden hier auch die Beitragsrückerstattungen an weibliche Versicherte bei der Heirat möglich ebenso wie die Anrechnung der Dienstzeiten in der Wehrmacht und im Reichsarbeitsdienst als Ersatzzeit für die Anwartschaftserhaltung sowie die Gewährung von Steigerungsbeträgen für die Kriegsdienstzeiten. Demgegenüber ergaben sich für die AV und damit die RfA eher erhöhte Risiken, vermehrte Arbeitsbelastung und zusätzliche Ausgaben. Letztendlich waren, wie schon in den Gesetzen zuvor, zahlreiche Regelungen unklar und in der Auslegung strittig geblieben. Bereits im September 1938 war daher eine „Verordnung zur Durchführung und Ergänzung des Gesetzes über den Ausbau der Rentenversicherung" erlassen worden und im Reichsversicherungsamt gab es bereits eine lange Liste mit weiteren „Zweifelsfragen" aus dem Ausbaugesetz, die ihrer endgültigen Regelung durch spätere Durchführungsverordnungen harrten.[219]

Für alle Versicherungsträger gleichermaßen galt, dass das Ausbaugesetz massive Mehrarbeit mit sich gebracht hatte. Die RfA wurde schon kurz nach Erlass des Ge

216 Vgl. die umfangreiche Stellungnahme der DAF vom 10.8.1938 zu dem Referentenentwurf, in: ebd.
217 Vermerk der Abteilung I Leistung vom 10.3.1938, in: RfA-Archiv Nr. 23 sowie dort auch die ausführliche neue „Anweisung für die Gewährung von Waisenrenten und Kinderzuschuss für Kinder vom 15. bis 18. Lebensjahr" vom 29.1.1938.
218 Vgl. dazu etwa den Vermerk der Abt. I Leistung vom 15.9.1938 sowie auch die Niederschrift über die Besprechung vom 25.10.1938 zwischen RfA, Reichsknappschaft und dem Reichsverband deutscher Landesversicherungsanstalten, in: RfA-Archiv Nr. 58a.
219 Die Verordnung vom 1.9.1938, in: Mitteilungen der RfA Nr. 9, 1938, S. 1–2 sowie das Rundschreiben des RVA an die Versicherungsträger vom 3.10.1938, in: RfA-Archiv Nr. 23.

setzes mit Anträgen von Rentenberechtigten auf Erhöhung der Rente regelrecht überschüttet.[220] Der Arbeitsaufwand nahm nach dem Erlass der ersten Durchführungs- und Ergänzungsverordnung noch deutlich zu, in der nun endlich die lange versprochenen Steigerungsbeträge für Soldaten, Arbeitsmänner und Kriegsteilnehmer festgelegt wurden. Das machte die Umrechnung laufender Rentenbescheide notwendig.[221] Allein 1938 wurden von der Leistungsabteilung rund 20.000 Fälle hinsichtlich der Frage geprüft, ob ein Anspruch auf den Steigerungsbetrag aus der Invalidenversicherung für eine geleistete Kriegsdienstzeit bestand, und in über 10.000 Fällen war auch eine entsprechende Bewilligung erfolgt.[222] Große Kreise unter den „RfA-Rentnern" hatten sich infolge des allgemeinen Rentenverbesserungsgerüchte in der Öffentlichkeit, und ohne sich um die Details der tatsächlichen Bestimmungen des Ausbaugesetzes zu kümmern, Hoffnungen auf eine Ruhegelderhöhung gemacht. Doch in den meisten Fällen wurden entsprechende Anfragen von der RfA mit dem lapidaren Hinweis abgelehnt, dass Steigerungsbeträge aus der Invalidenversicherung nicht gewährt würden, wenn in der laufenden Rente für die Zeit der Teilnahme am Weltkrieg schon Steigerungsbeträge aus der Angestelltenversicherung enthalten waren.[223] Für die große Masse der RfA-Rentner änderte ich daher mit dem Ausbaugesetz nichts.

Ungeachtet dieser Probleme und Ungereimtheiten, die sich aus Sicht der RfA durch das Ausbaugesetz ergaben, stimmte Präsident Grießmeyer dennoch auf der Beiratssitzung Anfang April 1938 zunächst in den Chor der NS-Presse, die das Gesetz als „soziale Großtat" feierte, mit ein. Das Ausbaugesetz verbürge die künftige finanzielle Sicherung aller Leistungen der Angestelltenversicherung, bahne einen Ausbau der Leistungen nach nationalsozialistischen Grundsätzen an und öffne die Tür für eine Rentenversicherung des ganzen Volkes.[224] Auf der gemeinsamen Tagung aller Versicherungsträger mit dem RVA am 3. März 1939, in dem es unter anderem auch um die „vermutlichen Auswirkungen des Ausbaugesetzes in finanzieller Hinsicht" ging, meldete sich Grießmeyer jedoch nicht zu Wort.[225] So beherrschte dort die Perspektive der Landesversicherungsanstalten und der Invalidenversicherung das Bild. Angeblich fielen demnach die finanziellen Belastungen durch das Gesetz mit etwa 46 Mio. RM weit geringer aus, im Vergleich mit der ursprünglich veranschlagten doppelt so hohen Summe. Allerdings waren diese Berechnungen ohne großen Wert, da „ohne Zweifel noch erhebliche Belastungen ausstehen, über die erst die Zukunft das richtige Bild

220 Vgl. Notiz der Büroleitung der Abt. I Leistung vom 3.1.1938, in: RfA-Archiv Nr. 23. Die RfA hatte demnach eine Reihe von Hilfskräften eingestellt und vorübergehend eine eigene Dienststelle eingerichtet.

221 Vgl. RVA-Rundschreiben vom 6.10.1938, in: RfA-Archiv Nr. 23.

222 Schreiben der Abt. I Leistung vom 3.2.1939, in: RfA-Archiv Nr. 92.

223 Vgl. etwa das Schreiben vom 10.9.1938, in: RfA-Archiv Nr. 91.

224 Protokoll der Beitratssitzung vom 4.4.1938, S. 2, in: BArch R 89/3468. Vgl. auch die regimekonforme Würdigung in der RfA-Festschrift 25 Jahre Angestelltenversicherung, S. 46.

225 Vgl. die Niederschrift der Tagung beim RVA am 3.3.1939, in: BArch R 89/3165.

geben wird".[226] Jedoch ergaben erste interne Berechnungen, dass sich auch bei der RfA die durch das Ausbaugesetz entstehenden Mehrausgaben in Grenzen hielten: Bis Ende 1938 waren es nur 700.000 RM bei den Ruhegeldern und 1,1 Mio. RM bei den Hinterbliebenenrenten.[227] Die Verbesserungen fielen mithin sehr bescheiden aus und blieben ohne sichtbare Rückwirkung auf das Niveau der durchschnittlichen Rente.[228] Unter dem Strich bedeutete das Ausbaugesetz daher für die Angestelltenversicherten keine nennenswerten Verbesserungen. „Alle Dankschreiben über Rentenerhöhungen nach dem Gesetz vom 21.12.1937 sind mir vorzulegen", hieß es in einer Anordnung der Büroleitung der Abteilung I Leistung vom 29. Januar 1938.[229] Doch in den Akten fanden sich keine, stattdessen aber viele Briefe mit unverhohlener Kritik.[230]

Und die Gerüchteküche über die künftigen Leistungen der Angestelltenrentenversicherung brodelte mehr denn je. Ende November 1938 berichtet ein ehemaliger Vertrauensmann aus Leipzig an die Direktion der RfA:

> Es wird behauptet, dass von jetzt an die Witwen-Renten nur an über 65 Jahre alte Frauen gezahlt würden und früher genehmigte Renten an jüngere Witwen sollten nicht weiter gezahlt werden. Weiter wird behauptet, dass Renten nur noch in der Höhe bis zu 100 RM pro Monat gezahlt würden, ohne Rücksicht auf die hohen Einzahlungen der Versicherten.[231]

Dafür waren nicht zuletzt zahlreiche DAF-Vertreter und andere NS-Funktionäre auf Kreis- und Gauebene mitverantwortlich, die in ihren Versammlungen entsprechende Informationen in die Welt setzten. Die Behauptungen eines thüringischen DAF-Kreisobmanns Anfang April 1938 waren exemplarisch. Dieser hatte in einem Schulungskurs behauptet, dass

> wenn nicht in diesem, dann im nächsten Jahr die Invaliden-, Knappschafts- und Angestelltenversicherung zusammengelegt würden und dass dann sowohl Arbeiter wie Angestellte, selbst der Generaldirektor der IG Farben, ein monatliches Ruhegeld von 140 RM erhalten würden. Manche Arbeiter hätten in ihrem Leben monatlich nicht verdient, was sie später als Ruhegeld erhalten würden,

so berichtet jedenfalls der örtliche RfA-Überwachungsbeamte über die Veranstaltung nach Berlin.[232] In der Ruhrstraße war man darüber so verärgert, dass man sich darüber beim Stellvertreter des Führers beschwerte, wo man den Vorfall abzuwiegeln versuchte.[233] Die alltägliche Arbeit der RfA-Beamten machte das nicht leichter.

---

226 Ebd., S. 12.
227 Vermerk vom 8.11.1938, in: RfA-Archiv Nr. 78.
228 Zur kritischen Bewertung des Gesetzes vgl. auch Schlegel-Voß, S. 69.
229 Schreiben vom 29.1.1938, in: RfA-Archiv Nr. 23.
230 Quelle: RfA-Archiv Fach 116, Nr. 8.
231 Schreiben vom 27.11.1938, in: RfA-Archiv Fach 57, Nr. 1.
232 Bericht vom 14.5.1938, in: RfA-Archiv Fach 19, Nr. 3.
233 Vgl. Schreiben vom 26.8.1938, in: ebd. Vgl. weitere ähnliche Vorfälle, etwa die Rede des Wormser Kreisleiters auf einer Versammlung Anfang Januar 1939, in: ebd.

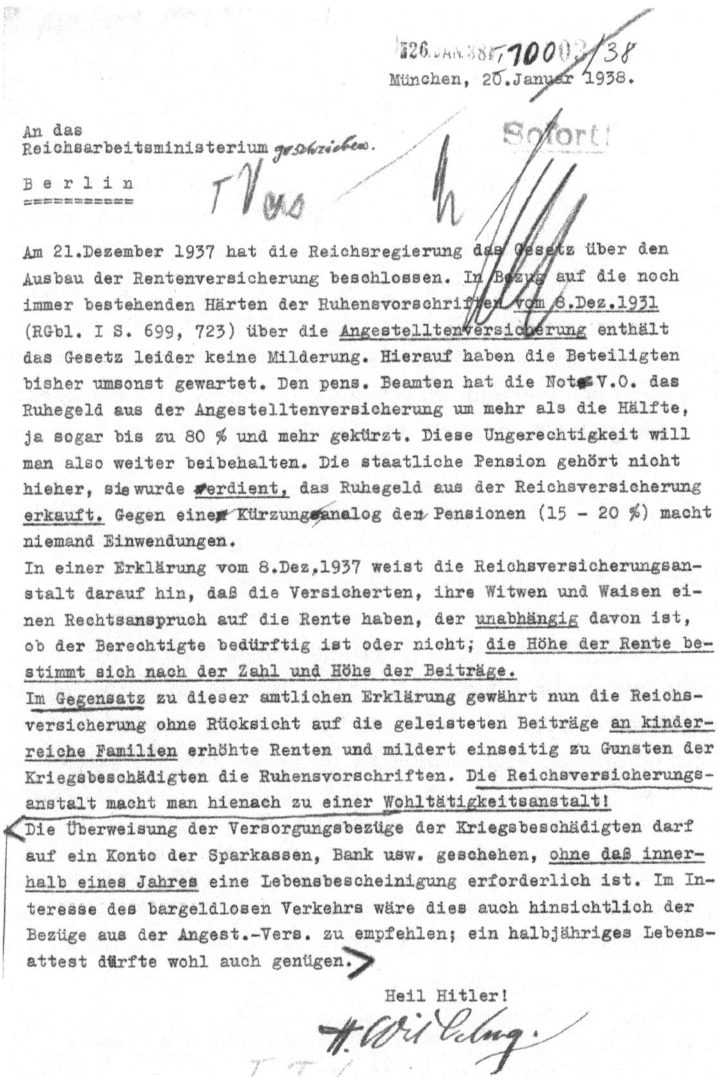

26. JAN. 38 / 10003/38

München, 20.Januar 1938.

An das
Reichsarbeitsministerium geschrieben.

B e r l i n

Sofort!

Am 21.Dezember 1937 hat die Reichsregierung das Gesetz über den Ausbau der Rentenversicherung beschlossen. In Bezug auf die noch immer bestehenden Härten der Ruhensvorschriften vom 8.Dez.1931 (RGbl. I S. 699, 723) über die Angestelltenversicherung enthält das Gesetz leider keine Milderung. Hierauf haben die Beteiligten bisher umsonst gewartet. Den pens. Beamten hat die Not V.O. das Ruhegeld aus der Angestelltenversicherung um mehr als die Hälfte, ja sogar bis zu 80 % und mehr gekürzt. Diese Ungerechtigkeit will man also weiter beibehalten. Die staatliche Pension gehört nicht hieher, sie wurde verdient, das Ruhegeld aus der Reichsversicherung erkauft. Gegen einer Kürzung analog den Pensionen (15 – 20 %) macht niemand Einwendungen.

In einer Erklärung vom 8.Dez.1937 weist die Reichsversicherungsanstalt darauf hin, daß die Versicherten, ihre Witwen und Waisen einen Rechtsanspruch auf die Rente haben, der unabhängig davon ist, ob der Berechtigte bedürftig ist oder nicht; die Höhe der Rente bestimmt sich nach der Zahl und Höhe der Beiträge.

Im Gegensatz zu dieser amtlichen Erklärung gewährt nun die Reichsversicherung ohne Rücksicht auf die geleisteten Beiträge an kinderreiche Familien erhöhte Renten und mildert einseitig zu Gunsten der Kriegsbeschädigten die Ruhensvorschriften. Die Reichsversicherungsanstalt macht man hienach zu einer Wohltätigkeitsanstalt!

Die Überweisung der Versorgungsbezüge der Kriegsbeschädigten darf auf ein Konto der Sparkassen, Bank usw. geschehen, ohne daß innerhalb eines Jahres eine Lebensbescheinigung erforderlich ist. Im Interesse des bargeldlosen Verkehrs wäre dies auch hinsichtlich der Bezüge aus der Angest.-Vers. zu empfehlen; ein halbjähriges Lebensattest dürfte wohl auch genügen.

Heil Hitler!

H. Wilbing.

Abb. 16: Brief eines Versicherten an das RAM vom 20. Januar 1938 mit Kritik am Ausbaugesetz

3.2 Verwaltungshandeln im nationalsozialistischen Behördenalltag

Neue Beschäftigungsverhältnisse und andere operative Probleme

Obwohl drei Jahre seit dem letzten Rentenversicherungsgesetz vergangen waren, mussten sich die zuständigen Stellen immer noch mit der Umsetzung der ungebrochenen Flut von Durchführungsverordnungen des vagen Aufbaugesetzes befassen.

Sieht man sich die wichtigsten Probleme und Aspekte im praktischen Verwaltungshandeln der RfA-Beamten genauer an, so lässt sich darin ein Spiegelbild der NS-Gesellschaft erkennen. Ein erstes Themenfeld war die versicherungsrechtliche Einordnung neuer Berufe, und hier gab es nicht nur die alten Konflikte zwischen RfA und LVA als zuständige Versicherungsträger der AV bzw. der Invalidenversicherung. Darüber hinaus war auch erkennbar, dass entgegen der proklamierten „Volksversicherungsideologie“ und den dahinterstehenden versicherungsrechtlichen Nivellierungsabsichten nach wie vor ein ungebrochener Trend bei den betroffenen Berufsgruppen bestand, im Zweifelsfall zu versuchen, in die Angestelltenversicherung mit höheren Renten und auch Prestige zu gelangen. Sowohl der langfristige Trend zu neuen Angestelltenberufen als auch die Dynamiken der nationalsozialistischen „Wirtschaftswunder-Gesellschaft“ hatten dazu geführt, dass das Berufsgruppenzugehörigkeitsverzeichnis von 1924 keine zehn Jahre später vielfach veraltet und überholt war. Neue Berufe bzw. sich auch in vielen alten Berufen ergebende Tätigkeitsveränderungen in vielen alten Berufen wie Hollerith-Tabellierer, Fleischbeschauer, Werkschutzleute, Badeaufseher, Molkerei-Leistungsprüfer oder Telefon-Revisoren erforderten eine rentenversicherungsrechtliche Zuordnung.[234] Dutzende Aktenordner füllten etwa auch die Schriftwechsel zur versicherungsrechtlichen Stellung der Hebammen. Laufend fragten die jeweiligen Reichstreuhänder der Arbeit bei der Aufstellung der Tarifordnung in der Ruhrstraße an, ob und inwieweit angestellte Gefolgschaftsmitglieder, z. B. Büroboten, Kassenboten, Portiers u. a. tatsächlich als Angestellte im Sinne des Gesetzes zu gelten hatten.[235]

Die Regel war eigentlich einfach, denn die Zugehörigkeit zu einem der beiden Versicherungszweige richtete sich allein nach der Art der ausgeübten Tätigkeit. Dabei war es unerheblich, ob das betreffende Gefolgschaftsmitglied als Angestellter bezeichnet wurde und wöchentlich, monatlich oder nach anderer Art entlohnt wurde. Dennoch kam es immer wieder zu Streitverfahren, nicht nur mit den Landesversicherungsanstalten, sondern vor allem auch mit den betroffenen Versicherten selbst. Im Juli 1938 hatte etwa das Versicherungsamt Berlin die Stromgeldeinheber und Zählerableser bei der Berliner Kraft- und Licht-AG als invalidenversicherungspflichtig eingestuft, wogegen die Betroffenen, vertreten durch die Gaurechtsberatungsstelle der DAF, Beschwerde eingelegt hatten, um eine Zugehörigkeit zur Angestelltenversicherung zu erreichen. Mit Beschluss vom 30. November 1939 wurde ihnen tatsächlich Recht gegeben.[236] Ein langes Hin und Her zwischen der Reichsgruppe Industrie, RfA und LVA ergab sich auch im Fall der Einordnung der Betriebsbeamten, Werkmeister und Werkgehilfinnen, für die die RfA letztlich keine pauschale Regelung traf, sondern

---

234 Vgl. dazu die entsprechenden Unterlagen und Schriftwechsel zu einzelnen Berufsgruppen in: RfA-Archiv Fach 76, Nr. 1–11.

235 Vgl. dazu etwa Schreiben des Reichstreuhänders für das Wirtschaftsgebiet Brandenburg vom 13.9. 1937, in: RfA-Archiv Fach 16, Nr. 8.

236 Die Entscheidung mit Urteilsbegründung vom 30.11.1939, in: RfA-Archiv Fach 101, Nr. 5. Zahlreiche weitere Fälle zur Versicherungspflicht in: RfA-Archiv Fach 78, Nr. 1–3 und Fach 79, Nr. 1–4.

gleichfalls erst nach Prüfung der genauen Tätigkeitsmerkmale entschied.[237] Schon im Dezember 1934 hatte sich das RfA mit der Zuordnung der reichsweit ca. 150 Filialleiter des Bata-Schuhkonzerns befassen müssen. Hier ging es um die Frage der prinzipiellen Versicherungspflicht, die das Versicherungsamt Berlin mit Verweis auf die mit Umsatzprovision ausgestatteten „Handlungsagentenverträge" verneinte. Im März 1935 wurde dann die Angestelltenversicherungspflicht festgestellt bzw. anerkannt und die bis dahin rückständigen Beiträge wurden bei den Betroffenen wie der Firma eingezogen.[238] Dagegen waren die Großtankstellenpächter (anders als die normalen Tankwarte) der aufstrebenden Mineralölfirmen wie Olex, Deutsche Gasolin AG und Reichskraftsprit GmbH nicht angestelltenversicherungspflichtig.[239]

Im Prinzip wurden die jeweiligen Entscheidungen über Versicherungspflichtigkeit oder versicherungsrechtliche Zuordnung relativ schnell gefällt. Wenn jedoch RfA und LVA unterschiedlicher Auffassung waren und um die Zugehörigkeit einer Berufsgruppe stritten, dann konnte es allerdings mit entsprechender negativer Rückwirkung für die Betroffenen länger dauern. Sechs Jahre lang verhandelten etwa das Versicherungsamt Nürnberg, die LVA Ober- und Mittelfranken und die RfA um die Versicherungszugehörigkeit der bei der Mechanischen Baumwollspinnerei in Bayreuth beschäftigten Web- und Spinnmeister. „Wir mussten häufig die Beobachtung machen", so heißt es in einem Schreiben der LVA an die RfA, „dass Sie unter Zugrundelegung der Angaben der Beteiligten die Versicherten mit Hilfe des § 193 des AVG auf die Seite der Angestelltenversicherung zu ziehen versuchen."[240] Seit 1932 stritten sich RfA und die LVA Sachsen-Anhalt auch über die Angestelltenversicherungspflicht der Kassenschaffner bei der Magdeburger Straßenbahn AG. Die RfA hielt die Kassenschaffner für angestelltenversicherungspflichtig, die LVA hielt sie für invalidenversicherungspflichtig. Die Betroffenen selbst beantragten, aktiv unterstützt von der Rechtsberatungsstelle der DAF, ihre Zugehörigkeit zur RfA, die dann im Oktober 1940 in einem Grundsatzurteil auch bestätigt werden sollte.[241] Schon fast legendär war der seit 1929 zwischen RfA und den Landesversicherungsanstalten schwelende Streit über die Versicherungszugehörigkeit der über das ganze Reich verteilten Warenverteiler der schleswig-holsteinischen Firma Friedrich Bölck AG. Die Betroffenen selbst wollten mit der Begründung, dass ihre Tätigkeit ein überwiegend kaufmännisches Gepräge trage und weit über die Tätigkeit eines Handarbeiters hinausgehe, in die RfA. Dennoch waren sie zunächst als invalidenversicherungspflichtig eingestuft worden, und der Reichsverband der Landesversicherungsanstalten legte im Herbst 1937 alles daran, die Abwanderung der ca. 3000 Warenverteiler mit ihrem damaligen Beitragsaufkommen von 300.000 RM zur RfA zu verhindern, „um der sich immer stärker bemerkbar ma-

237 Vgl. dazu die drei Aktenmappen für die Zeit 1935 bis 1944, in: RfA-Archiv, ohne Signatur (Regalreihe 5).

238 Vgl. RfA-Archiv Fach 78, Nr. 1.

239 Vgl. dazu die Abteilungsverfügung vom 12.7.1939, in: RfA-Archiv Fach 1, Nr. 1.

240 Schreiben vom 24.4.1937, in: RfA-Archiv Fach 57, Nr. 5.

241 Der Vorgang in: BArch R 89/22705. Weitere Vorgänge mit 16 Akteneinheiten in: BArch R 89/22702.

chenden Aushöhlung des Versichertenbestandes der Invalidenversicherung entgegenzutreten", wie die LVA Schleswig-Holstein dazu schrieb.[242]

Bei einigen Berufsgruppen spielten auch politisch-ideologische Motive in ihren Bemühungen um Anerkennung als Angestellte und Zugehörigkeit zur RfA mit hinein. Im Zuge der politischen Aufwertung versuchten etwa der Reichsbauernführer sowie der Reichsjägermeister, Jagdaufseher bzw. Revierjäger und Forstwarte mit dem Argument des im NS-Staat angeblich wesentlich erweiterten Aufgabenkreises aus ihrer früheren Invalidenversicherungspflicht in die Angestelltenversicherung zu bringen.[243] Im Windschatten der politischen Verhältnisse versuchten auch die Schriftleiter versicherungsrechtliche Privilegien zu erlangen und von der Angestelltenversicherung insgesamt befreit zu werden. Schon im Dezember 1933 hatte sich deshalb die RfA mit der Versorgungsanstalt der Reichsarbeitsgemeinschaft der Deutschen Presse angelegt und die Nachentrichtung der AV-Beiträge für die ca. 1500 Mitglieder unterhalb einer bestimmten Einkommensgrenze (600 RM pro Monat) gefordert.[244] Das Goebbels-Ministerium hatte sich dabei offenbar auf die Seite der Schriftleiter geschlagen, und so beschäftigte die Angelegenheit die Behörde bis 1935. Letztlich ging es dabei um die Frage, ob die Reichsregierung einem Berufsstand gestatten durfte, „sich von der Versichertengemeinschaft, deren Träger die RfA ist, abzusondern, um daraus für sich Vorteile zu erzielen".[245] RfA und RAM konnten sich tatsächlich nicht durchsetzen. Erst im Zuge des Aufbaugesetzes wurde der 1. Januar 1937 als Stichtag der Versicherungspflicht festgesetzt. Für diejenigen Schriftleiter, die infolge der Erhöhung der Versicherungspflichtgrenze vorher erneut angestelltenversicherungspflichtig geworden waren, galt allerdings für die Zeit vom 1. September 1928 bis 31. Dezember 1935 nach wie vor Versicherungsfreiheit, wie das RVA in einer Grundsatzentscheidung im Juni 1937 bestimmte.[246] Auch anderweitig fiel das RVA der RfA in den Rücken. Ende Juni 1938 wurde in einem Rundschreiben zur Nachprüfung der Versicherungszugehörigkeit bestimmt, dass in langjährigen Versicherungsverhältnissen, in denen sich Arbeitgeber und Gefolgschaftsmitglieder über die Versicherungszugehörigkeit einig waren, trotz etwaiger andersartiger Zuordnung infolge einer Nachprüfung durch den Versicherungsträger „künftig grundsätzlich nicht mehr ohne besonders zwingenden Anlass von Amt wegen" eingegriffen werden sollte und „grundsätzlich von einer Be-

---

242 Vgl. Schreiben der RfA an das RVA vom 24.9.1937 sowie Brief der LVA an das RVA vom 8.11.1937, in: BArch R 89/3446.

243 Vgl. dazu der sich von Mai 1938 bis Februar 1939 hinziehende Konflikt zwischen dem Badischen Oberversicherungsamt, der RfA und der DAF-Rechtsberatung um die Einstufung des Jagdaufsehers Hubert P. bzw. des Revierjägers Franz M., in: BArch R 89/22704. Vgl. auch das Schreiben des Reichsbauernführers an das RAM vom 15.6.1937 und vom 21.12.1940, in: RfA Archiv Fach 109, Nr. 8.

244 Vgl. Aktennotiz vom 15.12.1933, in: RfA-Archiv Fach 116, Nr. 15/16.

245 Schreiben des RAM an das Reichsministerium für Volksaufklärung und Propaganda vom 16.3.1935, in: ebd.

246 Das Grundsatzurteil zum Streifall der Pflichtbeiträge eines Schriftleiters aus Chemnitz vom 16.6.1937, in: ebd.

anstandung der Beiträge und Überführung in einen anderen Versicherungsträger abzusehen" war.[247]

Weit stärker politisch aufgeladen war demgegenüber die Klärung der Versicherungsfragen bei den vielen nun entstandenen NS-spezifischen Beschäftigungsverhältnissen. Wie sollten HJ-Landdienst und NS-Frauenhilfsdienst versicherungsrechtlich behandelt werden? Und wie die Dienstzeiten in der SA und den verschiedenen SS-Organisationen? Die RfA sah sich dabei mitten in einem politischen Aushandlungsprozess zwischen RAM, RVA und den verschiedenen NS-Stellen, auf den sie wenig Einfluss hatte. Unter dem Strich erfolgten hier eindeutige Privilegierungen und Ausnahmeregelungen, die von den gesetzlichen Bestimmungen deutlich abwichen. Dennoch versuchte die RfA in Einzelfällen durchaus, den Gesetzesabweichungen nicht Tür und Tor zu öffnen. Schon im Juni 1934 hatte sich die Abteilung I Versicherung mit der Frage der Versicherungspflicht der SA-Angehörigen zu befassen. Danach legte man im Einvernehmen mit der Rechtsabteilung der Obersten SA-Führung fest, dass die Aufwandsentschädigungen an in Verwaltungsstellen der SA Beschäftigte nicht als Entgelt im Sinne des Angestelltenversicherungsgesetzes anzusehen waren und daher Versicherungsfreiheit bestand.[248] Im Mai 1936 war dann per Erlass des Reichsfinanzministeriums bzw. des RVA bestimmt worden, dass bei „Alten Kämpfern" die Dienstzeiten in der SS, SA, als Amtswalter oder Redner der NSDAP sowohl beim Besoldungsdienstalter wie auch bei den Versicherungsanwartschaften „ausnahmsweise" angerechnet wurden.[249] Ebenfalls angerechnet als Ersatzzeit zur Aufrechterhaltung der Anwartschaft wurden etwa auch die Zeiten in den SA-Hilfswerkslagern, die als berufliche Bildungsmaßnahme für SA-Angehörige angesehen wurden.[250] Im Mai 1939 wurde dies durch eine Sonderreglung hinsichtlich der Anrechnung der Dienstzeit in der SA-Standarte „Feldherrnhalle" ergänzt.[251] Eine weitergehende Sonderreglung für die „alten Kämpfer" in Form einer nachträglichen Befreiung von der AV-Versicherungspflicht für diejenigen alten Nationalsozialisten, die im Rahmen des Stellenvorbehalts in das Beamtenverhältnis überführt worden waren, ließ sich jedoch nicht verwirklichen.[252] Schon zuvor hatten einzelne höhergestellte SA-Angehörige mit Unterstützung ihrer zuständigen NSDAP-Kreisleitungen versucht, Ausnahmereglungen bei ihren Versicherungsverläufen zu erreichen, insbesondere bei der Anrechnung von Erwerbslosenzeiten vor 1933 bei der Rentenversicherung.[253] Doch was als versicherungsrechtliches Unrecht der sogenannten Systemzeit dargestellt wurde, ent-

247 Rundschreiben des RVA vom 27.6.1938, in: ebd.

248 Vgl. Abteilungsverfügung vom 19.6.1934, in: RfA-Archiv ohne Signatur, Regal 5.

249 Vgl. Rundschreiben des RVA vom 26.5.1936 sowie dazu auch Rundschreiben vom 26.2.1937, in: BArch R 89/3427 bzw. 3481.

250 Vgl. Abteilungsverfügung vom 14.1.1937, in: RfA-Archiv Nr. 1.

251 Vgl. Rundschreiben vom 8.5.1939, in: BArch R 89/3485.

252 Vgl. Schreiben des Reichsinnenministeriums vom 7.7.1940, in: RfA-Archiv Fach 12, Nr. 8.

253 Vgl. Schreiben der Kreisleitung Dortmund betr. SA-Obersturmbannführer Karl K. vom 29.1.1937, in: RfA-Archiv Fach 3, Nr. 2.

puppte sich bei der Nachprüfung schnell als die einfache Tatsache erloschener Anwartschaften. „Dem Antrag des Versicherten K., ihm die Zeit seiner Arbeitslosigkeit als Ersatzzeit in der AV anzurechnen, kann nicht stattgegeben werden", hieß es etwa lapidar in einem entsprechenden Bescheid der RfA an das RVA Mitte Juni 1937.[254]

Besonderheiten gab es auch in Bezug auf die Versicherungspflicht von SS-Angehörigen. Über die Frage, ob und in welcher Weise aufgrund der SS-Zugehörigkeit überhaupt Versicherungspflicht bestand, gab es seit 1933/34 lange Diskussionen, die sich in zahlreichen Einzelfall-Streitigkeiten zwischen SS-Angehörigen und der RfA niedergeschlagen hatten. Streit hatte es etwa im Herbst 1936 mit zwei Berliner bzw. Hamburger SS-Brigadeführern gegeben, die mit Verweis auf ihre beträchtlichen Nebeneinkünfte als Staatsräte und Reichstagsabgeordnete zusätzlich zu ihren Vergütungen als SS-Führer aufgrund des Überschreitens der Verdiensthöchstgrenzen für sich Versicherungsfreiheit reklamierten. RfA-Direktor Granzow stand jedoch auf einem anderen Standpunkt und machte klar, dass die keinem Dienstverhältnis entspringenden Nebeneinkünfte irrelevant waren und auch ein Führer der SS mit monatlich 500 RM Gehalt eine angestelltenversicherungspflichtige Tätigkeit ausübte.[255] Bereits im Februar 1935 war es auch zu einem Disput zwischen der RfA und der Kommandantur des KZ Esterwegen (Emsland) gekommen. Der Lagerkommandant forderte dabei unter Verweis auf einen angeblichen geheimen Erlass des Preußischen Ministerpräsidenten vom Dezember 1933 zur Versicherungsbefreiung des dortigen Verwaltungsführers die vom Juli 1934 bis Januar 1935 gezahlten AV-Beiträge zurück.[256] Doch die RfA-Beamten sahen keinen Grund für eine Befreiung von der Versicherungspflicht und verweigerten hartnäckig die Rückzahlung. Auch bei einer Reihe weiterer SS-Angehörige der KZ-Kommandantur war die Versicherungspflicht unklar und strittig, so dass sich die dortigen Lagerleiter bald mit Aufforderungen zu Nachtragszahlungen durch die RfA konfrontiert sahen.[257] Eine endgültige Klärung des Falls blieb aus, denn Ende Mai 1937 musste das RVA in einem Rundschreiben eingestehen, dass die gesamten Rechtsverhältnisse der SS-Angehörigen nach wie vor im Fluss und damit ungeklärt waren. Mit einer Regelung sei allerdings in Kürze zu rechnen und daher sollten sämtliche anhängigen Streitfälle zurückgestellt werden.[258] Anders als bei den anderen NS-Organisationen stand der gesamte Schriftwechsel in dieser Frage auch innerdienstlich bei der RfA unter dem Siegel hoher Vertraulichkeit und strenger Geheimhaltung.

Im August 1938 erfolgte dann eine vorübergehende Regelung der Sozialversicherungspflicht der Angehörigen der SS-Verfügungstruppe und der SS-Totenkopf-

254 Bescheid vom 15.6.1937, in: ebd.

255 Vgl. Bescheid Granzow vom 24.9.1936 sowie Schreiben Granzow vom 10.12.1936, in: RfA-Archiv ohne Signatur, Regal 5.

256 Schreiben an die RfA vom 8.2.1935, in: RfA-Archiv, ohne Signatur, Regalreihe 5.

257 Vgl. Schreiben der RfA an das RAM vom 18.5.1936, in: ebd.

258 Vgl. Abteilungsverfügung auf der Basis dieses Rundschreibens vom 29.5.1937, in: RfA-Archiv Nr. 22.

verbände. Darin wurde eine maßgebliche Unterscheidung vorgenommen. Der vierjährige Pflichtdienst in einer SS-Verfügungstruppe wurde der Wehrdienstpflicht gleichgestellt, war damit nicht sozialversicherungspflichtig, aber als Ersatzzeit anrechenbar. Die Männer der SS-Totenkopfverbänden jedoch, die ihre ebenfalls vierjährige Dienstzeit im wesentlichen als Wachpersonal in den Konzentrationslagern ableisteten, waren nicht der Wehrpflicht gleichgestellt. Obwohl sie in dieser Zeit ebenfalls nicht versicherungspflichtig waren, erfolgte keine Ersatzzeitanrechnung.[259] Im Oktober 1939 wurde dieser Erlass noch einmal bestätigt, verbunden mit dem Hinweis, dass „mit einer allgemeinen gesetzlichen Regelung der Rechtsverhältnisse der SS-Angehörigen offenbar zunächst nicht mehr zu rechnen [ist]".[260] Erst im Krieg sollte es der SS gelingen, auch diese versicherungsrechtliche Unterscheidung aufzuheben und die Totenkopfverbände einheitlich unter den Begriff der „Waffen-SS" zu fassen.[261] Eine andere Regelung erfuhren jedoch demgegenüber die „SS-Wachmänner", die nach Angaben des SS-Hauptamtes reichsweit für staatswichtige Betriebe eingesetzt wurden. Bislang waren für sie einheitlich Beiträge in der Invalidenversicherung gezahlt worden, im März 1939 beantragte jedoch die zuständige SS-Stelle aufgrund der geänderten bzw. erweiterten Tätigkeit eine Überführung in die Angestelltenversicherung.[262] Nach entsprechenden Verhandlungen, in die auch die LVA Berlin eingeschaltet war, wurde festgelegt, dass die SS-Wachmänner invalidenversicherungspflichtig blieben, die SS-Wachführer und ihre Stellvertreter dagegen in die AV zur RfA kamen. Statt der viel propagierten versicherungsrechtlichen Vereinheitlichung fand tatsächlich eine Ausdifferenzierung der versicherungsrechtlichen Verhältnisse und Zuordnungen statt.

Auch anderweitig suchten NS-Behörden und NS-Organisationen hinter den Kulissen versicherungsrechtliche Privilegien für sich und ihre Klientel zu erreichen. Im September 1938 wandte sich etwa der Geschäftsführer des Lebensborn e.V., SS-Obersturmbannführer Pflaum, direkt an Grießmeyer und bat um die Befreiung werdender lediger Mütter von der Beitragspflicht zur Angestelltenversicherung unter Aufrechterhaltung der Anwartschaft vom fünften Monat der Schwangerschaft bis zur Wiederaufnahme der Arbeit.[263] In den Genuss dieser Regelung sollten allerdings nur jene Mütter kommen, die sich in eines der Lebensborn-Heime begeben hatten. Es kam sogar zu einer persönlichen Unterredung zwischen Pflaum und Grießmeyer, dessen Ergebnis allerdings, gestützt auf eine RfA-interne Stellungnahme des ärztlichen Re-

259 Vgl. Abteilungsverfügung vom 26.8.1938, in: RfA-Archiv Nr. 24.

260 Abteilungsverfügung vom 28.10.1939, in: ebd.

261 Vgl. die geheime Abteilungsverfügung vom 22.6.1940, in: ebd. sowie den Schriftwechsel mit dem OKW und den Brief des Reichsführers SS an die RfA vom 8.6.1940, in: RfA-Archiv Fach 97, Nr. 1.

262 Vgl. Schreiben des SS-Hauptamts an die RfA vom 28.3.1939, in: RfA-Archiv, ohne Signatur, Regal 5, Bd. 6.

263 Das Schreiben vom 7.9.1938, in: RfA-Archiv Fach 114, Nr. 13.

ferenten, eine Ablehnung des Ansinnens war.[264] Im September 1937 schon hatten sich die RfA-Beamten unter anderem auch mit der Versicherungszugehörigkeit der Kriminalangestellten bei der Gestapo beschäftigt. Dort gab es eine Reihe von angestellten Kraftfahrern, die neben der Führung und Wartung der Dienstfahrzeuge auch polizeiliche Dienstgeschäfte zu erledigen hatten. Die Gestapo selbst betrieb eine versicherungsrechtliche Aufwertung dieser Beschäftigten und nach eingehenden Besprechungen mit den Versicherungsträgern wurde für diese quasi einer Höherstufung in der Angestelltenversicherung beschlossen.[265] Klärungsbedürftig waren auch die versicherungsrechtlichen Zuordnungen der (haupt- wie ehrenamtlich) in den Dienststellen des Reichsluftschutzbundes Tätigen. Zugeständnisse machte die RfA auch in der Frage der Anerkennung des HJ-Landdienstes als Berufsausbildung mit entsprechenden Rückwirkungen auf die Gewährung von Kinderzuschüssen bei Alters- oder Witwenrenten.[266]

In der Frage der Versicherungspflicht bzw. -freiheit der im Frauenhilfsdienst tätigen Mädchen, die für zwei Jahre im Gesundheitsdienst zur Unterstützung der Schwestern oder in der Wohlfahrtspflege zur Unterstützung der Volkspflegerinnen und Kindergärtnerinnen arbeiteten, kam es dagegen lange zu keiner Regelung im Sinne der NS-Stellen. Seit längerem schwebten hierzu Verhandlungen zwischen dem RVA, der Reichsfrauenführerin und dem Hauptamt für Volkswohlfahrt der NSDAP. Prinzipiell wurde die Versicherungsfreiheit angestrebt, aber das Problem war, dass Mädchen, die vor Eintritt in den Frauenhilfsdienst bereits eine angestellten- oder invalidenversicherungspflichtige Tätigkeit ausgeübt und demgemäß Versicherungsbeiträge entrichtet hatten, ihre Ansprüche infolge von Anwartschaftsverlusten durch Nichtkleben von Marken während der Hilfsdienstzeit verlieren konnten. Auch hier mussten daher Sonderregelungen (Verpflichtung zur Selbstversicherung und Tragen der Kosten durch die Gauamtsleitungen) entwickelt werden.[267] Welche bürokratischen Kuriosa dabei geschaffen wurden, zeigt die Regelung der in den NSV-Kindergärten beschäftigten Kindergärtnerinnen, Kinderpflegerinnen und Hortnerinnen. Das RVA, das Hauptamt für Volkswohlfahrt und der Reichsverband der Deutschen Rentenversicherungsträger einigten sich im August 1939 darauf, dass sämtliche NSV-Beschäftigten in den Kindergärten, Horten und Krippen prinzipiell versicherungspflichtig waren. Für die Einordnung in die AV oder IV galt jedoch, dass in Erstere diejenigen Personen kamen, die eine staatliche Prüfung abgelegt hatten, in die IV fielen dagegen die nichtgeprüften Kindergärtnerinnen, denen nicht mehr als eine Helferin unter-

---

264 Man könne nicht anerkennen, dass allgemein schon vom fünften Monat der Schwangerschaft an zeitweise Arbeitsunfähigkeit vorliege, hieß es in der Begründung. Vgl. Schreiben an Lebensborn vom 5.10.1938, in: ebd.

265 Vgl. dazu die Abteilungsverfügung vom 10.9.1937, in: RfA-Archiv Nr. 22.

266 Vgl. Schriftwechsel des RVA mit der RfA vom Februar 1939, in: RfA-Archiv Nr. 24.

267 Vgl. dazu den Briefwechsel vom Dezember 1938 und vor allem das Schreiben des RVA an die RfA vom 15.3.1939, in: RfA-Archiv Fach 1, Nr. 1 und die entsprechende Abteilungsverfügung vom 4.1.1939, in: ebd.

stand; andernfalls waren sie angestelltenversicherungspflichtig.[268] Reichlich kompliziert war auch die versicherungsrechtliche Regelung der infolge der Notdienstverordnung vom 15. Oktober 1938 entstandenen Tätigkeiten und Dienst- bzw. Beschäftigungsverhältnisse. Kurzfristiger Notdienst begründete keine Beitragspflicht zur Angestelltenversicherung, langfristige Notdienstpflicht dagegen schon, allerdings mit weiteren Differenzierungen. Während einigen Notdienstpflichtigen, die etwa in Aufgaben von besonderer staatspolitischer Bedeutung eingesetzt wurden, die entsprechende Zeit für die Erhaltung der Anwartschaft, die Erfüllung der Wartezeit und rentensteigernd angerechnet werden konnten, galt das bei anderen, die etwa im Polizeihilfsdienst, Luftschutzwarndienst oder Luftschutzsicherheitsdienst eingesetzt wurden, nicht.[269]

Aufwändige Klärungen und immer neue Änderungen gab es auch hinsichtlich der Versicherungspflicht der diversen Beschäftigten in dem zum 1. Oktober 1935 eingeführten Reichsarbeitsdienst. Im Prinzip galt hier für das Stammpersonal, die einberufenen Arbeitsdienstpflichtigen sowie die Arbeitsdienstfreiwilligen Versicherungsfreiheit. RAM, Reichsfinanzministerium sowie Reichsinnenministerium hatten daher im März 1936 einvernehmlich beschlossen, „dass aus finanziellen Gründen die Zeit des Arbeitsdienstes als Ersatzzeit auf die Erhaltung der Anwartschaft beschränkt werden müsste".[270] Für hauptamtliches Führungspersonal wie die Reichsarbeitsdienstführerinnen galt jedoch Angestelltenversicherungspflicht und nach entsprechender Ernennung wurde eine Nachversicherung erforderlich. Schließlich ergaben sich auch mit der Einführung der Wehrpflicht im März 1935 umfangreiche sozialversicherungsrechtliche Änderungen. Kurzfristige Übungszeiten in der Wehrmacht galten als Ersatzzeiten für die Erhaltung der Anwartschaft in der AV, allerdings nur in dem Fall, dass kein Gehalt weitergezahlt wurde. Prinzipiell bestand aber noch im August 1936 eine Gesetzeslage, nach der sich ein Versicherter seine aktive Dienstpflicht in der Wehrmacht nicht als Ersatzzeit für die Anwartschaftserhaltung in der AV anrechnen lassen konnte. Eine entsprechende Änderung sollte erst 1939 kommen. Pech hatten auch diejenigen, die sich als „Junker der NSDAP" zu einem der vierjährigen Lehrgänge auf den NS-Ordensburgen verpflichteten. Diese Lehrgänge waren als berufliche Fortbildung nicht anerkannt und daher war eine versicherungsrechtliche Berücksichtigung durch Anrechnung als Ersatzzeiten nicht möglich.[271]

Doch Berufsgruppenzugehörigkeit und neue NS-Beschäftigungsverhältnisse waren nur ein kleiner Ausschnitt aus den Verwaltungsproblemen, mit denen die RfA-Angestellten täglich konfrontiert waren. Es gab drei weitere Problemfelder, die damals Versicherte wie Behördenmitarbeiter bewegten: die versicherungsrechtliche Behandlung von Weihnachtsgratifikationen als Entgelt, das Dauerproblem der Wan-

268 Vgl. Schreiben des RVA an die Versicherungsträger vom 26.8.1939, in: RfA-Archiv Fach 109, Nr. 8.
269 Vgl. Vermerk vom 18.10.1939 und die entsprechende Abteilungsverfügung, in: ebd.
270 Schreiben vom März 1936, in: BArch R 89/3427, Bl. 96.
271 Vgl. dazu die entsprechende Anfrage eines Betroffenen an die RfA vom 5.10.1938 sowie das Antwortschreiben, in: RfA-Archiv Fach 12, Nr. 8.

derversicherten und die sich daraus ergebenden Konflikte beim Zusammenwirken zwischen RfA und den LVA sowie schließlich das seit 1938 im Zuge des Arbeitskräftemangels immer drängendere Problem der Wiederbeschäftigung von Rentnern und Frauen. Prinzipiell bestand Versicherungspflicht, wenn Beschäftigte gegen Entgelt in einem Dienstverhältnis standen. Was und ab welcher Höhe als Entgelt in diesem Sinne galt, war aber strittig. Der RfA schlug wenig Sympathie dafür entgegen, dass sie Weihnachtszuwendungen generell bei der Berechnung der Versicherungsbeiträge mit berücksichtigte, vor allem wenn sie schriftlich in einer Tarif- oder Betriebsordnung fixiert waren und etwa einen Monatslohn überstiegen.[272] Die DAF selbst gewährte ihren Mitarbeitern aufgrund einer Dienstordnung als Sonderleistungen Heiratsbeihilfen, Geburtsbeihilfen und Beihilfen aus Anlass der Einberufung zum Heeresdienst. Sämtliche Beihilfen jedoch stellten in den Augen der RfA Entgelte dar und waren daher im Monat der Zahlung mit ihrem vollen Betrag bei der Beitragsberechnung in Ansatz zu bringen.[273] Auch die in den Großbetrieben als freiwillige Fürsorgeleistungen an die Belegschaft gezahlten Beträge fielen unter die Entgeltregelung, und die Überwachungsbeamten der RfA mussten sich bei ihren Besuchen vor Ort von den Personal- und Sozialabteilungen ständig Klagen darüber anhören.[274]

Bald häuften sich die Beschwerden und versicherungsrechtlichen Streitverfahren, zumal die NS-Stellen bzw. die DAF in der strengen Auslegung der Entgeltregelung zunehmend kontraproduktive Effekte feststellten.[275] Von den Maßnahmen waren etwa auch die 1935 von der Ilseder Hütte an die Belegschaft ausgeschütteten Dividenden in Höhe von 35 RM betroffen, die diese „in Übereinstimmung mit der sozialen Einstellung unseres nationalsozialistischen Staates" als Ertragsbeteiligung des guten Geschäftsjahres bar an die Gefolgschaft ausgezahlt hatte.[276] Dass einzelne LVA und auch die RfA daraufhin von dem Unternehmen rückwirkend die entsprechenden Beitragsanteile forderten, sorgte bei Vorstand wie Belegschaft für wenig Begeisterung. Bei der RfA beharrte man jedoch unbeirrt auf einer strikten Auslegung der Entgeltregelung. Eine Stellungnahme zum Fall der Ilseder Hütte gegenüber dem RVA von Mitte Dezember 1938 verlautet:

272 Vgl. dazu Mitteilungen der RfA Nr. 11, 1936.

273 Vgl. dazu die Abteilungsverfügung vom 17.11.1936, in: RfA-Archiv Fach 1, Nr. 1.

274 Vgl. dazu etwa der Besuchsbericht vom Februar 1939 als Teil des Revisionsberichts des RVA in: BArch R 89/3452, Bl. 209 sowie Niederschrift über die Dienstbesprechung mit den in Schlesien tätigen Überwachungsbeamten vom 29.5.1936, in: RfA-Archiv Fach 68, Nr. 1.

275 Vgl. dazu etwa die im Juli 1939 entbrannte Streitsache des Oberversicherungsamtes Hamburg bzw. der RfA mit der Hamburger Firma Conrad Scholtz AG (die ihre Interessen von der Gaurechtsberatungsstelle der DAF wegen der Feststellung vertreten ließ, ob Versicherungsprämien als Entgelt im Sinne des § 160 der RVO anzusehen waren, in: BArch R 89/22705. Im November 1940 wurde dann dazu das Urteil gefällt. Demnach gehörten die Versicherungsbeiträge, die ein Unternehmer für eine zugunsten seiner Gefolgschaft abgeschlossene Lebensversicherung aufbrachte, nicht zum Entgelt.

276 Schreiben des Aufsichtsrats der Iseder Hütte an das RAM vom 28.11.1938, in: RfA-Archiv Fach 109, Nr. 10.

> Mit Rücksicht darauf, dass die Höhe der Leistungen der AV sich im wesentlichen nach den eingezahlten Beiträgen richtet, deren Höhe wiederum vom Entgelt abhängt, müssen wir darauf bedacht sein, dass auch tatsächlich die volle Gegenleistung für die versicherungspflichtige Beschäftigung der Beitragsberechnung zugrunde gelegt wird. Andernfalls würde die RfA später nur Renten gewähren können, die nicht einmal dem als Beitrag zur AV berechneten ohnehin schon geringeren Anteil am Entgelt entsprächen.[277]

Dabei konnte man sich auf die Rechtsprechung berufen, denn nur kurz zuvor hatte die RfA in einem ähnlich gelagerten Streitfall mit der Berliner Schultheiss-Patzenhofer-Brauerei AG in allen Punkten obsiegt. Ob die Deutsche Bau- und Bodenbank AG, die Klöckner Eisenhandels GmbH oder das Angestelltenbüro der Reichsbank, alle Betriebe bekamen weiterhin nach entsprechenden Überprüfungen durch die Überwachungsbeamten Mahnschreiben zur nachträglichen Beitragsanrechnung von gewährten Zuschüssen und Zulagen. Unter den Versicherungsträgern wurde die Entgeltfrage jedoch keineswegs einheitlich gehandhabt. Anfang April 1939 erschien der Leiter der Sozialabteilung der Siemens-Werke zusammen mit dem Leiter der Hauptpersonalverwaltung des Osram-Konzerns im RVA. Beide machten geradezu verzweifelt darauf aufmerksam, dass der jetzige Zustand der Gesetzesauslegung „unerträglich sei. Insbesondere bestehe hier in Berlin zwischen RfA und LVA eine völlig entgegengesetzte Auffassung."[278]

Differenzen und daraus resultierenden erheblichen Abstimmungs- und Koordinierungsbedarf gab es auch bei den Wanderversicherten. Die Materie war reichlich kompliziert. Über zentrale Begriffe wie Arbeits- und Berufsfähigkeit, Berufsausbildung und Erwerbsfähigkeit gab es keinen Konsens. Die Rentenversicherungsträger und die Arbeitsämter wiesen unterschiedliche Handhabungen bei der Beurteilung der Invalidität auf, und LVA und RfA wiederum unterschieden zwischen Invalidität bzw. Arbeitsunfähigkeit und Berufsunfähigkeit. Die RfA stand zudem auf dem Standpunkt, dass die Entscheidung der Frage, ob eine Berufsunfähigkeit dauernd oder vorübergehend sei, von den besonderen Umständen des Einzelfalles abhänge, während die LVA das Unterscheidungsmerkmal dafür rein äußerlich ausschließlich auf einen von vornherein fest bestimmten Zeitabschnitt abstellten.[279] Der Gesetzgeber hatte bisher, so argumentierte man auf Seiten der RfA, absichtlich davon abgesehen, hier eine einheitliche gesetzliche Regelung zu schaffen und dafür die Entscheidung den Versicherungsträgern überlassen. Neben den rein ärztlichen Beurteilungen der jeweiligen Vertrauensärzte gab es dabei auch noch andere, nichtmedizinische Aspekte, wie etwa die zumutbare Leistungsfähigkeit in der zuständigen Berufsgruppe vor einer entsprechenden Entscheidungsfindung und der Bescheiderteilung. In die Angelegenheit

277 Schreiben der RfA an das RVA vom 13.12.1938, in: ebd.

278 Vermerk über die Besprechung vom 4.4.1939, in: BArch R 89/3396.

279 Vgl. Schreiben der RfA an das RVA vom 1.12.1937, in: RfA-Archiv Nr. 22 sowie Ergebnis der Aussprache vom 26.1.1938 zwischen den Vertretern der RfA und dem Reichsverband deutscher Landesversicherungsträger über das Verfahren bei Feststellung der Renten von Wanderversicherten, in: RfA-Archiv Nr. 59.

mischte sich im November 1937 sogar der Stellvertreter des Führers ein, nachdem bei ihm mehrere Eingaben und Berichte von Gauleitungen über die unterschiedliche Beurteilung der Arbeitsfähigkeit durch die Behörden eingegangen waren. Auf dessen Veranlassung hin hatten das Sozialamt der DAF und das Hauptamt für Volksgesundheit eine umfassende Überprüfung der Verhältnisse vorgenommen, die die höchst unterschiedliche Handhabung denn auch bestätigten.[280] Auch in der AV war es demnach, wie die RfA gegenüber dem RVA im Dezember 1937 einräumte, wiederholt vorgekommen, dass Versicherte, deren Berufsunfähigkeit aufgrund der ärztlichen Feststellungen im Verfahren der AV nicht anerkannt werden konnte und deren Anspruch auf Ruhegeld deshalb abgelehnt worden war, von dem zuständigen Arbeitsamt als arbeitsunfähig angesehen und aus der Arbeitslosenunterstützung herausgenommen worden waren.[281]

Unter den Betroffenen hatte das für erhebliche Empörung und Kritik gesorgt. Im Laufe des Jahres 1938 fanden deshalb zahlreiche Besprechungen über die Zusammenarbeit der Träger der Arbeitslosen- und der Rentenversicherung bei Feststellung der Arbeitsfähigkeit bzw. Invalidität statt.[282] Dabei verteidigte die RfA vehement ihre Verwaltungspraxis und hielt „mit Rücksicht auf die besonderen Verhältnisse in der Angestelltenversicherung eine abweichende Regelung [...] für geboten".[283] Der Kriegsausbruch brachte dann aber erst einmal alle weiteren Abstimmungsbemühungen ins Stocken.[284] Aber auch bei der Anrechnung der Ersatzzeiten, der Handhabung der Ruhensvorschriften und der Berechnung der Leistungen bzw. Anrechnung der Beiträge gab es unterschiedliche Auffassungen und Verwaltungspraktiken der Versicherungsträger.[285] Lange Zeit war unklar, wie bei Wanderversicherten die jeweiligen Beiträge anzurechnen waren und welches Recht bei der Gewährung von Leistungen aus den einzelnen Versicherungszweigen für die Anwartschaft und Wartezeit maßgebend war.[286] Prinzipiell galt, dass bei Wanderversicherten Invalidenversicherungsbeiträge nur dann auf die Wartezeit in der Angestelltenversicherung an-

280 Schreiben des Stellvertreters des Führers an das RAM vom 23.9.1937 sowie Antwortschreiben des RAM vom 6.11.1937, in: RfA-Archiv Nr. 22.

281 Schreiben der RfA an das RVA vom 27.11.1937, in: ebd.

282 Vgl. dazu etwa den Vermerk über die Besprechung vom 30.5.1938, in: RfA Archiv Nr. 34.

283 Vermerk des Direktors Koch vom 7.6.1938, in: ebd.

284 Vgl. Vermerk Kochs vom 12.10.1939, in: ebd. In einem Runderlass hatte das RAM bzw. RVA die abweichende Verwaltungspraxis in einem Zusatz anerkannt. Vgl. Schreiben der RfA an das Landesarbeitsamt Bayern vom 28.11.1939 sowie Vermerk Kochs vom 7.10.1940, in: ebd.

285 Vgl. etwa auch Landesrat Fix (LVA Westfalen), Eine Lücke im Gefüge der Bestimmungen über das Zusammentreffen verschiedener Leistungen aus der Sozialversicherung, in: Deutsche Invaliden-Versicherung Nr. 5 (1937), S. 105–106. Vgl. auch das neu gefasste Abkommen der Rentenversicherungsträger über das Verfahren bei Feststellung der Renten von Wanderversicherten oder ihrer Hinterbliebenen vom 27. Oktober 1939, in: RfA-Archiv Nr. 68a. Siehe auch Regierungsrat von Altrock (RfA), Die Überführung von der AV zur IV und umgekehrt, eine Kritik, in: Deutsche Rentenversicherung Nr. 10 (1940), S. 131–132.

286 Vgl. Schreiben der RfA an das RVA vom 31.7.1936, in: RfA-Archiv Fach 112, Nr. 3.

gerechnet werden konnten, wenn die Anwartschaft aus ihnen erhalten war. Dies und die Tatsache, dass eine einfache Überschreibung der zur IV geleisteten Beiträge auf die RfA beim Übergang in eine angestelltenversicherungspflichtige Beschäftigung nicht stattfand, übersahen viele betroffene Versicherte und strengten daraufhin, vielfach mit Unterstützung der Rechtsberatungsstellen der DAF, oftmals Beschwerdeverfahren zum Einklagen ihres vermeintlichen Rechtsanspruchs an.[287]

Und die Lage wurde noch komplizierter, denn seit dem 1. Januar 1938 wirkte im Zuge des Ausbaugesetzes der Bezug des Ruhegeldes und der Witwenrente aus der Angestelltenversicherung nicht mehr anwartschaftserhaltend in der Invalidenversicherung. Die Ruhegeldempfänger, denen die Leistungen aus der Invalidenversicherung bisher nicht bewilligt werden konnten, weil Invalidität noch nicht vorlag, mussten daher die Anwartschaft durch Beitragsentrichtungen aufrechterhalten.[288] Das ganze Problem der Wanderversicherten gewann auch deshalb an Bedeutung, da im Zuge des NS-Wirtschaftsbooms „viele Volksgenossen, die früher eine angestelltenversicherungspflichtige Beschäftigung ausgeübt hatten, durch Wiedereingliederung in den Arbeitsprozess nun in eine invalidenversicherungspflichtige Beschäftigung kamen“ und „nun in Sorge um ihre Rechte aus der Angestelltenversicherung sind und die ehemaligen Vertrauensmänner um Rat und Auskunft [bitten], da die Rechtsberatungsstellen der DAF meist nicht in der Lage sind, eine klare Auskunft zu erteilen“, wie ein Versicherter schon im Dezember 1935 an die RfA schrieb.[289] Weitere neue Wanderversicherungsfälle entstanden dann im Zuge der Verordnung zur Sicherstellung des Kräftebedarfs für Aufgaben von besonderer staatspolitischer Bedeutung vom 13. Februar 1939, als zahlreichen an sich Angestelltenversicherungspflichtigen auf Anordnung des Arbeitsamtes für unbegrenzte Zeit invalidenversicherungspflichtige Beschäftigungen zugewiesen wurden.[290]

Im Frühjahr und Sommer 1936 hatten sich die RfA und die LVA Sachsen einen ausführlichen Schriftwechsel über die unterschiedliche Auslegung der Ruhensbestimmungen beim Zusammentreffen von Renten aus der IV und der AV geführt, insbesondere um die Frage des Zeitpunkts des Ruhensbeginns und dabei auftretender Ausgleichszahlungen zwischen den Versicherungsträgern. Beide attestierten sich gegenseitig falsche Rechtsauffassungen und die RfA wandte sich schließlich an den Reichsverband der Landesversicherungsanstalten mit der Feststellung, dass man

> beim besten Willen keine rechtliche Handhabe [sehe], die uns zu den von der LVA Sachsen gewünschten Zahlungen berechtigen sollte. Wir glauben aber, dass sich der Reichsverband und

287 Vgl dazu auch die Fälle und Schriftwechsel in der Akte „Wanderversicherte“, RfA-Archiv Fach 92, Nr. 4.

288 Vgl. Schreiben der LVA Hannover an die RfA vom 3.2.1939 sowie Vermerk Kochs dazu vom 3.11.1939, in: RfA-Archiv Nr. 60a.

289 Brief vom 18.12.1935, in: ebd. Vgl. dazu auch die Niederschrift über die am 10.12.1935 bei der Reichsknappschaft abgehaltene Besprechung mit Vertretern des Reichsverbandes Deutscher Landesversicherungsanstalten und der RfA, in: ebd.

290 Vgl. Schreiben des RfA an das RVA vom 27.4.1939, in: BArch R 89/3181.

auch die LVA Sachsen unseren Darlegungen nicht verschließen werden und hoffen, dass wir dadurch zu der wünschenswerten einhelligen Rechtsauffassung gelangen.[291]

Nicht zuletzt bemühte sich die RfA auch intensiv darum, das prinzipielle und von den LVA auch gut geheißene Anhörungsrecht in Leistungsfeststellungsverfahren von Wanderversicherten abzuschaffen oder zumindest einzuschränken. Nach einer Auszählung aller zwischen 24. April und 8. Mai eingegangenen Antragsverfahren, so rechnete man dem RVA im Mai 1937 vor, habe sich in 189 Rentenfällen durch Anhörung der Landesversicherungsanstalten eine Verzögerung von insgesamt 5224 Tagen ergeben, das entsprach jeweils für den einzelnen Fall 27,6 Tage.[292]

Ein ebenfalls rasch zunehmendes Problem war die Frage der rentenversicherungsrechtlichen Behandlung von Ruhegeldempfängern und von mit Beitragsrückerstattungen ausgeschiedenen Ehefrauen, die nun nach und nach wieder in den von wachsendem Arbeitskräftemangel geprägten Arbeitsmarkt zeitweise oder auch für länger zurückkehrten. Spätestens seit Sommer 1937 wurden die RfA-Beamten geradezu von einer Flut von Anfragen einzelner Rentner, NSDAP-Stellen und Unternehmen, aber auch von Rechtsberatungsstellen der DAF überrollt, in denen nach den Folgen einer etwaigen Tätigkeitsaufnahme gefragt wurde. Im Mittelpunkt stand die Frage, welchen Betrag man im Monat hinzuverdienen konnte, ohne den Anspruch auf Berufsunfähigkeitsrente oder Altersruhegeld zu verlieren.[293] Die Anfrage des Sozialbüros der IG Farbenindustrie AG vom Juli 1939 war nachgerade exemplarisch.

Prinzipiell galt, dass ein wegen Arbeitslosigkeit ausgezahltes Ruhegeld nur bei gelegentlicher Beschäftigung, die nicht länger als vier Monate dauerte, weiter gewährt wurde. Zu ihrer Wiedererlangung musste dann erst erneut ein Jahr Arbeitslosigkeit abgewartet werden. Dasselbe galt für verheiratete Frauen, die ihre berufliche Tätigkeit zunächst aufgegeben hatten. Waren sie nur geringfügig beschäftigt, so waren sie versicherungsfrei, wurden sie aber länger als vier Monate als vollbeschäftigte Aushilfen eingestellt, so begründete dies wieder ein neues angestelltenversicherungspflichtiges Beschäftigungsverhältnis.[294] Anders war es im Fall einer Berufsunfähigkeitsrente. Ein Standardantwortbrief der RfA lautet:

Einem Empfänger von Ruhegeld wegen Berufsunfähigkeit steht es frei, den ihm noch verbliebenen Rest seiner Arbeitsfähigkeit nutzbringend zu verwerten. Der Verdienst wird nicht auf das Ruhegeld angerechnet. Das Ruhegeld muss jedoch entzogen werden, wenn nach Art und Umfang der Tätigkeit anzunehmen ist, dass der Ruhegeldempfänger nicht mehr berufsunfähig ist. Ob dies

291 Schreiben vom 1.7.1936, in: LfA-Archiv Nr. 60.

292 Vgl. Vermerk vom 11.5.1937 sowie Schreiben an das RVA vom 26.5.1937, in: RfA-Archiv Nr. 22.

293 Vgl. dazu etwa die Anfrage der NSDAP aus Ilmenau vom 15.11.1937 sowie der NS-Kriegsopferfürsorge Magdeburg vom 18.10.1937 sowie weitere Anfragen in: RfA-Archiv Nr. 91.

294 Vgl. dazu die Abteilungsverfügung vom 24.8.1938, in: RfA-Archiv Fach 1 Nr. 1. Im Juni 1938 hatte es dazu eine intensive RfA-interne Diskussion gegeben, in der es – am Beispiel von Warenhausverkäuferinnen – um die Definition einer vorübergehenden oder gelegentlichen Dienstleistung ging. Vgl. dazu RfA-Archiv Fach 1, Nr. 1 und die daraus entstandene Abteilungsverfügung vom 24.8.1938.

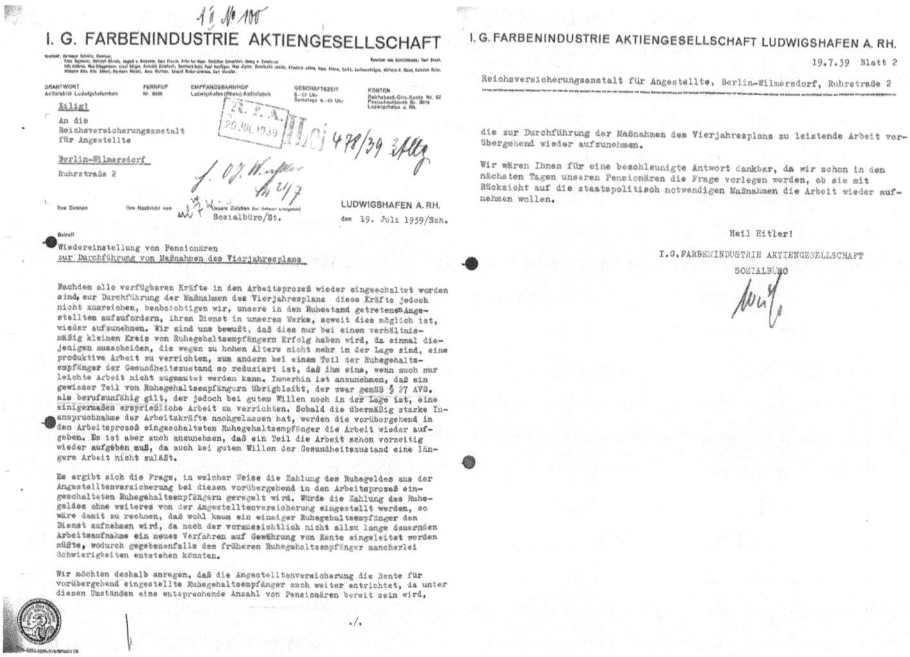

I. G. FARBENINDUSTRIE AKTIENGESELLSCHAFT

DRAHTWORT Anilinfabrik Ludwigshafenrhein — FERNRUF — EMPFANGSBAHNHOF Ludwigshafen (Rhein) Anilinfabrik — GESCHÄFTSZEIT — KONTEN

Eilig!

An die
Reichsversicherungsanstalt
für Angestellte

Berlin-Wilmersdorf

Ruhrstraße 2

R. f. A. 20. JUL 1939

Ihre Zeichen — Ihre Nachricht vom — Unsere Zeichen: Sozialbüro/St. — LUDWIGSHAFEN A. RH. den 19. Juli 1939/Sch.

Betreff
Wiedereinstellung von Pensionären
zur Durchführung von Maßnahmen des Vierjahresplans

Nachdem alle verfügbaren Kräfte in den Arbeitsprozeß wieder eingeschaltet worden sind, zur Durchführung der Maßnahmen des Vierjahresplans diese Kräfte jedoch nicht ausreichen, beabsichtigen wir, unsere in den Ruhestand getretenen Angestellten aufzufordern, ihren Dienst in unserem Werke, soweit dies möglich ist, wieder aufzunehmen. Wir sind uns bewußt, daß dies nur bei einem verhältnismäßig kleinen Kreis von Ruhegehaltsempfängern Erfolg haben wird, da einmal diejenigen ausscheiden, die wegen zu hohen Alters nicht mehr in der Lage sind, eine produktive Arbeit zu verrichten, zum andern bei einem Teil der Ruhegehaltsempfänger der Gesundheitszustand so reduziert ist, daß ihm eine, wenn auch nur leichte Arbeit nicht zugemutet werden kann. Immerhin ist anzunehmen, daß ein gewisser Teil von Ruhegehaltsempfängern übrigbleibt, der zwar gemäß § 27 AVG. als berufsunfähig gilt, der jedoch bei gutem Willen noch in der Lage ist, eine einigermaßen ersprießliche Arbeit zu verrichten. Sobald die übermäßig starke Inanspruchnahme der Arbeitskräfte nachgelassen hat, werden die vorübergehend in den Arbeitsprozeß eingeschalteten Ruhegehaltsempfänger die Arbeit wieder aufgeben. Es ist aber auch anzunehmen, daß ein Teil die Arbeit schon vorzeitig wieder aufgeben muß, da auch bei gutem Willen der Gesundheitszustand eine längere Arbeit nicht zuläßt.

Es ergibt sich die Frage, in welcher Weise die Zahlung des Ruhegeldes aus der Angestelltenversicherung bei diesen vorübergehend in den Arbeitsprozeß eingeschalteten Ruhegehaltsempfängern geregelt wird. Würde die Zahlung des Ruhegeldes ohne weiteres von der Angestelltenversicherung eingestellt werden, so wäre damit zu rechnen, daß wohl kaum ein einziger Ruhegehaltsempfänger den Dienst aufnehmen wird, da nach der voraussichtlich nicht allzu lange dauernden Arbeitsaufnahme ein neues Verfahren auf Gewährung von Rente eingeleitet werden müßte, wodurch gegebenenfalls dem früheren Ruhegehaltsempfänger mancherlei Schwierigkeiten entstehen könnten.

Wir möchten deshalb anregen, daß die Angestelltenversicherung die Rente für vorübergehend eingestellte Ruhegehaltsempfänger auch weiter entrichtet, da unter diesen Umständen eine entsprechende Anzahl von Pensionären bereit sein wird,

./.

I. G. FARBENINDUSTRIE AKTIENGESELLSCHAFT LUDWIGSHAFEN A. RH.

19.7.39 Blatt 2

Reichsversicherungsanstalt für Angestellte, Berlin-Wilmersdorf, Ruhrstraße 2

die zur Durchführung der Maßnahmen des Vierjahresplans zu leistende Arbeit vorübergehend wieder aufzunehmen.

Wir wären Ihnen für eine beschleunigte Antwort dankbar, da wir schon in den nächsten Tagen unseren Pensionären die Frage vorlegen werden, ob sie mit Rücksicht auf die staatspolitisch notwendigen Maßnahmen die Arbeit wieder aufnehmen wollen.

Heil Hitler!

I.G.FARBENINDUSTRIE AKTIENGESELLSCHAFT
SOZIALBÜRO

Abb. 17: Die Anfrage des Sozialbüros der IG Farbenindustrie AG vom Juli 1939

der Fall ist, kann nicht ohne weiteres aus der Höhe des Entgelts, sondern nur nach den gesamten Umständen des Einzelfalls, nötigenfalls nach Heranziehung eines vertrauensärztlichen Zeugnisses entschieden werden.[295]

Im Fall eines über 65 Jahre alten Altersruhegeldempfängers galten keinerlei Beschränkungen. Ein früherer Oberingenieur, der 67 Jahre alt war, seit 1931 Angestelltenrente bezog und nun im Juli 1937 einen Posten als Fabrikaufseher annehmen wollte, begründete allerdings bei längerer Tätigkeit ein neues Anwartschaftsverhältnis mit Beitragspflicht in der AV. All diese Regelungen waren aus Sicht der Landesarbeitsämter und der Arbeitsmarktexperten des NS-Regimes für eine Behebung des Arbeitskräftemangels eher hinderlich und stellten alles andere als Anreize für die Betroffenen dar, wieder Beschäftigungsverhältnisse einzugehen, bei denen es für viele allerdings auch darum ging, einen Zusatzverdienst zu der meist kärglichen Rente zu erlangen. „Mehr oder weniger sind die Ruhegeldempfänger doch gezwungen, etwas hinzu zu verdienen", hieß etwa in einem Schreiben eines DAF-Ortswalters an die Auskunftsstelle der RfA Ende Juli 1939, „da in den meisten Fällen die Rente zum Leben und Sterben zu wenig ist."[296] Erst im Oktober 1939 sollte es zu einer Abmilderung der Bestimmungen dahingehend kommen, dass das Ruhegeld wegen Arbeitslosigkeit

295 RfA-Antwortschreiben vom 10.11.1937, in: RfA-Archiv Nr. 91.
296 Vgl. die Anfrage des Ortswalters der DAF Zwönitz vom 25.7.1939, in: RfA-Archiv Nr. 92a.

schon im Folgemonat der Beendigung des Beschäftigungsverhältnisses wieder einsetzte und damit die einjährige Wartezeit praktisch entfiel.[297]

Gegen diese von der DAF initiierte Regelung hatte die RfA allerdings schon im Januar 1938 vergeblich erhebliche Bedenken erhoben, da damit unterschiedliche Regelungen unter den Rentnern geschaffen wurden, was dem Gebot gleichmäßiger Behandlung aller Versicherten eindeutig widersprach.[298] Schon zuvor hatte das RVA jedoch die RfA und die anderen Versicherungsträger zu einer von der gesetzlichen Regelung abweichenden Handhabung verpflichtet. Die Beschäftigung eines Rentenempfängers bei den Erntearbeiten dürfe nicht zum Anlass für die Einleitung eines Rentenentziehungsverfahrens genommen werden, so hieß es in einem Rundschreiben im August 1938, und gleiches galt auch für die beim Westwallbau eingesetzten Rentner.[299] Im September 1939 wurde aus der Ausnahmeregelung eine generelle Bestimmung. Arbeitsämter und DAF bemühten sich im Hinblick auf den großen Arbeitskräftemangel darum, Rentenempfänger wieder in Arbeit zu bringen, hieß es in einem Rundschreiben. „Diese Bestrebungen dürfen nicht dadurch gehemmt werden, dass die Rentenversicherungsträger versuchen, solchen Rentenempfängern [...] die Rente zu entziehen."[300] Eine ganze Reihe von Landesversicherungsanstalten hatten sich dabei von der Propaganda zur Mobilisierung der Rentner instrumentalisieren lassen. Die LVA Sachsen-Anhalt erließ etwa einen großen Aufruf an alle ihre zugehörigen Rentenempfänger, ihren Beitrag zum Erfolg der „Arbeitsschlacht" zu leisten. Die RfA jedoch, obschon von einigen Seiten ebenfalls dazu gedrängt, entzog sich entsprechenden Aktivitäten.[301]

Die inzwischen erreichte Fülle von Gesetzen und Maßnahmen zur Rentenversicherung stieß auch bei den Versicherten auf wachsende Resonanz, allerdings nicht so, wie es das NS-Regime wohl erwartet hatte. Je mehr der Nationalsozialismus Niederschlag in der Rentengesetzgebung fand, desto häufiger kam auch Kritik aus der Bevölkerung. Nach jedem Gesetz erreichte eine Flut von Briefen die Ruhrstraße 2 in Berlin, in denen von wiederholt enttäuschten Erwartungen die Rede war, verbunden mit Forderungen nach Reformmaßnahmen und Verbesserungen.[302] In den Jahren 1936/37 war ein deutliches zahlenmäßiges Anschwellen der zum Teil massive Kritik äußernden Briefe von Versicherten festzustellen. Das hastig erlassene Ausbaugesetz vom Dezember 1937 hatte durchaus den Zweck gehabt, diesen wachsenden Rentenunmut in der Bevölkerung aufzufangen. Das NS-Regime wurde dabei zum Opfer der eigenen Rentenpropaganda – aber auch die RfA erhielt nach jeder neuen Erfolgs-

297 Vgl. Schreiben der RfA an das RVA vom 12.9.1939, in: RfA-Archiv Nr. 113.
298 Vgl. Schreiben Grießmeyers an das RVA vom 6.1.1938, in: RfA-Archiv Fach 112, Nr. 5.
299 Rundschreiben vom 10.8.1938 und vertrauliches Rundschreiben vom 24.1.1939, in: RfA-Archiv Nr. 24.
300 Rundschreiben vom 6.9.1939, in: RfA-Archiv Nr. 86.
301 Vgl. dazu den Aufruf in: RfA-Archiv Nr. 90.
302 Vgl. dazu etwa Schreiben vom 18.3.1937 an die RfA, in: RfA-Archiv Fach 112, Nr. 6 sowie zahlreiche weitere Briefe in: RfA-Archiv Nr. 9.

meldung über Einnahmen- und Rücklagensteigerungen zahlreiche Schreiben mit Forderungen nach Beitragssenkungen und Leistungsausweitungen: Kaum anderswo wurden von den Briefeschreibern so explizit Argumentationsmuster der „Volksgemeinschaft“ verwendet und Bezug auf die unter diesem Begriff propagierte neue NS-Gesellschaft genommen. Das kollektive Schreiben von sieben Rentnern vom Dezember 1938 ist exemplarisch dafür.[303]

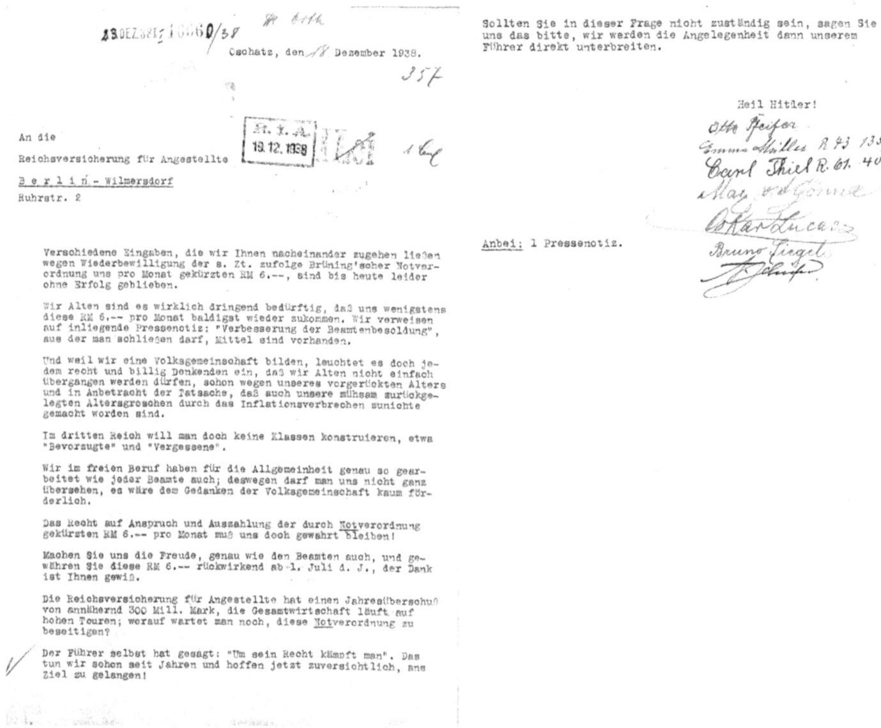

Oschatz, den 18 Dezember 1938.

An die

Reichsversicherung für Angestellte

Berlin - Wilmersdorf

Ruhrstr. 2

R. f. A. 19.12.1938

Verschiedene Eingaben, die wir Ihnen nacheinander zugehen ließen wegen Wiederbewilligung der s. Zt. zufolge Brüning'scher Notverordnung uns pro Monat gekürzten RM 6.--, sind bis heute leider ohne Erfolg geblieben.

Wir Alten sind es wirklich dringend bedürftig, daß uns wenigstens diese RM 6.-- pro Monat baldigst wieder zukommen. Wir verweisen auf inliegende Pressenotiz: "Verbesserung der Beamtenbesoldung", aus der man schließen darf, Mittel sind vorhanden.

Und weil wir eine Volksgemeinschaft bilden, leuchtet es doch jedem recht und billig Denkenden ein, daß wir Alten nicht einfach übergangen werden dürfen, schon wegen unseres vorgerückten Alters und in Anbetracht der Tatsache, daß auch unsere mühsam zurückgelegten Altersgroschen durch das Inflationsverbrechen zunichte gemacht worden sind.

Im dritten Reich will man doch keine Klassen konstruieren, etwa "Bevorzugte" und "Vergessene".

Wir im freien Beruf haben für die Allgemeinheit genau so gearbeitet wie jeder Beamte auch; deswegen darf man uns nicht ganz übersehen, es wäre dem Gedanken der Volksgemeinschaft kaum förderlich.

Das Recht auf Anspruch und Auszahlung der durch Notverordnung gekürzten RM 6.-- pro Monat muß uns doch gewahrt bleiben!

Machen Sie uns die Freude, genau wie den Beamten auch, und gewähren Sie diese RM 6.-- rückwirkend ab 1. Juli d. J., der Dank ist Ihnen gewiß.

Die Reichsversicherung für Angestellte hat einen Jahresüberschuß von annähernd 300 Mill. Mark, die Gesamtwirtschaft läuft auf hohen Touren; worauf wartet man noch, diese Notverordnung zu beseitigen?

Der Führer selbst hat gesagt: "Um sein Recht kämpft man". Das tun wir schon seit Jahren und hoffen jetzt zuversichtlich, ans Ziel zu gelangen!

Sollten Sie in dieser Frage nicht zuständig sein, sagen Sie uns das bitte, wir werden die Angelegenheit dann unserem Führer direkt unterbreiten.

Heil Hitler!

Anbei: 1 Pressenotiz.

Abb. 18: Brief von Versicherten an die RfA vom 18. Dezember 1938

„Seit Jahr und Tag hören und lesen wir von wahrer Volksgemeinschaft, die wir so verstehen, dass es innerhalb des Volkes überhaupt nichts geben darf, was nicht im Sinne der Volksgemeinschaft liegt“, heißt es etwa auch in einem Schreiben an die RfA. Die Sanierung der Invalidenversicherung allein auf Kosten der AV, ohne Einbeziehung der Beamten-Pensionskassen, widerspreche dem „Volksgemeinschaftsempfinden“, und daher müssten die bestehenden Kürzungen rückgängig gemacht werden. „Unser Standpunkt entspricht wahrer Volksgemeinschaft, folglich ist uns Ihre Zustimmung sicher“, heißt es dann noch am Ende des Schreibens an die RfA.[304] Auch Begriffe und

303 Das Schreiben in: RfA-Archiv Fach 111, Nr. 10.

304 Schreiben vom 3. 2. 1939, in: RfA-Archiv Fach 111, Nr. 9.

Argumente des nationalsozialistischen Rechtsdenkens, insbesondere der Verweis auf die erforderliche Rücksichtnahme auf das „Volksempfinden" bei Gesetzgebung wie Verwaltungspraxis, fand zunehmend Eingang in die Schreiben der Versicherten. Ein erheblicher Teil der von den Versicherten direkt bei der RfA vorgebrachten Beschwerden bezog sich auf abgelehnte Heilverfahrensanträge. Ungeachtet der Tatsache, dass es sich dabei seitens der RfA nicht um gesetzliche Pflicht-, sondern um Kann-Leistungen handelte, sahen es die Betroffenen als ihr gutes Recht an, Heilstättenaufenthalte gewährt zu bekommen. Die Anzahl der Anträge war dabei insgesamt kontinuierlich auf 180.000 im Jahr 1938 gestiegen und die Ablehnungsquoten mit durchschnittlich 40 Prozent relativ hoch.[305] Die Chancen für eine Bewilligung wurden allerdings offenbar erheblich höher, wenn sich die Antragsteller nach einer Ablehnung an Parteistellen wandten oder ihre Beschwerde an die Schriftleitung des *Schwarzen Korps* schickten. In einem Bescheid vom Februar 1938 zu einer entsprechenden Eingabe, die dann beim RAM gelandet war, ist etwa zu lesen:

> Wenn auch die Aussichten auf Wiederherstellung der Berufsfähigkeit sehr fraglich sind und bereits größere Heilverfahrensaufwendungen für die Versicherten geleistet wurden, sind wir nach nochmaliger Prüfung der Vorgänge ausnahmsweise bereit, ein neues Heilverfahren in Davos zu gewähren.[306]

Täglich gingen Briefe von Versicherten mit Vorschlägen zu Reformmaßnahmen und Gesetzesänderungen bei der RfA ein. Dabei ging es etwa im Februar 1936 um die Herabsetzung der für den Rentenbezug maßgebenden Altersgrenze, sowohl bei den Männern wie bei den Frauen. „Die Staats- und Gemeindebeamten erhalten das Zwei- und Mehrfache an Pension – mit welchem Recht, wo wir doch eine Volksgemeinschaft haben, sollte da kein so krasser Unterschied mehr sein, wo auch noch die Allgemeinheit deren Lasten trägt."[307] Der Reichsbund der Kinderreichen forderte im Februar 1937 eine Senkung der Beiträge zur AV für Kinderreiche – was von den RfA-Beamten mit dem nüchternen Hinweis auf die gewährten Kinderzuschüsse und Waisenrenten sowie die rentenleistungsmindernden Folgen von Beitragssenkungen, „die durchaus nicht im Interesse von Kinderreichen liegen dürften", abgelehnt wurden.[308] Ferner gab es Forderungen zur Verkürzung der Wartezeit für das Beziehen von Ruhegeld wegen Berufsunfähigkeit – um damit den Frauen früher die Beitragsrückerstattung bei Heirat zu ermöglichen –, und zur Einführung von Abfindungen freiwillig geleisteter Versicherungsbeiträge bei Einstellung der Zahlungen.[309] Beides

305 Vgl. RfA-Geschäftsbericht für 1938, S. 12 ff., in: BArch R 89/3468.
306 Schreiben vom 24. 2. 1938, in: BArch R 89/3446.
307 Schreiben vom 9. 1. 1936 sowie auch Schreiben vom 20. 2. 1936, in: RfA-Archiv Fach 112, Nr. 5.
308 Schreiben vom 3. 2. 1937 sowie Brief der RfA vom 16. 2. 1937, in: RfA-Archiv Fach 114, Nr. 15.
309 „Die freiwillige Versicherung konnte sich der kleine Mann leisten, solange jährlich nur 4 Marken in jeder beliebigen Klasse notwendig waren. Im Laufe der Zeit aber stellte die AV ihre Forderungen hinsichtlich der freiwilligen Weiterversicherung derart in die Höhe, dass es einem in bescheidenen Familienverhältnissen lebenden Familienvater auch mit dem besten Willen nicht mehr möglich ist,

lehnte die RfA in ihren Antwortschreiben ab unter anderem mit Verweis auf die erheblichen Kosten sowie andernfalls sich ergebenden Nachteile für die Pflichtversicherten. Aber auch hier galt: Je höher die NS-Stelle, an die die Eingabe oder Beschwerde gerichtet wurde, desto größer war die Wahrscheinlichkeit, dass sich die RfA zu dem jeweiligen Sachverhalt äußern und oft auch rechtfertigen musste. Im Dezember 1937 war etwa ein Schreiben des Stabs des Stellvertreters des Führers aus dem Braunen Haus in München auf dem Schreibtisch Grießmeyers gelandet. Darin wurde moniert, dass sich

> in letzter Zeit die Eingaben von Invaliden [häufen], die sich auf Grund des Untersuchungsbefundes der RfA einer Operation unterziehen müssen. Eine Weigerung hätte in den meisten Fällen den Entzug der Invalidenrente zur Folge. Man könne sich des Eindrucks nicht erwehren, dass die Reichsversicherungsanstalt, deren Untersuchungsmethoden im übrigen seit langem Grund zur Beschwerde sind, diese Ansinnen in vielen Fällen stellt, um eine Handhabe zum Entzug der Rente zu bekommen.[310]

Wirkliche Einzelfälle, die die Vorwürfe hätten bestätigen können, ließen sich bei der RfA jedoch nicht ermittlen. Daneben zog sich wie ein roter Faden die scharfe Kritik an den noch immer nicht zurückgenommenen Rentenkürzungen der Notverordnungszeit durch die Schreiben der Versicherten an die RfA.

Doch all diese Forderungen wurden auch noch 1937 von der RfA mit derselben Formel aus dem Bescheid des RAM vom Februar 1934 beantwortet – also mit dem Hinweis auf die notwendigen Opfer durch alle Beteiligten und die Unmöglichkeit von Rentenerhöhungen bzw. der Rücknahme oder Milderung der früheren Kürzungen.[311] Tatsächlich war das Rentenniveau trotz aller Sanierungs- und Leistungserweiterungspropaganda und als Ergebnis der bisher erfolgten Flut von Gesetzesmaßnahmen niedrig geblieben. Der Blick auf die Entwicklung der durchschnittlichen Rentenhöhe zeigt dies deutlich[312]: Betrugen 1931 die monatlich ausgezahlten Ruhegelder noch 62,73 RM (bei Wanderversicherten waren es 82,25 RM), so waren sie bis 1934 auf 56,54 RM bzw. 70,28 RM abgesackt. Bis 1937 war es nur zu einem moderatem Wiederanstieg von 59,31 RM bzw. 72,51 RM gekommen und auch Ende 1938 war mit 60,39 RM bzw. 73,16 RM das Niveau der Weltwirtschaftskrisenjahre bei weitem noch nicht erreicht. Erst 1939 sollte ein Ruhegeldempfänger im Monat durchschnittlich 63,75 RM erhalten (als Wanderversicherter 76,49 RM) und damit erstmals wieder leicht über das Ausgangsniveau von 1931 hinauskommen. Nach sieben Jahren NS-Herrschaft stand bezüglich der AV unterm Strich eine Rentenerhöhung bzw. Reduzierung der früheren

---

hier weiter mitzumachen." Vgl. Schreiben vom 3.5.1937, in: RfA-Archiv Fach 113, Nr. 11 und Schreiben vom 23.4.1937, in: RfA-Archiv Fach 111, Nr. 6.

310 Schreiben des Stellvertreters des Führers an Grießmeyer vom 20.12.1937, in: RfA-Archiv Nr. 91.

311 Vgl. etwa das Antwortschreiben vom 23.6.1937, in: RfA-Archiv Fach 108, Nr. 11.

312 Die folgenden Zahlen aus: 25 Jahre Rentenversicherung, S. 91, RfA-Jahresbericht 1938, S. 10 und auch Protokoll der Beiratssitzung vom 25./26.11.1935, S. 9, in: BArch R 89/3468. Zu den Zahlen für 1939 vgl. RfA-Jahresbericht 1940, S. 3, in: BArch R 89/3513, Bl. 53f.

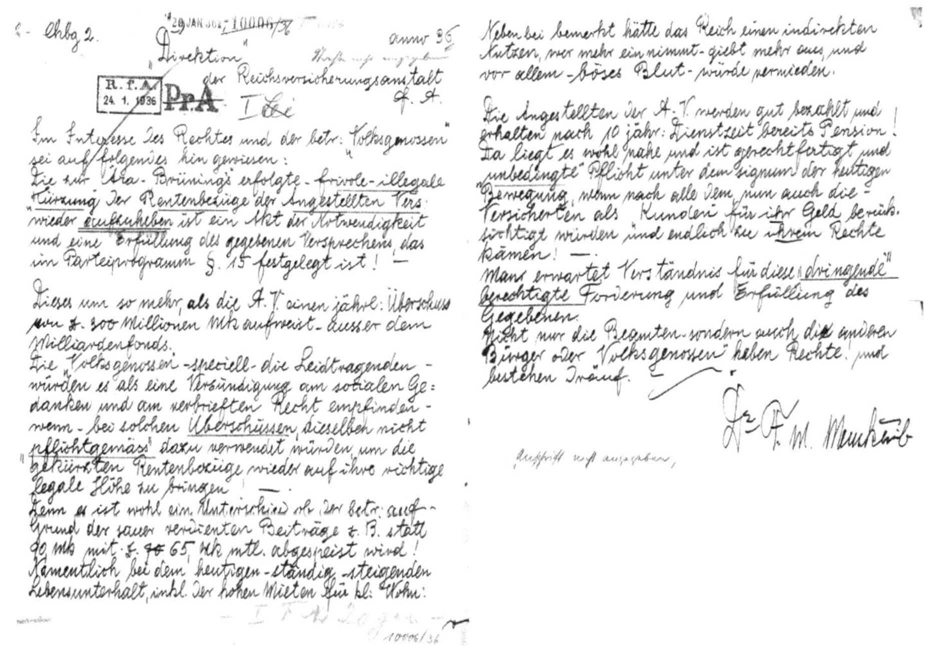

Ehbg. 2.

„Direktion“
der Reichsversicherungsanstalt
f. A.

R. f. A.
24. 1. 1936

Im Interesse des Rechtes und der betr: „Volksgenossen“ sei auf folgendes hin gewiesen:
Die zur Ära-Brüning's erfolgte – frivole – illegale „Kürzung“ der Rentenbezüge der Angestellten Vers: wieder aufzuheben ist ein Akt der Notwendigkeit und eine „Erfüllung des gegebenen Versprechens“, das im Parteiprogramm §. 15 festgelegt ist! –

Dieses um so mehr, als die A. V. einen jährl: Überschuss von z. 300 Millionen Mk aufweist – ausser dem Milliardenfonds.
Die „Volksgenossen“ – speciell – die Leidtragenden – würden es als eine Versündigung am sozialen Gedanken und am verbrieften Recht empfinden – wenn – bei solchen Überschüssen, dieselben nicht „pflichtgemäss“ dazu verwendet würden, um die „gekürzten Rentenbezüge“ wieder auf ihre richtige legale Höhe zu bringen! –
Denn es ist wohl ein Unterschied ob der betr: auf Grund der sauer verdienten Beiträge z. B. statt 90 Mk mit z. 65 Mk mtl. abgespeist wird!
Namentlich bei dem heutigen – ständig – steigenden Lebensunterhalt, inkl. der hohen Mieten für kl: Wohn:

Nebenbei bemerkt hätte das Reich einen indirekten Nutzen, wer mehr ein nimmt – giebt mehr aus, und vor allem – böses Blut – würde vermieden.

Die Angestellten der A. V. werden gut bezahlt und erhalten nach 10 jähr: Dienstzeit bereits Pension!
Da liegt es wohl nahe und ist gerechtfertigt und „unbedingte“ Pflicht unter dem signum der heutigen „Bewegung“, wenn nach alle dem nun auch die – Versicherten als „Kunden“ für ihr Geld berücksichtigt würden und endlich zu ihrem Rechte kämen! –
Man erwartet Verständnis für diese „dringende“ berechtigte Forderung und Erfüllung des Gegebenen.
Nicht nur die Beamten – sondern auch die anderen Bürger oder „Volksgenossen“ haben Rechte, und bestehen darauf.

[illegible]

Abb. 19: Brief eines Versicherten an die Direktion der RfA vom 20. Januar 1936

Kürzungen von gerade einmal 12,7 Prozent (bzw. 8,8 Prozent), wobei das Durchschnittsniveau die breite Streuung in und unter den einzelnen Beitragsklassen verdeckt. Bereits im Mai 1936 hatte sich denn auch ein Versicherter an die „Leitung der RfA“ mit dem Hinweis auf jüngste Pressemeldungen über die durchschnittliche Angestelltenrente von 57 RM monatlich gewandt:

> Es würde mich nun interessieren, wie ein arbeitsunfähiges Ehepaar mit diesen 57 RM leben kann. Angenommen sei gleichfalls, dass diese beiden Leute weder Kinder haben, die sie unterstützen können, noch Vermögen oder irgendeinen sonstigen Zuschuss zu dem genannten Betrag. Weiters wollen Sie bitte berücksichtigen, dass diese Leute nicht z. B. in irgendeinem Dorf in der Eifel, sondern in einer Großstadt wohnen, wo der betagte Ehemann viele Jahrzehnte als Angestellter tätig war. Für eine erschöpfende Beantwortung meiner Frage wäre ich Ihnen sehr zu Dank verbunden.[313]

Im Januar 1938, kurz nach der Veröffentlichung des Ausbaugesetzes, war auch Präsident Grießmeyer selbst in die Schusslinie der Kritik geraten. Der *Stuttgarter NS-Kurier* hatte in seiner Wochenendausgabe über ein Interview mit dem RfA-Präsidenten

313 Schreiben vom 26.5.1936, in: RfA-Archiv Fach 53, Nr. 4. Die RfA beantwortete dieses Schreiben tatsächlich auf drei Seiten mit eingehenden Erörterungen zur Rentenentwicklung und Rentenberechnung und verwies den Schreiber dann letztendlich auf einen evtl. Zuschuss von Seiten der öffentlichen Fürsorge.

berichtet, in dem dieser auf den Hinweis, dass die Rente beim Durchschnitt der Versicherten zweifellos nicht den Lebensbedürfnissen entspreche, geantwortet habe,

> dass die soziale Rentenversicherung nur ein fester Zuschuss für den Lebensbedarf im Alter sein soll und die gezahlten Beiträge schon größer sind, als nach dem ursprünglichen Angestelltenversicherungsgesetz vorgesehen war. Der Grundstock dieser Rente soll durch Vorsorge des Versicherten selbst ergänzt werden. Hierzu treten vielfach die Werkspensionskasssen und neuerdings die Gefolgschaftsversicherungen. Außerdem kann eine freiwillige Höherversicherungen selbst eingegangen werden.[314]

Für die langjährigen Angestellten, die wiederholt arbeitslos geworden waren und in kleinen Firmen ohne Werkspensionskasse oder Gefolgschaftsversicherung tätig waren, klangen diese Ausführungen wie Hohn.[315] Noch im Dezember 1939 wandte sich unter anderem eine Kieler NSDAP-Ortgruppe mit einem Brandbrief über die soziale Notlage der Kleinrentner an den zuständigen Kreisleiter. Die Behörden wie LVA und Reichsversicherungsamt konzedierten nicht nur, dass die niedrigen Renten bei weitem nicht ausreichten, um auch den notdürftigsten Lebensunterhalt zu fristen, sondern auch, dass es nach wie vor entgegen aller Volksversicherungsideologie massive Ungleichheiten zwischen AV und IV gab. Die Witwe eines Angestellten erhielt etwa Witwenrente aus der AV ohne Rücksicht auf ihre Arbeitsfähigkeit, wogegen die Witwe eines in der IV Versicherten die Witwenrente nur dann erhielt, wenn sie selbst invalide oder über 65 Jahre alt war.[316]

Die Schreiben der Versicherten an „ihre“ RfA lassen oft auch Rückschlüsse über das damalige „Rentenwissen“ in der Angestellten-Bevölkerung zu. In der Regel wurden Anfragen von der RfA mit der Zusendung eines der vielen Merkblätter, verbunden mit einem Standardschreiben, beantwortet. Vielfach bemühten sich die zuständigen RfA-Sachbearbeiter jedoch auch darum, auf die einzelnen Belange einzugehen. „Die Anfrage vom 28.2.1938 zeigt“, so heißt es etwa in einem internen Vermerk, „dass der Fragesteller die Begriffe ‚Anwartschaft‘ und ‚Wartezeit‘ trotz der ihm zugesandten Merkblätter bisher nicht verstanden hat; es ist deshalb zweckmäßig, ihm eine individuelle Auskunft zu geben.“[317] Und bei einer ganzen Reihe von Versicherten ließen sich die RfA-Beamten erstaunlicherweise auch auf längere, zum Teil über Wochen sich hinziehende Schriftwechsel ein, in denen ebenso geduldig wie detailliert zu Einzelfragen des Rentenrechts und der Auslegung und Begründung von gesetzlichen Be-

---

314 Zitiert nach dem Schreiben an Grießmeyer vom 18.1.1938, in: RfA-Archiv Fach 111, Nr. 9.

315 Zum Thema Gefolgschaftsversicherung äußerte sich Grießmeyer noch einmal explizit Anfang Januar 1939 in einem Aufsatz in: *Die Deutsche Volkswirtschaft*. Vgl. Albert Grießmeyer, Gefolgschaftsversorgung bei der sozialen Rentenversicherung, in: *Die Deutsche Volkswirtschaft*, Januar 1939, S. 40–42.

316 Vgl. Schreiben vom 12.12.1939 sowie die Stellungnahme der LVA Schleswig-Holstein vom 6.2.1940, in: BArch R 89/3169.

317 Vermerk vom 1.3.1938, in: RfA-Archiv Fach 3, Nr. 2.

stimmungen Stellung genommen wurde.[318] In der Regel stammte das „Rentenwissen" der Versicherten jedoch aus der Tagespresse. Monat für Monat erhielt die RfA dutzende von Briefen mit Verweis auf entsprechende Zeitungsartikel und die darin enthaltenen meist unklaren, oft falschen und damit verunsichernden oder beunruhigenden Informationen über geltende oder beabsichtigte Rentenversicherungsbestimmungen.[319] Als im Juni 1938 der *Berliner Lokal-Anzeiger* unter der Rubrik „Was die Rentner hoffen" eine Leseraktion startete, wurde die Redaktion von Zuschriften geradezu überschüttet.[320]

Was die Rentner hoffen

Ihre Wünsche: Mehr Rente – billige Miete – Nebenverdienst

Der Rentnerwunsch, dem wir am 26. Juni hier Raum gaben, hat in Rentnerkreisen ein sehr lebhaftes Echo geweckt. Alle Zuschriften, aus denen wir hier eine kleine Auslese bringen, sind sich darin einig, daß das Problem dringend der Lösung bedarf. Das aber ist auch die Auffassung der zuständigen Regierungsstellen, nur bedürfen die Wege zu einer wirklich befriedigenden Lösung sehr ernster Erwägungen und weit vorausschauender Berechnungen. Material gleich den hier folgenden Wünschen und Schilderungen liegt den zuständigen Stellen reichlich vor.

Drei Forderungen

Wir Privatangestellten, die Anfang dieses Jahrhunderts den Gedanken einer staatlichen Pensionsversicherung der Angestellten aufgriffen, für sie in Verbänden und besonderen Vereinigungen warben, haben uns die Altersversorgung für uns und unsere Familien etwas anders vorgestellt, als sie heute noch ist. Gewiß haben Krieg, Inflation und Wirtschaftskrise auch die finanzielle Lage der Reichsversicherung für Angestellte zunächst ungünstig beeinflußt. Seit Jahren ist aber diese Periode beendet, und heute kann die RfA sogar anderen Sozialversicherungsträgern Millionenbeträge zur Verfügung stellen. Wir Renter aber warten noch auf eine Rentenerhöhung, die uns ein sehr bescheidenes Existenzminimum sichert.

Versicherungsmathematische Grundsätze werden ins Feld geführt, für kommende Generationen soll vorgesorgt werden. Aber schließlich haben auch wir Lebenden ein Recht auf eine Alters- und Invaliditätsrente, die den dringendsten Bedürfnissen angemessen ist. Die DAF zahlt unter gewissen Voraussetzungen ohne Rechtsanspruch wohl Zuschüsse, aber nur bei Vollinvalidität des Sozialrentners. Drei Forderungen müßten deshalb nach meiner Ansicht den Rentnern bald erfüllt werden: erstens: Erhöhung der Grundrente und der Steigerungssätze; zweitens: völlige Befreiung von allen Steuern aus dem Renteneinkommen, solange es 150 RM monatlich nicht übersteigt; drittens: Schaffung von billigen Rentnerwohnungen aus den Mitteln der Reichsversicherung und Erlaß der Hauszinssteuer für Altwohnungen.

Sr., Friedenau

muß doch immer in Erwägung ziehen, daß gerade unsere Altersklassen nicht nur durch die Arbeit an sich, sondern auch durch Krieg, Inflation, durch die fürchterlichen Nachkriegsjahre und nicht zuletzt durch vielfache Stellenlosigkeit und Existenzunsicherheit arg gelitten haben. Und nach alledem erhält man dann im Pensionierungsfalle etwa 80 RM Rente. Wir Angestellten sind daran gewöhnt, daß für uns fast niemand in die Bresche springt, und wenn auch die Berufskategorie selbst viel Schuld daran trägt, weil sie in früheren Zeiten infolge Dünkelhaftigkeit unter sich nie eine Einigung zustande brachte, so möchte man doch hoffen, daß sich die Verhältnisse mal zum Besseren wenden. Das wäre natürlich nur möglich mit Unterstützung der Regierung. Was nützt so vieles andere Schöne demjenigen, der mit den 80 RM nicht sein Leben fristen kann.

H. B., Steglitz

Nebenverdienst: „Zu alt"

Ich gehöre leider auch zu denen, die infolge von Krankheit schon mit 53 Jahren berufsunfähig wurden. Mein Ruhegeld beträgt nur 58 RM monatlich. Sehr gern würde ich mir etwas dazuverdienen, doch ist es leider so: überall, wohin man kommt, wird jüngere Kraft verlangt. Bei der heutigen Knappheit der Arbeitskräfte, müßte es sich wohl ermöglichen lassen, daß auch wir Ruhegeld-Empfänger leichte Arbeit bekommen, wenn es auch nur ein paar Stunden täglich wären.

H. P., Tempelhof

Wann fällt die Notverordnung?

Durch Notverordnung vom 14. 6. 32 wurde

Abb. 20: Rentendebatte im *Berliner Lokal-Anzeiger* vom Juni 1938

318 Vgl. etwa den sich zwischen August und November 1937 hinziehenden Briefwechsel mit einem technischen Angestellten der Reichsautobahngesellschaft, in: RfA-Archiv Fach 94, Nr. 2.
319 Vgl. dazu etwa die Schreiben vom 30.11.1936 und vom 26.11.1936, in: RfA-Archiv Fach 53, Nr. 4.
320 Vgl. dazu *Berliner Lokal-Anzeiger* vom 10.7.1938 sowie vom 7.8.1938, als Kopie in: RfA-Archiv Fach 111, Nr. 9.

Bis Anfang August war das Renten-Thema und die dabei auch oft erwähnte Rolle der RfA auf der Leserbriefseite dominant. Einige Versicherte nahmen dies zum Anlass, sich direkt an Präsident Grießmeyer zu wenden. Oft waren es aber falsche oder verkürzt wiedergegebene Informationen, die in der Presse erschienen, und die RfA-Beamten hatten alle Mühe, die schiefen oder falschen Darstellungen zu korrigieren. Heikel wurde die Sache vor allem dann, wenn es um entsprechende (und oft mit deutlicher Kritik an der RfA durchsetzte) Artikel einschlägiger NS-Organe wie dem *Schwarzes Korps* der SS oder dem *Angriff* der DAF ging. Im Februar 1937 wurde etwa in der SS-Zeitschrift unter der Überschrift „Soldaten müssen für Anwartschaft zahlen" die Verwaltungspraxis hinsichtlich Beitragsbefreiungen durch die RfA angegriffen.[321] In einem internen Vermerk heißt es dazu:

> Die Veröffentlichung erfordert meines Erachtens eine Klarstellung. Sie sind, wenn sie unwidersprochen bleiben, geeignet, die in Versichertenkreisen verbreitete günstige Auffassung über die sozialen und volksverbundenen Geist atmende Geschäftsführung der RfA zu gefährden.[322]

Eine erhebliche Rolle spielten auch die Gespräche mit Kollegen am Arbeitsplatz und die dabei entstehenden Gerüchte, zu deren Klarstellung dann die RfA angeschrieben wurde, wie etwa in einem gleichfalls im Februar 1937 verfassten Schreiben an die RfA:

> Hier wird verbreitet, dass den Firmen, welche arbeitslose ältere Angestellte neu einstellen, von der Angestelltenversicherung ein Zuschuss gewährt wird. Darf ich um gefällige Mitteilung bitten, ob dieses zutrifft oder ob in nächster Zeit eine solche Maßnahme beabsichtigt ist.[323]

Auch hier war es für die RfA-Beamten oft sehr mühsam, den Gerüchten entgegenzutreten, insbesondere dann, wenn es um Grundsatzprobleme wie die im Februar 1939 angeblich unmittelbar bevorstehende Verschmelzung der AV mit der IV ging und weder RAM, RVA oder die Parteistellen dazu offiziell Stellung nahmen. Die RfA-Beamten mussten jedoch den beunruhigten Versicherten antworten, ohne damit aber in eine rentenpolitische Zwickmühle zu geraten.

Eine maßgebliche Rolle spielte in diesem Zusammenhang die umfangreiche Beratungsliteratur. Was für die interessierten Versicherten eine wichtige Informationsquelle war, war für die RfA-Beamten jedoch ein häufiger Quell des Ärgernisses. Oft populär formuliert wurden diese Schriften von selbständigen Versicherungsvermittlungs- und Rentenberatungsbüros, aber in mindestens ebenso großem Umfang von diversen DAF-Stellen verfasst und herausgegeben. Für erheblichen Wirbel sorgte etwa im August 1938 das in hoher Auflage erschienene, weitverbreitete und ebenso knapp wie übersichtlich gehaltene „Sozialpolitische Lexikon". Herausgegeben von Hans Wolkersdörfer, Reichsamtsleiter der DAF und Sozialreferent der Reichstagsfraktion

321 Vgl. den Artikel im *Schwarzen Korps* vom 12. 2. 1937, Kopie und Vorgang in: RfA-Archiv Fach 113, Nr. 6.

322 Vermerk vom 13. 2. 1937, in: ebd.

323 Schreiben vom 15. 2. 1937, in: RfA-Archiv Fach 19, Nr. 2.

der NSDAP, wurden dort die oben bereits erwähnten Bestimmungen zur Gewährung von Witwenrente erläutert, allerdings unter fälschlicher Angabe der in der IV geltenden Voraussetzungen auch für die AV.[324] Bei vielen Angestellten war damit erhebliche Unruhe ausgelöst worden und die RfA drängte bei der DAF auf umgehende Richtigstellung.[325] Nicht selten mussten sich die RfA-Beamten in anderen Fällen dann aber noch nach entsprechenden Bitten und Aufforderungen zur Berichtigung mit den Redakteuren um Auslegungsfragen streiten. Im Dezember 1938 hatte etwa der zuständige RfA-Beamte beim „Verlag der DAF" „unzutreffende Ausführungen" in einem Beitrag der DAF-Fachzeitschrift *Arbeit und Staat* moniert. Wenig später erhielt er jedoch von dem dortigen Hauptschriftleiter die knappe Mitteilung, dass man sich „Ihrer Rechtsauffassung" nicht anschließen könne. Es handele sich um eine „strittige Rechtsfrage", die verschieden beantwortet werden könne. Man würde es der RfA nicht verübeln, wenn sie eine Position in ihrem Interesse als Versicherungsträger einnehme, die DAF und der Verfasser des Artikels jedoch „vertreten eine Auffassung, die zu Gunsten der Versicherten neigt [...]. Solange die Gerichte keinen gegenteiligen Standpunkt einnehmen, glauben wir, dass Ihre Auffassung eine einseitige autoritative Entscheidung der Anstalt darstellt."[326]

Und dann machten noch die Werbefeldzüge der Privatversicherungsunternehmen mit ihren eigenen Broschüren und „Aufklärungsschriften" den RfA-Beamten das Leben schwer. Spätestens 1936 hatten die Lebensversicherungsgesellschaften eine regelrechte Werbe- und Informationskampagne gestartet, in der sie sich explizit als Konkurrenz zur RfA verstanden. Die Broschüre einer Berliner Lebensversicherungsgesellschaft etwa verlautet:

> Wissen Sie schon, dass sich die Sozialversicherung bewusst auf die Sicherung des Existenzminimums beschränkt? Dass ein Angestellter bestenfalls etwa 20 Prozent, ein Arbeiter bestenfalls etwa 30 Prozent seines Endgehalts als Altersrente bekommt? Und bekanntlich beträgt die Sozialhinterbliebenenrente bei frühzeitigem Tode weniger als die Hälfte der Sozialaltersrente.[327]

Broschüren ähnlichen oder gleichen Inhalts verbreiteten auch andere Versicherungskonzerne wie die Nordstern Lebensversicherungsgesellschaft, dessen Generaldirektor pikanterweise als Vertreter der Betriebsführer im RfA-Beirat saß.[328] Bei den Versicherten blieben diese und ähnliche Propagandaaussagen nicht ohne Rückwirkung, verstärkten sie doch den Eindruck, „dass die AV von ihrer ursprünglichen Be-

324 Vgl. Hans Wolkersdörfer, unter Mitarbeit von K. Roloff, Sozialpolitisches Lexikon. Praktischer Ratgeber für alle Fragen des sozialen Lebens, Berlin 1938, hier S. 114.
325 Vgl. Schreiben vom 15.8. und 19.8.1938, in: RfA-Archiv Nr. 91 b.
326 Schreiben vom 15.12.1938 sowie Brief der DAF vom 6.1.1939, in: RfA-Archiv Fach 98, Nr. 1.
327 Vgl. RfA-Archiv Fach 198, Nr. 4.
328 Vgl. dazu den Prospekt sowie weiteren Schriftwechsel zu den Aktivitäten der Berlinischen Lebensversicherungsgesellschaft, vor allem im Raum Chemnitz, in: RfA-Archiv Fach 98, Nr. 3. Vgl. dort auch eine im Januar 1937 erfolgte Zusammenstellung von Werbeveröffentlichungen für Gefolgschaftsversicherungen der vergangenen Monate.

stimmung […] ganz wesentlich abgewichen ist und in der heutigen Form nichts weiter als eine zusätzliche Besteuerung der Arbeitnehmerschaft darstellt, mit welcher gleichzeitig ein Altersalmosen verbunden ist."[329] Zudem sah sich die RfA vermehrten Vorwürfen ausgesetzt, ihre Versicherten wenig oder überhaupt nicht über die jeweils neuesten Bestimmungen der Rentenversicherung aufzuklären. Wie bei den privaten Versicherungen sollte doch jeder, so ein Vorschlag, bei Abschluss der Versicherung über seine Rechte und Pflichten informiert werden und ihm etwa bei Ausstellung der ersten Versicherungskarte die Versicherungsbedingungen in übersichtlicher und allgemeinverständlicher Form übergeben werden. „So wie es jetzt ist, könnte leicht der Eindruck entstehen, dass die RfA aus der Unwissenheit ihrer Mitglieder Kapital zu schlagen versucht."[330] Die praktizierte Informationspolitik der RfA, so wurde weiter moniert,

> scheint uns sehr wenig der heutigen Forderung der Volksverbundenheit zu entsprechen. Es dürfte ohne weiteres klar sein, dass nicht jeder Angestellte sich das Reichsgesetzblatt halten kann, weil evtl. dort Bestimmungen, die seine Angestelltenversicherung betreffen, veröffentlicht wurden. Ebenso wenig kann er sich Ihre Merkblätter anfordern, wenn er nichts darüber erfährt, dass Änderungen getroffen wurden […]. Die jetzt auf der Rückseite der Versicherungskarte aufgedruckten Hinweise auf die Strafbestimmungen dürften vielleicht ein paar Dutzend Spitzbuben interessieren, nicht aber die Allgemeinheit, der vielmehr damit gedient wäre, wenn die normalen Versicherungsbedingungen auf der Karte stünden. Schließlich befinden wir uns ja nicht in einem Polizeistaate, sondern im nationalsozialistischen Dritten Reich, und wir finden, dass die Grundhaltung der Reichsversicherungsanstalt nicht mehr in unsere Zeit passt.[331]

Die RfA suchte sich diesem Wettbewerb mit den privaten Versicherern mit dem lapidaren Hinweis zu entziehen, dass „ein Vergleich der AV mit einer privaten Lebensversicherung grundsätzlich abwegig [ist], weil es sich um völlig wesensverschiedene Einrichtungen handelt".[332] Allerdings nahmen die Aktivitäten der Lebensversicherungsgesellschaften bald solche Dimensionen an, dass man sich in der Ruhrstraße zu einer Reaktion auf die zudem meist noch sachlich falschen bzw. „unrichtigen und irreführenden" Werbeaussagen sowie die damit verbundene Diskreditierung der RfA gezwungen sah.[333] Aus Sicht der Behörde war es etwa geradezu unverantwortlich, wenn die Versicherungsgesellschaften vor allem die freiwillig in der Angestelltenversicherung Versicherten zum Abschluss einer Lebensversicherung zu bewegen versuchten, verbunden mit einer Aufgabe der Weiterversicherung in der AV, „da diese

329 Schreiben an die RfA vom 18.4.1936, in: RfA-Archiv Fach 108, Nr. 4.
330 Schreiben an die RfA vom 1.9.1936, in: ebd.
331 Schreiben vom 16.9.1936, in: ebd.
332 Vermerk vom 5.6.1936 und Entwurf für ein Antwortschreiben in: RfA-Archiv Fach 108, Nr. 4.
333 Ebd. Sowie vgl. auch der sich von April bis September 1936 hinziehende ausführliche Schriftwechsel der RfA mit der Sozialabteilung der Margarinewerk Saar Gebr. Fauser GmbH in Sulzbach/Saar, in: ebd.

ja nicht mehr verfallen könnte".[334] Dazu kam, dass im Laufe des Jahres 1937 ein regelrechter Markt für zusätzliche Alters- und Hinterbliebenenversorgung entstanden war, in den immer mehr Versicherungsunternehmen wie die Victoria Versicherungs AG, die Gothaer Lebensversicherungsgesellschaft oder die Berlinische Lebensversicherungsgesellschaft drängten. Zahlreiche Firmen, die bislang noch keine Rücklagen für Versorgungsmaßnahmen ihrer Gefolgschaft vorgenommen hatten, aber auch Betriebe, die bereits Rücklagen für soziale Zwecke in Form von Fonds oder Pensions- bzw. Unterstützungskassen gebildet hatten, beschäftigten sich in dieser Zeit intensiv mit der Frage von Zusatzversicherungen. So schrieb Grießmeyer im März 1937 an das RAM:

> Wir stellen mit Besorgnis fest, dass die privaten Lebensversicherungsgesellschaften in äußerst rühriger Weise für eine Kapitalversicherung der Gefolgschaftsmitglieder (Gefolgschaftsversicherung) sowie für eine Zusatzversorgung durch den einzelnen Angestellten durch den Abschluss einer Lebensversicherung werben und die Werbung in der Hauptsache auf Vergleiche mit unzulänglichen Leistungen der Angestellten- und Invalidenversicherung stützen [...]. Aus Zuschriften unserer Versicherten ersehen wir, dass eine Beunruhigung, deren Ausmaß sich noch nicht übersehen lässt, bereits eingetreten ist und die Belange der Angestelltenversicherung ernstlich gefährdet werden. Wir halten es unbedingt für erforderlich, schleunigst geeignete Maßnahmen zur Unterbindung von Werbemethoden der privaten Lebensversicherungsgesellschaften zu treffen, die geeignet sind, das Vertrauen zur reichsgesetzlichen Rentenversicherung zu erschüttern und dem Gemeinschaftsgedanken entgegen zu wirken.[335]

Doch zunächst geschah nichts, das RAM leitete die Berichte und Beschwerden der RfA an das Reichsaufsichtsamt für Privatversicherung weiter und erst im Dezember 1937 kam es zu einem Rundschreiben der Fachgruppe Lebensversicherung an ihre Mitgliedsfirmen mit der Aufforderung, sich in ihrer Werbung aller das Ansehen der Sozialversicherung irgendwie herabsetzenden Hinweise zu enthalten.[336] Aus Sicht der RfA-Führung war dabei besonders prekär, dass sich eine Reihe von NS-Zeitschriften, allen voran die DAF-Zeitung *Der Angriff*, mit zahlreichen Werbeinseraten und auch einschlägigen Aufsätzen geradezu zu einer Plattform für die Agitation der Privatversicherungskonzerne entwickelt hatten.[337] Das Rundschreiben der Fachgruppe blieb ohne große Wirkung. Auch weiterhin erschienen, wie die Überwachungsbeamten nach Berlin meldeten, Werbeschriften und Abhandlungen, die mit unrichtigen Behauptungen für private Lebensversicherungen warben.[338]

---

334 Vgl. das entsprechende (verunsicherte) Schreiben eines Versicherten an die RfA vom 31.3.1937, in: RfA-Archiv Fach 98, Nr. 3.

335 Schreiben vom 11.3.1937, in: RfA-Archiv Fach 98, Nr. 3.

336 Vgl. dazu auch die Abteilungsverfügung vom 3.1.1938 mit der Wiedergabe des Rundschreibens in: RfA-Archiv Regal 5.

337 So auch die Hinweise in dem RfA-Schreiben an das RAM, S. 4, in: RfA-Archiv Fach 98, Nr. 3.

338 Vgl. dazu etwa den Bericht des Kölner Überwachungsbeamten vom 8.1.1938, in: RfA-Archiv Fach 53, Nr. 4 sowie die Werbeschrift der Provinzial-Lebensversicherungsanstalt Brandenburg vom Oktober 1938, gegen deren Inhalt die RfA nun direkt bei der Fachgruppe Versicherungsvertreter und Versi-

Die Überwachungsbeamten und der Kampf gegen versicherungsrechtliche Verstöße

In der RfA wusste man ziemlich gut und genau über die jeweilige Stimmungslage bei den Versicherten wie den Rentnern Bescheid. Da täglich dutzende Briefe in der Ruhrstraße ankamen, war der Behörde die Rentenwirklichkeit vor Ort durchaus bekannt. Ein zentrales Instrument, um über die Verhältnisse vor Ort informiert zu sein, waren die Überwachungsbeamten, die regelmäßig Berichte nach Berlin schickten. Zentrale Aufgabe der Überwachungsbeamten war die Beitragskontrolle, d. h. die Sicherstellung des möglichst vollständigen Eingangs der Mittel, die die RfA zur Durchführung ihrer Aufgaben benötigte. Sie wirkten daher auf eine vorschriftsmäßige Beitragsentrichtung für alle Angestelltenversicherungspflichtigen wie Arbeitgeber hin, veranlassten insbesondere die Beseitigung von Beitragsrückständen und verhinderten damit, dass die Leistungsansprüche der Angestellten durch Verstöße gegen die Beitragspflicht in Frage gestellt oder beeinträchtigt würden.[339] Ende 1934 waren 107 Überwachungsbeamte in 63 Städten tätig (davon allein 17 in Berlin), deren Aufgabenfeld sich mit dem Ende der Vertrauensmänner vor allem hinsichtlich der Information, Beratung und Auskunftserteilung noch erweitert hatte.[340] Dennoch sollte sich die Zahl der Überwachungsbeamten im Laufe der Jahre nur unwesentlich erhöhen.[341] Auf einen Überwachungsbezirk kamen im Durchschnitt 2000 Arbeitgeber und Kleinbetriebe, die der Beamte regelmäßig (im Durchschnitt alle zwei Jahre) Haus für Haus und Straße für Straße zur Vornahme der Beitragsprüfung aufsuchte. Die Überwachungsbeamten rekrutierten sich aus dem Kreis der gehobenen mittleren Beamten des Innendienstes der RfA, d. h. sie waren meisten Verwaltungsoberinspektoren, die für den Außendienst besonders ausgebildet und geschult worden waren. Mit Beitragsrückständen musste aufgrund des herrschenden Markenbeitragsverfahrens immer gerechnet werden; ihr Umfang hing wesentlich von den jeweiligen konjunkturellen Schwankungen ab. Allerdings herrschte gerade auch auf dem Lande fast generell eine große Unkenntnis hinsichtlich der Versicherungspflicht und Beitragsentrichtung und etwa bei der Feststellung des Einkommens freiwillig versicherter Landwirte waren durchaus komplizierte Regeln zu beachten.[342]

---

cherungsmakler in der Wirtschaftsgruppe Vermittlergewerbe Protest erhob und eine Berichtigung verlangte, in: RfA-Archiv Fach 98, Nr. 3.

339 Vgl. dazu „Der Überwachungsdienst der Reichsversicherungsanstalt für Angestellte" (drei Seiten), Manuskript vom November 1934, in: Bibliothek der DRV-Bund, Sign. II A 13 a 8925. Vgl. allgemein auch „Der Überwachungsdienst und seine Ergebnisse", MS, zehn Seiten, vom 24.1.1925, in: RfA-Archiv Fach 13, Nr. 5.

340 Vgl. dazu auch das Überwachungsstellenverzeichnis mit Stand 8.1.1937, in: RfA-Archiv Nr. 74.

341 Erst im Laufe des Krieges wurden die Überwachungsbeamten, zahlenmäßig deutlich auf 146 (April 1941) aufgestockt.

342 Vgl. dazu das Rundschreiben Nr. 40 an die Überwachungsbeamten vom 2.3.1937, in: RfA-Archiv Nr. 22. Vgl. auch die Ausführungen zu den Überwachungsbeamten im Prüfbericht des RVA von 1938, S. 44 ff., in: BArch R 89/3450.

Die Steuerung der Überwachungsbeamten erfolgte durch die RfA-Zentrale vor allem über Rundschreiben, aber auch, wenn nötig, durch individuellen Schriftverkehr zwischen Außen- und Innendienstbeamten. Dazu kamen die unter Grießmeyer eingeführten und bereits erwähnten regelmäßigen Dienstbesprechungen auf Regionalkonferenzen und nicht zuletzt intensive Weiterbildungsmaßnahmen durch Vorträge. Auf der Dienstbesprechung der in Mitteldeutschland tätigen Überwachungsbeamten etwa, die am 27. September 1935 in Bad Kösen stattfand, ging es neben der Erörterung versicherungsrechtlicher Detailfragen und der Weiterbildung unter anderem auch um Themen wie die Selbstversicherung von Erbhofbauern und Prüfbesuche bei Ärzten.[343] Thema war 1936 und 1937 auch immer wieder die Zusammenarbeit mit den Rechtsberatungsstellen der DAF, die, wie erwähnt, keineswegs reibungslos verlief. So heißt es in einem Vermerk vom März 1937:

> Nachdem durch den Wegfall der Vertrauensmänner der AV die Fühlung mit den Versicherten und ihren Betriebsführern teilweise verloren gegangen war, bemühte sich die RfA, sie auf andere Weise wiederherzustellen und erteilte zu diesem Zweck den Überwachungsbeamten wiederholt ausführliche Weisungen, in denen gleichzeitig die Zweckmäßigkeit einer freundschaftlichen Zusammenarbeit mit den beteiligten Stellen der DAF dargelegt wurde.[344]

Die Berliner Überwachungsbeamten wurden angewiesen, unmittelbar mit den Leitungen und Betriebszellenobmännern größerer Betriebe Vorträge bei Betriebsappellen und ähnlichen Gelegenheiten zu vereinbaren und zu halten. Der RfA-Geschäftsbericht vermerkt denn auch ca. 500 Vorträge vor über 25.000 Zuhörern sowie 9800 Sprechstunden, in denen 61.000 Besucher beraten worden waren.[345]

Wie erfolgreich unter dem Strich die Arbeit der RfA-Überwachungsbeamten war, zeigt sich an der Entwicklung der ermittelten und dann erfolgreich eingetriebenen Beitragsrückstände. 1932 waren bei der Überprüfung von 240.000 Arbeitgebern mit 1,8 Mio. Angestellten Rückstände für über 500.000 Angestellte in Höhe von insgesamt 12,5 Mio. RM festgestellt und eingeholt worden.[346] Seitdem nahm das Ausmaß der Beitragsrückstände kontinuierlich ab, von 10,5 Mio. RM (1933) auf 8,6 Mio. RM (1935), dann 6,6 Mio. RM (1937) bzw. 6,75 Mio. RM (1938).[347] Das hing weniger mit einer veränderten Überwachungspraxis zusammen als vielmehr mit der konjunkturellen Erholung. Schon Ende 1934 allerdings war in der Zeitschrift „Deutsche Invalidenversi-

343 Vgl. Niederschrift der Dienstbesprechung vom 27.9.1935, in: RfA-Archiv Fach 68, Nr. 1. Dort auch weitere Protokolle von anderen Regionalkonferenzen. Eine Sammlung der Rundschreiben an die Überwachungsbeamten von Nr. 46 (16.3.1939) bis Nr. 100 (14.2.1945) in: RfA-Archiv Fach 68, Nr. 2.
344 Vermerk vom 20.3.1937, in: RfA-Archiv Fach 68, Nr. 1.
345 Vgl. den Geschäftsbericht der RfA für 1936, S. 6 und auch schon den Bericht des Direktoriums der RfA für das Geschäftsjahr 1933, S. 5, in: BArch R 112/102.
346 Vgl. Bericht des Direktoriums der RfA für das Geschäftsjahr 1933, S. 5, in: BArch R 112/102. Bei den LVA betrug zur gleichen Zeit der Rückstand 25,5 Mio. RM.
347 Vgl. zu den Zahlen die Angaben in den Geschäftsberichten der RfA für 1935 (S. 5), 1936 (S. 6), 1937 (S. 7), 1938 (S. 7), in: BArch R 89/3468 bzw. RfA-Archiv Nr. 78. Danach allerdings sollte kriegsbedingt mit 9,04 Mio. RM schon 1939 ein scharfer Anstieg der Beitragsrückstände einsetzen.

cherung“ zumindest für die Landesversicherungsanstalten eine Verschärfung der Überwachungstätigkeit und eine Bekämpfung des „eingerissenen Gewohnheitsrechts der verspäteten Beitragszahlung mit allen Mitteln“ gefordert worden.[348] Eine Rolle für die sinkenden Beitragsrückstände spielten allerdings auch Sanktionsmaßnahmen für säumige Beitragszahler, die seit 1936 verstärkt angewendet worden waren. Die Überwachungsbeamten waren verpflichtet, den örtlichen Versicherungsämtern und Kommunalbehörden alle jene Arbeitgeber zu melden, die für die Vergabe von öffentlichen Aufträgen in Frage kamen und mit ihren Beitragszahlungen länger als sechs Monate im Rückstand waren. Auch das Heereswaffenamt forderte vor Auftragsvergabe von seinen Zulieferern eine Bescheinigung darüber, dass alle Beiträge zur RfA ordnungsgemäß abgeführt worden waren.[349] Dass die diversen Reichsstellen es dann dabei letztlich doch nicht so genau nahmen, zeigte sich im Herbst 1937, als Nachprüfungen bei denjenigen Firmen, die beim Bau der Reichsautobahn beteiligt waren, ergaben, dass eine ganze Reihe von ihnen mit erheblichen Beträgen an die Versicherungsträger im Rückstand waren, „ohne dass es aber möglich war, die Rückstände hereinzubringen“.[350] Erst auf Intervention des RVA beim Generalinspekteur für das Deutsche Straßenwesen bekamen die Versicherungsträger die Erlaubnis, wegen Sanktionen sich direkt an die obersten Bauleitungen zu wenden. Prinzipiell hatte aber auch die RfA selbst ein berechtigtes Interesse daran, dass die pünktliche Entrichtung der AV-Beiträge zur Voraussetzung der Erlangung öffentlicher Aufträge gemacht wurde. Allerdings gab es innerhalb der Behörde doch erhebliche Bedenken, den Kreis der diesbezüglich auskunftsuchenden Behördenzu erweitern, denn nach dem Gesetz waren die Beamten der RfA zur Geheimhaltung der geschäftlichen und betrieblichen Angelegenheiten verpflichtet, die sie in ihrer amtlichen Tätigkeit erfuhren. Insofern wurde die Verwaltungspraxis bald dahingehend geändert, dass entsprechende Auskünfte nur noch auf Ersuchen der jeweiligen Unternehmen erfolgten. „Auf diese Weise geht die RfA allen Beschwerden und etwaigen Schadensersatzansprüchen der Unternehmer aus dem Wege und verhindert zugleich persönliche Differenzen zwischen den Überwachungsbeamten und den Arbeitgebern.“[351]

Es war letztlich dem einzelnen Überwachungsbeamten überlassen, im täglichen Dienst einen Mittelweg zwischen Kulanz und scharfer Strafverfolgung und Sanktionierung von Verstößen zu finden. In eine schwierige Situation kamen etwa die Überwachungsbeamten bei der Kontrolle der freiwillig Versicherten. Durch Zeitungsinserate waren diese im September 1937 im Gau Mecklenburg aufgefordert worden, sich zur Kontrolle der Beitragsentrichtungen in das Büro des Überwachungsbeamten zu be-

348 Vgl. „Überwachungsdienst“, in: Deutsche Invalidenversicherung 6 (1934), S. 175–178.

349 Vgl. Schreiben an den Nürnberger Überwachungsbeamten vom 18.3.1936 sowie die Anfrage des Reichsverbands des deutschen Mineralölhandels an die RfA vom 19.6.1936, in: RfA-Archiv Fach 554, Nr. 2 bzw. Fach 23, Nr. 2.

350 Rundschreiben des RVA vom 10.11.1937, das dann in eine Abteilungsverfügung der Abt. Versicherung mündete, in: RfA-Archiv Regal 5.

351 Interner Vermerk Dr. Wilhelm an Granzows vom 6.5.1936, in: RfA-Archiv Fach 54, Nr. 2.

geben und dabei Einkommenssteuerbescheide der letzten zehn Jahre vorzulegen. In ca. 200 Fällen waren daraufhin zu niedrige Beitragsmarken festgestellt worden und die Betroffenen wurden mit Nachforderungen konfrontiert, die in die Hunderte gingen und von den meisten nicht geleistet werden konnten, wie das Sozialamt der DAF in einem persönlichen Brief an Grießmeyer bemängelte.[352] Mit Hinweis auf die dadurch ausgelöste erhebliche Unruhe in der Bevölkerung und den offensichtlichen Ungleichheiten bei der Behandlung bat man daher um eine mildere Handhabung der geltenden Bestimmungen. Viel Spielraum dafür besaßen die RfA-Beamten jedoch nicht, da nach der Gesetzeslage freiwillige Beiträge in einer zu niedrigen Gehaltsklasse unwirksam waren und keinen Anspruch auf Leistung begründeten.[353] Viele Überwachungsbeamte erwiesen sich bei ihrer Kontrolltätigkeit aber auch als unerschrockene und unbestechliche Prüfer, die weder auf Parteibuch noch auf NS-Rang Rücksicht nahmen. Es begann schon Anfang 1934, als etwa der zuständige Überwachungsbeamte in Berlin-Lichterfelde mit häufigen Klagen von Arbeitgebern wie Arbeitnehmern seines Bezirks konfrontiert wurde, dass zuständige Polizeireviere die Ausstellung und den Umtausch von Versichertenkarten ablehnten, obwohl sie dazu von Rechts wegen verpflichtet waren.[354] Erst auf entsprechende Intervention des Überwachungsbeamten hin änderte sich das Verhalten. Prekär waren jedoch erneute Weigerungen des 128. Polizeireviers in Charlottenburg, wo im Dezember 1935 einem jüdischen Angestellten aus rassischen Gründen der Umtausch der Versicherungskarte verwehrt wurde. Offensichtlich war das auch anderen jüdischen Versicherten dort passiert. Auf die entsprechende Beschwerde des Versicherten beim zuständigen Überwachungsbeamten hin leitete dieser eine offizielle Untersuchung ein, bei der der zuständige Reviervorsteher offen gegen den Überwachungsbeamten und dessen Eintreten für einen Juden polemisierte.[355] Doch dieser verwahrte sich nicht nur gegen die herablassenden Äußerungen der Polizeibeamten über die Anordnungen der RfA, sondern auch explizit gegen die rassenpolitische Polemik. Womöglich, so vermutete er, haben die Revierbeamten zur Vertuschung bzw. Begründung ihrer offensichtlichen Pflichtverletzung erst nachträglich festgestellt, dass der Beschwerdeführer Jude war. Aus der Angestelltenversicherungskarte selbst war dies nicht ersichtlich, und die arbeitgebende Firma hatte nach Kenntnis des Überwachungsbeamten mindestens ebenso viele arische wie jüdische Angestellte.[356]

Unerschrockenheit und Durchhaltevermögen war von den Überwachungsbeamten auch dann gefordert, wenn es um die Überwachung und Überprüfung der Sozialversicherungsbeitragszahlungen der diversen NS-Parteistellen und ihrer Gliederungen wie SA, SS, NSV etc. ging. Im August 1938 monierte etwa der zuständige Überwachungsbeamte nach einem Besuch bei der Münchner NSDAP-Kreisleitung fehlende Beitragszahlungen, ebenso wie sein Nürnberger Kollege bei der dortigen

352 DAF-Schreiben vom 17.9.1937, in: RfA-Archiv Fach 69, Nr. 7.

353 Vgl. dazu auch die Abteilungsverfügung vom 26.10.1939, in: ebd.

354 Vgl. Bericht des Überwachungsbeamten vom 29.1.1934, in: RfA-Archiv Fach 5, Nr. 5.

355 Vgl. den Bericht vom 18.12.1935, in: RfA-Archiv Fach 5, Nr. 6.

356 Bericht des Überwachungsbeamten vom 8.2.1936, in: ebd.

Gauleitung.[357] Beide leiteten die umgehende Nachzahlung in die Wege. Ärger gab es jedoch vor allem mit den SA-Dienststellen. Schon 1934 hatten eine ganze Reihe von Überwachungsbeamten hier über Probleme mit der Beitragsentrichtung berichtet, die sich nur langsam besserten.[358] Mit der SA-Brigade 84 in Rosenheim, wo der zuständige Überwachungsbeamte im September 1936 für einen hauptamtlichen Brigadeführer nicht abgeführte Beiträge zur AV in Höhe von 132,12 bzw. 275 RM festgestellt hatte, stritt sich die RfA bis Juni 1942, ehe sich die SA, nachdem sie von der RfA offiziell verklagt und es zu einem Verfahren vor dem Versicherungsamt München gekommen war, bereit erklärte, die inzwischen auf 875 RM angewachsenen Rückstände nachzuzahlen.[359] Auch das Heereswaffenamt hatte im November 1935 Besuch des RfA-Überwachungsbeamten erhalten, dem dort jedoch die Einsicht in die gewünschten Unterlagen verweigert und der zudem aufgefordert wurde, sich künftig vor jedem Besuch bei der Obersten Heeresleitung anzumelden.[360] Dagegen verwahrte sich der RfA-Beamte jedoch und erst nach längeren Verhandlungen im Reichswehrministerium willigte das Heereswaffenamt im Februar 1936 doch in die bedingungslosen Überprüfungen ein.

Die Grenze zwischen Ordnungswidrigkeiten wegen Beitragsrückständen und tatsächlichen Verstößen gegen die Reichsversicherungsordnung mit strafrechtlichen Folgen, d.h. Unterschlagungen, Manipulationen der Versichertenkarten, Betrug, Markenfälschungen und Markendiebstahl, waren dabei oft fließend. Die Kreativität der Kriminellen kannte dabei keine Grenzen, handelte es sich doch bei dem Markenbeitragsverfahren um einen Bereich, in dem monatlich Riesensummen bewegt wurden. Immer wieder kam es etwa vor, dass sich Unbefugte bei einzelnen Kleinbetrieben als Überwachungsbeamte ausgaben und durchaus mit Erfolg die sofortige Zahlung von angeblichen Beitragsrückständen forderten.[361] Die komplexe „Versicherungskarten- und Beitragsmarken-Bürokratie" mit Ausgabe-, Umtausch- und Kontrollstellen und der Vielzahl der dabei involvierten Instanzen – Bürgermeister, Kreishandwerkerschaft, Ortspolizei, DAF-Rechtsberatung und später auch Krankenkassen – bot ein Einfallstor für zahlreiche beabsichtigte, aber auch unbeabsichtigte Manipulationen und Fehler.

Ein erheblicher Teil der Probleme, mit denen die Überwachungsbeamten schon seit 1933/34 konfrontiert waren, bestand aus Unterschlagungen von Versicherungsbeiträgen infolge der Weltwirtschaftskrise. Mit einiger zeitlicher Verzögerung kamen

---

357 Vgl. Berichte der Überwachungsbeamten vom 4.8.1938 bzw. vom 30.6.1938, in: RfA-Archiv Fach 1, Nr. 1.

358 Vgl. dazu den Bericht auf der Dienstbesprechung der in Pommern und Ostpreussen tätigen Überwachungsbeamte am 3.4.1936, in: RfA-Archiv Fach 68, Nr. 1.

359 Der umfangreiche Vorgang in: RfA-Archiv Fach 22, Nr. 2. Dort auch ein ähnlich gelagerter Fall mit der SA-Brigade 85 in München.

360 Vgl. Bericht des Überwachungsbeamten vom 29.11.1935, in: RfA-Archiv Fach 13, Nr. 6.

361 Vgl. dazu den Bericht des Überwachungsbeamten Berlin-Halensee vom 1.12.1934, in: RfA-Archiv Fach 13, Nr. 6. Zu Markenfälschungen vgl. auch RfA-Archiv Fach 45, Nr. 3.

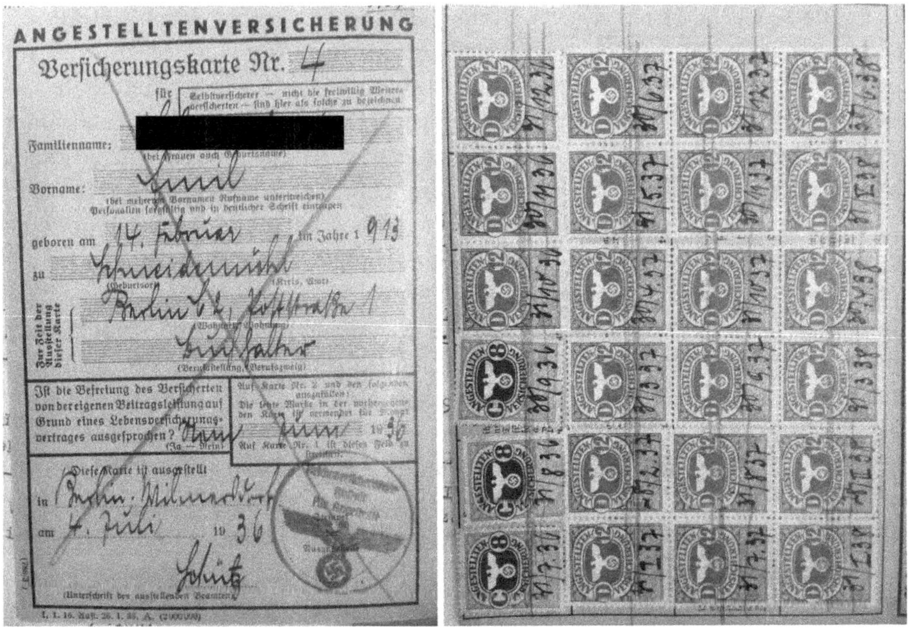

Abb. 21: Versicherungskarte mit geklebten Beitragsmarken

nun vermehrt jene Fälle ans Tageslicht, in denen Firmen wegen der damaligen schlechten finanziellen Lage oder aufgrund von Zusammenbrüchen und Insolvenzen zum Teil über viele Jahre hinweg die Rentenversicherungsbeiträge für ihre Arbeiter und Angestellten unterschlagen hatten. Damit waren aber auch, wie die betroffenen Belegschaftsmitglieder nun erst erfuhren, auch deren Anrechte auf Invaliden- oder Angestelltenversicherung erloschen.

Über die Frage, inwieweit die Arbeitgeber für die entgangene Rente gegenüber den Versicherten schadensersatzpflichtig waren, stritten sich die Experten, und die ergangenen Urteile bei den Arbeitsgerichten waren keineswegs einhellig.[362] In vielen Fällen waren jedoch Zwangsbeitreibungen längst erfolglos und die Versicherten, die prinzipiell die Möglichkeit hatten, die in der damaligen Zeit unterschlagenen Beiträge aus eigenen Mitteln nachzuzahlen, waren mit den sich daraus ergebenden hohen Summen völlig überfordert.[363] In diesen Fällen ging die Verwaltungsübung der RfA

362 Insbesondere auch in den Fällen, in denen zwar Marken geklebt worden waren, aber entweder in der falschen Versicherung, d.h. in der IV statt der AV, oder in einer zu niedrigen Beitragsklasse. Vgl. „Schadensersatzpflicht des Arbeitgebers bei Verstößen gegen die Beitragspflicht in der Sozialversicherung“, in: „Der deutsche Unternehmer“ 13 (1934), 3.6.1934, S. 41, in: RfA-Archiv Fach 11. Dort auch weitere Zeitungsartikel zu dem Themenkomplex aus den Jahren 1934 und 1935. Vgl. auch die entsprechende Anfrage einer Rechtsberatungsstelle der DAF an die RfA vom 18.10.1935.

363 Vgl. das Schreiben des Zentralbüros der DAF an das RAM vom 6.12.1934, in: RfA-Archiv Fach 9, Nr. 3.

dahin, die Zeiten, in denen wegen Verschuldens des Arbeitgebers keine Beiträge geleistet wurden, den versicherten Angestellten unter gewissen Voraussetzungen anzurechnen, d. h. die dadurch unverschuldet entstandenen Nachteile von den Versicherten abzuwenden. Dennoch wurde daran festgehalten, dass von den Versicherten die fehlenden Beiträge selbst nachentrichtet werden musste mit der einzigen Konzession, dass dies in einer niedrigeren als der ursprünglich erforderlichen Gehaltsklasse erfolgen konnte.[364] Einen generellen Anspruch auf einen Ausgleich der ausgefallenen Beiträge durch die RfA, wie das Sozialamt der DAF forderte, gab es jedoch nicht. Die RfA-Beamten entschieden vielmehr nach Lage des einzelnen Falles.

Im Übrigen hatte das NS-Regime im Zuge der Machtergreifung und Ausschaltung aller sogenannter staatsfeindlichen Organisationen selbst dafür gesorgt, dass eine Reihe von Angestellten Lücken in ihren Beitragszahlungen durch die damaligen Arbeitgeber aufwiesen. Im Mai 1937 erstellte die RfA eine Liste von Beitragsrückständen früherer staatsfeindlicher Organisationen, darunter diverse Druckereien und Verlage von KPD und SPD, deren Rückstände sich auf die eher geringe Summe von insgesamt 3702 RM beliefen.[365] Schon im Januar 1933 hatte sich eine ehemalige Angestellte der Bezirksleitung Düsseldorf der KPD an die RfA mit dem Hinweis auf fehlende Beitragszahlungen des vormaligen Arbeitgebers gewandt. Es fehlten ganze 56 RM, aber wegen der Grundsätzlichkeit des Falles sollte es bis September 1938 dauern, bis die RfA den Betrag vom Regierungspräsidenten von Düsseldorf erstattet bekam. Im Interesse der geschädigten Versicherten forderte die RfA nun das Finanzministerium dazu auf, die Beitragsrückstände aus dem eingezogenen Vermögen zu begleichen.[366] Dort sah man jedoch die nötigen Voraussetzungen als nicht erfüllt an, womit die Forderungen von Rechts wegen abgelehnt wurden.[367] Immerhin enthielt das Ausbaugesetz eine Bestimmung, dass die vom Arbeitgeber nicht abgeführten Rentenversicherungsbeiträge als entrichtet galten, wenn die Beitreibung ergebnislos geblieben war und der Versicherte selbst glaubhaft machen konnte, dass ihm gleichzeitig aber seine Beitragsanteile abgezogen worden waren. Um es erst gar nicht zu den Unterschlagungen kommen zu lassen, bestand seit jeher schon die Möglichkeit, diejenigen Arbeitgeber mit Ordnungsstrafen von bis zu 1000 RM zu belegen, die es unterlassen hatten, rechtzeitig die richtigen Marken zu verwenden oder die Marken verspätet geklebt worden waren.

Unabhängig von der Strafe und der Nachholung der Rückstände konnte dem Bestraften die Zahlung des Ein- bis Zweifachen dieser Rückstände inklusive ange-

---

364 Schreiben der RfA an das Sozialamt der DAF vom 21.3.1935, in: ebd. sowie dazu auch schon das ausführliche Schreiben der RfA an das RAM vom 26.5.1934, in: RfA-Archiv Fach 10, Nr. 4.

365 Schreiben der RfA an das RVA mit der Liste im Anhang vom 8.5.1937, in: BArch R 89/3390.

366 Vgl. dazu auch die Abteilungsverfügung vom 6.1.1938 zur Geltendmachung entsprechender Beitragsansprüche durch die RfA, in: ebd.

367 Schreiben des Finanzministeriums an die RfA vom 30.7.1937, in: RfA-Archiv Fach 1, Nr. 1.

fallener Zinsen auferlegt werden.[368] Seit jeher war es dabei auch Verwaltungspraxis der RfA gewesen, die „schwarzen Schafe", die wegen Vergehen nach § 338 AVG rechtskräftig verurteilt worden waren, an die Arbeitgeberverbände zu melden. Nach 1933 schaltete sich nun die DAF in dieses Verfahren ein. In der Regel war das Procedere so, dass der jeweilige Betriebsinhaber nach Feststellung der Beitragsrückstände eine offizielle Vorladung in die Geschäftsstelle des zuständigen Überwachungsbeamten erhielt, um dort die ordnungsgemäßen Versicherungskarten vorzulegen, verbunden mit der oben erwähnten Strafandrohung. Die nachträgliche Rückforderungsmöglichkeit bestand allerdings nur zwei Jahre; danach war der Fall verjährt. Der DAF erschien dies als ein zu langwieriges, mit unnötigen Verwaltungskosten verbundenes Verfahren und sie drängte daher auf eine Verschärfung der Kontroll- und Sanktionsmöglichkeiten, unter anderem über die Einführung eines (letztlich vermutlich nicht minder bürokratischen) Markenkaufzettels.[369] Das praktizierte Verfahren der Beitreibung von Markenrückständen bei Firmen war tatsächlich langwierig, denn in den meisten Fällen legten die Betroffenen Beschwerde gegen die Strafbescheide der RfA ein, und der Fall musste dann schließlich vor den Oberversicherungsämtern entschieden werden. In den meisten Fällen ging es dabei zudem um relativ geringe Summen von unter 1000 RM.[370] Dass aber dabei nicht gleiches Recht für alle gelten sollte, zeigt ein Rundschreiben des RAM vom Oktober 1939, in dem die Versicherungsträger angewiesen wurden, denjenigen Unternehmern, „die nachweislich infolge ihres Eintretens für die nationalsozialistische Erhebung in wirtschaftliche Notlage geraten sind, weitgehend Zahlungserleichterungen für rückständige Sozialversicherungsbeiträge zu gewähren".[371]

In den Unterlagen der RfA (ca. 60 Akten) finden sich allerdings auch eine Reihe von Unterschlagungsfällen mit deutlich höheren Rückstands- bzw. Schadenssummen. Bei der Kölner Niederlassung der Berlin-Anhaltinischen Maschinenbau AG hatte der Überwachungsbeamte im März 1936 Beitragsrückstände von 16.186 RM festgestellt, zudem waren in erheblichem Maße zu niedrige Beiträge entrichtet und ein Teil von einem dortigen kaufmännischen Angestellten offensichtlich unterschlagen worden.[372] Opfer von innerbetrieblichen Betrügereien wurde auch die Vereinigte Oberschlesische Hüttenwerke AG, bei der im Oktober 1933 schon fehlende Marken von über 10.544 RM festgestellt wurden. Eine Anzahl von Marken wurde zudem bei der Entwertung ge-

---

368 Von der Erhebung der Zinsen wurde jedoch von der RfA wegen des damit verbundenen erheblichen Verwaltungsaufwandes nur in Ausnahmefällen Gebrauch gemacht. Vgl. Schreiben der RfA an das RVA vom 18.4.1935, in: RfA-Archiv Fach 115, Nr. 12.

369 Vgl. Schreiben des Zentralbüros der DAF an das RVA vom 17.12.1936 sowie die ablehnende Stellungnahme der RfA dazu vom 20.3.1937, in: RfA-Archiv Fach 40, Nr. 10.

370 Vgl. dazu etwa exemplarisch das Streitverfahren mit einem westfälischen Autohändler, das 1925 eingeleitet worden war und erst im September 1933 entschieden wurde, in: BArch R 89/22701.

371 Das Rundschreiben vom 7.11.1939, in: RfA-Archiv Fach 74, Nr. 1.

372 Bericht der Überwachungsstelle Nr. 91 vom 14.3.1936, in: RfA-Archiv Fach 107, Nr. 1.

ändert, indem die früheren Entwertungsvermerke ausradiert wurden.[373] Bemerkenswert war auch der Fall der Braunkohle-Benzin AG (Brabag), bei der im Dezember 1939 infolge von Unterschlagung Rückstände in Höhe von 5452 RM festgestellt worden waren, die sich später noch auf fast 15.300 RM erhöhten. Dem zuständigen Überwachungsbeamten war aufgefallen, dass sehr viele Marken Abänderungen in den Entwertungsdaten aufwiesen; teils waren die Marken umgeklebt, überschrieben oder überstempelt worden. Zudem war auch eine Reihe von Versicherungskarten verschwunden. Aufgabe des Überwachungsbeamten war es dann, das Markenbild zur Wahrung der Ansprüche der geschädigten Versicherten in aufwändiger Rekonstruktion wiederherzustellen.[374] In seinem Bericht hatte der Überwachungsbeamte Hitlers Finanzberater Wilhelm Keppler, der zugleich in der Führung der Brabag saß, als für die Bestrafung in Betracht kommend genannt. Tatsächlich endete das Verfahren jedoch im April 1940 mit der Verurteilung von zwei Unternehmensangestellten zu zwei Jahren Haft.

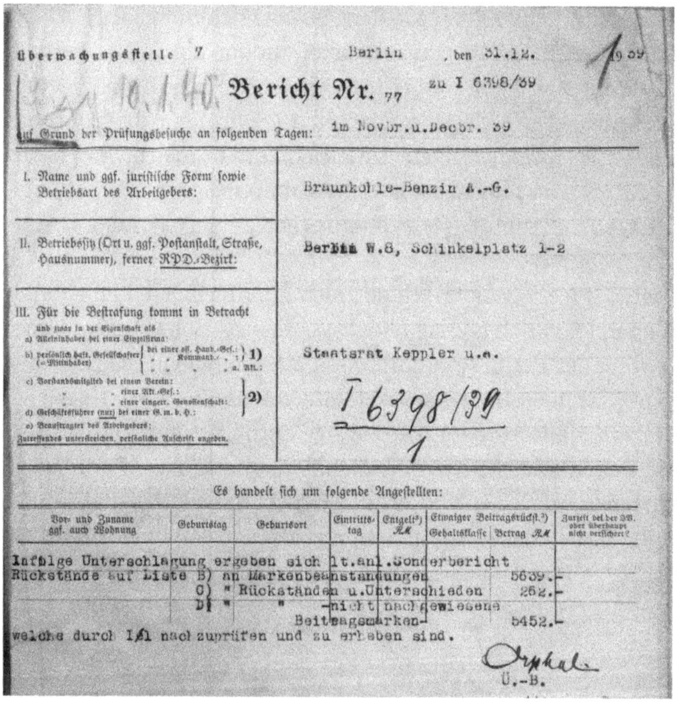

Überwachungsstelle 7 Berlin, den 31.12. 1939

Bericht Nr. 77 zu I 6398/39

10.1.40.

Auf Grund der Prüfungsbesuche an folgenden Tagen: im Novbr. u. Decbr. 39

I. Name und ggf. juristische Form sowie Betriebsart des Arbeitgebers: Braunkohle-Benzin A.-G.

II. Betriebssitz (Ort u. ggf. Postanstalt, Straße, Hausnummer), ferner RPD.-Bezirk: Berlin W.8, Schinkelplatz 1-2

III. Für die Bestrafung kommt in Betracht und zwar in der Eigenschaft als
a) Alleininhaber bei einer Einzelfirma:
b) persönlich haft. Gesellschafter (= Mitinhaber) bei einer off. Hand.-Ges.: / " " Kommand.- " : / " " " a. Akt.: 1)
c) Vorstandsmitglied bei einem Verein: / " einer Akt.-Ges.: / " einer eingetr. Genossenschaft: 2)
d) Geschäftsführer (nur) bei einer G. m. b. H.:
e) Beauftragter des Arbeitgebers:
Zutreffendes unterstreichen, persönliche Anschrift angeben.

Staatsrat Keppler u.a.

I 6398/39
1

Es handelt sich um folgende Angestellten:

Vor- und Zuname ggf. auch Wohnung	Geburtstag	Geburtsort	Eintrittstag	Entgelt RM	Etwaiger Beitragsrückst. Gehaltsklasse	Betrag RM	Zurzeit bei der JB. oder überhaupt nicht versichert?

Infolge Unterschlagung ergeben sich lt. anl. Sonderbericht
Rückstände auf Liste B) an Markenbeanstandungen 5639.-
C) " Rückständen u. Unterschieden 262.-
D) " " - nicht nachgewiesene Beitragsmarken- 5452.-
welche durch I/1 nachzuprüfen und zu erheben sind.

Ü.-B.

Abb. 22: Bericht eines Berliner Überwachungsbeamten vom 31. Dezember 1939

373 Vgl. Vermerk zu diesem Fall vom 11.10.1933, in: RfA-Archiv Fach 104, Nr. 9.
374 Bericht des Überwachungsbeamten über die Sonderprüfung vom 9.1.1940, in: ebd.

Geradezu ein Sumpf krimineller Verstöße gegen die Versicherungsordnung war die AOK Berlin. Im April 1935 waren dort durch den Überwachungsbeamten fehlende Beitragszahlungen für die ca. 1800 Angestellten festgestellt worden, die sich zu einem Gesamtbetrag von 45.000 bis 50.000 RM summierten.[375] Der Fall drang zwar nicht an die Öffentlichkeit, schlug aber verwaltungsintern hohe Wellen; es folgten Gespräche zwischen der RfA, dem RAM und dem für die AOK zuständigen Reichskommissar.[376] Waren hier allgemeine verwaltungstechnische Probleme als Ursache der Rückstände vorgeschoben worden, so standen hinter den im November 1937 und Oktober 1940 bei der Berliner AOK erneut festgestellten Beitragsrückständen Unterschlagungen einzelner Verwaltungsangestellter.[377] Das Ausmaß der Kriminalität auf dem Gebiet der Rentenversicherung war aber bei der RfA nicht so groß, dass man, wie bei einer Reihe von Landesversicherungsanstalten, eigene Fahndungsabteilungen zur Bekämpfung der spezifischen Kriminalität im Sozialversicherungsbereich eingerichtet hätte.[378]

Manchmal verhinderte der bürokratische Rigorismus der Überwachungsbeamten auch rasseideologische Diskriminierungsmaßnahmen. Die Versicherungskarte galt rechtlich als Urkunde und damit waren handschriftliche oder andere nachträgliche Eintragungen verboten und strafbar. Aus den Karten war daher auch nicht ersichtlich, welche Religionszugehörigkeit die Versicherten besaßen. Im August 1938 wurde nun ein Berliner Überwachungsbeamter mit der Tatsache konfrontiert, dass die Polizeibehörden künftig sämtliche Vorgänge, die jüdische Personen betrafen, mit einem roten Zeichen versehen sollten. Dementsprechend sollten von den Ausgabestellen auch die jüdischen Namen auf den Versichertenkarten rot unterstrichen werden. Der Überwachungsbeamte wandte sich daher folgendermaßen an die zuständige Dienststelle in der Ruhrstraße:

> Kann diese Anordnung anerkannt werden? Eine derartige Bestimmung ist mir nicht bekannt und auch in den bisher erlassenen Judengesetzen nicht enthalten. Meines Erachtens kommen für die Versichertenkarten die Bestimmungen der §§ 180 und 334 in Frage, nach denen besondere Merkmale auf den Versichertenkarten unzulässig sind.[379]

Es waren diese alltäglichen Diskriminierungsmaßnahmen, die die spätere gesellschaftliche Exklusion bis hin zur persönlichen Verfolgung und Ermordung der Juden erst möglich machten bzw. halfen, diese in Gang zu setzen. RfA-intern war die Sache durchaus strittig. In einem ersten Vermerk sah der zuständige Sachbearbeiter keine Probleme. Juden hätten, so das Argument, aufgrund der inzwischen erlassenen Ge-

---

375 Vgl. Bericht Nr. 26 des Überwachungsbeamten vom 3.4.1935, in: RfA-Archiv Fach 103, Nr. 2.

376 Vgl. dazu den Bericht des Überwachungsbeamten über diverse Verhandlungen und Unterredungen vom 4.7.1935, in: ebd.

377 Vgl. das Urteil vom 25.3.1939 zu den Vorfällen im November 1937 sowie das Schreiben der RfA zu den Verhandlungen des Überwachungsbeamten mit der AOK vom August 1940, in: ebd.

378 Vgl. dazu auch W. Heess, S. Fetscher: Die Kriminalität auf dem Gebiete der Invalidenversicherung und ihre Bekämpfung. Archiv für Kriminologie 102 (1938), S. 1–38.

379 Bericht des Überwachungsbeamten vom 30.8.1938, in: RfA-Archiv Fach 73, Nr. 1.

setze eigene Kennkarten zu beantragen und unaufgefordert auf ihre Eigenschaft als Jude hinzuweisen. Zudem müssten diese ab Januar 1939 zusätzlich den Vornamen Israel bzw. Sara führen. „Gegenüber diesen Vorschriften und im Hinblick auf die Tendenz der gesamten anderen Gesetzgebung über die Juden kommt wohl der bloßen roten Unterstreichung der Namen auf den Versichertenkarten keine besondere Bedeutung zu."[380] Doch Direktor Granzow, dem die Angelegenheit Anfang September zur Entscheidung vorgelegt wurde, beharrte auf dem alten Rechtsstandpunkt der Unzulässigkeit von Kenntlichmachung auf den Versichertenkarten. Grießmeyer intervenierte und Ende September 1938 teilte der Berliner Polizeipräsident tatsächlich mit, dass aufgrund der Haltung der RfA die Anordnung zur Kenntlichmachung jüdischer Versicherter auf ihren Karten durch die Polizeistellen wieder aufgehoben worden war.[381] Für die NS-Stellen war es im Übrigen ein willkommener Anlass, wenn bei der Verfolgung von Straftaten Juden unter den Tätern identifiziert worden waren. Im Juli 1939 war etwa ein bereits vorbestrafter Vertreter gefasst worden, der jahrelang eine systematische Hehlerei mit bereits verwendeten Marken der Invaliden- wie Angestelltenversicherung betrieben hatte. Der dabei entstandene Schaden wurde auf hunderttausende RM geschätzt. Im August wurde er dafür zu zwei Jahren Haft verurteilt. Der Fall wurde groß in der Presse ausgeschlachtet. Dabei hatte man aus Sicht der RfA-Beamten bedauerlicherweise versäumt hatte, den Kundenkreis des Beschuldigten zu ermitteln, um die gefälschten Marken aus dem Verkehr ziehen und damit die Folgeschäden der Markenhehlerei beheben zu können, mit denen die RfA daher weiterhin konfrontiert war.[382]

Die Überwachungsbeamten sahen sich im Übrigen immer wieder auch Instrumentalisierungsversuchen diverser NS-Stellen ausgesetzt. Im März 1937 wurden etwa die im Bezirk Brandenburg tätigen Beamten durch ein Rundschreiben aus der Ruhrstraße dazu angehalten, unter dem Deckmantel der Amtshilfe für den dortigen Treuhänder der Arbeit im Zuge ihrer Beitragsprüfungen in den Betrieben auch auf Verstöße gegen die Tarifordnung zu achten.[383] Sofern sie diese feststellten oder vermuteten, sollten sie vom Betriebsführer entsprechend Auskünfte und Rechenschaft verlangen. Tatsächlich erhielten die Überwachungsbeamten ebenso tiefen wie detaillierten Einblick in die Gehalts- und Tarifrealität vor Ort, da für die Berechnung der Versicherungsbeiträge nicht das tarifmäßig vereinbarte, sondern das faktisch gezahlte Gehalt zugrunde gelegt wurde. Das RAM informierte im Juli 1937 alle Versicherungsträger darüber, dass nach Angaben der DAF einzelne, insbesondere jedoch in Berlin einzelne Fälle aufgetreten seien, in denen Inhaber jüdischer Betriebe unter Zurücklassung erheblicher Schulden an Sozialversicherungsbeiträgen ins Ausland geflüchtet seien. Deshalb wurde empfohlen, die Entrichtung der Sozialversicherungsbeiträge durch

---

380 Vermerk vom 6.9.1938, in: ebd.

381 Schreiben vom 30.9.1938, in: ebd.

382 Vgl. dazu den Vorgang sowie die Pressemeldung aus dem Berliner Anzeiger vom 3.8.1939, in: RfA-Archiv Fach 75, Nr. 8.

383 Vgl. das Rundschreiben vom 10.3.1937, in: RfA-Archiv Fach 68, Nr. 1.

jüdische Betriebe „besonders zu überwachen und bei Verstößen und Unregelmäßigkeiten gegen die Verantwortlichen vorzugehen".[384] Es ist nicht klar, inwieweit diese Anordnung von den Überwachungsbeamten der RfA tatsächlich umgesetzt wurde, aber in den Akten findet sich kein einziger Fall, der die übertriebene und vermutlich frei erfundene Darstellung der DAF bestätigt hätte. Doch die NS-Machthaber ließen nicht locker. Im Februar 1939 wurde in Berlin eine Zentralstelle für jüdische Auswanderer eingerichtet: Neben Passstelle, Finanzamt, Devisenstelle, Landesarbeitsamt und Gestapo war auch die RfA zur Abordnung eines kundigen Beamten aufgefordert worden.[385] Das RAM rechnete damit, dass dort künftig täglich ca. 100 Juden „abgefertigt" werden würden, und der RfA-Beamte sollte vermeiden helfen, dass Juden auswanderten, ehe sie ihre Beiträge zur Sozialversicherung bezahlt hatten. Damit verbunden war, dass künftig sämtliche Auswanderungsanzeigen auch den Überwachungsbeamten zur Nachprüfung zugestellt wurden und diese in vordringlich zu behandelnden Sonderaufträgen entsprechende Kontrollbesuche vorzunehmen hatten. Als im Laufe des Mai die entsprechenden Berichte der Überwachungsbeamten in der Ruhrstraße eingingen, zeigte sich, dass in keinem der insgesamt etwa 150 Sonderkontrollen Beitragsrückstände festgestellt worden waren.[386] Dass bei der mit erheblichem Aufwand durchgeführten Aktion keine Verfehlungen aufgedeckt werden konnten, hing, so betonte die RfA in ihrem Schreiben an das RVA, vermutlich auch damit zusammen, „dass die Juden mit den Beitragsentrichtungen sehr pünktlich sind, um jede Reibungsfläche mit den Behörden zu vermeiden".[387] Auf Bitten der RfA wurde daher von weiteren Sonderprüfungen abgesehen und das Verfahren eingestellt. Die Überwachungsbeamten, eigentlich über die politischen Brüche hinweg ein Kernelement der Unabhängigkeit und Selbstverwaltungskompetenzen der RfA, waren somit dennoch wie die gesamte Behörde in den Strudel politischer Instrumentalisierungsversuche durch den NS-Staat geraten.

Das Ruhen der Renten wegen staatsfeindlicher Tätigkeit und die vielen Facetten der Verwaltungsmaßnahmen gegen jüdische Versicherte

Die spezifischen Erfassungs-, Kontroll- und Überwachungsmaßnahmen gegen Juden waren nur ein Teil des insgesamt durchaus komplexen und sich über Jahre hinziehenden Prozesses der Exklusion aus der Versichertengemeinschaft. Wer unter den versicherten Beitragszahlern und Rentnern „Nichtarier" war und wie groß der Anteil der Juden an den versicherungspflichtig bei der RfA gemeldeten Angestellten und Selbständigen war, wusste man in der Ruhrstraße nicht und konnte es auch gar nicht wissen, denn die Angaben auf den Versichertenkarten beschränkten sich auf den

384 Das Rundschreiben vom 31.7.1937, in: BArch R 89/3390.
385 Vgl. Schreiben des RAM an die RfA vom 23.2.1939, in: RfA-Archiv Fach 13, Nr. 6.
386 Vgl. dazu die Berichte vom 5.5.1939 und 2.5.1939, in: ebd.
387 Schreiben vom 12.5.1939, in: ebd.

Namen und das Geburtsdatum. Selbst eine Sortierung nach Wohnort war nicht möglich, was viele NSDAP-Stellen und ihre Mitgliedsorganisationen nicht glauben mochten, wenn sie sich mit ihren häufigen Anfragen nach einer Liste sämtlicher in ihren jeweiligen Städten oder Bezirken lebenden Angestelltenrentnern an die RfA wandten. Und selbst wenn man über die Konfession der Versicherten und Rentner Bescheid gewusst hätte, so fehlte gegen Juden mit deutscher Staatsangehörigkeit jegliche gesetzliche Handhabe, die Bestimmungen der RVO und der AV nicht anzuwenden und etwaige Einschränkungen bei den Leistungsansprüchen vornehmen zu können. Solange die Juden als anonyme Beitragszahler im Millionenheer der RfA-Versicherten regelmäßig ihre Versicherungsmarken erwarben und klebten, waren sie für die Behörde wie die NS-Stellen gleichsam unsichtbar. Je prekärer jedoch im Zuge von Diskriminierung und „Arisierung“ ihre Beschäftigungsverhältnisse wurden, je mehr sie von erzwungenen Betriebsschließungen und „Arisierungsmaßnahmen“ in der Belegschaft der Konzerne wie Verwaltungsbehörden betroffen waren, desto unmittelbarer waren die rentenversicherungsrechtlichen Rückwirkungen. Damit wurden sie für die Versicherungsträger gleichsam nach und nach sichtbar.

So konzentrierten sich die Diskriminierungsmaßnahmen in der Rentenversicherung zunächst auf die ausreisewilligen bzw. bereits im Ausland lebenden Juden. Schon im Oktober 1933 hatte die RfA von der Reichsstelle für das Auswanderungswesen eine Anfrage zu den häufig vorgebrachten Wünschen Ausreisewilliger erhalten, die nach der Möglichkeit fragten, vor der Auswanderung die zur Angestelltenversicherung eingezahlten Summen ganz oder teilweise zurückzuerhalten, da diese ja andernfalls verloren seien.[388] Mit Verweis auf die gesetzliche Lage und auch verbunden mit grundsätzlichen Hinweisen auf den Sinn und Zweck des Versicherungsprinzips wurde das von der RfA verneint, und den Auswanderern im Gegenteil empfohlen, die erworbenen Ansprüche durch freiwillige Weiterversicherung aus dem Ausland zu erhalten.[389] So antwortete die RfA auch auf ähnliche Anfragen, die seit 1936 verstärkt in der Ruhrstraße eingingen, wie etwa des Wohlfahrsamts der Synagogen-Gemeinde Köln. „Die Auszahlung reichsgesetzlicher Leistungen nach dem Ausland unterliegt zur Zeit keinen Beschränkungen durch die deutsche Devisengesetzgebung. Sonderbestimmungen für nichtarische Versicherte sind bisher nicht ergangen“, hieß es nun ergänzend.[390] Das sollte sich allerdings, zumindest in Bezug auf das Devisenrecht, bald ändern. Prinzipiell galt, dass Deutsche ihre Rente auch im Ausland erhielten. Nur wenn sich ein Ausländer, der bereits Rentenbezieher war, freiwillig und nicht nur vorübergehend im Ausland aufhielt, dann ruhte die Rente für diese Zeit. Erwarb z. B. ein deutscher Auswanderer eine ausländische Staatsangehörigkeit, so konnte er trotzdem seine freiwillige Weiterversicherung fortsetzen. Kehrten er oder seine rentenberechtigten Angehörigen später nach Deutschland zurück, so hatten sie Anspruch

388 Das Schreiben vom 23.10.1933, in: RfA-Archiv Fach 111, Nr. 9.

389 Vgl. das Antwortschreiben vom 15.11.1933, in: ebd.

390 Anfrage an die RfA vom 9.4.1936 sowie Antwortschreiben vom 26.4.1936, in: RfA-Archiv Fach 37, Nr. 1.

auf Rente, auch wenn sie die deutsche Staatsangehörigkeit nicht mehr besaßen oder nicht wieder erwarben.[391] Gegenüber jüdischen Rentenbeziehern im Ausland ergab sich dadurch eigentlich keine Handhabe, die Rentenzahlung zu verweigern bzw. ruhen zu lassen, denn von einem freiwilligem Aufenthalt konnte bei den jüdischen Emigranten, die auch schon lange vor der Reichspogromnacht von 1938 bei einer Rückkehr zunehmend mit Sanktionen zu rechnen hatten, keine Rede sein. Genau das aber wurde von den deutschen Behörden und auch von der RfA bestritten. Ihre Übersiedelung ins Ausland galt als freiwillig und keineswegs erzwungen, und somit ergab sich die Handhabe, die Rentenzahlungen ruhen zu lassen.

Die strittige Frage hatte schon im März 1934 die RfA und den Revisionssenat des RVA beschäftigt. Ein 68-jähriger staatenloser Angehöriger der israelitischen Gemeinde in Dresden war im Mai 1933 zusammen mit seiner Frau nach Palästina ausgewandert. Seit Oktober 1932 bezog er ein Altersruhegeld der RfA von monatlich 83,60 RM. Der Betroffene hatte nun an die RfA den Antrag gestellt, die fälligen Beträge entweder an seine in Dresden verbliebene Tochter zu zahlen oder ihm nach Tel Aviv zu überweisen.[392] Von der RfA war jedoch mit Verweis auf die Freiwilligkeit des Aufenthalts im Ausland das Ruhen der Rente veranlasst worden. Beim Ruhen der Rente bestand zwar der Anspruch auf die Rente prinzipiell weiter, aber es ruhte das Recht auf die Auszahlung. Dagegen hatte die Tochter im Namen ihres Vaters geklagt und, nachdem das Oberversicherungsamt Dresden die Position der RfA gestützt hatte, Revision beim RVA eingelegt. Die Argumentation des Klägers versuchte dabei die bestehende Gesetzeslage und auch die antisemitische Politik des NS-Regimes, die die „Judenfrage" noch durch massenhafte Auswanderung „lösen" wollte, zu nutzen. Der Betroffene verwies auf einen Runderlass des Reichswirtschaftsministeriums vom August 1933, in dem die Auswanderung von „Nichtariern" ausdrücklich als im deutschen Interesse liegend bezeichnet wurde, und er beteuerte auch den ernsthaften Willen, nach Deutschland zurückzukehren, was aber aufgrund des Gesundheitszustands nicht möglich war. „Der Kläger bekommt", so wurde zudem weiter argumentiert, „als Staatenloser keinesfalls eine Wiedereinreiseerlaubnis von den deutschen Behörden, da das Deutsche Reich aus rassenpolitischen Gründen sich gegen den Zuzug von Nichtariern absperrt."[393] Dem hielt der Sachbearbeiter der RfA jedoch entgegen, dass der Kläger zwar

> von seinem Standpunkt aus triftige Gründe politischer Art zur Auswanderung gehabt haben mag, dass indessen der Entschluss ins Ausland zu gehen seiner freien Willensbestimmung entsprungen ist. Letzteres ergibt sich allein schon daraus, dass die Mehrzahl seiner in Deutschland lebenden Rassegenossen sich bis heute zu diesem Entschluss noch nicht durchzuringen vermocht haben.[394]

391 Vgl. dazu auch die entsprechende Notiz in: Mitteilungen der RfA Heft 4, 1933, S. 56.
392 Vgl. Bericht und Gutachten zur Streitsache Gustav W. vom 9.11.1934, in: BArch R 89/23085.
393 Schreiben der Tochter an das RVA vom 19.3.1934, in: ebd.
394 Vermerk und Gutachten vom 9.11.1934, in: ebd.

Die Revision wurde daher als unbegründet zurückgewiesen und die Rentenzahlung weiter ausgesetzt.

Ähnlich zynisch war die Begründung der Ablehnung einer Klage einer ebenfalls nach Tel Aviv ausgewanderten Witwe, deren Rente von der RfA zum Ruhen gebracht worden war. Eine Ausweisung sei nicht erfolgt und die Nachreise zu ihrem bereits in Palästina lebenden Sohn freiwillig. Aus der Begründung, dass die Witwenrente allein nicht ausreiche, den Lebensunterhalt zu bestreiten, ergebe sich kein Zwang, Deutschland zu verlassen, sondern es bestehe die Möglichkeit, sich an das Wohlfahrtsamt zu wenden.[395] Es gab eine Reihe weiterer Fälle, in denen ausgewanderte Juden gegen das ungerechtfertigte Ruhen ihrer Alters- und Witwenrenten klagten. Für Ruhegeldempfänger, denen die Rente wegen Arbeitslosigkeit bewilligt worden war, galt schon vorher grundsätzlich, dass die Rente bei Verlegung des Wohnsitzes ins Ausland entzogen wurde, weil der Auslandsaufenthalt rechtlich als Unterbrechung der Arbeitslosigkeit anzusehen war. Inzwischen hatten die Behörden mit der zwangsweisen Ausbürgerung und vor allem mit der Aberkennung der deutschen Staatsbürgerschaft einen weiteren formalrechtlichen Hebel entwickelt, durch den tausende deutsche Juden wie auch andere als Staatsfeinde geltende politische Gegner von Inländern zu Ausländern gemacht wurden – mit entsprechenden rentenversicherungsrechtlichen Rückwirkungen. In einem Bescheid der RfA, den diese am 22. November 1938 an einen Rentenempfänger ins piemontesische Verbania schickte, heißt es:

> Durch Bekanntgabe vom 22. September 1938 ist Ihnen die deutsche Staatsangehörigkeit aberkannt worden. Sie sind hierdurch Ausländer (staatenlos) geworden [und] damit ruht Ihre Rente vom 1. Oktober 1938 an. Die Ihnen für Oktober und November noch gezahlten Bezüge von 2x 69,10 RM sind überzahlt und müssen zurückerstattet werden.[396]

Der Betroffene legte mit Hinweis auf die erzwungene Ausbürgerung Berufung ein, doch im März 1939 entschied das Reichsinnenministerium im Einvernehmen mit dem RAM, dass dem Kläger als Juden und zugleich ehemaligem SPD-Funktionär die Rente nun auch wegen staatsfeindlicher Hetze zum Ruhen gebracht, sprich entzogen wurde.[397] Die RfA konnte sich dabei auch auf ein Grundsatzurteil des RVA vom 28. März 1938 stützen. Darin wurde in diesen und anderen Fällen entschieden, dass nach wie vor die Rente zu ruhen hätte, wenn sich der Betroffene freiwillig gewöhnlich im Ausland aufhalte. Dabei kam es nicht darauf an, auf welche Weise der Aufenthalt begründet worden war, es sei lediglich zu prüfen, ob der Aufenthalt im Ausland in der

---

395 Vgl. Schreiben der RfA vom 29.9.1934 sowie Vorentscheidung in der Witwenrentensache Ernestine S., in: BArch R 89/23085. Vgl. auch das Schreiben der RfA zur Frage des freiwilligen oder unfreiwilligen Auslandsaufenthalts vom 4.4.1935 aus Anlass der Beantwortung einer um Klärung bittenden Anfrage der italienischen Botschaft in Berlin, in: BArch R 89/3469.

396 Bescheid vom 22.11.1938, in: RfA-Archiv Fach 65, Nr. 6.

397 Entscheidung vom 15.3.1939, in: ebd.

Zeit, für die das Ruhen der Rente verfügt werden soll, dem Willen des Berechtigten entsprach. Die Nichterteilung einer Einreiseerlaubnis mache zwar den Auslandsaufenthalt tatsächlich zu einem unfreiwilligen, Voraussetzung dafür sei aber weiterhin, dass der in Frage kommende Ausländer den ernsten Willen gehabt habe und noch besitze, tatsächlich nach Deutschland überzusiedeln. „Die Sachlage, wie sie in Deutschland für einen ausgebürgerten Nichtarier besteht, muss diesen Willen aber von vornherein praktisch als aussichtslos und unmaßgeblich erscheinen lassen."[398] Entsprechende Revisionen seien daher nach der Sach- und Rechtslage unbegründet und zurückzuweisen.

Im Verfahren der Auslandsüberweisungen von Renten gab es aber noch zwei weitere bürokratische Hürden, die von den NS-Stellen ausgiebig für Diskriminierungsmaßnahmen genutzt wurden: Zum einen war für eine Rentenüberweisung ins Ausland die regelmäßige, sprich monatliche Vorlage einer Lebensbescheinigung erforderlich, die nur das jeweilige deutsche Konsulat ausstellen konnte. Zum anderen gab es zum Teil schon seit 1934 im Zuge der Devisenbewirtschaftung umfangreiche devisenrechtliche Restriktionen, die anstelle der bislang erfolgten Zusendung der Rente per Wertbrief nur noch komplizierte Transfers und Auszahlungen über verschiedene Banken wie etwa die Banco Germanico de la America del Sud in Sao Paolo zuließ.[399] Das letzte Wort über die Genehmigung einer Rentenauszahlung ins Ausland hatte seit Jahresbeginn 1937 nicht die RfA, sondern die zuständige Devisenstelle. Rentenempfänger, die nach dem Februar 1937 ihren Wohnsitz ins Ausland verlegen wollten, mussten erst durch eine behördliche Bescheinigung nachweisen, dass die Voraussetzungen für die Genehmigung der Zahlung ins Ausland erfüllt waren.[400] In dieses Verfahren versuchte sich auch die DAF einzuschalten. In einem Schreiben an Präsident Grießmeyer schlug das Sozialamt der DAF vor, seitens der RfA künftig auch die Lebensbescheinigungen anzuerkennen, die von der Parteidienststelle oder von der Ortsgruppenwaltung der DAF ausgestellt wurden.[401] Wie Grießmeyer darauf antwortete, ist aus den Akten nicht ersichtlich, aber zweifellos reichte der lange Arm der NSDAP-Auslandsorganisation auch bis in den Bereich der Sozialversicherung hinein. Im Juni 1937 erhielten etwa die Rechtsberatungsstellen der DAF auch die Erlaubnis zur Vertretung von Versicherten ausländischer Staatsangehörigkeit gegenüber Versicherungsträgern und Versicherungsbehörden.

Durch Erlass vom Dezember 1936 wurde dann auch das Verfahren zur Zahlung freiwilliger Beiträge und für die Selbstversicherung beim Aufenthalt im Ausland neu

398 Entscheidung des RVA vom 28.3.1938, in: RfA-Archiv Nr. 109.

399 Vgl. dazu einen entsprechenden Bescheid der RfA an eine in Brasilien wohnende Rentenbezieherin vom 8.5.1934, in: RfA-Archiv, Fach 113, Nr. 4.

400 Auskunftschreiben der RfA vom 20.7.1937 an das Schweizer Generalkonsulat in Köln, in: RfA-Archiv Nr. 91 c. Nur in den Fällen, in denen die Erstattungen auf einem zwischenstaatlichen Abkommen beruhten, wurde die Genehmigung der Devisenstelle noch von Amts wegen durch die RfA eingeholt. Vgl. auch Abteilungsverfügung der Abt. I Leistung 11/37 vom 29.1.1937, in: RfA-Archiv, Regal 5.

401 Schreiben der DAF vom 6.1.1937, in: RfA-Archiv Nr. 86.

geregelt. Die Verwendung von durch eine beauftragte Person im Inland erworbenen Beitragsmarken war nicht mehr zulässig, sondern nur noch die direkte Überweisung an die RfA in ausländischer Währung. Vor allem aber musste der Versicherte detaillierte Angaben zu seiner Person und seinem ausländischen Einkommen machen.[402] Für Pflichtbeiträge galten diese Bestimmungen nicht, was darauf hinweist, dass es bei all diese Maßnahmen nicht nur um die notorische Devisenknappheit des Reichs ging, sondern vor allem auch darum, emigrierten Juden die Aufrechterhaltung von Versicherungsansprüchen erheblich zu erschweren oder gar unmöglich zu machen. Auch bei den Rentenauszahlungen schaltete sich die Reichsstelle für Devisenbewirtschaftung mit ein. Sie erklärte es im Januar 1936 für nicht mehr zulässig, dass Rentenberechtigte, die in ausländischen Grenzbezirken wohnten, ihre Renten in deutschen Postämtern in Empfang nehmen konnten.

Wie hoch die monatlichen Beitragseinnahmen der RfA aus dem Ausland waren, lässt sich nicht mehr rekonstruieren. Genaue Angaben gibt es jedoch für die ins Ausland überwiesenen Rentenzahlungen. Sie betrugen im Jahr 1936 insgesamt 1,507 Mio. RM.[403] Das war im Vergleich zu den insgesamt transferierten Ruhegeld- und Witwenrentenzahlungen der RfA nur ein verschwindend geringer Bruchteil, deren Abwicklung aber infolge der zunehmend rigideren Devisenbewirtschaftung hochkompliziert und mit einem erheblichen Verwaltungsaufwand verbunden war. Die Summe verteilte sich letztendlich auf ca. 1800 Rentenempfänger.[404] 48 Länder standen auf der Auslandszahlungsliste der RfA, und die größten Beträge gingen an die unmittelbaren Nachbarländer, allen voran die Tschechoslowakei (210.000 RM), Österreich (160.000 RM) und Dänemark (156.000 RM). Größere Beträge gingen auch an Rentenberechtigte in der Schweiz (136.000 RM), Polen (100.000 RM) und Holland (ebenfalls 100.000 RM), aber auch in den Freistaat Danzig (92.000 RM) und ins Memelgebiet (61.000 RM) sowie Frankreich (66.000 RM). Unter den Überseeländern ragten Argentinien (104.000 RM) und die USA (80.000 RM) hervor, nach Palästina gingen im Jahr 1936 knapp 50.000 RM an RfA-Renten.[405] Bis 1938 sollte hier die Auszahlungssumme auf 56.000 RM leicht steigen, was angesichts der in der Zwischenzeit drastisch gestiegenen Auswanderungswelle weniger darauf hinweist, dass es jüdischen Auswanderern offensichtlich gelang, weiter ihre Rentenzahlungen aus Deutschland zu erhalten, als vielmehr auf die immer wirksameren Restriktionen. In Relation zu der Zahl ausgewanderter jüdischer RfA-Rentner hätte der Anstieg der Auslandszahlungen nach Palästina weit höher sein müssen. Immerhin liefen auch im Frühjahr 1939 noch regelmäßige Auszahlungen von Angestelltenrenten an die in Pa-

402 Vgl. dazu Mitteilungen der RfA vom 1.2.1937, S. 1f. sowie auch „Die Beitragsnachweise der Angestelltenversicherung". Teil 1: Ein Überblick über die Beitragsentrichtung zur Angestelltenversicherung und die Kontenführung bei der RfA/BfA (Schriftenreihe der Bundesversicherungsanstalt für Angestellte Bd. 16), Berlin 1964, S. 11.

403 Vgl. dazu die Aufstellung vom 27.6. und 29.12.1936 in: RfA-Archiv Nr. 214.

404 So die Angaben für die Überweisungen im Monat März 1938, in: RfA-Archiv Nr. 125.

405 Vgl. die Aufstellung vom 27.6. und 29.12.1936 in: RfA-Archiv Nr. 214.

lästina wohnenden Rentenberechtigten, obwohl es zunehmend auch technische Probleme gab. So bekam die RfA im Januar 1939 die ursprünglich angewiesenen Renten von der ägyptischen Postverwaltung mit der Bemerkung zurück, dass der Postanweisungsverkehr nach Palästina „zur Zeit eingestellt" sei.[406] Welche absurden bürokratischen Blüten dabei in Einzelfällen entstehen konnten, zeigt sich am Fall eines bereits nach Tel Aviv emigrierten ehemaligen Amtsgerichtsrates, der im August 1938 zunächst erfolgreich beim Oberversicherungsamt Berlin gegen einen RfA-Bescheid zur Aberkennung der Berufsunfähigkeit und des damit verbundenen Ruhegelds geklagt hatte. Zur Bekräftigung seines Ruhegeldantrags hatte sich der Betroffene ein ärztliches Gutachten eines Jerusalemer Spezialisten erstellen lassen und an die RfA geschickt. Doch die RfA hatte Widerspruch gegen die Entscheidung des Oberversicherungsamtes eingelegt und Revision vor dem Senat des RVA beantragt. Der Fall wurde im März 1939 verhandelt und zugunsten der RfA entschieden, d. h. die Berufsunfähigkeitsrente wurde aberkannt. Zur Begründung wurde auch seitens der RfA angeführt, dass der Antragsteller nachweislich nur aufgrund der klimatischen Bedingungen in Tel Aviv berufsunfähig und laut Gutachten auch nur zu 35 Prozent in seiner Erwerbsfähigkeit gemindert sei. Nach Lage der Dinge wäre der Kläger mithin in Orten mit gemäßigterem Klima berufsfähig und ihm sei auch zuzumuten, seinen Wohnsitz an einen entsprechenden Ort zu verlegen. „Denn gegen das Risiko, dass der Kläger infolge der Auswanderung an einen Ort mit für ihn ungünstigen klimatischen Verhältnissen berufsunfähig wird, ist er durch das Angestelltenversicherungsgesetz nicht versichert."[407]

Das Problem der Auslandsrenten war aber für die RfA-Beamten auch ohne rassenpolitische Vorzeichen schon kompliziert genug. Aufgrund von entsprechenden Gegenseitigkeitsabkommen zur Sozialversicherung, die das Deutsche Reich zwischen 1931 und 1935 mit der Tschechoslowakei, Dänemark, den Benelux-Ländern sowie Polen und Frankreich geschlossen hatte, war der Rentenzahlungsverkehr prinzipiell gesetzlich geregelt. Laufend ergaben sich aber etwa Probleme mit den Währungsrelationen. Im Frühjahr 1935 etwa hatte sich die DAF beim RAM über erhebliche Kursverluste durch Umrechnung polnischer Renten beklagt.[408] Auch im Zahlungsverkehr mit Dänemark gab es Probleme. Wenn der Umrechnungskurs der deutsche-dänischen Vereinbarung vom Dezember 1928 dem im Juni 1939 amtlichen Devisenkurs (1 RM = 1,92 Kronen) angepasst würde, so hieß es in einem Schreiben der RfA an das RVA und den Reichsarbeitsminister,

406 Schreiben der RfA an die Reichspost vom 26.1.1939 sowie Vermerk dazu für das RAM vom 21.2. 1939, in: RfA-Archiv Nr. 126.

407 Das Urteil vom 10.3.1939 mit ausführlicher Urteilsbegründung in: RfA-Archiv Fach 101, Nr. 5.

408 Schreiben vom 10.4.1935, in: BArch R 89/3413. Die Renten wurden zum Kurs von 100 Zloty = 46,90 RM umgerechnet, tatsächlich jedoch ergab sich aufgrund der starken Unterbewertung der RM im Ausland ein Kurs von 100 Zloty = 54 RM. Für die deutschen Rentner, die aus Polen Ruhegelder bekamen, ergaben sich dadurch Verluste von 13 Prozent.

> so hätte das zur Folge, dass die Rentenempfänger mehr als das Doppelte von dem ausgezahlt erhalten würden, was sie nach dem Kurs von 1 RM gleich 89 Oere erhalten, dass andererseits aber auch die Versicherten als Beiträge mehr als das Doppelte von dem bezahlen müssten, was sie heute bezahlen. Die Tatsache, dass die Versicherten in Nordschleswig tatsächlich weniger als die Hälfte für die Beiträge bezahlen und dass der Unterschied gedeckt wird aus der Ersparnis bei der Auszahlung der Renten, ist unseres Erachtens auf die Dauer nicht zu verantworten.[409]

Seit 1937 häuften sich im Zuge der wachsenden Auswanderungswelle jüdischer Versicherter die Anfragen an die RfA über die Aufrechterhaltung von Anwartschaften und die Weitergewährung von Renten beim Umzug ins europäische Ausland oder nach Übersee. Die Beamten in der Ruhrstraße wurden geradezu mit einer Flut von entsprechenden Briefen überhäuft, die die Behörde mit einem Standardschreiben beantwortete, in dem die wichtigsten Bestimmungen aufgeführt waren.[410] „Ob der Auslandsaufenthalt des Rentenberechtigten freiwillig ist“, so ließ man verlauten, „lässt sich nur nach Lage des einzelnen Falles entscheiden.“[411] Wenn ein Rentenempfänger der AV auswandert, stehe ihm die Rente auch beim Aufenthalt im Ausland weiter zu, solange er die deutsche Reichsangehörigkeit besaß. Die Rente dürfe aber nur mit Genehmigung der zuständigen Devisenstelle ins Ausland gezahlt werden. Von den Devisenstellen würde eine Überweisung angemessener Beträge aus Versicherungsrenten allerdings nur erteilt, wenn dem Empfänger eine Rückkehr nach Deutschland aus gesundheitlichen oder anderen persönlichen Gründen nicht zugemutet werden könne *und* er auf die Bezüge für seinen Lebensunterhalt dringend angewiesen sei. Erteile die Devisenstelle keine Genehmigung, so könne der Rentenempfänger beantragen, dass die Rente auf ein bei einer inländischen Devisenbank zu errichtendes „Sonderkonto für Inlandszahlungen“ überwiesen werde. Die Rente werde dann jeweils nach Eingang einer Lebensbescheinigung an die Bank gezahlt.[412] Für die Betroffenen waren die Renten damit faktisch genauso unerreichbar, wie im Fall des erzwungenen Ruhens. Im Fall der Palästina-Renten gab es ein noch komplizierteres Transferverfahren.[413] Immer öfter konnte man daher bei der RfA die letzte Ver-

409 Schreiben der RfA vom 10.6.1939, in: BArch R 89/3413.

410 Vgl. dazu die Schreiben bzw. Schriftwechsel in: RfA-Archiv Nr. 91.

411 Bescheid vom 21.7.1938 sowie weitere wortwörtlich deckungsgleiche Bescheide als Antwort auf ähnliche Fragen, in: RfA-Archiv Nr. 91 b.

412 Vgl. ebd.

413 Es sah vor, dass sich der Antragsteller mit der Palästina-Treuhand-Stelle der Juden in Deutschland GmbH in Berlin in Verbindung setzen musste. Die RfA überwies dann, vorausgesetzt die Devisenstelle hatte ihre Zustimmung erteilt, das Ruhegeld jeweils nach Eingang der Lebensbescheinigung auf das beim Bankhaus A.E. Wassermann in Berlin geführte Sonderkonto I der Bank der Tempelgesellschaft in Jaffa. Vgl. Auskunftschreiben der RfA vom 18.11.1938, in: RfA-Archiv Nr. 92. „Gegen die Transferierung von Renten aus der Angestelltenversicherung durch die Palästina Treuhand-Stelle bzw. Haavara Ltd. bestehen keine Bedenken“, so antwortete man etwa im November 1937 der Darmstädter Zweigstelle des Palästina-Amtes Berlin, „wenn die zuständige Devisenstelle die Genehmigung dazu erteilt.“ Schreiben vom 23.11. bzw. 30.11.1937, in: ebd. Vgl. dazu auch Petra Kirchberger, Die Stellung der Juden in der

antwortung für Rentenüberweisungen unabhängig von der versicherungsrechtlichen Lage auf die Devisenstellen schieben.

Innerhalb der RfA gab es durchaus Bestrebungen, sich gegen die zunehmenden Einmischungen der Devisenbehörden in das Rentenverfahren zu wehren, und im Herbst 1938 riskierte man diesbezüglich sogar einen offenen Konflikt mit den Stellen. Mitte Juni 1938 hatten die Sachbearbeiter der Leistungsabteilung einen Anruf der Devisenstelle Berlin mit der Aufforderung erhalten, künftig bei Anfragen zur Auszahlungsgenehmigung auch anzugeben, ob der Rentenberechtigte Arier oder Jude sei, ergänzt durch das Auswanderungsdatum. Mit der Erklärung des RfA-Beamten, dass die Fragebögen und Vordrucke der RfA keine Fragen nach der Rasse- und Religionszugehörigkeit enthielten und damit die Behörde die gewünschten Angaben nicht machen könne, gab man sich bei der Devisenstelle jedoch nicht zufrieden. Für die Bearbeitung des entsprechenden Antrags seien gerade diese Angaben entscheidend, „weil nach einem vertraulichen Erlass Juden keine Genehmigung mehr erteilt werden soll".[414] Von einem derartigen vertraulichen Erlass des Reichsfinanzministers hatte niemand in der RfA Kenntnis, aber auf ihn berief sich die Devisenstelle auch in einem konkreten Auslandsruhegeldfall im Juli 1938 beim Oberfinanzpräsidenten in Leipzig. Im September richtete daher die RfA dazu eine entsprechende Anfrage an das Reichswirtschaftsministerium, und verteidigte darin auch die bisher gehandhabte Verwaltungspraxis, Ruhegelder wie Hinterbliebenenrenten an Berechtigte mit Wohnsitz in Gegenseitigkeitsabkommens-Ländern wie Frankreich und Dänemark, aber auch überhaupt in all denen Fällen, in denen der Umzug ins Ausland vor dem 31. Januar 1937 erfolgt war, auch ohne vorherige Information und Genehmigung der Devisenstelle zu überweisen.[415] Interne Recherchen der RfA-Beamten hatten zudem ergeben, dass sich der bemühte Erlass tatsächlich nur auf Bezüge aus öffentlichen Kassen bezog und Rentenleistungen der deutschen Sozialversicherungsträger nicht berührte. Die Sache blieb dennoch zwischen den Devisenstellen und der RfA strittig, und Anfang Januar 1939 kamen Vertreter beider Behörden zu einer Besprechung über die Auslegung des vertraulichen Erlasses zusammen.[416] Anfang Februar 1939 erging schließlich ein Rundschreiben des Reichswirtschaftsministers, das die Position der RfA bestätigte und die Genehmigungskompetenzen der Devisenstellen bei Rentenzahlungen in 13 angrenzende Länder, mit denen inzwischen sozialversicherungsrechtliche Vereinbarungen getroffen worden waren, verneinte.[417]

deutschen Rentenversicherung, in: Sozialpolitik und Judenvernichtung. Gibt es eine Ökonomie der Endlösung?, Berlin 1987, S. 117.

414 Vermerk und Vorlage an den Abteilungsleiter vom 17.6.1938, in: RfA-Archiv Nr. 126

415 Schreiben der RfA an das RWM vom 28.9.1938, in: ebd.

416 Vgl. dazu das Besprechungsprotokoll vom 3.1.1939, in: ebd.

417 Vgl. Erlass vom 5.2.1939, in: ebd. Es handelte sich um folgende Länder: Belgien, Dänemark, Danzig, Finnland, Frankreich, Italien, Jugoslawien, Luxemburg, Memelgebiet, Niederlande, Polen, Tschechoslowakei und Ungarn.

Tatsächlich hatte sich neben den Devisenstellen spätestens seit Ende 1937 auch die Gestapo für die rentenversicherungsrechtliche Situation der Auswanderer interessiert. Regelmäßig bekam nun die RfA eine Liste der dort erfassten Emigranten mit der Bitte um Nachprüfung, wer davon noch Renten oder sogenannte Versorgungsgebührnisse erhielt.[418] In einer Reihe von Fällen machte sich die Behörde zur Komplizin, wohlerworbene Rechte ihrer jüdischen Rentenversicherten willkürlich zu verbescheiden. Exemplarisch dafür, wenn auch als Fall nicht typisch, ist die Rentensache des früheren Vorstandsmitglieds der Krankenkasse des Gewerkschaftsbunds der Angestellten (DAK), Jakob M. Dieser war im Dezember 1933 im Zuge der Machtergreifung und Gleichschaltung entlassen worden, und bezog seit Januar 1934 das ihm zustehende Ruhegehalt von monatlich 501,67 RM. Bis Frühjahr 1939 war dies unbeanstandet ausgezahlt worden, aber als der Betroffene nun einen Ausreiseantrag nach Palästina stellte sowie bei der RfA um den Transfer des Ruhegeldes ersuchte, schrillten in der Präsidialabteilung der RfA, die inzwischen auch für die Rentensachen der Ersatzkassen zuständig war, die Alarmglocken. Ein Dorn im Auge war nicht nur das vergleichsweise hohe Ruhegehalt, sondern auch noch weitere Lebensversicherungsprämien, die M. zustanden. Grießmeyer verhielt sich dennoch zunächst neutral und legte den Antrag dem RVA bzw. RAM zur Entscheidung vor.[419] Das RAM ging zunächst den üblichen Weg und ließ über die RfA bei der Gestapo, der Staatsanwaltschaft und dem zuständigen Finanzamt überprüfen, ob in politischer, straf- oder steuerlicher Hinsicht Bedenken gegen die Fortzahlung der Versorgungsbezüge bestanden. Im Juli 1939 konnte Grießmeyer jedoch nur entsprechende Unbedenklichkeitsbescheinigungen weiterleiten, so dass dem RAM nichts anderes übrig blieb, als der Wohnsitzverlegung zunächst für die Dauer von zwei Jahren und mit der Maßgabe zuzustimmen, dass die Versorgungsbezüge in voller Höhe auf ein bei einer Devisenbank einzurichtendes „Sonderkonto" eingezahlt würden.[420] Der Bescheid wurde dem Betroffenen durch die RfA jedoch „im Hinblick auf den bestehenden Kriegszustand" nie ausgehändigt, und stattdessen meldete sich Grießmeyer Ende September 1939 mit einem neuen Schreiben zum Ruhegeldfall M. beim RVA bzw. RAM.[421] Darin griff er die ihm gegenüber vom damaligen Leiter der zuständigen ruhegeldpflichtigen Ersatzkasse geäußerte Idee auf, die inzwischen erfolgte antisemitische Rechtsprechung des Reichsarbeitsgerichts heranzuziehen. Demnach wurde es für rechtmäßig erklärt, dass „das verstärkte Hervortreten des Rassegedankens, besonders seit Herbst 1938, Veranlassung sein kann, frühere Ruhegehaltsvereinbarungen dahingehend zu überprüfen, ob und inwieweit sie noch mit dem nationalsozialistischen Volks- und Rechts-

418 Schreiben der Gestapo Leipzig vom 29.12.1937, in: RfA-Archiv Nr. 91.

419 Vgl. Schreiben der RfA an das RAM über das RVA vom 4.4.1939, in: BArch R 89/3505. Der Fall und dazugehörender weiterer Schriftwechsel auch in: BArch R 89/3506 und 3507.

420 Vgl. Bescheid des RAM vom 11.8.1939, in: BArch R 89/3505.

421 Schreiben Grießmeyers an das RVA bzw. RAM vom 30.9.1939 und vom 25.6.1940, in: BArch R 89/3506.

empfinden vereinbar sind".[422] Damit war es scheinbar auf dem Rechtswege möglich, das Ruhegehalt des Juden M. wenn schon nicht ganz zu verweigern, so doch deutlich herabzusetzen. Nachdem über die rentenversicherungsrechtlichen Bestimmungen keine Handhabe bestand, wurden nun neben den devisenrechtlichen Bestimmungen auch die arbeitsgerichtliche Rechtsprechung als Hebel zur Verweigerung eigentlich rechtlich zustehender Versicherungsleistungen benutzt, und Grießmeyer hatte offenbar keine Probleme damit, auf diese Option nicht nur hinzuweisen, sondern diese auch verwaltungspraktisch umzusetzen. Vorgeschlagen wurde eine willkürliche Herabsetzung der Ruhegeldbezüge auf 200 bis 250 RM, d.h. knapp die Hälfte; das RAM schreckte dann aber doch vor einem derartigen Präzedenzfall zurück. Ende Juni 1940 beschied es in einem Schreiben an Grießmeyer, dass man „im Hinblick auf die beabsichtigte gesetzliche Regelung der Frage [der Weiterzahlung von Ruhegehalt an Juden] Maßnahmen in Einzelfällen zur Zeit nicht für angebracht [halte]".[423]

Der Umgang mit der sogenannten „Judensache" – so die verwaltungsinterne Bezeichnung der entsprechenden Vorgänge in der RfA – radikalisierte sich 1938, und das schlug sich auch im Schriftwechsel der Reichsanstalt nieder. Im April 1939 erhielt Grießmeyer ein Schreiben des Polizeipräsidenten von Breslau, in dem über Probleme bei der Anwendung der Ausländerpolizeiverordnung geklagt wurde.

> Bei der Durchführung dieser Maßnahmen wurde in mehreren Fällen festgestellt, dass ausländische und staatenlose Juden, deren Anwesenheit im Reichsgebiet unerwünscht ist, zur Zeit noch nicht ausgewiesen werden können, weil sie Rentenempfänger sind und auf die Zahlung der Rente einen gesetzlichen Anspruch haben. Da es keinesfalls angängig sein dürfte, den Aufenthalt dieser Juden im Reichsgebiet lediglich aus dem Grunde weiterhin zu dulden, weil sie Rentenempfänger sind, bitte ich um baldige Mitteilung, ob die Möglichkeit besteht, die Rente durch einmalige Auszahlung abzulösen oder, wenn das nicht zulässig ist, evtl. durch Überweisung in das Ausland zu zahlen, andernfalls sich die sonderbare Lage ergeben würde, dass diese oft noch sehr rüstigen Personen, soweit sie [sich] nicht staatsfeindlich betätigt haben oder bestraft wurden, aus dem Reichsgebiet nicht entfernt werden können.[424]

Die RfA leitete das Schreiben zur Beantwortung an das RVA weiter, verbunden allerdings mit dem Hinweis auf die rechtliche Unmöglichkeit der Vorschläge. Das Ganze war auch deshalb bedeutsam, weil es vergegenwärtigte, dass den deutschen Behörden und NS-Stellen auch deshalb vielfach die Hände gebunden waren, da die Regelung des freiwilligen und gewöhnlichen Aufenthalts für Ausländer dann nicht galt, wenn es sich um Danziger, jugoslawische, polnische oder tschechische Staatsangehörige handelte, die aufgrund der existierenden Gegenseitigkeitsabkommen versicherungsrechtlich den deutschen Inländern gleichgestellt waren. Im August 1939 war es dann das Reichsarbeitsministerium, das den Breslauer Polizeipräsidenten darauf hinwies,

422 Schreiben des Leiters der Ersatzkasse an Grießmeyer vom 4.6.1940, in: ebd.
423 Schreiben des RAM an die RfA vom 24.6.1940, in: BArch R 89/3507.
424 Schreiben des Polizeipräsidenten an den leiter der RfA vom 17.4.1939, in: RfA-Archiv Nr. 92. Der Vorgang auch in: BArch R 89/3413.

dass die Zahl der Fälle, in denen Ausweisung lediglich wegen des Bezugs von Rente nicht verfügt werden konnte, vermutlich verschwindend gering sein dürfte. Im Übrigen werde „gegenwärtig geprüft, inwieweit die Rentenzahlung an Juden im Ausland weiter eingeschränkt werden kann".[425]

Inzwischen musste man sich in der RfA mit den Folgen der in großem Stil angelaufenen und restriktiv gehandhabten Ausbürgerungspolitik des NS-Regimes befassen. In zahlreichen Fällen war im Ausland lebenden Juden die deutsche Staatsbürgerschaft aberkannt und damit auch – vielfach lange Zeit rückwirkend – eventuell bisher gewährtes Altersruhegeld „auf Lebenszeit" zum Ruhen gebracht, d. h. entzogen worden. Von Seiten der RfA waren diesen Betroffenen, wie etwa im Fall einer nach Florenz emigrierten Nürnberger Jüdin, noch über Monate hinaus Renten gezahlt worden, so dass sich zum Teil erhebliche Rückforderungen von mehreren hundert RM ergaben, die bei den Betroffenen selbst, zumal auch oft schon die Auswandersperrkonten vom Reich beschlagnahmt worden waren, nicht mehr zurückzuholen waren.[426] Gemäß einer Abteilungsverfügung vom Mai 1939 wurde dann geregelt, dass sich die zuständigen RfA-Sachbearbeiter mit ihren Forderungen an die Devisenabteilung der Reichshauptbank, Abteilung Ablieferungskontrolle, wenden konnten.[427] Wie hoch diese Forderungen insgesamt waren und vor allem auch, wieviel davon tatsächlich durch die Devisenstelle zurückgezahlt wurde, lässt sich aus den Akten nicht rekonstruieren. Prinzipiell galt allerdings schon seit Februar 1939 aufgrund eines Erlasses des Reichsfinanzministeriums, dass die Finanzämter den Sozialversicherungsträgern zur Begleichung etwaiger Rückstände Einblick in die jüdischen Vermögen bzw. Auskunft über die jüdischen Vermögensverzeichnisse zu gewähren hatten.[428] Involviert wurde die RfA zudem auch in die sich nun häufenden Fälle, in denen Rentenempfänger der Angestelltenversicherung ihre Ruhegelder an die Reichsvereinigung der Juden in Deutschland, Abteilung Wanderung, verpfändeten bzw. abtraten und dafür von dieser ein Darlehen für die Auswanderung erhielten.[429] Zur wirksamen Abtretung der Rentenansprüche bedurfte es der Zustimmung des Versicherungsträgers, allerdings genügte ein entsprechender Bescheid des örtlichen Versicherungsamtes und erforderte keine zusätzliche Einschaltung der RfA. In den verschiedenen Behörden herrschte dennoch inzwischen allenthalben Unklarheit und Unübersichtlichkeit über die rentenrechtliche Situation der Juden und die verwaltungspraktische Handhabung unterhalb der formalen Gesetzeslage. „Gelten irgendwelche abweichenden Vorschriften über die Auszahlung der Renten im Inland und ins Ausland an Bezugsberechtigte nichtarischer Herkunft?", heißt es daher unter anderem Anfang Juli 1939 in einer Anfrage der Allgemeinen Pensionsanstalt in Prag an die RfA.[430] Von dort kam die

425 Schreiben des RAM vom 21.8.1939, in: ebd.
426 Vgl. Schreiben der RfA an die Berliner Devisenstelle vom 12.4.1939, in: RfA-Archiv Nr. 24.
427 Vgl. Abteilungsverfügung vom 9.5.1939, in: ebd.
428 Vgl. dazu die Notiz in Deutsche Rentenversicherung Nr. 4 (1939), S. 77.
429 Schreiben der RfA an das RVA vom 26.7.1939, in: BArch R 89/3413.
430 Schreiben vom 3.7.1939, in: RfA-Archiv Nr. 126.

knappe Antwort: „Für die Rentenberechtigten nichtarischer Herkunft gelten für die Rentenauszahlung im Inlande und ins Ausland dieselben Bestimmungen wie für die übrigen Rentenberechtigten. Abweichende Vorschriften sind bisher nicht getroffen worden."[431] Das war tatsächlich die geltende Rechtslage, aber angesichts der vielen Restriktionen, die entweder außerhalb des formalen Rentenrechts devisenrechtlich kaschiert oder in den versicherungsrechtlichen Ausführungsbestimmungen und Zusatzverordnungen versteckt waren, nicht nur beschönigend, sondern letzlich schlichtweg unwahr. Seit 1933/34 hatten sich die Bedingungen eines Rentenbezugs im Ausland ebenso wie für die Aufrechterhaltung der Anwartschaft vor allem für Juden massiv verschlechtert, und die Chancen, als Emigrant in den Genuss laufender oder künftiger Rentenbezüge zu kommen, waren verschwindend gering geworden.

Die zunehmend restriktiven Bestimmungen zur Überweisung von Renten ins Ausland sowie vice versa zur Regelung von Beitragszahlungen zur Aufrechterhaltung der Anwartschaft betraf nicht nur Juden, sondern auch alle anderen aus politischen Gründen ins Exil geflohenen Deutschen, aber auch die zahlreichen für deutsche Firmen im Ausland arbeitenden Angestellten. Einer der Betroffenen war etwa Friedrich Wilhelm Sollmann, SPD-Mitglied und 1923 für vier Monate Innenminister in der Weimarer Republik, der als aktiver Widerstandskämpfer 1935 nach Luxemburg geflüchtet war. Von dort schickte er im September 1936 seine Versicherungskarte mit freiwilligen Beitragsmarken an die RfA. Da Sollmann glaubhaft versichert hatte, dass er die Beitragsmarken durch seine Ehefrau in Trier rechtmäßig mit Devisen erworben hatte, war an der Rechtswirksamkeit der eingereichten Beiträge nicht zu zweifeln, unabhängig davon, dass dem Betroffenen im Dezember 1936 rückwirkend die deutsche Staatsangehörigkeit entzogen und sein Vermögen beschlagnahmt worden war.[432] Die Annahme weiterer Beitragszahlungen von Sollmann, die dieser auch zur Aufrechterhaltung seiner Ruhegeldansprüche angekündigt hatte, unterlagen zwar den neuen, verschärften devisenrechtlichen Bestimmungen, waren aber nach wie vor möglich und rechtlich zulässig. Unklar war jedoch, ob diese noch versicherungsrechtlich relevant waren, d. h. inwieweit die weiteren Beitragszahlungen bereits der Beschlagnahme unterlagen oder erst die spätere Leistung aus diesen. Nach der bestehenden Rechtslage durfte die RfA die weiteren Beiträge nicht auf das Versichertenkonto buchen, sondern musste sie wegen der Beschlagnahme einstweilen sicherstellen und abwarten, bis dieser Betrag und eine sich daraus aufgrund eines inzwischen eingetretenen Versicherungsfalls ergebende Rente infolge des Ausbürgerungsgesetzes endgültig als dem Reich verfallen erklärt werden würde. Innerhalb der RfA jedenfalls suchte man den Fall Sollmann zunächst intern und ohne Einschaltung des RVA zu regeln. Der Vermerk des zuständigen Beamten lautet:

---

431 Antwortschreiben vom 22.7.1939, in: ebd.

432 Vgl. den ausführlichen Aktenvermerk zum Fall Sollmann vom 10.2.1937, in: RfA-Archiv Fach 65, Nr. 6.

> Ich schlage vor, dass wir im Hinblick auf die Beschlagnahme seines Vermögens eingehende Zahlungen abliefern müssen und dass deshalb diese nicht als Beiträge verbucht werden können. Diese Zurückweisung der Beiträge halte ich für nötig, da die Annahme als Anerkennung des Beitrags gelten würde.[433]

RfA-Vizepräsident Schaefer erhob gegen eine entsprechende Mitteilung an Sollmann, dass seine etwaigen weiter an die RfA gezahlten Beiträge letztlich unwirksam und damit umsonst sein würden, Einspruch und plädierte dafür, „derartige Einsendungen" erst einmal abzuwarten.[434] Die Behörde vereinnahmte mithin weiterhin regelmäßige Beitragszahlungen des Betroffenen, wohl wissend, dass diese über kurz oder lang für unwirksam und verfallen erklärt werden würden.

Auf der anderen Seite versuchte die NSDAP-Auslandsorganisation jedoch für in ihren Augen genehme und regimeloyale Auslandsdeutsche bei der RfA eine Ausnahmegenehmigung zu erhalten. Im Juni 1935 hatte bereits ihr Rechtsamt bei der RfA moniert, dass gerade in den USA eine ganze Reihe von Volksgenossen gezwungen seien, ihre Reichsangehörigkeit aufzugeben, um ihren Arbeitsplatz zu behaupten. Falls sie nicht ins Reich zurückkehrten, müsste ihr Aufenthalt als unfreiwillig gelten, wodurch sie nicht in den Genuss der entsprechenden versicherungsrechtlichen Bestimmungen kämen.[435] Mit den komplizierten devisenrechtlichen Bestimmungen für die Beitragszahlungen zur AV für im Ausland lebende Versicherte hatten nicht zuletzt auch die großen, international agierenden Konzerne wie die IG Farben zu kämpfen. Im Oktober 1937 verhandelten etwa Vertreter der IG-Farben-Zentralfinanzverwaltung mit der RfA darüber, das für das Unternehmen komplizierte und umständliche technische Verfahren zur Entrichtung freiwilliger Beiträge beim Aufenthalt im Ausland einfacher zu gestalten. Tatsächlich konnten die IG-Farben-Vertreter eine Sondergenehmigung des Reichswirtschaftsministeriums vorlegen, nach denen es künftig erlaubt war, die Beiträge für bzw. durch die betreffenden Gefolgschaftsmitglieder nicht mehr in Devisen, sondern in RM und in Form von Beitragsmarken an die RfA zu leisten.[436] Durch Erlasse, Sondergenehmigungen und einzelne Bestimmungen übergeordneter Behörden waren in der Verwaltungspraxis der RfA damit zunehmend Optionen für eine gewisse Willkürlichkeit eröffnet worden, die unter unterschiedlichen Vorzeichen praktiziert werden konnte.

Die Diskriminierungsmaßnahmen gegen Juden waren alles in allem zunächst auf die auswanderungswilligen oder sich bereits im Ausland befindlichen konzentriert. Zu diesem Zeitpunkt gab es noch keine formellen Sonderbestimmungen für inländische Juden in der Rentenversicherung und bei der RfA wusste man auch nicht, ob ein

---

433 Vermerk Kochs vom 9.2.1937, in: ebd.

434 Vermerk Schaefers vom 9.2.1937 und die entsprechende Entscheidung vom 10.2.1937, in: ebd.

435 Schreiben an die RfA betr. Versicherungsansprüche Deutschstämmiger fremder Staatsangehörigkeit vom 5.6.1935, in: RfA-Archiv Fach 113, Nr. 14.

436 Vgl. Schreiben der IG Farben an die RfA vom 15.3.1937 sowie auch vom 1.10.1937 und dazu den Vermerk von Direktor Koch vom 25.10.1937, in: RfA-Archiv Nr. 88.

einzelner Versicherter oder Rentner Jude war oder nicht und wie groß der Kreis der „Nichtarier“ unter den inzwischen fast fünf Mio. bei der RfA Versicherten überhaupt war. Eingriffe in das materielle Recht der Sozialversicherung – beim Beitragssystem wie bei den Versicherungsleistungen – zum Nachteil jüdischer Versicherter und Leistungsbezieher, die innerhalb des Deutschen Reichs lebten, unterblieben, wohl nicht zuletzt auch deshalb, weil noch nicht klar war, wie man dies in versicherungsrechtliche Bestimmungen hätte gießen sollen.[437] Nach wie vor kamen so auch Juden in den Genuss von Rentenzahlungen und Gesundheitsvorsorgemaßnahmen; sie konnten auf ihr Recht der gesetzlich garantierten Leistungsansprüche pochen und profitierten von den kleinen Verbesserungen, die etwa das Ausbaugesetz mit sich gebracht hatte. Auch jüdische Eltern kamen daher etwa in den Genuss der Kinderzuschläge, die im Ausbaugesetz vorgesehen waren, denn die im Zuge der Nürnberger Gesetze von 1935 erfolgte Aberkennung der „Reichsbürgerschaft“ für Juden war im Rentenrecht bedeutungslos.[438]

Das Ausbaugesetz markiert dennoch einen versicherungsrechtlichen Wendepunkt, denn quasi durch die Hintertür wurden dort erste diskriminierende Maßnahmen gegen die noch in Deutschland lebenden und die deutsche Staatsangehörigkeit besitzenden Juden in Gang gesetzt. So wurde in einer der Durchführungsverordnungen zum Gesetz vom Dezember 1937 geregelt, dass bestimmte Leistungsverbesserungen auf gleichzeitige Fürsorgeleistungen nicht angerechnet wurden. Der Erlass nahm aber ausdrücklich Juden vom begünstigten Personenkreis aus, d. h. bei ihnen hatte die Verbesserung von Rentenleistungen eine Kürzung der evtl. zusätzlich gezahlten Fürsorgeunterstützung zur Folge.[439] Doch auch hier war die RfA aus eigener Initiative mit antisemitischen Regelungen schon früher vorgeprescht. Bereits im Februar 1936 informierte man das RVA über eine Änderung der bereits erwähnten RfA-Satzung, nach der ausbildungsbezogene Mehrleistungen bei Kinderzuschuss und Waisenrente bis zum 18. Lebensjahr möglich waren. Als Begründung wurde angeführt:

> Es mehren sich die Fälle, in denen jüdische Rentenempfänger deutscher Staatsangehörigkeit oder staatsfeindlich gesinnte Rentenempfänger ins Ausland auswandern und nun Mehrleistungen in der Angestelltenversicherung auch dann erhalten müssen, wenn die deutsche Erziehung des Kindes nicht gewährleistet ist.[440]

Mit Rücksicht auf diese Tatsache erfolge eine Satzungsänderung dahingehend, dass die Mehrleistung zu versagen sei, solange das Kind im Ausland lebt und seine deut-

---

437 Vgl. dazu auch Klimo, Arbeitseinsatz, S. 307 ff.
438 Vgl. Petra Kirchberger, Die Stellung der Juden in der deutschen Rentenversicherung, in: Sozialpolitik und Judenvernichtung. Gibt es eine Ökonomie der Endlösung?, Berlin 1987, S. 114.
439 Vgl. dazu Hans-Jörg Bonz, Geplant, aber nicht in Kraft gesetzt: Das Sonderrecht für Juden und Zigeuner in der Sozialversicherung des nationalsozialistischen Deutschland, in: Zeitschrift für Sozialreform 38 (1992), H. 3, S. 150. Vgl. auch ders., Die Stellung der Juden in der Deutschen Rentenversicherung, in: Zeitschrift für Sozialreform 34 (1988), H. 7, S. 425–427
440 Schreiben vom 3.2.1936, in: BArch R 89/3469.

sche Erziehung nicht gewährleistet ist. Es war mithin die RfA, die mit der unverhohlenen rentenrechtlichen Diskriminierung der Juden eine neue Phase des rentenpolitischen Antisemitismus einleitete.

Antisemitische und rassenpolitische Stigmatisierungen und Diskriminierungen hatte es zudem auch früher schon vor allem im Bereich der Heilfürsorge gegeben. Als Kann-Leistung innerhalb der versicherungsrechtlichen Bestimmungen und Gesetze gab es hier am ehesten ein Einfallstor für entsprechende Maßnahmen. Indizien dafür, dass jüdischen Versicherten explizit Heilverfahrensanträge abgelehnt wurden, gibt es, allein schon aufgrund der fehlenden Quellen, nicht. Dennoch war die RfA an Maßnahmen gegen Juden aktiv beteiligt. In Bad Soden im Taunus gab es etwa eine „Kuranstalt für arme Israeliten“, in die auch die RfA versicherte Tuberkulosekranke zu Heilaufenthalten schickte. Anfang März 1936 beschwerte sich das Hauptamt für Volkswohlfahrt der NSDAP beim RAM darüber und bat, „die Reichsversicherungsanstalt veranlassen zu wollen, dass im Wege eines Tauschgeschäfts der Zentral-Wohlfahrtsstelle der deutschen Juden eine andere Anstalt zur Verfügung gestellt wird, um Bad Soden vor wirtschaftlichen Schäden zu bewahren“.[441] Doch Grießmeyer konnte daraufhin melden, dass die RfA von sich aus schon seit Ende November 1935 die Einweisung von (jüdischen) Versicherten in die dortige Kuranstalt eingestellt hatte und an eine Übernahme ganz in den Besitz der RfA nicht zu denken sei, weil für sie ein Bedarf an den dort vorhandenen Betten nicht bestehe.[442] Vor allem jüdische Ärzte wurden von der Heilverfahrensabteilung der RfA systematisch diskriminiert. Im Oktober 1935 berichtete etwa ein Versicherter in einem Beschwerdebrief an das Oberversicherungsamt Magdeburg, dass ihm die RfA per Bescheid einen finanziellen Zuschuss zu einem Heilverfahren gegen krankhafte Luftansammlungen im Brustkorb (Pneumothorax) bewilligt hatte. Die RfA weigerte sich dann jedoch, den Zuschuss zu den eingereichten Rechnungen des Lungenfacharztes zu bezahlen mit der alleinigen Begründung, dass dieser Jude sei. Die Behörde berief sich auf eine Passage des Bewilligungsbescheids, in der stand: „Wir erwarten dabei von unseren deutschstämmigen Versicherten, dass sie die Behandlung von einem deutschstämmigen Arzt durchführen lassen.“[443] Von der Unrechtmäßigkeit des Vorgehens der RfA überzeugt, legte der Betroffene offiziell Beschwerde beim zuständigen Oberversicherungsamt ein mit dem Ziel, dass ihm nicht nur die bereits verabreichten Behandlungen, sondern auch die weiteren künftigen Heilmaßnahmen bei dem jüdischen Facharzt bezahlt würden. Auch der betroffene Arzt selbst wandte sich in einem Beschwerdebrief an das Oberversicherungsamt und bat,

> auch grundsätzlich die RfA anzuweisen, im Rahmen der Heilbehandlung jüdische Kassenärzte arischen gleichzustellen [...]. Die RfA darf nur darauf sehen, wie die drohende Arbeitsunfähigkeit

---

441 Schreiben vom 2.3.1936, in: BArch R 89/3427.

442 Schreiben der RfA an das RVA vom 27.3. und auch noch einmal vom 25.4.1936, in: ebd.

443 Abschrift des Bescheids vom 20.5.1935 sowie der Beschwerdebrief vom 12.10.1935, in: BArch R 89/3427.

> möglichst sicher verhütet wird, damit sie nämlich tunlichst keine vorzeitigen Renten zu zahlen braucht, und wie sich das möglichst wirtschaftlich erreichen lässt. Sie darf aber nicht andere Ziele dabei verfolgen, auch nicht rassepolitische im Sinne einer Absonderung der jüdischen Kassenärzte.[444]

Die Reaktion der RfA auf entsprechende Nachfrage durch das RVA sah im Dezember 1935 so aus, dass man nach wie vor keinen Anlass sah, die Zuschüsse auszuzahlen. Zur Absicherung gegen etwaige weitere Beschwerden wurde der Zusatz zur „richtigen" Arztwahl nicht mehr als Erwartung an die Versicherten, sondern als Voraussetzung des Bewilligungsbescheids umformuliert.[445]

Tatsächlich hatte das RAM auch von anderen jüdischen Kassenärzten ähnliche Beschwerden über das Verhalten der RfA erhalten. Aber die RfA hielt, dabei gestützt vom RVA, an ihrer Bewilligungspraxis fest.[446] Formal war die RfA allerdings, wie Vizepräsident Schaefer bedauernd auf entsprechende Vorhaltungen in einer Beiratssitzung im November 1936 mitteilte, noch an das geltende Minderheitenabkommen gebunden und damit nicht dazu befugt, jüdische Ärzte aus der Liste der Vertrauensärzte zu streichen.[447] So konnte es denn auch nach wie vor passieren, dass Versicherte von der RfA aufgefordert wurden, sich vor einer Ruhegeld- oder Heilfürsorgeentscheidung von einem jüdischen Arzt vertrauensärztlich untersuchen zu lassen. Tatsächlich erhielt die RfA von „arischen" Versicherten immer wieder antisemitische Hetzschreiben, Denunziationen und Beschwerden, vor allem wenn es um die Unterbringung in Heilanstalten mit jüdischen Besitzern oder zusammen mit jüdischen Versicherten bei Heilverfahrensaufenthalten ging. Dass sich Juden auf Kosten der RfA bei Kuren erholten, erschien als empörend.[448] In einem anonymen Schreiben von Anfang August 1938 heißt es:

> Ist es im Sinne unseres geliebten Führers, dass jüdische Frauen, welche arische Männer haben, nach deren Tode in den Genuss der Reichsversicherungsrente gelangen? Hier ist doch die bequeme ‚Rebekka' der Nutznießer, den ganzen Tag sich pflegen, vor Speck und Fett nicht atmen können und den Staat für sich sorgen lassen.[449]

Die Ortsgruppe des Reichsbundes der deutschen Beamten bzw. der NSDAP im sächsischen Oberlungwitz richteten zudem im Oktober 1935 an die RfA-Führung die dringende Anregung, seitens der RfA „allen Rentenempfängern der AV die Anweisung zu geben, nicht in jüdischen Geschäften einzukaufen", wogegen Grießmeyer, nicht aus

444 Schreiben an das Oberversicherungsamt vom 13.10.1935, in: ebd.

445 Schreiben Grießmeyers an das RVA vom 3.12.1935, in: ebd.

446 Vgl. dazu auch die ausführliche Begründung vom 17.3.1936 gegenüber einem der beschwerdeführenden Ärzte, in: ebd.

447 Vgl. Protokoll der Beiratssitzung vom 30.11.1936, S. 5, in: BArch R 89/3469.

448 Vgl. etwa das Schreiben eines Essener NSDAP-Funktionärs an das RVA vom 21.8.1935 sowie auch Schreiben vom 24.9.1935, in: BArch R 89/3388.

449 Das Schreiben vom 8.8.1938, in: RfA-Archiv Fach 112, Nr. 8.

moralischen, sondern aus formalgesetzlichen Gründen Bedenken erhob.[450] Keine Bedenken hatte der RfA-Präsident aber im Juni 1939 gegen die Weiterverbreitung eines RAM-Erlasses in Form einer Präsidialverfügung, in der zur Meldung von freistehenden oder freiwerdenden jüdischen Mietwohnungen aufgerufen wurde.[451] Schon vorher war zudem in einer Abteilungsverfügung der Leistungsabteilung das Anlegen einer gesonderten Schriftwechselkartei angeordnet und geregelt worden. Für alle Personen, die aufgrund des Gesetzes über den Widerruf von Einbürgerungen und die Aberkennung der deutschen Staatsangehörigkeit dieser verlustig erklärt wurden, wurde eine eigene Kartei mit entsprechendem rotem Aufdruck angelegt und von der Kontenverwaltung mit roten Karteireitern versehen.[452] Auf den Karten wurde auch zusätzlich vermerkt, wenn das Vermögen beschlagnahmt worden war. Langsam, aber sicher siebte man daher bei der Behörde Juden und andere „Staatsfeinde" aus dem anonymen Millionenheer der Versicherten und Rentner heraus.

Manche jüdische Versicherte, wie andere Versicherte auch, hatten aber auch den Mut oder die Unbeirrbarkeit, gegen die Bescheide der RfA zu klagen und ihre Rechte einzufordern, ungeachtet der Tatsache, dass sie damit als „Nichtarier" identifizierbar wurden. Ob die Identität bei der Urteilsfindung eine Rolle spielte, ist nicht nachweisbar. Die wenigen vorgefundenen Fällen, in denen es wie bei den übrigen Streitfälle entweder um die Ablehnung der Berufsunfähigkeit oder um strittige Ruhensvorschriften ging, geben keine eindeutige Antwort. Im Fall des Angestellten Wilhelm G. aus Oberschlesien entschied der Revisionssenats des RVA im Juli 1939 zugunsten des Klägers und wies die Sache zur erneuten Prüfung an das zuständige Oberversicherungsamt zurück. Dagegen gab das RVA im Fall der Witwe Mathilde F. aus Frankfurt Ende April 1939 der RfA als Beklagte Recht.[453] Bemerkenswert sind aber weniger die Urteile selbst als vielmehr die Tatsache, dass jüdische Versicherte und Rentner noch 1939 die Möglichkeiten der Sozialversicherungsrechtsprechung in Anspruch nahmen und ihren erworbenen Rechtsanspruch auf Leistungen einzuklagen versuchten. Ihr Recht forderten die jüdischen Versicherten auch im Zusammenhang mit den Arisierungsmaßnahmen ein. Wie bei der Reichspogromnacht die entstandenen Schäden für die Machthaber und vor allem die betroffenen Versicherungskonzerne zu entschädigungspflichtigen Versicherungsschadensfällen geworden waren, so sah sich die RfA 1937 mit einer wachsenden Anzahl von Rentenanträgen wegen Arbeitslosigkeit von versicherten jüdischen Angestellten konfrontiert, die entweder wegen der erzwungenen Geschäftsaufgabe oder infolge der Arisierung der Belegschaft in den Großunternehmen nach einjähriger Stellungslosigkeit ihre entsprechenden

---

450 Schreiben RfA an das RVA vom 23.10.1935, in: BArch R 89/3388.

451 Vgl. Präsidialverfügung vom 27.6.1939, in: RfA-Archiv Nr. 3.

452 Abteilungsverfügung vom 27.5.1938, in: RfA-Archiv Nr. 223.

453 Beide Fälle mit den Urteilen und knappen Begründungen vom 12.7.1939 und vom 26.4.1939, in: RfA-Archiv Fach 101, Nr. 5.

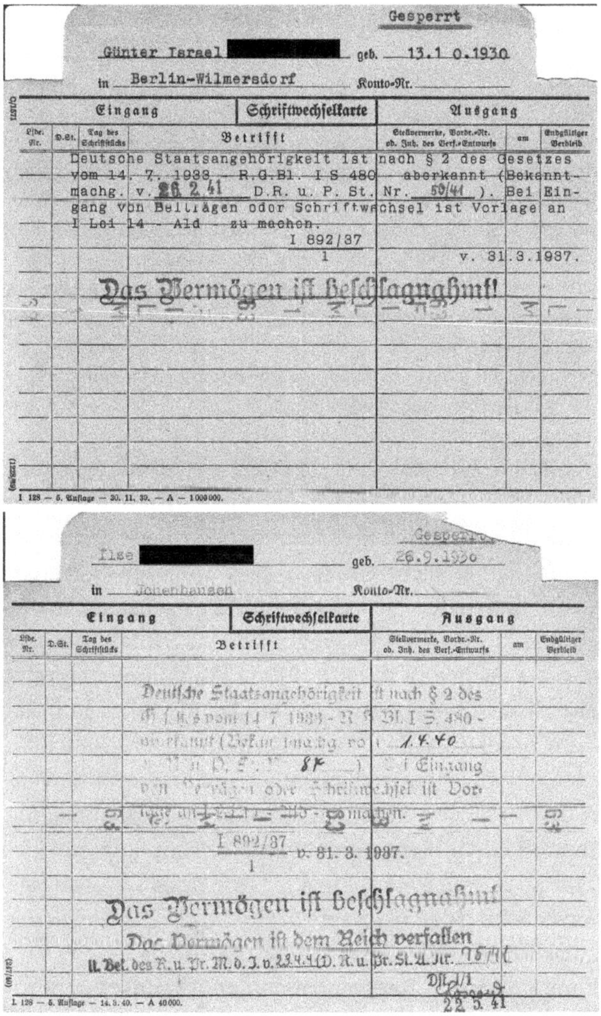

Gesperrt

Günter Israel [geschwärzt] geb. 13.1 0.1930

in Berlin-Wilmersdorf Konto-Nr.

Eingang			Schriftwechselkarte	Ausgang		
Lfde. Nr.	D.St.	Tag des Schriftstücks	Betrifft	Stellvermerke, Vordr.-Nr. od. Inh. des Verf.-Entwurfs	am	Endgültiger Verbleib

Deutsche Staatsangehörigkeit ist nach § 2 des Gesetzes vom 14. 7. 1933 – R.G.Bl. I S 480 – aberkannt (Bekanntmachg. v. 26.2.41 D.R. u. P. St. Nr. 50/41). Bei Eingang von Beiträgen oder Schriftwechsel ist Vorlage an I Lei 14 – Ald – zu machen.

I 892/37
1
v. 31.3.1937.

Das Vermögen ist beschlagnahmt!

I 128 — 5. Auflage — 30. 11. 39. — A — 1000000.

Gesperrt

Ilse [geschwärzt] geb. 26.9.1930

in [illegible] Konto-Nr.

Eingang			Schriftwechselkarte	Ausgang		
Lfde. Nr.	D.St.	Tag des Schriftstücks	Betrifft	Stellvermerke, Vordr.-Nr. od. Inh. des Verf.-Entwurfs	am	Endgültiger Verbleib

Deutsche Staatsangehörigkeit ist nach § 2 des G[esetzes] vom 14 7 1933 – R.G.Bl. I S. 480 – [aber]kannt (Bekanntmachg. v. 1.4.40 D.R. u. P. St. Nr. 8F). Bei Eingang von Beiträgen oder Schriftwechsel ist Vorlage [illegible] zu machen.

I 892/37
1
v. 31. 3. 1937.

Das Vermögen ist beschlagnahmt!

Das Vermögen ist dem Reich verfallen

lt. Bek. des R.u.Pr.M.d.I. v. 23.4.41 (D. R.u.Pr.St.A. Nr. 75/41)

I 128 — 5. Auflage — 14. 3. 40. — A 40000.

Abb. 23: Schriftwechselkarte zu jüdischen Versicherten (1937)

Ruhegelder bei der RfA beantragten.[454] Die rechtliche Bewertung war durchaus heikel und keineswegs eindeutig, denn für die Bewilligung einer Rente nach § 397 AVG war Voraussetzung, dass der Versicherte dem Arbeitsmarkt zur Verfügung stand, was aber auf jüdische Versicherte, die praktisch nicht mehr in den Arbeitsprozess eingegliedert wurden, formal nicht zutraf. Die RfA-Beamten erkundigten sich daher nach der Handhabung der Arbeitslosenunterstützung für Juden durch die Arbeitsämter und

454 Vgl. dazu etwa die Anfrage an die RfA vom 25.10.1938, in: RfA-Archiv Fach 17 sowie den Bericht des Freiburger Überwachungsbeamten vom 28.2.1939, in: RfA-Archiv Nr. 113.

man entschied nach einem entsprechenden vertraulichen Erlass des RAM im März 1939:

> Arbeitslosigkeit im Sinne des § 397 AVG kann im Einzelfall nicht deshalb verneint werden, weil die Bemühungen, eine Arbeitsstelle zu erlangen, daran scheitert, dass eine Einstellung an bestimmten, in der Person des Arbeitslosen liegenden Gründen abgelehnt wird. Daher wird auch Juden allein wegen der Schwierigkeit, die sich bei ihrer Eingliederung in den Arbeitsprozess wegen ihrer rassischen Herkunft ergaben, das Ruhegeld nach § 397 AVG nicht versagt werden dürfen, wenn die sonstigen Voraussetzungen erfüllt, insbesondere der Nachweis erbracht wird, dass sie mindestens 1 Jahr lang als Arbeitssuchender dem Arbeitsmarkt zur Verfügung gestanden haben. Ich ersuche, Anfragen von jüdischen Versicherten in diesem Sinne zu erledigen, ihnen jedoch aufzugeben, den Nachweis für ihre vergeblichen Arbeitsbemühungen durch Vorlage einer Bescheinigung des zuständigen Arbeitsamtes zu erbringen. Diese Verfügung ist nur für den Dienstgebrauch und nicht zur öffentlichen Bekanntgabe bestimmt.[455]

Wieviele jüdische Angestellte daraufhin tatsächlich in den Genuss eines Ruhegeldes wegen Arbeitslosigkeit gelangten, ist aus den Akten leider nicht ersichtlich. Viele dürften es aufgrund der Unkenntnis der Bestimmungen und vor allem auch wegen der Bedingung der Arbeitsamtsbescheinigung nicht gewesen sein. Ungeachtet dessen wurden inzwischen auch die Restriktionen der Finanzämter und Devisenstellen mehr und mehr auch gegen Juden innerhalb des Reichs eingesetzt. Im September 1939 wandte sich etwa das Postamt 1 in Dresden an die RfA mit der Mitteilung, dass die Auszahlung der Renten an drei jüdische Berechtigte nicht erfolgen konnte, da diese sich aufgrund eines Fragebogens gegenüber der Devisenstelle hatten verpflichten müssen, keine Gelder aus Reichs- und Staatskassen anzunehmen. Erst auf Intervention der RfA beim zuständigen Oberfinanzpräsidium erhielten sie die Erlaubnis, die ihnen von der RfA zustehende monatliche Rente unmittelbar in Empfang zu nehmen.[456] Mit Kriegsbeginn und vor allem seit 1941 sollte aber eine noch weit stärkere Radikalisierung und massive Verschärfung der Maßnahmen zum Ausschluss auch der inländischen Juden aus der deutschen Versichertengemeinschaft erfolgen.

Parallel dazu und vielfach mit indirekten Bezügen zu den antisemitischen Maßnahmen trug nun auch die Initiative der RfA zur Instrumentalisierung der Ruhensvorschriften gegen Staatsfeinde von 1934 Früchte. Schon vorher hatte, wie bereits erwähnt, gegolten, dass nach § 128 RVO die Rente ruhte, solange der Berechtigte eine Freiheitsstrafe von mehr als einem Monat verbüßte oder in Sicherheitsverwahrung genommen worden war. Ende Juli 1936 hatte das RAM nun seinerseits einen Gesetzentwurf „über einige Änderungen in der Sozialversicherung" vorgelegt, der diese Regelung erweiterte und unter anderem auch explizite Ruhensbestimmungen wegen

455 Vermerk und Antwort an den Freiburger Überwachungsbeamten durch die Präsidialabteilung vom 15.3.1939, in: ebd.

456 Vgl. das Schreiben des Postamts an die RfA vom 29.9.1939 sowie Bescheid des Oberfinanzpräsidiums vom 25.10.1939, in: RfA-Archiv Nr. 92 b.

staatsfeindlicher Betätigung enthielt.[457] Im Falle dass die Versicherungsträger nicht selbst Kenntnis von staatsfeindlichen Betätigungen ihrer Rentenempfänger erhielten, konnten sie an Hand der ihnen über das RAM zugeleiteten Listen der Gestapo feststellen, ob die dort verzeichneten Staatsfeinde zu den Rentenempfängern gehörten.[458] Aber nicht die RfA durfte im Zweifelsfall entscheiden, sondern die Feststellung des staatsfeindlichen Verhaltens traf das Reichsinnenministerium; über die Anordnung des Ruhens sowie Höhe und Zeitraum der ruhenden Rente entschied das RAM. Die Verordnung trat am 23. Dezember 1936 in Kraft.[459] Sie ersetzte eine frühere, bereits im Juli 1934 vom RAM erlassene Regelung zum Ruhen der Renten bei staatsfeindlicher Betätigung. Wie einfach und unbürokratisch schon vorher der Entzug der durch Beitragszahlungen wohlerworbenen Rentenansprüche für erklärte Gegner des NS-Regimes ging, zeigt der Fall der Ruhegeldempfängerin Dr. Helene St., die seit Juni 1932 Empfängerin einer RfA-Rente über 64,90 RM im Monat war. Im Oktober 1935 teilte die Berliner Gestapo der RfA ohne weitere Begründung mit, dass der Anspruch der Betroffenen gegenüber der RfA auf Zahlung von Ruhegeld zugunsten des Preußischen Staates aberkannt wurde und künftig das Ruhegeld an die Polizeihauptkasse in Berlin-Schöneberg zu überweisen war, was auch schon ab 1. November geschah.[460] Schon 1933 war es im Übrigen RfA wie RAM ein Dorn im Auge gewesen, dass ausländische Rentenempfänger wegen staatsfeindlicher Betätigung aus dem Deutschen Reich ausgewiesen wurden, diesen jedoch, insbesondere wenn mit den Herkunftsstaaten sozialversicherungsrechtliche Gegenseitigkeitsabkommen bestanden, die Renten weiter ausbezahlt werden mussten. Als einfache Lösung dieses Problems wurde daher die möglichst umgehende Beschlagnahme des inländischen Vermögens vorgeschlagen, von der der Rentenanspruch als Vermögensbestandteil betroffen war.[461] In der Praxis war das jedoch keineswegs so einfach, wie man sich das im RAM vorstellte. Die RfA-Beamten in die Bredouille brachten etwa die „Saarflüchtigen". Versicherte wie der seit 1923 als Gewerkschaftsangestellter des Arbeitnehmerverbandes tätige Heinrich H. oder Leonhard B., der bis 1934 Angestellter beim Deutschen Baugewerksbund, dann selbständiger Bauunternehmer gewesen war, waren nach der Eingliederung des Saarlandes in das Reich ins benachbarte Frankreich geflüchtet und hatten von dort Anträge auf Ruhegeld an die RfA geschickt.[462] Rein rechtlich konnte gegen die Anträge

457 Vgl. Schreiben des RAM an das RVA vom 19.12.1936, in: BArch R 89/3409 und dazu nach wie vor grundlegend Hans-Jörg Bonz, Für Staatsfeinde keine Rente. Das Ruhen der Renten bei staatsfeindlicher Betätigung im nationalsozialistischen Deutschland, in: Zeitschrift für Sozialreform, 37 (1991), H.9., S. 517–531 sowie auch Eckart Reidegeld, Staatliche Sozialpolitik in Deutschland, Bd. II: Sozialpolitik in Demokratie und Diktatur 1919–1945, Wiesbaden 2006, insbesondere S. 441–561.

458 Vgl. ebd. und Bonz, MS S. 531.

459 Vgl. Mitteilungen der RfA Nr. 12, 1937, S. 40 f. sowie Rundschreiben des RAM vom 10.4.1937, in: BArch R 89/3409. Siehe auch Bonz, S. 521 ff. und Schlegel-Voß, S. 79 f. zu den Gesetzesberatungen.

460 Schreiben der RfA an das RVA vom 15.11.1935, in: BArch R 89/3388.

461 Vgl. Erlass des RAM vom 17.7.1934, in: BArch R 89/3409.

462 Zu beiden Fällen vgl. Schreiben der RfA an das RVA vom 7.5.1937 bzw. 24.2.1937, in: BArch R 89/3167.

und die damit verbundenen Ansprüche auf Rentenzahlungen nichts unternommen werden, da beide unter die Bestimmungen des erst im Februar 1935 geschlossenen deutsch-französischen Abkommens über die Sozialversicherung im Saarland fielen, wonach das Ruhegeld „ohne jede Einschränkung“ zu zahlen war.[463] Auch die Anwendung der nun möglichen Ruhensbestimmungen wegen staatsfeindlicher Tätigkeit war ein zweischneidiges Schwert, denn die Zahl der Renten, die von Frankreich in das Saarland und das übrige Deutschland gezahlt wurden, war wesentlicher größer als umgekehrt. „Es wäre zu befürchten, dass ein Ruhen der Renten aufgrund der neuen Ruhensbestimmungen Frankreich zu Gegenmaßnahmen Veranlassung gäbe, durch die viele unserer Volksgenossen geschädigt werden würden“, gab denn auch der Leiter der LVA Saarland gegenüber dem RVA zu Bedenken.[464] Wohl oder übel mussten daher die Rentenzahlungen an die „Staatsfeinde“ ausbezahlt werden.

Bereits im Januar 1937 schickte die RfA aufgrund des neuen Gesetzes zu den Ruhensbestimmungen über das RVA an das RAM eine erste Liste mit Rentenberechtigten, deren Renten wegen staatsfeindlicher Betätigung möglicherweise ruhen sollten, mit der Bitte um rasche Entscheidung.[465] Eine Gewähr dafür, dass das Verzeichnis vollständig war, mochte man nicht gegeben, weil die RfA über eine staatsfeindliche Betätigung ihrer Versicherten keine Mitteilung erhielt und es sich daher eher um bei der Bearbeitung der Leistungsanträge zufällig bekannt gewordene Fälle handelte. Tatsächlich hatte es die Gestapo in mehreren Fällen abgelehnt, den Versicherungsträgern die Informationen über die Unterbringung von Schutzhäftlingen als Grundlage für die Beurteilung als eventueller Ruhensfall wegen staatsfeindlicher Betätigung zu überlassen. Dennoch ergibt sich aus den Unterlagen der Eindruck, dass die RfA-Beamten wie schon 1933/34 auch weiterhin durchaus eifrig bei der Identifikation entsprechender Ruhensfälle waren. Schon die Durchsicht der zur voraussichtlichen Anwendung der Ruhensbestimmungen gemeldeten Rentenempfänger vom Januar 1937 zeigte, dass bei einigen von ihnen die Rentenzahlung bereits seit einigen Monaten aufgrund von anderen Bestimmungen ruhte, so dass es sich hier nur noch quasi um die nachträgliche Verbescheidung und Begründung des Rentenentzugs entsprechend den neuen formalrechtlichen Bestimmungen handelte.

---

463 Zwischen Heinrich H. und der RfA war dabei auch der Zeitpunkt des Beginns der Ruhegeldauszahlung strittig und die RfA hatte sich, um die zur Klärung ihrer Meinung nach erforderliche ärztliche Untersuchung durchführen zu können, absurderweise beim Polizeipräsidenten von Saarbrücken für die Zusicherung eines freien Geleits eingesetzt.

464 Schreiben der LVA Saarland an das RVA vom 18.1.1937, in: BArch R 89/3167. Im Dezember 1938 kam es dann zu einer Abteilungsverfügung der Abt. I Leistung, nach der auf Anordnung des RAM unverzüglich zu prüfen war, ob sich unter den ausgebürgerten Personen Rentenempfänger der RfA befanden. Vgl. Abteilungsverfügung vom 21.12.1938, in: RfA-Archiv Nr. 2. Doch die schon kurz darauf erstattete Rückmeldung nach Überprüfung unter anderem auch von Thomas Mann, enthielt keine Fälle. Vgl. dazu der Vermerk in: RfA-Archiv Nr. 95.

465 Schreiben der RfA an das RVA vom 14.1.1937 mit dem Verzeichnis, in: RfA-Archiv Nr. 22, auch in: BArch R 89/3167.

Die angenommenen Formen der staatsfeindlichen Betätigung variierten dabei zudem beträchtlich. Die wenigsten Betroffenen saßen bereits rechtskräftig wegen Hochverrat verurteilt im Gefängnis. Gegen eine Versicherte lief erst noch das Verfahren wegen Vorbereitung zum Hochverrat, zwei andere Versicherte waren nach Frankreich bzw. in die Tschechoslowakei übergesiedelt. Einem anderen Versicherten war das Ruhegehalt entzogen worden, nachdem man festgestellt hatte, dass er von 1902 bis 1932 SPD-Mitglied gewesen war: Nachdem aufgrund der gesetzlichen Bestimmungen wieder eine volle Auszahlung erforderlich wurde, sollte auf diesem Wege aus dem vorübergehenden ein dauernder Rentenentzug möglich gemacht werden. Ähnliches galt für einen anderen Versicherten, dessen Ruhegeld aus der AV durch die Geheime Staatspolizei wegen angeblicher Agententätigkeit zunächst beschlagnahmt worden war; später aber musste die Sperre wieder aufgehoben werden und nun drohte ein neuer Entzug. Einer Empfängerin von Witwenrente sollte schließlich die Rente deshalb zum Ruhen gebracht werden, weil sie „in politischer Beziehung als ausgesprochen litauisch eingestellt anzusehen sein soll".[466] Die RfA hatte sich in diesem Fall sogar die Mühe gemacht und das Deutsche Generalkonsulat für das Memelgebiet um Auskunft und ein politisches Gutachten gebeten.[467] Die von dort erhaltene Antwort war für die vorauseilend gehorsamen RfA-Sachbearbeiter allerdings peinlich, denn dort ruderte man nun bezüglich der negativen politischen Einschätzung wieder zurück und bat, die Zahlung der Versorgungsbezüge für die Betroffene wieder aufzunehmen.

Noch im Lauf des Jahres 1937 meldete die RfA an das RVA dutzende weitere Fälle von potenziellen Ruhensanwendungen wegen staatsfeindlicher Betätigung.[468] In nicht wenigen Fällen kamen aber die Versichertenakten zusammen mit dem Bescheid des Reichsführers SS und Chefs der Deutschen Polizei zurück, dass es keinen Nachweis für staatsfeindliche Tätigkeit gebe und daher die Voraussetzungen für die Anwendung der Ruhensvorschriften fehlten.[469] Die RfA-Beamten besaßen bei ihren Anträgen zur Anwendung der Ruhensbestimmungen aus politischen Gründen durchaus die Möglichkeit, auf die Dauer des Rentenentzugs Einfluss zu nehmen, ebenso wie darauf, ob und in welcher Höhe die Ruhegelder an die Ehefrau und andere Familienangehörige weitergezahlt würden. Doch in keinem der Fälle lässt sich eine entsprechende Intervention zugunsten der Rentenempfänger feststellen. Im Gegenteil: Im Juni 1936 hatte sich ein RfA-Sachbearbeiter mit einem Vermerk an den zuständigen Unterabteilungsleiter gegen die im Allgemeinen praktizierte Verwaltungsübung gewandt, dass das Ruhegeld während der Dauer der Strafverbüßung meist in voller Höhe, zum Teil aber auch nur zu zwei Dritteln an die Ehefrauen weitergezahlt wur-

466 Ebd.
467 Vgl. Schreiben der Abt. I Leistung vom 4.2.1937 sowie vom 26.2.1937, in: ebd.
468 Vgl. die Fallakten in: BArch R 89/23304–23307 sowie zum Folgenden BArch R 89/3167.
469 Vgl. Schreiben des RAM an die RfA mit Abschrift der Bescheide der Sicherheitsbehörden vom 21.8.1937, vom 9.9.1937 und vom 11.1.1938, in: ebd.

de.[470] Und geradezu perfide war der Vorstoß eines RfA-Beamten im November 1937, einem Ruhegeldempfänger, der seit Oktober 1937 im Monat 62,40 RM erhielt, rückwirkend und nachträglich für den Zeitraum von Oktober 1935 bis September 1936 das Ruhegeld wegen staatsfeindlicher Betätigung entziehen zu lassen. Das RAM schickte daher die Akten ohne entsprechenden Bescheid zurück.[471] In einigen wenigen Fällen hatten die Betroffenen auch den Mut, gegen die entsprechenden Ruhensbescheide zu klagen, allerdings mit wenig Aussicht auf Erfolg. Ein Fall, der im November 1938 vor die Spruchkammer des Berliner Oberversicherungsamtes gelangte und erst im März 1940 dann vom Revisionssenat des RVA endgültig entschieden wurde, betraf einen Ruhegeldempfänger, der vom 21. Februar 1938 bis 25. Mai 1939 eine Gefängnisstrafe verbüßte.[472] Die RfA hatte daraufhin seine Rente zum Ruhen gebracht und auch die Überweisung an die vom Unterhalt des Mannes abhängige Ehefrau verweigert, da man festgestellt hatte, dass auch diese vom 6. November 1937 bis zum 6. Juni 1938 eine Freiheitsstrafe verbüßt hatte. Das Ruhegeld des Ehemannes wurde daher vom 1. März bis zum 6. Juni 1938 nicht ausbezahlt, wogegen beide Betroffene beim Oberversicherungsamt Berufung eingelegt hatten. Letztlich wurde die Berufung jedoch als unbegründet zurückgewiesen.

Aus Sicht der betroffenen Rentner war es dabei wenig beruhigend, dass anders als bei den anderen Ruhensbestimmungen der jeweilige Versicherungsträger eigentlich nicht berechtigt war, die Rente schon bei dem bloßen Verdacht einer staatsfeindlichen Tätigkeit vorsorglich einzubehalten.[473] Das war jedoch offensichtlich bei einer Reihe von Versicherungsträgern und auch bei der RfA ungeachtet der bestehenden Vorschriften vorgekommen, denn im April 1937 sah sich das RAM noch einmal zu einem expliziten Hinweis auf seine letzte Entscheidungskompetenz veranlasst.[474] Soweit in der Vergangenheit Versicherungsträger Rentenzahlungen wegen staatsfeindlicher Betätigung bereits eingestellt hatten, könne es hierbei jedoch sein Bewenden haben.[475] Erst nach der Entscheidung des RAM konnte die Zahlung eingestellt werden, dann allerdings auch rückwirkend, was entsprechende Rückforderungen an die Betroffenen nach sich zog. Im Februar 1939 kippte dann das RAM diesen Vorbehalt. Für bereits laufende Rentenzahlungen ins Ausland galt zwar die alte Regelung, aber bei erstmalig aufgenommenen Verfahren bezüglich Rentenzahlung ins Ausland konnte der jeweilige Versicherungsträger nun schon im Voraus die Zahlungen einfach ein-

470 Vgl. Vermerk vom 17.6.1936, in: RfA-Archiv Nr. 115. Wie über das weitere Procedere entschieden wurde, ist unklar, allerdings zeigen die Einzelfälle, dass an den Rentenzahlungen an die Familienangehörigen festgehalten wurde.

471 Schreiben der RfA an das RVA vom 28.10.1937 sowie Brief des RAM vom 17.2.1938, in: ebd.

472 Vgl. dazu das Urteil mit ausführlicher Begründung vom 20.3.1940, in: BArch R 89/23088.

473 Vgl. Schreiben des RVA an das RAM vom 16.3.1937, in: BArch R 89/3409.

474 Auch wenn Grießmeyer Ende Mai 1937 dem RVA gegenüber versicherte, dass bei der RfA von sich aus keine Rentenzahlungen wegen staatsfeindlicher Betätigung zum Ruhen gebracht worden seien. Vgl. Schreiben Grießmeyers an das RVA vom 28.5.1937, in: ebd.

475 Schreiben des RAM an das RVA vom 23.4.1937, in: ebd.

behalten. „Bei der gegenwärtigen Devisenknappheit", so heißt es in dem Erlass, „halte ich es nicht für vertretbar, dass Renten nach dem Ausland überwiesen werden, die aller Wahrscheinlichkeit nach wegen der staatsfeindlichen Betätigung des Berechtigten mit rückwirkender Kraft zum Ruhen gebracht werden."[476]

Dennoch gibt es eine Reihe von Fällen, bei denen sich die RfA nachweislich nicht an die zeitliche Unterscheidung des RAM bei der Entscheidung bezüglich des Ruhens der Rente hielt. In einem Fall hatte der jüdische Versicherte Erich S. seit Januar 1934 ein monatliches Ruhegeld von 34,40 RM erhalten. Gegen S. war im Frühjahr 1938 ein Verfahren wegen des Verdachts auf „Rassenschande" eingeleitet worden, und von der RfA war daraufhin, obschon das Verfahren erst im August 1939 beendet werden sollte und ohne dass ein entsprechender Beschluss des Reichsinnenministeriums bzw. RAM vorlag, seit März 1938 das Ruhegeld wegen staatsfeindlichen Verhaltens einbehalten worden. In einem anderen Fall ging es um die jüdische Witwe Emmy O., die seit 1926 bereits Witwen- und für ihren Sohn auch Waisenrente erhielt. Beide waren im September 1938 nach Paris emigriert und allein diese Tatsache genügte den RfA-Beamten offensichtlich, die laufende Hinterbliebenenrente wegen möglicher staatsfeindlicher Betätigung ab November 1938 ruhen zu lassen.[477] In beiden Fällen war mithin das Ruhen bzw. der Entzug der Rente unter Verletzung der gesetzlichen Bestimmungen, sprich offenem Rechtsbruch, erfolgt und erst durch die späteren Entscheidungen des RAM, in dem einen Fall im September 1940, im anderen Fall sogar erst im März 1941, nachträglich sanktioniert worden.[478] Soweit aus den Quellen ersichtlich, prüfte die RfA zwischen 1937 und 1943 in über 700 Fällen das Ruhen der Rente wegen staatsfeindlicher Betätigung; in ca. 250 Fällen gingen dann nach entsprechenden Verermittlungen die entsprechenden Sanktionsempfehlungen an das RAM.[479] Bei wie vielen Betroffenen dies dann auch umgesetzt wurde, ist nicht klar, aber sämtliche verdächtige Versicherte bzw. Rentenberechtigte mussten erst diskriminierende Nachforschungen über sich ergehen lassen. Und letztlich war der Vorgang nicht wegen seines quantitativen Umfangs von Bedeutung, sondern weit mehr wegen der damit sichtbaren Entwicklung der RfA zu einem Teil des nationalsozialistischen Repressionssystems.

Die Schutzhaft in einem KZ löste allerdings noch kein Ruhen oder den Entzug der Rente aus. In der Fachliteratur hatte es dazu 1933/34 eine absurd anmutende kontroverse Debatte gegeben, ehe in einem Grundsatzurteil das RVA im September 1933 bzw. im Juni 1934 entschied, dass Schutzhaft nicht der Verhängung einer Freiheitsstrafe oder einer Sicherungsverwahrung gleichzustellen sei und daher die Rente

476 Rundschreiben des RVA zum Erlass des RAM vom 15.2.1939, in: RfA-Archiv Nr. 223.

477 Vgl. dazu Schreiben der RfA vom 26.4.1939 an das RVA in Sachen S. und vom 9.2.1939 in Sachen O., in: BArch R 89/3408.

478 Vgl. weitere Fälle, in denen die RfA sich ähnlich verhielt, bei Bonz, Staatsfeinde, S. 528.

479 Vgl. Bonz-MS, S. 533 und ders., Staatsfeinde, S. 529.

weitergezahlt werden müsse.[480] Noch wichtiger war die ergänzende Bestimmung zur Regelung der Anwartschaftsansprüche der Inhaftierten. Da deren Erhaltung im staatlichen Interesse liege, so heißt es dazu in einem Erlass des Chefs der Gestapo vom März 1934, „bin ich damit einverstanden, dass bei den Schutzhaftgefangenen, die länger als 9 Monate in Schutzhaft und mittellos sind, diejenigen Beiträge zur Sozialversicherung, die zur Erhaltung der Anwartschaft erforderlich sind, aus staatlichen Mitteln geleistet werden."[481] Tatsächlich musste sich auch die RfA etwa im Herbst 1935 mit mehreren Anfragen von Ortsbürgermeistern auseinandersetzen, in deren Zuständigkeitsbereich sich Angehörige von noch in Haft befindlichen oder bereits entlassenen KZ-Strafgefangenen befanden, die als Wohlfahrtserwerbslose nur durch öffentliche Fürsorgeleistungen dauerhaft unterstützt wurden.[482] „Es dürfte sich empfehlen", so die lapidare Antwort der RfA, „die für den Versicherten aus der Zeit seines Aufenthaltes im Konzentrationslager zur Erhaltung der Anwartschaft fehlenden freiwilligen Beiträge aus Wohlfahrtsmitteln nachzuentrichten."[483] Nonkonformes und regimekritisches Verhalten konnte mithin zunehmend auch rentenrechtliche Konsequenzen haben, und die Fallbeispiele zeigen, dass damit vielfach die Existenz nicht nur der Betroffenen, sondern auch der Familienangehörigen bedroht wurde. Das galt noch weit mehr für die aus rassischen Gründen diskriminierten jüdischen Versicherten und Rentner. Unter dem Strich bleibt der bedrückende Befund, dass sich die RfA unter Grießmeyer eifrig an allen gegen jüdische Bürger gerichteten Maßnahmen in ihrem Bereich beteiligte und diese umsetzte, sei es bei der Ausschaltung jüdischer Ärzte, der Diskriminierung jüdischer Beitragszahler und Rentenbezieher, bei der Ausschaltung jüdischer Rechtsanwälte als Behördenvertreter in strittigen Rentenverfahren vor Gericht oder bei der Dienstentfernung „jüdisch versippter" RfA-Angestellter. Die RfA war, wie die anderen Versicherungsträger auch, längst Teil des NS-Unterdrückungsapparates geworden.[484] Die Angestelltenversicherung ist mithin nachgerade exemplarisch für die virtuose Bedienung der Klaviatur bürokratischer Maßnahmen, die mit oft nur kleinen und fast unsichtbaren Änderungen in den Verwaltungspraktiken höchst wirkungsvolle Rückwirkungen im Sinne des NS-Regimes erreichten. So kompliziert aber schon die Exklusion unerwünschter Bevölkerungsgruppierungen aus dem Rentenversicherungssystem war, desto mehr gestaltete sich

480 Vgl. dazu Mitteilungen der RfA Nr. 11, 1935, S. 53 sowie *Soziale Praxis* 44 (1935), S. 20. Zur Debatte mit Literaturhinweisen vgl. Reidegeld, S. 460, Anm. 649.

481 Abschrift des Erlasses vom 19.3.1934 sowie ein weiterer Erlass von Gestapo-Chef Best dazu vom 14.6.1935, in: RfA-Archiv Fach 1, Nr. 1.

482 Vgl. dazu den Schriftwechsel vom November 1935, in: RfA-Archiv Fach 94, Nr. 5. Dort auch der weitere Schriftwechsel der RfA mit verschiedenen Zuchthäusern in den Jahren 1937 und 1938 zur Frage der Art und Weise der Selbstversicherung und evtl. der Verpflichtungen der Strafanstalten zur Nachentrichtung von Versicherungsbeiträgen.

483 Schreiben der RfA vom 6.1.1936, in: ebd. Vgl. auch die dann im April 1938 erlassene Verordnung des Reichsjustizministeriums über die Sozialversicherung für Gefangene, in: Mitteilungen der RfA Nr. 7, 1938, S. 24f.

484 So auch die etwas vorsichtiger formulierte Schlussfolgerung von Bonz, Staatsfeinde, S. 531.

die gleichzeitig stattfindende Inklusion hunderttausender neuer Versicherter wie Rentner im Zuge der konzeptionellen wie geographischen Expansion der Angestelltenversicherung als Herausforderung für die RfA.

4 Die Expansion der Angestelltenversicherung. Das Handwerkerversorgungsgesetz und die Einbeziehung des Sudetenlands und Österreichs 1938/39

4.1 „Angestelltenversicherung nur für die leistungsschwachen Handwerker, die sonst niemand haben will“. Das Handwerkerversorgungsgesetz

Die gesetzliche Regelung einer Altersversorgung der Selbständigen, allen voran der Handwerker, hatte einen langen Vorlauf. Bereits Ende der 1920er Jahre hatte es Diskussionen dazu gegeben, aber erst mit einer Eingabe des Reichsstands des Deutschen Handwerks im November 1936 war es im RAM zu ersten Verordnungsentwürfen gekommen.[1] Die Vorstellungen der Handwerkerorganisation und der involvierten privaten Lebensversicherungsgesellschaften waren allerdings reichlich kontrovers, vor allem Letztere protestierten von Anfang an angesichts des drohenden Einbruchs der öffentlichen Rentenversicherung in ihr genuines Geschäftsfeld vehement gegen eine Ausdehnung der Sozialversicherungspflicht.[2] Es ging um ca. 1,6 Mio. Personen, die aber aus versicherungstechnischer Sicht mit ihrem hohen Anteil von 58 Prozent über 40-Jähriger eine ungünstige und versicherungsmathematisch mit hohem Risiko behaftete demographische Struktur aufwiesen. Angesichts dieser Überalterung war von vornherein klar, dass ein erheblicher Teil der Betroffenen von einer gesetzlich geregelten versicherungsmäßigen Altersversorgung gar nicht mehr erfasst werden würde bzw. nicht in den Genuss von Versicherungsleistungen kommen konnte. Erst im Januar 1938 legte das RAM schließlich einen Gesetzesentwurf vor, der die prinzipielle Versicherungspflicht für die selbständigen Handwerker vorsah, gleichzeitig aber die Wahl ließ zwischen dem Eintritt in die Angestelltenversicherung und dem Abschluss einer hinreichenden privaten Lebensversicherung und zudem eine Reihe von Ausnahmeregelungen enthielt.[3]

Die wesentlichen Grundzüge des neuen Gesetzes waren dabei bereits zwischen den verschiedenen Interessenvertretern von Standesorganisation, RAM-Verwaltung, Versicherungswirtschaft und DAF bzw. NSDAP ausgehandelt worden, ohne dass die RfA als betroffener Versicherungsträger eingeschaltet oder beteiligt worden wäre. Erst Mitte Februar 1938 erhielt auch die RfA über das RVA den Gesetzesentwurf, für dessen

1 Vgl. u.a. Die Altersversorgung der Selbständigen, in: *Soziale Praxis* 46 (1937), S. 280 sowie ebd., S. 751f. Zur Vorgeschichte im Einzelnen vgl. Schlegel-Voß, S. 132ff.

2 Vgl. ebd., S. 134.

3 Vgl. Abschrift des Schreibens des RAM an den Reichsstand des Deutschen Handwerks vom 8.1.1938, in: RfA-Fach 110, Nr. 6 und Schlegel-Voß, S. 135.

 https://doi.org/10.1515/9783110652741-005

Kommentierung bzw. das Vorbringen „etwaiger Bedenken" keine 14 Tage Zeit eingeräumt wurde.[4] Die daraufhin von Direktor Granzow am 26. Februar an das RVA übermittelten Änderungsanregungen waren denn auch nicht grundsätzlicher Art, sondern betrafen eher verwaltungstechnische Details, allen voran die Überprüfung der Handwerkereinkommen und der Nachweise der etwaigen privaten Lebensversicherungsverträge. Auch die komplizierten Bestimmungen zur Nachentrichtung von Beiträgen für die älteren Handwerker mit evtl. früheren, aber inzwischen erloschenen Anwartschaften in der Invaliden- oder Angestelltenversicherung waren Thema.[5] Allerdings ist bemerkenswert, dass die RfA eine Änderung des Gesetzestitels vorschlug: Statt „Gesetz über die Altersversorgung" müsse es „Gesetz über die Rentenversicherung" für das deutsche Handwerk heißen, denn es bringe ja nicht nur eine Versorgung für das Alter, sondern auch eine solche für den Fall der Berufsunfähigkeit und zugunsten der Hinterbliebenen.[6] Die von den Gesetzesmachern im RAM und der DAF bewusst gewählte Konnotation mit dem vielpropagierten Schlagwort vom „Altersversorgungswerk des deutschen Volkes" wäre damit verloren gegangen, daher wurde der Vorschlag aus der Ruhrstraße denn auch nicht weiter berücksichtigt.

In der historischen Forschung wird dem Alterssicherungsgesetz des Handwerks noch immer eine Schlüsselrolle bei der „sich zuspitzenden Konkurrenz zwischen dem Reichsarbeitsministerium und der DAF um die Vorherrschaft in der Rentenpolitik" zugeschrieben.[7] Die Handwerker besäßen eine hohe Stellung in der NS-Mittelstandsideologie und die Alterssicherung der etwa 1,3 Mio. Handwerker sei nicht nur technisch machbar, sondern auch finanziell ohne großen Aufwand durchzuführen.[8] Mag sein, dass so die Rentenexperten im RAM wie in der DAF dachten: Der Blick in die RfA-Akten zeigt jedoch eine ganz andere Wirklichkeit. Das begann schon mit dem Erlass des Gesetzes, der völlig überhastet erfolgte. Obwohl Ende August bereits erste Details des Gesetzes an die Öffentlichkeit durchgesickert waren, kam es erst am 21. Dezember 1938 zur offiziellen Verkündung.[9] Bis zum Inkrafttreten des Gesetzes am 1. Januar 1939 gab es nur zehn Tage, in denen der RfA als zuständigem Versicherungsträger keine Zeit blieb, sich verwaltungspraktisch auf die damit verbundenen neuen Aufgaben einzustellen, geschweige denn die Öffentlichkeit und vor allem die Betroffenen hinreichend zu informieren.

Das Gesetz verpflichtete nun grundsätzlich jeden Handwerker, der in der Handwerksrolle eingetragen war, sich für den Fall der Berufsunfähigkeit, für das Alter sowie zugunsten der Hinterbliebenen bei der RfA zu versichern. Die Durchführung im Einzelnen blieb aber den Betroffenen weitgehend selbst überlassen. Abweichend von den

4 Der 13-seitige Entwurf vom 17.2.1938, in: RfA-Archiv Fach 110, Nr. 6.
5 Vgl. Schreiben der RfA an das RVA vom 26.2.1938, in: ebd.
6 Ebd., auch in: BArch R 89/3196.
7 So etwa Schlegel-Voß, S. 156.
8 Vgl. ebd., S. 157.
9 Vgl. etwa „Die Altersversorgung des Handwerks", in: Düsseldorfer Handels- und Wirtschaftsblatt vom 21.8.1938, in: ebd.

bisher in der AV geltenden Grundsätzen wurden dafür mehrere Ausnahmen und abweichende Bestimmungen aufgenommen. Erstens wurde für die Festsetzung des Versicherungsbeitrags nicht der Entgeltbegriff verwendet, sondern das gesamte nachzuweisende Jahreseinkommen des Handwerkers zugrunde gelegt.[10] Eine Versicherungspflichtgrenze galt hier nicht. Zweitens gab es eine Verquickung von staatlicher Sozialversicherung und privater Lebensversicherung in der Form, dass entweder bei Nachweis einer ausreichenden Lebensversicherung der Handwerker von der Versicherungspflicht befreit werden konnte oder eine sogenannte Halbversicherung zur Anrechnung kam, d. h. eine RfA-Versicherung in halber Beitragshöhe, verbunden mit einem halben Prämienaufwand in Form einer Lebensversicherung, die aber beide jeweils im Versicherungsfall auch nur die Hälfte der üblichen Versicherungsleistungen garantierten.[11] Zudem stand den älteren Handwerkern die Möglichkeit offen, Beiträge rückwirkend bis 1924 nachzuentrichten und damit die Wartezeit bis zur Leistungsgewährung erheblich abzukürzen. Dem einzelnen Handwerker standen mithin prinzipiell vier Möglichkeiten für seine Altersversorgung offen: Pflichtversicherung in der Angestelltenversicherung; Pflichtversicherung bei der RfA, verbunden mit einer freiwilligen, beliebig hohen Privatlebensversicherung; Versicherungsfreiheit bei der AV bei Nachweis einer entsprechend hohen, mindestens gleichwertigen Lebensversicherung; sowie auf gesonderten Antrag Befreiung von der AV in Höhe der halben Beitragsleistung, verbunden mit dem Nachweis einer gleichwertigen Lebensversicherung (Halbversicherung). Prinzipiell ließen diese vier Möglichkeiten der freien Entscheidung des Handwerkers hinsichtlich der Altersvorsorge entsprechend seiner wirtschaftlichen Situation und der Art und des Umfang seiner Vorsorgeplanungen einen weiten Spielraum.

Darüber, wieviele der ca. 1,6 Mio. Handwerker von welcher Möglichkeit Gebrauch machen würden, konnten jedoch alle Beteiligten nur Vermutungen anstellen. Auf Seiten der RfA erwartete man, dass die große Mehrheit der Handwerker, die am 1. Januar 1939 das 50. Lebensjahr noch nicht erreicht hatten und daher vor der Wahl von Rentenpflichtversicherung oder privater Lebensversicherung standen, künftig als „starker Stamm neuer Versicherter" der RfA zufließen würde.[12] Zu dieser etwa einen Million kamen noch etwa 350.000 Handwerker, die am 1. Januar 1939 das 50. Lebensjahr bereits vollendet hatten. Sie mussten bei Stellung eines entsprechenden Antrags von der Versicherungspflicht befreit werden, sich ansonsten freiwillig weiterversichern, und es war zu erwarten, dass die Mehrheit von ihnen eine Altersversorgung bei der RfA wählen würde, da die Prämien für eine Lebensversicherung bei

10 Vgl. auch Wilhelm Friedrich Funke, DAF-Funktionär, Die Altersversorgung des Deutschen Handwerks, in: NS-Sozialpolitik 6 (1939), S. 22–24.

11 Vgl. zum Gesetz im Einzelnen Mitteilungen der RfA Nr. 14, 1938, S. 1–2, das ausführliche RfA-Merkblatt Nr. 19 vom 28.12.1938, in: RfA-Archiv Fach 110, Nr. 6 sowie auch Grießmeyer, Betrachtungen, S. 19 ff. und Schlegel-Voß, S. 137 ff. Vgl. auch RAM-Staatssekretär Krohn, Sozialpolitische Bedeutung der Altersversorgung für das deutsche Handwerk, in: *Soziale Praxis* 48 (1939), S. 450–454.

12 Grießmeyer, Betrachtungen, S. 19.

einem so späten Eintritt hoch waren. Alle Handwerker, die beim Inkrafttreten des Gesetzes bereits älter als 60 Jahre waren, wurden jedoch von den Bestimmungen nicht erfasst. Von der RfA wurde diese Gruppe auf ca. 250.000 Handwerker geschätzt. Da die Renten erst nach der Erfüllung der Wartezeit von fünf bis 15 Jahren gewährt wurden und die Höhe der Rente von der Zahl und Höhe der Beiträge abhing, konnten diese Handwerker entweder gar keine oder eine keinesfalls ausreichende Renten erhalten. Für sie gab es auch nicht mehr die Möglichkeit zur Nachentrichtung von Beiträgen bis zum Januar 1924, was allerdings angesichts der sich daraus ergebenden Summen faktisch für kaum einen Betroffenen realistisch gewesen wäre. Das Handwerkerversorgungsgesetz schuf mithin eine deutliche Trennungslinie zwischen bevorzugten jüngeren und älteren, benachteiligten Handwerkern. Damit deuteten sich soziale Härten des Gesetzes an, deren Behebung oder Milderung jedoch auf spätere Durchführungsverordnungen verschoben wurde.[13]

RfA-Direktor Granzow hatte von Anfang an gegenüber dem RAM deutlich gemacht, dass die RfA jede Ausnahmeregelung für die Handwerker, die die bestehenden Grundsätze der AV durchbrächen und sich zum Nachteil der Reichsversicherungsanstalt auswirkten, ablehnte.

> Die RfA hat als Versicherungsträger kein Interesse daran, dass Personen, die das 60. Lebensjahr vollendet haben [...], für angestelltenversicherungspflichtig erklärt werden. Der Versicherungsfall wird bei diesen Personen in der Regel bald nach Aufnahme der Pflichtversicherung eintreten.[14]

Prinzipiell erfolgte mit dem Gesetz eine weitere Einbeziehung der Selbständigen in das Konzept einer umfassenden „Volksversicherung". Nach der Schaffung der Selbstversicherung für alle unter 40-jährigen Beschäftigten im Ausbaugesetz kam es nun gleichsam in einer zweiten Stufe zur Einführung einer Zwangs- und Pflichtversicherung für eine einzelne Selbständigen-Gruppierung, allerdings mit diversen Optionen und Wahlmöglichkeiten bei der tatsächlichen Umsetzung des Versicherungsverhältnisses. Das Gesetz über die Altersversorgung für das deutsche Handwerk galt allerdings nur für das Altreich, an eine Übertragung und Inkraftsetzung auch für den Sudetengau und Österreich war, allein schon aus verwaltungsorganisatorischen Gründen wie etwa das Fehlen von Handwerkskammern und Handwerksrollen, nicht zu denken.

Während bei den RfA-Abteilungsdirektoren eher Skepsis über die Ausdehnung des Versicherungskreises und die sich daraus ergebenden Folgen für die RfA herrschte, stellte sich Präsident Grießmeyer intern wie auch in der Öffentlichkeit rückhaltlos hinter das Gesetz. Auf der Beiratssitzung im Dezember 1938 betonte er die

---

13 Vgl. dazu auch den Brief des RAM-Staatssekretärs Wankelmuth an RfA-Direktor Granzow vom 2.11. 1938, in: ebd.

14 Schreiben Granzows an Ministerialrat Dr. Wankelmuth vom 2.11.1938 sowie auch bereits eine umfangreiche Notiz vom 29.12.1938 an das RAM zur Regelung einer ersten Durchführungsverordnung des Gesetzes , in: ebd.

ebenso nachhaltige wie bedeutungsvolle Folgewirkung des Handwerkerversorgungsgesetzes:

> Es gibt seit dem 1. Januar 1939 keine Angestelltenversicherungsanstalt in dem bisherigen Sinne mehr. Die berufsständische Lösung einer wichtigen sozialen Frage in der bisherigen Form hat ihr Ende gefunden, die Angestelltenversicherung ist in ein größeres Kleid hineingewachsen und hat die bisherige beruflich gebundene Organisationsform gesprengt; die Richtung nach einer sozialen Volksversicherung schimmert deutlich durch.[15]

In einem Beitrag der Fachzeitschrift *Deutsche Rentenversicherung* unter dem Titel „Betrachtungen zur Altersversorgung für das Deutsche Handwerk" rühmte er dann im Februar 1939 die große Bedeutung des Gesetzes als Markstein auf dem weiteren Weg zur allgemeinen Volksversicherung und damit der Erfüllung des sozialversicherungsrechtlichen Programms der NSDAP.[16] Dieser Beitrag war auch deshalb ungewöhnlich, da sich der RfA-Präsident bislang nie so unmittelbar nach der Verkündung eines Rentenversicherungsgesetzes und so direkt zu dessen Inhalt und Bedeutung geäußert hatte. Für das organisatorische Gesicht der RfA, so betonte Grießmeyer, bedeute das Gesetz eine grundsätzliche Wandlung. Die Behörde war bisher 25 Jahre lang der Träger einer rein berufsständischen Versicherung für die Angestellten gewesen. Damit sei es nun aber seit dem 1. Januar 1939 praktisch zu Ende und man werde bald nach einer neuen behördlichen Bezeichnung für die RfA suchen müssen,

> die m. E. im Hinblick auf mögliche weitere Angliederungen zweckmäßig eine allgemeine Fassung erhalten sollte, wie z. B. „Reichsversicherungsanstalt", als welche sie ohnehin der Öffentlichkeit am geläufigsten geworden ist [...]. Was heute dem Handwerk als glückliche Lösung eines schwierigen Problems gelang, das mag in naher Zukunft Nachahmung finden in anderen, wirtschaftlich ähnlich gelagerten selbständigen Berufsgruppen [...]. Die Reichsversicherungsanstalt ist bereit.[17]

Gleichsam flankierend hatte Grießmeyer zudem kurz zuvor zusammen mit Felix Schüler, dem Generalsekretär des Reichsstandes des deutschen Handwerks, eine kleine, knapp 50-seitige Broschüre zur „Altersversorgung des Handwerksmeisters" herausgegeben, in dem unter abermaliger Würdigung der Bedeutung des Gesetzes als soziale Großtat des Dritten Reiches die wichtigsten Bestimmungen aufgeführt und erläutert wurden.[18]

Ein Jahr nach Erlass des Gesetzes und erheblichen Bemühungen der verwaltungspraktischen Umsetzung der Bestimmungen sollte jedoch von dieser Euphorie

---

15 Vgl. Niederschrift der zehnten Sitzung des Beirats am 11.12.1939, S. 3, in: BArch R 89/3470.

16 Vgl. Albert Grießmeyer, Betrachtungen zur Altersversorgung für das Deutsche Handwerk, in: Deutsche Rentenversicherung 11 (1939), Nr. 2, S. 18–20.

17 Ebd., S. 19 f. Von einem der RfA untergeschobenen „Kind" bezogen auf das Gesetz sowie einer damit verbundenen „von der RfA gar nicht begrüßten Ausweitung ihrer Zuständigkeit", wie Bonz meint, kann keine Rede sein. Vgl. Bonz-MS, S. 537 ff.

18 Vgl. Felix Schüler, Albert Grießmeyer, Die Altersversorgung des Handwerksmeisters, Berlin 1939.

nichts mehr übrig sein. Und während Grießmeyer noch das Loblied auf das Gesetz sang, ließ RfA-Direktor Granzow bereits in dessen Namen ein Rundschreiben an die Überwachungsbeamten verschicken, in dem eine Liste von zehn ungeklärten Zweifelsfragen aufgeführt wurde, verbunden mit einigen Aufsätzen „zum Handgebrauch"; mehr hatte man zunächst als Entscheidungs- bzw. Beratungsunterstützung nicht. „Das Gesetz über die Altersversorgung für das Deutsche Handwerk", so stand da ahnungsvoll, „wird zu zahlreichen Rückfragen bei den Überwachungsbeamten führen."[19] Kaum dass das Gesetz erschienen war, setzte denn auch eine verwaltungsinterne Debatte ein, inwieweit Durchführungs- und Ergänzungsbestimmungen zu dem Gesetz erforderlich wären und vor allem, wie diese aussehen sollten. Schon am 10. Januar übermittelte das RVA dem Reichsarbeitsminister ein 15-seitiges Schreiben mit detaillierten Kommentaren und dem deutlichen Hinweis auf die Gefahr der übermäßigen Belastung der RfA mit alten Handwerkern, d. h. ungünstigen Risiken, als Folge des Gesetzes.[20] Im März schaltete sich dann auch das Sozialamt der DAF ein. In einem 22-seitigen Exposé wurden umfangreiche Gesetzeserläuterungen sowie Vorschläge zur weiteren Durchführung des Handwerkerversorgungsgesetzes präsentiert, deren Inhalt und Bedeutung das RVA mit geradezu unterwürfigem Ton würdigte.[21] Der Erlass einer Durchführungsverordnung ließ dann aber auf sich warten.

Unmittelbar nach Inkrafttreten des Gesetzes waren bereits erhebliche Probleme aufgetaucht. So schrieb das Münchner Versicherungsamt Mitte Januar 1939 an Grießmeyer:

> Das plötzliche Erscheinen des im Betreff bezeichneten Gesetzes und insbesondere die Tatsache, dass nur wenige Tage von der Veröffentlichung an bis zur Inkraftsetzung für die Vorbereitung des praktischen Vollzugs zur Verfügung standen, hat es mit sich gebracht, dass zunächst in der Presse Auszüge aus dem Gesetz zur Veröffentlichung kamen, die teilweise mit kurzen Erläuterungen solcher Art versehen waren, dass in den Köpfen der braven Handwerksmeister ein heilloses Wirrwarr entstand.[22]

Ihrem Inhalt nach aus Kreisen der DAF stammend würden auf der einen Seite alle über 60-jährigen Handwerker ausnahmslos als nicht unter das Gesetz fallend bezeichnet, während auf der anderen Seite „skrupellos werbende Agenten der Lebensversicherungsgesellschaften" mit unverantwortlicher Propaganda aufträten. Zahlreiche Handwerker

> berichten, dass sie seitens der Lebensversicherungsgesellschaften stark unter Druck genommen worden seien mit der unrichtigen Angabe, dass das neue Gesetz die Verpflichtung zum Abschluss

19 Rundschreiben an die Überwachungsbeamten vom 18.1.1939, in: RfA-Archiv Fach 68, Nr. 1.
20 Vgl. Schreiben vom 10.1.1936, in. BArch R 89/3196.
21 Vgl. das Schreiben von RVA-Vizepräsident Schmidt an den Parteigenossen Dr. Funke vom 23.3.1939, in: BArch R 89/3196.
22 Schreiben des Versicherungsamtes der Hauptstadt der Bewegung vom 18.1.1939 an Grießmeyer, in: RfA-Archiv Fach 110, Nr. 6.

> einer Lebensversicherung enthalte und für den betreffenden Agenten der behördliche Auftrag vorliege, eine solche abzuschließen.[23]

Vertreter der Versicherungsgesellschaften „rühmten sich hemmungslos, ein ausgezeichnetes Geschäft mit dem neuen Gesetz zu machen", da insbesondere die „weniger gewandten Handwerksmeister in den kleineren Orten" den Überredungskünsten erlagen.[24] In der einen Perspektive dehnte die RfA mit der Handwerkerversicherung ihre Aktivitäten auf einen Personenkreis aus, der bis dahin vor allem ein Betätigungsfeld der Lebensversicherungsgesellschaften gewesen war. In einer anderen Perspektive jedoch eröffnete sich für die Lebensversicherungsgesellschaften das weite Feld der staatlichen Rentenversicherung für ihre Geschäftsinteressen. Das Münchner Versicherungsamt fasste Letzteres als Missstand auf und schlug daher zur Abhilfe vor allem zwei dringend erforderliche Maßnahmen vor: Erstens auf dem Wege einer sofortigen Durchführungsverordnung zu veranlassen, dass die Versicherungsfreiheit kraft Gesetz aufgrund des Abschlusses einer Lebensversicherung erst auf Antrag und nach Prüfung und Genehmigung durch die RfA oder die Versichertenkartenausgabestellen gewährt werden konnte. Dahinter stand die Erkenntnis, dass aufgrund der Zahl der zur Verfügung stehenden Überwachungsbeamten eine Überprüfung der nach dem Wortlaut des Gesetzes als versicherungsfrei geltenden Handwerksmeister nicht möglich sein würde. Zweitens erschien eine umgehende und systematische Aufklärung aller Beteiligten unbedingt notwendig. Drittens wäre zudem zu überlegen, ob nicht eine zusätzliche Bestimmung erlassen werden sollte, dass der Handwerksmeister, der bis 1. Juli 1939 seine Versicherungspflicht oder -freiheit nicht genügend geklärt hatte, mit einer Geldstrafe belegt würde.

Es ist nicht überliefert, was die RfA auf den Brandbrief des Münchner Versicherungsamtes antwortete. Aber in der Ruhrstraße stießen die Bedenken vermutlich auf offene Ohren, zumal man auch aus anderen Regionen des Deutschen Reichs ähnliche Schreiben erhielt und auch selbst direkt mit der Werbekampagne der Versicherungsgesellschaften konfrontiert wurde. „Täglich werden Innungen und Innungsmeister mit Prospekten von Privatversicherungen überschwemmt", berichtete etwa auch die Kreishandwerkerschaft Weißenfels im Januar 1939 an die RfA, und bat, um dieser „recht geschickten Propaganda" wirkungsvoll entgegentreten zu können, um die Entsendung eines geeigneten Redners.[25] Mitte Mai 1939 schickte dann unter anderem der Frankfurter Überwachungsbeamte einen vierseitigen Bericht über die in der Sprechstunde und bei den Beitragsprüfungen gesammelten Erfahrungen und Beobachtungen infolge des Handwerkerversorgungsgesetzes nach Berlin.[26] Ein wesentlicher Teil befasste sich dabei mit der – ganz entgegen der regimeoffiziellen Propa-

---

23 Ebd., S. 2.

24 Ebd.

25 Schreiben der Kreishandwerkerschaft Weißenfels vom 10.1.1939, in: RfA-Archiv Fach 82, Nr. 1. Berlin schickte daraufhin tatsächlich den zuständigen Überwachungsbeamten nach Weißenfels.

26 Vgl. der Bericht vom 18.5.1939, in: RfA-Archiv Fach 110, Nr. 6.

ganda – offensichtlichen Gleichgültigkeit der Handwerker gegenüber dem Gesetz – eine Beobachtung, die sich auch mit anderen Berichten deckte. Fast vier Monate nach dem Gesetzeserlass hatte vielerorts kaum ein Handwerker einen Antrag auf Ausstellung einer Angestelltenversicherungskarte gestellt oder sich anderweitig darum gekümmert, sein Versicherungsverhältnis in Ordnung zu bringen. Die laut Gesetz mindestens alle zwei Jahre erforderliche Prüfung der Versicherungsverträge bei den nichtversicherten Handwerkern durch die RfA an Ort und Stelle hielt der Überwachungsbeamte mit guten Gründen für praktisch undurchführbar, nicht zu reden von dem erheblichen Zeitaufwand für die Durchsicht und Bewertung der Versicherungsverträge selbst. Er schlug daher als Ausweg eine Übertragung der Überprüfungskompetenzen auf die jeweiligen Kreishandwerkerschaften vor, ebenso wie eine Beteiligung der Lebensversicherungsunternehmen an den auf die RfA zukommenden erheblichen Kosten bei der Durchführung des Gesetzes.

In der Ruhrstraße hätte man die diversen Verbesserungs- und Ergänzungsvorschläge gerne aufgenommen, insbesondere was die aktive Einschaltung der Handwerkskammern in den Verwaltungsablauf anging. Die Handwerkskammern sah man nicht nur in der Verpflichtung, ihrerseits anstelle der RfA die Hauptlast der Aufklärungsarbeit über die gesetzlichen Regelungen gegenüber den Innungsmeistern zu tragen. Sie sollten, so die Vorstellungen, auch als Ausgabestellen der Versicherungskarten und Entscheidungsorgane bei Halbversicherungsanträgen fungieren; dazu könnte man ihnen auch das Kleben der Marken übertragen. „Mit Rücksicht auf die zahlreichen ungeklärten Fragen“ müsse man dem Handwerker Zeit lassen, vor einer endgültigen Entscheidung über die Art und Weise der Altersvorsorge die Einzelheiten und Auswirkungen der Durchführungsverordnung abzuwarten. „Wann diese zu erwarten sind, lässt sich zurzeit jedoch noch nicht sagen.“[27] Auch aus den eigenen Abteilungen und Dienststellen erhielt die RfA-Leitung eine zunehmende Zahl von Vermerken und Hinweisen „mit der Bitte um Kenntnisnahme und Entscheidung“, in denen auf Ungereimtheiten des Gesetzes hingewiesen wurde. So waren etwa einige Bestimmungen des AVG mit dem Handwerkergesetz nicht kompatibel mit der Folge, dass Handwerkern mit früheren Pflichtbeiträgen zur Invalidenversicherung und zur Angestelltenversicherung Leistungen bzw. Steigerungsbeträge nicht anerkannt wurden, was die Betroffenen zu Recht als unbillige Härte empfanden. In einem entsprechenden Vermerk heißt es:

> Ich nehme an, dass es nicht Absicht des Gesetzgebers ist, den Handwerkern durch ihre Überführung als Pflichtversicherte in die Angestelltenversicherung Schaden zufügen zu wollen und möchte daher auf die Auswirkungen hierdurch unter Anführung der praktischen Fälle hinweisen.[28]

27 Antwortschreiben RfA an den Überwachungsbeamten vom 16.6.1939, in: ebd.

28 Vermerk der Dienststelle I/3 für RfA-Vizepräsident Schaefer vom 26.6.1939, in: ebd.

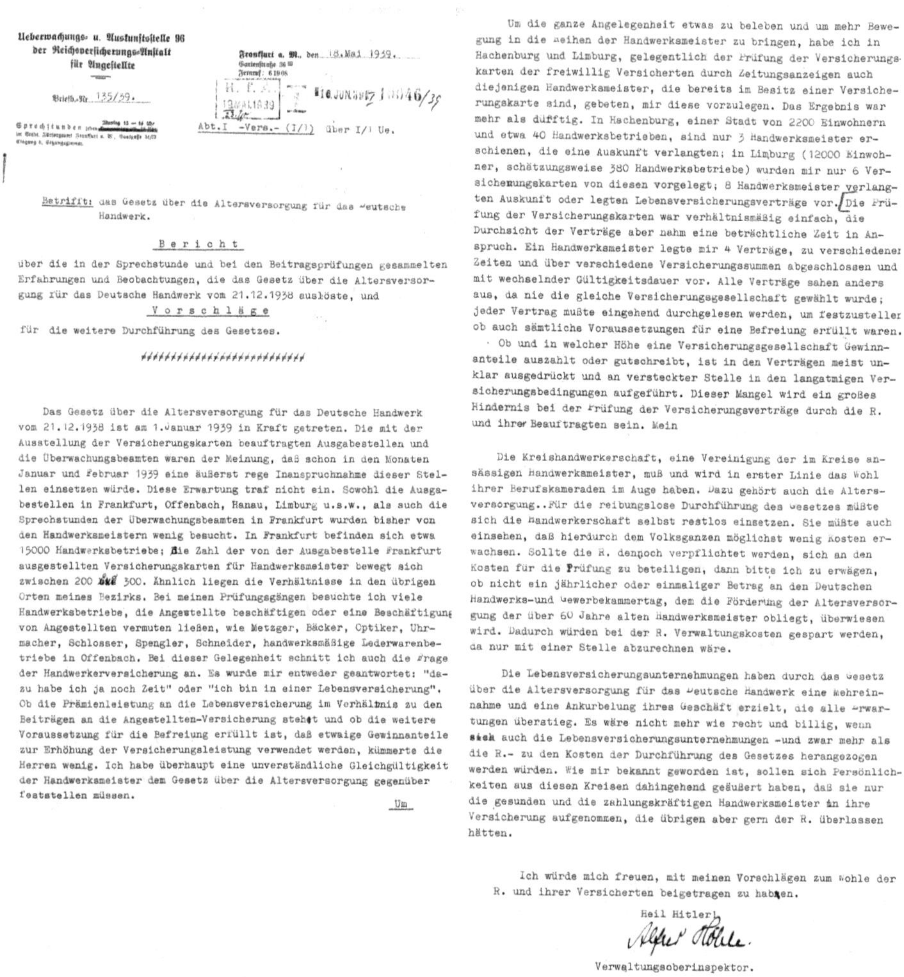

Ueberwachungs- u. Auskunftsstelle 96
der Reichsversicherungs-Anstalt
für Angestellte

Briefb.-Nr. 135/39.

Frankfurt a. M., den 18. Mai 1939.
Gartenstraße 36
Fernruf: 61906

H. F. A. 19 MAI 1939

16 JUN 1939 10046/39

Abt.I -Vers.- (I/1) über I/1 Ue.

Betrifft: das Gesetz über die Altersversorgung für das Deutsche Handwerk.

Bericht

über die in der Sprechstunde und bei den Beitragsprüfungen gesammelten Erfahrungen und Beobachtungen, die das Gesetz über die Altersversorgung für das Deutsche Handwerk vom 21.12.1938 auslöste, und

Vorschläge

für die weitere Durchführung des Gesetzes.

Das Gesetz über die Altersversorgung für das Deutsche Handwerk vom 21.12.1938 ist am 1.Januar 1939 in Kraft getreten. Die mit der Ausstellung der Versicherungskarten beauftragten Ausgabestellen und die Überwachungsbeamten waren der Meinung, daß schon in den Monaten Januar und Februar 1939 eine äußerst rege Inanspruchnahme dieser Stellen einsetzen würde. Diese Erwartung traf nicht ein. Sowohl die Ausgabestellen in Frankfurt, Offenbach, Hanau, Limburg u.s.w., als auch die Sprechstunden der Überwachungsbeamten in Frankfurt wurden bisher von den Handwerksmeistern wenig besucht. In Frankfurt befinden sich etwa 15000 Handwerksbetriebe; die Zahl der von der Ausgabestelle Frankfurt ausgestellten Versicherungskarten für Handwerksmeister bewegt sich zwischen 200 und 300. Ähnlich liegen die Verhältnisse in den übrigen Orten meines Bezirks. Bei meinen Prüfungsgängen besuchte ich viele Handwerksbetriebe, die Angestellte beschäftigen oder eine Beschäftigung von Angestellten vermuten ließen, wie Metzger, Bäcker, Optiker, Uhrmacher, Schlosser, Spengler, Schneider, handwerksmäßige Lederwarenbetriebe in Offenbach. Bei dieser Gelegenheit schnitt ich auch die Frage der Handwerkerversicherung an. Es wurde mir entweder geantwortet: "dazu habe ich ja noch Zeit" oder "ich bin in einer Lebensversicherung". Ob die Prämienleistung an die Lebensversicherung im Verhältnis zu den Beiträgen an die Angestellten-Versicherung steht und ob die weitere Voraussetzung für die Befreiung erfüllt ist, daß etwaige Gewinnanteile zur Erhöhung der Versicherungsleistung verwendet werden, kümmerte die Herren wenig. Ich habe überhaupt eine unverständliche Gleichgültigkeit der Handwerksmeister dem Gesetz über die Altersversorgung gegenüber feststellen müssen.

Um die ganze Angelegenheit etwas zu beleben und um mehr Bewegung in die Reihen der Handwerksmeister zu bringen, habe ich in Hachenburg und Limburg, gelegentlich der Prüfung der Versicherungskarten der freiwillig Versicherten durch Zeitungsanzeigen auch diejenigen Handwerksmeister, die bereits im Besitz einer Versicherungskarte sind, gebeten, mir diese vorzulegen. Das Ergebnis war mehr als dürftig. In Hachenburg, einer Stadt von 2200 Einwohnern und etwa 40 Handwerksbetrieben, sind nur 3 Handwerksmeister erschienen, die eine Auskunft verlangten; in Limburg (12000 Einwohner, schätzungsweise 380 Handwerksbetriebe) wurden mir nur 6 Versicherungskarten von diesen vorgelegt; 8 Handwerksmeister verlangten Auskunft oder legten Lebensversicherungsverträge vor. Die Prüfung der Versicherungskarten war verhältnismäßig einfach, die Durchsicht der Verträge aber nahm eine beträchtliche Zeit in Anspruch. Ein Handwerksmeister legte mir 4 Verträge, zu verschiedenen Zeiten und über verschiedene Versicherungssummen abgeschlossen und mit wechselnder Gültigkeitsdauer vor. Alle Verträge sahen anders aus, da nie die gleiche Versicherungsgesellschaft gewählt wurde; jeder Vertrag mußte eingehend durchgelesen werden, um festzustellen ob auch sämtliche Voraussetzungen für eine Befreiung erfüllt waren.

Ob und in welcher Höhe eine Versicherungsgesellschaft Gewinnanteile auszahlt oder gutschreibt, ist in den Verträgen meist unklar ausgedrückt und an versteckter Stelle in den langatmigen Versicherungsbedingungen aufgeführt. Dieser Mangel wird ein großes Hindernis bei der Prüfung der Versicherungsverträge durch die R. und ihrer Beauftragten sein. Mein

Die Kreishandwerkerschaft, eine Vereinigung der im Kreise ansässigen Handwerksmeister, muß und wird in erster Linie das Wohl ihrer Berufskameraden im Auge haben. Dazu gehört auch die Altersversorgung.. Für die reibungslose Durchführung des Gesetzes müßte sich die Handwerkerschaft selbst restlos einsetzen. Sie müßte auch einsehen, daß hierdurch dem Volksganzen möglichst wenig Kosten erwachsen. Sollte die R. dennoch verpflichtet werden, sich an den Kosten für die Prüfung zu beteiligen, dann bitte ich zu erwägen, ob nicht ein jährlicher oder einmaliger Betrag an den Deutschen Handwerks-und Gewerbekammertag, dem die Förderung der Altersversorgung der über 60 Jahre alten Handwerksmeister obliegt, überwiesen wird. Dadurch würden bei der R. Verwaltungskosten gespart werden, da nur mit einer Stelle abzurechnen wäre.

Die Lebensversicherungsunternehmungen haben durch das Gesetz über die Altersversorgung für das Deutsche Handwerk eine Mehreinnahme und eine Ankurbelung ihres Geschäft erzielt, die alle Erwartungen überstieg. Es wäre nicht mehr wie recht und billig, wenn auch die Lebensversicherungsunternehmungen -und zwar mehr als die R.- zu den Kosten der Durchführung des Gesetzes herangezogen werden würden. Wie mir bekannt geworden ist, sollen sich Persönlichkeiten aus diesen Kreisen dahingehend geäußert haben, daß sie nur die gesunden und die zahlungskräftigen Handwerksmeister in ihre Versicherung aufgenommen, die übrigen aber gern der R. überlassen hätten.

Ich würde mich freuen, mit meinen Vorschlägen zum Wohle der R. und ihrer Versicherten beigetragen zu haben.

Heil Hitler!
Alfred Kohle.
Verwaltungsoberinspektor.

Abb. 24: Bericht des Frankfurter Überwachungsbeamten vom 18. Mai 1939 zum Handwerkerversorgungsgesetz

Über nicht wenige Detailfragen der Gesetzesanwendung gab es denn zudem auch behördenintern Differenzen in der Auslegung. Da auch noch keine weiterführende Rechtsprechung durch das RVA existierte, war man zunächst auf sich selbst gestellt.[29]

Dies war umso schwieriger, als die Behörde nun auch von Anfragen der Kreishandwerkerschaften, Innungsverbände, Handwerkskammern, der Rechtsberatungsstellen der DAF und nicht zuletzt der Handwerker selbst geradezu überflutet wurde.[30]

29 Vgl. dazu etwa die Auslegungsdifferenzen zwischen den RfA-Direktoren Koch und Granzow vom 1. bzw. 3.3.1939, in: RfA-Archiv Fach 1, Nr. 1.

30 Vgl. dazu allein 27 Ordner im RfA-Archiv in Fach 87, Nr. 1–4, Fach 86, Nr. 1–3 und Fach 82, Nr. 1–20.

Etliche offene Fragen bestanden: Wie stand es um die Anrechnung der Beiträge von Handwerkern, die früher schon einmal invalidenversicherungspflichtig gewesen waren, nun aber in der AV-versicherungspflichtig wurden? Galten für sie die Regeln wie bei normalen Wanderversicherten?[31] Wie sollte man den monatlichen Versicherungsbeitrag berechnen, wenn ein Handwerker etwa aufgrund des niedrigen Einkommens und einer größeren Kinderzahl gar keinen Einkommenssteuer-Bescheid erhalten hatte? Wie hoch mussten die Überbrückungsmarken von Handwerksmeistern geklebt werden, wenn frühere Anwartschaften aus der Invaliden- oder Angestelltenversicherung wieder aufleben sollten? Was sollte ein Handwerker tun, der erst zwei Jahre in der Angestelltenversicherung, 60 Jahre alt und noch arbeitsfähig war, jedoch aus sozialen Gründen den Betrieb an seinen Sohn oder Schwiegersohn übergeben hatte, infolgedessen aber aus der Handwerksrolle gestrichen worden war?[32] Und vor allem, wie sah es mit den Befreiungsmöglichkeiten für die über 50 Jahre alten Handwerker aus? Das aus gerade einmal zwölf Paragraphen bestehende Gesetz ließ Vieles ungeklärt, so dass eine verwaltungstechnische Implementierung ohne weitere Durchführungsbestimmungen nahezu unmöglich war.

Im Übrigen herrschte nicht nur unterhalb des RfA-Präsidiums auf den Verwaltungsebenen der Behörde eine gehörige Skepsis gegenüber dem Gesetz. In einem persönlich an Grießmeyer gerichteten Brief äußerte etwa schon Ende Dezember 1938 der Geschäftsführer des Reichsverbands der Innungskrankenkassen erhebliche Bedenken.[33] Es stehe zu erwarten, dass von Seiten der privaten Versicherungsträger eine energische Werbearbeit einsetze, damit vor allem die jüngeren Meister nicht zur RfA gehen. Diese würde dann nur die älteren Handwerker, die gerade eben noch versichert werden können, erhalten. „Die Durchführung des Gesetzes würde dann nicht den hochgemuten Geleitworten entsprechen, die ihm bei seiner Verkündigung mit auf den Weg gegeben worden sind.“[34] Für die Durchführung des Gesetzes empfahl der Verbandsfunktionär dann auch die Bildung eines Beirates aus führenden Handwerksmeistern bei der RfA, die zusammen mit den zuständigen Mitarbeitern auch den behördlichen Werbeapparat steuern sollten. Die Werbevorbereitungen der „Privaten“ seien bereits in vollem Gange. Der Versicherungszwang dürfe sich nicht einseitig zugunsten der Kapitalversicherung auswirken, sondern die RfA müsse den Hauptanteil haben. Grießmeyer jedoch wollte oder konnte sich nicht in diese Konkurrenz zu den Privatlebensversicherern drängen lassen. Und diesen war das Zögern und die neutrale Zurückhaltung der RfA nur recht. Faktisch hatten sie bereits das Heft in die

31 Vgl. dazu auch die zahllosen, meist mit Hilfe konkreter Einzelfälle belegten Detailfragen der Überwachungsbeamten und die Versuche, diese zu beantworten, etwa der Überwachungsstelle Hamburg vom 20.1.1939, in: RfA-Archiv Fach 87, Nr. 1.

32 Vgl. dazu das Schreiben der DAF, Gauverwaltung Schlesien an die RfA vom 1.2.1939, in: RfA-Archiv Fach 82, Nr. 1. Tatsächlich trafen in diesem Fall die Bestimmungen des Handwerkerversorgungsgesetzes nicht mehr zu und es blieb nur die Möglichkeit zur freiwilligen Weiterversicherung in der AV.

33 Vgl. das Schreiben vom 30.12.1938, in: RfA-Archiv Fach 87, Nr. 1.

34 Ebd.

Hand genommen. Das vom Reichsstand des Deutschen Handwerks noch im Januar geradezu verzweifelt erlassene Verbot jeglicher Werbung in den Innungsversammlungen zugunsten von Lebensversicherungen rührte diese kaum.

Auch in der Folgezeit versorgten nicht nur die Überwachungsbeamten, sondern auch der Reichsverband der Innungskrankenkassen über seine Landesgeschäftsstellen Grießmeyer wie auch das RAM direkt mit Berichten über den regelrechten Feldzug der Versicherungsgesellschaften bei den Handwerkern, um deren „Unerfahrenheit und Unaufgeklärtheit" zu nutzen.[35] Ein Versicherungsvertreter habe bei einer Kreishandwerkerschaft angegeben, dass er täglich Abschlüsse in Höhe von 80.000 RM tätige, so warnte die Handwerkskammer Mitte Januar 1939 Handwerks-Generalsekretär Schüler.

> Wenn das so weiter geht, wird die Angestelltenversicherung nur für die leistungsschwachen Handwerker übrig bleiben, die sonst niemand haben will. Die Entwicklung wird so laufen, wie sie keiner der Beteiligten beabsichtigt hat und durch eine einzigartige Verzettelung aller Kräfte gekennzeichnet sein. Wenn jetzt nicht Aufklärung gebracht wird, hat sie an Wert wesentlich eingebüßt.[36]

Selbst die DAF sah sich in einigen Regionen zur Intervention zugunsten der RfA veranlasst. Unter der Überschrift „Keine Geschäftemacherei bei der Altersversorgung" ließ etwa der Düsseldorfer Gauobmann der DAF eine Klarstellung zur Alterssicherung des Handwerks verbreiten.[37] Ungeachtet der vielfach auslegungsbedürftigen und lückenhaften Gesetzeslage drohte mithin, kaum dass das Handwerkerversorgungsgesetz veröffentlich worden war, zwischen der RfA und den Lebensversicherungsunternehmen unter dem Motto „hier soziale Rentenversicherung, dort private Kapitallebensversicherung" eine regelrechte Schlacht um die Gunst der Handwerker als künftige Beitrags- oder Prämienzahler zu entbrennen. Anders als viele Überwachungsbeamte vor Ort, die bereit waren, sich für ihre RfA offensiv in diesen Konkurrenzkampf zu stürzen, legte sich die RfA-Führung jedoch, alle Hinweise auf die drohende Fehlentwicklung ignorierend, eine deutliche Zurückhaltung und abwartende Haltung auf. Ein Schreiben an die Überwachungsbeamten von Anfang März 1939 verlautet:

> Die Reichsversicherungsanstalt hält es nicht für angebracht, die Handwerker durch Zeitungsartikel usw. aufzufordern, sich in der Angestelltenversicherung zu versichern. Die RfA hat auch keine Handhabe dagegen vorzugehen, dass Lebensversicherungsgesellschaften bei den Handwerkern werben.[38]

---

35 Vgl. dazu etwa das vertrauliche Schreiben an das RAM vom 4.1.1939, in: RfA-Archiv Fach 87, Nr. 1.

36 Abschrift des Schreibens vom 14.1.1939, in: RFA-Archiv Fach 87, Nr. 3.

37 Vgl. den am 11.2.1939 im Düsseldorfer Tageblatt erschienenen Aufruf, in: ebd.

38 Rundschreiben an die Überwachungsbeamten vom 8.3.1939, in: RfA-Archiv Nr. 24. Vgl. auch ein in diesem Tenor gehaltenes Standardschreiben der RfA unter anderem an den Oberbürgermeister der Stadt Reichenbach im Vogtland vom 13.1.1939, der seinerseits seine erhebliche Besorgnis über das Treiben der Versicherungsgesellschaften geäußert hatte und mehr Aufklärungsaktivitäten durch die RfA forderte.

Erst langsam gab die RfA ihre Zurückhaltung auf und ging nun ihrerseits mit diversen Beiträgen an die Öffentlichkeit. Im März 1939 veröffentlichte etwa Arne Alt, Assessor bei der RfA, im *Berliner Lokal-Anzeiger* unter dem Titel „Auch für ältere Handwerker vorteilhaft. Ein Wort zu den Anträgen auf Befreiung von der Altersversorgung" einen größeren Beitrag.[39]

> Die zahlreichen bei der RfA in Berlin einlaufenden Befreiungsgesuche lassen erkennen, dass die Handwerker meist von der Vorstellung ausgehen, dass sie bei ihrem Alter wohl kaum mehr in den Genuss einer Rente kommen könnten und die Versicherung daher keinen Zweck mehr habe.[40]

Diese Vorstellung sei jedoch irrig, und im Folgenden rechnete er an Hand eines Beispiels die Vorteile und Möglichkeiten einer Pflichtversicherung bei der RfA vor. In der Folgezeit erschienen weitere Artikel, die unter anderem mit dem Schlagwort „Mehr Versicherungsgerechtigkeit" auf die drohenden Ungleichheiten bei der Risikoverteilung zu Lasten der RfA hinwiesen. Obwohl das Handwerkerversorgungsgesetz nicht in Österreich galt, wandte sich im Mai auch die Wiener Ausgabe des *Völkischen Beobachter* an die RfA und versuchte sie zur Aufgabe ihrer neutralen Haltung zu bewegen. Mit „aufklärerischen Anzeigen" solle die Behörde doch an die Handwerker direkt herantreten, Unklarheiten beseitigen und beraten, um damit die Entscheidung, welche Versicherungsart die für die Einzelnen richtige sei, bedeutend zu erleichtern.[41] Im Juni schaltete sich dann auch das *Schwarze Korps* in die Diskussion ein. Unter dem Titel „Wo liegt hier der Vorteil?" wurden in einem großen Artikel Vor- und Nachteile der Kapitalbildung und der Rente durchgerechnet und dabei mit deutlicher Kritik diesmal an den Versicherungsunternehmen nicht gespart.[42] Es lag „durchaus nicht in der Absicht des Gesetzgebers", so stand da, „durch diese soziale Maßnahme nunmehr den Mammutversicherungsgesellschaften einen zusätzlichen, erheblichen Gewinn zuzuschanzen". Nach Erwägung aller Gegebenheiten „ergibt sich also die Angestelltenversicherung als ausschließlich befugte Sachwalterin in Dingen der Altersversicherung der Handwerker".[43]

Im November 1939 wandte sich dann auch Grießmeyer selbst mit einem Beitrag zum Handwerkerversorgungsgesetz an die Fachöffentlichkeit, in dem er unverhohlen die öffentliche, gesetzliche Rentenversicherung als die bessere Versorgungsform gegenüber der Kapitalversicherung propagierte.[44] Auch die örtlichen Überwachungsbeamten gingen nun zusammen mit den Lokalbehörden offensiver vor. Im württembergischen Reutlingen etwa wurden die Handwerker und Handwerkerinnen in das Rathaus vorgeladen und mit jedem einzeln die Versicherungspflicht durchgespro-

39 Kopie des Beitrags in: RfA-Archiv Fach 82, Nr. 1.
40 Ebd.
41 Schreiben des VB vom 25.5.1939, in: RfA-Archiv Fach 82, Nr. 1.
42 Vgl. den Artikel in: *Das Schwarze Korps* vom 15.6.1939, in: BArch R 89/3197.
43 Ebd.
44 Vgl. Grießmeyer, Betrachtungen.

chen. Handwerker, die nicht schon eine genügend hohe Lebensversicherung abgeschlossen und sich auch noch nicht für die Angestelltenversicherung entschieden hatten, bekamen die inzwischen entworfenen Merkblätter der RfA mit nach Hause, um sich dort dann endgültig zu entscheiden.[45]

Im Nachhinein gesehen könnte man das Handwerkerversorgungs-Gesetz mit seiner Privatisierung von Versicherungs- und Versorgungsleistungen und der Verknüpfung von Kapital- bzw. Wohlfahrtsmarkt und dem Sozialstaat als modern und zukunftsweisend verstehen.[46] Ein erheblicher Teil der Gesellschaft wurde dazu bewogen, Finanzmarktprodukte zur Altersvorsorge zu erwerben, doch damals wie heute sind die Folgen höchst ambivalent. Für die damaligen RfA-Beamten jedenfalls erschienen damit vielmehr „die Schwierigkeiten in hellstem Lichte, die entstehen, wenn man der privaten Lebensversicherung Anteil an der Erfüllung sozialer Versicherungsgesetze geben will".[47] Bereits im März 1937 hatte RfA-Direktor Granzow darüber geklagt, dass die Bestimmungen über die Befreiung von der eigenen Beitragsleistung die Angestelltenversicherung „in eine wenig glückliche Verbindung mit den privaten Lebensversicherungsgesellschaften gebracht [hat]".[48] Mit dem neuen Gesetz waren die Verquickungen noch enger geworden. Allein im März 1939 meldeten die privaten Versicherungsunternehmen 22.251 Anträge mit einer Versicherungssumme von 77,06 Mio. RM, im ersten Quartal 1939 waren es fast 60.000 Verträge über 186,83 Mio. RM, eine glatte Verdoppelung gegenüber dem Vorjahresquartal.[49] Alles deutete darauf hin, dass das Kalkül der Versicherungsunternehmen aufging, und sich zugleich die Risiken zu Lasten der RfA bewahrheiteten.

Aus der Fülle der weiteren Probleme, die bei der Umsetzung des Handwerkerversorgungsgesetzes auftraten, seien nur die wichtigsten herausgegriffen. Schnell zeigte sich etwa, dass das Kriterium der Eintragung in der Handwerksrolle keineswegs eindeutig war. Nicht erfasst wurden etwa Ehefrauen und volljährige Kinder eines verstorbenen Handwerksmeisters, die selbst kein Handwerk erlernt hatten, obwohl sie, wenn sie das Geschäft nach dem Tod des Meisters fortführten, in die Handwerksrolle eingetragen worden waren. Andererseits wurden auch jene erfasst, die ihre Handwerkstätigkeit nur nebenher und gegen ein geringfügiges Einkommen von unter 100 RM im Monat ausübten. Zur allgemeinen Verwirrung bei den Betroffenen trug zudem bei, dass die Überwachungsbeamten bei ihren ersten handwerksbezogenen

45 Vgl. den Bericht vom 11.4.1939, in: RfA-Archiv Fach 87, Nr. 3.

46 Vgl. zum Begriff und dazu für die Gegenwart Hans Günter Hockerts, Vom Wohlfahrtsstaat zum Wohlfahrtsmarkt? Privatisierungstendenzen im deutschen Sozialstaat, in: Nobert Frei, Dietmar Süß (Hrsg.), Privatisierung. Idee und Praxis seit den 1970er Jahren, Weimar 2012, S. 70–87, insb. S. 79 ff.

47 So der Vermerk vom 16.2.1939 zu einer Analyse eines aus Kreisen der Lebensversicherungswirtschaft stammenden Artikels über „Probleme der Angestelltenversicherung" im Februarheft der Zeitschrift *Deutsche Volkswirtschaft* Nr. 4, 1939, S. 139–140, in: RfA-Archiv Fach 110, Nr. 6.

48 Schreiben an das RAM über das RVA vom 11.3.1937, in: RfA-Archiv Fach 98, Nr. 3.

49 Vgl. Abschrift aus Nr. 17 vom 26.4.1939 von Neumanns Zeitschrift für Versicherungswesen, in: RfA-Archiv Fach 110, Nr. 6.

Kontrollgängen Damenschneiderinnen, obschon in der Handwerksrolle eingetragen, für invalidenversicherungspflichtig erklärten und entsprechende Nachzahlungen forderten. Die Betroffenen selbst hatten jedoch in der Annahme der AV-Pflicht aufgrund des Altersversorgungsgesetztes bereits seit Januar 1939 AV-Marken geklebt.[50] In damaligen Zentren der Konfektionsschneiderindustrie wie Aschaffenburg, wo etwa 6000 Schneider und Schneiderinnen als Hausgewerbetreibende beschäftigt waren, war die Klärung dieser Frage höchst brennend, aber die RfA konnte zu diesem Zeitpunkt nur darauf verweisen, dass eine endgültige Regelung noch irgendwann erfolgen werde.[51] Prinzipiell galt, dass die in der Handwerksrolle eingetragenen Handwerker, die etwa im Winter ausschließlich als Schumacher, Korbmacher usw. tätig waren, in dieser Zeit versicherungspflichtig in der AV waren; in den anderen Monaten hingegen, in denen sie ausschließlich Arbeiter waren, z. B. im Sommer als Maurer oder Zimmerer, waren sie invalidenversicherungspflichtig. Für beide Fälle forderte daher die RfA noch im Januar 1939 vom RAM eine entsprechende Regelung in einer möglichst bald zu erlassenden Durchführungsverordnung.[52] Doch lange passierte nichts; eher wurde die Lage noch unübersichtlicher, als sich Ende September der Reichsstand des Deutschen Handwerks und das RVA darüber einigten, dass nach § 1, Absatz 2 des Handwerkerversorgungsgesetzes unter Handwerkern nicht die in der Handwerksrolle eingetragenen „Personen“, sondern die darin eingetragenen „Handwerker und Handwerkerinnen“ zu verstehen waren. Aus dem Kreis der eingetragenen Personen wurde so ein engerer Kreis herausgehoben, wobei allerdings völlig unklar war, wie diese Grenze praktisch zu ziehen war.[53]

Ein weiteres Problem war die Regelung der Nachentrichtung von Beiträgen. Wie zu erwarten gewesen war, bestand diese Möglichkeit aufgrund der über mehr als zehn Jahre zurückreichenden Beitragsperiode mit den sich daraus ergebenden erheblichen Summen von oft über 1000 RM faktisch nur auf dem Papier und wurde kaum wahrgenommen. Der Reichsstand des Deutschen Handwerks intervenierte daher im September 1939 beim RAM für eine „weitere Ausgestaltung“ der handwerklichen Altersversorgung, die den über 51 Jahre alten Handwerkern ab dem 65. Lebensjahr auch ohne entsprechende Beitragsleistungen ein Altersruhegeld gewähren sollte.[54] Nur mit Mühe konnte die RfA verhindern, dass damit einseitige Privilegierungen innerhalb der versicherten Handwerker wie der Versicherten insgesamt geschaffen wurden. Würden die Wünsche der Handwerkerlobby Realität, so warnte man das RVA in einer Stellungnahme, dann bekäme ein mit 55 Jahren zur Versicherung kommender Handwerksmeister bei Erreichen der 65-Jahre-Grenze ein Altersruhegeld von mindestens

50 Vgl. das Schreiben der Kreishandwerkerschaft Alfeld an die RfA vom 10.8.1939, in: RfA-Archiv Fach 07, Nr. 2.

51 Vgl. Schreiben des Oberbürgermeisters von Aschaffenburg an die RfA vom 24.1.1939, in: RfA-Archiv Fach 82, Nr. 1.

52 Vgl. Schreiben der RfA/Granzows an das RAM vom 26.1.1939, in: RfA-Archiv Fach 110, Nr. 6.

53 Vgl. Schreiben des RVA an die RfA vom 21.9.1939, in: RfA-Archiv Fach 87, Nr. 3.

54 Vgl. Schreiben des Reichsstands des Deutschen Handwerks (RDH) vom 11.9.1939, in: ebd.

240 RM plus der erworbenen Steigerungssätze, jeder andere Versicherte der AV jedoch bei gleichen Umständen überhaupt nichts.[55] Die Einführung der vorgeschlagenen Bestimmung würde eine neue und einseitige Höherbelastung der Rentenversicherung der Angestellten bedeuten. Demgegenüber sei die bereits praktizierte Verwaltungsübung der RfA, selbständigen Handwerkern die Nachzahlung von Beiträgen zur AV in angemessenen Raten zu gestatten, weit gerechter. Ein dritter Problemaspekt war der Nachweis der Lebensversicherung in geforderter Höhe, wobei als Versicherungssumme mindestens 5000 RM festgelegt worden waren (bei der Halbversicherung entsprechend 2500 RM), was, wie seitens der RfA bemängelt wurde, keineswegs der durch sie gewährten voraussichtlichen Versicherungsleistung entsprach. Legte man das damalige durchschnittliche Ruhegeld eines Angestellten von 72,50 RM zugrunde sowie eine erfahrungsgemäße Rentenbezugsdauer von zehn Jahren, so kam man unter Hinzurechnen von Antwartschaften auf Kinderzuschuss und Hinterbliebenenrenten auf ca. 10.000 RM Kapitalwert einer „RfA-Versicherung", mithin doppelt so hoch wie der Kapitalwert der privaten Lebensversicherung. Bei Befreiung von der Versicherungspflicht in der AV bestand daher für den Handwerker im Alter das erhebliche Risiko einer Versorgungslücke. Dennoch war die ursprünglich im Gesetz vorgesehene Mindestversicherungssumme von 10.000 RM auf Drängen der Versicherungsunternehmen halbiert worden.[56] Vielen Handwerkern war allerdings entgangen, dass in dem Gesetz die Wahlfreiheit der Vorsorgeart an Fristen gebunden war. Versicherungsfreiheit und Halbversicherung konnten nur dann in Anspruch genommen werden, wenn der zur Inanspruchnahme dieser Rechte nötige Lebensversicherungsvertrag vor dem 1. Juli 1939 abgeschlossen (und nicht nur beantragt) worden war. Der Reichsstand des Deutschen Handwerks hatte zwar beim RAM auf eine Fristverlängerung gedrängt, aber dort sah man offenbar dafür keine Notwendigkeit.[57] Auch die Nachentrichtung von Beiträgen war zeitlich begrenzt. Nach Januar 1941 entfiel diese Möglichkeit zur Wiederbegründung eines Versorgungsanspruchs. Neue Probleme in der Zukunft waren damit geradezu vorprogrammiert.

Auch die Durchführungsverordnungen, auf die insbesondere die RfA so sehnlich gewartet hatte, brachten keine Klärung.[58] Im Gegenteil machten sie das Chaos eigentlich erst perfekt. Die erste Durchführungsverordnung zum Altersversorgungsgesetz des Handwerks war am 13. Juli 1939 erlassen worden.[59] Bis dahin tappten Versicherungsämter wie Kreishandwerkerschaften hinsichtlich ihrer Kompetenzen und

55 Vgl. Schreiben der RfA an das RVA vom 20.10.1939, in: ebd.

56 Vgl. dazu auch Schlegel-Voß, S. 136.

57 Vgl. dazu den dringenden Aufruf des RDH an die Landeshandwerksmeister, Reichsinnungsverbände und Handwerkskammern vom 13.6.1939, in: RfA-Archiv Fach 1, Nr. 1.

58 Vgl. dazu etwa das exemplarische Schreiben des Versicherungsamtes Dessau an die RfA vom 12.7.1939, in: RfA-Archiv Fach 82, Nr. 2.

59 Vgl. dazu unter anderem den von DAF-Funktionär Wilhelm Funke verfassten Artikel über „Die Durchführung der Altersversorgung für das Deutsche Handwerk", in: NS-Sozialpolitik 6 (1939), S. 331–334, der mit der Durchführungsverordnung nahezu alle offenen Fragen nun für geklärt hielt.

Informations- und Aufklärungsmöglichkeiten gegenüber der wachsenden Flut von Anfragen weitgehend im Dunkeln, aber auch danach gab es keine hinreichenden Kriterien zur Bewertung der Lebensversicherungsverträge. Immerhin waren die über 50 Jahre alten Handwerker jetzt faktisch mit Rückwirkung vom 1.1.1939 in der Angestelltenversicherung versicherungspflichtig geworden und die im Gesetz damals völlig offengelassene Frage der Befreiungsmöglichkeiten dieser Handwerker nun geklärt. Das bedeutete zumindest für diese Gruppierung ein gewisses Ende der bestehenden Unsicherheit, allerdings bedeutete die Versicherungspflicht für die große Mehrzahl dieser Handwerker faktisch kaum zu erfüllen.[60] Ende Oktober 1939 war dann eine zweite Durchführungsverordnung erlassen worden. Was von ihr zu halten war, zeigt das Schreiben von RfA-Direktor Granzow an das RVA Anfang Dezember:

> Wir vertreten in Übereinstimmung mit dem Reichsstand des Deutschen Handwerks die Auffassung, dass die praktische Anwendung der Vorschrift des § 4 Abs. 3, Satz 3 der Zweiten Durchführungsverordnung zu einer Quelle dauernder und die Handwerker verbitternder Streitigkeiten führen wird. Es muss bestimmt damit gerechnet werden, dass der Handwerker regelmäßig vergisst, die nach dieser Vorschrift mit der Änderung seines Familienstandes erforderlich werdenden Anpassungen des Lebensversicherungsvertrages an die neue Sachlage vorzunehmen.[61]

Nur wenn man zu einer einheitlicheren und damit übersichtlicheren Gestaltung der diversen Fristen kommen werde, sei eine Besserung der Situation zu erhoffen.[62]

Bis dahin sah sich die RfA zu einer großzügigen bzw. kulanten und vor allem pragmatisch handhabbaren „Verwaltungsübung“ gezwungen, wobei allerdings die bestehenden Gesetze und Bestimmungen keine großen Handlungsspielräume zuließen. Die DAF-Rechtsberatungsstelle der Gauverwaltung Kurhessen wandte sich im Mai 1939 mit der Bitte um eine Ausnahmeregelung an die RfA. Es ging um diejenigen Handwerker, die früher bereits freiwillig Beiträge zur IV geleistet hatten, nun aber, da sie älter als 60 Jahre waren, kein Recht zur Nachentrichtung von Beiträgen zur AV mehr besaßen.[63] Die DAF-Rechtsberater regten an, diesen Handwerkern, die ohnehin schon nicht mehr in den vollen Genuss der Leistungen aus der AV kamen, wenigstens eine Ausnahme dahingehend zu gewähren, dass das Nachentrichtungsrecht nur im Fall von Berufsunfähigkeit oder Tod des Handwerkers erlösche. Doch die RfA verwies auf die bestehenden Vorschriften, wonach sie nicht berechtigt sei, entgegen dem klaren Wortlaut des Gesetzes Nachentrichtungen über das 60. Lebensjahr hinaus

---

60 Über die infolge der Durchführungsverordnung entstandenen Fälle, in denen sich besondere soziale Härten herausstellten, berichtete auch im September 1939 der RDH an das RAM, vgl. Abschrift des Schreibens vom 2.9.1939, in: RfA-Archiv Fach 87, Nr. 3. Vgl. dazu auch den im Dezember 1940 in der *Westdeutschen Handwerkerzeitung* unter dem Titel „Eine Lanze für die Alten“ erschienenen Artikel, in: RfA-Archiv Fach 87, Nr. 3.

61 Schreiben Granzows an das RVA vom 7.12.1939, in: RfA-Archiv Fach 82, Nr. 3.

62 Unter anderem war jetzt den Handwerkern die Möglichkeit eingeräumt worden, ihre Lebensversicherungsverträge bis zum 31. Dezember 1939 „anzupassen“ bzw. nachzubessern.

63 Vgl. Schreiben der DAF-Rechtsberatungsstelle vom 11.5.1939, in: RfA-Archiv Fach 82, Nr. 2.

zuzulassen.[64] Etwas mehr Flexibilität besaß man immerhin in der Frage der Prüfung und Überwachung der Versicherungspflicht der Handwerker. Die Durchführung der Bestimmungen war hier in der Praxis auch deshalb auf erhebliche Schwierigkeiten gestoßen, da die unter anderem als Ausgabestellen der Versichertenkarten und Beratungsstellen mit eingeschalteten Kreishandwerkerschaften vielfach überfordert waren und sich oft im Dickicht des Sozialversicherungsrechts verirrten. Die Kreishandwerkerschaft Torgau etwa hatte einem ansässigen Schuhmachermeister, der im Mai 1939 seinen 65. Geburtstag gefeiert und bis zum Dezember 1938 freiwillig Beiträge zur IV gezahlt hatte, Anfang Januar dessen Beitragskarte in eine solche der AV getauscht, in der allerdings irrigen Annahme, dass schon eine einzige Beitragsleistung zur AV bei der Festsetzung des Ruhegeldes angerechnet würde. Tatsächlich mussten jedoch sechs Monatsbeiträge nachgewiesen werden.[65] Als er dann im Mai 1939 seinen Antrag auf Altersruhegeld stellte, musste er feststellen, dass die geleisteten fünf Beiträge zu je 12 RM nicht ausreichten und damit auch nicht zur Anrechnung kamen, sprich 60 RM unnötig gezahlt und zudem auch noch verloren waren. Alle entschuldigenden Verweise auf die viele Arbeit mit den im Kreis ansässigen 1700 Handwerkern und auch eine direkt an Präsident Grießmeyer gerichtete Bitte um ausnahmsweise Nachentrichtung oder wenigstens Rückerstattung der überzahlten Beiträge blieben jedoch ohne Erfolg. Die gesetzlichen Vorschriften erlaubten es der RfA nicht, so beschied man der Kreishandwerkerschaft, von diesen zugunsten einzelner Versicherter ausnahmsweise oder aus Billigkeitsgründen abzuweichen. Entsprechend äußerte man sich auch gegenüber dem Reichsstand des Deutschen Handwerks, dessen Generalsekretär sogar direkt in die Ruhrstraße gekommen war, um die Behörde angesichts der anhaltenden rechtlichen Unklarheiten zu einem kulanten Vorgehen zu bewegen. Auf die Dauer, so das Argument des Handwerkerverbandes, dürfte sich eine befriedigende Durchführung des Gesetzes nur dann ergeben, wenn mindestens in den ersten Monaten oder gar Jahren die Überwachung der Versicherungspflichtigen mit einer gewissen Großzügigkeit gehandhabt werde.[66] Bei der RfA hielt man sich dazu jedoch bedeckt. „Über unsere voraussichtliche Verwaltungsübung nach Ablauf der durch die in Aussicht stehende Durchführungsverordnung zu bestimmenden Fristen können wir heute noch keine Erklärung geben", hieß es im Antwortschreiben an den RDH.[67] Immer häufiger stellte sich im Laufe des Herbst 1939 auch heraus, dass die Kreishandwerkerschaften Halbversicherungen zu Unrecht bewilligt hatten und die dar-

---

64 Erst im November 1940 erging eine Abteilungsverfügung, die auch hier eine kulante Verwaltungsübung festschrieb. Demnach konnte bei Handwerkern, die im Laufe des Jahres 1939 das 60. Lebensjahr vollendet hatten, ein bis zum Jahresende 1939 bei der RfA gestellter Antrag auf Nachversicherung als dennoch rechtzeitig anerkannt werden, obwohl ja faktisch der Antragsteller schon älter als 60 Jahre war. Vgl. Abteilungsverfügung vom 1.11.1940, in: RfA-Archiv Fach 87, Nr. 3.

65 Schreiben der Kreishandwerkerschaft an die RfA vom 27.7.1939, in: RfA-Archiv Fach 82, Nr. 2.

66 Schreiben des RDH an die RfA vom 20.10.1939 sowie Antwortschreiben der RfA vom 27.10.1939, in: RfA-Archiv Fach 87, Nr. 3.

67 Ebd.

aufhin erfolgten Versorgungsmaßnahmen der Handwerker mithin unwirksam waren. Im Oktober hatte RfA-Direktor Granzow in einem deutlichen Brief an das RVA angemahnt, dass die Kreishandwerkerschaften zuverlässiger arbeiten und mit den wichtigsten Bestimmungen wenigstens einigermaßen vertraut sein müssten.[68]

Als im Sommer die Überwachungsbeamten ihre Kontrolltätigkeit zur Überprüfung der Lebensversicherungsverträge aufnahmen, mussten tausende von Handwerkern feststellen, dass ihre oft hastig abgeschlossenen Verträge die Befreiung von der Versicherungspflicht gar nicht bewirkten. Die Betroffenen hatten übersehen, dass es eine Reihe von Bedingungen über die 5000-RM-Grenze hinaus gab, deren Erfüllung Voraussetzung für die Anerkennung von Versicherungsverträgen als Vorsorgemaßnahme war. So musste die Lebensversicherung etwa spätestens an dem Ersten des Monats ablaufen, in dem der Versicherte sein 65. Lebensjahr vollendete; die Versicherungsbedingungen mussten explizit vorsehen, dass die Anrechnung von Gewinnanteilen auf die Beitragszahlung nicht zulässig war und schließlich mussten im Versicherungsschein außer der Ehefrau auch die Kinder als empfangsberechtigte Personen vermerkt sein.[69] Die Versicherungsmakler hatten, selbst allerdings ebenfalls oft in Unkenntnis dieser Bedingungen, die Handwerker nicht hierüber aufgeklärt und die großen Lebensversicherungsgesellschaften wie die Volksfürsorge Lebensversicherungs AG, die Hamburg-Mannheimer Versicherungsgesellschaft oder die Hessen Nassauische Lebensversicherungsanstalt liefen denn auch Sturm gegen diese Bedingungen und die in ihren Augen willkürlichen und ungerechtfertigten Beanstandungen und Ungültig-Erklärungen durch die Überwachungsbeamten.[70] Der Kasseler Überwachungsbeamte notierte dazu trocken in seinem Lagebericht Mitte November 1939:

> Handwerkerversorgungsgesetz und Durchführungsbestimmungen dazu sind hinsichtlich der Erfordernisse, die an die Versicherungsfreiheit und die Halbversicherung begründenden Lebensversicherungsvertrag zu stellen sind, für den einfachen Handwerker und für die kleinen, meist mit unzureichendem Personal besetzten Kreishandwerkerschaften von vornherein ein Buch mit sieben Siegeln gewesen und beginnen, dies mehr und mehr auch für die großen Kreishandwerkerschaften mit leistungsfähigeren Sachbearbeitern und selbst für die Überwachungsbeamten zu werden.[71]

Von den durch ihn in Fulda bisher überprüften 292 Handwerkern waren 90 vollversicherungspflichtig bei der RfA, fünf bisher zu Recht Halbversicherte, 30 versicherungsfrei aufgrund von Lebensversicherungen, 72 versicherungsfrei, da über 60 Jahre

68 Schreiben Granzows an das RVA vom 9.10.1939, in: RfA-Archiv Fach 82, Nr. 3.

69 Vgl. dazu schon den Erfahrungsbericht des Überwachungsbeamten in Plauen vom 1.2.1939, in: RfA-Archiv Fach 82, Nr. 1.

70 Vgl. etwa Schreiben der Volksfürsorge AG an die RfA vom 12.5.1939 sowie die Beschwerde der Hessen-Nassauischen Lebensversicherungsanstalt vom 13.11.1939 und die dazu erfolgte Stellungnahme des Überwachungsbeamten in Kassel vom 12.11.1939, in: ebd.

71 Ebd.

oder bereits Rentenempfänger, neun Zweifelsfälle, die nach Berlin gemeldet worden waren, und 86 hatten bisher unerledigte Anträge auf Versicherungsfreiheit gestellt, da die Lebensversicherungsverträge nicht genügten und soweit möglich noch anzupassen waren. „Unter diesen Umständen halte ich es für ratsam, die Nachprüfungen vorerst überhaupt auszusetzen und eine erneute durchgreifende Aufklärung durch die Handwerksorganisationen zu fordern", schloss er seinen Bericht.[72] Die wachsende Komplexität dieses Problemaspekts lässt sich auch an den zahlreichen Abteilungsverfügungen der Leistungsabteilung nachvollziehen, die diese dazu zunächst am 28. November und am 21. Dezember 1939, dann am 5. und 12. Januar sowie am 1. November 1940 erließ.[73] Von der Erfordernis der dynamischen Anpassung der Versicherungsbeiträge und damit aber auch der Prämienzahlungen an die Lebensversicherungsgesellschaften infolge der auch bei den Handwerkern deutlichen Einkommenssteigerungen im Laufe des Krieges war hier noch gar nicht die Rede. Beides waren weitere Faktoren, die die Lebensversicherungsverträge im Hinblick auf die Pflichtversicherungsfreiheit ungültig werden ließen und die Altersvorsorge der betroffenen Handwerker damit völlig in Frage stellten.

Bei den Versicherungs- und Oberversicherungsämtern gingen denn auch im Laufe des Herbst 1939 die ersten Klagen und Beschwerden von Handwerkern gegen Bescheide der RfA ein. In einer Streitsache vor dem Versicherungsamt Hannover ging es etwa um einen 62-jährigen Friseurmeister, der als selbständiger Handwerker in der Invalidenversicherung freiwillig versichert war, sich seit 1. Januar 1939 als pflichtversichert in der AV verstand und daher bei der RfA um Auskunft über die Höhe der zu entrichtenden Beiträge bat. Diese lehnte jedoch mit Verweis auf die überschrittene Altersgrenze und zudem erloschene Anwartschaft die Versicherungspflicht in der AV ab. Dagegen klagte der Betroffene mit Hinweis auf die seiner Meinung nach erreichte Halbdeckung; er wurde dabei maßgeblich von der zuständigen Rechtsberatungsstelle der DAF unterstützt.[74] Die Beschwerde war zunächst am 30. November vom Ausschuss für die Angestelltenversicherung beim Versicherungsamt Hannover abgelehnt und die Position der RfA bestätigt worden. Doch der Friseurmeister und die DAF ließen nicht locker und gingen in Revision. Der Fall sollte sich bis Februar 1943 hinziehen und durch alle Instanzen der Sozialversicherungsgerichtsbarkeit gehen. RfA und DAF-Rechtsberatungsstelle lieferten sich dabei ebenso ausführliche wie detaillierte Schriftwechselduelle, bei der der letztlich strittige Punkt die Zulässigkeit einer durch Nachzahlung von Beiträgen rückwirkend herbeigeführten Neuversicherung war.[75] Mit

---

72 Ebd. Vgl. zu den in der zweiten Durchführungsverordnung weiter verkomplizierten Versicherungsvertragsbedingungen das Schreiben der Hamburg-Mannheimer Versicherungs AG an die RfA vom 16.11.1939, in: RfA-Archiv Fach 1, Nr. 2.

73 Die Abteilungsverfügungen, in: RfA-Archiv Fach 1, Nr. 2.

74 Vgl. dazu den Fall mit dem dabei erfolgten umfangreichen Schriftwechsel in: BArch R 89/22705.

75 Vgl. unter anderem das ausführliche Schreiben der RfA an das Oberversicherungsamt Hannover vom 26.5.1941, in: ebd.

einem Grundsatzurteil zugunsten der RfA wurde schließlich durch den Beschlusssenat des RVA die Beschwerde des Handwerkers endgültig zurückgewiesen.[76]

Trotz aller offensichtlichen Probleme und gesetzlichen Defizite hatte das Handwerkerversorgungsgesetz auch bei anderen selbständigen Berufsgruppen Begehrlichkeiten geweckt. Im März 1939 richtete etwa die Reichsverkehrsgruppe Kraftfahrgewerbe an die RfA ein Schreiben, in dem um einen Besprechungstermin gebeten wurde, um die offensichtlich schon länger laufenden Bemühungen gegenüber dem RAM weiter zu forcieren, eine den Handwerkern gleichartige Regelung für den gewerblichen Kraftverkehr zu erzielen.[77] Wenig später gelangte sogar vom RAM aus ein Entwurf eines Gesetzes über die Altersversorgung für das ambulante Gewerbe, sprich Handelsvertreter und Handlungsreisende, auf den Schreibtisch von RfA-Direktor Granzow, verbunden mit der Bitte um Stellungnahme.[78] Mit Hinweis auf das erheblich größere versicherungstechnische Risiko dieser Berufsgruppe, insbesondere bei der Frage der Berufsunfähigkeit, lehnte man eine Eingliederung in die AV deutlich ab. Aufgrund der größeren Nähe nach ihrer sozialen und wirtschaftlichen Stellung zu invalidenversicherungspflichtigen Personen wäre es das Gegebene, die Unternehmer der Wirtschaftsgruppe Ambulantes Gewerbe nicht der RfA, sondern der Rentenversicherung der Arbeiter anzuschließen.[79] Gelegentlich ist später vermutet worden, dass im Streit um Kompetenzansprüche das Handwerkerversorgungsgesetz den Ministerialbeamten im RAM als Mittel diente, um die Staatsbürgerversorgungspläne der DAF abzuwenden. Die Wahlfreiheit für die Handwerker sei dem DAF-Projekt eines Altersversorgungswerks zuwidergelaufen, weil hierdurch neue Anwartschaften außerhalb des staatlichen Sicherungssystems entstanden waren.[80] Doch dafür lassen sich keinerlei Belege finden, vielmehr spricht einiges dafür, dass auch hier die nachträgliche Mythenbildung der RAM-Beamten ihre Wirkung tat.

Das Handwerkerversorgungsgesetz war nicht Ergebnis einer trickreichen Gesetzgebungsstrategie der RAM-Bürokratie gegen die DAF-Volksversicherungsideologen, sondern vielmehr Resultat der erfolgreichen Lobbyarbeit der privaten Versicherungsunternehmen, die im Aushandlungsprozess mit RAM, Handwerkerorganisation und DAF Letztere auf ihre Seite bringen und damit erfolgreich die eigenen Interessen durchsetzen konnten. Überhaupt drängt sich der Eindruck auf, dass von Anfang an das Sozialamt der DAF bei dem Gesetzentwurf der RAM-Beamten eigentlich die Feder führte, wie es dann auch nachweislich bei den beiden Durchführungsverordnungen der Fall war. Während das Gesetz für die RfA nachgerade zum verwaltungstechnischen Alptraum wurde, sollte es für die Versicherungsunternehmen zu einem blendenden Geschäft werden. Allein im ersten Halbjahr 1939 stieg die Zahl der Großlebensversi-

76 Vgl. das Urteil und die ausführliche Begründung vom 3.2.1943, in: ebd.
77 Schreiben vom 11.3.1939, in: RfA-Archiv Fach 110, Nr. 5.
78 Der Gesetzentwurf mit Anschreiben vom 17.4.1939, in: ebd.
79 Stellungnahme der RfA vom 3.5.1939, in: ebd.
80 So Hilpert, 2012, S. 50, in Anlehnung an Prinz, Vom neuen Mittelstand, S. 295.

cherungen bei den privaten Gesellschaften um 300.000 von 3,5 auf 3,8 Mio. Policen.[81] Der Wert des Bestandes stieg um 1,4 Mrd. RM von 13,4 auf 14,8 Mrd. RM, d. h. vor allem die jüngeren und besser verdienenden Handwerker hatten sich bevorzugt für den Abschluss einer Lebensversicherung entschlossen. Von Anfang an hatten sich denn auch die Sparkassen in die „Altersversorgungsaktion für das Handwerk" einzuschalten versucht. Im Vorfeld des Gesetzeserlasses war der Deutsche Sparkassen- und Giroverband mehrmals im RAM vorstellig geworden und hatte gleiche Rechte wie die Versicherungsgesellschaften gefordert, d. h. auch die Anerkennung von Alterssparverträgen bei der Anrechnung bzw. Freistellung von der Versicherungspflicht der Handwerker.[82] Und es dauerte nicht lange, bis auch die Bausparkassen entsprechend vorstellig wurden und eine Gleichstellung von Lebensversicherungsverträgen mit Bausparverträgen postulierten.[83] Besonders kreativ war die Sparkasse Bremen gewesen, die sich mit der Münchner Versicherungsgesellschaft Isaria zusammengetan hatte und ein eigenes, speziell auf die Handwerker zugeschnittenes Versorgungsprodukt in Form eines Sparvertrags, kombiniert mit einer Todesfallversicherung, kreiert hatte.[84] Alle diese Ersatzvorsorgeformen wurden jedoch von den RfA-Beamten aus versicherungsrechtlichen Gründen strikt abgelehnt; daran konnten auch die persönlich an Präsident Grießmeyer gerichteten Lobbyschreiben nichts ändern.[85]

Auch mit anderen versicherungsähnlichen Institutionen hatte es Ärger um deren Anerkennung bzw. Nichtanerkennung als Ergänzung bzw. Alternative zur Pflichtversicherung gegeben. Mitte April 1939 monierte etwa die Pensionskasse des Bäckerhandwerks, dass sie nicht auf der Liste derjenigen Versicherungsunternehmen stand, die zur Ablösung der Versicherungspflicht der Handwerksmeister als vollwertig galten.[86] Die Pensionskasse war rechtlich ein Versicherungsverein auf Gegenseitigkeit und sah sich gleichwertig mit den Lebensversicherungs-Unternehmen. Rechtlich war offenbar tatsächlich nichts einzuwenden, aber Recherchen ergaben, dass sich die Pensionskasse bewusst auf relativ junge Bäcker, die zudem über ein relativ hohes Jahreseinkommen von 3.600 RM und mehr verfügten, konzentrierte. Die Bäckerpensionskasse war denn auch für die Kreishandwerkerschaft Koblenz ein „krasses Beispiel" dafür, wie ausbaubedürftig die gesetzlichen Bestimmungen noch waren. Ein 50-jähriger Bäcker mit einem Einkommen bis 600 RM erhielt bei einem Jahresbeitrag von 24 RM in der Angestelltenversicherung bei Erreichung des 65. Lebensjahres eine Jahresrente von 405 RM, bei der Bäckerpensionskasse bei Entrichtung eines ähnlich

81 Vgl. Abschrift aus Nr. 17 vom 26.4.1939 von Neumanns Zeitschrift für Versicherungswesen, in: RfA-Archiv Fach 110, Nr. 6 sowie Vermerk des RAM vom 25.1.1940, in: ebd. und auch Schlegel-Voß, S. 150.

82 Vgl. Schreiben des Sparkassenverbandes an das RAM vom 22.12.1938, in: RfA-Archiv Fach 110, Nr. 6.

83 Vgl. Schreiben der Fachgruppe Private Bausparkassen an das RAM vom 19.1.1939, in: ebd.

84 Vgl. dazu die RfA-interne Stellungnahme vom 23.5.1939, in: ebd.

85 Vgl. Schreiben des Präsidenten der Isaria-Versicherungs AG, Prof. Dr. Paul Riebesell, an Grießmeyer vom 10.5.1939, in: ebd.

86 Schreiben der Pensionskasse des Bäckergewerbes an die RfA vom 15.4.1939, in: RfA-Archiv Fach 87, Nr. 2.

hohen Jahresbeitrags von 25,50 RM dagegen nur eine Jahresrente von 30 RM ohne Anspruch auf Hinterbliebenenrente. „Es ist ein Nonsens, wenn in diesem Falle die Versicherungspflicht durch Entrichtung des Beitrages in Höhe der Angestelltenversicherung als erfüllt anzusehen ist."[87] Neben der Bäckerpensionskasse reklamierte unter anderem auch die Versicherungsanstalt der sächsischen Gewerbekammern a.G. in Dresden gegenüber der RfA, dass ihre „Spar-Rentenversicherung" die Merkmale einer Lebensversicherung besitze und damit Versicherungsfreiheit nach dem Handwerkerversorgungsgesetz bewirke. Das wurde seitens der RfA jedoch ebenso eindeutig verneint, wie auch im Fall des Versorgungsvereins Deutscher Schornsteinfegermeister.[88]

Das Handwerkerversorgungs-Gesetz war aus Sicht der RfA, aber auch in der Erfahrung vieler Handwerker, nachgerade ein Desaster. Kein anderes Gesetz hat der Behörde so viel Arbeit und Ärger bereitet wie dieses, und dabei war am Vorabend des Krieges erst die Spitze des Eisbergs der mit dem Gesetz verbundenen Probleme sichtbar. Dessen eigentliche Konfliktgeschichte im Zuge seiner verwaltungspraktischen Umsetzung begann erst im Laufe des Krieges, zudem waren noch eine Reihe von Problem, allen voran die Versorgung der alten Handwerker, die aus den Gesetzesregeln herausfielen, auch Ende 1939 noch völlig ungeklärt.[89] Auch Präsident Grießmeyer selbst sah das Handwerkerversorgungsgesetz inzwischen mit anderen Augen. Nachdem er auf der April-Sitzung des Beirats noch vorsichtigen Optimismus gezeigt hatte, zog er auf der zehnten Sitzung des RfA-Beirats am 11. Dezember 1939 eine geradezu verheerende Zwischenbilanz und hielt sich dabei auch mit ungewohnt offener Kritik nicht zurück:[90]

> Bei Erlass des Gesetzes schätze man – auch in den Kreisen der Leitung des Handwerks –, dass von den ca. 1,4 Mio. deutscher Handwerker die größere Hälfte die Versicherung bei uns wählen würde, die kleinere die bei der privaten Versicherung. Tatsächlich sind die Dinge anders gelaufen; die Handwerker hatten ein halbes Jahr Zeit, sich zu entscheiden und diese 6 Monate Überlegungsfrist haben die Agenten der Individualversicherung zu einem Generalwerbefeldzug in den Kreisen des Handwerks restlos ausgenützt [...]. Nach unserem bisher gewonnenen Überblick über die Ausgaben der Versicherungskarten an Handwerker [haben], wenn es hoch kommt, ein Drittel die Versicherung bei uns gewählt, gut zwei Drittel von ihnen [sind] aber der Werbung durch die Individualversicherung gefolgt. Man geht wohl nicht fehl, wenn man annimmt, dass die wirtschaftlich kräftigeren Handwerker die Kapitalversicherung für sich ausgesucht haben und dass im großen und ganzen gesehen der Sozialversicherung die wirtschaftlich schwachen oder körper-

87 Schreiben der Kreishandwerkerschaft Koblenz an die RfA vom 2.2.1939, in: RfA-Archiv Fach 82, Nr. 1.

88 Vgl. Schreiben der Versicherungsanstalt an die RfA vom 13.5.1939 sowie Antwortschreiben der RfA vom 16.8.1939, in: RfA-Archiv Fach 82, Nr. 2. Zum Versorgungsverein der Schornsteinfegermeister vgl. die Stellungnahme Grießmeyers gegenüber dem RVA vom 16.2.1939, in: BArch R 89/3196.

89 Erst im Juli 1940 wurde die sogenannte Altershilfe des Handwerks beschlossen. Vgl. dazu weiter unten Kap. 5 und Felix Schüler, Die Altershilfe des Handwerks, in: *Soziale Praxis* 49 (1940), S. 547–555.

90 Vgl. Niederschrift der neunten Beiratssitzung vom 17.4.1939, S. 10, in: BArch R 89/3470 sowie zum Folgenden Niederschrift der zehnten Sitzung des Beirats am 11.12.1939, in: ebd.

> lich, gesundheitlich Anfälligen verblieben sind. Dazu ist m.E. die Sozialversicherung nicht da, dazu ist sie zu gut; sie gründet sich gedanklich und tatsächlich auf eine Gefahrengemeinschaft und nicht auf dem Prinzip der schlechten Auslese. Das praktische Ergebnis dieses ersten Versuchs ist meiner Überzeugung nach jedenfalls bis heute die Erkenntnis, dass es künftig nicht zu empfehlen ist, zur Lösung einer sozialen Frage die soziale und die individuelle Versicherungsform zusammenzuspannen. Zu dieser grundsätzlichen Erkenntnis tritt noch hinzu, dass die möglichen Besonderheiten eines privaten Versicherungsfalles eine so kasuistische Gesetzgebung im Gefolge gehabt haben, dass das Handwerkergesetz mit seinen Ausführungsbestimmungen mit zu den schwerst zu verarbeitenden gesetzlichen Erzeugnissen der neueren Zeit geworden ist und eine Verwaltungsarbeit im Gefolge hat, die mit den Bestrebungen nach Vereinfachung nicht in Einklang zu bringen ist. Ich glaube, dass ich hiernach nicht besonders zu betonen brauche, dass ich eine Ausdehnung des Handwerkerversuchs auf andere Kreise wirtschaftlich Selbständiger nicht befürworten könnte.[91]

Diese Äußerungen standen mithin in völligem Gegensatz zu der von dem RfA-Präsidenten nur wenige Monate zuvor in dem Beitrag für die *Deutsche Rentenversicherung* geäußerten Bewertung des Gesetzes. Die kritische Beurteilung des Handwerkergesetzes durch Grießmeyer fand dann sogar Eingang in den veröffentlichten Geschäftsbericht der Behörde für das Jahr 1939, wofür sich der RfA-Präsident im April 1940 auf der nächsten Beiratssitzung eine deutliche Maßregelung des RAM-Vertreters anhören musste.[92] Das RAM halte die Darstellung im Geschäftsbericht „nicht für zutreffend“, man sei überzeugt, dass sich die Zahl der Handwerker, die sich für die Angestelltenversicherung entschließen, noch erheblich erhöhen werde, und „würde sich freuen, diese Feststellung in der nächsten Beiratssitzung bestätigt zu hören“.[93] Bemerkenswerterweise riskierte Grießmeyer jedoch den offenen Disput und konterte die Bemerkungen des RAM-Beamten mit der trockenen Feststellung, dass es auf die genauen Zahlen gar nicht so sehr ankomme. Für die RfA sei es vielmehr in erster Linie von Bedeutung, festzustellen, „dass der Handwerker entgegen dem programmatischen Willen des Gesetzgebers die Möglichkeit hat, sich der allgemeinen Gefahrengemeinschaft der Angestelltenversicherung fernzuhalten und davon auch umfassend Gebrauch gemacht hat“.[94] Den mittel- und langfristigen finanziellen Flurschaden dieser Entwicklung für die RfA deutete Grießmeyer nur unausgesprochen zwischen den Zeilen an. Von dem hehren Bild der NS-Propaganda, dass der Führer und Reichskanzler dem selbständigen Handwerk die Möglichkeit geschenkt habe, sich in die Versorgung der Angestelltenversicherung einzugliedern, und diesem damit der

91 Ebd., S. 2f. Das RAM hielt merkwürdigerweise demgegenüber auch noch im Januar 1940, als die Zahlen über die Verteilung der Handwerker auch offiziell vorlagen, daran fest, dass etwa eine Million Handwerker bei der RfA bleiben würden. Vgl. Vermerk des zuständigen Ministerialrats Dr. Wankelmuth vom 25.1.1940, in: RfA-Archiv Fach 110, Nr. 6.

92 Vgl. Die Angestelltenversicherung im Jahre 1939, S. 3, in: BArch R 89/3470 sowie Niederschrift der elften Beiratssitzung vom 8.4.1940, S. 9, in: BArch R 89/3470.

93 Ebd.

94 Ebd.

jahrelange Wunsch nach Sicherung des Lebensabends in Erfüllung gegangen sei, blieb jedenfalls in der Wirklichkeit der Rentenwelt der Handwerker im NS nichts übrig.

4.2 Die Eingliederung der österreichischen Angestelltenversicherung in die RfA

Der erste Testlauf der geographischen Expansion der deutschen Angestelltenversicherung und der RfA als ihr Versicherungsträger war im Zuge der Eingliederung des Saargebietes im Februar 1935 erfolgt. Mit Wirkung zum 1. März war dort das Reichsrecht eingeführt und die seit 1923 bestehende eigene Versicherungsanstalt für Angestellte des Saargebiets aufgelöst worden. Ihr Vermögen und ihre Aufgaben gingen auf die RfA über.[95] Da im Saargebiet das deutsche Sozialversicherungsrecht nahezu lückenlos weitergeführt worden war, bestanden beim Zeitpunkt der Rückgliederung außer der Umrechnungsnotwendigkeit vom französischen Franc auf RM so gut wie keine Rechtsverschiedenheiten.[96] Mit dem Saarland kamen rund 28.000 aktiv Versicherte zur RfA, dazu gab es ca. 2360 laufende Renten. RfA-Direktor Koch hatte damals noch Ende Februar 1935 eine Dienstreise nach Saarbrücken unternommen, um die möglichst reibungslose Übernahme auch verwaltungsorganisatorisch vorzubereiten.[97] Das Vermögen von etwas über 100 Mio. Fr., d. h. umgerechnet ca. 16,1 Mio. RM wurde in das RfA-Vermögen überführt ebenso wie sämtliche Versichertenakten und Kontenblätter, und bis Mitte März richtete man dafür eine eigene Abwicklungsstelle der RfA in Saarbrücken ein. So problemlos die Übernahme der „Saar-Renten" und die dortigen Versichertenbestände war, so ungleich komplizierter verlief die Übernahme- und Angleichungsaktion drei Jahre später in Österreich.

Österreich hatte die ältere Tradition einer Sozialversicherung für Angestellte. Als es nach dem „Anschluss" im März 1938 auch um die Frage der Eingliederung der Sozialversicherungssysteme ging, trafen die deutschen Experten nicht nur auf eine eigene Rentenversicherungskultur, sondern auch auf ein ausdifferenziertes und vielfach von den deutschen Bestimmungen abweichendes Rentenrecht. Der Versichertenkreis in den einzelnen Versicherungszweigen, aber auch das Beitrags- und Leistungswesen und die Organisation der Versicherung wiesen starke Unterschiede auf. Besonders markant war der große Unterschied im Niveau der Sozialversicherungsleistungen für Arbeiter im Vergleich zu dem für Angestellte, der im Deutschen Reich weit weniger ausgeprägt war. Eine Invalidenversicherung für Arbeiter gab es nicht,

95 Vgl. Grießmeyer, Die AV im werdenden Großdeutschland, 1942, S. 256.

96 Im Vorfeld war am 31.1.1935 das gegenseitige Abkommen über die Sozialversicherung zwischen dem Deutschen Reich und Frankreich geschlossen worden. Den eigentlichen Übergang regelte die Verordnung zur Überleitung der Sozialversicherung des Saarlandes vom 15. 2. 1935. Vgl. dazu RfA-Archiv Nr. 186 und Nr. 187.

97 Vgl. Bericht Koch über das Ergebnis seiner Feststellungen zur Vorbereitung der Aufnahme der Versicherungsanstalt für Angestellte des Saargebiets vom 21. 2. 1935, in: RfA-Archiv Nr. 195 a.

sondern nur die sogenannte Altersfürsorgerente für Arbeiter, Landarbeiter und Hausgehilfen. Dafür gab es bereits, anders als im Reich, eine Krankenversicherung für alle pflichtversicherten (Angestellten-)Rentner. Die Leistungen der deutschen Sozialversicherung für die Angestellten, insbesondere in der Rentenversicherung, standen hinter denen der österreichischen Sozialversicherung deutlich zurück, während bei den Arbeitern jedoch die deutsche Sozialversicherung weit mehr bot als die österreichische. Organisatorisches Pendant zur RfA war die mit 115 Beschäftigten besetzte Österreichische Angestelltenversicherungsanstalt in der Wiener Blechturmgasse; daneben bestanden noch drei berufsständische Sonderanstalten für die Land- und Forstwirtschaft, die Presse und die Pharmazeuten sowie eine Reihe von kleineren Ersatzinstituten der Pensionsversicherung. Mit der „Ostmark" kamen rund 280.000 Versicherte zur Angestelltenversicherung des Reichs hinzu, an laufenden Renten wurden knapp 50.000 übernommen. Die Probleme und Herausforderungen, die sich für die RfA stellten, waren eigentlich hinlänglich bekannt, aber es zeigte sich, dass niemand in der RfA hinreichend auf die Abwicklungs- und Eingliederungsarbeiten vorbereitet war und vor allem die damit verbundenen Schwierigkeiten auch nur ansatzweise ahnte.

Wie kompliziert die Organisation der Überführung und die Bemühungen zur Rechtsangleichung waren, zeigte sich schon darin, dass zunächst mit der „Verordnung vom 26. März 1938 über die Einführung sozialrechtlicher Vorschriften im Land Österreich" ein Gesetz geschaffen wurde, das sich allein auf die Arbeiter- bzw. Invalidenversicherung bezog. Erst am 22. Dezember folgte die auch die AV betreffende „Verordnung über die Einführung der Sozialversicherung im Land Österreich".[98] Als Stichtag für die Einführung des Angestelltenversicherungsgesetzes wurde dabei der 1. Januar 1939 festgelegt, d. h. in der Folgezeit musste bei der Berechnung von Leistungen immer immer anhand des Stichtags das alte österreichische vom neuen deutschen Sozialversicherungsrechts unterschieden werden. Mit gerade einmal sechs eigenen Paragraphen zur Angestelltenpensionsversicherung stand das Gesetz quasi in der Tradition der inzwischen aus dem RAM nur noch in Form von bloßen „Rahmengesetzen" kommenden Sozialversicherungspolitik, die zur verwaltungspraktischen Handhabung ausführlicher Durchführungsverordnungen bedurfte, die dann aber erst mit erheblicher zeitlicher Verzögerung kamen. So auch hier. Die Überleitungsvorschriften waren zudem umständlich, und auf überkommene Besonderheiten des österreichischen Rechts wurde in erheblichem Maße Rücksicht genommen, darunter etwa das Fehlen einer oberen Einkommensgrenze für die Versicherungspflicht.[99] Für

98 Vgl. die Verordnung in: Mitteilungen der RfA Nr. 15, 1938, S. 59–61. Vgl. auch Emmerich Talos, Sozialpolitik in der ‚Ostmark'. Angleichungen und Konsequenzen, in: ders. u. a. (Hrsg.), NS-Herrschaft in Österreich. Ein Handbuch, Wien 2000, S. 387 ff. sowie auch Reidegeld, S. 464 f.

99 Vgl. dazu auch den Rückblick von RVA-Präsident Möbius über „Die Reichsversicherung an der Jahreswende 1938/39", in: Sozialversicherung 1939, Spalte 121/122. Vgl. auch die Darlegung aus Sicht der DAF von W. Funke, „Soziale Sicherung in der ‚Ostmark'", in: NS-Sozialpolitik 6 (1939), S. 105–107 und S. 151–152. Dagegen betonte Ministerialrat Heller aus dem RAM in seinem Aufsatz über „Die

die österreichischen Angestellten wurden daher auch besondere Beitragsklassen gebildet. Zentrale Leitlinie dabei war, dass die Versicherten keine Schlechterstellung gegenüber den zuvor geltenden österreichischen Gesetzen erfahren sollten, d.h. das Prinzip „höhere Beiträge und höhere Rentenleistungen im Vergleich zum Altreich" blieb erhalten. Die Rücksichtnahme auf Erhaltung aller erworbener Rechte ließ sich allerdings nur mit Mühe durchhalten, zumal die RfA wie das NS-Regime damit auch in erhebliche Rechtfertigungszwänge gegenüber den reichsdeutschen Rentnern und Versicherten mit ihren deutlich niedrigeren Renten gerieten. Angesichts zahlreicher Härten, Auslegungsdifferenzen und verwaltungstechnischer Probleme in der Übergangsphase sollte die RfA dennoch mit Enttäuschungen und Unzufriedenheit von Versicherten wie Rentnern in der „Ostmark" angesichts der propagandistischen Leistungsversprechungen des NS-Regimes konfrontiert werden. RAM-Ministerialrat Heller hatte bereits im März 1939 prophezeit:

> Die Schwierigkeiten werden in der Angestelltenversicherung größer sein als in der IV, denn es ist leichter, eine Versicherung auf Gebiete auszudehnen, in denen eine solche noch nicht bestanden hat, als eine jahrzehntelang bewährte Einrichtung wie die alte Angestelltenversicherung im Altreich und in der Ostmark zu verschmelzen.[100]

Zu diesem Zeitpunkt hatte man sich in der RfA bereits ein genaues Bild über die Lage vor Ort und die damit verbundenen Rückwirkungen auf die Angestelltenversicherung gemacht. Das Bild, das sich zeigte, war aus Behördensicht alles andere als rosig. Grießmeyer war offenbar noch im März 1938 selbst nach Wien gereist und hatte dort schnell realisiert, dass die Relation von Pflichtversicherten zu Rentnern mit fünf zu eins weit ungünstiger war als im Altreich (dort trugen etwa zehn Versicherte die Last eines Rentenempfängers. Damit deckte das Beitragsaufkommen die Rentenleistungen nur zu 6,7 Prozent, d.h. bei weitem nicht. Auch das vorgefundene Vermögen der Angestelltenversicherungsanstalt von rund 45 Mio. Schilling, umgerechnet gerade einmal ca. 30 Mio. RM, reichte bei weitem nicht aus, die künftigen Belastungen zu decken.[101] Mit anderen Worten: Das österreichische Angestelltenversicherungssystem war in einer desolaten finanziellen Lage, was unter anderem auch an dem deutlich höheren Rentenniveau lag. Während im Altreich der Durchschnitt des Ruhegeldes bei 60 RM im Monat lag, betrug er in Österreich etwa 100 RM, also 66 Prozent mehr. Auch die Beiträge waren mit 20 Prozent des Gehalts deutlich höher, dennoch war abzusehen, dass auf die RfA mit der Eingliederung der österreichischen Angestelltenversicherung Kosten in Höhe von ca. einer Mrd. RM zukamen, was bereits im April 1939 zur

Einführung der Sozialversicherung des Altreichs in der ‚Ostmark'" als oberste Priorität der Verordnung die Wahrung der Rechtseinheit. Vgl. ders., in: Deutsche Rentenversicherung 11 (1939), Nr. 3, S. 42–44.

100 Ebd., S. 44.

101 Dazu kamen fünf eigene Heilanstalten, so dass später der Vermögensstand auf 44 Mio. RM beziffert wurde. Vgl. den ersten kurzen Bericht Grießmeyers auf der siebten Beiratssitzung vom 4.4.1938, S. 4 f., in: BArch R 89/3468.

Aufstellung eines Nachtragshaushaltes zwang.[102] Entsprechend der im Altreich geltenden Kapitaldeckung der laufenden Renten hätte, so rechnete Grießmeyer später den Beiratsmitgliedern vor, das Vermögen statt der 44 Mio. etwa 750 Mio. RM betragen müssen und dabei wären die erworbenen Anwartschaften der aktiven österreichischen Versicherten noch mit keinem Pfennig gedeckt gewesen. Der RfA-Präsident sagte auf der Beiratssitzung im Dezember 1939:

> So sehr wir die Heimkehr Österreichs zum Reich aus politischen und menschlichen Gefühlen als eine Bereicherung unseres früheren Bestandes herzlich und stolz empfinden, so ebenso sicher ist es, dass damit auf unserem kleinen Spezialsachgebiet eine nicht geringe finanzielle Belastung verbunden ist, deren Überwindung Jahrzehnte gemeinsamer Leistung kosten wird.[103]

Und an die inzwischen im Beirat sitzenden Vertreter aus der „Ostmark" gewendet, schob er gleich allen eventuellen Wünschen nach Rückgängigmachung von vor dem Anschluss erfolgter Kürzungen einen Riegel vor. In Österreich habe der einzelne Rentner vom schlechten Zustand seiner Versicherung kaum etwas zu spüren bekommen, während im Altreich „die Rentner sich mit dem Gedanken abfinden mussten, als Einzelner sich zu bescheiden zu Gunsten der Sicherheit für die Gemeinschaft der Versicherten".[104] Grießmeyer war sich auch bewusst, dass an eine rasche Auflösung der Angestelltenversicherungsanstalt und eine Übernahme der Aufgaben, Rechte und Verbindlichkeiten durch die RfA nicht zu denken war. Zunächst war daher ein Fortbestand der Behörde bis 1941 geplant; bis dahin erfolgte die organisatorische Integration als „RfA-Abwicklungsstelle Wien" als Teil der Berliner Zentralbehörde.

Das vor allem in finanzieller Hinsicht düstere Gesamtbild der angestelltenversicherungsrechtlichen Situation in der neuen „Ostmark" zerfiel in der Perspektive der RfA-Beamten in dutzende verwaltungstechnische und -organisatorische Einzelprobleme. Im Zentrum standen zum einen die Folgen von § 27, Absatz 1 der Verordnung vom 22. Dezember 1938, nach dem für die Gewährung der nach Reichsrecht festzustellenden Renten auch die am 31. Dezember 1938 bestehenden Anwartschaften aus der österreichischen Rentenversicherung zu berücksichtigen waren. Die RfA wurde damit praktisch verpflichtet, von Amts wegen bei sämtlichen Versicherten alle in der österreichischen Versicherung jemals erworbenen Anwartschaften festzustellen – eine Aufgabe, die sich für die RfA schnell als eine regelrechte Sisyphusarbeit herausstellte. Für jeden einzelnen Versicherten, der in der Österreichischen Rentenversicherung Beitragszeiten erworben hatte, mussten sämtliche Beitragszeiten und darüber hinausgehende Anrechnungszeiträume erhoben und festgestellt werden. Da man hierzu nicht einfach auf bestehende Versichertenkonten und dazugehörende Karteikarten zurückgreifen konnte, mussten unter anderem auch ergänzende Aufrufe in den Tageszeitungen geschaltet werden, über die die Versicherten zur Ausfüllung eines

102 Vgl. Niederschrift der neunten Beiratssitzung vom 17.4.1939, S. 18, in: BArch R 89/3470.
103 Niederschrift der zehnten Beiratssitzung vom 11.12.1939, S. 4, in: ebd.
104 Ebd., S. 5.

entsprechenden Formblattes aufgerufen wurden.[105] Für das verwaltungstechnische Procedere kamen, wie die RfA-Fachbeamten der Abteilung Leistung in Berlin schnell ausrechneten, rund 200.000 aktive Versicherte und rund 200.000 ausgeschiedene, also zusammen 400.000 Personen in Frage.[106] Welchen Weg man zur Feststellung der Anwartschaften auch gehen würde und ob man etwa die Leistungen erst beim Versicherungsfall feststellte oder sofort aufgrund des festgestellten Versicherungsverlaufs und der Gehaltsentwicklung – immer blieb es ein bürokratisch höchst aufwändiger und komplizierter Prozess, bei dem auch noch „die überaus umständlichen und schwer verständlichen Anwartschaftsbestimmungen des österreichischen Rechts stark berücksichtigt werden [mussten]".[107] In dem Bericht über die Übernahme der Anwartschaften der österreichischen Angestelltenversicherung heißt es weiter:

> Wie mir die Leistungssachen bearbeitenden österreichischen Beamten erklärten, käme es vor, dass der feststellende Beamte zwei Tage und der prüfende Beamte einen Tag an einer Anwartschaft zu arbeiten hätten [...]. Weiter kommt hinzu, dass Tausende jüdische und politisch belastete Versicherte kurz vor und nach der Eingliederung Österreichs dieses verlassen haben und voraussichtlich die Anwartschaft nicht erhalten werden, so dass eine große überflüssige Arbeit geleistet werden würde.[108]

Aus pragmatischen Gründen schlug der Berliner Büroleiter der Leistungsabteilung daher vor, zunächst nur den 200.000 aktiven Versicherten von Amts wegen einen Rentenanwartschaftsbescheid zu erteilen. Kalkulierte man für einen Rechner täglich 16, einen Prüfer täglich 32 Fälle, so wären 38 RfA-Beamte zwei Jahre lang nur damit beschäftigt.

Gleichzeitig war Anfang Januar 1939 auch RfA-Abteilungsdirektor Koch nach Wien gefahren und hatte sich eine Woche lang bei den verschiedenen Versicherungsträgern der Angestelltenversicherung ein Bild gemacht.[109] Am Anfang stand ein Besuch bei den drei Sonderanstalten. Die Versicherungsanstalt für Angestellte in der Land- und Forstwirtschaft hatte etwa 12.000 Versicherte und ca. 3000 laufende Renten. Da ein erheblicher Teil der Versicherten auch der tschechoslowakischen Angestelltenversicherung angehört hatte, war für die Überleitung von besonderer Bedeutung, wie die österreichischen Beiträge im Falle des Zusammentreffens mit tschechoslowakischen Beiträgen bewertet werden würden. Die Versicherungsanstalt für Pharmazeuten hatte

---

105 Vgl. dazu die umfangreiche Anordnung vom 25.1.1939 des Beauftragten des Reichskommissars für den Bereich der Sozialversicherung, Knappschaftsdirektor Jakob, der zugleich Leiter der Abt. Sozialversicherung im Wiener Ministerium für Wirtschaft und Arbeit war, an die Angestelltenversicherungsanstalt in Wien, in: BArch R 89/3190.

106 Vgl. den von Büroleiter der Abt. I Leistung, Minow, erstellten „Bericht über die Übernahme der Anwartschaften der österreichischen Angestelltenversicherung" vom 18.1.1939, in: RfA-Archiv Nr. 149.

107 Ebd., S. 2.

108 Ebd.

109 Vgl. zum Folgenden den 8-seitigen „Bericht über den Besuch bei den Versicherungsträgern der AV in Wien vom 9. bis 13.1.1939", in: RfA-Archiv Nr. 149.

etwa 900 Versicherte und 415 laufende Renten, die Versicherungsanstalt der Presse dagegen 2000 Versicherte und 700 laufende Renten. Wie bei der Angestelltenversicherungsanstalt war auch die finanzielle Lage der Sonderanstalten prekär; an Vermögen war bei diesen für die RfA nicht viel zu holen, zumal auch der größte Teil langfristig in Darlehen, Wertpapieren oder Mietshäusern gebunden war und kurzfristig nicht flüssig gemacht werden konnte. Alle Sonderanstalten beauftragte Koch mit dem zunächst auch weiterhin vorzunehmenden Beitragseinzug ihrer Mitglieder und berechtigte sie auch zur Ausgabe von Versichertenkarten. Den RfA-Direktor interessierte dabei vor allem das Problem der organisatorischen Bewältigung der Leistungsauszahlung an die Rentner, d. h. die Übernahme der laufenden Renten. Nach der Übernahme der laufenden Anwartschaften bei den Versicherten war das das zweite zentrale Problemfeld. Im Prinzip war das weit weniger aufwändig als die Anwartschaftsfeststellungen und Koch rechnete fest damit, dass die laufenden Renten spätestens ab Mai 1939 übernommen werden und durch die RfA zur Auszahlung kommen konnten. In der kurzen Übergangszeit bis dahin erschien es zweckmäßig, dass die österreichischen Versicherungsträger noch die Entscheidungen und Bescheide über laufende Renten und neue Anträge übernahmen, soweit es sich um Versicherungsfälle vor dem 31. Dezember 1938 handelte. Danach mussten alle Leistungsanträge bereits bei der RfA gestellt werden.

In den Gesprächen Kochs mit den österreichischen Versicherungsbeamten ergaben sich allerdings auch schnell bei den Rentenzahlungen eine Fülle von Problemen, Zweifelsfragen und divergierende Auslegungsmöglichkeiten der Verordnung vom 22. Dezember 1938. Ungeklärt war etwa die Regelung der in deutschem und österreichischem Recht völlig unterschiedlichen Berechtigungen zur freiwilligen Neu- oder Weiterversicherung, was immerhin ca. 7000 Angestellte in der „Ostmark" betraf. Völlig offen war auch das Problem der Anwendung des komplizierten Wanderversichertenrechts, das in Österreich bis dahin gänzlich fehlte. Es gab noch dutzende weitere ungeklärte Detailfragen wie etwa die Anwendung von deutschem oder österreichischem Recht bezüglich des Ruhens und Kürzens von laufenden Renten oder aber der Einkommenssteuer der österreichischen Rentner, die bislang von den Versicherungsträgern einbehalten und dann an die Steuerbehörde abgeführt worden war, was bedeutete, dass allein im Januar 1939 durch die RfA etwa 16.000 Meldungen auf den dafür vorgeschriebenen Steuerstammblättern abgegeben werden mussten.[110] Das Hauptproblem aber war, dass durch die zahlreichen ungeklärten Fragen die Zahl der unerledigten und zurückgestellten Rentenanträge rasant wuchs. Die RfA-Abwicklungsstelle Wien bombardierte die Berliner Kollegen in der Ruhrstraße spätestens seit Februar fast täglich mit „Berichten über die brennendsten Fragen" und mahnte zu deren Beantwortung geradezu verzweifelt den Erlass einer Durchführungsverordnung

110 Vgl. dazu das Schreiben Grießmeyers an das RVA bzw. das RAM vom 18.1.1939, in: BArch R 89/3190.

an, um endlich wieder eine geregelte Arbeit der Behörde zu ermöglichen.[111] Die per Gesetz geltende Regel, dass auf alle seit dem 1. Januar 1939 eingetretenen Versicherungsfälle uneingeschränkt Reichsrecht anzuwenden war, bedeutete faktisch, dass die Altersgrenze, nach deren Erreichung die – mindestens 180 anrechenbare Monate aufweisenden – Versicherten die Altersrente beanspruchen konnten, bei Männern von 60 auf 65 Jahre, bei Frauen von 55 auf 65 Jahre heraufgesetzt worden war. Dadurch ergab sich jedoch zum Beispiel, dass einer weiblichen Versicherten, die im Januar 1939 ihr 55. Lebensjahr vollendet hatte und 180 Beitragsmonate aufwies, die Altersrente anders als zuvor nach österreichischem Recht nicht mehr zuerkannt werden konnte. Stattdessen galt die Altersgrenze nach deutschem Recht mit 65 Jahren. Mitte Februar bat der Leiter der Wiener Abwicklungsstelle in diesem und ähnlichen Fällen wenigstens um die Erlaubnis zur Gewährung von Abschlagzahlungen und Vorschüssen.

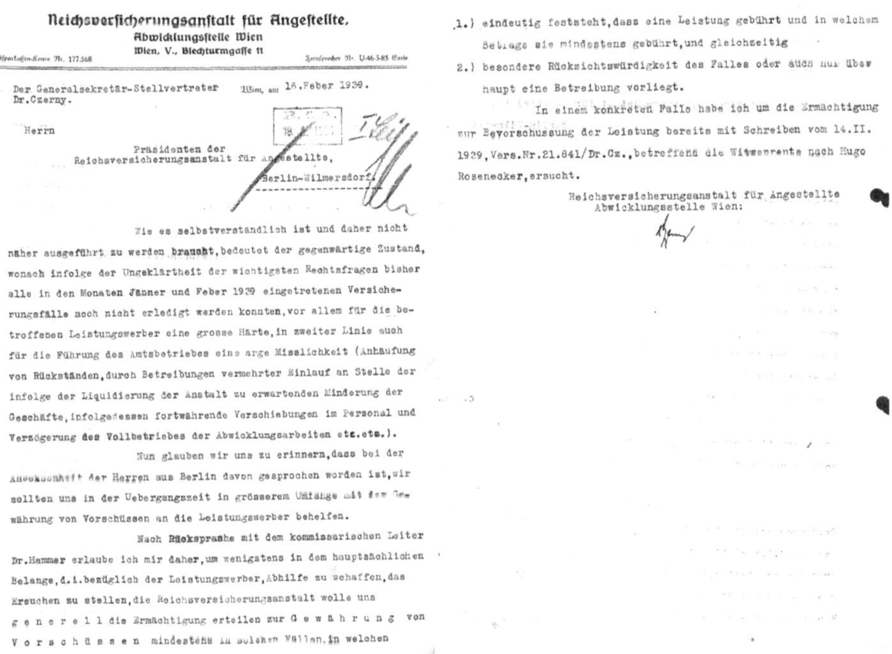

Reichsversicherungsanstalt für Angestellte,
Abwicklungsstelle Wien
Wien, V., Blechturmgasse 11
Postsparkassen-Konto Nr. 177.568 Fernsprecher Nr. U-46-5-85 Serie

Der Generalsekretär-Stellvertreter Dr. Czerny. Wien, am 16. Feber 1939.

Herrn Präsidenten der Reichsversicherungsanstalt für Angestellte, Berlin-Wilmersdorf.

Wie es selbstverständlich ist und daher nicht näher ausgeführt zu werden braucht, bedeutet der gegenwärtige Zustand, wonach infolge der Ungeklärtheit der wichtigsten Rechtsfragen bisher alle in den Monaten Jänner und Feber 1939 eingetretenen Versicherungsfälle noch nicht erledigt werden konnten, vor allem für die betroffenen Leistungswerber eine grosse Härte, in zweiter Linie auch für die Führung des Amtsbetriebes eine arge Misslichkeit (Anhäufung von Rückständen, durch Betreibungen vermehrter Einlauf an Stelle der infolge der Liquidierung der Anstalt zu erwartenden Minderung der Geschäfte, infolgedessen fortwährende Verschiebungen im Personal und Verzögerung des Vollbetriebes der Abwicklungsarbeiten etc. etc.).

Nun glauben wir uns zu erinnern, dass bei der Anwesenheit der Herren aus Berlin davon gesprochen worden ist, wir sollten uns in der Uebergangszeit in grösserem Umfange mit der Gewährung von Vorschüssen an die Leistungswerber behelfen.

Nach Rücksprache mit dem kommissarischen Leiter Dr. Hammer erlaube ich mir daher, um wenigstens in dem hauptsächlichen Belange, d. i. bezüglich der Leistungswerber, Abhilfe zu schaffen, das Ersuchen zu stellen, die Reichsversicherungsanstalt wolle uns g e n e r e l l die Ermächtigung erteilen zur G e w ä h r u n g von V o r s c h ü s s e n mindestens in solchen Fällen, in welchen

1.) eindeutig feststeht, dass eine Leistung gebührt und in welchem Betrage sie mindestens gebührt, und gleichzeitig
2.) besondere Rücksichtswürdigkeit des Falles oder auch nur überhaupt eine Betreibung vorliegt.

In einem konkreten Falle habe ich um die Ermächtigung zur Bevorschussung der Leistung bereits mit Schreiben vom 14. II. 1939, Vers. Nr. 21.841/Dr. Cz., betreffend die Witwenrente nach Hugo Rosenecker, ersucht.

Reichsversicherungsanstalt für Angestellte
Abwicklungsstelle Wien:

Abb. 25: Schreiben der RfA-Abwicklungsstelle Wien an Grießmeyer vom 16. Februar 1939

111 Vgl. dazu etwa das Schreiben vom 1. 2. 1939, in: RfA-Archiv Nr. 149. Darin auch der weitere tägliche und wöchentliche Schriftwechsel zwischen der Abwicklungsstelle Wien und der RfA Berlin. Zusammen mit RfA-Vizepräsident Schaefer entwickelte die Wiener Stelle schließlich Ende Februar 1939 als quasi Ersatz zur fehlenden Durchführungsverordnung einen Katalog von „Vorläufigen Weisungen in Leistungssachen", auf deren Basis die weitere praktische Verwaltungsarbeit vorgenommen wurde.

Die Rentenberechnung selbst war höchst kompliziert. Das begann schon mit der Notwendigkeit der Umrechnung von Schilling in RM. Per Dekret war der Umrechnungskurs auf 1,5 Schilling = 1 RM festgesetzt worden, was einer Aufwertung der österreichischen Währung um 44 Prozent gleichkam. Dahinter stand vor allem das politische Ziel einer Anhebung des österreichischen Lohnniveaus auf das deutsche; aber auch für die Renten hatte das eminente Auswirkungen, vor allem für diejenigen Rentenberechtigten, die unter den deutsch-österreichischen Sozialversicherungsvertrag fielen. Durch die neue Umrechnung ergab der jeweilige Auszahlungsbetrag für die in Deutschland wohnenden Rentner mit österreichischen Ruhegeldern aufgrund des günstigeren Umrechnungskurses eine höhere Rente, während ein in Österreich wohnender Rentenempfänger für den reichsdeutschen Anteil seiner Rente nun einen um ca. 25 Prozent geringeren Betrag erhielt.[112] Die Schädigung der Reichsmarkgläubiger in Österreich, das betraf immerhin einige hundert Rentner, war mithin enorm, und es dauerte daher nicht lange, bis bei der RfA erste Protestschreiben von Betroffenen eintrafen.[113] Komplikationen ergaben sich zudem auch aus der zum 1. April 1939 in der „Ostmark" eingeführten Bürgersteuer, über die vom NS-Regime ebenfalls versucht wurde, eine Angleichung von Lohn- und Preis- bzw. Lebenshaltungskostenniveau zwischen dem Altreich und Österreich herbeizuführen. Der Wiener Gauleiter Bürckel, zugleich „Reichskommissar für die Wiedervereinigung Österreichs mit dem Deutschen Reich", hatte dabei in einem Aufruf alle Betriebe aufgefordert, diese Mehrbelastung für ihre jeweiligen Gefolgschaften zu übernehmen, und so erhielt denn auch wenig später die RfA einen von 30 „Ostmark"-Rentnern unterzeichneten Apell, ihrerseits auch für die Rentner die entsprechende Abgabenbelastung zu übernehmen.[114] Weitere Steuern sowie der Krankenkassenbeitrag kamen als Belastungen für die Rentner dazu. Problematisch für die RfA war, dass in Österreich die Beiträge zur Angestelltenversicherung von den Krankenkassen eingezogen worden waren, so dass erst aufwändig Kontoauszüge aus den Akten der Krankenkassen hergestellt werden mussten um nach und nach das Beitragseinzugsverfahren auf die RfA und zudem auch auf das im Reich noch geltende Markenverfahren umzustellen. Niemand ahnte, dass nur drei Jahre später auch im Altreich die Krankenversicherung der Rentner eingeführt und das Beitragsverfahren geändert werden würde, so dass alles wieder erneut umgestellt werden musste.

Eines der ersten Probleme, mit denen sich die Wiener wie die Berliner RfA-Behörden konfrontiert sahen, war der dreiste Versuch des Wiener Gaubeauftragten des

---

112 Mit dem Problem der RM-Schilling-Umrechnungskurse hatte sich die RfA auch schon früher konfrontiert gesehen. Vgl. dazu den ausführlichen Schriftwechsel bezüglich eines sich vom März 1934 bis Februar 1938 hinziehenden Einzelfalls, in: BArch R 89/R23089.

113 In Ausnahmefällen, vor allem für in der „Ostmark" wohnende Empfänger von ausländischen Versorgungsbezügen, konnte daher ein sozialer Härteausgleich gewährt werden. Vgl. RfA-Archiv Nr. 91 a.

114 Vgl. das Schreiben vom 24.6.1939 sowie das Antwortschreiben der RfA vom 7.8.1939, in dem jede Sonderzuwendung als gesetzlich verboten verweigert wurden, in: RfA-Archiv Nr. 92 a.

Winterhilfswerks, der im Oktober 1938 in einem Schreiben die automatische Einbehaltung des „Lohnopfers" bei allen 49.000 österreichischen Angestelltenrentnern mit anschließender Überweisung an die zentrale Spendensammelstelle des Winterhilfswerkes (WHW) forderte.[115] Die Wiener Behörde lehnte das strikt ab, holte sich dazu aber die Rückendeckung aus Berlin, die von dort auch umgehend kam. Ein Abzugsverfahren zugunsten des WHW sei nicht nur verfahrenstechnisch bedenklich, sondern auch rechtlich nicht zulässig.[116] Unterdessen dauerte es nicht lange, bis sich auch die Wiener RfA-Abwicklungsstelle mit Forderungen der DAF-Rechtsberatungsstellen konfrontiert sah, im Zuge der Interessenvertretung von Versicherten die entsprechenden Akten zur Einsicht herauszugeben. Die Wiener Beamten plädierten auch hier für eine strikte Weigerung, wurden aber aus der Ruhrstraße zu der dort praktizierten ambivalenten Haltung angehalten; d. h. einerseits durften Versichertenakten nicht an andere Stellen wie die DAF versandt werden, andererseits erschien es unbedenklich, an die DAF Auskünfte aus den Akten zu erteilen, wenn sie als Vertreter des Versicherten bevollmächtigt war.[117] Und auch eine weitere Parteistelle, das Amt für Volkswohlfahrt der NSDAP-Gauleitung Nieder-Donau, meldete sich bei der RfA-Stelle in Wien und der dortigen Postdirektion und verlangte Einsicht in die Rentenzahlungsanweisungen der Post respektive die genauen Einkommensverhältnisse der Rentenempfänger, „um eine ordnungsgemäße Betreuung" gewährleisten zu können. Mit Hinweis auf die gesetzliche Schweigepflicht verweigerte man jedoch die Einsicht in die Rentenlisten.[118] Insgesamt zögerte Grießmeyer nicht, die zahlreichen aus Wien gemeldeten und auch von Direktor Koch erkannten Probleme der Auslegung der Verordnung vom 22. Dezember 1938 an das RVA und das RAM umgehend weiterzuleiten. In einem siebenseitigen Schreiben machte er Mitte Februar 1939 unter anderem auf die sich daraus ergebenden Fälle mit „unbilligen Härten" aufmerksam.[119] Die vehemente Forderung seines Beamten in der Wiener Abwicklungsstelle, für die österreichischen Rentner und Versicherten eine längere, drei Jahre dauernde mildernde Übergangsregelung zu schaffen, in der in bestimmten Fällen noch nach altem, österreichischem Recht entschieden werden sollte, nahm Grießmeyer jedoch nicht in sein Schreiben auf.[120]

115 Vgl. Schreiben des WHW Wien an die Angestelltenversicherungsanstalt Wien vom 6.10.1938 sowie vom 16.1.1939 an die RfA Berlin, in: RfA Archiv Nr. 92.
116 Schreiben der RfA vom 31.1.1939, in: ebd.
117 Vgl. den Schriftwechsel vom 2.3.1939 und 8.3.1939, in: ebd.
118 Schreiben der RfA vom 13.4.1939, in: RfA-Archiv Nr. 146.
119 Vgl. Schreiben Grießmeyers vom 13.2.1939, in: BArch R 89/3190.
120 Vgl. dazu auch noch einmal das Schreiben der Wiener Abwicklungsstelle an die RfA vom 3.3.1939, in: RfA-Archiv Nr. 151. Fast wörtlich wiederholte der Wiener Behördenleiter Ende Juni 1939 noch einmal gegenüber Grießmeyer seinen dringenden Appell bezüglich einer ebenso langfristigen wie zu Gunsten der Versicherten großzügigen Übergangsregelung. Vgl. Schreiben vom 29.6.1939, in: ebd. Intern hatten Grießmeyer bzw. Koch dazu durchaus prinzipielle Zustimmung signalisiert, ausgenommen jedoch diejenigen Regelungen, die von den reichsdeutschen Rentnern als unbillige Bevorzugung der österreichischen Rentner empfunden worden wären, in diesem Fall die Weitergewährung einer Altersrente

Von Anfang an hatte sich die RfA dabei auch mit der rentenversicherungsrechtlichen Behandlung der jüdischen Versicherten und Rentner in Österreich zu befassen gehabt. Am 19. Januar 1939 war man vom Wiener Ministerium für Wirtschaft und Arbeit informiert worden, dass die Frage der Rentenzahlungen an jüdische Berechtigte im Ausland „zur Zeit" gemeinsam mit dem Reichsinnenministerium und dem Stellvertreter des Führers geprüft werde und bis zur Entscheidung Leistungen an Juden im Ausland nicht überwiesen werden durften.[121] Als kurz darauf die Versicherungsanstalt der Presse den Fall eines ausgereisten jüdischen Altersrentners zur Entscheidung vorlegte, mochte man sich in Berlin jedoch mit dem Fall nicht näher befassen und schob erst einmal die Verantwortung für den Negativbescheid zurück auf die Presseversicherungsanstalt.[122] Zunehmend trafen nun aber auch direkte Briefe jüdischer Rentner aus der „Ostmark" in der Direktion der RfA ein. Nach österreichischem Recht war eine Weitergewährung von Auslandsrenten dann möglich, wenn seitens des Versicherungsträgers eine Bewilligung zur Wohnsitzverlegung erfolgt war. Daher fragten ausreisewillige Juden nun in der Wiener Abwicklungsstelle nach, und danach, als sie keine Antwort erhielten, auch in Berlin.[123] Die RfA-Beamten verwiesen die Antragsteller auf den offiziellen, im Altreich gehandhabten Weg: Voraussetzung waren eine Genehmigung der zuständigen Devisenstelle, dann die Angabe eines im Inland wohnenden Bevollmächtigten oder die Einrichtung eines „Sonderkontos" bei einer Devisenbank und schließlich die regelmäßige Vorlage einer Lebensbescheinigung sowie nicht zuletzt der Nachweis der deutschen Reichszugehörigkeit.

Am 30. März 1939 erging schließlich vom Wiener Ministerium für Wirtschaft und Arbeit ein weiterer vorläufiger Erlass, nach dem „bis auf Weiteres Renten der österreichischen Sozialversicherung an im Ausland lebende Juden dann weiter zu gewähren sind, wenn nach dem bisherigen Recht die Zustimmung zur Verlegung des Wohnsitzes in das Ausland bereits erteilt worden ist".[124] Soweit in solchen Fällen die Zahlungen eingestellt worden waren, sollten die Zahlungen rückwirkend wieder aufgenommen werden. In allen anderen Fällen jedoch, so stand es dann auch in einer eigenen Abteilungsverfügung der RfA, war die Zustimmung zum Auslandsaufenthalt durch den Versicherungsträger nicht zu gewähren und die Rente bis zu der in Aussicht gestellten allgemeinen Regelung der Rentenzahlungen an Juden im Ausland zum Ruhen zu bringen und einzubehalten.[125]

---

an einen noch nicht 65 Jahre alten Rentenbezieher auch bei Wiederaufnahme einer Beschäftigung. Vgl. Schreiben der RfA Berlin an die RfA Wien vom 9.3. und 26.4.1939, in: RfA-Archiv Nr. 151. Im Übrigen kam es auch noch zwischen der RfA und dem Beauftragten für die Sozialversicherung in Österreich, Jakob, zu einem längeren Schriftwechsel aufgrund unterschiedlicher Auslegung der Verordnung vom 22.12. 1938. Vgl. den Briefwechsel vom 13.4.1939 bzw. 21.4.1939, in: BArch R 89/3190.

121 Vgl. Schreiben der RfA vom 24.2.1939, in: RfA-Archiv Nr. 159.

122 Vgl. ebd.

123 Vgl. exemplarisch der Bittbrief vom 3.2.1939, in dem um die künftige Nachsendung der laufenden Altersrente von 137,84 RM im Monat nach London gebeten wird, in: RfA-Archiv Nr. 146.

124 Abschrift des Erlasses vom 30.3.1939, in: RfA-Archiv Nr. 24.

125 Verfügung der Abteilung I Leistung vom 24.7.1939, in: RfA-Archiv Nr. 24.

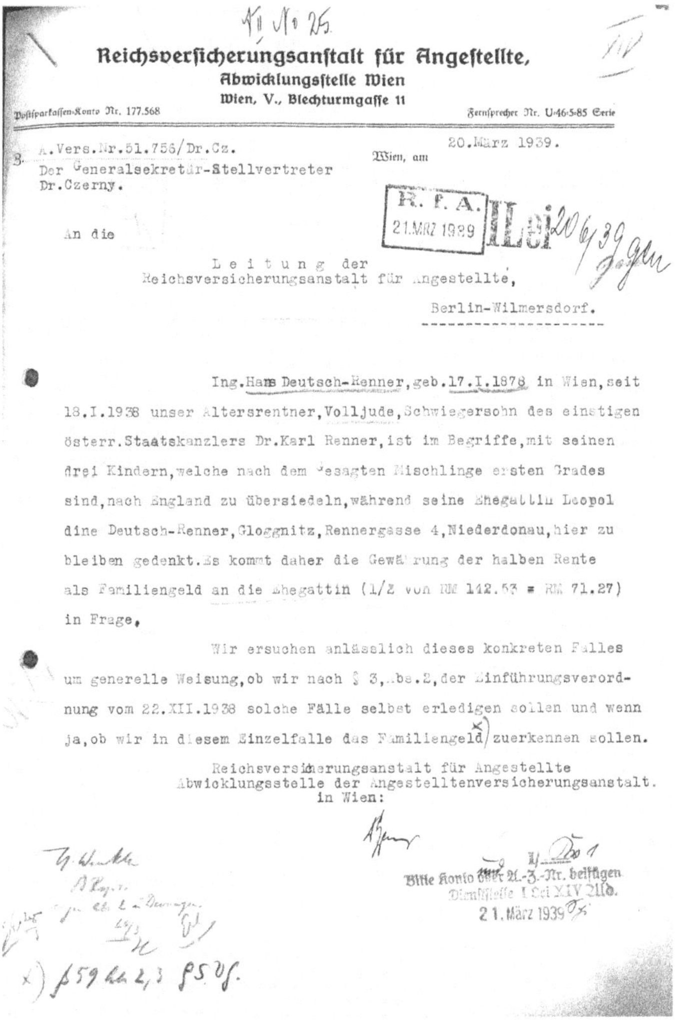

Reichsversicherungsanstalt für Angestellte,
Abwicklungsstelle Wien
Wien, V., Blechturmgasse 11

Postsparkassen-Konto Nr. 177.568 — Fernsprecher Nr. U-46-5-85 Serie

A.Vers.Nr.51.756/Dr.Cz. — Wien, am 20.März 1939.

Der Generalsekretär-Stellvertreter
Dr.Czerny.

R. f. A. 21.MÄRZ 1939

An die

Leitung der
Reichsversicherungsanstalt für Angestellte,
Berlin-Wilmersdorf.

Ing.Hans Deutsch-Renner, geb.17.I.1878 in Wien, seit 18.I.1938 unser Altersrentner, Volljude, Schwiegersohn des einstigen österr.Staatskanzlers Dr.Karl Renner, ist im Begriffe, mit seinen drei Kindern, welche nach dem Gesagten Mischlinge ersten Grades sind, nach England zu übersiedeln, während seine Ehegattin Leopoldine Deutsch-Renner, Gloggnitz, Rennergasse 4, Niederdonau, hier zu bleiben gedenkt. Es kommt daher die Gewährung der halben Rente als Familiengeld an die Ehegattin (1/2 von RM 142.53 = RM 71.27) in Frage.

Wir ersuchen anlässlich dieses konkreten Falles um generelle Weisung, ob wir nach § 3, Abs.2, der Einführungsverordnung vom 22.XII.1938 solche Fälle selbst erledigen sollen und wenn ja, ob wir in diesem Einzelfalle das Familiengeld×) zuerkennen sollen.

Reichsversicherungsanstalt für Angestellte
Abwicklungsstelle der Angestelltenversicherungsanstalt.
in Wien:

Bitte Konto ... A.-Z.-Nr. beifügen
Dienststelle I Lei XIV Abt.
21.März 1939

×) § 59 Abs 2, 3 AVG.

Abb. 26: Schreiben der RfA-Abwicklungsstelle Wien an die RfA Berlin vom 20. März 1939

Es waren gerade einmal acht Wochen seit der Verordnung vom 22. Dezember 1938 vergangen und es zeigt sich, mit welchem Aufwand die RfA als Behörde damit beschäftigt war, die unausgegorenen gesetzlichen Verordnungen zur Überleitung und Angleichung der österreichischen Angestelltenversicherung und die sich daraus ergebenen vielfach unbeabsichtigten Folgen in eine handhabbare Verwaltungspraxis umzusetzen, die auch den Interessen und Rechten der Versicherten wie Rentner gerecht wurde. Gleichzeitig waren auch erhebliche organisatorische Bemühungen angelaufen, die neue Außenstelle in Wien in die Verwaltungsarbeit der Berliner Behörde zu integrieren und die jeweiligen Verfahrensabläufe zu koordinieren. Ein Großteil der Beamten der früheren österreichischen Angestelltenversicherungsanstalt hatte man übernommen und zudem auch die dortigen leitenden Beamten in ihren Positionen belassen, allen voran den stellvertretenden Leiter Dr. Ferdinand Czerny, einen ausgewiesenen Experten des österreichischen Angestelltenversicherungsrechts.[126] Nicht verhindern konnte man jedoch, dass einige erfahrene Beamten an die neue Landesversicherungsanstalt Wien abgetreten werden mussten.

Zwischen Wien und Berlin war ein reger Personalaustausch in Gang gekommen. Der Leiter der Rentenliquidatur der Wiener Pensionsanstalt kam etwa nach Berlin, um die dortige Organisation der Rentenbuchhalterei kennenzulernen; dafür schickte Berlin einen seiner erfahrenen Verwaltungsoberinspektoren nach Wien, um dort an der Überleitung der Renteneinrichtungen und Rentenakten von Wien nach Berlin mitzuwirken. Eine Reihe von Wiener Beamten waren inzwischen auch in die Abteilung Leistung in der Ruhrstraße abgeordnet worden, wo sie als Experten für das frühere österreichische Sozialversicherungsrecht die Arbeit in den jeweiligen Dienststellen unterstützten. Schließlich wurde auch eine eigene „Abteilung I Lei/Oe" eingerichtet. Über die offizielle Bezeichnung der Wiener RfA-Stelle hatte es im Übrigen durchaus Diskussionen gegeben. Noch im März 1939 hatte die Wiener Behörde ihren Briefwechsel teilweise mit den alten Briefköpfen mit österreichischem Staatswappen geführt; daraus wurde dann die „Reichsversicherungsanstalt für Angestellte, Abwicklungsstelle Wien", was, wie Direktor Koch nicht zu Unrecht gegenüber der Präsidialabteilung im Hause monierte, irreführend wahrgenommen werden konnte. Es erwecke den Anschein, als ob die Reichsversicherungsanstalt in der Abwicklung begriffen und Wien eine ihrer Abwicklungsstellen wäre.[127] Doch diese Bedenken teilte man in der RfA-Präsidialabteilung offenbar nicht und so fand auch die eigentlich korrekte Behördenbezeichnung „Abwicklungsstelle der Angestelltenversicherungsanstalt Wien" keine Verwendung.

Zwischen Wien und Berlin war vor allem auch ein intensiver Austausch an Akten in Gang gekommen. Am 12. Mai 1939 gingen sämtliche Akten der Wiener Rentenregistratur in 1286 Kartons nach Versicherungsnummer geordnet nach Berlin ab. Von den rund 48.000 Rentenkarten sowie den dazugehörenden ebenso vielen Lochkarten war damit der weitaus größte Teil in die Ruhrstraße geschafft worden.[128] Dazu kamen weitere 9000 Rentenkarten in 18 eisernen Schränken aus den drei Sonderversicherungsanstalten – alles in allem eine erhebliche logistische Aktion, die sich über vier Tage hinzog. Nicht alle Akten kamen allerdings in Berlin an. Am 27. Mai erhielt die Wiener Stelle ein Schreiben des Zerbster Landrats, dass der dortige Streifenbeamte im Straßengraben der Reichsautobahn unweit der Köselitzer Parkplätze zwei Aktenstü-

---

126 Czerny hatte schon 1928 den Kommentar zum österreichischen Angestelltenversicherungsgesetz geschrieben und 1935 ausführliche „Erläuterungen der Angestelltenversicherungsanstalt zum Gewerblichen Sozialversicherungsgesetz (GSVG)" verfasst.

127 Notiz Kochs vom 7.3.1939, in: RfA-Archiv Nr. 146.

128 Vgl. Schreiben der RfA Wien vom 22.4.1939, in: RfA-Archiv Nr. 13 und Schreiben der RfA Wien vom 12.5.1939 und vom 22.5.1939, in: RfA-Archiv Nr. 146 a.

cke der RfA-Wien gefunden habe.[129] Die Befürchtung, dass noch weitere Rentenakten aus dem Transportwagen gefallen sein könnten, bewahrheitete sich aber nicht.

Im Juli 1939 lagen die dringend geforderten Durchführungsbestimmungen immer noch nicht vor. Sie waren notwendig, um endlich mit der Feststellung der Anwartschaften zu beginnen. Nach wie vor war – wie die RfA schon im März gegenüber dem RVA moniert hatte – unklar, was unter einer bestehenden Anwartschaft im Sinne des § 27 der Verordnung vom 22. Dezember 1938 zu verstehen war.[130] Es drohte unter anderem „völlig nutzlose“ Arbeit mit hunderttausenden längst erloschenen Anwartschaften, und dann auch eine Klagewelle mit reihenweisen Widersprüchen von Versicherten gegen die Anwartschaftsfeststellungsbescheide der RfA. Grießmeyer hatte daher auch vorgeschlagen, in diesen Fällen als Rechtsmittel nur die Beschwerde, nicht aber Berufungen zuzulassen, zumal es sich ja auch nicht um die Feststellung von Leistungen handelte.[131] Doch das Schreiben an das RVA blieb ohne konkrete Antwort. Und es gab auch anderweitig neue Unklarheiten. So war zwar am 9. Februar 1939 eine erste „Verordnung zur Durchführung und Ergänzung der Verordnung über die Einführung der Sozialversicherung im Lande Österreich“ erlassen worden, die unter anderem, ohne dass dafür ein ersichtlicher Grund erkennbar war, die Krankenversicherung der österreichischen Rentner einerseits bestätigte, andererseits jedoch verwaltungstechnisch völlig neu regelte. Anstelle des bisherigen Abzugs der Krankenversicherungsbeiträge von der Rente durch die Versicherungsanstalt war nun mit einem lapidaren Satz festgelegt worden, dass die Rentner die Beiträge bei der Krankenversicherung selbst einzahlen mussten. Es fehlte jegliche weitere Bestimmung, wie nun die Beiträge, die vier Prozent des auszuzahlenden Rentenbetrages ausmachten, erhoben und abgeführt werden mussten. Schon im Februar 1939 hatte man in der RfA gerätselt, welches Verfahren nun künftig gelten sollte, aber auch noch im Juni stand man vor dem Problem, dass ohne ausdrückliche Anordnung des Gesetzes der RfA die erforderliche rechtliche Grundlage fehlte, die Krankenversicherungsbeiträge von der Rente abziehen zu können.[132] Es waren scheinbar kleine verwaltungstechnische Details wie diese, deren Ungeklärtheit jedoch die ganze Behördenarbeit massiv behinderten, denn je nachdem war eine Um- bzw. Neuberechnung der rund 55.000 Renten mit entsprechenden Änderungen der ebenso vielen Lochkarten und der dazugehörenden Adrema (Adressiermaschinen)-Platten erforderlich.[133]

---

129 Vgl. Schreiben der RfA Wien vom 1.6.1939, in: RfA-Archiv Nr. 146 a.

130 Vgl. Schreiben der RfA Berlin an die RfA Wien vom 4.7.1939, in: RfA-Archiv Nr. 146. sowie Schreiben der RfA an das RVA vom 28.3.1939, in: BArch R 89/3190.

131 Vgl. ebd.

132 Vgl. Entwurf Koch für ein Schreiben der RfA an das RAM vom 28.2.1939 sowie dazu auch Brief Kochs an Ministerialrat Wankelmuth vom 1.3.1939, in: RfA Nr. 146. Vgl. auch Schreiben RfA an den Reichsverband der Ortskrankenkassen vom 24.6.1939, in: RfA-Archiv Nr. 156.

133 Vgl. dazu auch den entsprechenden arbeitsorganisatorischen Hinweis des Büroleiters der Abt. I Leistung vom 23.6.1939 an Direktor Koch, in: RfA-Archiv Nr. 156.

Im RAM machte man sich darüber offenbar keine Gedanken, denn im August 1939 bestimmte der Reichsarbeitsminister per Dekret genau das, was die Leistungsabteilung in der Ruhrstraße befürchtet hatte: Zum 1. Dezember 1939 sollten die Krankenversicherungsbeiträge der Rentner in der „Ostmark“ nun doch nicht mehr von diesen unmittelbar entrichtet, sondern durch die RfA von den Renten abgezogen und an die zuständigen Krankenversicherungsträger abgeführt werden. Auch wenn die Umrechnung selbst einfach war, so bedeutete dies doch, dass die Dienststellen in der Leistungsabteilung zwischen den beiden Rentenzahlungen für November und Dezember 1939 sämtliche 50.000 Renten umrechnen musste. Das war jedoch nicht zu schaffen und daher schrieb RfA-Direktor Koch im Oktober einen knappen Brief an das RVA:

> Die Einziehung der Beiträge der Rentner zur Krankenversicherung in der Ostmark durch Abzug von der Rente vom 1.12.1939 an ist nicht möglich, weil für die Umrechnung der 50.000 Renten das notwendige Personal nicht zur Verfügung steht. Ich bitte deshalb, die Einziehung bis nach Beendigung des Krieges zurückzustellen.[134]

Offensichtlich gelang dann aber doch die rechtzeitige Umrechnung der Renten, doch was man als bürokratischen Erfolg und Indiz für die Verwaltungseffizienz der RfA ansehen konnte, war in weiten Teilen der österreichischen Rentenwelt ein Desaster. Leitende RfA-Beamte erfuhren im Zuge eines Mitte Dezember 1939 stattfindenden Arbeitsbesuchs in der Wiener Abwicklungsstelle:

> Bei den Altersruhegeldempfängern ist eine starke Erregung dadurch hervorgerufen worden, dass die RfA durchweg 4 Prozent für die Krankenversicherung einbehält, während nach dem österreichischen Sozialversicherungsgesetz die Altersfürsorgerentner hiervon ausgenommen wären. Außerdem sollen nach österreichischem Recht nur Renten bis 400 Schilling krankenversicherungspflichtig sein, während die RfA diese Unterscheidung nicht gemacht hat. Die davon betroffenen Rentner fühlten sich dadurch geschädigt und verlangten Aufklärung von der Auskunftstelle Wien.[135]

Auch was die Praktizierung der Ruhensvorschriften wegen staatsfeindlicher Betätigung anging, stieß die RfA auf österreichische Sonderbestimmungen, die eine unterschiedliche Handhabung im Vergleich zum Altreich erforderlich machten. In den Satzungen mehrerer österreichischer Pensionsersatzkassen wie etwa des Pensionsinstituts der österreichischen Privatbahnen war im Falle eines Ausscheidens aus dem Dienstverhältnis ein Anspruch auf Beitragsrückerstattung vorgesehen ohne Rücksicht auf den Grund des Ausscheidens. Den Versicherten blieb mithin, wie das RVA selbst zugestehen musste, auch bei staatsfeindlicher Betätigung der Erstattungsanspruch

134 Vgl. das Schreiben in: RfA-Archiv Nr. 156.

135 Besprechungsbericht vom 16.12.1939, in: RfA Nr. 154. Mit den Ortskrankenkassen gab es daraufhin einen ebenso regen wie konfrontativen und sich bis Mai 1940 hinziehenden Schriftwechsel.

erhalten.[136] Entgegen der propagandistisch viel verkündeten sozialversicherungsrechtlichen Angleichung von Altreich und „Ostmark" war die Realität vom hartnäckigen Weiterbestehen der zahlreichen bürokratisch-rechtlichen Sonderheiten des österreichischen Sozialversicherungsrechts geprägt und die RfA als Verwaltungsbürokratie kämpfte einen kräftezehrenden Kampf gegen diese.

Wie in früheren Fällen wurde die RfA als Versicherungsträger vom RAM als Gesetzgeber erneut im Stich gelassen. In der Ruhrstraße wusste niemand, wann Durchführungsbestimmungen ergehen würden und ob bzw. wie das Verfahren über die Anwartschaftsfeststellung endlich geregelt werden würde. Seitens des Wiener Ministeriums für Wirtschaft und Arbeit hatte es hierzu inzwischen zwar einen Entwurf gegeben, zu dem die RfA jedoch in wesentlichen Punkten Änderungen vorgeschlagen hatte, ohne sich sicher sein zu können, inwieweit diese auch Berücksichtigung finden würden.[137] Wenn man so will, pochten nun innerhalb der RfA zwei Herzen in einer Brust, denn während die Berliner Behörde strikt auf die Rechte und Befindlichkeiten der Altreich-Rentner und -Versicherten achtete, entwickelte die Wiener Abwicklungsstelle erhebliche Aktivitäten zur Berücksichtigung der Interessen der ehemals österreichischen Angestellten.[138] Der RfA-Leitung in Berlin war die ganze Sonderregelung der Aufrechterhaltung der Leistungsvorschriften der österreichischen Pensionsversicherung für alle vor dem 1. Januar 1939 eingetretenen Versicherungsfälle zweifellos ein Dorn im Auge. Allein aus politischen Gründen der Loyalitätssicherung und unter Verletzung jeglicher versicherungsrechtlicher und versicherungsmathematischer Prinzipien hielt man daran fest. Mit deutlichen Worten wehrte man sich denn auch gegenüber dem RVA gegen jegliche weiteren Sonder- und Übergangsbestimmungen zugunsten der „Ostmark"-Rentner. „Es geht nicht an", so hatte Grießmeyer etwa am 25. Mai 1939 an das RVA geschrieben, „in den Fällen, in denen das österreichische Recht günstiger ist, dieses auch weiterhin anzuwenden, in den Fällen dagegen, in denen die österreichischen Leistungsvoraussetzungen strenger waren, sie durch das deutsche Recht zu ersetzen."[139] Man wies das RVA auch mit deutlichen Worten auf die sich durch die Zahlung erhöhter Beitragssätze ergebenden Härten hin, die für alle in Österreich Beschäftigten galten und damit „in gleicher Schärfe" auch für die aus dem Altreich nach Österreich übertretenden Versicherten, obwohl sie bisher

136 Vgl. dazu den Schriftwechsel des Wiener Wirtschaftsministeriums mit dem RVA vom 14.11.1939 bzw. 9.1.1940, in: BArch R 89/3181.

137 Vgl. Schreiben Kochs an die RfA Wien vom 4.7.1939, in: RfA-Archiv Nr. 146.

138 Vgl. dazu auch die Schreiben der RfA Wien an die RfA Berlin vom 30.6.1939 und vom 19.7.1939, in: RfA-Archiv Nr. 151.

139 Schreiben vom 25.5.1939, in: BArch R 89/3190. Auch im RAM neigte man dieser von der RfA kritisierten Rechtsanwendung zu. Vgl. dazu den Vermerk Kochs über ein fernmündliches Gespräch mit Ministerialrat Wankelmuth vom RAM vom 4.7.1939, wonach „das im Einzelfall günstigste Recht" angewendet werden sollte, in: RfA-Archiv Nr. 146 b.

keinen Beitrag zur österreichischen Pensionsversicherung geleistet hatten und daher auch keine Leistungen aus dieser in Aussicht stand.[140]

Für deutsche Firmen mit Zweigniederlassungen in Österreich bedeutete dies, dass sie nun für ihre dort beschäftigten Angestellten ihren Anteil an den knapp doppelt so hohen Beiträgen zahlen mussten, ungeachtet dessen, dass die monatlichen Gehaltszahlungen aus dem Altreich überwiesen wurden.[141] Umgekehrt galt für österreichische Unternehmen, dass sie für ihre deutschen Angestellten im Altreich nur noch die dort geltenden niedrigeren Beitragssätze begleichen mussten. Österreichische Firmen jedoch, die Angestellte aus dem Altreich beschäftigten, mussten, ohne Rücksicht auf die bisherige Beitragsentrichtung im Altreich, die Beiträge nun nach den neuen (höheren) „‚Ostmark'-Sätzen" entrichten. Auf entsprechende Beschwerden betroffener Unternehmen reagierte die RfA ebenso ungehalten wie deutlich mit einem Standardsatz.

> Um den Versicherten im Lande Österreich die erworbenen Rentenansprüche zu erhalten, hat das Reich eine erhebliche Belastung übernehmen müssen. Dem Versicherungsgedanken entspricht es, dass auch die Versicherten im Lande Österreich im gewissen Umfange zur Tragung der übernommenen Lasten mitherangezogen werden, zumal schon vor 1939 die Beiträge in Österreich erheblich höher waren als im Altreich.[142]

Für allgemeine Verwirrung sorgte auch die Reglung, dass – anders als im Altreich – österreichischen Altersrentenempfängern bei Annahme einer angestelltenversicherungspflichtigen Tätigkeit die Rente nicht weitergezahlt wurde.[143] Die Betroffenen hatten allerdings das Recht, bei der RfA das Altersruhegeld nach dem deutschen AVG zu beantragen, das ihnen dann unter Anrechnung der österreichischen Anwartschaft auch zuzusprechen war. Damit drohte zum einen bei einem erheblichen Teil der „Ostmark"-Rentner ein absurder Umweg über die zunächst erfolgende Entziehung und dann Wiedergewährung der Rente.[144] Zum anderen ergab sich auch je nach Stichtag vor bzw. nach dem 1. Januar 1939 des eingetretenen Versicherungsfalls eine unterschiedliche Behandlung der Rentner. Von den zuständigen Stellen im RAM sicherlich nicht gewollt und beabsichtigt, war vorauszusehen, dass die mit dieser unterschiedlichen Behandlung einhergehenden Ungleichheiten auf Dauer zu wachsender Kritik führen würden. Und dann ergab sich in diesem Zusammenhang bei den der Versicherungsanstalt für Pharmazeuten angehörenden Ruhegeldbeziehern auch noch eine besondere Situation. Denn im Zuge des Erlasses der achten Verordnung zum Reichsbürgergesetz, wonach den

---

140 Vgl. Schreiben Grießmeyers an das RVA vom 21.7.1939, in: BArch R 89/3191.

141 Vgl. dazu den Bericht des Berliner Überwachungsbeamten vom 13.2.1939 über eine entsprechende Anfrage der Berliner Dufa Deutsche Uhrenfabrik AG, in: RfA-Archiv Fach 1, Nr. 1.

142 Antwortschreiben an eine Linzer Firma vom 15.5.1939, in: RfA-Archiv ohne Sign., Regal 5.

143 Das bezog sich auf solche Rentner, die jünger als 65 Jahre waren. Im Altreich war vor dieser Altersgrenze gar keine Ruhegeldgewährung möglich.

144 Vgl. dazu das Schreiben des zentralen Amts für Rechtsberatungsstellen der DAF in Berlin an die RfA vom 13.5.1939, in: RfA-Archiv Nr. 86 sowie auch die entsprechende Anfrage der Personalabteilung der Österreichischen Creditanstalt vom 1.9.1939, in: RfA-Archiv Nr. 92 b.

jüdischen Apothekern die Bestallung mit Wirkung zum 1. Februar 1939 entzogen wurde, hatte sich ein akuter Mangel an pharmazeutischen Arbeitskräften ergeben, so dass zahlreiche Apotheken mangels gesetzlich vorgeschriebener fachlicher Leitung gesperrt werden mussten. Eine Behebung der österreichischen „Apothekenkrise" war nur durch die Wiederbeschäftigung von Altersruhegeldbeziehern und Ruhegeldbeziehern wegen dauernder Berufsunfähigkeit möglich, aber beiden Rentnergruppierungen drohte im Fall der Tätigkeitsaufnahme der Entzug der Rente.[145] Wie auch immer: Auch das Schreiben vom Mai 1939 und weitere Schreiben der RfA im Herbst 1939 mit ähnlichen Hinweisen auf die bestehenden Probleme sowie den wiederholten Vorschlägen zum Erlass einer neuen Durchführungsverordnung „zur Beseitigung von Härten, die sich durch die Einführung der Reichsversicherung in Österreich ergeben haben", trafen im RAM auf taube Ohren.[146]

Inzwischen häuften sich die Beschwerden österreichischer Rentner. Ob als direkte Schreiben an die RfA in Berlin, als Eingabe an die örtliche NSDAP-Ortsgruppe und die jeweiligen Gauleitungen oder auch in Form von Gesuchen an Hitler bzw. den Stab des Führers – es machte sich zunehmend Kritik an der Arbeit der RfA breit. Es lägen, so hieß es etwa in einem Schreiben der Gauleitung Steiermark an die RfA Mitte September 1939, sehr viele Beschwerden darüber vor, dass gesetzlich zustehende Renten nicht zuerkannt worden seien bzw. auf die bezüglichen Ansuchen monatelang keine Erledigungen folgten. Von 53 Rentenansuchen seien bisher nicht einmal die Hälfte beschieden worden, wobei auch in den nunmehr erledigten Fällen die Anspruchsbewerber monatelang auf Zuerkennung der Renten hätten warten müssen.[147] Als Beispiel für „die Behandlung derartiger Fälle seitens der Reichsversicherungsanstalt für Angestellte in Berlin" wurde der Fall einer Witwenrentnerin angeführt, die wegen der ausstehenden Entscheidung über ihren Rentenanspruch und ohne sonstiges Einkommen zur Bestreitung ihres Lebensunterhaltes nun mit Selbstmord drohte. Die AOK in Graz berichtete ihrerseits im Oktober von einer Witwenrentnerin, deren Rente am 1. September 1939 ohne ersichtlichen Grund eingestellt worden war. Alle verzweifelten Schreiben an die RfA zur Wiederanweisung der Rente seien unbeantwortet geblieben; die Betroffene warte nun sechs Wochen vergeblich auf die ihr zustehende Leistung und habe auch keine Verständigung über den Grund der Einstellung der Rente erhalten.[148]

Auch aus österreichischen Unternehmen trafen zahlreiche direkt an Präsident Grießmeyer adressierte Schreiben mit konkreten Fällen von unerledigten Rentenanträgen ein. Selbst auf wiederholte Schreiben und Erinnerungen sei von der RfA nicht geantwortet worden, so lauteten die Beschwerden. Viele Rentner forderten zudem aber auch die Rückgängigmachung von Leistungskürzungen aus der Zeit vor 1938. Dabei gelang es ihnen oft, die örtlichen Parteistellen, unter dem Druck von propagandisti-

145 Vgl. dazu den entsprechenden Notruf der Versicherungsanstalt für Pharmazeuten an die RfA vom 31.1.1939, in: RfA-Archiv Nr. 159.

146 Vgl. Schreiben Grießmeyers an das RVA vom 6.9.1939, in: ebd.

147 Schreiben der Gauleitung Steiermark an die RfA vom 11.9.1939, in: RfA-Archiv Nr. 146 b.

148 Schreiben der AOK Graz an Grießmeyer vom 12.10.1939, in: RfA-Archiv Nr. 92 b.

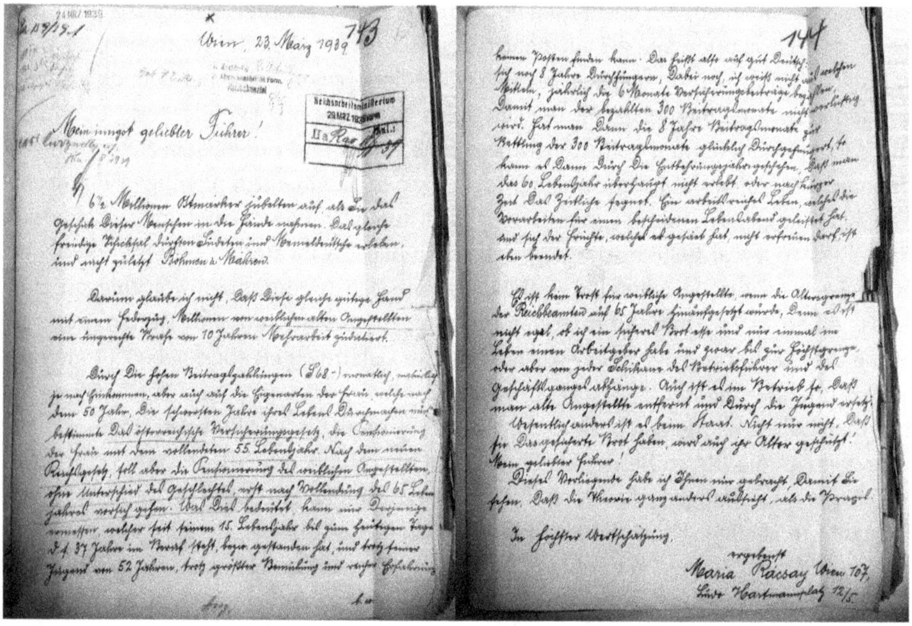

Abb. 27: Beispiel für eine Eingabe an Hitler mit der Beschwerde über Nachteile durch die Einführung der AV in Österreich vom März 1939

schen NS-Leistungsversprechen und Loyalisierungserfordernissen, zu Sachwaltern ihrer Interessen zu machen.[149] Eine organisatorische Panne – infolge der trotz rechtzeitiger Ausstellung der Zahlungsanweisungen durch die RfA an die österreichische Post es im September 1939 zu Verzögerungen der Rentenzahlung in Wien kam – förderte den verbreiteten Unmut unter den Rentnern und trug nicht gerade zum Imagegewinn der RfA als neu zuständiger Reichsbehörde für die Rentenzahlungen bei.[150] Im November 1939 räumte selbst der Leiter der DAF-Gaurechtsstelle Wien in einem Zeitschriftenbeitrag „Probleme der Rentenversicherung in der Ostmark" ein.[151] Die vielen dabei aufgezählten Sondervorschriften, die als Reaktionen auf die sich aus

149 Exemplarisch das Schreiben von sechs Rentnern an die NSDAP-Ortsgruppe Grünau/Oberdonau vom 28.8.1939, das der dortige Parteifunktionär mit dem schriftlichen Vermerk an die Gauleitung weitergab: „Ich ersuche diesem Ansuchen zu entsprechen, da wirklich nicht im Sinne einer Volksgemeinschaft gehandelt ist, wenn solchen Volksgenossen wie oben, welche eine Kürzung durch den früheren Staat erlitten haben, heute noch nicht die ihnen gebührende volle Rente erhalten." Vgl. RfA-Archiv Nr. 146 b. Zu den Leistungskürzungen in der österreichischen Pensionsversicherung der Angestellten im Zuge der Sozialversicherungsreform vom März 1935 mit dem Inkrafttreten des gewerblichen Sozialversicherungsgesetzes vgl. G. Augustin, Die Pensionsversicherung der Angestellten in Österreich, in: Deutsche Invalidenversicherung Nr. 3 (1939), S. 61–62.

150 Vgl. Schreiben der RfA an den Reichspostminister vom 11.9.1939, in: ebd.

151 Vgl. Otto Wahsianowitcz, Probleme der Rentenversicherung in der „Ostmark", in: Deutsche Rentenversicherung 11 (1939), S. 196–198.

der Praxis ergebenden Härten und Übergangsschwierigkeiten inzwischen galten, führten das gleichzeitig vorgetragene Ziel der Rechtsangleichung ad absurdum, und in der Folgezeit sollte das Sonderrecht der Rentenversicherung noch zunehmen.[152] Bezeichnenderweise konstatierte der DAF-Funktionär am Ende, dass sich auch bei einer Regelung der Probleme infolge einer künftigen Durchführungsverordnung hier nach wie vor „für die Rechtsprechung ein weites Feld fruchtbarer Betätigung [bietet]".[153] Tatsächlich wurden auch in Österreich die entsprechenden Gremien der Sozialgerichtsbarkeit eingerichtet, allen voran sechs über das Land verteilte Oberversicherungsämter, die zum 1. Dezember 1939 ihre Arbeit aufnahmen. Die nach österreichischem Recht errichteten Schiedsgerichte wurden aufgelöst bzw. fungierten nun als Versicherungsämter bei Spruchsachen und Revisionsverfahren. Die RfA war hier insofern miteinbezogen worden, als sie Ende Dezember aufgefordert worden war, Vorschläge darüber zu unterbreiten, an welchen Orten in der „Ostmark" für die Angestelltenversicherung zuständige Versicherungsämter errichtet werden sollten.[154] Deren Einrichtung und die Schaffung von Ausschüssen für die Angestelltenversicherung zogen sich allerdings bis Ende Januar 1940 hin.

Währenddessen hatte die Wiener RfA-Außenstelle mit inzwischen deutlich reduziertem Personal eine erhebliche Eigendynamik entwickelt. Regelmäßig trafen längere Schreiben in der Ruhrstraße ein, in denen an Hand konkreter Beispiele „schwere Nachteile" für Versicherte und Rentner behandelt wurden, unter anderem etwa infolge des „schlagartigen Abbruchs der Dreivierteldeckung", unterfüttert durch aufwändige Auswertungen von Versichertenaktensamples und verbunden mit entsprechenden Vorschlägen für „mildernde Übergangsbestimmungen".[155] Mit Mühe versuchte man in der Ruhrstraße diese Aktivitäten in geordnete Bahnen zu lenken und vor allem das Augenmerk stärker auf das weit drängendere Problem einer Beschleunigung der Bearbeitung von Leistungsanträgen zu richten. Zu diesem Zweck unternahm RfA-Direktor Koch Mitte Januar 1940 seine zweite Dienstreise nach Wien.[156] Zusammen mit der RfA-Abwicklungsstelle und den involvierten Ortskrankenkassen entwickelte man dabei einen Arbeitsablauf, der – ausgehend von der Antragsannahme durch die Ortskrankenkasse, der Weiterleitung (unter Beifügung der Beitragsunterlagen) an die Abwicklungsstelle, wo dann die anrechnungsfähigen Beitragsmonate und die Bemessungsgrundlage festgestellt würden, bis zur unverzüglichen Weiterleitung an die RfA nach Berlin – eine schnellere Verbescheidung im Leistungsverfahren sicherstellen sollte.

152 Vgl. dazu etwa Artur Rudolph, Direktor des Oberversicherungsamtes beim Reichsstatthalter in Wien, „Das Sonderrecht der Rentenversicherungen in den Alpen- und Donau-Reichsgauen", in: Amtliche Nachrichten für die Reichsversicherung Nr. 17/18 1943, II 257–270.

153 Ebd., S. 198.

154 Vgl. Schreiben der RfA Wien an die RfA Berlin vom 27.12.1939, in: RfA-Archiv Fach 118, Nr. 12.

155 Vgl. etwa Schreiben RfA-Wien an RfA Berlin vom 2.10. und vom 7.11.1939, in: RfA-Archiv Fach 114, Nr. 15 bzw. RfA-Archiv Nr. 151.

156 Vgl. Vermerk Koch über das Ergebnis der Besprechungen in Wien am 15. und 16.1.1940 über das Verfahren in Leistungssachen, in: RfA-Archiv Nr. 154.

Wurde der Antrag direkt bei der RfA gestellt, so forderte diese bei der Wiener Abwicklungsstelle den jeweiligen Versicherungsverlauf an; alle sonst notwendigen Ermittlungen veranlasste man aber selbst.[157] Alle Verbesserungsmaßnahmen hätten jedoch nur dann Wirkung zeigen können, wenn auch die Reichspost endlich ihre Zustellungs- und Auszahlungsprobleme behoben hätte, was jedoch auch im Januar 1940 noch nicht der Fall war. Jedenfalls sah sich Grießmeyer zu einem erneuten Mahnschreiben an den Reichspostminister gezwungen, in dem er bemängelte, dass der RfA „von Rentnern der Angestelltenversicherung in der Ostmark regelmäßig in den ersten Tagen jedes Kalendermonats zahlreiche Beschwerden [zugingen], dass sie die Renten nicht rechtzeitig erhalten".[158]

Der Blick auf die Zahlen zeigt noch einmal deutlich die Unterschiede zwischen Versicherten und Rentnern im Altreich und in Österreich im Bereich der Angestelltenversicherung. Er ist zugleich auch schon ein Blick voraus auf die Entwicklung in den sudetendeutschen Gebieten.

Tab. 8: Regionale Unterschiede in der Gehaltsklassenstruktur der RfA-Versicherten (Beitragsmarkenkauf im vierten Quartal 1939 Anzahl und Anteil in Prozent in den jeweiligen Gebieten)

Gehaltsklasse	Altreich	„Ostmark"	Sudetenland	Zusammen
Untere „A bis C"	7.271.724 (54,5)	174.314 (17,6)	101.960 (24,9)	7.797.691 (52,9)
Mittlere „D bis F"	4.816.208 (36,1)	566.610 (57,2)	238.790 (58,3)	5.621.608 (38,3)
Obere „G bis K"	1.253.342 (9,4)	249.693 (25,2)	68.701 (16,8)	1.571.736 (10,8)
A bis K zus.	13.341.274 (100)	990.617 (100)	409.451 (100)	14.741.342 (100)

A bis C entspricht einem Monatsentgelt bis 200 RM; D bis F entspricht einem monatlichem Entgelt zwischen 200 und 500 RM und G bis K entspricht einem Monatsentgelt von über 500 RM.
Quelle: Meldung des Stat. Reichsamts an die RfA vom 29.3.1940, in: RfA-Archiv Fach 13, Nr. 1.

Tab. 9: Vergleich der durchschnittlichen Angestellten-Monatsrenten im Altreich, in der „Ostmark" (Österreich) und im Sudetenland im Jahr 1940 in RM

	Altreich	„Ostmark"	Sudetenland
Alters- bzw. Invalidenruhegeld	63,75	99,02	94,90
Witwenrente	29,15	50,31	47,34

157 Vgl. die daraus dann entwickelte Abteilungsverfügung bzw. „Richtlinie für die Bearbeitung der Leistungsanträge von Versicherten der „Ostmark"" vom 21.1.1940, in: RfA Nr. 154.
158 Schreiben RfA vom 13.1.1940, in: RfA Nr. 154.

Tab. 9: Vergleich der durchschnittlichen Angestellten-Monatsrenten im Altreich, in der „Ostmark" (Österreich) und im Sudetenland im Jahr 1940 in RM *(Fortsetzung)*

	Altreich	„Ostmark"	Sudetenland
Waisenrente	20,97	34,61	30,14

Quelle: RfA-Jahresbericht, Die Angestelltenversicherung im Jahr 1940, in: BArch R 89/3513, S. 5.

Die „Ostmark"-Versicherten verteilten sich auf deutlich höhere Beitragsklassen – vor allem im Vergleich zum Altreich –, erwarben damit aber auch erheblich höhere Altersrenten. Besonders ausgeprägt waren die Unterschiede bei den Witwen- und Waisenrenten, wo die Betroffenen durchschnittlich über 70 Prozent mehr erhielten.

Trotz aller Probleme, den vielen versicherungsrechtlichen Fallstricken im Detail und dem alles überwölbenden Primat nationalsozialistischer Loyalisierungsbemühungen mit Hilfe der Sozial- und Rentenpolitik war aus Sicht der RfA die Übernahme und Integration der österreichischen Angestelltenversicherung eigentlich eine Erfolgsgeschichte. Man hatte nicht nur die organisatorischen Probleme der Überleitung und Rechtsangleichung bewältigt, sondern die Altersversorgung der österreichischen Angestellten auch saniert. Aber noch während die RfA mitten in dem gewaltigen Kraftakt steckte, den die Abwicklungs- und Überleitungsmaßnahmen der österreichischen Angestelltenversicherung erforderte, ergab sich für die RfA im Oktober 1938 mit der Eingliederung der sudetendeutschen Gebiete eine weitere, nicht minder komplizierte verwaltungstechnische Aufgabe.

4.3 An den Grenzen verwaltungsorganisatorischer Effizienz: Die RfA und das Sudetenland

Obwohl die Eingliederung des Sudetenlands im Zuge des Münchner Abkommens vom Oktober 1938 und die darauffolgende staatspolitische Zerschlagung der Tschechoslowakei fast ein halbes Jahr nach dem Einmarsch in Österreich erfolgte, war die RfA gezwungen, sich sofort mit den angestelltenversicherungsrechtlichen Verhältnissen zu befassen. Soviel Zeit man sich in der „Ostmark" mit den Überleitungs- und Eingliederungsmaßnahmen zunächst gelassen hatte, so hektisch und überstürzt ging man im Sudetenland vor. Und die verwaltungsorganisatorischen Herausforderungen waren ungleich größer. Grießmeyer notierte dazu rückblickend:

> Die politischen Verhältnisse erforderten hier andere und sofortige Maßnahmen. Während nämlich im Falle Österreichs ein ganzer Staat mit seinem gesamten Verwaltungsapparat übernommen wurde, der ohne Schaden für die Beteiligten noch eine gewisse Zeit unter den bisherigen Verwaltungsgesetzen weiterleben konnte, handelte es sich im Falle des Sudetenlands um etwas wesentlich anderes; hier wurde aus einem Staatsapparat ein Territorium herausgeschnitten, aus der bisherigen behördlichen Zuständigkeit herausgenommen, woraus sich die zwingende und

> dringende Notwendigkeit ergab, umgehend den abgetrennten Gebiets- und Bevölkerungsteil in die Obhut und Zuständigkeit der entsprechenden Reichsinstanzen zu nehmen.[159]

Gesetzlicher Ausgangspunkt war die Verordnung vom 12. Oktober 1938 über die vorläufige Durchführung der Reichsversicherung in den sudetendeutschen Gebieten, die die RfA von Anfang an unter massiven Zeitdruck setzte, denn darin war die Geltung des Angestelltenversicherungsgesetzes rückwirkend zum 1. Oktober festgelegt worden.[160] Anstelle der bis dahin zuständigen Allgemeinen Pensionsanstalt in Prag, die zwei deutsche Amtsstellen in Prag und Brünn gehabt hatte, war nun die RfA neuer Träger der Angestelltenversicherung im Sudetenland.[161]

Wie große der Bestand an zu übernehmenden Versicherten und laufenden Renten sein würde, die durch die Abtrennung des Sudetengebiets praktisch unvermittelt von ihrem bisherigen Versicherungsträger abgetrennt wurden, war zunächst gar nicht klar. Die Zahl der Pflichtversicherten bei der Allgemeinen Pensionsanstalt betrug ca. 390.000, den darunter befindlichen Anteil der Sudetendeutschen schätzte man auf 120.000 Beitragszahler. Auch der genaue Anteil am Rentnerbestand wurde zunächst auf 25.000 bis 30.000 geschätzt und erst später genau auf 29.500 Rentner beziffert, die neu in den Zuständigkeitsbereich der RfA kamen. Auch bei allem Weiterem, der umgehenden Sicherung der Weiterzahlung der Renten an die neuen sudetendeutschen „Volksgenossen", der Bearbeitung der vorliegenden bzw. neu eingehenden Rentenanträge sowie der Fortführung der Beitragszahlungen durch Versicherte und Unternehmen ergaben sich große Hürden und Problemfelder. Das galt vor allem für die Organisation des Auszahlungsprozesses, der drei Monate lang, bis Dezember 1938, geradezu chaotisch ablaufen sollte, ehe die RfA das Problem verwaltungsorganisatorisch wenigstens halbwegs in den Griff bekommen sollte. Außerdem gab es im tschechoslowakischen Rentenversicherungsrecht zahlreiche Eigenheiten und Sonderbestimmungen, die von der AV im Altreich abwichen. Da war zunächst das hohe Niveau der Renten, die zwar nicht ganz so hoch waren wie in Österreich, aber mit umgerechnet durchschnittlich knapp 95 RM im Monat dennoch fast 50 Prozent mehr als im Deutschen Reich ausmachten. Auch die mit durchschnittlich zehn Prozent des mittleren Jahreseinkommens erheblich höheren Beitragsätze und damit die Beitragsklassenstruktur wichen von den Gegebenheiten im Altreich deutlich ab. Eine

159 Grießmeyer, Großdeutschland, S. 256.

160 Vgl. die gerade einmal elf Paragraphen umfassende Verordnung abgedruckt in: Mitteilungen der RfA Nr. 10, 1938, S. 35–36.

161 Dazu gab es 41 Ersatzinstitute, von denen sechs ihren Sitz im Sudetengebiet hatten. Zwischen dem Deutschen Reich und der Tschechoslowakischen Republik hatte es schon einen am 21.3.1931 geschlossenen Gegenseitigkeitsvertrag über die Sozialversicherung gegeben, zu diesem Zweck hatten auch schon regelmäßige Kontakte zwischen der Allgemeinen Pensionsanstalt in Prag und der RfA bestanden, unter anderem im März 1938 zur Frage der Erfassung der Versicherten und Rentner per Lochkartensystem, vgl. dazu RfA-Archiv Nr. 91 und RfA-Archiv Fach 2, Nr. 3. Das organisatorische Pendant für die Invalidenversicherung wurde mit der neu gegründeten LVA Sudetenland in Teplitz-Schönau erst deutlich später, am 1.4.1939, errichtet.

Versicherungspflichtgrenze existierte nicht. Dazu gab es zusätzliche Leistungen: Beim Tod eines sudetendeutschen Versicherten wurde ein Begräbnisgeld gezahlt, es gab eine Elternrente und eine sogenannte Sozialrente, die unter bestimmten Bedingungen vor Vollendung des 60. (Männer) bzw. 55. (Frauen) Lebensjahres gewährt werden konnte, und für Kinder wurden die Leistungen weit über das 18. Lebensjahr hinaus, bis zum 24. Lebensjahr, gewährt. Nicht zuletzt waren die sudetendeutschen Rentner wie ihre österreichischen Kollegen krankenversichert.[162] Ob und wieviele weitere versicherungsrechtliche Fallstricke in den Details der tschechoslowakischen Sozialversicherungsgesetze lauerten, wusste man zudem im Oktober 1939 noch nicht.[163] Es war jedoch vorauszusehen, dass es im Zuge der überstürzten Einführung der deutschen Gesetze und der Rechtsangleichung zu sozialen Härten und entsprechenden Unmutsäußerungen seitens der Betroffenen kommen würde. Aus der Perspektive der Erzeugung von Loyalität für das NS-Regime war die Integration der sudetendeutschen Angestellten-Rentenversicherung in das Alterssicherungssystem des Altreichs zumindest risikobehaftet, und die Last der Verantwortung trug die RfA. Und noch etwas war absehbar: Wie in Österreich würde sich auch die Übernahme der sudetendeutschen Angestelltenversicherung für die RfA finanziell erheblich belastend auswirken. Wie die Deckungsverhältnisse bei den Versicherungsträgern lagen und welches Vermögen man daher übernehmen würde, wusste man dabei noch gar nicht, aber die Relation der Versicherten zu den Rentenempfängern war mit 4:1 fast so ungünstig wie in der „Ostmark“.[164]

Um die Auszahlung der bereits rückständigen Renten der tschechoslowakischen Angestelltenversicherung im Sudetenland für Oktober 1938 bewältigen zu können, war die RfA auf die konstruktive Unterstützung der Allgemeinen Pensionsanstalt der Privatangestellten in Prag angewiesen. Am 29. Oktober richtete daher Grießmeyer ein dringendes Schreiben an den Versicherungsträger und bat um Zusendung entsprechender Listen sowie der jeweiligen Rentenkarten, und in Prag signalisierte man auch bereitwillige Hilfe, doch die tatsächliche Bereitstellung der Unterlagen ließ dann auf sich warten.[165] Zudem musste die RfA feststellen, dass, noch ehe die Auszahlungen richtig losgehen konnten, bereits zahlreiche andere Behörden und Stellen – Krankenkassen, Landräte, Gemeinden und Parteidienststellen – die bisherigen Renten ganz oder teilweise auszahlten und danach die entsprechenden Beträge bei der RfA

162 Vgl. dazu die RfA-interne Übersicht (ohne Datum) über „Die Sozialversicherung im Sudetenland“, in: RfA-Archiv Nr. 174 sowie auch den Aufsatz von Karl Branner aus dem arbeitswissenschaftlichen Institut der DAF über „Die Sozialversicherung in den sudetendeutschen Gebieten“, in: NS-Sozialpolitik 5 (1938), S. 511–513 und S. 532–535.

163 Vgl. dazu dann den detaillierten Aufsatz des Leiters des Oberversicherungsamtes Aussig, Dr. Hartrath, über „Das Sonderrecht der Rentenversicherung in den sudetendeutschen Gebieten“, in: Amtliche Nachrichten für die Reichsversicherung Nr. 20, 1943, S. II 317–326.

164 So die Informationen von Grießmeyer auf der Beiratssitzung am 28.11.1938, Niederschrift S. 3, in: BArch R 89/3470.

165 Vgl. Schreiben der RfA vom 29.10.1938 und Antwortschreiben aus Prag vom 5.11.1939, in: RfA-Archiv Nr. 169.

anforderten. In zahlreichen Fällen, so wandte sich die RfA hilfesuchend an den inzwischen in Reichenberg amtierenden Reichskommissar für die sudetendeutschen Gebiete, wurden Leistungen daher möglicherweise doppelt gezahlt.[166] Um sich einen Überblick über die chaotische Lage zu verschaffen, musste man daher mit einem umfangreichen Schriftwechsel und aufwändigen Abrechnungen beginnen, dessen Ausmaß man angesichts des Volumens von 2,4 Mio. RM an Rentenzahlungen nur ahnen konnte. „Um eine Grundlage für die Rentenzahlungen der Monate Oktober, November und Dezember 1938 zu erhalten, mussten die sämtlichen Rentenempfänger erst über die für diese Monate erhaltenen Renten befragt werden", notierte Grießmeyer später rückblickend dazu.[167] Viele Zahlungen waren zudem auf Rechnung der RfA geleistet worden, für die diese jedoch gar nicht zuständig war.

Nachdem die Auszahlung der Oktober- und auch der Novemberrenten gründlich schiefgegangen war und neben den Doppelrenten auch zahlreiche Rentner noch immer auf ihre Auszahlungen warteten, setzte man in Berlin alles daran, wenigstens die Dezemberrenten ordnungsgemäß überweisen zu können. Doch aus Prag waren Mitte November immer noch keine Unterlagen eingetroffen und RfA-Direktor Koch bat daher das RVA und das RAM dringend um die Genehmigung einer Dienstreise nach Prag, um vor Ort die Dinge voranzubringen.[168] Gleichzeitig schickte Koch an das RAM per Eilboten eine erste lange Liste mit ungeklärten Fragen, die in der Verordnung vom 21. Oktober 1938 offengelassen, ungeklärt oder gar nicht benannt worden waren, deren Beantwortung und Entscheidung für die verwaltungspraktische Arbeit jedoch unerlässlich war. Obschon – anders als in Österreich – dieser Einführungsverordnung nur wenige Tage später am 26. Oktober eine erste Durchführungsverordnung gefolgt war,[169] bestand unter anderem nach wie vor keine Regelung darüber, wer die Rentensachen nach welchem Recht zu erledigen hatte, insbesondere wenn der Versicherungsfall vor dem 1. Oktober 1938 eingetreten war. Der tschechoslowakische Versicherungsträger wollte nicht mehr zuständig sein. Erneut waren viele Fragen zu beantworten: Hatte die Entziehung und Wiederbewilligung von Renten bei wieder aufgenommener Berufstätigkeit nach deutschem oder tschechoslowakischem Recht zu erfolgen? Musste Begräbnisgeld gezahlt werden bzw. waren überhaupt Leistungen an die Rentenempfänger nach tschechoslowakischem Recht zu gewähren? Und dann gab vor allem das komplizierte Problem der Anrechnung von früheren Dienstzeiten und anderen Versicherungszeiten sowie die heikle Frage der Währungsumrechnung von tschechischen Kronen in RM.[170]

Was die Verordnung vom 26. Oktober jedoch bestimmte, war die Höhe der vorläufig gewährten Leistungen, die für Altersruhegeldempfänger auf 50 RM monatlich festgelegt wurde, Witwen erhielten 25 RM und Waisen 15 RM, als Kinderzuschuss

166 Vgl. Schreiben vom 14.11.1938, in: ebd. Vgl. auch Grießmeyer, Großdeutschland, S. 257.
167 Grießmeyer, Großdeutschland, S. 257.
168 Vgl. Schreiben vom 19.11.1938, in: RfA-Archiv Nr. 169 und auch in: BArch R 89/3184.
169 Vgl. diese Durchführungsverordnung, in: Mitteilungen der RfA Nr. 12, 1938, S. 45–48.
170 Vgl. Schreiben Kochs vom 15.11.1938, in: RfA-Archiv Nr. 169 b.

wurde vorläufig 7,50 RM im Monat gewährt. Das waren Raten, die nicht nur weit unter dem bisherigen Rentenniveau in der Tschechoslowakei lagen, sondern auch deutlich unter den Altreichsätzen. Unmut und Proteste bei den Betroffenen waren daher geradezu vorauszusehen. Ansonsten war aber in Sachen Sudetengau-Renten so gut wie nichts geklärt. Koch schrieb in einem persönlich an RAM-Ministerialrat Dormann gerichteten Brief:

> Wegen der Zahlung der Dezemberrenten wäre ich für recht baldige Anweisung außerordentlich dankbar. Es scheint mir im Hinblick auf die bevorstehende Wahl dringend notwendig, nachdem die rechtzeitige Auszahlung der Novemberrente nicht möglich gewesen ist, wenigstens die Dezemberrente pünktlich zu zahlen. Ich kann aber nicht die Gewähr für eine pünktliche Zahlung übernehmen, wenn die Entscheidung über die Auszahlung uns nicht spätestens am 20. November mitgeteilt wird.[171]

Die zumindest kurzfristige Bilanz der Rentenübernahme durch die RfA war, wie die späteren statistischen Auswertungen ergaben, aus der Sicht einer Leistungsverwaltung tatsächlich katastrophal: Im Oktober und November hatten nur 10.345 Sudetendeutsche ihre Renten erhalten, d. h. gerade einmal ein Drittel, erst im Dezember gelangten dann praktische alle Berechtigte in den Genuss ihrer Ruhegelder.[172] Welch gewaltige Kraftanstrengung die RfA vollbringen musste, um die verwaltungsorganisatorischen Probleme der Übernahme und Zahlung der Sudetenrenten zu bewältigen, lässt sich allein aus den zahlreichen Präsidialverfügungen in dieser Zeit nachvollziehen. Wochenlang arbeiteten die Dienststellen der Leistungsabteilung im Oktober und November in Überstunden. Um dann auch noch die kurzfristige Versendung von 25.000 Zahlungsanweisungsvordrucken und Postkartenmitteilungen bewältigen zu können, musste die gesamte RfA-Belegschaft mit anpacken.[173] Eine Woche später erging die selbe Anweisung, um nun „von 18.000 Zahlungsanweisungen Sammelschecks zu je 50 listenmäßig aufzustellen und aufzurechnen sowie in 10.000 Zahlungsanweisungen die Rentenbeträge einzusetzen".[174]

Parallel dazu versuchte die Büroleitung der Leistungsabteilung mit Hilfe interner Dienstanweisungen dem Arbeitsanfall Herr zu werden. Den Dienststellen gingen mit den Anträgen auf Zahlung der „Sudetenrenten" auch hunderte Schreiben zu, die alle möglichen Angelegenheiten der Sudetendeutschen betrafen. Zur Stärkung der Fachkompetenz hatte die RfA immerhin aus Prag und Brünn insgesamt 68 Beamte und drei Angestellte übernommen, eine eigene Dienststelle unter der Abkürzung „I Lei/Sud" sollte jedoch erst im Juni 1939 eingerichtet werden.[175] Erst Ende November erfuhr man endlich auch mehr über das Vermögen der Pensionsanstalt und den sich daraus er-

171 Brief vom 17.11.1938, in: ebd.
172 Vgl. die statistische Zusammenstellung vom 10.1.1939, in: RfA-Archiv Nr. 169.
173 Vgl. Präsidialverfügung vom 10.11.1938, in: RfA-Archiv Nr. 2.
174 Vgl. Präsidialverfügung vom 21.11.1938 sowie vom 14.12.1938, in: ebd.
175 Vgl. Bericht Grießmeyers an das RVA vom 6.5.1939 zum Personal, in: BArch R 89/3485 sowie Präsidialverfügung vom 9.6.1939, in: RfA-Archiv Nr. 2.

gebenden potenziellen Anteil, der auf die RfA entfallen würde. Bei 4,5 Mrd. Kronen geschätztem Gesamtvermögen konnte die RfA mit ca. 1,5 Mrd. Kronen rechnen, was umgerechnet etwa 125 Mio. RM entsprach.[176] Das ergab überschlägig gerechnet eine Unterdeckung der laufenden Rentenauszahlung durch die Beitragseinnahmen um ca. 20 bis 25 Prozent; dennoch wiesen die tschechoslowakischen Versicherungsträger eine insgesamt bessere finanzielle Verfassung auf als die österreichischen. Ungeachtet dessen bezeichnete der zuständige Referent im Reichskommissariat für das Sudetenland in einem internen Bericht die tschechoslowakische Angestelltenversicherung als „sanierungsbedürftig".[177] Ende 1939 sollte die RfA 20,913 Mio. RM an Beitragseinnahmen aus dem Sudetenland verbuchen, denen allerdings 34,953 Mio. RM an Leistungsauszahlungen gegenüberstanden, mithin ein Defizit von 14 Mio. RM.[178] Allerdings war mit einem bedeutenden Anstieg der Zahl der Versicherten zu rechnen, so dass sich die finanzielle Belastung für die RfA in Grenzen halten würde.

Am 15. Dezember 1938 trafen drei leitende RfA-Beamte unter Führung von RfA-Direktor Koch in Prag ein, um in den folgenden fünf Tagen mit der Allgemeinen Pensionsanstalt die Verhandlungen über die Modalitäten der Überführung der Versicherten und Rentner der abgetrennten Gebiete zu führen. Man einigte sich dabei auf die bis Ende Dezember zu vollziehenden Abgabe der relevanten Rentenkarten und weiterer Unterlagen. Dann ging es aber auch um die Frage, wer in welchem Zeitraum welche Rentenanträge bearbeiten und dazu auch den jeweiligen Bescheid erstellen würde.[179] Trotz der Klärung zahlreicher weiterer Detailfragen blieben all dies nur vorläufige Regelungen, da nach wie vor eine endgültige Vereinbarung zwischen den Regierungen des Deutschen Reich und der noch bestehenden Tschechoslowakischen Republik zur Überleitung ausstand. In einem internen Vermerk der RfA von Mitte Februar 1939 heißte es:

> Die Abrechnungsarbeit wird noch dadurch erheblich erschwert, dass die Rentenempfänger alle möglichen Fragen stellen, die nicht endgültig beantwortet werden können, weil zu der Verordnung über die vorläufige Durchführung der Reichsversicherung vom 12. Oktober 1938 bis jetzt noch keine Ausführungsbestimmungen ergangen sind.[180]

---

176 So die Informationen Grießmeyers auf der Beiratssitzung vom 28.11.1938, in: BArch R 89/3470.
177 Bericht über die Durchführung und den Stand der Reichsversicherung in den sudetendeutschen Gebieten vom 23.1.1939, in: RfA-Archiv, ohne Signatur, Ordner Sudetengau. Nach ersten Informationen der RfA durch Mitarbeiter der Prager Pensionsanstalt sollte eine Novellierung und Sanierung schon drei Jahre zuvor in Angriff genommen werden, wurde dann aber immer wieder hinausgeschoben. Seitdem hatte sich infolge des wachsenden Missverhältnisses zwischen Einnahmen und Auszahlungen die Finanzlage laufend verschlechtert. Vgl. Vermerk vom 13.2.1938, in: ebd.
178 So die Informationen Grießmeyers auf der Beiratssitzung vom 8.4.1940, S. 14, in: BArch R 89/3470.
179 Vgl. Bericht Kochs über die Verhandlungen an das RAM vom 24.12.1938, in: BArch R 89/3184.
180 Vermerk Kochs vom 13.2.1939, in: RfA-Archiv Nr. 170.

Dennoch war man in Berlin endlich in der Lage, einstweilen die Versicherung und Zahlung der Renten in den sudetendeutschen Gebieten durchzuführen.[181]

Nach einer bis Ende Dezember 1938 dauernden Phase der Übergangsbestimmungen, in der unter anderem die Versicherungsbeiträge noch nach altem Recht zu zahlen waren, galt ab 1. Januar 1939 das deutsche Beitragsmarkensystem mit entsprechenden grünen Versicherungskarten.[182] Doch reibungslos erfolgte die Rentenauszahlung auch dann noch nicht. Es gab erhebliche Schwierigkeiten wegen der Durchführung der Krankenversicherung für die Rentner der Angestelltenversicherung, insbesondere hinsichtlich der Arbeits- und Aufgabenverteilung von RfA und der Sudetendeutschen Angestellten-Krankenkasse.[183] Vor allem machten sich die rasant steigenden Lebenshaltungskosten bemerkbar, so dass sich unter den betroffenen sudetendeutschen Rentnern wachsender Unmut verbreitete. Waren sie durch die Abschlagszahlungen seitens der Lokalbehörden im letzten Quartal des Jahres 1938 noch in Grenzen gehalten worden, schwollen die Unmutsäußerungen im Laufe des Frühjahrs 1939 zu einer regelrechten Protestwelle an. „Es mehren sich die Fälle", so schrieb etwa Mitte Februar ein Landrat an die RfA, „in denen Pensionsberechtigte [der Allgemeinen Pensionsanstalt in Prag, Brünn und Pressburg] hier vorstellig werden und darüber Klage führen, dass die Zahlung der ihnen zustehenden Renten ausbleibt."[184] „Wann erhalten die Rentner ihre Pension?", schrieb geradezu verzweifelt der kommissarische Bürgermeister aus Wichau Ende Januar 1939 an die RfA. „Die Leute laufen mir hier die Bude ein und ich muss selbige nur immer vertrösten. Die Rentner sind durchwegs arme Leute, die auf ihr Geld warten. Es sind jetzt bereits zwei Monate rückständig und zwar Dezember 1938 und Januar 1939."[185] Vor allem auch von diversen Parteistellen bekam die RfA nun aus allen Teilen des Sudetenlands Anfragen und Beschwerdebriefe. „Auf unserer Dienststelle erschienen heute fast sämtliche Rentenbezieher und klagten uns ihr Leid in der Form, dass sie mit ihrer derzeitigen Rente außerstande wären, den Lebensanforderungen nachzukommen", steht etwa in einem Schreiben der DAF-Ortsgruppe Troppau, und „in der Not und im festen Glauben an die Partei und den Staat, wenden sich nun diese Menschen an uns, um Abhilfe zu

181 Vgl. dazu auch das umfangreiche Protokoll der Prager Seite bzw. den eigenen internen Bericht Kochs über die Verhandlungen, in: RfA-Archiv Nr. 169.

182 Vgl. auch Atzert/Heiser, Die Beitragsnachweise, S. 35 f.

183 Vgl. dazu die diversen Besprechungen beim Reichskommissar für die sudetendeutschen Gebiete, etwa am 20.1.1939, in: RfA-Archiv Nr. 169. Es bestand allerdings keine gesetzliche Krankenversicherung für Rentner, sondern nur eine freiwillige Leistung der Allgemeinen Pensionsanstalt in Prag. Die Rentner selbst hatten keinen Beitrag dafür zu bezahlen. Diese Leistung wurde nun durch die RfA weitergezahlt. Vgl. dazu auch den ausführlichen Bericht der RfA an das RVA vom 10.3.1939, in: ebd. sowie den umfangreichen Schriftwechsel mit den verschiedenen Bezirkskrankenversicherungsanstalten im Januar 1939, in: RfA-Archiv Nr. 173.

184 Schreiben an die RfA vom 17.2.1939, in: RfA-Archiv Nr. 196 a.

185 Schreiben vom 25.1.1939, in: RfA-Archiv Nr. 196 a sowie dort auch weitere Schreiben von Ortsbürgermeistern.

schaffen", heißt es gleichsam ergänzend dazu in einem Schreiben eines Kreisbeauftragten der NSDAP.[186]

In zahlreichen direkt an die RfA gerichteten Petitionen machten sudetendeutsche Kleinrentner auf ihre finanzielle Notlage aufgrund der seit der Eingliederung ins Reich deutlich gestiegenen Lebenshaltungskosten aufmerksam und forderten Ausgleichszahlungen und höhere Renten.[187] Einigen Wirbel erzeugte dabei die im März 1939 an die RfA gesendete sechsseitige Eingabe der „Kameradschaftsverbindung der Karlsbader Rentner", die über 400 Ruhegeldempfänger vertrat, mit ihrer detaillierten Schilderung der Notlage.[188] Die RfA hatte diese ohne weiteren Kommentar, versehen nur mit dem knappen Hinweis, dass das Schreiben Wünsche und Anregungen für die endgültige Regelung der Sozialversicherung in den sudetendeutschen Gebieten enthalte, direkt an das RAM weitergeleitet. Selbst das RVA, vom RAM zu einer Stellungnahme dazu aufgefordert, musste eingestehen, dass „die im Sudetenland gewährten Bezüge zum Teil ganz erheblich unter denen des Altreichs liegen".[189] Doch solange die endgültige Vermögensauseinandersetzung weiter auf sich warten ließ, waren der RfA die Hände gebunden und sie konnte weiterhin nur die geringen Abschlagzahlungen überweisen. Im Prinzip lagen die Renten im Vergleich zum Altreich zumindest nominal gesehen sogar höher als im Reich, was die RfA in ihren Antwortschreiben an die Parteistellen nicht müde wurde zu betonen.[190] Im Juni 1939 überwies die RfA 2,455 Mio. RM an 27.597 Rentner im Sudetengau, was eine monatliche Durchschnittsrente von knapp 89 RM ausmachte.[191] Dennoch lagen die vorläufig als Abschlagzahlungen erfolgenden Renten häufig deutlich unter den vergleichbaren Renten im Altreich.

Allen Forderungen wie etwa der Gauleitung Sudetenland der NSDAP nach sofortiger 15-prozentiger Aufwertung der sudetendeutschen Renten und Pensionen erteilte daher die RfA mit Verweis auf die Gesetzeslage eine Absage.[192] Zu all dem hatte auch noch eine falsche Pressenotiz für beträchtliche Unruhe im Sudetenland gesorgt, wonach der RfA neben der Auszahlung der Renten der tschechischen Angestelltenversicherung auch die Zahlung der Bezüge der Ruhestandsbeamten des Staates und der Länder sowie der pensionierten Lehrer, Professoren und sonstigen Schulangestellten sowie der Militärpensionisten übertragen worden sei.[193] Verwirrung stiftete auch die Übergangsregelung, nach der für die Versicherungsfälle vor dem 1. Oktober 1939 die Renten zwar von der RfA bezahlt wurden, aber auf Rechnung der Allgemeinen

186 Vgl. das DAF-Schreiben vom 9.6.1939, in RFA-Archiv Nr. 196 und das Schreiben der Kreisleitung vom 10.1.1939, in: RfA-Archiv Nr. 196 a.

187 Vgl. das von sechs Rentnern unterschriebene Schreiben vom 17.12.1938, in: RfA-Archiv Nr. 196.

188 Vgl. die Eingabe vom 26.3.1939 in: RfA-Archiv Nr. 169, sowie auch in: BArch R 89/3184.

189 Schreiben der RVA an das RAM vom 5.5.1939, in: ebd.

190 Vgl. das Antwortschreiben an die DAF in Troppau vom 5.7.1939, in: RfA-Archiv Nr. 196.

191 Vgl. die Antwort auf eine entsprechende Anfrage der LVA Sudetenland vom 23.6.1939, in: ebd.

192 Vgl. Schreiben der Gauleitung vom 23.5.1939 und das Antwortschreiben der RfA in: RfA-Archiv Nr. 196.

193 Vgl. dazu den Brief der RfA an den Reichskommissar für die sudetendeutschen Gebiete vom 23.11.1938, in dem dieser zu einem umgehenden Dementi aufgefordert wurde, in: RfA-Archiv Nr. 169.

Pensionsanstalt in Prag und zudem nach altem Recht. Das bedeutete, dass ein sudetendeutscher Rentner keine Beschäftigung aufnehmen konnte, ohne seine Rente umgehend zu verlieren.[194] Da man in der Tschechoslowakei anders als im Reich schon mit 60 Jahren in den Ruhestand gehen konnte, gab es auch im Sudetenland viele vergleichsweise junge Rentner, denen nun aber im Zuge der allgemeinen rüstungswirtschaftlichen Mobilisierung der NS-Wirtschaft die Rückkehr auf den Arbeitsmarkt versperrt war – eine Tatsache, die auch den Parteistellen zunehmend ein Dorn im Auge war.[195]

Es dauerte auch nicht lange, bis der RfA Denunziationsschreiben gegen jüdische Rentenempfänger zugingen. Mitte November 1938 hatte sich der kommissarische Direktor der Bezirkskrankenversicherungsanstalt in Znaim in Berlin darüber beschwert, dass die RfA die Aufforderungskarten zur Anmeldung der Renten auch „Nichtariern" zusandte und ihnen in Zukunft auch Renten auszahlen würde, da der Behörde angeblich die Beurteilung der Fälle nicht möglich sei.

> Unser Bestreben geht dahin, diese Leute aus unserem Gebiet zu entfernen, was natürlich dadurch erschwert wird, wenn man sie auch noch materiell unterstützt. Wir meinen, diese Leute sollen sich eben ihre Renten in der Tschechoslowakei holen. Wir ersuchen Sie, auf diese Fälle Rücksicht zu nehmen und Nichtariern die Auszahlung der Rente zu verweigern, und uns von Ihren diesbezüglichen Beschlüssen zu verständigen.[196]

Die RfA beantwortete das Schreiben mit dem lapidaren Satz. „Uns ist keine Bestimmung bekannt, nach der Juden die Rente nicht gezahlt werden soll."[197] Dass dies faktisch nicht stimmte, zeigt eine nur wenige Tage zuvor an die RfA übermittelte Notiz der Devisenstelle in Karlsbad, in der das Einverständnis erklärt wurde, dass auf Antrag der Reichsvereinigung der Juden in Deutschland, Bezirksstelle Sudetengau in Aussig, die RfA an inländische Juden die Sozialrenten unmittelbar auszahlen durfte, allerdings nur sofern diese 200 RM monatlich nicht überstiegen.[198] Auch wenn diese Restriktionen nur einige wenige jüdische Rentner im Sudetenland getroffen haben dürfte, so war dies doch auch ein Indiz dafür, dass sich wie auch im Altreich die Devisenstellen maßgeblich in die Rentenauszahlungsverfahren einmischten und die versicherungsrechtlichen Bestimmungen durch die Hintertür aushebelten.

Der Eingang von Protestschreiben, Bittbriefen und Berichten über „die aufgeregten Gemüter der hiesigen Rentner" aus dem Sudetenland hielt das ganze Jahr 1939 über an. Besondere Aktivitäten entwickelte dabei die Zweigstelle des Reichsbunds der

194 Vgl. dazu die Anfrage der Geschäftsstelle für den Sudetengau der Reichsgruppe Industrie vom 2.1. 1938, in: RfA-Archiv Nr. 196 a.

195 Vgl. dazu etwa das Schreiben der Rechtsberatungsstelle der NSDAP-Kreisleitung Trautenau an die RfA vom 27.1.1939, in: RfA-Archiv Nr. 86, in dem eine Änderung der Benachteiligung für die Rentner im Rahmen des Vierjahresplans als wünschenswert erachtet wurde.

196 Schreiben an die RfA vom 17.11.1938, in: RfA-Archiv Nr. 169.

197 Schreiben vom 24.11.1939, in: ebd.

198 Schreiben der Devisenstelle an die RfA vom 3.11.1939, in: RfA-Archiv Nr. 225.

deutschen Kapital- und Kleinrentner, mit der sich die RfA auch in der „Ostmark“ als Interessenvertretung herumschlagen musste, während sie im Altreich keine Rolle spielte. Mitte Oktober wandte sich der Reichsbund mit einer umfangreichen Denkschrift an die RfA, in der man detaillierte Vorschläge zur Vermögensauseinandersetzung machte und dabei weitestgehend die Wünsche und Erwartungen der sudetendeutschen Rentner berücksichtigt sehen wollte.[199]

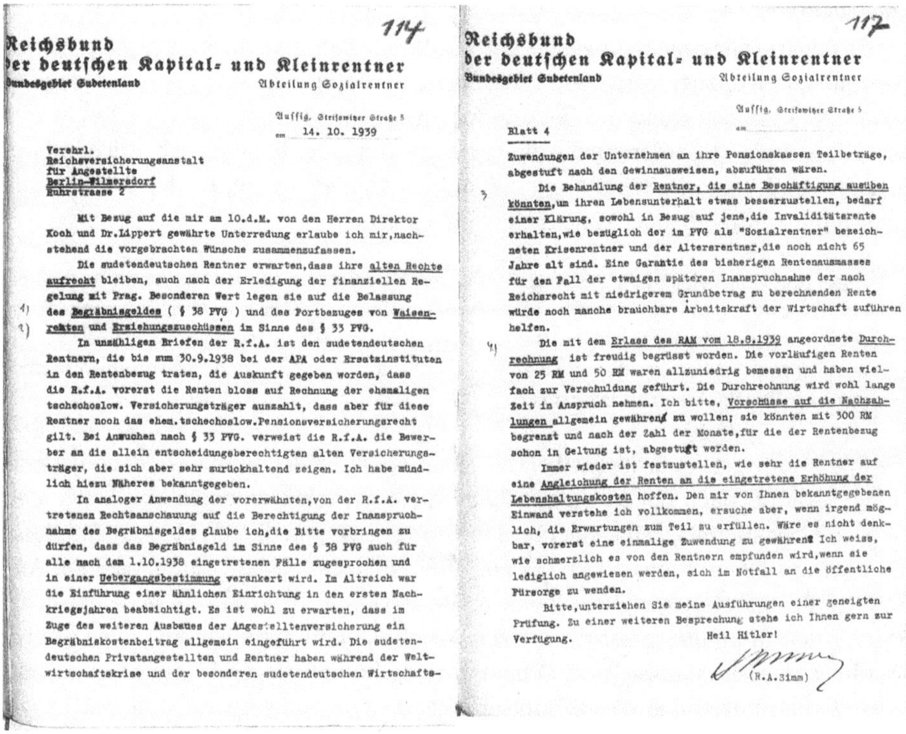

Reichsbund
der deutschen Kapital- und Kleinrentner
Bundesgebiet Sudetenland
Abteilung Sozialrentner

Aussig, Streisowitzer Straße 5
am 14. 10. 1939

Verehrl.
Reichsversicherungsanstalt
für Angestellte
Berlin-Wilmersdorf
Ruhrstrasse 2

Mit Bezug auf die mir am 10.d.M. von den Herren Direktor Koch und Dr.Lippert gewährte Unterredung erlaube ich mir, nachstehend die vorgebrachten Wünsche zusammenzufassen.

Die sudetendeutschen Rentner erwarten, dass ihre alten Rechte aufrecht bleiben, auch nach der Erledigung der finanziellen Regelung mit Prag. Besonderen Wert legen sie auf die Belassung des Begräbnisgeldes (§ 38 PVG) und des Fortbezuges von Waisenrenten und Erziehungszuschüssen im Sinne des § 33 PVG.

In unzähligen Briefen der R.f.A. ist den sudetendeutschen Rentnern, die bis zum 30.9.1938 bei der APA oder Ersatzinstituten in den Rentenbezug traten, die Auskunft gegeben worden, dass die R.f.A. vorerst die Renten bloss auf Rechnung der ehemaligen tschechoslow. Versicherungsträger auszahlt, dass aber für diese Rentner noch das ehem. tschechoslow. Pensionsversicherungsrecht gilt. Bei Ansuchen nach § 33 PVG. verweist die R.f.A. die Bewerber an die allein entscheidungsberechtigten alten Versicherungsträger, die sich aber sehr zurückhaltend zeigen. Ich habe mündlich hiezu Näheres bekanntgegeben.

In analoger Anwendung der vorerwähnten, von der R.f.A. vertretenen Rechtsanschauung auf die Berechtigung der Inanspruchnahme des Begräbnisgeldes glaube ich, die Bitte vorbringen zu dürfen, dass das Begräbnisgeld im Sinne des § 38 PVG auch für alle nach dem 1.10.1938 eingetretenen Fälle zugesprochen und in einer Uebergangsbestimmung verankert wird. Im Altreich war die Einführung einer ähnlichen Einrichtung in den ersten Nachkriegsjahren beabsichtigt. Es ist wohl zu erwarten, dass im Zuge des weiteren Ausbaues der Angestelltenversicherung ein Begräbniskostenbeitrag allgemein eingeführt wird. Die sudetendeutschen Privatangestellten und Rentner haben während der Weltwirtschaftskrise und der besonderen sudetendeutschen Wirtschafts-

Reichsbund
der deutschen Kapital- und Kleinrentner
Bundesgebiet Sudetenland
Abteilung Sozialrentner

Aussig, Streisowitzer Straße 5
am

Blatt 4

Zuwendungen der Unternehmen an ihre Pensionskassen Teilbeträge, abgestuft nach den Gewinnausweisen, abzuführen wären.

Die Behandlung der Rentner, die eine Beschäftigung ausüben könnten, um ihren Lebensunterhalt etwas besserzustellen, bedarf einer Klärung, sowohl in Bezug auf jene, die Invaliditätsrente erhalten, wie bezüglich der im PVG als "Sozialrentner" bezeichneten Krisenrentner und der Altersrentner, die noch nicht 65 Jahre alt sind. Eine Garantie des bisherigen Rentenausmasses für den Fall der etwaigen späteren Inanspruchnahme der nach Reichsrecht mit niedrigerem Grundbetrag zu berechnenden Rente würde noch manche brauchbare Arbeitskraft der Wirtschaft zuführen helfen.

Die mit dem Erlass des RAM vom 18.8.1939 angeordnete Durchrechnung ist freudig begrüsst worden. Die vorläufigen Renten von 25 RM und 50 RM waren allzuniedrig bemessen und haben vielfach zur Verschuldung geführt. Die Durchrechnung wird wohl lange Zeit in Anspruch nehmen. Ich bitte, Vorschüsse auf die Nachzahlungen allgemein gewähren zu wollen; sie könnten mit 300 RM begrenzt und nach der Zahl der Monate, für die der Rentenbezug schon in Geltung ist, abgestuft werden.

Immer wieder ist festzustellen, wie sehr die Rentner auf eine Angleichung der Renten an die eingetretene Erhöhung der Lebenshaltungskosten hoffen. Den mir von Ihnen bekanntgegebenen Einwand verstehe ich vollkommen, ersuche aber, wenn irgend möglich, die Erwartungen zum Teil zu erfüllen. Wäre es nicht denkbar, vorerst eine einmalige Zuwendung zu gewähren? Ich weiss, wie schmerzlich es von den Rentnern empfunden wird, wenn sie lediglich angewiesen werden, sich im Notfall an die öffentliche Fürsorge zu wenden.

Bitte, unterziehen Sie meine Ausführungen einer geneigten Prüfung. Zu einer weiteren Besprechung stehe ich Ihnen gern zur Verfügung.

Heil Hitler!

(R.A.Simm)

Abb. 28: Eingabe des Reichsbundes der deutschen Kapital- und Kleinrentner, Gebiet Sudetenland, vom 14. Oktober 1939 an die RfA

Die RfA verhielt sich gegenüber dem umfangreichen Wunschkatalog eher reserviert; ob etwa das Begräbnisgeld überhaupt oder wenigstens für eine gewisse Übergangszeit belassen werden konnte, hing letztlich davon ab, so der Hinweis aus der Ruhrstraße, ob die zu erhaltenden Deckungsmittel der tschechoslowakischen Versicherungsträger ausreichten, diese Belastung zu tragen. Darüber hinaus hatte man auch prinzipielle Bedenken, da es sich dabei um eine Sonderleistung handelte, die nach dem deutschen

199 Vgl. das Schreiben vom 14.10.1939, in: RfA-Archiv Nr. 169a.

Angestelltenversicherungsgesetz ausgeschlossen war.[200] Daneben gab es aber auch zunehmend Interventionen durch diverse Parteistellen. Ende Februar 1939 hatte schon ein ungeschönter Bericht der Reichsleitung der NSDAP an den Stellvertreter des Führers über die verschiedenen Probleme und Schwierigkeiten bei der Behandlung der sudetendeutschen Rentner vermutlich für Alarmstimmung im Braunen Haus gesorgt.[201] Eine Abschrift des Berichts ging direkt an RfA-Vizepräsident Schaefer, vermutlich um den politischen Druck auf die Behörde zu erhöhen, zumal auch seitens des Reichskommissars für die sudetendeutschen Gebiete laufend Beschwerden und dringende Appelle zur rechtzeitigen Auszahlung der Renten an die Ruhrstraße geschickt wurden.[202] Auch vom neu eingesetzten Regierungspräsidenten in Aussig, Vogeler, bekam die RfA laufend Post mit ähnlichem Inhalt. Man kann nur ahnen, welchem legitimatorischen Druck sich die Vertreter des NS-Regimes ihrerseits vor Ort ausgesetzt sahen, weshalb sie sich nur allzu schnell gegenüber der RfA zu Interessenvertretern der scheinbar schlecht oder ungerecht behandelten Rentner und Versicherten im Sudetengebiet machten. Die RfA ließ sich tatsächlich in die Defensive drängen und versicherte eilfertig, dass man alles tun werde, um die Rentenzahlungen nach dem Sudentegau „unverzüglich und pünktlich auszuführen, um möglichst jede Missstimmung zu vermeiden".[203] Mitte Juli 1939 landete erneut ein Schreiben des Regierungspräsidenten auf dem Schreibtisch Grießmeyers, in dem es abermals um die prekäre Situation durch die weiter wachsende Kluft zwischen niedrigen Rentenvorschüssen und rasant steigenden Lebenshaltungskosten im Sudetenland ging. Da das Problem „längst auch schon politisch durchaus nicht mehr unbedenklich" war, hatte sich inzwischen der sudetendeutsche Reichsstatthalter und Gauleiter Konrad Henlein in wachsender Sorge um die Loyalität der sudetendeutschen Bevölkerung zum NS-Regime eingeschaltet.[204]

Im August 1939 reagierte das RAM daraufhin mit einem Erlass, demzufolge für die sudetendeutschen Renten die nach wie vor vorläufigen Leistungen für Versicherungsfälle nach dem 30. September 1938 zwecks stärkerer Anpassung an den tatsächlichen Versicherungsverlauf neu berechnet wurden und damit höhere Auszahlungen erfolgen konnten.[205] Für die RfA bedeutete das, zumal erneut unter dem politischen Druck einer „größtmöglichen Beschleunigung" bei der Neufestsetzung der Renten sowie auch der anfallenden Nachzahlungen, einen neuerlichen verwal-

200 Schreiben Grießmeyers bzw. des Berichterstatters Dr. Lippert an das RAM vom 6.11.1939, in: BArch R 89/3185.

201 Vgl. Bericht vom 24.2.1939, in: RfA-Archiv Nr. 169.

202 Vgl. etwa Schreiben vom 2.2.1939 an die RfA, in: ebd.

203 Schreiben vom 21.3.1939 an den Regierungspräsidenten in Aussig/Sudetengau, Vogeler (der früher Präsident der Versicherungsanstalt für Angestellte des Saargebiets gewesen war), in: RfA-Archiv Nr. 169.

204 Schreiben Vogelers an Grießmeyer vom 15.7.1939, in: RfA-Archiv Nr. 169.

205 Vgl. den Erlass vom 18.8.1939, in: RfA-Archiv Nr. 170.

tungsorganisatorischen Kraftakt. So wandte sich denn auch Regierungspräsident Vogeler Anfang Oktober 1939 direkt an Grießmeyer:

> Der Herr Reichsstatthalter lässt nochmals bitten, die Umrechnung nach jeder Möglichkeit beschleunigen zu wollen, auf deren Abschluss er aus politischen Gründen den größten Wert legen muss. Sie würden uns, sehr verehrter Herr Präsident, für die Aufrechterhaltung der guten Stimmung, die im Sudetenlande festzustellen ist, nicht unwesentlich unterstützen [...]. Die Renten der sogenannten Altrentner bei der Invaliden- und Hinterbliebenenversicherung wie bei der Angestelltenversicherung sind ein Gegenstand nicht abreißender Klagen und Beschwerden aus den Kreisen der Renten, wie seitens der politischen Leitung.[206]

Grießmeyer signalisierte in seinem Antwortschreiben, dass man sich in der RfA durchaus der politischen Bedeutung der Umrechnung bewusst sei, immerhin seien von den rund 1500 umzurechnenden Renten bereits knapp die Hälfte neu berechnet und ein Abschluss der Aktion in den nächsten 14 Tagen zu erwarten.[207]

Zu diesem Zeitpunkt waren die ersten Vorarbeiten zur endgültigen Durchführung der Rentenversicherungsmaßnahmen im Sudetenland durchaus schon in Gang gekommen. Ende Mai 1939 hatte RAM-Ministerialrat Heller den kommissarischen Leiter der LVA Sudetenland, Adolf Riedel, beauftragt, „dringend einen Entwurf auszuarbeiten, der die restliche Regelung der Verhältnisse der Versicherten und Rentner in den sudetendeutschen Gebieten aus den tschechoslowakischen Rentenversicherungen zum Gegenstand hat".[208] Riedel sollte den Teil zur Invalidenversicherung entwerfen und sich wegen der Angestelltenversicherung mit Grießmeyer sowie der Reichsknappschaft ins Benehmen setzen. Der LVA-Leiter bat um die vorübergehende Abordnung von Dr. Lippert, der bei der RfA der ausgewiesene Experte zur komplizierten tschechoslowakischen Sozialversicherung war, um mit diesem die ersten Entwürfe auszuarbeiten. Die Zeit drängte, denn das RAM hatte für die Ausarbeitung des Entwurfs eine Frist von drei Wochen gesetzt. Anfang Juni lagen schließlich auf fünf eng beschriebenen Seiten „Grundsätze für die Regelung der Ansprüche und Anwartschaften der sudetendeutschen Versicherten und Rentner aus den tschechoslowakischen Rentenversicherungen" vor.[209] Darin standen erste Regeln über die Berücksichtigung der bereits zurückgelegten Beitragszeiten sowie zur Frage der Bewertung der in die tschechoslowakische Pensionsversicherung gezahlten Beiträge, wobei „zur Erreichung einer möglichst einfachen Rechtsgestaltung" diese in entsprechend reichsrechtliche Gehaltsklassen eingestuft werden sollten.[210] Die versicherungsrechtlichen Details waren mithin schon weit gediehen, aber die Verhandlungen auf Regierungsebene zwischen RAM und dem tschechoslowakischen

206 Schreiben Vogelers an Grießmeyer vom 9.10.1939, in: RfA-Archiv Nr. 169 b.

207 Schreiben Grießmeyers vom 13.10.1939, in: ebd.

208 Brief Riedels an Grießmeyer vom 22.5.1939, in: RfA-Archiv Nr. 169 b.

209 Vgl. die Grundsätze sowie auch dazu die Notiz Kochs über die Ergebnisse der Besprechungen bei der LVA Sudetenland am 2. und 3.6.1939, in: ebd.

210 Schreiben Kochs an Riedel vom 8.6.1939, in: ebd.

Ministerium für soziale Fürsorge über die Abtrennung der Sozialversicherung in den sudetendeutschen Gebieten von der tschechoslowakischen Sozialversicherung steckten weiter fest und „es lässt sich zurzeit auch nicht übersehen, wann die Verhandlungen beendet sind“, wie Koch frustriert Mitte Juli 1939 notierte.[211]

Währenddessen gab es Unmut nicht nur bei den sudetendeutschen Rentnern, sondern auch bei vielen Versicherten, die mit abweichenden Bestimmungen zwischen dem alten tschechoslowakischen und dem neuen deutschen Sozialversicherungsrecht konfrontiert wurden. Verärgert mussten etwa Frauen, die heirateten und Antrag auf Beitragsrückerstattung gestellt hatten, feststellen, dass ihnen die Auszahlung mit Verweis auf das geltende deutsche Recht und demnach noch nicht erfüllte Wartezeiten verweigert wurde. Nach tschechischem Recht hätten ihnen jedoch, da dort bei der Wartezeit freiwillige und Pflichtbeiträge gleichgestellt waren, der Ausstattungsbetrag zugestanden.[212] Auch die RfA machte sich daher gegenüber dem RAM für eine Änderung der Bestimmungen stark. In einer Reihe von Betrieben sorgte zudem die nach dem Stichtag notwendige Anwendung des jeweiligen Versicherungsrechts dafür, dass etwa ein Kellner, vor dem Stichtag eingestellt, angestelltenversichert war, nach dem Stichtag eingestellt jedoch invalidenversichert.[213] Nach Reichsrecht war der Kreis der versicherungspflichtigen Personen in der Angestelltenversicherung enger gezogen als nach tschechischem Recht. Letzeres kannte etwa auch die Pensionsversicherungspflicht für alle Aufsichtspersonen, zu denen unter Umständen sogar Vorarbeiter zählten. Diese Unterschiede sorgten für Probleme. Dazu mussten sich die RfA-Beamten mit weiteren sozialversicherungsrechtlichen Besonderheiten wie den bei der Allgemeinen Pensionsanstalt in Prag bestehenden „Aufbesserungsfonds der konditionierenden Pharmazeuten“ auseiandersetzen.[214] Diese und andere Zusatz- bzw. Sonderleistungen der diversen Pensionsersatzinstitute, wie etwa des Pensionsinstituts der tschechoslowakischen Zuckerindustrie in Prag, betrafen die RfA durchaus, denn soweit sudetendeutsche Versicherte in deren Genuss kamen, zahlte die RfA die zugebilligten Leistungen zwar auf Rechnung der tschechoslowakischen Versicherungsträger mit Aussicht auf Rückerstattung bei der endgültigen Verrechnung zwischen diesen und den deutschen Behörden, aber zunächst erst einmal zu Lasten des RfA-Haushalts.[215]

---

211 Schreiben Kochs vom 13.7.1939, in: RfA-Archiv Nr. 169 a.

212 Vgl. Bericht der RfA an das RVA vom 7.8.1939, in: BArch R 89/3184.

213 Vgl. dazu die entsprechende Eingabe der Wirtschaftsgruppe Gaststätten- und Beherbergungsgewerbe vom 15.8.1939, in: BArch R 89/3185.

214 Vgl. dazu den diesbezüglichen ausführlichen Schriftwechsel zwischen Februar und Juli 1939, in: RfA-Archiv Nr. 169.

215 Vgl. dazu etwa das Schreiben der RfA an das Pensionsinstitut der Zuckerindustrie vom 8.3.1939, in: RfA-Archiv Nr. 174. Vgl. auch den Briefwechsel der RfA mit dem Pensionsinstitut des Vereins für chemische und metallurgische Produktion in Aussig vom Mai 1939 über die strittige Frage der Zuständigkeit bei Leistungszahlungen an deren Versicherte, in: ebd.

Immer wieder musste sich die RfA auch mit Einzelfällen beschäftigen, deren Verbescheidung jedoch wegen der bestehenden Zweifelsfragen ausgesetzt werden musste. Seit der Übernahme der ca. 29.000 Altrentner der Allgemeinen Pensionsversicherungsanstalt waren bis Mai 1939 immerhin bereits 1500 neue Rentenanträge bei die RfA eingereicht und bewilligt worden. Einigen Wirbel verursachte dabei unter anderem der Fall eines sudetendeutschen Rentners, der aufgrund seines Wohnsitzwechsels ins Reich zunächst die Rente von der Allgemeinen Pensionsanstalt in Prag erhalten hatte, für den nach Rückzug ins Sudetenland dann aber die RfA zuständig wurde. Im ersten Fall hatte er seine Rente zum ungünstigen amtlichen Kurs von einer Krone = acht Reichspfennig erhalten, von der RfA jedoch war der politisch festgelegte Umrechnungskurs für die Sudetenrenten von einer Krone = zwölf Reichspfennig gezahlt worden. Dem Rentner waren damit Kursverluste von 480 RM entstanden, die er nun von der RfA erstattet haben wollte, was diese mit Verweis auf die Gesetzeslage ablehnte.[216] Die strittigen Fälle landeten zunehmend bei den Berufungs- und Beschwerdeinstanzen, für die bis zur Einrichtung von Versicherungsämtern in Aussig, Troppau und Karlsbad bis Ende August 1939 allein das Oberversicherungsamt Dresden zuständig war. Bei der tschechischen Pensionsversicherung hatten annähernd 900 Akten zu unerledigten sudetendeutschen Beitragsstreitsachen aus der Zeit vor dem 1. Oktober 1938 gelegen, die der Reichsstatthalter im Juni 1939 zunächst der Einfachheit halber „zur weiteren Verfügung“ an die RfA nach Berlin schickte.[217] Dazu kamen die Streitfälle ab dem 1. Oktober 1938.[218]

Und dann wurde die allgemeine Lage noch zusätzlich kompliziert, als Mitte März 1939 die deutschen Truppen in die „Resttschechei“ einmarschierten, diese zerschlagen wurde und das Protektorat Böhmen und Mähren geschaffen wurde. Hier wurde die RfA sozialversicherungsmäßig nicht zuständig, sondern der dortige Reichsstatthalter bzw. die im Zuge der begrenzten Selbstverwaltung errichtete eigene Protektoratsregierung hielt an der bisherigen Sozialversicherungsverwaltung unter eigener Regie fest, die damit auch nicht den Weisungen des RAM unterstand. Das Problem war die offene Frage, ob bzw. inwieweit das Protektoratsgebiet nun nicht nur staatsrechtlich, sondern auch sozialversicherungsrechtlich nicht mehr als Ausland, sondern als Inland zu verstehen war. Das betraf unter anderem auch jüdische Versicherte und Rentner, die aus dem Altreich dorthin gezogen waren und für deren Bescheide über das Ruhen der Rente nun die rechtliche Grundlage entzogen war.[219] Es bestand

---

216 Vgl. dazu den umfangreichen Schriftwechsel vom Dezember 1938 bis Dezember 1939, in: RfA-Archiv Nr. 169 sowie auch teilweise in: BArch R 89/3185.

217 Vgl. Bericht der RfA an das RVA bzw. RAM vom 18.12.1939, in: BArch R 89/3185 sowie dazu der ausführliche interne Vermerk vom 8.12.1939, in: RfA-Archiv Nr. 169a.

218 Zwei Einzelfälle, in denen gegen Bescheide der RfA geklagt worden war und die erst im März 1940 vom Revisionssenat des RVA entschieden wurden, vgl. in: BArch R 89/23090.

219 Vgl. Schreiben der RfA an das RVA betr. Rentenzahlungen nach dem Protektorat vom 22.7.1939, in: RfA-Archiv Nr. 179 und auch die entsprechende Anfrage eines jüdischen Rechtsanwalts im Namen von ausreisewilligen Rentnern an die RfA vom 31.8.1938 und vom 8.6.1939, in: RfA-Archiv Nr. 91 b.

daher gegenüber den im Protektorat sich aufhaltenden jüdischen Rentnern keine rechtliche Handhabe mehr, die Auszahlung der Renten weiter auszusetzen.[220] Im Protektoratsgebiet gewährte die dortige „Regierung" den ansässigen Rentnern nicht nur einmalige Sonderleistungen, sondern es galt auch mit 100 Kronen = 10 RM ein anderer Kurs als im Sudetenland. Zudem ergaben sich durch die wechselnden Zuständigkeiten je nach Übersiedelung und Wohnortverlegung von Versicherten und Rentnern auch unterschiedliche Leistungen.[221] So erhielten die Neurentner der einen Hälfte der ca. 1000 Mitglieder des Pensionsinstituts der Prager Tatrawerke, die nun im Protektorat lebten, ca. 80 Prozent der ihnen laut Statuten zustehenden Rente, die Neurentner der anderen, im Sudetenland lebenden Hälfte jedoch nur die niedrigen Abschlags- und Vorschusszahlungen durch die RfA, was eine regelrechte Wanderungsbewegung unter den Betroffenen in das Gebiet der höheren Rentenzahlungen auslöste.[222]

Nach wie vor aber galt, dass alle diese zahlreichen Verordnungen und Erlasse der Jahre 1938 und 1939 versicherungsrechtlich nur vorläufigen Charakter hatten, da die Vertragsverhandlungen, insbesondere auch bezüglich der Vermögensübertragungen, zwischen Reichsversicherung und tschechischer Sozialversicherung eigentlich noch gar nicht richtig begonnen hatten. Auf der Beiratssitzung der RfA am 11. Dezember 1939 musste sich daher Grießmeyer den offen vorgetragenen Unmut der Vertreter aus den sudetendeutschen Gebieten darüber anhören, dass dort die Überleitung der Angestelltenversicherung immer noch nicht endgültig geregelt war. Der RfA-Präsident machte sich die Kritik durchaus zu eigen und drängte gegenüber RVA und RAM darauf, hier endlich zum Abschluss zu kommen.[223] Aber erst mit dem Abkommen vom 14. März 1940 sollte die Grundlage für die Einführung deutscher Gesetze in der ehemaligen Tschechoslowakei geschaffen werden, die in das Sudetenland, das Protektorat Böhmen und Mähren sowie die vom Deutschen Reich abhängige Republik Slowakei zerfallen war. Grießmeyers Zwischenfazit über die geographische Expansion der RfA fiel daher im Dezember 1939 noch ziemlich ambivalent aus. Man könne wie im Falle der Ostmark auch hier nicht sagen, so äußerte er auf der Beiratssitzung, dass – rein wirtschaftlich gesehen – „der Zuwachs dieser sudetendeutschen Versicherung zur inneren Stärkung unserer Versicherung beigetragen habe; es ist auch hier so, dass der große Bruder dem kleineren helfen muss".[224] Dass es auch fast zwei Jahre nach der Eingliederung des Sudetengebiets keine endgültige Regelung der Angestelltenversi-

220 So auch der dezidierte Hinweis der RfA Wien gegenüber der RfA Berlin am 12.5.1939 und ein entsprechendes Schreiben vom 18.4.1939 an das Wiener Ministerium für Wirtschaft und Arbeit, in: RfA-Archiv Nr. 146 b.

221 Vgl. dazu den Schriftwechsel der RfA mit der Allgemeinen Pensionsanstalt in Prag vom Juni 1939, in: RfA-Archiv Nr. 169.

222 Vgl. dazu den Brief des Pensionsinstituts der Tatra AG an die RfA vom 24.7.1939, in: RfA-Archiv Nr. 169.

223 Vgl. Schreiben Grießmeyers an das RVA vom 14.12.1939, in: BArch R 89/3185.

224 Niederschrift der zehnten Beiratssitzung vom 11.12.1939, S. 5, in: BArch R 89/3470.

cherung gab, traf jedoch nicht nur die RfA. Auch die Rechtsberatungsstellen der DAF hingen in der Luft und befanden sich eigentlich mehr noch als die Behörde in der Zwickmühle zwischen NS-Leistungsversprechen und wachsendem Loyalisierungsaufwand angesichts einer erheblichen Zahl von sudetendeutschen Versicherten, die sich ungerecht behandelt, sowie von Rentnern, die sich gegenüber früher finanziell benachteiligt fühlten.

Die Stimmung unter den Beitragszahlern und Rentnern war am Vorabend des Zweiten Weltkriegs schlecht, trotz oder gerade wegen der nachgerade atemlosen, vielfach überhasteten und in weiten Teilen unausgereiften Rentenversicherungsgesetzgebung. Nach wie vor war der Kern der Rentenkürzungen in den Notverordnungsjahren – die Kappung des Grundbetrags von einst 480 RM auf 360 RM – nicht beseitigt worden. Auf die mehr denn je bei der RfA eingehenden Forderungen und Bitten nach Rücknahme dieser Kürzungen als Folge der der verhassten Ruhensvorschriften, denen sich bemerkenswerterweise inzwischen auch Vertreter des RfA-Beirats angeschlossen hatten, antwortete die Behörde inzwischen lapidar mit einem Standardbrief, in dem darauf hingewiesen wurde, dass auch der neuen Reichsregierung die Minderung des Grundbetrags als tragbar erschien, „weil die zukünftigen Renten steigende Tendenz haben".[225] Mit einer Erhöhung sei daher nicht zu rechnen. Im April 1939 war dann aber mit großem Propagandagetöse aus Anlass des 50. Geburtstags Hitlers ein Gesetz zum weiteren Abbau von Notverordnungen in der Reichsversicherung erlassen worden, Anfang August 1939 ergänzt von Durchführungsverordnungen, die in weiten Teilen der Bevölkerung große Hoffnungen auf eine Aufhebung der Rentenkürzungen geweckt hatten. Die Ruhensvorschriften wurden zwar gemildert, indem nun das Ruhen einer Invalidenrente bei gleichzeitiger Versorgungsrente beseitigt wurde, und im Fall einer zusätzlichen Rente aus der AV wurde immerhin die Hälfte der AV-Rente gewährt. Waisenrenten und Kinderzuschläge wurden nun uneingeschränkt bis zum vollendeten 18. Lebensjahr gewährt, dazu gab es kleinere Verbesserungen bei der Berücksichtigung der Kriegsdienstzeiten, d. h. bei den Anwartschaftsrechten der Teilnehmer des Ersten Weltkriegs.[226]

Im Juni 1939 hatte zudem die DAF als Ergänzung zu dem Gesetz öffentlichkeitswirksam eine Initiative zur weiteren Anrechnung der Kriegs-, Militär- und Arbeitsdienstzeiten als Ersatzzeiten in der Rentenversicherung gestartet.[227] Doch von einer

---

225 Vgl. etwa Schreiben der RfA an einen ehemaligen Vertrauensmann am 17.10.1939, in: RfA-Archiv Fach 111, Nr. 10 sowie im selben Duktus bereits das Antwortschreiben auf eine Anfrage des *Berliner Lokal-Anzeiger* vom 15.5.1939, in: RfA-Archiv Fach 113, Nr. 9. Vgl. auch Niederschrift der achten Beiratssitzung vom 28.11.1938, S. 2, in: RfA-Archiv Fach 111, Nr. 10.

226 Vgl. dazu Walter Bartels, Weiterer Abbau der Notverordnungen in der Sozialversicherung, in: NS-Sozialpolitik 6 (1939), S. 203–205 sowie die Abhandlung von RAM-Ministerialrat Heller in der Fachzeitung *Deutsche Rentenversicherung* Nr. 5 (1939), S. 82–84, die bezeichnenderweise dort mit einem Druckfehler als „Gesetz zum weiteren Ausbau der Notverordnungen in der Rentenversicherung vom 19.4.1939" abgedruckt wurde.

227 Vgl. dazu die 18-seitige Denkschrift des Sozialamts der DAF vom 1.6.1939, in: BArch R 89/3169.

Umsetzung konnte keine Rede sein, zumal die DAF die entscheidende Frage der finanziellen Auswirkungen bei den einzelnen Versicherungsträgern und eventuell notwendige Kompensationen durch Reichsfinanzen ausgespart hatte.[228] Was der Titel des Gesetzes vom April mithin scheinbar versprach, wurde in Wirklichkeit nicht gehalten, denn reale Verbesserungen der Rentenempfänger waren mit all dem nicht verbunden. Im Gegenteil bemerkten erst viel später vor allem jene Versicherte, die vom Angestelltenstatus ins Beamtenverhältnis gewechselt waren, dass von einer generellen Beseitigung der Ruhensvorschriften von 1931, wie es das Gesetz suggerierte, keine Rede sein konnte. Die Pensionskürzungsvorschriften der Notverordnung waren für sie weiter in Kraft, was für die Betroffenen bedeutete, dass zwar neben der Beamtenpension das Ruhegeld aus der AV bezogen werden konnte, allerdings nur dann, wenn diese Ruhegeldbezüge zusammen nicht 80 Prozent des zuletzt bezogenen Gehalts überstiegen. Andernfalls erhielt man etwa nur noch ca. 45 RM anstatt der ursprünglich zustehenden 65 RM im Monat aus der AV. Die von vielen Betroffenen nach dem Übergang ins Beamtenverhältnis freiwillig weiter an die RfA gezahlten Beträge zur Aufrechterhaltung der Ansprüche machten unter diesen Bedingungen kaum noch Sinn und bereits bezahlte Beiträge waren in ihren Augen verloren.[229] Wieder einmal wurde das NS-Regime Opfer seiner eigenen Rentenpropaganda, die Versicherten aber Opfer der vielfach unausgegorenen und komplizierten Rentengesetzgebung mit ihren sich auch widersprechenden Bestimmungen. Für die RfA bedeutete das neue Gesetz vom April 1939 jedoch erhebliche zusätzliche Arbeit, insbesondere bei der erforderlichen Neuberechnung beim Zusammentreffen von Unfallrenten mit Ruhegeldern und Hinterbliebenenrenten.[230]

4.4 Zwischenfazit und statistischer Überblick zur Phase 1933 bis 1939

Am Vorabend des Kriegsausbruchs war die RfA an den Grenzen ihrer verwaltungstechnischen und organisatorischen Belastbarkeit angelangt. Ein kurzer Rückblick auf die Zahlen, in denen sich die konjunkturbedingten, aber auch rentenversicherungspolitischen Tendenzen niederschlugen, lässt diese Entwicklung vielfach nur ahnen. An sich stand die RfA finanziell geradezu glänzend da. Die Zahl der Versicherten war von 3,6 auf 5,8 Mio., d. h. um über 60 Prozent, gestiegen.

228 Vgl. dazu die erst im Februar 1940 erfolgte Stellungnahme zu der Denkschrift durch das RVA, in: ebd.

229 Vgl. dazu den Schriftwechsel diverser Betroffener mit der RfA im September 1940, in: RfA-Archiv Fach 55, Nr. 4. Erst im Februar 1941 konnte sich die RfA zu einer Abteilungsverfügung durchringen, in der nun explizit auf das Weitergelten der Pensionskürzungsvorschriften hingewiesen wurde. Vgl. ebd.

230 Vgl. dazu das Antwortschreiben auf eine ungeduldige Anfrage des Büros für die Angestelltenversicherung der Friedrich Krupp AG vom 8.8.1939, in: RfA-Archiv Nr. 92b sowie auch die Abteilungsverfügungen vom 21.6.1939 und vom 28.8.1939, in: RfA-Archiv Nr. 4.

Tab. 10: Entwicklung der Zahl der Versicherten der RfA 1933 bis 1939[231]

Jahr	Zahl der Versicherten insg.
1933	3,6 Mio.
1934	3,9 Mio.
1935	4,1 Mio.
1936	4,3 Mio.
1937	4,4 Mio.
1938	4,7 Mio.
1939	5,8 Mio.

Dieser aktive Versichertenbestand unterlag allerdings nicht nur einem bloßen quantitativen Wachstum, sondern dahinter verbargen sich Jahr für Jahr

> äußerst lebhafte Bewegungen unter dem Einfluss von Neuzugängen und Wiederzugängen, von Überwanderungen aus anderen sozialen Versicherungen und von Abgängen durch Tod, Berufsunfähigkeit, Stellenlosigkeit, Auswanderung, Verheiratung weiblicher Versicherter, Übergang in andere Berufe, Überschreitung der Gehaltsgrenze für die Versichertenpflicht, Verfall der Anwartschaften insbesondere bei freiwilliger Versicherung und aus sonstigen Gründen.[232]

Auch die Beitragseinnahmen waren von 288 Mio. RM auf 854 Mio. RM geradezu explodiert und seit 1933 von Jahr zu Jahr um ca. zehn Prozent gestiegen.

Tab. 11: Gesamteinnahmen der RfA 1933 bis 1939 (in Mio. RM)[233]

Jahr	Beitragsleistungen	Zinsen	Sonstiges/ Reichszuschüsse	Insgesamt
1933	287,81	121,68	39,26	448,78
1934	316,97	132,96	45,97	495,88
1935	357,44	137,88	58,30	553,66
1936	406,01	146,74	139,83	692,73

231 Quelle: Zusammengestellt nach den Angaben in: 25 Jahre AV, S. 47 sowie RfA-Geschäftsbericht für das Jahr 1938, RfA-Archiv Nr. 78 und RfA-Bericht über die Angestelltenversicherung im Jahr 1939, S. 7 (Jahresbericht der RfA), in: BArch R 89/3470. Vgl. auch Mörschel, S. 640 und Scharf, Die Entwicklung der Angestelltenversicherung in Zahlen, in: Die Angestelltenversicherung 3 (1956), S. 269–276.

232 Einleitung zum dritten statistischen Sonderheft der RfA mit der Darstellung der Gliederung des Bestandes der aktiv Versicherten der RfA und den bedeutsamsten Bewegungsfaktoren vom Februar 1936, in: RfA-Archiv Handakte Granzow, o. Sign.

233 Quelle: Wie oben.

Tab. 11: Gesamteinnahmen der RfA 1933 bis 1939 (in Mio. RM) *(Fortsetzung)*

Jahr	Beitragsleistungen	Zinsen	Sonstiges/ Reichszuschüsse	Insgesamt
1937	456,94	164,46	100,32	721,79
1938	624,96	181,74	40,52	847,23
1939	854,38	200,11	102,90	1157,41

In jedem Haushaltsjahr mussten die Beamten der Vermögens- und Finanzabteilung die ursprünglich veranschlagten Beitragseinnahmen nach oben korrigieren. 1937 hatte der Voranschlag für Beiträge 400 Mio. RM betragen, war faktisch dann aber mit 457 Mio. RM deutlich höher ausgefallen.[234] 1939 überschritten die Gesamteinnahmen der RfA erstmals die Milliardengrenze, wozu auch die nach wie vor erhebliche Bedeutung der Zinseinnahmen und nicht zuletzt die, wenn auch schwankenden, Reichszuschüsse, unter anderem durch Mitteltransfer aus der Arbeitslosenversicherung, beitrugen. Die Struktur der Beitragsklassen zeigte dabei einen deutlichen Trend zu höheren Einkommen. Im Jahr 1933 waren über zwei Drittel (70,3 Prozent) der Versicherten noch in den niedrigen Beitragsklassen A bis C versichert, d. h. entsprechend einem Einkommen von höchstens 200 RM im Monat. Über 45 Prozent leisteten sogar nur Beiträge in den Klassen A und B (Monatseinkommen bis 100 RM); von den weiblichen Versicherten waren es sogar 61 Prozent, die ihre Beiträge in den beiden untersten Klassen entrichteten, die aus Sicht der RfA als Versicherungsträger bei weitem nicht das versicherungstechnische Wagnis abdeckten. In den vier obersten Beitragsklassen rangierten nur ca. vier Prozent der Versicherten. Bis 1938/39 ergab sich hier ein erheblich verändertes Bild: Der Anteil der unteren Beitragsklassen war auf 51,6 Prozent gesunken, während inzwischen fast zehn Prozent (9,79 Prozent) Beiträge in den vier höchsten Beitragsklassen entrichteten.[235] Der deutliche Trend zu höheren Beitragsklassen signalisierte nicht nur das Ansteigen der Einkommen, Löhne und Gehälter, sondern auch, dass viele Versicherte und auch Betriebe bereit und vor allem in der finanziellen Lage waren, für die Erreichung höherer Renten zusätzliche Mittel als freiwillige Beiträge oder freiwillige Höherversicherung aufzuwenden.

Die Entwicklung der Ausgaben verzeichnete ebenfalls eine deutliche Zunahme, die jedoch deutlich geringer als das Beitragsaufkommen ausfiel. Überdeckten 1933 die Beiträge die Ausgaben für Rentenleistungen erst mit 26 Prozent, so war es 1939 mehr als das Doppelte. Die Ausgaben für einmalige Zahlungen wie Beitragsrückerstattungen sowie für Heilfürsorge stiegen, aber machten mit jeweils ca. 30 Mio. RM im Jahr letztlich keine nennenswerten Beträge aus. Auch wenn die Zahl der Heilverfahrens-

234 Vgl. die Voranschläge/Bilanzen/Haushaltspläne in: RfA Nr. 10.

235 Vgl. dazu Bericht auf der Beiratssitzung vom 17.4.1939, S. 10 ff. sowie Bericht Grießmeyers auf der Beiratssitzung vom 2.12.1940, S. 9, in: BArch R 89/3470.

anträge zwischen 1933 und 1939 von 109.349 auf 183.959 deutlich stieg, so blieb die Quote der genehmigten Anträge mit ca. 32 Prozent über die Jahre konstant.[236]

Tab. 12: Ausgaben der RfA für gesetzliche Pflichtleistungen (Renten und einmalige Zahlungen) und Heilverfahren 1933 bis 1939 (in Mio. RM)

Jahr	Renten	Einmalige Zahlungen	Heilfürsorge	Insgesamt
1933	227,6	15,5	20,19	263,3
1934	247,1	20,3	20,64	288,0
1935	260,6	20,6	23,61	304,8
1936	272,9	20,8	25,76	319,4
1937	285,0	22,2	26,30	333,5
1938	300,0	26,2	29,50	355,7
1939	404,2	32,5	33,64	470,3

Zusammengestellt nach den Angaben in: 25 Jahre AV, S. 96 sowie RfA-Geschäftsbericht für das Jahr 1938, RfA-Archiv Nr. 78 und Die Angestelltenversicherung im Jahr 1939 (Jahresbericht der RfA), in: BArch R 89/3470.Vgl. auch Mörschel, S. 640.

Hinter den Ausgaben für Rentenleistungen verbargen sich dabei erhebliche Dynamiken und Bewegungen bei der Struktur der jeweiligen Leistungen. Zum einen nahm der Bestand an laufenden Renten um fast 70 Prozent zu, den Löwenanteil machten dabei mit ca. 60 Prozent Ruhegeldzahlungen wegen Berufsunfähigkeit oder Alter aus, während die Zahl der Hinterbliebenenrenten, auch wenn sich deren Anteil bis 1939 leicht erhöhte, deutlich dahinter zurückblieb. Das sollte sich allerdings im Laufe des Krieges dramatisch ändern.

Tab. 13: Rentenbewegung 1933 bis 1939

Jahr	Rentenbestand (Anzahl der laufenden Renten insgesamt)	Ruhegelder (wegen Alter und Berufsunfähigkeit)	Hinterbliebenenrenten (Witwen- und Waisenrenten)
1933	341.391	206.971	126.196
1934	371.385	225.288	137.730
1935	389.862	238.633	151.229

236 Vgl. dazu die Zahlen in: 25 Jahre AV, S. 117 sowie die Angaben in den RfA-Geschäftsberichten 1938 und 1939.

Tab. 13: Rentenbewegung 1933 bis 1939 *(Fortsetzung)*

Jahr	Rentenbestand (Anzahl der laufenden Renten insgesamt)	Ruhegelder (wegen Alter und Berufsunfähigkeit)	Hinterbliebenenrenten (Witwen- und Waisenrenten)
1936	416.437	251.316	165.121
1937	442.210	262.802	177.618
1938	464.363	274.309	190.054
1939	576.000	333.770	235.502

Zusammengestellt nach den Angaben in: Geschäftsberichte der RfA 1935 ff., in: RfA-Archiv Nr. 78 sowie Bericht des Direktoriums der RfA über das Geschäftsjahr 1933, S. 7, in: BArch R 112/102. Vgl. dazu auch die monatlichen statistischen Meldungen an das RAM, in: RfA-Archiv Fach 101, Nr. 6.

Bei den neu bewilligten Ruhegeldern dominierten deutlich die Fälle von Berufsunfähigkeit. Sie machten 1933 insgesamt 75 Prozent der positiven Bescheide aus; ihr Anteil schrumpfte dann allerdings, nicht zuletzt infolge der restriktiveren Handhabung der Bewilligungspraxis im Sinne der Arbeitskräftemobilisierung des NS-Regimes, auf schließlich 55,8 Prozent im Jahr 1939.[237] Das Durchschnittsniveau der Angestelltenrenten war dabei mit knapp 60 RM im Monat für einen Ruhegeldempfänger und 30 bzw. etwas über 20 RM für Witwen bzw. Waisen niedrig und blieb es auch die ganzen Jahre hindurch. 1934 mussten sogar Rentenkürzungen von fast sieben Prozent hingenommen werden; erst 1938 ist das alte Niveau wieder erreicht worden. 1939 lag das durchschnittliche Rentenniveau eines „RfA-Rentners" gerade einmal 2,7 Prozent über dem Niveau von 1933. Die Rentner hatten mithin, anders als die Versicherten, von dem „nationalsozialistischen Wirtschaftwunder" der Aufrüstungsjahre nicht profitiert.

Tab. 14: Entwicklung der Durchschnittsrenten (Vollrenten) 1933 bis 1939 (in RM pro Monat)

Jahr	Ruhegeld	Witwenrente	Waisenrente
1933			
Angestelltenrentner	60,54	30,74	23,24
Wanderversicherter	75,41	40,47	26,09
1934			
Angestelltenrentner	56,54	29,32	21,79
Wanderversicherter	70,28	38,39	24,82

237 Vgl. RfA-Archiv Fach 101, Nr. 6 sowie die Aufstellung in: RfA Nr. 78 und Material der Abt. I Leistung zum Jahresbericht 1939, in: RfA-Archiv Nr. 79.

Tab. 14: Entwicklung der Durchschnittsrenten (Vollrenten) 1933 bis 1939 (in RM pro Monat) *(Fortsetzung)*

Jahr	Ruhegeld	Witwenrente	Waisenrente
1935			
Angestelltenrentner	57,04	29,51	21,57
Wanderversicherter	69,67	38,13	24,87
1936			
Angestelltenrentner	58,31	29,42	22,03
Wanderversicherter	71,35	37,94	25,43
1937			
Angestelltenrentner	59,31	29,86	21,97
Wanderversicherter	72,51	38,52	25,45
1938			
Angestelltenrentner	60,39	30,04	23,56
Wanderversicherter	73,16	38,51	26,50
1939			
Angestelltenrentner	62,04	30,2	22,62
Wanderversicherter	75,42	38,3	26,21

Quelle: 25 Jahre AV, S. 91 und RfA-Geschäftsberichte 1935 ff., in: RfA-Archiv Nr. 78.

Lenkt man den Blick zudem weg von den Durchschnittsrenten auf die Struktur der Ruhegeldempfänger, sozusagen die „Rentner-Klassen", dann verschärft sich noch der Eindruck einer höchst ungleichen Entwicklung auf niedrigem Niveau. Anders als beim Versichertenbestand, bei dem Frauen etwa die Hälfte der AV-pflichtigen Beschäftigten stellten, machten sie bei den Ruhegeldempfängern, nicht zuletzt auch aufgrund der vorzeitigen Beitragsrückzahlungen wegen Heirat, mit 27,1 Prozent nur knapp ein Drittel aus – und sie rangierten deutlich in den unteren Rängen mit monatlichen Renten von vielfach unter 50 RM.

Tab. 15: Schichtung der laufenden Angestellten-Ruhegelder, Stand 31. Mai 1937

Monatliche Ruhegelder	Männer	Frauen	Insgesamt
10 bis 50 RM	21.942 (13,0 %)	26.009 (41,6 %)	47.951 (20,7 %)
51 bis 100 RM	125.408 (74,5 %)	35.618 (57,0 %)	161.026 (69,7 %)
101 bis 150 RM	20.881 (12,4 %)	855 (1,3 %)	21.736 (9,4 %)
Über 150 RM	184 (0,1 %)	7 (0,01 %)	191 (0,08 %)
Insgesamt	168.415 (72,9 %)	62.489 (27,1 %)	230.904 (100)

Quelle: Zusammengestellt und berechnet nach den Angaben in: 25 Jahre AV, S. 95.

Die Vermögensentwicklung der RfA profitierte unter dem Strich von all diesen Entwicklungen. Aus den 2,25 Mrd. RM von 1933 waren bis 1939 dann 4,5 Mrd. RM geworden.[238] Sie war auch Ausdruck des bislang erfolgreichen Lavierens der RfA und dessen Präsident Grießmeyer angesichts der Zwänge und des Gesetzesdschungels. Gegenüber den diversen parteiamtlichen Ein- und Übergriffen hatte sich die Behörde behauptet, und ihre Eigenständigkeit verteidigt, zugleich aber waren eine zunehmende Ausrichtung des Verwaltungshandelns auf die sozialpolitischen Ziele des NS-Regimes, vorauseilender Gehorsam und Selbstmobilisierung sowie die damit verbundene Verstrickung in NS-Unrecht unübersehbar. Erst Ende 1938, nach zwei personellen Säuberungswellen und auch Verfahren gegen ihren Präsidenten, kam die RfA nach dem vielfältigen personellen und organisatorischen Behördenumbau zur Ruhe. Auch während der stürmischen Zeiten war von den Leistungs-Abteilungen operative Geschäft in gewohnten Bahnen weitergeführt worden. Die Komplexität jedoch hatte deutlich zugenommen, nicht nur durch neue NS-spezifische Beschäftigungsverhältnisse und die geographische Expansion, sondern auch durch die im Zuge all dessen entstandene Flut neuer Gesetze und Durchführungsverordnungen, die zunehmend von Widersprüchlichkeiten und wachsendem Auslegungsbedarf gekennzeichnet waren.

Grießmeyer hatte sich dabei als willfähriger Vollstrecker der Maßnahmen zur personellen „Säuberung“ und der neuen Ausrichtung der RfA als Teil des neuen NS-Staates erwiesen und seiner Anstalt eine neue Behördenkultur und den Geist der „neuen Zeit“ einzuhauchen versucht. Sein Personalmanagement bei Rekrutierungsmechanismen und Beförderungen war ambivalent gewesen; er hatte Rückkehrversuche alter Kämpfer und Patronageversuche zum Teil abgewehrt, zum Teil diesen aber auch nachgegeben. Insgesamt aber saß Grießmeyer nach überstandenem Parteiverfahren fest im Sattel, auch wenn er als überzeugter Konservativer anders als viele seiner Präsidentenkollegen in den Landesversicherungsanstalten nicht ins Lager der bekennenden und fanatischen Nationalsozialisten gewechselt war. Das schloss eine schnelle Instrumentalisierung der RfA für die nationalsozialistisch gewollte Exklusion und die Diskriminierungsmaßnahmen gegen Juden und „politische Staatsfeinde“ im Verwaltungshandeln nicht aus, mit denen das Unrechtsregime auch im Sozialversicherungsbereich realisiert wurde.

Wenn man so will, dann erfolgte immer wieder auch gleichsam ein langsames Zurückfinden der RfA zu alter Behördensachlichkeit, eine Rückbesinnung auf die Erfordernisse einer „zweckdienlichen Verwaltungstätigkeit“ und der Versuch, die RfA wieder auf die eigentliche, in den Augen der RfA-Beamten pragmatische und unpolitische, sachbezogene und gesetzestreue Umsetzung der Verwaltungsaufgabe zu konzentrieren. Formal waren die Selbstverwaltungsorgane abgeschafft worden, der Selbstverwaltungsgedanke aber nicht nur in der Wahrnehmung von Grießmeyer wie den neuen Beiräten weiter wirksam. Auch die DAF-Rechtsberatungsstellen waren in

238 Vgl. Mörschel, S. 640 sowie die Aufstellung in: BArch R 89/3166, Bl. 87 f.

dieser Sichtweise zugunsten der RfA instrumentalisiert worden und vor allem hatten die Überwachungsbeamten, die in ihren Funktionen und Kompetenzen unangetastet und in ihrer Arbeit weitestgehend frei von parteiamtlichen und DAF-Einflussnahmen geblieben waren, einen erheblichen Bedeutungszuwachs erfahren. Die RfA hat die Herausforderungen der „neuen Rentenwelt" der NS-Zeit trotz aller Herausforderungen effizient bewältigt, bei insgesamt erheblich verbesserter Finanzlage und günstigeren Konstellationen der Renten- und Versichertenbewegungen. Finanziell und auch organisatorisch stand die RfA am Vorabend des Zweiten Weltkriegs mithin in guter Verfassung da. Gleichwohl empfand RfA-Präsident Grießmeyer das Jahr 1939 als tiefgreifende Zäsur. Die bestimmenden Grundlagen hätten sich so stark verändert, so schrieb er im Jahresrückblick, „dass unter den vergangenen 27 Jahren ein abschließender Strich gezogen werden und eine neue Seite des geschichtlichen Buches aufgeschlagen werden muss".[239] Damit bezog er sich vor allem auf die strukturelle und geographische Erweiterung der RfA durch das Handwerkergesetz und die Integration von Österreich und des Sudetenlands in die deutsche Angestelltenversicherung. Doch die eigentliche Zäsur sollte erst noch bevorstehen. Im Laufe des Krieges entstand eine ganz neue Dimension der verwaltungsorganisatorischen Herausforderung, die auch die Transformation der RfA zu einer Behörde im Sinne des NS-Regimes weiter beschleunigte.

239 RfA-Geschäftsbericht für 1939, S. 1, in: BArch R 89/3470.

5 Die RfA im Krieg. Rechtliche Rahmenbedingungen und die Chimäre des „Altersversorgungswerks" der DAF im Spiegel der Verwaltungspraxis

Der Krieg bedeutete auch in der Entwicklung der RfA und der Angestelltenversicherung einen umfassenden Radikalisierungsprozess, der sich in Behördenorganisation, Gesetzgebung und Verwaltungspraxis, aber auch in der Struktur der Versicherten wie Rentenempfänger sowie einer erheblich gestiegenen Dynamik der Rentenbewegungen bemerkbar machte. Aus Sicht des NS-Regimes galt es, die Sozialversicherungsgesetzgebung wie die dahinterstehende Behördenorganisation den Erfordernissen des Krieges anzupassen, einerseits im Sinne neuer Leistungsversprechen, andererseits aber, weit mehr noch, um die Verwaltungspraxis auf die kriegsbedingten Rückwirkungen auf die Versichertenbiographien abzustellen: durch die kriegsspezifischen Umbrüche in den Beschäftigungsverhältnissen, das massenhafte Ansteigen von Leistungen für Berufsunfähigkeit und Hinterbliebene infolge von Kriegsverletzungen und Tod, die zumindest rudimentäre Ausweitung der Sozialversicherung auf die besetzten west- und osteuropäischen Gebiete, durch die tendenzielle Auseinanderentwicklung der Maßnahmenfokussierung auf Versicherte und Rentner, aber auch von Männern und Frauen – und bei all dem trat anstelle weiterer Inklusionstendenzen eine gegen Juden und Polen gerichtete massive Verschärfung der versicherungsrechtlichen Exklusion ein. Prinzipiell gilt für jeden Krieg, dass die Versicherungsverhältnisse der Rentenversicherung von allen Versicherungen am stärksten betroffen sind. Die erzwungene Beendigung der Beschäftigung infolge der Einberufung zum Militär bringt die Beitragsentrichtung ins Stocken und die daraus entstehenden späteren Nachteile für die Versicherten selbst oder die Hinterbliebenen erfordern staatliche Kompensationen. Gleichzeitig ergeben sich für die Versicherungsträger im Krieg neue und veränderte Leistungserfordernisse und -aufwendungen. Der Krieg ändert nicht nur das materielle Recht, sondern er hat auch Auswirkungen auf die Art und Weise der Verwaltungspraxis, das hatte sich schon im Ersten Weltkrieg gezeigt. Der Blick auf diese Verwaltungspraxis der RfA in dem nun ausgebrochenen Zweiten Weltkrieg und ihre Auseinandersetzung mit der DAF bei der Formulierung und Umsetzung der weiterhin hektischen und vielfach unausgegorenen Rentengesetze wird auch in Bezug auf die Angestellten ein anderes Bild von dem noch immer in der Forschung verbreiteten Schlagort von der nationalsozialistischen Sozialpolitik als angebliche „Bestechungspolitik" eröffnen.[1]

1 Vgl. Aly, S. 71ff. Besonders vereinfacht und pauschal bei Glootz, S. 100 mit Bezug auf die ältere Forschung von Recker.

 https://doi.org/10.1515/9783110652741-006

5.1 Die Leistungsverbesserungsgesetze von 1941 und 1942

Der Zweite Weltkrieg hatte unmittelbare Folgen für die Sozialversicherung. Am 13. Oktober 1939 erging eine „Verordnung über die Rentenversicherung der Arbeiter und der Angestellten sowie die knappschaftliche Pensionsversicherung während des besonderen Einsatzes zur Wehrmacht“, ergänzt durch einen Anfang November veröffentlichten Erlass über die Versicherungspflicht der Dienstverpflichteten, die zur Sicherstellung des Kräftebedarfs für Aufgaben von besonderer staatspolitischer Bedeutung herangezogen wurden. Darin wurde unter anderem geregelt, dass zum einen sämtliche Bezüge für Wehrmachtsangehörige nicht als Entgelt im Sinne der Reichsversicherungsordnung galten und damit für sie auch keine Sozialversicherungsbeiträge zu entrichten waren. Zum anderen waren die Wehrmachtsdienstzeiten als Wartezeit und zur Aufrechterhaltung der Anwartschaft anzurechnen. Den Versicherten wurden zudem für die Dauer des Wehrmachteinsatzes aus Mitteln des Reichs Steigerungsbeträge gewährt, deren genaue Höhe jedoch „später festgesetzt“ werden sollte.[2] Das klang einfach und im Sinne der Verhinderung von Nachteilen für die zur Wehrmacht Eingezogenen logisch, aber wie schon bei den diversen Gesetzen und Verordnungen zuvor ergaben sich in der Verwaltungspraxis schnell offene Fragen, etwa inwieweit diese Bestimmungen auch für freiwillig Versicherte, Selbstversicherte und Handwerker galten.[3] Was viele Betroffene zudem übersahen, war, dass als Voraussetzung für die Anrechnung bei Beginn des Wehrmachteinsatzes die Anwartschaft bereits bestehen musste. Gleichzeitig aber war die RfA wie alle Rentenversicherungsträger vom RVA aufgefordert worden, in der verwaltungspraktischen Ausübung ihrer Befugnisse und Aufgaben gegenüber Wehrmachtsangehörigen weitgehende Kulanz walten zu lassen. „Bei Nachuntersuchungen der Versicherten und ihrer Hinterbliebenen sowie bei Rentenentziehungen ist Zurückhaltung geboten“, heißt es in einm Rundschreiben vom November 1939.[4] Auch auf Rückforderung zu Unrecht gewährter Leistungen sollte „tunlichst verzichtet“ werden und vor der Einleitung und Durchführung von Zwangsmaßnahmen zur Beitragseintreibung in Betrieben mussten „zur Vermeidung von Härten“ die Verhältnisse vorher sorgfältig geprüft werden.[5]

Grundlage für die weiteren Maßnahmen war offenbar eine Anfang November 1939 vom Sozialamt der DAF vorgelegte Denkschrift über „Notwendige Kriegsmaßnahmen

2 Vgl. die Verordnung sowie diversen Schriftwechsel dazu, in: RfA-Archiv Nr. 67.

3 Vgl. dazu die Anfrage des Versicherungsamtes der Stadt Köln an die RfA vom 28.5.1940, in: RfA-Archiv Fach 19, Nr. 2.

4 Rundschreiben des RVA vom November 1939, in: BArch R 89/3170.

5 Bemerkenswerterweise wollte man sich in der RfA diesen Vorgaben nicht uneingeschränkt und unwidersprochen beugen. In einem Schreiben an das RVA legte Direktor Koch ausführlich seine Auslegung des Rundschreibeninhalts dar und beharrte darauf, dass die Rückforderung nicht schlechthin für jeden Fall ausgeschlossen sein könne. Man halte es für unbillig, von der Rückforderung etwa auch dann abzusehen, wenn die Überzahlung durch ein Verschulden des Empfängers entstanden wäre und sich dann der Betroffene vorsätzlich oder grob fahrlässig einen Vorteil hätte verschaffen können. Vgl. Schreiben Kochs an das RVA vom 4.1.1940, in: BArch R 89/3169.

in der Sozialversicherung", die sich jedoch auf 21 Seiten in versicherungsrechtliche Details insbesondere der Krankenversicherung erging und damit die RfA nicht weiter tangierte.[6] Dabei gab es trotz der kriegsspezifischen und eher symbolpolitischen Maßnahmen zur schonenden Behandlung von Versicherten und Rentnern angesichts der weiterhin wirksamen Kürzungen aus der Notverordnungszeit nach wie vor einen erheblichen grundsätzlichen Reformbedarf in der Angestelltenversicherung. Im RAM hatte man daher im Dezember, ausgelöst durch die Initiative der DAF und bedingt durch die Kriegsverhältnisse, mit der Sammlung von notwendig erscheinenden gesetzlichen Maßnahmen auf dem Gebiet der Rentenversicherung begonnen, und eine entsprechende Umfrage an das RVA und die Versicherungsträger gerichtet.[7] Das RVA hatte, auch nach Rücksprache bei der RfA, bereits im März 1940 auf 14 Seiten einen umfangreichen Katalog an Vorschlägen an das RAM gesandt. Doch das Sammeln von weiteren Detailmaßnahmen und die daraus resultierenden Vorarbeiten für einen Referentenentwurf zu einem neuen Gesetz gingen das ganze Jahr 1940 über weiter, und an mehreren Stellen mischten sich dabei auch Parteistellen, allen voran der Stellvertreter des Führers mit ein.[8] Im Dezember 1940 startete seinerseits der Reichsverband Deutscher Rentenversicherungsträger eine ans RAM gerichtete Initiative, um durch diverse Gesetzesänderungen bestehende Härten im Recht der Rentenversicherung zu beseitigen und damit die herrschenden offensichtlichen Unzulänglichkeiten grundsätzlicher Art zu beheben.[9] Auch die RfA beteiligte sich mit detaillierten Ausarbeitungen von Direktor Koch an den Änderungsvorschlägen, wobei dieser bei der innerbehördlichen Weiterleitung an Direktor Granzow handschriftlich ergänzte:

> Ich habe schon oft Vorschläge für Gesetzesänderungen gemacht, ohne dass ich dann irgendeinen Erfolg hatte. Um nicht vergebliche Arbeit leisten zu müssen, scheint es mir erforderlich, dass wir uns zunächst einmal darüber schlüssig werden, welche Grundgedanken aus den Vorschlägen gemacht werden sollen, damit man wenigstens in den Grundzügen weiß, woran gedacht ist und was bezweckt wird.[10]

Ganz oben auf der Liste von Kochs Vorschlägen stand die von der RfA wiederholt vorgebrachte Forderung nach Änderung des Anwartschaftsrechts. Es sei umständlich und für den Versicherten schwer zu verstehen. Mit Recht würde es als unbillig empfunden, dass selbst nach langer Beitragsleistung keine Versicherungsleistung gewährt werde, wenn die Anwartschaft erloschen war und nur einige wenige Beiträge zu ihrer

---

6 Vgl. die Denkschrift vom 3.11.1939, in: BArch R 89/3170.
7 Vgl. Schreiben des RAM an das RVA vom 21.12.1939, in: BArch R 89/3169.
8 Vgl. Schreiben des RVA an das RAM vom 4.3.1940 sowie Schreiben des RVA an das RAM vom 11.10.1940, in: ebd.
9 Vgl. das Schreiben von Verbandspräsident Möbius an die Mitglieder vom 25.11.1940, in: RfA-Archiv Fach 109, Nr. 1.
10 Vermerk Kochs vom 2.12.1940, in: ebd.

Erhaltung fehlten.[11] Koch schlug eine Reihe von dringend erforderlichen Änderungen im Wanderversicherungsrecht vor[12] und endete mit einem ebenfalls von der RfA bereits wiederholt vorgetragenen Plädoyer für ein Streichen der Ruhensvorschriften. „Die Kürzung von Renten beim Zusammentreffen mit anderen Renten widerspricht dem Versicherungsgedanken von Leistung und Gegenleistung", so schrieb er, da für jede Leistung die Beiträge entrichtet worden waren.[13] Eine gewisse Brisanz hatte diesbezüglich Kochs Vorschlag, auch die Ruhensvorschriften von Rentenberechtigten im Ausland bzw. deutschen Volkszugehörigen fremder Staatsangehörigkeit dahingehend zu ändern, dass die Entscheidungsbefugnis über das Ruhen oder Nichtruhen der Leistung in die Kompetenz der RfA übergehen sollte, die dadurch einen Handlungsspielraum nach Prüfung der jeweiligen Einzelfälle bekäme. Koch hatte dabei offensichtlich vor Zusammenstellung seiner Vorschläge auch von allen Unterabteilungsleitern entsprechende Reform- und Verbesserungsvorschläge erbeten und in einer internen Dienststellenleiterbesprechung der Leistungsabteilung diskutieren lassen. Jeder der Referenten trug dabei vielfältige Vorschläge aus der Fülle jener Fälle der täglichen Verwaltungsarbeit bei, in denen den RfA-Beamten seitens der Versicherten „Härte", „Kleinlichkeit" oder „Bürokratie" vorgeworfen worden war. „Ich habe mich von dem Gedanken leiten lassen", so heißt es etwa in einer Notiz eines Dienststellenleiters, „das anerkanntermaßen geringe Rentenaufkommen der Versicherten innerhalb des bestehenden Systems durch eine etwas weitherzigere Neufassung oder Ergänzung bestehender Vorschriften nach Möglichkeit zu erhöhen."[14] Bei der Dienststellenleiterbesprechung zeigte sich denn auch einhelliges Einvernehmen über eine rigorose Aufhebung der Ruhens- und Kürzungsbestimmungen, d. h. beispielsweise über der Erhöhung des Grundbetrags auf die vor den Notverordnungskürzungen geltenden 480 RM im Jahr. „Die restlose Beseitigung der Notverordnungsbestimmungen ist und bleibt die Kardinalfrage der bestehenden Sozialversicherung", heißt es in einem Vermerk, und man müsse alles daransetzen, diese Beschränkungen zu beseitigen.[15] Geradezu radikal mutete zudem der Vorschlag an, die Beitragsrückerstattung nach § 46 AVG nicht nur für weibliche Versicherte gelten zu lassen, sondern auch auf männliche Versicherte auszudehnen und zudem die vom RfA-Direktorium bereits 1929 vorgeschlagene Einführung einer Elternrente in Angriff zu nehmen. Die sich daraus für die RfA ergebenden finanziellen Belastungen von ca. einer Mio. RM für die Beitragsrückerstattungen und durchaus „mehreren Millionen" pro Jahr für die Elternrente erschienen als „durchaus tragbar", denn „wesentliche bereits früher be-

11 Vgl. die Ausarbeitung Kochs vom 12.12.1940, in: ebd.

12 Hier ging es um die von den betroffenen Versicherten vehement bekämpfte Kürzung des Steigerungsbetrags aus der Invalidenversicherung bei denjenigen, die danach langfristig in die AV gewechselt waren. Vgl. dazu das Schreiben der RfA auf die Beschwerde eines Versicherten hin vom 11.1.1941, in: RfA-Archiv Nr. 25.

13 Ebd., Bl. 7.

14 Notiz vom 9.12.1940, in: RfA-Archiv Nr. 25.

15 Vermerk ohne Datum, in: ebd.

absichtigte Verbesserungen in den Leistungen der AV wurden mit Rücksicht auf die Invalidenversicherung nicht eingeführt".[16] Eine eigens eingerichtete Kommission beim Reichsverband deutscher Versicherungsträger, der seitens der RfA Koch angehörte, fasste schließlich die diversen Änderungsvorschläge zusammen und legte sie Mitte Februar 1941 als Eingabe dem RAM vor.[17] Doch dort hatte man schon, ohne das Ergebnis der Änderungsvorschläge durch den Reichsverband abzuwarten, am 15. Januar 1941 ein Gesetz über „weitere Maßnahmen in der Reichsversicherung aus Anlass des Krieges" erlassen.[18]

Das Gesetz war, wie sich schnell herausstellte, mehr als alle vorgehenden, überhastet entstanden und in Vielem unklar formuliert. Teile der Bestimmungen hatten dabei schon im Voraus in der Verwaltungspraxis der RfA Eingang gefunden. In einer Abteilungsverfügung vom 25. September 1940 war unter anderem festgelegt worden, was in dem bislang nur als Entwurf existierenden Gesetz unter anderem geregelt werden sollte, dass nämlich beim Tod eines Versicherten nach dem 25. August 1939 die Hinterbliebenenrente nach Beantragung bereits mit dem Ablauf des Sterbemonats begann. Der Beginn der Rentenzahlung war damit nicht mehr wie bisher vom Tag der Antragstellung abhängig, sondern richtete sich nach dem Tod des Versicherten. Danach sollte nun bei neu festzusetzenden Hinterbliebenenrenten verfahren werden. Bei den bereits festgesetzten Hinterbliebenenrenten eines nach jenem 25. August gestorbenen Versicherten sollte jedoch eine Änderung des Rentenbeginns nur dann vorgenommen werden, wenn die Rente von einem Berechtigten noch einmal gesondert beantragt wurde.[19] Wie schon oft zuvor war auch hier vor einem Gesetzeserlass eine für alle Beteiligten verwirrende Rechts- und Verwaltungspraxis ausgeübt worden, die Ungleichheiten geschaffen hatte. Entscheidend waren jedoch zwei andere Bestimmungen des Gesetzes. Zum einen wurden die bestehenden Anwartschaftsfristen aufgehoben, d.h. auf die Erfüllung der Wartezeit bei Soldaten, die während des Krieges starben oder berufsunfähig bzw. invalide wurden, wurde verzichtet. Zum anderen wurde nun die den Erfordernissen der Kriegswirtschaft zuwiderlaufende Bestimmung beseitigt, nach der eine wegen Berufsunfähigkeit gewährte Rente bei Wiederaufnahme einer Tätigkeit entzogen bzw. zum Ruhen gebracht werden konnte. Rentenempfänger konnten nun wieder invaliden- oder angestelltenversicherungspflichtige Beschäftigungen aufnehmen und erhielten ihre jeweiligen Ruhegelder weiter, da diese Beschäftigungen nun in der Verwaltungspraxis unabhängig von ihrer Dauer als vorübergehend bzw. als gelegentliche Aushilfe betrachtet wurden. Die RfA-Überwachungsbeamten wurden gleichzeitig aufgefordert, in den Kreisen der Invali-

16 Vermerk über die Dienststellenleiterbesprechung vom 11.12.1940, in: RfA-Archiv Nr. 25.
17 Vgl. die Eingabe vom 15.2.1941, in: ebd.
18 Vgl. das Gesetz in: Mitteilungen der RfA Nr. 4, 1941, S. 13–16.
19 Vgl. Abteilungsverfügung vom 25.9.1940, in: RfA-Archiv Fach 3, Nr. 4.

den- und Angestelltenrentner für „weiteste Bekanntmachung" dieser zur Mobilisierung zusätzlicher Arbeitskräfte wichtigen Bestimmung zu sorgen.[20]

Doch was auf den ersten Blick als erfolgreiche Instrumentalisierung des Rentenversicherungsrechts zugunsten der Kriegswirtschaft aussah, entfaltete schnell nicht beabsichtigte, gleichwohl aus Sicht des Regimes höchst unangenehme Folgewirkungen. Das Gesetz unterschied nicht mehr zwischen Renten wegen dauernder und vorübergehender Invalidität bzw. Berufsunfähigkeit, so dass es immer häufiger dazu kam, dass vorübergehend invalide Rentner nach Wiedereintritt in eine Beschäftigung neben dem vollen Lohn auch die Renten weiterbezahlt bekamen und auch noch die Beitragsanteile für die Rentenversicherung sparten. Ein älterer, in seiner Leistungsfähigkeit beeinträchtigter Akkordarbeiter oder auch Angestellter, der die Invaliditäts- bzw. Berufsunfähigkeitsgrenze noch nicht erreicht hatte, verdiente dann erheblich weniger als ein gesunder junger Beschäftigter, der wegen einer früheren vorübergehenden Berufsunfähigkeit die Rente bekam. Nicht zu Unrecht befürchtete daher der Reichsverband der Rentenversicherungsträger, „dass dadurch das Gegenteil dessen eintritt, was der Gesetzgeber zunächst beabsichtigte".[21] Bereits im Oktober 1941 diskutierten daher Vertreter der verschiedenen Versicherungsträger, des RAM und der DAF im Reichsversicherungsamt Möglichkeiten und Wege, die damaligen Bestimmungen wieder einzuschränken. Man habe, so gestanden die RAM-Vertreter zu, bei Erlass der Verordnung mit einer kürzeren Dauer des Krieges gerechnet. Nun zwinge „bei aller Anerkennung der notwendigen Förderung des Arbeitseinsatzes vor allem die ungünstige psychologische Wirkung wieder voll berufsfähiger und berufstätiger Rentenempfänger auf die keine Rente beziehenden Arbeitskameraden und deren Willen zum Arbeitseinsatz" zum Handeln.[22] Doch die RfA und auch die DAF befanden sich in einer Zwickmühle. Eine Auszählung von 1000 Ruhegeldbescheiden hatte ergeben, dass der Anteil der Bescheide wegen vorübergehender Berufsunfähigkeit von einst ca. 32 Prozent inzwischen auf 68 Prozent hochgeschnellt war. Somit wären von der Rückkehr zur früheren, viel kritisierten Verwaltungspraxis der Nachprüfung und Entziehung innerhalb eines Jahres, wie es Koch für die RfA auf der Besprechung im RVA vorgeschlagen hatte, eine erhebliche Zahl von Versicherten und Rentnern betroffen, mit entsprechenden stimmungsmäßigen und negativen loyalitätspolitischen Folgen.[23] Mitte Februar 1943 erst sollte sich das RVA zu einer Regelung des Problems dahingehend durchringen, dass, „um bei der langen Dauer des Krieges einem unberechtigt langen Rentenbezug" in den Fällen vorübergehender Invalidität bzw. Be-

20 Vgl. Rundschreiben Nr. 63 an die Überwachungsbeamten vom 24.5.1941, in: RfA-Archiv, Ordner Rundschreiben, ohne Sign.

21 Schreiben vom 11.11.1942, in: RfA-Archiv Nr. 27.

22 Vgl. Vermerk Kochs vom 12.10.1941 über eine Besprechung im RVA, in: RfA-Archiv Nr. 27.

23 Vgl. Schreiben der RfA an den Reichsverband der Deutschen Rentenversicherungsträger vom 27.11.1942, in: ebd.

rufsunfähigkeit vorzubeugen, auf der Basis eines ärztlichen Gutachtens ein von vornherein zeitlich begrenzter Rentenbezug festgelegt wurde.[24]

Das Gesetz vom 15. Januar 1941 verlängerte auch die Verjährungsfristen, was konkret erheblich erweiterte Nachzahlungsmöglichkeiten von Pflichtbeiträgen zuließ. Gerade die Fristenregelungen sorgten allerdings für reichlich Verwirrung. Rechtsberatungsstellen der DAF überhäuften ebenso wie Versicherungsämter die RfA mit Anfragen zur Klärung der in der Praxis widersprüchlichen Bestimmungen. Einerseits galten die Nachentrichtungsmöglichkeiten aufgrund der Bestimmungen des Ausbaugesetzes nur noch bis zum 31. Dezember 1941, andererseits aber nun offenbar bis zum Ablauf des auf das Kriegsende folgenden Kalenderjahres.[25] Vor allem die Auslegung des zentralen § 17 des Gesetzes über die Erfüllung der Wartezeit für verwundete oder gestorbene Soldaten bereitete den RfA-Beamten erhebliches Kopfzerbrechen. Fand der Paragraph auch dann Anwendung, wenn der Soldat von dem ihm zustehenden Selbstversicherungsrecht Gebrauch machte und erst, nachdem er schon Soldat geworden war, begonnen hatte, Beiträge zur Angestelltenversicherung zu entrichten? Wenn ja, dann hätte das dazu geführt, dass der Soldat durch die Leistung eines einzigen Beitrags den Versicherungsschutz im Invaliden- oder Todesfall in Form einer monatlichen Grundrente von 30 RM erwerben konnte, was für die RfA eine erhebliche finanzielle Belastung bedeutet hätte.[26] Über die Auslegung dieser strittigen Frage entspannte sich ein umfangreicher Schriftwechsel zwischen DAF, RVA, RfA, der LVA Westfalen und der Reichsknappschaft.[27] In einem eigens erstellten Gutachten für die Gaurechtsberatungsstelle der DAF Kurhessen in Kassel kam man seitens des RVA zu dem Schluss, dass es sich bei der Bestimmung um eine kriegsbedingte Sondervorschrift handelte, die aber nur denjenigen die Vergünstigung der Erfüllung der Wartezeit zukommen lasse, die bereits Versicherte gewesen waren.

> Es ist wohl nicht die Absicht des Gesetzgebers gewesen, auch solche Personen zu begünstigen, die, ohne jemals in der Rentenversicherung Versicherte gewesen zu sein, durch die an sich mögliche Entrichtung freiwilliger Beiträge auf ein Jahr zurück nach der Einberufung zum Wehrdienst sich die Eigenschaft eines Versicherten und dies unter Umständen mit einem sehr hohen Beitrag für die Zeit vor der Einberufung zu verschaffen.[28]

Unklar war auch die Wehrmachtzugehörigkeit als Voraussetzung. Für erhebliche Aufregung sorgte etwa im Oktober 1941 der Tod eines Angehörigen der Transport-

---

24 Vgl. Rundschreiben des RVA vom 23.2.1943 sowie die daraufhin erfolgte Abteilungsverfügung vom 29.3.1943, in: ebd.

25 Vgl. dazu die diversen Anfragen vom Juni 1941, in: RfA-Archiv Nr. 27.

26 Vgl. die umfangreiche Ausarbeitung zur Auslegung von § 17 vom 24.1.1941, in: RfA-Archiv Nr. 27.

27 Vgl. dazu die Schriftwechsel und internen Vermerke vom Februar 1941, in: ebd. Hier auch ein Entwurf zu einem als streng vertraulich gekennzeichneten Manuskript des Direktors des Versicherungsamtes in München über „Zweifelsfragen der Rentenversicherung im Gesetz vom 15.1.1941".

28 Das Gutachten vom 30.4.1942 sowie auch die entsprechende Grundsatzentscheidung des Beschlusssenats der RVA vom 8.5.1942, in: BArch R 89/22706.

standarte Speer beim Einsatz in Frankreich durch feindlichen Fliegerangriff. Da der Betroffene formal kein Angehöriger des Wehrmacht gewesen war, konnten auch die Bestimmungen des Gesetzes vom 15. Januar 1941 nicht angewendet werden und die RfA hatte daher den entsprechenden Antrag der Witwe auf Hinterbliebenenrente abgelehnt.[29] Trotz Intervention des Generalbauinspektors und obwohl auch seitens der RfA zugestanden wurde, dass die Ablehnung „eine unbillige Härte" darstelle und „mit dem gesunden Volksempfinden nicht im Einklang" stehe, blieb der Fall auch im November 1942 weiter in der Schwebe.[30]

Auch die am 13. September 1941 zu dem Gesetz erlassene erste Durchführungsverordnung – auf deren Erlass mit einer Reihe von konkreten Bestimmungen die RfA bereits im März erfolglos gedrungen hatte – schuf keine Klärung, sondern im Gegenteil auf anderen Gebieten neue massive Unklarheiten und strittige Rechtsauslegungen sowie offene Fragen.[31] Im Mittelpunkt stand dabei die Anrechnung der bei einem anderen Versicherungszweig zurückgelegten Kriegsdienstzeiten auf die Wartezeit auch in der Angestelltenversicherung. Die Verordnung ließ völlig offen, wie diese Zeiten angerechnet werden sollten. Im Herbst war es darüber nicht nur mit den Landesversicherungsanstalten zu einem offenen Dissens gekommen, sondern auch RfA-intern war eine höchst kontroverse Diskussion entbrannt. „Die durch § 1544a Abs. 2 RVO geschaffene Rechtslage ist wahrlich kompliziert und zwar nicht nur dem Versicherten als Laien, sondern auch dem Sozialversicherungsbeamten als Praktiker höchst unverständlich", hieß es dazu Ende Dezember 1941 resigniert in einem internen Vermerk eines Dienststellenleiters der Leistungsabteilung. Dadurch habe man

> nichts halbes aber auch nichts ganzes geschaffen. Man hat diese neue Vorschrift ins Gesetz hineingestellt, ohne sich auch nur um ihre Auswirkungen auf die anderen Wanderversicherungsparagraphen zu kümmern. Man hätte schon klar sagen sollen, die Invalidenversicherungs-Kriegsdienstzeit steht den Invalidenversicherungs- oder aber den Angestelltenversicherungsbeiträgen gleich. Ich glaube, wir werden mit jedem neuen Paragraphen noch manchen unerfreulichen Streit haben, der nur unfruchtbare Verwaltungsarbeit macht – und leider verbittert. Vielleicht könnte man erreichen, dass die Weltkriegs- und jetzigen Kriegszeiten nach den gleichen Grundsätzen behandelt werden. Die Anrechnung der Kriegsdienstzeit wird auch in Zukunft noch auf lange Zeit eine große Rolle spielen, bei den älteren Versicherten der Weltkrieg und bei den

29 Vgl. dazu das Schreiben der RfA an das RVA vom 11.10.1941, in: RfA-Archiv Nr. 27.

30 Vgl. Schreiben der NSKK-Transportstandarte Speer an die RfA vom 25.9.1941, in: BArch R 89/3170 sowie das dazugehörige Schreiben der RfA an das RVA vom 13.11.1942, in: ebd.

31 Vgl. dazu das Schreiben der RfA an den Reichsverband Deutscher Rentenversicherungsträger betr. Anregungen zur Durchführungsverordnung vom 15.3.1941, in: RfA-Archiv Nr. 69. Vgl. zur damaligen regen Debatte in den diversen Fachzeitschriften etwa den Kommentar vom H. Künstler, „Die Durchführung des Gesetzes über weitere Maßnahmen der Reichsregierung aus Anlass des Krieges", in: Deutsche Rentenversicherung Nr. 1 (1942), S. 5–9, der ebenfalls beklagt, dass die Durchführungsverordnung vom 13.9. auf die meisten der in den verschiedenen Aufsätzen diskutierten Fragen und Wünsche „leider nicht eingeht".

> jüngeren Versicherten der jetzige Krieg. Das Kriegsdienstzeitproblem wird erst aufhören, wenn der jüngste Teilnehmer des jetzigen Krieges seine Rente aus der Sozialversicherung erhalten hat.[32]

Das strittige Thema war kein verwaltungsrechtliches Detailproblem, sondern berührte eine zentrale Frage der Rentenversicherung im Krieg und weit darüber hinaus.

Letztendlich generierten die Bestimmungen bloße Rentenleistungsansprüche zu einem späteren Zeitpunkt und stellten damit Zukunftsversprechungen für die Zeit nach dem Krieg dar, jedoch kaum faktische Rentenerhöhungen. Sie begünstigte mehr die Versicherten, weniger die Rentner. Allerdings stellten die RfA-Beamten in den folgenden Monaten fest, dass immer häufiger Rentenfälle zur Erledigung kamen, in denen alte Teilrentenbescheide infolge der Anwendung der neuen Bestimmungen aufgehoben wurden und aus den bisher gezahlten Teilrenten nun Vollrenten wurden.[33] Da dafür keine Ausgleichs- oder Zuschusszahlungen durch das Reich vorgesehen waren, gingen die neuen Ausgaben ausschließlich auf Kosten der RfA. Und dabei war eine weitere potentielle finanzielle Belastung, die angekündigte Entscheidung über die Steigerungsbeträge für die jetzigen Kriegsteilnehmer, weiterhin ausgesetzt, „weil sich die finanziellen Auswirkungen in keiner Weise übersehen lassen", wie es in einem Schreiben des RAM an die Versicherungsträger heißt.[34] Wie auch immer: Die großen Hoffnungen und Erwartungen auf eine Änderung der Gesetze, die es nicht nur in weiten Teilen der Bevölkerung, sondern wie gesehen auch innerhalb der RfA gab, erfüllten sich mit dem Gesetz vom 15. Januar 1941 nicht; Kochs resignierte Feststellung vom Dezember 1940 über seine vergeblichen Änderungsvorschläge schien sich mithin erneut zu bestätigen. Auch RVA-Vizepräsident Schmitt, ein strammer NS-Parteigänger, gestand nach dem Erlass des Gesetzes vom Januar 1941 ein, dass man „gerade in der Sozialversicherung ohne Übertreibung von einem wahren Dschungel der Gesetze und Verordnungen sprechen [kann], in dem eigentlich keiner mehr sich zurecht findet".[35]

Anders als es sich das NS-Regime und das RAM von dem Gesetz erhofft hatten, war die Stimmung unter weiten Teilen der Versicherten wie Rentner Mitte 1941 nach wie vor schlecht und von Unmut geprägt. Ein Überwachungsbeamter schrieb in seinem direkt an Präsident Grießmeyer gerichteten Bericht Mitte Februar 1941:

> Wie sich im Schriftwechsel die Stimmung der Arbeitgeber und Versicherten wiederspiegelt, so haben die Überwachungsbeamten täglich Gelegenheit, Wünsche und Beschwerden oft mit unbeschwerter Hemmungslosigkeit kennenzulernen. Letzthin musste ich bei der Prüfung des Berliner Büros einer Dortmunder Firma Unter den Linden hier auch wieder mal den explodierenden

---

32 Vermerk vom 24.12.1941, in: ebd. sowie dort auch der weitere Schriftwechsel und die Vermerke, auch von Direktor Koch, vom Dezember 1941 und Januar 1942.

33 Vgl. u. a. die Vermerke vom 27. und 28.2.1942, in: ebd.

34 Vgl. die Abschrift der Verfügung vom 5.6.1940 in einer Abteilungsverfügung vom 15.7.1940, in: ebd.

35 Brief Schmitts an den Präsidenten des Reichsverwaltungsgerichts Sommer vom 28.7.1941, in: BArch R 89/2639.

> Ausbruch eines hier vorübergehend tätigen Ingenieurs über die Unzulänglichkeiten der Leistungen der Angestelltenversicherung über mich ergehen lassen.[36]

Diese und ähnliche Kritik sei typisch und man höre sie mehr oder minder scharf täglich, so fuhr der Beamte fort und appellierte daher an die RfA-Leitung dringend, alles zu tun, um die Leistungen wieder zu steigern. Dazu gehöre allem voran die Wiedererhöhung des Grundbetrags auf 480 RM jährlich. Die Angestelltenversicherung müsse sich damit als soziale Rentenanstalt auch organisch weiterentwickeln und der Zeit anpassen. Die von dem Überwachungsbeamten gleich berechneten zusätzlichen 55 Mio. RM pro Jahr, die dafür nötig seien, dürften für die RfA kein Problem sein, für die in der Mehrzahl bedürftigen Volksgenossen unter den Empfängern jedoch ein wertvoller Zuschuss zum Lebensunterhalt. Zum verbreiteten Unmut hatte unter anderen auch beigetragen, dass eine Reihe vom Regime großzügig erlassener Hilfsleistungen wie etwa die Gewährung von Umstellungsbeihilfen und Familienunterhalt auf die gezahlten Renten der Reichsversicherung angerechnet wurden, wie die Betroffenen bald bemerkten.[37]

Vor diesem Hintergrund waren im RAM die Bemühungen zum Entwurf eines Gesetzes intensiviert worden, das endlich die Beseitigung der Rentenkürzungen vom Juni 1932 beinhaltete. Angesichts der andauernden großen Missstimmung unter den Rentnern und Versicherten könne die Aufhebung der Kürzungen auf die Dauer nicht mehr umgangen werden und die „augenblicklichen besonderen Verhältnisse lassen den jetzigen Zeitpunkt für die Beseitigung des früheren Unrechts als besonders geeignet erscheinen".[38] Der Entwurf sah eine Rücknahme der Kürzungen vor, d. h. der monatliche Grundbetrag in der Angestelltenversicherung bei den laufenden Renten sollte um sieben RM im Monat steigen, bei den neu festzustellenden Renten sich der Grundbetrag sofort auf 444 RM im Jahr erhöhen. Die Witwen- und Hinterbliebenenrenten sollten um fünf RM im Monat, die der Waisen um vier RM erhöht werden. Daneben sah der Gesetzentwurf nun auch im Reich die Einführung einer Krankenversicherung der Rentner vor. Für die Kosten der Rentenerhöhung wurden in der Invalidenversicherung rund 320 Mio. RM veranschlagt, in der Angestelltenversicherung dagegen nur 45 Mio. RM. Dazu kamen insgesamt rund 160 Mio. RM für die Rentnerkrankenversicherung, wobei allerdings den Löwenanteil der Mehrkosten nicht die Versicherungsträger, sondern das Reich durch Zuschüsse tragen sollte.[39]

Ursprünglich war das Inkrafttreten des Gesetzes zum 1. April 1941 vorgesehen; es sollte jedoch bis Juli dauern, bis das „Gesetz über die Verbesserung der Leistungen in der Rentenversicherung" erlassen wurde, knapp ein Jahr später im Juni 1942 schon gefolgt von einem zweiten Leistungsverbesserungsgesetz. Grund für die Verzögerung

---

36 Bericht vom 14. 2. 1941, in: RfA-Archiv Fach 108, Nr. 4.

37 Vgl. dazu die entsprechende Abteilungsverfügung vom 25. 6. 1941, in: RfA-Archiv Nr. 26.

38 So die nicht mit veröffentlichte neunseitige Begründung des Gesetzes. Vgl. den Entwurf vom Februar 1941, in: RfA-Archiv Fach 111, Nr. 10. Vgl. auch Schlegel-Voß, S. 86.

39 Vgl. Gesetzesbegründung, S. 7 und auch Schlegel-Voß, S. 87.

war offenbar hinter den Kulissen ein politisches Gerangel zwischen RAM und DAF, deren Sozialamt und Gaustellen nicht zu Unrecht kritisiert hatten, dass die Rentenerhöhungen eher halbherzig ausfielen und etwa die Kürzungen durch das Sanierungsgesetz weiter erhalten blieben.[40] Unter dem Strich blieb eine Rentenerhöhung in der Angestelltenversicherung um etwas über 20 Prozent; gleichzeitig erfolgte aber auch eine Beitragserhöhung um eine RM im Monat als Anteil für die Krankenversicherung. Das Gesetz räumte nun auch mit fast allen Fallstricken des Anwartschaftsrechts auf, die, wie Präsident Möbius vom Reichsverband Deutscher Rentenversicherungsträger eingestand, „auch von Eingeweihten nur schwer zu entwirren sind". Ihnen sei es in erster Linie zuzuschreiben, dass der Blick auf die großen Leistungen der Rentenversicherung so häufig getrübt worden sei.[41] In das Gesetz war auch ein Großteil der von der RfA und dem Reichsverband Deutscher Rentenversicherungsträger gesammelten und immer wieder vorgebrachten Verbesserungsvorschläge eingeflossen. Bedeutende Änderungen ergaben sich auch im Bereich der Gesundheitsfürsorge. Obwohl nach wie vor keine gesetzliche Regelleistung, sondern eine Leistungsgewährung der RfA auf Kann-Basis, erfolgte durch das Gesetz nun stillschweigend eine Erweiterung der Heilverfahrensmöglichkeiten. Neben Maßnahmen gegen drohende Berufsunfähigkeit konnten nun auch Erholungskuren zum Erhalt der Arbeitseinsatzfähigkeit bzw. wegen der Anstrengungen der Kriegsarbeit gewährt werden.

Das erste Leistungsverbesserungsgesetz vom 24. Juli 1941 reihte sich, was den Charakter als lückenhaftes Rahmengesetz anging, in die Tradition der hastig zusammengeschriebenen Vorgängergesetze ein. Es umfasste gerade einmal sieben Paragraphen, ließ für die Durchführungsarbeit viele Fragen offen und ungeklärt und verwies die Versicherungsträger wieder einmal auf später noch zu erlassende Durchführungsverordnungen.[42] Bezeichnenderweise hatte es, noch ehe das Gesetz überhaupt erlassen worden war, am 15. Juli 1941 im RAM schon eine Besprechung mit den Versicherungsträgern über die Durchführung der Maßnahmen gegeben, bei der auch die RfA vertreten war.[43] Am Gesetzestext selbst konnte dabei nichts mehr geändert werden, da das Gesetz bereits von der Reichsregierung und von Hitler gebil-

40 Vgl. ebd.

41 Vgl. Möbius' Rückblick und Ausblick, in: Deutsche Rentenversicherung 14 (1942), Nr. 1, S. 1. Zu neu durch § 3 des Gesetzes vom 24.7.1941 aufgeworfenen, „dringend eine brauchbare Lösung erfordernde[n]" Detailproblemen, die sich aus dem neuen, vereinfachten Anwartschaftsrecht ergaben, vgl. aber den Aufsatz von RfA-Regierungsrat von Altrock: „Nochmals: Das Problem der Altersgrenze in der Angestelltenversicherung", in: Deutsche Rentenversicherung Nr. 10 (1941), S. 132–134.

42 Vgl. das Gesetz, in: Mitteilungen der RfA Nr. 9, 1941, S. 33, 34. Dazu gab es einige Abmilderungen im Bereich der Wanderversicherung. Vgl. dazu auch RAM-Ministerialrat Heller über „Das Gesetz über die Verbesserung der Leistungen in der Rentenversicherung", in: Deutsche Rentenversicherung 13 (1941), S. 103–104.

43 Vgl. dazu den detaillierten Vermerk Kochs vom 17.7.1941 über das Ergebnis der Besprechung, in: RfA-Archiv Nr. 30.

ligt – lediglich noch nicht unterzeichnet – worden war.[44] Demnach waren die Leistungsverbesserungen bereits wenige Tage nach dem Erlass zum 1. August 1941 auszubezahlen, was bei den laufenden Renten eine pauschale Anwendung der Zuschläge ohne jeweilige Neuberechnung der Renten bedeutete. Die damit verbundenen Unstimmigkeiten wurden in Kauf genommen. In einer Reihe von neugewährten und -berechneten Fällen, z. B. bei den Teilrenten, gelangten deshalb niedrigere Renten zur Auszahlung als bei den laufenden Renten. Zudem wurden aufgrund der rückwirkenden Erhöhung der Rente irrtümlich vom 1. Juni an auch eine RM für die Krankenversicherung einbehalten, obwohl diese erst mit dem 1. August 1941 in Kraft trat. Missverständnisse, Unmut und Verwirrung bei den betroffenen Versicherten waren damit vorprogrammiert.

Tatsächlich dauerte es nicht lange, bis bei der RfA aus den Kreisen der Versicherten wie der Unternehmen besorgte Anfragen und Beschwerden eintrafen. Die Angestellten-Pensionskasse des IG-Farben-Konzerns bat etwa unter Berufung auf eine (falsche) Information des Versicherungsamtes in Ludwigshafen um nähere Auskunft, inwiefern tatsächlich diejenigen Rentenbezieher, die lediglich Ruhegeld aus der Angestelltenversicherung ohne Steigerungssätze aus der Invalidenversicherung erhielten, den Zuschlag von monatlich sieben RM nicht bekommen würden.[45] Für die Pensionskasse war das neue Gesetz insofern von Bedeutung, als man den damals von den Kürzungen Betroffenen einen Ausgleich aus der Kasse gewährt hatte, der nun wieder wegfallen konnte. Gleichzeitig machten wilde Gerüchte die Runde, dass die Leistungsverbesserungen nur in der Invalidenversicherung eintreten würden, während bei der Angestelltenversicherung die Härten der früheren Notverordnungen beibehalten worden seien.[46] Irritierte Anfragen kamen auch aus Kreisen derjenigen Rentenempfänger, die bereits bei einer Privatkrankenversicherung versichert waren, wegen des Abzugs von einer RM im Monat für die Krankenversicherung, die zurückgefordert wurde. Die RfA antwortete darauf mit einem bald als Standardschreiben formulierten Hinweis, wonach die eine RM nicht von der Rentenerhöhung einbehalten werde, sondern vom Ruhegeld.

> Sie ist auch nicht für die Krankenversicherung eines bestimmten Rentners, sondern für die Gesamtheit der Renten bestimmt. Wenn der Rentner die nach dem Gesetz zuständige Krankenkasse nicht in Anspruch nimmt, sondern eine Privatkrankenkasse, so ist das seine Sache. Die 1 RM wird auf jeden Fall eingehalten. Hierzu ist sein Einverständnis nicht erforderlich.[47]

44 Vgl. das Rundschreiben des Reichsverbands Deutscher Rentenversicherungsträger vom 16.7.1941, in: RfA-Archiv Nr. 132 a.

45 Vgl. das Schreiben der IG-Farben-Pensionskasse an die RfA vom 11.9.1941, in: RfA-Archiv Nr. 94 b.

46 Vgl. das Schreiben an die RfA vom 8.7.1941, in: RfA-Archiv Fach 111, Nr. 10.

47 Vgl. die Anfrage vom 6.10.1941 sowie das Antwortschreiben vom 11.10.1941, in: ebd. Hier auch ähnliche Schreiben, unter anderem der Betriebskrankenkasse Trier vom 3.9.1941.

Die RfA war schon kurz nach Veröffentlichung des Gesetzes aus Kreisen der Versicherten darauf hingewiesen worden, dass sich aus den Bestimmungen für einen sehr großen Teil der Ruhegeldempfänger eine gewisse Härte ergeben werde, da diese dann faktisch zu einem Wechsel der Krankenkasse gezwungen würden.[48] Und ein Großteil der Berufs- und Betriebskrankenkassen bot tatsächlich bedeutend bessere Leistungen als die Ortskrankenkassen, wie etwa ein Sterbegeld. Angesichts der vielen Zuschriften schrieb RfA-Direktor Koch denn auch umgehend einen entsprechenden Brief an das RAM, verbunden mit einer Reihe von Vorschlägen zur Ergänzung oder Änderung der entsprechenden Gesetzesbestimmungen, ohne jedoch auf Gehör zu stoßen.[49] Als problematisch stellte sich etwa auch die Bestimmung heraus, dass die Krankenversicherung der Rentner erst mit der Zustellung des Rentenbescheids in Kraft trat. Die Folge war, dass es immer wieder zu Beschwerden von Rentenberechtigten kam, denen aufgrund der langen Dauer des Rentenfeststellungsverfahrens für die lange Zeit vom Rentenbeginn bis zur Erteilung des Rentenbescheids der Anspruch auf die Krankenversicherung entging.[50]

Es spricht vieles dafür, dass man sich im RAM über die vielfältigen Auswirkungen der Rentnerkrankenversicherung auf Leistung, Beitragserstattung, Befreiung von der Versicherungspflicht und Zusatzversicherung nicht viele Gedanken gemacht hatte, geschweige denn über den verwaltungstechnischen Aufwand für die Versicherungsträger. Das von der RfA hierzu entworfene Merkblatt, das sich an die Versicherten richtete und diesen bei entsprechenden Anfragen ausgehändigt wurde, war über drei Seiten lang.[51] Und der Verwaltungsaufwand war enorm. Vor allem musste man sich bei der Durchführung mit den Ortskrankenkassen über Meldeverfahren, Zahlungsunterlagen, Auszahlungslisten und Adresskarten austauschen und abstimmen, und dies lief im Fall der RfA und dem Reichsverband der Ortskrankenkassen im Frühjahr 1942 nicht konfliktfrei ab, so dass das RAM schließlich vermittelnd eingreifen musste.[52] Im Übrigen waren vom RAM, wie sich allerdings erst später herausstellen sollte, mit 3,30 RM je Rentner viel zu hohe monatliche Ablieferungsbeiträge durch die Versicherungsträger für die Krankenversicherung festgelegt worden. Das hatten die RfA und auch der Reichsverband Deutscher Rentenversicherungsträger schon frühzeitig moniert und auf tatsächlich erforderliche Beiträge in Höhe von 2,74 RM im Monat ver-

48 Schreiben an die RfA vom 3.8.1941, in: RfA-Archiv Nr. 30a.

49 Vgl. Schreiben Kochs vom 9.8.1941, in: ebd.

50 Vgl. Schreiben der RfA an den Reichsverband der Ortskrankenkassen vom 23.6.1943, in: RfA-Archiv Nr. 30 c. Keine Lösung war, wie von den Betroffenen gefordert wurde, jedem Antragsteller sofort nach Eingang des Antrags eine Bescheinigung bzgl. der Krankenversicherung zuzusenden, da, wie die RfA argumentierte, viele Anträge nicht zur Bewilligung führten.

51 Vgl. das Merkblatt vom 1.8.1941 sowie dazu auch das Schreiben der RfA an den Reichsverband der Ortskrankenkassen vom 17.5.1944, in: RfA-Archiv Nr. 30.

52 Vgl. dazu das Schreiben der RfA an das RAM vom 9.2.1942 und ein zwölfseitiges Beschwerdeschreiben des Reichsverbandes an das RAM vom 13.3.1942, in: RfA-Archiv Nr. 30 b.

wiesen – was das Statistische Reichsamt in seinen Berechnungen 1944 dann auch bestätigen sollte.[53]

Erhebliche Ernüchterung erlebten auch viele Wanderversicherte beim Blick auf ihre Rentenauszahlungen. Denn in den Genuss der zumindest teilweisen Rücknahme der Kürzungen bei den Steigerungsbeträgen aus der Invalidenversicherung von 144 RM auf 72 RM im Jahr kamen nur die nach dem 27. Juli neu festgesetzten Renten, während bei den laufenden Renten die Kürzungen voll bestehen blieben. Auf diese Ungerechtigkeit hingewiesen, antwortete die RfA mit dem lapidaren Hinweis, dass der Gesetzgeber auch diese Frage durchaus geprüft habe, von einer Verbesserung der laufenden Renten jedoch abgesehen habe. „Von einer Ausdehnung [der Erhöhung] auf die bereits laufenden Renten ist uns nichts bekannt. Es ist daher zwecklos, in diesen Fällen einen entsprechenden Antrag zu stellen."[54] Bereits im September 1941 berichtete Grießmeyer dem RVA wie dem RAM von einer Reihe nicht beabsichtigter Auswirkungen des Gesetzes, darunter etwa Fälle, „in denen dem Berechtigten die Rentenerhöhung geschmälert werden kann, unter Umständen sogar seine wirtschaftliche Lage schlechter wird, als sie vor der Erhöhung war".[55] Eine ganze Reihe von Rentnern war durch die Erhöhung in die nächsthöhere Steuerstufe gerutscht, wodurch der Zugewinn von der fällig werdenden höheren Einkommenssteuer zum Teil mehr als aufgezehrt wurde.

Die RAM-Beamten waren zudem auch erst durch die Rentenexperten der RfA darauf hingewiesen worden, dass die Bestimmungen von § 3 des Gesetzes faktisch bedeuteten, dass auch alle Anwartschaften jener Versicherten erhalten blieben, die bei Wiedereintritt in eine Beschäftigung über 60 Jahre alt waren und damit angestelltenversicherungspflichtig wurden, auch wenn sie bisher nur einen geringen Beitrag gezahlt hatten und sich jahrelang nicht mehr um den Erhalt ihrer Anwartschaft gekümmert hatten. Unter den gleichen Voraussetzungen verloren zudem die bei Eintritt über 50 Jahre alten Versicherten ihre Befreiungsmöglichkeiten von der AV, ohne aber aufgrund ihres Alters jemals Aussicht zu haben, die Wartezeiten noch erfüllen zu können.[56] Gegenüber diesbezüglichen Milderungsvorschlägen der RfA stellte man sich im RAM jedoch taub, eine weitergehende Auslegung des § 3 halte man „keinesfalls für erwünscht und auch nicht begründbar".[57] Dagegen wurde im RAM durchaus erwogen, die Anwartschaftsbestimmungen weiter zu mildern oder ganz zu beseitigen:

53 Vgl. Schreiben des Reichsverbandes Deutscher Rentenversicherungsträger an das RAM vom 12.12.1944, in: ebd.

54 Vgl. Antwortschreiben vom 24.9.1941 auf einen Beschwerdebrief eines Versicherten vom 8.8.1941 hin sowie auch das RfA-Schreiben vom 26.8.1942, in: RfA-Archiv Fach 111, Nr. 10. Siehe auch den entsprechenden Hinweis auf das Gesetz vom 24.7.1941 im internen Jahresbericht der Leistungsabteilung für 1941, S. 3, in: RfA-Archiv Nr. 79.

55 Schreiben vom 13.9.1941, in: BArch R 89/3171.

56 Vgl. dazu auch den entsprechenden Hinweis im Rundschreiben Nr. 69 an die Überwachungsbeamten vom 6.10.1941, in: RfA-Archiv, ohne Signatur.

57 Vermerk vom 23.3.1942, in: BArch R 89/3171.

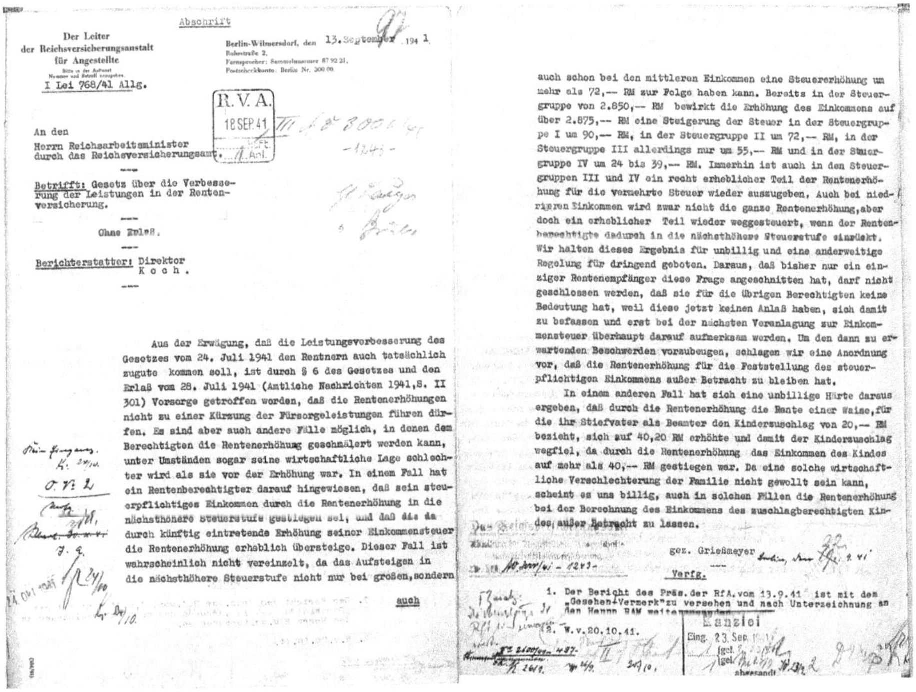

Abschrift

Der Leiter der Reichsversicherungsanstalt für Angestellte

Bitte in der Antwort Nummer und Betreff angeben.

I Lei 768/41 Allg.

Berlin-Wilmersdorf, den 13. September 1941

Ruhrstraße 2.

Fernsprecher: Sammelnummer 87 92 21.

Postscheckkonto: Berlin Nr. 300 00

R.V.A. 18 SEP. 41

An den Herrn Reichsarbeitsminister durch das Reichsversicherungsamt.

Betrifft: Gesetz über die Verbesserung der Leistungen in der Rentenversicherung.

Ohne Erlaß.

Berichterstatter: Direktor Koch.

Aus der Erwägung, daß die Leistungsverbesserung des Gesetzes vom 24. Juli 1941 den Rentnern auch tatsächlich zugute kommen soll, ist durch § 6 des Gesetzes und den Erlaß vom 28. Juli 1941 (Amtliche Nachrichten 1941, S. II 301) Vorsorge getroffen worden, daß die Rentenerhöhungen nicht zu einer Kürzung der Fürsorgeleistungen führen dürfen. Es sind aber auch andere Fälle möglich, in denen dem Berechtigten die Rentenerhöhung geschmälert werden kann, unter Umständen sogar seine wirtschaftliche Lage schlechter wird als sie vor der Erhöhung war. In einem Fall hat ein Rentenberechtigter darauf hingewiesen, daß sein steuerpflichtiges Einkommen durch die Rentenerhöhung in die nächsthöhere Steuerstufe gestiegen sei, und daß die da durch künftig eintretende Erhöhung seiner Einkommensteuer die Rentenerhöhung erheblich übersteige. Dieser Fall ist wahrscheinlich nicht vereinzelt, da das Aufsteigen in die nächsthöhere Steuerstufe nicht nur bei großen, sondern auch schon bei den mittleren Einkommen eine Steuererhöhung um mehr als 72,-- RM zur Folge haben kann. Bereits in der Steuergruppe von 2.850,-- RM bewirkt die Erhöhung des Einkommens auf über 2.875,-- RM eine Steigerung der Steuer in der Steuergruppe I um 90,-- RM, in der Steuergruppe II um 72,-- RM, in der Steuergruppe III allerdings nur um 55,-- RM und in der Steuergruppe IV um 24 bis 39,-- RM. Immerhin ist auch in den Steuergruppen III und IV ein recht erheblicher Teil der Rentenerhöhung für die vermehrte Steuer wieder auszugeben. Auch bei niedrigeren Einkommen wird zwar nicht die ganze Rentenerhöhung, aber doch ein erheblicher Teil wieder weggesteuert, wenn der Rentenberechtigte dadurch in die nächsthöhere Steuerstufe einrückt. Wir halten dieses Ergebnis für unbillig und eine anderweitige Regelung für dringend geboten. Daraus, daß bisher nur ein einziger Rentenempfänger diese Frage angeschnitten hat, darf nicht geschlossen werden, daß sie für die übrigen Berechtigten keine Bedeutung hat, weil diese jetzt keinen Anlaß haben, sich damit zu befassen und erst bei der nächsten Veranlagung zur Einkommensteuer überhaupt darauf aufmerksam werden. Um den dann zu erwartenden Beschwerden vorzubeugen, schlagen wir eine Anordnung vor, daß die Rentenerhöhung für die Feststellung des steuerpflichtigen Einkommens außer Betracht zu bleiben hat.

In einem anderen Fall hat sich eine unbillige Härte daraus ergeben, daß durch die Rentenerhöhung die Rente einer Waise, für die ihr Stiefvater als Beamter den Kinderzuschlag von 20,-- RM bezieht, sich auf 40,20 RM erhöhte und damit der Kinderzuschlag wegfiel, da durch die Rentenerhöhung das Einkommen des Kindes auf mehr als 40,-- RM gestiegen war. Da eine solche wirtschaftliche Verschlechterung der Familie nicht gewollt sein kann, scheint es uns billig, auch in solchen Fällen die Rentenerhöhung bei der Berechnung des Einkommens des zuschlagberechtigten Kindes außer Betracht zu lassen.

gez. Grießmeyer

Verfg.

1. Der Bericht des Präs. der RfA. vom 13.9.41 ist mit dem „Gesehen-Vermerk" zu versehen und nach Unterzeichnung an den Herrn RAM weiter[illegible]

2. W.v. 20.10.41.

Kanzlei Eing. 23. Sep. 1941

Abb. 29: Schreiben Grießmeyers an das RAM vom 13. September 1941 über die ungeplanten Auswirkungen des Leistungsverbesserungsgesetzes

> Es ist jedoch bisher nicht gelungen, eine Form zu finden, die allen berechtigten Wünschen gerecht wird, zugleich aber verhindert, dass aus längst verfallenen Anwartschaften noch Rentenansprüche von solchen Personen geltend gemacht werden können, die einer Rente nicht bedürfen.[58]

Anfang August 1941 war es vermutlich auf Initiative der RfA im RVA zu einer erneuten Besprechung über die Durchführung des Leistungsverbesserungsgesetzes gekommen, wobei „unsere anliegenden Vorschläge für eine Durchführungsverordnung grundsätzlich gebilligt wurden", wie RfA-Direktor Koch in einem Vermerk notierte.[59] Im Oktober wurde durch einen Erlass des RAM endlich auch die offene Frage der Gewährung von Steigerungsbeträgen geklärt. Demnach wurden für die Zeiten der Kriegsteilnahme Steigerungsbeträge nach der Klasse gewährt, zu der der letzte Betrag vor Einberufung zur Wehrmacht entrichtet worden war. Auf Antrag des Berechtigten konnte aber auch der Durchschnitt der letzten drei Monate zugrunde gelegt werden – eine Bestimmung, die den mit der Feststellung der Steigerungsbeträge befassten Dienststellenleiter in der RfA wegen der Kompliziertheit und des bürokratischen

58 Ebd.

59 Vgl. Vermerk vom 11.8.1941 in: RfA-Archiv Nr. 67 sowie auch die Niederschrift über die Besprechung am 7.8.1941, in: BArch R 89/3171.

Aufwands nachgerade zur Verzweiflung bringen sollte.[60] Bis 31. Mai 1943 sollten im Bereich der RfA insgesamt bereits knapp 71.000 Renten mit zusätzlichen, vom Reich getragenen Ausgaben von 1,292 Mio. RM unter diese Regelung fallen, wobei kriegsbedingt der Löwenanteil (62.000 Renten) auf Witwen- und Waisen entfiel und nur 8185 Ruhegeldempfänger selbst noch in den Genuss der Zulage kommen konnten.[61] Wenn man den Durchschnitt zugrunde legt, dann machte die Erhöhung durch die kriegsbedingten Steigerungsbeträge gerade einmal eine RM im Monat aus. Die pauschale Erhöhung um eine feste Summe der kriegsbezogenen Steigerungsbeträge, wie es im Übrigen von den RfA-Beamten vorgeschlagen worden war, hätte weit weniger Verwaltungsaufwand erfordert und wäre genauso effektiv gewesen. Auch wenn es sich bei all dem um eine für die Betroffenen materiell eher unbedeutende Maßnahme handelte, der zu diesem Zeitpunkt weit eher symbolpolitische Bedeutung zukam, so erscheint sie unter verwaltungsorganisatorischer Perspektive doch nachgerade exemplarisch und symptomatisch. Denn die RfA hatte, ohne sich beim RVA abzusichern, eine eigene Auslegung und daraus abgeleitete Ausübung im Verwaltungswege entwickelt. Es ging um die schwierige Frage der Berechnung des Steigerungsbetrages, wenn die Einziehung zum Militär im Laufe eines Beitragsmonats stattfand, ein Problem, das auch alle anderen Versicherungsträger umtrieb.[62] Auch auf das Risiko, dass die Rechtsprechung mit der Verwaltungspraxis und Auslegung der RfA nicht konform gehen könnte, war man aus nachvollziehbaren Gründen dazu übergegangen, den Einberufungsmonat als Ersatzzeit zu streichen und stattdessen den vorhergehenden ganzen Monat für die Berechnung zugrunde zu legen. Von Seiten des RVA folgte dann aber prompt eine Ermahnung, dass dies von der Wortfassung des Gesetzes nicht gedeckt sei. Die RfA wurde aufgefordert, ihre Auslegung und Auffassung schriftlich in einem Bericht niederzulegen.[63]

Während man in der Ruhrstraße noch mit der Umsetzung des ersten Leistungsverbesserungsgesetzes befasst war, trat am 19. Juni 1942 – für die meisten Beteiligten in der Rentenverwaltung durchaus überraschend – ein „Zweites Gesetz über die Verbesserung der Leistungen in der Rentenversicherung“ in Kraft.[64] Ursprünglich waren damit vom RAM offenbar angesichts der gestiegenen Lebenshaltungskosten weitere Rentenerhöhungen in durchaus nennenswertem Umfang vorgesehen gewesen, denn die unter anderem bei der RfA nach wie vor eingehenden Rufe und Forderungen nach

60 Vgl. die Verordnung vom 8.10.1941, in: RfA-Archiv Nr. 67 sowie die darauf basierende Abteilungsverfügung vom 29.10.1941 zur Durchführung der Verordnung, ergänzt durch eine weitere Abteilungsverfügung vom 25.11.1941 und der sich darauf beziehenden internen Vermerk an den Unterabteilungsleiter der Abt. I Leistung vom 13.1.1942, in: ebd. Später sollten weitere Ergänzungen und Änderungen hinzukommen, so am 17.6.1942 und zuletzt sogar noch am 23.1.1945.

61 Vgl. Vermerk vom 7.6.1943 mit der Meldung der Zahlen an das RVA, in: RfA-Archiv Nr. 67.

62 Vgl. dazu etwa den Aktenvermerk über eine Besprechung mit der Reichsknappschaft im RVA vom 12.12.1941, in: BArch R 89/3170.

63 Vgl. ebd.

64 Vgl. den Beitrag von Präsident Fix, LVA Westfalen, über „Das Zweite Gesetz über die Verbesserung der Leistungen in der Rentenversicherung“, in: Deutsche Rentenversicherung 14 (1942), Nr. 8, S. 75–80.

einer Erhöhung der Renten waren nach dem ersten Leistungsverbesserungsgesetz keineswegs verstummt.[65] Doch nach massiven Widerständen in Parteistellen und beim Reichsfinanzministerium verzichtete das RAM auf eine Erhöhung der Renten und legte stattdessen einen Gesetzentwurf vor, der sich vor allem auf den Abbau struktureller Mängel insbesondere in der Invalidenversicherung der Arbeiter beschränkte.[66] Mehr denn je waren die Arbeiten an dem Gesetz unter massivem, vom Regime ausgeübten Zeitdruck und unter ständigen Interventionen aus der Parteikanzlei Hitlers erfolgt.[67] Auch von einer angemessenen Beratung und der Gelegenheit zu eventuellen Änderungsvorschlägen durch die Versicherungsträger konnte diesmal keine Rede sein. In weiten Teilen der Versicherungsträger, auch und gerade bei der RfA, traf das Gesetz daher von Anfang an auf wenig Zustimmung.[68] Das Gesetz brachte für die Mehrzahl der laufenden Renten denn auch keine echten Verbesserungen, außer eine Erhöhung des Kinderzuschusses. Das Gesetz war aber insofern von Bedeutung, als es Verbesserungen der Witwenrenten durch die Berücksichtigung von Kindererziehung und „Kindergebären" mit sich brachte und vor allem auch eine Witwenrente für geschiedene Ehefrauen vorsah. Der Kreis der Hinterbliebenenrenten-Berechtigten wurde mithin ausgeweitet und eine neue Rentenart eingeführt, die allerdings nur eine Kann-Leistung war. Und es gab, zumindest aus Sicht der Rentenexperten in der RfA noch eine weitere Bedeutung des Gesetzes, denn es waren zum einen weitergehende Rechtsnivellierungen zur Invalidenversicherung erfolgt und man war einer Vereinheitlichung des Leistungsrechts in beiden Versicherungszweigen ein gutes Stück nähergekommen. Zum anderen aber galt nun, dass der Versicherte, der durch einen Arbeitsunfall invalide oder berufsunfähig wurde oder starb, auch ohne Erfüllung der Wartezeit die Rente erhielt. Auch die Regelleistung der Beitragserstattung im Heiratsfall verlangte als Voraussetzung nun nicht mehr die Erfüllung der Wartezeit und der Anwartschaft.[69] Mit anderen Worten: Mit diesen Änderungen beim Anwartschaftsrecht und der Wartezeit waren zwei bislang gültige fundamentale Grundsätze des Versicherungsprinzips der Angestelltenversicherung aufgegeben worden.

---

65 Vgl. dazu den Entwurf vom 2.4.1942, in: BArch R 89/3171 und dazu auch Schlegel-Voß, S. 94 f. Exemplarisch für die Haltung bei den Rentnern das Schreiben vom 14.8.1942, in: RfA-Archiv Nr. 95a.

66 Vgl. ebd.

67 Das Gesetz sollte „wegen seiner politischen Bedeutung" ursprünglich schon anlässlich des Geburtstags des „Führers" im April 1942 verabschiedet werden. Vgl. dazu das von Reichsarbeitsminister Seldte persönlich unterzeichnete Rundschreiben vom 13.4.1942, in: RfA-Archiv Nr. 31.

68 Vgl. dazu die durchaus kritischen Bemerkungen im Beitrag von LVA-Präsident Fix, die RfA-Direktor Koch mit dicken Anstreichungen und zustimmenden Randbemerkungen versah. Vgl. RfA-Archiv Nr. 31. Auch von Seiten des RVA war schon zum ersten Gesetzesentwurf vom April 1942 ungewöhnlich deutliche Kritik geäußert worden. Vgl. Schreiben des RVA an das RAM vom 14.4.1942, in: BArch R 89/3171.

69 Vgl. dazu den Jahresrückblick 1942 von Reichsverbandspräsident Möbius in: Deutsche Rentenversicherung Nr. 1 (1943), S. 2.

Die beiden Leistungsverbesserungsgesetze waren keine zukunftsweisenden, gar innovativen und auf eine moderne Sozialversicherungsgesetzgebung verweisenden Maßnahmen, sondern längst fällige und aus der Defensive des Gesetzgebers RAM wie des NS-Regimes entstandene Maßnahmen. Auch damals deutete in der RfA niemand die Gesetze auch nur ansatzweise anders. Es ging weniger um Mobilisierung von Loyalität als um die bloße, gleichwohl vom NS-Regime symbolpolitisch groß aufgeladene Rücknahme eines alten Unrechts aus der Weimarer Republik, verbunden mit der Vermeidung weiterer Enttäuschungen und weiter abbröckelnder Zustimmung zum NS-Regime. Wenn es tatsächlich je Pläne im RAM gegeben hatte, mit sukzessiven Erhöhungen der Renten wieder an das Rentenniveau der späten 20er Jahre anzuknüpfen, dann waren sie spätestens jetzt, nicht zuletzt auch unter den Bedingungen des Krieges, endgültig gescheitert.

5.2 Rentenversicherungsverwaltung im Schatten der Sozialversicherungspropaganda der DAF

Die Gesetzgebung des RAM vollzog sich inzwischen zunehmend vor dem Hintergrund intensivierter eigener sozial- und rentenpolitischer Aktivitäten der DAF. Mitte Februar 1940 hatte Hitler DAF-Führer Robert Ley den Auftrag zur Schaffung von Grundlagen und Vorbedingungen für ein umfassendes und großzügiges Altersversorgungswerk des Deutschen Volkes gegeben.[70] Daraufhin erschienen im Laufe des Oktober und November in verschiedenen Fachzeitschriften eine Reihe von Aufsätzen, in denen erste Grundgedanken des neuen nationalsozialistischen Rentensystems veröffentlicht wurden. Beginnend mit einem Aufsatz Leys im DAF-Organ *Der Angriff* am 1. Oktober 1940 wurde mit großer propagandistischer Begleitmusik „ein gesicherter Lebensabend für ein ganzes Volk“ versprochen, ohne Unterscheidung nach „Rang und Stand“.[71] Soweit es die ebenso blumigen wie vagen Darlegungen zuließen, waren zumindest einige Grundgedanken erkennbar, die den bisherigen Prinzipien des Alterssicherungssystems in Vielem zuwiderliefen: Aufhebung der Unterscheidung von Invaliden- und Angestelltenversicherung, staatliche Zuweisung von Versorgungsleistungen – finanziert mit Steuermitteln – anstelle des bisherigen Versicherungs- und Beitragsprinzips und damit Abkoppelung der Rentenhöhe von der Beitragsleistung, ein Junktim zwischen Versorgungsanspruch und Arbeitspflicht sowie Abgehen vom geltenden Anwartschaftsdeckungs-, wie auch vom Kapitaldeckungsverfahren zugunsten eines Umlageverfahrens.[72] Es sollte, wie auch der Präsident der LVA Hamburg, Gottlieb Storck, in der Zeitschrift *Soziale Praxis* unter dem Titel „Versorgung und

70 Zur Vorgeschichte der DAF-Pläne, vgl. Schlegel-Voß, S. 83 ff.

71 Vgl. Gesicherter Lebensabend für ein ganzes Volk, in: Monatshefte für NS-Sozialpolitik 7 (1940), Heft 19/20, S. 217–219 sowie auch schon der Bericht im *Völkischen Beobachter* vom 18.9.1940, „Deutscher Sozialstaat gegen plutokratisches Almosensystem“, als Kopie in: RfA-Archiv Fach 119, Nr. 2.

72 Vgl. dazu im Einzelnen auch Schlegel-Voß, S. 158 ff.

Versicherung (Prinzip und Praxis)“ schrieb, nicht lediglich eine Reform verbesserungsfähiger Teile der jetzigen Sozialversicherung erfolgen, sondern eine „umwälzende Neuordnung“.[73] Storck hatte sich schon im November 1940 in derselben Zeitschrift in einem damals noch anonym erschienenen Aufsatz unter dem Titel „Versicherung oder Versorgung“ für das Versorgungsprinzip und damit für die nationalsozialistischen Prinzipien in der Sozialpolitik stark gemacht.[74]

Ob in den Plänen des Versorgungswerks tatsächlich „moderne“ Grundgedanken wie der einer umlagefinanzierten dynamischen Rente enthalten waren, sei dahingestellt.[75] Zum damaligen Zeitpunkt waren es mit Schlagworten nationalsozialistischer Ideologie durchsetzte Ankündigungen und sozialpolitische Propaganda. Dies änderte sich grundsätzlich auch nicht. Die Folgen dieser und ähnlicher Veröffentlichungen in der Tagespresse unter den Versicherten wie Rentnern waren aber gewaltig und die Reaktionen in einer Art und Weise, wie sie von den verantwortlichen DAF-Funktionären vermutlich weder beabsichtigt noch vorhergesehen waren. Bei der RfA wie auch bei den anderen Rentenversicherungsträgern setzte eine Flut von Briefen zutiefst verunsicherter Beitragszahler ein. Vor allem bei den freiwillig Versicherten, weiter Versicherten und höher Versicherten stellte sich nun die Frage, ob es überhaupt noch einen Sinn habe, Beiträge zu entrichten, wenn demnächst die bisherigen Leistungen der Versicherungsbehörden durch die Leistungen der DAF-Altersversorgung abgelöst würden.[76] Auch von den Überwachungsbeamten kamen regelrechte Alarmmeldungen über die Stimmungslage bei den Versicherten, die sich vielfach auch mit Vorwürfen gegen die RfA mischten. Die langjährigen Bemühungen der RfA, als Repräsentant des bestehenden Altersversorgungssystems nach der angeschlagenen Reputation im Zuge der Rentenkürzungen in den Notverordnungsjahren bei Versicherten wie Rentnern wieder Vertrauen und Ansehen zu gewinnen, schienen auf einen Schlag zunichtegemacht. Von den Überwachungsbeamten wurde etwa zunehmend die Beobachtung gemacht, dass auch die Betriebsführer mit der Entrichtung von Pflichtbeiträgen zur Rentenversicherung laxer umgingen und die Säumnisse damit entschuldigten, dass demnächst das gesamte Beitragssystem doch beseitigt werde.[77]

Bemerkenswerterweise reihte sich RfA-Präsident Grießmeyer zunächst in diejenigen ein, die öffentliche Lobreden auf das „Altersversorgungswerk“ der DAF hielten. Bereits im Juni 1940 veröffentlichte er in der italienischen Fachzeitschrift *Le Assicurazioni Sociali* auf Deutsch einen Beitrag unter dem Titel „Die Altersversorgung des Deutschen Volkes“, in dem er die wichtigsten Prämissen und die Einbettung in die

73 Vgl. den Aufsatz in: *Soziale Praxis* 50 (1941), S. 817–824.

74 Vgl. Versicherung oder Versorgung, in: *Soziale Praxis* 49 (1940), S. 673–680. Vgl. dazu auch Storcks Brief „an den lieben Parteigenossen Schmitt“, den Vizepräsidenten des RVA vom 22.5.1941, in dem er auf dessen Publikationen Bezug nimmt, in: BArch R 89/2639.

75 Zur Diskussion und Bewertung des Ley-Plans in der (älteren) Forschung, vgl. Schlegel-Voß, S. 173.

76 Vgl. dazu die zahlreichen Briefe und Zuschriften in: RfA-Archiv Fach 119, Nr. 2.

77 Vgl. dazu auch das Schreiben des Reichsverbands Deutscher Versicherungsträger an Ministerialdirektor Pohl vom Arbeitswissenschaftlichen Institut der DAF vom 30.10.1940, in: RfA-Archiv Nr. 204.

nationalsozialistische Volksgemeinschafts-Ideologie ausbreitete.[78] Aber, wie so viele andere Sozialversicherungs- und Rentenfachleute, versuchte sich auch Grießmeyer an der Exegese der spärlichen verfügbaren Informationen über das Versorgungswerk. Aus den bisherigen verschiedenen Veröffentlichungen dazu träten, so schrieb er, die leitenden Grundgedanken bereits ziemlich deutlich in Erscheinung „und gewähren einen ausreichenden Blick auf das Gesamtbild dessen, was von Dr. Ley geplant ist".[79] Der Beitrag macht deutlich, dass auch Grießmeyer als RfA-Präsident faktisch nichts über die Details des geplanten Versorgungswerks der DAF wusste und auch nicht in etwaige Beratungen eingebunden war. Nach außen hin konnte der Aufsatz durchaus als vorauseilende Ergebenheitsadresse an die DAF aus Sorge um den Fortbestand der RfA verstanden werden; er ließ aber offen, was Grießmeyer wirklich von den Ley-Plänen hielt. Und bei genauerem Hinsehen werden – anders als in den Beiträgen der LVA-Präsidenten – durchaus grundsätzliche Bedenken sichtbar. Da war von „Unzulänglichkeiten und Mängeln" die Rede; es wurde auf die „offen zu Tage tretende scharfe gegensätzliche Einstellung zu dem bisherigen Versicherungsgedanken" und auf die wichtige ungeklärte Frage hingewiesen, inwieweit und in welcher Weise die bisher geleisteten Versichertenbeiträge im Rahmen des künftigen Altersversorgungsystems „Berücksichtigung und Abgeltung erfahren werden".[80] Auch mit dem Hinweis darauf, dass die organisatorische Seite des kommenden Sozialwerks ungeklärt sei bzw. dass „noch nicht erkennbar geworden [sei]", in welcher behördlichen Form das Reich die damit verbundenen Aufgaben lösen wolle, deckte Grießmeyer die verwaltungspraktischen Defizite des Konzepts auf. Und nicht zuletzt las sich für die mit den verwaltungsmäßigen Details der Rentenfinanzierung vertrauten Experten der Hinweis Grießmeyers, dass sich die künftige Versorgung auf dem Ethos der Volksgemeinschaft gründe und künftig auch keine Ansammlung von Rücklagen zur Deckung der erworbenen Anwartschaften mehr notwendig sei, durchaus als kritischer Hinweis auf die ideologische Utopie, weit entfernt von einer praktischen Umsetzung.[81]

Tatsächlich hatte die RfA intern schon damit begonnen, die voraussichtlichen Kosten und Finanzierungsgrundlagen des Altersversorgungswerks zu berechnen und genauer unter die Lupe zu nehmen. Im August 1940 wurde in einem internen Vermerk der durchaus ironisch zu verstehende Wunsch nach konstruktiven Einzelheiten geäußert, „um deren Eignung zum Anschluss an das bisher segensreich Bestehende zu prüfen", damit auch die RfA als Betreuerin bedeutender sozialer Anwartschaften und einer bereits sehr großen Zahl an Ruhegeldern „den Anschluss ihrer bisher schon

78 Vgl. Albert Grießmeyer, Die Altersversorgung des Deutschen Volkes, in: *Le Assicurazioni Soziali* 16 (1940), S. 621–625.

79 Ebd., S. 621.

80 Ebd., S. 625.

81 „Die Steuerkraft des Volkes wird als nie versiegende Quelle zur Finanzierung auch der steigenden Versorgungslasten angesehen." Vgl. ebd., S. 623.

segensreichen Tätigkeit zur Mitarbeit an dem kommenden Werk nicht versäumt".[82] Der Verfasser zerpflückte dabei ebenso nüchtern wie kompetent die bisher bekannten Planungen und macht dabei aus versicherungsrechtlicher Perspektive auf die dahinterstehenden grundsätzlichen Denkfehler aufmerksam, durch die bei genauerem Hinsehen die erworbenen und bestehenden Rechte der Versicherten nachgerade mit den Füßen getreten würden. Zur Wahrung der Belange der Versicherten der Angestelltenversicherung müsse die RfA daher zumindest auf entsprechende Ergänzungen der Bestimmungen des Altersversorgungswerks bestehen. In einem weiteren Vermerk nahm sich derselbe RfA-Beamte schließlich auch die Finanzierungsfrage des Altersversorgungswerks vor. Ausgehend von 2,5 Mio. deutschen Männern und drei Mio. deutschen Frauen jeweils über 65 Jahren ergaben sich gemäß den Ankündigungen der DAF zu den geplanten Versorgungsleistungen in Höhe von zehn Prozent des gesamten Volkseinkommens jährliche Ausgaben von 9,5 Mrd. RM. Im Verlauf der kommenden 30 Jahre, so rechnete der Beamte vor, würden jedoch aufgrund der demographischen Entwicklung aus den insgesamt 5,5 Mio. Rentnern 10,061 Mio. Rentner werden und damit die kalkulierten Versorgungsausgaben auf ca. 16,5 Mrd. RM klettern, d.h. alle vier Jahre um eine Mrd. RM. „Wird", so heißt es abschließend dazu in dem Vermerk, „sich das Einkommen des Deutschen Volkes stetig in je 4 Jahren um 10 Mrd. RM erhöhen?"[83] Vermutlich kannte Grießmeyer diese Vermerke, denn sie wurden direkt RfA-Direktor Granzow vorgelegt, der der höchstrangige Rentenexperte der Behörde in Grundsatzangelegenheiten war und dessen Ausarbeitungen, Anschreiben und Vor lagen an RVA oder RAM Grießmeyer nur noch unterzeichnete.

Auf den RfA-Beiratssitzungen jedenfalls gab Grießmeyer eine relativ ungeschminkte Sicht der Ley-Pläne zu erkennen, die nicht ideologisch, sondern von der Perspektive der Behörde, ihrer Interessen, aber auch Verantwortung geprägt war. Sie zeigte vor allem, dass nicht nur die Versicherten, sondern auch sämtliche Führungskräfte und leitenden Beamten der Versicherungsträger hinsichtlich der Einzelheiten und dem jeweiligen Entwicklungsstand der gesetzgeberischen Pläne nicht nur weitestgehend, sondern praktisch völlig im Dunkeln tappten. Trotz beharrlicher Nachfragen kam vom RAM auch keinerlei Aufklärung. Anfang April 1940 war aus dem Beirat in Richtung des anwesenden RAM-Vertreters, Ministerialrat Dr. Engel, der Wunsch vorgebracht worden, etwas über die Altersversorgungspläne Leys zu erfahren, was von diesem jedoch mit Hinweis auf die noch laufenden Arbeiten und darauf, „dass es das Bestreben aller Beteiligten sei, eine möglichst günstige Versorgung der schaffenden Deutschen zu erhalten", abgebügelt wurde.[84] Auf der nächsten Sitzung des Beirats im Dezember 1940 ging dann Grießmeyer von sich aus ausführlich auf das geplante Altersversorgungswerk ein, wobei er suggerierte, dass es sich dabei bereits

---

82 Vermerk vom 19.8.1940 zur Altersversorgung des Deutschen Volkes (unter Bezug auf die Veröffentlichungen vom 25.4.1940 und vom 9.7.1940) durch ORR Schenkendorff, in: RfA-Archiv Handakte Granzow, ohne Signatur.

83 Vermerk vom 20.1.1941 „Zur Frage der Altersversorgung", in: ebd.

84 Vgl. Niederschrift der elften Beiratssitzung vom 8.4.1940, S. 16, in: BArch R 89/3470.

um einen „in seinen Grundzügen vom Führer gebilligten“ Entwurf handelte, dessen praktische Durchführbarkeit nach siegreichem Kriegsausgang, an dessen unmittelbar bevorstehendes Ende zu diesem Zeitpunkt fast alle glaubten, „als gesichert angesehen wird“.[85] Tatsächlich war in der Presse kurz zuvor groß von der Vollendung der Planungen und der Fertigstellung des neuen Altersversorgungskonzepts die Rede gewesen. Gegenüber dem Beirat pries Grießmeyer einerseits die Bedeutung dieser Altersversorgung, gleichzeitig jedoch sehe er, so äußerte er gegenüber dem Beirat, mit größtem Interesse den näheren (und bisher fehlenden) Darlegungen entgegen, „die die für die praktische Durchführung sehr wichtige Frage, nämlich die finanzielle, zu behandeln und lösen haben werden“.[86] So wenig sich der RfA-Präsident offenbar um die organisatorische Zukunft seiner Behörde Gedanken machte – vermutlich würde ein neuer behördlicher Apparat entstehen, in dem die bisherigen Organe irgendwie aufgehen würden –, so große Probleme und Schwierigkeiten sah Grießmeyer jedoch, „wenn man über das Grundsätzliche hinaus in die Einzelheiten der künftigen materiellen Regelung hineinsteigt“.[87] Die weiteren Äußerungen Grießmeyers auf der Beiratssitzung seien im Folgenden ausführlicher wiedergegeben:

> Allein die Frage: Was geschieht mit den Anwartschaften, die die bisher in der Invaliden- und Angestelltenversicherung versicherten Volksgenossen durch ihre Beiträge sich erworben haben? Wie steht es mit den Anwartschaften aus der freiwilligen Versicherung, aus der Höherversicherung, aus der freiwilligen Fortsetzung einer Pflichtversicherung? Soll derjenige, der statt in der Sozialversicherung seinen Lebensabend bei der Privatversicherung gesichert hat, keine Anrechnung der späteren dortigen Rente erleiden, wohl aber der Sozialversicherte? Mit anderen Worten: Soll der wirtschaftlich Schwache sein Geld umsonst aufgewendet haben, der Begüterte aber nicht? Soll der Handwerker, der aus Gemeinschaftsgefühl zu unserer Versicherung kam, eine Anrechnung erleiden, der andere Handwerker aber nicht, der den Weg des Individualisten ging? Nur ein paar Fragen, aber Fragen von größter sozialer und politischer Bedeutung für die betroffenen Volksgenossen! Über die beabsichtigte Lösung allein dieser einen von vielen Detailfragen ist noch nichts bekannt geworden; so weit sind die Beratungen wohl noch nicht vorgedrungen. Uns jedenfalls haben diese Fragen in den letzten Monaten reichlich viel besorgte Anfragen aus den Kreisen unserer Versicherten ins Haus gebracht, die Aufklärung wünschen, die keine Neigung mehr zeigten, Pflichtbeiträge zu zahlen, die unter Umständen nutzlos gezahlt werden, weil man in Bälde ja alles umsonst bekomme. Wir sind nicht in der Lage, auf solche Fragen Antwort zu geben; wir sind bisher nicht eingeweiht worden in die Verhandlungen, die Herr Dr. Ley mit dem Herrn Reichsarbeitsminister führt; wir mussten uns darauf beschränken, all diese Fragen dem Herrn Reichsarbeitsminister zuzuleiten mit der Bitte, uns eine Antwort an die Hand zu geben, die die starke Beunruhigung zu bannen vermag. Bisher haben wir noch nichts gehört und ich kann deshalb auch den Mitgliedern des Beirats nichts zu diesen Dingen sagen [...]. Gleichwohl hielt ich es für meine Pflicht, den Herren das mitzuteilen, was ich weiß und was uns bedrückt, und ich möchte an Herrn Ministerialrat Heller die Bitte richten, im Reichsarbeitsministerium Fürsprecher unserer Sorgen und der Sorgen unserer Versicherten zu sein.[88]

---

85 Niederschrift der zwölften Beiratssitzung vom 2.12.1940, S. 3, in: ebd.

86 Ebd.

87 Ebd., S. 4.

88 Ebd., S. 5.

Diese offene und unverblümte Kritik am geplanten Versorgungswerk war, zumal quasi halböffentlich vorgebracht, bislang noch nirgendwo geäußert worden. Im Beirat regte sich jedoch weder Zuspruch noch Widerspruch zu Grießmeyers Ausführungen, und auch der RAM-Vertreter blieb stumm.

Tatsächlich war der RfA-Präsident mit den unmittelbaren Folgen der Ankündigungen zum Altersversorgungswerk konfrontiert und beschäftigt. Bereits am 17. Oktober und abermals kurz darauf hatte sich Grießmeyer, wie er gegenüber dem Beirat andeutete, in dringenden Schreiben an das RVA bzw. RAM gewandt, um auf die massiven Probleme und Reaktionen aus dem Kreis der RfA-Versicherten aufmerksam zu machen. Neben den Fragen um die Anrechnung der bezahlten Beiträge machten etwa auch Gerüchte über die Höhe der künftig garantierten Mindestrente (etwa 81 RM im Monat) die Runde.[89] Grießmeyer bat denn auch beim RAM um die Absegnung eines inzwischen von der RfA aus der Not der Anfragenflut heraus bei gleichzeitiger Unwissenheit über die DAF-Pläne entworfenen Standardschreibens. Darin verwies man auf die „streng vertraulichen" Arbeiten am Altersversorgungswerk und wies offen auf die Nichtbeteiligung der RfA und den fehlenden Kenntnisstand der Behörde hin. Entscheidungen zu drängenden Fragen stünden noch aus und könnten zur Zeit noch nicht beantwortet werden.

> Sollte Ihnen diese Auskunft nicht genügen, müssen wir es Ihnen überlassen, sich an das Arbeitswissenschaftliche Institut der Deutschen Arbeitsfront zu wenden. Die Frage, ob Sie unter den obwaltenden Umständen Ihre Versicherung in der Angestelltenversicherung freiwillig fortsetzen oder die Fortsetzung bis zum Erlass des Gesetzes über die Altersversorgung des Deutschen Volkes aufschieben, müssen wir Ihrer Entschließung überlassen.[90]

Der vom RAM genehmigte RfA-Bescheid an die besorgten Versicherten wich dann allerdings von diesem Text ab, gab aber quasi fast eine Garantie für die erworbenen Rechte und geleisteten Beitragszahlungen.

Auch in der Folgezeit schickte die RfA regelmäßig dutzende Anfragen, die nun nicht mehr nur aus den Kreisen der Versicherten stammten, sondern auch von Unternehmen, Wirtschaftsverbänden und kommunalen Versicherungsämtern, an das RAM weiter. [91] Die vielen Fragen zum Altersversorgungswerk würden in der Öffentlichkeit weiter ständig erörtert, so monierte etwa auch das RVA gegenüber dem RAM, eine baldige Klarstellung erscheine deshalb dringend erwünscht.[92] Doch dies, wie auch die Scheiben der RfA, blieben ohne unmittelbare Resonanz. Für erhebliche Unruhe hatte darüber hinaus vor allem auch eine Passage in dem erwähnten anonymen Aufsatz über „Versicherung oder Versorgung" in der *Sozialen Praxis* vom

---

89 Vgl. etwa die entsprechende Anfrage eines ehemaligen Vertrauensmanns („als solcher werde ich immer noch ab und zu über diese Sachen gefragt") Ende April 1940, in: RfA-Archiv Fach 119, Nr. 2.

90 Vgl. den Entwurf und daraus entwickelten Vordruck, in: RfA-Archiv Fach 91, Nr. 6.

91 Vgl. dazu eine Liste der jeweils dem RAM beigefügten Anschreiben und Briefe, in: RfA-Archiv Fach 119, Nr. 2. Zuletzt ging noch im Januar 1941 ein entsprechender Bericht an das RAM.

92 Schreiben des RVA an das RAM vom 27.1.1941, in: BArch R 89/3173.

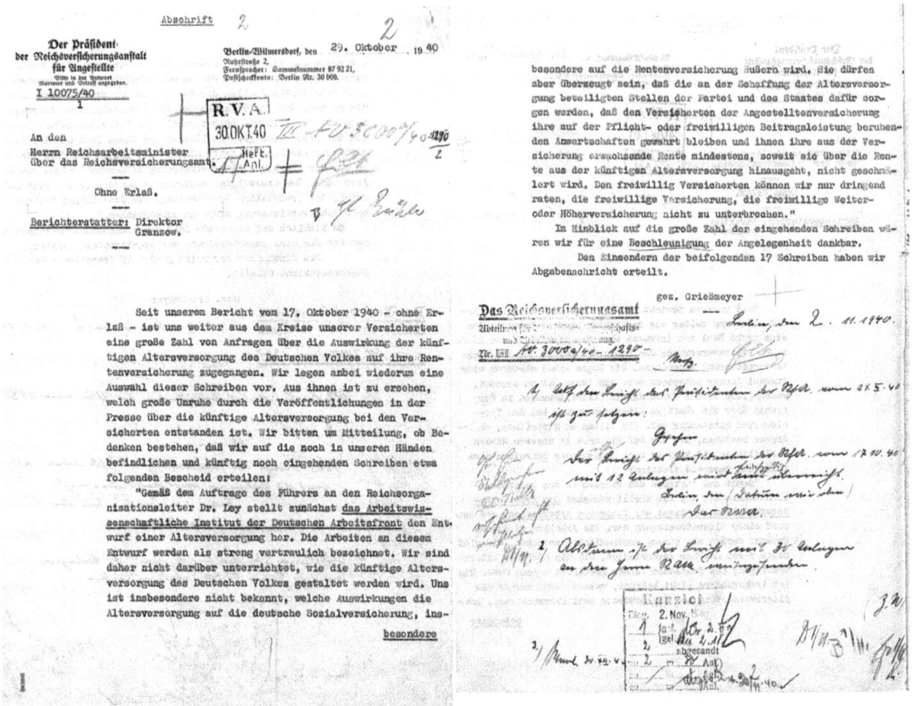
Abschrift

Der Präsident
der Reichsversicherungsanstalt
für Angestellte
Bitte in der Antwort Nummer und Betreff angeben.
I 10075/40
1

Berlin-Wilmersdorf, den 29. Oktober 1940
Ruhrstraße 2,
Fernsprecher: Sammelnummer 87 92 21,
Postscheckkonto: Berlin Nr. 30 000.

R.V.A.
30.OKT.40
Heft. Anl.

An den
Herrn Reichsarbeitsminister
über das Reichsversicherungsamt.

Ohne Erlaß.

Berichterstatter: Direktor Granzow.

Seit unserem Bericht vom 17. Oktober 1940 – ohne Erlaß – ist uns weiter aus dem Kreise unserer Versicherten eine große Zahl von Anfragen über die Auswirkung der künftigen Altersversorgung des Deutschen Volkes auf ihre Rentenversicherung zugegangen. Wir legen anbei wiederum eine Auswahl dieser Schreiben vor. Aus ihnen ist zu ersehen, welch große Unruhe durch die Veröffentlichungen in der Presse über die künftige Altersversorgung bei den Versicherten entstanden ist. Wir bitten um Mitteilung, ob Bedenken bestehen, daß wir auf die noch in unseren Händen befindlichen und künftig noch eingehenden Schreiben etwa folgenden Bescheid erteilen:

"Gemäß dem Auftrage des Führers an den Reichsorganisationsleiter Dr. Ley stellt zunächst das Arbeitswissenschaftliche Institut der Deutschen Arbeitsfront den Entwurf einer Altersversorgung her. Die Arbeiten an diesem Entwurf werden als streng vertraulich bezeichnet. Wir sind daher nicht darüber unterrichtet, wie die künftige Altersversorgung des Deutschen Volkes gestaltet werden wird. Uns ist insbesondere nicht bekannt, welche Auswirkungen die Altersversorgung auf die deutsche Sozialversicherung, insbesondere auf die Rentenversicherung äußern wird. Sie dürfen aber überzeugt sein, daß die an der Schaffung der Altersversorgung beteiligten Stellen der Partei und des Staates dafür sorgen werden, daß den Versicherten der Angestelltenversicherung ihre auf der Pflicht- oder freiwilligen Beitragsleistung beruhenden Anwartschaften gewahrt bleiben und ihnen ihre aus der Versicherung erwachsende Rente mindestens, soweit sie über die Rente aus der künftigen Altersversorgung hinausgeht, nicht geschmälert wird. Den freiwillig Versicherten können wir nur dringend raten, die freiwillige Versicherung, die freiwillige Weiter- oder Höherversicherung nicht zu unterbrechen."

Im Hinblick auf die große Zahl der eingehenden Schreiben wären wir für eine Beschleunigung der Angelegenheit dankbar.

Den Einsendern der beifolgenden 17 Schreiben haben wir Abgabenachricht erteilt.

gez. Grießmeyer

Das Reichsversicherungsamt

Kanzlei
2. Nov. 1940

Abb. 30: Schreiben Grießmeyers an das RAM vom 29. Oktober 1940 zum geplanten Altersversorgungswerk der DAF

November 1940 gesorgt.[93] Darin hatte es geheißen, dass die höchstmögliche Rente in der Angestelltenversicherung 125 RM im Monat betrage und damit in keinem Verhältnis zur bisherigen Lebenshaltung stehe. Der Satz war von einer Reihe von Tageszeitungen aufgegriffen worden und stellte eine von der RfA empfundene öffentliche Diskreditierung dar. Man sah sich in der Ruhrstraße daher zu einer ebenfalls öffentlichen Richtigstellung der faktisch falschen Darstellung gezwungen. Ein Versicherter, so hieß es in einer von Grießmeyer am 5. Dezember 1940 unterzeichneten Verlautbarung, für den seit Bestehen der RfA bis jetzt stets Beiträge in der jeweils höchsten Pflichtbeitragsklasse entrichtet worden waren, habe gegenwärtig im Versicherungsfall einen Anspruch auf 134,10 RM im Monat, ein in der höchsten Beitragsklasse freiwillig Versicherter sogar auf 195,80 RM, wozu in beiden Fällen noch für jeden weiteren Beitrag entsprechende Steigerungsbeträge kämen.[94] Die Fehlinformation in dem Aufsatz, von der Presse zum Teil noch erheblich später ungeachtet der

93 Vgl. Versicherung oder Versorgung, in: *Soziale Praxis* 49 (1940), S. 673–680.

94 Vgl. den Bescheid bzw. die Verlautbarung, auch veröffentlicht in Mitteilungen der RfA Dezember 1940, S. 3. Gleichlautend auch das Antwortschreiben auf die entsprechenden besorgten Anfragen von Versicherten, in: RfA-Archiv Fach 1, Nr. 1.

Richtigstellung durch die RfA aufgegriffen, entwickelte geradezu eine Eigendynamik und sorgte noch im Februar 1941 in zahlreichen Betrieben für erhebliches „Aufsehen und Befremden“ unter den älteren Gefolgschaftsmitgliedern, wie ein Betriebsobmann schrieb.[95]

Auch der Reichsverband der Rentenversicherungsträger blieb im Ungewissen. Man versorgte zwar regelmäßig seine Verbandsmitglieder mit den scheinbar neuesten Fachartikeln und Zeitschriftenaufsätzen zum Altersversorgungswerk, aber an echte Informationen aus der DAF oder aus dem RAM kam trotz aller Bemühungen und der weit größeren ideologischen Nähe zum Regime, verglichen mit Grießmeyer, auch Präsident Möbius nicht.[96] Ende Juli 1940 hatte zwar auf der Tagesordnung des Ständigen Ausschusses, dessen stellvertretender Leiter ja Grießmeyer inzwischen war, ein Vortrag von Möbius über das Altersversorgungswerk gestanden, aber mehr als eine Wiedergabe der schon in der Presse allenthalben veröffentlichten kryptischen Äußerungen und Formulierungen und die angebliche Zusage des RAM, „dass er sofort eingeschaltet werde, sobald die Erörterungen sich zu einer diskussionsfähigen Grundlage verdichtet hätten“, war vom Reichsverbandspräsidenten nicht zu hören.[97] Es entspannte sich dennoch eine ausführliche Diskussion über etliche der für alle Anwesenden sich aus dem Versorgungswerk ergebenden brennendsten Fragen, auf die aber niemand Antworten geben konnte. Letztlich wussten alle Anwesenden Experten nichts und so manchem Sozialversicherungsfachmann mag inzwischen der Verdacht aufgekommen sein, dass hinter der Geheimnistuerei gar kein in Sozialversicherungsrecht gegossenes Konzept eines neuen Alterssicherungssystems steckte, sondern nicht viel mehr als die bekannten ideologischen Schlagworte. Dennoch prägte die Ley'sche Altersversorgungswerk-Propaganda weiter die öffentliche Debatte. Und nach wie vor wusste niemand in den Amtsstuben und Dienststellen der Versicherungsträger genauer Bescheid. Nach wie vor sammelte man in der RfA ebenso akribisch wie beharrlich alle nur erdenklichen Informationen und Veröffentlichungen zum Altersversorgungswerk und legte dafür sogar einen eigenen Ordner an.[98] Darin findet sich neben dutzenden, aus rentenversicherungsrechtlicher Sicht inhaltslosen

95 Das Schreiben vom 8.2.1941, in: RfA-Archiv Fach 119, Nr. 2.

96 Vgl. etwa das Schreiben an die Verbandsmitglieder vom 27.5.1940 sowie vom 23.7.1940, in: RfA-Archiv Fach 119, Nr. 2. Geradezu symptomatisch für die Situation ist etwa ebenfalls das darin befindliche Rundschreiben von Möbius an alle Leiter der Landesversicherungsanstalten vom 25.5.1940. „Wie ich gehört habe“, so heißt es darin, „ist der Leiter einer Landesversicherungsanstalt durch den zuständigen Gauleiter zum Vertrauensmann für Sozialversicherung ernannt worden. In dieser Eigenschaft hat er an den Besprechungen mit der Gauwaltung der DAF wegen Vorbereitung der Altersversorgung des Deutschen Volkes teilzunehmen. Ein solcher Einsatz der Anstaltsleiter würde für den Reichsverband von ungeheurer Wichtigkeit sein, und es muss das Bestreben eines jeden Verbandsmitgliedes sein, sich in dieser Art einschalten zu lassen.“ Vermutlich wusste Möbius gar nicht, wer dieser Vertrauensmann war und wollte es mit dem Rundschreiben evtl. herausfinden.

97 Vgl. Niederschrift über die Sitzung des Ständigen Ausschusses des Reichsverbands Deutscher Rentenversicherungsträger vom 26.7.1940, in: ebd.

98 Vgl. RfA-Archiv Fach 119, Nr. 2.

Presseartikeln auch eine von der DAF verbreitete Broschüre. In ihr war eine Rede abgedruckt, die Ley im Frühjahr 1941 vor den Gauobleuten und Gauwirtschaftsberatern der NSDAP über „Das größte Sozialistische Aufbauwerk des Deutschen Volkes" gehalten hatte. Darin war auf den wenigen Zeilen, die sich explizit auf das Altersversorgungswerk bezogen, unter anderem von einer Versorgungsobergrenze die Rede, die mit 400 RM im Monat angesetzt wurde, die Untergrenze dagegen mit 80 RM Monats- bzw. Renteneinkommen. Es gelte, so heißt es darin weiter, das Prinzip „Arbeit geht vor Rente", d. h. es würden keine Rentengesetze mehr geschaffen und auch keine Rente gezahlt, sondern ein Ausgleich, den der Betroffene durch den Verlust seiner Arbeitskraft haben würde; alles war mithin eine Frage des Arbeitseinsatzes „und deshalb muss auch die Verwaltung im Arbeitsamt sein".[99] Das waren neue, höchst verunsichernde Äußerungen – für die Versicherten ebenso wie für die Verwaltungsbeamten bei den Versicherungsträgern und sie trugen kaum zur Beruhigung der öffentlichen Stimmung bei. Mehr denn je trafen in der Ruhrstraße Briefe von Versicherten ein, die, irritiert durch zahlreiche weitere Pressemeldungen, Aufklärung von der RfA verlangten.

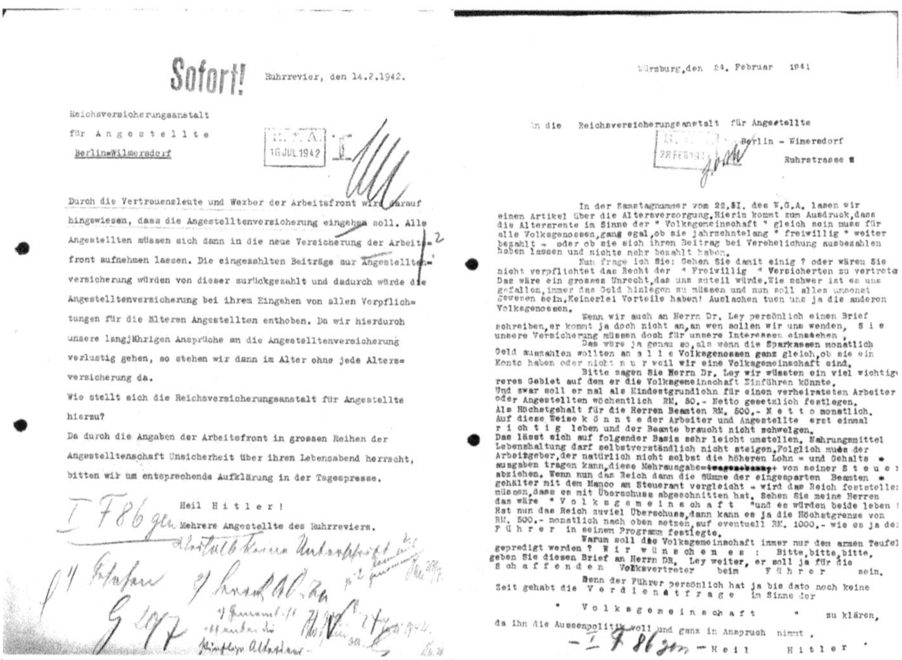

Sofort! Ruhrrevier, den 14.2.1942.

Reichsversicherungsanstalt
für Angestellte
Berlin-Wilmersdorf

R. f. A. 16 JUL 1942

Durch die Vertrauensleute und Werber der Arbeitsfront wird darauf hingewiesen, dass die Angestelltenversicherung eingehen soll. Alle Angestellten müssen sich dann in die neue Versicherung der Arbeitsfront aufnehmen lassen. Die eingezahlten Beiträge zur Angestelltenversicherung würden von dieser zurückgezahlt und dadurch würde die Angestelltenversicherung bei ihrem Eingehen von allen Verpflichtungen für die älteren Angestellten enthoben. Da wir hierdurch unsere langjährigen Ansprüche an die Angestelltenversicherung verlustig gehen, so stehen wir dann im Alter ohne jede Altersversicherung da.
Wie stellt sich die Reichsversicherungsanstalt für Angestellte hierzu?
Da durch die Angaben der Arbeitsfront in grossen Reihen der Angestelltenschaft Unsicherheit über ihren Lebensabend herrscht, bitten wir um entsprechende Aufklärung in der Tagespresse.

Heil Hitler!
Mehrere Angestellte des Ruhrreviers.

Würzburg, den 24. Februar 1941

An die Reichsversicherungsanstalt für Angestellte
Berlin – Wimersdorf
Ruhrstrasse 2

28 FEB 194

In der Samstagnummer vom 22.II. des W.G.A. lasen wir einen Artikel über die Altersversorgung. Hierin kommt zum Ausdruck, dass die Altersrente im Sinne der " Volksgemeinschaft " gleich sein muss für alle Volksgenossen, ganz egal, ob sie jahrzehntelang " freiwillig " weiter bezahlt – oder ob sie sich ihren Beitrag bei Verehelichung ausbezahlen haben lassen und nichts mehr bezahlt haben.

Nun frage ich Sie: Gehen Sie damit einig ? oder wären Sie nicht verpflichtet das Recht der " Freiwillig " Versicherten zu vertreten. Das wäre ein grosses Unrecht, das uns zuteil würde. Wie schwer ist es uns gefallen, immer das Geld hinlegen zu müssen und nun soll alles umsonst gewesen sein. Keinerlei Vorteile haben! Auslachen tuen uns ja die anderen Volksgenossen.

Wenn wir auch an Herrn Dr. Ley persönlich einen Brief schreiben, er kommt ja doch nicht an, an wen sollen wir uns wenden, Sie unsere Versicherung müssen doch für unsere Interessen einstehen.

Das wäre ja genau so, als wenn die Sparkassen monatlich Geld auszahlen wollten an alle Volksgenossen ganz gleich, ob sie ein Konto haben oder nicht nur weil wir eine Volksgemeinschaft sind.

Bitte sagen Sie Herrn Dr. Ley wir wüssten ein viel wichtigeres Gebiet auf dem er die Volksgemeinschaft Einführen könnte.
Und zwar soll er mal als Mindestgrundlohn für einen verheirateten Arbeiter oder Angestellten wöchentlich RM. 50.- Netto gesetzlich festlegen.
Als Höchstgehalt für die Herren Beamten RM. 500.- Netto monatlich.
Auf diese Weise könnte der Arbeiter und Angestellte erst einmal richtig leben und der Beamte braucht nicht schwelgen.
Das lässt sich auf folgender Basis sehr leicht umstellen. Nahrungsmittel Lebenshaltung darf selbstverständlich nicht steigen. Folglich muss der Arbeitgeber, der natürlich nicht selbst die höheren Lohn- und Gehaltsausgaben tragen kann, diese Mehrausgabe von seiner Steuer abziehen. Wenn nun das Reich dann die Summe der eingesparten Beamtengehälter mit dem Manco am Steueramt vergleicht – wird das Reich feststellen müssen, dass es mit Überschuss abgeschnitten hat. Sehen Sie meine Herren das wäre " Volksgemeinschaft " und es würden beide leben!
Hat nun das Reich zuviel Überschuss, dann kann es ja die Höchstgrenze von RM. 500.- monatlich nach oben setzen, auf eventuell RM. 1000.- wie es ja der Führer in seinem Programm festlegte.

Warum soll die Volksgemeinschaft immer nur dem armen Teufel gepredigt werden ? Wir wünschen es : Bitte, bitte, bitte, geben Sie diesen Brief an Herrn DR. Ley weiter, er soll ja für die Schaffenden Volksvertreter beim Führer sein.

Denn der Führer persönlich hat ja bis dato noch keine Zeit gehabt die Verdienstfrage im Sinne der " Volksgemeinschaft " zu klären, da ihn die Aussenpolitik voll und ganz in Anspruch nimmt.

Heil Hitler.

Abb. 31: Briefe verunsicherter Beitragszahler an die RfA bezüglich des geplanten Altersversorgungswerks der DAF

99 Vgl. S. 6 der Broschüre, in: ebd.

Das ganze Thema der Altersversorgung hatte längst auch insofern eine aus Sicht des Regimes höchst unerwünschte Eigendynamik entwickelt, als nicht nur immer neue Presseveröffentlichungen mit falschen und verkürzten, durch Spekulationen und Gerüchte angereicherten Informationen erschienen, sondern die politischen Funktionäre der DAF auf dutzenden Veranstaltungen vor Ort und anlässlich von Betriebsappellen in den Unternehmen ihre jeweils eigene Darstellung der künftigen Verheißungen des Altersversorgungswerks gaben, ohne sich um die versicherungsrechtlichen Details zu kümmern oder diese auch überhaupt zu kennen. Nach einem dieser Betriebsappelle bei dem Kölner Elektroindustrieunternehmen Felten & Guilleaume, bei dem der DAF-Redner kurzerhand versprochen hatte, „dass die Altersversorgung von Herrn Dr. Ley darin bestehen würde, dass zu den Renten aus allgemeinen Steuermitteln Zuschläge gezahlt werden würden, die nach der Einkommenshöhe gestaffelt wären", blieben, wie der besorgte Vorstandsvorsitzende direkt an Grießmeyer berichtete, hunderte verunsicherte und ratlose Angestellte zurück.[100] Und Grießmeyers Antwort war bezeichnend: „Die Ausführungen des politischen Leiters [...] waren für mich ebenso neu wie interessant; ob sie zutreffen, vermag ich aber nicht zu beurteilen."[101] Auch über ihre Überwachungsbeamten bekam die RfA-Leitung weiterhin ein ziemlich ungeschminktes Bild der anhaltenden Sorgen und Ängste unter den Angestellten und Handwerkern (siehe Abb. 32).[102]

Zum wiederholten Male bat Grießmeyer daher das RAM geradezu händeringend darum, auf die anhaltende Flut von Briefen zu reagieren. „Es liegt im dringenden Interesse der Versicherten und auch der Rentenversicherung, auf die Anfragen baldigst eine klare Antwort zu geben", schrieb er im Februar 1941 an das RAM.[103] Mit allgemeinen Redewendungen wie „über das neue Gesetz ist nichts bekannt" und anderen nichtssagenden Auskünften, so heißt es gleichsam ergänzend dazu in einem Schreiben des Versicherungsamtes Königsberg von Ende März, sei den Volksgenossen nicht gedient und sie machten zudem einen schlechten Eindruck.[104] Auch von Wehrmachtsangehörigen bekam die RfA nun vermehrt per Feldpost besorgte Anfragen. „Die umlaufenden Ansichten und Gerüchte sind nicht gerade dazu angetan, beruhigend zu wirken", schrieb etwa im Mai 1941 ein Oberleutnant und Kompaniechef an die RfA. Es sei an der Zeit, dass die RfA dazu endlich klar Stellung beziehe.

> Besonders alle im Feld stehenden Versicherten, die schon den Weltkrieg mitmachten und seit Ende August 39 [...] ihrem Beruf erneut entzogen sind, machen sich ihre eigenen Gedanken, wenn sie hören, dass angeblich der höchste maximale Versicherungsbetrag bei ca. 70 RM im Monat als Maximum ab dem 65. Lebensjahr liegen würde, ganz gleich ohne Rücksicht darauf, was bis jetzt an Beiträgen entrichtet wurde.[105]

---

100 Vgl. dazu das Schreiben vom 6.8.1941, in: ebd.
101 Schreiben Grießmeyers vom 9.8.1941, in: ebd.
102 Vgl. dazu die zahlreichen Berichte in: ebd.
103 Schreiben der RfA an das RAM vom 24.2.1941, in: RfA-Archiv Fach 119, Nr. 2.
104 Schreiben an die RfA vom 21.3.1941, in: ebd.
105 Das Schreiben vom 1.5.1941, in: ebd.

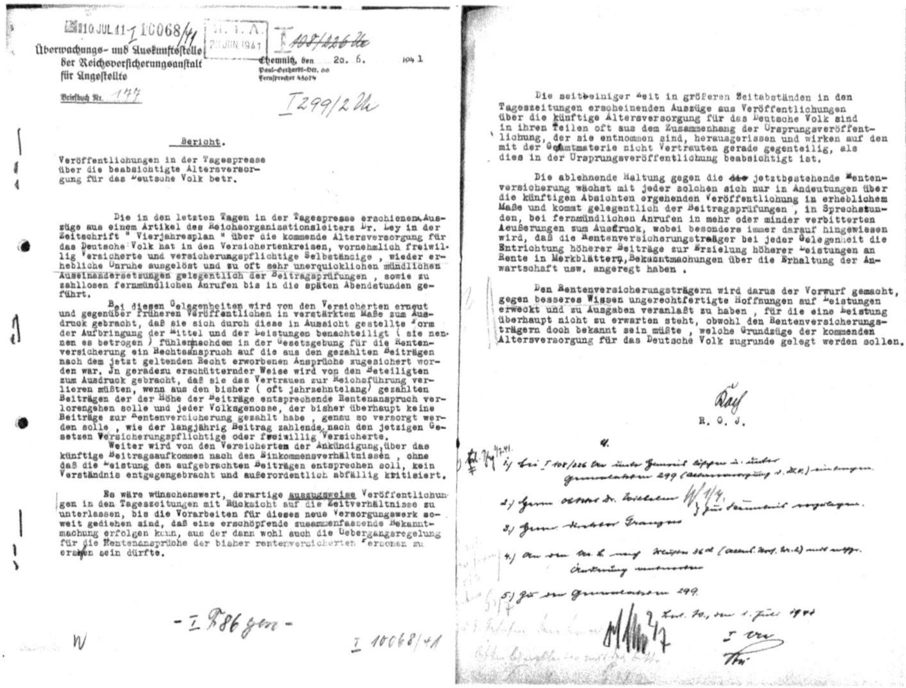

Überwachungs- und Auskunftsstelle der Reichsversicherungsanstalt für Angestellte

Chemnitz, den 20. 6. 1941

Briefbuch Nr. 177

Bericht.

Veröffentlichungen in der Tagespresse über die beabsichtigte Altersversorgung für das Deutsche Volk betr.

Die in den letzten Tagen in der Tagespresse erschienenen Auszüge aus einem Artikel des Reichsorganisationsleiters Dr. Ley in der Zeitschrift " Vierjahresplan " über die kommende Altersversorgung für das Deutsche Volk hat in den Versichertenkreisen, vornehmlich freiwillig Versicherte und versicherungspflichtige Selbständige , wieder erhebliche Unruhe ausgelöst und zu oft sehr unerquicklichen mündlichen Auseinandersetzungen gelegentlich der Beitragsprüfungen , sowie zu zahllosen fernmündlichen Anrufen bis in die späten Abendstunden geführt.

Bei diesen Gelegenheiten wird von den Versicherten erneut und gegenüber früheren Veröffentlichen in verstärktem Maße zum Ausdruck gebracht, daß sie sich durch diese in Aussicht gestellte Form der Aufbringung der Mittel und der Leistungen benachteiligt (sie nennen es betrogen) fühlen, nachdem in der Gesetzgebung für die Rentenversicherung ein Rechtsanspruch auf die aus den gezahlten Beiträgen nach dem jetzt geltenden Recht erworbenen Ansprüche zugesichert worden war. Jn geradezu erschütternder Weise wird von den Beteiligten zum Ausdruck gebracht, daß sie das Vertrauen zur Reichsführung verlieren müßten, wenn aus den bisher (oft jahrzehntelang) gezahlten Beiträgen der der Höhe der Beiträge entsprechende Rentenanspruch verlorengehen solle und jeder Volksgenosse, der bisher überhaupt keine Beiträge zur Rentenversicherung gezahlt habe , genau so versorgt werden solle , wie der langjährig Beitrag zahlende, nach den jetzigen Gesetzen Versicherungspflichtige oder freiwillig Versicherte.

Weiter wird von den Versicherten der Ankündigung, über das künftige Beitragsaufkommen nach den Einkommensverhältnissen , ohne daß die Leistung den aufgebrachten Beiträgen entsprechen soll, kein Verständnis entgegengebracht und außerordentlich abfällig kritisiert.

Es wäre wünschenswert, derartige auszugsweise Veröffentlichungen in den Tageszeitungen mit Rücksicht auf die Zeitverhältnisse zu unterlassen, bis die Vorarbeiten für dieses neue Versorgungswerk soweit gediehen sind, daß eine erschöpfende zusammenfassende Bekanntmachung erfolgen kann, aus der dann wohl auch die Uebergangsregelung für die Rentenansprüche der bisher rentenversicherten Personen zu ersehen sein dürfte.

Die seit einiger Zeit in größeren Zeitabständen in den Tageszeitungen erscheinenden Auszüge aus Veröffentlichungen über die künftige Altersversorgung für das Deutsche Volk sind in ihren Teilen oft aus dem Zusammenhang der Ursprungsveröffentlichung, der sie entnommen sind, herausgerissen und wirken auf den mit der Gesamtmaterie nicht Vertrauten gerade gegenteilig, als dies in der Ursprungsveröffentlichung beabsichtigt ist.

Die ablehnende Haltung gegen die jetztbestehende Rentenversicherung wächst mit jeder solchen sich nur in Andeutungen über die künftigen Absichten ergehenden Veröffentlichung in erheblichem Maße und kommt gelegentlich der Beitragsprüfungen , in Sprechstunden, bei fernmündlichen Anrufen in mehr oder minder verbitterten Aeußerungen zum Ausdruck, wobei besonders immer darauf hingewiesen wird, daß die Rentenversicherungsträger bei jeder Gelegenheit die Entrichtung höherer Beiträge zur Erzielung höherer Leistungen an Rente in Merkblättern, Bekanntmachungen über die Erhaltung der Anwartschaft usw. angeregt haben .

Den Rentenversicherungsträgern wird daraus der Vorwurf gemacht, gegen besseres Wissen ungerechtfertigte Hoffnungen auf Leistungen erweckt und zu Ausgaben veranlaßt zu haben , für die eine Leistung überhaupt nicht zu erwarten steht, obwohl den Rentenversicherungsträgern doch bekannt sein müßte , welche Grundzüge der kommenden Altersversorgung für das Deutsche Volk zugrunde gelegt werden sollen.

R. O. J.

Abb. 32: Bericht der Überwachungsstelle Chemnitz vom 20. Juni 1941 zu den Auswirkungen der Presseveröffentlichungen zum Altersversorgungswerk

Doch das Problem des Umgangs mit den tausenden freiwillig Versicherten im künftigen Altersversorgungswerk blieb weiter ungeklärt. Einzig neu war, dass die RfA inzwischen, vermutlich auf Geheiß des RAM, ihre Antwortschreiben um einen Satz ergänzte: „Sicher ist aber, dass die Leistungen der Altersversorgung höher sein werden als die der Reichsversicherung.“[106] Dass das kaum zur Beruhigung beitragen, sondern eher noch neue Fragen aufwerfen würde, war vermutlich auch den RfA-Beamten bewusst. Die große Rechtsunsicherheit, die die ebenso vollmundigen wie nichtssagenden Ankündigungen des Altersversorgungswerks der DAF in die Kreise der Versicherten und damit in die gesamte Gesellschaft hineingetragen hatten, war geradezu mit den Händen zu greifen. Anstatt den großspurigen Versprechungen des NS-Regimes über eines mindestens gesicherten und auskömmlichen Lebensabend zu glauben, sahen viele Versicherte, vor allem jene freiwillig Versicherten, die in Kürze einen Antrag auf Ruhegeldgewährung stellen wollten, ihre wohlerworbenen Altersruhegelder in akuter Gefahr. Mit der praktizierten Geheimhaltungspolitik, der Gleichgültigkeit und Ignoranz gegenüber den Sorgen der Versicherten wie auch der Versicherungsträger machte sich das RAM hier zu einem Komplizen der Ley’schen Propaganda.

106 So das Antwortschreiben vom 14.5.1941 an den Kompaniechef, in: ebd.

Spätestens 1942 hatte jedoch der dunkle Schatten von Leys großem Plan eines „Altersversorgungswerk“ der DAF, der von manchem RfA-Beamten wohl auch für die Existenz der eigene Behörde als Damoklesschwert empfunden wurde, seinen Schrecken verloren. Je länger der Krieg dauerte, desto unwahrscheinlicher war es, dass die DAF-Pläne in welcher Form auch immer Wirklichkeit werden würden. Auch wenn im Oktober 1942 das Arbeitswissenschaftliche Institut der DAF RAM-Staatssekretär Krohn offenbar einen ausgearbeiteten Gesetzentwurf für das Versorgungswerk vorgelegt hatte,[107] so war zumindest allen Experten in den Behörden doch klar, dass das Regime es sich weder verwaltungstechnisch noch loyalitätspolitisch leisten konnte, während der Dauer des Krieges umstürzende Maßnahmen in der Rentenversicherung vorzunehmen, während die große sozialpolitische Revolution des NS-Regimes auf die Zeit nach dem Krieg vertagt worden war. Vermutlich nur Ley selbst glaubte noch an die baldige Realisierung des Altersversorgungswerks.[108] Unter den Versicherten jedoch bestand vielfach die Unsicherheit weiter. Noch im Februar 1944 berichtete ein Betrieb über die höchst unterschiedlichen Reaktionen unter den beschäftigten Angestellten auf die „Reformpläne“ der DAF.

> Der eine hält es für undenkbar, dass bisher erworbene Rechtsansprüche mit einem Federstrich beseitigt werden könnten [...]. Er klebt daher seine Beiträge unverändert jeden Monat weiter. Der andere ist zweifelhaft und klebt deshalb nur noch jeden zweiten Monat, um die 66 Marken zu haben, die er zur Aufrechterhaltung der Anwartschaft braucht. Der dritte wieder sagt sich, dass er diese Marken gegebenenfalls bis ein Jahr nach Kriegsende ja immer noch nachkleben kann und hat die freiwillige Zahlung ganz eingestellt, um abzuwarten, wie die Entscheidung fallen wird.[109]

Unter vielen Versicherten hatte sich zu diesem Zeitpunkt ungeachtet der inzwischen erfolgten Rentenerhöhung aber auch eine Desillusionierung breitgemacht. „Die meisten Arbeitnehmer“, so heißt es in einem an Grießmeyer persönlich gerichteten Schreiben vom August 1943, „schauen einem grauen armseligen Alter entgegen, auch die geplante Altersversorgung des Deutschen Volkes wird da Entscheidendes nicht ändern können, denn wie sollen die zu einer wirklichen Besserung notwendigen Riesensummen aufgebracht werden?“[110] Die große und sich letztlich über Jahre hinziehende Verunsicherung in der Altersversorgung hatte dem Ruf der RfA und ihrer gerade auch in der täglichen Verwaltungsarbeit mühsam erworbenen Vertrauensbasis durchaus geschadet. Aber auch der DAF kosteten die ständigen Diskussionen über das Altersversorgungswerk bei den Versicherten erhebliche Reputation. Die Rechtsbera-

107 Vgl. dazu Schlegel-Voß, S. 158 f.

108 Vgl. dazu den Vermerk des Reichsfinanzministeriums über die Besprechung vom 19.10.1942, bei der sich Ley entschieden gegen jede weitere Rentenerhöhungspläne des RAM wandte, da mit diesen nur beabsichtigt werde, sein Altersversorgungswerk zu sabotieren. Er stehe auf dem Standpunkt, dass man in der Rentenfrage während des Krieges entweder gar nichts tun dürfe oder seine Altersversorgung in Kraft setzen müsse. Vgl. BArch R 2/18562.

109 Schreiben an die RfA vom 14.2.1944, in: RfA-Archiv Fach 119, Nr. 2.

110 Schreiben vom 10.8.1943, in: RfA-Archiv Fach 14, Nr. 2.

tungsstellen der Arbeitsfront konnten den Ratsuchenden ebenso wenig Auskunft geben wie die RfA. Zudem schien die DAF ihrer Aufgabe als als Beratungs- und Informationsinstanz sowie der Interessenvertretung in Streitfällen mit dem Versicherungsträger zunehmend weniger Aufmerksamkeit zu schenken, was auch an den zunehmenden Einberufungen der DAF-Rechtsberater zur Wehrmacht lag. In der Ruhrstraße häuften sich jedenfalls die Meldungen und Beschwerden über verwaiste oder gar verwahrloste Rechtsberatungsstellen. Der Ortsbürgermeister von Genthin berichtete im November 1940 an die RfA, dass nach der Einberufung des dortigen Rechtsberaters die örtliche Arbeitsfront die Entgegennahme von Rentenanträgen überhaupt ablehne.[111] Auch aus anderen Orten kamen solche und ähnliche Meldungen, die DAF in Pirna etwa lehnte die weitere Entgegennahme von Anträgen mit der Bemerkung ab, dass sie nicht zuständig sei und man dies bisher nur aus Kulanz getan habe. Der zuständige Überwachungs- und Revisionsbeamte der RfA hielt dies aufgrund der damals 1934 mit der RfA getroffenen Vereinbarungen für nicht zulässig, was man auch in der Ruhrstraße so sah; und daher richtete man eine entsprechende Beschwerde an die zuständige Gaurechtsberatungsstelle in Dresden.[112] Die Beratungslücke füllten mancherorts inzwischen zum Teil dubiose Rentenversicherungs- und Steuerberater, die sich, auf eigene Rechnung und ohne von der RfA als vertretungsberechtigt anerkannt zu sein, in das durch den Krieg massiv ausweitende „Versicherungsgeschäft" mit Witwen- und Hinterbliebenenrenten drängten. Der Kreis der vertretungsberechtigten Personen in Rentenversicherungsangelegenheiten war jedoch gesetzlich genau geregelt und ermächtigte den Versicherungsträger nur dann zur Zulassung anderer Personen, wenn eine Partei nicht ordnungsgemäß vertreten war und wenn dazu aber ein dringendes Bedürfnis bestand. Das galt in erster Linie für die Vertretung von Juden.[113] Ansonsten gab es jedoch keine Ausnahmen. Viele DAF-Rechtberatungsstellen arbeiteten zwar weiter, hatten aber ihre Öffnungszeiten zum Teil radikal auf wenige Stunden an nur noch einem Tag der Woche reduziert. Das betraf die Versicherten insofern, als sich damit erhebliche zeitliche Verzögerungen bei der Abgabe ihrer Leistungsanträge ergeben konnten, die im ungünstigsten Fall den Ausfall von zwei Monatsrenten nach sich ziehen konnten.[114]

Es gibt eine Reihe von Indizien dafür, dass die vor dem Krieg weitgehend reibungslose Zusammenarbeit zwischen DAF-Rechtsberatungsstellen und RfA auch aus politischen Gründen schwieriger geworden war. Zum einen betrieb die DAF nun vehement eine Anerkennung als Dienststelle mit Behördencharakter, womit die Versicherungsträger dann auf entsprechende „Rechtshilfeersuchen" ihr gegenüber auskunftspflichtig werden würden und das gesetzliche Schweigeverbot nach §§ 141 und

111 Schreiben vom 15.11.1940, in: RfA-Archiv Nr. 93b.

112 Vgl. den Schriftwechsel des Oberbürgermeisters von Pirna mit der RfA vom September/Oktober 1944, in: RfA-Archiv Nr. 87.

113 Vgl. dazu den Vermerk vom 30.3.1944 im Zusammenhang mit der Auseinandersetzung der RfA mit einem dieser Steuerberater, die auf eigene Initiative agierten, in: RfA-Archiv Fach 19, Nr. 2.

114 Vgl. dazu eine entsprechende Beschwerde vom 15.4.1944 an die Auskunftsstelle der RfA, in: ebd.

142 der Reichsversicherungsordnung praktisch ausgehebelt würde.[115] Als das RAM daraufhin im März 1940 dazu eine Meinungsäußerung von den verschiedenen Versicherungsträgern einholte, zeigten sich deutliche Unterschiede in den Positionen. Während von Seiten der Reichsknappschaft eine regelrechte Ergebenheitsadresse gegenüber der DAF geliefert wurde, fiel die Stellungnahme der RfA deutlich distanziert aus.[116] Die Annahme, dass der NSDAP und damit auch der DAF ein unbeschränktes Recht auf Rechtshilfe zustehe, „trifft nicht zu", so hieß es da.

> Soweit es sich um Leistungen handelt, besteht kein Bedürfnis, der DAF das Recht auf Rechtshilfe einzuräumen [...]. Schon jetzt werden der DAF in weitem Umfang Auskünfte erteilt. Ein Bedürfnis nach weitergehender Rechtshilfe in Leistungsverfahren an die DAF ist nicht anzuerkennen. Es erscheint daher bedenklich, auf die Wünsche der DAF einzugehen.[117]

Andere Indizien für politische Gründe des getrübten Verhältnisses zwischen DAF und RfA betreffen versicherungsrechtliche Streitfälle. Auch wenn die Zahl der gerichtlich ausgetragenen Konflikte um RfA-Bescheide im Krieg abnahm, so scheint es doch vermehrt zu Differenzen mit dem Versicherungsträger gekommen zu sein, weil die DAF aus ideologischen Gründen und mit Berufung auf das nationalsozialistische Rechtsempfinden entsprechende Verfahren anstrengte. Mitte Dezember 1942 fragte etwa die Büroleitung der Leistungsabteilung in den ihr unterstehenden Dienststellen an, ob und wieviele Fälle bekannt seien, in denen die Rechtsberatungsstellen Hamburg und Köln Vertretungen von Rentenbewerbern übernommen hatten, obwohl deren Rentenansprüche nach den vorliegenden ärztlichen Gutachten oder nach den Beitragsentrichtungen ausgeschlossen waren.[118] Das zeitweise durchaus eingespielte Zusammenwirken von DAF-Rechtsberatungsstellen und RfA erodierte im Gefolge wachsender Ideologisierung, propagandistischer Aufladung der Altersversorgungsfrage und unter den Belastungen des Krieges.

5.3 Die anhaltenden Probleme mit der Durchführung des Handwerkerversorgungsgesetzes oder: Beitragsüberwachung und Leistungsbescheide im Zeichen nationalsozialistischer Rechtsanwendung

Die Bedeutung der DAF-Rechtberatungsstellen hatte auch deshalb abgenommen, da die Zahl der Streitfälle und Revisionsverfahren im Krieg tatsächlich zurückgegangen

115 Vgl. Schreiben des RAM an die Versicherungsträger vom 19.3.1940, in: ebd.
116 Vgl. das Schreiben der Reichsknappschaft vom 10.5.1941 und die Stellungnahme der RfA vom 30.5.1941, in: RfA-Archiv Fach 116, Nr. 9.
117 Ebd. Vgl. auch das Schreiben der RfA an das Amt für Rechtsberatungsstellen der DAF vom 24.4.1940, in: RfA-Archiv Nr. 86.
118 Schreiben vom 14.12.1942, in: RfA-Archiv Nr. 55.

war. 1939 waren noch 3518 Einsprüche von Versicherten gegen Bescheide der RfA erhoben worden, von denen 395 erfolgreich waren, nur 352 gelangten in das Revisionsverfahren. 1943 gab es nur noch 2496 Fälle, in denen Berufung eingelegt wurde, nur 280 von ihnen, d. h. 11,2 Prozent hatten Erfolg, das bedeutete einen Rückgang der sozialgerichtlichen Streitfälle in der Angestelltenversicherung um fast 30 Prozent.[119] Mit ein Grund dafür war neben kriegsbedingten Entwicklungen auch eine als Verfahrensvereinfachung deklarierte Restriktion, durch die die Möglichkeit der Anrufung der Versicherungsämter und vor allem auch des Reichsversicherungsamtes stark beschränkt worden war.[120] Im Prinzip hielt das RAM jedoch an der Sozialversicherungsgerichtsbarkeit und dem Prinzip des Widerspruchsrechts gegenüber den Bescheiden der Versicherungsträger fest. Im Juli 1942 ermahnte man den Regierungspräsidenten in Trier, der zugleich Vorsitzender des dortigen Oberversicherungsamtes war, dass die Rechtsprechung in der Sozialversicherung keinesfalls hinter anderen wichtigen Aufgaben zurücktreten dürfe. „Vielmehr müssen gerade in Kriegszeiten die Belange der Bevölkerung bei der Verfolgung ihrer Rechte aus der Sozialversicherung unbedingt gewahrt bleiben."[121] Von einer drastischen Verkürzung der Rechtsmittel, von der gelegentlich in der späteren Forschung die Rede war, kann zumindest in der Angestelltenversicherung keine Rede sein.[122] An den Motiven der Widersprüche gegen die RfA-Bescheide hatte sich insgesamt anteilsmäßig nichts geändert: Nach wie vor richtete sich der Großteil gegen die Ablehnung des Ruhegehaltsanspruchs wegen noch nicht bestehender Berufsunfähigkeit; danach folgten die Widersprüche gegen die Entziehung des Ruhegeldes nach Wiedereintritt der Berufsfähigkeit.[123] Weitere Berufungsgründe waren die in den Augen der Betroffenen zu geringen, sprich falsch berechneten Ruhegeld- oder Hinterbliebenenrenten oder aber Streitigkeiten um den Zeitpunkt des Rentenbeginns.[124] Häufiger Konfliktpunkt war dann aber auch die Kürzung des Steigerungsbetrags der Invalidenversicherung beim Zusammentreffen mit Ansprüchen aus der Angestelltenversicherung. Diese Kürzun-

119 Zu den Zahlenangaben vgl. RfA-Geschäftsbericht für 1939, S. 40 f., in: BArch R 89/3470 sowie Material zum Jahresbericht der Leistungsabteilung 1943, in: RfA-Archiv Nr. 80. Über die Höhe der Erfolgsquote bei den Einsprüchen gibt es unterschiedliche Angaben. Bis 1943 weisen die Zahlen auf eine Quote von kanpp über zehn Prozent hin, eine spätere, 1944 vorgenommene Stichprobe aus 700 Berufungsfällen ergab dagegen eine Quote von ca. 25 Prozent ganz oder teilweise erfolgreicher Berufungen. Vgl. dazu ORR Restle, Aus welchen Gründen werden in der Rentenversicherung Rechtsmittel eingelegt? Eine kritische Betrachtung von Berufungsfällen, in: *Deutsche Sozialversicherung* Dezember 1944, Heft 2, S. 9 – 12.

120 So auch der Hinweis Grießmeyers auf der zehnten Beiratssitzung vom 11.12.1939, S. 2, in: BArch R 89/3470.

121 Schreiben des RAM an das OVA Trier vom 29.7.1942, in: BArch R 89/10141.

122 So pauschal und ohne weiteren Hinweis Christmann/Schönholz, Die Errichtung des Reichsversicherungsamtes, S. 40, in: Entwicklung des Sozialrechts: Aufgaben der Rechtsprechung, Köln 1984.

123 Vgl. Material zum Jahresbericht der Leistungsabteilung 1943, in: RfA-Archiv Nr. 80 sowie dort auch eine handschriftliche Auswertung der Berufungsgründe für das Jahr 1939.

124 Exemplarisch dazu das Berufungsschreiben an das Oberversicherungsamt Berlin vom 24.1.1940, in: RfA-Archiv Fach 112, Nr. 5.

gen würden als unberechtigt empfunden, so notierte dazu der zuständige RfA-Beamte in einem strittigen Fall Ende Juli 1940,

> weil die Versicherten nicht verstehen, dass nach versicherungsmathematischen Grundsätzen neben der Leistung der AV nicht auch die volle Leistung der IV gezahlt werden kann und weil sie glauben, durch ihre Beitragsleistung zu beiden Versicherungen auch den Anspruch auf die vollen Leistungen aus beiden Versicherungen erworben zu haben. Den Beschwerden der Versicherten kann eine gewisse Berechtigung nicht abgesprochen werden.[125]

Die Berufungsfälle und die Art der Streitpunkte unterschieden sich dabei, bedingt durch die unterschiedliche Gesetzeslage, in der AV erheblich von denen der Invalidenversicherung, wo die Klagen um Anerkennung der Invalidität deutlich dominierten. In der Angestelltenversicherung gab es zudem auch nach dem Tod des Versicherten keinen Streit um die Invaliditätsfrage der Witwe, während in der IV in diesem Punkt die Zahl der Berufungen relativ hoch war.[126]

Diese Zahlen berücksichtigten noch nicht die Beitragsstreitverfahren. Das Recht der Rentenversicherung kannte neben dem Spruchverfahren für die Verfolgung von Leistungsansprüchen auch das Beschlussverfahren über Beitragsstreitigkeiten – zwei voneinander scharf getrennte Verfahrensarten.[127] Und hier, bei der Eintreibung von Beitragsrückständen, erwiesen sich die Überwachungsbeamten nach wie vor als hartnäckig und unnachgiebig, ungeachtet dessen, dass es sich bei den säumigen Zahlern oft um hohe Parteistellen handelte; davon zeugt etwa die dicke Arbeitgeber-Akte zur NSDAP-Gauleitung Berlin.[128] Die Auseinandersetzungen mit der Behörde hatten schon Ende Juli 1939 begonnen, nachdem sich die Gauleitung geweigert hatte, für etwa 60 ihrer zu militärischen Übungen eingezogenen Gefolgschaftsmitglieder für die Übungszeiten die vollen AV-Beiträge nachzuentrichten. Die RfA schaltete schließlich den Reichsschatzmeister der NSDAP in München ein, um an ihr Geld zu kommen, und leitete ein offizielles Streitverfahren ein. Es ging nicht nur um die Klärung einer prinzipiellen Frage, sondern auch um 1146 RM. Erst im April 1941 wurde der Konflikt nach Überweisung des Betrags durch die Berliner Gauleitung beigelegt. Für einigen Wirbel sorgte später auch ein Streitverfahren um die Berechtigung zur Selbstversicherung, sprich die Nachentrichtung von freiwilligen Beiträgen, die laut Gesetz nur bis vom vollendeten 40. Lebensjahr zulässig war.[129] In diesem Fall hatte die RfA gegen einen Bescheid des Oberversicherungsamtes Stuttgart geklagt, der dann durch Beschluss des Revisionssenats des RVA Ende September 1942 zugunsten der RfA entschieden wurde. Zur selben Zeit deckte ein Berliner Überwachungsbeamter

125 Schreiben zum Fall eines Ruhegeldbescheids an das RVA vom 30.7.1940, in: RfA-Archiv Nr. 25.
126 Vgl. Restle, Rechtsmittel, S. 9.
127 Vgl. dazu RfA-Regierungsrat A. von Altrock, Das Beitragsstreitverfahren der Rentenversicherung, in: Deutsche Rentenversicherung (1944), Nr. 1/3, S. 5–7.
128 Vgl. RfA-Archiv Fach 22, Nr. 1.
129 Vgl. den Fall, beginnend mit einem Schreiben der RfA an das OVA Stuttgart vom 2.6.1942, in: BArch R 89/22706.

auch beim „Amt für Sippenforschung der NSDAP", einer untergeordneten Dienststelle des Reichssippenamts, erhebliche Unregelmäßigkeiten auf. Bei den 23 dort Beschäftigen bestanden deutliche Beitragsrückstände, aber der dortige Büroleiter versuchte den RfA-Überwachungsbeamten immer wieder abzuwimmeln. „Da es meines Erachtens beim Amt für Sippenforschung nicht einwandfrei zuzugehen scheint", so notierte der ebenso hartnäckige wie unerschrockene Beamte, „halte ich es für dringend nötig, dem Schatzamt der NSDAP durch Übersendung meines Berichts Kenntnis zu geben" – was dann tatsächlich auch geschah.[130]

Zu welchen Absurditäten der bürokratische Rigorismus der RfA-Beamten bei der Geltendmachung von Nachzahlungsansprüchen führen konnte, zeigte sich im März 1942. Anfang dieses Monats hatte die noch bestehende, aber längst unter Oberhoheit des Reichssicherheitshauptamtes stehende Reichsvereinigung der Juden in Deutschland ein Schreiben aus der Ruhrstraße erhalten, in dem für die Jüdischen Kultusvereinigungen die Nachentrichtung von AV-Beiträgen für die damals dort tätigen Gemeindebeamten gefordert wurde, und zwar rückwirkend für die Zeit vom 1. Januar 1913 bis zum 31. März 1938. Hintergrund war der Verlust des Status einer Körperschaft des öffentlichen Rechts der Kulturgemeinden zu diesem Zeitpunkt und die damit ausgelöste Nachversicherungspflicht, die sich auf die gewaltige Summe von 185.000 RM allein bei der jüdischen Kultusvereinigung zu Berlin summierte. Die RfA erhielt daraufhin umgehend Post aus dem Reichssicherheitshauptamt, und in dem Schreiben wies der sichtlich konsternierte RSHA-Beamte sämtliche Ansprüche, unter anderem mit dem zynischen, jedoch kaum von der Hand zu weisenden Argument zurück, dass den hohen Nachzahlungsansprüchen keinerlei entsprechende Leistungen der RfA gegenüberstünden, da ein erheblicher Teil der jüdischen Arbeitnehmer inzwischen ausgewandert oder deportiert worden war und damit so oder so keine Rentenverpflichtung der RfA mehr bestand. Abschließend heißt es in dem Schreiben:

> Falls es nach den gesetzlichen Bestimmungen nicht möglich sein sollte, auf die Geltendmachung der Forderung schon jetzt endgültig zu verzichten, bitte ich, die Angelegenheit weiterhin dilatorisch zu behandeln, da sie sich durch längeren Zeitablauf nach Endlösung der Judenfrage von selbst erledigen wird.[131]

Die Praxis vieler Versicherter, die sich von der RfA unrechtmäßig behandelt fühlten, zur Beschleunigung des Widerspruchverfahrens und vor allem auch zur Erlangung des Rechts, an oberste Parteiführer und insbesondere die Kanzlei des Führers zu schreiben, blieb dabei auch im Krieg erhalten. Im Januar 1940 beschwerte sich etwa

130 Bericht des Überwachungsbeamten vom 11.11.1942, in: RfA-Archiv Fach 15, Nr. 4.

131 Schreiben des RSHA an die RfA vom 10.3.1942, S. 3, das sich nicht in den Arbeitgeberakten des RfA-Archivs fand, sondern als eine Zufallsüberlieferung in der privaten Sammlung eines Direktors der LVA Westfalen überdauerte. Das Dokument wurde abgedruckt in: Marc von Miquel (Hrsg.), Sozialversicherung in Diktatur und Demokratie – Lernen und Forschen, Münster 2008, S. 74–76. Für den Hinweis auf das Dokument danke ich Mark von Miquel.

ein Werftbürogehilfe aus Norden (Ostfriesland) bei Hitler, dass ihm seitens der RfA die Aufnahme in die Angestelltenversicherung verweigert worden war.[132] Aus versicherungsrechtlicher Sicht war der Fall unstreitig, da der Angestellte bereits über 60 Jahre alt war, kriegsbedingt jedoch wieder eine Beschäftigung aufgenommen hatte. Schon im Juli bzw. Dezember 1939 war die Beschwerde daher vor dem Oberversicherungsamt und dann auch vor dem Berufungssenat des RVA zurückgewiesen worden, aber der Betroffene versuchte nun (letztlich vergeblich) auf direktem Weg noch einmal eine Änderung des Urteils zu erreichen, und dabei argumentierte er nun mit nationalsozialistischen Kategorien. Die Beweisführung der Ablehnung „ist für mich ein neuer Beweis des unzulänglichen moralischen Bewusstseins [der RfA] einem Volksgenossen gegenüber, der alle Voraussetzungen für ein Entgegenkommen geschaffen hat", so heißt es in einem Schreiben an das RVA von Ende Juni 1940.[133] Nur wenig später hätte sich der Betroffene zur Untermauerung seiner Forderung auf ein Rundschreiben des Reichsversicherungsamtes berufen können, in dem auf fast drei Seiten unter dem Titel „Soziale Rechtsanwendung" die Versicherungsträger „auf das Erfordernis einer sozialen und volksnahen Rechtsanwendung" hingewiesen wurden.[134] Es sei nicht nur selbstverständliche Pflicht, die betreuten Volksgenossen rechtzeitig und gemeinverständlich aufzuklären und zu beraten, sondern auch ihre Anträge und Beschwerden wohlwollend zu prüfen und offenbare Härten und Unbilligkeiten soweit irgend möglich zu vermeiden. Dieses Streben habe zwar seine Grenze in den bestehenden Gesetzen, indessen sei inzwischen vielfach die Entscheidung in das pflichtmäßige Ermessen der Versicherungsträger gestellt „und ihnen damit die Möglichkeit gegeben, sie in wahrhaft nationalsozialistischem Geiste zu treffen".[135]

Das Rundschreiben hatte aus der Sicht eines RfA-Beamten eine verheerende Wirkung, denn es war in der Presse veröffentlicht worden, so dass sich nun jeder Versicherte, der sich von seinem Versicherungsträger unrechtmäßig behandelt fühlte, darauf berufen konnte. Dennoch machte Grießmeyer in einer Präsidialverfügung diese neuen Grundsätze auch für die Verwaltungspraxis der RfA verpflichtend. „In jedem Falle, in dem ein Anspruch aus formellen Gründen abgelehnt werden soll, ist sorgfältig zu prüfen, ob nicht nach den Grundsätzen des Rundschreibens dem Antrag stattzugeben ist", hieß es darin.[136] Entsprechende Fälle seien dem Unterabteilungsleiter zur Entscheidung vorzulegen. Wollte dieser dennoch den Anspruch ablehnen, so musste die Entscheidung des Abteilungsleiters eingeholt werden. Das brachte die mit der Entscheidung betrauten RfA-Beamten in eine gewisse Zwickmühle. Allerdings fühlte man sich zuerst und vor allem dem bestehenden Recht verpflichtet, das prin-

---

132 Der Fall mit Schreiben vom 24.1.1940 und der dazugehörende weitere Schriftwechsel in: BArch R 89/22705.

133 Vgl. das Schreiben vom 30.6.1940, in: ebd.

134 Das Rundschreiben vom 20.7.1941, in: RfA-Archiv Nr. 26.

135 Ebd.

136 Verfügung vom 12.8.1941, in: ebd.

zipiell ausschloss, Leistungen über den gesetzlichen Rahmen hinaus zu gewähren.[137] Ende Mai 1942 erließ Grießmeyer auf Anordnung des RVA aber eine erneute Präsidialverfügung, in der er eine großzügige Auslegung der Gesetze zugunsten der Ansprüche der Versicherten „nach allgemeinem Volksempfinden und nationalsozialistischen Grundsätzen“ forderte.[138] Damit wurde der Druck auf die Verwaltungsarbeit weiter erhöht und die Politisierung bzw. Ideologisierung verstärkt.

Vor allem eine Reihe von Parteistellen nahmen die RVA-Verlautbarung zur „sozialen Rechtsanwendung“ umgehend zum Anlass, gleichsam die Probe aufs Exempel zu machen. Mitte Dezember 1941 schrieb etwa der Organisationsleiter der Berliner NSDAP-Gauleitung direkt an Grießmeyer und bat um die Auszahlung der geleisteten Versicherungsbeiträge einer infolge eines Fliegerangriffs getöteten Versicherten an die Eltern. Der entsprechende Antrag des Vaters war von der RfA mit Verweis auf die Gesetzeslage abgelehnt worden. Nun forderte die Gauleitung entgegen der buchstabenmäßigen Auslegung der Paragraphen eine großzügigere Behandlung, „die ja auch vom Führer ausdrücklich gewünscht wird“.[139] Die Voraussetzung für eine anteilige Beitragsrückerstattung, so antwortete die RfA knapp, seien nicht erfüllt, da die Angehörigen zur Zeit ihres Todes in häuslicher Gemeinschaft mit der ... Versicherten gelebt hätten. Dies sei im Übrigen „auch keine bloße Formvorschrift, über die in besonderen Fällen hinweggesehen werden könnte, sondern eine materielle Gesetzesvorschrift, die vom Versicherungsträger unter allen Umständen zu berücksichtigen ist“.[140]

Während es in diesem Fall immerhin noch um den Ausgleich einer sozialen Härte ging, markiert ein weiterer Fall den Versuch einer skrupellosen, allein parteiideologisch begründeten Privilegierung. Die RfA, so heißt es in einem Schreiben der NSDAP-Kreisleitung im hessischen St. Goarshausen von Mitte August 1942, solle doch solle doch grundsätzlich den Ehrenzeichenträgern der NSDAP nicht nur die Renten auszahlen, sondern eine zusätzliche monetäre Leistung gewähren.[141] Das Begehren wurde von der RfA aus grundsätzlichen Erwägungen jedoch abgelehnt. Mit den neuen Entscheidungsgrundsätzen war aber auch die Ursache für neue Ungerechtigkeiten geschaffen, stellte doch etwa die Annahme verspäteter Anträge oder anderweitige Kulanz bei der Berechnung der Rente eine kaum zu rechtfertigende Begünstigung säumiger Versicherter gegenüber den pflichtbewussten Versicherten dar.[142] Im Juni 1943 beschwerte sich denn auch das Oberversicherungsamt Breslau bei Grießmeyer über die unterschiedliche Behandlung von zwei Ruhegeldanträgen und bat, in seiner

137 So auch das Argument in einem Schreiben vom 15.11.1941 an das OVA Karlsruhe zu einem Berufungsfall, in: RfA-Archiv Nr. 26.
138 Die Präsidialverfügung vom 29.5.1942, in: RfA-Archiv Fach 1, Nr. 3.
139 Schreiben vom 18.12.1941, in: RfA-Archiv Nr. 26.
140 Schreiben der RfA an die Gauleitung vom 3.1.1942, in: ebd.
141 Schreiben vom 12.8.1942, in: RfA-Archiv Nr. 205 b.
142 So der Vermerk eines RfA-Beamten vom 14.11.1941 zur Vorlage einer Antragsentscheidung an den zuständigen Unterabteilungsleiter bzw. Referenten, in: ebd.

Der Präsident
Reichsversicherungsanstalt für Angestellte
Präs.Abt. 2000/7.5.
1

Berlin-Wilmersdorf, den 29. Mai 1942.

Präsidialverfügung.

Soziale Rechtsfindung.

Im Nachgang zu meiner Verfügung vom 12. August 1941 - Präs. Abt. 2000/12.8. - gebe ich nachstehend ein weiteres Rundschreiben des Reichsversicherungsamts vom 7. Mai 1942 - I[1] 1603/42 - 379 - über die Soziale Rechtsfindung bekannt, mit dem Ersuchen, hiernach zu verfahren:

"Das Reichsversicherungsamt hat Anlaß, auf die Beachtung seines Rundschreibens vom 30. Juli 1941 betr. Soziale Rechtsanwendung (AN. 1941 S. II 311) hinzuweisen und bemerkt dazu noch folgendes:

Bei der Bearbeitung von Anträgen haben lediglich finanzielle Bedenken unbedingt zurückzutreten. In erster Linie ist zu prüfen, ob dem Anspruch des Versicherten nach dem allgemeinen Volksempfinden und nationalsozialistischen Grundsätzen im Rahmen der geltenden Gesetzesvorschriften stattgegeben werden kann. Die Versicherten sollen ebenso wie die unmittelbaren Gefolgschaftsmitglieder der Versicherungsträger das sichere Gefühl haben, in guter, wahrhaft nationalsozialistischer Obhut zu stehen. Es geht nicht an, daß mit formalen juristischen Gründen eine Ablehnung dort erfolgt, wo das Gesetz bei verständnisvoller Prüfung und Auslegung ebenso eine dem Versicherten günstige Lösung zuläßt. Denn allein diese Auslegung entspricht der Grundeinstellung der nationalsozialistischen Gesetzgebung und dem gesunden Rechtsempfinden. Nur so wird die Rechtsfindung im Sinne des Führers volksnah und wahrhaft sozial sein und sich dadurch die allgemeine Achtung erringen."

Zu vervielfältigen und in je einem Abdruck vorzulegen:
mir,
meinem Stellvertreter,
den Unterabteilungsleitern,
den Referenten,
dem Bürodirektor und dem Hauptkassendirektor,
den Bürovorstehern und den Regierungsamtmännern,
den Dienststellenleitern,
sämtlichen Expedienten und Zuarbeitern,
den Überwachungsbeamten durch die Dst. I/15.

Z. d. A.

gez. Grießmeyer

Abb. 33: Präsidialverfügung Grießmeyers zur „soziale[n] Rechtsfindung“ vom 29. Mai 1942

Behörde „auf eine gleichmäßige Behandlung der Leistungsanträge hinzuwirken“.[143] Ermessensspielräume der RfA-Beamten in der Leistungsabteilung, insbesondere wenn es um die Würdigung der je spezifischen einzelfallbedingten Konstellationen ging, hatte es mithin schon immer gegeben. Sie waren nun aber um eine nationalsozialistisch-ideologische Dimension erweitert worden.

143 Das Schreiben vom 24.6.1943 sowie das Antwortschreiben der RfA vom 5.7.1943, in: RfA-Archiv Nr. 206.

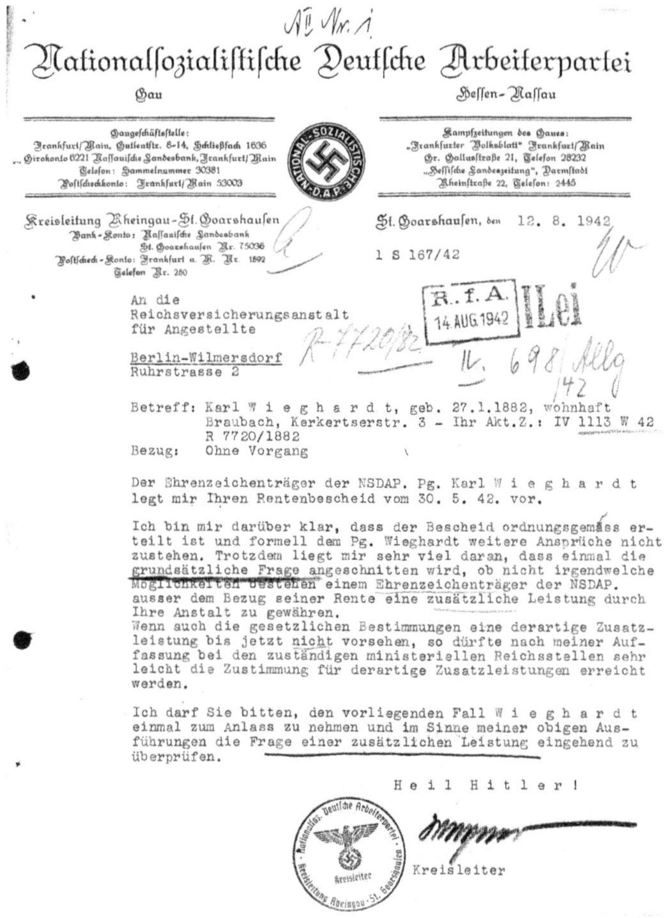

Nationalsozialistische Deutsche Arbeiterpartei

Gau Hessen-Nassau

Gaugeschäftsstelle: Frankfurt/Main, Gutleutstr. 8-14, Schließfach 1636
Girokonto 6221 Nassauische Landesbank, Frankfurt/Main
Telefon: Sammelnummer 30381
Postscheckkonto: Frankfurt/Main 53003

Kampfzeitungen des Gaues:
„Frankfurter Volksblatt" Frankfurt/Main
Gr. Gallusstraße 21, Telefon 28232
„Hessische Landeszeitung", Darmstadt
Rheinstraße 22, Telefon: 2445

Kreisleitung Rheingau-St. Goarshausen
Bank-Konto: Nassauische Landesbank St. Goarshausen Nr. 75036
Postscheck-Konto: Frankfurt a. M. Nr. 1892
Telefon Nr. 280

St. Goarshausen, den 12. 8. 1942

1 S 167/42

R. f. A. 14 AUG 1942

An die
Reichsversicherungsanstalt
für Angestellte

Berlin-Wilmersdorf
Ruhrstrasse 2

Betreff: Karl W i e g h a r d t, geb. 27.1.1882, wohnhaft Braubach, Kerkertserstr. 3 - Ihr Akt.Z.: IV 1113 W 42 R 7720/1882
Bezug: Ohne Vorgang

Der Ehrenzeichenträger der NSDAP. Pg. Karl W i e g h a r d t legt mir Ihren Rentenbescheid vom 30. 5. 42. vor.

Ich bin mir darüber klar, dass der Bescheid ordnungsgemäss erteilt ist und formell dem Pg. Wieghardt weitere Ansprüche nicht zustehen. Trotzdem liegt mir sehr viel daran, dass einmal die grundsätzliche Frage angeschnitten wird, ob nicht irgendwelche Möglichkeiten bestehen einem Ehrenzeichenträger der NSDAP. ausser dem Bezug seiner Rente eine zusätzliche Leistung durch Ihre Anstalt zu gewähren.
Wenn auch die gesetzlichen Bestimmungen eine derartige Zusatzleistung bis jetzt nicht vorsehen, so dürfte nach meiner Auffassung bei den zuständigen ministeriellen Reichsstellen sehr leicht die Zustimmung für derartige Zusatzleistungen erreicht werden.

Ich darf Sie bitten, den vorliegenden Fall W i e g h a r d t einmal zum Anlass zu nehmen und im Sinne meiner obigen Ausführungen die Frage einer zusätzlichen Leistung eingehend zu überprüfen.

H e i l H i t l e r !

Kreisleiter

Abb. 34: Schreiben der Kreisleitung Rheingau an die RfA vom 12. August 1942

Letztendlich traten aber Aspekte einer nationalsozialistisch gefärbten Rechtsanwendung gegenüber den Schwierigkeiten infolge des zunehmenden Bombenkriegs in den Hintergrund. Bei einem Luftangriff auf Hannover waren etwa im Oktober 1943 die Diensträume des Oberversicherungsamtes vollständig zerstört worden und damit auch sämtliche Aktenvorgänge in Berufungs-, Beschwerde- und Beschlusssachen verloren gegangen. Oft ließen sich die Unterlagen mit Hilfe der Akten in den Registraturen und Archiven der RfA wieder rekonstruieren, doch die entsprechenden Hiobsbotschaften auch von anderen Versicherungsämtern trafen in der Ruhrstraße schneller ein, als von dort Ersatz kommen konnte. Schließlich wurde der Aktenaustausch und die Versendung von Versicherungskarten bei Spruchverfahren auf das notwendige Maß reduziert.[144] Im September 1944 sollte dann das Verfahren zur Prüfung der Berufsunfähigkeit dahingehend beschleunigt und vereinfacht werden, dass größere Kulanz gegenüber den Versicherten möglich wäre. Wie sich diese ganze Entwicklung zu diesem Zeitpunkt aus Sicht eines RfA-Beamten darstellte, lässt ein Aufsatz in der Deutschen Rentenversicherung erahnen.

> „Allein das formale Recht verwirklicht das materielle Recht. Das Gebiet der Rentenversicherung ist im Zuge der letzten Entwicklung so schwierig und unübersehbar geworden, wie kaum ein anderes. Selbst nebensächliche Fragen beanspruchen oft eine dem Laien unverständliche Fülle von Scharfsinn. Die einzelnen Behörden vermochten dem nur dadurch zu begegnen, dass sie sich im Rahmen ihrer jeweiligen Zuständigkeit scharf spezialisierten. Die Beschlussbehörden übersehen nicht mehr vollständig das Recht der Leistungsvoraussetzungen. Die Spruchgerichte beherrschen ihrerseits das Beitragsrecht nur noch insoweit, als es im Feststellungsverfahren üblicherweise zu berücksichtigen ist. Mit dem Schlachtruf: „Nur ein Verfahren, nicht mehrere!" ist daher heute kaum etwas zu gewinnen. Solange das materielle Recht seinen heutigen Charakter beibehält, soll man auch den Rechtsweg so lassen, wie er bisher war, und wie es sich nach den Bedürfnissen der Praxis herausgebildet hat. Abweichungen haben keine Arbeits- und Zeitersparnis, dafür aber viel Verwirrung ergeben.[145]

Offizielle Streitverfahren, Berufungen und Revisionen blieben mithin an der Tagesordnung. Die verschiedenen Instanzen der Sozialgerichtsbarkeit funktionierten auch noch in den letzten Kriegswochen 1945.[146]

Es gab eine weitere Folgewirkung der DAF-Pläne für ein Altersversorgungswerk, die ebenfalls weder intendiert noch erwünscht war. Es ging um die weitere Anwendung der zu diesem Zeitpunkt (1940/41) noch mitten in der Umsetzung stehenden Altersversorgung der Handwerker. Die verschiedenen Zeitungsartikel, so äußerte Grießmeyer auf der 13. Beiratssitzung im April 1941, „haben die gewiss nicht beabsichtigte Nebenwirkung gehabt, dass [...] besonders bei den Handwerkern das soziale Pflichtgefühl nicht gerade gestärkt wurde, es entstand die Auffassung: Wozu noch Beiträge bezahlen, wenn man über kurz die Versorgung auch ohne sie erhält!"[147] Im Bericht eines Überwachungsbeamten vom Oktober 1940 hatte es gleichsam ergänzend dazu geheißen: „Diejenigen Handwerker, die pflichtig sind, haben zu 99 Prozent noch nicht angefangen. Es ist ein Elend."[148] Die Durchführung des Handwerkerversorgungsgesetzes geriet in eine Krise. Die Probleme betrafen auch die privaten Versicherungsunternehmen, denn aufgrund der Einberufungen konnten viele Handwerker nun nicht mehr ihre laufenden (und oft sehr hohen) Lebensversicherungsprämien

144 Vgl. dazu die diversen Meldungen der betroffenen Versicherungsämter vom Oktober 1943 und das Rundschreiben der RfA an die Oberversicherungsämter vom Oktober 1944, in: RfA-Archiv Nr. 104.

145 von Altrock, Beitragsstreitverfahren, S. 6.

146 Vgl. dazu einige Fallbeispiele in: BArch R 89/23091.

147 Niederschrift der 13. Beiratssitzung vom 21.4.1941, S. 3, in: BArch R 89/3470.

148 Schreiben des Kölner Überwachungsbeamten an die RfA vom 18.10.1940, in: RfA-Archiv Fach 119, Nr. 2.

bezahlen und mussten um Stundung nachsuchen.[149] Damit geriet zwar nicht die Voraussetzung für die Versicherungsbefreiung bei der RfA ins Wanken, da während des Wehrmachteinsatzes die Beitragspflicht des selbständigen Handwerkers zur Angestelltenversicherung ruhte und damit der Bestand der Lebensversicherung für die Angestelltenversicherung zunächst keine Rolle spielte; an der Pflicht der Betroffenen zur Aufrechterhaltung des Versicherungsschutzes durch Beitragszahlungen entsprechend der vorgeschriebenen Höhe der Versicherungssumme in der Lebensversicherung änderte das jedoch nichts. Im Versicherungsfall wäre der Handwerker im Falle von Beitragsrückständen nur im Todesfall voll versichert gewesen, während im Erlebensfall erst nach Wiederaufnahme der normalen Prämienzahlungen und der Nachzahlung der zu wenig entrichteten Prämien zuzüglich etwaiger Zinsen die ursprünglich vereinbarte Versicherungssumme zur Auszahlung hätte kommen können. Infolge der Prämienstundungen änderte sich mithin sowohl die Art der Versicherung wie die Höhe der Mindestversicherungssumme, so dass die RfA in diesen Fällen eigentlich doch die Versicherungsbefreiung aufheben und die betroffenen Handwerker als angestelltenversicherungspflichtig ansehen musste.[150]

Nach wie vor gab es auch in vielen anderen Detailfragen Klärungsbedarf. Die Überwachungsbeamten beanstandeten etwa, dass in vielen Versicherungsscheinen Vermerke über die erforderliche Begünstigung der Ehefrau und der Kinder fehlten.[151] Zudem ergaben sich einige kriegsbedingte Verwerfungen. Denn aufgrund der Notdienstverordnung waren eine ganze Reihe von Handwerkern gezwungen, ihren Betrieb aufzugeben und invalidenversicherungspflichtige Tätigkeiten aufnehmen. Sie wurden nun von den Landesversicherungsanstalten zur Beitragszahlung verpflichtet, was es den vormals selbständigen Handwerkern unmöglich machte, ihre kurz zuvor im Rahmen des Handwerkerversorgungsgesetzes abgeschlossenen Lebensversicherungen aufrechtzuerhalten. Diejenigen Handwerker dagegen, die kriegsbedingt von der Selbständigkeit in eine angestelltenversicherungspflichte Beschäftigung wechselten, blieben davon unberührt und weiterhin versicherungsbefreit.[152] Mit der versicherungsrechtlich ungeklärten Stellung der sogenannten Meistersöhne kam auch eine eklatante Gesetzeslücke zu Tage. Ende März 1940 hatte deshalb auch das Amt für Rechtsberatung der DAF eine Neuregelung des Handwerkerversorgungsgesetzes gefordert.[153] Nach wie vor bestand auch Uneinigkeit zwischen dem Reichsstand des

149 Vgl. dazu etwa das Schreiben der Volksfürsorge Lebensversicherungs AG an die RfA vom 3.1.1940 und das Antwortschreiben der RfA vom 29.1.1940, in: RfA-Archiv Fach 82, Nr. 1.

150 Vgl. dazu auch das Schreiben des Reichsstands des Deutschen Handwerks an das RAM vom 13.9. 1939, in: RfA-Archiv Fach 82, Nr. 2.

151 Vgl. dazu das umfangreiche Schreiben der Fachgruppe Lebensversicherung an die RfA vom 5.1. 1940, in: RfA-Archiv Fach 87, Nr. 3.

152 Vgl. dazu den Beschwerdebrief der Volksfürsorge Lebensversicherungs AG an das RVA vom 26.2. 1940, in: BArch R 89/3199.

153 Vgl. dazu das Schreiben der DAF vom 29.3.1940 sowie das Antwortschreiben der RfA vom 18.4. 1940, dazu auch ein an Grießmeyer geschicktes, von der Akademie für Deutsches Recht erstelltes Gutachten über die Sozialversicherung der Meistersöhne vom 10.6.1940, in: RfA-Archiv Fach 110, Nr. 13.

Deutschen Handwerks und der RfA über die Folgen von Fehlentscheidungen seitens der Kreishandwerkerschaften, denen die ausschließliche Zuständigkeit über die Anträge der Handwerker auf Befreiung von der halben Beitragsleistung (die sogenannte Halbversicherung) oblag. Die RfA vertrat den Standpunkt, dass die jeweiligen Handwerker die vollen Konsequenzen zu tragen hatten, wenn nach ausgesprochener Befreiung sich doch herausstellte, dass die materiellen Voraussetzungen in Wirklichkeit nicht gegeben waren. Dagegen plädierte der Reichsstand für erheblich mehr Kulanz und beschwerte sich beim RAM über die harte Haltung der RfA.[154] Geharnischte Kritik brachte der Reichsstand jedoch auch direkt gegenüber dem RAM als Gesetzgeber vor.

Dass viele Handwerker auch ein Jahr nach dem Inkrafttreten des Gesetzes die zentralen Bestimmungen noch immer nicht begriffen hätten, lag nach Meinung des Reichsverbands auch an den komplizierten Bestimmungen dieses Gesetzes und seiner Ausführungsbestimmungen, die sich nicht auf einfache Grundlinien beschränkten, „sondern auch jede einzelne Frage zu reglementieren sucht".[155] Die in den Durchführungsverordnungen enthaltenen Bestimmungen über die Ordnungsmäßigkeit der abgeschlossenen Lebensversicherungsverträge „führte in vielen Fällen [dazu], dass Handwerker trotz ihrer abgeschlossenen Lebensversicherungsverträge angestelltenversicherungspflichtig sind, ohne dass sie es wissen".[156] Auch eine am 20. Dezember 1940 erlassene dritte Durchführungsverordnung zum Handwerkerversorgungsgesetz änderte daran nichts. Gleichzeitig aber war man in vielen Kreishandwerkerschaften völlig ratlos, wie man gegenüber jenen Handwerkern vorgehen sollte, deren Lebensversicherungsverträge nach wie vor nicht in Ordnung und auf die Bestimmungen des Altersversorgungsgesetzes umgestellt worden waren oder die sich mit Hinweis auf ein angeblich zu geringes Einkommen überhaupt kategorisch weigerten, der Altersversicherung beizutreten. Erstere waren, da inzwischen die Übergangsfristen abgelaufen waren, voll versicherungspflichtig in der Angestelltenversicherung, und bei Letzeren stellte sich die Frage, ob und wie man ihren Eintritt in die Versicherung erzwingen konnte.[157]

Auch von den Überwachungsbeamten kamen regelmäßig Hiobsbotschaften über die desolate Entwicklung der Beitragsentrichtung der Handwerker und die zahllosen Probleme bei deren Überwachung und Überprüfung. So heißt es denn auch im Rundschreiben der RfA an ihre kontrollierenden Außendienstmitarbeiter von Mitte März 1940:

> Nach den Berichten der Überwachungsbeamten stößt die Prüfung der Versicherungsverhältnisse der Handwerker in ihren Betrieben und Wohnungen auf erhebliche Schwierigkeiten, die viel Zeitverlust zur Folge haben und bei der großen Zahl der Handwerker das gesamte Prüfungsge-

154 Vgl. Schreiben des Reichsstands des Deutschen Handwerks an das RAM vom 4.4.1940, in: RfA-Archiv Fach 87, Nr. 3.
155 Schreiben des Reichsstands an den Reichsarbeitsminister vom 8.10.1940, in: BArch R 89/3200.
156 Ebd.
157 Vgl. Schreiben der Kreishandwerkerschaft Sonthofen vom 29.2.1940, in: RfA-Archiv Fach 85, Nr. 1.

> schäft stark beeinträchtigen. Ein wesentliches Hindernis bildet die abwartende, ja oft ablehnende Haltung der meisten Handwerker, die sich zum Teil aus den Kriegsverhältnissen, in der Hauptsache aber aus ihrer ungenügenden oder falschen Unterrichtung erklärt. Es muss deshalb zunächst noch durch verstärkte Aufklärungsarbeit das Verständnis für ihre Altersversorgung geweckt und vertieft werden.[158]

Ende Oktober 1939 hatte man seitens der RfA noch gehofft, dass mit zunehmender Aufklärung durch den Reichsstand des Deutschen Handwerks die Überwachungsbeamten mit dem Handwerkerversorgungsgesetz nicht allzu sehr belastet würden und die Handwerkerüberprüfungen gleichsam nebenher im Zuge der laufendenden Beitragsüberprüfungen bei den Arbeitgebern erfolgen könnten. Doch die öffentliche Propaganda und Diskussion über das Ley'sche Versorgungswerk hatte alle Aufklärungsbemühungen zur Makulatur werden lassen und die RfA zu einer erheblichen Intensivierung der Bemühungen zur Umsetzung des Handwerkerversorgungsgesetzes gezwungen. Innerhalb kurzer Zeit war infolgedessen fast der gesamte Beitragsprüfungsapparat der RfA mit den entsprechenden Prüfmaßnahmen lahmgelegt. Zwar setzte man seitens der RfA zunächst nicht auf eine strenge Durchführung der Gesetzesmaßnahme, sondern zeigte notgedrungen eine abwartende Haltung. Von Sanktionsmöglichkeiten sahen die Überwachungsbeamten daher ab und verlegten sich auf die Vorladung eines säumigen Handwerkers in die Sprechstunde sowie die Meldung an die Kreishandwerkerschaft.

Doch durch die weiterhin unbefriedigende Entwicklung und die anhaltenden Krisenberichte der Überwachungsbeamten sah sich Grießmeyer im März 1941 zum Handeln gezwungen. In einem gegenüber RVA und RAM erstatteten Bericht über den Stand der Versicherungspflichtprüfungen und Beitragsentrichtungen der Handwerker rekapitulierte er noch einmal ausführlich die bisherigen Bemühungen seitens der Behörde, die angesichts der desolaten Entwicklung im Oktober 1940 dazu übergegangen war, systematisch im ganzen Reichsgebiet anstelle der aufwändigen und wenig erfolgreichen Einzelprüfungen nun Sammelprüfungen der Handwerker durchzuführen.[159] Auch das war bei 130 Überwachungsbeamten gegenüber 1,4 Mio. Handwerkern eine Sisyphusarbeit. Viele Handwerker konnten aufgrund ihres Wehrmachteinsatzes nicht erfasst werden, zudem behinderte die mangelnde Mithilfe der Kreishandwerkerschaften wegen des kriegsbedingten Personalmangels erheblich die Prüftätigkeit. Dazu kam, dass viele Angestellte den Überwachungsbeamten gegenüber die vorgeschriebene Einsicht in den Einkommenssteuerbescheid zur Berechnung des AV-Beitrags verweigerten. Die Überwachungsbeamten mussten sich dann erst mühsam die nötigen Angaben bei den Finanzämtern beschaffen, stießen dort aber immer wieder auch auf Ablehnung der erwünschten Amtshilfe. Es scheint, dass es offenbar in einigen Behörden kein großes Interesse daran gab, dass die RfA ihre gesetzlich vorgeschriebenen Aufgaben bei der Umsetzung des Handwerkerversorgungsgesetzes

---

158 Rundschreiben Nr. 49 vom 12.3.1940, in: RfA-Archiv ohne Signatur, Ordner Rundschreiben.
159 Vgl. Schreiben Grießmeyers vom 10.3.1941, in: BArch R 89/3171.

tatsächlich effektiv erfüllen konnte.[160] Unter diesen Umständen hatten die Überwachungsbeamten im ersten Vierteljahr der Sammelprüfungen, d. h. zwischen Oktober und Dezember 1940, die Versicherungsverhältnisse von gerade einmal 5,7 Prozent der Handwerker abschließend prüfen können. Angesichts dessen war mit einem Abschluss sämtlicher Handwerkerprüfungen frühestens in zwei Jahren, d. h. im März 1943 zu rechnen. Da zudem, wie Grießmeyer durch einen Anruf aus dem RAM erfahren hatte, die von der RfA erbetene und für die Überwachung nötige Strafbefugnis gegen säumige Handwerker aus politischen Gründen nicht erteilt wurde, war eine weitere Prüftätigkeit eigentlich unmöglich und auch sinnlos. Er bat daher darum, von der Prüfung der Handwerker bis auf weiteres absehen zu dürfen.[161]

Grießmeyer musste drei Monate warten, bis er eine Antwort erhielt. In einem Erlass bestimmte das RAM am 11. Juni 1941, dass man mit dem RVA einer Meinung sei, „dass die Überwachung der Handwerker in dem Maße fortgeführt werden muss, wie dies bei den jetzigen Personalschwierigkeiten möglich ist, ohne dass hierbei die Überwachung der übrigen Versicherten vernachlässigt wird".[162] Gleichzeitig wurde die RfA aber dazu verpflichtet zu berücksichtigen, dass durch die Kriegsverhältnisse die geschäftliche Lage vieler Handwerker erschwert war. „Bei der Einziehung von Rückständen wird mit der durch die Zeitumstände gebotenen Zurückhaltung vorzugehen sein. Das Recht zur Verhängung von Strafen kann der RfA nicht eingeräumt werden."[163] Frustrierender für die Motivation der Überwachungsbeamten hätte dieser Erlass nicht ausfallen können, zumal man inzwischen tatsächlich in hunderten von Fällen säumiger Beitragszahlungen dazu übergegangen war, entsprechend der gesetzlichen Vorschriften Beitragsnachzahlungen einzufordern. Diese Rückstände summierten sich aufgrund der bis 1. Januar 1939 zurückreichenden Zahlungsverpflichtung auf jeweils dreistellige Summen und sorgten unter den betroffenen Handwerkern daher für erheblichen Unmut.[164] Der RfA entgingen daher bei Verzicht der Beitreibung nicht unbedeutende Summen. Ob die Behörde tatsächlich in der

---

160 Vgl. dazu das Schreiben Grießmeyers an das RVA bzw. das RAM mit der Bitte um entsprechende Weisung durch das Reichsfinanzministerium vom 17. 10. 1941, in: BArch R 89/3200. Im November 1943, d. h. über zwei Jahre später, reagierte das Finanzministerium und erklärte sich mit den Auskünften der Finanzämter an die RfA einverstanden – allerdings unter der Voraussetzung, dass der betroffene Handwerker sein Einverständnis dazu erklärte, was völlig unrealistisch war. Vgl. dazu das Schreiben vom 18. 11. 1943, in: RfA-Archiv Fach 54, Nr. 3. Dieses Schreiben, so notierte dazu auch frustriert ein Überwachungsbeamter im Februar 1944, „stellt keineswegs ein Entgegenkommen zur Erfüllung der der RfA obliegenden Aufgaben dar. Im Gegenteil wird es m. E. der RfA, vor allem den Überwachungsbeamten, eher zum Nachteil gereichen." Bericht vom 11. 2. 1944, in: ebd.

161 Vgl. Schreiben Grießmeyers vom 10. 3. 1941, in: BArch R 89/3171.

162 Eine Abschrift des Erlasses in: RfA-Archiv Fach 85, Nr. 2.

163 Ebd.

164 Vgl. dazu das Schreiben der Kreishandwerkerschaft Saarbrücken an den Reichsstand des Deutschen Handwerks vom 6. 5. 1941, in: RfA-Archiv Fach 87, Nr. 3. Exemplarisch etwa der Fall eines Baumeisters, der im September 1941 gegen einen entsprechenden Nachentrichtungsbescheid der RfA (erfolglos) geklagt hatte, in: BArch R 89/3201.

Folgezeit ihre Nachforderungspraxis lockerte, lässt sich nicht genau sagen. In den Akten finden sich zwar einige Fälle von Kulanz, in denen etwa die Beschwerde gegen den RfA-Bescheid von Handwerkerwitwen erhoben und direkt an die Kanzlei des Führers geschickt worden war. Die Behörde war zwar nicht bereit und rechtlich auch kaum in der Lage, auf die rückständigen Beiträge zu verzichten, aber man gestattete in diesen Fällen eine Stundung bis zum Kriegsende und dann eine Rückerstattung in monatlichen Teilzahlungen.[165] Daneben aber finden sich nach wie vor Bescheide, in denen Handwerkern, die die Auskunft etwa hinsichtlich ihrer Lebensversicherungsverträge verweigerten, deutliche Fristen verbunden mit der Androhung eines Zwangsgeldes gesetzt wurden. „Wir sind befugt, Zwangsstrafen im Einzelbetrag bis zu 1000 RM so oft zu verfügen, bis Sie unsere Aufforderungen befolgt haben", heißt es in den entsprechenden Bescheiden.[166]

Gezwungenermaßen setzte die RfA ihre Prüftätigkeit bei den Handwerkern fort, und sie blieb weiter aufwändig und wenig erfolgreich. Bis Ende März 1941 waren noch immer erst 175.138, also 12,46 Prozent aller Handwerker erfasst und überprüft worden, und nur rund 43 Prozent von ihnen gehörten zur Angestelltenversicherung als Voll- oder Halbversicherte. Diese frustrierende Entwicklung schilderte Grießmeyer denn auch ziemlich ungeschminkt Ende April 1941 gegenüber dem Beirat. Das Handwerkerversorgungsgesetz mit seinen nur zwölf Paragraphen „scheint kurz und einfach", so der RfA-Präsident. „Leider hat sich die Durchführung des Gesetzes aber als recht schwierig und unerfreulich erwiesen."[167]

> Seitdem das große Problem der allgemeinen Altersversorgung in der Presse erörtert wird, ist es begreiflicher Weise noch schwieriger geworden, die selbständigen Handwerksmeister von der Notwendigkeit einer Beitragsleistung und dem Beitritt zur Angestelltenversicherung zu überzeugen [...]. Wenn nicht die Erörterung über die allgemeine Altersversorgung Zweifel am Wert der gegenwärtigen Sozialversicherung geweckt hätte, so wäre wohl das Handwerkerversorgungsgesetz erheblich leichter durchführbar gewesen.[168]

All das führte zu einer sich in ihrer Auswirkung potenzierenden Mischung aus Unwissen und Unwillen bei den Handwerkern, so dass die Umsetzung des Versorgungsgesetzes auch drei Jahre nach seiner Einführung kaum vorangekommen war.[169]

---

165 Vgl. exemplarisch den Fall einer Witwe eines Müllers und deren Schreiben an die Führerkanzlei vom 20.3.1941, in: BArch R 89/3200.

166 Bescheid der RfA an einen Stuttgarter Handwerker vom 19.6.1941, in: RfA-Archiv Fach 87, Nr. 3. Exemplarisch auch der Bericht der Überwachungsstelle 64 in Kassel über die Prüfung der Lebensversicherungsverträge bei einem Drechslermeister vom 18.4.1942, in: ebd.

167 Niederschrift der 13. Beiratssitzung vom 21.4.1941, S. 8 f., in: BArch R 89/3470.

168 Ebd.

169 Ein sehr großer Teil der Handwerker, so berichtete der Überwachungsbeamte über die Lage im hessischen Kreis Dieburg-Erbach, „hat die Bedeutung des Altersversorgungsgesetzes nicht erkannt oder will sie nicht erkennen und dadurch haben sie auch nach Ablauf von fast drei Jahren nach dem Inkrafttreten des Gesetzes immer noch keine Veranlassung gefunden, die durch das Gesetz auferlegte Verpflichtung zu erfüllen". Der Bericht ohne Datum, in: RfA-Archiv Fach 85, Nr. 2.

Es gab weitere Ungereimtheiten der Gesetzesanwendung, auf die das RVA und das RAM offenbar erst durch die RfA aufmerksam gemacht wurden. So erhielten diejenigen Handwerker, die bei der RfA versichert waren, wie jeder andere pflichtversicherte Angestellte auch die Kriegsdienstzeit rentensteigernd angerechnet. Dies galt nicht für die von der Versicherung befreiten Handwerker, denen auch die Möglichkeit der Nachentrichtung von freiwilligen Selbstversicherungsbeiträgen verwehrt war. Jeder Nichthandwerker konnte sich aber freiwillig und nachträglich selbst versichern.[170] Für Verwirrung unter den Handwerkern sorgte auch, dass die Kreishandwerkerschaften zwar als Informations- und Auskunftsstellen agierten und auch das erwähnte Recht zur Bestätigung der Versicherungsfreiheit innehatten, jedoch nicht zur Entgegennahme der Rentenanträge selbst befugt waren bzw. diese erst dann wirksam wurden, wenn sie an die RfA weitergeleitet wurden und in der Ruhrstraße eintrafen. Die Durchführung der Handwerkerversorgung blieb auch deshalb weiter kompliziert, da es geplante wie ungeplante Interferenzen mit den anderen seit Kriegsausbruch erlassenen Rentenversicherungsgesetzen gab. Durch das Gesetz vom 15. Januar 1941 war den säumigen Handwerkern erneut die Möglichkeit eröffnet worden, ihre Lebensversicherungsverträge aus früherer Zeit an die neue Rechtslage anzupassen. Die neue Frist war allerdings mit 1. April 1941 ziemlich kurz, so dass nur wenige Handwerker die nötigen Anpassungen vornahmen, soweit sie überhaupt von der Möglichkeit erfahren hatten.[171] Dazu kam, dass die durch den Krieg bedingte Wirtschaftslage bei den meisten Handwerkern zur Folge hatte, dass die Einkommen 1939 zunächst sprunghaft in die Höhe geschnellt, dann aber 1940 stark zurückgegangen waren. Daher bestand nun die Gefahr, dass viele Betroffene in absehbarer Zeit ihre hohen Prämien nicht mehr aufbringen konnten und dann die Lebensversicherungen verfielen. Viele Handwerker weigerten sich daher ungeachtet der gesetzlichen Bestimmungen, ihre Lebensversicherungen entsprechend anzupassen.[172]

Gravierende Folgen hatte dann auch das erste Leistungsverbesserungsgesetz vom 24. Juli 1941, denn durch die damit erfolgte Erhöhung des Grundbetrags um mehr als ein Fünftel wurde ebenfalls eine Nachbesserung der Lebensversicherungsverträge notwendig. Für tausende von Handwerkern, die anstelle einer Angestelltenversicherung einen Lebensversicherungsvertrag in der bisher verlangten Mindesthöhe von 5000 RM abgeschlossen hatten, wurden nun eigentlich Nachbesserungen und Nachzahlungen für ihre Vertragspolicen notwendig, da diese nun keinen gleichwertigen Ersatz zur Angestelltenversicherung mehr boten. Die RfA schlug daher im August 1941 den Erlass einer weiteren Durchführungsverordnung vor, durch die die Mindestversicherungshöhe für Lebensversicherungsverträge auf 6000 RM (bzw. auf 3000

170 Vgl. Bericht des RVA an das RAM vom 27.3.1941 auf der Basis eines Vermerks von RfA-Direktor Koch vom 10.3.1941, in: BArch R 89/3170 bzw. RfA-Archiv Fach 110, Nr. 7.

171 Vgl. auch den Bericht des Überwachungsbeamten aus Plauen vom 28.3.1941, in: RfA-Archiv Fach 85, Nr. 2.

172 Vgl. dazu den Bericht des Leipziger Überwachungsbeamten an den Referenten der Dienststelle I/12 vom 25.4.1941, in: RfA-Archiv Fach 87, Nr. 3.

RM in der Halbversicherung) erhöht werden sollte.[173] In dieser Frage gab es einen offenen Dissens mit dem RVA, denn dort verwies man nicht zu Unrecht auf die Tatsache, dass für die betroffenen Handwerker aufgrund des hohen Durchschnittsalters erhebliche Prämienmehraufwendungen erforderlich wären, so dass der einzelne Handwerker verhältnismäßig mehr für die Privatversicherung aufzuwenden hätte, als für die Versicherung bei der RfA notwendig sei. Selbst wenn dies nur für neu abzuschließende Handwerkerversicherungen galt, war mit erheblichem Unmut und Verärgerung unter den Handwerkern zu rechnen. Das RVA plädierte daher dafür, von einer Erhöhung abzusehen und die Frage bis nach Beendigung des Krieges zurückzustellen.[174] Die gleichen Bedenken machte man auch gegenüber weiteren Vorschlägen der RfA geltend, die darauf hinausliefen, die Durchführung wesentlicher für die Handwerkerversicherung eigentümlicher Vorschriften für die Kriegsdauer außer Kraft zu setzen. Die RfA konnte sich daher mit ihren Änderungsvorschlägen nicht durchsetzen.

Probleme machte aber nicht nur die Beitragserhebung, sondern auch die Leistungserteilung bei den Handwerkern. Die vielen ungeklärten Probleme bei der Feststellung der Berufsunfähigkeit von Handwerkern füllten bei den RfA-Sachbearbeitern ganze Akten mit entsprechendem Schriftwechsel. Im Frühjahr 1941 etwa hatte man auffällige Beitragsnachzahlungen älterer Handwerker festgestellt, denen wenig später der Antrag auf Ruhegeld wegen Berufsunfähigkeit folgte, d. h. die Beitragsentrichtung erfolgte erst zu einem Zeitpunkt, in dem die Berufsunfähigkeit bereits bestand. In der Leistungsabteilung suchte man daher nach Wegen, diesen offensichtlichen Missbräuchen einen Riegel vorzuschieben, denn im Nachhinein war es praktisch unmöglich, den tatsächlichen Zeitpunkt des Eintritts der Berufsunfähigkeit zu bestimmen. Tatsächlich hatte der Gesetzgeber Tür und Tor für eine weitgehende Beitragsnachentrichtung geöffnet, was in der Handwerkerversicherung dazu geführt hatte, dass ein Rechtszustand geschaffen worden war, der mit dem Wesen einer Versicherung unvereinbar war. „In der privaten Versicherung ist es nicht möglich, ein brennendes Haus zu versichern. In der bestehenden Handwerkerversicherung ist es aber möglich, ein schon abgebranntes Haus zu versichern!“, hieß es in einem internen Vermerk vom Mai 1941.[175] Es fehlte aus Sicht der RfA-Beamten an einer dringend benötigten Durchführungsvorschrift; welcher Weg dabei beschritten wurde, war aus Sicht der zuständigen Dienststellen gleichgültig, Hauptsache war, dass man erreichte, dass unzulässige Nachzahlungen rechtzeitig unmöglich gemacht werden konnten. Ergänzend heißt es in einem weiteren internen Vermerk:

> Die Handwerkerversicherung stellt in ihrer vorliegenden Form ohnehin schon eine besondere Belastung der Angestelltenversicherung dar. Es ist den Handwerkern schon ohnehin besonders leicht gemacht, des Schutzes der Sozialversicherung teilhaftig zu werden. Die RfA sollte aber alles

173 Vgl. Schreiben der RfA an das RVA vom 12.8.1941, in: BArch R 89/3201.

174 Vgl. dazu die Niederschrift einer Besprechung vom 17.8.1941, S. 8f., in: BArch R 89/3171.

175 Vermerk vom 20.5.1941, in: RfA-Archiv Fach 110, Nr. 7.

> daran setzen, zu verhindern, dass diese Wege nicht nur vornehmlich von solchen Versicherten begangen werden, denen wegen bereits eingetretener Berufsunfähigkeit das Tor der Nachentrichtung verschlossen zu halten ist. Eine zu großzügige Annahme von Nachzahlungsbeiträgen, die sich bei den Handwerkern bald herumsprechen würde, könnte draußen den Eindruck erwecken, dass die RfA einen solchen Missbrauch der Versicherung nicht merke. Zu verhindern, dass ein solcher Eindruck aber überhaupt entsteht, sollte die RfA ihrem Ansehen, vor allem aber auch ihren anderen Versicherten schuldig sein.[176]

Das Problem der Berufsunfähigkeit von Handwerkern hatte man in der RfA schon im Frühjahr 1940 erkannt, aber man hielt aufgrund der zunächst noch kaum vorliegenden Fälle eine Festlegung von Richtlinien zur Beurteilung für noch verfrüht. Spätestens gegen Jahresende aber häuften sich die entsprechenden Anträge aus den Handwerkerkreisen und es zeichnete sich zudem ab, dass viele Handwerker im Fall ablehnender Bescheide durch die RfA bis in die Revision gehen würden.[177] Anfang Mai 1941 war es deshalb auf Drängen der Reichsdienststelle der DAF, Gruppe Handwerk sowie der Reichsleitung der NSDAP zu einer Besprechung im RVA gekommen, bei der allerdings auf Seiten der RfA niemand eingeladen worden war.[178] Hintergrund waren zahlreiche Beschwerden von Handwerkern bei der DAF oder der NSDAP darüber, dass ihnen von den Überwachungsbeamten der RfA das Kleben von Marken zur Angestelltenversicherung mit dem Hinweis darauf untersagt worden war, dass sie nicht *berufsfähig* im Sinne des Handwerkerversorgungsgesetzes seien. Als Beispiel wurde der Fall eines Frisörs im Rheinland aufgeführt, der, obwohl taubstumm, seit vielen Jahren sein Handwerk ohne jede Behinderung ausübe, vom Überwachungsbeamten der RfA aber für berufsunfähig erklärt worden war. Erhebliche Empörung gab es offenbar auch bei den in der Damenschneiderei und in Bekleidungsgroßfirmen beschäftigten Zwischenmeistern, weil ihnen nicht der hälftige Angestelltenversicherungsbeitrag durch die Unternehmer zustand, sondern sie als Handwerker voll versicherungspflichtig waren.[179] Nach längerer Diskussion wurde zwischen RVA und DAF eine Übereinstimmung darüber erzielt, dass der Begriff der Berufsunfähigkeit des Handwerkers „entsprechend" dem des AVG zu bilden sei. Man überließ es dem RVA, entsprechende Richtlinien zu entwerfen, die künftig für die RfA verpflichtend sein würden; allerdings schreckte man im RVA vor einer Grundsatzentscheidung mit entsprechender Durchführungsverordnung aufgrund der noch fehlenden nötigen Erfahrungen zurück. Gleichzeitig rangen aber auch RfA-intern die Leistungs- wie auch die Versicherungsabteilung um die Art und Weise der Kriterienbildung und -anwen-

176 Vermerk vom 16.7.1941, in: RfA-Archiv Fach 87, Nr. 3.

177 Vgl. dazu den Vermerk vom 30.11.1940, in: RfA-Archiv Nr. 28.

178 Vgl. Vermerk ohne Datum, als gesehen abgezeichnet u. a. von RfA-Direktor Koch am 2.8.1941, in: ebd.

179 Vgl. das Schreiben eines Berliner Überwachungsbeamten vom 12.7.1941, in: RfA-Archiv Fach 87, Nr. 3.

dung als möglichst objektiven Maßstab zur Beurteilung von Erwerbsfähigkeit bzw. Berufsunfähigkeit, um daraus eine handhabbare Verwaltungspraxis zu entwickeln.[180]

Die privaten Lebensversicherungsgesellschaften hatten inzwischen ungeachtet der weiteren Entwicklung ihre Werbetätigkeit und ihre Vertriebsaktivitäten keineswegs eingestellt, sondern nur die Taktik geändert. Da viele Männer im Krieg waren, konzentrierten sie ihre Bemühungen nun stark auf Frauen. Vor allem gelang es den Versicherungsvertretern auch infolge des Personalmangels bei den Kreishandwerkerschaften, bei deren Informationsbesuchen und Aufklärungsveranstaltungen mit auftreten zu können. „Ist es der Versicherungsanstalt bekannt", so fragte ein verunsicherter Handwerker bei der RfA an, „dass mit den kontrollierenden Herrn auch Werber für Lebensversicherungen gehen?"[181] Auf eine umgehende Beschwerde der RfA beim Reichsstand des Deutschen Handwerks versprach man Abhilfe und wies die Kreishandwerkerschaften ausdrücklich darauf hin, „dass Vertreter der Privatversicherung an der von der Kreishandwerkerschaft in ihrer Eigenschaft als Außenstelle der RfA durchzuführenden Prüfung nicht teilnehmen können".[182] Gegen eine Beratung hatte man allerdings nichts einzuwenden. Gleichzeitig war es aber auf Reichsebene zwischen dem Reichsstand des Deutschen Handwerks und der Reichsgruppe Versicherung zu einem heftigen Konflikt gekommen, in den die RfA allerdings mangels Zuständigkeit nicht involviert war. Es ging um die Altersversorgung derjenigen Handwerker, die bei Inkrafttreten des Gesetzes das 60. Lebensjahr bereits vollendet hatten. Während die jüngeren Handwerker per Gesetz der AV unterstellt wurden, fielen die älteren aus der Versicherungspflicht und besaßen auch keine Aussicht mehr auf den Erwerb irgendwelcher bzw. ausreichender Rentenansprüche.[183] Die RfA schätze die Zahl der davon betroffenen Handwerker auf ca. 250.000; für sie waren Fürsorgeleistungen in Form der sogenannten Altershilfe vorgesehen, die allerdings erst im Juli 1940 eingeführt wurde.[184] Über die Aufbringung der dafür notwendigen Mittel stritten sich schon seit März 1939 Handwerkerorganisation und Versicherungswirtschaft, die beide ursprünglich durchaus einen kleinen Anteil der Beitragseinnahmen zugesagt hatten. Erst im Juli 1942 sollte es nach langen und immer wieder stockenden Verhandlungen zu einer Einigung kommen. Die Lebensversicherer zahlten 1,5 Mio. RM sowie 0,3 Prozent der Versicherungssumme aller Neuabschlüssen der Handwerker. Dennoch blieb die Beteiligung an den Kosten der Altershilfe unter den Lebensversi-

180 Vgl. dazu unter anderem den Vermerk vom 30.6.1941, in: ebd. sowie „Zusammenstellung der bisherigen Verwaltungsübung der Leistungsabteilung der RfA in Handwerkersachen und Anregungen für die weitere Bearbeitung als abschließender Bericht des ORR Dr. Post über sein Sonderreferat für Handwerkersachen vom 3.4.1941 bis 11.3.1942", in: RfA-Archiv Fach 110, Nr. 8. Dieses elfseitige Dokument ging im Juni 1942 auch an das RVA (BArch R 89/3201). Vgl. auch schon den Vermerk vom 12.11.1941, in dem RfA-intern über die Einrichtung eines eigenen General-Referenten für Handwerkssachen nachgedacht wurde, in: RfA-Archiv Nr. 28.

181 Schreiben vom 11.3.1941, in: RfA-Archiv Fach 87, Nr. 3.

182 Schreiben an die RfA vom 7.5.1941, in: ebd.

183 Vgl. dazu Felix Schüler, Die Altershilfe des Handwerks, in: *Soziale Praxis* 49 (1940), S. 547–556.

184 Vgl. dazu Schlegel-Voß, S. 142ff.

cherungsgesellschaften auch weiter höchst umstritten.[185] Gleichzeitig wurde auch die RfA zunehmend Gegenstand von Beschwerden aus der Versicherungswirtschaft, denn die Überwachungsbeamten prüften auch 1942 und 1943 zwar weniger systematisch, aber dennoch beharrlich die Rechtmäßigkeit der Lebensversicherungsverträge bei den Handwerkern und monierten unter Androhung von andernfalls fälligen Nachzahlungsforderungen die Anpassung der Verträge an die gesetzlichen Bestimmungen, was nicht nur für die RfA, sondern auch für die Versicherungsgesellschaften mit erheblichem bürokratischen Aufwand verbunden war.[186] Die Behörde war durchaus für eine Vereinfachung des Verfahrens, aber einen entsprechenden Vorstoß hatte das RVA im August 1942 erneut abgelehnt.[187]

Mit Fortdauer des Krieges rückte das Problem der Beitragsüberwachung und die Frage der Angestelltenversicherungspflicht oder lebensversicherungsbedingten Befreiung der Handwerker zunehmend in den Hintergrund. Schwierigkeiten gab es zwar noch bei der Beantwortung der Frage, was mit jenen Handwerkern war, die im Zuge der sogenannten Auskämmaktionen zur Aufgabe ihrer Betriebe gezwungen und damit auch aus der Handwerksrolle gelöscht wurden. Als Lösung wurde ihnen – falls sie in keine invaliden- oder angestelltenversicherungspflichtige Tätigkeit in der Rüstungsindustrie überwechselten – das Recht eingeräumt, auf Antrag die Beiträge zurückerstattet zu erhalten, die sie aufgrund des Handwerkerversorgungsgesetzes geleistet hatten; oder sie konnten sich in der AV freiwillig weiterversichern.[188] Das Kriterium der Eintragung in der Handwerksrolle als Voraussetzung der Gesetzesanwendung betraf auch jene selbständigen Handwerker, die nach Österreich, ins Sudetenland oder in die Ostgebiete verzogen oder dienstverpflichtet wurden. In all diesen Gebieten galt das Handwerkerversorgungsgesetz nicht, aber die Versicherung blieb für die Betroffenen dennoch im bisherigen Umfang bestehen.[189] Zahlreiche Zweifelsfälle ergaben sich auch aus der Tatsache, dass viele Handwerksbetriebe durch den Kriegsdienst des Betriebsinhabers verwaist waren und von den Ehefrauen, die oft auch in der Handwerksrolle eingetragen waren, entweder weitergeführt oder zumindest formal aufrechterhalten wurden. Auch während des Ruhens des Betriebs und damit ausbleibendem Gewerbeeinkommen waren die Handwerkerehefrauen nun angestelltenversicherungspflichtig, was für er-

185 Vgl. ebd., S. 145.

186 Vgl. dazu exemplarisch das Beschwerdeschreiben eines Dachdeckermeisters an die RfA vom 9.3. 1943, in: BArch R 89/3201. Im Jahr 1942 prüften die Überwachungsbeamten die Versicherungsverhältnisse von 35.013 selbständigen Handwerkern im Altreich und in Danzig, 1943 waren es sogar 73.486. Hiervon waren 19.049 bzw. 1943 insgesamt 37.331 angestelltenversicherungspflichtig, 15.392 bzw. 35.096 waren aufgrund von Lebensversicherungen oder aus anderen Gründen versicherungsfrei. Vgl. die Angaben in dem Vermerk des Referenten für den Außendienst zum Geschäftsbericht für das Jahr 1943, in: RfA-Archiv Fach 56, Nr. 3.

187 Vgl. Schreiben des RVA an das RAM vom 27.8.1942, in: BArch R 89/3201.

188 Vgl. Rundschreiben Nr. 67 an die Überwachungsbeamten vom 2.7.1941, in: RfA-Archiv o. Sign. Ordner Rundschreiben.

189 Vgl. Abteilungsverfügung vom 6.6.1941 sowie Schreiben der RfA an die Kreishandwerkerschaft Zichenau/Südostpreußen vom 21.1.1943, in: RfA-Archiv Fach 34, Nr. 4.

heblichen Unmut unter den Betroffenen sorgte.[190] Gegenüber diesen Fällen rückten aber nun Leistungsgewährungen immer mehr in den Vordergrund, entweder für kriegsbeschädigte Handwerker oder aber für Handwerkerwitwen. Und dabei traten wiederum neue Unzulänglichkeiten, Unklarheiten und Lücken in der Handwerkerversorgung zu Tage. Empört berichtete etwa der Überwachungsbeamte aus Schwerin im August 1944 an die RfA:

> Ein 40 Jahre alter Handwerker, vom Juli 1940 bis Dezember 1942 bei der Wehrmacht, hat bisher keine Beiträge zur Rentenversicherung entrichtet, wird im Juli 1944 berufsunfähig. Dieser Handwerker, der bisher nicht das geringste Interesse für seine Altersversorgung gezeigt hat, obwohl er wirtschaftlich in der Lage war, die gesetzlichen Beiträge zu entrichten, entdeckt jetzt, nachdem er arbeitsunfähig ist, dass nun ja die Rentenversicherung für ihn und seine Familie sorgen muss. Er zahlt also die Beiträge zur Angestelltenversicherung vom 1. Januar 1939 bis Juli 1944 in recht hohen Klassen nach, erhält das Ruhegeld unter Anrechnung der Kriegsdienstzeit und hat außerdem die Zinsen von den für 1939 bis 1944 nicht entrichteten Beiträgen. Nach den von mir gemachten Erfahrungen ist dies durchaus kein Einzelfall.[191]

Eine der Kernfragen war, was passierte, wenn ein Handwerker, der noch überhaupt keine oder nur unregelmäßige AV-Beiträge gezahlt hatte, im Krieg starb. Waren die bis zur Einberufung fälligen Beiträge nachzuentrichten und erhielt die Witwe Hinterbliebenenrente?[192] Dutzende Zuschriften erhielt die RfA nun aber auch von den Hinterbliebenen jener gefallenen Handwerker, die Lebensversicherungen bei den privaten Versicherungsunternehmen abgeschlossen hatten, jedoch zum Zeitpunkt des Vertragsabschlusses noch ledig gewesen waren und daher die Eltern im Todesfall als Begünstigte in den Verträgen standen. Inzwischen hatten aber viele geheiratet und zum Teil auch Kinder bekommen, so dass die Witwen und Waisen ohne jede Versorgung dastanden. Die RfA sollte nun, so das Verständnis der Betroffenen, hier einspringen.[193] Auch in vielen anderen Fällen zeigte sich nach dem Tod von Handwerkern, dass die Lebensversicherungsverträge nicht den gesetzlichen Anforderungen entsprachen. Rein rechtlich waren damit die Voraussetzungen für die Befreiung von der Angestelltenversicherung nicht erfüllt. Auch die Möglichkeit zu Nachentrichtungen waren nicht mehr gegeben und damit bestand auch kein Anspruch auf Hinterbliebenenrente aus der Angestelltenversicherung. Auf entsprechende Bescheide der RfA und Beschwerden der betroffenen Handwerkerwitwen reagierte das RVA und stellte sich auf die Seite der Betroffenen und gegen die ihr unterstellte Behörde. Man entschied, dass die rückständigen Beiträge zur AV nachentrichtet werden könnten und die Hinterbliebenen damit leistungsberechtigt würden. Anstatt wie von der RfA

190 Vgl. dazu etwa den Bericht der Kasseler Überwachungsstelle vom 21.7.1942, in: RfA-Archiv Fach 86, Nr. 2.

191 Bericht vom 14.8.1944, in: RfA-Archiv Fach 86, Nr. 3.

192 Vgl. dazu unter anderem die Anfrage des Reichsstands des Deutschen Handwerks an die RfA vom 16.2.1942, in: RfA-Archiv Fach 86, Nr. 2.

193 Vgl. das Schreiben an die RfA vom 4.6.1943, in: ebd.

gefordert die Gesetzeslücke zu schließen und den damit möglichen Missbrauch zu unterbinden, trug das RVA durch ihre angeordnete Verwaltungspraxis zur Durchlöcherung des Handwerkerversorgungsgesetzes bei. Man kann es auch so sehen, dass das RVA die RfA zu einem Abgehen von ihrer auf einer engen Gesetzesauslegung basierenden Verwaltungspraxis zwang, die letztlich aus einem Mangel des Handwerkerversorgungsgesetzes resultierte und nun wegen der Leistungsverpflichtung ohne ausreichende vorhergehende Beitragsdeckung sich zum Schaden des Versicherungsträgers auswirkte.[194] Dahingestellt sei aber auch, ob die betroffenen Handwerkerwitwen trotz der großzügigen Nachentrichtungsregelung überhaupt zur rückwirkenden Zahlung der mehrere hundert RM ausmachenden Beiträge fähig waren. Und dann häuften sich auch die Fälle von gefallenen Handwerkern, bei denen erst nach deren Tod herauskam, dass sie weder in die Angestelltenversicherung gezahlt, noch eine private Lebensversicherung abgeschlossen hatten.[195] Es häuften sich aber auch die Fälle von Fälschungen der Versicherungskarten. Um in den Genuss der Versorgungsleistung zu kommen, waren von vielen älteren Handwerkern die Einzahlungen der Beiträge vordatiert worden, obwohl sie die Nachzahlungen erst nach dem 60. Lebensjahr vorgenommen hatten – und es gab durchaus starke Indizien dafür, dass diese illegalen Praktiken auch mit Hilfe der örtlichen Kreishandwerkerschaften vorgenommen worden waren.[196]

Auch im Sommer 1944 kämpften RfA, RVA, die Kreishandwerkerschaften, die Lebensversicherungswirtschaft und der Reichsverband der Rentenversicherungsträger als Vertreter der Invalidenversicherungsträger noch immer mit der Umsetzung des Handwerkerversorgungsgesetzes und der Klärung sich daraus ergebender Zweifelsfragen. Den Tendenzen im RAM wie im RVA, neue Durchführungsverordnungen und ergänzende Regelungen zu erlassen, erteilte man in der RfA jedoch eine Absage. Gerade die Wahlmöglichkeit zwischen Lebensversicherung und Angestelltenversicherung habe so umfangreiche Durchführungsvorschriften nötig gemacht, „dass schon heute seine Anwendung wesentlich erschwert ist“, heißt es dazu in einem internen Vermerk vom Dezember 1943.

> Es kann daher nur davon abgeraten werden, jeden Härtefall, der infolge dieses Wahlrechts auftreten kann, zum Anlass zu nehmen, eine weitere Sondervorschrift anzufügen. Umso mehr ist hiervon anzuraten, als auch damit nicht alle Härtefälle, die sich aus der Zulässigkeit einer Kapitalversicherung ergeben können, vermieden werden. Die größte Härte, die hierbei eintreten kann, dass nämlich das Kapital im Versicherungsfall nicht ausreicht oder unzweckmäßig oder unglücklich angewandt wird, bleibt immer möglich. Solange man nicht die Handwerker gleichmäßig der gesetzlichen Rentenversicherung unterstellt, sondern ihnen die Ausweichmöglichkeit

194 Vgl. dazu den Fall einer Handwerkerwitwe und der sich darüber ergebende Schriftwechsel zwischen RVA und RfA vom 16.9.1943 und vom 7.10.1943 sowie 15.11.1943, in: BArch R 89/3201.

195 Vgl. dazu Schreiben an die RfA vom 11.2.1944, in: ebd.

196 Vgl. Vermerk der Abt. I Leistung vom 4.11.1943, in: RfA-Archiv Fach 86, Nr. 3. Dort auch zu einem weiteren Fall der Bericht des Überwachungsbeamten in Plauen vom 20.11.1943.

> in die Lebensversicherung lässt, müssen dafür von ihnen auch die Härten, die sich aus diesem als Vorzug betrachteten Wahlrecht ergeben können, in Kauf genommen werden.[197]

Wenig später ordnete Grießmeyer dann an, dass aufgrund der Anpassung des Dienstes der Überwachungsbeamten an die Erfordernisse des totalen Krieges diese zum 1. Oktober 1944 die planmäßige Beitragsprüfung bei Handwerkern und sonstigen selbständigen sowie freiwilligen Versicherten einstellen sollten.[198]

Es gab schließlich noch einen weiteren indirekten Effekt der DAF-Versorgungswerk-Propaganda, dessen Kausalität nicht explizit nachweisbar ist, aber implizit vermutlich doch mit den sozialpolitischen Plänen des NS-Regimes zusammenhängt. Es geht um die sich weiter verstärkende Tendenz und den wachsenden politischen Druck zur Rechtsangleichung zwischen Invaliden- und Angestelltenversicherung. Der institutionelle Ort der entsprechenden Aktivitäten war der Reichsverband Deutscher Rentenversicherungsträger bzw. dessen Ständiger Ausschuss, in dem auch die RfA mit Grießmeyer als Vizepräsidenten vertreten war. Die Fäden zog dort aber Präsident Möbius, ein überzeugter NS-Anhänger und sozialpolitischer Hardliner ganz im Sinne des NS-Regimes. Möbius hatte im März 1940 die Initiative ergriffen, seitens des Reichsverbands im Einvernehmen mit dem Gaubeauftragten im Stabe von Reichsaußenminister Ribbentrop eine verbandseigene Auslandspropaganda für die im neutralen Ausland wohnenden Rentenempfänger aufzubauen, und empfahl den Verbandsmitgliedern, dies auch für ihre jeweiligen Rentenempfänger zu übernehmen.[199] Gleichzeitig hatte Möbius angeregt, den Versicherungsträgern die Möglichkeit zur Gewährung von Spenden an die Hinterbliebenen gefallener Versicherter einzuräumen, ein Vorschlag, der bei der RfA auf entschiedene Bedenken stieß. Es sei nicht Aufgabe der Sozialversicherungsträger, über die ihnen nach dem Gesetz obliegenden Leistungen hinaus Schäden auszugleichen, die durch den Krieg entstehen.[200] Auf den Sitzungen des Ständigen Ausschusses wurden zudem schon länger Angleichungen der Invaliden- und Angestelltenversicherung im Leistungsbereich diskutiert, allerdings ging es dabei zunächst nur um Maßnahmen der Heil- und Gesundheitsfürsorge.[201] Die Aktivitäten mündeten schließlich in die Gründung eines großen Sozialerholungswerks der Rentenversicherungsträger, an das auch die RfA namhafte Beträge überwies.[202]

Im September 1941 wurde dann unter Leitung des Präsidenten der LVA Braunschweig eine Kommission zur Rechtsangleichung in der Rentenversicherung einge-

---

197 Vermerk vom 21.12.1943, in: RfA-Archiv Fach 110, Nr. 7.

198 Vgl. dazu Rundschreiben an die Überwachungsbeamten vom 21.9.1944 sowie auch das Rundschreiben vom 23.10.1944, in: RfA-Archiv Fach 87, Nr. 3.

199 Vgl. das vertrauliche Scheiben an die Verbandsmitglieder vom 11.3.1940, in. RfA-Archiv Nr. 68 b.

200 Vgl. Schreiben Möbius' an die Mitglieder des Ständigen Ausschusses vom 15.3.1940 sowie das Schreiben der RfA vom 21.3.1940, in: ebd.

201 Vgl. Niederschrift der Sitzung des Ständigen Ausschusses vom 25.7.1941, in: RfA-Archiv Nr. 69 a.

202 Vgl. dazu u.a. die Niederschrift der Sitzung des Ständigen Ausschusses vom 25.2.1942, in: ebd.

richtet. An der ersten Sitzung nahm auch RfA-Direktor Koch teil. Selbstgestellte Aufgabe der Kommission war es, eine vollständige Angleichung in den beiden Versicherungen der Arbeiter bzw. der Angestellten zu erreichen, d.h. nicht nur die Angleichung der Leistungen, sondern auch der Voraussetzungen für Versicherungspflicht und Leistungen.[203] Bereits im November erging die Einladung zur nächsten Kommissionssitzung, und diesmal sollte es bereits ganz konkret um die Beratung der Angleichung der Leistungen der Invalidenversicherung an die Leistungen der Angestelltenversicherung gehen. Doch diesmal erteilte Koch der Einladung eine deutliche Absage.

> Ihre Einladung zu der geplanten Kommissionssitzung des Reichsverbandes habe ich Herrn Präsidenten Grießmeyer vorgelegt. Mit Rücksicht darauf, dass nach Ihrem Schreiben die Kommissionsberatung zum Gegenstand haben soll, die Leistungen der Angestelltenversicherung an die Invalidenversicherung anzugleichen, insbesondere hinsichtlich der Begriffe Berufsunfähigkeit und Invalidität sowie auch der Leistungen an die Witwen, hält er es nicht für zweckmäßig, dass ich an diesen Beratungen teilnehme. Da die Angleichung in der beabsichtigten Weise nur durch eine Verschlechterung der Leistungen der Angestelltenversicherung und ihrer wichtigsten Grundlagen erreicht werden könnte, scheint es ihm vom Standpunkt der Angestelltenversicherung nicht vertretbar zu sein, dass bei solchen Verhandlungen über die Minderung der Leistungen der Angestelltenversicherung ein Vertreter der Reichsversicherungsanstalt mitwirkt.[204]

Im Protokoll der zunächst verschobenen und erst am 5. Februar 1942 abgehaltenen Kommissionssitzung ist dann aber merkwürdiger Weise doch wieder Koch als Vertreter der RfA vermerkt; eventuell war man auf Geheiß des RVA bzw. RAM zur Teilnahme gezwungen worden. Es könnte jedoch auch gut sein, dass man in der RfA-Leitung sich doch noch für eine Präsenz entschieden hatte, um das Schlimmste für die Angestelltenversicherung zu verhindern. [205] Koch jedenfalls wandte sich auf der Sitzung gleich zu Beginn grundsätzlich dagegen, dass die Angleichung zu einer Verschlechterung der Angestelltenversicherung führen würde, und er betonte nach der Debatte einer Reihe von Einzelpunkten auch am Ende noch einmal explizit, dass er für die RfA den Vorschlägen, insoweit sie für die Angestelltenversicherung eine Verschlechterung bedeuten würden, nicht zustimmen könne.[206] Als der Kommissionsvorsitzende dann die entsprechenden Vorschläge auch im Ständigen Ausschuss präsentierte, die dort dann auch die Zustimmung erhielten, war es Grießmeyer, der die Bedenken und den Widerspruch der RfA deutlich formulierte und damit eine kontroverse Debatte auslöste.[207] Doch letztendlich stand die RfA auf verlorenem Posten. Koch und Grießmeyer konnten sich dabei allerdings der Zustimmung ihrer Versi-

---

203 Vgl. das Protokoll der ersten Sitzung vom 24.9.1941, in: RfA-Archiv Nr. 205.
204 Vgl. das Einladungsschreiben an die RfA vom 26.11.1941 sowie das Antwortschreiben Kochs vom 28.11.1941, in: RfA-Archiv Nr. 26.
205 Vgl. Protokoll der Zweiten Sitzung der Kommission vom 5.2.1942, in: RfA-Archiv Nr. 205.
206 Vgl. ebd., S. 3.
207 Vgl. Sitzungsniederschrift des Ständigen Ausschusses vom 25.2.1942, S. 8, in: RfA-Archiv Nr. 69 a.

cherten sicher sein. Viele bei der RfA Versicherte sahen die zum Teil auch in der Fachöffentlichkeit diskutierten Rechtsangleichungstendenzen keineswegs positiv. In einem Leserbrief an die Fachzeitschrift *Deutsche Rentenversicherung* vom Mai 1941 heißt es etwa:

> Ich bin der Meinung, dass eine Angleichung nicht etwa gefunden werden muss, dass nun etwa Invaliden- und Angestelltenversicherung vereinigt werden und dann eine Altersversorgung eintritt, die für die Arbeiter besser, für den Angestellten aber schlechter ausfällt. Wo bleiben dann die vielen Gelder, die an Angestelltenversicherungsbeiträgen gezahlt worden sind und doch eigentlich nur den Angestellten und deren Hinterbliebenen zugute kommen müssten?[208]

Im August 1942 legte das RVA dann dem RAM eine 38-seitige Denkschrift zur Rechtsangleichung von IV und AV vor, die unter dem Etikett der kriegsbedingt notwendigen Verfahrensvereinfachungen umfangreiche Vorschläge zur Angleichung der Vorschriften für die einzelnen Versicherungszweige – über Versicherungspflicht und Versicherungsfreiheit – enthielt.[209] All dies war offenbar Teil einer neuen, diesmal nicht mehr von der DAF, sondern vom RAM ausgehenden Initiative zur Neuordnung der Sozialversicherung. Im Oktober 1942 jedenfalls berichtete der Präsident der LVA Hamburg, Storck, an RVA-Vizepräsident Schmitt, dass alle Mitglieder in der vergangenen Sitzung des Ständigen Ausschusses gebeten worden seien, „unsere Gedanken über die Neuordnung der Sozialversicherung dem Präsidenten Grießmeyer zu übermitteln“.[210] Die beigefügte neunseitige Ausarbeitung Storcks setzte sich dabei vor allem mit der Krankenversicherung auseinander. Die Rentenversicherung war insofern tangiert, als es offenbar einen Plan des Reichsverbands der Ortskrankenkassen gab, der radikal die Verbindung zwischen Krankenversicherung und Rentenversicherung beseitigen und dabei das Heilverfahren aus Letzterer herauslösen wollte – was Storck vehement ablehnte.[211] Vor allem verband der LVA-Präsident seine Stellungnahme mit einer massiven Kritik am RAM und dessen sozialpolitischer Gesetzgebungsarbeit. Der Entwurf passe, so Storck, in die Arbeit des RAM der letzten Jahre:

> Seit dem Aufbaugesetz, das wenigstens eine Richtung erkennen lässt, aber eine Halbheit geblieben ist, [gab es] nur Flickwerk ohne einheitliche Linie, ohne großen Zug. Man braucht ja nur die Leistungsverbesserungsgesetze für die Rentenversicherung anzusehen. Dieses Herumkurieren an einzelnen Bestimmungen, dieser Kleckerkram mit Regelungen, bei denen mit zwei Schritten vorwärts gleichzeitig eineinhalb Schritte rückwärtsgegangen wird.[212]

Diese Haltung war offenbar typisch für einen erheblichen Teil des stark nationalsozialistisch gesinnten Führungs- und Leitungspersonals unter den Versicherungsträ-

208 Schreiben vom 21.5.1941, in: RfA-Archiv Nr. 94 a.

209 Die Denkschrift vom 26.8.1942, in: BArch R 89/3172.

210 Schreiben Storcks an Schmitt vom 12.10.1942, in: BArch R 89/2638.

211 Vgl. Storcks „Gedanken über den Aufbau der Reichsversicherung“, in: ebd.

212 Schreiben Storcks an Schmitt vom 12.10.1942, in: BArch R 89/2638. Vgl. dazu auch einen Brief Storcks an RAM-Ministerialdirigent Zschimmer vom 14.11.1942, in: BArch R 89/2639.

gern. Ob und welche Rolle hier Grießmeyer im weiteren Verlauf gespielt hat, ist unklar. Er gehörte aber zweifellos nicht zu dem Kreis um Storck, Möbius und RVA-Vizepräsident Schmitt. Im Übrigen gab es im weiteren Verlauf offenbar zunehmende Konflikte und Kompetenzstreitigkeiten zwischen dem Reichsverband Deutscher Rentenversicherungsträger und dem RVA, bei denen es im Lauf des Jahres 1943 auch um die Auflösung des Reichsverbands und die Übernahme der Aufgaben durch das RVA ging.[213]

Ein neues großes Rentengesetz kam durch das RAM letztendlich nicht zustande, aber die Maschinerie der Gesetzgebungsmaßnahmen, Verordnungen und Erlasse im Rentenversicherungsrecht stand dennoch auch 1943 und 1944 nicht still. Im Mittelpunkt der diversen Aktivitäten stand dabei der Ausbau der Gesundheitsfürsorge in der Rentenversicherung, unter anderem wurde ein Tuberkuloseversorgungswerk gegründet.[214] Im RAM liefen zur gleichen Zeit die Beratungen über den Entwurf einer zweiten Durchführungsverordnung zum zweiten Leistungsverbesserungsgesetz, das weitreichende Rechtsangleichungen zwischen IV und AV bei Versicherungspflicht, Beiträgen und Leistungen vorsah. Die Leistungsänderungen sollten allerdings nach den Vorstellungen des RAM nicht für die laufenden Renten gelten, da deren Umrechnung unmöglich erschien.[215] Dagegen wurden von den an der Beratung beteiligten Vertretern der Versicherungsträger, darunter auch RfA-Direktor Koch, erhebliche Bedenken erhoben. Da die Altrentner auf eine Erhöhung ihrer Rente drängen würden, diese aber jetzt nicht durchführbar sei, wäre es besser, die Verordnung jetzt überhaupt nicht zu erlassen. Auch sonst brachte Koch deutlichen Widerspruch gegen die geplanten Regelungen zu Protokoll.[216] Die Beratungen wurden fortgesetzt, währenddessen war im Oktober 1943 eine andere (zweite) Verordnung über Leistungsverbesserungen in den Alpen- und Donau-Reichsgauen, den eingegliederten tschechoslowakischen Gebieten sowie den eingegliederten Ostgebieten erlassen worden. Unter dem Gesichtspunkt der rentenversicherungsrechtlichen Gesetzgebung ist vorerst nur von Bedeutung, dass das Gesetz erst nach langem Anlauf und drei im Mai 1942 begonnenen Entwürfen schließlich erlassen wurde.[217] Der Grund waren massive Interventionen durch die Partei-Kanzlei, die deutlich machen, wie stark die Gesetzgebung des RAM letztlich am Gängelband der NSDAP erfolgte. Denn die im zweiten Entwurf ursprünglich vorgesehenen Leistungsverbesserungen wurden in Bezug auf die Angestellten auf Parteiwunsch zurückgestellt, so dass die Verordnung zunächst nur Leistungsverbesserungen für Arbeiter enthielt. Erst mit Verzögerung wurden dann auch die Leistungsverbesserungen für Angestellte wieder aufgenom-

213 Vgl. dazu das Scheiben Möbius' an Schmitt vom 18.3.1943, in: BArch R 89/2639.
214 Vgl. dazu der Jahresrückblick von Möbius, Der Ausbau der Deutschen Sozialversicherung im Jahre 1943, in: Deutsche Rentenversicherung (1944), Nr. 1/3, S. 2–3.
215 Vgl. Vermerk Kochs über die Besprechung im RAM vom 2.9.1943, in: RfA-Archiv Nr. 37.
216 Vgl. ebd.
217 Vgl. dazu RfA-Archiv Nr. 36.

men.[218] Seitens der RfA war der Entwurf im Juli 1943 regelrecht auseinandergenommen worden, vor allem auch im Hinblick auf die höchst komplizierte Berechnung der vorgesehenen Zusatzrenten, die für die Behörde einen ungeheuren zusätzlichen Verwaltungsaufwand bedeutete.[219]

218 Vgl. dazu das Schreiben des RAM vom 7.7.1943, in: RfA-Archiv Nr. 36, auch in: BArch R 89/3172.
219 Vgl. das Schreiben Grießmeyers an das RAM vom 20.7.1943, in: ebd. In RfA-Archiv Nr. 36 dazu auch der von Koch stammende Rohentwurf des Briefes. Noch im November 1943, einen Monat nach Erlass der Verordnung, fanden dazu zwischen RAM, RVA und RfA Gespräche im RAM zu Einzelheiten der Durchführung der Verordnung statt. Vgl. dazu die beiden Besprechungsvermerke der beteiligten RfA-Beamten in: RfA-Archiv Nr. 36.

6 Behördenorganisation im Krieg und die rentenversicherungsrechtlichen Folgen der Kriegswirtschaft

6.1 Personalentwicklung, verwaltungstechnische Neuerungen und Büroalltag im Zeichen der Verwaltungsvereinfachung

Die Rentenversicherung gehörte zu den kriegswichtigen Verwaltungszweigen, deren reibungslose Arbeit in ganz besonderem Maße dazu beitrug, die Heimatfront zu stärken. Das war nicht nur die vom NS-Regime zugeschriebene Bedeutung, sondern entsprach zweifellos auch dem Selbstverständnis der leitenden Beamten und vieler Belegschaftsangehöriger. Die Organisationsstruktur der RfA selbst hatte sich trotz der vielfältigen Herausforderungen und verwaltungspraktischen Belastungen infolge des Krieges nicht wesentlich verändert. Die RfA blieb funktional organisiert, orientiert an der Verrichtung der Aufgaben. Die Behörde reflektierte damit weiterhin in ihrer Organisationsstruktur auch die Organisation des Alterssicherungssystems im Bereich der Angestellten. Die markanteste Veränderung war das deutliche Wachstum. Die Zahl der Dienststellen wuchs im Zuge der Aufgabenausweitung und der geographischen Expansion, aber auch als Antwort auf die zunehmende Komplexität der Gesetzgebung und deren verwaltungsorganisatorische Bewältigung. Es gab nun vier Abwicklungs- bzw. externe Amtsstellen in Wien, Luxemburg, Straßburg und Königshütte/Oberschlesien. Entsprechend waren in der Versicherungs- wie Leistungsabteilung auch jeweils eigene Dienststellen für Österreich, das Sudetenland, das Elsass und die Ostgebiete eingerichtet worden.[1] Endlich hatte man im Zuge dessen auch die abteilungsmäßige Eigenständigkeit der bisher unter dem gemeinsamen Dach der Abteilung I befindlichen Versicherungs- und Leistungsabteilung geschaffen; Letztere firmierte nun als Abteilung IV. Auch der Außendienst erfuhr eine Ausweitung: Die Zahl der Überwachungsbeamten wurde auf 133 aufgestockt und ihre Tätigkeit mit Hilfe von 16 neuen Überwachungsstellen auf die „Ostmark“, das Sudetenland, aber auch auf das Protektorat und die eingegliederten Ostgebiete (Generalgouvernement und Warthegau sowie Ostoberschlesien) ausgedehnt.[2] Die Beschäftigtenzahlen in der RfA insgesamt wuchsen auf 2241, das waren ca. 26 Prozent mehr als 1937, und der Personalstand blieb trotz Einberufungen in den folgenden Kriegsjahren auf einem hohen Niveau.

---

1 Diese Abteilungen wurden zunächst als I/Sud, I/Oe und I/Osten bezeichnet, im November 1941 dann jedoch „im Bestreben auf Beseitigung von Stummelwörtern“ in reine Zahlenbezeichnungen umbenannt. Vgl. dazu die Präsidialverfügung vom 12.11.1941, in: RfA-Archiv Fach 1, Nr. 3 sowie im Detail die diversen Geschäftsverteilungspläne, etwa der Abt. I Versicherung vom 20.9.1941, in: RfA-Archiv Nr. 76.
2 Vgl. dazu Rundschreiben an die Überwachungsbeamten vom 13.10.1942, in: RfA-Archiv Fach 68, Nr. 4.

 https://doi.org/10.1515/9783110652741-007

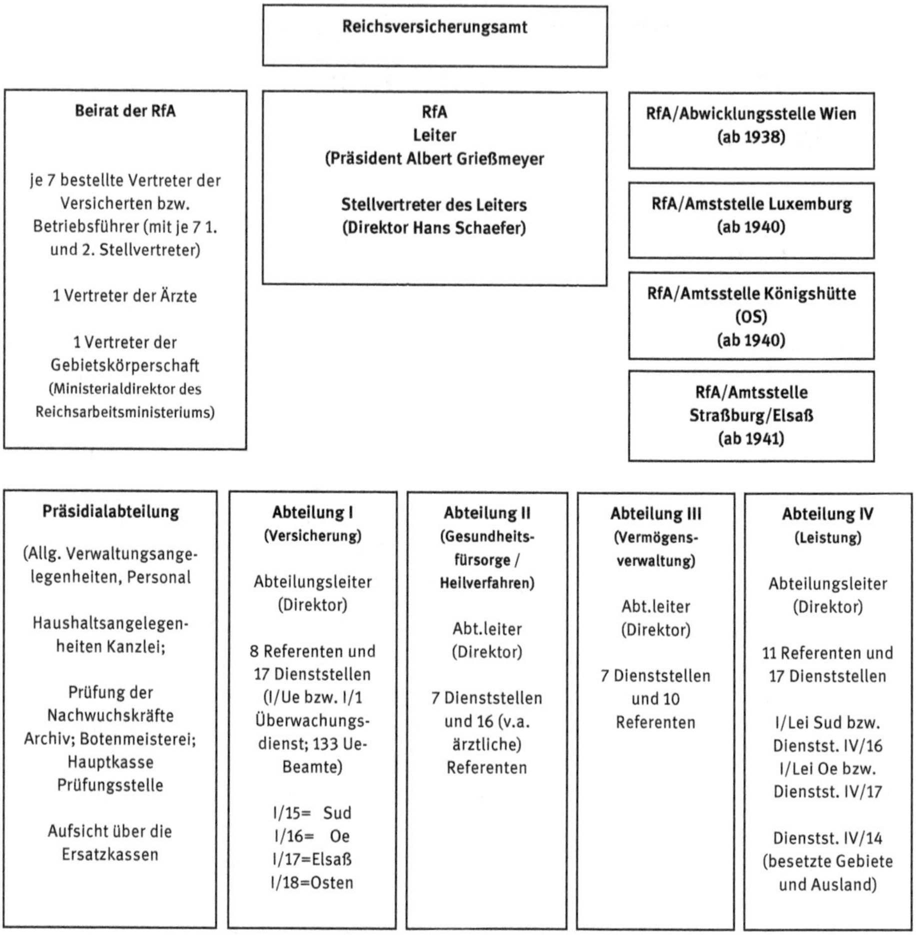

Schaubild 3: Organisation der Reichsversicherungsanstalt für Angestellte (RfA) 1942
Quelle: Zusammengestellt nach den Angaben in den Präsidialverfügungen vom 12. 1. 1941 und vom 3. 3. 1941, in: RfA-Archiv Fach 1, Nr. 3 sowie die diversen Geschäftsverteilungspläne in: RfA-Archiv Nr. 76.

Das wie vor ausgeprägte Selbststeuerungsfähigkeit, sondern auch die vorhandene Dualität aus Staatsverwaltung und Selbstverwaltung wider. Der Beirat war im April 1939 durch Organigramm spiegelt nicht nur die nachErlass des RAM von bisher je fünf auf je sieben Vertreter der Versicherten und der Betriebsführer erweitert und zunächst für die Dauer der seit 1937 noch laufenden zweiten Amtszeit bis zum 31. Dezember 1941 berufen worden. Es ist zu vermuten, dass die Initiative dazu von Grießmeyer ausging, denn im RVA zeigte man sich irritiert darüber, dass die RfA diesbezüglich auch eine Satzungsänderung vornehmen und darin explizit die neue Beiratsvertretung für Österreich und das Sudetenland verankern wollte. Die Aufsichtsbehörde befürchtete, dass damit auch entsprechende Forderungen anderer Gebietsteile erhoben werden könnten.[3] Für Österreich saßen nun der Inspektor Josef Heinrich aus Wien sowie der Generaldirektor der Berndorfer Metallwarenfabrik Arthur Krupp AG, Claus von Bohlen und Halbach, neu im RfA-Beirat, das Sudetenland war mit Dr. Hans Lamka, Angestellter der Sekuritas Versicherungs AG in Reichenberg und dem Ingenieur Hans Wünsche von der Aussiger Firma Georg Schicht AG vertreten.[4] Beide waren wie üblich auf Vorschlag und nach Zustimmung durch das Sozialamt der DAF bzw. der Reichsgruppe Industrie ernannt worden, wobei die RfA zunächst auch von sich aus offensichtlich eine entsprechende Vorschlagsliste eingebracht hatte, von der jedoch drei der möglichen sudetendeutschen Beiratsmitglieder von der DAF abgelehnt worden waren.[5] Das ganze Berufungsverfahren hatte sich dadurch monatelang hingezogen. In der Folgezeit gab es unter den Beiratsmitgliedern sowie deren ersten und zweiten Stellvertretern aufgrund unterschiedlichster Gründe eine durchaus nennenswerte Fluktuation. Der langjährige Vertreter der Betriebsführer, Generaldirektor Jakob Hasslacher, war im Juli 1940 gestorben, zuvor schon war im Januar der eben erst berufene Vertreter Österreichs, Claus von Bohlen und Halbach im Krieg gefallen.[6] An seine Stelle rückte nun der Leiter der Personalabteilung des Wiener Creditanstalt-Bankvereins Dr. Jörg Untereiner. Im Februar 1940 bat auch der sudetendeutsche Vertreter, Dr. Lamka, um seine Amtsenthebung, da er sich in seiner gleichzeitigen Funktion als Gau-Rechtsberater der DAF, durch die er öfter in Sozialversicherungsfälle auch gegen die RfA vorzugehen gezwungen war, in einem Interessenkonflikt befand und daher sein Amt wieder zur Verfügung stellte.[7] Zum Januar 1942 war die Amtszeit der Beiräte erneut um vier Jahre verlängert worden, aber die letzte ordentliche Sitzung sollte im April 1943 stattfinden.

Was der bloße Blick auf die Organisationsstruktur jedoch nur erahnen lässt, ist, dass die RfA spätestens seit 1939 im Zuge der weiterhin hektischen Gesetzgebung gleichsam permanent an ihre Leistungsgrenze stieß und nur unter größten organisatorischen Anstrengungen und unter erheblicher Leistungsbereitschaft der Beschäftigten dabei erfolgreich war, die Verwaltungseffizienz auch unter den schwierigen Bedingungen des Kriegs aufrechtzuerhalten. Debatten über organisatorische Reformen blieben daher aus, solange die RfA in der Lage war, die Realisierung des gesetzlich normierten Leistungsrechts ohne starke Reibungsverluste zu gewährleisten.[8] Innerbehördlich erfolgten jedoch zahlreiche Umorganisationen, die allerdings

3 Vgl. Vermerk des RVA vom 19.7.1939, in: BArch R 89/3470.

4 Vgl. dazu Mitteilungen der RfA Nr. 1, 1940, S. 1 sowie auch RfA-Archiv Fach 90, Nr. 3.

5 Vgl. Schreiben der RfA an das RVA vom 23.8.1939, in: BArch R 89/3470.

6 Vgl. dazu RfA-Jahresbericht 1940, S. 6, in: BArch R 89/3470.

7 Vgl. Schreiben Lamkas an die RfA vom 24.2.1940, in: ebd.

8 Vgl. dazu in Bezug auf die Debatten nach 1945 Hockerts, Sozialpolitische Entscheidungen, S. 165f. Debatten über Aufgabenausweitungen, aber auch Aufgabenreduzierungen der RfA fanden etwa im April 1941 statt, als es Versuche der Seeberufsgenossenschaft gab, die Angestelltenversicherung der Seeleute auf die Seekasse zu übertragen. Schon im Dezember 1939 hatte es zudem im Finanzministerium Pläne für eine Angliederung der Zusatzversorgungsanstalt des Reichs und der Länder an die RfA gegeben. Vgl. Schreiben des Reichsfinanzministers an das RAM vom 23.12.1939, in: BArch R 89/3169

nicht ohne Reibereien und Kompetenzstreitigkeiten abliefen, denn die starke Expansion hatte Überschneidungen bei der Bearbeitung von Verwaltungsangelegenheiten mit sich gebracht. Die 1935 geschaffene Auslandsstelle zur einheitlichen Behandlung aller diesbezüglichen Vorgänge in der Hand eines Referenten war im Zuge der geographischen Expansion des Aufgabengebietes der RfA hinfällig geworden, so dass nun anstelle der früheren Einheitlichkeit der Bearbeitung Vorgänge gleichen Inhalts je nach Wohnort des Versicherten von verschiedenen Dienststellen mit anderen Referenten bearbeitet wurden.[9] In einem Vermerk vom Oktober 1941 ist denn auch von Schwierigkeiten bei der Bearbeitung und Zuständigkeit die Rede:

> Seit Errichtung der Dienststellen I/Osten, I/Oe und I/Sud besteht Unsicherheit über die Zuständigkeit für die Bearbeitung der Beitragsangelegenheiten und es ergeben sich Verschiedenheiten in der Bearbeitung, da die Entscheidungen und Auslegung von Zweifelsfragen von verschiedenen Referenten getroffen werden.[10]

Auch in der Präsidialabteilung gab es im Laufe der Jahre eine Reihe von Umverteilungen der Aufgaben und Zuständigkeiten.[11]

Letztlich hatte aber Grießmeyer „seine" RfA verwaltungsorganisatorisch gut im Griff und mit den internen Umorganisationen rechtzeitig auf die sich stellenden neuen Herausforderungen reagiert. Anfang April 1940 äußerte er sich dazu auch gegenüber dem Beirat:

> Eine Empfindung möchte ich in diesem Kreis nicht verhehlen, die sich mir mehr und mehr aufdrängt, nämlich die, dass nach meinem Dafürhalten unsere zentral organisierte und zentral geleitete Versicherung ohne provinziellen oder örtlichen behördlichen Unterbau allmählich die Größe gebietsmäßig und nach der Zahl der Versicherten bekommen hat, die als die maximale, sicherlich als die optimale zu bezeichnen ist. Wir sind in dieser Hinsicht saturiert, bis vielleicht die Lösung des Problems der Altersversorgung des gesamten Volkes auch in organisatorischer Beziehung neue Grundlagen schafft.[12]

Was Grießmeyer damit verklausuliert auch sagen wollte, war, dass die RfA als Behörde zu diesem Zeitpunkt bereits faktisch aus allen Nähten platzte und unter erheblichem Raummangel litt. Bereits Mitte April 1940 hatte man daher Pläne für einen Neubau geschmiedet. In einem Gebäudeteil mit rund 6300 Quadratmeter Nutzfläche saß zwar mit den Didier-Werke AG ein Mieter, der wegen der kriegswirtschaftlichen Bedeutung für den Vierjahresplan allerdings praktisch unkündbar war. Dazu kam, dass der Berliner Oberbürgermeister die RfA gebeten hatte, durch einen Erweiterungsbau dazu

---

sowie zur Seekasse den umfangreichen Schriftwechsel vom April 1941, in: BArch R 89/3172 sowie Schreiben der Seekasse an Grießmeyer vom 8.2.1941, in: RfA-Archiv, Nr. 26.

9 Vgl. dazu den Vermerk vom 3.4.1941, in: RfA-Archiv Nr. 76.

10 Vermerk vom 8.10.1941, in: RfA-Archiv Nr. 76.

11 Vgl. dazu etwa die Präsidialverfügung vom 3.3.1941, in: RfA-Archiv Nr. 3.

12 Niederschrift der elften Beiratssitzung vom 8.4.1940, S. 5, in: BArch R 89/3470.

beizutragen, dem Fehrbelliner Platz endgültig ein städtebaulich einheitliches Gepräge zu geben.[13] Doch alle Baupläne mussten im Frühjahr 1940 infolge des Krieges auf unbestimmte Zeit zurückgestellt werden. Schließlich wurde die Behörde im September 1942 auch noch aufgefordert, im Dienstgebäude, in dem neben den reinen Büroräumen ja noch die Kartei mit rund 35 Millionen Stück, das Aktenarchiv, die ärztlichen Untersuchungsräume mit Röntgenstelle und Laboratorium sowie die umfangreiche Auskunftsstelle mit Warteräumen untergebracht waren, ca. 200 Räume für Heereszwecke freizumachen.[14] Bei dem jetzigen Stand der Belegung der Diensträume, so wehrte sich RfA-Vizepräsident Schaefer gegenüber dem RAM, sei eine weitere Zusammenlegung nicht vertretbar. Als Leiter eines kriegswichtigen Betriebes habe er darüber zu wachen, dass die Gefolgschaft ihre vermehrte Arbeit unter Bedingungen ableiste, die ihre Leistungsfähigkeit nicht beeinträchtige.[15]

Unter diesen schwierigen Konstellationen kam dem Personalmanagement eine erhöhte Bedeutung zu. Die Zahl der Belegschaft war wie erwähnt deutlich von 1872 im Jahr 1939 binnen eines Jahres auf 2291 gestiegen, dann infolge der Einberufungen und altersbedingten Abgänge auf 2036 im Jahr 1944 gesunken.[16] Den anteilsmäßig größten Zuwachs erfuhren dabei die Angestellten des gehobenen, mittleren und einfachen Dienstes, die im Jahr 1942 mit 2033 Beschäftigten 90 Prozent der RfA-Beamten ausmachten, daneben gab es noch 74 leitende Beamte des höheren Dienstes und 134 Arbeiter. Die markanteste Verschiebung gab es dabei aber nicht in der Qualifikationsstruktur, die sich durch die Einstellung hastig neu eingestellter Hilfskräfte gleichwohl veränderte, sondern im Anteil der weiblichen Beschäftigten. Waren 1939 noch 690 Frauen bei der RfA beschäftigt (33,8 Prozent), so stieg deren Zahl allein bis Mai 1940 auf 897 oder 47,8 Prozent. 1943 war das Verhältnis zwischen männlichen und weiblichen Beschäftigten mit 819 zu 809 nahezu ausgeglichen, allerdings nahmen Letztere überwiegend Positionen als Beamte und vor allem Angestellte im mittleren Dienst ein, während die Männer nahezu ausschließlich in der Gruppe der RfA-Beamten und im gehobenen Dienst vertreten waren.[17] 412 RfA-Beschäftigte waren bereits zum Wehrdienst eingezogen worden, bis Ende 1943 sollte sich diese Zahl auf knapp 500 erhöhen. Infolge der geographischen Expansion der RfA waren zudem noch 1939 insgesamt 68 volksdeutsche Beamte der Allgemeinen Pensionsanstalt in Prag sowie 52 Beamte der aufgelösten Angestelltenversicherungsanstalt in Wien übernommen worden und in die Ruhrstraße nach Berlin gewechselt. 53 Beamte und Angestellte in

13 Vgl. dazu Niederschrift der neunten Beiratssitzung vom 17.4.1939, S. 19, in: ebd.
14 Vgl. dazu das Schreiben der RfA an das RAM vom 3.9.1942, in: BArch R 89/3467.
15 Vgl. ebd.
16 Vgl. dazu die Tabelle zur Personalentwicklung in: Bonz-MS, S. 87 sowie die statistischen Angaben in BArch R 89/3491 und BArch R 89/3494.
17 Vgl. dazu die kriegswirtschaftliche Kräftebilanz für 1943, in: BArch R 89/3496.

der Wiener Abwicklungsstelle gehörten zudem nun auch zur RfA.[18] Zwischen 1939 und 1940 erhöhten sich damit die gesamten Personalausgaben von 9,4 auf 12,3 Mio. RM, d.h. um 30 Prozent. Die RfA-Amtsstellen in Luxemburg und Straßburg zählten hier nicht dazu, sie besaßen eine eigene Haushaltsführung und unterstanden personalrechtlich dem jeweiligen Chef der dortigen Zivilverwaltung. Ein Teil der übernommenen Beamten aus Prag ließ sich aufgrund der Erfordernisse in den folgenden Jahren wieder in das Protektorat zurückversetzen, gleichzeitig sollten aber im Januar 1943 weitere zehn bis dreizehn männliche Angestellte der Allgemeinen Pensionsanstalt in Prag in Berlin zum Einsatz kommen. Die Statistik verzeichnet für 1943 zudem auch den Einsatz von zwei männlichen Zwangsarbeitern.[19]

Angesichts der massiven Zunahme an Verwaltungsaufwand bei gleichzeitig schrumpfendem Personalstand verteidigte Grießmeyer den Verbleib seiner Mitarbeiter in der Behörde mit Zähnen und Klauen. Immer wieder wurden einzelne seiner besten Beamten und Rentenexperten von anderen Behörden angefordert, gegen deren Abgang der RfA-Präsident meist machtlos war, zumal manche der Betroffenen selbst um ihre Versetzung und den Wechsel der Behörde gebeten hatten. Im Mai 1941 hatte etwa der Reichsrechnungshof um die Abgabe eines Regierungsamtmanns der RfA gebeten, im September musste man zwei Beamte an den Reichskommissar für das Ostland in Riga abordnen, im Januar 1942 benötigte die Regierung des Generalgouvernements in Krakau dringend die Hilfe eines kundigen Sachbearbeiters für Sozialversicherung und im März 1942 klopfte das Reichsministerium für die besetzten Ostgebiete an die Tür.[20] Vor allem wenn es sich um hohe Parteidienststellen wie die Kanzlei des Führers handelte, die schon im Januar 1940 um die weitere Überlassung von RfA-Regierungsrat Dr. Dageförde gebeten hatte, blieb Grießmeyer nichts anderes übrig, als den Bitten zu entsprechen.[21] Vor allem auch unter den Ärzten in den RfA-Sanatorien und Heilanstalten riss der Kriegsdienst große personelle Lücken, die meist nicht mehr gefüllt werden konnten; Grießmeyer versuchte dies unter Zuhilfenahme des RVA mit verstärkten Anträgen für uk-Stellungen, d.h. unabkömmliche Funktionen in der Verwaltung, aufgrund derer kein Einzug zur Wehrmacht erfolgte, zu verhindern. Teil seines bewussten Arbeitskräfte-Managements war auch die beharrliche Beantragung von dienstnotwendigen Freistellungen vom Wehrdienst oder aber im Laufe des Krieges von Entlassungen aus der Wehrmacht und Rückberufungen in den Dienst der RfA.[22] „Einziger zuverlässiger Sachbearbeiter polnischer Rentenversicherungssachen" hieß es etwa zur Begründung eines entsprechenden Antrags. „Wegen seiner Sprachkenntnisse und seiner Kenntnis des polnischen Versicherungsrechts nicht zu ent-

18 Vgl. RfA-Jahresbericht für 1939, S. 7, in: BArch R 89/3470. Vgl. dazu auch den Personalhaushaltsplan für das Geschäftsjahr 1940, in: ebd. Vgl. auch das Schreiben der Beamtenschaft der Prager Pensionsanstalt an die RfA vom 28.11.1938, in: RfA-Ardhiv Nr. 169.

19 Vgl. dazu die kriegswirtschaftliche Kräftebilanz für 1943, in: BArch R 89/3496.

20 Die Beispiele finden sich in: BArch R 89/3500 und 3501.

21 Vgl. dazu das Schreiben Grießmeyers an das RAM vom 24.1.1940, in: BArch R 89/3506.

22 Vgl. dazu eine Fülle von Beispielen im Sommer 1940, in: BArch R 89/3508.

behren, auch nicht zu ersetzen."[23] Durch die kriegsbedingte Knappheit an Arbeitskräften sah sich die RfA zudem gezwungen, ihre bereits im Ruhestand befindlichen Beamten und Angestellten „zur vorübergehenden Dienstleistung einzuberufen".[24] Auch ein erheblicher Teil der eingestellten weiblichen Arbeitskräfte rekrutierte sich aus ehemaligen RfA-Mitarbeiterinnen, die seit 1933 wegen Heirat ausgeschieden waren, nach Kriegsausbruch jedoch auch aufgrund des Wehrdienstes ihrer Männer, um Wiederbeschäftigung nachsuchten.[25]

Obwohl es arbeitsmäßig an allen Ecken und Enden brannte, verweigerte Grießmeyer jedoch die Rückholung von RfA-Mitarbeitern und anderen, von Seiten des Arbeitsamtes zur Verfügung gestellten Aushilfskräften, die nach 1933 aus politischen Gründen entlassen worden waren. Zur Bewältigung der Mehrarbeit, die der RfA durch die Übernahme der Rentenzahlungen in der „Ostmark" und dem Sudetenland erwachsen war, hatte man etwa im Juni 1939 eine Reihe von Arbeitskräften zugewiesen bekommen, unter denen sich zwei ehemalige SPD-Mitglieder befanden. Die Betroffenen wurden zwar zur Bewältigung des Arbeitskräfteengpasses vorübergehend eingestellt, aber ihnen wurde von Anfang an bedeutet, dass sie mit einer längerfristigen Wiederbeschäftigung nicht rechnen konnten.[26] Obwohl nach Ablauf der Beschäftigungsfrist die beiden Angestellten ihren Leistungen nach im Dienst hätten verbleiben können, verweigerte die RfA die Anstellung. Grießmeyer schrieb dazu an das RVA:

> Der Gesuchsteller erstrebt in erster Linie die Beseitigung des Makels seiner Entlassung durch das Arbeitsamt wegen seiner früheren Zugehörigkeit zur SPD und seine Gleichstellung mit den übrigen Volksgenossen. Solange jedoch keine allgemeinen Vorschriften über die Wiederverwendung solcher Personen ergangen sind, bin ich nicht in der Lage, den Gesuchsteller weiterhin vorübergehend oder als Tarifangestellten in den Dienst der Reichsversicherungsanstalt zu übernehmen.[27]

Politisch zuverlässigen Aushilfskräften eröffnete sich zumindest die Option, längerfristige Beschäftigung bei der RfA zu erhalten, und für diese meist versicherungsfremden Hilfskräfte wurde im März 1940 ein eigener, zweimonatiger Lehrgang entwickelt, in denen diese gleichsam im Schnelldurchgang über die Organisation und den Geschäftsgang der RfA sowie über die wichtigsten Bestimmungen des Angestelltenversicherungsgesetzes unterrichtet wurden.[28]

Der RfA-Präsident unternahm nicht zuletzt auch erhebliche Anstrengungen zur Erhöhung der Motivation, des Arbeitsanreizes und der Leistungsbereitschaft seiner Behördenmitarbeiter. Am Gestrüpp des Dienstrechts bei den Rentenversicherungs-

23 Vgl. die Liste der Führungs- und Fachkräfte, in: BArch R 89/3496.
24 Zitiert nach Bonz-MS, S. 84. Vgl. dazu auch das Schreiben der RfA an das RAM vom 11.2.1942, in: BArch R 89/3494.
25 Vgl. ebd., S. 86.
26 Vgl. dazu den Bericht des RVA vom 8.6.1939, in: BArch R 89/3487.
27 Schreiben Grießmeyers vom 24.5.1939, in: ebd.
28 Vgl. dazu die Präsidialverfügung vom 23.3.1940, in: RfA-Archiv Nr. 25.

trägern und dem spezifischen Status der RfA-Beamten, deren Rechte und Pflichten nicht im staatsrechtlichen Sinne geregelt, sondern in einer Dienstordnung niedergelegt waren, hatte sich allerdings nichts geändert.[29] Und im September 1940 war seitens des RVA eine auch für die RfA vorgesehene neue Muster-Dienstordnung entworfen worden, die aus Sicht der dortigen Behördenmitarbeiter eine deutliche Verschlechterung weniger in finanzieller als in statusbezogener Hinsicht beinhaltete. Anstelle von auf Lebenszeit angestellten Beamten war nur noch von Angestellten ohne Zusage einer lebenslänglichen Anstellung die Rede.[30] In einem Brief kritisierte Grießmeyer offen die Änderungen, die für die RfA einen Rückschritt bedeuteten und „auch nicht den Wünschen meiner Gefolgschaft entsprechen und Beunruhigung schaffen".[31] Tatsächlich kam das konfliktbehaftete Problem von 1936 mit der Frage der Art und Weise der Verpflichtung der RfA-Beamten nun wieder hoch. Um die Regelung der Dienstverpflichtung, ob per einfachem Gelöbnis oder Beamtentreueeid auf den Führer, hatte sich das RVA bis zum Erlass einer Musterdienstordnung gedrückt. Nun drängte Grießmeyer auf eine endgültige Klärung.[32] Mitte November 1941 entschied das RAM gegen die Wünsche und Forderungen Grießmeyers und forderte den Präsidenten über das RVA auf, die Ablegung des Gelöbnisses umgehend nachzuholen.[33] Der DAF-Fachschaftsgruppenwalter bei der RfA schrieb daraufhin einen empörten Brief an Grießmeyer:

> Die Bekanntgabe, dass die Beamten der Reichsversicherungsanstalt demnächst durch das Gelöbnis nach § 2 ATO auf den Führer verpflichtet werden sollen, hat innerhalb der Betroffenen stärkste Beunruhigung hervorgerufen. Soweit ich es überblicken kann, wird die gesamte Beamtenschaft sich weigern, das Gelöbnis abzulegen.[34]

Tatsächlich versuchte Grießmeyer daraufhin noch einmal beim RAM eine Meinungsänderung herbeizuführen. Er wolle unter allen Umständen vermeiden, dass die feierliche Handlung der Verpflichtung der Beamten auf den Führer dazu Anlass gäbe, innerhalb der Beamtenschaft die geschilderte Stimmung und Haltung auszulösen.[35] Ein Jahr konnte Grießmeyer die Angelegenheit in der Schwebe halten, doch das RAM blieb letztlich hart, und am 10. Dezember 1942 blieb dem RfA-Präsidenten nichts anderes übrig, als hinsichtlich der Gelöbnisabnahme Vollzug zu melden.

Auch wenn sich Grießmeyer mit deutlichem Engagement für die Rechte seiner Beamten eingesetzt hatte, so fiel der Unmut und die Enttäuschung über die als Degradierung empfundene Behandlung auf ihn zurück. Wenig Sympathie erwarb er sich

---

29 Vgl. dazu auch Die Ausbildungs- und Prüfungsordnung für die Anwärter in der Rentenversicherung, in: Deutsche Rentenversicherung 13 (1941), Nr. 10, S. 1–3.

30 Vgl. dazu den Vermerk über eine Besprechung im RVA am 5.12.1940, in: BArch R 89/3493.

31 Schreiben Grießmeyers vom 13.12.1940, in: ebd.

32 Vgl. Brief Grießmeyers an das RVA vom 30.9.1941, in: BArch R 89/3467.

33 Vgl. Schreiben des RAM vom 13.11.1941, in: ebd.

34 Schreiben vom 16.12.1941, in: ebd.

35 Schreiben Grießmeyers an den RAM vom 16.12.1941, in: ebd.

zudem im November 1941 bei seiner Belegschaft mit einem Rundschreiben plus beigelegtem Fragebogen. Darin wurde bekannt gegeben, dass man, anders als in vielen Unternehmen üblich, (aus rechtlichen Gründen) keine Weihnachtsgratifikation an die Gefolgschaftsmitglieder gewährte; nach Ausfüllen eines Formulars mit den genauen Einkommens- und Vermögensverhältnissen könnten jedoch, soweit die Bedürftigkeitskriterien erfüllt waren, Unterstützungsbeträge von 20 bis 60 RM gezahlt werden. Von vielen Beschäftigten wurde das als entwürdigendes und ungerechtes Vorgehen empfunden und bei Reichsarbeitsminister Seldte ging daraufhin unter anderem auch ein entsprechend empörter, aus Angst vor Repressalien jedoch anonymer Brief ein. In keinem Betrieb und bei keiner Behörde werde danach gefragt, wie hoch das Gesamteinkommen sei; man erhalte dort anstandslos Weihnachtsgeld und keine Almosen in Form von einer Unterstützung. „Bei der RfA werden wir kleinen Angestellten und Beamten sowieso niedrigst bezahlt und dann macht man noch solche Mätzchen.“[36]

So weit es die genehmigten Planstellen in den verschiedenen Besoldungsgruppen zuließen, versuchte Grießmeyer zumindest seine oberen Beamten über zügige Beförderungen bei der Stange zu halten. Bevorzugte Beförderungen von NS-Parteigängern und verdienten Nationalsozialisten waren zwar nicht die Regel und auch nicht das leitende personalpolitische Prinzip, aber doch durchaus nachweisbar.[37] Im Februar 1941 beantragte Grießmeyer etwa die Beförderung des gerade einmal 36 Jahre alten Regierungsrates Otto Dageförde, Parteimitglied seit November 1932 und SS-Unterscharführer, obwohl dieser, wie bereits erwähnt, schon seit August 1938 als Sachbearbeiter für Gnadensachen zur Kanzlei des Führers abgeordnet und beurlaubt worden war.[38] Auch Grießmeyers Personalreferenten Reinhold Kittelmann und Erwin Gaber waren beide langjährige Parteimitglieder und wurden vergleichsweise rasch befördert.[39] In einem Fall einer abgelehnten Beförderung gab aber der RfA-Präsident offen zu, dass dahinter politische Gründe standen, die zugunsten der Beförderung eines anderen Beamten gewertet wurden. Es ging um einen seit 1913 bei der RfA beschäftigten und inzwischen als Dienststellenleiter tätigen Regierungsoberinspektor. Statt ihn zum Amtmann zu befördern hatte Grießmeyer jedoch einem anderen Beamten den Vorzug gegeben, „da dieser einige Monat älter ist als M. und außerdem nach den Angaben der politischen Stellen seit 1933 sich sehr für die nationalsozialistische Bewegung einsetzt“.[40] Die Personalstelle der RfA setzte sich zudem auch wohlwollend für den Antrag eines jungen RfA-Regierungsrats ein, in dem dieser nicht nur um die

36 Das Schreiben vom 25.11.1941 sowie das Rechtfertigungsschreiben Grießmeyers an das RAM vom 19.12.1941, in: BArch R 89/3494.

37 Vgl. dazu BArch R 89/3502.

38 Vgl. Schreiben vom 18.2.1941, in: BArch R 89/3500.

39 Vgl. dazu das Schreiben Grießmeyers vom 5.11. und vom 28.11.1940, in: ebd.

40 Vgl. das Schreiben Grießmeyers an das RVA vom 24.3.1941 und auch die darauf von dem Betroffenen (erfolglos) an den Generalbevollmächtigten für die Reichsverwaltung gerichtete Beschwerde vom 1.7.1941, in: BArch R 89/3501.

Anrechnung seiner Partei- und SA-Dienstzeiten auf das Besoldungsdienstalter bat, sondern auch um Berücksichtigung der vor dem Eintrittsdatum in die Partei liegenden Zeit, während der er sich nach eigenen Angaben bereits aktiv für die Bewegung betätigt habe. Dem Gesuch lag eine ausführliche Bescheinigung der Gauleitung Berlin bei.[41] Andererseits wurden aber auch altgediente und erfahrene RfA-Beamte – wie der seit 1912 bei der Behörde tätige und inzwischen als Bürodirektor der Leistungsabteilung eine Schlüsselstellung innehabende Paul Minow – unabhängig von ihrer Partei- oder Nichtparteizugehörigkeit befördert.[42] Im Zweifelsfall unterwarf sich Grießmeyer aber dem Veto der politischen Begutachtungen und Zeugnisse, die vor jeder Beförderung beim Personalamt der DAF eingeholt werden mussten. Im April 1942 beantragte er etwa beim RAM mit Verweis nicht nur auf die dienstlichen Fähigkeiten, sondern auch auf den Ariernachweis und die nationalsozialistische Gesinnung die Einweisung eines Regierungsrates in eine höhere Besoldungsgruppe. Nachdem Grießmeyer jedoch darüber informiert worden war, dass der Betroffene, der als Oberleutnant an der Front stand, sich im militärischen Dienst Verfehlungen mit der Folge einer kriegsgerichtlichen Bestrafung hatte zuschulden kommen lassen, wurde die Beförderung zurückgezogen und sogar ein förmliches Dienststrafverfahren eingeleitet.[43]

Besonders tragisch war der Fall des Leiters der RfA-Abwicklungsstelle in Wien, Dr. Ferdinand Cerny. Den ausgewiesenen Rentenrechtsexperten und erfahrenen Verwaltungsbeamten, ohne dessen Expertise und ruhelosen Arbeitseinsatz die RfA bei der Abwicklung und Integration der österreichischen Angestelltenversicherung auf verlorenem Posten gestanden hätte, hatte Grießmeyer im September 1940 nach offizieller Übernahme in den Personalbestand der Behörde zur Ernennung zum Oberregierungsrat in der Besoldungsgruppe A 2 a vorgeschlagen.[44] Czerny war inzwischen 53 Jahre alt und nach wie vor eine zentrale Stütze im Verwaltungsapparat der RfA in Österreich. Im Januar 1941 informierte jedoch das RAM Grießmeyer darüber, dass durch das Büro des Stellvertreters des Führers Ermittlungen über Czerny aufgenommen worden waren, die ergeben hätten, „dass dieser vor der Angliederung der „Ostmark" marxistisch und judenfreundlich eingestellt war".[45] Nach wie vor unterhalte er Beziehungen zu liberalistischen Kreisen, und obwohl er als aktiver Gegner der nationalsozialistischen Bewegung nicht in Erscheinung getreten sei, bestünden doch erhebliche Bedenken gegen die Beförderung. Man stellte Grießmeyer anheim, nach Ablauf eines Jahres den Ernennungsvorschlag wieder vorzulegen. Das tat dieser im März 1942 auch, aber dennoch hatte der RfA-Präsident offenbar nicht hinreichend Anlass gesehen, sich wie in anderen Fällen schützend vor Czerny zu stellen und

41 Der Vorgang vom 14.10.1941, in: BArch R 89/3502.

42 Vgl. Schreiben Grießmeyers vom 26.11.1941, in: BArch R 89/3501.

43 Vgl. den Vorgang in: ebd.

44 Vgl. das entsprechende Schreiben an das RAM vom 24.9.1940, in: BArch R 89/3500.

45 Schreiben des RAM an Grießmeyer vom 10.1.1941, in: BArch R 89/3505.

dessen vermutlich von dritter Seite bewusste betriebene Einberufung zur Wehrmacht zu verhindern. Nur wenige Wochen später fiel Czerny im Mai 1942.[46]

Jedes Jahr reichte Grießmeyer beim RVA auch lange Vorschlagslisten mit den Namen derjenigen Gefolgschaftsmitglieder ein, die er für die Verleihung des Treudienst-Ehrenzeichens für würdig hielt.[47] Um sich aber möglichst keiner Kritik auszusetzen, wurde auch hier vorab die politische Zuverlässigkeit der Kandidaten überprüft. Zudem sicherte er sich mit einer Voranfrage ab, ob für die Verleihung auch Dienstzeiten berücksichtigt werden konnten, die aufgrund von Anstellungsverträgen mit dem früheren Gewerkschaftsbund der Angestellten abgeleistet worden waren – was vom RAM verneint wurde, worauf der Vorschlag für die Abzeichenverleihung für einige ursprünglich dafür Ausgewählte zurückgezogen wurde.[48] Auch sonst setzte Grießmeyer seine Bemühungen zur regimetreuen Mobilisierung und Politisierung der Belegschaft auch im Krieg fort. Trotz wachsenden Arbeitsanfalls blieb noch genügend Zeit, weiterhin regelmäßige Betriebsappelle abzuhalten. Am 15. Februar 1940 etwa sprach in diesem Zusammenhang „ein Redner der Partei" über „Politische Tagesfragen" und Ende März 1941 musste aus Anlass des Besuchs des japanischen Außenministers die gesamte RfA-Belegschaft „einschließlich der weiblichen Gefolgschaftsmitglieder", zur Begrüßung und Spalierbildung antreten.[49] Zur Förderung des Luftfahrtgedankens wurde am 28. Juli 1941 ein Betriebsappell abgehalten, bei dem ein Oberleutnant der Luftwaffe über seine Erlebnisse als Flieger in Polen und an der Westfront berichtete und auch in den folgenden Jahren fanden regelmäßig Betriebsappelle mit Berichten und Vorträgen über „Front-Erlebnisse" statt.[50]

Politische Kritik gegenüber dem Regime oder dem innerbehördlichen Konformitätsdruck ließen Grießmeyer und seine Personalreferenten dabei ebenso wenig aufkommen wie sie entsprechende Unzuverlässigkeit oder gar Gegnerschaft umgehend sanktionierten. Mitte Februar 1940 wurde etwa die Büroangestellte Erna B. wegen politischer Unzuverlässigkeit mit sofortiger Wirkung aus dem Dienst entlassen, da diese im April 1939 an einen in Polen lebenden Juden einen Brief geschrieben hatte, „dessen Inhalt geeignet ist, das Ansehen des Deutschen Reichs im Ausland herab

46 Als Nachfolger in der Abwicklungsstelle Wien wurde daraufhin dessen Stellvertreter Johann Ullmann berufen. Vgl. Schreiben Grießmeyers an das RAM vom 28.1.1943, in: ebd. Als Gegenbeispiel vgl. Grießmeyers wiederholte Schreiben, zunächst an das zuständige Wehrbezirkskommando, dann an den übergeordneten Kommandeur der Wehrersatzinspektion vom 31.12.1943, in denen er sich dringend für die Unabkömmlichstellung eines seiner Dienststellenleiter in der Präsidialabteilung einsetzte, in: BArch R 89/3503. Hier auch weitere ähnliche Schreiben Grießmeyers für Bürodirektoren und andere Beamte des gehobene und höheren Dienstes.

47 Vgl. dazu etwa die Liste mit entsprechendem Anschreiben vom 29.6.1942, in: BArch R 89/3495.

48 Vgl. Schreiben Grießmeyers an das RVA vom 2.4.1942, in: BArch R 89/3502.

49 Vgl. dazu die Präsidialverfügungen vom 9.2.1940 und vom 25.3.1941, in: RfA-Archiv Nr. 3.

50 Vgl. dazu Präsidialverfügung vom 17.2.1942, in: ebd.

zusetzen“.[51] Wenig später wurde die Betroffene verhaftet und vom Sondergericht Berlin wegen staatsfeindlicher Äußerungen zu sechs Monaten Gefängnis verurteilt. Unnachgiebig vollzog die RfA auch die seither verordneten Sanktionen gegen ihre ehemaligen jüdischen Ruhestandsbeamten. Nach der Elften Verordnung zum Reichsbürgergesetz vom 25. November 1941 erloschen die Versorgungsansprüche derjenigen Juden, die ihren Aufenthalt im Ausland hatten oder aber im Zuge von Deportationen eine „Verlegung des gewöhnlichen Aufenthaltes ins Ausland“ erfolgte, da ihnen ihre Staatsangehörigkeit aberkannt worden war. Dementsprechend wurden auch für einen früheren Oberverwaltungssekretär, der Ende Juni 1937 bei der RfA in den Ruhestand getreten war, Anfang April 1943 die bis dahin für ihn und seine Frau noch regelmäßig überwiesenen Ruhegehaltszahlungen eingestellt, da der Betroffene, wie die RfA-Hauptkasse erfuhr, bereits vor einiger Zeit „in das Ausland (Ostabwanderung) abgeschoben worden [war]“, wie die damalige Umschreibung der Deportation lautete.[52] Ein bedrückendes Beispiel ist auch der Fall eines ehemaligen Verwaltungsinspektors der RfA, der im Juni 1937, obwohl selbst nicht Jude, aber mit einer Jüdin verheiratet, sich in den Ruhestand versetzen lassen hatte. Er war im Januar 1944 gestorben, was den mit dem Vorgang befassten RfA-Beamten im Personalreferat zunächst dazu veranlasste, von dem üblichen Brauch der Behörde, ein Kondolenzschreiben zu verfassen, abzugehen. Da die Witwe Jüdin sei, so notierte er in seinem Vermerk, „dürfte sich die Ausfertigung eines Beileidsschreibens erübrigen“. Das eigentliche Problem aber war, dass der Witwe versorgungsrechtlich ein durch die RfA zu zahlendes Sterbegeld sowie die Hinterbliebenenrente zustand. Um aus Sicht der Behörde unnötigen Aufwand zu vermeiden, fragte man daher im Februar vorsorglich beim zuständigen Berliner Polizeirevier an, ob die Witwe noch die deutsche Staatsangehörigkeit besitze bzw. „ob mit ihrem Verlust durch Verlegung des gewöhnlichen Aufenthalts ins Ausland zu rechnen ist, bejahendenfalls, wann“.[53]

Nachdem man im April noch keine Antwort bekommen hatte, startete der zuständige RfA-Beamte beim Reichssicherheitshauptamt eine neue gleichlautende Anfrage und bekam von dort schließlich die Auskunft, dass die Witwe im Mai 1944 „ins jüdische Altersheim nach Theresienstadt gegangen ist“.[54] Eine Zahlung von Sterbegeld und Hinterbliebenenrente kam daher „nicht mehr in Betracht“ – was ein rechtswidriger Bescheid war, denn das im Protektorat Böhmen und Mähren liegende Ghetto Theresienstadt befand sich rentenversicherungsrechtlich inzwischen nicht mehr im Ausland, sondern war Teil des Deutschen Reichs, somit bestand keine Handhabe zu einem Entzug der Rente. Fälle regimewidrigen Verhaltens unter der Belegschaft sind nicht dokumentiert. Die RfA-Nachfolgebehörde konnte sich später

51 Schreiben vom 15.2.1940. Es befindet sich unter den wenigen erhaltenen Kopien, die von den – nach 1945 bei der bei der BfA eingerichteten Wiedergutmachungskommission entstandenen – Akten erhalten geblieben sind. Vgl. Unterlagen Bonz.

52 Vermerk vom 5.4.1943, in: ebd.

53 Schreiben vom 7.2.1944, in: ebd.

54 Vermerk vom 12.7.1944 sowie der dazugehörende Schriftwechsel in: ebd.

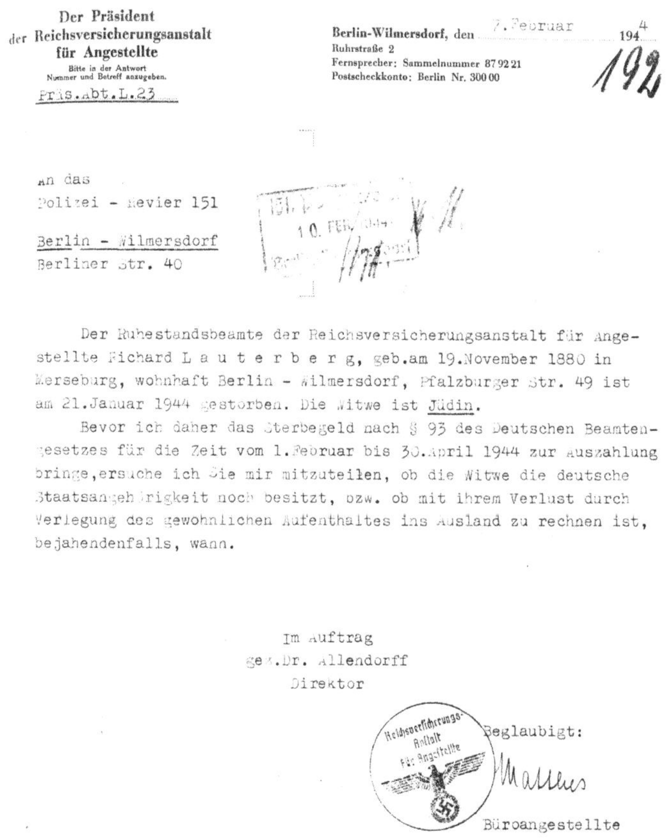

Der Präsident
der Reichsversicherungsanstalt
für Angestellte
Bitte in der Antwort
Nummer und Betreff anzugeben.
Präs.Abt.L.23

Berlin-Wilmersdorf, den 7.Februar 1944
Ruhrstraße 2
Fernsprecher: Sammelnummer 87 92 21
Postscheckkonto: Berlin Nr. 300 00

192

An das
Polizei - Revier 151
Berlin - Wilmersdorf
Berliner Str. 40

10. FEB. 1944

Der Ruhestandsbeamte der Reichsversicherungsanstalt für Angestellte Richard L a u t e r b e r g, geb.am 19.November 1880 in Merseburg, wohnhaft Berlin - Wilmersdorf, Pfalzburger Str. 49 ist am 21.Januar 1944 gestorben. Die Witwe ist Jüdin.

Bevor ich daher das Sterbegeld nach § 93 des Deutschen Beamtengesetzes für die Zeit vom 1.Februar bis 30.April 1944 zur Auszahlung bringe,ersuche ich Sie mir mitzuteilen, ob die Witwe die deutsche Staatsangehörigkeit noch besitzt, bzw. ob mit ihrem Verlust durch Verlegung des gewöhnlichen Aufenthaltes ins Ausland zu rechnen ist, bejahendenfalls, wann.

Im Auftrag
gez.Dr. Allendorff
Direktor

Reichsversicherungs-Anstalt für Angestellte

Beglaubigt:
Malleis
Büroangestellte

Abb. 35: Schreiben der RfA vom 7. Februar 1944 betr. Rentenzahlung an eine jüdische Witwenrentenbezieherin

nur eines einzigen Falls rühmen, in der eine RfA-Mitarbeiterin in Widerstandsaktionen involviert war. Hilde Raki war Sachbearbeiterin bei der RfA und hatte trotz Kontakten zur KPD vor 1933 die Säuberungswelle in der Behörde offenbar unbeschadet überstanden. Im Juni 1941 lernte sie Hans Coppi kennen und heiratete ihn. In der Folgezeit waren beide im Widerstandsnetz der Roten Kapelle aktiv, im September 1942 wurden sie verhaftet und Anfang August 1943 in Berlin-Plötzensee hingerichtet.[55]

Parallel dazu machte die Ausrichtung der Verwaltungsorganisation und Verwaltungspraxis auf die Kriegserfordernisse weiter Fortschritte. Jedes neue Gesetz löste eine entsprechende Mobilisierung der Arbeitskräfte aus und setzte die Verwaltung unter neuen Zeitdruck, da nicht zuletzt auch das NS-Regime ein erhebliches Interesse

55 In den Akten der RfA finden sich dazu keinerlei Unterlagen mehr. Vgl. https://de.wikipedia.org/wiki/Hilde_Coppi, letzter Zugriff am 2.3.2018.

daran hatte, dass die jeweiligen Maßnahmen rasch umgesetzt wurden. Bereits im Juli 1939 hatte sich die allgemeine Geschäftslage bei der RfA infolge des Hinzutritts des Sudetenlands, von Österreich und der Handwerkerversicherung so sehr verschärft, dass Grießmeyer besondere Maßnahmen für erforderlich hielt, um die wachsenden Rückstände aufzuarbeiten und mit der Erledigung der Arbeit wenigstens halbwegs auf dem Laufenden zu bleiben.[56] Da eingearbeitete Hilfskräfte zur Verstärkung des Personals nicht zur Verfügung standen und auch sonst brauchbare Arbeitskräfte nicht zu erhalten waren, blieb nichts anderes übrig, als für das vorhandene Personal Überstunden anzuordnen. Zunächst auf die Dauer von 14 Tagen lief der Dienst nun wochentags von 7:30 Uhr bis 16:30 Uhr, samstags blieb es bei der Normalarbeitszeit von vier Stunden.

Eine besondere Herausforderung stellte dann aber das erste Leistungsverbesserungsgesetz dar. Innerhalb weniger Wochen sollten die erhöhten Renten nicht nur berechnet, sondern auch ausgezahlt werden, dafür kamen im Bereich der Angestelltenversicherung rund 650.000 Rentenberechtigte in Frage. Das Ganze drohte jedoch schon an der Verwaltungstechnik zu scheitern, wie Grießmeyer noch im Vorfeld und alarmiert durch den entsprechenden Gesetzesentwurf warnend an das RAM geschrieben hatte.[57] Für jeden Zahlungsempfänger, dem die Rente per Postscheckverfahren ins Haus gebracht wurde, gab es eine Anschriftplatte, die mit Adrema-Prägemaschinen hergestellt worden war und für die Rentenzahlung maschinenmäßig eingesetzt wurde. Für die notwendige Änderung der Platten fehlte jedoch Personal. Seitens der Behörde hatte man daher schon Monate vor der endgültigen Verabschiedung und Inkraftsetzung des Leistungsverbesserungsgesetzes auf den dringenden Bedarf von 35 zusätzlichen Prägerinnen für die Dauer von mindestens dreieinhalb Monaten hingewiesen, ohne die man keine Möglichkeit sah, den Rentnern die erhöhte Rente zu zahlen. Doch auch Ende Juni war von den übergeordneten Stellen noch keine Freistellung zusätzlicher Arbeitskräfte erfolgt, und geradezu händeringend bat man in einem neuen Schreiben um Zuweisung, da andernfalls unweigerlich eine erhebliche Störung in der Rentenauszahlung und eine Verunsicherung der Rentner die Folge wäre.[58] Neben der Umprägung der Adrema-Platten waren auch noch sämtliche Lochkarten zu ändern. Dass die Auszahlung dann doch noch halbwegs geregelt gelang, war nur dadurch möglich, dass die neuen Beträge in den Zahlungsanweisungen bei den monatlichen Rentenzahlungen handschriftlich eingesetzt wurden. Alle Abteilungen der Behörde mussten daher, wie Grießmeyer in einer Präsidialverfügung bestimmte, bis auf weiteres jeden Monat an der Herstellung der Zahlungsanweisungen beteiligt werden, insgesamt leistete die Behörde dafür rund 10.800 Überstunden, wie Grießmeyer dem Beirat erläuterte.[59] Die Bewältigung der Herausforderungen durch

---

56 Vgl. Präsidialverfügung vom 19.7.1939, in. RfA-Archiv Nr. 2.

57 Vgl. Brief Grießmeyers an das RAM vom 12.4.1941, in: BArch R 89/3491 bzw. RfA-Archiv Nr. 29a.

58 Vgl. das Schreiben vom 24.6.1941, in: BArch R 89/3491.

59 Vgl. Präsidialverfügung vom 15.8.1941, in: RfA-Archiv Nr. 3 sowie Niederschrift der 14. Beiratssitzung vom 8.12.1941, S. 10, in: BArch R 89/3471.

das erste Leistungsverbesserungsgesetz ist daher auch nachgerade exemplarisch für die Selbstmobilisierungsfähigkeit und auch -bereitschaft der Behörde. Die mit viel Propagandagetöse verkündete Rentenerhöhung wäre nichts wert gewesen, wenn sie in harter Reichsmark bei den Betroffenen gar nicht oder unvollständig bzw. nur sehr verspätet angekommen wäre. Im Zweifelsfall stand dann die RfA und nicht der Gesetzgeber im Zentrum der Kritik. Im Mai 1942 wurde dann generell die Mindestarbeitszeit für den öffentlichen Dienst auf insgesamt 53 Wochenstunden erhöht.[60]

Unmittelbar zu Kriegsbeginn setzte auch eine allgemeine Debatte über Verfahrensanpassungen an die besonderen Bedingungen, über Maßnahmen zur Vereinfachung, Verbesserung oder zumindest Aufrechterhaltung der Verwaltungseffizienz sowie Rationalisierungsmaßnahmen ein. „Rentensachen, die infolge des gegenwärtigen Krieges entstanden sind", so heißt es in einer Abteilungsverfügung vom 29. September 1939, „sind mit größter Beschleunigung zu erledigen."[61] Das betraf vor allem Hinterbliebenenrenten, die nun in zunehmendem Maße beantragt wurden und für die die RfA sofortige Vorschussanweisungen erteilte. Gleichsam ergänzend dazu heißt es in einem internen Vermerk:

> Hinterbliebenenrenten-Anträge über Kriegsgefallene oder durch Kriegsverletzungen Gestorbene, bei denen die Wartezeit nicht erfüllt ist, sind nicht abzulehnen, sondern zunächst nur die Ermittlungen durchzuführen. Hierbei ist zu unterstellen, dass den Hinterbliebenen die Rente bewilligt wird.[62]

Schon zuvor hatte man sich innerhalb der RfA ausführlich Gedanken darüber gemacht, wie man auf den Führererlass vom 28. August 1939 über „schnelle, von bürokratischen Hemmungen freie Entscheidungen, reibungslose Zusammenarbeit der Behörden und keine abträglichen Verzögerungen" regieren sollte ebenso wie auf eine damit zusammenhängende Rede Hitlers, in der dieser gefordert hatte, „die Stimmung des Volkes [ist] zu erhalten und daher nicht zu beeinträchtigen durch kleinlich oder engherzig erscheinende Entscheidungen oder durch vermeidbare Verwaltungsarbeit".[63] Zum einen erschien es notwendig, den Umfang der erforderlichen Tatbestandsermittlungen wie der Nachweis der Berufsunfähigkeit, der Ersatzzeiten etc. auf das Notwendigste zu beschränken. Die Würdigung von Tatbeständen und rechtlichen Zweifelsfällen sollte „fern von engherziger und kleinlicher Auslegung erfolgen".[64] Zum anderen war es aber unabdingbar, dass die Beamten der RfA die Gewissheit hatten, dass sie wegen vertretbarer weitherziger Erledigung ihrer Arbeiten keine Regresse zu befürchten hatten. Das RVA wie das RAM sollten zudem gebeten werden, Beschwer-

60 Vgl. Schreiben Grießmeyers vom 29.5.1942, in: BArch R 89/3494.
61 Abteilungsverfügung vom 29.9.1939, in: RfA-Archiv Nr. 24. Vgl. dazu aber auch schon die ebenso umfangreichen wie detaillierten Vorschläge für eine Vereinfachung des Geschäftsbetriebs in der Abt. I Versicherung vom 20.12.1933, in: RfA-Archiv Handakte Granzow, ohne Signatur.
62 Vermerk der Büroleitung der Abt. I Leistung vom 7.12.1940, in: RfA-Archiv Nr. 229.
63 Vgl. dazu den Vermerk bzw. die Vorlage vom 9.9.1939, in: RfA-Archiv Nr. 24.
64 Ebd.

den in Einzelsachen zur Erledigung möglichst unmittelbar an die RfA abzugeben, um die bisher oft noch erforderlichen zeitraubenden Berichte zu vermeiden. Und auch die Rechtsberatungsstellen der DAF sollten aufgefordert werden, ihrerseits Rechtsmittel nur noch dann einzulegen, wo die anzufechtende Entscheidung offensichtlich falsch und mit ihrer Aufhebung ernstlich zu rechnen war. In allen anderen Fällen „wolle die DAF von Rechtsmitteln weitmöglichst absehen und auch die Aktenanforderung auf ausgesprochene Ausnahmefälle beschränken".[65]

Mitte September wurden von der Büroleitung der Leistungsabteilung auch detaillierte „Vorschläge zur Vereinfachung des Feststellungsverfahrens bis zur Bescheiderteilung unter Berücksichtigung der bestehenden Personal- und Zeitverhältnisse bei der RfA" entwickelt.[66] Sie liefen auf eine durchaus markante Änderung der bislang weitgehend hierarchisch organisierten Arbeitsprozesse hinaus und redeten einer Arbeitsgemeinschaft von Expedient, Zuarbeiter und Aushilfskräften das Wort. Daneben sah man aber seitens der betroffenen Sachbearbeiter und Dienststellenleiter auch die Gelegenheit, lange praktizierte und gleichsam traditionell eingeschliffene Verwaltungspraktiken, die von den Bearbeitern selbst jedoch als lästig, überflüssig und ineffizient empfunden wurden, zu beseitigen. Dazu gehörte etwa die Anhörung des beratenden Arztes in Berufsunfähigkeitsverfahren, die in 90 von 100 Fällen überflüssig war, da meist auch schon vertrauensärztliche oder fachärztliche Gutachten vorlagen. Auch die bislang regelmäßig geforderten Lebensbescheinigungen von inländischen Rentenempfängern (immerhin 200.000 pro Jahr) sollten nun abgeschafft werden, da faktisch aufgrund ihrer Kontrollfunktion keinerlei Rentenüberzahlungen hatten festgestellt werden können. Die Vorschläge mündeten dann tatsächlich im Dezember in eine Abteilungsverfügung, derzufolge vor allem die Nachprüfung der Berufsunfähigkeit vielfach eingestellt wurde, diese Handhabung allerdings immer noch an bestimmte Kriterien geknüpft war, allen voran an die Zugehörigkeit zur Wehrmacht. Kurz zuvor hatte auch das RVA die Rentenversicherungsträger zu einer Reihe von Änderungen in der Verwaltungspraxis verpflichtet. Bei Anordnung von Nachuntersuchungen bei Ruhegeldempfängern wegen Invalidität bzw. Berufsunfähigkeit sollte „Zurückhaltung" geübt und auf Rückforderungen zu Unrecht gewährter Leistungen tunlichst verzichtet werden.[67] Diese Regelung floss dann auch in die bereits erwähnte Anordnung zur „sozialen Rechtsanwendung" ein.

Die geforderte großzügige Auslegung konnte jedoch schnell an die rechtlichen Grenzen stoßen, insbesondere wenn es um NS-ideologische Motive bei den Antragsentscheidungen ging. Die Frage war, wie weit man dabei als Verwaltungsbeamter gehen konnte, ohne dadurch zu einem Unterlaufen der bestehenden Gesetze und Verordnungen beizutragen und vor allem einer von den Rechtsberatungsstellen der DAF zunehmend geforderten bzw. vertretenen nationalsozialistisch motivierten Be-

65 Ebd.

66 Vgl. dazu die Ausarbeitung vom 11.9.1939, in: ebd.

67 Rundschreiben des RVA vom 22.11.1939, in: ebd.

liebigkeit der Rechtsanwendung Tür und Tor zu öffnen. Ein Beispiel war die bereits im Dezember 1938 getroffene Entscheidung des Leiters der LVA Berlin, das Ausbaugesetz großzügig auszulegen und ganz im Sinne des Regimes bei der Bemessung des Kinderzuschusses in der Rentenfeststellung sämtliche vorhandene bzw. aus einer Ehe hervorgegangene Kinder unabhängig von irgendwelchen Altersgrenzen zu berücksichtigen, da eine Familie, die dem Staat mehr Kinder geschenkt habe als eine andere, vom völkischen Standpunkt aus betrachtet höher einzuschätzen sei.[68] Darauf berief sich in der Folgezeit der Reichsbund der Kinderreichen und forderte auch von der RfA, dieser Rechtsauslegung und Verwaltungspraxis zu folgen. Dem verweigerte man sich jedoch in der Ruhrstraße mit dem expliziten Hinweis, dass es nicht Wille des Gesetzgebers gewesen sei, mit den Kinderzuschüssen eine Familie wegen ihrer großen Kinderzahl zu belohnen, sondern dem Ruhegeldempfänger seine Mehraufwendungen für noch andauernde Erziehung und den Unterhalt der Kinder zu ersetzen.[69]

Verwaltungsvereinfachungen waren aber auch deshalb notwendig geworden, weil die Behörde im Laufe des Krieges unter der wachsenden Flut der Anträge auf Rentenleistungen nahezu zusammenzubrechen drohte. 1940 waren 178.642 neue Anträge zu bearbeiten, 1942 dagegen 201.894, d.h. 13 Prozent mehr, und das bei schrumpfendem Personalbestand. Es war daher kein Wunder, dass sich der Bearbeitungsrückstand, d.h. die Zahl der aus den Vorjahren übernommenen und noch unbearbeiteten Anträge zwischen 1940 und 1943 von 13.866 auf 32.231 fast verdreifachte.[70] Grießmeyers Anfang März 1940 erlassene Präsidialverfügung, nach der „ein Gefolgschaftsmitglied, das Rückstände hat, künftig einen ihm etwa gewährten Urlaub nicht antreten können [wird], ehe es die Rückstände beseitigt hat", zeigte mithin wenig Wirkung.[71] Die Art der Verbescheidung hatte sich dabei im übrigen bemerkenswert verändert: Während 1940 noch 72,9 Prozent der Anträge sofort anerkannt wurden, war die Quote 1943 auf 81 Prozent deutlich gestiegen. Dementsprechend hatte sich die Zahl der abgelehnten Fälle von 9306 auf 4525 halbiert. Offensichtlich wurde aus verwaltungsorganisatorischen oder politischen Gründen nicht mehr so akribisch geprüft und eine großzügigere Anerkennungspraxis zugunsten der Versicherten geübt. Allein die Abteilung I Leistung, die von 1924 bis 1944 akribisch über ihre jährlich zur Bearbeitung vorlegelegten Sachen Statistik führte, verzeichnete zwischen 1939 und 1944 einen Anstieg um 53,8 Prozent auf knapp über 5000 Vorgänge. Auf dem Erfassungsblatt für 1941 stand zudem noch die handschriftliche Ergänzung „dazu 50.000 Schreiben betr. Krankenversicherung der Rentner".[72] Dahinter stand nicht nur das Bemühen der RfA, den wachsenden Arbeitsaufwand statistisch zu dokumentieren, um etwa auch nach

68 Vgl. der Vorgang in: RfA-Archiv Nr. 24.

69 Vgl. Schreiben der RfA an das RVA vom 20.3.1940 sowie auch an den Reichsbund der Kinderreichen vom 16.7.1940, in: RfA-Archiv Nr. 24.

70 Vgl. dazu die Angaben in: Jahresbericht der RfA für 1941 mit den Vorjahreszahlen, S. 3, in: BArch R 9/3471 sowie Material zum Jahresbericht der Leistungsabteilung 1943, in: RfA-Archiv Nr. 80a.

71 Zitiert nach Bonz-MS, S. 606.

72 Vgl. die Angaben, in: RfA-Archiv Nr. 81.

außen hin die Implikationen etwa durch die Übernahme der ungünstigen Handwerkerrisiken auch zahlenmäßig zu erfassen.[73] Die Behörde bekam auch immer wieder Anfragen von diversen NS-Stellen zu den jeweiligen aktuellen statistischen Zahlen, da diesen oft die Übersicht über die quantitativen Dimensionen und Auswirkungen der jeweiligen Gesetze völlig fehlte, sowohl was die Zahl der tatsächlich Betroffenen wie der letztendlich entstandenen Kosten bzw. ausbezahlten Leistungen anging.

Auch die Inanspruchnahme der Auskunftsstelle war im Laufe des Krieges deutlich gestiegen. Wöchentlich kamen zwischen 1000 und 1200 Auskunftsuchende in die Ruhrstraße, deren durchschnittliche Wartezeit zwischen 90 und 100 Minuten betrug, wie der zuständige Beamte Anfang April 1941 notierte.[74] Dazu kamen hunderte von schriftlichen Auskunftersuchen, die zu beantworten waren, darunter bemerkenswerterweise nach wie vor auch immer wieder ehemalige Vertrauensmänner der RfA, die auch z. B. im Februar 1944 noch von Versicherten um Rat gefragt wurden, sich dann ihrerseits mit entsprechenden detaillierten Fällen an die RfA wandten und von dort auch Auskunft und Aufklärung erhielten.[75] Schon mit Kriegsbeginn war allerdings der Behörde ein Verbot der Veröffentlichung statistischer Ergebnisse auferlegt worden und seit 1943 war auch die interne Erhebung von Zahlen weitestgehend einzustellen. So gut die RfA bis dahin durch ihre ausgefeilten statistischen Erhebungen über ihre Versicherten und die Dynamik der Rentenbewegungen Bescheid wusste, so gab es im Laufe des Krieges immer weniger statistisches Wissen über die versicherungsrechtlichen Vorgänge und Entwicklungen. Infolge des Erhebungsverbots und nicht zuletzt auch durch die Abschaffung des Markenverfahrens 1942 versanken auch behördenintern die quantitativen Dimensionen des eigenen Tuns gleichsam im Nebel. Die tatsächliche Zahl der Versicherten unterlag ebenso nur noch bloßen Schätzgrößen wie der Beitragsleistungen und deren Struktur. Ungeachtet der Bemühungen zur Vereinfachung der Verwaltungsverfahren, der Dienstwege und Arbeitsprozesse hielt man in der Behörde jedoch an der internen Qualitätssicherung, d. h. der regelmäßigen Prüfung der Rentenakten der Leistungsabteilung, weiter fest. Im Juni 1940 waren 200 Rentenakten (150 Ruhegeld- und 50 Hinterbliebenenrentenakten) der Dienststellen 1 bis 10 überprüft worden und nur bei 13 gab es Beanstandungen, die sich zudem vor allem auf verwaltungstechnische Details wie fehlende Nachprüfungen oder Übertragungsfehler bzw. unterschiedliche Auslegungsansichten beschränkten.[76] Die beanstandeten Beamten nahmen denn auch ihrerseits zu den Prüfresultaten ausführlich

73 „Ich glaube, dass die RfA eine genaue Statistik über die Leistungen an die Handwerker sicherlich noch oft benötigen wird", heißt es etwa in einem entsprechenden Vermerk vom 8. 5. 1941, in: RfA-Archiv Fach 1, Nr. 1.

74 Vgl. Vermerk vom 3. 4. 1941, in: RfA-Archiv Fach 8, Nr. 4. Vgl. dazu auch das direkt an Grießmeyer gerichtete Beschwerdeschreiben eines Versicherten vom 6. 6. 1941, das dieser tatsächlich auch wenig später beantwortete, in: ebd.

75 Vgl. etwa das Schreiben vom 18. 2. 1944, in: RfA-Archiv Fach 8, Nr. 4.

76 Vgl. dazu den Prüfbericht vom 12. 6. 1940, in: RfA-Archiv Nr. 25. Darin auch weitere Prüfberichte und auch, zuletzt vom 6. 10. 1944, in RfA-Archiv Nr. 26.

Stellung und in einigen Fällen wehrten sich auch die jeweiligen Dienststellenleiter im Namen ihrer Beamten gegen allzu kleinliche Beanstandungen, da damit die Gefahr verbunden war,

> dass die Beamten in Zukunft bei Ermessensfragen in peinlicher Ängstlichkeit vorsorglich stets zeitraubende Ermittlungen anstellen, dadurch die Bescheiderteilung verzögern und schließlich doch engherzig zu Ungunsten des Versicherten entschieden, nur um solchen Beanstandungen zu entgehen.[77]

Im Januar 1942 kam es zu einem erneuten, durch einen Hitlererlass ausgelösten Schub der Bemühungen um Verwaltungsvereinfachung. Die Anordnung über die weitere Vereinfachung der Verwaltung bestimmte, dass die während des Krieges nicht unbedingt nötigen Arbeiten eingestellt und die nötigen Arbeiten vereinfacht werden sollten. Die daraufhin von Grießmeyer erlassene Präsidialverfügung versuchte das nach wie vor bestehende schriftliche Berichtswesen weiter einzudämmen, dazu kamen weitere Detailvorschriften zur Papier- und Raumeinsparung, mit denen unter anderem die Aufbewahrungsfrist von Akten im Rentenarchiv deutlich verkürzt wurde.[78] Abermals wurde auch nach interner Umfrage und Stellungnahme eine lange Liste von „Anregungen für etwaige Verwaltungsvereinfachungen in der Leistungsabteilung" erstellt und RfA-Direktor Koch zur Entscheidung und Kenntnisnahme vorgelegt.[79] Der Verfasser der „Anregungen" unterschied dabei einmal Maßnahmen ohne erforderliche Gesetzesänderungen von solchen, die eine Änderung der Bestimmungen und Verordnungen erforderten. In ersterem Fall ging es erneut um die Aufgabenverteilung und Verantwortlichkeiten zwischen den (permanent überlasteten) Expedienten, d.h. den Sachbearbeitern des mittleren Dienstes, und den zuarbeitenden Hilfskräften. Weiter heißt es:

> Viel Arbeit machen uns die Versicherten auch oft durch lange Anfragen [...], die wir bisher meist mit sehr viel Geduld und daher auch recht eingehend beantwortet haben. Vielleicht könnte man solche Belehrungen auf betonte Kürze beschränken, dafür das Antwortschreiben mit einem Klebezettel versehen, dass die Kriegsverhältnisse zu dieser Kürze zwingen und dass sich der Versicherte, falls er noch weitere Auskünfte wünschen sollte, sich notfalls an das Versicherungsamt oder die Rechtsberatungsstelle der DAF wenden solle.[80]

Bei den Verwaltungsvereinfachungen mit Gesetzesänderungen ging es dem leitendem RfA-Beamten vor allem um die Einschränkung von Berufungen gegen RfA-Bescheide wegen der Höhe der Rente. „Der allgemein gehaltene Wunsch des Versicherten, er bitte um Nachprüfung der Rentenhöhe oder der allgemeine Einwand, dass er mit der

77 Vermerk vom 12.9.1941, in: RfA Archiv Nr. 26.

78 Vgl. Präsidialverfügung vom 26.3.1942 sowie auch bereits die Abteilungsverfügung vom 7.3.1942, in: RfA-Archiv Nr. 11. Darin auch der Führererlass vom 25.1.1942.

79 Vgl. die Ausarbeitung vom 28.2.1942, in: RfA-Archiv Nr. 205 b.

80 Ebd., S. 2.

Rente in der gewährten Höhe nicht auskommen könne, verursacht seit Jahren völlig unfruchtbare Verwaltungsarbeit." Derartig begründete Berufungen sollten in Zukunft ausgeschlossen sein.

Der eigentliche Kern der „Anregungen" folgte dann aber erst noch in einem dritten Teil und hier schlug sich die aufgestaute Frustration eines RfA-Beamten deutlich nieder:

> Vor allem ist aber zu beachten, dass die Vereinfachung der Verwaltung nicht erst mit der Reichsversicherungsanstalt einzusetzen hat, sondern in erster Linie auch bei den anderen Stellen, durch die die Arbeitsweise der RfA bestimmt oder beeinflusst wird. Und das scheint mir bei dem ganzen Streben nach Verwaltungsvereinfachung das wesentlichste.[81]

An erster Stelle stand da das RAM.

> Eine einfache Verwaltung setzt in erster Linie eine einfache und klare Gesetzgebung voraus [...]. Schlecht gefasste und unvollständige Gesetze und Durchführungsverordnungen, die nach Monaten ergehen, aber auch dann für die Praxis wesentliche Zweifelsfragen überhaupt nicht oder gar im Gegensatz zu mit Mühe eingeführter Verwaltungsübung klären (ich erinnere nur an das Gesetz vom 15.1.1941, an das Leistungsverbesserungsgesetz), sind meines Erachtens der Hauptquell vieler unfruchtbarer Verwaltungsarbeit. Diese Verwaltungsarbeit, die dadurch entsteht, wird noch verstärkt durch Presseveröffentlichungen, die zu neuen Gesetzen (meist vor ihrem Erscheinen) in zahllosen Versicherten völlig unbegründete Hoffnungen erwecken und zu völlig zwecklosen Anträgen, Streitverfahren und Beschwerden führen. Veröffentlichungen solcher Art sollten vom RAM nach Möglichkeit verhindert werden. Und dann noch eins zu den Leistungsverbesserungen. Sie betreffen oft nur bestimmte Gruppen von Versicherten, zum Teil sehr kleine Gruppen. Meines Erachtens kann es doch jetzt im Kriege nicht darauf ankommen, ob der Versicherte XYZ eine Erhöhung von 2,50, 5 oder 10 RM erhält. Solche „Leistungsverbesserungen" machen nur viel Verwaltungsarbeit. Das Kardinalproblem ist und bleibt doch die zu geringe Rente und wird durch solche Verbesserungen im Einzelfall auch nicht gelöst.[82]

An zweiter Stelle stand das RVA.

> Eine einfache Verwaltung setzt verständnisvolle, den Bedürfnissen der Praxis dienende Aufsichtsführung voraus. Keine unnötigen Berichte in Einzelsachen [...], schnelle Entscheidung in den Sachen. Es muss vermieden werden, dass die Übung, die wir uns mit Mühe aufbauen, durch eine verspätete Entscheidung höheren Orts umgestoßen wird. Die Räder einer Verwaltungsbehörde wie der Reichsversicherungsanstalt können nicht monatelang stillstehen oder hinterher zurückgedreht werden. Vorsicht bei Veröffentlichungen. Das RVA sollte auf die praktische Auswirkung seines Erlasses über soziale Rechtsanwendung unterrichtet werden. Es ist bedenklich, gesetzliche Verfahrensfristen als nicht zwingend hinzustellen. Besonders bedenklich ist die Veröffentlichung dieses Erlasses in der Tagespresse in jedem kleinen Städtchen, besonders dann, wenn ein Hinweis auf die Bindung bestehender Gesetze unterbleibt.[83]

81 Ebd., S. 3.
82 Ebd. „Lieber keine ständig neuen Gesetze", so heißt es handschriftlich ergänzt in dem Entwurf. „Eine solche Gesetzesruhe würde der Verwaltung gut bekommen!"
83 Ebd., S. 4.

Vergleichsweise glimpflich kamen schließlich an dritter Stelle die DAF-Rechtsberatungsstellen davon.

> Die Verwaltung darf auch nicht von außen kompliziert und gehemmt werden. So manche Rechtsberatungsstelle fordert leider auch jetzt im Kriege in jedem Falle unsere Akten an, bloß um herumzustöbern, ob nicht etwas zu finden sei, womit sie den Einspruch oder eine Berufung begründen könnte.[84]

Dieser bemerkenswerte Einblick in die Gefühlswelt eines leitenden RfA-Beamten in verantwortlicher Stellung lässt erahnen, in welchen Zwängen man sich als Beamter in einer dem RAM untergeordneten Verwaltungsbehörde befand, zumal der nicht minder herrschende erhebliche politisch-ideologische Druck, dem sich ein RfA-Beamter ausgesetzt sah, wenn er nicht gerade überzeugter Anhänger des NS-Regimes war, unausgesprochen blieb.

Mitte März 1942 kam es dann im RVA zu einer großen Besprechung über die Verwaltungsvereinfachung bei den Versicherungsträgern, an der für die RfA Präsident Grießmeyer und Vizepräsident Schaefer teilnahmen.[85] Es ging mithin allein um die Angestelltenversicherung, denn die LVA als Vertreter der Invalidenversicherung waren nicht zugegen. Grundlage der Erörterungen war naheliegenderweise nicht das Vorschlagskonzept des RfA-Beamten, sondern ein langes Grundsatzreferat von RVA-Direktor Hermann Dersch, der die geplanten Vereinfachungsmaßnahmen in drei Gruppen unterteilte: erstens Maßnahmen in Zusammenarbeit mit dem RAM („teilweise schon erwogen und realisiert"), zweitens inneramtliche Verfügungen des RVA und drittens schließlich „Maßnahmen der Selbstverwaltung der Versicherungsträger".[86] Neben zahlreichen eher unbedeutenden verwaltungsorganisatorischen Detailfragen gab es dabei durchaus einige Maßnahmen von weitreichender Wirkung. So sollten künftig die aufwändig zu berechnenden und oft auch strittigen Erstattungen zwischen den Versicherungsträgern untereinander entfallen. Und dann sollte die Abschaffung des Markensystems als Grundlage des Beitragsverfahrens geprüft sowie auch das Auszahlungsverfahren bei der RfA grundlegend umgestellt werden, und zwar vom Postscheckverfahren auf den Postschalterverkehr, d. h. von der Auszahlung durch den Postboten an der Wohnungstür auf das Abholverfahren. Zudem sollte auch die Zahl der Beiratssitzungen möglichst beschränkt werden. „Die RfA könnte sich mit einer Sitzung jährlich begnügen."[87] Grießmeyer stellte dazu eine ausführliche schriftliche Stellungnahme seiner Behörde in Aussicht, gab aber auch umgehend eine Reihe von Bedenken und Einwände zu Protokoll. Bei den Erstattungen bzw. dem

---

84 Ebd. Die Rechtsberatungsstellen müssten mehr Zurückhaltung üben, so heißt es dazu zustimmend in einer Kommentierung der Vorschläge durch den Büroleiter der Leistungsabteilung. „Der Schriftwechsel lässt häufig die notwendige Sachkenntnis vermissen und zeigt oft eine unberechtigte Schärfe." Vgl. ebd.

85 Vgl. den Vermerk über die Besprechung, in: BArch R 89/3458.

86 Ebd., S. 1.

87 Ebd., S. 2.

Verzicht auf selbige könne es doch wohl kaum um jene zwischen IV und AV gehen, die immerhin 44 Mio. RM (zugunsten der RfA) ausmachten. Vereinfachungen der Rentenbescheide seien bei der derzeitigen Gesetzeslage nicht möglich. Eine Beschränkung der Beiratssitzungen bedauerte Grießmeyer mit dem Argument der „Verkümmerung des Selbstverwaltungsgedankens" ausdrücklich. Er signalisierte dennoch Bereitschaft, sich hier künftig anzupassen. Eine Umstellung auf das Postschalterverfahren dagegen könnte seiner Meinung nach tatsächlich erhebliche Arbeitsersparnis für die RfA bedeuten. Und dann legte der RfA-Präsident noch eine Liste von weiteren 13 eigenen Vorschlägen vor, auf der das Problem der schlechten oder bürokratischen und zeitaufwändigen Kommunikation mit RAM und RVA ganz oben stand. Er forderte eine rechtzeitige Benachrichtigung bei Grundsatzentscheidungen durch das RVA, ebenso umgehende fernmündliche statt der langwierigen schriftlichen Informationen über wichtige Erlasse des RAM. Zudem sollten künftig die Durchführungsbestimmungen nach neuen Gesetzen zügig erlassen werden, da sonst weiterhin viele Vorgänge aufgrund der Unklarheiten lange zurückgestellt werden müssten. Auch den von seinen Beamten geäußerten Wunsch nach Einschränkung der Berufungsmöglichkeiten nahm Grießmeyer in seinem Forderungskatalog auf.[88]

Nur wenige Tage nach der Besprechung legte die RfA dem RVA ihre schriftlichen Vorschläge zu einer Verwaltungsvereinfachung vor. [89] Darin fanden sich „Anregungen für den Herrn Reichsarbeitsminister", unter anderem bemerkenswerterweise auch Vorschläge zur Erweiterung der Befugnisse und Zuständigkeiten der RfA gegenüber dem RVA, insbesondere in finanzieller Hinsicht und bei der Vermögensverwaltung.[90] Die detaillierten Änderungsvorschläge bei einer Reihe von Paragraphen des Angestelltenversicherungsgesetzes hatten es in sich: Die gesamten Vorschriften über die Anwartschaft sollten gestrichen werden, die Kürzung der Hinterbliebenenrente zurückgenommen werden – was aufgrund der laufend erforderlichen Neuberechnung nicht nur erheblichen Verwaltungsaufwand erforderte, sondern zudem auch kinderreiche Familien benachteiligte. Schließlich schlug man auch die Beitragserstattung an die Hinterbliebenen nicht nur beim Tod eines weiblichen Versicherten, sondern auch im Fall eines verstorbenen männlichen Versicherten vor. Einige dieser Änderungsvorschläge trafen beim RVA von vornherein auf Ablehnung, aber die dann Mitte Mai 1942 vom RVA als Ergebnis der Besprechungen zur Verwaltungsvereinfachung bei den Versicherungsträgern dem RAM offiziell vorgelegten Vorschläge nahmen dann doch in weiten Teilen die kritischen Bemerkungen der RfA auf.[91] Es wäre dankenswert, so heißt es darin,

---

88 Vgl. ebd., S. 5 f.

89 Vgl. Schreiben der RfA an das RVA vom 20.3.1942, in: BArch R 89/3458.

90 Vgl. ebd., S. 3.

91 Vgl. das siebenseitige Schreiben des RVA an das RAM vom 22.5.1942 sowie der dazu bereits am 16.4. erstellte Entwurf, in: BArch R 89/3458.

> wenn es vermieden werden könnte, dass zu zunächst einfach erscheinenden Gesetzen und Verordnungen nachträglich in unverhältnismäßig großem Umfang Weisungen, Ausführungsbestimmungen und Erlasse zur Behebung von Zweifeln erscheinen, die dann für den ganzen behandelten Stoff zu einem Fragenkomplex anwachsen, dessen Studium große Schwierigkeiten bereitet. Wenn es ermöglicht werden könnte, durch vollständigere Erfassung des gesamten Rechtsstoffes gleich im ersten Gesetz [...] diese Schwierigkeiten zu vermeiden, so würde sich die Bearbeitung ganz wesentlich erleichtern.[92]

Auf die ersehnte Änderung des Gesetzgebungsverfahrens und auch der Gesetzesformulierungen durch das RAM mussten RfA und RVA vergeblich warten. Bedeutend wurden im Zuge der Bemühungen zur Verwaltungsvereinfachung dafür aber zwei zentrale Verfahrensänderungen, die in den obigen Vorschlägen und Diskussionen eher nur am Rande eine Rolle gespielt hatten: die Einführung des Beitragseinzugsverfahrens anstelle des bisherigen Markenverfahrens und des Abholverfahrens bei der Rentenauszahlung. Dabei handelte es sich um zwei radikale Verfahrensänderungen, die im Nachhinein vielleicht auch als Innovation erscheinen mögen, aber damals aus der Not heraus geboren waren und für die RfA trotz gegenteiliger Erwartung keineswegs nur Vorteile mit sich brachten. Hinter der Lohnabzugsverordnung sollte sich ein gefährlicher Sprengsatz verbergen, der – diesmal nicht von der DAF und Ley, sondern vom Reichsfinanzministerium und dessen Staatssekretär Reinhardt ausgehend – eine potenzielle Existenzbedrohung für das gesamte Sozialversicherungssystem darstellte. Die Zweite Lohnabzugsverordnung (LAV) wurde am 24. April 1942 erlassen, gefolgt von einer Durchführungsverordnung Mitte Juni. Die Beitragsentrichtung erfolgte nun nicht mehr über das bisherige Kleben von Marken, sondern durch direkten Abzug vom Lohn bzw. Gehalt. Die Sozialversicherungsbeiträge wurden zu einem Gesamtbetrag (und die Steuerabzüge zu einem Steuerbetrag) zusammengefasst. Gleichzeitig war der Beitrag zur Rentenversicherung der Arbeiter und Angestellten von 4,8 Prozent einheitlich auf 5,6 Prozent des Grundlohns festgesetzt worden. Die Angestelltenversicherungsbeiträge wurden zusammen mit den Beiträgen für Arbeitslosen- und Krankenversicherung durch die Arbeitgeber an die Krankenkassen abgeführt. Diese mussten dann die in den Gesamtsozialversicherungsbeiträgen enthaltenen Angestelltenversicherungsbeiträge unverzüglich an die RfA abführen. An die Stelle der früher personalisierten Beitragsleistungen traten damit nun allgemeine Beitragssummen für alle bei den einzelnen Einzugsstellen registrierten Versicherten.[93]

Die Verwaltungsersparnis bei den Unternehmen war enorm, bei der RfA jedoch eher ambivalent. Das lag zum einen daran, dass das Markenverfahren keineswegs komplett abgeschafft worden war, sondern nur im Bereich der Pflichtversicherten, während die keineswegs geringe Zahl der freiwillig Versicherten sowie der versicherungspflichtigen Selbständigen weiterhin ihre Beiträge über geklebte Marken ent-

92 Ebd., S. 2.
93 Vgl. dazu Atzert, Beitragsnachweise, S. 13 f.

richten mussten.[94] Statt einem gab es mithin nun zwei Beitragsverfahren. Dazu wurde das ganze Beitragssystem dadurch kompliziert, dass anstelle des direkten Beziehungsgeflechts von RfA, Versicherten und Arbeitgebern nun für die Versicherten die Krankenkassen Bestandteil des rentenversicherungsrechtlichen Beitragsverfahrens wurden. Sie waren es nun, die anstelle der RfA auch für die Einziehung und Beitreibung der Rentenversicherungsbeiträge verantwortlich wurden. Damit trat ein neuer Akteur mit eigenem Bürokratieverständnis, eigener Verwaltungstradition und vor allem auch behördlichem Eigeninteresse im Rentenversicherungssystem auf.[95] Dass man seitens der RfA diesem neuen Beitragsverfahren mehr als skeptisch gegenüberstand, machte Präsident Grießmeyer noch vor der offiziellen Einführung auf der Beiratssitzung am 20. April 1942 ziemlich deutlich:

> Für die Lohnbüros der Wirtschaft bedeutet diese Regelung eine gewisse Entlastung, für die Verwaltung der Sozialversicherung eine zusätzliche Belastung, nicht nur bei den Krankenkassen, sondern auch bei uns; wir haben allmonatlich nun mit über 4000 Krankenkassen Buchungen durchzuführen.[96]

Und völlig offen war die künftige Berechnung der Ruhegelder ohne die bisherige eindeutige Grundlage der geklebten Beitragsmarken.

Der Schriftwechsel der RfA mit den Krankenkassen in Sachen Beitrags- bzw. Lohnabzugsverfahren füllte bald dutzende Aktenordner. Im Zentrum stand dabei das Problem der Beitragsüberwachung, das bis dahin ja Hauptgegenstand der Arbeit der Überwachungsbeamten gewesen war. Deren Aufgabenbereiche änderten sich nun erheblich, künftig musste die Beitragsüberwachung mit den Krankenkassen koordiniert werden, was in der Praxis vor Ort dann aber in endlose und mit hohen Reibungsverlusten ablaufende Kompetenzkonflikte mündete. In einem als ebenso dringend wie vertraulich gekennzeichneten Rundschreiben informierte etwa die RfA-Leitung Anfang Oktober 1942 ihre Überwachungsbeamten darüber, dass der Reichsverband der Ortskrankenkassen ihre Mitglieder angehalten hatte, die Betriebsprüfungen in vollem Umfang aufzunehmen und hier auch die künftige alleinige Zu-

94 Vgl. dazu auch die Abteilungsverfügung vom 21.7.1942, in: RfA-Archiv Fach 20, Nr. 1.

95 Überlegungen zur Vereinfachung des Beitragseinzugs in der Sozialversicherung hatte es schon länger gegeben. 1935 hatte etwa der Ausschuss für Sozialversicherung der Akademie für Deutsches Recht einen entsprechenden Vorschlag vorgelegt. Vgl. „Einheitlicher Beitragseinzug für die Kranken- und Rentenversicherung“, in: Deutsche Rentenversicherung (1935), S. 132–134, Kopie in: RfA-Archiv Fach 20, Nr. 1–6. Allerdings war schon damals zu bedenken gegeben worden, dass damit nur eine Verschiebung der zur Zeit in den einzelnen Betrieben geleisteten Arbeiten und Verwaltungskosten auf die öffentliche Verwaltung erfolgen würde. Dennoch war dann 1937 im Bereich der LVA Rheinprovinz bei einer Reihe von Krankenkassen das Einzugsverfahren eingeführt worden, was auch bei den mit Beitragssachen befassten Beamten bei der RfA auf Interesse gestoßen war. Vgl. Schreiben der LVA Rheinprovinz an die RfA vom 17.11.1937, in: ebd.

96 Niederschrift der 15. Beiratssitzung vom 20.4.1942, S. 5, in: BArch R 89/3471.

ständigkeit für sich reklamiert hatte.[97] Um Material für die dadurch ausgelösten Verhandlungen im RAM zu bekommen, wurden die Überwachungsbeamten aufgefordert, eingehende Berichte über Art, Umfang und vor allem auch Qualität der Betriebsprüfungen der Krankenkassen nach Berlin zu melden.[98] Die daraufhin in der Ruhrstraße eintreffende Flut von Berichten zeichneten ein Bild des Chaos bei der Umstellung des Beitragssystems, tiefster Verunsicherung bei den Versicherten und vor allem massiver Ungerechtigkeiten, die im Zuge all dessen entstanden waren. Die Überwachungsbeamten hatten etwa festgestellt, dass bei der Beitragsentrichtung an die Krankenkassen angestelltenversicherungspflichtige Personen zwecks Beitragsnachweis als invalidenversicherungspflichtig geführt worden waren. Bei der Aufschlüsselung des Gesamtbeitrags waren daher von der Krankenkasse die Beiträge, die eigentlich der RfA gehörten, an die zuständige LVA abgeführt worden. Da aber bei der Arbeitsverdienstbescheinigung die Vordrucke der RfA verwendet worden waren, würde *diese* bei der künftigen Rentenleistung belastet werden.[99]

Verwirrt und verunsichert wandten sich auch gleichermaßen viele Lohnbüros aus Unternehmen wie Parteibehörden und Rechtsberatungsstellen der DAF an die RfA, nachdem sie von den nun eigentlich zuständigen Krankenkassen widersprüchliche Informationen über die künftige Beitragszahlung – Lohnabzug oder weiterhin Markenverfahren – und den weiteren Umgang mit den bestehenden Versicherungskarten und deren Verrechnung erhalten hatten.[100] Die AOK Essen etwa hatte allen Arbeitgebern vor Ort erklärt, dass ab dem 1. Juli 1942 für Arbeitnehmer mit einem Entgelt bis zu 52 RM im Monat keine AV-Beiträge mehr zu entrichten waren, und zwar, wie der dortige Überwachungsbeamte entsetzt nach Berlin meldete, weil die RfA in den Vorverhandlungen zur zweiten Verordnung über die Vereinfachung des Lohnabzugs auf die Beiträge verzichtet hätte.[101] Eine derartige Vorschrift existierte jedoch überhaupt nicht, aber weitere Nachfragen durch den Überwachungsbeamten wurden von dem dortigen AOK-Leiter mit der Begründung abgeblockt, dass ab 1. Juli ausschließlich die AOK für die Beitragsberechnung und Einziehung verantwortlich sei. Vielerorts hatten die Ortskrankenkassen auch im Voraus ihre Beitragszahlungsaufforderungen an die Versicherten verschickt, so dass diese doppelt belastet worden waren. Vor allem hatten viele freiwillig Versicherte bemerkt, dass der in der LAV festgelegte einheitliche Beitragssatz faktisch eine erhebliche Beitragserhöhung um bis zu 40 Prozent bedeutete und gleichzeitig die Neuberechnung der Steigerungssätze mit einer Minde-

97 Vgl. das Rundschreiben vom 1.10.1942 sowie auch bereits das Rundschreiben an die Überwachungsbeamten Nr. 80 vom 4.9.1942, in: RfA-Archiv Fach 14, Nr. 2.
98 Vgl. dazu auch die dann neu gefassten detaillierten Anweisungen über die künftig vorzunehmenden Beitragsüberwachungen bei den Arbeitgebern im Rundschreiben Nr. 82 vom 26.11.1942, in: RfA-Archiv Fach 14, Nr. 3.
99 Vgl. dazu Schreiben der RfA an das RAM über das RVA vom 21.12.1942, in: RfA-Archiv Fach 14, Nr. 2.
100 Vgl. exemplarisch das Schreiben der NSDAP-Gauleitung Hannover vom 8.7.1942 sowie das Schreiben einer Hannoveraner Putzmittelfabrik vom 20.7.1942, in: RfA-Archiv Fach 14, Nr. 3.
101 Vgl. Bericht des Überwachungsbeamten vom 28.7.1942, in: RfA-Archiv Fach 14, Nr. 3.

rung von 20 bis 30 Prozent zu Buche schlug.[102] Einem Versicherten waren in einem Monat anstelle des früher abgeführten Beitragsanteils von 10 RM im Monat nun plötzlich 21 RM sowie für zwei weitere Monate zusätzlich 10 RM abgezogen worden. Er verlangte nun von der RfA darüber Aufklärung, die jedoch notgedrungen nur an die zuständige Krankenkasse zurückverweisen konnte. Die Überwachungsbeamten stellten zudem auch bald fest, dass die Berechnung der Beiträge von den Ortskrankenkassen unterschiedlich gehandhabt wurde. Während die einen Lohnstufentabellen verwendeten, orientierten sich die anderen an Arbeitsverdiensttabellen.[103] Eine nachträgliche Kontrolle oder Prüfung der einmal erhobenen Beiträge war letztlich unmöglich, da die Krankenkassen von den Arbeitgebern nur den Gesamtbetrag für alle Versicherten ohne jegliche Einzelangabe verlangten, empfingen und verbuchten. Ob die Krankenkasse die Beiträge als AV- oder IV-Beiträge verbucht hatte, konnte nicht mehr festgestellt werden. Vollends unübersichtlich und chaotisch wurde es mit der Beitragsberechnung in den Fällen, in denen ein Angestellter zwar angestelltenversicherungspflichtig, aber nicht krankenversicherungspflichtig war.[104] Manche Ortskrankenkassen verweigerten in diesen Fällen, wie der Überwachungsbeamte aus Jüterborg-Luckenwalde berichtete, die Annahme von AV-Beiträgen und gaben den Betreffenden den Rat, sich doch befreien zu lassen und dann freiwillig AV-Marken zu kleben.[105] Auch bei anderen Beitragsprüfungen hatte der Beamte festgestellt, dass die AOK für nur AV-pflichtige Angestellte keine Beiträge annahm und zwar mit der Begründung, dass man in diesen Fällen die entsprechenden Beiträge mittels der neu geltenden Tabellen nicht berechnen könne und eine Berechnung in jedem Einzelfall zu viel Zeit erfordern würde. Letztendlich bestanden zwischen den Krankenkassen und der RfA erhebliche Differenzen bei der künftigen Berechnung der Beiträge für die Rentenversicherung. Schuld daran war auch das RAM, das in der LAV nicht für hinreichende Klarheit gesorgt hatte. Auf die in vielen Fällen, insbesondere bei einmaligen Provisionszahlungen an die beschäftigten Versicherten, nun auftretenden krassen Unterschiede zwischen Beitrags- und Rentenleistung angesprochen, antwortete die RfA denn auch im November 1944 lapidar mit dem Hinweis, dass das „unter der Herrschaft der 2. LAV bei der Gewährung sogenannter einmaliger Zuwendungen hervorgerufene Missverhältnis zwischen der Beitragshöhe und der Höhe der Steigerungsbeträge bisher vom Herrn Reicharbeitsminister nicht beseitigt worden [ist]".[106]

Die Unklarheiten, Verwirrung und Zweifel über das neue Beitragsverfahren hielten auch das ganze Jahr 1943 über an. Die Ortskrankenkassen hatten inzwischen schnell gemerkt, dass sie durchaus im Umgang mit den Versicherten wie mit den Betrieben

102 Vgl. Bericht der Überwachungsstelle Stuttgart vom 22.6.1942, der Überwachungsstelle Köln vom 23.7.1942 sowie Schreiben eines Versicherten aus Wuppertal an die RfA vom 15.6.1942, in: ebd.

103 Vgl. Bericht des Überwachungsbeamten in Dresden vom 27.10.1942, in: RfA-Archiv Fach 14, Nr. 4.

104 Vgl. dazu etwa das Schreiben des Leiters der Betriebskrankenkasse des Reichs an die RfA vom 23.7.1942, in: ebd.

105 Vgl. Bericht vom 30.9.1942, in: RfA-Archiv Fach 14, Nr. 3.

106 Schreiben der RfA an die AOK Dessau vom 11.11.1944, in: ebd.

Kenntnisse der wichtigsten Gesetze und Verordnungen der Angestelltenversicherung brauchten, das nötige Wissen jedoch fehlte.[107] Die Anfragen und Schreiben von Landes- wie Ortskrankenkassen an die RfA mit der Bitte um Prüfung, ob die vorgenommenen Beitragseinziehungen richtig erfolgt waren, häuften sich. Allerdings blieben viele Differenzen zwischen Ortskrankenkassen und Überwachungsbeamten bestehen, nur dass sie sich nun um die unterschiedliche Auslegung von fachrechtlichen Detailfragen drehten.[108] Einschneidende Änderungen brachte jedoch ein Erlass des RAM am 2. Februar über die einheitliche Durchführung der Betriebsprüfungen, durch den nun ab 1. März 1943 allein den Krankenkassen die Betriebsprüfungen in der Angestelltenversicherung übertragen wurden.[109] Vergebens hatte sich Grießmeyer gegen diese offensichtliche Entmachtung seiner Überwachungsbeamten und dem damit verbundenen Kompetenzverlust seiner Behörde zu wehren versucht. Gemäß dem Erlass wurde die RfA verpflichtet, ihre Überwachungsbeamten dem jeweiligen Oberversicherungsamt „zur Zuweisung an die Krankenkassen zur Verfügung zu stellen", denn die Fachkompetenz der Beamten war nach wie vor dringend erforderlich.[110] Grießmeyer schlug demgegenüber vor, die Zusammenarbeit zwischen Oberversicherungsamt, RfA und Krankenkassen auf die Weise zu regeln, dass Ersteres der Reichsversicherungsanstalt diejenigen Krankenkassen benannte, die der Unterstützung bedurften, und die RfA dann in Form eines Sonderauftrags in eigener Verantwortung die jeweiligen Überwachungsbeamten mit der Prüfhilfe beauftragte. Doch die Bitte des RfA-Präsidenten blieb ungehört. Dass mit der Einstellung der Betriebsprüfungen durch die RfA auch eine von den Unternehmen stark genutzte Möglichkeit zur Aufklärung, Beratung und Auskunfterteilung wegfiel, hatte man im RAM offensichtlich nicht mitbedacht oder aber für unwichtig gehalten. Grießmeyer versuchte daher als Ausgleich, den Sprechstundendienst der Überwachungsbeamten erheblich zu verstärken.[111]

Tatsächlich hatten die Arbeitgeber selbst dabei schnell festgestellt, dass die Arbeitseinsparungen gar nicht so groß und der bürokratische Aufwand in den Lohnbüros und Personalabteilungen der Unternehmen weiterhin erheblich war. Die im § 9 der zweiten LAV angeordnete getrennte Abführung der Beiträge zur Rentenversicherung der Arbeiter und der Beiträge zur Rentenversicherung der Angestellten zwang die Arbeitgeber zum Nachweis der Gesamtbeiträge nach verschiedenen Beitragsgruppen der jeweiligen Versicherten. Dass sich daran viele Kleinbetriebe nicht hielten und auch die Krankenkassen oft nicht darauf achteten, bleibt unbenommen. Im Oktober

107 Vgl. dazu das Schreiben des Reichsverbands der Ortskrankenkassen an die RfA vom 15.1.1943, in: RfA-Archiv Fach 15, Nr. 1.

108 Vgl. Bericht des Überwachungsbeamten in Kassel vom 12.6.1943, in: RfA-Archiv Fach 15, Nr. 2.

109 Vgl. das RfA Rundschreiben an die Berliner Außenbeamten vom 26.3.1943, in: RfA-Archiv Fach 68, Nr. 3.

110 Schreiben Grießmeyers an das RVA vom 22.3.1943, in: BArch R 89/3467.

111 Vgl. Rundschreiben Nr. 86 vom 25.3.1943 an die Überwachungsbeamten, in: RfA-Archiv, ohne Signatur, Ordner Rundschreiben.

1944 noch wandte sich etwa die Gefolgschaftsabteilung der IG Farben, Werk Auschwitz, an die Leistungsabteilung der RfA mit der Bitte um Aufklärung über die Errechnung der Hinterbliebenenrenten. Bis zum Wegfall des Markenverfahrens war es für das Unternehmen möglich gewesen, die Höhe der voraussichtlichen Renten nach den Bestimmungen der Angestelltenversicherung selbst zu errechnen. Damit konnte man den Hinterbliebenen gefallener Gefolgschaftsmitglieder sofort die Höhe der Rente, die sie aus der Angestelltenversicherung beziehen würden, mitteilen. Nach dem neuen Beitragsverfahren war dies nun unmöglich, „da uns auch die Art der Errechnung nicht bekannt ist".[112]

Das Hauptproblem aber war, dass die Arbeitgeber nach § 10 der LAV zum Nachweis der Entrichtung der Beiträge nach Beendigung des Beschäftigungsverhältnisses bzw. nach Ablauf eines jeden Kalenderjahres in die Quittungskarten (die früheren Versichertenkarten) die Zeiten eintragen mussten, in der der Versicherte gegen Entgelt beschäftigt gewesen war. Unterbrechungen der Beschäftigung durften nicht mit bescheinigt werden. So heißt es denn auch in einem Rundschreiben des Reichsverbands Deutscher Rentenversicherungsträger vom 22. Mai 1943 an den RAM:

> Die bisherigen Erfahrungen haben gezeigt, dass die Berücksichtigung sämtlicher Unterbrechungen der Beschäftigungszeiten bei den Eintragungen in die Verdienstbescheinigungen eine sehr erhebliche Belastung der Arbeitgeber bedeutet. Große Betriebe haben zu erkennen gegeben, dass sie überhaupt nicht in der Lage sind, diese Unterbrechungen am Jahresende einzeln in die Lohnbescheinigungen einzutragen.[113]

Anstelle der versprochenen Vereinfachung gebe es mithin eine beträchtliche Erschwerung gegenüber der früheren Entrichtung der Beiträge durch Einkleben von Marken. Ferner musste der Arbeitgeber auch das gesamte Entgelt, das der Versicherte von ihm in dieser Zeit erhalten hatte, eintragen. Angesichts der vielen kriegsbedingten Arbeitszeitwechsel, Überstundenzuschläge und außertariflichen Zulagen ergaben sich hier ähnliche Probleme. Vor allem wurde von den Lohnbüros in den Betrieben der Begriff „gesamtes Entgelt" höchst verschieden ausgelegt. Unklarheit herrschte etwa darüber, wie jene Beträge gekennzeichnet werden sollten, die Teile des Arbeitsverdienstes darstellten, jedoch nicht sozialversicherungspflichtig waren – wie etwa freiwillige Urlaubs- und Jubiläumsgratifikationen oder die aufgrund von Überstundenleistungen die Monatsgrenze von 600 RM übersteigenden Gehaltsspitzen bei einem Jahreseinkommen unter 7200 RM. Da diese Eintragungen jedoch nun den alleinigen Nachweis der entrichteten Beiträge und die ausschließliche rechnerische Grundlage für ein späteres Leistungsverfahren bildeten, hatten fehlerhafte oder falsche Eintragungen weitreichende Folgen sowohl für die Versicherten, aber auch für die RfA – und nicht zuletzt war damit auch Tür und Tor für Betrug geöffnet.[114] „Es

112 Schreiben der IG Farben an die RfA vom 30.10.1944, in: RfA-Archiv Nr. 97.

113 Schreiben vom 22.5.1943, in: RfA-Archiv, ohne Signatur.

114 „Die Ausfüllung der Einlageblätter in den alten Versicherungskarten durch große Arbeitgeber, die eigene Lohnbüros haben, geschieht inzwischen im allgemeinen ordnungsgemäß", berichtete dazu

handelt sich bei unserer Firma um erhebliche Beträge, welche im Arbeitsverdienstnachweis der Einlagenkarte aufgenommen werden und für welche somit die Angestelltenversicherung rentenpflichtig ist, ohne dass hierfür Beiträge abgeführt worden wären", heißt es etwa in einem Schreiben einer Schlesischen Konservenfabrik an die RfA vom Dezember 1943.[115]

Wie hoch diese Diskrepanzen zwischen offiziellen Eintragungen und tatsächlich erhaltenen Entgelten sein konnte, zeigt etwa der Prüfbericht des Schweriner Überwachungsbeamten vom März 1943. Während der Arbeitgeber in einem Fall nur 2725 RM Barlohn als Jahresentgelt eingetragen hatte und dementsprechend seinen anteiligen niedrigen Versicherungsbeitrag abführte, summierte sich der tatsächliche Gesamtbetrag auf 5225 RM.[116] Solche Fehler wirkten sich erheblich zum Schaden des Versicherten aus. Während die Beiträge nur nach dem niedrig ausgewiesenen Grundgehalt, die späteren Leistungen der RfA jedoch nach dem tatsächlich erreichten Gesamteinkommen berechnet wurden, ergaben sich aber auch für den Versicherungsträger langfristig erhebliche finanzielle Belastungen, denen keine adäquaten Beitragsleistungen der Versicherten gegenüberstanden. In der RfA war man daher nach solchen und ähnlichen Berichten höchst beunruhigt und alarmiert, aber letztlich machtlos. „Diese unbefriedigende Regelung ist auch dem Reichsarbeitsminister bekannt", heißt es etwa in einem Schreiben von Ende Juni 1944. „Solange er sie nicht ändert, müssen wir sie in Kauf nehmen."[117] Es war wie schon bei den früheren Gesetzen: Durch die zweite LAV, die Durchführungsverordnung und durch weitere Entwürfe zur Gesetzesänderung war das Beitragsrecht der Sozialversicherung nicht einfacher, sondern komplizierter und unübersichtlich geworden.[118]

Bereits im April 1943, auf der letzten Sitzung des Beirats, zog Vizepräsident Schaefer aus Sicht seiner Behörde eine schonungslose Bilanz zur Lohnabzugsverordnung und dem Wechsel des Beitragsverfahrens. Die Lohnbüros seien dadurch zwar wohl entlastet worden, dafür habe man aber in Kauf nehmen müssen, dass die Arbeit der Versicherungsträger wuchs, und

etwa im Juni 1943 der Stuttgarter Überwachungsbeamte. „Ganz schlimm sieht es jedoch bei kleineren Arbeitgebern aus. In den meisten Fällen haben diese sich überhaupt noch keine Einlagenbogen beschafft und wenn dies geschehen ist, sind die Eintragungen in diese meistens falsch." Bericht vom 26.6.1943, in: RfA-Archiv Fach 15, Nr. 4. Vgl. dazu auch den Vermerk vom 17.11.1943, in dem das Fehlen von Ordnungsstrafen und anderen Sanktionsmöglichkeiten bei Verstoß gegen § 10 beklagt wurde, in: RfA-Archiv Fach 14, Nr. 2.

115 Das Schreiben vom 30.12.1943, in: RfA-Archiv Fach 15, Nr. 2.

116 Vgl. Bericht des Überwachungsbeamten vom 24.3.1943, in: RfA-Archiv Fach 15, Nr. 3.

117 Schreiben vom 28.6.1944, in: ebd.

118 So auch dann (auf S. 40!) die Begründung in einem Gesetzentwurf zur Änderung der LAV vom September 1944, in: BArch R 89/3467.

> dass sie nicht mehr wie bisher die Gewissheit hatten, dass die Beiträge auch in der dem bescheinigten Entgelt entsprechenden Höhe wirklich geleistet waren, und dass diese Grundlage für die Rentenberechnung nicht mehr die unbedingte Zuverlässigkeit des Markenverfahrens besaß.[119]

Infolge der Beitragserhöhung hätte die RfA auch bei den Einnahmen eine deutliche Steigerung um ca. 62 Mio. RM erwarten können, faktisch aber hatte man am Ende des zweiten Halbjahres 1942 festgestellt, dass durch Post und Krankenkassen rund 45 Mio. RM weniger als errechnet eingegangen waren. Im Juli 1942 hatte die Behörde von den Krankenkassen Überweisungen im Wert von 2,8 Mio. RM erhalten, im August waren es dann immerhin bereits 42,9 Mio. RM gewesen, aber eigentlich hätten es knapp 90 Mio. RM sein müssen. Der RfA entstanden durch die plötzlichen Einnahmenausfälle nicht zuletzt auch erhebliche Zinsverluste. Und an den schleppenden und ungenügenden Beitragseinnahmen änderte sich auch im Frühjahr 1943 nichts, so dass nun kaum mehr von Anlaufschwierigkeiten des neuen Verfahrens die Rede sein konnte, sondern eher nachhaltige systemische Konstruktionsfehler zu befürchten waren. Das bisher austarierte Verhältnis von Beitragseinnahmen und Leistungsausgaben war erheblich aus dem Gleichgewicht geraten. Es war daher kein Wunder, dass Vizepräsident Schaefer ernüchtert feststellte, dass die RfA durch das neue Beitragsverfahren ihre Beiträge weder schneller noch reichlicher und schon gar nicht mit weniger Verwaltungsaufwand als beim Markenverfahren erhielt. Die Abrechnung mit über 4000 Krankenkassen war weit umständlicher und fehlerbehafteter als die frühere durch die Generalpostkasse. Durch die Umstellung wurde denn auch bei der RfA keine einzige Stelle eingespart. Gleichzeitig hatten die Gefahren und Nachteile für die Rentenberechnung durch falsche bzw. fehlerhafte Entgeltbescheinigungen, die nun die alleinige Grundlage der Beitrags- wie Rentenberechnung darstellten, erheblich zugenommen.

Einen Hinweis, wie hoch der Anteil der falschen oder fehlerhaften Eintragungen war, gaben etwa die Überprüfungen, die das Versicherungsamt München vorgenommen hatte: In mindestens 75 Prozent der Fälle waren die Eintragungen falsch.[120] Mit der Beitragsmarke, so schrieb auch Möbius, der Präsident des Reichsverbands Deutscher Rentenversicherungsträger, in seinem Jahresrückblick, „ist in der Rentenversicherung der einfachste und genaueste Nachweis der entrichteten Beiträge preisgegeben worden".[121] So detailliert man früher aufgrund des Markenverfahrens über die Zahl und Struktur der Versicherten Bescheid wusste, so wenig konnte man nun aufgrund des Lohnabzugsverfahrens entsprechende Rückschlüsse ziehen und tappte daher im Dunkeln. Und zudem hatte inzwischen auch die Post die statistische Auswertung über die noch verkauften Beitragsmarken als nicht kriegswichtig eingestellt. Die jahrzehntelange Verwaltungshoheit über das Beitragsverfahren, die Berechnung

---

119 Niederschrift der 16. Beiratssitzung vom 12.4.1943, S. 5, in: BArch R 89/3471.

120 Vgl. Dr. Jaeger, Direktor des Versicherungsamtes der Hauptstadt der Bewegung, Bericht über die Auswirkungen der zweiten LAV vom 24.4.1942, in: RfA-Archiv Fach 119, Nr. 8.

121 Rückblick auf das Jahr 1942, in: Deutsche Rentenversicherung (1943), Nr. 1, S. 20.

der Beitragsleistungen, die Sorge für deren Abführung und auch die sich daraus ergebenden Rückwirkungen auf die Höhe der jeweiligen Renten und deren Berechnung waren nun der RfA weitgehend aus den Händen genommen worden. Statt individueller Rentenberechnung gab es nun standardisierte und kategorisierte Tabellen. So schrieb etwa auch im Juli 1943 der Direktor des Münchner Versicherungsamtes am Ende einer 13-seitigen Denkschrift über die desaströsen Auswirkungen der zweiten LAV:

> Wenn abschließend eine Stellungnahme zu der Frage gewünscht wird, ob und wieweit das jetzige Verfahren durch ein besseres Verfahren ersetzt wird, so möchte ich unter allen Umständen den Übergang zu einem durch Eingliederung der Sozialversicherungsbeiträge stattfindenden einheitlichen Lohnabzug ablehnen. Dieses Verfahren beseitigt meines Erachtens jegliche Selbständigkeit der Sozialversicherung und macht sie ausschließlich abhängig von der Finanzlage des Reichs.[122]

Die Denkschrift war Teil einer bemerkenswerten Umfrageaktion, die die Bayerische Staatskanzlei im Sommer 1943 bei Versicherungsträgern sowie der Gauwirtschaftskammer München-Oberbayern als Wirtschaftsstelle gestartet hatte. Sie leitete im September die geradezu verheerenden Ergebnisse an die zuständige Münchner NSDAP-Gauleitung weiter. „Ziemlich allgemein wird gesagt werden können", so stand da, „dass die 2. LAV bei ihrem Inkrafttreten in den Lohnbüros eine förmliche Schockwirkung und ein wildes Durcheinander hervorgerufen hat, das erst nach einem Vierteljahr wieder abebbte."[123] Durch die falschen Eintragungen ergäben sich für den künftigen Vollzug der Rentenversicherung Fehlerquellen und Gefahrenmomente, „die gar nicht ernst genug genommen werden können". Die Flut von Falscheintragungen in den Quittungs- bzw. Versicherungskarten zu Ungunsten der Versicherten führe nachgerade zwingend

> in einigen Jahren zum Chaos [...]. Zusammenfassend kann gesagt werden, dass das die frühere Markenverwendung ablösende Eintragungsverfahren nach der 2. LAV in der gegenwärtigen Art des Vollzugs die exakten Grundlagen für die künftige Rentenberechnung völlig erschüttert und damit die Stellung des Versicherten in ausschließlich ungünstigem Sinne beeinflusst hat. Die gleiche Maßnahme hat die Keime zu einem Papierkrieg gelegt, der [...] mit dem Fortschreiten der Zeit in geometrischer Progression ansteigen und nach einigen Jahrzehnten die positive und produktive Arbeit der Träger der Rentenversicherung überwuchern und lahmlegen wird.[124]

Vor allem aber warnten die Verfasser, allen voran die beiden Leiter der Gauwirtschaftskammer München-Oberbayern und des Versicherungsamts München, eindringlich davor, dass mit der zweiten LAV ein Weg eingeschlagen worden sei, „der

---

122 Dr. Jaeger, Bericht über die Auswirkungen der zweiten LAV vom 24.4.1942, S. 12, in: RfA-Archiv Fach 119, Nr. 8.
123 Schreiben der Bayerischen Staatskanzlei an die Gauleitung vom 4.9.1943, S. 2, in: RfA-Archiv Fach 119, Nr. 8.
124 Ebd., S. 7.

nicht nur das Ende der Selbstverwaltung in der Sozialversicherung, sondern auch das Ende der Sozialversicherung selber bedeutete".[125] Durch die im Reichsfinanzministerium – insbesondere von Staatssekretär Reinhardt – offensichtlich in einer dritten Etappe über kurz oder lang beabsichtigte völlige Verschmelzung der Einhebung der Sozialversicherungsbeiträge mit der Lohnsteuer in Form eines Einheitsabzugs vom Arbeitslohn würde die Erhebung dieses einheitlichen Betrags einseitig und ausschließlich den Reichssteuerbehörden, also den Finanzämtern übertragen.[126] Ein in die Steuer eingebauter Sozialversicherungsbeitrag würde die Sozialversicherung als Gemeinschaftseinrichtung bzw. Gemeinschaftsverhältnis von Betriebsführer und Beschäftigten auflösen, die Sozialversicherung völlig von der finanziellen Entwicklung der Staatsfinanzen abhängig machen und jedes finanzielle Eigenleben der zumindest formal immer noch als Selbstverwaltungskörperschaften fungierenden Versicherungsträger unterbinden.[127] Die RfA stand mit ihrer allerdings weit weniger vehement vorgetragenen Kritik an der Lohnabzugsverordnung und dem neuen Beitragssystem mithin nicht allein da, und die Überlieferung der Münchner Unterlagen im RfA-Archiv weist darauf hin, dass man diese Stimmungslage und Bewertungen bei zumindest einem Teil der anderen Versicherungsträger durchaus genau kannte.

Bei den Versicherten selbst hatte die LAV nicht sonderlich Eindruck hinterlassen und war auch kein großes Thema gewesen, aus dem einfachen Grund, weil ihr die Verordnung entweder völlig unbekannt geblieben oder aber in ihren weiteren, die volle Auszahlung der Rente gefährdenden Auswirkungen verschlossen geblieben war. Vielmehr bewegte große Teile der Bevölkerung das Problem einer zunehmend schleppenden Rentenanerkennung und langwierigen Bescheiderteilung. Hintergrund der Rationalisierungsbemühungen und Verwaltungsvereinfachungsmaßnahmen waren daher nicht zuletzt die sich hier häufenden Beschwerden bei der RfA (und den anderen Versicherungsträgern) gewesen. Mit Kritik an ihrer Arbeit, dem Vorwurf bürokratischer Ineffizienz, unbeantwortetgebliebener Schreiben, verspäteter Rentenbescheide oder gar angeblichen Behördenversagens hatte sich die RfA schon immer herumschlagen müssen. Im Krieg nahmen jedoch diese und ähnliche Vorwürfe erheblich zu. „Die Altersversorgung städtischer Angestellter und ihrer Angehörigen wird immer kritischer", so beschwerte sich etwa Mitte Juni der Oberbürgermeister von Danzig, „da bis zur Feststellung und Bewilligung der Rentenbezüge im allgemeinen mehrere Monate vergehen."[128] Um „diesem Übelstande" abzuhelfen, schlug er die Gewährung von umgehend zu zahlenden Vorschüssen auf die zu erwartende Rente vor, was die RfA aus grundsätzlichen Erwägungen ebenso ablehnte, wie man sich gegen den Vorwurf des langen Festsetzungsverfahrens wehrte. Nach den internen

125 Ebd., S. 8.

126 Vgl. dazu die unmissverständlichen Hinweise auf die Pläne im Reichsfinanzministerium in dem bemerkenswerten Gutachten von ORR Eichelsbacher, damals Sozialversicherungsexperte im Bayerischen Innenministerium, vom 5.7.1943, S. 16, in: RfA-Archiv Fach 119, Nr. 8.

127 Vgl. ebd., S. 18.

128 Schreiben vom 7.6.1941, in: RfA-Archiv Nr. 26.

statistischen Erhebungen dauere eine Feststellung im Durchschnitt nur wenig mehr als einen Monat; sofern der Versicherte nur der Angestelltenversicherung angehörte. Die Dauer sei noch wesentlich kürzer, wenn er oder seine Hinterbliebenen den Antragsvordruck richtig und vollständig ausfüllen und alle erforderlichen Unterlagen gleich und vollständig beifügen oder unverzüglich nachreichen würden.[129] Regelmäßige Beschwerdebriefe über „äußerst lange Wartezeiten bis zur Gewährung einer Rente" kamen auch von den Rechtsberatungsstellen der DAF, wenn diese nicht gleich über die jeweiligen Gauamtswalter den direkten Weg zum RAM suchten.[130] In diesen Fällen gingen dann entsprechende Nachfragen vom RAM an das RVA und von dort an die RfA, deren zuständiger Sachbearbeiter sich dann unter ausführlicher Darlegung des jeweiligen Falles rechtfertigen musste.[131] Sobald Präsident Grießmeyer jedoch Angriffe auch nur zu Ohren kamen, die von Parteistellen öffentlich oder auch intern gegen die RfA erhoben wurden, wehrte er sich vehement. Anfang August beschwerte er sich etwa mit deutlichen Worten beim RVA darüber, dass

> vor etwa vier Wochen der Leiter des Kreises II der NSDAP bei dem Fachschaftsgruppenleiter des Reichsbund Deutscher Beamten in der RfA angerufen und ihm erklärte habe, dass nach einer ihm zugegangenen Mitteilung das Personal der Reichsversicherungsanstalt nicht genügend beschäftigt sei.[132]

Das Problem des Bewilligungszeitpunkts, d.h. die Zeit zwischen Rentenantrag und Rentenbescheid war prinzipiell nicht von Bedeutung, da die Rentenauszahlung mit Ablauf des Kalendermonats begann, in dem die Voraussetzungen der Rentengewährung erfüllt waren. Verspätete Rentenanträge bedeuteten jedoch auch einen späteren Rentenbezug, unabhängig vom Eintritt der Berechtigung – eine Regelung, gegen die auch die DAF unter anderem in einem vielbeachteten Beitrag in den *Monatsheften für NS-Sozialpolitik* („Ist das sozial?") Front machte.[133] Im Laufe des Krieges waren dann die durchschnittlichen Bearbeitungszeiten zwischen Antragstellung und Bescheiderteilung von zwei bis drei auf fünf bis sechs Wochen gestiegen.[134] Auch aus Gründen der allgemeinen Stimmungslage nahm daher nun der Druck verschiedener Parteistellen auf die RfA zu, die Bescheiderteilung zu beschleunigen.

Die wiederholt von der DAF geforderte und hier erneut vorgeschlagene Zahlung von Vorschüssen zur Beschleunigung der Rentenzahlungen gab es inzwischen seit Dezember 1943 tatsächlich, allerdings nur, wenn die Beibringung der nötigen Unterlagen wegen Verlust oder Zerstörung nicht möglich war, der Anspruch jedoch

129 Vgl. das Antwortschreiben vom 20.6.1941, in: ebd.
130 Vgl. beispielhaft das Schreiben der DAF an das RAM vom 26.9.1941, in: ebd.
131 Vgl. typisch das Schreiben an das RVA vom 21.10.1941, in: ebd.
132 Schreiben Grießmeyers an das RVA vom 9.8.1941, in: BArch R 89/3492.
133 Vgl. dazu etwa das Schreiben der Deutsche Werke Kiel AG vom 9.9.1942 sowie der Artikel in: Monatshefte für NS-Sozialpolitik (1942), Heft 15/16, S. 146.
134 Vgl. Schreiben der RfA an die Schriftleitung des Wirtschaftspolitischen Dienstes vom 18.9.1943, in: RfA-Archiv Nr. 96 c.

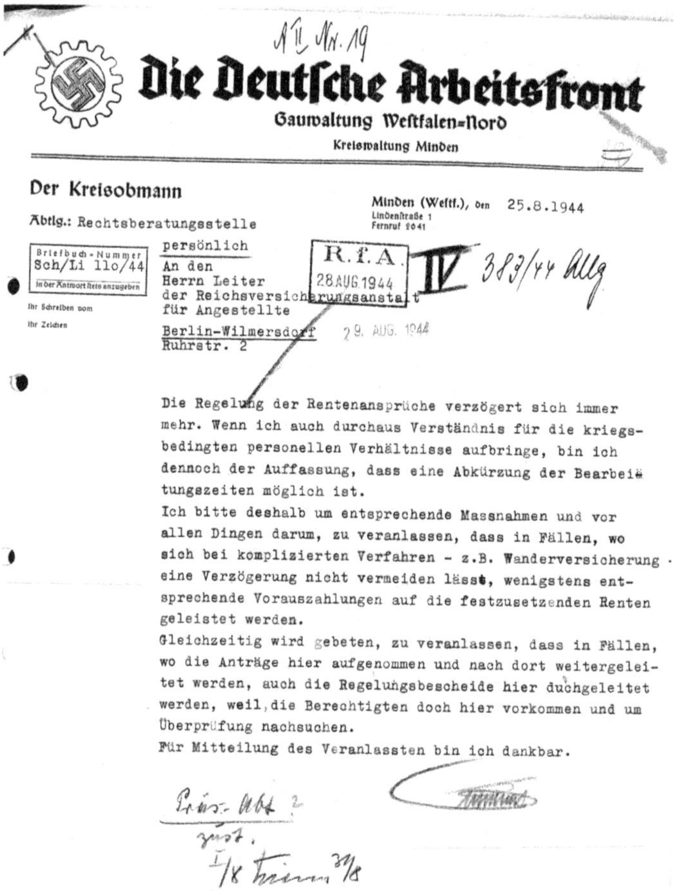

Die Deutsche Arbeitsfront
Gauwaltung Westfalen-Nord
Kreiswaltung Minden

Der Kreisobmann

Abtlg.: Rechtsberatungsstelle

Minden (Westf.), den 25.8.1944
Lindenstraße 1
Fernruf 2041

Briefbuch-Nummer Sch/Li 110/44
In der Antwort stets anzugeben

Ihr Schreiben vom
Ihr Zeichen

persönlich
An den
Herrn Leiter
der Reichsversicherungsanstalt
für Angestellte
Berlin-Wilmersdorf
Ruhrstr. 2

R.f.A. 28 AUG 1944

IV 383/44 Allg

29. AUG. 1944

Die Regelung der Rentenansprüche verzögert sich immer mehr. Wenn ich auch durchaus Verständnis für die kriegsbedingten personellen Verhältnisse aufbringe, bin ich dennoch der Auffassung, dass eine Abkürzung der Bearbeitungszeiten möglich ist.
Ich bitte deshalb um entsprechende Massnahmen und vor allen Dingen darum, zu veranlassen, dass in Fällen, wo sich bei komplizierten Verfahren – z.B. Wanderversicherung – eine Verzögerung nicht vermeiden lässt, wenigstens entsprechende Vorauszahlungen auf die festzusetzenden Renten geleistet werden.
Gleichzeitig wird gebeten, zu veranlassen, dass in Fällen, wo die Anträge hier aufgenommen und nach dort weitergeleitet werden, auch die Regelungsbescheide hier durchgeleitet werden, weil die Berechtigten doch hier vorkommen und um Überprüfung nachsuchen.
Für Mitteilung des Veranlassten bin ich dankbar.

Abb. 36: Beschwerdeschreiben der DAF-Rechtsberatungsstelle Minden wegen Verzögerungen der Rentenfeststellung vom 25. August 1944

glaubhaft gemacht werden konnte. Im Mai 1944 hatte dann der Reichsarbeitsminister von der DAF eine Liste mit fünf, in den Augen der Arbeitsfront besonders eklatanten Fällen erhalten, in denen betroffene Rentner oder deren Hinterbliebenen auch nach fast einem Jahr trotz ergangener positiver Bescheide keine Rentenauszahlungen erhalten hatten. In einem Fall war der Versicherte am 26. August 1942 gefallen, der Rentenantrag der Witwe L. am 27. Oktober eingereicht worden, aber auch Mitte April 1944 noch immer keine Bescheiderteilung erfolgt.[135] Die Nachprüfungen ergaben, dass es sich in allen Fällen um Wanderversicherte gehandelt hatte, bei denen das Fest-

135 Vgl. Schreiben der DAF an das RAM vom 2.5.1944, in: BArch R 89/3414 sowie das Schreiben des RVA an die RfA vom 16.6.1944 und das von Grießmeyer unterzeichnete Antwortschreiben der RfA vom 26.6.1944, in: ebd. sowie auch in: RfA-Archiv Fach 5.

stellungsverfahren aufgrund der dabei mit eingeschalteten Landesversicherungsanstalten generell kompliziert, bürokratisch und zeitaufwändig war.[136] Im Fall der Witwe L. war eine Erneuerung der Versicherungskarte und die Ermittlung von nicht bekannten Versicherungs- und Beitragszeiten erforderlich gewesen. Vor allem war es, wie nun infolge der Rekonstruktion des Falles herauskam, die zuständige DAF-Rechtsberatungsstelle selbst gewesen, die erst im Oktober 1943 als Vertreterin der Witwe den für die Weiterbearbeitung nötigen Antrag auf Ersatzbescheinigung gestellt und damit zur erheblichen Verzögerung des Falles beigetragen hatte. So notierte denn auch knapp der in das ganze Verfahren involvierte kommissarische Leiter der LVA Hessen-Nassau:

> Verfügungen der Art vom 25. September 1944, wie sie im Fall L. auf Weisung des Reichsarbeitsministers ergangen sind, sind nicht geeignet, zu einer Beschleunigung des Verfahrens beizutragen, sondern führen nur zu einer weiteren Belastung der ohnehin äußerst angespannten Geschäftslage.[137]

Besorgte Briefe kamen aber auch von den Überwachungsbeamten, die vielfach vor Ort als Repräsentanten der RfA zur Zielscheibe der Kritik von Versicherten wie Rentnern wurden.

Dazu kamen häufige Beschwerden über die fehlerhafte oder verzögerte Ausstellung bei den verschiedenen Ausgabe- und Umtauschstellen für Versicherungskarten, insbesondere den Versicherungsämtern, Ortpolizeibehörden und Bürgermeisterämtern, auf deren Handeln die RfA jedoch keinen Einfluss hatte.[138]

Für erhebliche Aufregung unter den Betroffenen sorgte dann aber auch das zum März 1942 eingeführte neue Rentenauszahlungsverfahren. Wie in der Invalidenversicherung schon lange üblich, wurden nun auch die Angestelltenrenten nicht mehr per Postboten zugestellt, sondern mussten von den Rentnern selbst am Postschalter abgeholt werden.[139] In der RfA war man von den Änderungen offenbar überrascht worden, denn gegenüber dem Beirat berichtete im April 1942 Vizepräsident Schaefer davon, dass „uns kürzlich die Reichspost eröffnete", dass sie aufgrund des kriegsbedingten Personalmangels nicht mehr in der Lage sei, das bisherige Rentenzahlungsverfahren für die Behörde mit der notwendigen Pünktlichkeit und Sicherheit

136 Im Oktober 1944 musste sich Vizepräsident Schaefer jedoch auch direkt von RAM-Ministerialrat Wankelmuth einen deutlichen Rüffel wegen der für die jeweiligen Antragsteller schwer verständlichen Bescheidtexte gefallen lassen. Vgl. Schreiben vom 6.10.1944, in: RfA-Archiv Nr. 215.
137 Schreiben vom 13.10.1944 an das RVA, in: ebd. Ein eklatantes Beispiel für einen Versicherten, dessen im November 1941 gestellter Antrag auf Altersruhegeld im Verwaltungsdschungel steckengeblieben bzw. zwischen den verschiedenen involvierten Behörden hin- und hergeschoben worden war, findet sich in BArch R 89/23091. Im Dezember 1944 erfolgte dann schließlich ein negativer Bescheid durch die RfA, da letztlich weder die Anwartschaft erhalten noch die nötige Wartezeit erfüllt war.
138 Vgl. dazu unter anderem die Beschwerde der Leipziger Junkers-Motorenwerke vom 17.1.1941 sowie auch den Bericht des Überwachungsbeamten in Plauen vom 27.10.1941, in: RfA-Archiv Fach 6, Nr. 1.
139 Vgl. dazu der Hinweis auf das neue Verfahren, in: Mitteilungen der RfA Nr. 6, 1942, S. 21.

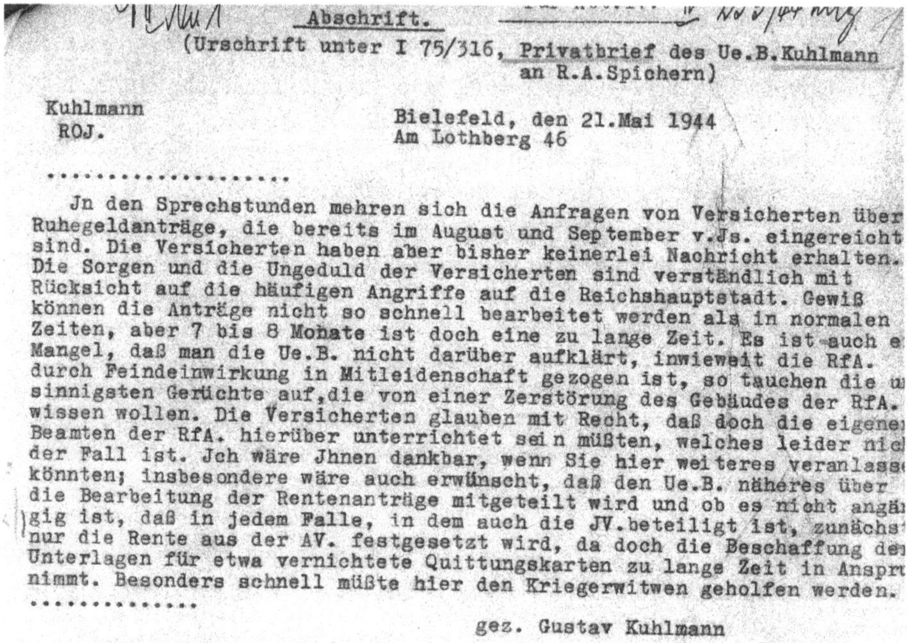

Abschrift.

(Urschrift unter I 75/316, Privatbrief des Ue.B.Kuhlmann an R.A.Spichern)

Kuhlmann
ROJ.

Bielefeld, den 21.Mai 1944
Am Lothberg 46

....

Jn den Sprechstunden mehren sich die Anfragen von Versicherten über Ruhegeldanträge, die bereits im August und September v.Js. eingereicht sind. Die Versicherten haben aber bisher keinerlei Nachricht erhalten. Die Sorgen und die Ungeduld der Versicherten sind verständlich mit Rücksicht auf die häufigen Angriffe auf die Reichshauptstadt. Gewiß können die Anträge nicht so schnell bearbeitet werden als in normalen Zeiten, aber 7 bis 8 Monate ist doch eine zu lange Zeit. Es ist auch e[illegible] Mangel, daß man die Ue.B. nicht darüber aufklärt, inwieweit die RfA. durch Feindeinwirkung in Mitleidenschaft gezogen ist, so tauchen die u[illegible]sinnigsten Gerüchte auf, die von einer Zerstörung des Gebäudes der RfA. wissen wollen. Die Versicherten glauben mit Recht, daß doch die eigene[illegible] Beamten der RfA. hierüber unterrichtet sein müßten, welches leider nic[illegible] der Fall ist. Jch wäre Jhnen dankbar, wenn Sie hier weiteres veranlass[illegible] könnten; insbesondere wäre auch erwünscht, daß den Ue.B. näheres über die Bearbeitung der Rentenanträge mitgeteilt wird und ob es nicht angän[illegible]gig ist, daß in jedem Falle, in dem auch die JV.beteiligt ist, zunächs[illegible] nur die Rente aus der AV. festgesetzt wird, da doch die Beschaffung de[illegible] Unterlagen für etwa vernichtete Quittungskarten zu lange Zeit in Anspr[illegible] nimmt. Besonders schnell müßte hier den Kriegerwitwen geholfen werden.

....

gez. Gustav Kuhlmann

Abb. 37: Bericht eines Überwachungsbeamten vom 21. Mai 1944 über die Verzögerungen bei der Rentenbearbeitung

durchzuführen.[140] Um den Angestelltenrentnern die absehbaren Unannehmlichkeiten und angesichts des Bombenkriegs auch erheblichen Gefahren und Hürden bis zum Erhalt der Rente zu ersparen, hatte die RfA der Reichspost angeboten, ihr das ganze Postanweisungsmaterial bereits etliche Tage früher zuzustellen, um ihr einen größeren zeitlichen Spielraum für die Durchführung der Zahlungen zu verschaffen. Aber die Post lehnte ab. In der Folgezeit wurde daher nach und nach und jahrgangsweise mit der Umstellung der Auszahlungen begonnen. Bis zur völligen Umsetzung des Abholverfahrens sollten fast sechs Monate vergehen. Für die RfA ergaben sich durchaus erhebliche personelle wie materielle Einspareffekte. Die Lochkarten waren nun überflüssig geworden, auch die Adremaabteilung konnte aufgelöst werden.[141]

Auch für viele Rentner ergaben sich offensichtlich Vorteile, insbesondere erfolgte durch die gleichzeitige Versendung von Rentenzahlungsauftrag und Rentenbescheid ein pünktlicherer und damit vielfach früherer Rentenempfang. Zugleich aber war die Kontrolle über die Berechtigung des Rentenbezugs erheblich strikter geworden, da dafür nun nicht mehr die RfA, sondern die örtlichen Postbeamten am Schalter zuständig waren. Und auch ein erheblicher Teil der Auszahlungsbürokratie wurde nun

140 Niederschrift der 15. Beiratssitzung vom 20.4.1942, S. 5, in: BArch R 89/3471.
141 Vgl. Vermerk vom 23.11.1942, in: RfA-Archiv Nr. 205 c.

auf die Rentner abgewälzt. Sie mussten nun eine Rentenausweiskarte vorlegen, sich an den Hauptzahltag halten, sich sorgfältig aufzubewahrende Rentenempfangsscheine ausstellen lassen und im Januar jedes Jahres musste eine amtlich beglaubigte Rentenjahresbescheinigung bei der Rentenzahlstelle abgegeben werden. Empfangsberechtigte Dritte mussten zudem Lebensbescheinigungen oder Vollmachten vorlegen.[142] Eher gedankenlos war dabei in einem RfA-Merkblatt auch von der Möglichkeit der Mitwirkung der jeweiligen NSDAP-Ortsgruppe die Rede gewesen, denen damit Einblicke in Art und Höhe der Rente der Betroffenen eröffnet wurden. Von den für viele Rentner oft beschwerlichen Wegen zu den Postämtern und den dortigen langen Anstehzeiten war erst gar nicht die Rede. Von einigen Betroffenen kam denn auch der dringende Wunsch, die Angestelltenrenten wie bei den Beamten sofort auf das jeweilige Post- oder Sparkassenkonto zu überweisen, was auf Antrag ab Januar 1943 auch möglich war.[143] Mit zunehmendem Bombenkrieg kam es jedoch auch in dem scheinbar reibungsloseren Abholverfahren zu Störungen. Nach Luftangriffen in bombenbedrohten Gebieten wurden zahlreiche Rentenempfänger umquartiert und durchliefen regelrechte Odysseen, während derer sie aber sofort bei den jeweiligen Postämtern ihrer Aufenthaltsorte die Überweisung bzw. Auszahlung ihrer Rente beantragen mussten. Die Überweisungsanträge häuften sich unter diesen Umständen bei den zuständigen Rentenrechnungsstellen, so dass es zu Verzögerungen der Bearbeitung und damit auch der Auszahlung kam.

Der Bombenkrieg und die damit verbundenen, immer häufigeren Unterbrechungen der Arbeit wegen Fliegeralarm sowie die danach oftmals notwendigen Arbeiten der Schadensbeseitigung nach Bombentreffern, die auch, wie etwa in der Nacht vom 23. auf den 24. August 1943, das Dienstgebäude in der Ruhrstraße betrafen, sorgten dann für eine weitere Erschwerung der Arbeitsverhältnisse.[144] Schon am 1. März 1943 war die Behörde von 20 Brandbomben getroffen worden, wodurch ein Teil des Heilverfahrensarchivs sowie ein kleinerer Teil der Arbeitgeberkonten vernichtet worden sind.[145] Ein zunehmender Anteil der Verwaltungsarbeit musste nun für das Ersetzen verlorener oder verbrannter bzw. unbrauchbar gewordener Versicherungskarten und anderer Versichertenunterlagen aufgewendet werden. Bereits im August 1942 hatte das RVA – aufgrund der sich häufenden Verluste von Quittungskarten und Rentenakten in größerem Umfang durch feindliche Fliegerangriffe – an die Rentenversicherungsträger ebenso wie an das Sozialamt der DAF Vorschläge für gesetzgeberische Maßnahmen und Verfahrensregelungen gerichtet. Ziel dessen war es, die damit verbundenen Störungen der Behördenarbeit so gering wie möglich und das Altersversorgungssystem verwaltungsorganisatorisch insgesamt überhaupt funkti-

142 Vgl. dazu das ausführliche Merkblatt in: ebd.

143 Vgl. dazu die Abteilungsverfügung vom 5.1.1943, in: RfA-Archiv Nr. 226.

144 Vgl. dazu auch ausführlich Bonz-MS, S. 610 ff.

145 Vgl. Bericht von Vizepräsident Schaefer an das RAM vom 2.3.1943, in: BArch R 89/3467. Akribisch wurden dabei auch die Bombenschäden bei den betroffenen RfA-Gefolgschaftsmitgliedern aufgelistet.

onsfähig zu halten.[146] Die Maßnahmen betrafen vor allem die Erhaltung der Anwartschaft, die Erfüllung der Wartezeit und die Berechnung der Steigerungsbeträge. In allen Fällen, so der Vorschlag, in denen durch Kriegsereignisse Versicherungskarten und Rentenakten verloren gegangen waren, sollte die Anwartschaft automatisch als erhalten gelten und anstelle eines Nachweises der Erfüllung der Wartezeit eine bloße Glaubhaftmachung ausreichen. Statt spezifischer Steigerungsbeträge sollten nun pauschale Abschlagzahlungen gewährt werden. Die verwaltungsmäßig aufwändige Rekonstruktion jeder einzelnen zerstörten oder beschädigten Unterlage sollte damit entfallen.

Es dauerte dann jedoch bis November 1942, ehe dazu eine erste Besprechung im RAM stattfand, an der auch ein RfA-Beamter teilnahm. Die Beratungen und der Austausch der jeweiligen Erfahrungen mit den praktizierten Verwaltungsverfahren bei den einzelnen Versicherungsträgern dauerten auch noch im Mai 1943 an. Bei der RfA war es demnach bisher ohne größere Schwierigkeiten gelungen, die Beitragsleistungen solcher Versicherter, deren Quittungskarten vernichtet worden waren, aufgrund sonstiger Unterlagen wie Aufrechnungsbescheinigungen und Auskünften der Arbeitgeber zu ermitteln und danach die Rente aufgrund der gesetzlichen Vorschriften festzusetzen.[147] Erste Erfahrungen mit dem Problem hatte die Behörde bereits hinter sich, denn im April 1941 waren bei den Deutschen Werken Kiel AG durch einen Fliegerangriff sämtliche 3726 Angestelltenversicherungskarten vernichtet worden. In mühsamer Kleinarbeit wurden die jeweiligen Angaben wieder hergestellt; aber die ganze Aktion hatte bis Oktober 1942 gedauert.[148] In den von Fliegerangriffen betroffenen Städten waren vor allem die Überwachungsbeamten damit beauftragt, die zerstörten Versicherungskarten zu ersetzen, was für diese auch deshalb ein zeitraubendes Verfahren war, da oft auch die Beweismittel für die geleisteten Beiträge wie Gehaltslisten verloren gegangen waren.[149] Nicht nur von der Lohnstelle des Oberkommandos der Wehrmacht, wo im April 1944 ca. 12.000 Versicherungskarten vernichtet worden waren, sondern vor allem auch aus den bombenzerstörten Unternehmen trafen nun fast täglich Meldungen über vernichtete Versicherungskarten ein.[150] Ansonsten stellte es auch die RfA den jeweiligen Ausgabestellen ins eigene Ermessen, ob sie die tatsächliche Markenverwendung für hinreichend und glaubhaft nachgewiesen hielten.[151] Im RAM sah man daher letztlich keinen Anlass, zu dem

---

146 Vgl. das dreiseitige Schreiben mit ausführlicher Begründung vom 25.8.1942, in: BArch R 89/3174.

147 Vgl. Vermerk des ORR Hartmann über die Besprechung im RAM am 15.4.1943, in: ebd.

148 Vgl. dazu ausführlich RfA-Archiv Fach 126, Nr. 6 und 7.

149 Vgl. dazu etwa das Schreiben eines Berliner Überwachungsbeamten an Grießmeyer vom 8.10. 1943, in: RfA-Archiv Fach 74, Nr. 2.

150 Vgl. dazu etwa das Schreiben der Vereinigten Aluminium Werke AG vom 6.9.1944, in: RfA-Archiv Fach 74, Nr. 3. Vgl. dazu auch das Schreiben der RfA an das RVA vom 7.7.1944 über die „zur Lösung des Problems Vernichtung von Versicherungskarten durch Feindeinwirkung getroffenen Maßnahmen“, in: ebd.

151 Vgl. Schreiben der RfA an diverse Ausgabestellen vom September 1943, in: ebd.

Problemkomplex eine eigene Verordnung zu erlassen, sondern gestattete, von Fall zu Fall ein vereinfachtes Verfahren für die Leistungsfestsetzung anzuwenden. Man wünsche sich „bis auf weiteres in erster Linie den Versuch der Rekonstruktion des Beitragskontos unter weitgehendem Entgegenkommen gegenüber den Versicherten, nach Lage des Einzelfalls auch bei nur glaubhaften Angaben des Versicherten", heißt es dazu in einem Vermerk.[152]

6.2 Arbeitskräftemobilisierung, kriegsbedingte Berufsunfähigkeit und Kriegswitwen: Geschlechtsspezifische Aspekte der Rentenversicherung

Die Kriegswirtschaft brachte erhebliche Umbrüche in den Beschäftigungsstrukturen und Arbeitsverhältnissen mit sich, die wiederum nachhaltige Folgen für die versicherungsrechtliche Lage der Rentner wie Versicherten hatten. Mehr denn je bemühten sich Arbeitsämter und DAF angesichts des sich weiter verschärfenden Arbeitskräftemangels, Rentenempfänger wieder in Arbeit zu bringen. Auch die Unternehmen versuchten nun, ehemalige Belegschaftsmitglieder aus dem Ruhestand zurückzuholen, gleichzeitig suchten aber auch viele Rentner, die Chance zu einer Wiederaufnahme einer Beschäftigung zu nutzen, um ihre geringen Ruhegelder durch zusätzlichen Lohn aufbessern zu können. Dem standen allerdings vor allem bei Empfängern von Ruhegeld wegen vorübergehender oder dauernder Invalidität bzw. Berufsunfähigkeit die versicherungsrechtlichen Hürden entgegen, die im Fall einer Arbeitsaufnahme zunächst die ärztliche Nachprüfung und dann im Fall einer konstatierten Berufsfähigkeit den Entzug der Rente nach sich zog. Den über 65-jährigen Altersruhegeldempfängern dagegen stand es frei, „den verbliebenen Rest ihrer Arbeitskraft nutzbringend zu verwerten", wie es in den entsprechenden Bescheiden heißt.[153] Das AVG schrieb nicht vor, dass das Ruhegeld bei einer bestimmten Höhe des Verdienstes zu kürzen oder zu entziehen war. Bereits Anfang September 1939 hatte daher das RAM in einem Rundschreiben alle Versicherungsträger dazu angehalten, nicht schon die Aufnahme einer Beschäftigung zum Anlass für eine Nachuntersuchung bei den invaliden bzw. berufunfähigen Rentenempfängern zu nehmen.[154] Für die Dauer des Krieges sah die RfA von einer Nachprüfung der Berufsunfähigkeit ab. Aber was viele Betroffene nicht wussten und was die Beamten in den Versicherungsämtern oder bei den Rechtsberatungsstellen der DAF häufig übersahen, war, dass dies zunächst nur unter Bedingungen galt, und zwar wenn und solange der Ruhegeldempfänger zum Wehrdienst oder zu Dienstleistungen für Kriegszwecke eingezogen wurde, sowie dann, wenn der

152 Vermerk vom 16.4.1943, in: RfA-Archiv Nr. 33.
153 Vgl. etwa RfA-Archiv Nr. 93.
154 Vgl. das Rundschreiben vom 6.9.1939, in: RfA-Archiv Fach 77, Nr. 4.

Ruhegeldempfänger im kriegsgefährdeten Gebiet wohnte und seinen Wohnort wegen Räumung verlassen musste.[155]

Die strikte Haltung der RfA und das damit für die Betroffenen weiterhin bestehende Risiko der Rentenkürzung bzw. des Rentenentzugs sorgten in der ersten Jahreshälfte 1940 für erhebliche Unruhe unter allen Beteiligten. Im März 1940 etwa leitete die NSDAP-Gauleitung Köln eine an den Stellvertreter des Führers gerichtete Eingabe eines beschäftigungswilligen Rentners an die RfA weiter mit der Aufforderung zur Stellungnahme. In ihrem Antwortschreiben verteidigte die RfA ihre Nachprüfungspolitik auch mit Verweis auf die noch geltende Gesetzeslage:

> Wir nehmen eine uns bekannt werdende Wiederbeschäftigung eines Ruhegeldempfängers nicht zum Anlass, ihn außerhalb der regelmäßigen Nachprüfungstermine nachuntersuchen zu lassen, sofern nicht auch sonst noch Tatsachen vorliegen, aus denen sich ergibt, dass der Ruhegeldempfänger wieder berufsfähig ist. Andererseits ist es aber nicht gerechtfertigt, einem Ruhegeldempfänger, der wieder hinreichend arbeitsfähig und voll beschäftigt ist, nur deshalb das Ruhegeld zu belassen, weil seine Beschäftigung im kriegswirtschaftlichen Interesse liegt. Nach diesen Grundsätzen ist auch im Fall des Beschwerdeführers verfahren worden.[156]

Das war sicher nicht die Antwort, die man sich bei der Gauleitung und auch den anderen Parteistellen gewünscht hatte. Es dauerte denn auch nicht lange, bis die RfA von Seiten des RAM zu einer geänderten Verwaltungsübung angehalten wurde. Seit etwa Mitte 1940 galt die dann später auch im „Gesetz über weitere Maßnahmen in der Reichsversicherung aus Anlass des Krieges vom 15. Januar 1941" offiziell erlassene Verfahrenspraxis, nach der eine Beschäftigungsaufnahme dann von den Ruhegeldkürzungen ausgenommen wurde, wenn sie über eine gelegentliche Aushilfe nicht hinausging.[157] Weithin bekannt war diese Verwaltungspraxis der RfA jedoch nicht, denn sonst hätte man nicht auch noch 1942 und 1943 sowohl von pensionierten Firmenmitarbeitern als auch den Personalbüros zahlreicher Unternehmen entsprechende Anfragen erhalten. Vor allem bedeutete das nicht, dass die RfA von nun an generell auf die Nachprüfung verzichtete. Nach wie vor prüfte die Behörde systematisch mit Hilfe der Überwachungsbeamten sowie eines regelmäßig verschickten Fragebogens, ob Ruhegeldempfänger inzwischen Beschäftigungsverhältnisse aufgenommen hatten. Im Fall wurden dann weitere Ermittlungen angestellt und je nach Prüfung die Entscheidung über eine eventuelle ärztliche Nachprüfung und den Entzug der Rente gefällt. „Es geht nicht an", so verteidigte auch das RVA noch im November 1940 die Praxis der RfA, „auf die Nachprüfung ganz zu verzichten, da es auch im Kriege nicht gerechtfertigt ist, einem wieder voll arbeitsfähigen und voll beschäftigten

155 Vgl. Schreiben der RfA an das Versicherungsamt Krefeld vom 11.4.1940, in: RfA-Archiv Nr. 93.
156 Schreiben der Gauleitung Köln vom 1.3.1940 und Antwortschreiben der RfA vom 11.3.1940, in: RfA-Archiv Nr. 93.
157 Vgl. Rundschreiben des RAM betr. Ruhen der Rente bei zusätzlicher Arbeitsaufnahme vom 10.12.1941, in: BArch R 89/3172.

Versicherten das Ruhegeld weiter zu belassen."[158] Bei der RfA häuften sich auch die Anfragen von Arbeitsämtern, die zur systematischen Mobilisierung der Ruhegeldempfänger von der Behörde eine detaillierte Liste der im jeweiligen Amtsbereich wohnenden Angestelltenrentner anforderten, was man mit Verweis auf die allein nach Geburtsjahr und Namen geführten Rentenlisten abschlägig beschied.[159]

Das demgegenüber weit größere versicherungsrechtliche Problem war aber der kriegsbedingte Wechsel von Versicherten aus angestelltenversicherungspflichtigen in invalidenversicherungspflichtige Beschäftigungen infolge von innerbetrieblichen Versetzungen oder amtlicherseits angeordneten Notdienst- und anderen Dienstverpflichtungen. Prinzipiell galt die Regel, dass Sozialversicherungspflichtige durch die erzwungene Übernahme einer Kriegsbeschäftigung in ihren bisherigen Versicherungsverhältnissen keinen Schaden erleiden sollten. Es ging aber nicht nur um eine etwaig drohende Verminderung der späteren Rentenansprüche, sondern die betroffenen Angestellten empfanden das erzwungene Ausscheiden aus ihrer Versicherung und die nunmehrige Kategorisierung als Wanderversicherte auch als sozialen Abstieg und Härte.[160] Prinzipiell bestand zwar die Möglichkeit zur freiwilligen Weiterversicherung in der AV; allerdings wären zusätzlich die neuen Pflichtbeiträge zur Invalidenversicherung zu leisten gewesen. Ein Verbleib in der Angestelltenversicherung war nur bei vorübergehender Beschäftigung und aufgrund einer zwangsweisen Dienstverpflichtung möglich, was aber bei den kriegsbedingten Umgruppierungen kaum der Fall war. In zahlreichen Fällen waren etwa auch, wie das Oberversicherungsamt Dortmund nach Berlin meldete, weibliche Angestellte „im nationalen Pflichtbewusstsein" den Aufrufen der Arbeitseinsatzbehörden gefolgt und hatten freiwillig und ohne Dienstverpflichtung unter Aufgabe ihrer angestelltenversicherungspflichtigen Tätigkeit eine invalidenversicherungspflichtige Arbeit in Rüstungsbetrieben übernommen. Damit fielen die Betroffenen nicht unter die Ausnahmeregel, sondern mussten Beiträge zur Invalidenversicherung zahlen, was jedoch bedeutete, dass bei der späteren Rentenfestsetzung auch die jeweiligen Steigerungsbeträge aus der IV gewährt bzw. faktisch die Steigerungsbeträge aus der Rentenversicherung für die Kriegszeit überhaupt nicht gewährt werden würden.[161]

Erst recht kompliziert wurde die Sache im Fall von dienstverpflichteten, bisher selbständigen Handwerkern, die aufgrund von Lebensversicherungsverträgen eigentlich versicherungsbefreit waren. Aufgrund der bei Kriegsbeginn bestehenden Gesetzeslage ergaben sich in allen diesen Fällen zum Teil gravierende Nachteile und Schädigungen der Betroffenen in ihren künftigen Rentenansprüchen, worauf die RfA

158 Schreiben des RVA vom 21.11.1940, in: RfA-Archiv Nr. 25. Vgl. dazu auch das Rundschreiben an die Überwachungsbeamten über „Verfahren bei der Feststellung von erwerbstätigen Ruhegeldempfängern in Betrieben" vom 29.5.1940, in: ebd.

159 Vgl. dazu etwa die Anfrage des Arbeitsamts Düsseldorf vom 15.5.1941, in: RfA-Archiv Nr. 94 a.

160 Vgl. dazu etwa bereits das Schreiben der Wirtschaftskammer Sachsen vom 10.3.1939, in: RfA-Archiv Fach 96, Nr. 1.

161 Vgl. Schreiben des OVA Dortmund an das RAM vom 10.6.1941, in: RfA-Archiv Fach 119, Nr. 7.

auch vielfach von Personalbüros und Gefolgschaftsabteilungen in Unternehmen hingewiesen wurde. Von Seiten der Arbeitergeber wurde deshalb der Behörde signalisiert, dass man bereit war, für diese Dienstverpflichteten trotz invalidenversicherungspflichtiger Beschäftigung weiterhin die teureren Angestelltenmarken zu kleben, was aber rechtlich nicht möglich war.[162] In anderen Unternehmen wie etwa der Telefunken GmbH kam es dagegen zu Konflikten, da sie sich in Unkenntnis der versicherungsrechtlichen Unterscheidung nach Beschäftigungsdauer weigerten, trotz vorübergehender invalidenversicherungspflichtiger Beschäftigung für den Betroffenen Angestelltenmarken zu kleben. Das Problem der Sozialversicherungspflicht der Dienstverpflichteten beschäftigte die RfA die ganzen Kriegsjahre hindurch. Es gab kein Großunternehmen, das sich nicht diesbezüglich Auskunft und Rat suchend an die Behörde gewandt hätte; einmal ging es um dienstverpflichtete staatliche oder städtische Beamte, dann um Dienstverpflichtete, die vorher beim Reichsarbeitsdienst gewesen waren, in einem dritten Fall dann um solche, die aufgrund einer früheren Tätigkeit als Unternehmer versicherungsbefreit gewesen waren.[163]

Ein besonderes Problem ergab sich auch im Bereich der Reichsautobahnverwaltung, die zum Speer-Ministerium gehörte. Nach der Rückkehr des größten Teils der dort beschäftigten Beamten zur Reichsbahn war bei der Reichsautobahnverwaltung 1942 ein eigener Beamtenapparat aufgebaut worden, der in erster Linie aus dem Kreis der dort vorhandenen Angestellten rekrutiert wurde. Die Überführung der Angestellten in das Beamtenverhältnis bedeutete für die Betroffenen, die meist bereits seit langem AV-Beiträge zudem in der höchsten Klasse geleistet hatten, eine merkliche Senkung ihrer Bezüge, was sich dahingehend auswirkte, dass sie zur Aufrechterhaltung ihrer Rentenansprüche nun zusätzlich freiwillige Beiträge in der höchsten Beitragsklasse zahlen mussten.[164] Das ganze Problem blieb weiterhin ungelöst, obwohl mit der Verordnung zur Freimachung von Arbeitskräften für kriegswichtigen Einsatz vom 29. Januar 1943 innerhalb wie außerhalb der Betriebe ein neuer gewaltiger Schub der Arbeitskräfteumsetzung von Angestellten in Arbeitertätigkeiten erfolgt war. Auch das Amt für Rechtberatungsstellen bei der DAF drängte daher darauf, dass die im Zuge des totalen Arbeitseinsatzes umgesetzten Angestellten neben der von diesen sowieso schon als Härte empfundenen körperlichen Arbeit nicht auch noch für ihre Einsatzbereitschaft mit einer Benachteiligung bei ihren späteren Rentenbezügen bestraft würden. Nach Auffassung der DAF müssten hier baldigst neue Regelungen gefunden werden, „die allen Angestellten bei kriegsbedingtem Beschäftigungswechsel ein Verbleiben in der Angestelltenversicherung gestattete".[165] Bei der RfA mochte man

162 Vgl. Schreiben der Deutsche Waffen- und Munitionsfabrik AG an die RfA vom 8.11.1939, in: RfA-Archiv Fach 96, Nr. 1.

163 Vgl. dazu die entsprechenden Schreiben des Baukonzerns Grün & Bilfinger, der Siemens & Halske AG sowie der Weser-Flugzeugbau GmbH zwischen 1939 und 1942, in: RfA-Archiv Fach 96, Nr. 1.

164 Vgl. Schreiben des Speer-Ministeriums an den RAM vom 27.5.1943, in: RfA-Archiv Fach 111, Nr. 6.

165 Schreiben der DAF an das RAM vom 12.3.1943, in: RfA-Archiv Fach 96, Nr. 1.

sich diesem Vorschlag jedoch aus grundsätzlichen Erwägungen nicht anschließen.[166] Dennoch unternahm im Juni 1943 das RAM den Versuch, mit einem Erlass die Ungerechtigkeiten und Nachteile infolge des kriegsbedingten Wechsels des Versicherungszweiges zu beseitigen. Demnach sollten in der Rentenversicherung der Angestellten all jene Personen verbleiben, die infolge der Stilllegung ihres Betriebs, in dem sie als Angestellte beschäftigt gewesen waren, nun in einem anderen Betrieb eine invalidenversicherungspflichtige Tätigkeit ausübten oder die aufgrund einer Dienstverpflichtung nicht mehr Angestellte waren. Dasselbe sollte für diejenigen gelten, die innerhalb eines Betriebs aus kriegsbedingten Gründen von einer angestellten- in eine invalidenversicherungspflichtige Tätigkeit überführt worden wären. Die Frage der Befristung bzw. Beschäftigungsdauer sollte keine Rolle mehr spielen.[167] Man bliebe daher künftig, so der Entwurf, in seiner vormaligen bzw. ursprünglichen Versicherung; als einziger Nachteil bliebe nur, dass sich die Höhe der zur AV zu entrichtenden Beiträge an dem in der Regel niedrigeren Entgelt für die invalidenversicherungspflichtige Tätigkeit orientierte. Doch der vielfach angekündigte Erlass über die abschließende Regelung der Sozialversicherung der umgesetzten Versicherten war auch im Januar 1944 noch immer nicht ergangen, wie die RfA etwa den Bayerischen Motorenwerken in Eisenach mitteilen musste. Das bestehende Recht ließ keine Sonderbehandlung zu, das heißt, dass nach wie vor die Versicherungspflicht allein nach den tatsächlichen Verhältnissen und ausgeübten Tätigkeiten zu beurteilen war.[168]

Die kriegsbedingte Zunahme der Wanderversicherungsverhältnisse bedeutete für alle Versicherungsträger ein erhebliches Mehr an Verwaltungsarbeit. Noch im Juni 1940 hatten sich denn auch die Landesversicherungsanstalten und die RfA darauf geeinigt, dass zur Vereinfachung der Verwaltung „für die Dauer des Krieges im Altreich die Prüfung der Zugehörigkeit zur IV oder AV in allen Berufen nicht weiter aufgegriffen wird".[169] Wenn allerdings die Klärung der Versicherungszugehörigkeit von dem Versicherten selbst verlangt wurde, musste sie wie bisher durchgeführt werden. Dass mit der Vereinbarung das zwischen Landesversicherungsanstalten und RfA heftig umstrittene Problem der Versicherungszugehörigkeit aus der Welt geschafft worden wäre, war daher eine Illusion. Trotz Krieg und ungeachtet aller Vereinheitlichungstendenzen zwischen Invalidenversicherungs- und Angestelltenversicherungsrecht gab es weiterhin Differenzen bei der Zuordnung einzelner Berufsgruppen. Anders als man es aufgrund der vorherrschenden NS-Ideologie vielleicht erwarten würde, war oft die DAF die treibende Kraft zugunsten einer eindeutigen Zuordnung zu einem Versicherungsträger. Im Dezember 1941 etwa war die RfA mit der Versicherungspflicht der Geldeinheber und Zählerableser der Gas-, Wasser- und Elektrizitätswerke beschäftigt. Im November war ein Artikel in der DAF-Zeitung *Der Angriff* er-

166 Vgl. Entwurf für ein Scheiben Grießmeyers an das RVA vom 13.4.1943, in: ebd.

167 Vgl. Schreiben des RAM vom 5.6.1943, in: RfA-Archiv Fach 109, Nr. 1.

168 Vgl. Schreiben der RfA an BMW vom 20.1.1944, in: RfA-Archiv Fach 55, Nr. 7 sowie weiterer Schriftwechsel dazu von 1944, in: RfA-Archiv Fach 96, Nr. 2.

169 Abteilungsverfügung vom 27.6.1940, in: RfA-Archiv Nr. 25.

schienen, in dem die angeblich falsche Zuweisung der Geldeinheber in die Invalidenversicherung kritisiert und die künftige Einordnung in die Angestelltenversicherung gefordert wurde.[170] Dementsprechend hatte das DAF-Fachamt Energie-Verkehr-Verwaltung beim Reichsinnenministerium auch die Einstufung in die Angestelltentarifordnung beantragt und erhalten. Bei der RfA lehnte man die Änderung der Versicherungszugehörigkeit jedoch mit Verweis auf eine schon im April 1930 dazu getroffenen Grundsatzentscheidung des RVA ab. Die Berufsbezeichnung sowie die tarifliche Einordnung durch den Treuhänder der Arbeit sei für die Versicherungszugehörigkeit nicht entscheidend, sondern die Art der tatsächlich ausgeführten Tätigkeit.[171] Ähnlich politisch aufgeladen war der Fall eines Hilfsjägers, der sich als Berufsjäger verstand und dementsprechend im August 1942 versuchte, mittels Streitverfahren eine Einordnung in die Angestelltenversicherung einzuklagen. Obwohl das Berliner Versicherungsamt entschieden hatte, dass der Betreffende weiterhin invalidenversicherungspflichtig sei, mischten sich nun die Deutsche Jägerschaft und Reichsjägermeister Göring mit ein und verlangten angesichts der grundsätzlichen Bedeutung dieses Versicherungsstreitfalles autoritativ die Eingruppierung der Hilfsjäger in die Angestelltenversicherung.[172] Im April 1943 wurde der Fall daher erneut vor dem Oberversicherungsamt verhandelt, im Juni 1943 dann im Revisionssenat der RVA, der schließlich gegen die Argumente der RfA entschied und die Hilfsjäger und Jagdaufseher künftig der Angestelltenversicherung zuordnete.

Es scheint, als ob nach wie vor eine Reihe von Berufsgruppen versuchten, aus NS-ideologischen Gründen eine besondere Stellung und Bedeutung in der „Volksgemeinschaft" abzuleiten und dafür zu instrumentalisieren, um aus der Invaliden- in die Angestelltenversicherung zu gelangen und damit auch versicherungsrechtlich eine Aufwertung ihrer Position zu erreichen. In einigen Berufsfeldern hatten sich jedoch kriegsbedingt tatsächlich inzwischen erhebliche Veränderungen der Tätigkeiten ergeben, die eine neue Zuordnung der Versicherungspflicht als berechtigt erscheinen ließen. Das betraf etwa die Werkschutzangehörigen, die im Laufe des Krieges durch Rüstungsproduktion und Zwangsarbeitereinsatz eine erhebliche Ausweitung ihrer Kompetenzen erfahren hatten und dabei nicht zuletzt auch Teil des nationalsozialistischen Repressionssystems geworden waren. Ihnen gewährte das RVA im April 1943 mit der künftigen Zugehörigkeit zur Angestelltenversicherung eine Aufwertung.[173] Auch andere neue und spezifische Berufsgruppen, die man ebenfalls dem Unterdrückungsapparat zurechnen kann, erfuhren eine entsprechende rentenversicherungsrechtliche Besserstellung: Gerätewarte des Luftschutzbundes, DAF-Lager-

170 Vgl. dazu RfA-Archiv Fach 76, Nr. 6; darin auch der Artikel in: *Der Angriff* vom 15.11.1941, S. 4.
171 Vgl. Schreiben der RfA an die DAF vom 16.9.1942, in: ebd.
172 Der Fall in: BArch R 89/22706.
173 Vgl. dazu Abteilungsverfügung vom 3.6.1943, in: RfA-Archiv Fach 77, Nr. 10.

führer und Gefängnisaufseher stiegen nun gleichfalls aus der Invalidenversicherung in die Angestelltenversicherung auf.[174]

Aber auch seitens vieler Betriebe gab es Bemühungen, innerhalb ihrer Belegschaften jene Berufsgruppen herauszuheben, die man als besonders kriegswichtig und als unabdingbar für den reibungslosen Ablauf der Rüstungsproduktion ansah. Im Juni 1941 hatte sich etwa die RfA mit der Versicherungspflicht der Zeitnehmer, Betriebsbeamten und Werkmeister zu befassen gehabt. Sie wurden wegen der überwiegend geistigen Art der Beschäftigung als angestelltenversicherungspflichtig eingeordnet.[175] Dennoch sollte der Fall eines Kontrolleurs, Befund- und Fertigungsprüfers im Leichtmetall-Flugzeugbau der Leipziger Allgemeinen Transportanlagen AG (ATG) die RfA von Oktober 1942 bis Dezember 1944 beschäftigen.[176] Nach Ansicht der Behörde gehörte der Versicherte eindeutig in die Invalidenversicherung. Nachdem sich nicht nur das Unternehmen zugunsten seines Gefolgschaftsmitglieds eingesetzt, sondern auch die DAF der Sache angenommen und die RfA im August 1943 um nochmalige Erwägung und Entschließung gebeten hatte, ob man den Betroffenen nicht doch als angestelltenversicherungspflichtig anerkennen wollte, zog sich der Fall durch sämtliche Instanzen. Anfang Dezember 1944 landete er schließlich beim Oberversicherungsamt Leipzig, das aufgrund der kriegswichtigen Tätigkeit des Antragstellers prinzipiell die Berechtigung zur Angestelltenversicherungspflicht anerkannte, die Sache dennoch an das RVA weiterverwies, allerdings nicht ohne in seiner Urteilsbegründung die beteiligten Versicherungsträger LVA Sachsen und RfA gehörig zu kritisieren.

> Der ganze Streit wäre nicht entstanden, wenn [die beiden Versicherungsträger] das Rundschreiben des Reichsverbands Deutscher Versicherungsträger vom 27. Juni 1942 beachtet hätten, wonach zur Vereinfachung der Verwaltung für die Dauer des Krieges die Zugehörigkeit zur IV oder zur AV in allen Berufen nicht geprüft wird [...]. Versicherungsstreitigkeiten der vorliegenden Art müssten in Deutschlands schwerster Zeit auch schon deswillen unterbleiben, weil sie nicht kriegswichtig sind und weil vermieden werden müsste, die beteiligten Versicherten im totalen Kriegseinsatz in ihrer Arbeitsfreudigkeit und Einsatzbereitschaft zu beeinträchtigen.[177]

174 Vgl. dazu die entsprechenden Berufsgruppenakten, in: RfA-Archiv Fach 76, Nr. 6. Zu den Lagerführern der DAF, deren besondere Bedeutung für den Ausländereinsatz hervorgehoben und deren wesentliche Aufgaben der Menschenführung und Menschenbetreuung als Begründung für die Angestelltenversicherungspflicht angeführt wurde, vgl. RfA-Archiv Fach 76, Nr. 7.

175 Vgl. dazu RfA-Archiv Fach 76, Nr. 6.

176 Der Fall in: BArch R 89/22706.

177 Beschluss des OVA Leipzig vom 8.12.1944, in: ebd. Eine Sonderstellung nahmen auch die angestelltenversicherungspflichtigen Reichsbahnarbeiter ein. Aus diversen historischen Gründen waren bei der Reichsbahn Gefolgschaftsmitglieder entstanden, die arbeitsrechtlich zwar Arbeiter, sozialversicherungsrechtlich jedoch Angestellte waren. Vgl. zu dem komplexen Thema BArch R 89/3172, darin etwa das umfangreiche Schreiben der RfA an das RVA vom 21.5.1942. Vgl. zum Problemkomplex auch mit Darstellung der historischen Entwicklung der Vermerk vom 11.3.1942, in: RfA-Archiv Fach 58, Nr. 2. Es ging dabei um immerhin zwischen 85.000 bis 90.000 Versicherte.

Es gab offensichtlich nur wenige NS-Funktionäre, die angesichts dieses regelrechten Aushandlungsprozesses um versicherungsrechtliche Privilegierung, die jedem in der Öffentlichkeit propagierten Volksgemeinschaftsdenken zuwiderlief, auf die eigentlichen ideologischen Ziele hinwiesen. Als etwa im Oktober 1943 der Präsident der LVA Sachsen sich in einem Schreiben „an den lieben Parteigenossen" Ministerialdirektor Börger im RVA wandte mit der dringenden Bitte, sich für die Angestelltenversicherungspflicht der Bademeister einzusetzen, notierte ein mit dem Vorgang gleichfalls befasster DAF-Funktionär, dass auch nach genauester Prüfung dem Antrag jegliche Berechtigung fehle:

> Ob ein Volksgenosse in der Invalidenversicherung oder Angestelltenversicherung sich befindet, ist meiner Ansicht nach nach nationalsozialistischer Anschauung völlig gleichgültig. Die Hauptsache ist, dass er versorgt wird [...]. Der Wortführer hat meiner Ansicht nach nicht begriffen, dass ein sozialer Unterschied zwischen Angestellten und Arbeitern im nationalsozialistischen Staat nicht besteht. Ich glaube, dass es vielleicht ganz richtig wäre, wenn er in dieser Hinsicht etwas belehrt würde.[178]

Eine lange strittige Angelegenheit war schließlich auch die prinzipielle Versicherungspflicht der Angestellten der NSDAP und ihrer Gliederungen. Auslöser war die kontroverse Debatte um die Versicherungspflicht des NSDAP-Kreisleiters von Rudolstadt/Thüringen gewesen. Im Januar 1941 hatte nach langem Hin und Her die NSDAP-Reichsleitung entschieden, dass alle Angestellten der NSDAP und ihrer Gliederungen als versicherungspflichtig anzusehen seien.[179] Der zuständige Reichsschatzmeister hatte sich gleichzeitig zur Nachzahlung ausstehender Pflichtbeiträge in erheblichem Umfang an die RfA bereiterklärt. Im Frühjahr 1943 versuchte jedoch das zuständige Hauptamt der Parteistelle per Verordnung eine generelle Versicherungsbefreiung aller NSDAP-Angestellten zu erreichen, was am 4. März dann auch mit dem Erlass des Gesetzes über die versicherungsrechtliche Stellung der im Dienste der NSDAP Beschäftigten geschah.[180] Darin wurden die Parteiangestellten den im öffentlichen Dienst Beschäftigten gleichgestellt und von der Rentenversicherungspflicht befreit. Betroffen waren allerdings nur die NSDAP und ihre Gliederungen (also SA, SS, NSKK, HJ, der NS-Deutsche Dozentenbund und die NS-Frauenschaft), nicht dagegen die der NSDAP angeschlossenen Verbände wie DAF, NS-Beamtenbund oder NS-Volkswohlfahrt. Die bislang gezahlten Beiträge waren mithin unwirksam und mussten von der RfA an den Reichsschatzmeister zurückgezahlt werden. Bei der Behörde setzte daraufhin eine Flut von Rückforderungen einzelner Gauleitungen und auch aus den zahlreichen weiteren Parteiorganisationen ein. Es ging nicht nur um eine erhebliche Zahl von Versicherten (etwa 40.000), sondern mit ca. 8,7 Mio. RM auch um beträchtliche Summen und vor allem um eine auf die RfA damit zukommende erheb-

178 Schreiben vom 16.9.1943 sowie der Brief des LVA-Präsidenten vom 7.10.1943, in: BArch R 89/2638.
179 Vgl. dazu die Abteilungsverfügung vom 30.1.1941, in: RfA-Archiv Fach 77, Nr. 1.
180 Vgl. das Gesetz in: Mitteilungen der RfA Nr. 4, 1943, S. 11.

liche Verwaltungsarbeit.[181] Mitte Juli reiste daher ein RfA-Beamter zu Besprechungen nach München, um eine für alle Seiten befriedigende Durchführung des Gesetzes zu ermöglichen.[182] Dabei wurde vereinbart, dass die Rückforderungen zentral für alle Betroffenen durch den Reichsschatzmeister erfolgen sollte; die einzelnen Dienststellen der NSDAP und ihrer Gliederungen wären nicht befugt, Rückzahlungsanträge zu stellen. Kompliziert war die Sache aber insofern, als es auch um AV-Beiträge nach dem 1. Juli 1942 ging. Diese waren pauschal an die Krankenkassen gezahlt worden und mussten daher nun von diesen zurückgezahlt werden, was jedoch von der NSDAP wegen des damit für die Reichsschatzmeisterstelle verbundenen Arbeitsaufwands abgelehnt wurde. So blieb die ganze Arbeit letztlich an der RfA hängen.

Es gab noch einen weiteren Bereich, der mit Versicherungspflicht und Versicherungszugehörigkeit bei der RfA zu tun hatte. Es ging um die versicherungsrechtliche Einordnung der Zwangsarbeiter. Ausländische Zivilarbeitskräfte unterlagen grundsätzlich der Versicherungspflicht, allerdings waren „Ostarbeiter" mit der Begründung, sie hätten ein „Beschäftigungsverhältniss eigener Art", davon ausgeschlossen.[183] Prinzipiell waren mit dem Problem vor allem die Landesversicherungsanstalten befasst, aber es gab in vielen Betrieben durchaus auch vereinzelte Zwangsarbeiter im Angestelltenverhältnis, für die entsprechende Beiträge an die RfA entrichtet werden mussten.[184] Auch bei der Stadt Berlin wurden einige Polen als Pfleger im Angestelltenverhältnis beschäftigt. Für sie galten die gleichen Rechte und Pflichten wie für Reichsdeutsche; sie unterlagen mithin nicht den sozialversicherungsrechtlichen Diskriminierungen, denen sie in den besetzen Ostgebieten ausgesetzt gewesen wären.[185] Die Versicherungspflicht eines ausländischen Angestellten entfiel auch nicht etwa, weil dieser demnächst ins Ausland zurückzukehren beabsichtigte bzw. abgeschoben würde und damit keine Aussicht auf Erfüllung der Wartezeit oder den Bezug von Versicherungsleistungen hätte. Nur eine Beschäftigung eines Ausländers „zur gelegentlichen Aushilfe", d. h. für höchsten drei Monate, war versicherungsfrei.[186] Im März 1944 wurden dann auch im Reich eingesetzte „Ostarbeiter" sozialversicherungspflichtig. An die Betreffenden mussten daher seitens der RfA auch wie für alle anderen Angestellte, nun Versicherungskarten ausgegeben werden.[187]

Ihre Zahl dürfte ziemlich gering gewesen sein. Im März 1944 informierte etwa die Metallbau Mährisch Trübau GmbH die RfA darüber, dass sie eine ukrainische Volksangehörige als Angestellte eingesetzt habe. Nach den Bestimmungen galt sie als

181 Vgl. das Schreiben Grießmeyers an das RAM vom 8.3.1943, in: RfA-Archiv Fach 77, Nr. 1.
182 Vgl. Bericht über die Dienstreise nach München vom 29.6.1943, in: ebd.
183 Vgl. dazu Cornelius Pawlita, Rentenversicherungsrechtliche Aspekte verfolgungsbedingter Zwangsarbeit im Nationalsozialismus, in: Zeitschrift für Sozialreform 44 (1998), S. 1–21.
184 Vgl. Schreiben der RfA an die Junkers Flugmotoren AG vom 17.10.1942, in: RfA-Archiv Fach 1, Nr. 3.
185 Vgl. dazu näher Kapitel 7.2. Vgl. die Anfrage der Betriebskrankenkasse der Reichshauptstadt Berlin an die RfA vom 12.11.1942 und das Antwortschreiben vom 2.12.1942, in: RfA-Archiv Fach 77, Nr. 3.
186 Auskunftschreiben der RfA an den Bürgermeister von Fürstenwalde vom 2.2.1943, in: ebd.
187 Vgl. die entsprechende Verordnung vom 25.3.1944, in: ebd.

Ostarbeiterin, war aber vom Arbeitsamt wegen guter Führung vom Tragen des Ostarbeiterzeichens befreit.[188] Der Überwachungsbeamte der RfA war bei einer Beitragsprüfung in dem Betrieb auf die Ukrainerin gestoßen und hatte nach den neuen Bestimmungen die nachträgliche Abführung von Angestelltenversicherungsbeiträgen gefordert. Das Unternehmen wollte dazu jedoch vor allem wissen, ob man als Arbeitgeber den entsprechenden Beitrag zur Gänze tragen müsse, da nach den Ostarbeiterbestimmungen diese von ihrem Entgelt weder Steuern noch Sozialversicherungsbeiträge zu leisten hatten. Der Betrieb müsse, so die Antwort der Behörde, für die Ukrainerin die Beiträge in der gleichen Weise entrichten, wie für die übrigen Angestellten. Post bekam die RfA in dieser Angelegenheit auch vom Hygieneinstitut des Reichsarzt-SS in Berlin, wo bei der Zahlstelle ein Gefolgschaftsmitglied tartarischer Abstammung beschäftigt war, für den das Institut, da er laut Bescheinigung freiwillig nach Deutschland gekommen war, die Befreiung von der Beitragspflicht zur AV beantragte.[189] Den entsprechenden Vorschriften unterlagen im Übrigen auch Kriegsgefangene, soweit sie entweder vom OKW „beurlaubt" oder wie etwa auch viele italienische Kriegsgefangene im September 1944 in das zivile Arbeitsverhältnis überführt worden waren. Die Italiener unterlagen dann sogar den besonderen Bestimmungen des noch zur Verbündetenzeit zwischen Deutschland und Italien ausgehandelten sozialversicherungsrechtlichen Gegenseitigkeitsabkommens.[190] Gleiches galt bereits früher für die in Deutschland eingesetzten französischen Arbeitskräfte. Am 14. Oktober 1941 war es zu einer deutsch-französischen Vereinbarung über die Sozialversicherung gekommen, nach der alle Arbeitskräfte aus Frankreich der Reichsversicherung in gleicher Weise wie deutsche Staatsbürger unterlagen. Die jeweils bereits zurückliegenden Versicherungszeiten wurden bei der Prüfung von Anspruchsvoraussetzungen und bei der Bemessung von Leistungen durch die Versicherungsträger anerkannt.[191] Gleiches galt für die spanischen Zwangsarbeiter und im Zuge einer vorläufigen Regelung der Rentenversicherung im Juni 1943 auch für in Deutschland beschäftigte belgische Arbeitskräfte.[192] Bemerkenswerterweise waren auch auf die im Generalgouvernement auf Veranlassung deutscher Stellen beschäftigten Protektoratsangehörigen und (westeuropäischen) Ausländer die Vorschriften der Reichsversicherung anzuwenden.[193]

Gegenüber diesen versicherungsrechtlichen Spezialproblemen dominierten jedoch vor allem drei andere Problembereiche das Verwaltungshandeln der RfA-Beamten im Krieg, die auch die Versicherten massiv beschäftigten. Dabei gilt es zu be-

188 Schreiben vom 17.3.1944, in: ebd.

189 Vgl. Schreiben vom 26.4.1944, in: ebd.

190 Vgl. das Schreiben des OKW vom 28.12.1943 und die Verfügung des RVA vom 2.9.1944, in: ebd.

191 Vgl. dazu das Rundschreiben Nr. 77 an die Überwachungsbeamten vom 26.5.1942, in: RfA-Archiv Fach 68, Nr. 3. Vgl. dazu auch das Rundschreiben des RVA vom 6.6.1944, in: RfA-Archiv Fach 70, Nr. 2.

192 Vgl. dazu die Sonderregelung des RAM für die Betreuung der spanischen Arbeiter in Deutschland vom 8.1.1944, in: BArch R 89/9271 sowie zu den belgischen Zwangsarbeitern RfA-Archiv Nr. 225.

193 Vgl. Schreiben des RAM an das RVA vom 24.2.1942, in: RfA-Archiv Fach 34, Nr. 4.

tonen, welch hohen Stellenwert die rentenpolitischen Fragen und Entwicklungen in der nationalsozialistischen Kriegsgesellschaft und Volksgemeinschaft inzwischen hatte. Vermutlich förderten die existenzielle Bedrohung durch Kriegsdienst und Bombenkrieg und die damit verbundenen Brüche in den Versichertenbiographien bei Millionen von Versicherten das Bedürfnis nach Versorgungssicherheit, insbesondere hinsichtlich kurzfristiger Versorgungsleistungen im Fall von kriegsbedingter Berufsunfähigkeit, Invalidität und Hinterbliebenenrente. Der erste Problembereich betraf die Frage der Beitragszahlungen, die im Zuge der generellen Verdienstzuwächse sowie eines 1942 eingeführten allgemeinen Entgeltbegriffs Versicherungsträger wie Beitragszahler beschäftigte. Zweitens ging es um die versicherungsrechtlichen Probleme der Frauen, die nun mit verstärkter Rückkehr in Beschäftigungsverhältnisse, mit Beitragsrückzahlungen und vor allem als Bezieherinnen von Witwenrenten deutlich in den Vordergrund rückten; und drittens schließlich traten die diversen versorgungspolitischen Maßnahmen für die im Krieg eingezogenen Männer in den Vordergrund, die verbunden waren mit loyalisierungsstrategischen Begünstigungen durch das NS-Regimes bei der Berechnung von Beitragszeiten und Versicherungsleistungen.

Seit jeher war zwischen Versicherungsträgern, Arbeitgebern und den Versicherten umstritten, inwieweit Überstundenvergütungen, Urlaubszuschüsse, Jahresendprämien, Lebensversicherungsprämien bzw. Zuschüsse des Arbeitgebers, aber auch Weihnachtsvergütungen und andere tarifliche wie außertarifliche Zulagen zum versicherungspflichtigen Gesamteinkommen zählten und damit sowohl für die Über- oder Unterschreitung der Jahresarbeitsverdienstgrenze als auch für die Höhe der Beitragszahlung maßgeblich waren. Der Schriftwechsel über die Frage der Entgelteigenschaft dieser und anderer Zuschüsse füllte bei der RfA dutzende Aktenordner.[194] Die Versicherungsunternehmen beklagten sich etwa bei der RfA, dass deren Überwachungsbeamten die Berechnung der zu zahlenden Beiträge unter Einschluss der in der Branche weit verbreiteten Provisionen forderten, während die Unternehmen dies zu Recht verweigerten.[195] Kompliziert war es auch in jenen Fällen, in denen leitende Angestellte zusammen mit Monatsgehalt, Weihnachtsgratifikation und Tantiemen über die Beitragsbemessungsgrenze von 7200 RM im Jahr kamen und damit eigentlich von der Angestelltenversicherungspflicht befreit waren.[196] Im Zweifelsfall prüften die RfA bzw. ihre Überwachungsbeamten ziemlich akribisch und aufwändig die Art und Weise der jeweiligen Entgelteigenschaft von Zulagen. Im Frühjahr 1940 lieferte man

194 Vgl. dazu etwa den Bericht des Erfurter Überwachungsbeamten über eine Prüfung bei der dortigen Filiale der Dresdner Bank vom 23.1.1940, in: RfA-Archiv Fach 22, Nr. 1.

195 Vgl. der Schriftwechsel dazu zwischen Februar und April 1940, in: ebd.

196 Vgl. dazu etwa den Schriftwechsel mit der Personalabteilung der Schering AG vom Juli/August 1941, in: RfA-Archiv Fach 21, Nr. 6. Demnach gewahrte die Schering AG einem Teil ihrer Angestellten die Möglichkeit, in eine Pensionskasse der chemischen Industrie einzutreten, und zahlte dafür die Hälfte der Beiträge. Durch diesen Beitragsanteil überschritten eine Reihe von Angestellten die Jahresverdienstgrenze und die Frage war, ob damit auch die Angestelltenversicherungspflicht erlosch, was eigentlich niemand bezweckte.

sich etwa einen eingehenden Schriftwechsel mit der Vacuum Oil Company AG über die dort gewährten Urlaubsbeihilfen. Am Ende zählte man diese, weniger aus Überzeugung denn aufgrund der vom RVA vertretenen Rechtsauffassung, nicht als Entgelt. In dem hierzu am 27. Juni erlassenen Bescheid steht:

> Soweit hiernach zu hohe Angestelltenversicherungsbeiträge entrichtet worden sind, besteht an sich Anspruch auf Erstattung. Wir bitten jedoch zu erwägen, ob [darauf] nicht verzichtet werden kann, da die Versicherten aus den höheren Beiträgen den Vorteil höherer Leistungen zu erwarten haben. Abgesehen hiervon würden Ihnen und uns die mit der Erstattung verbundenen zusätzlichen Verwaltungsarbeiten erspart bleiben.[197]

Pikant war zudem auch die Frage der Anrechnung in bar abgegoltener Zigarren- und anderer Deputate als Entgelt im Sinne des Angestelltenversicherungsgesetzes sowie die Entgelteigenschaft von Lohn- und Gehaltszulagen, die von Unternehmen unter Umgehung der Kriegswirtschaftsverordnung und ohne Zustimmung des Treuhänders der Arbeit bewilligt und gezahlt worden waren.[198] Tatsächlich war es Verwaltungsübung der RfA, es für die Beitragsberechnung als unerheblich anzusehen, ob die Gehaltszulagen mit oder ohne Zustimmung des Treuhänders der Arbeit erfolgt waren. Stiegen die Bezüge eines Beschäftigten infolge von Gehaltserhöhungen über die Beitragsbemessungsgrenze von 7200 RM, so erkannte die RfA auch Versicherungsfreiheit an, was der Behörde von Seiten des Landesarbeitsamts Rheinland im Februar 1942 den Vorwurf einbrachte, dass damit Verstöße gegen die Kriegswirtschaftsverordnung gefördert werden würden.[199] Für die Überwachungsbeamten war es jedoch unmöglich, in jedem Einzelfall zu prüfen, ob eine Gehaltserhöhung zu Recht oder aufgrund von Gesetzesverstößen erfolgt war. Versagte aber der Treuhänder der Arbeit nachträglich die Gehaltserhöhung, so forderte die RfA die Sozialversicherungsbeiträge für die zurückliegende Zeit ein, weil die Versicherungspflicht zu Unrecht erloschen war.

Prinzipiell waren durch die erste und zweite Lohnabzugsverordnung durchaus Vereinheitlichungen und Vereinfachungen in der Behandlung einzelner Lohnteile bei Steuerabzug wie bei den Sozialversicherungsbeiträgen geschaffen worden. Für erhebliche Verwirrung sorgte dennoch die im Gesetz getroffene Unterscheidung von Jahresarbeitsverdienst und Monatsentgelt bzw. später – im Zuge der Einführung der

---

197 Schreiben vom 27.6.1940, in: ebd. Strittig war etwa auch die Anrechnung (oder aber die Einordnung als reine nicht versicherungspflichtige Aufwandsentschädigungen) der spezifischen Zulagen für Gestapo-Beamte wie Bereitschaftszulage, Zehrzulage und Bewegungsgeld. Vgl. dazu Prüfbericht des Überwachungsbeamten vom 16.8.1940, in: ebd. Während diese Gestapo-Zulagen als Aufwandsentschädigungen angesehen wurden, musste die SA die ihren in die angegliederten Ostgebiete abkommandierten Männern gewährte „Ostzulage" jedoch zum Arbeitsentgelt hinzurechnen und damit entsprechende AV-Beiträge abführen. Vgl. Schreiben der RfA an die SA Schlesien in Breslau vom 7.11. 1940, in: ebd.

198 Vgl. dazu die entsprechende Anfrage des Landesarbeitsamts Erfurt an die RfA vom 9.4.1941, in: RfA-Archiv Fach 22, Nr. 2. Vgl. das Antwortschreiben der RfA vom 5.6.1941, in: ebd.

199 Vgl. Schreiben der RfA an das Landesarbeitsamt vom 23.2.1942, in: ebd.

zweiten LAV – die Differenzierung von tatsächlichem Jahreseinkommen bzw. „wirklichem Arbeitsverdienst" und auf der Tarifordnung basierendem „Bruttoentgelt".[200] Es war mithin strikt zu unterschieden zwischen dem Jahresarbeitsverdienst für die Feststellung der Versicherungspflicht und dem Arbeitsverdienst für die Feststellung der Beitragszahlung.[201] Maßgeblich für die Feststellung der Angestelltenversicherungspflicht war der Jahresarbeitsverdienst, unter dem aber nicht das während eines Kalenderjahres aus einer angestelltenversicherungspflichtigen Tätigkeit bezogene Entgelt zu verstehen war, sondern der tatsächliche Verdienst für den Monat der Beitragszahlung und die darauffolgenden Monate. Konkret bedeutete dies, dass von Monat zu Monat jeweils zur Zeit der Fälligkeit der Beiträge der jeweilige Verdienst festgestellt und dann die Jahresarbeitsverdienstgrenze von 7200 RM geprüft werden musste. Ein ebenso kompliziertes wie aufwändiges, bürokratisches Verfahren. So heißt es etwa auch in einem Auskunftsschreiben der RfA an einen Unternehmer vom November 1941:

> Weder die erste LAV noch die zu ihrer Durchführung ergangenen Erlasse enthalten Bestimmungen darüber, die zu dem Schluss berechtigen, dass – wie offenbar angenommen wird – vom Oktober 1941 an bei der Berechnung der Angestelltenversicherungsbeiträge allgemein von dem lohnsteuerpflichtigen Einkommen auszugehen ist.[202]

Dies gelte vor allem auch in Bezug auf Steuerermäßigungen, die eben keine entsprechende Verminderung der Beiträge zur Folge hätten, da ansonsten ja ein Versicherter im Fall einer Steuerermäßigung in Bezug auf die Höhe seiner künftigen Rente erheblich geschädigt werden würde.

Mit der Einführung der zweiten LAV wurden tatsächlich kaum Unklarheiten beseitigt, dafür aber neue geschaffen. Vor allem das Problem der Anrechnung und Bewertung der Überstundenverdienste sorgte dabei im Sommer 1942 bei den Versicherten wie den Unternehmen für erhebliche Unruhe und Unsicherheit. Zahllose Angestellte erzielten aufgrund der kriegsbedingten – aber vielfach zahlenmäßig stark schwankenden – Überstunden Monatseinkommen, die zum Teil weit über die 300-RM-Grenze hinausgingen. Dennoch zahlten viele nur Versicherungsbeiträge in Höhe ihres Grundgehalts ohne Anrechnung der Überstundenentgelte. Die paradoxe Folge war, dass, wie ein Arbeitgeber an die RfA schrieb,

> bei Angestellten mit einem festen Monatsgehalt von 280 bis 300 RM die Überstundenbezahlung bei Berechnung der Angestelltenversicherungsbeiträge außer Ansatz blieb, aber der Gesamtverdienst inklusive der Überstunden am Jahresende von den Arbeitgebern in die Versicherungs- bzw.

---

200 Vgl. dazu auch den Bericht Grießmeyers auf der Beiratssitzung vom 8.12.1941, S. 7, in: BArch R 89/3471 und schon das am 28.7.1940 erfolgte Schreiben der RfA an die Kanzlei des Führers auf eine entsprechende Anfrage hin, in: RfA-Archiv Fach 97, Nr. 1.

201 Vgl. dazu auch das entsprechende Schreiben der RfA an die Gaustelle Weser-Ems der DAF, KdF-Dienststelle vom 1.8.1941, in: RfA-Archiv Fach 21, Nr. 1.

202 Schreiben vom 14.11.1941, in: RfA-Archiv Fach 21, Nr. 1.

> Quittungskarten eingetragen werden mussten. Angestellte mit wesentlich höherem Gesamteinkommen zahlen niedrigere Beiträge als Angestellte mit niedrigerem Gesamteinkommen, bekämen aber später eine höhere Rente errechnet wie der Angestellte, der ein geringeres Gesamteinkommen hat, aber bedeutend höhere Beiträge leisten muss.[203]

Auch die RfA befand sich damit in einem erheblichen Nachteil, denn sie musste wie erwähnt Leistungen entsprechend den höheren Jahresverdiensten gewähren, während die Beiträge nur für ein eventuell erheblich niedrigeres Einkommen entrichtet worden waren. „Die Rechtslage ist unbefriedigend und vom versicherungstechnischen Standpunkt aus gesehen unhaltbar", konzedierte man denn auch in der Ruhrstraße. „Wir werden beim Herrn RAM anregen, die in Betracht kommenden Bestimmungen der durch die 2. LAV-Verordnung geschaffenen neuen Rechtslage anzupassen."[204] Noch im Frühjahr 1943 stritten jedoch RfA und Ortskrankenkassen bzw. Betriebskrankenkassen über die Auslegung der Bestimmungen zur Behandlung der Überstundenverdienste.[205]

Geradezu ein Paradebeispiel für nichtintendierte Effekte zu Lasten der Versicherten war das „Eiserne Sparen". Das im Zuge der Kaufkraftlenkung bzw. zur Abschöpfung des inzwischen angehäuften erheblichen Kaufkraftüberschusses am 30. Oktober 1941 erlassene „Eiserne Sparen" schuf die Möglichkeit für alle Lohn- und Gehaltsempfänger, monatlich bis zu 26 RM vom Arbeitgeber einbehalten und auf ein besonderes Sparkonto einzahlen zu lassen. Dieser Teil des Arbeitslohns musste nicht versteuert werden und war auch von Sozialversicherungsbeiträgen befreit. Dem Zwangssparen konnte sich aufgrund des kollektiven Drucks kaum jemand entziehen, auch Grießmeyer pries in einer Präsidialverfügung Mitte November 1941 die Vorteile der „freiwilligen" Abführung der Sparbeträge.[206] Doch was der Gesetzgeber dabei nicht berücksichtigt hatte, waren die erheblichen nachteiligen Folgen für die Versicherten. Viele unterschritten durch den Abzug der Beiträge auf das Eiserne Sparkonto die Jahresverdienstgrenze und wurden nun angestelltenversicherungspflichtig oder, wie es in der damaligen Behördensprache hieß, es wurde automatisch Angestelltenversicherungspflicht ausgelöst. Alle anderen rutschten durch die Abzüge in eine niedrigere Beitragsklasse mit der Folge, dass sie künftig nicht nur geringere Ruhegeldzahlungen erhielten, sondern auch, orientiert an den tatsächlich entrichteten Beiträgen, eine niedrigere Anrechnung der Steigerungssätze erfolgte. Durch das Eiserne Sparen verringerten sich die Beiträge der versicherten Belegschaftsmitglieder wie der Unternehmer zur Rentenversicherung und senkten zunächst auch erheblich die Beitragseinnahmen der RfA – auf knapp zehn Mio. RM im Monat, so zumindest die

---

203 Schreiben vom 31.7.1942, in: RfA-Archiv Fach 22, Nr. 6.

204 Schreiben der RfA an die Firma Schenker & Co. vom 12.8.1942, in: RfA-Archiv Fach 14, Nr. 2. Dutzende ähnliche Hinweise und kritische Bemerkungen hierzu kamen auch von anderen Unternehmen sowie von den Überwachungsbeamten.

205 Vgl. etwa Schriftwechsel mit der AOK Bielefeld vom Januar 1943 sowie der Betriebskrankenkasse der Weser Flugzeugbau GmbH vom Februar 1943, in: RfA-Archiv Fach 22, Nr. 6.

206 Vgl. Präsidialverfügung vom 15.11.1941, in: RfA-Archiv Nr. 1.

Prognosen der Behörde.[207] Wer sich in altem Umfang weiterversichern wollte, der musste sich nun durch freiwillige Zusatz- oder Überversicherung auf eigene Kosten Ausgleich verschaffen.[208] Der Arbeitgeber konnte, musste aber nicht hierzu einen Anteil beitragen.

Wer eisern sparte, wurde mithin gegenüber dem Nichtsparer bestraft. In der Folgezeit trafen denn auch hunderte von Beschwerdebriefen betroffener Versicherter bei der RfA ein und die Aussicht auf eine Herabsetzung der Rente war für viele ein Grund, sich dem Eisernen Sparen zu entziehen.[209] „Wir geben zu", so lautete die lapidare Antwort aus der Ruhrstraße, „dass dies für Versicherte, die eisern sparen, einen Nachteil bedeutet. Soweit wir unterrichtet sind, ist aber mit einer Beseitigung dieses Nachteils nicht zu rechnen."[210] Im Prinzip wäre es einfach gewesen, dadurch einen Ausgleich zu schaffen, dass den Arbeitgebern die Möglichkeit gegeben wurde, ihrerseits die eingesparten Beiträge an die Versicherten weiterzugeben, so dass diese in ihren alten Versicherungsklassen bleiben konnten. Doch eine im November 1941 erlassene Durchführungsverordnung bestimmte, dass die Arbeitgeber fünf Prozent der Summe der Eisernen Sparbeträge in Form einer Ausgleichsabgabe an die Krankenkassen bzw. Rentenversicherungsträger abzuführen hatten. Diese Ausgleichszahlungen waren ausdrücklich für Zwecke der vorbeugenden Gesundheitsfürsorge zu verwenden, d. h. sie flossen den Versicherten nicht zu und die Versicherten hatten darauf auch keinen Anspruch.[211] Bei den bislang versicherungsbefreiten Angestellten war das jedoch nicht bekannt, im Gegenteil beschwerten sich viele bei der RfA darüber, dass

> durch das Gesetz vom Eisernen Sparen die nicht versicherungspflichtigen Angestellten gegenüber den versicherungspflichtigen in einen großen Nachteil gekommen [sind]. Die 5 Prozent, welche die Unternehmer an den Staat abführen müssen, schließen doch auch die eisern sparenden Beträge der nicht versicherungspflichtigen Angestellten ein, ohne dass ihnen dies zu Gute kommt.[212]

Das Thema hatte auch im Beirat der RfA Im Dezember 1941 für Aufregung und eine kontroverse Diskussion gesorgt. Einer der Versichertenvertreter betonte:

> Das Eiserne Sparen wird von den Angestellten stärkstens abgelehnt, weil die Versicherungsleistungen entsprechend herabgemindert werden. Die älteren Leute, die Träger der Stimmung im Betrieb sind, lehnen daher das Eiserne Sparen ab. Ich bin fest davon überzeugt, dass die Zahl der

---

207 Vgl. Niederschrift der Beiratssitzung vom 20.4.1942, S. 6, in: BArch R 89/3471.

208 So auch der lapidare Hinweis des RVA gegenüber der Wirtschaftskammer Hessen vom 27.11.1941, in: BArch R 89/3172.

209 Vgl. dazu die Zuschriften, in: RfA-Archiv Fach 21, Nr. 3.

210 Vgl. Schreiben vom 2.12.1942, in: ebd.

211 Vgl. Schreiben der RfA vom 26.11.1941 und auch Bericht des Überwachungsbeamten von Köln vom 19.11.1941, in: ebd.

212 Schreiben an die RfA vom 16.5.1942, in: ebd.

> Angestellten, die sich zum Eisernen Sparen bisher gemeldet haben, mit der Zeit zurückgehen wird.[213]

Grießmeyer reichte den „Schwarzen Peter" umgehend an den anwesenden RAM-Vertreter, Ministerialrat Heller, weiter, der sich jedoch erst nach ausdrücklicher Aufforderung durch den RfA-Präsidenten Grießmeyer zu einer Stellungnahme bequemte. Die Folgen, die sich aus den Vorschriften des „Eisernen Sparens" für die Sozialversicherung ergäben, so konzedierte er immerhin, seien „sehr unerwünscht". Man müsse jedoch versuchen, „mit der freiwilligen Höherversicherung durchzukommen", um eine Schlechterstellung der Arbeitnehmer zu verhindern.[214] Eine Rücknahme der Sozialversicherungsfreiheit der Sparbeträge sei aber schon aus Gründen der Staatsautorität nicht möglich. Grießmeyer konterte demgegenüber mit der Feststellung, dass seitens des Beirats „Wert darauf gelegt wird, die Frage, dass das Eiserne Sparen keine Verminderung in den Sozialversicherungsleistungen herbeiführen darf, von zuständiger Seite [geklärt werden müsse]".[215] Doch dieser deutliche Appell an das RAM verhallte ohne Folgen.

Die negativen Folgen der Eisernen Spar-Verordnung wurden von den Versicherten umso heftiger wahrgenommen, als bei diesen angesichts steigender Einkommen – infolge von deutlich ausgeweiteten Arbeitszeiten und einer Fülle tariflicher wie außertariflicher Zulagen zur Ankurbelung der rüstungswirtschaftlichen Produktivität – eine immer größere Bereitschaft bestand, in höhere Beitragsklassen zu investieren. Der bereits vor 1939 anhaltende Wandel der Versichertenstruktur bezüglich der Verteilung auf die Gehalts- und Beitragsklassen setzte sich im Krieg nicht nur fort, sondern beschleunigte sich sogar. 1939 waren auf die drei untersten Beitragsklassen noch 51,6 Prozent aller Beitragszahlungen entfallen, auf die drei höchsten Beitragsklassen dagegen nur 9,79 Prozent. 1941 bereits hatten sich mit 47,3 Prozent bzw. 14,06 Prozent markante Veränderungen ergeben. Aufgrund der Einstellung des Markenbeitragssystems waren nun diesbezügliche Erhebungen eigentlich nicht mehr möglich, aber 1943 ließ die RfA eine Sondererhebung durch Auszählung eines Samples von 1000 Rentenbewilligungen durchführen mit dem Ergebnis, dass nur noch 37,3 Prozent auf die unteren Beitragsklassen (A bis D) entfielen, mit 37,1 nahezu gleich viele auf die oberste Klassen (H bis K) und dass 25,6 Prozent ihre Beiträge entsprechend den mittleren Einkommen (Klassen E, F und G) entrichteten.[216]

Das signalisierte angesichts der inzwischen längst herrschenden Inflation mit schrumpfenden Konsummöglichkeiten zweifellos eine Form von Flucht in die Sachwerte, denn mit den höheren Beitragszahlungen erwarb man sich in der Zukunft auch

---

213 Niederschrift der Beiratssitzung vom 8.12.1941, S. 22, in: BArch R 89/3471.

214 ebd. S. 21.

215 Ebd., S. 22.

216 Vgl. Vermerk vom 8.8.1944, in: RfA-Archiv Nr. 22. Zur nach wie vor großen Vielzahl der Beitragsgruppen vgl. auch das Schreiben der RfA an den Reichsverband Deutscher Versicherungsträger vom 23.1.1943, in: RfA-Archiv Fach 12, Nr. 5.

Bekanntmachung **Nr. 21**

C 0016

Angestelltenversicherung

Gehalts- und Beitragsklassen für die Zeit vom 1. Oktober 1941 an:

Gehaltsklasse	Monatlicher Arbeitsverdienst*) von mehr als	bis zu	Monatsbeitrag
A	—	50,— RM	2,— RM
B	50,— RM	101,40 „	4,— „
C	101,40 „	200,20 „	8,— „
D	200,20 „	300,30 „	12,— „
E	300,30 „	400,40 „	16,— „
F	400,40 „	501,80 „	20,— „
G	501,80 „	—	25,— „

Freiwillige Beiträge sind in der dem jeweiligen Gesamteinkommen entsprechenden Gehaltsklasse zu entrichten. (Halbversicherte haben freiwillige Beiträge in der dem halben Einkommen entsprechenden Gehaltsklasse zu zahlen). Wer jedoch kein Einkommen hat oder derjenige, dessen Monatseinkommen 50 RM (Halbversicherte 101,40 RM) nicht übersteigt, muß die freiwilligen Beiträge mindestens in der Gehaltsklasse B zahlen.

Für Halbversicherte — *d. h. Versicherte, die auf Grund einer Lebensversicherung von der eigenen Beitragsleistung befreit sind* — **ist der Beitrag zu entrichten, der dem halben Arbeitsverdienst entspricht.**

Jeder Pflicht- und freiwillig Versicherte kann jederzeit in einer höheren als der seinem Einkommen entsprechenden Gehaltsklasse Beiträge zahlen.

Pflicht- und freiwillig Versicherte können sich auch
in der Klasse H mit einem Monatsbeitrag von 30,— RM
„ „ „ J „ „ „ „ 40,— „
und „ „ „ K „ „ „ „ 50,— „
freiwillig höher versichern.

Die Versicherungspflichtgrenze in der Angestelltenversicherung beträgt vom 1. Januar 1934 an jährlich 7200 Reichsmark.

Die ordnungsgemäße und rechtzeitige Beitragsentrichtung wird durch Ueberwachungsbeamte geprüft.

Reichsversicherungs-Anstalt für Angestellte

Reichsversicherungsanstalt für Angestellte
Berlin-Wilmersdorf, Ruhrstraße 2

*) Zum Arbeitsverdienst gehört auch der Wert der Sachbezüge. Diesen setzt das Oberversicherungsamt fest. Er ist bei der Ausgabestelle der Angestelltenversicherung zu erfragen.

(729/41) I, 125 — 16. 9. 41. — 25 000. — N. a.

Abb. 38: Die Beitragsklassengliederung ab 1. Oktober 1941

höhere Rentenleistungen. Die RfA wurde daher auch aus den Kreisen der Versicherten mit der Forderung nach Einführung höherer Beitragsklassen mit Monatsbeiträgen von 100 RM und mehr konfrontiert.[217] Als freiwillig Versicherter konnte man jedoch nur höchstens 50 RM im Monat als Beitrag entrichten. Tatsächlich wurden die Beitragsklassen 1941 jedoch nur marginal erhöht.

Der Anteil der Frauen war in der Angestelltenversicherung mit etwa der Hälfte der Versicherten seit jeher überdurchschnittlich hoch gewesen. Nachdem das NS-Regime

217 Vgl. dazu RfA-Archiv Fach 26, Nr. 15.

aus arbeitsmarktpolitischen wie ideologischen Gründen zunächst versucht hatte, Frauen aus versicherungspflichtigen Beschäftigungsverhältnissen zu drängen, ergab sich im Krieg aufgrund des Arbeitskräftemangels schnell eine Umkehr der eingeleiteten Tendenz. Als Beitragszahler wie Hinterbliebenenrentenempfängerinnen rückten Frauen nun auch im Verwaltungsalltag der RfA massiv in den Vordergrund. Viele aufgrund von Heirat aus den Beschäftigungen ausgeschiedene Frauen, die sich ihre Versicherungsbeiträge anteilig hatten auszahlen lassen, nahmen nun wieder vorübergehend oder gelegentlich, aber vielfach auch längerfristig neue Tätigkeiten auf und wurden damit wieder versicherungspflichtig. Zahlreiche Betroffene hatten allerdings aufgrund der geringen Aussicht, mit ihren neu begründeten Versicherungsverhältnissen jemals eine Anwartschaft zu erreichen und die Wartezeit zu erfüllen und damit überhaupt eine Rente erhalten zu können, kein großes Interesse an dieser Alterssicherung und empfanden die neue Beitragspflicht daher als Belastung und Schmälerung des Einkommens. Bereits im August 1939 hatte daher der Reichspostminister eine beschleunigte rentenversicherungsrechtliche Sonderregelung in Form einer Befreiung von der Versicherungspflicht oder eine anteilige Erstattung der Beitragsleistungen für diese weiblichen Arbeitskräfte gefordert.[218] Doch trotz eingehender Beratung konnte man sich im RAM bis 1941 zu keiner Regelung durchringen. Man war allenfalls bereit, nach Beendigung des Krieges zu prüfen, ob solche Personen mit einer längerfristigen Beschäftigung erneut in den Genuss einer anteiligen Beitragsrückzahlung kommen könnten.[219] Nach wie vor galten aber für die verheirateten Frauen die strengen Bedingungen, um in den Genuss der anteiligen Rückzahlung der Beitragsleistungen zu gelangen. Dabei war es unter der veränderten Lage inzwischen fast unmöglich, die Bedingungen für den Rückzahlungsanspruch zu erfüllen, was auf zunehmende Kritik stieß.[220]

Konfrontiert mit dem wachsenden Unmut und angesichts der Tatsache, dass nichts darauf hindeutete, dass im RAM an einer Änderung dieser Bestimmungen gearbeitet wurde, ging die RfA daher im Frühjahr 1940 dazu über, eine eigene Verwaltungshandhabung anzuwenden. Anfang Juni 1940 schrieb man dazu an den Deutschen Gemeindetag:

> Mit Rücksicht darauf, dass selbst verheirateten Frauen infolge der kriegswirtschaftlichen Änderungen das Ausscheiden aus der versicherungspflichtigen Beschäftigung oft unmöglich ist, sehen wir bei solchen Beitragserstattungen von dem Erfordernis des Ausscheidens ab, wenn die Versicherte und ihr Arbeitgeber gemeinsam erklären, dass die Versicherte nur wegen der kriegs-

218 Vgl. dazu das Schreiben des Reichspostministers an das RAM vom 10.8.1939, in: RfA-Archiv Fach 110, Nr. 16.

219 Schreiben der RfA vom 8.3.1941 auf eine entsprechende Anfrage des Kölner Unternehmens Felten & Guilleaume hin, in: ebd.

220 Vgl. dazu auch das Schreiben des Sozialamts der DAF an RfA-Vizepräsident Schaefer vom 21.2. 1940, in: RfA-Archiv Nr. 43 b.

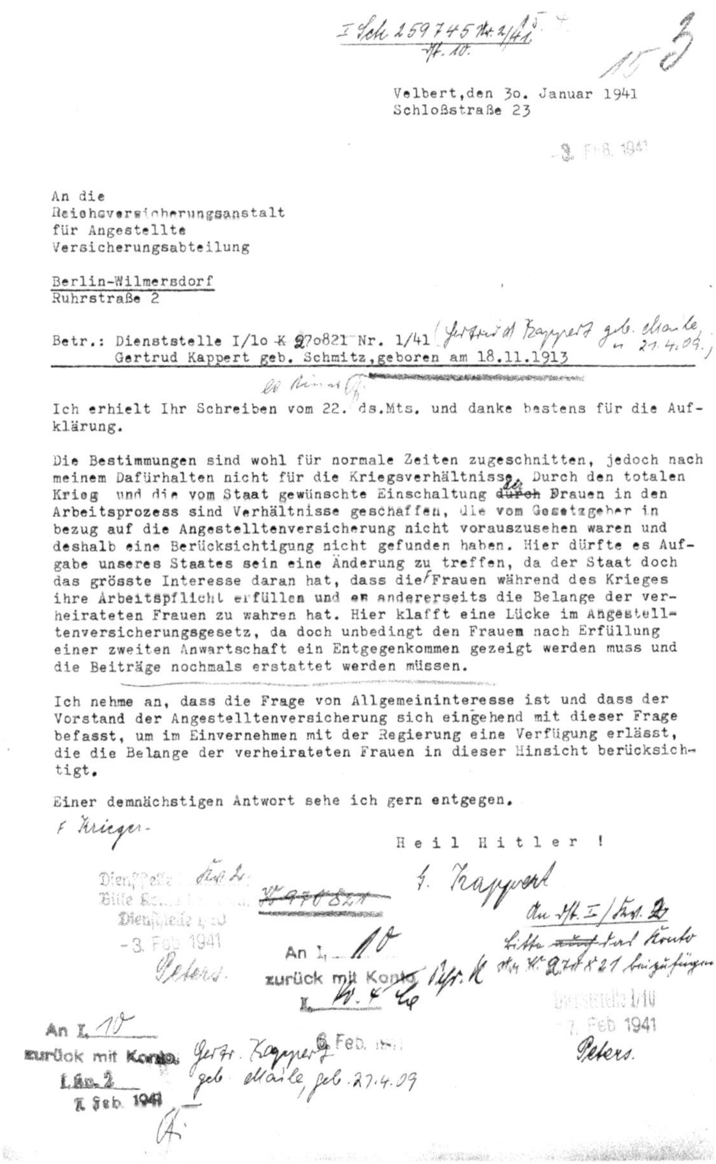

Velbert, den 30. Januar 1941
Schloßstraße 23

An die
Reichsversicherungsanstalt
für Angestellte
Versicherungsabteilung

Berlin-Wilmersdorf
Ruhrstraße 2

Betr.: Dienststelle I/10 K 270821 Nr. 1/41
Gertrud Kappert geb. Schmitz, geboren am 18.11.1913

Ich erhielt Ihr Schreiben vom 22. ds.Mts. und danke bestens für die Aufklärung.

Die Bestimmungen sind wohl für normale Zeiten zugeschnitten, jedoch nach meinem Dafürhalten nicht für die Kriegsverhältnisse. Durch den totalen Krieg und die vom Staat gewünschte Einschaltung der Frauen in den Arbeitsprozess sind Verhältnisse geschaffen, die vom Gesetzgeber in bezug auf die Angestelltenversicherung nicht vorauszusehen waren und deshalb eine Berücksichtigung nicht gefunden haben. Hier dürfte es Aufgabe unseres Staates sein eine Änderung zu treffen, da der Staat doch das grösste Interesse daran hat, dass die Frauen während des Krieges ihre Arbeitspflicht erfüllen und andererseits die Belange der verheirateten Frauen zu wahren hat. Hier klafft eine Lücke im Angestelltenversicherungsgesetz, da doch unbedingt den Frauen nach Erfüllung einer zweiten Anwartschaft ein Entgegenkommen gezeigt werden muss und die Beiträge nochmals erstattet werden müssen.

Ich nehme an, dass die Frage von Allgemeininteresse ist und dass der Vorstand der Angestelltenversicherung sich eingehend mit dieser Frage befasst, um im Einvernehmen mit der Regierung eine Verfügung erlässt, die die Belange der verheirateten Frauen in dieser Hinsicht berücksichtigt.

Einer demnächstigen Antwort sehe ich gern entgegen.

Heil Hitler!

G. Kappert

Abb. 39: Beschwerdebrief an die RfA betr. Beitragsrückerstattung an Frauen vom 30. Januar 1940

wirtschaftlichen Verhältnisse noch nicht aus der versicherungspflichtigen Beschäftigung ausgeschieden ist.[221]

221 Schreiben vom 5.6.1940, in: RfA-Archiv Fach 113, Nr. 11.

Auch für die vorübergehend und aushilfsweise beschäftigten Frauen entwickelte die Behörde eine eigene Verwaltungspraxis. Verheiratete Frauen, die maximal an drei aufeinanderfolgenden Monaten eingestellt worden waren, galten als versicherungsfrei und wurden erst mit Beginn des vierten Monats versicherungspflichtig. Erst im Mai 1941 konnte man sich seitens des RAM dazu durchringen, im Zuge der als kriegsnotwendig erachteten Beseitigung von versicherungsrechtlichen Maßnahmen und Verordnungen, die den Entschluss zur Arbeitsaufnahme oder zur Beibehaltung der Arbeit beeinträchtigten, die Frage der Erstattung von Beitragsanteilen neu zu regeln. Die bis dahin geltende Frist der Antragstellung von drei Jahren nach der Heirat wurde nun bis zum Ablauf des auf das Kriegsende folgende Kalenderjahr verlängert.[222] Für berufstätige Ehefrauen bestand mithin kein Anlass mehr, wegen der Dreijahresfrist aus der Beschäftigung auszuscheiden.

Sukzessive wurde nun das ganze komplizierte Konglomerat an versicherungsrechtlichen Maßnahmen zur Exklusion von erwerbsfähigen Frauen wieder abgebaut und beseitigt, allerdings nicht ohne Widersprüche und schon gar nicht ohne erheblichen Verwaltungsaufwand. Nachdem die Überwachungsbeamten der RfA bei zahllosen Behörden wie auch Unternehmen festgestellt hatten, dass gegen die bestehenden Verordnungen – insbesondere der Versicherungspflicht bei aushilfsweiser, aber letztlich längerfristiger Beschäftigung – verstoßen wurde, erfolgte im Herbst 1941 schließlich eine erste Änderung. Nach der „Verordnung über weitere Maßnahmen in der Reichsversicherung aus Anlass des Krieges vom 13. September 1941" wurden nun diejenigen Ehefrauen sozialversicherungsbefreit, die ihre Beschäftigung während des Krieges übernommen hatten, allerdings nur, wenn auch der Ehepartner bereits von der Versicherungspflicht befreit war.[223] Das betraf nur bisher noch nicht berufstätig gewesene Ehefrauen von Beamten oder gut verdienenden Angestellten, während die übrigen Angestelltenehefrauen davon ausgenommen waren. Von vielen Betroffenen wurde das als unbillige Härte und Ungerechtigkeit empfunden und gefordert, für alle kriegsbeschäftigten Ehefrauen entweder die Befreiung von der Angestelltenversicherungspflicht oder die spätere Rückerstattung der bezahlten Beiträge gelten zu lassen.[224] Für die RfA bedeutete die neue Regelung auch insofern erheblichen Ärger und Aufwand, als in der Öffentlichkeit der Eindruck entstanden war, dass die Bestimmungen tatsächlich für alle Ehefrauen in kriegsbedingten Beschäftigungsverhältnissen gälten und dass den Frauen generell auf Antrag die Hälfte der für sie zur Rentenversicherung entrichteten Beiträge nach Kriegsende erstattet würde.[225] Dazu kamen aber auch noch anderslautende Gerüchte: Bei den Versicherungsämtern,

222 Vgl. Bekanntmachung betr. Verstärkung des Fraueneinsatzes vom 15.5.1941, in: RfA-Archiv Fach 79, Nr. 2.

223 Bis dahin galt allgemein die Versicherungspflicht, wogegen etwa im November 1940 eine Beamtenehefrau, die sich freiwillig als Halbtagskriegsaushilfe in einer städtischen Kartenstelle gemeldet hatte, (erfolgreich) klagte. Vgl. den Fall in: RfA-Archiv Fach 96, Nr. 1.

224 Vgl. dazu das Protestschreiben an die RfA vom 11.1.1942, in: RfA-Archiv Fach 110, Nr. 17.

225 So auch der Bericht eines Überwachungsbeamten vom 27.12.1941, in: RfA-Archiv Fach 71, Nr. 10.

Rechtsberatungsstellen der DAF und den kommunalen Ausgabestellen für Versicherungskarten wurden bereits im Frühjahr 1941 täglich dutzende weibliche Versicherte vorstellig und beantragten die Beitragserstattung, obwohl sie noch im Arbeitsverhältnis standen und die dreijährige Beantragungsfrist noch lange nicht abgelaufen war. Zur Begründung verwiesen sie darauf, „dass ihnen mitgeteilt worden sei und auch aus Pressehinweisen entnommen werden müsste, dass nach Beendigung des Krieges und vielleicht auch schon früher die Beitragserstattung wegfallen wird".[226] Im Januar 1942 sah sich die RfA daher zu einem Rundschreiben an sämtliche Reichsministerien veranlasst, um auf den tatsächlichen Inhalt der neuen Bestimmungen hinzuweisen.

Der Präsident
der Reichsversicherungsanstalt
für Angestellte
I 2712/41
1

Berlin-Wilmersdorf, den 8. Januar 1942.

An

sämtliche Reichsministerien.

Die Bestimmungen des § 8 der Durchführungs-Verordnung vom 13. September 1941 (RGBl. I S. 568) zum Gesetz über weitere Maßnahmen in der Reichsversicherung aus Anlaß des Krieges sind weitgehend von Behörden und von Ehefrauen, die während des Krieges eine Beschäftigung aufgenommen haben, mißverstanden worden. Es gehen fortgesetzt bei der Reichsversicherungsanstalt für Angestellte in großem Umfange völlig unbegründete Anträge auf Rückerstattung der bisher gezahlten Beiträge ein, in denen die irrige Ansicht vertreten wird, daß allgemein Ehefrauen, die während des Krieges eine Beschäftigung aufgenommen haben, ohne weiteres beitragsfrei in der Angestelltenversicherung sind. Um diesen unnützen Schriftwechsel zu beenden, bitten wir daher, im Bereich des dortigen Ministeriums folgendes bekanntzugeben:

"Durch § 8 der Durchführungs-Verordnung vom 13. September 1941 (RGBl. I S. 568) zum Gesetz über weitere Maßnahmen in der Reichsversicherung aus Anlaß des Krieges ist nicht, wie vielfach angenommen wird, die Versicherungsfreiheit in der Angestelltenversicherung für alle nur während des Krieges beschäftigten Ehefrauen angeordnet worden. Diese Maßnahme beschränkt sich vielmehr auf die Kriegsbeschäftigung:

1.) von Ehefrauen solcher Personen, die
   a. in ihrem Dienstverhältnis als Beamte oder in beamtenähnlicher Stellung Anwartschaft auf Ruhegehalt und Hinterbliebenenfürsorge haben und daher selbst nach §§ 11, 17 AVG. oder §§ 1234, 1242 RVO. versicherungsfrei sind,
   b. aus ihrer früheren Beamtentätigkeit oder aus ihrer früheren beamtenähnlichen Stellung Ruhegehalt, Wartegeld oder ähnliche Bezüge bereits erhalten und auf ihren Antrag selbst nach § 14 AVG., § 1237 RVO. von der Versicherungspflicht befreit sind.

Die

Die Ehefrauen dieser Personen sind versicherungsfrei; die bisher gezahlten Beiträge werden auf Antrag erstattet.

2.) von Ehefrauen, die auf Grund eigener früherer Beamtentätigkeit Ruhegehalt, Wartegeld oder ähnliche Bezüge erhalten, auch, wenn ihnen eine Anwartschaft auf Hinterbliebenenfürsorge nicht gewährleistet ist. In diesem Falle tritt im Gegensatz zu Ziffer 1 die Versicherungsfreiheit der Ehefrau nur auf ihren Antrag ein.

Es ist zwecklos und erschwert die Verwaltung, wenn auch in anderen Fällen Anträge auf Versicherungsfreiheit von Ehefrauen, die voraussichtlich nur für die Dauer des Krieges beschäftigt sind, an die Reichsversicherungsanstalt für Angestellte gerichtet werden."

Abb. 40: Schreiben Grießmeyers an die Reichsministerien vom 8. Januar 1942 betr. Beitragsrückerstattung für Frauen

Auch seitens der NSDAP wurde Druck auf eine Änderung der bestehenden Verordnungen ausgeübt. Im September 1942 forderte die Partei-Kanzlei der NSDAP das RAM auf zu prüfen, inwieweit die Maßnahmen vom September 1941 nicht auch auf jene Frauen ausgedehnt werden könnten, die schon vor dem Krieg ihre Beschäftigung wieder aufgenommen hatten – ein Vorschlag, gegen den die RfA schon allein aufgrund des damit verbundenen erheblichen Verwaltungsaufwandes umgehend Be-

226 Schreiben des Bürgermeisters der Stadt Mettmann (Westfalen) vom 25.4.1941 an die RfA in: RfA-Archiv Fach 9, Nr. 5.

denken anmeldete.[227] Im Zuge des zweiten Leistungsverbesserungsgesetzes erfolgte eine weitere Änderung. Für Erstattungsanträge bei Heiraten nach dem 30. April 1942 galten nun praktisch überhaupt keine Bedingungen mehr. Die Wartezeit fiel weg und auch die Erhaltung der Anwartschaft war nicht mehr erforderlich.[228] Die Erstattung erfolgte auch, wenn weniger als sieben Monatsbeiträge vorlagen; sie wurde mithin erleichtert, was nur auf den ersten Blick kontraproduktiv für die Kriegswirtschaft war, denn das NS-Regime war sich sehr wohl bewusst, dass die Frauen gar nicht mehr freiwillig ihre Berufstätigkeit aufgeben konnten. Mit dieser kleinen sozialpolitischen Privilegierung sollten Loyalitätseffekte erzielt werden. Berufstätige Ehefrauen konnten nun ohne Probleme ihre anteiligen Sozialversicherungsbeiträge zurückerhalten, allerdings galt hier mit der Frist zweierlei Recht, denn für alle vor April 1942 Verheirateten wurden die Erstattungsanträge nach altem Recht bearbeitet.

Obwohl die Zahl der Erstattungsanträge trotz der wesentlich erleichterten Bedingungen im Laufe des Krieges deutlich sank, machten jedoch nach wie vor zehntausende Frauen Jahr für Jahr davon Gebrauch. 1939 waren noch 106.910 entsprechende Anträge auf hälftige Beitragsrückerstattung wegen Heirat bei der RfA eingegangen, von denen 85.686 genehmigt wurden und mit insgesamt 30,2 Mio. RM in der RfA-Bilanz zu Buche schlugen.[229] Im Durchschnitt erhielt jede Antragstellerin somit ganze 349 RM ausbezahlt. Bereits 1940 sanken die Anträge auf knapp 95.000 und erreichten 1943 schließlich mit 59.309 Anträgen, davon knapp 47.500 genehmigt, fast die Hälfte des Werts von 1939. Die RfA erstattete dafür insgesamt nur noch 19,5 Mio. RM, wobei der durchschnittliche Rückzahlungsbetrag leicht auf 410 RM gestiegen war.[230] Den kurzfristigen beschäftigungspolitischen Effekt und das arbeitskräftemobilisierende Ziel hatte das NS-Regime damit erreicht. Mit der Kündigung ihres Versicherungskontos gaben die Frauen allerdings längerfristig jeglichen Versicherungsanspruch im Alter oder bei Berufsunfähigkeit auf, was auch deshalb der versicherungsmathematischen Logik widersprach, da mit der steten Fortdauer des Krieges und der kriegsbedingten Beschäftigung für die betroffenen Frauen auch die Chance auf Erfüllung von Wartezeit und Beitragszeiten für den Erhalt eines Altersruhegeldes stieg. Mit dazu bei trug auch eine Verschärfung der Bestimmungen für beschäftigte Frauen, da bei längerer Beschäftigungsdauer schon im ersten Monat Versicherungsbeiträge geleistet werden

---

227 Vgl. Schreiben der Parteikanzlei an das RAM vom 9.9.1942 sowie die Stellungnahme der RfA vom 6.10.1942, in: RfA-Archiv Nr. 69. Ab Juni 1943 wurden jedoch aufgrund des Erlasses des RAM die entsprechenden Bestimmungen nur noch auf die Ehefrauen von Berufssoldaten angewendet. Vgl. dazu den Erlass vom 18.6.1943, in: RfA-Archiv Nr. 69.

228 Büroverfügung vom 8.7.1942, in: RfA-Archiv Nr. 31.

229 Vgl. dazu die Angaben im RfA-Geschäftsbericht für 1939, S. 4, in: BArch R 89/3470.

230 Vgl. dazu die Angaben in den Berichten der RfA zum Geschäftsjahr 1940, 1941 und 1942 sowie Material zum Jahresbericht der Leistungsabteilung 1943, in: RfA-Archiv Nr. 80 und Nr. 81.

mussten und damit die früher von der RfA praktizierte Verwaltungsübung zugunsten der Frauen aufgehoben wurde.[231]

Weite Kreise der weiblichen Versicherten nahm die neue sozialpolitische Maßnahme, die ihnen das NS-Regime plötzlich gewährte, zum Anlass, Änderungen an grundsätzlichen, bislang zu ihren Ungunsten bestehenden Bestimmungen im Rentenversicherungsrecht zu fordern. In einem internen Vermerk von RfA-Direktor Koch vom Dezember 1940 heißt es:

> Die weiblichen Versicherten mit ihren Angehörigen empfinden es als unbillig, dass sie zwar die gleichen Beiträge wie die männlichen Versicherten zahlen, dass aber die Leistungsvoraussetzungen im Vergleich zu den männlichen Versicherten vielfach erschwert sind: Nur unter besonderen Voraussetzungen erhält die verheiratete weibliche Versicherte den Kinderzuschuss, nur unter erschwerten Bedingungen der Ehegatte die Witwerrente, nur unter besonderen Leistungsvoraussetzungen das Kind die Waisenrente. Sind beide Ehegatten versichert, so erhält die Überlebende von der niedrigeren Rente nur die Hälfte. Es würde vielleicht mehr der Billigkeit entsprechen, diese Beschränkungen, die ihre Begründung nur darin haben, dass die Versicherte eben verheiratet ist, weitgehend aufzuheben. Solch eine Maßnahme würde gerade auch für die Gegenwart, wo Frauen und besonders auch Ehefrauen in großer Anzahl berufstätig sind, von größter Bedeutung sein. Vielleicht würde dadurch auch erreicht werden, dass Ehefrauen veranlasst werden, in größerem Umfange ihre eigene Versicherung fortzusetzen und damit ihrerseits dazu beizutragen, das Renteneinkommen der Familie zu erhöhen![232]

Zu den Ungerechtigkeiten gehörte etwa auch die nach wie vor fehlende Anerkennung der *freiwillig* abgeleisteten Zeiten im Reichsarbeitsdienst vor Einführung der Arbeitsdienstpflicht als Ersatzzeit für die Erhaltung der Anwartschaft und die Erfüllung der Wartezeit. Bei Männern war freiwilliger Arbeitsdienst viel seltener, so dass diese Frage vor allem Frauen betraf, die dann etwa im Fall von Berufsunfähigkeit während der Kriegsjahre mit dem Problem fehlender Beitrags- und Ersatzzeiten konfrontiert waren. Ein entsprechender Vorstoß des Reichsarbeitsführers beim RAM im Mai 1942 stieß dort jedoch auf taube Ohren.[233] Für gewisse Sonderechte für Frauen setzte sich etwa auch das Fachamt Energie-Verkehr-Verwaltung der DAF ein, das sich im März 1942, anders als von der RfA entschieden, gegenüber dem RVA für die Angestelltenversicherungspflicht von ca. 150 Heimarbeiterinnen starkmachte, die für das Statistische Reichsamt mit statistischen oder ähnlichen einfachen Schreibarbeiten beschäftigt und aufgrund des besonderen Beschäftigungsverhältnisses eigentlich versicherungsbefreit waren.[234]

---

231 Vgl. Rundschreiben Nr. 86 an die Überwachungsbeamten vom 25.3.1943, in: RfA-Archiv Fach 68, Nr. 3.

232 Vermerk vom 12.12.1940, in: RfA-Archiv Nr. 25. Im selben Tenor war eine Eingabe an die RfA vom 9.3.1943 verfasst, in der moniert wurde, „dass bei beiderseitigem Pflichtversichertsein allerlei Härten bestanden und noch bestehen. Bitte beseitigen Sie diese Härten, wenn beispielsweise die Ehefrau lange Jahre mitarbeitet und mitversichert ist! [...] Was bedenkt die RfA zur Aufklärung und Aufbesserung aller Beteiligten zu tun?" Vgl. RfA-Archiv Nr. 96 a.

233 Vgl. Schreiben vom 13.5.1942, in: RfA-Archiv Fach 97, Nr. 5.

234 Vgl. Schreiben der DAF an das RVA vom 4.3.1942, in: RfA-Archiv Fach 9, Nr. 5.

Strittig war bei vielen Frauen aber auch unabhängig vom Familienstand und der Dauer der Beschäftigung die Versicherungszugehörigkeit. Die Rechtsberatungsstelle der DAF in Pforzheim hatte etwa schon im November 1939 für Werkgehilfinnen die Versicherungspflicht in der Angestelltenversicherung gefordert.[235] Eine generelle Einstufung lehnte die RfA im Februar 1940 jedoch ab und verwies auf die Notwendigkeit einer Prüfung des jeweiligen Einzelfalls. Das galt auch für die tausenden von dienstverpflichteten Frauen, die im Zuge des „neuen Frauen-Einsatzes" von den Arbeitsämtern in die Unternehmen und Betriebe geschickt worden waren. Es war daher kein Wunder, dass die Gefolgschafts- und Lohnabteilungen der Firmen die RfA um eine vereinfachtere Handhabung baten, was aber eine Verständigung mit den jeweils zuständigen Landesversicherungsanstalten voraussetzte.[236] Auch bei der RfA sah man längst die Notwendigkeit einer pragmatischen Regelung. Grießmeyer rechtfertigte sich denn auch im Januar 1943 gegenüber dem Präsidenten des Landesarbeitsamtes Südwestdeutschland:

> Die Prüfung der AV-Pflicht an sich angestelltenversicherungspflichtig beschäftigter Ehefrauen hat uns durch die zeitbedingte Zunahme der beruflichen Tätigkeit von Ehefrauen in letzter Zeit unverhältnismäßig viel Verwaltungsarbeit gebracht. Diese zusätzliche Arbeitsbelastung war mit der infolge des Krieges immer wieder erhobenen Forderung nach Verwaltungsvereinfachung nicht mehr zu vereinbaren. Wenn wir daher bis auf weiteres an sich angestelltenversicherungspflichtig tätige Ehefrauen ohne Rücksicht auf die Dauer der täglichen Arbeitszeit solange nicht für die Angestelltenversicherung beanspruchen, als der Entgelt für diese Tätigkeit durchschnittlich 100 RM im Monat nicht übersteigt, so handelt es sich bei dieser Regelung um eine auf Zweckmäßigkeitserwägungen beruhenden Verwaltungsübung, die bisher im Aufsichtswege auch nicht beanstandet worden ist.[237]

Ein eigenes Thema war die Versicherungspflicht der Hebammen, das nicht nur dutzende von Aktenordnern bei der RfA füllte, sondern die damit befassten Sachbearbeiter und Überwachungsbeamten auch zeitweise an den Rand der Verzweiflung getrieben hatte. Eigentlich waren Hebammen angestelltenversicherungspflichtig, aber schon bei den Versuchen der Überwachungsbeamten, die der Bemessung des Beitrags zugrunde liegenden Einkommen festzustellen, war man schon vor 1933 bei den Betroffenen auf massive „Widerspenstigkeit" gestoßen.[238] Bei der Festsetzung und Überwachung der Beitragszahlungen war die RfA daher eher nachlässig vorgegangen, worauf man sich zu Jahresbeginn 1940 von der inzwischen amtierenden Führerin der Reichshebammenschaft, Nanna Conti, den Vorwurf gefallen lassen musste, die Hebammen bezüglich der Beitragszahlungen nicht scharf genug angefasst zu ha-

235 Vgl. Schreiben der DAF an die RfA vom 22.11.1939, in: RfA-Archiv Fach 76, Nr. 6.

236 Vgl. dazu etwa das Schreiben der AEG vom 9.6.1943 und das Antwortschreiben der RfA vom 28.6.1943, in: RfA-Archiv Fach 97, Nr. 5.

237 Schreiben vom 27.1.1943, in: RfA-Archiv Fach 79, Nr. 2.

238 Vgl. Abteilungsverfügung vom 26.1.1940 betr. Hebammenversicherung sowie interner Vermerk vom 26.1.1940, in: RfA-Archiv Fach 1, Nr. 2.

ben.[239] Nachdem diese unter dem NS-Regime einer straffen Organisation unterworfen worden waren und nun auch genügend Machtmittel bestanden, „um die widerspenstigen Hebammen zur Erfüllung ihrer Versicherungspflichten anzuhalten“, unternahm die RfA einen neuen Anlauf, die nötigen Beiträge einzutreiben und „die bisherige milde Verwaltungsübung bei den Beitragsrückständen der Hebammen aufzugeben“.[240]

Strittig waren insbesondere auch die zahlreichen Beschäftigungen, die Frauen im Heeresdienst ausübten, sei es als Nachrichtenhelferinnen, als Flugmeldehelferinnen und Helferinnen im Luftschutzwarndienst oder als Marinehelferinnen. Sie alle wurden nach längerem Hin und Her in der Angestelltenversicherung beitragspflichtig.[241] Das betraf auch die Krankenschwestern, Schwesternhelferinnen und Helferinnen im Sanitätsdienst der Wehrmacht. Dazu kamen spezifische Beschäftigungen auch von Frauen im nationalsozialistischen Überwachungs- und Unterdrückungsapparat. Im Juli 1942 etwa ging es um die Klärung der Versicherungszugehörigkeit von Untersuchungsfrauen im Grenzüberwachungsdienst der Reichsfinanzverwaltung. Diese sah das Finanzministerium aufgrund ihrer „außerordentlichen Bedeutung“ nicht, wie von der RfA vertreten, als invalidenversicherungspflichtig an, sondern wollte sie in der Angestelltenversicherung versichert sehen, was dann nach mehrmaligen Anläufen im Februar 1943 vom RAM auch verfügt wurde.[242]

Der weitaus größte Teil der Frauen tauchte nun aber, gleich ob selbst rentenversichert oder nicht, in den Unterlagen der RfA als versorgungsberechtigte Witwen auf. Der Krieg schuf tausende spezifische Rentenfälle, allen voran die Hinterbliebenenrenten, deren Zahl mit Dauer des Krieges in die Höhe schoss.

Tab. 16: Rentenbewegung 1939 bis 1944

Jahr	Rentenbestand (Anzahl der laufenden Renten insgesamt)	Ruhegelder (wegen Alter oder Berufsunfähigkeit)	Hinterbliebenenrenten (Witwen- und Waisenrenten)
1939	570.000	333.770	235.502
1940	615.000	351.482	263.535
1941	657.000	363.262	294.249
1942	735.000	380.429	354.490

239 Vgl. ebd.
240 Ebd.
241 Vgl. dazu RfA-Archiv Fach 77, Nr. 1. Bei der Verwaltung des Luftgaukommandos I in Königsberg dagegen bestand das Problem, dass man vorübergehend Arbeiterinnen in angestelltenversicherungspflichtige Tätigkeiten beschäftigte, wobei die RfA dann pragmatischer Weise auf die Überführung in die Angestelltenversicherung verzichtete, allerdings nur bei einer nicht länger als 6 Monate dauernden Beschäftigung. Vgl. den Vorgang vom Januar/Februar 1942 in: RfA-Archiv Fach 1, Nr. 3.
242 Vgl. den Vorgang in: RfA-Archiv Fach 76, Nr. 6.

Tab. 16: Rentenbewegung 1939 bis 1944 *(Fortsetzung)*

Jahr	Rentenbestand (Anzahl der laufenden Renten insgesamt)	Ruhegelder (wegen Alter oder Berufsunfähigkeit)	Hinterbliebenenrenten (Witwen- und Waisenrenten)
1943	818.486	406.491	412.367
1944	861.426	375.927	485.499

Zusammengestellt nach den Angaben in: Bericht der RfA über die Entwicklung der AV im Jahr 1939ff., in: BArch R 89/3470 sowie verstreute statistische Angaben in: RfA-Archiv Nr. 69 b und Nr. 80–81. Vgl. auch Bericht zur RfA-Beiratssitzung 1942, S. 15, in: BArch R 89/3470 sowie monatliche Zusammenstellung der Ruhegeld- und Hinterbliebenenrentenempfänger für Dezember 1944, in: RfA-Archiv Fach 101, Nr. 6–9.

Der während des Krieges zu verzeichnende deutliche Zuwachs des Rentenbestandes insgesamt um über 50 Prozent war weniger demographisch bedingt, als durch die regionale Ausweitung der RfA-Zuständigkeit, aber vor allem auch durch den explosionsartigen Zuwachs bei den Witwen- und Waisenrenten verursacht: Mit 485.499 Fällen 1944 ergab sich gegenüber 1939 mehr als eine Verdoppelung. Die Zahlen zeigen im Übrigen, dass sich der Krieg erst mit einiger zeitlicher Verzögerung in den Statistiken der RfA niederschlug. Das Recht auf Hinterbliebenenrente war kompliziert und vor allem genossen seit jeher die Angestelltenwitwen erheblich bessere Leistungen als die der Invalidenversicherung, die auszugleichen eines der zentralen Zielsetzungen des zweiten Leistungsverbesserungsgesetzes von 1942 gewesen war.[243] Anspruchsberechtigt war eine Angestellten-Witwe dann, wenn sie dauernd oder länger als 26 Wochen vorübergehend invalide war, sie das 65. Lebensjahr vollendet hatte oder älter als 55 Jahre war und mindestens vier lebende Kinder geboren hatte.[244] Die Höhe der Witwenrente lag deutlich unter dem Rentenanspruch des verstorbenen Versicherten; sie betrug fünf Zehntel des Ruhegehalts ohne Kinderzuschuss. Betrug etwa das Ruhegehalt eines Wanderversicherten, dessen Wartezeit erfüllt und dessen Anwartschaft erhalten war, 374 RM im Jahr, so erhielt die Witwe 187 RM oder 18,70 RM im Monat. Jede Waise unter 18 Jahren erhielt zudem vier Zehntel des Ruhegehalts, wobei die Hinterbliebenenrenten zusammen nicht höher sein durften als der Rentenanspruch, der dem Verstorbenen zugestanden hätte.[245] Im Durchschnitt betrug die monatliche Witwenrente 1939 30,20 RM, ein Waise erhielt 22,62 RM. Bei Wanderversicherten waren die Sätze um fast 27 Prozent höher. Bis 1942 stagnierten die Hinterbliebenenrenten jedoch trotz aller Leistungssteigerungsgesetze. 1942 betrug die monatliche Durch-

243 Vgl. dazu etwa die entsprechenden Hinweise des RVA vom 14.4.1942 über die nach wie vor als ungenügend empfundenen Verbesserungen für die IV-Witwen im Gesetzesentwurf, in: BArch R 89/3171.
244 Vgl. dazu den entsprechenden Antrag und das dazugehörende Formblatt, in: RfA-Archiv Nr. 206.
245 Vgl. dazu auch das Schreiben von RfA-Direktor Koch an das RVA vom 18.7.1941, in dem darauf hingewiesen wurde, dass tatsächlich die Witwenrente oft niedriger als die Hälfte der damaligen Bezüge eines Ruhegeldempfängers waren. Vgl. RfA-Archiv Nr. 26.

schnittswitwenrente 29,08 (für Wanderversicherte 38,14 RM), Waisen erhielten 21,48 RM.[246]

Das Niveau der Witwenrenten war mithin äußerst niedrig und zudem gab es zahlreiche Hürden bis zur tatsächlichen Zuerkennung. Im März 1940 war die RfA mit dem Problem konfrontiert, dass viele verwitwete Ehefrauen als Nachweis für den Tod des Mannes keine amtlichen Sterbeurkunden, sondern nur Bescheinigungen der jeweiligen Truppenteile über die Kriegsverschollenheit vorweisen konnten. Die Zahlung von Witwenrenten schon in jenen Fällen, in denen der Versicherte als vermisst galt, erschien RfA-Direktor Koch aber als „sehr bedenklich".[247] Man war aber bereit, anstelle der Hinterbliebenenrente sofort laufend Vorschüsse in Höhe der Rente zu zahlen, wenn während eines Jahres keine glaubhaften Nachrichten über den Vermissten eingingen und wenn nach den Umständen zu vermuten war, dass der Vermisste tot war. Bei an der Ostfront vermissten Versicherten galt diese Vermutung praktisch von Anfang an als gegeben, d.h. die Hinterbliebenenrente wurde sofort endgültig festgesetzt. Diese von der RfA zugunsten der Hinterbliebenen praktizierte Verwaltungsübung wurde allerdings im Juni 1943 durch einen Erlass des Reichsfinanzministers sowie des Oberkommandos der Wehrmacht konterkariert. Künftig galt, dass für vermisste Wehrmachtsangehörige die Kriegsbesoldung weiter gewährt wurde,

> weil im Kriege mit der Sowjetunion in großem Umfange das Schicksal der in die Gewalt des Gegners gelangten Soldaten zwar ungewiss, im Einzelfall die Lebens- und Todesvermutung aber gleich groß ist und zumindest im Einzelfall nicht die für die Umstellung auf Hinterbliebenenbezüge an Gewissheit grenzende Todeswahrscheinlichkeit besteht,

wie es in einer entsprechenden Abteilungsverfügung heißt.[248] Der bisherigen Verwaltungsübung der RfA war damit die Grundlage entzogen und künftig wurden Vorschüsse auf die Hinterbliebenenrente nur noch dann gewährt, wenn durch eine Bescheinigung eines Truppenteils oder durch die Auskunftsstelle des Roten Kreuzes eine hohe Wahrscheinlichkeit für den Tod des Versicherten nachgewiesen wurde. Für die betroffenen Witwen und Waisen bedeutete dies finanziell nicht unbedingt eine Verschlechterung, auf jeden Fall aber wurde nun von der RfA die Weiterzahlung der Hinterbliebenenrente eingestellt, sofern sie nicht durch einen berufungsfähigen Bescheid festgestellt, sondern nur vorschussweise gezahlt worden war.[249] Erhielten die Betroffenen die Hinterbliebenenrente aufgrund eines Bescheids, war eine Einstellung der Rentenzahlungen allerdings nicht mehr möglich, so dass die Hinterbliebenen eine Doppelzahlung erhielten.[250] Der verwaltungsmäßige Aufwand, diese Doppelzahlun-

246 Vgl. die diversen statistischen Angaben in: RfA-Archiv Nr. 79. Nach 1942 gab es keine entsprechenden Erhebungen mehr.
247 Vermerk vom 13.3.1940, in: RfA-Archiv Nr. 25.
248 Vgl. Abteilungsverfügung vom 21.7.1943, in: RfA-Archiv Nr. 206.
249 Vgl. dazu auch den Vermerk Kochs vom 19.4.1944, in: RfA-Archiv Fach 97, Nr. 4.
250 Vgl. dazu auch das Schreiben des Luftwaffenwehramts an das OKW vom 11.8.1944, in: BArch R 89/3399.

gen in dem Bestand der über 400.000 Hinterbliebenenrenten zu identifizieren, war letztlich so groß, dass eine systematische Überprüfung unterblieb. Außerdem wäre die Schaffung von rechtlichen Grundlagen, die den Frauen und Kindern von vermissten Soldaten die Hinterbliebenenrente wieder entzogen hätten, in der Öffentlichkeit auf wenig Verständnis gestoßen.[251]

Aber auch im Fall der Beibringung von amtlichen Sterbeurkunden gab es große Probleme, denn nur zu oft verzögerte sich deren Ausstellung erheblich. Die Angehörigen hätten die Mitteilung des Truppenteils über den „Heldentod" ihres Familienmitglieds meist früher in den Händen als die Sterbeurkunde, beklagte sich etwa im Februar 1942 das Reichsinnenministerium beim RAM.[252] Die Bearbeitung der Hinterbliebenenrenten war geradezu ein Paradebeispiel für das komplexe Geflecht von schwerfälliger Gesetzgebung und vorauseilender Verwaltungspraxis beim Reagieren auf rentenpolitische Probleme. Im Sommer 1940 galt es die schwierige Frage zu beantworten, wann der Beginn der Rentenbezüge einsetzen sollte. Die Situation gebot es, dass die erste Rentenzahlung unabhängig vom Zeitpunkt des oft mehrere Monate nach dem Tod des Angehörigen eingehenden Antrags bereits rückwirkend mit Ablauf des Sterbemonats erfolgen sollte. Im September war aber seitens des RAM bis auf einen ersten Entwurf noch immer keine entsprechende Verordnung zustande gekommen. Dem RVA war allerdings bedeutet worden, dass man keine Einwände habe, wenn die Rentenversicherungsträger in der Verwaltungspraxis bereits nach dem geplanten Gesetz verfahren würden. Ein entsprechendes offizielles Rundschreiben wagte das RVA jedoch in dieser Sache nicht zu verfassen, man müsse es deshalb dabei bewenden lassen, „dass [den Versicherungsträgern] zugesagt werde, dass keine Beanstandung erfolgen würde".[253] So oder ähnlich war es schon bei dutzenden vorausgegangener rentenversicherungsrechtlicher Gesetze und Verordnungen gehandhabt worden. Die Initiative zur Gesetzesänderung und zur Schaffung einer Sonderregelung für den Rentenbeginn der Hinterbliebenenrente war im Übrigen von der RfA ausgegangen, die schon im April auf die Unbilligkeit der bestehenden Gesetzeslage und die sich dadurch häufenden erheblichen Versorgungslücken hingewiesen hatte.[254] Bis Ende 1940 war zudem auch das Problem etwaiger fehlender Anwartschaften und Wartezeiten nicht gelöst worden. Ebenso empört wie entsetzt mussten viele Witwen feststellen, dass die Bedingungen für die Gewährung einer Hinterbliebenenrente nicht erfüllt waren. So schrieb etwa schon Mitte Oktober 1939 ein Überwachungsbeamter nach Berlin:

> Es mehren sich jetzt die Fälle, in denen Versicherte im gegenwärtigen Kriege gefallen oder infolge der im Felde zugezogenen Verletzungen und Erkrankungen verstorben sind, ohne dass den

251 Vgl. dazu das Schreiben des RVA an das RAM vom 16.12.1944, in: ebd.

252 Schreiben vom 12.2.1942, in: RfA-Archiv Nr. 205.

253 Vermerk von RVA-Direktor Schmidt vom 17.9.1940, in: BArch R 89/3169.

254 Vgl. Vermerk Koch vom 23.4.1940, in: RfA-Archiv Nr. 25 sowie das daraufhin erfolgte Schreiben der RfA an das RVA vom 4.5.1940, in: BArch R 89/3169.

> Hinterbliebenen mangels der Voraussetzungen Renten gewährt werden können. Nach den bestehenden Bestimmungen kann den Hinterbliebenen nicht einmal durch Beitragserstattung geholfen werden![255]

Die Nachentrichtung von fehlenden Beiträgen war ebenfalls gesetzlich nicht mehr zulässig. Auch von anderen Stellen wie dem Regierungspräsidenten von Königsberg bekam die RfA dringende Schreiben ähnlichen Inhalts.

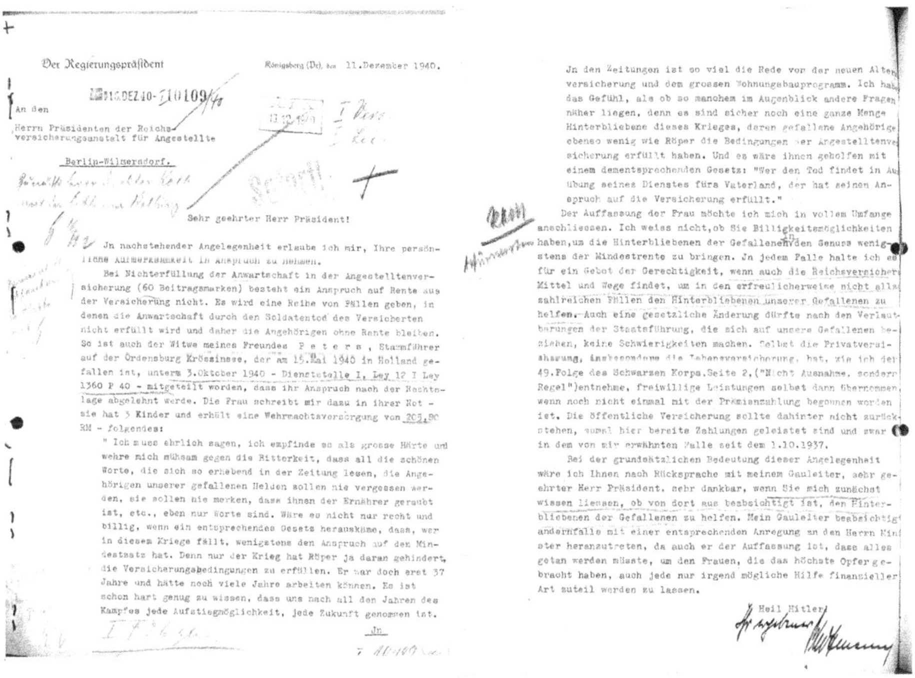

Der Regierungspräsident — Königsberg (Pr), den 11. Dezember 1940.

An den
Herrn Präsidenten der Reichsversicherungsanstalt für Angestellte
Berlin-Wilmersdorf.

Sehr geehrter Herr Präsident!

Jn nachstehender Angelegenheit erlaube ich mir, Ihre persönliche Aufmerksamkeit in Anspruch zu nehmen.

Bei Nichterfüllung der Anwartschaft in der Angestelltenversicherung (60 Beitragsmarken) besteht ein Anspruch auf Rente aus der Versicherung nicht. Es wird eine Reihe von Fällen geben, in denen die Anwartschaft durch den Soldatentod des Versicherten nicht erfüllt wird und daher die Angehörigen ohne Rente bleiben. So ist auch der Witwe meines Freundes P e t e r s , Stammführer auf der Ordensburg Krössinsee, der am 15. Mai 1940 in Holland gefallen ist, unterm 3. Oktober 1940 – Dienststelle I, Ley 12 I Ley 1360 P 40 – mitgeteilt worden, dass ihr Anspruch nach der Rechtslage abgelehnt werde. Die Frau schreibt mir dazu in ihrer Not – sie hat 3 Kinder und erhält eine Wehrmachtsversorgung von 203,90 RM – folgendes:

" Ich muss ehrlich sagen, ich empfinde es als grosse Härte und wehre mich mühsam gegen die Bitterkeit, dass all die schönen Worte, die sich so erhebend in der Zeitung lesen, die Angehörigen unserer gefallenen Helden sollen nie vergessen werden, sie sollen nie merken, dass ihnen der Ernährer geraubt ist, etc., eben nur Worte sind. Wäre es nicht nur recht und billig, wenn ein entsprechendes Gesetz herauskäme, dass, wer in diesem Kriege fällt, wenigstens den Anspruch auf den Mindestsatz hat. Denn nur der Krieg hat Röper ja daran gehindert, die Versicherungsbedingungen zu erfüllen. Er war doch erst 37 Jahre und hätte noch viele Jahre arbeiten können. Es ist schon hart genug zu wissen, dass uns nach all den Jahren des Kampfes jede Aufstiegmöglichkeit, jede Zukunft genommen ist. Jn den Zeitungen ist so viel die Rede von der neuen Altersversicherung und dem grossen Wohnungsbauprogramm. Ich habe das Gefühl, als ob so manchem im Augenblick andere Fragen näher liegen, denn es sind sicher noch eine ganze Menge Hinterbliebene dieses Krieges, deren gefallene Angehörige ebenso wenig wie Röper die Bedingungen der Angestelltenversicherung erfüllt haben. Und es wäre ihnen geholfen mit einem dementsprechenden Gesetz: "Wer den Tod findet in Ausübung seines Dienstes fürs Vaterland, der hat seinen Anspruch auf die Versicherung erfüllt."

Der Auffassung der Frau möchte ich mich in vollem Umfange anschliessen. Ich weiss nicht, ob Sie Billigkeitsmöglichkeiten haben, um die Hinterbliebenen der Gefallenen in den Genuss wenigstens der Mindestrente zu bringen. Jn jedem Falle halte ich es für ein Gebot der Gerechtigkeit, wenn auch die Reichsversicherung Mittel und Wege findet, um in den erfreulicherweise nicht allzu zahlreichen Fällen den Hinterbliebenen unserer Gefallenen zu helfen. Auch eine gesetzliche Änderung dürfte nach den Verlautbarungen der Staatsführung, die sich auf unsere Gefallenen beziehen, keine Schwierigkeiten machen. Selbst die Privatversicherung, insbesondere die Lebensversicherung, hat, wie ich der 49. Folge des Schwarzen Korps, Seite 2, ("Nicht Ausnahme, sondern Regel") entnehme, freiwillige Leistungen selbst dann übernommen, wenn noch nicht einmal mit der Prämienzahlung begonnen worden ist. Die öffentliche Versicherung sollte dahinter nicht zurückstehen, zumal hier bereits Zahlungen geleistet sind und zwar in dem von mir erwähnten Falle seit dem 1.10.1937.

Bei der grundsätzlichen Bedeutung dieser Angelegenheit wäre ich Ihnen nach Rücksprache mit meinem Gauleiter, sehr geehrter Herr Präsident, sehr dankbar, wenn Sie mich zunächst wissen liessen, ob von dort aus beabsichtigt ist, den Hinterbliebenen der Gefallenen zu helfen. Mein Gauleiter beabsichtigt andernfalls mit einer entsprechenden Anregung an den Herrn Minister heranzutreten, da auch er der Auffassung ist, dass alles getan werden müsste, um den Frauen, die das höchste Opfer gebracht haben, auch jede nur irgend mögliche Hilfe finanzieller Art zuteil werden zu lassen.

Heil Hitler!

Abb. 41: Schreiben des Regierungspräsidenten von Königsberg an Grießmeyer vom 11. Dezember 1940 betr. nicht erfüllter Anwartschaften von Gefallenen

Im Reichsverband Deutscher Rentenversicherungsträger war daraufhin im September ernsthaft erwogen worden, den Hinterbliebenen von gefallenen Wehrmachtsangehörigen wie im Ersten Weltkrieg eine „Dankes- und Ehrengabe" in Form einer Barunterstützung zukommen zu lassen, was man jedoch im RVA als Eingriff in die Zuständigkeit der Wehrmacht und die ergänzende Tätigkeit der Partei, insbesondere der NS-Volkswohlfahrt, auffasste und daher ablehnte. Auch von einer großzügigen Gewährung von Erholungskuren an die Hinterbliebenen Gefallener sah man wegen der schwierigen Durchführung ab.[256] Erst mit dem Gesetz vom Januar 1941 galt,

255 Bericht vom 18.10.1939, in: RfA-Archiv Fach 113, Nr. 10.
256 Vgl. Rundschreiben an die Verbandsmitglieder vom 17.9.1940, in: RfA-Archiv Nr. 68 c.

dass bei kriegsbedingtem Tod eines Versicherten automatisch alle Bedingungen als erfüllt angesehen wurden. Die Wartezeit für die Hinterbliebenenrenten nach dem Tode eines Soldaten waren dann erfüllt, wenn der Versicherte während des Krieges als Soldat gestorben war, aber auch dann, wenn er bei seinem Tode nicht mehr Soldat war, aber infolge einer Beschädigung bei besonderem Einsatz berufsunfähig geworden und infolge dessen dann gestorben war.[257] Dennoch musste jeder Rentenanspruch einzeln geprüft und berechnet werden, und für die meisten Witwen dürfte die Höhe der letztlich ausbezahlten Hinterbliebenenrenten kaum dafür ausgereicht haben, das Überleben zu sichern. An dem Umstand, dass viele Witwen von alters- und nicht kriegsbedingt verstorbenen Versicherten nach wie vor mit dem Schock fehlender Beitragszeiten und nicht erhaltener Anwartschaften konfrontiert waren, änderte sich dadurch nichts.[258] Die Verordnungen des zweiten Leistungsverbesserungsgesetzes sowie deren Durchführungsbestimmungen brachten für die Hinterbliebenen zwar insgesamt durchaus Rentensteigerungen, machten die Witwen- und Waisenrenten jedoch gleichzeitig noch komplizierter. Es gab nun drei Arten von Witwenrenten, die sogenannte Jungwitwenrente, die eine hinterbliebene Ehefrau gleich welchen Alters wegen der Erziehung von mindestens zwei waisenrentenberechtigten Kindern unter sechs Jahren erhielt. Daneben existierte die „Altwitwenrente“, die eine über 55 Jahre alte Witwe wegen der Geburt von mindestens vier lebenden Kindern erhielt. Kinder aus früheren Ehen und auch uneheliche Kinder wurden mitgezählt. Schließlich gab es noch die sogenannte Erziehungswitwenrente, die, schon im Ausbaugesetz von 1937 eingeführt, die Ehefrau wegen der Erziehung von mindestens vier Kindern zum Zeitpunkt des Todes des Ehemanns bekam.[259] Die jeweilige Gewährung war aber an zahlreiche Detailbedingungen geknüpft und in der RfA ahnte man daher schon, dass die Zahl der entsprechenden Beschwerden und Anträge auf Nachprüfungen abgelehnter Anträge deutlich zunehmen würde. Intern wurde deshalb angeregt, bei der Leistungsabteilung dazu einen eigenen Beschwerdeausschuss einzurichten, „entsprechend den guten Erfahrungen, die man mit einem solchen Ausschuss in der Heilverfahrensabteilung gemacht hat“.[260] Die Beschwerden und Widersprüche, insbesondere gegen die als viel zu gering erachtete Höhe der Rente, die oft auch in formelle Streitverfahren mündeten, ließen tatsächlich nicht lange auf sich warten.[261]

Im Übrigen sorgten sich auch viele im Krieg befindliche Ehemänner um die Hinterbliebenenversorgung ihrer Frauen. Es ist heute noch bedrückend, die zahlreichen Feldpostkarten im RfA-Archiv zur Hand zu nehmen, in denen von der Behörde Auskünfte über rentenversicherungsrechtliche Details erbeten werden. „Ich bin vor-

---

257 Vgl. Abteilungsverfügung vom 13.5.1941, in: RfA-Archiv Nr. 68 c.

258 Vgl. zahlreiche Einzelfälle, in denen sich häufig die DAF zugunsten der Witwen einzuschalten versuchte, in: BArch R 89/3533 und R 89/3534.

259 Vgl. dazu die Abteilungsverfügung vom 16.9.1942, in: RfA-Archiv Nr. 31.

260 Vermerk vom 13.7.1942, in: RfA-Archiv Nr. 31.

261 Vgl. dazu eine Reihe von Einzelfällen in: RfA-Archiv Fach 113, Nr. 5 sowie Fach 79, Nr. 2 sowie auch BArch R 89/23091.

sorglich mit der Klärung der Angelegenheit beschäftigt, die meine Frau als Witwe nach meinem evtl. Tode an der Front bezüglich der Rente zu regeln hat“, heißt es etwa in einem Schreiben vom April 1942.[262] Womit die betroffenen Ehefrauen dabei konfrontiert wurden, je länger der Krieg dauerte und vor allem auch je öfter Luftangriffe stattfanden, war, dass weniger die Beibringung der Todesurkunde als der Nachweis der bestehenden Ehe mittels Heiratsurkunde immer schwieriger und zeitaufwändiger wurde. Viele Standesämter waren zerstört und in der Not wandten sich die Betroffenen oft an die Rechtsberatungsstellen der DAF, die ihrerseits bei der RfA um Kulanz bei der Nachweisbeschaffung baten.[263] In einigen wenigen Fällen machten sich auch berufstätige Frauen Gedanken über die Rentenverhältnisse, die sich infolge des vorzeitigen Ablebens von pflicht- oder freiwillig (weiter-)versicherten Ehefrauen ergaben. In diesen Fällen erfolgte die Zuerkennung einer Witwerrente, die allerdings nur ein erwerbsunfähiger, bedürftiger Ehemann erhielt; zudem musste die Verstorbene den Unterhalt der Familie überwiegend bestritten haben. Starb die versicherte Ehefrau noch vor der Erfüllung der für eine Gewährung einer Witwerrente notwendigen Wartezeiten und Beitragsleistungen, so bestand die Möglichkeit, auf Antrag die Hälfte der bis dahin entrichteten Beiträge erstattet zu bekommen.[264] Anspruchsberechtigt waren – dies war ebenfalls eine Sonderbestimmung – nacheinander sämtliche in der häuslichen Gemeinschaft mit der Versicherten bis zu deren Tod Lebenden, d. h. neben Ehegatte und Kinder auch Vater und Mutter sowie Geschwister. Entsprechende Forderungen, dies auch bei männlichen Versicherten einzuführen, waren zahlreich, stießen aber bei den Versicherungsträgern auf wenig Gegenliebe. RfA-seitig argumentierte man dabei ganz aus versicherungsmathematischer Perspektive.

> Die RfA zahlt aus der Versicherung der Männern bessere Leistungen als aus der Versicherung der Frauen, denn aus der Versicherung der Frauen entsteht in der Mehrzahl der Fälle kein Anspruch auf Hinterbliebenenrente. Die Frauen bezahlen denselben Beitrag wie die Männer, sie bezahlen also die Beitragserstattung bei ihrem Tode mit. Würde die Beitragserstattung auch beim Tode der männlichen Versicherten eingeführt werden, so würde dies eine unausgeglichene und unbezahlte Mehrleistung bedeuten.[265]

Dieses Argument zog allerdings nur bei verheirateten Männern, wie ein Versicherter auf eine entsprechende Auskunft der Behörde hin zu Recht anmerkte. Der ledige männliche Versicherte schied mit seinem Tode ebenso ohne Hinterbliebenenrente aus, wie die verstorbene ledige Angestellte. Und die vom Arbeitgeber so oder so ge-

---

262 Vgl. RfA Archiv Nr. 95.

263 Vgl. exemplarisch die Anfrage der DAF Greifswald vom 12.10.1943 sowie das Antwortschreiben vom 6.11.1943, in: RfA Archiv Nr. 87.

264 Vgl. dazu das Antwortschreiben der RfA bezüglich einer entsprechenden Anfrage der Lagerverwaltung des (Frauen-)KZ Ravensbrück vom 25.10.1941 aufgrund zahlreicher Anfragen seitens der dortigen Belegschaft, d. h. der weiblichen KZ-Aufseherinnen, in: RfA-Archiv Nr. 94 b.

265 Schreiben vom 15.11.1941, in: RfA-Archiv Fach 113, Nr. 10.

leisteten Beiträge verblieben in jedem Fall bei der RfA.[266] Schließlich gab es noch die Sonderfälle, mit denen man in der RfA befasst war. Im Juni 1942 etwa fragte ein Wehrmachtsfürsorgeoffizier an, ob und welche Leistungen aus der Angestelltenversicherung an Hinterbliebene gezahlt würden, wenn ein Soldat Selbstmord begangen hätte oder nach kriegsgerichtlichem Urteil wegen Landesverrat, Fahnenflucht oder Plünderung erschossen worden wäre.[267] Beide Male bestand Anspruch auf die Leistungen nach dem Angestelltenversicherungsgesetz, im zweiten Fall allerdings nur dann, wenn die normalen Bedingen hinsichtlich Wartezeit und Anwartschaft erfüllt wären, da die Sonderbedingungen aus dem Gesetz vom 15. Januar 1941 nur für Soldaten galten, was die Betreffenden nach Aburteilung und Aberkennung der Wehrwürdigkeit nicht mehr wären.[268]

Es gab eine weitere Benachteiligung für Frauen im bestehenden Alterssicherungssystem: die Altersversorgung geschiedener Ehefrauen. Bereits 1930 war dem Reichstag ein Gesetzentwurf zur Angestelltenversicherung zugegangen, wonach unter anderem im Falle der Scheidung der Ehefrau des Versicherten eine Witwenrente zustehen sollte, solange Bedürftigkeit bestand. Dieser Entwurf ist dann jedoch nicht mehr verabschiedet worden. Daher hatte eine kundige Versicherte im August 1935 beim Direktorium der RfA eine Wiederaufnahme der Angelegenheit angemahnt.[269] Das Schreiben war in der Behörde zwar auf offenkundiges Interesse gestoßen, ohne aber dass sich Weiteres in dieser Richtung tat. Dabei war man jedoch immer wieder mit rentenversicherungsrechtlichen Problemen bei Scheidungsfällen konfrontiert. Um sich ihre Versorgungsrechte einzuklagen, verlangten geschiedene Frauen von der RfA etwa die Offenlegung der Höhe des Ruhegeldes des Ex-Mannes.[270] Prinzipiell galt die Regel, dass die geschiedene Ehefrau eines Versicherten nach dessen Tode keinen Anspruch auf Witwenrente hatte. Hatte der geschiedene Versicherte wieder geheiratet, so stand die Witwenrente allein der zweiten Ehefrau zu. Eventuelle Kinder aus erster Ehe waren aber waisenrentenberechtigt. Das Ganze wurde allerdings dadurch kompliziert, dass in Österreich bis zur Einführung des Reichsrechts eine nachgerade umgekehrte Gesetzesregel gegolten hatte, d. h. hier hatte beim Zusammentreffen von

266 Vgl. Schreiben an die RfA vom 10.8.1942, in: ebd.

267 Vgl. Schreiben vom 30.6.1942, in: RfA-Archiv Nr. 95 a sowie eine Anfrage gleichen Inhalts vom 30.11.1942, in: RfA-Archiv Nr. 95 b. Gleichlautende Schreiben auch am 21.4.1942 an einen Überwachungsbeamten und am 27.7.1944 an den Leiter einer AOK, in: ebd.

268 Zusätzlichen Verwaltungsaufwand machte dann auch noch die Verfügung der Partei-Kanzlei der NSDAP, an Hinterbliebene vermisster oder gefallener Parteigenossen der Kanzlei neben dem Sterbegeld auch einen Vorschuss auf die mutmaßliche Höhe der künftigen Versorgungsbezüge zu gewähren. Die RfA wurde daher aufgefordert, in entsprechenden Fällen nach Feststellung der Hinterbliebenenrente Meldung nach München zu erstatten, damit die vorschussweise gezahlten Beträge aufgerechnet werden könnten – was allerdings für die Behörde nur in dem unwahrscheinlichen Fall möglich war, wenn aus dem Rentenantrag die Zugehörigkeit zur NSDAP-Partei-Kanzlei ersichtlich war. Vgl. Schreiben an die RfA vom 19.4.1943, in: RfA-Archiv Nr. 96 b.

269 Vgl. das Schreiben vom 29.8.1935, in: RfA-Archiv Fach 112, Nr. 9.

270 Vgl. dazu etwa das Schreiben der RfA zu einem Fall vom 14.3.1940, in: BArch R 89/3457.

mehreren Witwenrentenansprüchen die Witwe aus früherer Ehe den Vorrang gehabt, und diese hätte ihren Anspruch nur dann verloren, wenn die Ehe aus ihrem alleinigen Verschulden geschieden worden wäre.[271] Auch im Sudetenland hatten Bestimmungen des alten tschechoslowakischen Pensionsversicherungsrechts gegolten, die eine Witwenrente auch nach Auflösung der Ehe vorsahen. Bei der RfA lehnte man daher im Mai 1941 entsprechend vorgetragene Forderungen sudetendeutscher Frauen mit der Begründung ab, „weil mit ähnlichen Gründen auch die übrigen deutschen Versicherten eine solche Regelung fordern könnten".[272]

Erst mit dem zweiten Leistungsverbesserungsgesetz trat hier im Juni 1942 eine Änderung ein. Demnach konnte jetzt auch der geschiedenen Ehefrau neben der Ehefrau aus zweiter Ehe ohne jegliche Schmälerung in der Rentenhöhe ebenfalls eine Witwenrente gewährt werden, sofern der Verstorbene zum Zeitpunkt seines Todes unterhaltspflichtig gewesen wäre. Es handelte sich aber, was viele Betroffene übersahen, um eine reine Kannbestimmung, die „nach pflichtgemäßem Ermessen des Versicherungsträgers mit Zustimmung des RAM" angewendet würde und zudem an Bedingungen geknüpft war. Die beantragende geschiedene Ehefrau musste nicht nur den Nachweis der Unterhaltspflicht ihres früheren Ehemanns beibringen, sondern der Versicherte musste auch nach dem 30. April 1942 gestorben sein und alle gesetzlichen Leistungsvoraussetzungen für die Gewährung einer Hinterbliebenenrente erfüllt haben. Die Bewilligung wurde zudem nur als „widerruflich" ausgesprochen und ein ablehnender Bescheid erfolgte formlos, d. h. dagegen konnte wie bei Heilverfahren keine Berufung eingelegt werden. Gesetzlicher Anspruch bestand mithin nicht.[273] Die Prüfung des Antrags und die letzte Entscheidung darüber überließ das RAM dabei explizit nicht der RfA, obwohl das aufgrund des damit verbundenen Aufwands eigentlich ein nicht unwesentlicher Beitrag zur Verwaltungsvereinfachung gewesen wäre.

Die Hürden für eine entsprechende Witwenrente waren letzendlich beträchtlich, dennoch wurde die RfA in der Folgezeit mit Anträgen geschiedener und inzwischen verwitweter Ehefrauen geradezu überhäuft. Statistisch wurden Art und Umfang der entsprechenden Entscheidungen bei der RfA allerdings nicht mehr erfasst, denn es sollte in der Regel bis Anfang 1945 dauern, bis die Behörde die einzelnen Anträge überprüft und mit dem Bescheidvorschlag zur Genehmigung an das RVA weitergeleitet

271 Vgl. dazu der Schriftwechsel zwischen RfA und RVA um die durchaus unterschiedliche Auslegung vom Juni und Juli 1941, in: BArch R 89/3193 sowie R89/3195. Vgl. auch Erlass des RAM vom 13.11.1940 über die Auswirkungen des Ehevereinheitlichungsgesetzes auf die Angestelltenversicherung in den Reichsgauen der Ostmark, in: RfA-Archiv Nr. 93 b. Zahlreiche aufgrund dieser Gesetzeslage entstandene Klagen und Streitverfahren österreichischer Ehefrauen in: BArch R 89/23091.

272 Vermerk Kochs vom 28.5.1941, in: RfA-Archiv Nr. 172 a.

273 Vgl. Abteilungsverfügung vom 12.10.1942, in: RfA-Archiv Nr. 205 b sowie auch das Schreiben der RfA an einen Ortsbürgermeister vom 15.7.1942, in: RfA-Archiv Nr. 95 a.

hatte.[274] Die Gesetzgebung sprang aber auch von anderer Seite den geschiedenen Ehefrauen bei, denn offensichtlich verweigerten Scheidungsgerichte in zunehmendem Maße scheidungswilligen Ehemännern die Zustimmung und verwiesen dabei ausdrücklich auf die sittliche Verpflichtung gegenüber der alternden Frau, „die von einem Mann in eigensüchtiger Weise verstoßen werden könnte".[275] Und zudem häuften sich auch die Fälle, in denen Ehefrauen in den Scheidungsantrag nur unter der Bedingung einwilligten, dass vorher die Witwenrentenansprüche geregelt wären.[276] In jedem Fall aber galt, dass bei Wiederverheiratung der Witwe die Witwenrente wegfiel, die Betroffene jedoch mit dem dreifachen Betrag ihrer Witwenjahresrente abgefunden wurde. Die Zahl der Wiederverheiratungen stieg rasant an, da viele Ehefrauen kriegsbedingt noch vergleichsweise jung Witwen geworden waren.[277] Erheblich zugenommen hatten aber auch die in diesem Zusammenhang an die RfA geschickten Denunziationsschreiben, in denen ein angeblich unrechtmäßiger Rentenbezug durch Witwenrentenbezieherinnen in „wilden Ehen" beklagt wurde.[278] Und es häuften sich auch die Anfragen von Verlobten gefallener Versicherter, die durch nachträgliche Trauung noch in den Genuss der Hinterbliebenenrente zu gelangen suchten – was tatsächlich möglich war. In den Genuss der Witwenrente konnte, allerdings nur theoretisch „nach den z. Zt. geltenden Bestimmungen", auch eine geschiedene Ehefrau kommen, wenn diese „Volljüdin" war, wie die RfA im September 1942 einer Auskunft suchenden Ehefrau ausdrücklich bestätigte.[279]

Neben den Frauen richtete das NS-Regime sein sozialpolitisches Augenmerk vor allem auf die Kriegsdienst leistenden Männer. Es ging dabei um eine rentenpolitische Privilegierung, die jedoch zum einen erst nach und nach gewährt wurde und zum anderen durchaus widersprüchlich war. Nach der bereits erwähnten Verordnung vom 13. Oktober 1939 über die Rentenversicherung während des besonderen Einsatzes der Wehrmacht wurden die Bezüge der Wehrmachtsangehörigen nicht als Entgelt angesehen und waren damit von der Pflichtversicherung befreit. Allerdings galt dies nicht für zum Wehrdienst eingezogene Angestellte des öffentlichen Dienstes. Sie erhielten ihre bisherigen Dienstbezüge weiter, dafür mussten aber auch Pflichtbeiträge zur Angestelltenversicherung geleistet werden. Das galt auch für vermisste Wehrmachtsangehörige, und die Beiträge waren zu entrichten ohne Rücksicht darauf, ob Hinter-

274 Eine Reihe von Fallbeispielen durchweg positiver Bescheide, in denen im Januar bzw. Februar 1945 geschiedenen Witwen rückwirkende Renten zwischen 25 und 60 RM im Monat zugesprochen wurden, in: BArch R 89/23091.

275 Vgl. dazu „Das Recht der alternden Frau", in: *Kleine Volks-Zeitung* vom 16.1.1944, in: BArch R 89/23091.

276 Vgl. dazu die Schilderung eines exemplarischen Falls mit Auskunftersuchen an die RfA vom 19.3.1944, in: RfA-Archiv Nr. 97 a.

277 Die Zahl der Fälle entsprechender Abfindungen wiederheiratender Witwen stieg von 1171 (1938) auf 2093 im Jahr 1942. Im Durchschnitt betrugen die Abfindungen knapp 1100 RM. Vgl. Bericht Grießmeyers auf der Beiratssitzung vom 12.4.1943, S. 11, in: BArch R 89/3471.

278 Vgl. dazu etwa das Schreiben vom 22.8.1941, in: RfA-Archiv Nr. 196.

279 Vgl. der Schriftwechsel vom 13.8. bzw. 26.9.1942, in: RfA-Archiv Nr. 95 a.

bliebenenrente gewährt wurde oder nicht. Die Rechtswirksamkeit dieser Beiträge blieb allerdings in der Schwebe. Stellte sich später heraus, dass der Vermisste noch lebte, so waren die Beiträge wirksam, war er dagegen tot, dann waren sie unwirksam, blieben aber bei der RfA.[280] Gleichzeitig wurden die Wehrmachtzeiten als Ersatzzeiten für die Erfüllung der Wartezeit und den Erhalt der Anwartschaft angerechnet und zudem dafür Steigerungsbeträge gewährt. Allerdings hatte sich auch hier, wie bereits erwähnt, das RAM für eine endgültige Klärung der konkreten Steigerungsbeträge reichlich Zeit gelassen.[281] Faktisch waren das alles allerdings nur Leistungsversprechungen für die Zukunft. Bis Ende 1941 verzeichnete die RfA gerade einmal 7500 Anträge und 1150 tatsächlich bewilligte Renten, in denen die Anrechnung der gegenwärtigen Kriegsdienstzeit erfolgt war. Für die Betroffenen bedeutete das im Durchschnitt kaum mehr als ein Plus von 1,50 RM im Monat, der dafür erforderliche Verwaltungsaufwand war jedoch erheblich und sollte die RfA-Beamten in der Folgezeit vor allem durch die komplizierten Berechnungen bei Wanderversicherten nachgerade zur Verzweiflung treiben.[282]

Ungeachtet des geringen materiellen Umfangs war das Thema der Anrechnung der Kriegsdienstzeiten bei der Angestelltenversicherung jedoch lange Zeit heftig umstritten. Vor allem junge Soldaten, die oft von der Schulbank weg eingezogen worden waren, und daher noch keine versicherungspflichtige Beschäftigung mit entsprechenden Beitragszahlungen ausgeübt hatten, beschwerten sich über die offensichtliche Ungerechtigkeit, dass ihnen die Kriegszeit bei der späteren Altersrente nicht mit angerechnet werden würde.[283] Im Übrigen gab es bei allen betroffenen Versicherten erhebliche Unklarheiten und Verunsicherungen. Noch im Laufe des Jahres 1940 trafen zahlreiche Feldpostbriefe kriegsdienstleistender Angestellter mit Anfragen über versicherungsrechtliche Details in der Ruhrstraße ein, die im Übrigen bei den jeweiligen Absendern ein erhebliches rentenversicherungsrechtliches Wissen dokumentieren.[284] Dabei ging es etwa um die Möglichkeiten, trotz der ruhenden Beitragsverpflichtung sich über freiwillige Beitragszahlungen weiter zu versichern und so später verbesserte Altersversorgungsbezüge zu erhalten.[285] Noch im Februar 1944 ging bei der RfA etwa

280 Vgl. Abteilungsverfügung vom 6.9.1943, in: RfA-Archiv Nr. 205 a.

281 Vgl. dazu das Schreiben des RAM an das Sozialamt der DAF vom 20.5.1940 sowie das Schreiben des Reichsverbands Deutscher Rentenversicherungsträger an das RAM vom 5.7.1940, in: BArch R 89/3403.

282 Vgl. dazu die statistische Meldung der Leistungsabteilung vom 20.11.1941, in: RfA-Archiv Nr. 79 sowie auch Bericht Grießmeyers auf der Beiratssitzung vom 8.12.1941, S. 8 und 10–11, in: BArch R 89/3471. Zur Anrechnungspraxis in den folgenden Jahren vgl. die Abteilungsverfügung vom 26.1.1943 sowie den Schriftwechsel und die Vermerke vom April und Mai 1943, in: RfA-Archiv Nr. 56. Hier insbesondere der Vermerk von RfA-Direktor Koch über eine Besprechung beim Reichsverband Deutscher Rentenversicherungsträger am 8.6.1943 und auch das Thema war noch immer akut am 12.6.1944.

283 Vgl. dazu etwa das Schreiben an die RfA vom 22.9.1942, in: RfA-Archiv Fach 113, Nr. 9.

284 Vgl. dazu etwa das Schreiben vom 9.9.1940 sowie vom 28.10.1940, in: RfA-Archiv Fach 97, Nr. 2.

285 Vgl. etwa die Anfrage der Rechtsberatungsstelle der DAF in Euskirchen vom 29.2.1940, in: RfA-Archiv Fach 97, Nr. 1.

ein Feldpostbrief eines Versicherten ein mit der Bitte um Klärung „einer im Kameradenkreis aufgetauchten und lebhaft diskutierten Zweifelsfrage [...], wie denn unsere Angestelltenversicherung weiterläuft".[286]

Für erhebliche Aufregung sorgte aber vor allem die Regelung, dass Kriegsbeschädigung als Rentenversicherungsfall angesehen wurde, und dies nicht nur bei nachgewiesener dauernder Berufsunfähigkeit, sondern auch bei vorübergehender Invalidität.[287] Wie so oft gab es aber in der entsprechenden Verordnung Unklarheiten und war vieles strittig. Zum einen ging es um die Frage des Zeitpunkts der Ruhegeldzahlung, d.h. ob auch jene Soldaten in deren Genuss kommen konnten, die sich noch im Lazarett aufhielten und daher noch nicht aus dem Wehrdienst entlassen worden waren.[288] Dem Ruhegeldbezug stand Letzteres nicht entgegen. Allerdings übersahen viele antragstellende Wehrmachtsangehörige, dass anders als im Todesfall die Gewährung an bestimmte Voraussetzungen geknüpft war, nämlich die Erfüllung der Wartezeit und den Erhalt der Anwartschaft sowie im Fall vorübergehender Berufsunfähigkeit der Nachweis über deren ununterbrochene Dauer von mindestens 26 Wochen. Erst seit dem „Gesetz über weitere Maßnahmen in der Reichsversicherung aus Anlass des Krieges vom 15. Januar 1941" galt aber bei Soldaten, die infolge einer Wehrdienstbeschädigung invalide bzw. berufsunfähig geworden waren, die Wartezeit als erfüllt. In den Genuss der Berufsunfähigkeitsrente konnte daher nun bereits jeder kommen, der bisher auch nur einen einzigen Beitrag zur Angestelltenversicherung bezahlt hatte; allerdings musste er dabei auch bereits *vor* seinem Wehrdienstbeginn versichert gewesen sein. Die Nachricht, dass man als Kriegsverletzter von der RfA Ruhegeld wegen vorübergehender oder dauernder Invalidität bzw. Berufsunfähigkeit erhalten konnte, verbreitete sich daher unter den verwundeten wie nicht verwundeten Soldaten wie ein Lauffeuer. Die RfA wurde in der Folgezeit mit entsprechenden Anfragen und Anträgen geradezu überschüttet und gleichzeitig wuchs die Zahl jener, die sich unter Berufung auf das Ausbaugesetz von 1937 noch schnell freiwillig und vor allem nachträglich bei der RfA versichern wollten oder die Anerkennung des rechtzeitigen Beitragsnachweises trotz angeblichen kriegsbedingten Verlustes der Versicherungskarte zu erreichen suchten.[289] Die zwischen 1940 und 1943 dazu bei der

286 Schreiben vom 11.2.1944, in: RfA-Archiv Fach 97, Nr. 4.

287 Vgl. dazu die Durchführungsverordnung zum zweiten Leistungsverbesserungsgesetz vom März 1942 sowie den Vermerk vom 4.6.1942 und die Abteilungsverfügung vom 28.7.1942, in: RfA-Archiv Nr. 205 a.

288 Vgl. dazu etwa die Anfrage des Wehrmacht-Fürsorgeoffiziers Berlin-Nord vom 2.8.1940, in: RfA-Archiv Nr. 93 a.

289 Vgl. dazu der Beitrag des RfA-Referenten A. von Altrock über „Rückwirkende Pflichtversicherung im Kriege", in: Deutsche Rentenversicherung (1943), Nr. 5, S. 48–50 sowie den Schriftwechsel mit dem Versicherungsamt Königsberg vom 27.1.1943, in: RfA-Archiv Fach 97, Nr. 3. Tatsächlich erlangte ein derartig nachträglich Beitragsleistender nicht den Status als „Versicherter", wie die RfA dem Leiter des Versicherungsamtes in Königsberg Ende Mai 1942 mitteilte. Vgl. RfA-Archiv Fach 93, Nr. 2. Auf Betreiben der DAF wurde hierzu auch am 8. Mai 1942 durch den Beschlusssenat des RVA eine entsprechende Grundsatzentscheidung getroffen. Vgl. das Urteil mit ausführlicher Begründung in: ebd.

Behörde in einer eigenen „Kriegsliste“ offiziell registrierten Zahlen von Anträgen auf Ruhegeld wegen Berufsunfähigkeit infolge von Kriegsverletzungen sind zwar relativ gering, aber es handelt sich dabei auch nur um die dann tatsächlich auch genehmigten Anträge. 1940 waren es demnach erst 24 Fälle, 1941 bereits 569, 1942 dann 5919 Anträge. 1943 wurden schließlich 12.478 entsprechende kriegsbedingte Berufsunfähigkeitsrenten gewährt.[290] Die Steigerungsquote war mithin erheblich und die Zahl der eingereichten, dann aber abgelehnten Anträge dürfte um ein Vielfaches höher gelegen haben.

Für die RfA war der mit der Antragsprüfung verbundene Verwaltungsaufwand hoch. In allen Fällen wurden zunächst die Akten der Wehrmachtsfürsorge- und Versorgungsämter herangezogen; es mussten von den Lazaretten oder Truppenärzten entsprechende medizinische Gutachten eingeholt oder zusätzlich eigene vertrauensärztliche Zeugnisse erstellt werden.[291] Die für die Rentenberechnung erhebliche Klärung der Frage, ob ein Versicherter „dauernd“ oder „vorübergehend“ berufsunfähig war, war oft schwierig und zudem musste auch etwa die Beurteilung der Wirkung einzuleitender Umschulungsmaßnahmen berücksichtigt werden.[292] Problematisch war beispielsweise auch, dass die RfA im Januar 1943 vom Amt für Volksgesundheit und Rassenpolitik darauf hingewiesen wurde, dass es mit Ausnahme der Amtsärzte sämtlichen Ärzten verboten war, Bescheinigungen und Zeugnisse über den Grad der Einsatz- oder Arbeitsfähigkeit auszustellen, weil damit die Bearbeitung der Anträge bei der RfA erheblich erschwert wurde.[293] Die Prüfung der Anträge und die Berechnung der evtl. zustehenden Berufsunfähigkeitsrente war daher zeitaufwändig und kompliziert. Daher überraschte es nicht, dass sich spätestens seit Herbst 1942 die ungeduldigen Anfragen durch verwundete Soldaten selbst wie auch der Wehrmachtsfürsorgeoffiziere bei der RfA häuften. In einem Schreiben des Wehrmachtfürsorgeoffiziers in Saarbrücken von Anfang Oktober 1942 heißt es etwa:

> Die Dienststelle bittet um Aufklärung über die bestehenden Bestimmungen wegen des Inkrafttretens der Angestelltenversicherung bei einem Lazarett-Aufenthalt versicherter Angestellter von mehr als 26 Wochen. Die Fälle sind sehr zahlreich und die Verwundeten wollen von dem Wehrmachtfürsorgeoffizier Aufklärung haben.[294]

---

290 Vgl. die Angaben in: RfA-Archiv Nr. 80.

291 Vgl. Abteilungsverfügung vom 19.3.1941, in: RfA-Archiv Nr. 26.

292 Vgl. dazu das Schreiben der RfA an den Stadtmedizinalrat von Königsberg vom 5.6.1943, in: RfA-Archiv Nr. 52 a.

293 Vgl. dazu den Schriftwechsel vom Januar bzw. Februar 1943, in: ebd.

294 Schreiben vom 2.10.1942, in: RfA-Archiv Nr. 95 b. Vgl. dazu auch bereits den Vermerk vom 11.7.1941 über den Besuch eines Majors und eines Leutnants, die sich für einige ihnen unterstehenden Lazarette über die Leistungsansprüche verwunderter Soldaten zu erkundigen, in: RfA-Archiv Nr. 7.

Unsicherheit und Ängste gab es etwa darüber, ob und inwieweit eine an einen verwundeten Soldaten gezahlte Invaliditätsrente später bei der Auszahlung der Altersrente angerechnet und in Abzug gebracht wurde.[295]

In einem internen Vermerk hatte der zuständige RfA-Beamte schon Mitte Juli 1941 auf die Probleme hingewiesen, die auf die Behörde bei Ruhegeldsachen verwunderter Soldaten zukommen würden. Im Zentrum stand dabei die Frage des Rentenbeginns, denn dieser konnte nicht vor der Antragstellung liegen, die in Unkenntnis der Bestimmungen oft erst verspätet nach der Entlassung aus dem Lazarett erfolgt war. Aufgrund der hier bestehenden gesetzlichen Mängel wurde daher, wie der interne Vermerk vom 12. Juli 1940 zeigt, eine pragmatische Verwaltungspraxis vorgeschlagen.

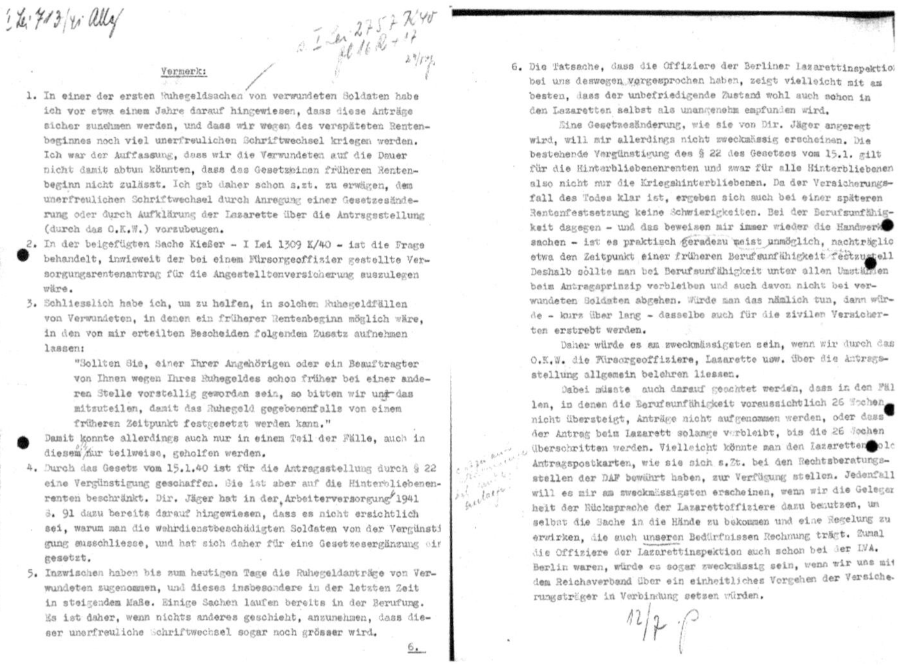

Vermerk:

1. In einer der ersten Ruhegeldsachen von verwundeten Soldaten habe ich vor etwa einem Jahre darauf hingewiesen, dass diese Anträge sicher zunehmen werden, und dass wir wegen des verspäteten Rentenbeginnes noch viel unerfreulichen Schriftwechsel kriegen werden. Ich war der Auffassung, dass wir die Verwundeten auf die Dauer nicht damit abtun könnten, dass das Gesetz einen früheren Rentenbeginn nicht zulässt. Ich gab daher schon s.zt. zu erwägen, dem unerfreulichen Schriftwechsel durch Anregung einer Gesetzesänderung oder durch Aufklärung der Lazarette über die Antragsstellung (durch das O.K.W.) vorzubeugen.
2. In der beigefügten Sache Kießer – I Lei 1309 K/40 – ist die Frage behandelt, inwieweit der bei einem Fürsorgeoffizier gestellte Versorgungsrentenantrag für die Angestelltenversicherung auszulegen wäre.
3. Schliesslich habe ich, um zu helfen, in solchen Ruhegeldfällen von Verwundeten, in denen ein früherer Rentenbeginn möglich wäre, in den von mir erteilten Bescheiden folgenden Zusatz aufnehmen lassen:

   "Sollten Sie, einer Ihrer Angehörigen oder ein Beauftragter von Ihnen wegen Ihres Ruhegeldes schon früher bei einer anderen Stelle vorstellig geworden sein, so bitten wir uns das mitzuteilen, damit das Ruhegeld gegebenenfalls von einem früheren Zeitpunkt festgesetzt werden kann."

   Damit konnte allerdings auch nur in einem Teil der Fälle, auch in diesem nur teilweise, geholfen werden.
4. Durch das Gesetz vom 15.1.40 ist für die Antragsstellung durch § 22 eine Vergünstigung geschaffen. Sie ist aber auf die Hinterbliebenenrenten beschränkt. Dir. Jäger hat in der Arbeiterversorgung 1941 S. 91 dazu bereits darauf hingewiesen, dass es nicht ersichtlich sei, warum man die wehrdienstbeschädigten Soldaten von der Vergünstigung ausschliesse, und hat sich daher für eine Gesetzesergänzung eingesetzt.
5. Inzwischen haben bis zum heutigen Tage die Ruhegeldanträge von Verwundeten zugenommen, und dieses insbesondere in der letzten Zeit in steigendem Maße. Einige Sachen laufen bereits in der Berufung. Es ist daher, wenn nichts anderes geschieht, anzunehmen, dass dieser unerfreuliche Schriftwechsel sogar noch grösser wird.

6.

6. Die Tatsache, dass die Offiziere der Berliner Lazarettinspektion bei uns deswegen vorgesprochen haben, zeigt vielleicht mit am besten, dass der unbefriedigende Zustand wohl auch schon in den Lazaretten selbst als unangenehm empfunden wird.

   Eine Gesetzesänderung, wie sie von Dir. Jäger angeregt wird, will mir allerdings nicht zweckmässig erscheinen. Die bestehende Vergünstigung des § 22 des Gesetzes vom 15.1. gilt für die Hinterbliebenenrenten und zwar für alle Hinterbliebenen also nicht nur die Kriegshinterbliebenen. Da der Versicherungsfall des Todes klar ist, ergeben sich auch bei einer späteren Rentenfestsetzung keine Schwierigkeiten. Bei der Berufsunfähigkeit dagegen – und das beweisen mir immer wieder die Handwerkersachen – ist es praktisch geradezu meist unmöglich, nachträglich etwa den Zeitpunkt einer früheren Berufsunfähigkeit festzustellen. Deshalb sollte man bei Berufsunfähigkeit unter allen Umständen beim Antragsprinzip verbleiben und auch davon nicht bei verwundeten Soldaten abgehen. Würde man das nämlich tun, dann würde – kurz über lang – dasselbe auch für die zivilen Versicherten erstrebt werden.

   Daher würde es am zweckmässigsten sein, wenn wir durch das O.K.W. die Fürsorgeoffiziere, Lazarette usw. über die Antragsstellung allgemein belehren liessen.

   Dabei müsste auch darauf geachtet werden, dass in den Fällen, in denen die Berufsunfähigkeit voraussichtlich 26 Wochen nicht übersteigt, Anträge nicht aufgenommen werden, oder dass der Antrag beim Lazarett solange verbleibt, bis die 26 Wochen überschritten werden. Vielleicht könnte man den Lazaretten solche Antragspostkarten, wie sie sich s.Zt. bei den Rechtsberatungsstellen der DAF bewährt haben, zur Verfügung stellen. Jedenfalls will es mir am zweckmässigsten erscheinen, wenn wir die Gelegenheit der Rücksprache der Lazarettoffiziere dazu benutzen, um selbst die Sache in die Hände zu bekommen und eine Regelung zu erwirken, die auch unseren Bedürfnissen Rechnung trägt. Zumal die Offiziere der Lazarettinspektion auch schon bei der LVA. Berlin waren, würde es sogar zweckmässig sein, wenn wir uns mit dem Reichsverband über ein einheitliches Vorgehen der Versicherungsträger in Verbindung setzen würden.

12/7

Abb. 42: Interner RfA-Vermerk vom 12. Juli 1940 betr. Rentenansprüche verwundeter Soldaten

In einem weiteren Vermerk an die Leitungsebene der RfA im Oktober 1941 heißt es dazu:

> Jetzt ist meines Erachtens der Zeitpunkt gekommen, dass wir die verwundeten Versicherten wirklich nicht mehr lediglich damit abtun können, dass der bestehende Gesetzeszustand einen früheren Rentenbeginn nicht zulässt. Dadurch würde wir uns und den Spruchbehörden weiter nur unnütze Arbeit machen und vor allem den verwundeten Versicherten weiter Ärger und Ver-

295 Vgl. die entsprechende Anfrage des Fürsorgeoffiziers der Waffen-SS Süd in München vom 8.12. 1942, in: RfA-Archiv Nr. 95 b.

> druss bereiten. Und wenn nach Monaten die erstrebte Gesetzesänderung herauskommt, dann wäre alle Arbeit und aller Ärger völlig umsonst gewesen [...]. Die Durchführungsverordnung zum Gesetz vom 15.10.1941 hat die an sich dringliche und erhoffte Regelung jedoch nicht gebracht. Die RfA, die von sich aus genug getan hat, um diesen unerfreulichen Zustand zu Gunsten der Verwundeten zu ändern, hat es meines Erachtens wirklich nicht nötig, die Langsamkeit in der Gesetzgebung zu ihren Lasten gehen zu lassen und nach außen hin als der „unsoziale" Versicherungsträger zu erscheinen.[296]

„Daher bin ich dafür", so notierte der zuständige RfA-Beamte weiter, „nunmehr auch den Versicherten klipp und klar zu sagen, wie wir über den bestehenden Rechtszustand denken und was wir zu einer befriedigenden Abänderung bereits veranlasst haben."[297] Vor allem dienen wir damit auch am besten dem Ansehen der RfA und damit dem Ansehen der gesamten staatlichen sozialen Versicherung." In einem nur wenig später in dieser Angelegenheit von Grießmeyer an das RVA gerichteten Schreiben plädierte auch dieser nun offiziell für eine Sonderregelung, die

> schon aus psychologischen Gründen unseres Erachtens geboten [erscheint], um den Versicherten während seiner Lazarettbehandlung nicht mit der Sorge um das Rentenverfahren zu belasten und um zu vermeiden, dass durch die vorzeitige Aufrollung des Rentenverfahrens die Zuversicht des Versicherten auf die Wiedererlangung seiner Arbeitsfähigkeit beeinträchtigt oder gar durch das Streben nach der Rente sein Wille zur Gesundung gehemmt wird.[298]

Noch im Frühjahr 1942 hatte die Frage des Rentenbeginns bei Verwundeten jedoch noch immer keine befriedigende gesetzliche Regelung gefunden – angesichts der Bemühungen der RfA zu einer Gesetzesänderung eine rentenpolitische Bankrotterklärung des RAM.[299] Erst im Zusammenhang mit der Durchführungsverordnung zum zweiten Leistungsverbesserungsgesetz wurde die Benachteiligung kriegsverletzter Soldaten bei unverschuldeter verspäteter Antragstellung im März 1942 beseitigt. Demnach begann die Zahlung der Berufsunfähigkeitsrente mit dem Ablauf des Monats, in dem der Versicherungsfall eingetreten war; Voraussetzung war eine Antragstellung, die spätestens vor Ablauf des auf das Kriegsende folgenden Kalenderjahres erfolgen musste.[300] Das Vorgehen des RAM in der Ruhegeld- und Hinterbliebenenversorgung der Wehrmachtsangehörigen blieb jedoch widersprüchlich. Von verschiedenen Partei- und Regimestellen gab es schon länger ebenso intensive wie hartnäckige Interventionen , die allein auf Wehrmachtsangehörige gerichteten Bestimmungen auch auf andere „im besonderen Kriegseinsatz" stehende Gruppierun-

296 Vermerk vom 17.10.1941, in: ebd.
297 Ebd.
298 Schreiben vom 13.10.1941, in: BArch R 89/3170.
299 Vgl. dazu auch die noch Anfang September 1941 dazu in der RfA anberaumte Referentenbesprechung, in der die Lage und der für erforderlich gehaltene Handlungsbedarf eindringlich thematisiert wurden und die dann in eine Intervention an Hand eines Fallbeispiels beim RVA mündete. Vgl. den Vermerk vom 9.9.1941 sowie das Schreiben vom 13.10.1941, in: ebd.
300 Vgl. Auskunftsschreiben an einen Überwachungsbeamten vom 9.4.1942, in: RfA-Archiv Nr. 95.

gen auszudehnen. Dazu zählten etwa Reichsarbeitsdienstführer, Polizeireservisten und andere Polizeikräfte, Angehörige des Grenzzollschutzes, Luftschutzdienstpflichtige, Angehörige der Sicherheitspolizei, Arbeitsdienstmänner und nicht zuletzt auch die Waffen-SS.[301] Ein Versicherter, der im sicherheitspolizeilichen Einsatz invalide wurde oder starb, fiel mithin bislang, wie sich der Chef der Sicherheitspolizei und des SD beim Reichsarbeitsminister beschwerte, nicht unter die entsprechenden rentenversicherungsrechtlichen Bestimmungen, „während ein Wehrmachtsangehöriger nur als ‚Soldat' während des Krieges gestorben zu sein brauchte", um die Voraussetzungen des Gesetzes zu erfüllen.[302] Die RfA verwies bei entsprechenden Anfragen auf den fehlenden Soldatenstatus und bestritt etwa für die Angehörigen der Sicherheitspolizei, selbst wenn sie in truppenmäßigen Formationen im besetzten Gebiet eingesetzt wurden, die Geltung der Vorschriften. Doch im RVA und auch im RAM war man durchaus gewillt, eine rechtliche Gleichstellung dieser Gruppierungen mit den Wehrmachtssoldaten zu befürworten und man gab schließlich den Forderungen nach.[303]

Agierte man hier eher großzügig, so setzte sich jedoch bei den anhaltend akuten Thema der Rentenantragstellung durch verwundete Versicherte bei oder nach Lazarettaufenthalt seitens des RAM – nicht zuletzt auf Druck durch das Oberkommando der Wehrmacht – eine deutlich restriktivere Handhabung zu Lasten der Betroffenen durch. Im April 1943 etwa wurde in einer Besprechung im RAM eingehend darüber diskutiert, künftig den Rentenantrag kriegsverwundeter Soldaten erst nach Beendigung der Lazarettbehandlung stellen zu lassen, da mit dem Erlass vom März 1942 ja nun kein Anlass mehr für die Angst einer verspäteten Antragstellung gegeben war.[304] Im Juli 1943 hatte zudem auch das Reichsinnenministerium in einem Schreiben an das RAM „ernsteste Bedenken" erhoben gegen einen kurz zuvor von der RfA erlassenen positiven Bescheid für einen Wehrdienstbeschädigten, dem wegen vorübergehender Berufsunfähigkeit ein monatliches Ruhegeld von 89,70 RM zugesprochen worden war.[305]

> Bei allgemeiner Befolgung des Verfahrens der Reichsversicherungsanstalt bestünde die Gefahr, dass zahlreiche Schwerkriegsbeschädigte [...] vorzeitig für berufsunfähig erklärt werden und hierdurch einer Rentenhysterie, Rentenjägerei und dergleichen Vorschub geleistet wird.[306]

---

301 Vgl. dazu Schreiben des Reichsführers SS und Chef der Deutschen Polizei an das RAM vom 4.9. 1942, in: BArch R 89/3170 sowie Schreiben des Reichsarbeitsführers vom 2.4.1943, in: RfA-Archiv Nr. 96 a. Vgl. auch den Vermerk vom 9.4.1943, in: RfA-Archiv Nr. 35.

302 Abschrift des Schreiben an das RAM vom 4.9.1942, in: BArch R 89/3170.

303 Vgl. Rundschreiben des RAM vom 13.9.1943, in: RfA-Archiv Nr. 206.

304 Vgl. Schreiben des Reichsverbands Deutscher Rentenversicherungsträger vom 30.4.1943, in: BArch R 89/3170.

305 Vgl. das Schreiben vom 28.7.1943, in: ebd. Der Bescheid der RfA an den Betroffenen vom 29.3. 1943, in: ebd.

306 Ebd., S. 2.

Das RAM wurde daher dringend dazu aufgefordert, die Versicherungsbehörden der Reichsversicherung anzuweisen, derartige Berufsunfähigkeitserklärungen erst nach der Entlassung der Wehrdienstbeschädigten aus dem Wehrdienst auszusprechen – was dann auch geschah.[307] Zudem wurden nun auch von vornherein nur noch zeitlich befristete Ruhegeldbescheide ausgestellt, und schließlich auch noch die etwaigen Renten für die verwundeten oder kranken Soldaten auf den Familienunterhalt angerechnet, den deren Angehörige aus Bedürftigkeitsgründen erhielten. Jene verwundeten Soldaten, die ledig waren oder deren Angehörige aufgrund besserer Einkommensverhältnisse keinen Familienunterhalt erhielten, kamen jedoch ohne jegliche Abzüge in den Genuss der Rente. Betroffen von den Bestimmungen waren mithin nur jene, die die Rente eigentlich am notwendigsten brauchten.[308] Untermauert wurde die neue restriktive Haltung auch durch einen Erlass des OKW, durch den es verwundeten oder erkrankten Soldaten künftig verwehrt wurde, Anträge auf Renten aus der Rentenversicherung vor ihrer Entlassung aus dem Lazarett zu stellen, und zwar mit dem Argument, dass die Festsetzung von Renten für Soldaten dem Ansehen der Wehrmacht abträglich sei.[309] Dieser Erlass hatte allerdings, wie die RfA das RVA umgehend informierte,

> die nicht vorausgesehene und sicherlich nicht gewollte Folge, dass für im Lazarett gestorbene Soldaten eine Invalidenrente oder ein Ruhegeld nicht mehr festgestellt werden kann, da der Antrag nur von dem Versicherten selbst gestellt werden kann und dies unerlässliche Voraussetzung des Anspruchs auf die Rente ist.[310]

Von den neuen Bestimmungen und den veränderten Verwaltungsübungen bekamen die betroffenen Soldaten jedoch trotz aller Aufklärungsbemühungen der RfA nicht viel mit. Im Sommer 1943 erschienen etwa in der Sprechstunde des RfA-Überwachungsbeamten in Ingolstadt zwei beinamputierte Soldaten und erklärten mit Bestimmtheit, sie hätten vom Wehrmachtsfürsorge-Offizier gehört, die RfA zahle schwerverwundeten Wehrmachtsangehörigen, die in der Angestelltenversicherung versichert seien, nach einem Lazarettaufenthalt von mehr als 26 Wochen für die weitere Dauer der Berufsunfähigkeit einen bestimmten Tagessatz als Unterstützung.[311] Und noch im Oktober 1944 wandten sich mehrere Wehrdienstbeschädigte an die Kriegsbeschädig-

---

307 Vgl. dazu das Schreiben des RAM vom 20.12.1943, in: BArch R 2/18562.

308 Vgl. dazu auch das entsprechende Schreiben des Versicherungsamtes von Schweinfurt an die RfA vom 4.1.1943, in: RfA-Archiv Nr. 206.

309 Vgl. dazu auch das daraufhin von der RfA entworfene Merkblatt in: RfA-Archiv Nr. 27.

310 Vgl. Schreiben der RfA an das RVA vom 11.10.1943 sowie Schreiben des RVA an das RAM vom 19.11.1943, in: BArch R 89/3170. Zu weiteren Rückwirkungen in Form von ungleicher Behandlung von Versicherten mit zum Teil grotesken Folgen vgl. den Schriftwechsel zwischen RfA und dem Fürsorge und Versorgungsamt der SS in München (das über „erhebliche Beunruhigung und Unzufriedenheit unter den Versehrten" berichtete) sowie dem Kriegsbetreuungsdienst der HJ vom Mai und Juni 1943, in: RfA-Archiv Nr. 206.

311 Vgl. Bericht des Überwachungsbeamten vom 5.7.1943, in: RfA-Archiv Nr. 96 b.

tenstelle der Stadt Güstrow mit der Behauptung, dass ihnen vom Fürsorgeoffizier gesagt worden sei, sobald sie länger als sechs Monate im Lazarett gelegen hätten, die Angestelltenrente in Kraft treten würde.[312] Obwohl in der Verwaltungspraxis längst angewendet, trat die Neuregelung der Invalidität oder Berufsunfähigkeit bei Soldaten erst im April 1944 mit der „Zweiten Durchführungsverordnung zum Gesetz über weitere Maßnahmen in der Reichsversicherung aus Anlass des Krieges" in Kraft. Bei den zuständigen Fürsorgeoffizieren bestand aber nach wie vor eine weit verbreitete Unkenntnis der Bestimmungen.[313]

Völlig ungeklärt war zu diesem Zeitpunkt auch die Frage der versicherungsrechtlichen Behandlung der inzwischen zahlreichen Soldaten, die als dienstunfähig in die Heimat zurückgeschickt worden waren und dort vielfach eigentlich versicherungspflichtige Tätigkeiten in der Rüstungsindustrie aufgenommen hatten.[314] „Von unseren zur Wehrmacht eingezogenen Angestellten sind inzwischen eine Anzahl so schwer kriegsverletzt, dass sie aus dem Heeresdienst ausscheiden mussten und wieder in unserem Betrieb beschäftigt werden", heißt es etwa in einem Schreiben eines Unternehmens an die RfA vom Oktober 1942.[315] Die Frage, ob ein Wehrdienstversehrter auch als berufsunfähig im Sinne des § 27 AVG anzusehen ist, so lautete die lapidare Antwort des zuständigen RfA-Beamten, „lässt sich nur unter Berücksichtigung der Umstände des Einzelfalles beurteilen. Maßgebend hierfür sind allein die tatsächlichen Verhältnisse."[316] Die Widersprüchlichkeiten der gesetzlichen Regelungen jedoch blieben. Im März 1944 berichtete eine DAF-Rechtsberatungsstelle an die RfA, dass

> sich die Fälle [mehren], in denen insbesondere Kriegsversehrte durch Umschulung vollwertig als Angestellte tätig sind. Wegen Bezugs von Invaliden- und Berufsunfähigkeitsrenten sind sie jedoch nicht in der Lage, durch Beitragszahlungen in der Angestelltenversicherung sich für spätere Zeiten eine entsprechende Altersversorgung zu erwerben. Es ist nun die Frage aufgetaucht, ob durch Verzicht auf diese Rente gegebenenfalls die Versicherungspflicht wieder auflebt.[317]

Schließlich wurde die RfA seit Kriegsbeginn auch mit Anfragen von Eltern gefallener und meist noch unverheirateter Söhne über die zustehenden Leistungen überhäuft. Für Eltern jedoch „gibt es nichts", wie sich etwa eine verzweifelte Mutter über die von der Auskunftsstelle der RfA erhaltene und offensichtlich in rüdem Ton vorgetragene

---

312 Schreiben an die RfA vom 10.10.1944, in: RfA-Archiv Nr. 97.

313 Vgl. exemplarisch die Anfrage des Fürsorgeoffiziers der Waffen-SS West aus Bielefeld vom 21.6. 1944, in: RfA-Archiv Nr. 97.

314 Vgl. dazu die entsprechenden Anfragen der AEG vom 7.2.1941, von Telefunken vom 4.4.1941 und der Rheinmetall-Borsig AG vom 12.12.1942 sowie das Antwortschreiben der RfA vom 28.12.1942, in: RfA-Archiv Fach 97, Nr. 4.

315 Vgl. Schreiben vom 28.10.1942, in: RfA-Archiv Nr. 95 b.

316 Schreiben vom 12.10.1942, in: RfA-Archiv Fach 97, Nr. 4.

317 Schreiben vom 4.3.1944, in: RfA-Archiv Nr. 97 a. Tatsächlich bestand für einen Versicherten, solange er ein Ruhegeld aus der AV bezog, weder Versicherungspflicht noch Versicherungsberechtigung. Nur der Verzicht löste wieder Versicherungspflicht aus.

Mitteilung beschwerte.[318] Das Gerücht, dass Eltern gefallener Söhne „aufgrund neuer Bestimmungen" die Hälfte der eingezahlten Beiträge zurückerstattet bekämen, hielt sich jedoch hartnäckig und war weit verbreitet – vielfach gefördert auch durch die Rechtsberatungsstellen der DAF, die es nach nationalsozialistischem Rechtsverständnis als durchaus gerechtfertigt ansahen, dass Eltern für ihre gefallenen Söhne von der Angestelltenversicherung irgendwelche Entschädigungen oder andere Leistungen wie Sterbegeld oder sogar eine Elternrente erhielten.[319] Dass die zum Teil bereits jahrelangen Beitragszahlungen der gefallenen ledigen Versicherten nun ohne jegliche Gegenleistung von der RfA einbehalten wurden, erschien vielen Betroffenen als ungerecht und wenig sozial. An der Gesetzeslage, die bei männlichen Versicherten Hinterbliebenenrenten für Eltern oder Beitragsrückerstattungen nicht vorsah, konnte aber auch die RfA nichts ändern.

6.3 Umsiedler und Juden: Radikalisierung der verwaltungsmäßigen Inklusions- und Exklusionspolitik einzelner Versichertengruppen

Nach der vor 1939 vor allem sozialpolitisch motivierten Erweiterung des Versichertenkreises in der Angestelltenversicherung durch die Handwerker sowie der Öffnung für alle, die sich freiwillig versichern wollten, erfolgte im Krieg neben der geographischen Expansion auch eine kriegsbedingte Ausweitung der Versicherten auf Reichsebene.. Dies betraf die sogenannten die Umsiedler, d. h. Volksdeutsche oder sich zum deutschen Volkstum Bekennende, wie die maßgebliche Definition des Reichsführers SS lautete, die seit 1939 im Zuge von großangelegten Umsiedlungsaktionen in das Deutsche Reich „zurückkehrten".[320] Davon betroffen waren bis 1943 insgesamt immerhin knapp 814.000 Personen nicht nur aus den baltischen Staaten, der Sowjetunion, Polen und anderen osteuropäischen Ländern, sondern auch aus Frankreich und Italien. Etwa die Hälfte von ihnen kam allerdings nicht in das Deutsche Reich, sondern wurde in das frühere Polen umgesiedelt. Diese Umgesiedelten sollten im Zusammenhang mit der Ausweitung der sozialversicherungsrechtlichen Bestimmungen des AVG in den besetzten und eingegliederten Ländern bzw. Gebieten für die RfA relevant werden. Für die anderen galt, dass sie als überwiegend Volks-

318 Vgl. den Beschwerdebrief vom 14.6.1944, in: RfA-Archiv Fach 8, Nr. 4.
319 Vgl. Schreiben der DAF Braunschweig vom 21.10.1941 sowie das Schreiben der DAF-Kreisverwaltung Amberg vom 26.6.1943, in: RfA-Archiv Nr. 87 sowie den Bericht des Versicherungsamtes Wesel vom 16.11.1943, in: RfA-Archiv Nr. 96 b und Schreiben an die RfA vom 2.2.1943, in: RfA-Archiv Fach 112, Nr. 9.
320 Vgl. dazu Das Fremdrenten- und Auslandsrenten-Neuregelungsgesetz vom 25.2.1960 in der praktischen Anwendung; Schriftenreihe der BfA Nr. 15, Berlin 1960, S. 31f. und vor allem auch Josef Otto Pin, Die Umsiedlungsaktionen 1939–1945 in ihrer Bedeutung für die Sozialversicherung, Berlin 1959 (MS 203 Seiten); Nur für den Dienstgebrauch innerhalb der BfA.

deutsche fremder Staatsangehörigkeit oder Staatenlose erst ins Reich eingebürgert werden mussten, ehe sie dann auch in die deutsche Invaliden- und Angestelltenversicherung integriert werden konnten und damit unmittelbar in den Verwaltungsbereich der RfA und der anderen Versicherungsträger gerieten. Für die überwiegende Mehrheit war aufgrund des beruflichen Status die Invalidenversicherung zuständig, d. h. die Landesversicherungsanstalten; für die RfA konzentrierte sich das Umsiedlerproblem dagegen von Anfang an auf die vergleichsweise kleine Gruppe der ca. 30.000 Südtiroler, die als sogenannte Optanten im Zuge des deutsch-italienischen Vertrags über die Rückwanderung vom 21. Oktober 1939 ins Deutsche Reich übersiedelten.[321]

Die sozialversicherungsrechtliche Behandlung der Südtiroler Umsiedler wurde für die RfA eigentlich erst im Frühjahr 1941 relevant, nachdem im Januar in Rom die entsprechenden Verhandlungen zwischen Deutschland und Italien zu einem Abkommen geführt hatten. Demnach wurden alle Renten und Anwartschaften, die Südtiroler Umsiedler bei den Trägern der italienischen Sozialversicherung erworben hatten, von den deutschen Trägern der Reichsversicherung übernommen.[322] Allein zuständiger Versicherungsträger auf deutscher Seite wurde sowohl für die Invaliden- wie die Angestelltenversicherung die LVA Oberbayern, was der RfA die ganze Verwaltungsarbeit mit Finanzausgleich, Umrechnungskurs und komplizierter Beitragsbemessung und Rentenneuberechnung ersparte. Bei den laufenden Rentenzahlungen an die Umsiedler war es auch noch im Juni 1941 zu erheblichen Stockungen gekommen, da der Informationsaustausch mit den italienischen Versicherungsträgern nicht reibungslos verlief und vor allem von dort die nötigen Ausgleichszahlungen noch nicht eingetroffen waren. Von Anfang war klar, dass die früheren italienischen Renten weit unter dem Durchschnitt der deutschen Renten lagen, zumal der Umrechnungskurs zunächst lange Zeit bei 1 RM = 4,50 Lire gelegen hatte, die Italiener aber wenig später zu einem Kurs von 1 RM = 7,63 Lire abrechneten. Die Kursdifferenz zuzüglich einer sofort vorgenommenen Erhöhung der Renten um 20 Prozent übernahm das Reich. Zwischen der LVA Oberbayern und der RfA entwickelte sich dennoch bald ein reger Schriftverkehr, da wie immer zahllose Detailfragen zu klären waren: Inwieweit wurden die übernommenen Renten etwa den deutschen Ruhensbestimmungen unterworfen, konnten Hinterbliebenenrenten gezahlt werden und, wenn ja, in welcher Höhe und wie stand es um die Frage der Versicherungsbefreiung?[323] Für die RfA waren vor allem die etwa 3000 Handwerker von Belang, die sich unter den Umsiedlern befanden. Die Südtiroler Handwerker wurden mit ihrer Übersiedelung automatisch in die deutsche Handwerksrolle eingetragen und damit unterlagen sie allen Rechten und

321 Insgesamt gab es etwa 240.000 Optionsberechtigte in Südtirol und dem übrigen Italien, von denen ca. 200.000 für Deutschland optiert hatten, jedoch nur ein Bruchteil von ihnen dann auch tatsächlich umsiedelte.

322 Vgl. Rundschreiben des RAM vom 19. 3. 1941, in: RfA-Archiv Nr. 225. Vgl. dazu auch BArch R 89/3169.

323 Vgl. Schreiben der LVA an die RfA vom 26. 5. 1941, in: RfA-Archiv Fach 77, Nr. 5.

Pflichten nach dem Handwerkerversorgungsgesetz. Um sich erst mit den neuen Bedingungen vertraut zu machen und vor allem genügend Zeit für die Entscheidung zwischen staatlicher Angestelltenversicherung und privater Lebensversicherung zu bekommen, wurde ihnen eine Sonderübergangsfrist von einem Jahr eingeräumt.[324]

Die RfA wurde im Frühjahr 1941 direkt in das Umsiedlerproblem mit eingebunden. Ende Mai informierte das RAM Grießmeyer darüber, dass der Reichsführer SS bzw. der Reichskommissar für die Festigung des deutschen Volkstums eine Verordnung über den Vermögensausgleich bei volks- und reichsdeutschen Umsiedlern vorbereitete, nach der diesen gewisse Unterstützungen als Entschädigung für frühere Versorgungsansprüche gewährt werden sollten.[325] Die Auszahlung dieser Unterstützungen sollte die RfA vornehmen und sich wegen der Details der Bescheiderteilung mit der Deutschen-Umsiedler-Treuhand-Gesellschaft in Verbindung setzen.[326] Inzwischen war die RfA auch mit einer Reihe komplizierter Fälle nichtitaliensicher Umsiedler befasst, bei denen nach erfolgtem Ruhegeldantrag völlig unklar war, wie eine Rentenfestsetzung beim Zusammentreffen von früheren österreichischen, polnischen und dann deutschen Beiträgen vorgenommen werden sollte.[327] Die Situation der Südtiroler Umsiedler insgesamt war inzwischen aber auch deshalb misslich, da nach italienischem Recht im Versicherungsfall oft keine Rente, sondern nur eine sogenannte Abfertigung gezahlt wurde, die nur einen Bruchteil der tatsächlich eingezahlten Beiträge ausmachte.[328] Obwohl die folgenden Rentengesetze wie die beiden Leistungsverbesserungsgesetze auch für die Umsiedler galten und sie damit Zuschläge erhielten, gab es doch weiterhin erhebliche soziale Härten, denen sich viele Betroffene inzwischen ausgesetzt sahen. Um diese auszugleichen, wurde schließlich am 19. Juni 1943 – nach über einem Jahr Beratungszeit und drei Referentenentwürfen – eine eigene Verordnung erlassen, nach der bei Umsiedlern die Wartezeit beim Eintritt des Versicherungsfalles als erfüllt angesehen würde, wenn sie nach der Umsiedlung mindestens sechs nach deutschem Recht anrechenbare Pflichtbeiträge entrichtet hätten.[329]

Noch vor Verabschiedung des Gesetzes hatte die RfA auf der Basis des letzten Verordnungsentwurfs das RAM Anfang März 1943 darum gebeten, schon jetzt nach den darin enthaltenen Bestimmungen verfahren zu können, „da hier mehrere Anträge von Umsiedlern vorliegen, denen nur bei Anwendung der Verordnung eine Leistung gewährt werden kann".[330] In einem nur wenige Tage später nachgeschobenen

324 Vgl. Schreiben der RfA an das RVA vom 15.1.1942, in: BArch R 89/3201.

325 Vgl. Schreiben des RAM an Grießmeyer vom 23.5.1941, in: BArch R 89/3414.

326 Vgl. dazu auch die Abteilungsverfügung vom 19.3.1942, in: RfA-Archiv Nr. 121 a.

327 Vgl. dazu etwa das Schreiben der RfA an das RVA vom 16.1.1942, in: BArch R 89/3194.

328 Vgl. Schreiben des RVA vom 1.4.1942, in: BArch R 89/3174. Darin auch das Fallbeispiel einer Witwe eines inzwischen verstorbenen Südtiroler Umsiedlers.

329 Vgl. dazu BArch R 89/3172 und auch RfA-Archiv Nr. 121. Vgl. auch Mitteilungen der RfA Nr. 6, 1943, S. 23–26.

330 Schreiben vom 8.3.1943, in: BArch R 89/3172.

Schreiben wurde mit Verweis auf den Fall eines baltendeutschen Umsiedlers darauf gedrängt, den Erlass endlich in Kraft zu setzen, „damit wir in solchen Fällen den Belangen der Umsiedler gerecht werden können".[331] Den Umsiedlern wurden im Versicherungsfall zwar auch die in ihrem Herkunftsland zurückliegenden Versicherungs- und Beitragszeiten angerechnet, allerdings nur, wenn entsprechende vertragliche Abmachungen mit Deutschland bestanden, was in der ganz überwiegenden Zahl der Umsiedler nicht der Fall war. Die Betroffenen konnten zudem frühestens im Januar 1944 entsprechende Anträge auf Ruhegeld oder Berufsunfähigkeitsrente stellen, insbesondere für ältere Umsiedler war damit der Bezug einer entsprechenden Leistung praktisch unmöglich. Auch auf Seiten der RfA wurde diese deutliche Gesetzeslücke erkannt und eine Änderung verlangt.[332] Bis Mitte 1943 waren von der Reichsversicherungsanstalt für Rentenzahlungen an Südtiroler Umsiedler insgesamt 196.000 RM verausgabt worden, das waren bei knapp 400 Renten im Durchschnitt 27 RM im Monat. Zwischen Juni 1943 und Dezember 1944 wurden zusammen weitere 216.000 RM für dann 510 Rentenempfänger aufgewendet.[333]

Parallel zu den diversen Inklusionsmaßnahmen verschärften sich aber auch die Diskriminierungsmaßnahmen und die konkreten Praktiken zur Exklusion der Juden aus der Angestelltenversicherung. Die vielfältigen Maßnahmen des NS-Regimes zur ideologisch-rassisch begründeten Ausgrenzung von Staatsfeinden, Juden und anderen rassisch-völkisch als minderwertig eingestufte Menschen fanden nun auch ihren Niederschlag im Verwaltungshandeln der Versicherungsträger. Die Deportations- und Vernichtungsaktionen gegen jüdische Menschen schlugen sich in bedrückender Weise auch in den Akten der RfA nieder; sie spiegeln sich in den Versichertenkonten wider und dokumentieren die Verwaltung des NS-Unrechts durch die Behörde, die im nationalsozialistischen Unrechtssystem immer mehr zum Mittäter wurde. Nach den diskriminierenden Maßnahmen gegen emigrierende oder im Ausland lebende Juden in den Jahren bis 1939 richteten sich die rentenrechtlichen Exklusions-Maßnahmen nun auch gegen die noch im Deutschen Reich, d.h. im Inland wohnenden Juden. Dabei gab es keine expliziten Gesetze, die Juden von der Rentenversicherung als Beitragszahler wie Ruhegeldempfänger ausschlossen; trotz langwieriger Planungen sollten solche Gesetze und Verordnungen letztlich auch nicht mehr zustande kommen.[334]

Zunächst unterbrach der Krieg jäh die wenigen Rentenzahlungen, die noch in das nun überwiegend feindliche Ausland flossen. Die wenigen von der RfA per Postanweisung nach Palästina überwiesenen Renten waren schon im Januar 1939 wegen der

331 Schreiben vom 12.3.1943, in: BArch R 89/3172.

332 So auch der Tenor der Beschwerde des Bürgermeisters von Thorn vom 17.9.1943, in: RfA-Archiv Fach 119, Nr. 9. Vgl. Vermerk vom 8.11.1943 und das an das RVA gerichtete Schreiben vom 17.11.1943, in: ebd.

333 Vgl. die statistischen Berichte an das RVA vom 30.5.1944 sowie vom 17.1.1945, in: RfA-Archiv Nr. 121.

334 Vgl. dazu auch Mierzejewski, S. 136 ff. und Kirchberger, S. 118 ff. sowie Klimo, S. 237 ff.

Einstellung des Zahlungsverkehrs zurückgekommen und nicht mehr ausgezahlt worden. Auch die 190 für Ruhegeldempfänger in der Schweiz bestimmten Postanweisungen durften nach den neuen devisenrechtlichen Bestimmungen nicht mehr erfolgen.[335] Erst im Laufe des Jahres 1940 wurden nach und nach die Rentenzahlungen ins Ausland durch die RfA zumindest teilweise wieder aufgenommen, insgesamt flossen im Jahr 1941 knapp 1,7 Mio. RM in 28 Länder, die weitaus größten Beträge mit fast 600.000 RM jedoch in das devisenrechtlich, aber nicht rentenversicherungsrechtlich als Ausland zählende Protektorat Böhmen und Mähren, daneben aber durchaus nennenswerte Beträge auch in die Schweiz, nach Dänemark, Holland, Italien und Ungarn.[336] Nach wie vor waren dabei auch Zahlungen an jüdische Rentenempfänger gegangen; seit Juni 1941 erhielt die RfA dann aber von der Devisenstelle Berlin die explizite Anweisung, keine Renten mehr an Juden zu überweisen. Da man aber nach wie vor nicht genau wusste, wer unter den Auslandsrentnern Jude war, hatte man in geradezu naiv anmutender Weise einen Fragebogen entworfen und etwa an die Rentenberechtigten in den besetzten Gebieten Frankreichs „mit dem Ersuchen um wahrheitsgemäße Beantwortung übersandt".[337] In einem gleichzeitigen Brief an das RAM machte man jedoch gegenüber diesem ebenso aufwändigen wie wenig Erfolg versprechenden Verfahren Bedenken geltend und bat um weitere Entscheidung.

Gleichzeitig riss der Strom an auskunftsuchenden jüdischen Rentenempfängern oder deren Rechtsbeiständen bei der RfA nicht ab, die nach den Bedingungen für den weiteren Rentenbezug nach der Auswanderung fragten.[338] Nach wie vor galt dabei nach formaler Gesetzeslage, dass einem Rentenempfänger, solange er die deutsche Staatsangehörigkeit besaß, die Rente auch beim Aufenthalt im Ausland weiter belassen wurde; davor stand jedoch eine Genehmigung der Devisenstelle, und deren Genehmigung „wird wahrscheinlich unter den gegenwärtigen Umständen Ihnen nicht erteilt werden", wie RfA-Direktor Koch im April 1940 einem jüdischen Versicherten mitteilte.

> Da Sie aber zur Zeit noch keinen Anspruch auf das Altersruhegeld haben und die devisenrechtlichen Vorschriften sich auch immer wieder ändern, geben wir Ihnen anheim, sich später bei der Beantragung Ihres Ruhegeldes erneut zu erkundigen, ob und unter welchen Umständen eine Überweisung nach dem Ausland zulässig ist.[339]

335 Vgl. Schreiben des Postscheckamts Berlin an die RfA vom 1.9.1939, in: RfA-Archiv Nr. 92 b sowie Rundschreiben des RAM betr. Rentenzahlungen im Verhältnis zum Ausland, in: RfA-Archiv Nr. 24.

336 Vgl. Schreiben des RAM an das RVA vom 31.7.1940, in: RfA-Archiv Nr. 126 sowie dazu die statistischen Zusammenstellungen vom 23.6.1941 und vom 24.12.1941, in: RfA-Archiv Nr. 214. Noch Ende 1944 waren monatlich knapp 70.000 RM, d.h. insgesamt 840.000 RM an Auslandsrenten verbucht worden. In der Akte findet sich auch ein Antrag auf Erteilung einer Devisengenehmigung für eine in Spanien wohnenden Hinterbliebenenrentenempfängerin vom Juli 1944 über 44,10 RM monatlich. Der Ehemann war bis zu seiner Einberufung und dem Tod an der Ostfront im Oktober 1943 Angestellter beim spanischen Tochterunternehmen der Continental Gummiwerke AG gewesen.

337 Schreiben an das RVA vom 5.7.1941, in: BArch R 89/3414.

338 Vgl. dazu exemplarisch das Schreiben vom 18.4.1940, in: RfA-Archiv Nr. 93.

339 Schreiben vom 15.4.1940, in: ebd.

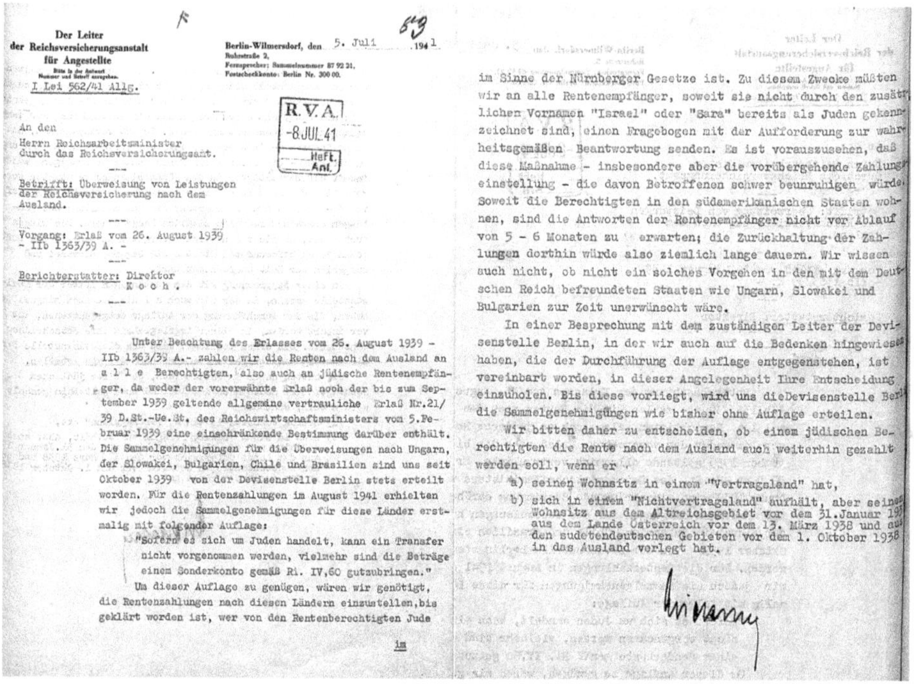

Der Leiter
der Reichsversicherungsanstalt
für Angestellte
Bitte in der Antwort Nummer und Betreff angeben.
I Lei 562/41 Allg.

Berlin-Wilmersdorf, den 5. Juli 1941
Ruhrstraße 2,
Fernsprecher: Sammelnummer 87 92 21,
Postscheckkonto: Berlin Nr. 300 00.

R.V.A. -8.JUL.41 Heft. Anl.

An den
Herrn Reichsarbeitsminister
durch das Reichsversicherungsamt.

Betrifft: Überweisung von Leistungen der Reichsversicherung nach dem Ausland.

Vorgang: Erlaß vom 26. August 1939 – IIb 1363/39 A. –

Berichterstatter: Direktor Koch.

Unter Beachtung des Erlasses vom 26. August 1939 – IIb 1363/39 A.– zahlen wir die Renten nach dem Ausland an alle Berechtigten, also auch an jüdische Rentenempfänger, da weder der vorerwähnte Erlaß noch der bis zum September 1939 geltende allgemeine vertrauliche Erlaß Nr.21/39 D.St.-Ue.St. des Reichswirtschaftsministers vom 5.Februar 1939 eine einschränkende Bestimmung darüber enthält. Die Sammelgenehmigungen für die Überweisungen nach Ungarn, der Slowakei, Bulgarien, Chile und Brasilien sind uns seit Oktober 1939 von der Devisenstelle Berlin stets erteilt worden. Für die Rentenzahlungen im August 1941 erhielten wir jedoch die Sammelgenehmigungen für diese Länder erstmalig mit folgender Auflage:

"Sofern es sich um Juden handelt, kann ein Transfer nicht vorgenommen werden, vielmehr sind die Beträge einem Sonderkonto gemäß Ri. IV,60 gutzubringen."

Um dieser Auflage zu genügen, wären wir genötigt, die Rentenzahlungen nach diesen Ländern einzustellen, bis geklärt worden ist, wer von den Rentenberechtigten Jude im Sinne der Nürnberger Gesetze ist. Zu diesem Zwecke müßten wir an alle Rentenempfänger, soweit sie nicht durch den zusätzlichen Vornamen "Israel" oder "Sara" bereits als Juden gekennzeichnet sind, einen Fragebogen mit der Aufforderung zur wahrheitsgemäßen Beantwortung senden. Es ist vorauszusehen, daß diese Maßnahme – insbesondere aber die vorübergehende Zahlungseinstellung – die davon Betroffenen schwer beunruhigen würde. Soweit die Berechtigten in den südamerikanischen Staaten wohnen, sind die Antworten der Rentenempfänger nicht vor Ablauf von 5 – 6 Monaten zu erwarten; die Zurückhaltung der Zahlungen dorthin würde also ziemlich lange dauern. Wir wissen auch nicht, ob nicht ein solches Vorgehen in den mit dem Deutschen Reich befreundeten Staaten wie Ungarn, Slowakei und Bulgarien zur Zeit unerwünscht wäre.

In einer Besprechung mit dem zuständigen Leiter der Devisenstelle Berlin, in der wir auch auf die Bedenken hingewiesen haben, die der Durchführung der Auflage entgegenstehen, ist vereinbart worden, in dieser Angelegenheit Ihre Entscheidung einzuholen. Bis diese vorliegt, wird uns dieDevisenstelle Berlin die Sammelgenehmigungen wie bisher ohne Auflage erteilen.

Wir bitten daher zu entscheiden, ob einem jüdischen Berechtigten die Rente nach dem Ausland auch weiterhin gezahlt werden soll, wenn er

a) seinen Wohnsitz in einem "Vertragsland" hat,
b) sich in einem "Nichtvertragsland" aufhält, aber seinen Wohnsitz aus dem Altreichsgebiet vor dem 31.Januar 19[illegible] aus dem Lande Österreich vor dem 13. März 1938 und aus den sudetendeutschen Gebieten vor dem 1. Oktober 1938 in das Ausland verlegt hat.

Abb. 43: Schreiben Grießmeyers an das RAM vom 5. Juli 1941 betr. Überweisung von Rentenleistungen an das Ausland

In der Regel wurden die Rentenzahlungen an im Ausland lebende Juden auf Sonderkonten bei den inländischen Banken eingezahlt; Voraussetzung dafür war nach wie vor der regelmäßige Nachweis einer Lebensbescheinigung und der Deutschen Staatsbürgerschaft, obwohl die Rentner an ihr Geld gar nicht herankamen.[340] Viele der zu diesem Zeitpunkt noch im Deutschen Reich wohnenden jüdischen Versicherten waren inzwischen für die Behörde dadurch als nichtarisch erkennbar, dass im Schriftverkehr die vorgeschriebene Ergänzung ihres Namens mit „Israel" bzw. „Sara" vorgenommen worden war. „Renten, die mit dem Vermerk ‚Ins Ausland verzogen' oder ‚Ausgewandert' zurückkommen", so heißt es auch in einer Dienstanweisung der Leistungsabteilung vom März 1940, „sind zunächst einzustellen. Auf dem Rentenblatt ist dies zu vermerken."[341] Später wurde diese Dienstanweisung noch ergänzt und aktualisiert.

Nach und nach konnte man so aus dem Millionenheer der RfA-Versicherten und Ruhegeldempfänger die „Nichtarier" immer besser herausfiltern und die jeweiligen

340 Vgl. etwa das Auskunftsschreiben der RfA vom 4.6.1941 an eine jüdische Rentnerin, die inzwischen in New York wohnte. Auf ihrem Sonderkonto waren von der RfA seit November 1940 insgesamt 261,60 RM eingezahlt worden. Vgl. RfA-Archiv Fach 5, ohne Signatur.

341 Vermerk vom 21.3.1940, in: RfA-Archiv Nr. 25.

Abschrift

I Lei.
Büroleitung.

Berlin-Wilmersdorf, den 27.1.1941

1.) Dienststellen I Lei 1-12,14,Oe,Sud,Rentenkontrolle und Rentenbuchhalterei.

In letzter Zeit kommen häufig aus Badeb und der Saarpfalz die Renten von jüdischen Empfängern zurück mit dem Vermerk:"Unbekannt verzogen." In der Regel handelt es sich um abgeschobene Juden, deren Vermögen von einem Treuhänder verwaltet wird.

In diesen Fällen ist die Rentenzahlung einzustellen. Die etwa auf Voreinnahme stehenden Beträge sind auf Kap.V^1 bezw. V^2 zu vereinnahmen.

Im Rentenblatt ist auf die Zeile,auf der die Einstellung verfügt wird, zu setzen:"Abgeschobener Jude." In der Spalte Abgangsgrund ist als Schlüsselzahl 5 bei Ruhegeld und 7 bei Hinterbliebenenrente einzusetzen.

Nach Rückkunft des Rentenblattes ist die Akte auf Wiedervorlage (6 Monate) zu legen.

Meldet sich der Rentenempfänger wieder, so sind die Akten an Herrn R.O.I. W i n k l e r, Zimmer 305 zu geben.

gez.Renner

Abb. 44: Dienstanweisung für die Leistungsabteilung vom 27. Januar 1941 betr. Einstellung von Rentenzahlungen an deportierte Juden

Versichertenkarten mit den entsprechenden Erkennungsvermerken versehen. Für jüdische Angestellte mussten die Arbeitgeber – zu diesem Zeitpunkt meist nur noch jüdische Firmen und Geschäfte – aber nach wie vor Rentenversicherungsbeiträge bezahlen und die Versicherten ihrerseits Beiträge entrichten. Am Versichertenstatus änderte sich damit formal nichts. Nach wie vor gingen daher bei der RfA Ruhegeldanträge versicherter Juden ein, die jedoch inzwischen vor allem bei Berufsunfähigkeit, die amtsärztlich bescheinigt werden musste, wenig Chancen auf eine Anerkennung besaßen.[342]

Auch im Krieg waren die rentenversicherungsrechtlichen Diskriminierungsmaßnahmen mit rigide gehandhabter „Ruhensbestimmung" für Versicherte wegen „staatsfeindlicher Betätigung" fortgeführt und ausgebaut worden. Die Maßnahmen betrafen gleichfalls viele Juden, richteten sich jedoch auch gegen alle übrigen als Staatsfeinde und Regimegegner identifizierte Versicherte. Allein für die Jahre 1940/41 lassen sich in den Akten des RVA 74 Fälle identifizieren, in denen seitens der RfA als

342 Vgl. dazu ein Fallbeispiel eines Antragstellers vom 1.8.1940 und das diesbezügliche Schreiben der RfA an das RVA vom 4.12.1940, in: BArch R 89/3403.

zuständiger Versicherungsträger gegen Ruhegeldempfänger die entsprechenden Sanktionen verhängt wurden.[343] In einigen Fällen wurde das Ruhegeld während einer zu verbüßenden Haftstrafe an die Ehefrau weitergezahlt. Allerdings dauerte es oft Monate, bis nach langwierigen Ermittlungen über die Situation der Familie die Zahlungen, oft auf zwei Drittel gekürzt, tatsächlich erfolgten.[344] In einigen Fällen, insbesondere bei älteren Ruhegeldempfängern, verzichteten die Behörden jedoch auch auf die Ruhensbestimmungen und zahlten die Rente trotz für sie erwiesener staatsfeindlicher Betätigung und erfolgter KZ-Haft weiter, da der Betroffene und dessen Ehefrau bei Sperrung der Rente den Wohlfahrtsbehörden zur Last gefallen wären. An der vorauseilenden Bereitschaft der RfA, die Renten schon aufgrund eines Verdachts zum Ruhen zu bringen, hatte sich dabei auch im Krieg nichts geändert. In zahlreichen Fällen, in denen die Behörde dem RVA die Einstellung der Rentenzahlungen vorschlug, sah das Reichsinnenministerium den Nachweis staatsfeindlicher Betätigung als nicht erbracht und lehnte daher eine entsprechende Sanktion ab.[345]

Es gab auch eine Reihe von Fällen, in denen die Betroffenen offiziell Beschwerde erhoben und Berufung gegen die Ruhensbescheide einlegten. Auffallend viele Fälle bezogen sich zumindest in diesen Jahren auf ehemals polnische Versicherte, die allein wegen „politischer Unzuverlässigkeit" oder „Deutschfeindlichkeit" in KZ-Schutzhaft genommen worden und daher bei den RfA-Beamten ins Visier geraten waren. Die alleinige, oft „präventive" Unterbringung in Schutzhaft bzw. Untersuchungshaft bei noch schwebenden Verfahren ohne rechtskräftige Verurteilung reichte allerdings nicht aus, das Ruhen der Rente anzuordnen, was im Fall einer Witwenrentenbezieherin im Frühjahr 1941 zu einem ebenso regen wie kontroversen Schriftwechsel zwischen der RfA und der Verwaltung des Frauen-KZ Ravensbrück führte, in dem die Betroffene als Angehörige der Internationalen Bibelforscher einsaß.[346] Im Ruhensfall gingen von den RfA-Beamten oft auch regelmäßige Anfragen bei den jeweiligen Gefängnisverwaltungen oder KZ-Lagerverwaltungen ein, ob der Betreffende sich noch in Haft befinde, um dann die Rentenzahlungen rechtzeitig wieder aufleben zu lassen. In der Regel zog sich dann aber die Wiederaufnahme der Zahlungen lange hin, da oft erst Rückfragen bei den örtlichen Polizeibehörden über das Verhalten der Haftentlassenen erfolgten.[347] Auch im Krieg galt die Anordnung, dass zur Erhaltung der Anwartschaft von KZ-Häftlingen für diese bei einer länger als neun Monate dauernden Schutzhaft sowie im Fall von Mittellosigkeit die nötigen Sozialversicherungsbeiträge vom Staat

343 Vgl. BArch R 89/3408.

344 Vgl. dazu den Schriftwechsel zum Fall des Ruhegeldempfängers Gustav Z. zwischen November 1940 und Mai 1941, in: ebd.

345 Vgl. dazu auch Bonz, Staatsfeinde, S. 528.

346 Vgl. den Fall und vor allem das Schreiben der KZ-Verwaltung an das RVA vom 10. 5. 1941, in dem auf eine Entscheidung gedrängt wird, in: ebd. Die Entscheidung fiel letztlich im Juni 1941 durch das RAM, das staatsfeindliche Betätigung hinreichend erwiesen sah und das Ruhen der Rente von 35,80 RM im Monat anordnete.

347 Vgl. dazu etwa das Gesuch vom 2. 7. 1944 und dem Beschluss vom 5. 9. 1944, in: BArch R 89/23309.

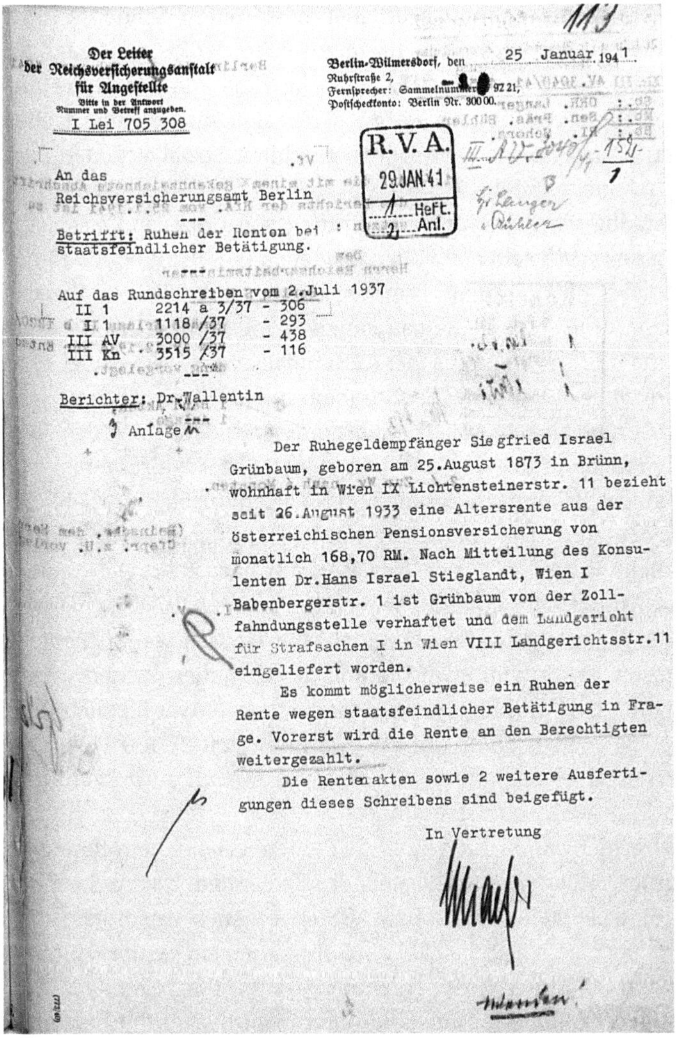

Der Leiter
der Reichsversicherungsanstalt
für Angestellte
Bitte in der Antwort
Nummer und Betreff angeben.
I Lei 705 308

Berlin-Wilmersdorf, den 25 Januar 1941
Ruhrstraße 2,
Fernsprecher: Sammelnummer [illegible] 92 21,
Postscheckkonto: Berlin Nr. 300 00.

R.V.A.
29.JAN.41
1 Heft.
2 Anl.

An das
Reichsversicherungsamt Berlin

Betrifft: Ruhen der Renten bei staatsfeindlicher Betätigung.

Auf das Rundschreiben vom 2.Juli 1937
II 1 2214 a 3/37 - 306
I 1 1118 /37 - 293
III AV 3000 /37 - 438
III Kn 3515 /37 - 116

Berichter: Dr. Wallentin

3 Anlagen

Der Ruhegeldempfänger Siegfried Israel Grünbaum, geboren am 25.August 1873 in Brünn, wohnhaft in Wien IX Lichtensteinerstr. 11 bezieht seit 26.August 1933 eine Altersrente aus der österreichischen Pensionsversicherung von monatlich 168,70 RM. Nach Mitteilung des Konsulenten Dr.Hans Israel Stieglandt, Wien I Babenbergerstr. 1 ist Grünbaum von der Zollfahndungsstelle verhaftet und dem Landgericht für Strafsachen I in Wien VIII Landgerichtsstr.11 eingeliefert worden.

Es kommt möglicherweise ein Ruhen der Rente wegen staatsfeindlicher Betätigung in Frage. Vorerst wird die Rente an den Berechtigten weitergezahlt.

Die Rentenakten sowie 2 weitere Ausfertigungen dieses Schreibens sind beigefügt.

In Vertretung

Abb. 45: Schreiben der RfA an das RVA vom 25. Januar 1941 betr. Antrag auf Einstellung der Rentenzahlung wegen staatsfeindlicher Betätigung an einen inhaftierten jüdischen Ruhegeldempfänger

übernommen wurden, woran das RVA die Versicherungsträger im Mai 1941 noch einmal explizit erinnerte.[348] Im März 1942 wurde diese Bestimmung jedoch dahingehend geändert, dass eine Beitragsentrichtung für Gefangene in der jeweiligen Rentenversicherung nur noch dann stattfand, wenn die Betroffenen die Entrichtung aus

348 Vgl. das Rundschreiben vom 13.5.1941, in: RfA-Archiv Fach 1, Nr. 2 sowie die Abteilungsverfügung vom 26.5.1941, in: RfA-Archiv Fach 12, Nr. 10.

eigenen Mitteln oder aus Arbeitsentlohnungsguthaben bestritten.[349] Schon im April 1940 hatte auch die Lagerverwaltung des KZ Sachsenhausen bei der RfA angefragt, ob und inwieweit für Häftlinge aus dem Protektorat und aus dem Warthegau die Anwartschaft in der Angestelltenversicherung während der Haftzeit freiwillig weiter aufrechterhalten werden könnte und ob die früher gezahlten Sozialversicherungsbeiträge irgendwie angerechnet würden.[350]

Die jeweilige Festsetzung der Rente unter Beachtung von Über- und Nachzahlungen und vor allem in den nicht seltenen Fällen, in denen die betreffenden Ruhegeldempfänger während des KZ-Aufenthalts starben, war mit erheblichem Verwaltungsaufwand verbunden. Im Fall des Rentenempfängers Emil B., der Anspruch auf monatlich 146,10 RM hatte und wegen politischer Äußerungen vom 7. November 1939 bis zu seinem Tod im November 1940 im KZ Sachsenhausen bei Oranienburg einsaß, waren zwei Fünftel der Bezüge an seine Ehefrau ausgezahlt worden. Nach dem Tod ergab sich nun aber die Frage, ob und inwieweit an seine Kinder Waisenrente auszuzahlen war, was im Fall der Bejahung aufgrund von Nachzahlungen die erhebliche Summe von 1.253 RM bedeutete.[351] Die Ermordung von KZ-Häftlingen konnte mithin, falls der Betreffende bereits Rentenempfänger gewesen war oder aber nach seinem Tod ein entsprechender Antrag auf Hinterbliebenenrente bei der RfA einging und hinreichend Beiträge zur Angestelltenversicherung gezahlt worden waren, Rentenversicherungsfälle auslösen. Der quantitative Umfang der ruhenden Renten wegen staatsfeindlicher Betätigung bzw. Verbüßung einer Freiheitsstrafe war letztlich aber doch eher gering. Ende 1943 verzeichnete die RfA von insgesamt 22.000 Fällen, in denen die laufende Rente ruhte, nur ganze 127 Fälle, die hierauf zurückzuführen waren.[352]

Von den Ruhensbescheiden waren auch jüdische Rentenbezieher betroffen. 1942 erhielten 516 Juden, unter anderem auch wegen des fehlenden Nachweises der deutschen Staatsangehörigkeit, keine Rente bzw. die erworbenen Ansprüche ruhten.[353] Bis Ende 1943 sank aber auch hier die Zahl der Betroffenen auf ca. die Hälfte. 77 Ruhegeldberechtigten und 135 Hinterbliebenenrentnern waren die Leistungen aufgrund §§ 1281 bzw. 1282 als Ausländer im Ausland nicht mehr ausgezahlt bzw. zum Ruhen gebracht worden.[354] Vielfach war hier der angebliche Tatbestand einer staatsfeindlichen Tätigkeit nur vorgeschoben worden, um die ansonsten rechtmäßige

349 Vgl. Schreiben des RVA vom 20.3.1942, in: BArch R 89/3172.

350 Vgl. das Schreiben in: RfA-Archiv Fach 34, Nr. 3.

351 Vgl. den Fall mit dem letztlich positiven Bescheid vom 22.10.1941, in: ebd.

352 Vgl. die statistische Zusammenstellung in: RfA-Archiv Nr. 202. Die überwiegende Mehrheit betraf deutsche Ruhegeld- oder Hinterbliebenenrentenbezieher wegen Überschreiten des Ruhegelds, dem gleichzeitigem Bezug einer Unfallrente oder dem Bezug zweier Renten.

353 Vgl. dazu Notizen, in: RfA-Archiv Nr. 80.

354 Vgl. die statistische Zusammenstellung, in: RfA-Archiv Nr. 202.

Auszahlung der Rente zu verhindern.[355] Je nach politisch-ideologischer Opportunität wurde daher der Begriff „staatsfeindliche Betätigung" unterschiedlich und immer weiter ausgelegt. Auch Verstöße gegen das Devisenrecht, „Rassenschande" und Schmuggel fielen nun darunter, was der Instrumentalisierung der Ruhensbestimmungen gegen Juden Tür und Tor öffnete.[356] Im Fall des jüdischen Rentenbeziehers Erich (Israel) S. hatte das Reichsinnenministerium schon Anfang August 1940 entschieden, dass

> Rassenschande, auch bei Verkehr mit einer Dirne, eine volksfeindliche Betätigung ist. Sie richtet sich zwar nicht unmittelbar gegen die Staatsführung, jedoch gegen die Grundsätze des nationalsozialistischen Staates, ist darüber hinaus auch als staatsfeindlich anzusprechen. [...] Die Voraussetzung einer staatsfeindlichen Betätigung sind daher im Falle des Juden S. gegeben. [...] Eine gegenteilige Entscheidung würde dem gesunden Volksempfinden widersprechen.[357]

Das RAM ordnete daher das Ruhen der Rente an.

Bei Juden wurde zudem auch, falls die Rente während der Haftzeit an die Ehefrau gezahlt wurde, ohne Begründung mit der Auszahlung von nur der Hälfte statt drei Vierteln der ursprünglichen Ansprüche eine größere Kürzung vorgenommen. Gegen die entsprechenden Ruhensbescheide zu klagen, war für die Betroffenen aussichtslos, wohingegen Widersprüche gegen Entscheidungen der RfA auch von Juden vorkamen und vereinzelt sogar erfolgreich waren. Das betraf unter anderem die Zuerkennung bzw. Verweigerung von Ruhegeldzahlungen nach § 397 AVG, d. h. wegen längerer Arbeitslosigkeit bei über 60-jährigen Versicherten. Im Herbst 1940 waren bei der Spruchkammer des Oberversicherungsamtes Wien eine Reihe von Verfahren anhängig, in denen die Betroffenen gegen die RfA klagten, weil diese mit Verweis auf die nicht ausreichenden Nachweise der Arbeitswilligkeit und Arbeitsbereitschaft in Form regelmäßiger Meldungen beim Arbeitsamt die Ruhegelder verweigert hatte.[358] Die Umsetzung dieser Bestimmung hatte insbesondere in Österreich zu erheblichen Problemen geführt, da dort nach altem Recht eine Zuerkennung der Altersrente auch ohne Nachweis der einjährigen Arbeitslosigkeit möglich gewesen war. Unter den

355 Vgl. dazu den Fall eines bereits im November 1938 nach Holland geflüchteten jüdischen Rentenbeziehers mit einem seit April 1929 bestehenden Anspruch auf 65,40 RM im Monat. Ihm war zunächst nach seiner Flucht die Rente wegen angeblich fehlenden Nachweises der deutschen Staatsangehörigkeit von der RfA einbehalten, nach erfolgter Beibringung des Nachweises über einen holländischen Notar dann dennoch weiter verweigert worden, da „mit Sicherheit anzunehmen sei, dass H. seine gegnerische Gesinnung auch im Auslande zum Ausdruck gebracht und sich so an der Hetze gegen das Dritte Reich beteiligt hat", wie es im Vermerk des Reichsinnenministeriums vom 31.7. 1941 heißt. Vgl. BArch R 89/23306. Hier auch weitere ähnliche Fälle von Entscheidungen gegen Auslandsjuden. Ebenso in: BArch R 89/3408.

356 Vgl. dazu auch die Abteilungsverfügung vom 11.9.1942, in: RfA-Archiv Nr. 223. Vgl. auch Bonz, Staatsfeinde, S. 529.

357 Vgl. BArch R 89/3408, darin auch zahlreiche weitere ähnlich gelagerte Fälle jüdischer Versicherter. Vgl. auch Bonz-MS, S. 532 f.

358 Vgl. Schreiben des OVA Wien vom 16.11.1940, in: RfA-Archiv Nr. 104 a.

Klägern war auch der jüdische Angestellte Karl F., dessen Widerspruch am 30. Oktober 1940 in der Spruchkammer I des Oberversicherungsamtes Wien verhandelt wurde. Und der Kläger bekam Recht. Der RfA-Bescheid wurde aufgehoben und die Behörde dazu verurteilt, dem Angestellten rückwirkend vom 1. Oktober 1939 an ein Ruhegeld in Höhe von 110 RM im Monat zu zahlen. In der Begründung wurde bemerkenswerterweise darauf hingewiesen, dass der Betreffende „nach dem Umbruch als Jude überhaupt nicht in der Lage gewesen wäre, einen Posten als Angestellten zu finden".[359] Für jüdische Angestellte sei eine Stellensuche wegen der allgemein ungünstigen Lage des Arbeitsmarktes seit der Wiedervereinigung Österreichs mit dem Deutschen Reich aber deshalb völlig aussichtslos, weil sie infolge der Arisierung der Wirtschaft vom Arbeitsmarkt völlig ausgeschlossen seien. Die Exklusion von älteren jüdischen Angestellten vom Arbeitsmarkt konnte mithin einen Rentenversicherungsfall auslösen, ein vom NS-Regime wohl kaum beabsichtigter Effekt. Im Frühjahr 1940 hatte die Abwicklungsstelle Wien der RfA auch eine ganze Reihe anderer Leistungsanträge jüdischer Versicherter zur endgültigen Klärung nach Berlin geschickt.[360]

Eine markante Zäsur stellten die diversen Maßnahmen im Zuge der bereits erwähnten, am 25. November 1941 erlassenen, Elften Verordnung zum Reichsbürgergesetz dar.[361] Demnach verloren die im Ausland wohnenden Juden ihre deutsche Staatsbürgerschaft und damit faktisch auch alle ihnen zustehenden Versorgungsansprüche. Die Rentenzahlungen wurden eingestellt, rein formal wurden die Renten jedoch nicht aberkannt, sondern sie ruhten, d.h. die Ansprüche blieben theoretisch bestehen.[362] Eine Überweisung an im Inland wohnende Angehörige wurde ausgeschlossen. Regelmäßig trafen nun in der Ruhrstraße Schreiben der jeweiligen Gestapo-Stellen ein mit dem Hinweis auf ausgewanderte Juden, die „nach den hiesigen Ermittlungen" eine Angestelltenversicherung bei der RfA besaßen. Die Behörde wurde aufgefordert, „den sich aus dieser Versicherung ergebenden Betrag" einzubehalten bzw. auf ein Sonderkonto der Gestapo zu überweisen.[363] Die entsprechenden Versicherungs- bzw. Beitragskonten wurden daraufhin gesperrt, eine Überweisung an die Gestapo jedoch erfolgte nicht. Soweit für die RfA im Dezember 1941 selbst aus ihren Unterlagen ersichtlich war, erhielten zu diesem Zeitpunkt nur noch 307 jüdische Versicherte im Ausland Ruhegelder.[364] Die neue gesetzliche Regelung war vom RAM bereits im Juni 1941 angekündigt worden und gleichzeitig war der RfA von den Devisenbehörden die Auflage erteilt worden, sämtliche ausländische Transferzahlungen

359 Vgl. das Urteil mit Begründung vom 30.10.1940, in: ebd.

360 Vgl. die entsprechenden Schreiben der RfA Wien vom 2. Februar 1940, in: RfA-Archiv Nr. 154.

361 Vgl. dazu auch Klimo, Arbeitseinsatz, S. 344 ff.

362 Vgl. dazu die Abteilungsverfügung vom 29.12.1941, in: RfA-Archiv Fach 76, Nr. 8. Den Betroffenen wurden von der RfA dazu jeweils ordnungsgemäße Bescheide erteilt, gegen die theoretisch auch Berufung eingelegt werden konnte. Vgl. dazu den Bescheidvordruck, in: RfA-Archiv Regal 5, ohne Signatur.

363 Vgl. die Schreiben vom 21.10.1940 und vom 12.5.1941, in: RfA-Archiv Fach 65, Nr. 6.

364 Vermerk vom 3.12.1941, in: RfA-Archiv Nr. 167.

an Juden einzustellen. Wie so oft war daraufhin bei der RfA eine vorwegnehmende Verwaltungsübung entwickelt worden. Laufende Auslandsrenten wurden noch weitergezahlt, aber – in vorauseilendem Gehorsam und ohne gesetzliche Grundlage – bereits eingestellte Rentenzahlungen wurden nicht wiederaufgenommen. Grießmeyer war damit bereit, die Verordnung über die geltenden Versicherungsvorschriften zu stellen. Der Erlass, so äußerte er sich im Januar 1942 in einem Schreiben, wolle die Frage des Ruhens der Auslandsrenten „abschließend und ohne Rücksicht auf die abweichenden Bestimmungen des Sozialversicherungsrechts regeln". Er konstatierte, „dass deshalb kein Anspruch auf diese Renten mehr besteht".[365] Bei vielen Banken hatten sich zu diesem Zeitpunkt auf den entsprechend zwangsweise eingerichteten Sonderkonten jüdischer Rentner bereits erhebliche Summen angehäuft. Die fünf im Juli 1942 bei der Wiener Creditanstalt-Bankverein bestehenden Konten in die USA ausgewanderter Juden wiesen Beträge zwischen 777 und 1500 RM auf.[366] Im Zuge jener Bestimmungen änderte sich nun für Juden infolge der massenweisen Aberkennung der deutschen Staatsbürgerschaft deren rentenrechtlicher Status. „Durch den Verlust der Staatsangehörigkeit verliert mancher jüdische Versicherte die Inlandseigenschaft und ist beim Ruhen fortan als Ausländer zu behandeln", hieß es dazu in einem internen Vermerk.[367] Betroffen von diesen Bestimmungen waren auch die zahlreichen Rentenzahlungen, die emigrierte jüdische Versicherte an die örtlichen jüdischen Kultusvereinigungen abgetreten hatten.[368]

Doch die Bestimmung hatte einen Fallstrick und war versicherungsrechtlich keineswegs so eindeutig im Sinne des NS-Regimes umzusetzen, wie beabsichtigt. Zum einen war nur von der Aberkennung der Versorgungsansprüche, nicht aber von denen der Rentenversicherungsansprüche die Rede, zum anderen machte RfA-Direktor Koch im Dezember 1941 bzw. Januar 1942 in zwei Vermerken darauf aufmerksam, dass bei reiner Anwendung des Sozialversicherungsrechts die Einstellung der Rentenzahlungen bzw. deren Ruhen bei jüdischen Auslandsrentnern, zumal wenn sie aus Ländern mit versicherungsrechtlichen Gegenseitigkeitsabkommen wie Ungarn kamen, eigentlich rechtlich nicht zulässig war.

Bei der Exklusion von Juden aus der Versichertengemeinschaft gab es viele Unklarheiten und offene Fragen, für deren Beantwortung sich die RfA vom RAM wie so oft auf eine spätere umfassende Lösung bzw. Klärung vertrösten lassen musste.[369] Da bis zur Klärung jedoch „noch längere Zeit vergehen kann", wie es in einer Abtei-

365 Vgl. Schreiben vom 21.1.1942, in: BArch R 89/3414.
366 Schreiben der Creditanstalt an die RfA vom 3.7.1942, in: RfA-Archiv Nr. 168.
367 Vermerk vom 20.1.1941, in: RfA-Archiv Nr. 167.
368 Vgl. dazu RfA-Archiv Nr. 168.
369 Vgl. dazu auch das umfangreiche Schreiben der RfA an das RAM vom 21.1.1942, in dem unter Verweis auf einen jüdischen Rentenberechtigten aus dem Protektorat Böhmen und Mähren, der sich inzwischen in Kroatien befand und dessen Rente bisher an die geschiedene „arische" Ehefrau in der Ostmark ging, an die sie abgetreten worden war – um weitere Entscheidungen zur Rentenzahlungen an Juden im Ausland geben wurde, in: RfA-Archiv Nr. 167.

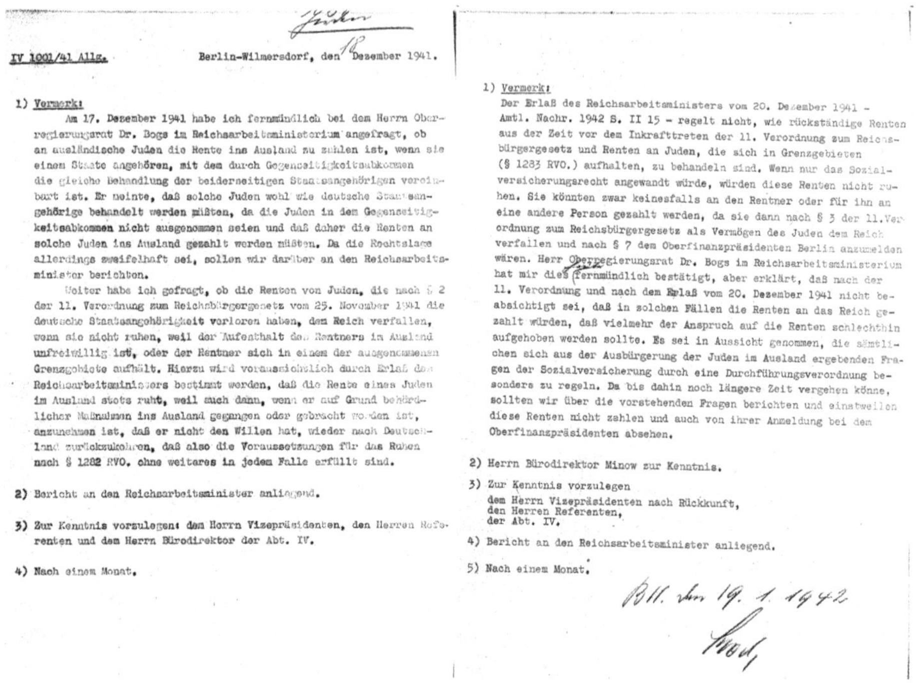

IV 1001/41 Allg.

Berlin-Wilmersdorf, den 18 Dezember 1941.

1) Vermerk:

Am 17. Dezember 1941 habe ich fernmündlich bei dem Herrn Oberregierungsrat Dr. Bogs im Reichsarbeitsministerium angefragt, ob an ausländische Juden die Rente ins Ausland zu zahlen ist, wenn sie einem Staate angehören, mit dem durch Gegenseitigkeitsabkommen die gleiche Behandlung der beiderseitigen Staatsangehörigen vereinbart ist. Er meinte, daß solche Juden wohl wie deutsche Staatsangehörige behandelt werden müßten, da die Juden in dem Gegenseitigkeitsabkommen nicht ausgenommen seien und daß daher die Renten an solche Juden ins Ausland gezahlt werden müßten. Da die Rechtslage allerdings zweifelhaft sei, sollen wir darüber an den Reichsarbeitsminister berichten.

Weiter habe ich gefragt, ob die Renten von Juden, die nach § 2 der 11. Verordnung zum Reichsbürgergesetz vom 25. November 1941 die deutsche Staatsangehörigkeit verloren haben, dem Reich verfallen, wenn sie nicht ruhen, weil der Aufenthalt des Rentners im Ausland unfreiwillig ist, oder der Rentner sich in einem der ausgenommenen Grenzgebiete aufhält. Hierzu wird voraussichtlich durch Erlaß des Reichsarbeitsministers bestimmt werden, daß die Rente eines Juden im Ausland stets ruht, weil auch dann, wenn er auf Grund behördlicher Maßnahmen ins Ausland gegangen oder gebracht worden ist, anzunehmen ist, daß er nicht den Willen hat, wieder nach Deutschland zurückzukehren, daß also die Voraussetzungen für das Ruhen nach § 1282 RVO. ohne weiteres in jedem Falle erfüllt sind.

2) Bericht an den Reichsarbeitsminister anliegend.

3) Zur Kenntnis vorzulegen: dem Herrn Vizepräsidenten, den Herren Referenten und dem Herrn Bürodirektor der Abt. IV.

4) Nach einem Monat.

1) Vermerk:

Der Erlaß des Reichsarbeitsministers vom 20. Dezember 1941 – Amtl. Nachr. 1942 S. II 15 – regelt nicht, wie rückständige Renten aus der Zeit vor dem Inkrafttreten der 11. Verordnung zum Reichsbürgergesetz und Renten an Juden, die sich in Grenzgebieten (§ 1283 RVO.) aufhalten, zu behandeln sind. Wenn nur das Sozialversicherungsrecht angewandt würde, würden diese Renten nicht ruhen. Sie könnten zwar keinesfalls an den Rentner oder für ihn an eine andere Person gezahlt werden, da sie dann nach § 3 der 11. Verordnung zum Reichsbürgergesetz als Vermögen des Juden dem Reich verfallen und nach § 7 dem Oberfinanzpräsidenten Berlin anzumelden wären. Herr Oberregierungsrat Dr. Bogs im Reichsarbeitsministerium hat mir dies fernmündlich bestätigt, aber erklärt, daß nach der 11. Verordnung und nach dem Erlaß vom 20. Dezember 1941 nicht beabsichtigt sei, daß in solchen Fällen die Renten an das Reich gezahlt würden, daß vielmehr der Anspruch auf die Renten schlechthin aufgehoben werden sollte. Es sei in Aussicht genommen, die sämtlichen sich aus der Ausbürgerung der Juden im Ausland ergebenden Fragen der Sozialversicherung durch eine Durchführungsverordnung besonders zu regeln. Da bis dahin noch längere Zeit vergehen könne, sollten wir über die vorstehenden Fragen berichten und einstweilen diese Renten nicht zahlen und auch von ihrer Anmeldung bei dem Oberfinanzpräsidenten absehen.

2) Herrn Bürodirektor Minow zur Kenntnis.

3) Zur Kenntnis vorzulegen
dem Herrn Vizepräsidenten nach Rückkunft,
den Herren Referenten,
der Abt. IV.

4) Bericht an den Reichsarbeitsminister anliegend.

5) Nach einem Monat.

Abb. 46: Interne RfA-Vermerke vom 18. Dezember 1941 und 19. Januar 1942 betr. Rentenzahlungen an Juden

lungsverfügung vom 24. Februar 1942 heißt, galt die Verwaltungsübung, „die noch nicht gezahlten Renten einzubehalten, aber vorerst nicht beim Oberfinanzpräsidenten als Vermögen anzumelden".[370]

Längst bestimmten allerdings die Finanzbehörden mit eindeutig antisemitischen Diskriminierungsmaßnahmen den Rentenauszahlungsmodus. In der Regel wurden die Renten wie bei allen übrigen Ruhegeldempfängern durch Postanweisung ausgezahlt, wodurch für die RfA auch der Nachweis gewährleistet war, dass der Empfänger lebte und nicht ausgewandert war. Bereits Ende 1939 waren aber für einen Teil der Juden beschränkt verfügbare Sicherungskonten eingeführt worden, d. h. diesen Juden war die persönliche Entgegennahme von baren Rentenbeträgen verboten, so dass in diesen Fällen die RfA nicht mehr direkt an den Rentenempfänger, sondern nur noch an die kontoführende Bank überwies.[371] Im Januar 1940 zahlte die RfA in dieser Form für 1100 jüdische Rentenberechtigte im Altreich sowie an weitere 650 Rentner im Sudetenland und der „Ostmark"; die durchschnittliche Rentenhöhe im Einzelfall

370 Vgl. Abteilungsverfügung vom 24.2.1942, in: RfA-Archiv Nr. 205.

371 Vgl. dazu den Schriftwechsel vom 21.12.1939 bzw. 19.1.1940 und dazu auch den Vermerk über eine Besprechung eines zuständigen RfA-Beamten mit dem Sachbearbeiter für Judenangelegenheiten in der Berliner Devisenstelle vom 12.3.1940, in: RfA-Archiv Nr. 126.

betrug ca. 60 RM im Monat (Altreich) bzw. 110 RM (Sudetenland und „Ostmark“).[372] Für die RfA bedeutete diese Art der Rentenauszahlung jedoch einen erheblichen Zusatzaufwand, und nach entsprechenden Interventionen beim RAM wurde der Erlass im August 1940 für Leistungen der Träger der deutschen Sozialversicherung schon wieder aufgehoben; die jüdischen Rentner bekamen ihr Geld wieder direkt.[373] So willig man sich bei den Rentenzahlungen den Restriktionen der Devisenbehörden unterwarf, so rechtskonform verhielt sich die RfA gegenüber den Finanzbehörden auch in anderen Fragen, etwa bei den versuchten Beschlagnahmen und Pfändungen gegenüber Juden, die man, soweit es um Ruhegeldansprüche ging, mit Verweis auf das AVG und die RVO als rechtswidrig ablehnte.[374]

Formalrechtlich hatte sich am Versichertenstatus der inländischen Juden auch im Sommer 1941 noch nichts geändert. Sie besaßen alle Rechte und Pflichten eines reichsdeutschen Versicherten, auf sie kamen auch alle Rentenänderungs- und Leistungsverbesserungsgesetze zur Anwendung und für sie gab es auch keine nachteiligen Ausnahmebestimmungen etwa bei der Weitergewährung einer Berufsunfähigkeitsrente im Fall einer Arbeitsaufnahme während des Krieges.[375] Auch die im Februar 1942 erlassene Bestimmung, dass bei Neuanträgen von Versicherten stets zu prüfen war, ob der Rentenberechtigte Jude war, galt nur für Versicherte im Ausland, nicht aber für die inländischen Versicherten. Einem Versicherten der Angestelltenversicherung, der die Wartezeit erfüllt und die Anwartschaft erhalten sowie seinen Wohnsitz im Altreichsgebiet hatte, wurde auf Antrag das Ruhegehalt gezahlt, auch wenn er „Volljude“ oder „jüdischer Mischling“ war, heißt es etwa auch in einem Auskunftsschreiben der RfA vom Juli 1942.[376] Auch jüdischen Ehefrauen arischer Männer stand rein formalrechtlich nach dem Ableben der Ehemänner die Witwenrente in voller Höhe zu, solange sie ihren Wohnsitz im Inland hatten, wie die RfA Ende Juni 1943 dem Betriebsjuristen der Flugzeugwerke Dornier auf eine Anfrage hin mitteilte.[377] Vermutlich ließen diese im Rentenrecht formalrechtlich fehlenden Maßnahmen der Diskriminierung, Ausgrenzung und „Ausmerzung“ der Juden bei den RfA-Beamten und der Behörde insgesamt eine Art Illusion über die eigene Verstrickung in Unrecht oder gar die Verbrechen des NS-Regimes aufkommen. Am formalrechtlichen Zustand der jüdischen Versicherten und Rentenempfänger im Deutschen Reich hatte sich auf den ersten Blick nur im Fall der Auswanderung etwas geändert; dabei wurden zu diesem Zeitpunkt bereits hun-

---

372 Vgl. den Bericht Kochs an das RAM vom 30.1.1940, in: ebd.

373 Vgl. dazu den Vermerk vom 14.10.1940 und den dazugehörenden Schriftwechsel mit der Länderbank Wien vom Oktober 1940, in: RfA-Archiv Nr. 93 a.

374 Vgl. Schreiben der RfA an das Finanzamt Wien vom 26.10.1940, in: RfA-Archiv Nr. 93 a. Diese Regelung galt jedoch explizit nicht für die Rentenzahlungen an Juden im Protektorat Böhmen und Mähren. Vgl. Runderlass des RWM vom 9.8.1940, in: RfA-Archiv Nr. 126.

375 So die entsprechende Anfrage eines Rechtsvertreters einer halbjüdischen Rentnerin vom 16.7.1941 und die Auskunft der RfA vom 23.7.1941, in: RfA Nr. 94 a.

376 Das Schreiben vom 22.7.1942, in: RfA-Archiv Nr. 95 a.

377 Vgl. die Anfrage vom 29.6.1943 und das Antwortschreiben der RfA vom 6.7.1943, in: RfA-Archiv Nr. 96 b.

derttausende Juden aus dem Reich in die verschiedenen KZ und Vernichtungslager deportiert. Die jüdischen Versicherten verloren damit ihre Inländereigenschaft, sie wurden nun zu Auslandsjuden und damit wurden nun explizit restriktive und exkludierende Verordnungen und Gesetze auch in der Rentenversicherung ausgelöst und wirksam. Im naiven oder verzweifelten Glauben an die eigenen Rechte und die verwaltungspraktische Integrität der Behörde wandten sich dennoch im Sommer 1941 viele Betroffene, die etwa in das Generalgouvernement deportiert worden waren, an die RfA und baten um Weiterzahlung ihrer Renten.[378]

Für die Nichtdeutschen und „Nichtarier" in den besetzten oder eingegliederten Gebieten des Ostens galten jedoch inzwischen diskriminierende Sonderechte auch in der Rentenversicherung. In das Generalgouvernement deportierte Juden wurden wie Auslandsjuden behandelt und daher war auch eine direkte Weiterzahlung nicht möglich.[379] Offen war jedoch zunächst die Frage, ob die betroffenen Rentner ihren Anspruch überhaupt verloren, gleichgültig, ob sie sich dort freiwillig oder unfreiwillig aufhielten, oder aber die Rente nur ruhte, und damit im Prinzip eigentlich entweder auf ein devisenrechtliches Sonderkonto oder an einen im Inland wohnenden Bevollmächtigten bzw. Familienangehörigen überwiesen werden konnte.[380] Mit Bescheid vom 20. Dezember 1941 wurde aber auch das vom RAM ausgeschlossen. Dennoch wandten sich noch im Sommer 1942 immer wieder arische Ehefrauen abgeschobener jüdischer Rentenempfänger an die RfA und baten um Zahlung der Ruhegelder oder von Teilrenten für sich und ihre Kinder. Diese Frage sollte, so wurde die RfA vom RAM im Oktober 1942 wieder einmal vertröstet, in der „bald zu erwartenden" Verordnung über die Behandlung von Juden und Zigeunern in der Reichsversicherung geregelt werden.[381] Groteskerweise hatten weder die mit der Deportation befassten NS-Stellen noch die DAF oder das RAM bedacht, dass sich die beiden Ghettos und KZ bzw. Deportationsstellen in Litzmannstadt und Theresienstadt inzwischen im Inland befanden und die Deportierten daher auch rentenversicherungsrechtlich weiterhin unter das Reichsrecht fielen. Weder die Beschlagnahme der Rente noch deren Einstellung war daher rechtlich zulässig, aber in vorauseilendem Gehorsam hatte die RfA unter Bruch der Bestimmungen die entsprechenden Renten dennoch gestoppt und sich erst nachträglich um eine Rückversicherung bei RVA und RAM als übergeordneten Behörden bemüht.[382] Erst im Juni bzw. November 1942 ordnete das RAM auch offiziell an,

378 Vgl. dazu auch das Schreiben der Direktion der Jüdischen Kultusgemeinde Wien an die RfA vom 17.4.1941, in: RfA-Archiv Nr. 127.

379 Vgl. dazu die zahlreichen Bittschreiben vom April 1941 sowie den entsprechenden Erlass des RAM vom 16.6.1942, in: RFA-Archiv Nr. 127.

380 Vgl. dazu den internen Vermerk vom 21.3.1941, in: RfA-Archiv Nr. 127.

381 Vgl. Schreiben des RAM an die RfA vom 31.10.1942, in: BArch R 89/3414.

382 Vgl. auch Entwurf des Schreibens an das RAM dazu vom 11.8.1942, in: RfA-Archiv Nr. 167 sowie das Schreiben der Rentenbuchhalterei an das Postamt Litzmannstadt vom 23.12.1941 mit der Anordnung, die für Juden im Ghetto bestimmten Rentenbeträge nicht zur Auszahlung zu bringen und dem RfA-Konto in Berlin wieder gutzuschreiben, in: RfA-Archiv Nr. 26.

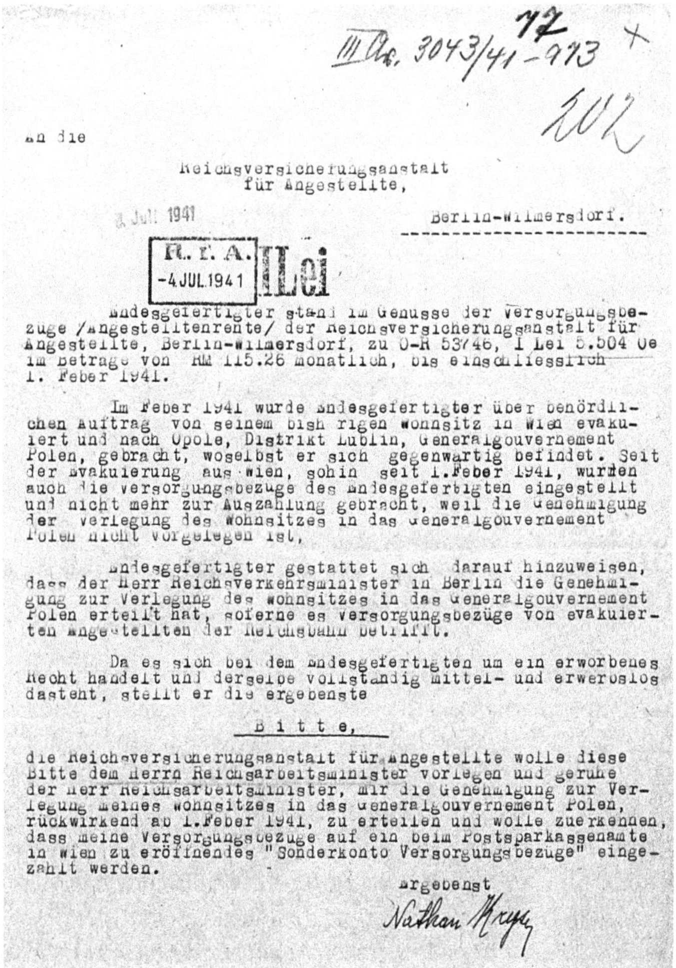

III Ae. 3043/41 – 973

An die

Reichsversicherungsanstalt
für Angestellte,

Berlin-Wilmersdorf.

R. f. A. -4 JUL.1941 I Lei

Endesgefertigter stand im Genusse der Versorgungsbezüge /Angestelltenrente/ der Reichsversicherungsanstalt für Angestellte, Berlin-Wilmersdorf, zu O-R 53746, I Lei 5.504 Oe im Betrage von RM 115.26 monatlich, bis einschliesslich 1. Feber 1941.

Im Feber 1941 wurde Endesgefertigter über behördlichen Auftrag von seinem bisherigen Wohnsitz in Wien evakuiert und nach Opole, Distrikt Lublin, Generalgouvernement Polen, gebracht, woselbst er sich gegenwärtig befindet. Seit der Evakuierung aus Wien, sohin seit 1. Feber 1941, wurden auch die Versorgungsbezüge des Endesgefertigten eingestellt und nicht mehr zur Auszahlung gebracht, weil die Genehmigung der Verlegung des Wohnsitzes in das Generalgouvernement Polen nicht vorgelegen ist,

Endesgefertigter gestattet sich darauf hinzuweisen, dass der Herr Reichsverkehrsminister in Berlin die Genehmigung zur Verlegung des Wohnsitzes in das Generalgouvernement Polen erteilt hat, soferne es Versorgungsbezüge von evakuierten Angestellten der Reichsbahn betrifft.

Da es sich bei dem Endesgefertigten um ein erworbenes Recht handelt und derselbe vollständig mittel- und erwerbslos dasteht, stellt er die ergebenste

B i t t e,

die Reichsversicherungsanstalt für Angestellte wolle diese Bitte dem Herrn Reichsarbeitsminister vorlegen und geruhe der Herr Reichsarbeitsminister, mir die Genehmigung zur Verlegung meines Wohnsitzes in das Generalgouvernement Polen, rückwirkend ab 1. Feber 1941, zu erteilen und wolle zuerkennen, dass meine Versorgungsbezüge auf ein beim Postsparkassenamte in Wien zu eröffnendes "Sonderkonto Versorgungsbezüge" eingezahlt werden.

Ergebenst

Nathan Kreyer

Abb. 47: Bittbrief eines jüdischen Versicherten an die RfA vom Juli 1941

dass die entsprechenden Renten nicht zu zahlen seien.[383] Dass man damit einen offenen Rechtsbruch beging, spielte in den Überlegungen keine Rolle.

Über die Tatsache und das Ausmaß der Judenvernichtung bekamen die RfA-Beamten jedoch auch bei der vermeintlich rentenversicherungsrechtlich korrekten Abwicklung der Vernichtungsaktionen einen tiefen Einblick; darüber ließ sich nicht hinwegsehen. Regelmäßig erhielt die Behörde seit Herbst 1941 unter dem Betreff „Erfassung und Verwertung von Vermögen abgeschobener Juden“ Meldungen der

383 Vgl. Rundschreiben vom 16.6. sowie vom 17.11.1942, in: BArch R 89/3414. Vgl. auch den Vermerk der Büroleitung Abt. I Leistung vom 8.1.1942, in: RfA-Archiv Nr. 150. Für jeden deportierten Juden musste die RfA im Übrigen einen offiziellen Rentenwegfallauftrag an die Reichspost ausstellen.

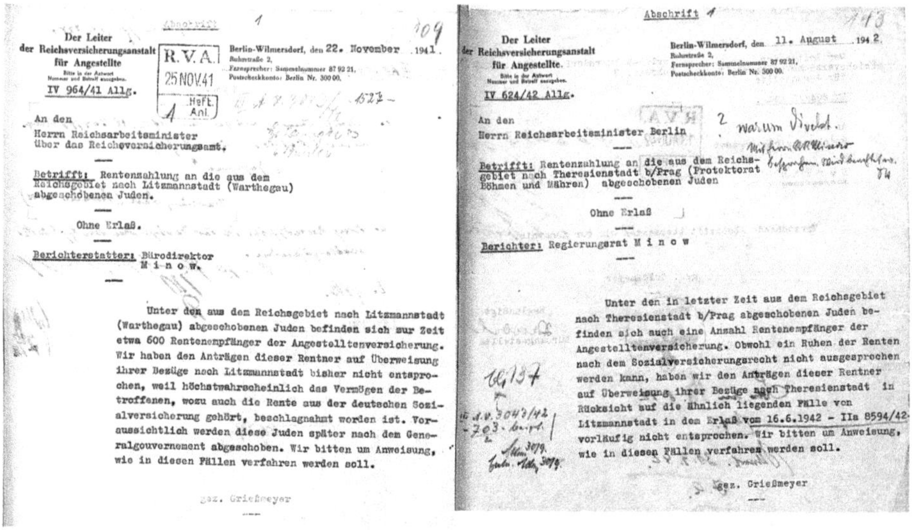

Abschrift

Der Leiter
der Reichsversicherungsanstalt
für Angestellte
Bitte in der Antwort
Nummer und Betreff angeben.
IV 964/41 Allg.

R.V.A.
25 NOV. 41
Heft.
Anl.

Berlin-Wilmersdorf, den 22. November 1941.
Ruhrstraße 2,
Fernsprecher: Sammelnummer 87 92 21,
Postscheckkonto: Berlin Nr. 300 00.

An den
Herrn Reichsarbeitsminister
über das Reichsversicherungsamt.

Betrifft: Rentenzahlung an die aus dem Reichsgebiet nach Litzmannstadt (Warthegau) abgeschobenen Juden.

Ohne Erlaß.

Berichterstatter: Bürodirektor M i n o w.

Unter den aus dem Reichsgebiet nach Litzmannstadt (Warthegau) abgeschobenen Juden befinden sich zur Zeit etwa 600 Rentenempfänger der Angestelltenversicherung. Wir haben den Anträgen dieser Rentner auf Überweisung ihrer Bezüge nach Litzmannstadt bisher nicht entsprochen, weil höchstwahrscheinlich das Vermögen der Betroffenen, wozu auch die Rente aus der deutschen Sozialversicherung gehört, beschlagnahmt worden ist. Voraussichtlich werden diese Juden später nach dem Generalgouvernement abgeschoben. Wir bitten um Anweisung, wie in diesen Fällen verfahren werden soll.

gez. Grießmeyer

Abschrift

Der Leiter
der Reichsversicherungsanstalt
für Angestellte.
Bitte in der Antwort
Nummer und Betreff angeben.
IV 624/42 Allg.

Berlin-Wilmersdorf, den 11. August 1942.
Ruhrstraße 2,
Fernsprecher: Sammelnummer 87 92 21,
Postscheckkonto: Berlin Nr. 300 00.

An den
Herrn Reichsarbeitsminister Berlin

Betrifft: Rentenzahlung an die aus dem Reichsgebiet nach Theresienstadt b/Prag (Protektorat Böhmen und Mähren) abgeschobenen Juden

Ohne Erlaß

Berichter: Regierungsrat M i n o w

Unter den in letzter Zeit aus dem Reichsgebiet nach Theresienstadt b/Prag abgeschobenen Juden befinden sich auch eine Anzahl Rentenempfänger der Angestelltenversicherung. Obwohl ein Ruhen der Renten nach dem Sozialversicherungsrecht nicht ausgesprochen werden kann, haben wir den Anträgen dieser Rentner auf Überweisung ihrer Bezüge nach Theresienstadt in Rücksicht auf die ähnlich liegenden Fälle von Litzmannstadt in dem Erlaß vom 16.6.1942 – IIa 8594/42 vorläufig nicht entsprochen. Wir bitten um Anweisung, wie in diesen Fällen verfahren werden soll.

gez. Grießmeyer

Abb. 48: Schreiben der RfA an das RAM betr. Rentenzahlungen an deportierte Juden in Litzmannstadt und Theresienstadt vom 22. November 1941 und vom 11. August 1942

verschiedenen Oberfinanzämter über Versicherungskarten, die bei enteigneten Juden „vorgefunden" und „zur Entlastung" an die Behörde geschickt wurden.[384] Zudem versuchten einige Finanzämter, sich im Zuge der Beschlagnahme von Vermögen deportierter Juden auch bei der RfA und etwaigen Rentenansprüchen der Betroffenen, bei Frauen auch evtl. Ansprüchen auf Kapitalabfindung bzw. Rückerstattungsansprüchen, schadlos zu halten.[385] In völliger Unkenntnis der rechtlichen Bestimmungen forderte die Dienststelle für Vermögensverwertung beim Oberfinanzpräsidium München noch im Juni 1943 von der RfA die Abführung der Rückkaufwerte der durch die „abgewanderte Jüdin Regine Sara A." eingezahlten Versicherungsbeiträge.[386] In anderen Fällen informierte die Münchner Behörde die RfA darüber, dass man sich vorbehalte, die Weiterzahlung der Renten wieder aufleben zu lassen, wenn nachträgliche Forderungen von deutschen Gläubigern bekannt werden würden. Auch aus den Versicherungsämtern kamen nun zunehmend „herrenlose" Versichertenkarten und Aufrechnungsbescheinigungen „evakuierter" Juden.[387] Noch markanter wird dies deutlich an den seit Frühjahr 1942 Monat für Monat vom Leipziger Oberbürgermeister regelmäßig in der Ruhrstraße eintreffenden Listen mit den jeweils deportierten Juden und den ihnen abgenommenen Versicherungskarten.[388] Diese Listen halfen der

---

384 Vgl. Schreiben des Oberfinanzamts Köln vom 16.12.1941, in: RfA-Archiv Fach 65, Nr. 6.

385 Vgl. dazu etwa das Schreiben des Finanzamtes Nordhausen vom 12.6.1942, in: ebd.

386 Vgl. Schreiben vom 10.6.1943 sowie in einem weiteren Fall das Schreiben vom 9.6.1943, in: ebd.

387 Vgl. dazu etwa das Schreiben des Versicherungsamtes der Stadt Nürnberg vom 14.5.1942, in: ebd.

388 Vgl. RfA-Archiv Fach 65, Nr. 6. Vgl. dort etwa das Schreiben betr. der eingezogenen Versicherungspapiere „anlässlich der fünften Judenverschickung aus Leipzig" vom 19.2.1943.

Kontenverwaltung der RfA, die entsprechenden Konten zu löschen und damit ihre Unterlagen auf den neuesten Stand zu bringen.

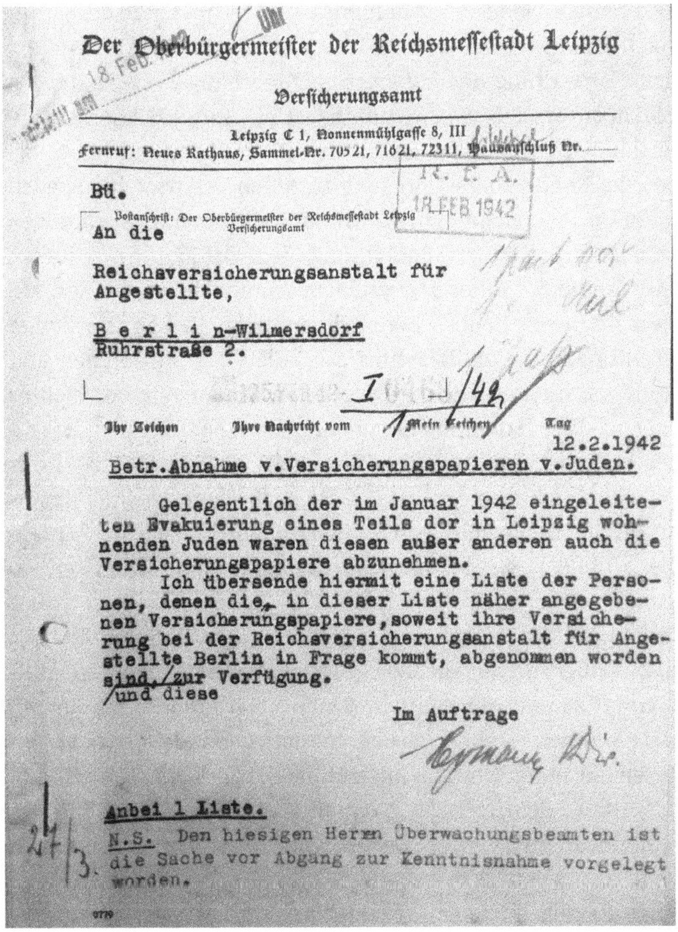

Der Oberbürgermeister der Reichsmessestadt Leipzig

Versicherungsamt

Leipzig C 1, Nonnenmühlgasse 8, III
Fernruf: Neues Rathaus, Sammel-Nr. 70521, 71621, 72311, Hausanschluß Nr.

Bü.

Postanschrift: Der Oberbürgermeister der Reichsmessestadt Leipzig Versicherungsamt

An die

Reichsversicherungsanstalt für Angestellte,

Berlin-Wilmersdorf
Ruhrstraße 2.

Ihr Zeichen | Ihre Nachricht vom | Mein Zeichen | Tag 12.2.1942

Betr. Abnahme v. Versicherungspapieren v. Juden.

Gelegentlich der im Januar 1942 eingeleiteten Evakuierung eines Teils der in Leipzig wohnenden Juden waren diesen außer anderen auch die Versicherungspapiere abzunehmen.
Ich übersende hiermit eine Liste der Personen, denen die, in dieser Liste näher angegebenen Versicherungspapiere, soweit ihre Versicherung bei der Reichsversicherungsanstalt für Angestellte Berlin in Frage kommt, abgenommen worden sind, und diese zur Verfügung.

Im Auftrage

Anbei 1 Liste.

N.S. Den hiesigen Herrn Überwachungsbeamten ist die Sache vor Abgang zur Kenntnisnahme vorgelegt worden.

Abb. 49: Schreiben des Oberbürgermeisters von Leipzig an die RfA vom 12. Februar 1942 betr. Abnahme von Versicherungsunterlagen deportierter Juden

Dass die RfA formal auch im Herbst 1942 noch regelmäßig Renten an jüdische Versicherte zahlte, zeigt sich etwa daran, dass sich der Oberfinanzpräsident in Stuttgart an die RfA wandte und die von den Postämtern – aufgrund der nicht mehr möglichen Rentenzustellung infolge der Deportation – an die zuständige Oberfinanzkasse überwiesenen Ruhegelder an die RfA zurücküberwies.[389] Monat für Monat wurden akribisch die Namen der deportierten jüdischen Rentner und die jeweiligen verfallenen Rentenzahlungen, die zwischen 42 und 158 RM betrugen, an die RfA ge-

389 Vgl. dazu den Schriftwechsel vom Februar bis Oktober 1942, in: RfA-Archiv Nr. 167.

meldet, die damit von der Behörde überzahlten und nun zurückerhaltenen Renten verbucht, die Versichertenkonten der Betroffenen geschlossen.[390] Auch die jüdischen Gemeinden meldeten ordnungsgemäß an die RfA regelmäßig die genauen Adressen und Rentenversicherungsnummern jener Altersheiminsassen, die im Laufe des Jahres 1942 „ihren Wohnsitz nach Theresienstadt verlegt haben".[391] Auch die korrekte rentenversicherungsrechtliche Verwaltung der Judenvernichtung hatte System. Die Akkuratesse der RfA ging auch so weit, dass man zumindest bis April 1942 den evakuierten und damit als ausländisch geltenden Juden ordentliche Bescheide über die Entscheidung zum Ruhen der Rente erteilte und auch zustellen ließ bzw. zuzustellen versuchte. Erst als sich die Gestapoleitstelle in Berlin darüber beschwerte, dass von der RfA Zustellungsbescheide an evakuierte Juden nach dem Ostland, d. h. Litauen und Lettland, mit der Adresse „Riga, Ghetto" verschickt worden seien, wurden Ruhensbescheide an Juden nicht mehr erteilt.[392] Bereitwillig erteilte die RfA im Oktober 1942 auch dem Prager Zentralamt für die Regelung der Judenfrage in Böhmen und Mähren Auskunft. Von dort war die Behörde darum gebeten worden, ein Verzeichnis sämtlicher bei der RfA versicherter Juden, die bereits eine Rente bezogen, einzusenden. „Bezüglich weiterer Rentenauszahlungen" sollte fortan erst der Bescheid aus Prag abgewartet werden, wobei sich dies explizit auf die nach Theresienstadt deportierten Juden bezog. „Gegen die Auszahlung von Renten an jene jüdische[n] Rentenempfänger, die noch hier wohnen", bestünden auch weiterhin keine Bedenken, so heißt es in dem Schreiben.[393]

Tatsächlich übersandte man bereits Anfang November eine entsprechende Liste von Rentenempfängern, die aufgrund der zusätzlichen Vornamen als Juden identifiziert werden konnten. Darauf standen 13 Rentner, denen noch unmittelbar Renten ausgezahlt wurden und 31 Rentner, die ihre Bezüge auf ein „gebundenes" oder „Sicherungskonto" überwiesen bekamen, weshalb angenommen wurde, dass es sich um Juden handelte.[394] Ob sich unter den über 1500 Rentenempfängern, denen die RfA Bezüge nach dem Protektorat überwies, noch weitere Juden befanden, konnte man „nach unseren Akten nicht feststellen". Um auf jeden Fall zu vermeiden, dass unzulässige bzw. überschüssige Renten an Juden gezahlt wurden, bat man das Prager Zentralamt um sofortige Benachrichtigung,

> sobald ein Jude, der von uns Rente bezieht, abgewandert ist. Dabei bitten wir auch den Zeitpunkt der Abwanderung anzugeben. Ferner sind von Ihnen beschlagnahmte Renten, die noch nach

390 Vgl. dazu die noch im Februar 1944 ergangene Liste des Oberfinanzpräsidenten Köln mit erloschenen Rentenkonten deportierter Juden, in: RfA-Archiv Nr. 168.

391 Schreiben der Jüdischen Kultusgemeinde in Frankfurt/Main an die RfA vom 2.10.1942, in: RfA-Archiv Nr. 168.

392 Vgl. Schreiben der Gestapo Berlin vom 15.5.1942 sowie das Schreiben Grießmeyers vom 8.6.1942, in: BArch R 89/3414.

393 Vgl. Schreiben vom 17.10.1942 sowie vom 14.11.1942, in: RfA-Archiv Nr- 168.

394 Vgl. Schreiben vom 10.11.1942, in: ebd.

> Ablauf des Abwanderungsmonats von uns überwiesen worden sind, an uns unter Angabe des Rentenbeziehers zurückzuzahlen.[395]

Andererseits wurde die RfA im Juli 1944 mit abermaligen Forderungen der Vermögensverwertungsstelle beim Oberfinanzpräsidenten Berlin-Brandenburg konfrontiert. Nachdem inzwischen auch das Vermögen der Reichsvereinigung der Juden in Deutschland zugunsten des Deutschen Reichs beschlagnahmt worden war, schickte die Behörde der RfA eine Liste mit 22 Rentenempfängern, die ihre Angestelltenrenten zwischen 1939 und 1941 im Zuge der Auswanderung an die Reichsvereinigung abgetreten hatten. Es ging um immerhin knapp 21.000 RM, die die RfA nun an die Vermögensverwertungsstelle auszahlen sollte.[396] Dort wies man die Forderungen jedoch mit Verweis auf das nach wie vor bestehende Ruhen der Renten bzw. die prinzipiell bestehenden Rentenansprüche zurück. Eine Überweisung an irgendeine Stelle komme daher nicht in Betracht.[397]

Eine einheitliche und klare Regelung, wie die Ansprüche der Juden aus der Angestelltenversicherung behandelt werden sollten, gab es aber nach wie vor nicht. Im August 1942 bekam die RfA von der Pensionsanstalt der Privatbeamten in Bratislava eine entsprechende Anfrage, wie man seitens der RfA mit den Rentenansprüchen im Zusammenhang mit der Lösung der Judenfrage umgehe.[398]

> Diesbezüglich interessiert uns selbstverständlich, auf welche Weise in der Reichsangestelltenversicherung die Frage der Ansprüche von Juden geregelt ist, die aus dem Reichsgebiet, das Protektorat Böhmen und Mähren inbegriffen, ausgesiedelt wurden oder die dieses Gebiet selbst verlassen haben. Ebenso interessiert uns, wie in der Reichsangestelltenversicherung hinsichtlich der Auszahlung von Renten bei Juden vorgegangen wird, die sich in einem Konzentrationslager, sei es auch etwa im Reichsgebiet, befinden.[399]

RfA-Direktor Koch antwortete auf diese Fragen zunächst mit dem Hinweis auf die im März 1941 erlassene Verordnung, nach der keine Renten an Juden im Generalgouvernement gezahlt werden durften, ergänzt durch den Erlass vom 20. Dezember 1941 zum Reichsbürgergesetz. Letztlich blieb aber nur der Verweis auf eine vom RAM „in Kürze" angekündigte Verordnung, in der die Rechtsstellung der Juden in der Sozialversicherung mit Rückwirkung zum 1. Januar 1942 umfassend und endgültig geregelt werden würde. „Der nähere Inhalt dieser Verordnung ist uns jedoch nicht bekannt."[400]

Innerhalb der RfA war man sich durchaus bewusst, auf welch unsicherem rechtlichen Boden man sich bei der Frage der „Judenrente" bewegte, das galt etwa vor allem bei den jüdischen Rentenempfängern in Ungarn. Es gab zwar einen Elass vom

395 Ebd.
396 Vgl. das Schreiben an die RfA vom 18.7.1944, in: RfA-Archiv Nr. 169.
397 Vgl. das Antwortschreiben vom 24.8.1944, in: ebd.
398 Vgl. das Schreiben vom 12.8.1942, in: RfA-Archiv Nr. 168.
399 Ebd.
400 Schreiben Kochs vom 27.8.1942, in: ebd.

17. April 1942 , demzufolge rentenberechtigte Juden ausländischer Staatsangehörigkeit keinen Anspruch auf bevorzugte Behandlung gegenüber deutschen Juden im Ausland haben. Das richtete sich vor allem gegen die ungarischen Juden, denen nun in der deutschen oder österreichischen Rentenversicherung erworbene Ansprüche vorenthalten wurden. Aber die Durchführung dieser Regelung war im Einzelfall dennoch vielfach strittig. Im April 1942 hatten der Fall des ungarischen Juden Wilhelm L. und eine Reihe weiterer Fälle für regen Schriftverkehr zwischen RfA, RVA und RAM gesorgt und das Hin und Her in der Verwaltungspraxis der RfA lässt eine Mischung aus Willkür und unausgegorenen Vorgaben des RAM sichtbar werden. Einem der Betroffenen war im März 1939 von der RfA ein Ruhegeld von monatlich 152,10 RM bewilligt worden, das jedoch wegen Aufenthalts im Ausland zunächst geruht hatte. Mit Inkrafttreten des deutsch-ungarischen Vertrags über Sozialversicherungsangelegenheiten war die Rente jedoch seit 1. Juni 1941 laufend ausgezahlt worden; allerdings hatte sich dadurch die auch von der RfA monierte Situation ergeben, dass mit der Bestimmung „Renten an ausländische Juden ins Ausland gezahlt werden, diese also besser behandelt werden sollen, als deutsche Juden".[401] Grießmeyer bat daher das RAM um Anweisung, wie die Behörde verfahren sollte. Tatsächlich erging dann am 20. Dezember 1941 der Erlasses des RAM, aufgrund dessen dann die Rente des Betroffenen mit Ende April 1942 bereits wieder eingestellt wurde.[402] Die daraufhin von ungarischen Rentnern vorgebrachten Eingaben, Proteste und Beschwerden blieben ungehört. Doch im November 1942 änderte man wiederum die Praxis, nun unter Berufung auf einen Erlass des RAM des selben Monats, wonach die Renten bis zum Inkrafttreten der geplanten Verordnung über die Behandlung von Juden und Zigeunern in der Reichsversicherung weiter gezahlt werden sollten. Bei den anderen, früheren Fällen beließ man es jedoch mit der Einstellung der Rentenzahlung.[403]

Noch im September 1943 galt, dass nach den bisher ergangenen Bestimmungen Rentenzahlungen an Juden, soweit sie sich im Inland aufhielten, keinen Einschränkungen unterlagen. Grundsätzlich hatten Juden im Inland noch die vollen Rechte auf Versicherungsleistungen. Angesichts der Tatsache, dass jedoch Renten nur an solche Berechtigten gezahlt werden konnten, deren Aufenthaltsort bekannt war und für die eine Lebensbescheinigung zusammen mit dem Nachweis der Deutschen Staatsbürgerschaft vorlag, stand diese Regelung allerdings nur auf dem Papier. In der RfA hatte man mit dieser Regelung in der Praxis denn auch zunehmend Probleme, zumal sich ein Großteil der wenigen noch im Reich befindlichen Juden inzwischen in städtischen Sammellagern befand, von wo sie ebenfalls deportiert werden würden. Gegen die Weiterzahlung der Renten an diese Juden bestanden daher im RVA Bedenken, „zumal nicht feststeht, ob ihnen die überwiesenen Geldbeträge ausgehändigt werden".[404] Über die künftige Rechtsstellung der Juden in der Sozialversicherung war nach wie vor

401 Schreiben Grießmeyers an das RAM bzw. RVA vom 20.12.1941, in: BArch R 89/3414.
402 Vgl. die Schilderung der RfA gegenüber dem RVA vom 24.2.1943, in: RfA-Archiv Nr. 168.
403 Vgl. ebd.
404 Schreiben des RVA an das RAM vom 14.9.1943, in: BArch R 89/3114.

nichts bekannt, in der RfA besaß man aufgrund von vertraulichen Informationen allenfalls allgemeine und eher grobe Vorstellungen über den Inhalt der geplanten und vom RAM immer wieder angekündigten Verordnung. Zwar hatte das RVA offenbar schon im September 1942 einen ersten Entwurf zur Stellungnahme erhalten, aber die RfA war diesmal nicht miteinbezogen worden.[405] Erst im Mai 1943 wurden auch in der Ruhrstraße erste Einzelheiten des Verordnungsentwurfs bekannt. Demnach sollten Juden anstelle von Leistungen der Reichsversicherung nur noch beschränkte Unterstützungen erhalten. Sämtliche Rechtsansprüche wurden in bloße Kannbestimmungen umgewandelt. Von Heilverfahren sollten Juden künftig ganz ausgeschlossen sein. Soweit es sich um die Rentenversicherung handelte, würden Beitragsleistungen, auch bei früheren ausländischen Versicherungsträgern, nicht mehr anerkannt. Juden, die im Generalgouvernement oder im Ausland wohnten, sollten weder Leistungen noch Unterstützungen erhalten. Die Ehefrauen von Juden sollten jedoch, wenn sie invalide oder bedürftig waren und je nachdem, ob Jüdin oder nicht, eine Unterstützung in unterschiedlicher Höhe erhalten können. Arischen Ehefrauen jüdischer Männer sollte zudem auch in deren Todesfall nach den gesetzlichen Vorschriften Hinterbliebenenrente gewährt werden können. Die RfA wäre dafür allerdings eigentlich überhaupt nicht mehr zuständig gewesen, denn Juden und Zigeuner, die in der Angestelltenversicherung versicherungspflichtig waren, sollten künftig ausschließlich nach den Vorschriften der Invalidenversicherung behandelt werden.[406]

Das Inkrafttreten der Verordnung war für den 1. Juli 1943 geplant, doch alle Bemühungen, die faktisch bereits erfolgte Verweigerung rechtmäßiger Leistungen und das damit praktizierte Unrecht durch eine Sonderbestimmung auch formaljuristisch nachträglich zu legitimieren, gelang nicht. Das geplante Sondergesetz gegen Juden und Zigeuner in der Reichsversicherung kam nie zustande. Die Gründe dafür sind im Einzelnen unklar, aber die dann vor allem auch von ehemaligen Beamten des RAM nach 1945 in die Welt gesetzte scheinheilige These, dass die Ursache in einer bewussten Verzögerungstaktik der RAM-Bürokratie gelegen habe, um den in der Verordnung geplanten Bruch mit dem Versicherungs- und Anwartschaftsprinzip und damit überkommenen Grundsätzen der Sozialversicherung zu verhindern, ist nicht haltbar.[407] Mit dem rechtswidrigen Entzug der Renten für die nach Litzmannstadt und Theresienstadt deportierten Juden hatte man schon längst die Bereitschaft zum Rechtsbruch und zur Missachtung der Reichsversicherungsordnung gezeigt, dessen Verteidigung man sich

---

405 Vgl. Schreiben des RVA an das RAM vom 11.9.1942, in: BArch R 89/3172.

406 Vgl. dazu das vertrauliche Schreiben des RAM an die RfA vom 14.5.1943, in: RfA-Archiv Nr. 206 sowie den ganzen Entwurf mit Anschreiben des RAM an den Leiter der Partei-Kanzlei, das Reichsinnenministerium und das Reichsfinanzministerium vom 7.5.1943, in: BArch R 2/18562. Vgl. auch Hans-Jörg Bonz, Geplant, aber nicht in Kraft gesetzt: Das Sonderrecht für Juden und Zigeuner in der Sozialversicherung des nationalsozialistischen Deutschland, in: Zeitschrift für Sozialreform 38 (1992), H. 3, S. 148 – 164 sowie Kirchberger, S. 121 ff. und auch Alfred C. Mierzejewski, A History of the German Public Pension System. Continuity and Change, N.Y./London 2016, S. 138 ff.

407 Vgl. dazu auch Bonz-MS, S. 162 f.

angeblich doch auf die Fahnen geschrieben hatte. Das RAM zeigte erst Recht wenig Skrupel, wenn es um die Aberkennung von Rentenversicherungsansprüchen von Juden wie auch anderen „Fremdvölkischen" (wie etwa Polen) ging, die sich außerhalb der Grenzen des Altreichs befanden, dennoch aber unmittelbar oder mittelbar dem Geltungsbereich der Reichsversicherungsordnung unterlagen.[408] Und was hinter den Vorgängen tatsächlich stand, die beschönigend als „Evakuierung" oder „Abschiebung" jüdischer Versicherte und Rentner bezeichnet wurden, wussten die Beamten im RAM wie im RVA und der RfA sehr wohl aus ihren Schriftwechseln im Behördenalltag. Viel mehr spricht für die schon von Bonz geäußerte Interpretation, dass es schlicht keinen Handlungs- und Regelungsbedarf mehr gab.[409] Zu einem Zeitpunkt, als sich die physische Massenvernichtung der Juden auf einem Höhepunkt befand und Goebbels Berlin für „judenfrei" erklärte, bestand keine Notwendigkeit mehr für eine versicherungsrechtliche Diskriminierung der Juden, deren Umsetzung zudem wie immer mit erheblichem Verwaltungsaufwand verbunden gewesen wäre.

6.4 Die gescheiterte Rechtsangleichung: Vermögensauseinandersetzung und Angestelltenversicherung in Österreich und dem Sudetenland

Bei Kriegsausbruch steckte die Eingliederung der Alterssicherungssysteme in Österreich und dem Sudetenland in das Sozialversicherungsrecht des Altreichs vielfach noch immer in den Anfängen. Dutzende von Gesetzen und Verordnungen galten nur übergangsweise und harrten ihrer endgültigen Regelung. Auf versicherungsrechtlicher Seite bestand das Problem der Umsetzung des neuen Reichsrechts, das oft mit den zahllosen Sonderbestimmungen des jeweiligen Altrechts in Konflikt geriet. Verwaltungsorganisatorisch stand in beiden Gebieten die nach wie vor ausstehende Vermögensauseinandersetzung mit den früheren Versicherungsträgern sowie den zahllosen Ersatzkassen im Mittelpunkt der Bemühungen der RfA. Die Zahl der nach altem österreichischem bzw. tschechoslowakischem Recht erworbenen und nun übernommenen laufenden Renten nahm dabei zwischen 1939 und 1944 nur langsam ab, in Österreich von knapp 49.000 auf 36.000, im Sudetenland von 26.500 auf 22.400. Die in diesen Jahren *neu* gestellten Rentenanträge wurde bereits einheitlich nach Reichsrecht behandelt und entschieden.

---

408 Vgl. Bonz, S. 163.
409 Vgl. ebd.

Tab. 17: Entwicklung der laufenden Renten im Altreich, in Österreich und dem Sudetenland (1939 bis 1944)

Jahr	Altreich	„Ostmark“	Sudetenland
1939	493.947	48.871	26.454
1940	530.794	47.381	26.245
1941	573.115	46.439	26.492
1942	657.350	40.750	25.125
1943	742.149	38.768	23.855
1944	834.187	36.392	22.405

Quelle: Zusammengestellt und berechnet nach den Angaben in den Berichten der RfA über die Entwicklung der AV im Geschäftsjahr 1939 ff., S. 3, 1941, S. 3 sowie monatliche Zusammenstellung der Ruhegeld- und Hinterbliebenenrentenempfänger für Dezember 1944, in: RfA-Archiv Fach 1001, Nr. 6–9 und Material zum Jahresbericht der Leistungsabteilung 1942 bzw. 1943, in: RfA-Archiv Nr. 79 und Nr. 80.

An der markanten Diskrepanz der Rentenhöhe änderte sich dabei auch im Krieg nichts. Ruhegeldempfänger wie Hinterbliebenenrentner im Altreich erhielten nur einen Bruchteil der Leistungen in der „Ostmark“ und im Sudetenland. Dennoch sollte das Protest- und Konfliktpotential der Versicherten und Rentner in beiden Gebieten hoch bleiben.

Tab. 18: Entwicklung der durchschnittlichen Rentenhöhe im Vergleich von Altreich, Österreich und Sudetenland (1940 bis 1942)

Jahr	Gebiet	Ruhegeld	Witwenrente	Waisenrente
Ende 1940	Altreich	63,75	29,13	20,97
	Ostmark	99,02	50,31	34,61
	Sudetenland	94,90	47,34	30,14
Ende 1941	Altreich	74,0	30,29	21,78
	Ostmark	109,22	51,81	37,02
	Sudetenland	103,13	52,57	30,19
Ende 1942	Altreich	66,80	29,08	21,48
	Ostmark	114,91	47,36	31,36
	Sudetenland	99,79	44,07	27,60

Quelle: Handschriftliche Zusammenstellung, in: RfA-Archiv Nr. 79.

Im Mittelpunkt der damit zusammenhängenden Debatten stand mehr denn je die RfA. Die Probleme begannen mit der Wiederbeschäftigung von Invalidenrentnern unter 65 Jahren, die, soweit die Versicherungsfälle vor dem 1. Oktober 1939 eingetreten waren, anders als im Altreich mit der Beschäftigungsaufnahme eine Kürzung bzw. ein Ruhen ihrer Ruhegelder hinnehmen mussten. Auf jeden Fall war vorab eine Überprüfung des Gesundheitszustands hinsichtlich der weiter dauernden Berufsunfähigkeit durch die RfA notwendig, was viele Rentner davon abschreckte, neue Beschäftigungsverhältnisse einzugehen.[410] Erst mit Erreichen der Altersgrenze von 65 Jahren lebten im Falle der Wiederbeschäftigung die Renten wieder auf; ausgenommen von der Regelung waren aber geringfügige Nebenverdienste bis 100 RM im Monat und vorübergehende Beschäftigungen bis drei Monate. Durch die „Zweite Durchführungsverordnung über die Einführung der Sozialversicherung in der Ostmark" im Februar 1940 wurden zwar die Ruhens- und Kürzungsbedingungen abgemildert, zudem verzichtete die RfA wie auch im Altreich auf die systematische Gesundheitsüberprüfung der Rentner; gleichzeitig wurde jedoch die bisherige Möglichkeit geringentlohnter und kurzfristiger Tätigkeiten abgeschafft.[411] Das Ganze war exemplarisch für das durch die Durchführungsverordnungen eher vergrößerte als verringerte Chaos in der Rentengesetzgebung und Rechtsanwendung und vor allem liefen die Regelungen so oder so den arbeitskräftemobilisierenden Zielen des NS-Regimes zuwider. Nicht nur die Kreisbauernschaft Donauland in Wien beschwerte sich daher bei der RfA über diese Situation.[412]

Ein zweites Konfliktfeld war die Versicherungszugehörigkeit bzw. die grundsätzliche Angestelltenversicherungspflicht von einzelnen Berufsgruppen. Vor allem in Bezug auf die Einordnung der Verkäuferinnen lieferte sich die RfA seit dem Frühjahr 1940 mit der Handwerkskammer Wien einen bis zum Jahresende dauernden Schriftwechselkrieg. Nach altem österreichischem Recht waren die Verkäuferinnen als Arbeiter versichert, während die RfA sie nun als Handlungsgehilfinnen und damit der Angestelltenversicherungspflicht unterliegend ansah.[413] Von den entsprechenden Betrieben wurden mithin erhebliche Beitragsnachzahlungen rückwirkend zum 1. Januar 1939 verlangt. Allen Argumenten der Handwerkskammer gegenüber blieb die RfA jedoch hart und beharrte auf der versicherungsrechtlichen Einstufung sowie der bedingungslosen Anmeldung oder Überführung der Verkäuferinnen in die Angestelltenversicherung bis zum 1. Juli 1940.[414] Aber auch als die Handwerkskammer Wien schließlich einlenkte, nahmen die anderen Handwerkskammern die neuen Bestimmungen noch lange nicht an. Immerhin blieben der RfA die Probleme mit der Altersversicherung der Handwerker in Österreich erspart, denn unter anderem aufgrund der dort fehlenden Handwerksrollen war das Handwerkerversorgungsgesetz dort nicht eingeführt worden. Es gab zahllose weitere Konflikte durch voneinander abweichende Detailregelungen in der deutschen und österreichischen Angestelltenversicherung, die nun erst langsam zu Tage traten und bei denen vor allem der je-

410 Vgl. dazu Schreiben der RfA Wien an Direktor Koch vom 20.5.1940, in: RfA-Archiv Nr. 154 b.
411 Vgl. dazu „Die Nebenverdienste der Rentner", in: Kärntner Grenzruf vom 13.6.1940, in: ebd.
412 Vgl. Schreiben vom 15.5.1940, in: RfA-Archiv Nr. 93.
413 Vgl. den Schriftwechsel in: RfA-Archiv Fach 34, Nr. 2.
414 Vgl. Schreiben der Handwerkskammer Wien vom 9.5.1940 sowie das umfangreiche Antwortschreiben der RfA vom 11.6.1940, in: ebd.

weilige Geltungs- und Anwendungszeitpunkt strittig war, unter anderem etwa in der Altersgrenze für Waisenrentenbezug.[415]

Konflikte gab es auch um die Anwendung der Jahresarbeitsverdienstgrenze, die es im österreichischen Recht nicht gegeben hatte, und damit um die Frage der Versicherungspflicht oder Versicherungsbefreiung. Alle Angestellten in der „Ostmark", die am 31. Dezember 1938 mehr als umgerechnet 7200 RM verdienten, waren daher auch danach für immer versicherungspflichtig, außer sie stellten einen Befreiungsantrag nach neuem deutschem Recht. Diese Sonderregelung galt jedoch in den Augen der RfA nicht für die Angestellten, die nach dem 1. Januar 1939 erst die Jahresarbeitsverdienstgrenze überschritten. Sie waren nach österreichischem Recht nicht versicherungspflichtig, unterlagen dann aber nach deutschem Recht der Versicherungspflicht nach dem AVG, solange sie die Jahresarbeitsverdienstgrenze nicht überschritten. Die Betroffenen dagegen reklamierten unter Berufung auf die Sonderregelung Versicherungspflichtigkeit auch im Fall einer späteren Überschreitung der Jahresarbeitsverdienstgrenze. Das Motiv war dabei klar: Die Auslegung der RfA hätte dem größten Teil der Versicherten den Vorteil genommen, dass der Arbeitgeber weiterhin seinen Beitragsanteil zur Rentenversicherung für sie trüge, und sie stattdessen zur freiwilligen Weiterversicherung auf eigene Kosten gezwungen. So argumentierte dagegen Grießmeyer in einem Schreiben an das RVA im August 1940:

> Wollte man den § 2 der Einführungsverordnung auch auf die Angestellten ausdehnen, die erst nach dem Übertritt zur deutschen Angestelltenversicherung die Gehaltsgrenze überschreiten, so würde das unseres Erachtens auf eine kaum gewollte Verlängerung der Geltung des österreichischen Rechts auf die Lebenszeit der jetzigen Generation hinauslaufen. Denn dann müsste man die Bestimmung auch auf alle Versicherten anwenden, die am 1. Januar 1939 als jugendliche Versicherte zur deutschen Angestelltenversicherung übergetreten sind und in 30 Jahren einmal die Gehaltsgrenze überschreiten. Das wäre ein Zustand, der mit dem Bestreben der Vereinheitlichung auf allen Gebieten in krassem Widerspruch stände und die Verwaltung und Rechtssicherheit stark erschwerte.[416]

Irritierte Anfragen kamen dazu vor allem auch von in Österreich tätigen Unternehmen. Die meisten Großunternehmen führten entsprechend der dort vorherrschenden Auslegung der Einführungsverordnung auch für Gefolgschaftsmitglieder, die inzwischen mehr als 7200 RM im Jahr verdienten, die entsprechenden Beitragsanteile zur Kranken- und Angestelltenversicherung ab.[417] Und vollends unklar, ob und in welcher Höhe Beiträge zur Angestelltenversicherung gezahlt werden mussten, war die Lage für jene Firmen, die, meist nur vorübergehend, österreichische Angestellte im Altreich

---

415 Vgl. hierzu im Detail den Beschluss eines im Oktober 1940 bzw. März 1941 vor der Spruchkammer des OVA Wien und dann des Revisionssenats der RVA verhandelten Streitfalls, in dem die RfA verlor, in: BArch R 89/23091.

416 Schreiben der RfA an das RVA vom 6.8.1940, in: BArch R 89/3193. Vgl. dazu dort auch das Schreiben des Zentralbüros der DAF an den Reichsarbeitsminister vom 5.7.1940, in dem diese die Verwaltungsübung der RfA zur Kenntnis bringt und gleichzeitig um Stellungnahme bittet.

417 Vgl. dazu etwa das Schreiben der sozialpolitischen Abteilung von Siemens vom 22.7.1940, in: ebd.

bzw. deutsche Angestellte in der „Ostmark" beschäftigten, wie etwa der große Baukonzern Heilmann & Littmann.[418] Obwohl die Rechtsauslegung der RfA eindeutig durch die Gesetzeslage gedeckt war und auch den groß propagierten sozialpolitischen Intentionen der Rechtsangleichung entsprach, stellte sich das RVA jedoch im August 1940 gegen die Verwaltungspraxis der RfA. Angesichts der seit der Eingliederung Österreichs erfolgten beträchtlichen Erhöhung der Lebenshaltungskosten, so das Argument, würde der Verlust des Versicherungsschutzes und damit der Beitragsanteile des Arbeitgebers eine weitere Senkung des Einkommens bedingen.[419] Der Kurswechsel war nicht zuletzt auf Intervention der DAF zustande gekommen, die direkt im RAM bei einer Besprechung auf eine entsprechende Änderung gedrängt und „im Hinblick auf die besonderen Verhältnisse der Ostmark" angeregt hatte, „die Bestimmungen der Versicherungspflichtgrenze entsprechend den Wünsche der Ostmarkgaue abzuändern".[420]

Ein Problem bei den vielen Unklarheiten und Auslegungsdiskussionen um die Anwendung alten oder neuen Rechts war, dass die zuständigen Auskunftsstellen mit Ausnahme der RfA-Abwicklungsstelle Wien vielfach überfordert waren oder aber widersprüchliche oder gar unrichtige Informationen vertraten und weitergaben. Die Überwachungsbeamten berichteten allenthalben über das ungenügende oder falsche „Rentenwissen", sei es in den Sozialabteilungen der Unternehmen oder in den amtlichen Stellen. „Die Unkenntnis des Gesetzes und die Unsicherheit in der Auslegung der gesetzlichen Bestimmungen sind immer wieder die eigentliche Ursache der vorgefundenen Unstimmigkeiten", heißt es etwa im Bericht des Salzburger Überwachungsbeamten vom Mai 1941.[421] Die von den Rechtsberatungsstellen der DAF oder der AOK erteilten Auskünfte, auf die sich die Arbeitgeber vielfach beriefen, „waren Großteils falsch", und dazu kam, dass sich auch in der bald blühende Ratgeberliteratur Aussagen befanden, durch die „ostmärkische Arbeitgeber irregeführt werden".[422] Ein Kapitel für sich war auch die Krankenversicherung der Rentner in der „Ostmark". Diese waren wie erwähnt bereits vor der entsprechenden Einführung im Altreich versicherungspflichtig gewesen und die RfA zog seit 1. Dezember 1939 die Krankenversicherungsbeiträge von den „Ostmark"-Renten ab. Trotz der rechtzeitigen Information aller Rentner beschwerten sich diese jedoch laufend über Art und Umfang der ihrer Meinung nach ungerechtfertigten Abzüge.[423]

---

418 Vgl. dazu das Schreiben an das RAM vom 5.3.1941, in dem erheblicher Dissens zu der Praxis der RfA geäußert wurde, in: BArch R 89/3193. Die RfA gestattete den Firmen schließlich, ihre nicht länger als sechs Monate in die Ostmark tätigen Gefolgschaftsmitglieder die Versicherungsbeiträge nach den Beitragssätzen des Altreichs zu entrichten.

419 Vgl. Schreiben des RVA an das RAM vom 28.8.1940, in: ebd.

420 Vgl. Schreiben des Zentralbüros der DAF an das RAM vom 30.8.1940, in: ebd.

421 Bericht vom 3.5.1941, in: RfA-Archiv Fach 34, Nr. 1.

422 Ebd. sowie Bericht der Überwachungsstelle Wien vom 23.9.1940, in: RfA-Archiv Fach 98, Nr. 1.

423 Vgl. dazu das Rundschreiben vom 15.1.1940, in: RfA-Archiv Nr. 148 sowie auchd das Schreiben der RfA Wien an die RfA Berlin vom 8.1.1940, in: RfA-Archiv Nr. 150.

Aus Kreisen der Versicherten und Rentner häuften sich daher bald die Beschwerdebriefe und Protestschreiben an das RAM, das RVA und die RfA, aber auch an die obersten Parteistellen der NSDAP. Anfang November 1940 erhielt Grießmeyer etwa ein ebenso langes wie in empörtem Ton verfasstes Schreiben des ehemaligen Leiters einer Rentnerorganisation in Graz, in dem dieser die Aufhebung der 1935 durch die österreichische Pensionsversicherung verfügten Kürzungen forderte.[424] Die RfA verwies in ihrem Antwortschreiben auf die desolate Lage der österreichischen Sozialversicherung, die an sich eine grundlegende Sanierung erfordert hätte, was aber den „Ostmark"-Rentnern durch die Einführung des deutschen Versicherungssystems erspart worden sei – eine Antwort, die der Absender als Ausdruck mangelnden Rechtsempfindens sowie „Unkenntnis der wahren Volksstimmung in der Ostmark" geißelte. Er drohte sogar mit einem Protestschreiben an Hitler.[425]

Offenbar waren die Proteste der „Ostmark"-Rentner jedoch so massiv, dass man auch im RVA –offensichtlich auf Druck der DAF hin – Erwägungen über etwaige Gesetzesänderungen anstellte, was Grießmeyer im Juni 1940 zu einem eigenen Schreiben veranlasste.

> Die Reichsversicherungsanstalt muss sich dagegen aussprechen, dass Härten des österreichischen Rechts aus alter Zeit jetzt ausgeglichen werden, da deren Ausmaß nicht abzusehen und im übrigen Deckung nicht vorhanden ist. Wir müssen vielmehr daran festhalten, dass die am 31. Dezember 1938 bestehenden österreichischen Anwartschaften nicht zu Ungunsten der RfA verschoben werden. Würde § 123 des österreichischen Angestelltenversicherungsgesetzes jetzt nachträglich rückwirkend eingeführt werden, so würde dies nicht eine Gleichstellung der österreichischen Versicherten mit den Versicherten des Altreichs bedeuten, sondern eine Bevorzugung der österreichischen Versicherten gegenüber den letzteren, denn sie würden sich nachträglich wesentlich höhere Leistungen erwerben [...], für die die reichsdeutschen Versicherten mit ihren Beiträgen aufzukommen hätten, die ihrerseits jedoch für die gleichen Beiträge nur einen Anspruch auf einen Bruchteil dieser Leistungen erlangen.[426]

Den immer wieder auftauchenden Klagen der österreichischen Versicherten, sie seien durch die Eingliederung benachteiligt, müsse unter Verweis auf die Rechtslage entgegengetreten werden.

Ein Kernproblem blieb nach wie vor bestehen: die endgültige Feststellung der Anwartschaften, die Voraussetzung dafür war, dass die vom Gesetzgeber vorgesehene, komplizierte Berechnung der Renten endlich erfolgen konnte. Am 5. Februar 1940 war nun endlich die von der RfA lange erwartete „Zweite Verordnung zur Durchführung und Ergänzung der Verordnung über die Einführung der Sozialversicherung im Lande Österreich" erlassen worden. Demnach wurde die RfA als zuständiger Versicherungsträger verpflichtet, auf binnen sechs Monaten gestellte Anträge hin die jeweili-

424 Vgl. das Schreiben vom 3.11.1940, in: BArch R 89/3193.
425 Ebd.
426 Schreiben vom 24.6.1940, in: BArch R 89/3193 sowie das Schreiben der DAF, Amt für Rechtsberatungsstellen an das RAM vom 22.5.1940, in dem an Hand eines konkreten Falles auf die Notwendigkeit „einer die Härten vermeidende[n] Regelung" hingewiesen wird.

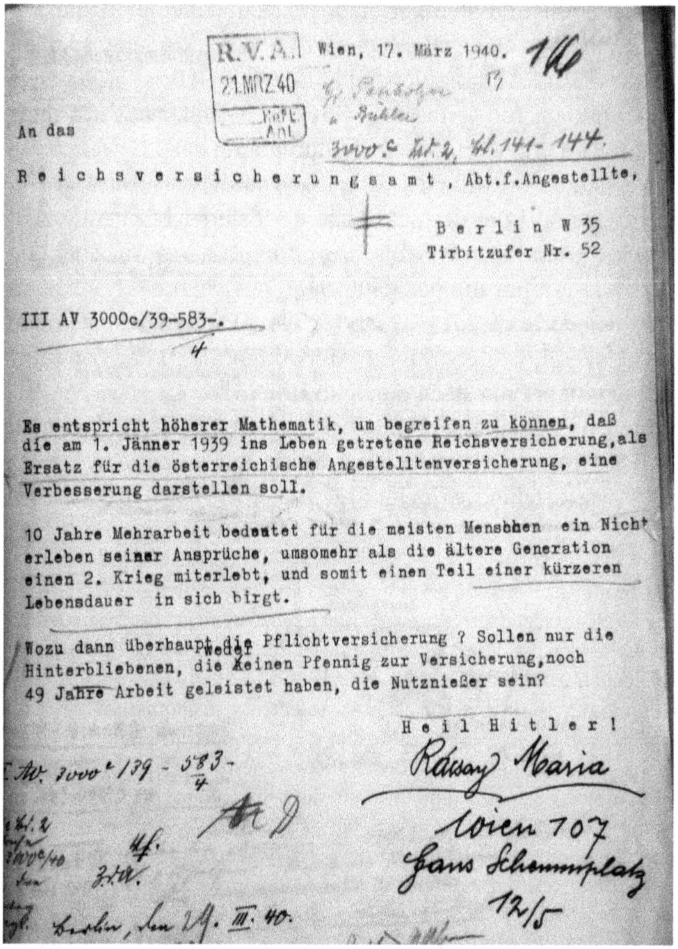

R.V.A. 21.MRZ.40

Wien, 17. März 1940.

An das

R e i c h s v e r s i c h e r u n g s a m t , Abt.f.Angestellte,

B e r l i n W 35
Tirbitzufer Nr. 52

III AV 3000c/39-583-.

Es entspricht höherer Mathematik, um begreifen zu können, daß die am 1. Jänner 1939 ins Leben getretene Reichsversicherung, als Ersatz für die österreichische Angestelltenversicherung, eine Verbesserung darstellen soll.

10 Jahre Mehrarbeit bedeutet für die meisten Menschen ein Nicht erleben seiner Ansprüche, umsomehr als die ältere Generation einen 2. Krieg miterlebt, und somit einen Teil einer kürzeren Lebensdauer in sich birgt.

Wozu dann überhaupt die Pflichtversicherung ? Sollen nur die Hinterbliebenen, die keinen Pfennig zur Versicherung, noch 49 Jahre Arbeit geleistet haben, die Nutznießer sein?

H e i l H i t l e r !

Rácsay Maria
Wien 107
Hans Schemmplatz 12/5

Abb. 50: Beschwerdebrief einer österreichischen Versicherten an die RfA vom 17. März 1940

gen erworbenen Beitragszeiten in der Österreichischen Pensionsversicherung festzustellen. Im Detail wurde nun festgelegt, wie und welche Zeiten festzustellen und anzurechnen waren. Daraus wurde dann der österreichische Teil der künftigen Jahresrente berechnet, ergänzt durch einen zweiten, deutschen und nach Reichsrecht errechneten Teil, der im wesentlichen aus dem einheitlichen Grundbetrag von 360 RM bestand.[427] Mit der Bestimmung wurden zudem eine Reihe von Leistungsvorschriften des österreichischen Rechts, die bisher noch galten, mit 1. Januar 1940 außer Kraft gesetzt und im Sinne der Rechtsangleichung unter anderem die reichsrechtlichen

427 Vgl. die Durchführungsverordnung, in: RfA-Archiv Nr. 25, darin auch ein umfassender Vermerk vom 24. 2. 1940 über die wichtigsten Bestimmungen sowie auch die Abteilungsverfügung vom 8. 3. 1940. Vgl. auch „Die Pensionsanwartschaften der Angestellten“, in: Neues Wiener Tagblatt vom 17.11.1940, in: RfA-Archiv Fach 34, Nr. 1.

Ruhensvorschriften eingeführt. Auch die jüdischen Rentenempfänger der „Ostmark" wurden nun nach Reichsrecht einheitlich behandelt. Nur mit Mühe hatte die RfA im Vorfeld der Beratungen der Durchführungsverordnung verhindern können, dass den „Ostmark"-Versicherten wie den Altreich-Versicherten nach dem Ausbaugesetz die Möglichkeit zur Nachentrichtung von Beiträgen für die Zeit vor dem 1. Januar 1939 eröffnet würde. Gegen entsprechende Überlegung wandte man sich „mit aller Entschiedenheit", da sie der RfA „weitere unübersehbare Lasten" aufbürden würde.[428]

Trotz des unklaren Umfelds und vor allem auch der aufwändigen Antragstellung – die dazugehörende Anleitung sowie die beiden Merkblätter umfassten insgesamt sechs enggedruckte Seiten – machten in der Folgezeit tausende von Versicherten von der Anwartschaftsfeststellung Gebrauch, nachdem sie nicht zuletzt auch durch entsprechende Bekanntmachungen im *Völkischen Beobachter* dazu aufgerufen worden waren.[429] Auf die RfA rollte damit – im März 1940 ging man von ca. 300.000 zu erwartenden Anträgen aus – eine riesige Welle an zusätzlicher Behördenarbeit zu. Sollte die Antragsbearbeitung innerhalb Jahresfrist erfolgen, so waren, so die internen Überlegungen, dafür ca. 50 ganztägig beschäftigte Angestellte erforderlich. Die zur gleichen Zeit wie die Durchführungsverordnung erfolgten großspurigen Ankündigungen der DAF und Leys über das künftige Altersversorgungswerk lähmten im Übrigen auch hier die Aktivitäten der Beteiligten, Versicherter wie Behörden, und sorgten für Verunsicherung. Die „Ostmark"-Versicherten fragten sich wie ihre Schicksalsgenossen im Reich, warum sie noch weiter in das Rentenversicherungssystem einzahlen und ihre letztlich dann doch wertlosen individuellen Anwartschaftsrechte geltend machen sollten; für die RfA-Beamten ihrerseits stellte sich die Frage nach dem Sinn der höchst aufwändig ermittelten und festgestellten Anwartschaften und deren Berechnung nach noch geltendem Recht.

Schon vor dem Erlass der zweiten Durchführungsverordnung behelligte die Abwicklungsstelle in Wien Grießmeyer persönlich wie die zuständigen Sozialversicherungsexperten in der Ruhrstraße mit Zweifelsfragen zur Anwartschaftsfeststellung; dabei war der Leiter der Stelle, Cerny, selbst ausgewiesener Kenner des Rentenversicherungsrechts.[430] Mit Inkrafttreten der Durchführungsverordnung ebbte der Klärungsbedarf jedoch keineswegs ab: Wie sollten die Kürzungsvorschriften hinsichtlich der Beitragsgrundlagen angewendet werden, was war beim Zusammentreffen von Anwartschaftszeiten bei ausländischen und inländischen Versicherungsträgern und wie konnte das überprüft werden und nicht zuletzt, wie sollte man sich mit den gleichfalls involvierten Ortskrankenkassen die Kosten der Anwartschaftsfeststellung teilen?[431] Die Krankenkassen waren die einzigen Stellen, bei denen die Unterlagen

428 Schreiben Grießmeyers an das RVA vom 9.1.1940, in: BArch R 89/3192.
429 Vgl. einen Antragsvordruck sowie die dazugehörenden Merkblätter, in: RfA Archiv Nr. 152.
430 Vgl. dazu die fast täglich aus Wien eingehenden Berichte und Anfragen, in: RfA-Archiv Nr. 152.
431 Vgl. dazu das Schreiben der RfA Wien an die RfA Berlin vom 6.3.1940, in: ebd. Vgl. auch der Schriftwechsel zwischen Wien und Berlin vom Februar bis März 1940, in: RfA-Archiv Regal 5, Ordner AV in Österreich, ohne Signatur.

über den Versicherungsverlauf der einzelnen Versicherten vollständig vorlagen. Ihre Mitwirkung war daher unverzichtbar.[432] Ende März hatte Cerny ein hochbürokratisches aber auf größtmögliche Effizienz angelegtes „Verfahren bei der RfA, Abwicklungsstelle Wien zur Anwartschaftsfeststellung" entwickelt, das auch in Berlin gutgeheißen wurde, nachdem Ende Juni 1940 RfA-Direktor Koch zu einer Besprechung der einzelnen Punkte nach Wien gefahren war.[433]

Das Verfahrensprocedere trieb auch kuriose Blüten. Anders als die Wiener Stelle hatte man in der Ruhrstraße zum Beispiel auf eine strenge Prüfung der deutschen Staatsangehörigkeit zum Zeitpunkt des 31. Dezember 1938 bestanden, was in der Praxis des Feststellungsverfahrens einen dreifachen Staatsangehörigkeitsnachweis notwendig gemacht hätte – für die Zeit vor dem 1. Januar 1927, für den 31. Dezember 1938 und für den Tag des Eintritts des Versicherungsfalls.[434] Doch das Verfahren lief letztlich reibungslos an und seit Sommer 1940 gingen Monat für Monat zwischen 700 und 800 Anwartschaftsmitteilungen der RfA-Abwicklungsstelle Wien an die Versicherten.[435] Bis Anfang März 1941 waren immerhin über 10.000 Anwartschaftsmitteilungen herausgegangen. Für die freiwillig Versicherten, ca. 5500 Personen, war die aktenmäßige Berechnung der Anwartschaften bereits vorher vollständig zu Ende geführt worden. Dabei hatte sich ein nicht unerheblicher Prozentsatz von unauffindbaren Fällen herausgestellt, bei denen es sich zum größten Teil um inzwischen ausgewanderte Juden handelte. „Dieser verhältnismäßige Hundertsatz", so notierte Cerny dazu in seinem Bericht, „ist auch insoferne besonders bemerkenswert, als er eine nicht unbeträchtliche, voraussichtlich dauernde Verringerung der Versicherungslast bedeuten dürfte, welche die RfA aus der Ostmark übernommen hat."[436] Auf die Bescheide folgten allerdings nicht selten Widersprüche, Beschwerden und Klagen von Versicherten, die mit den angerechneten Beitragszeiten nicht einverstanden waren und, nicht selten unterstützt von den Rechtsberatungsstellen der DAF, bei den Versicherungsämtern ein offizielles Streitverfahren beantragten.[437] Noch am 6. März 1944 wurde dazu etwa vor der Spruchkammer des OVA Wien ein entsprechender Streitfall verhandelt.[438] Nachdem dabei immer öfter divergierende Rechtsauffassungen zwischen der RfA und dem Oberversicherungsamt Wien zu Tage getreten waren, sah sich

432 Vgl. dazu auch zu den entsprechenden von der RfA in Berlin geführten Verhandlungen mit der AOK Wien das Scheiben Grießmeyers an das RVA vom 6.12.1940, in: BArch R 89/3192 sowie die weiteren mühsamen Verhandlungen mit anderen Ortskrankenkassen, die die Vereinbarung zwischen RfA und AOK Wien keineswegs einfach übernehmen wollten, in: RfA-Archiv Nr. 153.

433 Vgl. Schreiben der RfA Wien vom 22.3.1940, in: RfA-Archiv Nr. 152 und den Vermerk Kochs über das Ergebnis der Besprechungen vom 18. bis 21.6.1940, in: RfA-Archiv Nr. 152 a.

434 Vgl. dazu das Schreiben der RfA Wien vom 8.4.1940, in: RfA-Archiv Nr. 154 b.

435 Vgl. dazu den Bericht vom 2.12.1940, in: RfA-Archiv Nr. 153.

436 Bericht vom 1.11.1940, in: RfA-Archiv Nr. 153.

437 Vgl. dazu eine Reihe von Einzelfällen in: ebd. sowie auch eine Reihe weiterer Streitfälle für die Zeit von Oktober bis November 1941, in: BArch R 89/3194 sowie weitere Streitfälle zwischen September 1941 und August 1942, in: BArch R 89/23091.

438 Vgl. der Fall vom 6.3.1944, in: ebd.

Direktor Koch schon im Juni 1940 zu einer Dienstreise nach Wien veranlasst, um dort eine Aussprache über die Gestaltung des Spruchkammerverfahrens zu führen.[439] Die DAF versuchte sich im Übrigen auch anderweitig in das Feststellungsverfahren einzumischen. Im November 1940 hatte sich die Gauleitung Wien der DAF ebenso wie das Amt für Arbeitseinsatz bei der DAF in Berlin beim Reichsarbeitsminister darüber beschwert, dass die Antragsfragebögen keine Rubrik für die Feststellung arbeiterversicherungspflichtiger Dienstzeiten enthielten. Für die Aufrechterhaltung der Anwartschaften, so die Überzeugung, seien auch die in der Invalidenversicherung zurückgelegten Zeiten relevant – eine Ansicht, die von der RfA mit Hinweis auf die Rechtslage umgehend als „irrig" richtiggestellt wurde.[440] Das Amt für Volkswohlfahrt der Wiener NSDAP-Gauleitung hatte sich auch schon im Mai 1940 direkt bei der RfA darum bemüht, für die Sozialrentner durch Darlehensgewährungen bzw. Rentenbevorschussung finanzielle Hilfen im Rahmen der Kohlevorratsaktion zu gewähren, was die Behörde mit Hinweis auf die geltende Rechtslage zurückwies.[441]

Politischen Druck und Einflussnahmen gab es auch anderweitig. Im Dezember 1939 hatte sich etwa der Gauinspekteur der NSDAP Gauleitung Oberdonau in Linz direkt bei der RfA über das angebliche „Nichtfunktionieren der Reichsversicherungsanstalt" beschwert. Allenthalben gebe es Klagen, dass die Rentner auch nach vielen Monaten keine Regelung ihrer Rente erhielten und nach wie vor von kleinen Vorschüssen leben müssten. „Die Menschen wissen überhaupt nicht, wie lange sich dieser Zustand der Ungewissheit noch hinauszieht."[442] Vor allem aber musste sich die Behörde auch mit der „Wiedergutmachung der im Zuge der nationalsozialistischen Erhebung auf dem Gebiet der Sozialversicherung erlittenen Schäden" beschäftigen. In einem entsprechenden Erlass hatte der Reichsarbeitsminister bestimmt, dass Ansprüche und Anwartschaften wieder auflebten und angerechnet würden, die wegen „Eintretens für die nationalsozialistische Erhebung" und den daraufhin erfolgten Ausbürgerungen aberkannt worden waren.[443]

Es gab nicht wenige Versicherte, die diese Regelung für sich auszunutzen versuchten, um aus ganz anderen Gründen erloschene Anwartschaften in ihren Versicherungsverläufen wieder aufleben zu lassen. Im Sommer 1940 hatte die RfA etwa den Antrag eines Kärntner SA-Sturmbannführers erhalten, der die Zeit vom 19. Juni 1933 bis zum 30. September 1938 als Beitragszeit angerechnet haben wollte und zudem die Rückerstattung der für diese Zeit freiwillig entrichteten Beiträge forderte.[444] Nach genauer Prüfung des Falls kam man in der Ruhrstraße jedoch zum Entschluss, dass

439 Vgl. dazu den Vermerk Kochs vom 28.6.1940 über die Besprechung am 20.6.1940, in: RfA-Archiv Nr. 154 a.

440 Vgl. Scheiben der RfA an das RVA vom 2.12.1940, in: BArch R 89/3192 sowie auch Schreiben der DAF vom 1.11.1940, in: RfA-Archiv Nr. 153 b.

441 Vgl. dazu das Schreiben vom 16.5.1940 bzw. vom 25.5.1940, in: RfA-Archiv Nr. 25.

442 Schreiben vom 8.12.1949, in: RfA-Archiv Fach 5, ohne Signatur, Ordner AV in Österreich.

443 Vgl. Schreiben des RAM vom 17.5.1940, in: BArch R 89/3191.

444 Vgl. Schreiben der RfA an das RVA vom 6.9.1940, in: BArch R 89/3192.

die notwendigen Voraussetzungen für eine „Wiedergutmachung“ nicht gegeben waren, holte sich dazu jedoch beim RVA eine Rückversicherung ein. Mehr Glück hatte dagegen ein anderer „Alter Kämpfer“, nachdem dieser sich eine entsprechende Bestätigung des NSDAP-Kreisleiters in Klagenfurt besorgt hatte. Ihm wurde im Mai 1942 ein neuer Bescheid erteilt, in dem nun bei der Ermittlung der Bemessungsgrundlage die Zeiten, während der er wegen seines Eintretens für die nationalsozialistische Erhebung eine Beschäftigung mit geringerem Lohn innehatte, angerechnet wurden, die gekürzten Bezüge mithin nicht mehr berücksichtigt wurden. Letztlich betrug die damit erreichte Aufstockung der Anwartschaft aber nur 19,03 RM.[445] Zu diesem Zeitpunkt mussten sich RfA, RVA und RAM mit dem Fall eines Altersrentners befassen, der sich schon 1940 mit einem Gesuch an den Stellvertreter des Führers gewandt und um Gewährung eines Ruhegeldes unter Anrechnung der Versicherungszeiten von 1909 bis 1914 als Handelsangestellter in Triest sowie als Kriegsteilnehmer von 1914 bis 1919 gebeten hatte. Nach dem zur Bewertung des Falls heranzuziehenden alten österreichischen Recht war die Sachlage klar: Die Anwartschaft war wegen fehlender Versicherungsbeiträge erloschen und eine Anrechnung der Zeiten nicht möglich, wie das RfA schon im Dezember 1940 dem RAM mitgeteilt hatte. Doch der Betroffene ließ nicht locker und erreichte nach weiteren Eingaben an die Führerkanzlei in München, dass das RAM die RfA im März 1942 aufforderte, wohlwollend zu prüfen, ob dem Antragsteller nicht doch eine Wiedergutmachung gewährt werden könnte.[446] Doch die RfA blieb nach abermaliger Prüfung des Falls, in dem von dem Betroffenen selbst das Argument der Verfolgung als NS-Anhänger gar nicht vorgebracht worden war, bei ihrem ablehnenden Bescheid. Dieser wurde allerdings vom RVA dahingehend unterlaufen, als dieses dem RAM eine spezifische Auslegung des Falles vorschlug. Demnach könnte das damalige Ausscheiden aus der versicherungspflichtigen Tätigkeit aufgrund der Zugehörigkeit zur damals noch illegalen NSDAP entsprechend dem „Wiedergutmachungserlasses“ ausgelegt werden und dem Antragsteller mithin doch noch eine Rente gewährt werden.[447]

Nach wie vor kämpfte die RfA mit den anhaltenden Zweifelsfragen, die sich aus der Verschiedenheit der österreichischen Pensionsversicherungsvorschriften und des deutschen Angestelltenversicherungsgesetzes ergaben. Im März 1941 sandte Grießmeyer einen von seinen Experten verfassten siebenseitigen Brief an das RAM, in dem um Klärung von zahlreichen Detailfragen gebeten wurde, die einer ordnungsgemäßen Handhabung der diversen Erlasse entgegenstanden.[448] Vor allem aber wehrte sich die Behörde gegen eine zunehmende Tendenz unter den verschiedenen NSDAP-Parteistellen in Österreich, aus loyalitätspolitischen Gründen einer sukzessiven Aufweichung der Gesetzesbestimmungen das Wort zu reden. Im Mai 1941 hatte sich etwa das Amt für Rechtsberatungsstellen der DAF beim RAM über die wiederholt auftretenden

445 Vgl. Schreiben der RfA an das RVA vom 14.5.1942, in: BArch R 89/3194.
446 Vgl. Schreiben des RAM vom 12.3.1942, in: BArch R 89/3195.
447 Vgl. Schreiben des RVA an das RAM vom 18.6.1942, in: ebd.
448 Brief Grießmeyers an das RAM über das RVA vom 21.3.1941, in: BArch R 89/3193.

Härtefälle bei der Durchführung der Anwartschaftsfeststellung beschwert und die „Sicherstellung der berechtigten Belange der ostmärkischen Angestellten" gefordert.[449] In zahllosen Schreiben versuchte die RfA unter Darlegung der bestehenden Rechtslage, aber auch der früheren Rechtsentwicklung der österreichischen Sozialgesetzgebung, vor allem aber auch aus grundsätzlichen Erwägungen, dem entgegenzutreten.[450] Im Oktober 1941 antwortete man etwa auf eine Beschwerde der DAF über anhaltende Schwierigkeiten bei der Umsetzung der rentenversicherungsrechtlichen Verordnungen in Österreich und rechnete an einem konkreten Fall detailliert vor, dass von einer Schlechterstellung etwa auch der Witwen überhaupt keine Rede sein könne.[451]

Es war ein ziemlich mühsames Geschäft, die schnell dahingeworfenen und meist auf alleiniger Basis der Beschwerden der betroffenen Versicherten und Rentner erhobenen pauschalen Vorwürfe über soziale Härten und Benachteiligungen mit differenzierten Darlegungen der Gesetzeslage und der daraus abgeleiteten Verwaltungsübung zu entkräften. Diese – von den Parteistellen angestrengten – ebenso offenen wie hartnäckigen Versuche der Rechtsbeugung und großzügigen Auslegung der Bestimmungen im nationalsozialistischen Sinne hatte es im Reich weit weniger gegeben, insofern war man in der Ruhrstraße mit einer neuen Problemlage konfrontiert. „Bei Überleitung der österreichischen Pensionsversicherung der Angestellten", so sah sich Grießmeyer Ende August 1941 denn auch nachgerade zu einer Belehrung des RAM gezwungen, „hat der Gesetzgeber nicht [...] die Beitragszeiten in der österreichischen Pensionsversicherung den Beitragszeiten nach dem AVG gleichgestellt."[452] Die österreichischen Angestellten hätten trotz katastrophaler Finanzlage bei den Leistungsansprüchen wie den Anwartschaften eine vom Reichsrecht abweichende Sonderbehandlung genossen, aus der ein Vielfaches der Leistungen der Angestelltenversicherung resultierte. Die Aufgabe der Rentengesetzgebung sei nun nicht, diese Diskrepanzen und Ungleichheiten in der Behandlung der österreichischen und der deutschen Rentner und Versicherten zu Lasten Letzterer weiter zu zementieren oder gar zu vergrößern, sondern abzubauen, so der Tenor der Argumentation aus der Ruhrstraße.

> Es widerspräche der Billigkeit, wenn durch das gleiche Gesetz, durch das die Versicherten des Altreichs sich eine Anwartschaft auf den reichsrechtlichen Grundbetrag von jetzt 444 RM erwerben, die österreichischen Versicherten Anrecht auf einen Grundbetrag erlangen würden, der in vielen Fällen ein Mehrfaches des reichsrechtlichen Grundbetrags ausmachte.[453]

449 Vgl. das Schreiben vom 3.5.1941, in: BArch R 89/3193.

450 Vgl. dazu etwa das Schreiben der RfA an das RVA vom 12.7.1941, in dem die Argumentation der DAF versicherungsrechtlich regelrecht zerpflückt wird, in: ebd.

451 Vgl. Schreiben vom 25.10.1941, in: BArch R 89/3194.

452 Schreiben vom 25.8.1941, in: BArch R 89/3171.

453 Ebd., S. 3.

Grießmeyer bezog sich dabei explizit auf die Auswirkungen des ersten Leistungsverbesserungsgesetzes. Prinzipiell wurden die durch dieses gewährten Zuschläge auch den österreichischen Altersfürsorgerentnern gezahlt. Mit dem Gesetz war aber auch gegen den Widerstand der RfA die Möglichkeit eröffnet worden, nach den österreichischen Vorschriften verfallene Beitragsmonate wieder anrechnen zu lassen, allerdings erst mit Wirkung vom 1. August 1941.

Auch das zweite Leistungsverbesserungsgesetz enthielt, zumindest im Entwurf, Sonderbestimmungen für die „Ostmark", die aus Sicht der RfA und des RVA höchst problematisch waren. Nach § 6 könnte der Reichsarbeitsminister in den ehemaligen österreichischen Reichsgauen zum Ausgleich für die dort eingetretene besondere Erhöhung der Lebenshaltungskosten die Leistungen der Rentenversicherung der Arbeiter und Angestellten verbessern und Zusatzrenten gewähren – eine Bestimmung, die den Grundsätzen einer Sozialversicherung widersprach, zumal „Berufungen anderer Gebiete hierauf unausbleiblich sein werden, und es dürfte schwer sein, sachlich begründete Grenzen zu ziehen", wie man im RVA zu Bedenken gab.[454] Der Erlass der entsprechenden Bestimmungen wurde daraufhin verschoben, aber im Oktober 1943 dann im Zuge einer eigenen zweiten Verordnung über Leistungsverbesserungen in der Rentenversicherung doch eingeführt – sowohl in den Alpen- und Donau-Reichsgauen, in den ehemaligen tschechoslowakischen Gebieten als auch und in den ins Deutsche Reich eingegliederten (Ost-)Gebieten.[455] Beim Ruhegeld konnten nun maximal zwölf RM im Monat zusätzlich gewährt werden, bei der Witwenrente sieben RM im Monat. Die Zusatzrenten betrafen allerdings nicht alle Ruhegeldempfänger in gleichem Maße, sondern waren nach Rentenhöhe gestaffelt. Den Höchstsatz konnten nur Rentner mit einer Monatsrente bis maximal 67 RM erhalten, bei allen anderen wurden deutlich geringere Unterschiedsbeträge zum bestehenden Ruhegeld gezahlt, die letztlich faktisch nur wenige zusätzliche RM ausmachten.[456] Und zudem beruhten die Leistungen nur auf Kannbestimmungen und nicht auf einem generellen Anspruch. Neben der damit vollzogenen Abkehr von der sozialversicherungsrechtlichen Gleichbehandlung bedeutete die Rentenerhöhung über Zusatzrenten für die RfA einen neuen erheblichen Verwaltungsaufwand. Im ganzen waren, wie man dem RAM gegenüber vorrechnete, knapp 105.000 Renten neu zu berechnen, wofür alleine drei Monate veranschlagt wurden, eine Arbeit, die bei der damaligen Geschäfts- sowie Arbeitskräftelage in absehbarer Zeit nicht durchzuführen war.[457]

Nicht minder großen Verwaltungsaufwand bedeutete die Einführung des neuen Beitragsverfahrens mittels Lohnabzug. Das erst kurz zuvor mit viel Aufwand in der „Ostmark" eingeführte Markenverfahren wurde nun wieder abgeschafft, dazu sorgten Verwechslungen mit den früheren Bestimmungen des österreichischen Sozialversi-

454 Schreiben des RVA an das RAM vom 14.4.1942, in: BArch R 89/3171.

455 Vgl. die Verordnung vom 12.10.1943, in: Mitteilungen der RfA Nr. 1, 1944, S. 1–3.

456 Vgl. dazu im einzelnen die Aufschlüsselung der potenziellen Zusatzrentensätze in der Abteilungsverfügung vom 25.10.1943, in: RfA-Archiv Nr. 200.

457 Vgl. Schreiben der RfA an das RAM vom 20.7.1943, in: RfA-Archiv Nr. 36 und auch BArch R 89/3172.

cherungsrechts, von denen Teile mit der zweiten LAV ins Reichsrecht übernommen worden waren, für Probleme. Für die „Ostmark“-Versicherten galten eigene, vom Reich abweichende Beitragsklassen und zudem musste ein monatlicher Zusatzbeitrag von zehn RM im Monat an die Angestelltenversicherung entrichtet werden, der je hälftig vom Arbeitgeber und vom Angestellten an die RfA zu zahlen war. Die Verordnung bedeutete eine deutliche Beitragserhöhung, um damit wenigstens ansatzweise einen Ausgleich zu den höheren Leistungsberechtigungen zu erreichen. Viele Versicherte besaßen allerdings, wie der Grazer Überwachungsbeamte im Juli 1943 feststellte, weder eine Versicherungskarte noch eine Entgeltbescheinigung.

> Die jetzige Art des Nachweises der AV-Beiträge [bildet] eine überaus große Fehlerquelle, die hätte vermieden werden können, wenn nicht nur der Gesamtsozialversicherungsbeitrag, sondern auch die österreichischen Bestimmungen über den Nachweis der Beiträge übernommen worden wären.[458]

Wie im Altreich, so entwickelte sich auch in der „Ostmark“ bei den Krankenkassen im Zuge des neuen Beitragsverfahrens eine erhebliche bürokratische Eigendynamik. Die Grazer AOK etwa erklärte dem zuständigen Überwachungsbeamten im Oktober 1942 lapidar, dass man nun alleine für alle Entscheidungen bezüglich der Versicherungspflicht und Versicherungszugehörigkeit in der Rentenversicherung zuständig und daher nicht mehr in der Lage sei, „Entscheidungen, Verfügungen oder Weisungen der RfA anzuerkennen“.[459] Die Krankenkasse begann daraufhin auch mit dem Druck eigener Merkblätter und einer eigenen „Verwaltungsübung“ und schuf damit eine Doppelgleisigkeit in der verwaltungsmäßigen Durchführung der Angestelltenversicherung, die nicht nur der betroffene Überwachungsbeamte vor Ort als untragbar für die Arbeitgeber wie die Versicherten empfand. Im Dezember 1942 schrieb sich der Grazer RfA-Beamte in einem sechsseitigen Bericht die ganze Frustration über die gegenwärtige Lage bei der Anwendung des deutschen Sozialversicherungsrechts in der „Ostmark“ von der Seele. Darin ging es nicht nur um die Kompetenzabgrenzung zur Ortskrankenkasse, sondern er beklagte auch die immer noch ausstehende Klärung der Berechnung des Steigerungsbetrags für die „Ostmark“-Renten. Nach vierjähriger Geltungsdauer der reichsrechtlichen Bestimmungen in der Ostmark fehle zudem immer noch ein Merkblatt über die Leistungen der Angestelltenversicherung für die ostmärkischen Versicherten.[460]

Trotz aller weiterbestehenden oder neu geschaffenen Sonderregelungen für die Angestelltenversicherung blieb das Rententhema in der „Ostmark“ auch weiterhin Gegenstand von öffentlich wie privat vorgetragener Kritik, so dass sich im Frühjahr

458 Bericht des Überwachungsbeamten vom 5.7.1943, in: RfA-Archiv Fach 15, Nr. 3. Vgl. dazu auch Bericht des Überwachungsbeamten aus Klagenfurt vom 8.8.1942 über die Probleme der Entgelt-Begrifflichkeit in der Ostmark, in: RfA-Archiv Fach 14, Nr. 3.
459 Bericht des Überwachungsbeamten vom 11.10.1942, in: ebd.
460 Vgl. Bericht des Überwachungsbeamten vom 30.12.1942, in: RfA-Archiv Fach 14, Nr. 3.

1944 sogar der für die „Ostmark" zuständige Reichsleiter bzw. Reichsstatthalter in Wien, Baldur von Schirach, einschaltete und massive Kritik an der RfA übte, wie der Leiter der Wiener RfA-Auskunftsstelle umgehend an Grießmeyer nach Berlin berichtete. Der RfA-Präsident antwortete mit einer geradezu unterwürfigen Rechtfertigung für die verspäteten Rentenauszahlungen, deren Grund nicht in organisatorischen Mängeln, sondern im Bombenkrieg in Berlin liege. Er habe jedoch seine Wiener Stelle beauftragt, unverzüglich angemessene laufende monatliche Vorschüsse auf die spätere Rente auszuzahlen.[461]

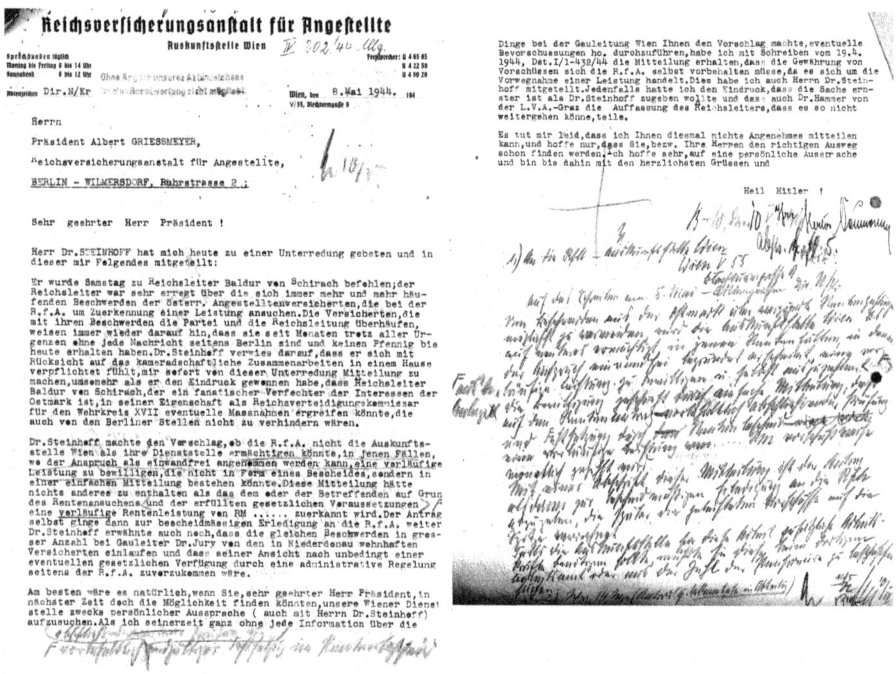

Reichsversicherungsanstalt für Angestellte
Auskunftsstelle Wien

Sprechstunden täglich
Montag bis Freitag 8 bis 14 Uhr
Sonnabend 8 bis 12 Uhr

Fernsprecher: U 4 65 85, U 4 22 50, U 4 50 20

Aktenzeichen Dir.N/Kr

Wien, den 8.Mai 1944.
V/55, Diehlgasse 9

Herrn
Präsident Albert GRIESSMEYER,
Reichsversicherungsanstalt für Angestellte,
BERLIN - WILMERSDORF, Ruhrstrasse 2 ;

Sehr geehrter Herr Präsident !

Herr Dr.STEINHOFF hat mich heute zu einer Unterredung gebeten und in dieser mir Folgendes mitgeteilt:

Er wurde Samstag zu Reichsleiter Baldur von Schirach befohlen;der Reichsleiter war sehr erregt über die sich immer mehr und mehr häufenden Beschwerden der österr. Angestelltenversicherten,die bei der R.f.A. um Zuerkennung einer Leistung ansuchen.Die Versicherten,die mit ihren Beschwerden die Partei und die Reichsleitung überhäufen, weisen immer wieder darauf hin,dass sie seit Monaten trotz aller Urgenzen ohne jede Nachricht seitens Berlin sind und keinen Pfennig bis heute erhalten haben.Dr.Steinhoff verwies darauf,dass er sich mit Rücksicht auf das kameradschaftliche Zusammenarbeiten in einem Hause verpflichtet fühlt,mir sofort von dieser Unterredung Mitteilung zu machen,umsomehr als er den Eindruck gewonnen habe,dass Reichsleiter Baldur von Schirach,der ein fanatischer Verfechter der Interessen der Ostmark ist,in seiner Eigenschaft als Reichsverteidigungskommissar für den Wehrkreis XVII eventuelle Massnahmen ergreifen könnte,die auch von den Berliner Stellen nicht zu verhindern wären.

Dr.Steinhoff machte den Vorschlag,ob die R.f.A. nicht die Auskunftsstelle Wien als ihre Dienststelle ermächtigen könnte,in jenen Fällen, wo der Anspruch als einwandfrei angenommen werden kann,eine vorläufige Leistung zu bewilligen,die nicht in Form eines Bescheides,sondern in einer einfachen Mitteilung bestehen könnte.Diese Mitteilung hätte nichts anderes zu enthalten als das dem oder der Betreffenden auf Grund des Rentenansuchens und der erfüllten gesetzlichen Voraussetzungen eine vorläufige Rentenleistung von RM ...... zuerkannt wird.Der Antrag selbst ginge dann zur bescheidmässigen Erledigung an die R.f.A. weiter Dr.Steinhoff erwähnte auch noch,dass die gleichen Beschwerden in grosser Anzahl bei Gauleiter Dr.Jury von den in Niederdonau wohnhaften Versicherten einlaufen und dass seiner Ansicht nach unbedingt einer eventuellen gesetzlichen Verfügung durch eine administrative Regelung seitens der R.f.A. zuvorzukommen wäre.

Am besten wäre es natürlich,wenn Sie,sehr geehrter Herr Präsident,in nächster Zeit doch die Möglichkeit finden könnten,unsere Wiener Dienststelle zwecks persönlicher Aussprache (auch mit Herrn Dr.Steinhoff) aufzusuchen.Als ich seinerzeit ganz ohne jede Information über die Dinge bei der Gauleitung Wien Ihnen den Vorschlag machte,eventuelle Bevorschussungen ho. durchzuführen,habe ich mit Schreiben vom 19.4. 1944, Dst.I/1-432/44 die Mitteilung erhalten,dass die Gewährung von Vorschüssen sich die R.f.A. selbst vorbehalten müsse,da es sich um die Vorwegnahme einer Leistung handelt.Dies habe ich auch Herrn Dr.Steinhoff mitgeteilt.Jedenfalls hatte ich den Eindruck,dass die Sache ernster ist als Dr.Steinhoff zugeben wollte und dass auch Dr.Hammer von der L.V.A.-Graz die Auffassung des Reichsleiters,dass es so nicht weitergehen könne,teile.

Es tut mir leid,dass ich Ihnen diesmal nichts Angenehmes mitteilen kann,und hoffe nur,dass Sie,bezw. Ihre Herren den richtigen Ausweg schon finden werden.Ich hoffe sehr,auf eine persönliche Aussprache und bin bis dahin mit den herzlichsten Grüssen und

Heil Hitler !

Abb. 51: Schreiben der RfA-Abwicklungsstelle Wien an Grießmeyer vom 8. Mai 1944

Gegenüber all diesen Entwicklungen drohte ein wichtiges Problem in den Hintergrund gedrängt zu werden: Die endgültige Regelung der Vermögensauseinandersetzung, an deren Abschluss die RfA nicht zuletzt auch aus finanziellen Gründen ein erhebliches Interesse hatte. Die Abwicklung der österreichischen Versicherungsträger war komplex und sie sollte sich bis Ende 1942 hinziehen. In einer gleichzeitig mit der Zweiten Durchführungsverordnung vom 5. Februar 1940 erlassenen dritten Verordnung war die Auflösung der zahlreichen Ersatzinstitute der österreichischen Pensionsversicherung angeordnet worden. Eigentlich hatte die RfA mit Verweis auf die erheblichen Deckungslücken und Defizite der österreichischen Versicherungsträger

461 Vgl. Schreiben Grießmeyers an von Schirach vom 13.5.1944, in: ebd.

schon im Oktober 1939 eine einfache Überführung sämtlicher in Betracht kommender Pensionsfonds in das Vermögen der Behörde vorgeschlagen, was aber vom RVA abgelehnt worden war.[462] Es ging dabei vor allem um die Versicherungsanstalt der Presse (ca. 7000 Versicherte), die Versicherungsanstalt für Angestellte in der Land- und Forstwirtschaft (rund 25.000 Versicherte), die Versicherungsanstalt der Pharmazeuten sowie das Pensionsinstitut der österreichischen Privatbahnen. Die Abwicklung der ersteren drei Ersatzinstitute lief relativ problemlos ab. Aus arbeitstechnischen Gründen hatte die RfA die Ersatzinstitute – ungeachtet dessen, dass diese ihre Eigenschaft als Versicherungsträger verloren – zunächst weiterbestehen lassen und unter Schaffung neuer Abwicklungsstellen die entsprechenden Rentenberechnungen sowie die Anwartschaftsfeststellungen erledigen lassen.[463] Für die gleichmäßige Rechtsanwendung war als übergeordnete Koordinierungs- und Überwachungsstelle die Wiener Abwicklungsstelle der RfA zuständig gewesen.

Doch bei dem Pensionsinstitut der österreichischen Privatbahnen ergaben sich erhebliche Probleme.[464] Der Schriftverkehr, der sich mit der RfA aufgrund der hartnäckigen Hinhalte- und Verzögerungstaktik der Ersatzkasse ergab, füllte in der Ruhrstraße bald mehrere Aktenordner. Mit Verweis darauf, dass eine Liquidierung bei den betroffenen Rentnern für Verwirrung sorgen würde, erhob das Privatinstitut der österreichischen Privatbahnen Ende April 1940 gegenüber der RfA Bedenken bezüglich der geplanten Überführung der Rentner in die Berliner Behörde.[465] Besonderen Widerstand gegen die Umwandlung in eine der RfA unterstehende Zuschusskasse und die Überführung der Versicherten in die Angestelltenversicherung leistete das Pensionsinstitut der Grazer Tramway-Gesellschaft sowie das Pensionsinstitut der Elektrizitäts- und Straßenbahngesellschaft Linz. Mit erheblichem Engagement und endlosen versicherungs- sowie satzungsrechtlichen Detailerörterungen kämpften die Ersatzinstitute um ihre Existenz und vor allem um Sonderregelungen im Interesse der bei ihr Versicherten, und man schreckte dabei auch nicht vor direkten Interventionen im Wege persönlicher Vorsprachen beim RVA in Berlin zurück.[466] Das Pensionsinstitut der österreichischen Privatbahnen drängte seinerseits auf eine Ausdehnung bzw. weitere Auslegung bestimmter Verordnungen, die allerdings zur Folge gehabt hätten – worauf die RfA in einem Schreiben an das RVA warnend hinwies –, dass für einen weiteren Kreis der bisherigen österreichischen Versicherten die Pflicht beseitigt wor-

462 Vgl. Vermerk des RVA-Direktors Schäffer vom 11.10.1939, in: BArch R 89/3195.

463 Vgl. dazu etwa den Arbeitsbericht der drei Abwicklungsstellen vom 9.4.1941, in: RfA-Archiv Nr. 153.

464 Vgl. dazu etwa den Zwischenbericht der Versicherungsanstalt der Presse vom 20.9.1939 über den Stand der Liquidationsarbeiten, in: RfA-Archiv Nr. 159 sowie den Bericht der Versicherungsanstalt für Angestellte in der Land- und Forstwirtschaft über die abgeschlossene finanzielle Liquidierung vom 9.9. 1940, in: RfA-Archiv Nr. 159.

465 Vgl. Schreiben vom 24.4.1940, in: RfA-Archiv Nr. 159.

466 Vgl. dazu etwa das Schreiben der Linzer Gesellschaft vom 8.6.1940, in: ebd. Vgl. dazu auch den Schriftwechsel, in: BArch R 89/3192.

den wäre, durch fortlaufende Beitragsleistungen die Anwartschaft zu erhalten, was eine einseitige Begünstigung gegenüber den reichsdeutschen Versicherten bedeutet hätte.[467]

Grießmeyer selbst sah sich im Sommer 1940 dazu veranlasst, für Besprechungen über den Stand und das weitere Vorgehen der Abwicklungs- und Vermögensauseinandersetzungen eigens nach Wien zu fahren.[468] Gleichzeitig waren aber Vertreter des Linzer Pensionsinstituts ihrerseits im Reichsarbeitsministerium vorstellig geworden und hatten versucht, die auf voraussichtlich eine Mio. RM festgesetzte Summe des zu übertragenden Deckungskapitals herunterzuhandeln.[469] Eigentlich war schon im Juli 1940 ein bestimmter Schlüssel für die Vermögensauseinandersetzung zwischen den drei Pensionsinstituten in Wien, Linz und Graz mit der RfA festgelegt worden.[470] Doch die Umsetzung ließ auf sich warten. Vor allem hatten die Versicherungsmathematiker der RfA schnell festgestellt, dass bei der vorgeschlagenen Teilung des Deckungsvermögens die Reichsversicherungsanstalt „verhältnismäßig sehr schlecht wegkommen würde".[471] Der übertragenen einen Mio. RM standen bereits laufende Ruhgelder und Renten von fast zwei Mio. RM gegenüber und der Wert der übernommenen, von den Versicherten bereits erworbenen Anwartschaften betrug über vier Mio. RM. Die Nachteile für die RfA seien daher so bedeutend, dass gegen die Übernahme der Lasten starke Bedenken geltend gemacht werden müssten, heißt es dazu in einem internen Vermerk. Warnungen kamen auch aus der Vermögensabteilung der RfA, wo man mit der Auszahlung der Kapitalwerte der Wiener Pensionsanstalt als Deckungsvermögen bereits schlechte Erfahrungen gemacht hatte. Denn von den Wienern hatte die RfA eine ganze Reihe minderwertiger Anlagen erhalten.[472] Mitte Mai 1941 informierte Grießmeyer daher das RAM, dass man sich mit der dort vorgeschlagenen Überweisung von einer Mio. RM durch das Linzer Pensionsinstitut nicht einverstanden erkläre. Bei dem genannten Pensionsinstitut zeige sich dieselbe Erscheinung wie bei der gesamten österreichischen Pensionsversicherung der Angestellten: „Es werden Leistungen gewährt, die ein Mehrfaches der gleichartigen Leistungen der deutschen Angestelltenversicherung bedeuten, ohne dass diese übersteigerten Leistungen in der Vermögenslage der betreffenden Einrichtungen auch nur die geringste Berechtigung fänden."[473]

Kurz zuvor hatte Grießmeyer auch auf der Beiratssitzung im April 1941 über den Stand der Vermögensauseinandersetzung berichtet. Ursprünglich h die RfA aus dem Vermögen der österreichischen Versicherungsträger 55,9 Mio. RM erhalten sollen,

467 Schreiben der RfA an das RVA vom 16.7.1940, in: BArch R 89/3191.

468 So der Hinweis im Schreiben der Versicherungsanstalt der Presse vom 1.10.1940, in: ebd.

469 Vgl. dazu den Vermerk der Leistungsabteilung vom 19.3.1941 über den danach erfolgten Besuch der Linzer in der RfA, in: ebd.

470 Vgl. dazu auch das Schreiben des RAM vom 4.7.1940, in: RfA-Archiv Fach 118, Nr. 12.

471 Vermerk vom 30.4.1941, in: RfA-Archiv Handakte Granzow, ohne Signatur.

472 Vgl. Vermerk vom 2.3.1940, in: ebd.

473 Schreiben der RfA an das RAM vom 14.5.1941, in: RfA-Archiv Fach 118, Nr. 12.

tatsächlich habe man aber bisher nur 50,9 Mio. RM erhalten. „Fünf Mio. RM wurden ausgesondert und uns nicht überwiesen."[474] Demnach schien die Abwicklung im wesentlichen bereits abgeschlossen, aber mit den Grazer und Linzer Ersatzkassen und Sonderinstituten zogen sich die Verhandlungen weiter hin. Im Juli 1941 hatte das RAM in der Linzer Angelegenheit immerhin entschieden, dass der RfA 1,1 Mio. RM plus vier Prozent Zinsen seit dem 1. Januar 1940 gezahlt werden mussten. Ungeklärt war aber noch die Vermögensauseinandersetzung mit dem Grazer Pensionsinstitut, das der RfA eine Abgeltung von 200.000 RM anbot, was, wie die Versicherungsmathematiker in der Ruhrstraße schnell nachrechneten, der Berliner Behörde einen Fehlbetrag von fast 3,7 Mio. RM aufbürden würde und daher unannehmbar war.[475] Dennoch wurde die RfA schließlich im August 1941 per Erlass des RAM dazu gezwungen, für 350.000 RM nebst vier Prozent Zinsen die Vermögensauseinandersetzung mit dem Grazer Pensionsinstitut als abgeschlossen zu betrachten.[476] Erst im August 1942 erfolgte die Entscheidung über die Höhe der von dem Pensionsinstitut der österreichischen Privatbahnen an die RfA zu zahlenden Deckungsmittel. Sie wurde vom RAM auf 1,953 Mio. RM (plus vier Prozent Zinsen) festgesetzt.[477] Im Januar 1943 bestätigte der zuständige RfA-Beamte schließlich dem Wiener Pensionsinstitut, dass die Vermögensauseinandersetzung nun vollständig durchgeführt worden sei. Aber noch immer waren damit erst zehn der insgesamt 15 existierenden Ersatzinstitute liquidiert. Viele verfügten nur über eine geringe Zahl von Versicherten, aber bei dem Ersatzinstitut mit der weitaus größten Versichertenzahl, dem Pensionsinstitut der Depositenbank in Wien, wurden die Liquidationsarbeiten Ende November 1942 überhaupt erst in Angriff genommen. „Die Hauptarbeit steht meines Erachten also noch bevor", heißt es in einem Bericht der RfA an das RVA Mitte November 1942.[478] Im Juni 1943 meldete die Wiener Abwicklungsstelle immerhin den Abschluss der Abwicklungsarbeiten bei der Versicherungsanstalt für Angestellte in der Land- und Forstwirtschaft nach Berlin.[479]

Die Abwicklungsstelle der RfA in Wien war für die Zentrale in Berlin unverzichtbar gewesen. Anfang 1941 hatten in Wien noch 60 Beamte gearbeitet und in fünf Dienststellen die anfallende Flut von Verwaltungsarbeit so gut es ging zu bewältigen

474 Niederschrift der 13. Beiratssitzung vom 21.4.1941, S. 13, in: BArch R 89/3470. 3,8 Mio. RM dieser fehlenden fünf Mio. bezogen sich auf den Pensionsfonds der Hauptanstalt und die restlichen 1,2 Mio. RM waren Ansprüche der Krankenversicherungen der Sonderkassen.

475 Vgl. Vermerk vom 26.5.1941, in: RfA-Archiv Fach 118, Nr. 12.

476 Vgl. Schreiben Grießmeyers an das RAM vom 31.12.1941, in: BArch R 89/3194.

477 Vgl. Schreiben des RAM an die RfA vom 18.8.1942, in: RfA-Archiv Fach 118, Nr. 12 sowie dazu auch Vermerk vom 23.10.1942, in: ebd.

478 Schreiben der RfA vom 12.11.1942, in: BArch R 89/3195.

479 Vgl. Schreiben vom 21.6.1943, in: RfA-Archiv Nr. 155. Vgl. auch das Schreiben Grießmeyers vom 4.6. 1943, in: BArch R 89/3195 und den noch im Juli 1943 bestehenden Schriftwechsel mit der Wiener Ersatzkasse, in: RfA-Archiv Fach 52, Nr. 4.

versucht.[480] Der Zustrom von Anwartschaftsfeststellungs-Anträgen hatte dabei nach einem ersten Ansturm offenbar im Verlauf des Jahres 1941 deutlich abgenommen, so dass die Wiener RfA-Stelle „zwecks Hereinbringung größerer Massen" von entsprechenden Anträgen die Gauwaltung Wien der DAF um Mitwirkung gebeten hatte.[481] Ende 1941 waren tatsächlich erst insgesamt 55.700 Anträge anstatt der erwarteten 300.000 eingegangen, von denen über 36.000 bereits beschieden worden waren.[482] Die Anwartschaftsfeststellungsarbeiten dauerten dennoch bis 1943. Im April dieses Jahres waren inzwischen knapp 68.000 Anträge bearbeitet und entschieden worden. Zum 30. November 1943 wurde die Abwicklungsstelle Wien der RfA schließlich aufgelöst, firmierte jedoch als einfache Auskunftsstelle der RfA weiter.[483] Zwischen Wien und Berlin bestand weiterhin ein reger Schriftverkehr über Rentenzahlungsverkehr und andere verwaltungsorganisatorische, rentenrechtliche und verfahrenstechnische Detailfragen.[484] Die Auskunftsstelle wurde auch ermächtigt, in bestimmten Fällen monatliche Rentenvorschüsse auszuzahlen. Zudem hielt man die in Wien verbliebenen Mitarbeiter auch weiterhin in allen gesetzlichen Fragen auf dem Laufenden, wie etwa den Ende März 1944 erschienenen Durchführungsbestimmungen zu § 5 der „Zweiten Verordnung über Leistungsverbesserungen in der Rentenversicherung in den Alpen- und Donau-Reichsgauen", in dem neue Bestimmungen für die Anrechnung von Dienstzeiten bei der Leistungsbemessung erlassen wurden. Zusammen mit den ebenfalls weiterhin tätigen Überwachungsbeamten sorgte die RfA damit dafür, dass die Verwaltungsbehörde in der „Ostmark" weiterhin präsent und funktionsfähig war.[485]

Es gab noch einen kleinen weiteren Schauplatz der AV-Erweiterung im Zusammenhang mit dem Anschluss Österreichs, auf dem die RfA jedoch nur mittelbar präsent war. Nachdem der jugoslawische Staat im April 1941 zerfallen war, wurden auch in den ehemals österreichischen Gebieten Untersteiermark, Kärnten und Krain Chefs der Zivilverwaltung eingesetzt, um die Eingliederung ins Reichsgebiet und damit auch die Einführung der deutschen Sozialversicherung vorzubereiten. Unter der Leitung eines Beauftragten für Sozialversicherung war unter anderem in Marburg a. d. Drau eine Überleitungsstelle geschaffen worden, die in der Folgezeit intensiv mit der RfA in

480 Vgl. dazu den detaillierten Bericht über eine Dienstreise von Regierungsoberinspektor Albers vom 8. bis 21.1.1941 nach Wien, darin auch ein Organisations- und Gefolgschaftsmitgliederverzeichnis, in: RfA-Archiv Nr. 153.

481 Vgl. Schreiben vom 11.3.1941, in: RfA-Archiv Nr. 153 a.

482 Vgl. dazu die regelmäßigen statistischen Arbeitsberichte, in: RfA-Archiv Nr. 153 a.

483 Vgl. dazu die Präsidialverfügung Grießmeyers vom 19.1.1943, in: RfA-Archiv Fach 34, Nr. 1. Ende Mai 1942 bereits war die Abwicklungsstelle der Versicherungsanstalt der Presse aufgelöst worden, im Juni 1943 war die Abwicklungsstelle der Versicherungsanstalt für Angestellte in der Land- und Forstwirtschaft gefolgt. Vgl. hierzu auch eine Präsidialverfügung vom 21.4.1942, in: ebd. sowie den Vermerk vom 15.5.1943, in: RfA-Archiv Nr. 76.

484 Vgl. dazu RfA-Archiv Nr. 158 a.

485 Vgl. dazu etwa auch den Bericht des Überwachungsbeamten aus Graz vom 29.2.1944, in: RfA-Archiv Fach 34, Nr. 2.

Berlin korrespondierte, um die sich ergebenden erheblichen verwaltungstechnischen Probleme zu beheben und mit der möglichst raschen Auszahlung der Renten beginnen zu können.[486] Neben knapp 30.000 Umsiedlern aus den ehemals jugoslawischen Gebieten war für die Angestelltenversicherung ein Zuwachs von rund 11.000 Versicherten und 1200 Rentnern zu erwarten gewesen; die RfA-Beamten gingen im Mai 1941 allerdings nur von ca. 700 AV-Rentnern aus und auch die Zahl der Versicherten wurde bald auf knapp 7000 nach unten korrigiert.[487]

Tab. 19: Übersicht über die zum Bestand des Altreichs der RfA hinzugekommenen aktiv Versicherten sowie Rentenempfänger in der Untersteiermark und in Kärnten (Stand Ende 1941)

Region	Versicherte	Rentner
Untersteiermark	7000	900
Kärnten und Krain	4000	300

Quelle: Vermerk vom 24.12.1941, in: RfA-Archiv Nr. 79. Vgl. auch Grießmeyer, Die AV im werdenden Großdeutschland, S. 261.

Zu einer Vermögensauseinandersetzung kam es jedoch auch hier nicht, weil sich der ehemalige jugoslawische Versicherungsträger in Laibach befand, das inzwischen zu Italien gehörte und die ganze Angelegenheit damit erheblich erschwert wurde. Zu den besonderen Bedingungen gehörte, dass es bereits einen deutsch-jugoslawischen Gegenseitigkeitsvertrag über Sozialversicherung gab. Obwohl die drei neuen Gebiete sehr klein waren, banden die komplizierten verwaltungsorganisatorischen Maßnahmen im Frühsommer 1941 erhebliche personelle und organisatorische Kapazitäten bei der RfA, unter anderem durch die Entsendung jeweils eines ständigen Beraters für die dort amtierenden Chefs der Zivilverwaltung sowie mehrere Dienstreisen leitender RfA-Beamter aus der Dienststelle I Leistung/Oe nach Marburg a.d. Drau.[488] Am 6. Dezember 1942 war es dann zur Verordnung der CdZ über die Neuregelung der Sozialversicherung in den besetzten Gebieten Kärntens und Krains gekommen, die end-

486 Vgl. dazu Grießmeyer, Großdeutschland, S. II 260 f. Vgl. auch Das Fremdrenten- und Auslandsrenten-Neuregelungsgesetz vom 25.2.1960 in der praktischen Anwendung; Schriftenreihe der BfA Nr. 15, Berlin 1960, S. 29 f.

487 Vgl. dazu RfA-Archiv Nr. 136. Darin auch die Niederschrift über die Besprechung mit dem Chef der Zivilverwaltung (CdZ) in Untersteiermark vom 22.5.1941. Zum Schriftwechsel mit der Überleitungsstelle vgl. auch RfA-Archiv Nr. 135 a und 135 b.

488 Vgl. unter anderem den Bericht über die Dienstreise vom 30.6.1941, in: RfA-Archiv Nr. 136.

gültige Überführung der dortigen Sozialversicherung in die Reichsversicherung stand aber auch im Juli 1943 noch aus.[489]

Im Sudetenland und den anderen Gebieten der ehemaligen Tschechoslowakei stand die RfA seit Kriegsbeginn vor nicht minder großen und anhaltenden Herausforderungen bei der weiteren Durchführung der reichsdeutschen Angestelltenversicherung. Im Grunde waren es die selben Probleme: die Ablösung der 1938/39 eingeführten vorläufigen und nur übergangsweise geltenden Regelungen durch endgültige Gesetze, die damit verbundene Rücksichtnahme auf spezifische frühere Bestimmungen vor dem Hintergrund anhaltender Kritik und Proteste in der Bevölkerung sowie die abschließende Regelung der Vermögensauseinandersetzung mit den ehemaligen tschechoslowakischen Versicherungsträgern. Maßgeblich wurden zwei Gesetze bzw. Abkommen: zum einen das am 14. März 1940 geschlossene „Abkommen des Deutschen Reichs und der Regierung des Protektorats Böhmen und Mähren über die Auseinandersetzung auf dem Gebiet der Sozialversicherung aus Anlass der Eingliederung von ehemaligen tschechoslowakischen Gebieten in das Deutsche Reich", zum anderen die am 27. Juni 1940 erlassene „Verordnung über die endgültige Regelung der Reichsversicherung in den ehemaligen tschechoslowakischen, dem Deutschen Reich eingegliederten Gebieten".[490] Grundsätzlich galt nun, dass die Renten der in den eingegliederten Gebieten wohnenden Ruhegeldempfänger von den deutschen Versicherungsträgern übernommen und diese den reichsrechtlichen Renten gleichgestellt wurden. Auch die bisher erworbenen Anwartschaften gingen auf die LVA Sudetenland bzw. die RfA über, und über einen Finanzausgleich sollte die nötige Deckung der damit verbundenen finanziellen Lasten herbeigeführt werden. Umgekehrt wurden deutsche Renten und Anwartschaften von den Versicherungsträgern des Protektorats übernommen, wenn der Berechtigte im Sudetenland gewohnt hatte und bis zum 31. Dezember 1939 seinen Wohnort in das Protektorat verlegt hatte. Obwohl auch das Protektorat Böhmen und Mähren faktisch dem Deutschen Reich eingegliedert worden war, blieb die versicherungsrechtliche Unterscheidung zwischen dem überwiegend mit „Volksdeutschen" bewohnten Sudetenland und der fast ausschließlich tschechischen Bevölkerung im Protektorat mithin erhalten.

Der Gesetzgebungsprozess rief wachsenden Unmut auf Seiten der betroffenen Versicherten und Rentner wie der beteiligten Parteistellen bezüglich der nach wie vor bestehenden rechtlichen Unklarheiten und Ungewissheiten über die endgültigen Regelungen hervor. Im Januar 1940 hatte der Kreisleiter der NSDAP in Gablonz einen

---

489 Vgl. Erlass des RAM vom 9.7.1943, in: Mitteilungen der RfA, Nr. 7, 1943, S. 26. Vgl. auch den Entwurf der Verordnung zur Einführung der Reichsversicherung, in: RfA-Archiv Nr. 134.

490 Vgl. dazu W. Dobbernack, Die Regelung der Reichsversicherung in den ehemaligen tschechoslowakischen, dem Deutschen Reich eingegliederten Gebieten, in: Amtliche Nachrichten für die Reichsversicherung, Nr. 23, 1940, S. II 286–II 306, Heinrich Hartrath, Über die Sozialversicherung im Sudetenland und dem ehemaligen Protektorat Böhmen und Mähren, in: Zentralblatt für Sozialversicherung vom 1.6.1950, S. 117–118, Das Fremdrenten- und Auslandsrenten-Neuregelungsgesetz vom 25.2.1960 in der praktischen Anwendung; Schriftenreihe der BfA Nr. 15, Berlin 1960, S. 28 f.

Brandbrief an die RfA über die weit verbreitete Unzufriedenheit unter den hunderten von ehemaligen Mitgliedern der Allgemeinen Pensionsanstalt Prag gerichtet.[491]

Nur wenig später wandte sich das Zentralbüro der DAF an das RAM und verlangte endlich genaue Vorschriften über die versicherungsrechtliche Behandlung der sudetendeutschen Altersrentner bei Aufnahme einer Beschäftigung. Die Rechtsberatungsstellen könnten den Rentnern aufgrund der fehlenden Regelung keine befriedigende Auskunft geben, ob etwa eine Ruhensbestimmung wie in der „Ostmark" auch für das Sudetenland vorgesehen war.[492] Mitte Dezember 1939 hatten im Beirat der RfA auch die Vertreter der Versicherten und der Arbeitgeber in den sudetendeutschen Gebieten deutliche Kritik darüber vorgebracht, dass die Überleitung der Angestelltenversicherung immer noch nicht endgültig geregelt sei. Insbesondere die Versicherten der Ersatzinstitute und Versicherte mit Zusatzversicherung seien wegen der rechtlichen Ungewissheit beunruhigt, „ob und in welcher Weise ihnen die Anwartschaften auf die Leistungen" gewahrt bleiben würden. Die Auseinandersetzung mit der tschechoslowakischen Versicherung solle „möglichst bald" abgeschlossen werden. „Es bestehe [zudem] der Eindruck, dass die tschechoslowakischen Behörden die endgültige Auseinandersetzung zu verzögern suchten."[493] Die offene Kritik war für Grießmeyer willkommener Anlass, auch seinerseits dem RVA gegenüber auf eine Beschleunigung der endgültigen Regelung der Überleitung der Angestelltenversicherung in den sudetendeutschen Gebieten zu drängen, allerdings ohne Erfolg.[494] Auch von mehreren Ortsgruppen des im Sudetenland offenbar besonders aktiven Reichsbundes der deutschen Kapital- und Kleinrentner erhielt die RfA lange Beschwerdebriefe, wie etwa Mitte Februar 1940 aus Troppau. Darin wurde über den angeblichen Verlust erworbener Altrechte, den ungünstigen Umrechnungskurs sowie eine angebliche 25-prozentige Erhöhung der Renten als Kriegszuschlag für die Angehörigen der Prager und Brünner Pensionsversicherung geklagt.[495] Und dann waren schließlich auch zahlreiche empörte Briefe und Eingaben betroffener Rentner über die zu niedrigen Ruhebezüge an die örtlichen NSDAP- und DAF-Stellen sowie direkt als Eingabe an die Kanzlei des Führers gegangen.[496]

---

491 Vgl. das Schreiben, in: RfA-Archiv Nr. 172.

492 Vgl. Schreiben der DAF vom 9.2.1940, in: RfA-Archiv Nr. 169 a. Grießmeyer schloss sich in einem Brief an das RVA dem entsprechenden Vorschlag der DAF zur Übernahme einer Ruhensregelung anstelle des Rentenwegfalls an. Vgl. Schreiben vom 28.3.1940, in: BArch R 89/3185. Allerdings behielt sich die RfA wie im Altreich vor, bei Invalidenrenten im Zweifelsfall die Fortdauer der Berufsunfähigkeit zu überprüfen. Vgl. dazu auch den anhaltenden Schriftwechsel der RfA mit diversen Partei- und anderen Stellen, in: RfA-Archiv Nr. 196 b.

493 Vgl. Niederschrift der Beiratssitzung vom 11.12.1939, in: BArch R 89/3185 sowie Schreiben der RfA an das RVA vom 14.12.1939, in: ebd.

494 Vgl. ebd.

495 Vgl. das Schreiben vom 15.2.1940, in: RfA-Archiv Nr. 172.

496 Vgl. dazu etwa die Eingabe „im Auftrag der Leipaer pensionsversicherten Ruheständler" vom 16.1.1940, in: BArch R 89/3185.

Nationalsozialistische Deutsche Arbeiterpartei
Gau Sudetenland
Kreisleitung Gablonz

R. f. A. -4.JAN.1940 ILei

Der Kreisleiter.

An die
Reichsversicherungsanstalt
für Angestellte,

Berlin-Wilmersdorf.
Ruhrstrasse 2

Unser Zeichen: Dr/H. Ihr Zeichen: Gablonz, den 3. Jänner 1940.
Fernruf 2213

Gegenstand: Rentner der Allgemeinen Pensionsversicherungsanstalt Prag.

Zu einem der im politischen Leben meist besprochenen Kapitel zählt die Frage der jetzigen Renten der ehemaligen Mitglieder der Allgemeinen Pensionsanstalt Prag. Während kurz nach der Befreiung die Rentner ihre Bezüge vorübergehend durch die Krankenversicherungsanstalt zugewiesen erhielten, erfolgt die Überweisung der Renten heute direkt von Berlin aus.

Die Höhe der Renten ist bisher lediglich zum Kurse 1 RM = 8 Kc umgerechnet worden, ohne dass der allgemeinen Verteuerung der Lebenshaltung Rechnung getragen ist. Da man die Verteuerung seit der Befreiungszeit mit minimum 25 % annehmen kann, bei Gebrauchsartikeln noch erheblich mehr, sind die Rentner dadurch in eine schwere finanzielle Lage gekommen.

Nicht genug aber an dem, sind auch ihre sonstigen Empfänge gegenüber den erworbenen Rechten aus der alten Versicherung erheblich geschmälert worden, andererseits aber zeigt eine Gegenüberstellung der Monatsbeiträge für die Versicherung in Zeiten ihrer Tätigkeit gegenüber den Bestimmungen des Altreiches enorme Unterschiede.

Um nur einen krassen Fall aus den Tarifsätzen herauszugreifen, nenne ich die Gehaltsstufe 1250 – 1500 Kc, die etwa der Altreichsstufe von RM 100 bis RM 200.- entspricht. Für die Gruppe zahlte der Versicherungsnehmer nach Prag monatlich Kc 150.- das sind etwa RM 18.--, im Altreich zahlt der Versicherungsnehmer dieser Stufe RM 8.- monatlich, während aber nun der Sudetendeutsche für die gleiche Stufe RM 16.-- zahlt.

Hinsichtlich der Leistung ergibt sich folgendes Bild:
Ein Rentner hätte bei 20 jähriger Einzahlung bei einem Gehalt von RM 240.- – 300.-- an monatlicher Rente RM 120.- empfangen, während er nun auf Grund der neuen Versicherung nur RM 60.-- erhält; ebenso betrug der Beerdigungsbeitrag bei einem Gehalt von Kc 960.- bis 3360.-Kc abstufend 115.- bis 403 RM; nach deutschem Gesetz gibt es überhaupt keinen Beerdigungsbeitrag.

b.w.

– 2 –

Ferner gab es bei der alten Versicherung Abfertigungen in der Abwertung bis 150 % der Jahresrente, für die Eltern 75 %, an Elternrente für einen verstorbenen Versicherten 25 %, mindestens aber RM 180.-; Arbeitslosenunterstützung wurde nach besonderen Bestimmungen abgefertigt; allen diesen Rechten sieht das deutsche Versicherungsgesetz keinerlei Äquivalent vor.

Betreffs des Heiratsausstattungsbeitrages im Ausmasse einer Jahresrente von 576 bis 2016 RM, so sieht das reichsdeutsche Gesetz nur die Rückzahlung der halben gezahlten Beiträge ab 1.1.1924 vor, wodurch allerdings alle weiteren Ansprüche erlöschen, während das tschechoslovakische Gesetz die übrigen Ansprüche aufrecht liess.

Des weiteren sah das alte Gesetz noch verschiedene Begünstigungen für jene vor, die zwar in ihren Versicherungsrechten abgefertigt waren, aber immerhin noch bei Stellenlosigkeit durch Zahlung einer Anerkennungsgebühr von RM 3.- sich die Neuerwerbung von Rechten sichern konnten; das deutsche Gesetz hingegen sichert solche Rechte nur gegen Zahlung von mindestens 6 Monatsbeiträgen.

Es ist wohl selbstverständlich, dass der Stellenlose, der doch kein Einkommen hat, unmöglich, um den eingangs cit. Fall als Beispiel zu nehmen, 6 x 16 RM = 96 RM aufbringen. Auch diese Härte ist für viele Volksgenossen ganz empfindlich.

Wenn schon die Renten der Allgemeinen Prager Versicherungsanstalt bei etwa gleicher Monatseinzahlung gegenüber den Staatsbeamten perzentuell erheblich geringer waren, so liessen sie immerhin bei den früheren Lebenshaltungskosten noch ein bescheidenes Leben zu; dadurch aber, dass diese gleichen Renten lediglich zum damals festgesetzten Kurse heute umgerechnet werden, vermindert sich die Lebenshaltung solcher Rentenbezieher mindestens um den schon erwähnten verteuerten Lebenssatz von 25 %, 30 und mehr Prozent.

Während die Löhne der noch schaffenden Arbeiter und Angestellten bereits im Oktober 1938 zunächst um sogenannte Teuerungsausgleiche von rund 15 % erhöht wurden, später dann noch in der Tarifierung die Angleichung an die Altreichslöhne fanden, haben die Rentenbezieher in dieser Hinsicht keinerlei Aufwertung erfahren.

Wenn darüber hinaus noch alle durch Jahrzehnte erworbenen Rechte einschliesslich Begräbnisbeitrag verschwunden sind, ist es klar, dass sich unter den Rentnern eine berechtigte Unruhe ergeben hat.

Die daraus erwachsene politische Stimmung, die nicht nur die betroffenen Kreise, sondern darüber hinaus auch weitere Volksschichten in eine politische Unzufriedenheit führte, zwingen mich dieserhalb heute bei Ihnen anzufragen, wie die Dinge in Wirklichkeit liegen und auf welche Verordnungen und Gesetze man sich bei Handhabung der jetzigen Rentenauszahlung und der Kürzung erworbener Rechte bezieht.

– 3 –

Ich kann nur annehmen, dass die Durchrechnung und Schaffung von Sonderbestimmungen für die Versicherten der Allgemeinen Pensionsanstalt Prag an den massgebenden Stellen noch nicht zu Ende geführt werden konnte und daher zunächst noch als Übergangserscheinung die Auszahlung der Renten in alter Höhe ohne Beachtung jedweder Valorisierung auf die heutigen Lebenskosten erfolgt.

Der jetzige Zustand ist aber auf die Dauer nicht tragbar, da ja immerhin bedacht werden muss, dass die grosse Zahl von Rentnern heute in ihrer an sich schon bescheidenen Lebenshaltung aufs schwerste eingeschränkt sind, sodass es durchaus nicht Wunder nimmt, wenn sich aus dieser Lage allerorts Keimzellen politischer Unzufriedenheit ergeben, gegen die anzukämpfen, es meine Aufgabe ist.

Wenn schon die Auszahlung der Rente, wie ich annehmen will, bisher nur deshalb so blieb, weil die erwähnten Umrechnungsarbeiten noch nicht zu Ende geführt sind, so entnehme ich aber aus einem mir vorliegendem Schreiben hinsichtlich eines Sterbegeldes, dass die Frage der Begräbnisbeiträge bereits eine Klärung dadurch erfahren hat, dass ein solches vom deutschen Angestelltenversicherungsgesetz nicht vorgesehen ist.

Daraus könnte ich nun erkennen, dass also all die erworbenen Rechte, die mitunter durch Jahrzehnte-langes Einzahlen recht beträchtlicher Monatsbeiträge erworben wurden, nun einfach durch Überführung der sudetendeutschen Versicherungsnehmer in das deutsche Angestelltenversicherungsgesetz als verloren gelten.

Das würde natürlich bitterstes Unrecht bedeuten, um es nicht schärfer auszudrücken. Nach meinem Rechtsempfinden kann dies jedesfalls nicht so sein und ich glaube immer noch an eine Übergangserscheinung bis zur Klarstellung der Rechte der Sudetendeutschen im Rahmen des deutschen Angestelltenversicherungsgesetzes und an eine gerechte Angleichung an die heutigen Lebenshaltungskosten unter gleichzeitiger Sicherstellung der erworbenen Rechte und Leistungen der Allgemeinen Pensionsanstalt Prag und ich kann es einfach nicht glauben, dass die sudetendeutschen Rentenbezieher nur deshalb ihrer Rechte verlustig werden sollen, weil das deutsche Angestelltenversicherungsgesetz, Leistungen der aufgezählten Art nicht vorsieht.

Ich bitte um freundliche Mitteilung und detaillierten Bescheid, damit ich die hunderten Rentner des Gablonzer Kreises einmal zusammenfasse und ihnen die Sachlage darstellen kann.

Nur darin sehe ich eine Möglichkeit in diesem Kreise die politische Befriedigung wieder sicherzustellen und ihr Vertrauen zur Handhabung und Sicherung ihrer Rechte wieder zurückzugewinnen.

Ich hoffe, dass Sie mich darin gerne unterstützen werden und begrüsse Sie mit

Heil Hitler !
Der Kreisleiter

Abb. 52: Beschwerdebrief der NSDAP-Kreisleitung Gablonz an die RfA betr. Lage der sudetendeutschen Rentner vom 3. Januar 1940

Alle beteiligten Behörden- wie Parteistellen standen mithin unter erheblichem Druck der Öffentlichkeit, aber mehr als den Hinweis auf eine künftige Regelung konnte die RfA den Beschwerdeführern im Februar 1940 nicht geben.[497] Auch dem Gablonzer Kreisleiter verwies man nach einer ausführlichen Darlegung der herrschenden und für die RfA zwingenden Gesetzeslage an das RVA bzw. das RAM als zuständige Behörde weiter. Das Abkommen vom März 1940 hatte zwar einen ersten Schritt in die Richtung der endgültigen Regelung gebracht, aber erst die Verordnung vom Juni brachte dann die lang erwarteten Bestimmungen. Ende April 1940 hatte dazu das Reichsarbeitsministerium einen ersten Entwurf der Verordnung unter anderem auch an die RfA als involvierten Versicherungsträger geschickt.[498] Am 14. Mai, einen Tag vor Ablauf der Frist zur Einreichung von Änderungsvorschlägen, schickte Grießmeyer – nach intensiver behördeninterner Debatte und Abstimmung der von verschiedenen Abteilungen erstellten Stellungnahmen – einen fünfseitigen Brief an den Reichsarbeitsminister mit detaillierten Darlegungen der Sichtweise der RfA zu den aufgeführten 74 Paragraphen der Verordnung.[499] Dabei wurde auf eine Reihe von gesetzlichen Mängeln, fehlenden Klarstellungen sowie notwendigen Ergänzungen zur Vermeidung von Härten hingewiesen. Die Verordnung ließ etwa offen, von wann an genau Reichsrecht anzuwenden und in welcher Beziehung rückwirkende Anwendung des Reichsrechts erforderlich war. Eine Reihe von Punkten waren auch nach wie vor einer späteren Regelung durch ein Zusatzabkommen oder Durchführungsverordnungen vorbehalten geblieben. Ein zentraler Punkt war aus Sicht der RfA vor allem die Deckung von Zusatz- und anderen Sonderleistungen. Ob und gegebenenfalls wieviel die RfA von den Ersatzinstituten als Einmalbeitrag im Zuge der Vermögensauseinandersetzung erhalten würde, war zu diesem Zeitpunkt nach wie vor unbestimmt und je nach Vermögenslage des Ersatzinstituts verschieden. Die RfA könne auf jeden Fall nicht mehr Leistung zusprechen, als sie Deckung erhalten habe, so heißt es in dem Schreiben des RfA-Präsidenten.

> Es würde auch nicht zu verstehen sein, weshalb nur versprochene und keineswegs gedeckte Mehr- und Zusatzleistungen gewährt werden sollen. Dies würde einseitig zu Lasten der an der Angestelltenversicherung Beteiligten ohne Aussicht auf eine Gegenleistung gehen, zumal die Mehr- und Zusatzversicherung der Angestelltenversicherung fremd ist.[500]

Grießmeyer empfahl daher eine Neufassung des entsprechenden Paragraphen dahingehend, dass die Höhe der Zusatzleistungen von der RfA mit Genehmigung des RAM entsprechend den jeweiligen Deckungsverhältnissen festgesetzt werde. Prinzipiell galt ungeachtet des rückwirkenden Stichtags des 1. Oktobers 1938 zwar grundsätzlich das Reichsrecht, das aber wie schon in der „Ostmark" durch diverse Son-

497 Vgl. das Antwortschreiben der RfA vom 29.2.1940 auf die Ortsgruppe Troppau des Reichsbund der Kleinrentner, in: RfA-Archiv Nr. 172.
498 Vgl. den Entwurf mit Anschreiben vom 29.4.1940, in: RfA-Archiv Nr. 169 a.
499 Vgl. Schreiben vom 14.5.1940 sowie die diversen internen Stellungnahmen in: ebd.
500 Ebd., S. 5.

derrechte vielfach durchbrochen wurde.[501] Am Ende sah sich die RfA trotz der Mitwirkung am Gesetzgebungsprozess mit den beiden Abkommen vom März und Juni 1940 einem hochkomplizierten Regelungswerk gegenüber, dessen verwaltungspraktische Umsetzung wieder einmal weit mehr Konflikte schuf als es zu einer reibungslosen Integration der Gebiete in das Angestelltenversicherungsgesetz des Altreichs beitrug.

Für erheblichen Unmut sorgte vor allem, dass die von der RfA übernommenen Renten, die sich auf Versicherungsfälle bis zum 30. September 1938 bezogen, eine ganze Reihe von Sonderleistungen enthielten, nicht jedoch die danach eingetretenen Versicherungsfälle, die nun allein von der RfA nach Reichsrecht berechnet und bewilligt wurden. Das begann mit dem bereits erwähnten besonders günstigen Umrechnungskurs von einer Krone zu zwölf Pfennigen statt einer zu zehn, der als sogenannter Härteausgleich aus Reichsmitteln gewährt wurde, der Gewährung eines Erziehungszuschusses, von Rentenerhöhungen für Kriegsdienstzeiten und reichte bis zur Auszahlung eines Hilflosenzuschusses und Begräbnisgeldes sowie Höher- und Zusatzversicherungsleistungen der diversen Ersatzinstitute. Zu den Sonderrechten gehörte auch die Rücksichtnahme darauf, dass das frühere tschechoslowakische Recht keine Ruhensbestimmungen enthalten hatte, so dass die RfA beim Zusammentreffen mehrerer Renten, die schon vor dem 1. Oktober 1938 von einem tschechoslowakischen Versicherungsträger festgestellt worden waren, die Rentenbeträge in der festgestellten Höhe ungekürzt weiterzahlen musste. Und wie so oft kämpften die RfA-Beamten mit Fragen der Auslegung von einzelnen Paragraphen der Verordnung vom Juni 1940.[502] Ein Problem war etwa die Versicherungsfreiheit bzw. Versicherungspflicht. So heißt es etwa in einem internen Vermerk vom 13. September 1940:

> Wir haben sudetendeutsche Rentner, die nach dem österreichisch-tschechoslowakischen Vertrag eine österreichische und eine tschechoslowakische Teilaltersrente bezogen, deren weitere Auszahlung nunmehr die Reichsversicherungsanstalt durchführt. Ein solcher Rentner wäre also im Falle einer Beschäftigung nach der österreichischen Verordnung versicherungsfrei, nach der sudetendeutschen Verordnung jedoch versicherungspflichtig.[503]

Mehr denn je wandten sich die Rechtsberatungsstellen der DAF hilfesuchend an die RfA, etwa hinsichtlich der Frage der rückwirkenden Gewährung von Begräbnisgeld oder den Bedingungen und Voraussetzungen für die Ausstellung endgültiger anstelle der bisherigen vorläufigen Renten- und Leistungsbescheide.[504] Tatsächlich galt, dass eine Nach- oder Neuberechnung der früheren vorläufig festgesetzten Renten nur auf expliziten Antrag des Betroffenen erfolgte. Gegen eine pauschale neue Bescheider-

501 Vgl. Hartrath, Das Sonderrecht der Rentenversicherung in den sudetendeutschen Gebieten, in: Amtliche Nachrichten für die Reichsversicherung Nr. 20, 1943, S. II 317–II 326.

502 Vgl. dazu den Schriftwechsel zwischen RfA, RVA und RAM sowie die innerbehördlichen Vermerke dazu vom August bis November 1940, in: RfA-Archiv Nr. 172.

503 Vermerk vom 13.9.1940, in: RfA-Archiv Nr. 172.

504 Vgl. die Anfrage der DAF-Rechtsberatungsstelle Troppau vom 7.8.1940, in: RfA-Archiv Nr. 172.

teilung von Amts wegen wehrte sich die RfA mit Händen und Füßen, denn zum einen ergaben sich in der Angestelltenversicherung anders als in der Invalidenversicherung, wie die wenigen bereits umgerechneten Renten zeigten, nur unwesentliche Änderungen von wenigen Pfennigbeträgen und zudem nur bei einem kleinen Teil der Rentner, während eine generelle der RfA auferlegte Umrechnung bei annähernd 4000 Fällen eine erhebliche zusätzliche Verwaltungsarbeit erfordert hätte.[505] Ungeachtet dessen hatten vor allem die verschiedenen Ortsgruppen des Reichsbundes der Deutschen Kapital- und Kleinrentner ihre Aktivitäten intensiviert, unter anderem mit Eingaben und Protestbriefen an das Reichsarbeitsministerium und den sudetendeutschen Gauleiter und Reichsstatthalter Konrad Henlein.[506]

Während das RAM die Forderungen unter anderem auch nach einer allgemeinen Rentenerhöhung für die sudetendeutschen Angestellten mit Verweis auf das nach wie vor erheblich höhere Durchschnittsniveau im Vergleich zum Altreich klar ablehnte, zeigten die Proteste und Forderungen über die „bedeutenden Verschlechterungen der Anwartschaften der sudetendeutschen Versicherten und Rentner gegenüber den Ansprüchen nach dem Prager Pensionsversicherungsgesetz" bei Henlein erheblich größere Wirkung.[507] Per Schnellbrief lud er Anfang Dezember 1940 die drei sudetendeutschen Regierungspräsidenten, die Leiter der zugehörigen Versicherungsämter, die zuständigen Versicherungsträger sowie die Gauleitung und die DAF zu einer Besprechung über die seiner Ansicht nach drängenden Probleme bei der Rentenversicherung ein. Seit der Verordnung vom Juni 1940 sei er

> von Dienststellen der Partei wie auch von Vertretern der Organisation der Rentner, schließlich tagtäglich durch unzählige Bittschriften und Vorsprachen darauf aufmerksam gemacht worden, dass die getroffene Regelung und ihre Durchführung in keiner Weise den inzwischen eingetretenen Änderungen der Lebensverhältnisse, insbesondere der allgemeinen Verteuerung der Lebenshaltung seit der Wiedervereinigung und seit Kriegsbeginn Rechnung trägt, und dass eine ganze Menge Vorschriften ergänzungs- und änderungsbedürftig seien.[508]

Von Henlein selbst erschien kurz darauf auch ein Zeitungsbeitrag über „Die Alt-Rentner im Sudetenland. Fragen der Sozial- und Pensionsversicherung", in dem er

505 Vgl. Schreiben Grießmeyers an das RVA vom 18.11.1940, in: RfA-Archiv Nr. 173, unter anderem als Reaktion auf ein bereits im September vom Amt für Rechtsberatungsstellen der DAF an die RfA ergangenes Schreiben, in dem mit Verweis auf die andersartige Praxis der LVA und die Rechte der Versicherten eine andere Verwaltungsübung gefordert wird. Vgl. Schreiben vom 9.9.1940, in: RfA-Archiv Nr. 172.

506 Vgl. dazu etwa die Eingabe vom 14.10.1940, in: RfA-Archiv Nr. 174.

507 Vgl. das Antwortschreiben des RAM vom 25.11.1940 (in der Abschrift fälschlich auf 1941 datiert), in: RfA-Archiv Nr. 172 a sowie zehnseitige Eingabe an Henlein vom 28.11.1940, in: RfA-Archiv Nr. 173. Die Eingabe landete schließlich Anfang Februar 1941 auch auf dem Schreibtisch eines RfA Beamten der Leistungsabteilung, der sie unter anderem mit Verweis auf die fehlende Deckung für die übernommenen Renten und Ansprüche aus dem Sudetenland beantwortete. Vgl. Schreiben vom 6.2.1941, in: ebd.

508 Schnellbrief vom 7.12.1940, in: RfA-Archiv Nr. 173.

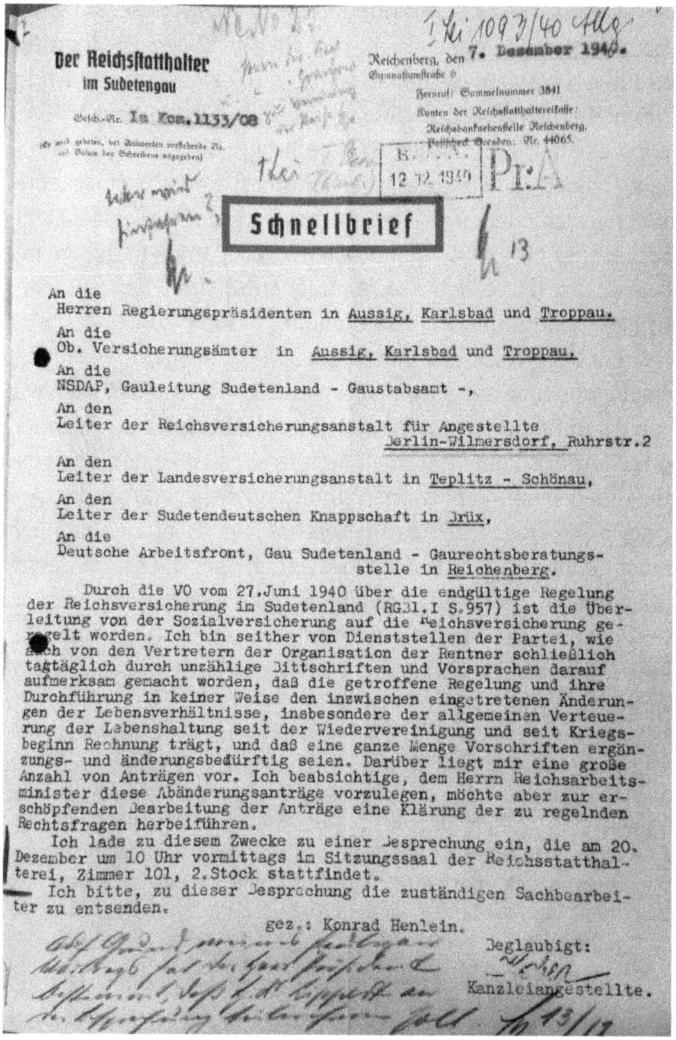

Der Reichsstatthalter
im Sudetengau

Gesch.-Nr. Ia Kom.1133/08

(Es wird gebeten, bei Antworten vorstehende Nr. und Datum des Schreibens anzugeben)

Reichenberg, den 7. Dezember 1940.
Gymnasiumstraße 6
Fernruf: Sammelnummer 3841
Konten der Reichsstatthaltereikasse:
Reichsbanknebenstelle Reichenberg,
Postscheck Dresden: Nr. 44065.

12.12.1940

Schnellbrief

An die
Herren Regierungspräsidenten in Aussig, Karlsbad und Troppau.
An die
Ob. Versicherungsämter in Aussig, Karlsbad und Troppau,
An die
NSDAP, Gauleitung Sudetenland - Gaustabsamt -,
An den
Leiter der Reichsversicherungsanstalt für Angestellte Berlin-Wilmersdorf, Ruhrstr.2
An den
Leiter der Landesversicherungsanstalt in Teplitz - Schönau,
An den
Leiter der Sudetendeutschen Knappschaft in Brüx,
An die
Deutsche Arbeitsfront, Gau Sudetenland - Gaurechtsberatungsstelle in Reichenberg.

Durch die VO vom 27.Juni 1940 über die endgültige Regelung der Reichsversicherung im Sudetenland (RGBl.I S.957) ist die Überleitung von der Sozialversicherung auf die Reichsversicherung geregelt worden. Ich bin seither von Dienststellen der Partei, wie auch von den Vertretern der Organisation der Rentner schließlich tagtäglich durch unzählige Bittschriften und Vorsprachen darauf aufmerksam gemacht worden, daß die getroffene Regelung und ihre Durchführung in keiner Weise den inzwischen eingetretenen Änderungen der Lebensverhältnisse, insbesondere der allgemeinen Verteuerung der Lebenshaltung seit der Wiedervereinigung und seit Kriegsbeginn Rechnung trägt, und daß eine ganze Menge Vorschriften ergänzungs- und änderungsbedürftig seien. Darüber liegt mir eine große Anzahl von Anträgen vor. Ich beabsichtige, dem Herrn Reichsarbeitsminister diese Abänderungsanträge vorzulegen, möchte aber zur erschöpfenden Bearbeitung der Anträge eine Klärung der zu regelnden Rechtsfragen herbeiführen.

Ich lade zu diesem Zwecke zu einer Besprechung ein, die am 20. Dezember um 10 Uhr vormittags im Sitzungssaal der Reichsstatthalterei, Zimmer 101, 2.Stock stattfindet.

Ich bitte, zu dieser Besprechung die zuständigen Sachbearbeiter zu entsenden.

gez.: Konrad Henlein.

Beglaubigt:
Kanzleiangestellte.

Abb. 53: Schnellbrief des sudetendeutschen Reichsstatthalters Henlein betr. Regelung der Renten im Sudetenland vom 7. Dezmber 1940

seinerseits auf einige verwaltungstechnische Schwierigkeiten bei der Überleitung der Renten hinwies.[509] Zudem ließ der Gauleiter an alle Teilnehmer vorab eine umfangreiche Liste mit Anträgen zur Ergänzung und Änderung der bestehenden Vorschriften senden; hinsichtlich der Angestelltenversicherung stand darin unter anderem die Forderung nach einer Aufhebung der Beschränkungen des Begräbnisgeldes auch für alle nach dem 30. September 1938 eintretenden Versicherungsfälle von Hinterblie-

509 Der Beitrag in der Zeitschrift Die Zeit, Reichenberg-Sudetengau vom 8.12.1940, in: ebd.

benen- bzw. Witwenrente. Auf der Besprechung war dann allerdings Reichsstatthalter Henlein selbst nicht einmal anwesend und auch die RfA war nur durch einen untergeordneten Abteilungsleiter vertreten. Der zuständige Regierungspräsident machte dabei dennoch deutlich, dass es Henlein darum gehe, dass nicht nur für die ehemaligen Rentner, sondern auch für die ehemaligen Versicherten keine Schlechterstellung gegenüber dem alten Recht eintreten sollte.

> Die Beteiligten können schwer überzeugt werden, dass Verschlechterungen nicht zu vermeiden gewesen wären, und wenden sich dauernd an den Reichsstatthalter um Abhilfe [...]. Alles zusammen ruft verschiedene Spannungen hervor, an deren Beseitigung dem Reichsstatthalter sehr viel liegt.[510]

Bei der Diskussion der einzelnen von Henlein vorgeschlagenen Änderungs- und Ergänzungswünsche sah sich die RfA dann in zwei Punkten in die Defensive gedrängt. Zum einen brachten DAF und Rentnerbund einvernehmlich die Frage der Anrechnung nicht versicherter Vordienstzeiten zur Sprache, ein Aspekt, mit dem die Behörde bereits in mehreren Anträgen konfrontiert worden war und immer aufgrund der Rechtslage ablehnende Bescheide erteilt hatte. Im Besprechungsprotokoll des anwesenden RfA-Beamten heißt es dazu:

> Die Erweiterung des Anspruchs, die vermutlich eine ziemliche Anzahl von ehemaligen Versicherten der früheren tschechoslowakischen Versicherungsträger betreffen würde, lässt sich schon aus dem Grunde nicht vertreten, weil das deutsche Angestelltenversicherungsgesetz keine derartige Regelung enthält.[511]

Zum anderen kam wieder die Erteilung endgültiger Bescheide in der Angestelltenversicherung zur Sprache. Obwohl allen Beteiligten klar war, dass es hier nicht um materielle Verbesserungen, sondern nur um verwaltungstechnische Vorgänge ging – allerdings mit eben auch erheblicher symbolpolitischer Bedeutung –, sah sich die RfA massiven Forderungen nach einer Änderung ihrer Verwaltungspraxis gegenüber. Tatsächlich hatte die RfA ihrerseits bei der Erteilung der vorläufigen Leistungen endgültige Bescheide in Aussicht gestellt. Dass sie davon nun abgegangen war, habe, so das Argument der sudetendeutschen Partei- und Regierungsstellen „unter den Rentnern Unruhe hervorgerufen, deren Beseitigung erwünscht ist".[512] Die Betroffenen hätten einen Anspruch auf Erteilung eines endgültigen, berufungsfähigen Bescheides, da das Rentenverfahren ohne einen solchen nicht ordnungsgemäß abgeschlossen sei, und so erklärte sich die RfA schließlich trotz des unsinnigen Aufwandes bereit,

510 Bericht über die Besprechung vom 20.12.1940, in: RfA-Archiv Nr. 173.
511 Ebd., S. 2.
512 Ebd., S. 3.

künftig die Umrechnungsbescheide über die endgültigen Leistungen von Amts wegen vorzunehmen.[513]

An der Besprechung hatten auch wie erwähnt sudetendeutsche Vertreter des Reichsbundes der Kapital- und Kleinrentner teilgenommen, und diese hatten schon früher angesichts des immer wiederkehrenden Hinweises auf das erheblich über dem Reichsdurchschnitt liegende Rentenniveau im Sudetenland ein nicht von der Hand zu weisendes Gegenargument vorgebracht. Dass auch im Oktober/November 1940 die durchschnittliche als Ruhegeld gezahlte Rente im Sudetenland 94,90 RM betrug, im Altreich dagegen nur 63,75 RM, d.h. um fast 50 Prozent höher, lasse sich nicht bestreiten, allerdings könne sich ein ganz anderes Bild über die Lage der sudetendeutschen Rentnerschaft ergeben, wenn man sich die Staffelung der Renten, d.h. die prozentuale Verteilung auf die einzelnen Leistungsklassen ansähe, was jedoch offensichtlich nur von der Knappschaftsversicherung ausgearbeitet worden war.[514] Wie auch immer: Ebenso wie in Österreich sah sich die RfA auch im Sudetenland in Auseinandersetzungen von Parteistellen, Öffentlichkeit sowie Versicherten und Rentnern um die angebliche rentenpolitische Schlechterstellung infolge der Einführung der deutschen Bestimmungen verwickelt und mit zahlreichen, von DAF und NSDAP oft unterstützten Forderungen nach Sonderrechten und Sonderbehandlungen einzelner Versichertengruppierungen konfrontiert, die jedem Prinzip von Sozialversicherung und Gleichbehandlung widersprachen. Und die Konflikte waren zum Jahresende 1940 keineswegs beendet, sondern hielten auch ungeachtet der Kriegsentwicklung in den folgenden Jahren weiter an. Das für die RfA zentrale Thema der Vermögensauseinandersetzung war zu diesem Zeitpunkt auch noch nicht endgültig geklärt.

Die Vermögensauseinandersetzung mit den Versicherungsträgern der ehemaligen tschechoslowakischen Gebiete war ungleich schwieriger und komplizierter als in Österreich. Die RfA hatte ja nur den Teil der tschechoslowakischen Versicherten in den sudetendeutschen Gebieten übernommen, während für die übrigen im neuen Gebiet des Protektorats Böhmen und Mähren die früheren Versicherungsträger, insbesondere die Prager Pensionsanstalt, weiterhin zuständig blieben; die Aufgaben der Angestelltenversicherung in den ehemaligen tschechoslowakischen Gebieten, die an Ungarn und die Slowakei fielen, waren auf die Versicherungsträger dieser Staaten übergegangen.[515] Die Feststellung der jeweiligen Vermögen und die Aufteilung der entsprechenden versicherungsmathematischen Passiva, d.h. Renten und Anwart-

513 Vgl. dazu auch das Dankschreiben Henleins an Grießmeyer vom 18.1.1941, in: RfA-Archiv Nr. 172 a. Die in der Folgezeit erteilten Bescheide bestätigten allerdings alle von der RfA frühzeitig geäußerten Bedenken über den bürokratischen Aufwand und im Mai 1942 nahm man daher einen neuen Anlauf, ungeachtet der seinerzeitigen Zusage von der amtwegigen Bescheiderteilung wieder abzugehen. Vgl. dazu Vermerk vom 18.5.1942, in: ebd.

514 Vgl. die Aufstellung der Durchschnittsrenten vom 19.12.1940 sowie das Schreiben des Reichsbundes an die RfA vom 22.12.1940, in: RfA-Archiv Nr. 173.

515 Vgl. dazu auch Grießmeyer, Großdeutschland, S. II 257.

schaften, setzte bei jedem der involvierten Versicherungsträger umfangreiche Berechnungen voraus. Berücksichtigt man noch die vergleichsweise vielen Ersatzinstitute so war die Zahl der Versicherungsträger, mit denen die RfA einen Finanzausgleich durchführen musste, ziemlich groß. Hinzu kam, dass die diversen Vermögenswerte, die der Behörde im Rahmen des Finanzausgleichs übertragen wurden, nicht unverändert übernommen werden konnten, sondern erst von Kronen auf RM umgestellt, die zahlreichen Hypotheken auf den neuen Gläubiger RfA umgeschrieben und die jeweiligen Staatsbürgschaften und Wertpapiere in Reichsanleihen und auf RM lautende Wertpapiere umgetauscht werden mussten. Zu all dem kam noch der zwischen Sudetenland und Protektorat unterschiedlich geltende Umrechnungskurs.[516]

Die Debatten und Verhandlungen um die Vermögensauseinandersetzung hatten schon im Sommer 1939 begonnen, als es etwa um die Teilung des Vermögens des Ersatzinstituts für Chemie und Metallurgie zwischen den Versichertengruppen des Protektorats und der reichsdeutschen Versichertengruppe im Sudetenland ging.[517] Differenzen über die Art und Weise der Aufstellung der versicherungstechnischen Bilanzen, insbesondere auch die Vorwegnahme von Beitragsteilen mit Zinsen, traten dabei schnell auf und verzögerten die Verhandlungen.[518] Die an den Verhandlungen beteiligten RfA-Beamten pochten vehement auf das Prinzip der Verteilung des Vermögens nach den versicherungstechnischen Belastungen, während die ehemaligen tschechoslowakischen Versicherungsträger für eine Verteilung nach der Summe der Beiträge plädierten, die die auf einen Versicherungsträger entfallenden Versicherten in der Vergangenheit gezahlt hatten.[519] Unter den zahlreichen Varianten der Vermögensteilung favorisierte man in der RfA daher jene, die jedem beteiligten Versicherungsträger das für seine gegenwärtigen Rentenlasten erforderliche Deckungskapital gab und das geringe Restvermögen nach der Zahl der aktiven Versicherten verteilte. Der Gesamtbestand der Allgemeinen Pensionsanstalt in Prag von knapp 492.000 Rentnern und Versicherten musste damit in fünf Blöcke (Böhmen und Mähren, Deutschland, Slowakei, Ungarn und Polen) aufgeteilt werden, wovon mit 61 Prozent der größte Teil auf das Protektorat und mit 27 Prozent auf das Sudetenland entfielen.[520] Die entscheidenden Verhandlungen fanden dann erst im März 1940 in Prag unter dem Vorsitz von RAM-Ministerialdirektor Engel statt. Auch ein RfA-Abteilungsleiter war entsandt worden. Der RfA wurden dabei aus dem Vermögen der Prager Anstalt 1,480 Mrd. Kronen sowie weitere ca. 600 Mio. Kronen von den Ersatzinstituten

516 Vgl. ebd., S. II 258.
517 Vgl. dazu den internen Vermerk der RfA-Versicherungsmathematiker vom 7.7.1939, in: RfA-Archiv Handakte Granzow, ohne Signatur.
518 Vgl. dazu etwa den Vermerk vom 7.12.1939 sowie auch vom 18.5.1940, in: ebd.
519 Vgl. dazu den Vermerk „Zur Auseinandersetzung der Deutschen, Slowakischen, Ungarischen und Polnischen Angestelltenversicherung mit der Prager Pensionsanstalt“ vom 24.2.1940, in: RfA-Archiv Nr. 180.
520 Vgl. dazu die statistische Aufstellung, in: ebd.

zugesprochen, alles in allem umgerechnet ca. 200 Mio. RM.[521] Die Details der praktischen Durchführung des Finanzausgleichs wurden dann in den erwähnten Abkommen vom März und Juni 1940 geregelt, unter anderem der genaue Zeitpunkt der Beendigung der Vermögensübertragung, die spätestens zum 31. Dezember 1940 erfolgt sein musste, andernfalls wurden fünf Prozent Zinsen fällig.[522] Schon zu diesem Zeitpunkt zeichnete sich jedoch ab, dass, wie schon in Österreich, die Deckungsgrundlage der tschechoslowakischen Versicherungsträger unzureichend war und auf die RfA mit den übernommenen Ansprüchen und Renten aus dem Sudetenland auch erhebliche Vermögensbelastungen zukommen würden. 1939 hatten die Beitragseinnahmen aus dem Sudetenland 20,9 Mio. RM betragen, dem jedoch Leistungsauszahlungen von 34,9 Mio. RM gegenüberstanden. Damit drohte ein jährliches Defizit von knapp 15 Mio. RM, wie Grießmeyer Anfang April 1940 den Beirat informierte.[523] Allerdings waren für die kommenden Jahre deutliche Beitragssteigerungen zu erwarten und zudem konnte man in der Ruhrstraße nun nach dem damaligen Stand der Vermögensauseinandersetzungen mit der Überweisung von etwas über 200 Mio. RM. rechnen – eine für die RfA deutlich günstigere Lösung als es bei Österreich der Fall war, wie Grießmeyer kommentierte.[524]

Tatsächlich erfolgten bereits im Juli 1940 neue Verhandlungen zwischen Vertretern des Reiches bzw. des RAM und der Protektoratsregierung über weitere Durchführungsmaßnahmen des Abkommens vom 14. März, an denen auch RfA-Direktor Koch beteiligt war.[525] Es ging dabei unter anderem um die weitere Vermögensauseinandersetzung sowie die Übernahme von Versicherten- und Rentnerbeständen mit den vielen kleineren Ersatzinstituten wie etwa der Tatra-Werke, der Škoda-Werke und des Pensionsvereins der Deutschen Sparkassen in Brünn bzw. Prag. Koch nahm den Besuch in Prag zudem zum Anlass, direkt bei der Prager Pensionsanstalt über die erforderliche Aktenübernahme zu verhandeln.[526] Eine erste Durchsicht der relevanten Versicherungskarten, auf denen die jeweiligen Versicherungsverläufe verzeichnet waren, ergab, dass man bei der Ermittlung der gesetzlichen bzw. früheren Versicherungszeiten auf erhebliche Probleme stoßen würde. Koch drängte auf jeden Fall, dass die Akten und Unterlagen für die zu übernehmenden bzw. übernommenen Renten wie der laufenden Anwartschaften möglichst schnell aus Prag bzw. Brünn nach Berlin transportiert werden sollten. Ende September 1940 reiste daher Paul Minow, der Bü-

---

521 Vgl. Bericht über die Verhandlungen in Prag vom 15.3.1940, in: RfA-Archiv Nr. 180.

522 Vgl. Dobbernack, Die Regelung, S. II 289.

523 Vgl. Bericht Grießmeyers auf der Beiratssitzung vom 8.4.1940, S. 14, in: BArch R 89/3470.

524 Ebd., S. 3.

525 Vgl. Bericht Kochs vom 29.7.1940, in: RfA-Archiv Nr. 179. Die Verhandlungen vom Sommer mündeten schließlich im November 1940 in ein Zusatzabkommen, in dem vor allem weitere Bestimmungen zum Finanzausgleich und zur Vermögensauseinandersetzung zwischen den anderen Versicherungsträgern in der Kranken- und Unfallversicherung vereinbart wurden. Vgl. dazu den Entwurf der Zusatzvereinbarung vom 5.11.1940, in: RfA-Archiv Nr. 179.

526 Vgl. Vermerk Kochs über die Besprechung in Prag vom 19.7.1940, in: ebd.

roleiter der Leistungsabteilung, seinerseits nach Prag, um die verwaltungstechnischen Details zu besprechen und die Überführung der rund 16.000 Rentenakten aus Prag sowie der ca. 6000 Akten aus Brünn zu organisieren.[527] Doch die Übersendung der Akten aus Prag verzögerte sich. Mitte Januar 1941 wartete man in der Ruhrstraße immer noch auf die Unterlagen; erst im Mai verzeichneten die Berliner Archivbeamten die ordnungsgemäße Übergabe von 906 Paketen Rentenakten aus Prag.[528]

Auch in den folgenden Monaten gab es zwischen der RfA in Berlin und der Allgemeinen Pensionsanstalt in Prag einen regen Schriftverkehr über die zahllosen verwaltungs- und verfahrensrechtlichen Details sowie einen Austausch über die jeweiligen Verwaltungspraktiken.[529] Es bestanden vor allem Differenzen zwischen den beiden Behörden, unter anderem im Januar 1941 über die Auslegung des Artikels 26, Nr. 3 des Abkommens vom März 1940, in dem es um die komplizierte Regelung der Anerkennung der jeweiligen Versicherungszeiten ging.[530] Die Prager Anstalt vertrat eine Auslegung, die Grießmeyer für „zu eng" hielt, da sie „den Bedürfnissen von Hunderten von Versicherten nicht gerecht [wird], die inzwischen von dem einen Gebietsteil in den anderen verziehen".[531] Anderseits warfen die Prager ihrerseits der RfA zu enge Auffassungen in Fragen der freiwilligen Versicherung vor und wussten sich dabei der Schützenhilfe des Reichsprotektors von Böhmen und Mähren sicher, der sich in den Disput im Februar 1941 einmischte.[532] Zu diesem Zeitpunkt hatte die RfA ungeachtet aller vertraglichen Fristen noch keinen einzigen Vermögensanteil von den versprochenen knapp 250 Mio. RM der Prager Anstalt und der Ersatzkassen erhalten. Noch immer war nicht festgelegt, welche Grundstücke übertragen werden sollten und wie der Umtausch der Wertpapiere erfolgen sollte. Alles, was man in Berlin bislang erhalten hatte, waren die Zinseinnahmen, die bis April 1941 gerade einmal 14 Mio. RM ausgemachten.[533] Dabei hatte aber der Reichsarbeitsminister mit einem Erlass am 25. Februar 1941 dafür gesorgt, dass die zunächst nur als Übergangsregelung vorgesehene Auszahlung des Begräbnisgeldes pauschal auf 120 RM festgelegt und auf sämtliche ehemalige tschechoslowakische Rentenempfänger ausgedehnt wurde, was der RfA bis Jahresende immerhin 371.000 RM an Zusatzaufwendungen bescherte.[534]

527 Vgl. Bericht über die Dienstreise vom 16. bis 21.9.1940 sowie die diesbezüglich getroffene schriftliche Vereinbarung zwischen der RfA und dem Prager Pensionsinstitut, in: RfA-Archiv Nr. 172.
528 Vgl. Vermerk vom 16.5.1941, in: ebd.
529 Vgl. dazu etwa den Schriftwechsel vom Januar 1941, in: RfA-Archiv Nr. 94.
530 Vgl. das ausführliche Schreiben Grießmeyers an das RAM über das RVA vom 24.1.1941, in: BArch R 89/3209.
531 Ebd., S. 3.
532 Vgl. Schreiben des Reichsprotektors an das RVA vom 4.2.1941, in: BArch R 89/3209. Der Konflikt, in den sich dann offensichtlich auch noch der Reichsprotektor des Sudetenlandes einschaltete, sollte sich bis Mai 1941 hinziehen. Vgl. Schreiben der RfA an das RVA vom 24.5.1941, in: ebd.
533 Vgl. die Information Grießmeyers auf der 13. Beiratssitzung vom 21.4.1941, S. 22, in: BArch R 89/3470.
534 Vgl. Niederschrift der 14. Beiratssitzung vom 8.12.1941, S. 14, in: BArch R 89/3471.

Die Vermögensauseinandersetzungen und die Überführung der Versichertenbestände zogen sich letztendlich bis Frühjahr 1943 hin. Erst zu diesem Zeitpunkt hatte die RfA praktisch die gesamte ihr zugesprochene Ausgleichssumme aus den Vermögen der Allgemeinen Pensionsanstalt in Prag sowie der übrigen Pensionsinstitute erhalten.[535] Ein besonderes Problem war der Pensionsverein der Deutschen Sparkassen in Prag gewesen, mit dem man trotz mehrerer früherer Besprechungen und längerem Schriftwechsel auch bis November 1941 kein befriedigendes Ergebnis erzielt hatte.[536] Bei einem Besuch im Juni 1940 hatte man feststellen müssen, dass die Akten und Unterlagen in einem chaotischem Zustand waren, und auch die finanzielle Lage war höchst unklar. Die Bilanz für 1938 hatte noch 190 Mio. Kronen ausgewiesen, inzwischen war der Pensionsverein liquidiert, seit Oktober 1941 die Geschäfte von der Allgemeinen Pensionsanstalt in Prag übernommen worden waren. Die Bilanz wies, wie die RfA-Beamten anlässlich einer Dienstreise im November 1941 feststellen mussten, nur noch 144 Mio. Kronen auf, eine plötzliche, angeblich durch Abschreibungen und Verwaltungskosten bedingte Vermögenslücke von 46 Mio. Kronen.[537] Gleichzeitig kämpften die im Pensionsverein Versicherten aber – maßgeblich unterstützt von dem sudetendeutschen Vertreter im RfA-Beirat, Hans Wünsche, seinerzeit Prokurist und Gefolgschaftsreferent bei der Georg Schicht AG in Aussig – um die Auszahlung ihrer Zusatz- bzw. Mehrversicherungsansprüche, deren Anerkennung die RfA bislang verwehrte.[538] Es ging um 2200 übernommene Renten sowie 7000 Versicherte, für die aber schon zur Bestreitung der normalen Rentenansprüche jegliche Deckung fehlte, wie RfA-Direktor Koch im Dezember 1941 in einer eigenen Besprechung mit Wünsche darlegte.[539]

Die ungeklärte Frage der Zusatzversicherungen auch bei anderen Ersatzkassen wie der Brüxer Grubenbetriebe war noch im Januar 1942 Gegenstand einer Besprechung zwischen Vertretern des RAM, des RVA und der RfA.[540] Auch hier ging es mit 2500 Mitgliedern um eine nennenswerte Zahl von Versicherten. Dabei drohten spürbare Minderungen der Versichertenansprüche, für deren Vermeidung – zumindest der größten Härten – sich die RfA trotz fehlender Deckung durchaus bereit zeigte. Bis September 1942 war aber seitens des Reichsarbeitsministeriums hier noch immer keine Klärung erfolgt. Ungeklärt waren zu diesem Zeitpunkt auch noch die Vermögensauseinandersetzungen mit dem Waldstein-Wartenberg'schen Pensionsinstitut, dem Pensionsinstitut der Zuckerindustrie, dem Pensionsinstitut der Berg- und Hüttenwerksgesellschaft, dem Pensionsinstitut der Prager Eisenindustriegesellschaft sowie der Prager Journalistenversicherung.[541] Im Oktober 1942 endlich erhielt Grieß-

535 Vgl. Niederschrift der Beiratssitzung vom 12.4.1943, S. 12, in: BArch R 89/3471.
536 Vgl. dazu den Schriftwechsel vom Januar 1940 ff., in: RfA-Archiv Nr. 174.
537 Vgl. Bericht über die Dienstreise vom 5. bis 13.11.1941, in: RfA-Archiv Nr. 156 b.
538 Vgl. dazu den Schriftwechsel zwischen der RfA und Wünsche, in: RfA-Archiv Nr. 174.
539 Vgl. Vermerk vom 8.12.1941, in: ebd.
540 Vgl. Schreiben des RVA vom 22.1.1942, in: RfA-Archiv Nr. 177.
541 Vgl. Bericht über die Dienstreise vom 5. bis 13.11.1941, in: RfA-Archiv Nr. 156 b.

meyer über das Reichsversicherungsamt einen Erlass des RAM auf den Schreibtisch, in dem bestimmt wurde, dass sämtliche Anwartschaften, die Versicherte aus Zusatzversicherungen und Mehrversicherungen erworben hatten, von der Reichsversicherungsanstalt für Angestellte durch Zusatzleistungen abgegolten werden sollten. Der dadurch für die RfA entstehende zusätzliche Fehlbetrag von rund 5,5 Mio. RM, so heißt es lapidar in dem Schreiben, „kann von der Reichsversicherungsanstalt getragen werden. Von einer Bereitstellung von Mitteln des Reichs, insbesondere für den verhältnismäßig hohen Fehlbetrag des Pensionsvereins der deutschen Sparkassen, wird abgesehen."[542] Eine ähnliche Regelung erfolgte schließlich im Juni 1943 dann auch bei den gerade einmal 100 sudetendeutschen Schriftleitern, die in der Prager Journalisten-Versicherung Mitglied gewesen waren. Immerhin ging es hier nur um 150.000 RM, die die RfA dafür zusätzlich aus eigenen Mitteln aufbringen musste.[543]

Währenddessen hatte sich die RfA mit weiteren Detailproblemen und Sonderbestimmungen des früheren tschechoslowakischen Versicherungsrechts herumschlagen müssen. Zum einen ging es um die Frage der Wiedergutmachung von Schäden, die sudetendeutsche Versicherte auf dem Gebiet der Sozialversicherung erlitten hatten, weil sie für die „nationalsozialistische Erhebung" eingetreten waren. Nach § 11 der Verordnung vom Juni 1940 war in diesen Fällen eine entsprechende Kompensation möglich. Es hatte anfangs offenbar eine Zeit gebraucht, bis die Regelung unter den Rentnern, die sich davon betroffen glaubten, bekannt wurde, denn bis Januar 1941 waren bei der RfA nur zwei Anträge mit entsprechenden Fällen eingegangen.[544] Die ersten Eingabe dazu hatte das Reichsarbeitsministerium allerdings schon Anfang Februar 1940 erhalten. Darin hatte ein Krankenversicherungsangestellter in Aussig die Anerkennung des durch politische Kerkerhaft in den Jahren 1936 bis 1938 verloren gegangenen Anspruchs auf Pensionsversicherungszeiten und Anrechnung derselben beantragt, nachdem ein vorangegangener Antrag bei der RfA von dieser negativ beschieden worden war.[545] Das RAM leitete über das RVA den Fall an die RfA weiter mit dem Auftrag zur wohlwollenden Prüfung. Allerdings reichte diese die Unterlagen wiederum an das RVA zurück, da man die Entscheidung, ob der Antragsteller tatsächlich dem entsprechenden Personenkreis angehörte, nicht treffen wollte. Zudem hielt man in der Ruhrstraße angesichts der geringen Zahl von Fällen eine gesonderte Regelung nicht für notwendig, zumal man auch gar nicht übersehen konnte, wie groß der Personenkreis war, der gegebenenfalls Entschädigungsansprüche geltend machen konnte.[546]

Offenbar hatte sich das RVA daraufhin mit dem Reichsstatthalter für den Sudetengau in Verbindung gesetzt, jedenfalls setzte im Frühjahr 1941 ein merklicher Anstieg der Anzahl der Entschädigungsanträge ein. In der Ruhrstraße trafen bald hun-

542 Schreiben des RVA vom 14.10.1942, in: RfA-Archiv Nr. 177.
543 Vgl. Vermerk vom 12.6.1943, in: ebd.
544 Vgl. Schreiben der RfA an das RVA vom 17.1.1941, in: BArch R 89/3186.
545 Vgl. Schreiben des RAM vom 11.12.1940 sowie Abschrift des Gesuchs vom 30.1.1940, in: ebd.
546 Vgl. Schreiben der RfA an das RVA vom 17.1.1941, in: BArch R 89/3186.

derte von Anträgen ein, in denen rentenversicherungsmäßige Schäden wegen politischer Verfolgung geltend gemacht wurden. Darunter waren, wie die RfA-Beamten schnell bemerkten, zahlreiche Fälle, in denen sudetendeutsche Rentenberechtigte nachträgliche Verfolgungsschicksale zu konstruieren versuchten.[547] Auf die Versuche, eine Erhöhung der Rente durch Anrechnung von höheren Gehaltsklassen und von Versicherungszeiten zu erreichen, antwortete die RfA bald mit einem Standardsatz:

> Wir sehen keine Möglichkeit, dieser Bitte zu entsprechen, zumal bei dem ermittelten Sachverhalt eine Zurücksetzung aus nationalen Gründen wohl glaublich, eine unmittelbare Schädigung in den Versicherungsrechten wegen Eintretens für die nationalsozialistische Erhebung aber unseres Erachtens nicht feststellbar ist.[548]

Die ganze Angelegenheit war ein weiteres Beispiel für die zahlreichen Maßnahmen, die vom NS-Regime mit viel propagandistischem Aufwand verkündet und regelmäßig auch vom Reichsarbeitsministerium willig in hastige, aber letztlich unausgegorene Verordnungen – in diesem Fall sogar durch einen weiteren, ergänzenden Erlass vom 25. Februar 1941 – gegossen worden waren. Soweit aus den Akten der RfA ersichtlich, hatte man dort auch im September 1941 noch keinen einzigen Entschädigungsantrag positiv beschieden, gleichzeitig aber das RAM aufgefordert, zur verwaltungsrechtlichen Umsetzung des Erlasses überhaupt eine genauere Erläuterung zu geben, wie etwa der Begriff „Schäden" als Voraussetzung zur Stellung eines Wiedergutmachungsantrages auszulegen sei.[549] Die RfA war bis März 1943 mit weiteren Entschädigungsanträgen beschäftigt, aber in allen nachgewiesenen Fällen folgte inzwischen auch das RAM den nach wie vor ablehnenden Bescheiden der Behörde.

Nicht minder großen Verwaltungsaufwand bereitete die Gewährung von Unterstützungen aus dem sogenannten Befreiungsfonds, die auch in der Verordnung vom Juni 1940 festgeschrieben war. Es ging um den früheren „Masarykfonds", der seit 1928 mit einem Grundvermögen von ca. fünf Mio. Kronen als Unterstützungsfonds bei der Allgemeinen Pensionsanstalt in Prag bestanden hatte, von dem nach der Vermögensauseinandersetzung noch rund acht Mio. Kronen, umgerechnet ca. 870.000 RM, übrig gewesen waren und der nun in „Befreiungsfonds" umbenannt wurde. Im Januar 1941 hatten sich unter Führung des RVA sämtliche Versicherungsträger, nicht nur der Rentenversicherung, in Prag zu einer Besprechung über die weitere Aufteilung und Vergabepraxis getroffen, darunter auch ein RfA-Beamter.[550] Für die Angestelltenversicherung standen demnach umgerechnet 210.000 RM zur Verfügung, die auf Antrag und nach alleiniger Entscheidung der RfA in Form einmaliger Unterstützungen in Höhe bis zu 150 RM zur Deckung von Heil- und Krankheitskosten gewährt werden

547 Vgl. dazu etwa das Antwortschreiben der RfA an einen Gesuchsteller vom 3.4.1941, in: ebd.

548 Schreiben vom 17.6.1941, in: BArch R 89/3187. Dort auch das Schreiben der RfA mit einer negativen Stellungnahme zu einem weiteren Fall vom 12.8.1941.

549 Vgl. Schreiben der RfA an das RAM über das RVA vom 26.9.1941, in: ebd.

550 Vgl. Bericht über die Dienstreise nach Prag vom 8. bis 15.1.1941, in: RfA-Archiv Nr. 179.

konnten.[551] Bis Juni 1942 sind daraufhin 27 Unterstützungen, insgesamt 2700 RM, ausgezahlt worden; die Zahl der abgelehnten Anträge, unter anderem wegen bereits laufender Rentenzahlungen, und der dadurch ausgelösten Proteste waren aber ungleich höher.[552] Der RfA waren jedoch durch die Vorgaben des RVA die Hände gebunden, denn aus dem Befreiungsfonds durften keine Rentenzuschüsse gewährt werden. Es bedurfte daher erst der wiederholten Intervention durch die örtlichen Stellen der Nationalsozialistischen Volkswohlfahrt, ehe, wie im Juni 1942 im Fall eines kranken und erwerbsunfähigen „Alten Kämpfers", nach wiederholtem Antragsversuch eine einmalige Unterstützung von 200 RM gewährt wurde. Der zuständige RfA-Referent notierte in einem Schreiben an das RVA:

> Wenn der Befreiungsfonds auch nicht dazu bestimmt ist, die Renten aufzubessern, so lässt sich doch nicht verkennen, dass die Richtlinien im allgemeinen die Unterstützungen an Voraussetzungen knüpfen, die nur in einer kleinen Zahl von Fällen erfüllt sind. Darüberhinaus kann den Erwartungen im Sudetenland nur durch wohlwollende Benennung weiterer Fälle Rechnung getragen werden, wohingegen auch im Hinblick auf die Höhe der zur Verfügung stehenden Mittel und bei entsprechender Anwendung des Rundschreiben vom 7.5.1942 (betr. soziale Rechtsfindung) keine Bedenken bestehen können.[553]

Eigentlich war bei der RfA mit einem vollständigen Aufbrauchen der Befreiungsfonds-Mittel bis spätestens 1943 gerechnet worden. Aber im Dezember dieses Jahres verfügte man immer noch über 230.000 RM , so dass die RfA beim RVA eine Änderung der Vergaberichtlinien dahingehend beantragte, dass die Unterstützungssätze auf bis zu 400 RM erhöht und die Vergabekriterien erleichtert würden.[554]

Im Januar 1942 wurde die RfA zudem mit den Folgen einer weiteren Besonderheit des früheren tschechoslowakischen Versicherungsrechts konfrontiert. Angestellte hatten demnach die Möglichkeit gehabt, nichtversicherte Dienstzeiten rückwirkend einzukaufen, wovon verhältnismäßig viele Versicherte Gebrauch gemacht hatten. Diese Einkaufsaktionen geschahen vor allem auch im Hinblick auf die damit eröffnete Chance, bereits zum oder sogar vor dem 60. Lebensjahr eine Altersrente zu erhalten. Infolge der abweichenden Bestimmungen des deutschen Angestelltenversicherungsgesetzes hatte sich die rechtliche Position der Versicherten jedoch wesentlich verschlechtert, da die Altersrente nun generell erst mit dem 65. Lebensjahr anfiel; also hatte der Versicherte auf jeden Fall fünf Jahre Rentenbezug verloren oder würde die Rente in vielen Fällen nicht mehr erleben bzw. nur eine um Jahre kürzere Zeit genießen können. Auch der Grundbetrag, die Steigerungsbeträge und die Kinderzulagen waren bedeutend kleiner. „Es bedeutet eine offen liegende Ungerechtigkeit", so heißt es dazu

---

551 Vgl. dazu auch die Richtlinien zur Gewährung, in: RfA-Archiv Nr. 176.

552 Vgl. dazu etwa das Schreiben des Reichsbunds der deutschen Kapital- und Kleinrentner an die RfA vom 10.4.1942, in: ebd.

553 Schreiben der RfA an das RVA vom 15.6.1942, in: ebd.

554 Vgl. Schreiben der RfA an das RVA vom 10.12.1943, in: ebd. Bis Januar 1945 standen dennoch aufgrund der laufenden Zinseinnahmen knapp 240 Mio. RM zur Verfügung.

in einem an die RfA bereits im Oktober 1940 gerichteten Schreiben, „wenn ein bestimmter Kreis von Versicherungsnehmern nun [...] viel größere Verluste erleiden soll als die große Masse der Versicherten. Es kann dies nicht Sinn der Befreiung des Sudetenlandes sein."[555] Die RfA hatte demgegenüber jedoch detailliert dargelegt, dass die Einkäufe auch nach den neuen Rentenberechnungen berücksichtigt und die Betroffenen „besonders günstig behandelt" werden würden.[556] Doch das Thema blieb virulent, inzwischen war zu dem komplizierten Gegenstand offenbar sogar ein umfangreiches versicherungsmathematisches Gutachten eingeholt worden, das die Position der RfA stärkte. Dennoch beantragte im November 1941 einer der betroffenen Versicherten bei der RfA einen Härteausgleich, was die RfA für weder erforderlich noch angebracht erachtete.[557]

Das Thema Angestelltenrenten im Sudetenland und dem Protektorat blieb auch in der Folgezeit ein Konfliktfeld.[558] Im September 1941 sorgte die Frage der regional offenbar uneinheitlichen Steuerbelastung bzw. -erleichterung für die Altrentner im Sudetenland für Aufregung, zumal sich hier wieder einmal Reichsstatthalter Henlein persönlich einschaltete.[559] Beharrlich kämpfte der sudetendeutsche Gauleiter auch für eine allgemeine Erhöhung und Verbesserung der Renten der sudetendeutschen Altpensionäre. Er war dazu im November 1941 bei Staatssekretär Reinhardt im Reichsfinanzministerium vorstellig geworden und hatte diesem dann im Januar 1942 einen eingehend begründeten Vorschlag zur Einführung eines Härteausgleichs für die Angestelltenversicherung vorgelegt.[560] Die Lage der ca. 26.000 Bezieher übernommener Ruhegelder und Hinterbliebenenrenten, so sein Argument, habe sich trotz der leichten Erhöhungen infolge des Leistungsverbesserungsgesetzes vom Juli 1941 aufgrund der gestiegenen Lebenshaltungskosten so verschlechtert, dass diese eine um 20 bis 30 Prozent höhere Rente erhalten müssten, um sich annähernd die gleiche Lebenshaltung wie vor der Eingliederung ins Reich leisten zu können.

> Die Rentner fühlen sich gegenüber allen übrigen Pensionisten herabgesetzt und weisen darauf hin, dass gerade aus ihren Reihen die besten Volksgenossen und Befreiungskämpfer hervorgegangen sind. Ich kann nicht verheimlichen, dass unter den Rentnern eine politisch auf Dauer kaum tragbare Beunruhigung Platz gegriffen hat, die m. E. beseitigt werden muss. Dies kann nur durch eine Rentenerhöhung geschehen.[561]

555 Das Schreiben vom 10.10.1940, in: BArch R 89/3187.

556 Vgl. Antwortschreiben der RfA vom 16.10.1940 sowie ein weiteres Schreiben an die Wirtschaftskammer Sudetenland dazu vom 2.10.1941, in: ebd.

557 Vgl. das ausführliche Schreiben der RfA an das RVA vom 3.1.1942, in: ebd.

558 Im Dezember 1940 etwa hatten sich zahlreiche frühere Angestellte, die infolge der Eingliederung des Sudetenlands ins Reich in den Beamtenstatus gewechselt waren, bei der RfA darüber beschwert, dass ihnen damit die jahrelangen Beitragszahlungen zur Prager Anstalt verloren gingen, und vergeblich eine Rückerstattung der Beiträge gefordert.Vgl. dazu einige Fälle, in: BArch R 89/3186.

559 Vgl. Schreiben Henleins an das RAM vom 12.9.1941, in: BArch R 2/18562.

560 Vgl. das Schreiben vom 16.1.1942, in: ebd.

561 Ebd.

Er forderte daher für die sudetendeutschen Rentner einen pauschalen Härteausgleich von 18 RM (Ruhegelder) bzw. zwölf RM (Witwenrenten) im Monat, da „weder der Rentner im Altreich noch der Rentner in der Ostmark eine derartige ungünstige Preisentwicklung hat mitmachen müssen".[562] Es war unverkennbar, dass Henlein dabei die Argumentation der bei ihm nach wie vor regelmäßig eingehenden Eingaben und Forderungsschreiben des Reichsbundes der deutschen Kapital- und Kleinrentner übernommen hatte.[563] Es sollte dann jedoch noch bis zum Oktober 1943 dauern, bis mit der zweiten Zusatzvereinbarung zur Ergänzung und Durchführung des Abkommens vom 14. März 1940 eine Rentenerhöhung in Form einer Zusatzrente von maximal 20 RM beim Ruhegeld und zwölf bzw. zehn RM bei der Witwen- und Waisenrente in Kraft trat – allerdings, anders als von Henlein gefordert, gestaffelt nach der Höhe der Rentenbezüge.[564]

562 Ebd.

563 Vgl. dazu etwa die beiden ausführlichen Schreiben an den Reichsstatthalter vom 28.11.1942 und vom 11.12.1942, in: RfA-Archiv Nr. 169.

564 Vgl. dazu die Erläuterung vom November 1943, in: BArch R 89/3189. Vgl. zu den langwierigen Verhandlungen über die Frage der Dienstzeitberücksichtigung den Schriftwechsel vom April 1941, in: BArch R 89/3187. Vgl. dazu auch die RfA-interne Stellungnahme vom 14.8.1943, in: RfA-Archiv Nr. 36. Dabei wurde auch die nach wie vor schwebende Frage geklärt, auf welche Weise und von welchem Versicherungsträger Zeiten versicherungsfreier Beschäftigung in der ehemals tschechoslowakischen Republik bei der Feststellung von Leistungen zu berücksichtigen waren. Das Handwerkerversorgungsgesetz wurde im Übrigen auch im Sudetenland wegen der dort gleichfalls fehlenden Handwerksrollen nicht eingeführt, was den Gauhauptmann bei der LVA Sudetenland im Juli 1944 jedoch nicht davon abhielt, die Frage der entsprechenden Angestelltenversicherungspflicht der Gablonzer Glasmaler aufzuwerfen. Vgl. das Schreiben vom 11.7.1944 an das RVA sowie dazu auch das Schreiben der Reichsgruppe Handwerk an die RfA vom 4.9.1944, in: BArch R 89/3201.

7 Die rentenversicherungsrechtliche Seite des NS-Besatzungsregimes

Die Schwierigkeiten und Probleme bei der regionalen Ausweitung des Angestelltenversicherungsgesetzes potenzierten sich noch durch die Einführung der Angestelltenversicherung bzw. zumindest von Teilen derselben in den im Laufe des Krieges eroberten Gebieten. Die rentenversicherungsrechtliche Expansion folgte dabei keiner stringenten Strategie; vielmehr spiegelten sich die komplexen Strukturen der Besatzungsherrschaft des NS-Regimes auch in der Angestelltenversicherung wider. Die annektierten Gebiete wurden teilweise ins Deutsche Reich eingegliedert, teilweise aber auch nur den Gauleitern der benachbarten Reichsgaue unterstellt, die in der Folge als „Chefs der Zivilverwaltung“ (CdZ) agierten und in dieser Funktion direkte Akteure – und zum Teil sogar Weisungsgeber der RfA – in den rentenversicherungsrechtlichen Angelegenheiten der jeweiligen Gebiete wurden. In den Westgebieten behielt das besetzte Frankreich seine bisherige Rentenversicherung ebenso wie die Niederlande und auch Norwegen und Dänemark; in Belgien wurde nur das kleine Gebiet um Eupen-Malmedy ganz dem deutschen Versicherungsrecht unterworfen, dagegen kamen Elsass-Lothringen und auch Luxemburg insgesamt in den Geltungsbereich der AV des Deutschen Reichs und wurden versicherungsrechtlich in das Altreich integriert. Unter vielfach anderen Vorzeichen, aber ebenfalls keineswegs konsistent, verlief die Einführung von Verordnungen und Maßnahmen der Angestelltenversicherung in den eingegliederten und besetzten Ostgebieten, mit deutlichen Abstufungen der Versicherungsrechte und Leistungsansprüche zwischen Volksdeutschen bzw. Angehörigen deutscher Volkszugehörigkeit und Polen oder Staatenlosen. Die RfA verstrickte sich dabei nicht nur weiter in das NS-Unrecht, sondern verhedderte sich auch in den vielen Ungereimtheiten der vom Regime vorgegebenen rentenversicherungsrechtlichen Exklusion.

Die Sozialversicherung in den ehemals polnischen Gebieten und im belgischen Eupen-Malmedy sowie Moresnet war nicht bloß auf diese Regionen beschränkt gewesen, sondern hatte sich jeweils auf das gesamte Staatsgebiet Polens bzw. Belgiens erstreckt. Infolgedessen musste dort, wie auch schon im Sudetenland, der jeweilige Versichertenbestand geteilt und aus den bestehenden Rechtsverhältnissen ausgegliedert werden. Einer solchen Bestimmung bedurfte es jedoch, wie schon in Österreich, nicht für Luxemburg, Lothringen und das Elsass, da in diesen Gebieten eine besondere Sozialversicherung bestand und deshalb alle zu der Versicherung dieser Gebiete gehörenden Versicherten geschlossen in den Gültigkeitsbereich des Reichsrechts übergingen und damit unter die RVO fielen, ohne Rücksicht darauf, wo sie am Stichtag wohnten oder beschäftigt waren. Wenn man so will, dann betrieb die RfA im Bereich der Angestelltenversicherung nur die komplizierte Rückabwicklung der nach dem Ersten Weltkrieg vom Völkerbundrat und den Siegermächten geforderten nicht minder komplexen versicherungsrechtlichen Abtrennung der damals abgetretenen

 https://doi.org/10.1515/9783110652741-008

Gebiete.[1] Allerdings waren die versicherungsrechtlichen Maßnahmen nun zusätzlich NS-ideologisch aufgeladen und von deutlichen rassisch begründeten Diskriminierungsmaßnahmen begleitet. Zur Durchführung der komplizierten Überleitungsmaßnahmen erfolgte seinerseits eine Fülle von Gesetzgebungsmaßnahmen mit vielen vorläufigen Regelungen, die, kaum eingeführt, infolge der sich ändernden Kriegslage bald wieder obsolet werden sollten.

7.1 „Amtsstelle Straßburg“: Die RfA und die besetzten Westgebiete

Am 12. September 1940 richtete das Reichsarbeitsministerium einen Schnellbrief an die jeweiligen Reichskommissare, Wirtschaftsbeauftragten sowie die Chefs der Zivilverwaltungen bzw. der Militärverwaltungen in den Niederlanden, Norwegen, Dänemark, Frankreich, Belgien und Luxemburg, der auch an die RfA adressiert war. Darin wurden eine Reihe von Richtlinien aufgestellt, nach denen künftig zu verfahren war, „um eine einheitliche Durchführung der Sozialversicherung in den besetzten Gebieten sicherzustellen“.[2] Die in diesen Gebieten beschäftigten Reichsdeutschen unterlagen demnach sämtlich der Reichsversicherung und mussten sich die jeweiligen Beitragsmarken beschaffen und entsprechend einkleben. Die einheimischen Arbeitskräfte jedoch blieben bei ihren ursprünglichen Versicherungsträgern, auch dann, wenn sie etwa in einer deutschen Behörde oder bei deutschen Firmen beschäftigt waren. Diese mussten die jeweiligen Beiträge an den heimischen Versicherungsträger abführen. Die in den besetzten Gebieten beschäftigten ausländischen Arbeitskräfte, z. B. holländische oder polnische Arbeiter in Belgien, unterlagen ebenfalls nicht der Reichsversicherung, sondern mussten nach dem Recht des jeweiligen Gebietes, in dem sie jetzt wohnten und arbeiteten, versichert werden. Entsprechend galt für die in

1 Vgl. dazu die 1930 erstellte Übersicht der Beziehungen der RfA zu ausländischen Versicherungsträgern und darin die detaillierte Darlegung der Auswirkungen des Vertrags von Versailles auf die Angestelltenversicherung, in: RfA-Archiv Nr. 182 o. Das Deutsche Reich trat damit rund 67.000 Versicherte ab und zahlte dafür an die jeweiligen Versicherungsträger im Mai 1922 insgesamt 18,4 Mio. Papiermark für Elsass-Lothringen und im November 1922 noch einmal 12,5 Mio. Papiermark für Posen-Westpreußen. Für Oberschlesien war eine Abfindung von 26 Mio. Goldmark festgesetzt worden. Durch den Übergang der Angestelltenversicherung ergab sich, dass die Versicherten in den abgetretenen Gebieten im Allgemeinen keinen Anspruch mehr gegenüber der RfA weder auf Leistungen noch auf freiwillige Weiterversicherung hatten. Mit Rücksicht auf die Verschiedenartigkeit und teilweise Unvollkommenheit der für die Sozialversicherung in den abgetretenen Gebieten getroffenen Entscheidungen und Abkommen und in dem Bestreben, die Rechte der ehemaligen Versicherten zu schützen, hat das damalige Direktorium der RfA jedoch eine Reihe von Beschlüssen und Verwaltungsgrundsätzen aufgestellt, nach denen unter anderem die früheren Konten wieder hergestellt wurden, wenn der ehemalige Versicherte aus dem abgetretenen Gebiet nach Deutschland zurückwanderte.

2 Das Schreiben vom 12.9.1940, in: RfA-Archiv Fach 18, Nr. 3. Vgl. dazu auch die entsprechende Verordnung, in: Mitteilungen der RfA Nr. 10, 1940, S. 37–38.

Nordfrankreich eingesetzten Arbeitskräfte aus Belgien das französische Sozialversicherungsrecht, auch wenn sie dort auf Veranlassung deutscher Dienststellen beschäftigt waren. Versicherungsrechtlich gab es mithin grundsätzlich zwei Seiten der militärischen Expansion und des Aufbaus des Besatzungsregimes in den eroberten Ländern. Denn neben der Frage nach Art und Umfang der Übernahme der dort lebenden Versicherten und Rentenempfänger galt es zuallererst auch den versicherungsrechtlichen Status der zahlreichen deutschen Angestellten zu klären, die nun in den zivilen wie militärischen Einrichtungen der besetzten Gebiete tätig waren.

Die Art und Weise der Beziehungen zwischen der RfA und den ausländischen Versicherungsträgern war dabei von Land zu Land verschieden. Zwischen den holländischen und deutschen Trägern der Rentenversicherung, insbesondere der grenznahen Landesversicherungsanstalten und dem Raad van Arbeid (RvA) in Nymwegen, hatte schon seit längerer Zeit eine Verwaltungshilfe bestanden, die im Dezember 1939 auch auf die RfA ausgedehnt wurde.[3] Ein offizielles Gegenseitigkeitsabkommen bestand jedoch nicht, allerdings gab es im Sommer 1939 nur 192 RfA-Renten, die in Holland zur Auszahlung kamen.[4] Im Dezember 1940 übersandte das RAM an den inzwischen in Den Haag amtierenden Reichskommissar für die besetzten niederländischen Gebiete und die involvierten deutschen Versicherungsträger eine vorläufige Regelung der Beziehungen zwischen der deutschen und der niederländischen Rentenversicherung.[5] Hintergrund war der inzwischen angelaufene großangelegte Einsatz von niederländischen Zwangsarbeitskräften im Deutschen Reich. Ziel der Verordnung war es, die Rechte der niederländischen Arbeitskräfte gegenüber der heimischen Invaliditäts- und Alterssicherung durch die Beschäftigung in Deutschland zu erhalten, auch wenn während der Beschäftigungszeit keine Beiträge an den niederländischen Versicherungsträger bezahlt wurden. Umgekehrt aber ging es auch darum, die deutschen Rückwanderer aus den Niederlanden, die während ihrer Beschäftigung Anwartschaften auf Leistungen der niederländischen Rentenversicherung erworben hatten, davor zu schützen, dass ihre Ansprüche durch die Rückkehr in das Reich und die damit verbundene Einstellung der Beitragszahlungen gemindert wurden. Wie groß die Zahl der Betroffenen auf beiden Seiten war, für die die RfA zuständig war, geht aus den Akten nicht hervor. RfA-Direktor Koch monierte jedoch im Januar 1941 in einem Brief die fehlenden Anrechnungsmöglichkeiten bei Beitragsleistungen und Wartezeit für die deutschen Rückkehrer, was für diese deutliche Nachteile mit sich brachte.[6] Im Februar bzw. April 1941 wurde der entsprechende Erlass dann durch das RAM in Kraft gesetzt.

---

3 Vgl. Abteilungsverfügung vom 1.12.1939, in: RfA-Archiv Nr. 24.

4 Vgl. dazu auch den Bericht über eine Besprechung des RVA mit dem Reichsverband Deutscher Rentenversicherungsträger im Mai 1939, an der auch RfA-Direktor Koch teilgenommen hatte, in: RfA-Archiv Nr. 60 a.

5 Vgl. das Schreiben vom 23.12.1940, in: RfA-Archiv Fach 116, Nr. 11.

6 Vgl. Schreiben Kochs an das RAM vom 10.1.1941, in: ebd.

In der Folgezeit war die RfA dann aber vor allem mit Anfragen von deutschen Angestellten befasst, die im Zuge der Besatzungsverwaltung, etwa als Angestellte in der deutschen Handelskammer für die Niederlande in Amsterdam, vom Reich in die Niederlande übersiedelten. Für sie galten generell die Vorschriften der Reichsversicherungsordnung, d. h. sie mussten Beiträge zur AV zahlen. Ausgabestellen für Versicherungskarten sowie auch Verkaufsstellen der Beitragsmarken waren die in den besetzten Gebieten inzwischen errichteten Zweigstellen deutscher Krankenkassen.[7] Allerdings war der versicherungsrechtliche Status ausgerechnet der 25 deutschen Angestellten der Deutschen Handelskammer auch im Sommer 1942 noch immer nicht geklärt, da fraglich war, ob die Kammer, die ein eingetragener Verein nach niederländischem Recht war, als deutsches Unternehmen bezeichnet werden konnte, wogegen der zuständige Reichskommissar in Den Haag Bedenken erhob.[8] Das Problem lag wieder einmal in einer unklaren Formulierung in dem RAM-Erlass. Darin war die Anwendung der Reichsversicherungsvorschriften für diejenigen ausgenommen worden, die schon vor der Besetzung in dem jeweiligen Gebiet gewohnt hatten, es sei denn, dass sie bei einem deutschen Unternehmen beschäftigt waren. Eine bei der deutschen Wehrmacht in Den Haag beschäftigte deutsche Zivilangestellte wandte sich daher im Frühjahr 1942 hilfesuchend an die RfA, da die zuständige Wehrmachtstelle die Entrichtung von anteiligen AV-Beiträgen für diese mit der Begründung ablehnte, „dass es absolut noch nicht feststeht, die Wehrmacht in besetzten Gebieten als Unternehmer im Sinne der Verordnung vom 4. 8. 1941 zu bezeichnen“.[9] Kompliziert wurde das Ganze auch noch dadurch, dass nach allgemeinen staatsrechtlichen Grundsätzen die Versicherungspflicht nach dem Territorialitätsprinzip grundsätzlich nur Beschäftigungen im Inland, also innerhalb der Grenzen des Deutschen Reichs betraf. Die Rechtsprechung hatte inzwischen aber die sogenannte Ausstrahlungstheorie ausgebildet. Danach erstreckte sich die Versicherungspflicht auch auf eine nur gelegentliche oder geringfügige Ausdehnung der inländischen Betriebstätigkeit ins Ausland, die sich als Teil, Zubehör oder Fortsetzung des inländischen Betriebs darstellte. Nicht anwendbar war die Ausstrahlungstheorie jedoch auf Filialen im Ausland – auch wenn sie keine Rechtspersönlichkeit nach ausländischem Recht waren –, da sie Dauercharakter hatten.[10] Damit waren die Angestellten in den ausländischen Tochterunternehmen nicht versicherungspflichtig und für sie bestand nur die Möglichkeit zur freiwilligen Selbstversicherung in der deutschen AV. Allerdings gingen viele Betroffene im Mai 1942 noch davon aus, dass auch in Holland in Bälde eine Reichsversicherung nach deutschem Muster eingeführt werden würde, und warteten daher erst einmal die weitere Entwicklung ab.

---

7 Vgl. das Antwortschreiben der RfA auf eine entsprechende Anfrage vom 4. 10. 1941 hin, in: RfA-Archiv Fach 18, Nr. 2.

8 Vgl. das Schreiben des Reichskommissars an das RVA vom 13. 10. 1942, in: ebd.

9 Vgl. Schreiben der RfA an den Reichskommissar in Den Haag vom 29. 5. 1942, in: ebd.

10 Vgl. das Schreiben der RfA an eine Remscheider Werkzeugfabrik mit Zweigniederlassung in Amsterdam vom 24. 4. 1942, in: ebd.

Der rentenversicherungsrechtliche Status vieler in den besetzten Gebieten beschäftigten und eingesetzten bzw. dorthin auch abgeordneten deutschen Angestellten war mithin lange Zeit unsicher und prekär. Das galt offenbar auch für die Angestellten im deutschen Unterdrückungs- und Besatzungsapparat, denn sowohl die DAF-Außenstelle im holländischen Tilburg als auch der Befehlshaber der Sicherheitspolizei und des SD für die besetzten niederländischen Gebiete wandten sich im März bzw. Mai 1942 mit entsprechenden Anfragen an die RfA.[11] Und auch der Reichskommissar selbst richtete direkt an die RfA die Bitte, zur Beratung und Unterrichtung der verhältnismäßig großen Zahl angestelltenversicherungspflichtiger Gefolgschaftsmitglieder seiner Behörde für einige Tage einen Beamten nach Den Haag zu schicken – was dann tatsächlich auch Ende Juni 1942 geschah.[12] Im Januar 1942 war es zudem zu einer versicherungstechnischen Durchführungsverordnung zur bis dahin immer noch vorläufigen Regelung der Beziehungen zwischen der deutschen und der niederländischen Rentenversicherung gekommen, nach der die durch Berücksichtigung deutscher Versicherungszeiten bei der Feststellung der niederländischen Renten eintretende Erhöhung der Sonderzuschläge nicht etwa von den deutschen Versicherungsträgern übernommen werden musste, sondern auf die niederländischen Träger abgewälzt wurde. Die RfA musste der niederländischen Reichsversicherungsbank lediglich einen Teil des Grundbetrags und der Steigerungsbeträge erstatten.[13] Die Frage des Versicherungsstatus insbesondere von Reichsdeutschen, die schon vor der Besetzung in den Niederlanden gewohnt hatten und nun beim zuständigen Wehrmachtbefehlshaber beschäftigt waren, blieb jedoch auch Anfang 1943 unklar und strittig, ehe in einer eigenen Verordnung vom Februar 1943 der Reichskommissar die Versicherungspflicht bestimmte, was seitens der Wehrmachtstelle erhebliche Beitragsnachzahlungen an die RfA erforderlich machte.[14]

In Dänemark und Norwegen war die versicherungsrechtliche Lage der deutschen „Besatzungsangestellten“ nicht minder kompliziert. In Dänemark standen allerdings die devisenrechtlichen Probleme bei der Auszahlung an die 305 im April 1941 dort lebenden RfA-Rentner und vor allem auch die Berechnung der Umrechnungskurse lange Zeit im Mittelpunkt.[15] In Norwegen dagegen musste sich die RfA wie schon in Holland vor allem mit der Frage der Versicherungspflicht dort tätiger deutscher Angestellter, unter anderem der Schriftleiter der „Deutschen Zeitung in Norwegen“ sowie

11 Vgl. die Schreiben vom 12.3.1942 sowie vom 23.5.1942, in: RfA-Archiv Fach 18, Nr. 4.

12 Vgl. das Schreiben vom 19.5.1942, in: RfA-Archiv Fach 20, Nr. 3 sowie das Schreiben der RfA an das RAM betr. Genehmigung der Dienstreise vom 8.6.1942, in: ebd.

13 Vgl. Rundschreiben vom 30.1.1942, in: RfA-Archiv Nr. 197 a.

14 Vgl. Schreiben des Reichskommissars an das RVA vom 30.6.1943, in: RfA-Archiv Fach 18, Nr. 5.

15 Vgl. zum Zahlungsprocedere, das über die Kreissparkasse Flensburg abgewickelt wurde, das Schreiben der BfA an die Landeszentralbank Schleswig-Holstein vom 3.4.1950, in: RfA-Archiv Nr. 182. Mit Kriegsausbruch wurde das Verfahren der gegenseitigen Überweisungen jedoch zugunsten eines Verrechnungsverfahrens aufgegeben. Vgl. auch das Schreiben der RfA an das RVA vom 2.4.1941, in: BArch R 89/3414.

der deutschen Handelskammer in Oslo herumschlagen.[16] Klar war hingegen der Status der dänischen Arbeitskräfte, die für deutsche Stellen, sei es Behörden, NS-Dienststellen, insbesondere die Organisation Todt, oder Unternehmen in Norwegen arbeiteten. Sie mussten in vollem Umfang zur deutschen Sozialversicherung angemeldet werden.[17] Das betraf auch die in Norwegen eingesetzten niederländischen Zwangsbeschäftigten; eine Ausnahme galt explizit nur für einheimische, polnische und russische Arbeitskräfte. Strittig und unklar war allerdings der Geltungszeitpunkt dieser Bestimmung, der offenbar immer wieder geändert wurde.[18] Für erhebliche Verwirrung bei allen Beteiligten sorgte dann aber die „Verordnung zur Durchführung und Ergänzung der Verordnung über die Sozialversicherung in den besetzten Gebieten vom 10. Februar 1942“. Demnach waren aufgrund einer an sich versicherungspflichtigen Beschäftigung in den besetzten Gebieten für die Zeit der Besetzung des Landes bis einschließlich 31. August 1941 weder Beiträge zur Reichsversicherung noch zum Reichsstock für Arbeitseinsatz abzuführen. Bereits entrichtete Beiträge wurden auf Antrag erstattet, der allerdings spätestens bis 1. Juli 1943 gestellt werden musste.[19] Warum diese Verordnung erging, geht aus den Akten nicht hervor. Sie traf bei der RfA auf wenig Verständnis, da sie nicht nur erheblichen Verwaltungsaufwand bedeutete, sondern vor allem aus Sicht der Behörde nicht den Interessen der Versicherten entsprach. Diesen würden die Beiträge später bei der Festsetzung der Rentenleistungen und der Erfüllung der Wartezeit fehlen, was den Verlust des Rentenanspruchs insgesamt bedeuten konnte. In der Folgezeit wurde die RfA jedoch von entsprechenden Rückerstattungsanträgen deutscher Angestellter vor allem aus Norwegen geradezu überflutet – seien es Angestellte deutscher Baufirmen und Flugmotorenhersteller, Hilfssachbearbeiterinnen der Reichsrundfunk GmbH oder Zivilangestellte bei Behörden wie der Auslandsbriefprüfstelle sowie verschiedenen Wehrmachtstellen wie dem Luftgaukommando Norwegen.[20] Auch sämtliche Angestellte des Sicherheitsapparats SS/SD beim Reichskommissar für Norwegen beantragten die Rückerstattung, was pro Person wenigstens 100 und in einigen Fällen bis zu 400 RM ausmachte. Nur wenige zogen nach entsprechender Aufklärung durch die RfA ihre Anträge wieder zurück. Der Großteil, vor allem weibliche Angestellte, beharrte auf der Rückerstattung. Doch wie so oft gab es auch bei dieser Verordnung einen Haken. Nicht nur, dass aufgrund der knappen Antragsfrist viele Betroffene ihre Ansprüche zu spät anmeldeten, die Verordnung galt zudem – was man bei der RfA selbst erst im Oktober 1943 realisierte – nicht für Gefolgschaftsmitglieder, die aus dem Reichsgebiet in die besetzten Gebiete

16 Vgl. dazu den Schriftwechsel vom Juli 1941 und vom Januar bis März 1942, in: RfA-Archiv Fach 18, Nr. 4.

17 Vgl. Schreiben des RAM vom 16.3.1942, in: RfA-Archiv Fach 18, Nr. 3.

18 Vgl. Schreiben des Leiters der AOK Berlin an die RfA vom 16.6.1943, in: RfA-Archiv Fach 18, Nr. 5.

19 Vgl. dazu das entsprechende Rundschreiben des Reichskommissars für die besetzten norwegischen Gebiete vom 7.4.1943, in: RfA-Archiv Fach 9, Nr. 6.

20 Vgl. dazu die diversen Rückerstattungsanträge vom Juli 1943, in: RfA-Archiv Fach 18, Nr. 3 sowie Nr. 43 b und vor allem auch RfA-Archiv Fach 9, Nr. 1–8.

abgeordnet worden waren. Insofern kam letztlich kaum eine Handvoll von „Auslandsangestellten“ in den Genuss der Regelung.[21]

Eine besondere Situation ergab sich in den ins Reich wieder eingegliederten Gebieten Belgiens. Die Landesteile um Eupen, Melmedy und Moresnet wurden durch Erlass Hitlers vom 18. Mai 1940 wieder Bestandteile des Deutschen Reichs und verwaltungsmäßig der Rheinprovinz zugeteilt. Ab 1. September 1940 galt dort das Reichsrecht und durch Verordnung vom 11. November 1940 wurde dann das Angestelltenversicherungsrecht mit Wirkung zum 1. Januar 1941 in Kraft gesetzt.[22] Obwohl vom finanziellen Umfang wie von der Zahl der Versicherten (850) und Rentner (114) her unbedeutend, zog sich die Ausgliederung der Versichertenkonten und die endgültige auch vermögensrechtliche Trennung von dem belgischen Versicherungsträger bis Mai 1941 hin. Der verwaltungsorganisatorische Aufwand für die RfA war erheblich. Im Reichsarbeitsministerium gab es zahlreiche Besprechungen, um das Vorgehen im Einzelnen zwischen RfA und der zuständigen LVA Rheinprovinz abzustimmen und vor allem auch das „äußerst verwickelte belgische Recht“ möglichst rasch abzuschaffen.[23] Anfang September 1940 machte ein RfA-Beamter eigens eine Dienstreise nach Malmedy, um vor Ort die dortige Sozialversicherungsanstalt und ihre Unterlagen in Augenschein zu nehmen und einen Überblick über die laufenden Renten zu erhalten.[24] Ende September meldete RfA-Präsident Grießmeyer dann an das RAM, dass „in Eupen-Malmedy verschiedene Versicherungszweige und Versicherungsträger [bestehen], die der deutschen Angestellten- und Invalidenversicherung und deren Trägern entsprechen und von diesen ohne größere Schwierigkeiten übernommen werden können“.[25] Doch dann verzögerten unter anderem Unstimmigkeiten und auch Kompetenzkonflikte zwischen der RfA und der offiziell mit der Durchführung der Sozialversicherung in Eupen-Malmedy beauftragten und federführenden LVA Rheinprovinz die Umsetzung.[26] Im September 1941 sorgte ein Schreiben der DAF an das Reichsarbeitsministerium für Unruhe, in dem über erhebliche Schwierigkeiten und soziale Härten bei der Übernahme der Sozial- und Unfallrentner im ehemaligen belgischen Gebiet geklagt wurde.[27] Allerdings bezog sich der Bericht vor allem auf die niedrigen Unfall- und Invalidenrenten; insofern sah man sich in der Ruhrstraße davon nicht betroffen. Tatsächlich waren von der RfA erhebliche Rentensteigerungen für die Betroffenen in dem Gebiet mit überwiegend ländlichem und kleinstädtischem Charakter gewährt wurden, die mit 61,70 RM fast das Dreifache der bisher umgerechnet ge-

21 Vgl. Schreiben der RfA vom 5.10.1943, in: RfA-Archiv Fach 9, Nr. 6.
22 Vgl. Grießmeyer, Großdeutschland, S. II 260.
23 Vgl. dazu den Bericht über die Besprechung im RAM vom 23.7.1940, in: RfA-Archiv Nr. 129.
24 Vgl. Bericht über die Dienstreise nach Malmedy vom 5.9.1940, in: ebd.
25 Schreiben vom 28.9.1940, in: RfA-Archiv Nr. 129.
26 Vgl. unter anderem Bericht über die Besprechung bei Ministerialrat Heller vom RAM am 2.11.1940, in: ebd.
27 Vgl. das Schreiben vom 25.9.1941, in: RfA-Archiv Nr. 129 a, auch als Abschrift in: BArch R 89/3211.

zahlten belgischen Renten betrugen.[28] Dennoch machte die RfA hier erstmals bei der Übernahme von Versicherten einen „Gewinn“: Nach einem später nachträglich erstellten Rechnungsabschluss für die Zeit zwischen dem 10. Mai 1940 und dem 31. Juli 1944 verbuchte die Behörde ein Vermögen aus Beitragseinnahmen und aufgelösten Konten sowie Vermögenswerten der Pensionskasse für Privatangestellte von 1,8 Mio. RM, denen ausgezahlte Renten in Höhe von insgesamt 360.000 RM gegenüberstanden.[29]

Von erheblich größerer Bedeutung war die Einführung der deutschen Angestelltenversicherung in Luxemburg. Das frühere Großherzogtum wurde formal nicht dem Reichsgebiet eingegliedert, doch versicherungsrechtlich konnte es ab 1. Oktober 1940 praktisch als Inland gelten. Bereits im Januar 1940 hatten zwischen der großherzoglichen Regierung, dem luxemburgischen Präsidenten des Sozialversicherungsamtes, dem Präsidenten der Pensionskasse für Privatangestellte und den Reichsbehörden Verhandlungen über den Abschluss eines Gegenseitigkeitsvertrages über die Sozialversicherung stattgefunden, die zwar zu einem Vertragsentwurf führten, aber dann aufgrund der im Mai 1940 erfolgten Besatzung durch die deutschen Truppen nicht mehr weitergeführt wurden.[30] Die Regierungsgewalt lag nach der Besetzung in den Händen eines Chefs der Zivilverwaltung (CdZ), des Gauleiters Gustav Simon, der dann festlegte, dass in Luxemburg ab Oktober die RVO und auch das AV-Gesetz gelten sollten.[31] Mit einem gleichzeitig vom Reichsarbeitsministerium verfügten Erlass wurde die RfA zur Mitwirkung an der Durchführung der Sozialversicherung in Luxemburg bestellt und der Behörde die alleinige Zuständigkeit für die praktische verwaltungsmäßige Realisierung der Angestelltenrentenversicherung übertragen. Seit 1. Juni 1931 hatte in dem Land eine eigene Angestelltenversicherung bestanden, so dass sich die RfA bei der Erfüllung ihrer Aufgabe des bisherigen luxemburgischen Versicherungsträgers, der Pensionskasse für Privatangestellte, bedienen konnte. Noch im Oktober 1940 reisten zwei hochrangige RfA-Beamte nach Luxemburg, um die Durchführung der Rentenversicherung in Gang zu bringen. Von Seiten des CdZ und Gauleiters gab es dafür eindeutige Anweisungen: Erstens sollte möglichst schnell mit den luxemburgischen Versicherungsträgern Fühlung aufgenommen werden. Zweitens „soll aus politischen Gründen vorläufig möglichst wenig geändert und ‚tres doucement‘ vorgegangen werden“, drittens sollten die Gehälter der Beamten und Angestellten möglichst schnell den entsprechenden reichsdeutschen Gehaltsgruppen angeglichen und

28 Vgl. dazu der interne Vermerk vom 14.11.1941, in: ebd.

29 Vgl. den Rechnungsabschluss vom Oktober 1946 sowie die Niederschrift einer Besprechung mit einem britischen Beamten der Reparationsabteilung der Britischen Besatzungsbehörde vom 27.9.1946, in: RfA-Archiv Fach 99, Nr. 44.

30 Vgl. Schreiben des RAM an die RfA vom 19.1.1940, in: RfA-Archiv Nr. 138.

31 Vgl. dazu auch Grießmeyer, Großdeutschland, S. II 259.

schließlich viertens alle Maßnahmen nur im Einvernehmen mit dem CdZ getroffen werden.[32]

Eine der ersten Maßnahmen war es denn, die Pensionskasse für Privatangestellte formell durch die RfA zu übernehmen; die Geschäftsstelle firmierte nun als eigene „Amtsstelle der Reichsversicherungsanstalt für Angestellte" in Luxemburg, d.h. sämtliche zehn Angestellte standen dort nun formell im Dienste der RfA. Der bisherige Präsident Dr. Nikolaus Kuffer blieb zwar formell im Amt, jedoch konnte er in Zukunft Anordnungen und Verfügungen nur gemeinsam mit dem RfA-Beauftragten treffen.[33] Die Verwaltungsorganisation wie die Aktenführung der Luxemburger Behörde waren, wie man sich schnell vergewissert hatte, in gutem Zustand, der Kreis der Versicherten betrug ca. 7000, eine Jahresarbeitsverdienstgrenze gab es nicht und zehn Prozent des Arbeitsverdienstes wurden je hälftig vom Versicherten und vom Arbeitgeber als Beiträge abgeführt. Für ungefähr 2200 Versicherte des Industriekonzerns Arbed, aus dessen Werkskassen die Luxemburgische Angestelltenversicherung entstanden war, wurden 16 Prozent Beiträge gezahlt mit entsprechend höherem Leistungsanspruch.[34] Die RfA-Beamten sorgten in der Folgezeit dafür, dass umgehend das Markensystem des Angestelltenversicherungsgesetzes eingeführt wurde, und an die ca. 1100 Arbeitgeber wurden die neuen grünen Versicherungskarten ausgegeben. Die Gesamtzahl der laufenden und damit von der RfA zu übernehmenden Renten betrug ungefähr 700, und ihre Durchschnittshöhe entsprach in etwa der des Deutschen Reichs, wobei allerdings die gesunkene Kaufkraft der RM bei einem Kurs von 1:10 nicht berücksichtigt war. Zudem galt es zu überprüfen, „ob und inwieweit eine Einschränkung der Anwendung des Reichsrechts angebracht ist, soweit es ungünstiger als das bisherige Recht ist, z.B. bei der Bezugsdauer der Kinderzuschüssen und Waisenrenten".[35] Die Luxemburger Pensionskasse gewährte ähnlich wie die RfA den Versicherten auch Heilverfahren als freiwillige Leistungen zur Wiederherstellung der Berufsfähigkeit. All dies war auch deshalb für die RfA weiterhin aufrechtzuerhalten, da die Vermögensverhältnisse der Luxemburger, wie die Beamten aus Berlin erleichtert feststellten, günstig waren. Die Anwartschaftsdeckung der Pensionskasse betrug infolge großer Reserven ein Vielfaches der Anwartschaftsdeckung der Renten nach dem AVG, und deshalb solle man, wie der Präsident der Pensionskasse forderte, die Luxemburger Versicherten eigentlich auch besser stellen, als das Reichsrecht es vorsehe.[36] 1939 wies die Bilanz der Kasse Einnahmen von 17,4 Mio. Fr. aus Beiträgen, 2,3 Mio. Fr. an Staatszuschüssen, 6,6 Mio. Fr. Zinsen und ein Vermögen von 158,3 Mio. Fr. auf; alles in allem mithin umgerechnet knapp 18,5 Mio. RM, denen jährliche Leistungszahlungen

32 Bericht des ORR Hartmann über seine Dienstreise mit Regierungsamtmann Perlin zur Durchführung der AV in Luxemburg (vom 8.10. bis 17.10.1940), in: RfA-Archiv Nr. 138.

33 Vgl. dazu auch die Präsidialverfügung Grießmeyers vom 22.1.1941, in: RfA-Archiv Nr. 138 a.

34 Vgl. ebd., S. 3.

35 Ebd., S. 4.

36 Vgl. ebd., S. 5.

von ca. 550.000 RM gegenüberstanden.[37] Anders als in Österreich und dem Sudetenland blieb aber eine Vermögensauseinandersetzung aus; eine Übernahme der Rücklagen und verfügbaren Gelder nach Berlin kam entgegen den ursprünglichen Erwartungen der RfA nicht zustande, nicht zuletzt auch aufgrund der Weigerung des CdZ, „da alle Bestände im Lande bleiben sollen“.[38] Innerhalb nur weniger Tage hatten die RfA-Beamten mithin die verwaltungsorganisatorische wie praktische Überführung der Luxemburger Angestelltenversicherung unter deutsches Recht und deutsche Hoheit erfolgreich bewältigt. Nach zehn Tagen intensiver Recherchen und Besprechungen reiste der eine RfA-Beamte nach Berlin zurück, während der andere als offizieller Beauftragter der Reichsversicherungsanstalt vor Ort blieb. Allerdings war nur eine Übergangszeit von zwei bis drei Wochen vorgesehen, bis die Pensionskasse, so die Planungen, alleine weiterarbeiten konnte und nur noch gelegentliche Kontrollbesuche aus Berlin erfolgen sollten.

Zurück in Berlin erstattete der RfA-Beamte umgehend im RAM Bericht und musste sich sofort Kritik wegen der – auch vom CdZ aus politischen Gründen gewünschten – verfügten Weiterzahlung der Kinderzuschüsse und Waisenrenten anhören, da dies den reichsrechtlichen Bestimmungen nicht entspreche. Dabei ging es jedoch nur um 23 Renten.[39] Auch in der Folgezeit blieb die Luxemburger Rentenversicherung politisch prekär, und die RfA versuchte sich zwischen den beiden unterschiedlichen Entscheidungsträgern CdZ in Luxemburg und RAM in Berlin durchzulavieren, denen sie jeweils untergeordnet war. Bei der Neufestsetzung der Renten etwa favorisierte man bei der RfA statt der Gewährung einer vorläufigen Leistung in Höhe der nach luxemburgischen Recht zustehenden Renten die Zahlung eines Vorschusses, da eine eventuelle spätere Herabsetzung „misslich“ wäre und unter allen Umständen vermieden werden sollte.[40] Alle zweifelhaften Fragen mussten umgehend in die Ruhrstraße gemeldet werden, wo dort dann nach eingehenden Erwägungen die entsprechenden Entscheidungen gefällt wurden. Mit erheblichem Aufwand und entsprechenden Rücksichtnahmen wurde denn auch von den RfA-Beamten in Berlin und Luxemburg gemeinsam an einem Entwurf einer Durchführungsverordnung über die Angestelltenversicherung in Luxemburg gearbeitet.[41] Faktisch wurde darin eine Erhöhung der Renten um 20 Prozent in Aussicht genommen, da mit der allgemeinen Anpassung des Preisniveaus an die Sätze im Deutschen Reich andernfalls ein großer Teil der übernommenen Rentner der öffentlichen Fürsorge zur Last gefallen wäre.[42] Die damit verbundenen Mehrausgaben von knapp 550.000 RM im Jahr waren aus den Vermögensrücklagen ohne Probleme

37 Vgl. ebd., S. 6.
38 Ebd., S. 6 RS.
39 Vgl. Bericht von ORR Hartmann an RA Perlin vom 19.10.1940, in: RfA-Archiv Nr. 138.
40 Vermerk Hartmanns vom 21.10.1940, in: ebd.
41 Vgl. dazu das Schreiben der RfA Luxemburg an die RfA Berlin vom 4.12.1940 und die allein 28 Seiten umfassende detaillierte Begründung der Verordnung, in: ebd.
42 Vgl. ebd.

zu bestreiten. Voraussetzung war allerdings, dass dieses Vermögen tatsächlich nur den Angestelltenversicherten zugutekäme und nicht, wie von der RfA befürchtet, für anderweitige Zwecke, insbesondere die Finanzierung der Invalidenversicherung in Luxemburg, missbraucht würde. Eine möglichst großzügige Neuberechnung der Renten erschien auch deshalb notwendig, da es eine Reihe von Leistungen gab, die nach Einführung des Reichsrechts wegfielen, wie die Witwenrente für die schuldlos geschiedene Ehefrau, Kinderzuschuss und Waisenrente über das 18. Lebensjahr hinaus, Abfindung an Witwe und Kinder, wenn beim Tod des Versicherten die Wartezeit nicht erfüllt war, Rückerstattung der halben Beiträge für weibliche Versicherte ohne Bedingungen und ein Begräbnisgeld. Die RfA-Beamten lehnten auch einen vor allem vom RAM immer wieder vorgebrachte Vergleich der Rentenniveaus mit dem Altreich ab. Die luxemburgische Angestelltenversicherung war von Anfang an auf das Anwartschaftsdeckungsverfahren ausgerichtet gewesen, was auch den hohen Deckungsgrad je Versicherten Ende 1938 mit umgerechnet rund 1505 RM erklärte, während dieser im Deutschen Reich zur gleichen Zeit gerade einmal 189 RM betrug.[43] Es sei daher nur billig, so die RfA-Beamten, den luxemburgischen Rentnern auch 1940 noch nachträglich diverse Sonderzuschüsse zu gewähren. Und das Reichsarbeitsministerium segnete diese Vorschläge der RfA zunächst tatsächlich ab.[44]

Es sollte dennoch bis Ende Mai 1941 dauern, bis die entsprechende Durchführungsverordnung vom CdZ erlassen wurde. Der Grund waren inzwischen doch noch vorgebrachte Bedenken des RAM gegen die faktisch vorgesehene Erhöhung der Angestelltenrenten, während nach den Plänen der LVA die Invalidenrenten nicht nur nicht erhöht, sondern nach der Neuberechnung praktisch niedriger ausfallen würden als bisher.[45] Eine solche Diskrepanz zwischen Angestellten- und Arbeiterrenten erschien politisch höchst riskant. Nur wenig später erfolgte über eine dritte Durchführungsverordnung Anfang August 1941 die Einführung des Leistungsverbesserungsgesetzes auch in Luxemburg, womit erneut Rentenerhöhungen verbunden waren. Doch es gab unerwartete Probleme. Da das Reich die Kosten der Rentenerhöhungen aus dem Leistungsverbesserungsgesetz übernahm, wurde der RfA-Beauftrage in Luxemburg im Oktober 1941 dementsprechend beim CdZ vorstellig, um jedoch lapidar mitgeteilt zu bekommen, dass hierfür keine Mittel zur Verfügung stünden.[46] Wie das Finanzierungsproblem behoben wurde, geht aus den Akten nicht hervor. Vermutlich musste doch die RfA selbst einspringen, obwohl die Amtsstelle Luxemburg tatsächlich nicht über den großen RfA-Haushalt lief, sondern gesondert bilanzierte. Der Voranschlag für das Kalenderjahr 1942 wies etwa 1,5 Mio. RM an Beitragseinnahmen auf,

---

43 Vgl. S. 24 der Verordnungsbegründung, in: ebd.

44 Vgl. Vermerk vom 8.1.1941, in: ebd.

45 Vgl. Vermerk vom Juli 1941 über eine Besprechung im RAM vom 21.3.1941, in: RfA-Archiv Nr. 138 a. Vgl. auch den Bericht über die Berechnung der Renten der Angestelltenversicherung nach der zweiten Verordnung über die Durchführung der Sozialversicherung in Luxemburg vom 26.5.1941, in: ebd.

46 Vgl. Schreiben der RfA Luxemburg an die RfA Berlin vom 17.10.1941, in: ebd.

denen einmalige und regelmäßige Leistungsausgaben von knapp 700.000 RM gegenüberstanden.[47] Dennoch gab es zunehmende finanzielle Verflechtungen zwischen der Luxemburger Stelle und Berlin. Im Januar 1943 etwa wurde zwischen CdZ und RAM einvernehmlich verfügt, dass die inzwischen auch in Luxemburg von den Krankenkassen eingezogenen Beiträge zur AV an die RfA nach Berlin abgeführt, von dort jedoch wieder zurück an die Amtsstelle Luxemburg überwiesen würden, die dann die Auszahlungen vornähme. Und für die überschüssigen Mittel würden durch Vermittlung der Reichsbank in Luxemburg Reichsschatzanweisungen gekauft werden.[48]

Aus dem vorübergehend geplanten Aufenthalt des RfA-Beauftragten in Luxemburg wurde letztlich ein bis Sommer 1944 dauernder Einsatz. Völlig überraschend für die Beamten sowohl in Berlin wie in Luxemburg wurde diesem auf einer Besprechung beim CdZ eröffnet, dass rückwirkend zum 31. März 1944 die Unfallversicherung und die Rentenversicherung der Arbeiter wie der Angestellten vereinheitlicht und in einem neuen Versicherungsträger mit dem Namen Sozialversicherungsanstalt Moselland zusammengeführt würden. Die Initiative dazu kam bemerkenswerterweise nicht vom CdZ in Luxemburg, sondern war „von obersten Reichsstellen und der Parteikanzlei gewünscht worden, weil die Sozialversicherung sich künftig vielleicht in dieser Richtung weiterentwicklen könnte", wie es in einem Vermerk des RfA-Beamten heißt.[49] Zum 31. Juli 1944 wurde damit die Amtsstelle Luxemburg der RfA aufgelöst, wenig später musste die neue Sozialversicherungsanstalt jedoch aufgrund der Kriegsereignisse ihren Sitz verlegen und in Koblenz eine Auffangstelle errichten, die sich vor allem um die gleichzeitig rund 12.500 ebenfalls aus Luxemburg geflüchteten Volksdeutschen bzw. Reichsdeutschen kümmerte.[50] Seit September 1944 flossen auch keine Rentenzahlungen mehr nach Luxemburg.

Komplex waren schließlich auch die verwaltungsorganisatorischen Entwicklungen der Angestelltenversicherung in Frankreich. Schon die regionale bzw. territoriale Zersplitterung machte die Lage kompliziert. Neben den beiden abgetrennten und in das Deutsche Reich reintegrierten Regionen Elsass und Lothringen gab es die von der Deutschen Wehrmacht besetzte und verwaltete Zone vor allem in Nordfrankreich sowie die vom – vom Deutschen Reich abhängigen – Vichy-Regime geführten übrigen Regionen Frankreichs. Prinzipiell galt in beiden letzteren Gebieten für alle deutschen Staatsbürger, die dorthin vorübergehend als Angestellte in einem Beschäftigungsverhältnis bei Unternehmen oder Wehrmachtstellen abgeordnet waren, der Erlass des RAM vom 12. September 1940, ergänzt später durch eine Verordnung über die Sozialversicherung in den besetzten Gebieten vom 4. August 1941. Sie unterlagen also den Bestimmungen der Reichsversicherung, waren mithin angestelltenversicherungspflichtig und mussten Beiträge an die RfA abführen. Das Beitragsverfahren hatte bis

47 Vgl. den Voranschlag, in: ebd.
48 Vgl. Schreiben der RfA Berlin an das RAM vom 6.1.1943, in: BArch R 89/9265.
49 Bericht des Regierungsdirektors Hartmann über seine Dienstreise nach Luxemburg vom 20.6.1944, in: RfA-Archiv Nr. 138 a.
50 Vgl. Schreiben vom 24.10.1944, in: ebd.

dahin vor allem in Frankreich erhebliche Schwierigkeiten bereitet, da es keine Verkaufsstellen für Marken gab und diese nur über die in den besetzten Gebieten errichteten Zweigstellen Deutscher Krankenkassen bezogen werden konnten.[51]

Nach Einführung des Lohnabzugsverfahrens funktionierte das Beitragsverfahren für die Betroffenen in den besetzten Gebieten nur leidlich, da, wie etwa die Deutsche Krankenkasse in Paris im Oktober 1942 an die RfA schrieb, diese lediglich eine Verbindungsstelle der deutschen Krankenversicherung für die besetzten französischen Gebiete sei und deshalb auch keine Beiträge zur Angestelltenversicherung einziehe.[52] Vor allem aus Paris erreichten daher schon seit Frühjahr 1941 die RfA dutzende Schreiben besorgter oder verunsicherter deutscher Angestellter, die vor allem bei französischen Niederlassungen deutscher Baufirmen, Verlagen oder wie in einem anderen Fall, dem Filmkonzern UfA, beschäftigt waren. Die französischen Tochterfirmen waren nicht zur Beitragsleistung an die RfA verpflichtet bzw. verweigerte sie, obwohl die Verordnung gegenüber dem ausländischen Recht vorrangig war und auch ausländische Unternehmen, die Reichsdeutsche beschäftigten, der AV-Pflicht unterlagen.[53] Mit einigen Firmen, unter anderem der französischen Zweigniederlassung des Logistikkonzerns Schenker, der in Paris als Société Anonyme Francaise firmierte, war es darüber zu einem regelrechten Disput mit entsprechendem Schriftwechsel gekommen.[54] Schenker legte im Mai 1941 die Frage schließlich dem Militärbefehlshaber in Frankreich zur Entscheidung vor, die jedoch auf sich warten ließ, so dass sich die französische Tochterfirma auch im November 1941 nach wie vor beharrlich weigerte, für seine deutschen Angestellten in Paris Versicherungsbeiträge zu leisten. Eine Möglichkeit der RfA, die rückständigen Beiträge zwangsweise einzutreiben, bestand jedoch nicht. Im Laufe des Jahres 1942 relativierte die RfA ihre Haltung zur Versicherungspflicht jedoch dahingehend, dass man zugab, dass die Frage, ob ein französischer Unternehmer verpflichtet wäre, für einen deutschen Staatsangehörigen Beiträge zur Reichsversicherung zu leisten, dem Reichsarbeitsminister zwar schon länger zur Entscheidung vorliege, aber bislang noch keine getroffen worden sei.[55] Erst im März 1943, nach mehr als zwei Jahren Hin und Her wurde seitens des RAM dahingehend entschieden, dass angestellte Reichsdeutsche bei einem ausländischen Unternehmen von der AV-Pflicht befreit und daher auch die jeweiligen Firmen nicht zur Beitragsleistung verpflichtet seien.[56] Noch im September 1943 erhielt die RfA jedoch von der Pariser Außenstelle der Deutschen Umsiedlungs-Treuhand-Gesellschaft – einer Dienststelle des Reichsführers SS und Reichskommissars für die Fes-

51 Vgl. dazu auch das Schreiben Grießmeyers an das RAM vom 1.5.1942, in. BArch R 89/3172.

52 Vgl. dazu den Bericht der RfA an das RAM vom 3.11.1942, in: RfA-Archiv Fach 18, Nr. 3.

53 Vgl. dazu die Anfrage an die RfA vom 28.9.1941 sowie weitere Schreiben an die RfA, in: RfA-Archiv Fach 18, Nr. 2.

54 Vgl. etwa das Schreiben von Schenker Paris an die RfA vom 29.4.1941, in: ebd.

55 Schreiben der RfA an eine Versicherte vom 12.2.1943, in: ebd.

56 Vgl. Schreiben der RfA vom 6.2.1943 unter anderem auch auf eine Anfrage der Verbindungsstelle Frankreich der Organisation der Deutschen Wirtschaft hin, in: ebd.

tigung des deutschen Volkstums – eine Anfrage, inwieweit die in Frankreich beschäftigten Gefolgschaftsmitglieder weiterhin der RfA und der Angestelltenversicherungspflicht unterlägen.[57] Bislang waren keinerlei Versicherungsbeiträge einbehalten bzw. abgeführt worden, und allgemein bestand bei den Betroffenen die Annahme, dass während der Dauer der Auslandstätigkeit die Beitragszahlung ruhe, jedoch Anwartschaften bzw. Wartezeiten aufrechterhalten blieben – was, da es sich bei der Treuhand-Gesellschaft um ein deutsches Unternehmen handelte, jedoch falsch war.[58]

Für Frankreich galt im Übrigen auch hinsichtlich der Überweisung von Renten aus Deutschland insofern eine Ausnahme, als es nicht als feindliches Ausland zählte und Rentenzahlungen nach erfolgter Devisengenehmigung durch die RfA auch im Krieg vorgenommen wurden.[59] Zunächst galt diese Regelung seit November 1940 nur für den besetzten Teil Frankreichs, mit Erlass des RAM vom 19. April 1941 wurden die Rentenzahlungen jedoch auch in die unbesetzten Gebiete erlaubt.[60] Es gab jedoch eine Einschränkung: Rentenzahlungen an Berechtigte früherer polnischer Staatsangehörigkeit und auch in Frankreich lebende Juden waren davon ausgeschlossen. Das hatte zu der bereits erwähnten merkwürdigen Aktion der RfA geführt, zur Feststellung der „Rasse“ bzw. Nationalität Fragebogen an die Betroffenen zu schicken. Da auch im Fall der in Frankreich lebenden „nationalpolnischen“ Ruhegeldempfänger eine Überprüfung der Identität praktisch undurchführbar war, gestattete das RVA letztendlich dann aber auch die Rentenzahlung an diese Betroffenen.[61] Weder das RVA noch die RfA wussten, wieviele polnische oder jüdische Ruhegeldempfänger in Frankreich wirklich davon betroffen waren; mehr als einige wenige Einzelfälle dürften es nicht gewesen sein, aber bei dem letztlich doch erheblichen Verwaltungsaufwand, den sich RfA, RVA und RAM in dieser Detailfrage machten, ging es auch gar nicht um konkrete Fälle, sondern um prinzipielle rassisch-ideologische Symbolpolitik im Sinne des NS-Regimes.[62]

57 Vgl. das Schreiben vom 17.9.1943, in: RfA-Archiv Fach 18, Nr. 5.

58 Vgl. den Bescheid der RfA vom 6.12.1943, in: ebd.

59 Vgl. dazu die umfangreichen Richtlinien für die Bearbeitung von Devisensachen vom 15.8.1942, in: RfA-Archiv Nr. 210.

60 Vgl. den Erlass vom 19.4.1941, in: Mitteilungen der RfA vom Juni 1941, S. 26 sowie auch in: BArch R 89/3414. Die Rentenzahlungen an die verbündeten Staaten wie Kroatien, Ungarn und Italien waren schon früher wieder aufgenommen worden, auch jene in neutrale Länder wie Schweden und die Schweiz, seit Februar 1943 galten jedoch für die Auszahlungen in die Schweiz erhebliche Restriktionen. Vgl. dazu das Rundschreiben des RVA vom 5.2.1943 und vom 27.2.1943, in: BArch R 89/3414. Zu Schweden vgl. RfA-Archiv Nr. 127 a.

61 Vgl. Schreiben des RVA an die RfA vom 22.2.1941, in: ebd.

62 Ein einziger Fall ist in den RfA-Akten überliefert, in dem der Sachbearbeiter der Devisenstelle Berlin die RfA zur Feststellung der Arier- oder Judeneigenschaft aufforderte, und bis zur Vorlage des entsprechenden Nachweises die Zahlungsgenehmigung verweigerte bzw. den entsprechenden Antrag liegen ließ. Vgl. Vermerk vom 20.6.1941, in: RfA-Archiv Nr. 132 a. Im Übrigen musste sich die RfA in der Frage der letztlich monatelang ausgesetzten Rentenzahlungen in den unbesetzten Teilen Frankreichs mit einem dubiosen Schweizer Anwalt aus Lausanne auseinandersetzen, der sich für eine Reihe Versicherter bzw. Rentenempfänger in den unbesetzten Teilen Frankreichs einsetzte und eine möglichst

Mitte Oktober 1941 war es dann zu einer deutsch-französischen Vereinbarung über die Sozialversicherung gekommen, die aber erst am 22. Februar 1943 in eine faktische Bestimmung zur weiteren Handhabung der gegenseitigen Zahlung von Sozialversicherungsrenten mündete. Demnach wurden nun auch die infolge des Krieges eingestellten französischen Rentenzahlungen an Berechtigte im Deutschen Reich rückwirkend wieder aufgenommen. Gleichzeitig wurde bestimmt, dass unbeschadet einer späteren endgültigen Regelung die deutschen Versicherungsträger verpflichteten seien, bei der Feststellung und Zahlung von Renten an französische Staatsangehörige die besonderen Vorschriften, die das deutsche Sozialversicherungsrecht für Ausländer vorsah, mit Wirkung vom 1. November 1941 nicht mehr anzuwenden.[63] Im Juli 1943 kam es dann noch zu einer Durchführungsvorschrift über die deutsche Sozialversicherung in Nordfrankreich, die die rechtliche Situation mehr verkomplizierte als klärte, denn darin war nun zum einen wieder von der Versicherungspflicht nach französischem Recht für deutsche Staatsangehörige in französischen Betrieben die Rede, zum anderen aber von der Versicherungspflicht nach deutschem Recht für diejenigen Reichsdeutschen, die in französischen Betrieben beschäftigt, jedoch von den Stellen im Reich nach Nordfrankreich abgeordnet worden waren.[64] Die Verordnung enthielt auch diverse Regelungen zur Art und Weise der Versicherungspflicht der verschiedenen ausländischen Zwangsarbeiter etwa aus Holland, die in Frankreich eingesetzt wurden. Einen nennenswerten Schriftwechsel oder dokumentierte Verwaltungsaktivitäten generierte diese Verordnung bei der RfA jedoch nicht.

Der Hauptaufwand der RfA zur Rentenversicherung in Frankreich betraf jedoch die Integration der elsass-lothringischen Gebiete in die Angestelltenversicherung. Mit knapp 60.000 Versicherten und fast 7000 Empfängern laufender Renten stellten diese ehemaligen französischen Regionen nach Österreich und dem Sudetenland den drittgrößten Anteil unter den im Zuge des Krieges zum Altreich hinzukommenden Bevölkerungsgruppen, die unter die Bestimmungen des AVG fielen.

Tab. 20: Übersicht über die regionale Verteilung der seit 1938 zum Bestand des Altreichs der RfA hinzugekommenen aktiv Versicherten sowie Rentenempfänger in den Westgebieten (Stand Ende 1941)

Gebiet	Versicherte	Rentenempfänger
Saargebiet	28.000	2364
Österreich	280.000	49.500

rasche Wiederaufnahme der Rentenzahlungen zu erreichen suchte. Vgl. dazu den zwischen Juni 1941 und September 1942 laufenden Schriftwechsel, in den sogar die Deutsche Botschaft in Paris sowie die Deutsche Gesandtschaft in Bern und letztlich die Gestapo eingeschaltet wurden, um mehr über die Identität des Anwalts zu erfahren, in: RfA-Archiv Nr. 127.

63 Vgl. Abschrift des Erlasses des RAM vom 28.4.1943 sowie vom 22.2.1943, in: RfA-Archiv Nr. 210.

64 Vgl. Schreiben des RAM vom 16.10.1943 an die Träger der Reichsversicherung, in: ebd.

Tab. 20: Übersicht über die regionale Verteilung der seit 1938 zum Bestand des Altreichs der RfA hinzugekommenen aktiv Versicherten sowie Rentenempfänger in den Westgebieten (Stand Ende 1941) *(Fortsetzung)*

Gebiet	Versicherte	Rentenempfänger
Sudetenland	120.000	29.500
Luxemburg	7000	710
Eupen-Malmedy (Belgien)	850	114
Elsass-Lothringen	59.000	6800
Insgesamt	494.850	88.988

Quelle: Vermerk vom 24.12.1941, in: RfA-Archiv Nr. 79. Vgl. auch Grießmeyer, Die AV im werdenden Großdeutschland, S. 261.

Nach der Kapitulation Frankreichs im Juni 1940 waren beide Gebiete verwaltungsmäßig getrennt und wie in Luxemburg je einem Chef der Zivilverwaltung mit Sitz in Straßburg bzw. Saarbrücken unterstellt worden. Zum Chef der Zivilverwaltung in Lothringen mit Sitz in Saarbrücken wurde der Reichskommissar für die Saarpfalz und Gauleiter der NSDAP Josef Bürckel, ernannt. In Straßburg dagegen residierte als zuständiger CdZ für das Elsass Robert Wagner, Gauleiter und Reichsstatthalter in Baden.[65] Obwohl in der Folgezeit vielfach gleichzeitige und auch gleichlautende Verordnungen der CdZ im Elsass und in Lothringen zur Neuordnung der Sozialversicherung erfolgten, befand sich die RfA auch hier in einem komplexen Geflecht unterschiedlicher Akteure, verbunden mit einem erheblichen Koordinierungsaufwand. Im Oktober 1940 hatte sich zunächst der CdZ in Lothringen direkt an RfA-Präsident Grießmeyer gewandt und die Einführung der Reichsversicherung zum 1. Januar 1941 angekündigt. Gleiches war für das Elsass vorgesehen, und die beiden CdZ verbanden die Ankündigung der damit auf die RfA zukommenden neuen Aufgabe der praktischen Durchführung der Angestelltenversicherung mit einer ganzen Liste von konkreten Vorgaben und Vorschlägen bei der Umsetzung.[66] Zum einen galten die in der Angestelltenversicherung Elsass-Lothringens zurückgelegten Versicherungszeiten als Versicherungszeiten nach der Reichsversicherung, d.h. sie sollten den Zeiten nach der RVO grundsätzlich gleichgestellt werden. Auch die elsass-lothringischen 13 Pflichtbeitragsklassen sollten den reichsdeutschen Beitragsklassen gleichgestellt werden, was eine erhebliche Leistungssteigerung für die jeweiligen

65 Vgl. Ludger Syré, „Der Führer vom Oberrhein. Robert Wagner, Gauleiter, Reichsstatthalter in Baden und Chef der Zivilverwaltung im Elsass“, in: Michael Kißener und Joachim Scholtyseck (Hrsg.), Die Führer der Provinz. NS-Biographien aus Baden und Württemberg, Konstanz 1997, S. 733–779 sowie Lothar Wettstein, Josef Bürckel: Gauleiter – Reichsstatthalter – Krisenmanager Adolf Hitlers, Norderstedt 2009, S. 458ff.

66 Vgl. Schreiben vom 18.10.1940, in: RfA-Archiv Nr. 133.

Berechtigten bedeutete, denn die untersten elsass-lothringischen Breitragsklassen lagen noch deutlich unter den niedrigsten reichsdeutschen.

Die notwendigen Anpassungen galten jedoch nicht nur für die zukünftig festzustellenden Leistungen der Rentenversicherung, sondern auch für die laufenden Leistungen, die entsprechend den reichsdeutschen Bestimmungen umgerechnet werden mussten. Angesichts von fast 8000 laufenden Renten, von denen der CdZ damals noch ausging, konnte das nicht sofort passieren. Insofern sollte den Berechtigten „auf die zukünftig neu festzustellende Rente ein angemessener Vorschuss [gezahlt werden]".[67] Die durchschnittliche als Ruhegeld gezahlte Rente betrug – nach der bereits am 28. August 1940 erlassenen Bekanntmachung – umgerechnet 64,80 RM, die Witwenrente 32,40 RM und die Waisenrente 10,80 RM im Monat; sie entsprachen damit in etwa dem Niveau im Altreich, allerdings ohne Berücksichtigung der Steigerungsbeträge. Dazu kamen aber noch Vergünstigungen, die im AVG nicht vorgesehen waren, wie etwa die Gewährung der Altersrente bereits vom 60. Lebensjahr an sowie eine sogenannte vorzeitige Altersrente bereits vor dem 60. Lebensjahr. Ob und inwieweit in diesen Fällen eine Minderung der Rente eintreten sollte, um eine Besserstellung gegenüber den Rentenempfängern im Reich zu vermeiden, sollte ebenso Gegenstand der Erörterungen zwischen der RfA und den beiden Chefs der Zivilverwaltung sein wie die Klärung der technischen Durchführung der Weiterzahlung der Renten. Zu diesem Zweck bat man Grießmeyer um die Entsendung „einer Ihrer Herren Sachbearbeiter" nach Saarbrücken und Straßburg.

Daraufhin reiste RfA-Direktor Koch Ende Oktober selbst nach Elsass-Lothringen. Allerdings konnte er zu dem zentralen Grundgedanken der Vorschläge der CdZ, dass wie auch in Luxemburg die Versicherten bezüglich der Kaufkraft der Renten auf keinen Fall schlechter gestellt werden durften als bisher, keine Stellung nehmen, da er die Finanzlage der 1918 gegründeten und in Straßburg residierenden und bis dahin zuständigen „Versicherungsanstalt für Angestellte" nicht kannte.[68] Da Elsass-Lothringen staatsrechtlich nicht Reichsgebiet war, sollte, so der ausdrückliche Wunsch der beiden CdZ, die Versicherungsanstalt auch weiterbestehen. Die Behörde mit ihren 45 Beamten und Angestellten war in Vielem ähnlich organisiert wie die RfA, es gab mit dem Rentenausschuss in Straßburg eine Spruchbehörde erster Instanz und regelmäßige Rechnungsabschlüsse. Diese wiesen für Ende 1939 jährliche Beitragsleistungen von 38 Mio. französischer Franc (FF), Rentenausgaben von rund 15 Mio. FF und ein Vermögen von ca. 422,4 Mio. FF auf; bei einem Umrechnungskurs von 1 FF = 0,05 RM ergaben sich mithin 1,9 Mio. RM Beitragseinnahmen, 750.000 RM an Leistungsausgaben und ein Vermögen von 21,1 Mio. RM. Die Versicherungsanstalt besaß zudem vier eigene Heilstätten in den Vogesen. Dazu gab es eine Ersatzkasse des lothringischen Konzerns De Dietrich. Allerdings war das Beitragsverfahren völlig verschieden, die Beiträge wurden per Barzahlung entrichtet und nach dem alten Kontensystem ver-

---

67 Ebd., S. 3.

68 Vgl. Bericht Kochs über die Dienstreise vom 28.10. bis 3.11.1940, in: RfA-Archiv Nr. 133.

bucht. Anders als in der späteren Statistik vermerkt, kam Koch bei seinen Ermittlungen sowohl bei der Zahl der Versicherten wie der Rentenempfänger mit etwa 80.000 bzw. knapp 8400 zu erheblich höheren Zahlen.[69] Gegen eine grundsätzliche Rentenerhöhung zur Anpassung an die reichsdeutschen Renten und die gestiegenen Lebenshaltungskosten sprach in den Augen Kochs nichts, allerdings gab er in seinem Bericht zu bedenken, dass die Verhältnisse im restlichen Frankreich wesentlich anders lagen:

> Wenn die Rente in gleicher Weise auch für rentenberechtigte erhöht wird, die in Frankreich oder im sonstigen Ausland wohnen, so erhalten diese eine durch die Wirtschaftslage nicht begründete Aufwertung ihrer Renten, die so hoch sein werden, dass in vielen Fällen die Rente das Einkommen aktiver Angestellter der dortigen Gegend übersteigt. Eine Sonderbehandlung der Renten im Ausland wird deshalb nötig sein.[70]

Mitte November 1940 schickte Grießmeyer auf der Basis des Berichts von Direktor Koch einen Brief an die beiden CdZ, in dem er ausführlich zu den geplanten Einführungs- und Überleitungsmaßnahmen des Angestelltenversicherungsgesetzes in Elsass-Lothringen Stellung nahm. An erster Stelle thematisierte er dabei die Finanzierbarkeit der künftigen Rentenzahlungen.[71] Die Belastung für die Rentenausgaben bei Zugrundelegung der von den CdZ beabsichtigten Regelung würde jährlich etwa 4,5 Mio. RM betragen, zu deren vollständiger Deckung ein Kapital von rund 52 Mio. RM erforderlich wäre. Angesichts der tatsächlich vorhandenen 21 Mio. RM bestand eine Deckungslücke von über 50 Prozent. „Trotzdem können wir uns“, so der RfA-Präsident, „der Notwendigkeit nicht verschließen, dass die Renten in Elsass und in Lothringen den gesteigerten Lebenshaltungskosten angepasst und den reichsdeutschen Renten angeglichen werden müssen [...]“; etwaige Bedenken müssten mithin zurückgestellt werden.[72] Überdies war im Zuge der Wirtschaftsbelebung eine Erhöhung der laufenden Beitragseinnahmen zu erwarten, so dass Grießmeyer nicht davon ausging, dass die Gesamtbilanz der Reichsversicherungsanstalt durch die Belastung aus den elsass-lothringischen Renten „wesentlich beeinflusst wird“.[73] In der Folge präsentierte Grießmeyer dann eine geradezu maßgeschneiderte Regelung der künftigen Beitrags- und Rentenberechnung, die akribisch auf die Besonderheiten der elsass-lothringischen Versicherten und ihre erworbenen Ansprüche einging. Das begann mit der Berücksichtigung der Tatsache, dass es dort anders als in Deutschland in den 1920er Jahren zu keiner Inflation gekommen war und damit auch die Beiträge zwischen 1921 und 1923 anzuerkennen waren, und endete mit der komplizierten Anrechnung der Kriegsdienstzeiten. Für französische Kriegsdienstzeiten im Ersten Weltkrieg sollten keine Steigerungsbeträge gewährt werden, dagegen aber für solche,

69 Vgl. ebd., S. 3f.
70 Ebd., S. 5.
71 Vgl. Schreiben Grießmeyers an den CdZ in Saarbrücken vom 12.11.1940, in: RfA-Archiv Nr. 132 a.
72 Ebd.
73 Ebd.

die im gegenwärtigen Krieg im französischen Heer geleistet worden waren, da sich die Versicherten als französische Staatsbürger diesem nicht hätten entziehen können. Außerdem gab es Bestimmungen für die komplizierte Regelung der Wanderversicherung, d. h. dem Zusammentreffen von Pflichtbeiträgen mit Beiträgen zur innerfranzösischen Invalidenversicherung.

Und schließlich äußerte sich Grießmeyer auch zu der Sonderstellung der Altersruhegeldbezieher vor Vollendung des 65. Lebensjahres, die er mit Hinweis auf die bereits erworbenen Ansprüche ablehnte. Man könne sich einzig überlegen, ob nicht in diesen Fällen wie bei den österreichischen und sudetendeutschen Rentnern bei Aufnahme einer Beschäftigung das Ruhen der Rente anzuordnen wäre. „Nach den Erfahrungen mit den österreichischen und sudetendeutschen Rentnern möchten wir dies nicht vorschlagen, umso weniger als jetzt besonderer Wert darauf gelegt wird, die Rentner durch Weitergewährung der Rente zur Aufnahme einer Beschäftigung anzuspornen.“[74] Und zu allerletzt übernahm Grießmeyer auch Kochs Standpunkt, dass es nicht gerechtfertigt sei, „französischen Staatsangehörigen oder Juden, die in Frankreich oder im sonstigen Ausland leben, die Renten in gleicher Weise zu erhöhen wie den im Elsass oder in Lothringen lebenden Rentnern“.[75] Wie von der RfA vorgeschlagen, wurden die Bestimmungen dann tatsächlich in der ersten Durchführungsverordnung Anfang Dezember übernommen, die zum 1. Januar 1941 in Kraft trat.[76] Die entscheidenden Weichen für die Einführung der deutschen Angestelltenversicherung in Elsass-Lothringen waren damit in direkten Verhandlungen zwischen der RfA und den beiden CdZ gestellt worden, ohne dass das Reichsarbeitsministerium dabei erkennbar involviert war. Dieses wurde erst im Dezember 1940 aktiv, als es wie in Luxemburg per Erlass die RfA auch formell zur Durchführung des AVG bestellte und dabei auch die Unterstellung der bestehenden Versicherungsanstalt für Angestellte in Straßburg unter die RfA bzw. ihre Umfirmierung zur „Reichsversicherungsanstalt für Angestellte, Amtsstelle in Straßburg“ bestimmte.[77] Der bereits vorher amtierende Leiter blieb wie in Luxemburg im Amt, ohne dass ihm ein Beauftragter aus Berlin an die Seite gestellt wurde. Dennoch wurde die Straßburger Amtsstelle von Berlin aus an der kurzen Leine geführt und war an die Weisungen der RfA gebunden.

Trotz aller akribischer Vorbereitung und weitestgehender Einbeziehung der RfA in den Gesetzgebungsprozess kam es in der Folgezeit zu Problemen. Eine „nicht geringe Menge von Zweifels- und Auslegungsfragen“ musste geklärt und die Grundsätze für die Umrechnung der laufenden Renten mussten festgelegt werden.[78] Anfang Februar kündigte Grießmeyer beim CdZ im Elsass selbst seinen Besuch zur Aussprache über

74 Ebd., S. 3 RS.
75 Ebd., S. 4.
76 Vgl. Rundschreiben des CdZ vom 5.12.1940, in: RfA-Archiv Fach 119, Nr. 4 sowie „Sozialversicherung wird angeglichen“, in: Metzer Zeitung vom 16.12.1940, in: ebd.
77 Vgl. dazu auch die Präsidialverfügung Grießmeyers vom 26.2.1941, in: RfA-Archiv Nr. 132 und auch Grießmeyer, Großdeutschland, S. II 260.
78 Ebd.

die zur Durchführung der Anordnung erforderlichen Maßnahmen an und fragte dabei auch „nach besonderen Wünschen“ für die Umsetzung.[79] Die gab es nicht. Dennoch beschwerte sich der zuständige Beamte des Sachgebiets Sozialversicherung beim CdZ in Saarbrücken darüber, dass die Versicherungsanstalt für Angestellte in Elsass-Lothringen „immer noch unter der alten Firma weiterarbeitet“, obwohl laut Erlass des RAM die Aufgaben doch auf die RfA übergegangen seien. „Das ist sowohl für uns wie für die Versicherungsträger peinlich, weil wir das Bestreben haben, die früheren elsass-lothringischen Versicherungsträger möglichst rasch auch nach außen hin verschwinden zu lassen.“[80] Tatsächlich verwandte die Versicherungsanstalt bei ihrem nun einsetzenden regen Schriftverkehr mit der RfA bis Frühjahr 1941 den alten Briefkopf und übernahm erst dann die neue Amststellenbezeichnung.[81]

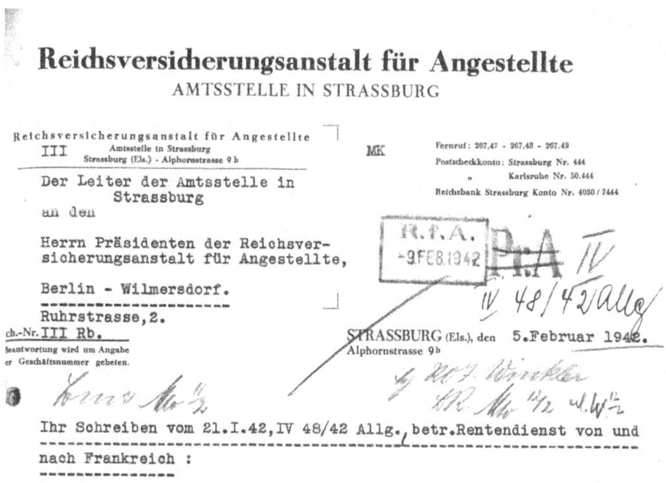
Reichsversicherungsanstalt für Angestellte
AMTSSTELLE IN STRASSBURG

Reichsversicherungsanstalt für Angestellte
III Amtsstelle in Strassburg
Strassburg (Els.) - Alphornstrasse 9 b

MK

Fernruf: 267.47 - 267.48 - 267.49
Postscheckkonto: Strassburg Nr. 444
" Karlsruhe Nr. 50.444
Reichsbank Strassburg Konto Nr. 4030 / 7444

Der Leiter der Amtsstelle in
Strassburg
an den

Herrn Präsidenten der Reichsversicherungsanstalt für Angestellte,

Berlin - Wilmersdorf.

Ruhrstrasse, 2.

R.f.A. -9FEB.1942

IV 48/42 Allg

ch.-Nr. III Rb.
…eantwortung wird um Angabe …er Geschäftsnummer gebeten.

STRASSBURG (Els.), den 5.Februar 1942.
Alphornstrasse 9b

Ihr Schreiben vom 21.I.42, IV 48/42 Allg., betr. Rentendienst von und nach Frankreich :

Abb. 54: Briefkopf der RfA, Amtsstelle Strassburg

RfA-Direktor Koch, der Grießmeyer auf der Reise begleitete, hielt später die Ergebnisse der zwischen dem 21. und 25. Februar 1941 abgehaltenen Besprechungen in Saarbrücken und Straßburg fest.[82] Zunächst wurden jegliche devisenrechtlichen Beschränkungen bei der Zahlung von Leistungen aufgehoben und festgelegt, dass bei der Auslegung des Gesetzes, namentlich auch des Übergangsrechts, wohlwollend verfahren und möglichst zugunsten des Berechtigten entschieden werden sollte, so-

79 Vgl. Schreiben vom 8.2.1941, in: RfA-Archiv Nr. 132 sowie auch den Dienstreiseantrag an das RAM vom 19.2.1941, in: BArch R 3901/103525, Teil 1, Bd. 3.
80 Schreiben an Grießmeyer vom 15.2.1941, in: ebd.
81 Vgl. dazu etwa das Schreiben vom 18.2.1941 mit einer langen Aufstellung erster Fragen zur Klärung der augenblicklichen Rechtslage, in: ebd.
82 Vgl. Ergebnis der Besprechungen, den Vermerk von RfA-Direktor Koch vom 1.3.1941 sowie den „Bericht über meine Dienstreise“ vom 1.3.1941, in: ebd.

weit unterschiedliche Auslegungen möglich waren. Bei der Anrechnung bzw. Anerkennung der Anwartschaften allerdings sollten politische Kriterien ausschlaggebend sein, denn dem Vorschlag Grießmeyers und Kochs – die Bestimmungen zur Halbdeckung, die an einen Stichtag geknüpft waren, aus verwaltungstechnischen Gründen zu streichen – „wurde erwidert, dass die Beschränkung auf die Zeit nach dem Stichtag aus politischen Gründen notwendig sei, um das Wiederaufleben erloschener Anwartschaften bei den nicht deutsch gewordenen Versicherten nicht zu erleichtern".[83] Eine längere Diskussion ergab sich zudem über die Art und Weise der Anwendung der verschiedenen inzwischen erlassenen Gesetze, wie etwa das „Gesetz über weitere Maßnahmen in der Reichsversicherung aus Anlass des Krieges vom 15. Januar 1941", auch in Elsass-Lothringen. Schließlich ging es aber vor allem um verwaltungsorganisatorische Fragen. Die bis dahin bestehenden Vertrauensmänner und Ortsausschüsse wurden zum 31. März 1941 abgeschafft und „sind nicht weiter in Anspruch zu nehmen". Die Straßburger Anstalt hatte keine eigenen Überwachungsbeamten, sondern ließ die Überwachungstätigkeit von der Landesversicherungsanstalt miterledigen, was einstweilen beibehalten wurde. Bis April 1941 sollten auch alle Voraussetzungen dafür geschaffen werden, dass das deutsche Markenbeitragsverfahren eingeführt werden könnte. Die aktuell festgestellte Zahl der Versicherten stellte sich nun mit 58.944, davon 6100 freiwillig Versicherten, deutlich niedriger heraus als erwartet, allerdings war infolge der wesentlich höheren Versicherungsgrenze der reichsdeutschen Rentenversicherung mit einer erheblichen Steigerung dieser Zahl zu rechnen.[84] Die Ergebnisse der Besprechungen mündeten schließlich in die von Koch entworfenen zehnseitigen „Vorläufige[n] Richtlinien für die Durchführung der Angestelltenversicherung im Elsass und in Lothringen".[85] Dennoch blieben auch jetzt noch viele Detailfragen ungeklärt, so dass Anfang März erneut ein RfA-Beamter für mehrere Tage nach Straßburg reiste, um vor allem die Arbeitsweise der Amtsstelle zu koordinieren und auch die Umstellung des Auszahlungsverfahrens von der bisherigen Auszahlung durch die Postämter zum damals im Reich noch gültigen Postscheckverfahren zu organisieren – was sich jedoch, wie sich schnell zeigte, schon aufgrund des Personalmangels hinsichtlich der dafür notwendigen Herstellung der Adremaplatten und Lochkarten als unmöglich herausstellte.[86]

Im April wurde schließlich eine gemischte Kommission aus Vertretern der RfA-Amtsstelle Straßburg und der gleichfalls in Straßburg residierenden gemeinsamen LVA-Außenstellen Baden und Saarpfalz eingerichtet, um das komplizierte Problem der Umrechnung und Neuberechnung der Renten für Wanderversicherte in Angriff zu nehmen. Kurz zuvor hatte der CdZ in Straßburg in einem explizit als vertraulich bezeichneten und nicht veröffentlichten Erlass zudem bestimmt, dass für die Berech-

83 Ebd., S. 1 RS.

84 Vgl. ebd., S. 2 sowie die statistische Übersicht im dortigen Anhang.

85 Vgl. die Richtlinien vom 6.3.1941, in: ebd.

86 Vgl. Bericht über die Dienstreise nach Straßburg vom 9. bis 18. März 1941, in: RfA-Archiv Nr. 130 b sowie Schreiben der RfA an den Reichspostminister vom 10.3.1941, in: RfA-Archiv Nr. 132.

nung der Beitragserstattungen der Franken zum Kurs von 1 zu 0,1645 RM und damit deutlich günstiger als die offiziellen Kurse umzurechnen sei.[87] In intensivem Schriftwechsel zwischen RfA und den beiden CdZ entstanden in kurzer Folge weitere Durchführungsbestimmungen.[88] Für Irritationen auf Seiten der RfA hatte dabei allerdings Ende April gesorgt, dass man von dem Entwurf einer neuen, zweiten Durchführungsverordnung der CdZ nur auf inoffiziellem Wege erfahren hatte.[89] Vor allem ließ dieser Entwurf die meisten der von der RfA in früheren Schreiben aufgeworfenen Fragen unberücksichtigt, „obwohl deren Regelung dringend erwünscht wäre, um die Erledigung der vorliegenden Leistungsanträge zu ermöglichen“.[90] Es gab offensichtlich Kommunikationsprobleme zwischen der Ruhrstraße und den CdZ in Straßburg und Saarbrücken, denn im Juni etwa äußerte die RfA in einem von Koch verfassten Brief ihre Überraschung darüber, dass diverse offene Fragen inzwischen offensichtlich entschieden worden seien und die zweite Durchführungsverordnung für Lothringen bereits ergangen sei bzw. für den Elsass demnächst ergehen würde.[91] Dennoch setzten beide CdZ weiterhin durchaus auf den Rat und die Kompetenz der RfA.[92] Anfang Juli 1941 sah sich RfA-Direktor Koch zu einer erneuten Dienstreise nach Straßburg gezwungen, um dort nach wie vor auftauchende versicherungsrechtliche Detailfragen zu klären.

Es gab vor allem drei Probleme: Erstens hatte sich durch die Einführung des Reichsrechts in Elsass-Lothringen die Höchstgrenze für die Versicherungspflicht gegenüber dem bisherigen Recht erhöht. Dadurch waren zahlreiche bisher versicherungsfrei gewesene Versicherte versicherungspflichtig geworden. Viele dieser Versicherten hatten jedoch bereits Lebensversicherungsverträge abgeschlossen und konnten nur dann von der zusätzlichen Beitragsleistung befreit werden, wenn der Vertrag bereits mindestens drei Jahre bestanden hatte. Es galt mithin nach Lösungen zu suchen, die dadurch entstandenen Härten zu vermeiden oder abzumildern. Zudem waren, wie sich zeigte, die Fälle ziemlich zahlreich, in denen Versicherungsansprüche nur durch Zusammenrechnung von AV-Beiträgen und von solchen Beiträgen bestanden, die zur innerfranzösischen Sozialversicherung entrichtet worden waren. Auch hier galt es nach flexiblen Verwaltungspraktiken zu suchen, um soziale Härten zu vermeiden.[93] Zweitens machte die Anwendung des reichsdeutschen Leistungsverbesserungsgesetzes vom Juni 1941 erhebliches Kopfzerbrechen. Und drittens sah sich

87 Vgl. der Erlass vom 14.4.1941, in: BArch R 89/3114.

88 Vgl. dazu etwa das Schreiben des CdZ in Saarbrücken an die RfA vom 19.3.1941, in: ebd.

89 Vgl. Schreiben der RfA Straßburg an Grießmeyer vom 25.4.1941, in: RfA-Archiv Nr. 132.

90 Ebd. Vgl. dazu auch den Vermerk Kochs vom 9.5.1941, in: ebd. Der Vorwurf der Nichtberücksichtigung wurde allerdings vom CdZ Ende Mai heftig bestritten.

91 Schreiben vom 12.6.1941, in: ebd.

92 Vgl. dazu den Schriftwechsel vom Mai 1941, in: ebd.

93 Vgl. Vermerk Kochs vom 18.7.1941 sowie das Protokoll des Leiters der RfA-Amtsstelle Straßburg über die Besprechungen am 8.7.1941 sowie das Protokoll über die gemeinsam mit den Vertretern der LVA abgehaltene Arbeitstagung vom 9.7.1941, in: RfA-Archiv Nr. 132 a.

die RfA plötzlich mit der Forderung der CdZ konfrontiert, dass sie auch die Versicherten und Rentner der Angestellten der Mühlhausener und der Straßburger Straßenbahn übernehmen sollte, die jeweils in einer eigenen Ersatzkasse versicherten waren, deren Vermögenslage allerdings jeweils völlig unklar war.[94] Auch die Versicherten und Rentner der Pensionskasse des lothringischen Unternehmens De Dietrich sollte die RfA übernehmen, ausreichende Deckungsmittel waren allerdings auch hier nicht vorhanden.[95] Besonders dieser letzte Punkt sorgte in der Ruhrstraße für erhebliche Missstimmung und in einem internen Vermerk wurde zu dieser grundsätzlichen Frage offen die Anweisungskompetenz der CdZ gegenüber der RfA angezweifelt. Zudem sah man seitens der RfA weder eine rechtliche noch eine moralische Verpflichtung, jene Versichertenbestände zu übernehmen, da es sich formal nicht um Ersatzkassen handelte. Das Ansinnen der CdZ, das diese auch in einer eigenen Besprechung Ende Juni 1941 gegenüber der RfA-Amtsstelle Straßburg geradezu ultimativ deutlich gemacht hatten, bedeutete nichts anderes, als dass gewährte Versicherungsleistungen von den Schultern privater Unternehmen und Dienstgeber auf die Schultern der RfA gelegt werden würden, mit unabsehbaren Folgen.[96] Demgegenüber erschien es fast zweitrangig, dass auch im Sommer 1941 noch immer nicht alle rechtlichen Details über Art und Umfang der Auslegung bzw. überhaupt der Frage, welches Recht wann und wie anzuwenden sei, geklärt waren, um endlich mit den Umrechnungs- und Neuberechnungsarbeiten der laufenden Renten beginnen zu können. In der RfA suchte man gegenüber den Forderungen der CdZ Zeit zu gewinnen und das Ganze, unter anderem auch durch Einschaltung des Reichsarbeitsministeriums, zu verzögern. Aber Ende Februar 1942 sollte das Problem infolge einer Verordnung der CdZ über die Versicherungs- und Beitragspflicht der elsässischen Straßenbahner erneut auf den Tisch kommen. Nach wie vor stand jedoch in der Verordnung kein Wort darüber, ob und wie der neue Versicherungsträger RfA dafür entschädigt werden würde, dass er nun Leistungen aus Zeiten zu übernehmen hatte, während der überhaupt keine Beiträge an ihn entrichtet worden waren.[97]

Erst im September 1941 liefen die Umrechnungsarbeiten in der Amtsstelle Straßburg an, allerdings nur bei den einfachen Angestelltenrenten, da die LVA bzw. Invalidenversicherung ihrerseits noch nicht so weit war und zudem auch ein Auslegungsstreit mit der LVA Baden die Inangriffnahme der Umrechnungsarbeiten bei den Wanderversicherten blockierte.[98] Mitte Oktober 1941 reiste daher RfA-Direktor Koch

94 Wie sich bald herausstellte, stand ein Deckungsvermögen von gerade einmal 575.000 RM laufenden Leistungsaufwendungen von über 1,6 Mio. RM gegenüber.

95 Vermerk Kochs vom 18.7.1941, in: ebd.

96 Vgl. Aktenvermerk des CdZ in Saarbrücken vom 30.6.1941 sowie Vermerk Kochs vom 24.7.1941 und ein weiterer Vermerk des RfA-Versicherungsmathematikers vom 13.8.1941, in: ebd.

97 Vgl. Schreiben des CdZ an die RfA Straßburg und die RfA Berlin vom 25.2.1942 sowie das Schreiben der RfA Straßburg dazu vom 7.3.1942, in: RfA-Archiv Nr. 132 a.

98 Vgl. Bericht der RfA Straßburg nach Berlin vom 18.9.1941 sowie das Schreiben Kochs an die RfA Straßburg vom 9.10.1941, in: ebd.

abermals zur Erörterung rechtlicher und verfahrenstechnischer Fragen nach Straßburg.[99] Bis Mitte Dezember 1941 waren immerhin 2725 Renten neu- bzw. umgerechnet worden, was allerdings noch immer nicht einmal die Hälfte aller laufenden Renten ausmachte.[100] Dann tauchte allerdings ein neues Problem auf. Mitte Dezember 1941 hatten die beiden CdZ im Elsass und in Lothringen mit dem französischen Arbeitsministerium unter Vermittlung des Militärbefehlshabers in Frankreich ein Abkommen über die Wiederaufnahme des gegenseitigen Rentendienstes geschlossen.[101] Bei der Ausführung dieses Pariser Abkommens ergaben sich allerdings bald Zweifel, unter anderem darüber, ob es zulässig wäre, dass in Frankreich lebende Rentenberechtigte der elsass-lothringischen Versicherung bestimmen konnten, dass der deutsche Versicherungsträger die Rente an Familienangehörige im Elsass zahlte.[102] Anfang Februar 1942 kam es daher zu einer Besprechung in Straßburg, die unter anderem das bemerkenswerte Ergebnis hatte, dass die kurz zuvor erlassene Abteilungsverfügung der RfA über die Einstellung der Rentenzahlung an im Ausland wohnende Juden keine Anwendung zu finden hatte, soweit es sich um Berechtigte aus diesem Pariser Abkommen handelte, die in Frankreich wohnten, „da das Abkommen internationalen Charakter hat“.[103]

Gleichzeitig sorgte eine Entscheidung des Revisionssenats des RVA für Verunsicherung. Obwohl es um die Verhandlung einer strittigen Invalidenrentensache ging, war das Urteil auch für die Angestelltenversicherung von Bedeutung, da es um die grundsätzliche Aufrechterhaltung der Anwartschaft bei der Rentenversicherung im Elsass und in Lothringen ging. Die Rechtsauffassung des RVA wiedersprach, so zumindest das Urteil des Leiters der Straßburger Amtsstelle, dem Willen der CdZ, die mit ihren Anordnungen ganz allgemein den Erhalt der Anwartschaften aus allen irgendwann in Elsass-Lothringen zur Rentenversicherung gezahlten Beiträgen ohne Ausnahme forderten. Die neue Auffassung des Revisionssenats

> lässt nun wieder vielfach Unsicherheit aufkommen in der Frage der Anwartschaftserhaltung, von der wir angenommen hatten, dass sie im Elsass und in Lothringen den Absichten der Chefs der Zivilverwaltung gemäß in sozial-großzügiger, klarer, eindeutiger und für die Versicherten verständlicher Weise gelöst wäre,

beklagte sich daraufhin die Straßburger RfA-Stelle gegenüber Berlin.[104] Erst im September 1942 konnte daher die Umstellung und Neuberechnung der letzten Ange-

---

99 Vgl. Bericht über die Dienstreise vom 13. und 14.10.1941, in: RfA-Archiv Nr. 133 a.
100 Vgl. Bericht der RfA Straßburg nach Berlin vom 19.12.1941, in: RfA-Archiv Nr. 130 c.
101 Vgl. dazu das Schreiben des CdZ an die RfA vom 6.3.1942, in: RfA-Archiv Nr. 131.
102 Vgl. Bericht der RfA Straßburg nach Berlin vom 18.4.1942, in: RfA-Archiv Nr. 130 c.
103 Bericht der RfA Straßburg nach Berlin vom 5.2.1942, in: RfA-Archiv Nr. 131. Vgl. zur Anwendung des Pariser Abkommens auch das Schreiben des Reichsstatthalters in der Westmark und zugleich CdZ in Lothringen an die RfA vom 20.8.1942, in: RfA-Archiv Nr. 131.
104 Schreiben der RfA Straßburg nach Berlin vom 14.4.1942, in: RfA-Archiv Nr. 131.

stelltenrenten in Elsass-Lothringen erfolgen.[105] Inzwischen war von den beiden CdZ die siebente Ergänzungs- und Durchführungsverordnung zur Sozialversicherung im Elsass und in Lothringen ergangen, in der es unter anderem um die Anrechnung der bei französischen Versicherungsträgern zurückgelegten Versicherungszeiten ging. Auch die ersten Widersprüche gegen RfA-Bescheide beim zuständigen Oberversicherungsamt Speyer, unter anderem über die strittige Frage der Versicherungspflicht eines Lebensmittel-Filialleiters, waren eingegangen und verhandelt worden.[106] Im Januar 1943 musste man sich jedoch noch immer mit der Übernahme der Straßenbahner und der Rentenberechnung und Leistungsgewährung für diese Versichertengruppierung herumschlagen.[107] Gleichzeitig landete ein Schreiben des CdZ in Lothringen auf dem Schreibtisch Grießmeyers, in dem vehement gegen die restriktive Auslegung des „Gesetzes über weitere Maßnahmen in der Rentenversicherung aus Anlass des Krieges" durch das RVA protestiert wurde. Bekanntlich galten nach dem Gesetz für alle Versicherten, die infolge des Krieges gestorben oder invalide geworden waren, die Wartezeiten als erfüllt. Das RVA hatte nun aber bestimmt, dass dies nicht für Soldaten deutscher Volkszugehörigkeit gelten sollte, die auf feindlicher Seite hatten kämpfen müssen. Die Anwendung dieser Vorschrift auf Lothringer, die während des Krieges auf französischer Seite kämpfen mussten, widersprach nach Meinung des CdZ dem Grundgedanken jener von ihm erlassenen Vorschriften, wonach Lothringer französische Wehrdienstzeiten mit Wartezeit und Anwartschaft angerechnet bekämen und dafür auch Steigerungsbeträge erhielten. Er bestimmte daher kurzerhand, dass die oben genannte Verordnung zur vorzeitigen Erfüllung der Wartezeit auch für Lothringer Versicherte anwendbar sei, die bis zum Waffenstillstand als Soldaten auf französischer Seite gestorben oder berufsunfähig geworden seien.[108] Eine gleichlautende Verordnung wurde wenig später auch vom CdZ im Hinblick auf die Elsässer Versicherten erlassen.[109] Tatsächlich kämpften zwischen 1942 und 1944 auf Seiten der Deutschen ca. 130.000 Elsässer und Lothringer, die als „Volksdeutsche" in die Wehrmacht oder die Waffen-SS eingezogen worden waren und auf die die neuen Bestimmungen potenziell zutrafen.

Dass das Thema der Rentenversicherung in Elsass-Lothringen auch anderweitig anhaltende Aktualität besaß, zeigt die Einberufung einer Tagung der CdZ zusammen mit den Versicherungsträgern Mitte Februar 1943 in Saarbrücken. Dabei stand vor allem die bis dahin nicht einmal ansatzweise geklärte Vermögensauseinandersetzung mit den früheren Sozialversicherungsträgern im Elsass und in Lothringen auf der Tagesordnung sowie die Rückführung ihres in Frankreich befindlichen Vermögens[110]

105 Vgl. Bericht der RfA Straßburg nach Berlin vom 19.9.1942, in: ebd.

106 Der Fall vom Juni 1942, in: RfA-Archiv Fach 119, Nr. 4. Zur strittigen Auslegung der Verordnung vgl. das Schreiben der RfA Berlin an die RfA Straßburg vom 26.1.1943, in: RfA-Archiv Nr. 133.

107 Vgl. Schreiben der RfA an das RVA vom 6.1.1943, in: RfA-Archiv Nr. 133 a.

108 Vgl. Schreiben des CdZ an die RfA vom 28.1.1943, in: RfA-Archiv Nr. 133 a.

109 Vgl. Erlass vom 20.1.1943, in: RfA-Archiv Nr. 27.

110 Vgl. das Einladungsschreiben vom 1.2.1943, in: RfA-Archiv Nr. 131.

Ob und wie eine Vermögensauseinandersetzung tatsächlich erfolgte, geht aus den Akten jedoch nicht hervor. Das letzte nachweisbare Schreiben der RfA-Amtsstelle Straßburg nach Berlin datiert vom Juli 1944, in dem die Zahl der Leistungsempfänger in Elsass-Lothringen angegeben wird. Demnach gab es 8333 Rentenberechtigte, davon 4545 Ruhegeldempfänger sowie 2876 Witwen- und 912 Waisenrentenempfänger.[111] Kurz darauf begannen in der Region die Kämpfe im Zuge des Vormarsches der alliierten Truppen. Eine formelle Auflösung der RfA-Amtsstelle Straßburg erfolgte jedoch nicht mehr.

7.2 „Polenstatut“ und andere Sonderrechte: Angestelltenversicherung in den eingegliederten und besetzten Ostgebieten

Nicht minder kompliziert als in den okkupierten Westgebieten gestaltete sich die Einführung der Angestelltenversicherung deutschen Rechts in den eingegliederten und besetzten Ostgebieten. Zum 1. Mai 1939 war der als Memelgebiet unter Litauischer Hoheit stehende Teil Ostpreußens wieder in das Deutsche Reich eingegliedert und am 17. August 1939 per Erlass dort die Einführung der Angestelltenversicherung unter Verantwortung der RfA verfügt worden. Es ging um 2500 Versicherte und eine nicht bekannte Zahl von Rentenempfängern.[112] Der nächste größere Zuwachs an Versicherten und Rentenberechtigten erfolgte kurz nach Kriegsbeginn mit der Einführung der Reichsversicherung in der bisherigen Freien Stadt Danzig zum 22. Januar 1940. Dort war nach dem Ersten Weltkrieg eine Landesversicherungsanstalt für Angestellte als Nachfolgerin der RfA und zuständiger Versicherungsträger errichtet worden. Die damalige Danziger Regierung hatte sich von Anfang an bemüht, die Grundlagen der AV möglichst in Übereinstimmung mit der reichsrechtlichen Entwicklung zu halten, so dass zum Zeitpunkt der Rückkehr Danzigs in das Deutsche Reich nur geringfügige Rechtsabweichungen auf dem Gebiet der Angestelltenversicherung bestanden.[113] Die versicherungsmäßige Integration der 28.000 Versicherten und 2650 laufenden Renten verlief daher reibungslos und ohne größeren bürokratischen Aufwand. Als Grundsatz galt hier wie vorher im Memelgebiet, dass die betroffenen Angestellten und Rentner so gestellt werden sollten, als ob die tatsächliche Unterbrechung ihrer Zugehörigkeit zur RfA nicht stattgefunden hätte. Das Hauptproblem in Danzig war die Umrechnung vom Danziger Gulden in RM, die in der Weise erfolgte, dass zur bisherigen Rente ein

111 Vgl. Schreiben vom 3.7.1944, in: RfA-Archiv Nr. 131 a.

112 Vgl. dazu Grießmeyer, Großdeutschland, S. II 258.

113 Ebd. Zu Danzig vgl. auch den Schriftwechsel der RfA unter anderem mit dem Senat von Danzig 1935 bis 1937, in: RfA-Archiv Nr. 128. Vgl. auch das am 1.4.1939 geschlossene Abkommen zwischen der RfA und der Landesversicherungsanstalt der Freien Stadt Danzig über die Angestelltenversicherung, in: RfA-Archiv Ordner Danzig (ohne Sign.).

pauschaler Zuschlag von zehn Prozent gewährt wurde.[114] Bereits im Februar 1940 wurden die Danziger Renten von Berlin aus gezahlt, wobei nicht nur das Verhältnis zwischen aktiv Versicherten und Rentnern dem im Deutschen Reich ähnlich war, sondern auch die Vermögensverhältnisse der Danziger Angestelltenversicherung „nicht ungünstig" waren.[115] Die Übernahme des Deckungsvermögens, dessen genaue Höhe aus den Akten nicht hervorgeht, in die Verwaltung der RfA konnte daher aus Sicht der Behörde reibungslos und in kurzer Zeit erfolgen.

Im besetzten Polen jedoch wurde die Reichsversicherung nicht überall und auch nicht gleichzeitig eingeführt. Der Hauptteil Zentralpolens mit der Hauptstadt Warschau firmierte nun als Generalgouvernement mit eigener Zivilregierung in Krakau. Die Reichsversicherung galt hier nicht; Mitte Juni 1940 erfolgte nur eine „Verordnung über die Sozialversicherung der deutschen Staatsangehörigen im Generalgouvernement für die besetzten polnischen Gebiete", die rückwirkend zum 1. Oktober 1939 den deutschen Volkszugehörigen anstelle der Ansprüche auf Leistungen aus der polnischen Sozialversicherung Unterstützungen (allerdings ohne Rechtsanspruch) in Höhe der früheren gesetzlichen Leistungen gewährte.[116] Daneben bestanden zwei Gebiete (Reichsgau Wartheland und Reichsgau Danzig-Westpreußen) sowie einige kleinere in die Provinz Ostpreußen eingegliederte polnische Gebiete, in denen zunächst noch das ehemalige polnische Versicherungsrecht Geltung behielt. Und schließlich gab es das stark industrialisierte und mit einem hohen Anteil an Deutschen bewohnte Gebiet Ost-Oberschlesiens um die Städte Kattowitz und Königshütte, die das Reich nach dem Ersten Weltkrieg ebenfalls hatte abtreten müssen und nun mit Oberschlesien bzw. dem Gau Schlesien wieder verschmolzen wurde. Mit 30.000 Versicherten und knapp 9000 laufenden Renten war es das eigentliche Kernland der rentenversicherungsrechtlichen Expansion der RfA in Osteuropa, in dem Mitte Januar 1940 die Reichsversicherung eingeführt wurde – mit der „Verordnung über die Einführung der Reichsversicherung in den der Provinz Schlesien eingegliederten ehemals polnischen Gebieten".[117]

Tab. 21: Übersicht über die regionale Verteilung der seit 1938 zum Bestand des Altreichs der RfA hinzugekommenen aktiv Versicherten sowie Rentenempfänger in den Ostgebieten (Stand Ende 1941)

Gebiet	Versicherte	Rentenempfänger
Memelgebiet	2500	–

114 Vgl. ebd.
115 Ebd.
116 Vgl. ebd.
117 Vgl. dazu auch Heinz-Georg Mischkowsky, Die eingegliederten Ostgebiete und das Generalgouvernement in ihrer Bedeutung für die Dienststelle I Allgemein, unter besonderer Berücksichtigung der Staatszugehörigkeitsverhältnisse in diesen Gebieten (nur für den Dienstgebrauch), Berlin 1951, in: Bibliothek der DRV-Bund.

Tab. 21: Übersicht über die regionale Verteilung der seit 1938 zum Bestand des Altreichs der RfA hinzugekommenen aktiv Versicherten sowie Rentenempfänger in den Ostgebieten (Stand Ende 1941) *(Fortsetzung)*

Gebiet	Versicherte	Rentenempfänger
Freistaat Danzig	28.000	2650
Ostoberschlesien (Polen)	30.000	8744
Übrige Ostgebiete (Gau Westpreußen und Wartheland)	–	2120
Insgesamt	60.500	13.514

Quelle: Vermerk vom 24.12.1941, in: RfA-Archiv Nr. 79. Vgl. auch Grießmeyer, Die AV im werdenden Großdeutschland, S. 261.

Präsident Grießmeyer hat aus seiner Sicht auch diese Entwicklungen in seinem Aufsatz über „Die Angestelltenversicherung im werdenden Großedeutschland“ nüchtern und betont sachlich geschildert. Tatsächlich jedoch entpuppen sich die Vorgänge beim Blick in die überlieferten Generalakten der RfA als komplexe und auch dynamische Entwicklung der AV-Verwaltungspraxis, die zwischen großangelegter rassisch-völkischer Exklusion und germanisierungspolitischer Inklusion oszillierte. Die Regelung der Rentenversicherungsfälle und die gegenseitigen Abgrenzungen und die Abrechnung der jeweiligen Ansprüche im Versicherungsfall zwischen der RfA und dem zuständigen polnischen Versicherungsträger – der Sozialversicherungsanstalt in Warschau bzw. deren fünf regionale Zweiganstalten (in Lemberg, Posen, Königshütte, Lodz und Krakau) – war schon vor Kriegsausbruch kompliziert gewesen, da damals auf polnischer Seite als Folge des Ersten Weltkriegs ein regional vielfach zersplittertes und heterogenes Sozialversicherungsrecht unterschiedlicher Rechtstraditionen geherrscht hatte.[118] Am 11. Juni 1931 war ein erster deutsch-polnischer Vertrag über die Sozialversicherung geschlossen worden, dem im März 1933 sowie Ende Januar 1934 ergänzende Verhandlungen bezüglich seiner Umsetzung gefolgt waren, bei denen es insbesondere um die Abwicklung und Regelung der jeweiligen deutsch-polnischen Renten ging.[119]

Doch vieles war strittig geblieben und die Umsetzung auf beiden Seiten konfliktbeladen. Im Februar 1937 etwa beschwerte sich Grießmeyer in einem Schreiben an

118 Vgl. ebd., S. 18–24 sowie dazu (mit allerdings NS-spezifischem polemischen Duktus) Werner Kahl, Die Sozialversicherung im ehemaligen Polen, in: NS-Sozialpolitik 7 (1940), S. 86–87 und S. 113–115, insb. S. 115 zu den Leistungen der polnischen Angestelltenversicherung, die unter anderem einen Anspruch auf Kapitalabfindung im Fall des Eintritts des Versicherungsfalls vor Erfüllung der Wartezeit kannte.

119 Vgl. dazu die diversen Protokolle der Verhandlungen, in: RfA-Archiv Nr. 166 a bis e. Im Mai 1935 hatte dazu die RfA ein Schreiben an das RAM über die nach wie vor bestehenden Zweifelsfragen bei der Durchführung und Auslegung des deutsch-polnischen Vertrags von 1931 geschickt. Vgl. RfA-Archiv Nr. 166.

das RVA darüber, dass es von polnischer Seite immer wieder Verzögerungen bei den Zahlungsanweisungen gebe.[120]

> Wir müssen uns ganz entschieden dagegen verwahren, dass die polnischen Behörden durch ihre Unpünktlichkeit und Lässigkeit bei der Ausführung des Zahlungsabkommens die rechtzeitige Zahlung der Renten durch uns unmöglich machen und dann noch dazu durch unrichtige Auskünfte bei den Rentenempfängern den Eindruck erwecken, dass durch unser Verschulden die Rente unpünktlich gezahlt werde.[121]

Überhaupt bestanden auf deutscher Seite viele Unklarheiten über Struktur und Anzahl der ehemals deutschen Versicherten auf polnischer Seite. Man ging zwar von rund 14.000 Versicherten der AV aus, die sich Mitte Juni 1922 in den abgetrennten Gebieten befunden hatten; aber es fehlten jegliche Unterlagen darüber, wieviele von ihnen noch in Polen lebten oder inzwischen ins Reich zurückgewandert waren.[122] Im September 1936 hatte der Gesamtverband Deutscher Angestelltengewerkschaften in Polnisch-Oberschlesien an die RfA eine „Denkschrift zur Frage der Aufrechterhaltung der Anwartschaften bei der polnischen Angestelltenversicherung im Falle eines Wohnungswechsels des Versicherten aus Polen nach Deutschland“ geschickt und auch andere Organisationen wie der Verband Deutscher Angestellten in Polen wandten sich mit ähnlichen Problemen an die RfA.[123]

Für die vielfach beklagte Schlechterstellung der deutschen Angestelltenrentner mit polnischen Renten waren allerdings – darauf wies die RfA gegenüber dem RVA explizit hin – keineswegs einseitig unbillige Kürzungen der polnischen Leistungen verantwortlich, sondern dies war Folge der Kürzungen bei den deutschen Steigerungsbeträgen.[124] Dazu kamen nicht unerhebliche Kursverluste infolge der Umrechnung der polnischen Renten von Zloty in RM.[125] Immer öfter sah sich die RfA daher mit Streitfällen und Widersprüchen Betroffener konfrontiert, in die sich verstärkt auch die Gaurechtsberatungsstelle Ausland der DAF einschaltete.[126] Deshalb war die RfA im Sommer 1939 der allgemeinen Überzeugung, dass die Lage der in Polen wohnenden „volksdeutschen“ Versicherten und Rentenbezieher ungünstig und von sozialen Härten geprägt sei, umgekehrt aber auch die Rentenempfänger im Reich oder der Ostmark mit polnischen Teilrenten vergleichsweise schlecht dastünden. Angesicht der

120 Vgl. Schreiben vom 15.2.1937, in: RfA-Archiv Nr. 82.

121 Ebd., S. 2. Vgl. auch den Beschwerdebrief von Betroffenen aus Oberschlesien an die RfA vom 5.2.1937 sowie den Schriftwechsel mit dem polnischen Versicherungsträger in Warschau vom 11.2.1937, in: ebd.

122 Vgl. Schreiben der RfA an das RVA vom 23.8.1937, in: RfA-Archiv Nr. 166.

123 Vgl. die Denkschrift, in: RfA-Archiv Nr. 166 d.

124 Vgl. Schreiben der RfA an das RVA vom 20.3.1939, in: ebd.

125 Vgl. dazu auch das Schreiben der RfA an die NSDAP-Auslandsorganisation vom 25.3.1938, in: ebd.

126 Vgl. dazu etwa das Schreiben der DAF-Rechtsberatungsstelle Ausland an die RfA vom 13.6.1939, in: RfA-Archiv Nr. 166 e sowie die Verhandlung eines Streitfalles am 7.2.1938 zunächst vor dem OVA Breslau sowie die Entscheidung desselben am 21.12.1938 durch den Revisionssenat der RVA, in: BArch R 89/23090.

anhaltenden Probleme wurden zwischen den deutschen Stellen und der polnischen Regierung bis Kriegsbeginn praktisch permanent Verhandlungen zu Sozialversicherungsfragen geführt.[127] Zeitweise waren auch RfA-Direktor Koch und weitere RfA-Beamte zu den Verhandlungen nach Polen gereist und hatten dort als Vertreter der Angestellten agiert.[128] Doch wer gedacht hatte, dass all diese komplexen Regelungsprobleme der deutsch-polnischen Rentenversicherung mit der Besetzung und Zerschlagung Polens und der teilweisen Reintegration der Gebiete in das Deutsche Reich mit einem Schlag beseitigt sein würden, der sah sich getäuscht.

Eines der Grundprobleme vor dem Hintergrund der in der Sozialpolitik dominierenden rassisch-völkischen Denkweise des NS-Regimes war, dass über die genauen Volkstums- und Staatsangehörigkeitsverhältnisse in den eingegliederten und annektierten Ostgebieten vielfach Unklarheit herrschte. Schon für die Zeitgenossen waren die Begriffe und der jeweilige Rechtsstatus verwirrend. Neben den wiedervereinigten (Ost-)Gebieten wie Memelland und Danzig gab es die eingegliederten Ostgebiete (Ost-Oberschlesien), daneben aber auch die besetzten Ostgebiete, allen voran das Generalgouvernement, aber auch der Bezirk Bialystok und das Reichskommissariat Ostland (das Gebiet der ehemaligen baltischen Staaten) bzw. das Reichskommissariat Ukraine. Im Zusammenhang mit den annektierten und eingegliederten Ostgebieten wurden zudem eine Reihe neuer, dem bisherigen Staatsangehörigkeitsrecht fremde Begriffe geprägt wie „deutsche Volkszugehörige“, „Volksdeutsche“, „Staatsangehörige auf Widerruf“ und „Schutzangehörige deutschen oder polnischen Volkstums“. All das erschwerte die Bemühungen der Sozialversicherungsträger zur Übernahme der Versicherten und Rentner in den besetzten Gebieten Polens und zur möglichst raschen Wiederaufnahme der durch den Krieg unterbrochenen Rentenzahlungen, die unmittelbar nach Beendigung der Kampfhandlungen einsetzten. Die Vertreter der LVA Schlesien, die die Invalidenversicherung übernahm, waren allerdings schneller vor Ort in Kattowitz und Königshütte, wo die Zweiganstalten der Sozialversicherungsanstalt in Warschau lagen. Das Aktenmaterial und die Rentenlisten auch für die Angestelltenversicherung seien vorhanden, so berichtete der Leiter der LVA Schlesien aus Breslau nach seiner Rückkehr aus den polnischen Gebieten an RfA-Direktor Koch. Allerdings seien die Renten für September noch nicht ausgezahlt worden und die Geldmittel von dem geflüchteten polnischen Personal mitgenommen worden.[129]

Alle Beteiligten vor Ort betonten „die Dringlichkeit der Rentenzahlungen im Interesse der Befriedung des eroberten Gebietes“.[130] Wenige Tage später lag auch der umfangreiche Bericht des inzwischen eingesetzten Treuhänders der Zivilverwaltung Oberschlesien für den Betrieb der Sozialversicherungsanstalt Königshütte auf dem Schreibtisch Grießmeyers, der gleichfalls im Interesse der Aufrechterhaltung von Ruhe

127 Vgl. dazu etwa den RfA-internen Vermerk vom 7.2.1939 über die Vereinbarungen der deutsch-polnischen Verhandlungen vom 9.8.1938, in: RfA-Archiv Nr. 166 e.

128 Vgl. etwa den Vermerk über die Verhandlungen vom 28.9.1937, in: ebd.

129 Vgl. Schreiben der LVA Schlesien an die RfA vom 12.9.1939, in: RfA-Archiv Nr. 163.

130 Ebd.

und Ordnung auf die Wiederaufnahme der Rentenzahlungen drängte. Die Behörde in Königshütte hatte für den Bereich der Angestelltenversicherung monatlich 1,2 Mio. Zloty (umgerechnet ca. 600.000 RM) aufgewendet.[131] Die deutschen Versicherungsträger waren jedoch nach Ansicht des Treuhänders weder in der Lage noch mangels gesetzlicher Bestimmungen berechtigt, die erforderlichen Mittel aufzubringen und der Versicherungsanstalt in Königshütte zur Verfügung zu stellen, so dass er hier die Zivilverwaltung Ostoberschlesien und den Reichsfinanzminister in der Pflicht sah. Die damaligen Schätzungen gingen von etwa 9800 Empfängern von Ruhegeld aus, deren baldige Auszahlung durch die RfA jedoch nicht ins Gewicht fiel – verglichen mit den ca. 80.000 Invalidenrentnern, für die die LVA zuständig war und deren Rentenanweisungen aufgrund der chaotischen Aktenlage zunächst einmal in den Sternen stand. Als Oberregierungsrat Hartmann für die RfA am 13. September 1939 nach Königshütte reiste, fand er tatsächlich bei seiner Ankunft in der Sozialversicherungsanstalt die Akten und Rentenunterlagen für die Angestellten, anders als die Kollegen der LVA, „fein säuberlich geführt" im Dienstgebäude vor. Von den früher knapp 200 Angestellten waren etwa 60, die deutsch und polnisch sprachen, wieder zur Arbeit erschienen, so dass einer raschen Wideraufnahme der Rentenzahlungen eigentlich nichts im Wege stand.[132] Allerdings führte der deutsche Treuhänder die Anstalt zunächst unter seiner Regie weiter, so dass eine Übernahme der Abteilung Angestelltenversicherung der Anstalt durch die RfA, ähnlich wie in Luxemburg und Straßburg, zunächst nicht in Frage kam. Dennoch übernahm ein zusätzlich von der RfA entsandter Oberinspektor die weitere kommissarische Leitung der AV-Abteilung. Als Zahl der Versicherten in der AV wurden 31.600 ermittelt, und immerhin waren, wie sich nun herausstellte, im September noch an ca. 20 Prozent der Rentenempfänger die entsprechenden Auszahlungen vorgenommen worden.

Doch bei der Wiederaufnahme der Rentenzahlungen wurde sofort eine deutliche Unterscheidung getroffen. Bei Besprechungen von Treuhänder und RfA im Reichsarbeitsministerium wurde beschlossen, dass die Zahlung der polnischen Renten der Anstalt Königshütte vorläufig nicht wieder aufgenommen werden sollte, da die polnische Verwaltung kein Bargeld hinterlassen hatte und es zweckmäßig erschien, erst die völlige Beruhigung des ostoberschlesischen Gebietes und die politischen Entscheidungen über dessen endgültiges Schicksal abzuwarten. „Diese Rentenempfänger sind daher an die Fürsorgeämter und auf etwaigen späteren Kriegsschadenersatz zu verweisen."[133] Die Weiterzahlung der deutschen Renten dagegen sollte im Rahmen des technisch Möglichen und aus Reichsmitteln erfolgen, allerdings war mit einer raschen Wiederaufnahme des Postbetriebs nicht zu rechnen, so dass man sich auch hier vor allem logistischen Problemen gegenübersah. Auf Drängen des Treuhänders nahm das

131 Der Bericht vom 15.9.1939, in: ebd.

132 Grießmeyer, Großdeutschland, S. II 259 sowie vgl. den Bericht des ORR Hartmann über die Wiederaufnahme des Betriebes der Sozialversicherungsanstalt in Königshütte vom 18.9.1939, in: ebd. Der Bericht auch in: BArch R 89/3204.

133 Bericht über die Besprechung im RAM vom 18.9.1939 durch ORR Hartmann, in: RfA-Archiv Nr. 163.

Reichsarbeitsministerium jedoch schon kurz darauf die Unterscheidung der deutschen und polnischen Rentenzahlungen zurück, nicht zuletzt, da Ost-Oberschlesien (und auch das Olsa-Gebiet) in Bälde zu deutschen Gebieten erklärt werden würden. Künftig sollten daher auch die polnischen Renten aus Reichsmitteln bezahlt werden.[134]

Gleichzeitig hatte aber die Zivilverwaltung in Ostoberschlesien unter der Prämisse, „dass die Renten zur Beruhigung der Bevölkerung unter allen Umständen gezahlt werden müssten“, die Zahlungen in die eigenen Hände genommen. Mit Hilfe der Landräte und Bürgermeister wurden daher Anfang Oktober aus Mitteln der Zivilverwaltung ohne Anerkennung eines Rechtsanspruches, aber auch ohne jegliche Unterscheidung, die Renten als Unterstützung weitergezahlt.[135] Und da bereits erste Klagen von den Betroffenen über die Höhe der Renten laut geworden waren, die angesichts der nun rasant steigenden Lebenshaltungskosten erheblich an Wert verloren, erwog der in Kattowitz amtierende CdZ auch die Gewährung eines prozentualen Teuerungszuschlags zu den Renten. Dieses Ansinnen wurde jedoch nicht nur vom RfA-Beamten mit dem Hinweis abgelehnt, dass nach der zu erwartenden Übernahme der Renten durch das Reich kaum anzunehmen sein würde, dass Teuerungszuschläge weiter gewährt werden könnten und würden.[136] Für die RfA ging es gleichzeitig aber auch um das Problem der Weiterzahlung der polnischen Renten im Reichsgebiet, die man bislang für Rechnung der polnischen Versicherungsträger ausgezahlt hatte. Das zahlenmäßige Ungleichgewicht war dabei erheblich gewesen: Während die RfA für 452 deutsche Rentner im ehemaligen Polen die Gelder bisher nach Warschau überwiesen hatte, hatte der polnische Versicherungsträger für 4913 polnische Rentner im Reich monatlich umgerechnet ca. 150.000 RM nach Berlin überwiesen. Aufgrund eines Erlasses des RAM wurden diese Renten zwar weitergezahlt, allerdings forderte die RfA nun von den Rentenberechtigten die Vorlage von Nachweisen, dass sie die deutsche Staatsangehörigkeit besäßen oder Volksdeutsche seien, d.h. deutsche Volkszugehörige fremder Staatsangehörigkeit.[137] Deutscher Volkszugehöriger war in der damaligen Definition derjenige, der sich selbst als Angehöriger des deutschen Volkes bekannte, sofern dieses Bekenntnis durch bestimmte Tatsachen wie Sprache, Erziehung und Kultur bestätigt wurde. Dies konnte bzw. musste entweder durch die Gemeindebehörde oder die Ortspolizei oder aber durch die NSDAP, NSV und andere Gliederungen der Partei erfolgen. Manche Betroffene empfanden dies als Zumutung, auf die sie mit deutlichem Zynismus antworteten.

„Durch Ihre Ausführungen“, so konstatierte man jedoch in der RfA bürokratisch-nüchtern, „ist dieser Beweis nicht erbracht. Wir bedauern, Ihnen bis dahin die Rente

134 Vgl. Vermerk Hartmanns über fernmündliche Mitteilung aus dem RAM vom 22.9.1939, in: ebd.

135 Vgl. Vermerk des RfA-Beamten in Königshütte vom 4.10.1939 sowie die Anweisung des Chefs der Zivilverwaltung in Kattowitz an die Landräte vom 3.10.1939, in: ebd.

136 Vgl. Bericht über die Besprechung beim CdZ vom 7.10.1939, in: ebd.

137 Schreiben der RfA an die LVA Schlesien vom 12.10.1939, in: ebd.

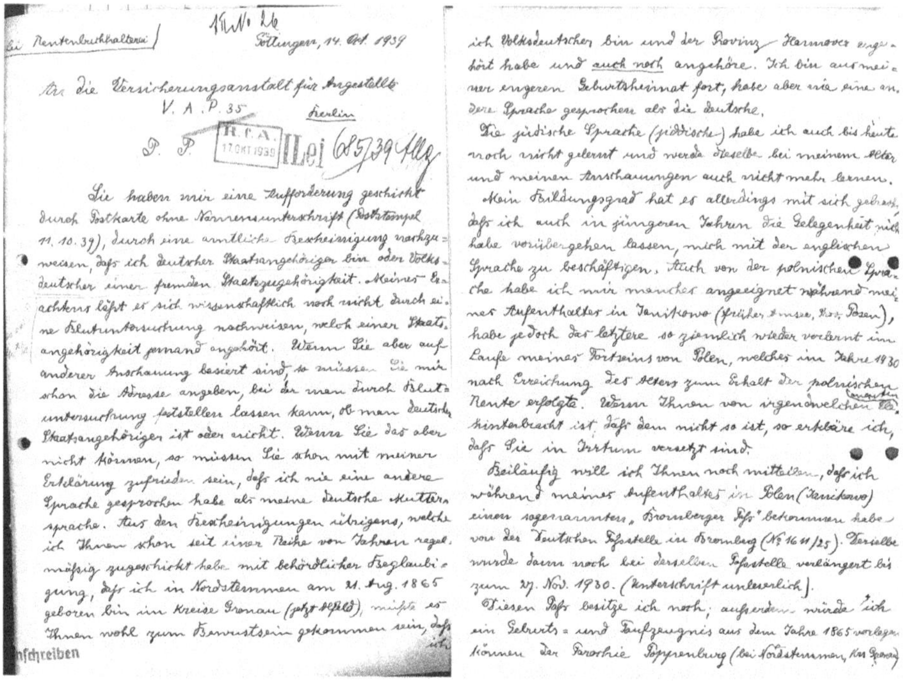
Göttingen, 14. Okt. 1939

An die Versicherungsanstalt für Angestellte V. A. P. 35 Berlin

R.f.A. 17. OKT. 1939

P. P.

Sie haben mir eine Aufforderung geschickt durch Postkarte ohne Namensunterschrift (Poststempel 11. 10. 39), durch eine amtliche Bescheinigung nachzuweisen, daß ich deutscher Staatsangehöriger bin oder Volksdeutscher einer fremden Staatszugehörigkeit. Meines Erachtens läßt es sich wissenschaftlich noch nicht durch eine Blutuntersuchung nachweisen, welch einer Staatsangehörigkeit jemand angehört. Wenn Sie aber auf anderer Anschauung basiert sind, so müssen Sie mir schon die Adresse angeben, bei der man durch Blutuntersuchung feststellen lassen kann, ob man deutscher Staatsangehöriger ist oder nicht. Wenn Sie das aber nicht können, so müssen Sie schon mit meiner Erklärung zufrieden sein, daß ich nie eine andere Sprache gesprochen habe als meine deutsche Muttersprache. Aus den Bescheinigungen übrigens, welche ich Ihnen schon seit einer Reihe von Jahren regelmäßig zugeschickt habe mit behördlicher Beglaubigung, daß ich in Nordstemmen am 21. Aug. 1865 geboren bin im Kreise Gronau ([illegible]), müßte es Ihnen wohl zum Bewusstsein gekommen sein, daß ich Volksdeutscher bin und der Provinz Hannover angehört habe und auch noch angehöre. Ich bin aus meiner engeren Geburtsheimat fort, habe aber nie eine andere Sprache gesprochen als die deutsche.

Die jüdische Sprache (jiddische) habe ich auch bis heute noch nicht gelernt und werde dieselbe bei meinem Alter und meinen Anschauungen auch nicht mehr lernen.

Mein Bildungsgrad hat es allerdings mit sich gebracht, daß ich auch in jüngeren Jahren die Gelegenheit nicht habe vorübergehen lassen, mich mit der englischen Sprache zu beschäftigen. Auch von der polnischen Sprache habe ich mir mancher angeeignet während meines Aufenthaltes in Janikowo (früher Amsee, Kr. Posen), habe jedoch das letztere so ziemlich wieder verlernt im Laufe meines Fortseins von Polen, welches im Jahre 1930 nach Erreichung des Alters zum Erhalt der polnischen Rente erfolgte. Wenn Ihnen von irgendwelchen [illegible] hinterbracht ist, daß dem nicht so ist, so erkläre ich, daß Sie in Irrtum versetzt sind.

Beiläufig will ich Ihnen noch mitteilen, daß ich während meines Aufenthaltes in Polen (Janikowo) einen sogenannten „Bromberger Paß" bekommen habe von der Deutschen Paßstelle in Bromberg (No. 1611/25). Derselbe wurde dann noch bei derselben Paßstelle verlängert bis zum 27. Nov. 1930. (Unterschrift unleserlich).

Diesen Paß besitze ich noch; außerdem würde ich ein Geburts- und Taufzeugnis aus dem Jahre 1865 vorlegen können der Parochie Poppenburg (bei Nordstemmen, Kr. Gronau)

Abb. 55: Beschwerdebrief eines Versicherten vom 14. Oktober 1939 wegen des Volkstumsnachweises

nicht zahlen zu können."[138] Die Übergangsregelung bei der Organisation der Angestelltenversicherung und der Rentenzahlungen in Ostoberschlesien ging jedoch unvermittelt Ende Oktober zu Ende. In der Ruhrstraße erhielt man einen Anruf des RfA-Beamten aus Königshütte mit dem Hinweis, dass es seit dem 25. Oktober keinen Chef der Zivilverwaltung mehr gebe und dass damit auch kein Geld für die Zahlung der Novemberrenten zur Verfügung stehe – insgesamt benötigte man 437.000 RM. Die Mittel mussten nun von der RfA verauslagt werden.[139] Am 6. November beauftragte das Reichsarbeitsministerium die RfA mittels Erlass dann formell mit der Durchführung der Sozialversicherung in Ostoberschlesien einschließlich der etwa hinzutretenden Gebiete. Dabei könne sie sich der bestehenden Anstalt in Königshütte bedienen.[140] Diese firmierte nun als RfA, Amtsstelle Königshütte/OS.[141] Dieser Auftrag, so heißt es in einem ergänzenden Erlass vom 21. Dezember, bezog sich auch auf die Verwaltung und Instandhaltung sämtlicher in diesen Gebieten vorhandener Vermögensanlagen des Pensions-Angestelltenversicherungsfonds in Warschau. Wie hoch diese Vermögensanlagen waren, wusste zu diesem Zeitpunkt jedoch niemand. Eine Regelung der

138 Schreiben der RfA vom 31.10.1939, in: ebd.
139 Vgl. Vermerk vom 7.11.1939, in: ebd.
140 Der Erlass vom 6.11.1939, in: ebd.
141 Vgl. dazu auch die Präsidialverfügung Grießmeyers vom 8.2.1940, in: RfA-Archiv Nr. 163 a.

Rentenauszahlung und Durchführung der Angestelltenversicherung war jedoch, wie RfA-Direktor Koch auf einer Besprechung im RAM mitgeteilt bekam, zunächst nur für Ostoberschlesien beabsichtigt. Die Regelung für die übrigen wieder deutsch gewordenen Gebiete Polens blieb vorbehalten und polnische Renten sollten einstweilen nicht mehr gezahlt werden.[142] Auch für Ostoberschlesien würde geprüft, ob künftig die Renten nur noch an Volksdeutsche zu zahlen wären. Es war beabsichtigt, dort zum 1. Januar 1940 generell das deutsche Sozialversicherungsrecht einzuführen und damit auch die entsprechenden Beiträge zu erheben. Die Frage, wie die bisherigen polnischen Beiträge bei künftigen Leistungen zu berücksichtigen waren, blieb offen. Es sollte zwar versucht werden, aus dem etwa vorhandenen Vermögen der Sozialversicherungsanstalt in Warschau eine Deckung der Anwartschaften zu erhalten, aber da diese vermutlich nur zu einem geringen Teil vorhanden war, wollte man zunächst feststellen, „ob und in welchem Ausmaß die Reichsregierung Leistungen aus der bisherigen polnischen Versicherung überhaupt gewähren will".[143] Die Beiträge zur polnischen Angestelltenversicherung hatten durchschnittlich acht Prozent des Entgelts betragen und waren damit um zwei Prozent höher gewesen als im Deutschen Reich. Damit fielen auch die polnischen Versicherungsleistungen durchschnittlich umfangreicher aus als die deutschen, ungeachtet der bestehenden Deckungslage. Eine wesentliche Herabsetzung der bisherigen Leistungen war, so vermutet man in der Ruhrstraße, eigentlich unvermeidlich, allerdings werde diese wohl aus politischen Gründen nicht erfolgen, so dass versicherungsmathematische Bedenken, die bei der RfA vorherrschten, zurücktreten mussten. Aus vielerlei Hinsicht war in Ostoberschlesien bei der Angleichung der bisherigen polnischen Renten an das Reichsniveau eine Anwendung von Maßnahmen und Regelungen, die in Österreich und im Sudetenland erfolgt war, nicht möglich, so dass alles auf eine weitere Differenzierung und Heterogenisierung anstelle des viel beschworenen einheitlichen Reichsrechts hinauslief.

Während das RAM die Dinge weiter in der Schwebe zu halten versuchte, wurde die Sozialversicherungsanstalt in Königshütte jedoch von Anfragen Versicherter und auch neuen Rentenanträgen geradezu überschwemmt. In den Büros türmten sich inzwischen über 1000 unerledigte Anträge, die schon aufgrund der ungeklärten Rechtslage nicht bearbeitet werden konnten, und täglich kamen neue Anträge hinzu.[144] Niemand wusste zudem, wie die Akten- und Finanzlage der im Generalgouvernement liegenden Warschauer Hauptversicherungsanstalt war, die für die Klärung der vielen offenen Frage jedoch unabdingbar war. Mitte November 1939 reiste RfA-Direktor Koch selbst nach Königshütte und verschaffte sich einen Überblick über die verwaltungstechnischen wie organisatorischen Gegebenheiten und Probleme. Neben allen weitgehend offenen ideologischen Fragen der Anerkennung und Leistungszahlungen bei den

142 Vermerk Kochs vom 13.11.1939, in: RfA-Archiv Nr. 163.
143 Ebd.
144 Vgl. Bericht des RfA-Beamten aus Königshütte vom 17.10.1939, in: ebd.

polnischen Renten drängte vor allem die logistische Frage der Zustellung nach einer Lösung. Nach wie vor war die RfA auf die Mithilfe von Landräten und Bürgermeistern angewiesen und alle Bemühungen richteten sich darauf, die Zahlung der Renten wenigstens ab Januar 1940 von Berlin aus tätigen zu können.[145] Sie galten nach wie vor als vorläufige Leistungen. RfA-intern verständigte man sich schließlich auf die Verwaltungsübung, dass die vorliegenden Anträge, soweit sie von Volksdeutschen gestellt wären, nach polnischem Recht berechnet werden sollten und die Hälfte der berechneten polnischen Rente als Vorschuss gezahlt werden sollte. Eine Ablehnung selbst dieser geringen Vorschusszahlungen, so warnte der RfA-Beamte in Königshütte,

> würde eine große Härte bedeuten, da auch die Fürsorgestellen die Zahlung von Unterstützungen ablehnen und diese Antragsteller immer wieder an die Sozialversicherungsanstalt verweisen. Nicht nur aus der näheren Umgebung von Königshütte werden die Leute hierhergeschickt, sondern auch aus der weiteren Umgebung. So sind Leute auf Anraten des Wohlfahrtsamtes 3 bis 4 Stunden zu Fuß hierhergekommen, weil sie kein Fahrgeld haben. Noch härter ist es, eine Hinterbliebenenrente abzuweisen, wenn schon Ruhegeld gezahlt worden ist.[146]

Bis Ende November 1939 wurden von der RfA Königshütte so immerhin 4483 polnische Renten im Umfang von insgesamt 140.430 RM vorgeschossen.[147] Die Verwaltungspraxis, die vom RAM später auch offiziell, aber unter strenger Maßgabe der Bemessung des Vorschusses innerhalb der voraussichtlichen zukünftigen Rente gutgeheißen wurde, macht deutlich, dass es der RfA vor allem darum ging, die vielfach heterogenen und bislang oft nur bruchstückhaft bekannten Pläne im RAM über die endgültige Regelung der Rentenversicherung in den Ostgebieten in eine möglichst leicht und einfach zu gestaltende Durchführungsverordnung zu gießen. Das bedeutete etwa auch, dass die Rentenzahlung nicht an aufwändigen Volkstumsnachweisen festgemacht wurde; vielmehr wurden die Renten nicht nur an Volksdeutsche, sondern zumindest auch an die in Ostoberschlesien wohnenden Polen gezahlt. Die neuen Renten sollten nach deutschem Recht berechnet, für die polnischen Beiträge mithin auch die deutschen Steigerungsbeträge gewährt werden und die laufenden Renten sollten ebenfalls nach deutschem Recht umgerechnet werden.[148] Da das RAM die RfA explizit zu einer Stellungnahme zu der Frage aufgefordert hatte, in welcher Weise bei der Überleitung der polnischen Angestelltenversicherung zunächst in Ostoberschlesien auf die deutsche Angestelltenversicherung etwaige Anrechnungen berücksichtigt werden sollten, besaß die Behörde durchaus eine potenzielle Einflussmöglichkeit auf die spätere gesetzliche Regelung. Diese wurde immer dringender, da es, wie RfA-Regierungsrat Gaber seinerseits bei einer Inspektionsreise nach Königshütte Ende No-

---

145 Vgl. den Bericht Kochs über „meine Feststellungen bei der Angestelltenversicherungsanstalt in Königshütte“ vom 13.11.1939, in: RfA-Archiv Nr. 163.

146 Schreiben der RfA Königshütte an die RfA Berlin vom 20.11.1939, in: ebd.

147 Vgl. den statistischen Vermerk, in: RfA-Archiv Nr. 165.

148 Vgl. das streng vertrauliche Schreiben der RfA Berlin an die RfA Königshütte vom 28.11.1939, in: RfA-Archiv Nr. 163.

vember feststellte, nach wie vor Regionen und Gemeinden gab, in denen noch immer keine Rentenzahlungen erfolgt waren.[149] Gaber war es allerdings auch, der dabei von sich aus die bislang noch von keiner Seite angesprochene Frage der Zahlung von Renten an Juden anschnitt. „Ich habe“, so notierte er, „soweit die Frage an mich gerichtet wurde, bisher stets erklärt, dass eine Zahlung an Juden nicht in Frage kommt. Ich bitte, auch hierüber um nähere Anweisung, da gerade im Dombrowaer Kohlengebiet teilweise über 50 Prozent Juden sind.“[150]

Bis Anfang Dezember hatte sich der Umfang der von der RfA geleisteten vorschussweisen Zahlungen an Rentenberechtigte in den ehemals polnischen Gebieten auf sechs Mio. RM summiert, die nach wie vor aus eigenen Mitteln vorgestreckt wurden. Welche endgültige Regelung getroffen werden würde und wie auch die Vergütung der Mittel erfolgen würde, war nach wie vor ungewiss, wie auch RfA-Vizepräsident Schaefer auf Nachfragen in der Beiratssitzung im Dezember 1939 eingestehen musste.[151] Und mit Danzig, Ostoberschlesien und dem Warthegau standen weitere Bezirke und Gebiete an, die „viel neue Arbeit und neue Belastung [bedeuten]“ und für den RfA-Haushalt „neue Ungewissheiten und neue Fragezeichen bringen“.[152] Anfang Dezember legte das RAM endlich einen Entwurf zur Regelung der Sozialversicherung in den Ostgebieten vor.[153] Darin wurde erstens bestimmt, dass Rentenzahlungen deutscher Versicherungsträger an Berechtigte, die im Generalgouvernement wohnten, zunächst nicht aufgenommen würden. Die Zahlung von Renten an Berechtigte in den ehemaligen ostoberschlesischen polnischen Gebieten, die inzwischen der Provinz Schlesien eingegliedert worden waren, konnte dagegen, zweitens, ohne Rücksicht auf die bisherige Staatszugehörigkeit aufgenommen werden. Berechtigte, die sich offenkundig in deutschfeindlichem Sinne betätigt hatten, erhielten jedoch keine Rente. Drittens schließlich konnten Renten an Berechtigte in den übrigen ehemaligen polnischen Gebieten, d.h. im Reichsgau Danzig-Westpreußen, Reichsgau Posen und den der Provinz Ostpreußen eingegliederten Gebieten erst nach einer Einzelfallprüfung wiederaufgenommen werden. Diese musste vom Reichsstatthalter bzw. den zuständigen Regierungspräsidenten vorgenommen werden und sicherstellen, dass Renten hier grundsätzlich nur an Volksdeutsche erfolgten. „Nationalpolen“ konnten nur im Einzel- bzw. Ausnahmefall die Rente erhalten, auch wenn sie eigentlich rentenberechtigt waren. Zur Durchführung der Prüfungen hatten die Versicherungsträger in den genannten Gebieten entsprechende Listen mit den prinzipiell Berechtigten aufzustellen. Zur Regelung der Auszahlung der Renten der polnischen Versicherungsträger an Berechtigte erging ein eigener Erlass.

149 Vgl. Auszug aus dem Zwischenbericht über die Dienstreise nach Königshütte vom 24.11.1939, in: RfA-Archiv Nr. 165.
150 Ebd.
151 Vgl. Niederschrift der zehnten Beiratssitzung vom 11.12.1939, S. 8, in: BArch R 89/3470.
152 Ebd.
153 Vgl. den Erlass vom 7.12.1939, in: RfA-Archiv Nr. 128.

Gleichsam flankierend dazu sandte das RAM an alle Versicherungsträger den Entwurf einer endgültigen „Verordnung zur Einführung der Reichsversicherung in den der Provinz Schlesien eingegliederten ehemals polnischen Gebieten". Auch darin wurde die bereits in dem Erlass von Anfang Dezember deutliche Ausrichtung der Sozialversicherungspolitik auf die rassisch-völkischen Ziele des NS-Regimes sichtbar und festgeschrieben. Den Volksdeutschen und den deutschen Staatsangehörigen wurde darin „die ihnen gebührende Vorzugstellung gewährt, während fremdvölkische Volkszugehörige von besonderen Vorzügen ausgeschlossen bleiben".[154] Für die Umrechnung wurde als amtlicher Kurs statt ein Zloty = einer RM ein Kurs von eins Zloty zu 0,50 Reichspfennigen festgesetzt und die Renten wurden auf die Höhe des Reichsrechts herabgesetzt. Volksdeutsche und deutsche Staatsangehörige erhielten die Differenz zwischen der bisherigen und der umgerechneten Rente aus Mitteln des Reiches als Zusatzrente. Polnische Volkszugehörige erhielten jedoch nur die umgerechnete, massiv gekürzte Rente. Was das für die Betroffenen tatsächlich bedeutete, machte eine Berechnung einiger exemplarischer Fallbeispiele durch den RfA-Beamten in Königshütte deutlich, der die in seinen Augen brisanten Ergebnisse streng vertraulich per Eilboten an Vizepräsident Schaefer und Direktor Koch sandte. Nach polnischem Recht betrug demnach eine Rente umgerechnet 149 RM im Monat, nach neuem deutschem Recht jedoch nur noch 64,88 RM.[155] Weitere Fallbeispiele fielen ähnlich aus, d. h. die Berechnungen nach deutschem Recht ergaben noch nicht einmal die Hälfte der Renten nach polnischem Recht, in vielen Fällen war es sogar nur noch etwa ein Drittel.[156] Das war eine willkürliche, aber vom RAM als Gesetzgeber bewusst gewollte Kürzung, die für die betroffenen ca. 1200 Rentenempfänger als untragbar erschien. Die zentrale Frage aber war, wie die deutsche Volkszugehörigkeit festgestellt werden sollte. In den Abschnitten der künftigen Regelung fehlte zudem eine Bestimmung darüber, *welchen* Zuschlag die Volksdeutschen erhalten sollten. Und dann schuf das neue Recht auch innerhalb dieser Gruppierung ein deutliches Unrecht zwischen Alt- und Neurentnern, denn die neu berechneten, aber bereits laufenden Altrenten waren bei weitem besser als die Renten, die sich aus neuen Versicherungsfällen ergaben.[157]

An diesen Privilegierungen bzw. Diskriminierungen des Gesetzes nahm man bei der RfA in Berlin allerdings keinen Anstoß. Die Beamten dort trieb vielmehr das Problem der hinreichenden regionalen Abgrenzung der Berechtigten und vor allem die Umrechnungsfrage um. Da für den größten Teil der Rentner die Umrechnung eine sehr erhebliche Herabsetzung der Rentenbezüge zur Folge hatte, waren viele Berufungen zu erwarten, die das Umrechnungsverfahren erheblich verzögern und wahrscheinlich für lange Zeit noch die Beibehaltung der Dienststelle in Königshütte not-

154 Entwurf vom 12.12.1939, in: RfA-Archiv Fach 119, Nr. 1.

155 Vgl. Schreiben der RfA Königshütte an die RfA Berlin vom 4.12.1939, in: RfA-Archiv Nr. 163.

156 Vgl. dazu etwa den Fall eines polnischen Rentners, der von der RfA bis Dezember nach altem Recht umgerechnet 139,70 RM erhalten hatte, seit 1. Januar 1940 jedoch nur noch 53,40 RM ausbezahlt bekam.

157 Vgl. Schreiben der RfA Königshütte an die RfA Berlin vom 18.12.1939, in: ebd.

wendig machen würden. Daher schlug man vor, Rechtsmittel gegen den Umrechnungsbescheid einfach auszuschließen.[158] Zwischen RAM und RfA gab es auch weiterhin eine vielfältige Abstimmung und Kommunikation, wie die zahlreichen handschriftlichen Vermerke von RfA-Direktor Koch bezeugen.

Abb. 56: Handschriftlicher Vermerk von RfA-Direktor Koch vom 5. Dezember 1939

158 Vgl. Vermerk Kochs als Äußerung zu dem Entwurf vom 15.12.1939, der dann auch in einem entsprechenden Schreiben Grießmeyers an das RVA Niederschlag fand, in: RfA-Archiv Fach 119, Nr. 1.

Am 16. Januar 1940 erließ das RAM dann die Verordnung über die Einführung der Reichsversicherung in Ostoberschlesien mit allen bereits im Entwurf enthaltenen Unterscheidungen zwischen volksdeutschen und polnischen Renten. Nur wenig später sandte Grießmeyer seitens der RfA an das RVA eine lange Liste mit noch offenen Fragen, deren Regelung man zur Umsetzung der Angestelltenversicherung in einer möglichst bald zu erlassenden Durchführungsverordnung für unabdingbar hielt.[159] Ein Punkt dabei war, dass die neu zu berechnenden Renten gemäß der Verordnung erst zum 1. Januar 1940 gewährt werden konnten und keine rückwirkende Geltung vorgesehen war. Das widersprach jedoch der Tatsache, dass die laufenden Renten bereits vom 1. September 1939 an von der RfA übernommen worden waren. Eine entsprechende nachträgliche Bewilligung und Neuberechnung der Renten erschien daher im Interesse der Betroffenen (deutschen) Rentner nur billig. Kopfzerbrechen verursachte darüber hinaus auch der versicherungsrechtliche Status der Angestellten aus dem Altreich, die bald in größerer Zahl vom Reich in die verschiedenen, im Zuge der Besatzungsherrschaft aufgebauten, Behörden der Ostgebiete abgeordnet worden waren. Da das Angestelltenversicherungsgesetz dort bisher noch nicht eingeführt worden war, verloren diese nun plötzlich ihre Versicherungspflicht und damit auch die entsprechenden Beitragsanteile der bisherigen Arbeitgeber.[160] Um dem abzuhelfen, machte sich die RfA daher gegenüber dem RAM für eine Ausdehnung der Versicherungspflicht auch über die Reichsgrenzen hinaus stark. Ungeklärt war auch, ob und welche Spruchbehörde in Streitfällen in den neuen Gebieten zuständig war, was darauf verweißt, dass die Forderung der RfA nach Ausstellung nicht berufungsfähiger Bescheide über die neu festgesetzten Renten vom RAM nicht beachtet worden war. Zudem lagen bereits zahlreiche Anträge auf Beitragserstattung nach Reichsrecht vor, ohne dass aber geregelt gewesen wäre, ob und inwieweit hierbei eine Erstattung der polnischen Beiträge gewährt werden könnte – was die RfA schon aus verwaltungspragmatischen Gründen befürwortete.

Die groß verkündete Auszahlung der neuen Renten zum Januar 1940 funktionierte aber auch wegen anhaltender logistischer Probleme bei Rentenlisten, Adressenverzeichnis und Postzustellung nur leidlich. Am 23. Januar schickte der RfA-Beamte in Königshütte geradezu einen Hilferuf nach Berlin, da mindestens 300 Januarrenten offenbar immer noch nicht ausgezahlt waren, „denn die Rentner sind schon zum zweiten und dritten Male hier gewesen und werden durch die Not getrieben immer wieder hier erscheinen, um wegen Auszahlung der Rente nachzufragen. Bei dieser Sachlage ist an ein geordnetes Arbeiten nicht mehr zu denken."[161] Dazu kamen nun vermehrt dringende Anfragen von Ortsbürgermeistern und kommunalen Wohlfahrtsämtern, die von der RfA-Amtsstelle die Rückzahlung der in der Übergangszeit zwischen September und Dezember 1939 übernommenen Vorschusszahlungen an die

159 Vgl. Schreiben vom 13.2.1940, in: BArch R 89/3204.

160 Vgl. dazu das Schreiben der RfA an den Generalgouverneur für die besetzten polnischen Gebiete vom 18.2.1940, in: RfA-Archiv Fach 119, Nr. 1.

161 Schreiben vom 23.1.1940, in: RfA-Archiv Nr. 163 a.

(auch polnischen) Rentner forderten. Ende Januar reiste daher erneut RfA-Direktor Koch nach Königshütte, um sich einen direkten Eindruck von der Geschäftslage bei der Sozialversicherungsanstalt zu verschaffen und Möglichkeiten einer eventuellen Entlastung zu finden. Demnach erschien es zweckmäßig, in Königshütte nur noch die unerledigten Sachen durch Bescheide abzuarbeiten, die Umrechnung der laufenden Renten aber in Berlin vorzunehmen, sobald die Akten dorthin transportiert worden wären.[162] Kopfzerbrechen machte aber vor allem die Frage der gesetzlich vorgeschriebenen Feststellung der deutschen Volkszugehörigkeit. „Die Umrechnung kann jetzt auch deswegen noch nicht in Angriff genommen werden, weil der Nachweis der deutschen Volkszugehörigkeit, [der für die Höhe der Rente ausschlaggebend ist], noch nicht erbracht werden kann“, notierte Koch in seinem Bericht.[163] Auf Nachfrage beim zuständigen Regierungspräsidenten in Kattowitz erfuhr man, dass die Feststellungen der deutschen Volkszugehörigkeit noch gar nicht begonnen hatten. Man rechnete dort unumwunden mit einer langen Zeit für die erforderlichen Maßnahmen, „unter Umständen [wird die Feststellung] mehrere Jahre dauern“.[164] Der Regierungspräsident hielt es daher auch wegen der zu befürchtenden Beunruhigung der Rentner für erforderlich, von dem im Gesetz vorgeschriebenen Procedere abzuweichen, die Renten in der bisherigen Höhe uneingeschränkt an alle Berechtigten einstweilen weiterzuzahlen und die Rentner erst nachträglich zum Nachweis der deutschen Volkszugehörigkeit aufzufordern.

Das Vorgehen des Regierungspräsidenten schlug erhebliche Wellen und illustriert exemplarisch an einem kleinen, für alle Betroffenen aber nicht unbedeutenden Problemfeld die sich im Laufe des Krieges ergebenden Macht- und Kompetenzkonflikte zwischen zentralen Reichsbehörden (in diesem Fall das RAM), diversen Parteistellen und den zivilen/militärischen Besatzungs- und Verwaltungsbehörden, in die die RfA nun als zuständiger Versicherungsträger hineingezogen wurde. Am 2. Februar erließ der Kattowitzer Regierungspräsident eine entsprechende Verfügung über das zeitliche Procedere von Rentenneuberechnung, Auszahlung und Nachweis der deutschen Volkszugehörigkeit, der sich auch die RfA in ihrem Verwaltungsverfahren zunächst unterwarf. Die Renten wurden nun nach den neuen Bestimmungen unabhängig von der Volkstumszugehörigkeit der Berechtigten umgerechnet und neu festgestellt, und den deutschen Rentnern blieb es dann überlassen, nachträglich unter Vorlage des entsprechenden Nachweises die Zusatzrente zu beantragen.[165] Das war nicht unbedingt im Sinne der betroffenen Rentner, die damit ja zunächst einmal mit den gekürzten umgerechnete Renten auskommen mussten. Unruhe und Beschwerden waren damit vorprogrammiert, so dass der Regierungspräsident bald eine andere Vorgehensweise präferierte: Von den Versicherungsträgern sollten Listen aller in Frage kommenden Rentenempfänger angefordert werden, von denen er dann aufgrund der

162 Vgl. Bericht über die Dienstreise vom 30.1. bis 2.2.1940, in: ebd.
163 Ebd.
164 Ebd.
165 Vgl. Schreiben der RfA Berlin an die RfA Königshütte vom 22.2.1940, in: RfA-Archiv Nr. 163 a.

Berichte der örtlichen Organe diejenigen streichen wollte, die unter keinen Umständen für eine Zusatzrente in Frage kamen. Aufgrund dieser „negativen Auslese" sollten dann – vorläufig – die unbedenklichen Rentenempfänger die Zusatzrente von Amtswegen erhalten.[166] Von den Invalidenversicherungsträgern wurde dieser Plan als undurchführbar abgelehnt, für die RfA jedoch erschien er durchaus praktikabel und würde „durch die Ermöglichung eines sofortigen abschließenden Rentenbescheids eine Beunruhigung der Versicherten vermeiden und eine wesentliche Arbeitsersparnis bedeuten".[167] Die RfA befand sich allerdings insofern in einer misslichen Lage, als das Reichsarbeitsministerium, wie man gegenüber Direktor Koch auf einer Besprechung Anfang Februar klargestellt hatte, das Vorgehen des Regierungspräsidenten in Kattowitz nicht billigte.[168] Es gelte auf jeden Fall auszuschließen, so die Haltung im RAM, dass Polen in den Genuss der höheren (bzw. bisherigen) Renten kämen. Allerdings war man bereit, vorläufig anstelle eines amtlichen Volkstumsnachweises die Vorlage einer Bescheinigung einer deutschen Dienststelle oder Parteistelle im Sinne einer Glaubhaftmachung zu akzeptieren.

Doch die Angelegenheit war damit noch nicht erledigt. Anfang März 1940 lud der Regierungspräsident in Kattowitz zu einer eingehenden Besprechung des strittigen Verfahrens ein, bei der neben Vertretern der Invaliden-, der Unfallversicherung und der Reichsknappschaft auch der Polizeipräsident und der NSDAP-Kreisleiter sowie zwei hochrangige Beamte der RfA teilnahmen.[169] Das vorgeschlagene Listenverfahren wurde dabei nach intensiver Diskussion wieder fallen gelassen, da auch dieses, insbesondere für die Invalidenversicherungsträger mit ihren ca. 70.000 Rentenempfängern monatelang dauern würde. Es meldete sich dabei auch der örtliche Kreisleiter der NSDAP zu Wort, er halte es bemerkenswerterweise für

> untragbar und ungerecht in der Verordnung vom 16. Januar 1940, dass die Polen weniger bekommen sollen als die Volksdeutschen. Ebenso wie die Löhne müsste auch die spätere Versorgung für beide gleich sein. Es sei bereits große Unzufriedenheit über die Regelung der Verordnung entstanden.[170]

Die Partei lege Wert darauf, dass alle die erhöhten Renten bekämen, mit Ausnahme derjenigen, die auf der Aussiedlungsliste stünden, d. h. wegen deutschfeindlichen Verhaltens evakuiert werden würden. Man könne doch sagen, dass letzten Endes „99 9/10 Prozent der Bevölkerung" der neuen Gebiete als deutsche Volkszugehörige anerkannt werden würden.[171] Diesem Votum stimmte auch der örtliche Polizeipräsident zu, der die unterschiedliche Behandlung der Volksdeutschen und der Polen bei den

166 Vgl. Schreiben der RfA Königshütte an die RfA Berlin vom 28. 2. 1940, in: ebd.
167 Ebd.
168 Vgl. Vermerk Kochs über die Besprechung im RAM vom 6. 2. 1940, in: ebd.
169 Vgl. dazu die Niederschrift der Besprechung vom 5. 3. 1940, in: BArch R 89/3204 sowie auch RfA-Archiv Nr. 163 a.
170 Ebd.
171 Vgl. ebd.

Renten für äußerst bedenklich hielt und dazu riet, ohne Rücksicht auf Verluste die gleichen Renten zu zahlen. Alle Anwesenden kamen daraufhin zu dem einvernehmlichen Schluss, dass eigentlich die gesamte Bevölkerung der neuen Gebiete als volksdeutsche anzusehen war und daher ohne jeglichen Nachweis auch allen Rentenempfängern bis auf weiteres und vorläufig die Zahlung der höheren Renten gewährt werden sollte.

> Zum Schluss ersuchte der Vertreter des Regierungspräsidenten zur Verhinderung weiterer Beunruhigung der Bevölkerung noch darum, jetzt über die deutsche Volkszugehörigkeit überhaupt nicht mehr zu reden und zu schreiben und die Streitfrage gar nicht mehr zu erwähnen, insbesondere auch die Bevölkerung nicht mehr darauf hinzuweisen.[172]

Doch das Reichsarbeitsministerium machte einen Strich durch diese Rechnung. Ende März mussten sich RVA wie RfA einen Rüffel über das geplante Abweichen von der doch mit Direktor Koch besprochenen Vorgehensweise gefallen lassen. Auf den Nachweis der Volkszugehörigkeit oder zumindest die Glaubhaftmachung könne nicht verzichtet werden, ansonsten sei die Zusatzrente nicht zu zahlen, so hieß es kategorisch aus dem Ministerium.[173] Die RfA wurde daher über das RVA offiziell angewiesen, so zu verfahren und auch der Regierungspräsident von Kattowitz bekam entsprechende Post aus dem RAM.

Tatsächlich hatte sich die RfA jedoch beim RVA abgesichert und dem Regierungspräsidenten gegenüber betont, dass man ohne Ermächtigung durch die Aufsichtsbehörde keine Befugnis habe, mit der unterschiedslosen Weiterzahlung der Renten fortzufahren. Nach der Besprechung in Kattowitz bat man daher beim RVA umgehend um Entscheidung darüber, wie nun verfahren werden sollte angesichts des Dilemmas zwischen politisch bedenklich erscheinendem Einfordern eines Volkszugehörigkeitsnachweises und unerwünschter Auszahlung der verminderten umgerechneten Renten an die deutschen Volkszugehörigen.[174] Nach Ansicht der Behörde drängte die Zeit, da an die nicht volksdeutschen Rentner bereits und bis zur Durchführung der Umrechnung „erhebliche Beträge zu Unrecht“ ausgezahlt sein würden, wobei man, auch aus verwaltungsorganisatorischen Gründen grundsätzlich auf eine Rückforderung verzichten wollte. Die RfA schwenkte denn auch umgehend auf die Haltung der vorgesetzten Aufsichtsbehörde ein. Ende Mai 1940 informierte Grießmeyer den Regierungspräsidenten in Kattowitz darüber, dass dessen Meinung über die Gewährung von Zusatzrenten an deutsche Volkszugehörige rechtlich irrig sei, es vielmehr darum gehe,

> dass die Renten der Berechtigten fremder Volkszugehörigkeit gekürzt werden müssen. Da wir einstweilen alle laufenden Renten in bisheriger Höhe weitergezahlt haben, obwohl sie den

172 Ebd. Vgl. dazu auch das Schreiben des Regierungspräsidenten an die RfA über das geplante Procedere vom 12.3.1940, in: ebd.

173 Vgl. Vermerk vom 5.4.1940 über ein Telefonat mit dem RAM, in: ebd.

174 Vgl. das Schreiben Grießmeyers an das RVA vom 16.3.1940, in: RfA-Archiv Nr. 163 a.

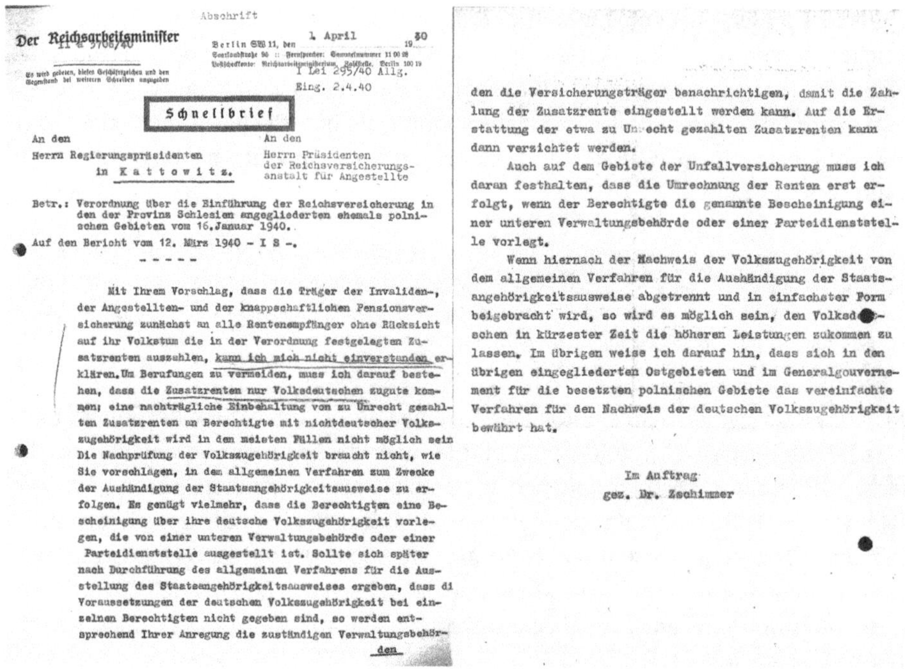

Abschrift

Der Reichsarbeitsminister
II a 5706/40

Es wird gebeten, dieses Geschäftszeichen und den Gegenstand bei weiteren Schreiben anzugeben

Berlin SW 11, den 1. April 1930
Saarlandstraße 96 :: Fernsprecher: Sammelnummer 11 00 28
Postscheckkonto: Reichsarbeitsministerium, Zahlstelle, Berlin 100 19

I Lei 295/40 Allg.
Eing. 2.4.40

Schnellbrief

An den
Herrn Regierungspräsidenten
in Kattowitz.

An den
Herrn Präsidenten
der Reichsversicherungsanstalt für Angestellte

Betr.: Verordnung über die Einführung der Reichsversicherung in den der Provinz Schlesien angegliederten ehemals polnischen Gebieten vom 16. Januar 1940.

Auf den Bericht vom 12. März 1940 – I S –.

\- - - - -

Mit Ihrem Vorschlag, dass die Träger der Invaliden-, der Angestellten- und der knappschaftlichen Pensionsversicherung zunächst an alle Rentenempfänger ohne Rücksicht auf ihr Volkstum die in der Verordnung festgelegten Zusatzrenten auszahlen, kann ich mich nicht einverstanden erklären. Um Berufungen zu vermeiden, muss ich darauf bestehen, dass die Zusatzrenten nur Volksdeutschen zugute kommen; eine nachträgliche Einbehaltung von zu Unrecht gezahlten Zusatzrenten an Berechtigte mit nichtdeutscher Volkszugehörigkeit wird in den meisten Fällen nicht möglich sein. Die Nachprüfung der Volkszugehörigkeit braucht nicht, wie Sie vorschlagen, in dem allgemeinen Verfahren zum Zwecke der Aushändigung der Staatsangehörigkeitsausweise zu erfolgen. Es genügt vielmehr, dass die Berechtigten eine Bescheinigung über ihre deutsche Volkszugehörigkeit vorlegen, die von einer unteren Verwaltungsbehörde oder einer Parteidienststelle ausgestellt ist. Sollte sich später nach Durchführung des allgemeinen Verfahrens für die Ausstellung des Staatsangehörigkeitsausweises ergeben, dass di[e] Voraussetzungen der deutschen Volkszugehörigkeit bei einzelnen Berechtigten nicht gegeben sind, so werden entsprechend Ihrer Anregung die zuständigen Verwaltungsbehörden die Versicherungsträger benachrichtigen, damit die Zahlung der Zusatzrente eingestellt werden kann. Auf die Erstattung der etwa zu Unrecht gezahlten Zusatzrenten kann dann verzichtet werden.

Auch auf dem Gebiete der Unfallversicherung muss ich daran festhalten, dass die Umrechnung der Renten erst erfolgt, wenn der Berechtigte die genannte Bescheinigung einer unteren Verwaltungsbehörde oder einer Parteidienststelle vorlegt.

Wenn hiernach der Nachweis der Volkszugehörigkeit von dem allgemeinen Verfahren für die Aushändigung der Staatsangehörigkeitsausweise abgetrennt und in einfachster Form beigebracht wird, so wird es möglich sein, den Volksdeutschen in kürzester Zeit die höheren Leistungen zukommen zu lassen. Im übrigen weise ich darauf hin, dass sich in den übrigen eingegliederten Ostgebieten und im Generalgouvernement für die besetzten polnischen Gebiete das vereinfachte Verfahren für den Nachweis der deutschen Volkszugehörigkeit bewährt hat.

Im Auftrag
gez. Dr. Zschimmer

Abb. 57: Schnellbrief des RAM an den Regierungspräsidenten in Kattowitz vom 1. April 1940 betr. Einführung der Rentenversicherung in den angegliederten polnischen Gebieten

> Rentnern, die nicht deutsche Volkszugehörige sind, in dieser Höhe nicht mehr zustehen, ist für uns die Feststellung der Volkszugehörigkeit besonders dringlich, um weitere Überzahlungen an solche Rentner möglich zu vermeiden.[175]

Entgegen den Wünschen des Regierungspräsidenten drängte man nun auch auf eine umgehende öffentliche Information der Betroffenen und sandte schließlich Ende April eine offizielle Aufforderung seitens der RfA an die Rentner zur sofortigen Nachweisbeibringung. Grießmeyer ging sogar so weit, den Regierungspräsidenten für die Verzögerungen des Verfahrens verantwortlich zu machen:

> Da die Rente in der bisherigen Höhe nur noch den Rentnern deutscher Volkszugehörigkeit gezahlt werden kann, werden diese Rentner geschädigt, wenn ihnen die Beschaffung des Nachweises erschwert wird. Wir werden demnächst mit der Umrechnung der laufenden Renten beginnen. Allen Rentnern, die nicht in der Lage sind, ihre deutsche Volkszugehörigkeit nachzuweisen, können wir dann nur noch die umgerechnete meistens erheblich niedrigere Rente auszahlen, solange sie nicht den Nachweis der deutschen Volkszugehörigkeit erbringen.[176]

---

175 Schreiben vom 25.5.1940, in: RfA-Archiv Nr. 163 a. Vgl. auch den zunehmend konfrontativen Schriftwechsel der RfA mit dem Regierungspräsidenten zwischen März und Juni 1940, in: ebd.
176 Ebd.

In der Folgezeit verhielt sich die RfA bei der Anerkennung der Volkszugehörigkeitsnachweise dann weit radikaler und kompromissloser als die örtlichen Parteistellen. Der Ortsgruppenleiter von Teschen setzte sich etwa vehement für die Anerkennung der sogenannten Slonsaken ein, d.h. deutschfreundliche Schlesier, „die vielleicht ihre Deutschstämmigkeit nicht so leicht nachweisen können“, bei denen es sich aber „um wirklich deutschfreundliche Leute handelt“.[177] Dutzende einfache Bescheinigungen von Parteistellen wurden von der RfA jedoch als ungenügend abgelehnt.[178]

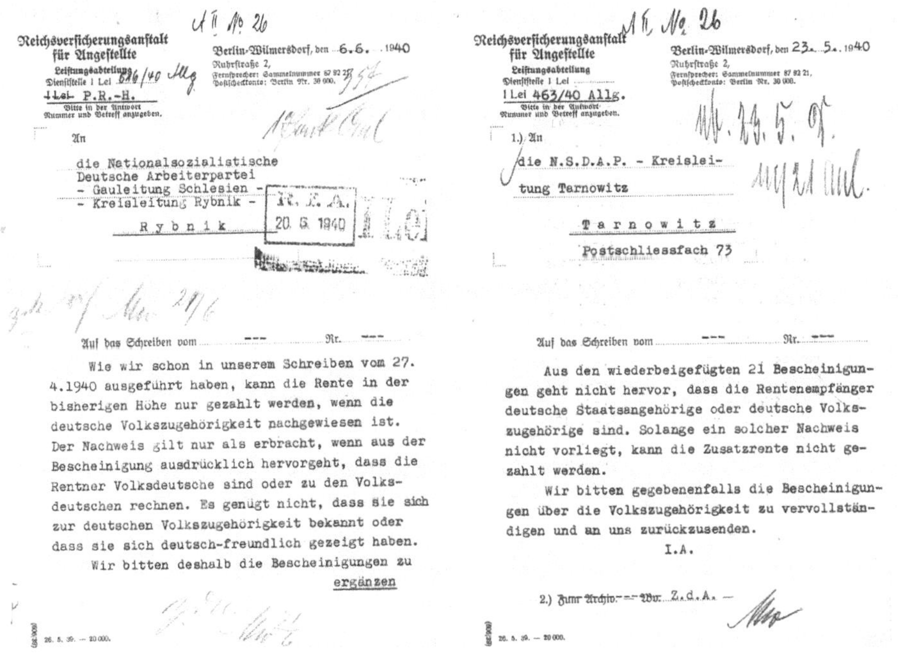
Reichsversicherungsanstalt für Angestellte
Leistungsabteilung
Dienststelle I Lei
P.R.-H.
Berlin-Wilmersdorf, den 6.6. 1940
Ruhrstraße 2,
An
die Nationalsozialistische Deutsche Arbeiterpartei - Gauleitung Schlesien - - Kreisleitung Rybnik -
Rybnik
Auf das Schreiben vom --- Nr. ---
Wie wir schon in unserem Schreiben vom 27.4.1940 ausgeführt haben, kann die Rente in der bisherigen Höhe nur gezahlt werden, wenn die deutsche Volkszugehörigkeit nachgewiesen ist. Der Nachweis gilt nur als erbracht, wenn aus der Bescheinigung ausdrücklich hervorgeht, dass die Rentner Volksdeutsche sind oder zu den Volksdeutschen rechnen. Es genügt nicht, dass sie sich zur deutschen Volkszugehörigkeit bekannt oder dass sie sich deutsch-freundlich gezeigt haben.
Wir bitten deshalb die Bescheinigungen zu ergänzen

Reichsversicherungsanstalt für Angestellte
Leistungsabteilung
Dienststelle I Lei
I Lei 463/40 Allg.
Berlin-Wilmersdorf, den 23.5.1940
Ruhrstraße 2,
1.) An
die N.S.D.A.P. - Kreisleitung Tarnowitz
Tarnowitz
Postschliessfach 73
Auf das Schreiben vom --- Nr. ---
Aus den wiederbeigefügten 21 Bescheinigungen geht nicht hervor, dass die Rentenempfänger deutsche Staatsangehörige oder deutsche Volkszugehörige sind. Solange ein solcher Nachweis nicht vorliegt, kann die Zusatzrente nicht gezahlt werden.
Wir bitten gegebenenfalls die Bescheinigungen über die Volkszugehörigkeit zu vervollständigen und an uns zurückzusenden.
I.A.
2.) Zum Archiv Z.d.A.

Abb. 58: Schreiben der RfA an Parteistellen wegen nicht anerkannter Nachweise der deutschen Volkszugehörigkeit vom Mai/Juni 1940

Um sich abzusichern, legten die RfA-Beamten dem Reichsarbeitsministerium sogar eine Reihe von eingegangenen und als unzureichend empfundenen Volkszugehörigkeitsbescheinigungen vor.[179] Dennoch bekam die RfA immer wieder Schreiben verschiedener Parteistellen und NS-Amtsträger, die Einspruch gegen die ablehnenden Bescheide bzw. die Nichtanerkennung der Volkszugehörigkeitsnachweise durch die Behörde erhoben.

177 Schreiben der NSDAP-Ortgruppenleitung an die RfA vom 18.6.1940, in: RfA-Archiv Nr. 163 b.
178 Vgl. dazu auch das genervte Schreiben des NSDAP-Kreisleiters von Bendzin an die RfA vom 13.7.1940, in: ebd.
179 Vgl. dazu den ausführlichen Vermerk vom 5.6.1940, in: RfA-Archiv Nr. 163 a.

Die Umrechnung und Auszahlung der Renten sollte sich bis in den Frühsommer 1941 verzögern. Das lag zum einen am eher schleppenden Eingang der Volkszugehörigkeitsnachweise. Ende Juni 1940 waren von den insgesamt 4895 Ruhegeldempfängern erst 2746 Nachweise oder hinreichende Bescheinigungen über ihre deutsche Volkszugehörigkeit eingegangen, bei 1949 prinzipiell Berechtigten fehlten noch die Nachweise, ca. 200 galten explizit als „nichtvolksdeutsch". Bei den insgesamt 2179 Empfängern von Hinterbliebenenrente sah es ähnlich aus, allerdings war hier die Quote der nicht eingegangenen oder nicht volksdeutschen Nachweise mit 781 niedriger.[180] Da der Prozentsatz der noch fehlenden Nachweise mit 44,3 bzw. 35,8 deutlich über dem Bevölkerungsanteil der Polen in den ostoberschlesischen Gebieten lag, war davon auszugehen, dass eine noch erhebliche Anzahl volksdeutscher Rentner mit ihrer Nachweiserbringung im Rückstand war und daher nur die niedrige polnische Rente erhielt. Zum anderen aber fehlte nach wie vor eine hinreichende Gesetzesgrundlage. „Von der Umrechnung ist bisher deshalb abgesehen worden, weil noch Ausführungsbestimmungen zu erwarten sind", heißt es lapidar in einem Schreiben der RfA an den Landrat von Teschen von Mitte März 1941.[181] Dazu kam, dass die Auszahlung der Renten in den verschiedenen Gebieten und Gemeinden, die zum Verantwortungsbereich der Amtsstelle Königshütte gehörten, lange Zeit geradezu abenteuerlich war. Zahlreiche Rentner erhielten trotz inzwischen aufgenommener Postüberweisung nach wie vor keine Zahlungen, so dass bei der Post erst mühsam durch Laufzettel der Verbleib der Renten eruiert werden musste.[182] In einer Reihe von Landkreisen war nach wie vor kein Postzahlungsverkehr möglich, so dass die Renten hier persönlich durch polnische Angestellte, ausgestattet mit hohen Bargeldbeträgen, in die Orte gebracht werden mussten. Einige der Gebiete waren höchst unsicher und viele Bürgermeister sprachen kein Wort Deutsch. Zudem war mancherorts auch noch gar nicht entschieden, ob einzelne Gebietsteile bei Oberschlesien verbleiben oder dem Generalgouvernement angegliedert würden. Zudem befanden sich die Akten der in diesen Regionen wohnenden Rentner in Warschau und Lemberg. Dass die Rentenauszahlung angesichts all dessen „etwas unübersichtlich ist", wie der RfA-Beamte in seinem Reisebericht notierte, war daher maßlos untertrieben.[183]

Ende Juli 1940 fand daher im Reichsarbeitsministerium eine Besprechung mit den beteiligten Versicherungsträgern statt, in der an Hand der bisherigen praktischen Erfahrungen bei der Durchführung der Reichsversicherung in den oberschlesischen Gebieten „Material" für eine eventuell notwendig werdende Durchführungsverordnung gewonnen werden sollte, „auch soweit es sich ergänzend um die Schaffung

180 Vgl. den Vermerk vom 29.6.1940, in: RfA-Archiv Nr. 165.

181 Das Schreiben vom 12.3.1941, in: RfA-Archiv Nr. 163 b.

182 Vgl. dazu den Bericht von Amtsleiter Minow an Grießmeyer über die Dienstreise vom 2. bis 9.3., in: RfA-Archiv Nr. 163 a.

183 Ebd.

völlig neuen Rechts handelt“.[184] Ziel seien eine möglichste Verwaltungsvereinfachung und ein Ausschalten bisher polnischer Rechte als Grundlage laufender Rentengewährung.[185] Aber die dann im Dezember 1940 durch das Reichsarbeitsministerium vorgelegte Verordnung regelte zunächst nur die genaue Höhe der Zusatzrenten. Demnach wurden je nach Rentenhöhe gestaffelt zwischen 72 und 96 RM jährlich zusätzlich gewährt, das waren in den meisten Fällen ganze sieben RM mehr im Monat.[186] Bei den Witwen und Waisen fielen die Zusatzrenten entsprechend niedriger aus. Sämtliche Versicherungsträger waren sich denn auch einig, dass angesichts der geringen Zusatzrenten die Verwaltungsarbeit für die Neuberechnung eigentlich nicht lohnte und sich eine weitere Erhöhung auf Dauer aus sozialen Gründen nicht vermeiden lassen würde. Von Seiten der betroffenen Gauleiter waren schon entsprechende Vorstöße gekommen.[187] Doch die Bedenken stießen im RAM auf taube Ohren. Erst jetzt konnte die RfA die Umrechnung der Renten auf stabiler gesetzlicher Grundlage durchführen. Selbst im Dezember 1941 war allerdings ein Teil der übernommenen Renten der deutschen Volkszugehörigen noch immer nicht umgerechnet, was bedeutete, dass ein Teil der polnischen Rentner nach wie vor die höheren und zum Teil noch immer nach polnischem Recht festgesetzten Renten erhielt.[188] Nach dem von der Rentenbuchhalterei der RfA im Juni 1941 erstellten statistischen Überblick über die erfolgten Rentenauszahlungen im ehemaligen Ostoberschlesien waren bis dahin an 5393 Ruhegeldempfänger und 2633 Hinterbliebene Renten gezahlt worden.[189] Von den insgesamt 8026 Berechtigten hatten 1092 den Nachweis der deutschen Volkszugehörigkeit nicht erbracht, bei weiteren 449 Rentnern ergab der Prüfungsprozess die Nichtzugehörigkeit zum deutschen Volk. Etwas mehr als 1500 polnische Rentner waren daher Opfer der NS-ideologisch begründeten, willkürlichen Rentenkürzungen geworden, und dass diese Diskriminierungsmaßnahme trotz aller verwaltungstechnischen Probleme letztlich doch noch realisiert werden konnte, war der erfolgreichen Mitwirkung der RfA zu „verdanken“.

Der Blick auf die Entwicklung der durchschnittlichen Rentenhöhe zeigt dabei, dass die neuen ostoberschlesischen Renten für die „Volksdeutschen“ trotz der Zusatzrenten zwar deutlich unter dem Niveau des Altreichs lagen, dass sich diese aber im Laufe der Zeit stark annäherten.[190]

---

184 Vermerk zur Besprechung durch den RfA-Beamten in Königshütte vom 23.7.1940, in: RfA-Archiv Nr. 165.

185 Vgl. ebd.

186 Vgl. den Erlass des RAM vom 4.12.1940, in: RfA-Archiv Nr. 128.

187 Vgl. dazu die Niederschrift einer Besprechung über die weitere Einführung der Reichsversicherung in Ostoberschlesien vom 2.4.1941, in: BArch R 89/3204.

188 Vgl. dazu auch die Abteilungsverfügung vom 10.5.1941, in: RfA-Archiv Nr. 26.

189 Vgl. Vermerk vom 21.6.1941, in: RfA-Archiv Nr. 30.

190 Vgl. dazu auch die entsprechende Anfrage des RAM an die RfA vom 1.9.1941, in: RfA-Archiv Nr. 202.

Tab. 22: Entwicklung der durchschnittlichen Rentenhöhe im Vergleich von Altreich, „Ostmark"e und Sudetenland sowie Ostoberschlesien/Polen (1940 bis 1942)

Jahr	Gebiet	Ruhegeld	Witwenrente	Waisenrente
Ende 1940	Altreich	63,75	29,13	20,97
	„Ostmark"	99,02	50,31	34,61
	Sudetenland	94,90	47,34	30,14
Ende 1941	Altreich	74,0	30,29	21,78
	„Ostmark"	109,22	51,81	37,02
	Sudetenland	103,13	52,57	30,19
	Ostoberschlesien	67,34	30,92	21,56
Ende 1942	Altreich	66,80	29,08	21,48
	„Ostmark"	114,91	47,36	31,36
	Sudetenland	99,79	44,07	27,60
	Ostoberschlesien	65,12	21,50	–

Quelle: Handschriftliche Zusammenstellung, in: RfA-Archiv Nr. 79 sowie Geschichtsbericht der RfA für 1941, S. 4.

Dennoch erhielten die Gauleiter wie verschiedene andere Parteistellen „fortgesetzt" Beschwerden über die unzulänglichen Renten, unter anderem mit dem Verweis auf die angeblich höheren Leistungen im Altreich.

Im April und Juli 1941 wandte sich unter anderem Rudolf Wiesner, SS-Oberführer in Oberschlesien und Reichstagsmitglied, gleich zwei Mal an die RfA. Einmal beschwerte er sich über die ungerechte Behandlung von Witwen, deren Männer sich „auch in schwerster polnischer Zeit" zum deutschen Volkstum bekannt hatten, aber erst nach dem 3. September 1939 gestorben waren, weshalb die Ehefrauen nur eine um ein Vielfaches kleinere Hinterbliebenenrente erhielten als jene Witwen, deren Männer vor dem 3. September gestorben waren. „Es ist hier bestimmt eine Lücke im Gesetz vorhanden, die im Widerspruch zum wirklichen Leben steht", und daher müsse die RfA den erstgenannten Witwen gleichfalls die höhere Rente zugestehen.[191] Später beschwerte er sich dann erneut bei der RfA, diesmal im Namen von 13 Pensionisten des Privatbeamtenstandes, „deutschen Volksgenossen", die seinerzeit bei der österreichischen und später bei der polnischen Pensionsanstalt versichert gewesen waren und schon unter polnischen Zeiten Ruhegeld bezogen hatten. Sie seien bei Wiesner vorstellig geworden und hätten sich über ihre niedrigen Renten beklagt. Während andere Pensionen wie z. B. bei der Reichsbahn und Post, aber auch bei den anderen staatlichen Behörden inzwischen langsam aufgewertet worden seien und bis zu 80 Prozent der ehemaligen polnischen Rentenbezüge betrügen, sei bei den Pensionisten der Reichsversicherungsanstalt für Angestellte eine Aufwertung nicht erfolgt.[192]

191 Das Schreiben vom 8.4.1941, in: RfA-Archiv Nr. 163 b.

192 Vgl. das Schreiben Wiesners vom 5.7.1941, in: ebd.

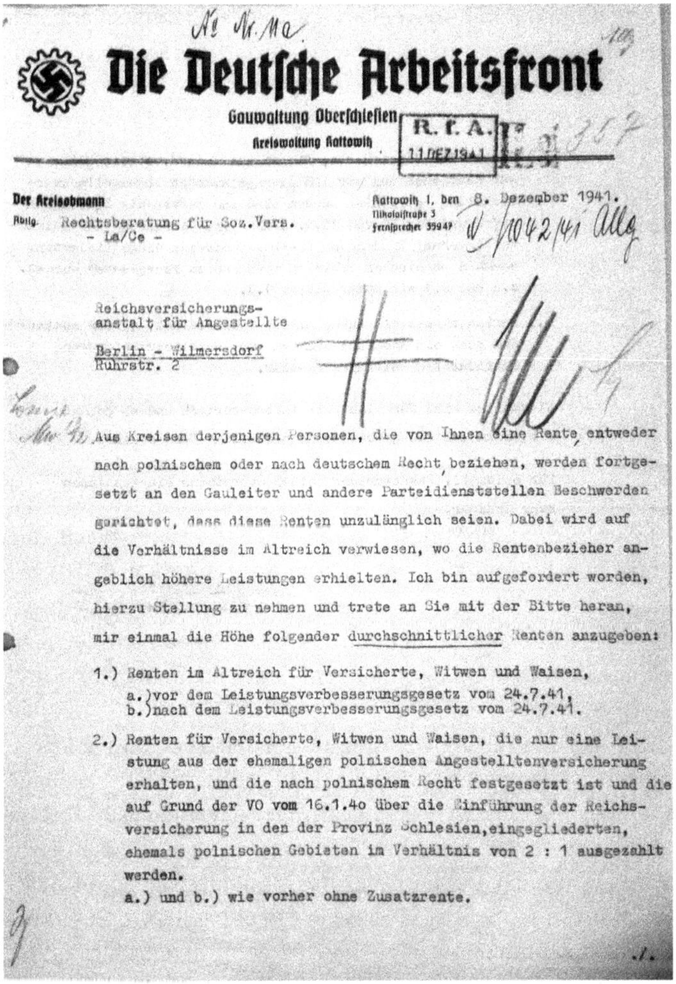

Die Deutsche Arbeitsfront
Gauwaltung Oberschlesien
Kreiswaltung Kattowitz

R. f. A.
11 DEZ 1941

Der Kreisobmann
Abtlg. Rechtsberatung für Soz.Vers.
- La/Ce -

Kattowitz 1, den 8. Dezember 1941.
Nikolaistraße 3
Fernsprecher 35947

Reichsversicherungs-
anstalt für Angestellte

Berlin - Wilmersdorf
Ruhrstr. 2

Aus Kreisen derjenigen Personen, die von Ihnen eine Rente entweder nach polnischem oder nach deutschem Recht beziehen, werden fortgesetzt an den Gauleiter und andere Parteidienststellen Beschwerden gerichtet, dass diese Renten unzulänglich seien. Dabei wird auf die Verhältnisse im Altreich verwiesen, wo die Rentenbezieher angeblich höhere Leistungen erhielten. Ich bin aufgefordert worden, hierzu Stellung zu nehmen und trete an Sie mit der Bitte heran, mir einmal die Höhe folgender durchschnittlicher Renten anzugeben:

1.) Renten im Altreich für Versicherte, Witwen und Waisen,
a.) vor dem Leistungsverbesserungsgesetz vom 24.7.41,
b.) nach dem Leistungsverbesserungsgesetz vom 24.7.41.

2.) Renten für Versicherte, Witwen und Waisen, die nur eine Leistung aus der ehemaligen polnischen Angestelltenversicherung erhalten, und die nach polnischem Recht festgesetzt ist und die auf Grund der VO vom 16.1.4o über die Einführung der Reichsversicherung in den der Provinz Schlesien, eingegliederten, ehemals polnischen Gebieten im Verhältnis von 2 : 1 ausgezahlt werden.
a.) und b.) wie vorher ohne Zusatzrente.

./.

Abb. 59: Beschwerde der DAF-Rechtsberatungsstelle Kattowitz vom 8. Dezember 1941 über unzulängliche Renten

Die umfangreichen und komplexen Maßnahmen zur Angestelltenversicherung in den besetzten Gebieten Polens waren damit noch nicht zu Ende. Bereits im Mai 1940 begannen die Überlegungen im Reichsarbeitsministerium zur Regelung der Rentenzahlungen in den übrigen polnischen Landesteilen, die schließlich am 22. Dezember 1941 in die sogenannte Ostgebietsverordnung, ergänzt durch das am 26. August 1942 erlassene „Polenstatut“ mündeten. Doch ehe es dazu kam, musste sich die RfA mit den Forderungen der Haupttreuhandstelle Ost auseinandersetzen, die im Januar 1941 – aufgrund einer Verordnung über die Behandlung von Vermögen der Angehörigen des ehemaligen polnischen Staates – auch die Anmeldung und Erfassung der polnischen Rentenempfänger und deren Ruhegelder verlangte.[193] Erst nach längeren Verhandlungen und einer Intervention des Reichsarbeitsministeriums wurden im Juni die polnischen Renten von einer Beschlagnahme ausgenommen. Eine Umsetzung der Forderung wäre allerdings, wie die RfA gegenüber der Haupttreuhandstelle betonte, schon an der verwaltungstechnischen Unmöglichkeit gescheitert, die entsprechende Gruppierung aus dem riesigen Bestand von insgesamt mehr als 600.000 Rentenempfängern herauszusuchen.[194] Gleichzeitig musste man sich auch mit der Anwendung der nun auch in den Ostgebieten geltenden Bestimmungen des Ruhens von Rentenzahlungen wegen staatsfeindlicher Betätigung auseinandersetzen. Als Stichtag für eine Beurteilung entsprechender Rentenzahlungen wurde der 1. September 1939 festgelegt, da aus naheliegenden Gründen Handlungen aus der Zeit davor schlecht den Tatbestand der staatsfeindlichen Betätigung erfüllen konnten. „Namentlich wird die nationalpolitische Einstellung gegen das Deutschtum und die Mitgliedschaft bei deutschfeindlichen Vereinen für sich allein noch nicht genügen, um eine staatsfeindliche Betätigung festzustellen“, heißt es dazu in einem Rundschreiben des RAM an die Sozialversicherungsträger.[195] Allerdings wurden, anders als im Reich, die ehemals polnischen Renten von Berechtigten, die sich in Konzentrationslagern befanden, nicht an deren Ehefrauen überwiesen – weder ganz noch teilweise. Ausgenommen waren nur die Fälle, in denen die Ehefrau mit der vermeintlich deutschfeindlichen bzw. staatsfeindlichen Betätigung in keinem Zusammenhang stand und vor allem deutscher Volkszugehörigkeit war.[196]

Im Juli 1941 ging es zudem um die Anwendung des ersten Leistungsverbesserungsgesetzes, und bemerkenswerterweise wurden die damit verbundenen Zuschläge auch im Falle der übernommenen Renten in den eingegliederten Gebieten gewährt, in Ostoberschlesien auch der Rentner nichtdeutscher Volkszugehörigkeit.[197] Offen blieb zunächst jedoch, ob der Zuschlag auch an Rentner polnischer Volkszugehörigkeit im Generalgouvernement gezahlt werden sollte. „Bis auf weiteres“ sollten dort jedoch erst einmal keine Erhöhungen an rentenberechtigte Polen gezahlt werden.[198] Das war eine deutliche Diskriminierung, denn für Rentenberechtigte im Ausland und im Protektorat Böhmen und Mähren galt dies nicht; sie kamen in den Genuss der Erhöhungen. Grundsätzliche Unklarheit herrschte zu diesem Zeitpunkt im Reichsarbeitsministerium auch über die Krankenversicherung der Rentner, die man für die eingegliederten Ostgebiete gesondert – in welcher Weise auch immer – regeln wollte.[199]

---

193 Vgl. dazu den RfA-internen Vermerk vom 4.1.1941, in: RfA-Archiv Nr. 127.
194 Vgl. Schreiben der RfA vom 19.1.1941, in: ebd.
195 Das Rundschreiben vom 10.4.1941, in: RfA-Archiv Nr. 26.
196 Vgl. Rundschreiben des RVA vom 28.5.1940, in: RfA-Archiv Nr. 163 b.
197 Vgl. Notiz Kochs über das Ergebnis der Besprechung im RAM vom 15.7.1941, in: RfA-Archiv Nr. 30.
198 Rundschreiben des Reichsverbands Deutscher Rentenversicherungsträger vom 29.7.1941, in: RfA-Archiv Nr. 163 b.
199 Vgl. Vermerk Kochs über das Ergebnis einer Aussprache im RAM vom 23.6.1941, in: RfA-Archiv Nr. 30 a.

Unklarheiten gab es auch in einem weiteren Punkt. Bei der RfA türmten sich im August 1941 etwa 600 unerledigte Anträge auf Beitragserstattungen von ostoberschlesischen bzw. polnischen Beiträgen, die aber gemäß dem Erlass des RAM vom Januar 1940 nur an Volksdeutsche der Invalidenversicherung gehen konnten. Angestelltenversicherte waren davon ausgenommen; für sie sollte eine Regelung später erfolgen. Da jedoch, wie RfA-Direktor Koch aus dem RAM vertraulich erfuhr, die geplante Ostgebiets-Verordnung „wegen der ungeklärten Rechtsstellung der Polen auf nicht absehbare Zeit aufgeschoben ist", intervenierte die RfA beim RVA, um hier eine vorgezogene vorläufige Regelung auch für die Volksdeutschen der Angestelltenversicherung zu erhalten.[200] Zu all dem kamen noch Differenzen zwischen RfA, der LVA Danzig-Westpreußen und auch der LVA Wartheland über die Auslegung der diversen Erlasse des Reichsarbeitsministers. So warnte Grießmeyer Mitte Oktober 1941 in einem Schreiben an das RAM:

> Die unterschiedliche Behandlung der Volksdeutschen und Rückgeführten in der Anwendung der Reichsversicherung innerhalb der eingegliederten Gebiete [durch die jeweiligen Versicherungsträger] führt zu erheblichen verwaltungstechnischen Schwierigkeiten und wird von den Beteiligten nicht verstanden. Wir bitten daher, auf eine einheitliche Behandlung [...] hinzuwirken.[201]

Besonders kompliziert wurde es in denjenigen Fällen von Rentenberechtigten, in deren Versicherungsbiographie sich Beitragszeiten und Ansprüche nach deutschem, polnischem, österreichischem und tschechoslowakischem Sozialversicherungsrecht überschnitten oder ergänzten. Die Irrwege der Kriegseroberungen durch die Wehrmacht brachten es im Übrigen auch mit sich, dass polnische Staatsangehörige und Staatenlose im Ausland – d. h. im damaligen Sprachgebrauch „Nationalpolen" –nach dem Hinfälligwerden des deutsch-polnischen Sozialversicherungsvertrags von 1934 eigentlich keine Rente mehr erhalten konnten. Nun aber erhielten sie doch weiterhin Bezüge von der RfA, da wie im Fall einer Witwenrentenbezieherin, die in Belgien lebte, dieses Land, zumindest nach Meinung der zuständigen RfA-Beamten, seitdem es im deutschen Machtbereich lag, nicht mehr als feindliches Ausland behandelt werden konnte. Daher war die Rente weiterzuzahlen – vorausgesetzt allerdings, die Ermittlungen ergäben, dass das Verhalten des Rentenberechtigten politisch einwandfrei und nicht deutschfeindlich gewesen wäre.[202]

Die Ostgebietsverordnung führte schließlich die Reichsversicherung nach der bereits erfolgten Durchführung in Ostoberschlesien mit Stichtag zum 1. Januar 1942

200 Vgl. Vermerk Kochs vom 18.8.1941, in: RfA Archiv Nr. 43 b.

201 Schreiben vom 16.10.1941, in: RfA-Archiv Nr. 163 b.

202 Vorher waren die polnischen Staatsangehörigen den deutschen hinsichtlich des Ruhens der Rente bei Aufenthalt im Ausland gleichgestellt und daher weiter rentenberechtigt). Vgl. zu dem Fall das Schreiben der RfA an das RVA vom 23.12.1940, in: BArch R 89/3414.

auch in den übrigen ehemals polnischen Gebieten ein.[203] Der lange und komplexe Gesetzgebungsprozess, der sich über fast zwei Jahre hingezogen hatte, macht dabei geradezu exemplarisch das durchaus eingespielte Zusammenwirken der verschiedenen Akteure aus Partei, Reichsarbeitsministerium und Verwaltungsbürokratie der Versicherungsträger deutlich. Tatsächlich hatte das RAM bereits im Mai 1940 einen ersten Entwurf einer Verordnung zur einheitlichen Einführung der Reichsversicherung in den eingegliederten Ostgebieten vorgelegt und die Versicherungsträger um beschleunigte Zustimmung gebeten, „da die beteiligten Kreise, insbesondere der Reichsstatthalter in Danzig und Posen, auf eine schnelle Einführung der Reichsversicherung in den eingegliederten Ostgebieten entscheidend Wert [legen]".[204] Es erscheine nicht mehr tragbar, das polnische Sozialversicherungsrecht in den Ostgebieten aufrechtzuerhalten. RfA-Direktor Koch hatte darauf eine Reihe von Änderungsvorschlägen gemacht und auch auf Unklarheiten und Lücken des geplanten Gesetzes hingewiesen. Angesichts der geplanten Unterscheidung der Rentenberechtigungen bei deutschen und fremden Volkszugehörigen sei zu erwarten, dass sich bei den Ansprüchen auf Leistungen Streitigkeiten darüber ergeben werden, ob der Berechtigte Volksdeutscher war oder nicht.

> Da die Feststellung der deutschen Volkszugehörigkeit Aufgabe der politischen Behörden ist und deren Entscheidung wahrscheinlich nicht der Nachprüfung durch die Sozialversicherungsträger und durch die Spruchbehörden der Sozialversicherung unterworfen werden soll, halte ich zur Vermeidung aussichtsloser Berufungen eine Bestimmung in der Verordnung für angezeigt, dass die Organe und die Spruchbehörden der Sozialversicherung an die Entscheidung der Verwaltungsbehörde über die Volkszugehörigkeit gebunden sind,

heißt es in der Notiz.[205] Zudem sei nicht geregelt, wie die polnischen Beiträge für die Beitragserstattung berücksichtigt werden sollten.

Im August 1940 legte das RAM dann einen neuen Entwurf der geplanten Ostgebietsverordnung vor, in dem hinsichtlich der Gewährung von Versicherungsleistungen die Unterschiede zwischen deutschen und polnischen Volkszugehörigen noch verschärft worden waren. Insgesamt schätze man die Zahl der betroffenen polnischen Rentner auf 120.000 mit einer monatlichen Rentenbelastung von etwa 1,7 Mio. RM; der überwiegende Teil von ihnen fiel dabei unter die Invalidenversicherung. Überhaupt war die Verordnung nun, wie die Vertreter des RAM in einer Besprechung verkündeten, gegenüber dem ersten Entwurf völlig geändert worden und sollte nun auch die bereits ergangene Verordnung über die Einführung der Sozialversicherung in Schle-

---

203 Vgl. dazu W. Dobbernack, ORR im Reichsarbeitsministerium, Die Einführung der Reichsversicherung in den eingegliederten Ostgebieten, in: Amtliche Nachrichten für die Reichsversicherung 1942, Nr. 3 und 4, S. 1–16, in: RfA-Archiv Fach 34, Nr. 4.

204 Schnellbrief des RAM vom 15. 5. 1940, in: RfA-Archiv Fach 119, Nr. 1.

205 Vermerk Kochs vom 27. 5. 1940, der in einen Brief Grießmeyers an das RAM am 29. 5. 1940 einfloss, in: ebd.

sien ersetzen.[206] Für die Versicherungsträger gestaltete sich das unberechenbare Hin und Her des RAM im Gesetzgebungsprozess als einigermaßen verwirrend, aber dennoch befasste man sich in der RfA mit ebenso großer Beharrlichkeit wie Ausdauer wieder mit den vielen versicherungsrechtlichen Details des neuen Entwurfs.[207] Es folgten zahllose weitere Entwürfe und Besprechungen im Reichsarbeitsministerium, an denen die RfA-Beamten beteiligt waren. Auf der Besprechung Ende April 1941 etwa wurde wieder einmal eine Neufassung zahlreicher Paragraphen präsentiert, die sich vor allem um die rassisch-völkische Unterscheidung der Versicherungsberechtigten drehte – Volksdeutsche, eine sogenannte Mittelschicht (Kaschuben, Slonsaken, Litauer) und Nationalpolen. Dies macht deutlich, wie stark sich die Gesetzgebungstätigkeit der RAM-Ministerialbürokratie inzwischen an den Erklärungen des Stellvertreters des Führers – des Reichsführers SS als zuständigem Reichskommissar für die Festigung des Deutschen Volkstums – und des Reichsinnenministeriums orientierte und sich den dort geäußerten Vorstellungen unterordnete.[208] Über die geplanten Diskriminierungsmaßnahmen gegenüber den Polen in den Ostgebieten – die Polen im Altreich sollten davon ausgenommen bleiben – wurde dabei ungeschminkt gesprochen und alle Versicherungsträger waren daran beteiligt, das Unrecht in handhabbare Verwaltungspraktiken und Verordnungen zu gießen.

Einzig der Leiter der LVA Schlesien übte im Januar 1942 massive Kritik an dem bisher vorliegenden Entwurf, indem er auf eine drohende Absurdität der Verordnung hinwies. Die Anerkennung der deutschen Volkszugehörigkeit sollte diesmal mittels Eintragung in eine Deutsche Volksliste erfolgen, aber die in Abteilung 3 dieser Liste eingetragenen ehemaligen polnischen Staatsangehörigen sollten die deutsche Staatsangehörigkeit nicht schon durch die Aufnahme in die Volksliste erhalten, sondern erst durch die viel später erfolgende Einbürgerung. Bis dahin fielen sie unter den Status von „Schutzangehörigen", für die die Bestimmungen der Ostgebietsverordnung jedoch nicht gelten sollten. Da aber etwa 70 Prozent der Einwohner des ostoberschlesischen Gebiets unter diese Kategorie fielen, ergäbe sich die absurde Situation, dass diese zunächst von den Bestimmungen der Ostgebietsverordnung ausgeschlossen und versicherungsrechtlich diskriminiert würden, nach erfolgter Einbürgerung jedoch als Volksdeutsche plötzlich wieder zum privilegierten Versichertenkreis gehörten. Das würde große Unzulänglichkeiten hinsichtlich der Beitragsentrichtung durch die Arbeitgeber zur Folge haben, die zwischen deutschen und polnischen Volkstumszugehörigen, aber zudem auch noch innerhalb der ersteren Gruppe nach der Einreihung in der Volksliste zu unterscheiden hätten.

> Dieses Ergebnis würde [zudem] zweifellos geeignet sein, schwere politische, soziale und wirtschaftliche Beunruhigung unter der gesamten Bevölkerung hervorzurufen, da die Erreichung der

---

206 Vgl. dazu die Niederschrift der Besprechung im RAM vom 8.8.1940, in: BArch R 89/3206.

207 Vgl. dazu das vierseitige Schreiben mit Vorschlägen und Anregungen zur Ostgebietsverordnung vom 7.9.1940, in: ebd.

208 Vgl. Vermerk von ORR Hartmann über die Besprechung im RAM am 25.4.1941, in: ebd.

> sozialversicherungsrechtlichen Vorteile einen wesentlichen Gesichtspunkt für das Betreiben der Eintragung in die Deutsche Volksliste darstellt.[209]

Man änderte daher kurzfristig die Kriterien und die in Abteilung 3 der Volksliste Eingetragenen erhielten ebenfalls die deutsche Staatsbürgerschaft, allerdings auf Widerruf.

Als die Ostgebietsverordnung schließlich in Kraft trat, wurde die bereits in Ostoberschlesien erprobte Unterscheidung nach Staats- bzw. Volkstumszugehörigkeit, für die sich je unterschiedliche Begünstigungen oder aber auch Benachteiligungen hinsichtlich der Rentenversicherung ergaben, auch auf die übrigen Gebiete ausgedehnt. Zum privilegierten Personenkreis zählten neben den deutschen Staatsangehörigen auch jene ehemaligen polnischen Staatsangehörigen, die durch Aufnahme in die Abteilung 1 oder 2 der Deutschen Volksliste die deutsche Staatsangehörigkeit erworben hatten. Der Nachweis der Volkstumszugehörigkeit war damit kaum weniger aufwändig und kompliziert als im Fall von Ostoberschlesien. Unter den benachteiligten Personenkreis fielen die sogenannten Schutzangehörigen und Staatenlosen polnischen Volkstums. Für sie galten Sonderbestimmungen, die dann aber erst am 26. August 1942 mit dem sogenannten „Polenstatut" erlassen wurden und zum 1. Oktober in Kraft traten. Im Einzelnen sah dieses Statut vor, dass erstens vom Stichtag an anstelle der Leistungen der Reichsversicherung nur noch Unterstützungen gewährt würden, auf die zudem *kein* Rechtsanspruch bestünde. Und zweitens würden die Schutzangehörigen und Staatenlosen polnischen Volkstums künftig ausschließlich nach den Vorschriften der Invalidenversicherung behandelt, d. h. die polnischen Angestellten würden unabhängig von den früher erworbenen Ansprüchen und Beitragszahlungen den polnischen Arbeitern gleichgestellt. Sie mussten daher künftig Beiträge zur Invalidenversicherung leisten; bei der Beitragshöhe machte sich das nicht bemerkbar, denn inzwischen galt in der AV wie der IV ein einheitlicher Beitragssatz von 5,6 Prozent des Entgelts. Aber sie erhielten nun eigene Versicherungs- bzw. Quittungskarten der IV mit dem Stempelaufdruck „Pole".[210]

Nicht alle Polen waren von all dem gleichermaßen betroffen. Zum einen wurde scharf zwischen alten Versicherungsfällen und neu zu bewilligenden Renten unterschieden. Dazu kam, dass Angehörige polnischen Volkstums, die sogenannten „alteingesessenen Polen" sowie die polnischen Volkszugehörigen, die aufgrund bestimmter Richtlinien des Reichskommissars für die Festigung deutschen Volkstums besonders behandelt wurden, nicht unter das „Polenstatut" fielen. Die ehemaligen polnischen Rentenversicherten wurden mithin nach rassisch-völkischen Kriterien in heterogene Gruppierungen aufgesplittert, für die je unterschiedliche rentenversiche-

209 Vgl. das Schreiben des LVA-Leiters an das RAM vom 6.1.1942, in: RfA-Archiv Fach 119, Nr. 1 sowie dazu auch den Aufsatz von Landesrat Riemann über „Die Leistungen der Rentenversicherung in den eingegliederten Ostgebieten", in: Deutsche Rentenversicherung 15 (1943), Nr. 2, S. 12–15 und S. 21–25, hier S. 13.

210 Vgl. ebd., sowie auch Mischkowsky, S. 75 ff.

rungsrechtliche Bestimmungen galten. Über die jeweilige zahlenmäßige Größe der Gruppierungen gibt es in den Akten der RfA und des RVA keine Angaben. Dennoch gab die RfA nun faktisch den Großteil der bisher unter ihre Verwaltung gefallenen polnischen Versicherten und Rentner an die jeweiligen Landesversichertenanstalten ab. Ende April 1941 bat daher unter anderem der zuständige Beamte der LVA Schlesien bei der RfA um Auskunft über die ungefähre Anzahl der laufenden RfA-Renten, die man infolge des „Polenstatuts“ zu übernehmen hatte – sowohl die ehemals polnischer Rentner als auch eventuelle Neurenten von Nationalpolen.[211] Die erste Frage konnte der zuständige RfA-Beamte mit Verweis auf die rund 1000 Ruhegeldempfänger und ca. 500 Hinterbliebenenrentenempfänger beantworten, über die Neurenten konnte er jedoch keinerlei Angaben machen, „weil diese Rentner nicht besonders geführt werden, sondern sich unter den 650.000 Rentnern befinden“.[212] Die Anfrage ist wohl auch ein Indiz dafür, dass praktisch kein Wissen darüber bestand, wie der jeweils andere Versicherungsträger die „Polenrentensache“ handhabte.

Mit dem „Polenstatut“ war nun die formalrechtliche Grundlage für die einheitliche, auf alle ehemaligen polnischen Ostgebiete ausgedehnte sozialversicherungsrechtliche Diskriminierung und Exklusion geschaffen worden. Es galt mithin auch für die eingegliederten Gebiete Ostoberschlesiens. Mit der Ostgebietsverordnung vom 22. Dezember 1941 wurde mithin auch der bis dahin dauernde schwebende Rechtszustand im Warthegau und im Gebiet Danzig-Westpreußen beendet und hier nun anstelle des bis dahin noch gültigen polnischen Versicherungsrechts die Reichsversicherung eingeführt mit neuer Zuständigkeit der RfA für die versicherten Angestellten und Rentner. Erst durch die Ostgebietsverordnung wurden die auch zwei Jahre nach der Besetzung Polens vielfach noch immer geltenden und weiter angewendeten Teile des polnischen Sozialversicherungsrechts endgültig beseitigt.[213]

Die RfA war bei der Umsetzung der diskriminierenden Maßnahmen des „Polenstatuts“ vom RAM im Übrigen erheblich unter Druck gesetzt worden. Bereits im Januar wurde man durch fernmündliche Mitteilung zu einer beschleunigten Durchführung gedrängt. In einem internen Vermerk des zuständigen RfA-Beamten über den Inhalt des Telefonanrufs aus dem RAM heißt es:

> Wir sind nach § 1 Abs. 1 der VO verpflichtet, die Rentenzahlung an Schutzangehörige und Staatenlose polnischen Volkstums baldmöglichst einzustellen, ohne Rücksicht darauf, ob die für diese in Kürze bevorstehende Sonderregelung durch den „Polenstatut“ schon vorliege. Der Kreis dieser Personen sei bereits in Abschnitt 5 XV der VO über das Strafrecht gegen Polen und Juden vom 4. Dezember 1941 zu Grunde gelegt und [...] näher abgegrenzt.[214]

211 Vgl. das Schreiben an die RfA Königshütte vom 30.4.1941, in: RfA-Archiv Nr. 163 b.
212 Vgl. das Antwortschreiben der RfA vom 8.5.1941, in: ebd.
213 Zur partiellen Weiteranwendung polnischen Rechts vgl. etwa die Abteilungsverfügung vom 14.5.1941, in: RfA-Archiv Nr. 26.
214 Vermerk vom 2.1.1942, in: BArch R 89/3206.

Gleichzeitig bemühten sich jedoch alle beteiligten Versicherungsträger um die verwaltungsrechtlichen wie -organisatorischen Details der Umsetzung der Ostgebietsverordnung, und die zuständigen Gauleitungen sowie die Parteikanzlei in München saß dabei entweder direkt oder indirekt immer mit am Tisch und brachte entsprechende „Wünsche" vor.[215] Das Protokoll einer am 5. März 1942 abgehaltenen großen Besprechung zur Ostgebietsverordnung listet etwa auf elf Seiten einen umfassenden Fragenkatalog über aufgetretene Detailprobleme auf.[216] Dabei ging es unter anderem um die versicherungsrechtliche Einstufung und Behandlung der im Generalgouvernement wohnenden Polen, die in einem der übrigen Ostgebiete arbeiteten. Sie galten als Staatenlose polnischen Volkstums, aber die Frage war, ob ihnen nun die Unterstützungen gemäß „Polenstatut" zu gewähren seien, obwohl diese bisher von der Hauptanstalt für Sozialversicherung in Warschau gezahlt worden seien. Und müsste die Zahlung der Unterstützung bei Aufgabe der Arbeit in den eingegliederten Ostgebieten und bei Rückwanderung ins Generalgouvernement wieder aufhören?[217]

Die Anwendung der eigentlich versicherungsfremden völkischen Kriterien war mithin reichlich vertrackt. Zudem wurde rasch deutlich, dass die praktische Umsetzung nicht nur Probleme in der Leistungsgewährung bereitete, sondern auch bei der Beitragserhebung, was vor allem auch die RfA betraf. Diese war bis dahin im Warthegau und im Gebiet Danzig-Westpreußen nicht mit der Beitragseinziehung von Angestelltenbeiträgen befasst gewesen, wurde mit Einführung der Reichsversicherung nun aber dafür in Zusammenarbeit mit den Krankenkassen zuständig. Erst seit Januar 1943 waren daher auch die Überwachungsbeamten der RfA in diesen Gebieten tätig.[218] Angesichts der in den Verordnungen vielfach unklaren Kriterien und Abgrenzungen der jeweiligen unterschiedlichen Volkszugehörigkeits-Status waren unter anderem die inzwischen im Beitragsverfahren mit einbezogenen Krankenkassen nicht in der Lage, eine Unterscheidung bei den Versicherten zu treffen. Eine Differenzierung nach dem Namen schied von vornherein aus, da viele Volksdeutsche rein polnische Namen, viele Polen aber auch rein deutsche Namen trugen, wie der Leiter der AOK in Bromberg gegenüber Grießmeyer feststellte.[219] Auch die Arbeitgeber konnten beim besten Willen nicht feststellen, welcher angestelltenversicherungspflichtige Mitarbeiter Schutzangehöriger oder Staatenloser polnischen Volkstums war, selbst wenn man die Volkstumsreferenten bei den Gauleitungen als „Experten" einschaltete. Aufgrund man-

215 Vgl. dazu das Schreiben der LVA Danzig-Westpreußen an Grießmeyer vom 14.1.1942 mit der Einladung zu einer Besprechung aller beteiligten Landesversicherungsanstalten, die sich am Tag zuvor bereits auf einer Besprechung bei der Gauleitung der NSDAP über Wünsche der Parteikanzlei in München informiert hatten, in: RfA-Archiv Nr. 165 a.

216 Vgl. Niederschrift über die Besprechung im RAM vom 5.3.1942, in: RfA-Archiv Fach 119, Nr 1.

217 Vgl. dazu auch den siebenseitigen Vermerk über „Zweifelsfragen zum Polenstatut", in: BArch R 89/3207.

218 Vgl. dazu das Rundschreiben an die Überwachungsbeamten über den Überwachungsdienst in den neuen Ostgebieten vom 13.10.1942, in: RfA-Archiv Fach 34, Nr. 4.

219 Vgl. das Schreiben vom 23.1.1942, in: RfA-Archiv Fach 119, Nr. 1.

gelnder Koordination der verschiedenen Verwaltungen waren etwa im Bereich der Gebiete um Danzig-Westpreußen bereits tausende Versicherungskarten an die dortigen Arbeitgeber ausgegeben worden, die mit dem Kleben von Versicherungsmarken begonnen hatten. Und dabei handelte es sich überwiegend um volks-, balten-, wolhynien- und bessarabiendeutsche Arbeitgeber, die von dem deutschen Sozialversicherungsrecht im Gegensatz zu den reichsdeutschen Arbeitgebern „nicht die geringste Kenntnis besitzen“.[220] „Sie werden“, so prophezeite der AOK-Leiter aus Bromberg daher Grießmeyer, „mit den hiesigen unerfahrenen Arbeitgebern die größten Überraschungen erleben.“[221] Zur Vereinfachung des Verfahrens bat der AOK-Leiter daher die RfA um die Genehmigung zur Ausstellung von Versichertenkarten zur Angestelltenversicherung ohne Unterscheidung der Staatsangehörigkeit, was man dort jedoch mit Verweis auf die Gesetzeslage ablehnte.

Die Versicherungsträger erwiesen sich aber auch in der Folgezeit als willfährige Akteure, wenn es darum ging, weiter an einer verwaltungsmäßig handhabbaren Version der diskriminierenden Gesetzesmaßnahmen zu feilen und unklare oder gar widersprüchliche Passagen in der Ostgebietsverordnung wie im „Polenstatut“ des RAM zu beseitigen. Seit Dezember 1941 fanden in der RfA regelmäßige interne Besprechungen zwischen den beteiligten Beamten und Fachreferenten statt.[222] Dazu kam ein intensiver Austausch zwischen den Versicherungsträgern, wie etwa die Besprechung über die Durchführung des Polenerlasses am 19. und 20. Oktober 1942 im Haus der Reichsknappschaft, an der auch die RfA mit ihren beiden wichtigsten „Polenrenten-Experten“ vertreten war. Dabei wurde unter anderem moniert, dass von dem Erlass nicht diejenigen polnischen Rentner erfasst würden, die zwar in den eingegliederten und eroberten Ostgebieten wohnten, aber Leistungen von einem Versicherungsträger des Altreichs erhielten. Diese verschiedene Behandlung der Rentenempfänger hielt man für nicht gerechtfertigt. Ungeklärt war auch die Behandlung von Schutzangehörigen und Staatenlosen polnischen Volkstums, die eine Leistung von einem früheren polnischen Versicherungsträger oder einem Versicherungsträger des Reichs bezogen und am Stichtag im Altreich wohnten. Diese Handhabung bedürfe „dringend einer Regelung, da hier die Leistung unverändert vorläufig weitergezahlt [wird]“.[223] Die Fälle, in denen polnische Rentner noch in den Genuss von unveränderten Zahlungen kamen, waren offensichtlich nicht gering, sonst hätte man sich damit wohl kaum so eingehend befasst. Genaue Zahlen legte aber niemand vor.

220 Ebd. Vgl. dazu auch das Schreiben des Reichsstatthalters in Danzig-Westpreußen an die RfA vom 28.1.1942 sowie des Leiters der Sozialversicherungsanstalt Krakau vom 18.2.1942, in: RfA-Archiv Fach 34, Nr. 3.

221 Schreiben vom 23.1.1942, in: RfA-Archiv Fach 119, Nr. 1.

222 Vgl. dazu den Vermerk einer Besprechung vom 30.4.1942 mit „Erläuterungen zur Ostgebietsverordnung“ sowie die Besprechungsniederschrift vom 18.12.1942, in: RfA-Archiv Nr. 164. Vgl. auch den Vermerk mit „weiteren Erläuterungen zur OstgebietsVO“ vom 3.5.1943, in: ebd.

223 Niederschrift der Besprechung über die Durchführung des „Polenstatuts“ vom 19./20. Oktober 1942, in: RfA-Archiv Nr. 165 a.

Wie auch immer, die Versicherungsträger monierten die ungleiche Anwendung des Unrechts bei den polnischen Versicherten und Rentnern und plädierten für eine deutliche Ausweitung der diskriminierenden Maßnahmen. Einvernehmlich wurde beschlossen, das „Polenstatut" – vorbehaltlich einer anderweitigen Regelung durch das RAM – in Eigeninitiative auch auf die Gruppierung der nationalpolnischen Rentner anzuwenden.

Das Hauptproblem, das die Versicherungsträger mit Ostgebietsverordnung und „Polenstatut" hatten, war eher verwaltungstechnischer Art. Die Durchführung des „Polenstatuts" in der jetzigen Fassung verursache, so beklagten sich die RfA-Beamten, äußerst viel, im Augenblick noch nicht zu überblickende Verwaltungsarbeit. Eine glatte und reibungslose Durchführung sei nicht möglich; die geforderte und immer wieder in den Vordergrund gestellte Vereinfachung „lässt auch das Polenstatut vermissen".[224] Im Übrigen müsse „ganz allgemein pflichtgemäß ausgesprochen werden, dass die fortwährenden Neuerungen und die zunehmenden Komplizierungen der Bestimmungen die Durchführung der Sozialversicherung ernstlich gefährden".[225] Diese Bemerkung verwies auf ein tatsächlich akuter werdendes Problem, denn nicht nur die Versicherungsträger als verwaltungsmäßige Exekutoren der Rentengesetze, sondern offenbar auch die zuständigen Beamten im Reichsarbeitsministerium hatten offensichtlich den Überblick über die inzwischen zahllosen Verordnungen, Erlasse, Ergänzungsbestimmungen, Durchführungsverordnungen und Gesetzesmaßnahmen, die allein zu den Ostgebieten erlassen worden waren, verloren. Zahlreiche Widersprüche innerhalb der Verordnungen, aber vor allem zwischen den gesetzlichen Bestimmungen waren nicht zuletzt darauf zurückzuführen, dass einzelne Maßnahmen wie etwa auch die Ostgebietsverordnung schon lange geplant und entworfen worden waren. Das Inkrafttreten verzögerte sich dann aber aus unterschiedlichen Gründen um viele Monate. Während dieser Zeit wurden aber zahlreiche andere Verordnungen und Gesetze erlassen, die eigentlich Rückwirkungen auf Geltungsbereiche und Fristen der noch im Entwurf- oder Beratungsstadium sich befindenden Verordnungen hatten, ohne dass dies berücksichtigt worden wäre und ohne dass etwaige überholte Passagen gestrichen worden wären.[226]

Die polnischen Rentner in Ostoberschlesien hatten bis dahin immerhin weiterhin Renten erhalten, wenn auch nur noch einen Bruchteil ihrer früheren Ansprüche. An ihre Schicksalsgenossen im Generalgouvernement dagegen waren praktisch seit Kriegsausbruch keine Ruhegelder mehr gezahlt worden und nach der Besetzung durch die Deutschen waren Rentenzahlungen deutscher Versicherungsträger an Polen in diesem Gebiet generell verboten. Auch nach der Ostgebietsverordnung galten diese nicht als „Schutzangehörige polnischen Volkstums" wie in den anderen dem Reich eingegliederten Gebieten, sondern als „Staatenlose polnischen Volkstums". Grund-

224 Ebd., S. 7.
225 Ebd.
226 Vgl. dazu den kritischen Hinweis des Ostgebietsexperten der RfA in seinem Vermerk vom 18.12. 1942, in: RfA-Archiv Nr. 164.

sätzlich wurde im Generalgouvernement zwar schon im Januar 1940 per Erlass verfügt, dass die Zahlung von Renten deutscher Versicherungsträger an Berechtigte deutsche Staatsangehörige und – per Bescheinigung als solche ausgewiesene – Volksdeutsche „unverzüglich aufgenommen" würden, im Juni ergänzt durch eine Verordnung zur Einführung der deutschen Sozialversicherung für die dort lebenden deutschen Staatsangehörigen, womit das versicherungsrechtliche Territorialitätsprinzip durchbrochen wurde. Ergänzend dazu erfolgten jedoch noch 1940 eine Reihe von Verordnungen, in denen die diskriminierenden Prinzipen der späteren „Polenstatuts" bereits vorweggenommen wurden. Sämtliche Ansprüche und Leistungen aus der polnischen Sozialversicherung wurden zum 1. März 1940 als erloschen erklärt und an ihre Stelle Unterstützungen ohne Rechtsanspruch gesetzt.[227] Ein Problem war allerdings, dass prinzipiell der Verlust der Staatszugehörigkeit auch die im Generalgouvernement wohnenden deutschen Volkszugehörigen (Volksdeutschen) betraf, die spätestens seit der Ostgebietsverordnung als „Staatenlose deutschen Volkstums" firmierten. Der Generalgouverneur war ermächtigt, diese Deutschen einzubürgern, da es hier auch keine Deutsche Volksliste gab. Viele dieser deutschen Volkszugehörigen erlangten auf diesem Wege wegen des zeitaufwändigen Einbürgerungsprozesses allerdings erst Ende 1943, Anfang 1944 die deutsche Staatsbürgerschaft.[228] Im Generalgouvernement blieb daher das polnische Sozialversicherungsrecht mit seinem höchst komplizierten Beitragsrecht und vielen anderen, vom deutschen Recht abweichenden Leistungen unter alleiniger Zuständigkeit der Warschauer Hauptanstalt für Sozialversicherung weitgehend in Geltung. Mit der Ostgebietsverordnung ergaben sich dann ab November 1942 im Generalgouvernement bei genauerem Hinsehen für die dortigen Angestellten drei verschiedene Versicherungen unterschiedlichen Rechtsumfangs: die polnische AV für Polen, die AV der deutschen Volkszugehörigen bei der Hauptanstalt in Warschau für deutsche Volkszugehörige und die deutsche AV bei der RfA für deutsche Staatsbürger.[229] Besondere Bestimmungen galten im Übrigen hier auch für die im Generalgouvernement beschäftigten westeuropäischen Zwangsarbeiter wie Italiener, Slowaken, Niederländer, Belgier und Franzosen. Sie unterlagen den Bestimmungen der deutschen Sozialversicherung, die in der Verordnung vom 4. August 1941 über die Sozialversicherung in den besetzten Gebieten erlassen worden waren. Einheimische polnische Zwangsarbeiter waren davon jedoch ausgenommen, auch wenn sie bei einer deutschen Firma arbeiteten.[230] Allerdings fanden die Vor-

---

227 Vgl. dazu die zweite Verordnung über die Sozialversicherung im Generalgouvernement vom 7.3. 1940 sowie die dritte Verordnung vom 19.9.1940, in: Mitteilungen der RfA Nr. 6, 1940, S. 21–22 bzw. Nr. 11, S. 41–42. Vgl. auch Julius von Medeazza, Deutsche Sozialpolitik im Generalgouvernement, in: NS-Sozialpolitik 7 (1940), S. 196–200.

228 Vgl. Mischkowsky, S. 93 ff.

229 Vgl. ebd., S. 103.

230 Vgl. die Verordnung vom 4.8.1941 und die dazu entworfene ausführliche Begründung, in: BArch R 89/3172 sowie auch den Aufsatz von ORR Bogs über „Die Verordnung über die Sozialversicherung in

schriften des Angestelltenversicherungsgesetzes, wie erwähnt, durchaus Anwendung auf die im Altreich in entsprechenden Tätigkeiten eingesetzten nicht kriegsgefangenen polnischen Zwangsarbeiter. Die z. B. bei der Stadt Berlin als Pfleger tätigen Polen unterlagen der AV-Pflicht, für sie waren auch Beiträge an die RfA zu entrichten.[231]

Gleichsam flankierend zu den Diskriminierungs- und Entrechtungsmaßnahmen gegen die polnischen Versicherten und Rentner erfolgten nicht zuletzt auch weitere Maßnahmen gegen Juden, die diese von jeglichem Rentenempfang ausschlossen, unabhängig von ihren früher erworbenen Ansprüchen. In einem Rundschreiben hatte das RAM am 8. März 1941 wie erwähnt verfügt, dass „Renten an Juden im Generalgouvernement nicht zu zahlen sind".[232] Nur wenig später erließ dann auch der Regierungspräsident in Kattowitz am 17. Mai eine Verordnung, wonach die Vorschriften über die Einführung der Reichsversicherung in den ostoberschlesischen Gebieten auf Juden nicht anzuwenden seien.[233] Dabei war es einerlei, ob der Betroffene die deutsche Staatsangehörigkeit oder eine ausländische Staatsangehörigkeit besaß oder staatenlos war. Die Versicherungsträger wurde aufgefordert, sämtliche Leistungen an Juden, soweit dies nicht bereits geschehen, umgehend einzustellen, und die RfA machte sich ihrerseits sofort daran, den Erlass zu befolgen und umzusetzen. An sämtliche Landräte wurden Listen mit den jeweils dort wohnenden Rentenempfängern versendet und und um Kennzeichnung der Juden und Rücksendung der Liste gebeten denn nach wie vor war bei der RfA nicht bekannt, wer unter den ostoberschlesischen Rentnern Jude war.[234] Tatsächlich kamen aus den verschiedenen Landkreisen Listen mit jeweils zwischen 20 und 30 jüdischen Ruhegeld- oder Hinterbliebenenrentenempfängern, die, so der Rückschluss, bis dahin offenbar tatsächlich noch Zahlungen durch die RfA erhalten hatten.[235] Das Problem der „Judenrenten" war auch Gegenstand der Besprechung im RAM Anfang März 1942. „Wie soll verfahren werden", so fragten Vertreter der Versicherungsträger, „wenn aus dem Altreich in die Ostgebiete umgesiedelte Juden Überweisungen ihrer laufenden Reichsversicherungsrente oder Feststellung einer neuen Reichsversicherungsrente beantragen?"[236] Die Antwort der Reichsamtsministerialbeamten darauf verwies wieder einmal auf den „in Kürze" zu erwartenden besonderen Erlass zur Behandlung der Juden. Bis dahin seien die Anträge liegen zu lassen. Die zunächst als Verfügung der jeweiligen Regierungspräsi-

---

den besetzten Gebieten", in: Amtliche Nachrichten für die Reichsversicherung 1941, S. II 389 – 392, in: RfA-Archiv Fach 18, Nr. 3.

231 Vgl. dazu auch Mischkowsky, S. 80.

232 Rundschreiben vom 8. 3. 1941, in: RfA-Archiv Fach 34, Nr. 4.

233 Vgl. die Verordnung vom 17. 5. 1941, in: RfA-Archiv Nr. 163. Am 7. April 1942 erfolgte dann durch den Regierungspräsidenten eine gleichlautende Verordnung, die sich auf die nun in Ostoberschlesien geltende Ostgebietsverordnung bezog.

234 Vgl. dazu das Schreiben an den Landrat von Blachstädt vom 20. 6. 1941, in: RfA-Archiv Nr. 167.

235 Vgl. die verschiedenen Listen, in: ebd.

236 Niederschrift über die Besprechung im RAM vom 5. 3. 1942, in: RfA-Archiv Fach 119, Nr 1.

denten erlassene Einstellung von Rentenzahlungen an Juden wurde dann im Juni 1942 auch durch das RAM allgemein bestätigt.[237]

Die Vorschriften der Reichsversicherung fanden mithin auf Juden in den eingegliederten Ostgebieten grundsätzlich keine Anwendung, allerdings mussten formal nach wie vor für beschäftigte Juden Sozialversicherungsbeiträge nach den reichsrechtlichen Vorschriften entrichtet werden.[238] Wovor man im Reichsgebiet noch zurückschreckte, praktizierten Reichsarbeitsministerium und die Verwaltungsbehörden ungehemmt mit diesem „Judenerlass“ in den Ostgebieten, indem dieser die Juden aus der Rentenversicherung ungeachtet ihrer erworbenen Ansprüche ausschloss. Diese umfangreichen Maßnahmen gegen Polen und Juden in der Rentenversicherung legen mithin den Schluss nahe, dass es die später von der Ministerialbürokratie des RAM behaupteten, und teilweise später auch von der Forschung übernommenen, angeblichen Vorbehalte im Reichsarbeitsministerium gegen die nationalsozialistische Rassen- und Volkstumspolitik nicht gegeben hat. Und die RfA machte sich auch hier zum willfährigen Gehilfen der Exklusion. Im April 1942 wurde in einer Abteilungsverfügung vorgeschrieben, dass künftig bei neuen Rentenanträgen aus den eingegliederten Ostgebieten vor Bescheiderteilung festzustellen sei, ob die Berechtigten arisch seien. „Da uns nicht bekannt ist, welche unserer Rentenempfänger in den betreffenden Gebieten wohnen und wer davon Jude ist, wir aber annehmen, dass dies dort bekannt ist“, bat man abermals die örtlichen Behörden um Mithilfe.[239] Sämtliche Landräte und Bürgermeister wurden über den neuen Erlass informiert und dazu aufgefordert, „möglichst bald“ ein Verzeichnis der örtlichen Juden an die RfA zu schicken.[240] Die Antworten aus den Amtsstellen in den Ostgebieten waren diesmal jedoch höchst unzulänglich und enthielten Rückmeldungen, die die RfA von ihren Nöten, gleichsam im Voraus unberechtigte jüdische Rentenempfänger zu identifizieren, nicht befreite. Viele Bürgermeister und Ortspolizeistellen meldeten inzwischen Fehlanzeige und verwiesen auf die Probleme und den Aufwand, eine gewünschte „Judenliste“ aufzustellen.[241] Das Versicherungsamt des Landkreises Beuthen-Tarnowitz meldete Mitte Juli 1942 ganze zwei jüdische RfA-Rentenbezieher, wobei der einen Rentnerin bereits die Rentenzahlung eingestellt worden war, wie die RfA-Beamten bei der Überprüfung feststellten, und der andere Rentner als Mischling in Kategorie 3 der Volksliste registriert war und daher die Ruhegeldzahlung inzwischen wieder erhielt.[242] Die

---

237 Vgl. dazu auch Mischkowsky, S. 54 und auch Kirchberger, S. 129 ff.

238 Vgl. dazu auch das Schreiben des RAM vom 13.3.1943, in: RfA-Archiv Fach 34, Nr. 4 sowie auch die Verordnung, in: Mitteilungen der RfA Nr. 5, 1943, S. 15.

239 Abteilungsverfügung vom 22.4.1942, in: RfA-Archiv Nr. 163 c.

240 Vgl. dazu exemplarisch das Schreiben der RfA an den Oberbürgermeister des Stadtkreises Königshütte vom 22.4.1942, in: ebd.

241 Vgl. dazu etwa das Schreiben der Ortspolizei Königshütte an die RfA vom 4.5.1942 sowie des Landrats von Teschen vom 13.5.1942, in: RfA-Archiv Nr. 163 c.

242 Vgl. die entsprechenden handschriftlichen Notizen auf dem Schreiben des Versicherungsamtes, in: ebd.

Schwierigkeiten auch der anderen Versicherungsträger, in den Ostgebieten die jüdischen Bezugsberechtigten zu identifizieren, führte im September 1942 schließlich beim Reichsverband der gewerblichen Berufsgenossenschaften zu einer Initiative, die Reichspost bzw. Postanstalten bei den Ermittlungen jüdischer Rentenbezieher einzusetzen. Für die rentenauszahlenden Postbeamten würden die Gesuchten an dem gelben Stern ohne weiteres erkenntlich sein.[243] Die Idee des Berufsgenossenschaftsverbandes war gar nicht so originell, denn eine entsprechende Aktion hatte offenbar bereits zwei Mal für die LVA Oberschlesien stattgefunden. Auf jeden Fall erklärte sich die RfA im Dezember bereit, sich an der neuerlichen Aktion zu beteiligen.

Da jedoch alle Versicherungsträger, veranlasst auch durch ständige entsprechende Verlautbarungen aus dem RAM, davon ausgegangen waren, dass „in Kürze" eine für das ganze Reichsgebiet geltende Verordnung über die Sonderbehandlung von Juden und Zigeunern in der Reichsversicherung in Kraft treten würde, sah man von der Sonderaktion gegen jüdische Rentenbezieher in Ostoberschlesien ab.[244]

Die Jahre 1943 und 1944 waren für die RfA von anhaltenden verwaltungsorganisatorischen Problemen geprägt, aber auch von zunehmenden Routinen und bürokratischer Effizienz bei der weiteren Durchführung der Angestelltenversicherung in den Ostgebieten. Die LVA Danzig-Westpreußen und die RfA vereinbarten etwa im August 1943 eine gegenseitige Information über Widerrufe von Staatsangehörigkeit bei denjenigen Rentenberechtigten, die in Abteilung 3 und 4 der Deutschen Volksliste eingetragen waren und damit nun unter das „Polenstatut" fielen, um Überzahlungen bei Renten zu vermeiden.[245] Noch immer gab es eine verwirrende Flut von Verordnungen und Maßnahmen zur Sozialversicherung in den Ostgebieten, mit denen die Exklusion der Polen und Juden einerseits weiter verschärft wurde, die aber andererseits auch von „neueren Absichten" geprägt waren, „den ehemaligen polnischen Versicherten ihre höheren Ansprüche aus der polnischen Versicherung möglichst zu erhalten", wie die RfA im Dezember 1943 in einem Brief zum Problem der Berechnung übernommener polnischer Renten notierte.[246]

Zeitgleich bahnten sich im Frühsommer 1943 Konflikte mit den Parteistellen an. Im Juni 1943 beschwerte sich der Gauleiter von Oberschlesien in einem Brief beim Reichsarbeitsministerium darüber, dass die Vorschriften über den Geltungsbereich der Ostgebietsverordnung beim RVA wie bei allen Versicherungsträgern „neuerdings eine Auslegung gefunden [haben], die für zahlreiche Volksdeutsche meines Gaues zu einem unhaltbaren Ergebnis führt".[247] Bekanntlich sollte die Verordnung für Schutzangehörige und Staatenlose polnischen Volkstums keine Anwendung finden und daher war es Verwaltungspraxis der Versicherungsträger gewesen, Volksdeutschen erst dann die

243 Vgl. Schreiben des Reichsverbands an das RVA vom 8.9.1942, in: ebd.

244 Vgl. Schreiben des RVA vom 8.1.1943, in: BArch R 89/15158.

245 Vgl. das Schreiben der LVA Danzig-Westpreußen an die RfA vom 23.8.1943, in: RfA-Archiv Nr. 128. Vgl. darin auch eine entsprechende Liste von Betroffenen vom 4.8.1944.

246 Das Schreiben vom 2.12.1943, in: BArch R 89/3208.

247 Das Schreiben vom 21.6.1943, in: ebd.

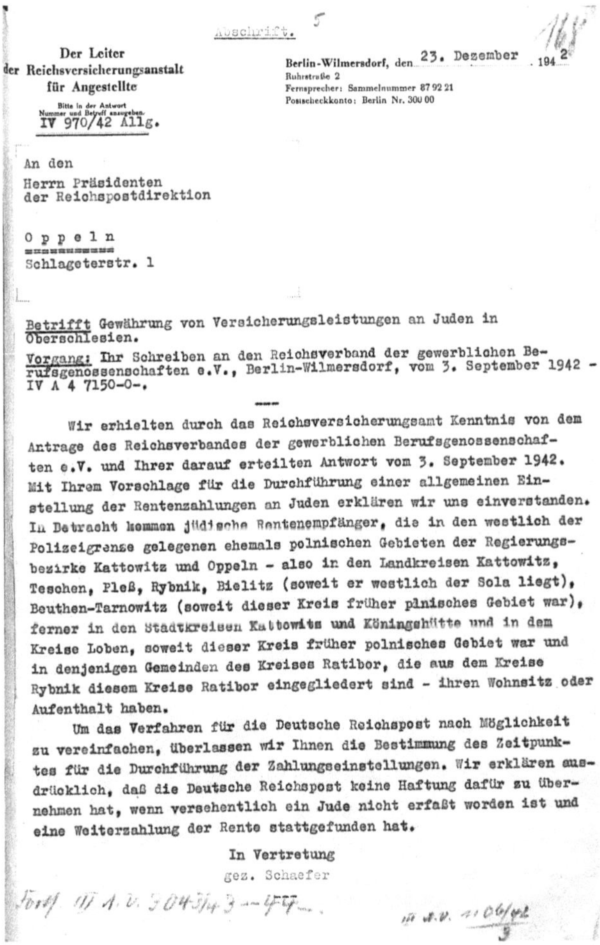

Abschrift.

Der Leiter
der Reichsversicherungsanstalt
für Angestellte

Bitte in der Antwort Nummer und Betreff anzugeben.
IV 970/42 Allg.

Berlin-Wilmersdorf, den 23. Dezember 1942
Ruhrstraße 2
Fernsprecher: Sammelnummer 87 92 21
Postscheckkonto: Berlin Nr. 300 00

An den
Herrn Präsidenten
der Reichspostdirektion

O p p e l n
Schlageterstr. 1

Betrifft Gewährung von Versicherungsleistungen an Juden in Oberschlesien.
Vorgang: Ihr Schreiben an den Reichsverband der gewerblichen Berufsgenossenschaften e.V., Berlin-Wilmersdorf, vom 3. September 1942 – IV A 4 7150-0-.

Wir erhielten durch das Reichsversicherungsamt Kenntnis von dem Antrage des Reichsverbandes der gewerblichen Berufsgenossenschaften e.V. und Ihrer darauf erteilten Antwort vom 3. September 1942. Mit Ihrem Vorschlage für die Durchführung einer allgemeinen Einstellung der Rentenzahlungen an Juden erklären wir uns einverstanden. In Betracht kommen jüdische Rentenempfänger, die in den westlich der Polizeigrenze gelegenen ehemals polnischen Gebieten der Regierungsbezirke Kattowitz und Oppeln – also in den Landkreisen Kattowitz, Teschen, Pleß, Rybnik, Bielitz (soweit er westlich der Sola liegt), Beuthen-Tarnowitz (soweit dieser Kreis früher plnisches Gebiet war), ferner in den Stadtkreisen Kattowitz und Königshütte und in dem Kreise Loben, soweit dieser Kreis früher polnisches Gebiet war und in denjenigen Gemeinden des Kreises Ratibor, die aus dem Kreise Rybnik diesem Kreise Ratibor eingegliedert sind – ihren Wohnsitz oder Aufenthalt haben.

Um das Verfahren für die Deutsche Reichspost nach Möglichkeit zu vereinfachen, überlassen wir Ihnen die Bestimmung des Zeitpunktes für die Durchführung der Zahlungseinstellungen. Wir erklären ausdrücklich, daß die Deutsche Reichspost keine Haftung dafür zu übernehmen hat, wenn versehentlich ein Jude nicht erfaßt worden ist und eine Weiterzahlung der Rente stattgefunden hat.

In Vertretung
gez. Schaefer

Abb. 60: Schreiben Grießmeyers vom 23. Dezember 1942 betr. Gewährung von Versicherungsleistungen an Juden in Oberschlesien

Leistungen zuzuerkennen, wenn sie in die deutsche Volksliste aufgenommen wären. Das Reichsarbeitsministerium hatte sich dann aber auf Intervention des Gauleiters davon überzeugen lassen, dass die „besonderen Verhältnisse in meinem Gau eine andere Handhabung der Bestimmungen" verlangten und deshalb verfügt, dass die Leistungen zwar grundsätzlich vom Tag der Eintragung in die Volksliste an zu gewähren seien, „dass aber der späteste Termin für den Leistungsbeginn der in der Verordnung genannte Stichtag wäre".[248] Aufgrund dieser Auslegung zahlten RfA wie LVA die Renten bereits bei Vorliegen einer vorläufigen Bescheinigung über die polnische Volkstumszugehörigkeit. Zum Jahresbeginn 1943 hatte es dann aber beim RVA einen Sinneswandel

248 Ebd.

gegeben, aufgrund dessen die Versicherungsträger dazu übergegangen waren, vor der Aufnahme in die Volksliste jede Leistungsgewährung kategorisch abzulehnen, auch wenn die sonstigen versicherungsrechtlichen Voraussetzungen gegeben wären. Das hatte in den eingegliederten Gebieten Oberschlesiens in den Augen des Gauleiters zu „völlig untragbaren Folgen" geführt, zumal das Aufnahmeverfahren in die Deutsche Volksliste immer noch im Gang war. Durch diese Änderung der Verwaltungspraxis war eine aus der Sicht der NS-Machthaber höchst unerwünschte unterschiedliche Behandlung der Volksdeutschen eingetreten, denn während die einen bereits ihre Leistungen erhielten, blieb sie den anderen versagt. „Vor allem muss ich es ablehnen", so führte der Gauleiter dazu weiter aus, „dass dadurch Volksdeutsche meines Gaus bis zur endgültigen Eintragung in die Volksliste praktisch wie Polen behandelt werden. Dies führt zu einer völlig unnötigen Erschwerung der Eindeutschungsarbeit."[249] Viele Ehemänner und Söhne dieser davon betroffenen „Volksdeutschen" dienten zudem bereits in der Wehrmacht, da sich die hier zuständigen Stellen bei der Überprüfung der Volkstumszugehörigkeit nicht so viel Mühe gemacht hatte. Damit drohte der in den Augen des Gauleiters geradezu katastrophale Fall, dass den Hinterbliebenen eines gefallen Volksdeutschen die Rentenleistung durch die Versicherungsträger verweigert würde. Der bürokratische Rigorismus produzierte nicht das erste Mal unbeabsichtigte Folgen, die den Zielen der regionalen NS-Funktionäre ebenso zuwiderliefen wie denen des NS-Regimes insgesamt.

Das Reichsarbeitsministerium reagierte erst über ein Jahr später, im November 1944, auf die sich offenbar häufenden Probleme mit der versicherungsrechtlichen Behandlung von denjenigen Polen, über deren Aufnahme in die Deutsche Volksliste noch nicht entschieden worden war. Es wurde bestimmt, dass die Betroffenen zwar rechtlich Schutzangehörige minderen Rechts seien, aber von den Versicherungsträgern nicht als Schutzangehörige polnischen Volkstums angesehen werden dürften.

> Es ist daher nichts dagegen einzuwenden, dass ehemals polnische Staatsangehörige, über deren Antrag auf Aufnahme in die Deutsche Volksliste noch nicht entschieden ist, bis zur endgültigen Entscheidung der Volkslistendienststelle im Rahmen der Reichsversicherung auch dann als Versicherte nichtpolnischen Volkstums behandelt werden, wenn sie keine der vorgeschriebenen Bescheinigungen besitzen.[250]

Erst wenn ein endgültig ablehnender Bescheid der Volkslistendienststelle vorlag, waren die Versicherungsträger dazu verpflichtet, die Leistungsgewährung nach dem für die Versicherten nichtpolnischen Volkstums geltenden Recht einzustellen und das sogenannte Polenstatut anzuwenden. Noch im November 1944 wurde mithin weiter an Details der Umsetzung der Ostgebietsverordnung gefeilt und diese im Sinne der völkisch-rassischen Ziele des NS-Regimes weiter optimiert.[251] Im Mai 1943 bereits war

249 Ebd., S. 2.

250 Schreiben des RAM an das RVA vom 11.11.1944, in: RfA-Archiv Fach 34, Nr. 4.

251 Vgl. dazu das Schreiben des RAM vom 29.3.1944, in: RfA-Archiv Fach 18, Nr. 3.

vom RAM ein Gesetzentwurf für die von den Versicherungsträgern schon länger geforderte besondere Behandlung von Polen in der Reichsversicherung vorgelegt worden, der sich stark an den „Polenstatut“ in den Ostgebieten anlehnte und nun auch die Polen im Altreich einer entsprechenden „Sonderregelung“ unterwarf.[252]

Im Juli 1943 legte das RAM die bereits früher erwähnte „Zweite Verordnung über Leistungsverbesserungen in der Rentenversicherung“ vor, die am 12. Oktober 1943 in Kraft trat und mit Stichtag 1. Januar 1944 die Rentenerhöhungen über das Altreich hinaus auch für die Alpen- und Donauregionen, die ehemaligen tschechoslowakischen Gebiete und die eingegliederten Ostgebiete gewährte.[253] Berechtigte konnten nun einen erhöhten Grundbetrag von 840 RM jährlich sowie vor allem auch ab 1. Oktober 1943 eine weitere Zusatzrente erhalten.[254] Sie betrug beim Ruhegeld im Durchschnitt 32 RM monatlich, bei der Witwenrente 16 RM und bei den Waisen 12,50 RM. Die genaue Höhe war jedoch nach Höhe der jeweiligen Rente gestaffelt.[255] Für die RfA war das mit einer erheblichen Mehrbelastung verbunden, da die Erhöhungen nicht pauschal erfolgten, sondern für jede Rente gesondert berechnet werden mussten. Nach überschlägiger Rechnung waren infolge der Verordnung knapp 76.000 übernommene und 28.000 neu festgestellte Renten, insgesamt mithin über 100.000 Renten neu zu berechnen, wovon mit knapp 40.000 Renten (23.398 Ruhegeldern, 14.762 bzw. 1534 Witwen- und Waisenrenten) mehr als ein Drittel auf die Ostgebiete entfiel.[256] Neben den Leistungen wurden durch die Verordnung ab Januar 1944 aber auch die Versicherungsbeiträge in den Ostgebieten von acht auf zehn Prozent der Entgelte erhöht.[257] Die neuen Beitragsregelungen machten allerdings auch die Ausgabe neuer Versicherungskarten notwendig, die – versehen mit dem roten Aufdruck „Nur für die eingegliederten Ostgebiete gültig“ – im Lauf des Jahres 1944 durch die RfA ausgegeben wurden.[258] Die Vereinnahmung der Beiträge und die Abführung an den jeweiligen Versicherungsträger klappte allerdings nur leidlich. Im August 1944 musste sich nach Beschwerden der RfA das RAM einschalten, da bislang nicht genau geregelt

252 Vgl. dazu den Schnellbrief des RAM vom 7.5.1943, in: RfA-Archiv Fach 119, Nr. 1, auch in: BArch R 2/18562.

253 Vgl. dazu den Entwurf vom 7.7.1943, in: RfA-Archiv Nr. 36 und die VO selbst vom 12.10.1943, in: Mitteilungen der RfA Nr. 1, 1944, S. 1–2.

254 Diese hatte anders als die „Zusatzrenten“ vom Dezember 1940 einen eigenständigen Charakter.

255 Vgl. Vermerk der RfA vom Oktober 1943, in: RfA Archiv Nr. 200. Mitte Juni 1942 hatte das RAM schon einmal einen Entwurf einer Verordnung über Leistungsverbesserungen der Rentenversicherung vorgelegt, der sich nur auf die eingegliederten Gebiete bezog. Darin waren Verbesserungen im Gesamtumfang von rund 105 Mio. RM vorgesehen, ohne dass aber die einzelnen Maßnahmen genauer spezifiziert worden wären. Vgl. Schreiben bzw. Vermerk des Reichsfinanzministeriums vom 16.6.1942, in: BArch R 2–18562.

256 Vgl. das Schreiben der RfA an das RAM vom 20.7.1943 mit Kommentaren zu dem Verordnungsentwurf, in: RfA-Archiv Fach 111, Nr. 10. Zu den Zahlen vgl. die Statistik vom 30.6.1943, in: RfA-Archiv Nr. 200.

257 Vgl. dazu auch Mischkowsky, S. 71 ff.

258 Vgl. Schreiben der RfA an den Überwachungsbeamten in Breslau vom 11.5.1944, in: RfA-Archiv Fach 34, Nr. 3.

war, dass die Landesversicherungsanstalten die an sie abgeführten Beiträge für sämtliche Angestellte in den eingegliederten Ostgebieten auch an die RfA weiterleiteten und vor allem nach welcher Schlüsselung dies erfolgen sollte. Die LVA Wartheland in Posen hatte zwar monatliche Zahlungen nach Berlin geleistet, allerdings nur auf der Grundlage eigener, grober Schätzungen. Die LVA Danzig-Westpreußen hatte sogar bislang überhaupt keine Zahlungen an die RfA vorgenommen.[259]

Eine endgültige Vermögensauseinandersetzung zwischen der RfA mit der Warschauer Sozialversicherungsanstalt, auf die man in der Ruhrstraße angesichts der aufgelaufenen erheblichen Mittel durchaus hoffte, fand im Übrigen letztlich nie statt. Am 8. April 1940 war dies erstmals auch Gegenstand der Beiratssitzung gewesen, aber schon damals hatte Grießmeyer auf die Frage eines Beiratsmitglieds, ob die RfA als Ausgleich für die Zahlungen nach Ostoberschlesien von der ehemaligen polnischen Sozialversicherung ein gewisses Vermögen erwarten könne, lakonisch geantwortet, dass nach den bisherigen Feststellungen mit irgendwelchem Kapital nicht zu rechnen sei. Die RfA habe lediglich einigen Grundbesitz in Kattowitz übernommen.[260] Ende November 1941 hatte dann die Haupttreuhandstelle Ost die Versicherungsträger darüber informiert, dass von den ursprünglich durch diese zu Auszahlungszwecken an die polnische Postsparkasse gezahlten ca. 600.000 RM nur noch ein Bruchteil vorhanden war, da etwa 500.000 RM im Zuge diverser Aufrechnungen zwischen den Forderungen und Schulden der Deutschen Reichsbank und der ehemaligen Bank Polski zweckentfremdet worden und damit verloren waren.[261] Im August war es dann offensichtlich zumindest zu einer Teilübernahme gekommen, denn das bisher nur treuhänderisch verwaltete Vermögen der früheren polnischen Angestelltenversicherung in Ost-Oberschlesien war nunmehr, wie die RfA in ihrem Geschäftsbericht für 1943 darstellt, nach einem Erlass des RAM auf die RfA übergegangen.[262] Eine genaue Summe wurde aber nicht genannt. Mitte April 1944 informierte das Reichsarbeitsministerium die Versicherungsträger schließlich über ein Abkommen zwischen der Haupttreuhandstelle Ost und der Regierung des Generalgouvernements, dessen Gegenstand die Vermögensauseinandersetzung zwischen dem Reich bzw. der Reichsversicherung und dem Generalgouvernement, sprich der Hauptanstalt für Sozialversicherung in Warschau war. Das RAM selbst war weder an den Vorverhandlungen noch am Abschluss beteiligt.[263] Demnach sollte die Warschauer Anstalt 650 Mio. Zloty, umgerechnet also ca. 325 Mio. RM, an die Reichsversicherung und ihre Träger bezahlen; doch wann und wieviel davon auf die RfA entfallen würde, war nach wie vor ungeklärt. Irgendwelche Transaktionen kamen aufgrund der Kriegsentwicklung dann auch nicht mehr zustande.

259 Vgl. Schreiben der RfA an das RAM über das RVA vom 9.8.1944, in: ebd.

260 Vgl. Niederschrift der elften Beiratssitzung vom 8.4.1940, S. 17, in: BArch R 89/3470.

261 Vgl. das Schreiben der Haupttreuhandstelle Ost vom 28.11.1941, in: RfA-Archiv Nr. 163.

262 Vgl. Geschäftsbericht 1943, S. 4, in: BArch R 89/3513.

263 Vgl. dazu den Vermerk des RAM vom 17.4.1944, in: BArch R 89/3208.

Es war letztendlich eine ganze Fülle von Erlassen und Verordnungen, mit denen das RAM erst nach und nach die in den einzelnen besetzten Ostgebieten gültigen polnischen Rechtsvorschriften in der Sozialversicherung „ausmerzte“ bzw. in deutsches Versicherungsrecht überleitete. Ob die annektierten Gebiete dabei tatsächlich ein sozialversicherungspolitisches Experimentierfeld für eine Besatzungspolitik waren, deren Maßnahmen nach dem erwarteten „Endsieg“ mehr oder weniger auch in den anderen Gebieten praktiziert worden wären, sei dahingestellt.[264] Im Generalgouvernement waren sicherlich die rassisch-völkisch begründeten diskriminierenden und exkludierenden Maßnahmen in der Rentenversicherung am ausgeprägtesten realisiert worden. Unbestritten ist, dass die Rentenversicherungsmaßnahmen und das Agieren der RfA als Exekutions- und Umsetzungsbehörde für die Eindeutschungs- und Germanisierungsmaßnahmen des NS-Regimes instrumentalisiert wurden. Allerdings zeigt die Beschwerde des Gauleiters von Oberschlesien, dass es vielfach nicht intendierte Effekte gab, sprich ein eher amivalenter Erfolg der Rentenpolitik in den besetzten Ostgebieten zu verzeichnen war, sowohl was die Privilegierungen der „Volksdeutschen“ wie auch was die versicherungsrechtliche Schlechterstellung der rassisch und völkisch „Minderwertigen“ anging. Die Entscheidungs- und Verwaltungsprozesse bei der Einführung der Angestelltenversicherung in den ehemaligen Gebieten Polens sind hier deshalb ausführlich rekonstruiert worden, da sich damit erst das ganze Ausmaß und die Art und Weise erkennen lassen, dass und wie eigentlich vom NS-Regime einfach gedachte rassisch-völkisch begründete Exklusion und Diskriminierung sowie die Produktion von Unrecht mit erheblichem bürokratischem Aufwand verbunden waren; vor allem dann, wenn wie im Fall der Angestelltenversicherung versucht wurde, dies alles in scheinbar formrechtlich korrekte Verordnungen und Gesetze zu gießen. Und nicht selten verstrickte man sich dabei wie gesehen auch in die eigenen Widersprüche und stieß an die Grenzen behördlicher Arbeitsprozesse und Verwaltungspraktiken. Die RfA steht dafür geradezu exemplarisch.

7.3 Statistischer Rückblick: Rentenbewegungen, Versicherungs- und Beitragsleistungen in der Angestelltenversicherung 1939 bis 1944/45

Die Zahl der Versicherten in der Angestelltenversicherung war auch im Krieg weiter gestiegen, von 5,8 Mio. (1939) auf ca. sieben Mio. (1944/45), d. h. um etwa 20 Prozent. Dazu trugen die demographische Entwicklung, das anhaltende quantitative Wachstum der Angestelltenberufe und schließlich die geographische Integration der besetzten und eingegliederten Gebiete bei.

---

264 Vgl. dazu Hans Umbreit, Die deutsche Herrschaft in den besetzten Gebieten 1942–1945, S. 111, in: Das Deutsche Reich und er Zweite Weltkrieg, hrgg. vom Militärgeschichtlichen Forschungsamt, Bd. 5/2, Stuttgart 1999 und auch mit ähnlicher These für das Generalgouvernement Kirchberger, S. 127 ff.

Tab. 23: Zahl der RfA-Versicherten 1939 bis 1944

Jahr	Zahl der Versicherten insg.
1939	5,8 Mio.
1940	6,3 Mio.
1941	6,7 Mio.
1942	7,0 Mio.
1943	7,0 Mio.
1944	7,0 Mio.

Zusammengestellt nach den Angaben in: RfA-Berichte zur Entwicklung der AV im Jahr 1939ff. Vgl. auch Scharf, Die Entwicklung der Angestelltenversicherung in Zahlen, in: Die Angestelltenversicherung 3 (1956), S. 269–276.

Seit 1942 war allerdings erstmals nach den langen Jahren der Zunahme eine Stagnation der Versichertenzahlen zu verzeichnen. Die Zahlen lassen allerdings kaum ahnen, welche Dynamik sich innerhalb des Versichertenbestandes und einzelner Versichertengruppierungen verbirgt, sei es bei der statistisch leider nicht erfassten Zu- bzw. Abnahme von weiblichen und männlichen Versicherten oder infolge des Hinzukommens der Handwerker. Im Grundsatz blieb die Angestelltenversicherung auch im Krieg klassisch beitragsfinanziert. Die Beitragsleistungen kletterten von 1939 bis 1943 von 0,8 auf 1,3 Mrd. RM (d. h. um über 50 Prozent). 1941 wurde erstmals die Marke von einer Mrd. RM an Beitragseinnahmen übersprungen, obwohl die zur Wehrmacht eingezogenen Angestellten beitragsfrei waren und damit als Zahler ausfielen. Ausgeglichen wurde dies unter anderem durch die besonders dynamisch ausfallende Beitragseinnahmenentwicklung in der „Ostmark“, dem Sudetenland sowie den übrigen eingegliederten Gebieten nach der vollen Integration in die deutsche Kriegswirtschaft. Auch die Beitragseinnahmen durch die versicherungspflichtigen Handwerker schlugen erst im Laufe des Krieges durch. Erst 1944 setzte ein leichter Rückgang der Beitragseinnahmen ein. Die Bedeutung der Zinseinnahmen schrumpfe dabei angesichts der staatlich verordneten Zinssenkungen deutlich von 17,2 Prozent (1939) auf zwölf Prozent (1943) der Gesamteinnahmen, stieg dann aber 1944/45 wieder an. Die schrumpfenden Zinseinnahmen waren laufend Thema in den Beiratssitzungen der RfA, denn das starke Anwachsen der Zahl der Reichsanleihen, die die RfA kaufen musste, drückte auf die einst relativ hohe Durchschnittsverzinsung des RfA-Kapitals. Auf dem Papier war der RfA zwar gestattet, im Neugeschäft für Darlehen 4,5 Prozent Zinsen zu verlangen, „aber leider hat dies keine praktische Bedeutung, da wir unsere verfügbaren Mittel in 3,5 prozentigen Reichswerten anlegen müssen“, wie Grießmeyer auf der Beiratssitzung im April 1943 beklagte.[265] Dennoch war die RfA auf dem verbliebenen Kapitalmarkt bis dahin ein einflussreicher Mitspieler mit Handlungsspielräumen gewesen, dessen seinerseits im Januar 1941 vorgenommene Zinssenkung für Darlehen von 4,5 auf 4 Prozent erhebliche Proteste bei den konkurrierenden Banken ausgelöst hatte. Aus dem Reichswirtschaftsministerium, so sei damals Grießmeyer bedeutet worden, werde er in Bälde einen „nicht ganz freundlichen Brief wegen [dieser] Zinssenkung bekommen; dort häuften sich Klagen von Instituten des Realkredits, die sich durch das Vorgehen der Sozialbversicherungsträger gestört fühlen",[266] so Grießmeyer auf einer Beiratssitzung.

Von wachsendem Einfluss auf die Gesamteinnahmen waren aber vor allem die Erstattungen und Reichszuschüsse, die zwischen 100 und über 200 Mio. RM jährlich schwankten. Ein Teil speiste sich dabei aus den jährlichen Überweisungen der Arbeitslosenversicherung, die 1939 noch knapp 170 Mio. RM betrugen, bis 1943 dann aber auf 262,5 Mio. RM anstiegen.[267] Dazu kamen seit 1941 die Reichszuschüsse infolge der Leistungsverbesserungsgesetze, die 1941 zunächst nur knapp 27 Mio. RM betrugen, 1943 dann aber auf 422,2 Mio. RM hochschnellten. Ergänzend erfolgten 1943 noch 545,5 Mio. RM an Erstattungen von den Invalidenversicherungsträgern und dem Reich als anteilige Kosten für Wanderversicherte.[268] So erklärt sich auch der hohe Gesamterstattungsbetrag im Jahr 1943 von über 970 Mio. RM. Allerdings zahlte das Reich nicht in bar, sondern in Schuldverschreibungen, was den Bestand der RfA an Reichsanleihen weiter aufblähte.

Tab. 24: Gesamteinnahmen der RfA 1939 bis 1944/45 (in Mio. RM)[269]

Jahr	Beitragsleistungen	Zinsen	Erstattungen / Reichszuschüsse	Insgesamt
1939	854,4	200,1	102,9	1157,4

265 Niederschrift der Beiratssitzung vom 12.4.1943, S. 3, in: BArch R 89/3471. Weitere Zinsdebatten auch auf der Beiratssitzung am 8.4.1940, S. 11, in: BArch R 89/3470.

266 Grießmeyer auf der Beiratssitzung vom 21.4.1941, S. 4, in: BArch R 89/3470.

267 Vgl. die Angaben bei Mörschel, S. 644. Zu den komplizierten Finanzausgleichregelungen zwischen den Versicherungsträgern vor allem bei den Wanderversicherten vgl. auch den Bericht der RfA über die Forderungen und Verpflichtungen der RfA gegenüber den übrigen Versicherungsträgern vom 23.4.1941, in: RfA-Archiv Nr. 26. Vgl. auch den Vermerk über eine Besprechung im RVA über die Pauschalisierung der Erstattungsansprüche aus Renten von Wanderversicherten vom 17.3.1943, in: RfA-Archiv Nr. 38. Vgl. dazu auch weitere Vermerke und Schriftwechsel, in: RfA-Archiv Nr. 200.

268 Vgl. dazu den Rechnungsabschluss der RfA für 1943, in: RfA-Archiv Nr. 79.

269 Vgl. dazu RfA-Archiv Nr. 10. Der nachträgliche Rechnungsabschluss für die Zeit vom 1.1.1944 bis 8.5.1945 kommt auf 1,47 Mio. RM, d.h. im Monatsdurchschnitt auf 91,8 Mio. RM oder allein auf 1944 berechnet 1,1 Mrd. RM, also etwas niedriger als veranschlagt. Auch die ursprünglich geplanten Zinseinnahmen waren deutlich höher als die realen 345,975 Mio. RM. Zusammengestellt nach den Angaben in: wie oben sowie Rechnungsabschluss der RfA für das Geschäftsjahr 1939 ff., in: BArch R 89/3470 und Rechnungsabschluss der RfA für das Geschäftsjahr 1943, in: RfA-Archiv Nr. 79, vgl. auch Rechnungs-

Tab. 24: Gesamteinnahmen der RfA 1939 bis 1944/45 (in Mio. RM) *(Fortsetzung)*

Jahr	Beitragsleistungen	Zinsen	Erstattungen / Reichszuschüsse	Insgesamt
1940	966,0	232,1	170,6	1368,7
1941	1094,2	266,3	233,8	1594,3
1942	1178,6	295,0	175,8	1649,5
1943	1319,3	317,4	970,2	2606,9
1944*	1102,5	273,8	195,6	1572,0

* Voranschlag der RfA für das Geschäftsjahr 1944 als geplante Einnahmen 1.306,452.

Auch die Zusatzrenten in den eingegliederten Gebieten wurden aus Mitteln des Reichs finanziert; sie schlugen dann vor allem 1944 zu Buche.[270] Allerdings lehnte es das Reichsfinanzministerium offenbar im Dezember 1944 ab, den hier inzwischen aufgelaufenen Erstattungsforderungen der RfA über 60,7 Mio. RM nachzukommen, sondern forderte die Aufstellung eines Tilgungsplanes, der sich bis zum Jahr 1954 erstrecken sollte.[271] Monatlich erhielt die RfA daher erst einmal vom Reich nur ca. 500.000 RM erstattet und musste für den hohen Restbetrag aus eigenen Mitteln in Vorleistung gehen, die dann bei Kriegsende auch gänzlich verloren waren.

Auch die Gesamtausgaben der RfA stiegen im Krieg deutlich, aber weit weniger stark als die Einnahmen. Hinter der Zunahme von 404 Mio. RM auf 675 Mio. RM zwischen 1939 und 1944 verbarg sich eine deutliche kriesgbedingte Umschichtung der einzelnen Rentenarten – insbesondere der Berufsunfähigkeits- und Hinterbliebenenrenten gegenüber den Altersrenten –, auf die bereits oben hingewiesen wurde und die sich zahlenmäßig jedoch nur schwer erfassen lassen. Der anteilsmäßige Vergleich im Jahr 1942 mit dem Vorjahr wirft ein kurzes Schlaglicht auf die Dynamiken dieser Entwicklung. Die Zunahme gewährter und ausgezahlter Altersruhegelder betrug demnach 22 Prozent, die der Invalidenrenten 32 Prozent, diejenige der Berufsunfähigkeitsrenten infolge von Kriegsverletzungen jedoch 1000 Prozent; die normalen Witwen- und Waisenrenten stiegen um 64 Prozent, die kriegsbedingten Hinterbliebenenrenten nahmen dagegen um 350 Prozent zu.[272] Der Krieg selbst schlug mithin in den Rentenausgaben, insbesondere für Invaliden- und Hinterbliebenenrenten, erst

abschluss der RfA für die Zeit vom 1.1.1944 bis 8.5.1945 sowie auch die Angaben bei Mörschel, S. 640. Zu den statistischen Erhebungen der monatlichen Markenverkäufe vgl. RfA-Archiv Fach 13, Nr. 1.

270 Vgl. auch Schreiben der RfA an das RVA zum Erstattungsprocedere vom 7.9.1944, in: RfA-Archiv Nr. 118.

271 Der Plan, in: ebd.

272 Vgl. dazu die Zahlen im Jahresbericht der RfA für 1942, in: BArch R 89/3471.

mit deutlicher Verzögerung in den Zahlen durch. Dies hatte selbst bei der RfA-Leitung angesichts offenbar anderslautender Erwartungen für Verwunderung (und Erleichterung) gesorgt.[273] Seit 1942 jedoch erfolgten markante Mehrausgaben infolge des Hochschnellens kriegsbedingter Leistungsfälle, die bis Kriegsende anhielten. Zwischen 1933 und 1941 waren die Rentenbewilligungen der RfA wegen Berufsunfähigkeit laufend gesunken, seit 1942 setzte hier jedoch ein deutlicher Umschwung ein. Monat für Monat gingen nun in der Ruhrstraße über 1500 Anträge auf Berufsunfähigkeitsrenten ein.[274] Die positiv beschiedenen Anträge auf Ruhegeld wegen Berufsunfähigkeit infolge von Kriegsverletzungen, die bei der RfA in der sogenannten Kriegsliste statistisch erfasst wurden, stiegen von zunächst 40 (1940) auf 12.478 (1943) und erfuhren vermutlich in der Folgezeit eine weitere rasante Erhöhung, die aber statistisch nicht mehr überliefert ist.[275] Die Anpassung des Versicherungsrechts an die Kriegsverhältnisse, die sich ja nicht nur in Rentenerhöhungen (bzw. Rücknahme der früheren Kürzungen) niederschlug – sondern auch in der Verlängerung der Verjährungs- und Ausschlussfristen, den Erleichterungen hinsichtlich der Erhaltung der Anwartschaft und der Erfüllung der Wartezeit, in der Krankenversicherung der Rentner und schließlich in den vielfach ungedeckten Rentenleistungen an die tausenden neu hinzukommenden Rentner in den eingegliederten und besetzten Gebieten –, brachte für die RfA zwar erhebliche Mehr- und Zusatzkosten, ohne allerdings zumindest kurzfristig die Bilanz zu belasten.

Tab. 25: Ausgaben der RfA für gesetzliche Pflichtleistungen (Renten und einmalige Zahlungen) und Heilverfahren 1939 bis 1944 (in Mio. RM)[276]

Jahr	Renten	Einmalige Zahlungen	Heilfürsorge	Insgesamt
1939	404,2	32,5	33,6	470,3
1940	431,2	30,2	31,5	492,9
1941	483,9	28,7	35,9	548,5
1942	548,8	24,7	39,7	613,2
1943	665,3	21,5	42,8	729,6

273 Vgl. Niederschrift der Beiratssitzung vom 8.4.1940, S. 4, in: BArch R 89/3470.

274 Vgl. dazu auch den Bericht auf der Beiratssitzung vom 12.4.1943, S. 13, in: BArch R 89/3471.

275 Vgl. die Angaben in: RfA-Archiv Nr. 80.

276 Betr. 1944: Laut Gewinn- und Verlustrechnung sowie Rechnungsabschluss der RfA für die Zeit vom 1.1.1944 bis 8.5.1945 erfolgten 900,6 Mio. RM an Rentenzahlungen, d. h. im Monatsdurchschnitt 56,3 Mio. RM. Im Voranschlag für 1944 waren jedoch nur 638 Mio. RM als Rentenausgaben geplant. Nimmt man den Monatsdurchschnitt von 56,289 Mio. RM an gezahlten Renten, so ergeben sich real 1944 mit 675,5 Mio. RM auf jeden Fall deutlich höhere Leistungsausgaben als geplant und veranschlagt. Vgl. dazu RfA-Archiv Nr. 10.

Tab. 25: Ausgaben der RfA für gesetzliche Pflichtleistungen (Renten und einmalige Zahlungen) und Heilverfahren 1939 bis 1944 (in Mio. RM) *(Fortsetzung)*

Jahr	Renten	Einmalige Zahlungen	Heilfürsorge	Insgesamt
1944*	675,5	20,5	57,0	753,0

* Berechnet nach der nachträglich erstellten Gewinn- und Verlustrechnung sowie aufgrund des Rechnungsabschlusses der RfA für die Zeit vom 1.1.1944 bis 8. Mai 1945. Zusammengestellt nach den Angaben in: Siehe oben.

Auch die Aufwendungen für Heilfürsorgemaßnahmen stiegen kriegsbedingt deutlich an und verdoppelten sich nahezu zwischen 1939 und 1944/45 von 33,6 auf 57 Mio. RM. Bis 1940 war die RfA per Gesetz nur dazu ermächtigt, Mittel für Heilverfahrenbereitzustellen, wenn es galt, dadurch eine drohende Berufsunfähigkeit des Versicherten abzuwenden, hinauszuschieben oder eine bereits eingetretene wieder zu beheben. Durch Verfügung vom 13. September 1941 wurden aber dann alle Versicherungsträger auch ermächtigt, Erholungskuren an Versicherte zu vergeben, die infolge der Anstrengungen der Kriegsarbeit erholungsbedürftig geworden waren. Das bisherigen Kriterium der Berufsunfähigkeit wurde damit stillschweigend um den Begriff der „Arbeitseinsatzfähigkeit" erweitert.[277] Bei der RfA firmierten die in diesem Zusammenhang erfolgten Maßnahmen unter dem Begriff „Sozialerholungswerk". Doch ungeachtet der Tatsache, dass damit den Versicherungsträgern ein weiterer Gestaltungs- und Handlungsspielraum in der Gesundheitsfürsorge eingeräumt worden war, gab es Probleme bei der praktischen Durchführung der neuen kurzfristigen Kuren. Die RfA sah sich nun einem zusätzlich verschärften Wettbewerb mit den verschiedenen anderen Gesundheitsorganisationen wie Krankenkassen, Fürsorgeverbände, NSV und DAF um die knappen Plätze in geeigneten Erholungsstätten ausgesetzt.[278] Bis Frühjahr 1942 war es gelungen, gerade einmal 120 Betten für selbst durchgeführte Erholungskuren zu ergattern, die übrigen gewährten Kuren mussten mit Hilfe der Landesversicherungsanstalten durchgeführt werden. Diese Maßnahmen waren nur ein Teil weiterer Bemühungen des NS-Regimes, die Träger der Rentenversicherung für Zwecke der vorbeugenden Gesundheitsfürsorge und zur „Gesunderhaltung des Volkes" in die Pflicht zu nehmen, vor allem bei der Finanzierung des Kampfes gegen die „Volkskrankheit" Tbc, den Krebs, die Geschlechtskrankheiten, das Rheuma sowie die Gefahren von Tabak und Alkohol.[279] Die Tbc-Verordnung vom 8. September 1942, durch die die Landesfürsorgeverbände zur Durchführung der Tbc-Bekämpfung verpflichtet

277 Vgl. dazu die Niederschrift der Beiratssitzung vom 8.12.1941, S. 3, in: BArch R 89/3471.
278 Vgl. dazu die Klagen, in: ebd., S. 15–18. Vgl. dazu auch die eindrucksvolle Schilderung dieses „Bettenkampfes" und die verlorenen und im Gegenzug nur wenigen dazugewonnenen Betten durch Vizepräsident Schaefer auf der Beiratssitzung vom 20.4.1942, S. 17–20, in: BArch R 89/3471.
279 Vgl. dazu auch ebd., S. 4.

worden waren, machte es dann aber notwendig, umfangreiche Richtlinien zur gegenseitigen Abgrenzung des Umfangs der den Rentenversicherten und ihren Angehörigen zu gewährende Leistungen zu schaffen, die dann künftig unter dem Schlagwort „Tuberkuloseversorgungswerk" der Rentenversicherungsträger liefen.[280] 1941 stellte die RfA dafür 267.000 RM, 1942 dann 360.000 RM zur Verfügung.[281] Knapp eine Mio. RM wurden 1942 zudem für die Rachitis- und Vitamin-C-Prophylaxe von Säuglingen und Kleinkindern ausgegeben.[282]

Diese Ausweitung der Funktionen und Aufgaben der Rentenversicherungsträger auf die Gesundheitsfürsorge, die sie damit in eine wachsende Konkurrenz zu den Krankenkassen brachte, fand offenbar bei der RfA-Leitung durchaus positive Resonanz, denn Vizepräsident Schaefer begrüßte schon auf der Beiratssitzung im Dezember 1941 die neuen Richtlinien zur Tbc-Bekämpfung als Maßnahme, durch die den Versicherungsträgern möglichst umfassend die Aufgabe der Tbc-Bekämpfung übertragen werden würde.[283] RfA-Präsident Grießmeyer war zusammen mit dem Präsidenten der LVA Sachsen, Möbius, dann auch Mitglied des neu gegründeten Reichstuberkuloseausschusses geworden, was Grießmeyer diverse zusätzliche Dienstreisen nach Italien, in die Schweiz und in die Slowakei einbrachte.[284] Tatsächlich wurden die Rentenversicherungsträger mit Wirkung vom 1. April 1943 dazu verpflichtet, für den Kreis ihrer Versicherten und deren Angehörigen eine gleichwertige Tuberkulosehilfe sicherzustellen und zu gewähren, wie dies sonst die Gaufürsorgeverbände zu übernehmen gehabt hätten. Das bedeutete aber auch in vielen Fällen anstelle der bisherigen Bezuschussung die Übernahme der Vollfinanzierung.[285] Und die neuen Kompetenzen führten zu Konflikten mit den anderen Tuberkulose-Experten außerhalb der Rentenversicherungsträger, die sich – wie Möbius sich im Mai 1943 gegenüber dem RVA beschwerte – in Person des zweiten Präsidenten des Reichstuberkuloseausschusses, Prof. Kayer-Petersen, in diversen Aufsätzen „wegwerfend über [deren] Leistungen im Tuberkulose-Abwehrkampf" äußerten.[286] Auch unter den Versicherten gab es zahlreiche Unzufriedene, die sich gegenüber der RfA entweder über die Ablehnung ihres Antrags beschwerten oder die „völlig wertlosen Kuraufenthalte bei mangelhaftem und ungenügendem Essen" angesichts der herausgeworfenen Millionensummen kritisierten, die besser für Rentenerhöhungen ausgegeben werden sollten.[287] Über von der RfA praktizierte Sonderreglungen bei Heilverfahrensanträgen von

280 Vgl. dazu das Rundschreiben und die Richtlinien vom 10.6.1943, in: RfA-Archiv Nr. 231 und auch Bonz-MS, S. 256.

281 Vgl. dazu auch das Rundschreiben des RVA an die Rentenversicherungsträger vom 30.11.1940 über die Reichsaufgaben der vorbeugenden Gesundheitsfürsorge 1941 und die dazu von jedem Träger aufzubringenden Mittel, in: BArch R 89/3460.

282 Vgl. Geschäftsbericht der RfA für 1942, S. 5, in: BArch R 89/3471.

283 Vgl. Niederschrift der Beiratssitzung vom 8.12.1941, S. 17, in: BArch R 89/3471.

284 Vgl. Schreiben Grießmeyers an das RVA vom 10.1.1942, in: BArch R 3901/103525, Teil 1, Bd. 3.

285 Vgl. dazu die Niederschrift der Beiratssitzung vom 12.4.1943, S. 23, in: ebd.

286 Vgl. das Schreiben Möbius' an das RVA vom 10.5.1943, in: BArch R 89/2639.

287 Vgl. dazu etwa die Zuschrift vom 1.10.1943, in: RfA-Archiv Nr. 90.

Juden, wie sie etwa im Oktober 1941 im Ständigen Ausschuss des Reichsverbands Deutscher Versicherungsträger diskutiert und einvernehmlich beschlossen wurden, findet sich in den hierzu allerdings nur rudimentär überlieferten Akten der RfA nichts.[288]

Der Umfang der gestellten Heilverfahrensanträge und auch der Anteil der Genehmigungen hat sich allerdings im Krieg kaum verändert. 1939 waren 183.959 Anträge in der Ruhrstraße eingegangen, dann sank mit Kriegsausbruch die Zahl der Anträge auf Gesundheitsfürsorge zunächst deutlich (um ca. 20 Prozent), ehe 1941 und vor allem 1942 mit 201.680 Anträgen ein Anstieg verzeichnet wurde; aber bereits im Jahr darauf waren es wieder 183.261 Heilverfahrensanträge, von denen konstant etwas über 31 Prozent Jahr für Jahr von der Heilverfahrensabteilung der RfA bewilligt wurden.[289] Die RfA kämpfte dabei vor allem mit erheblichen kriegsbedingten Reduzierungen ihres verfügbaren Bettenbestandes in den Sanatorien, Bädern und Heilanstalten, da erhebliche Kapazitäten durch die Militärverwaltung beschlagnahmt worden waren. Eine Reihe von Anstalten war geschlossen oder zu Lazaretten umgewandelt worden.[290] Im Frühjahr 1943 war es der RfA allerdings gelungen, sich in der Schweiz eine größere Anzahl von Plätzen in Schweizer Lungenheilstätten zu sichern, nachdem man dort schon früher in einer Davoser Klinik Belegbetten für Augentuberkulose gehabt hatte.[291] Die tatsächliche Inanspruchnahme und Belegung mit RfA-Versicherten scheiterte dann jedoch zunächst kurzfristig an Devisenproblemen. Erst im Sommer 1943 konnte mit der Belegung begonnen werden. Die RfA brachte insgesamt etwa 300 tuberkulös erkrankte Versicherte in der Schweiz in 15 verschiedenen Kurhäusern unter, wobei sich im Herbst die Beschwerden von dort Untergebrachten – unter anderem über fehlende deutsche Zeitungen, schlechtes Essen, ungeheizte Zimmer und die Separierung von den Privatpatienten – offenbar derart häuften und auch Gehör bei Parteistellen fanden, dass Grießmeyer Anlass sah, im November 1943 eine dienstliche Inspektionsreise nach Davos zu beantragen.[292]

---

288 Vgl. Niederschrift der Sitzung vom 2./3.10.1941, S. 9, in: RfA-Archiv Fach 64, Nr. 3. Juden sollten demnach nur noch Heilverfahren wegen ansteckender Tuberkulose bewilligt werden. Alle übrige Fälle wie etwa die Gewährung von Zahnersatz sollten, selbst auf die Gefahr hin, dass Invalidität einträte, abgelehnt werden. Es fehlen entsprechende Informationen, die Rückschlüsse auf die Bewilligungspraxis der RfA zuließen, was an der bereits erwähnten Aktenüberlieferungslücke der Heilverfahrensabteilung liegt.

289 Bei den Anträgen auf ständige Heilverfahren waren die Bewilligungsquoten aber mit ca. 60 Prozent deutlich höher. Vgl. zu den Zahlen die Angaben in den Geschäftsberichten der RfA für 1939 bis 1944, in: BArch R 89/3471. Vgl. auch Bericht von Vizepräsident Schaefer auf der Beiratssitzung vom 11.12.1939, S. 8 f. und auf der Beiratssitzung vom 2.12.1940, S. 15 f., in: BArch R 89/3470. Vgl. auch die Zahlen der Vorlagen an die beratenden Ärzte von 1931 bis 1943, in: RfA-Archiv Nr. 53.

290 Vgl. dazu auch die Niederschrift der Beiratssitzung vom 8.4.1940, S. 18, in: BArch R 89/3470.

291 Vgl. Niederschrift der Beiratssitzung vom 12.4.1943, S. 24, in: BArch R 89/3471.

292 Vgl. das Schreiben Grießmeyers an das RAM vom 9.10.1943 sowie die Schreiben des Berliner NSV-Hauptamtes an die RfA vom 1. und 2. Oktober 1943, in: BArch R 89/3467.

Der Schwerpunkt der laufenden Renten lag naturgemäß im Altreich, wo sich der Rentenbestand zwischen 1939 und 1944/45 nahezu verdoppelte, auch aufgrund der Tatsache, dass alle *neu* festgestellten und erteilten Renten – auch in der „Ostmark", dem Sudetenland und den übrigen eingegliederten Gebieten – als Reichsrenten liefen und nur noch die, von Jahr zu Jahr aufgrund der demographischen Entwicklung sinkenden, laufenden *übernommenen* Renten regional aufgeschlüsselt wurden. Ende 1941 gab es insgesamt noch 85.056 Renten aus Gebieten außerhalb des Altreichs, 1943 dagegen waren es nur noch 73.138 Renten nach „altem" übernommenem Recht.

Tab. 26: Entwicklung der laufenden Renten nach Regionen 1939 bis 1944

Jahr	Altreich	„Ostmark"	Sudetenland	Ostoberschlesien/ Polen	Danzig	Elsass-Lothringen und Luxemburg
1939	493.947	48.871	26.454	–	–	–
1940	530.794	47.381	26.245	8.097	2.500	–
1941	573.115	46.439	26.492	8.744	2.612	7.510
1942	657.350	40.750	25.125	9.115	2.478	10.475
1943	742.149	38.768	23.855	8.133	2.382	10.966
1944	834.187	36.392	22.405	8.293	2.233	k.A.

Quelle: Zusammengestellt und berechnet nach den Angaben in den Berichten der RfA über die Entwicklung der AV im Geschäftsjahr 1939, S. 3, 1941, S. 3 etc. sowie die monatliche Zusammenstellung der Ruhegeld- und Hinterbliebenenrentenempfänger für Dezember 1944, in: RfA-Archiv Fach 1001, Nr. 6–9 und Material zum Jahresbericht der Leistungsabteilung 1942 bzw. 1943, in: RfA-Archiv Nr. 79 und Nr. 80.

Jahr für Jahr gingen bei der RfA, wie etwa 1943, ca. 125.000 Rentenneuanträge ein, von denen zwar 100.000 (d.h. 80 Prozent) bewilligt wurden, was andererseits aber auch eine Ablehnung von 25.000 Anträgen bedeutet. Nicht nur die Versichertenbiographien hatten sich im Laufe der Zeit und durch den Krieg deutlich auseinanderentwickelt, sondern vor allem auch diejenige von Frauen (Arbeitseinsatz, Witwen, Geschiedene) und Männern (Kriegseinsatz). Eine wachsende Kluft gab es auch zwischen Versicherten und Rentenempfängern. Während Erstere im Zuge der inflationären Entwicklung und den gestiegenen Geld-Einkommen wie erwähnt zunehmend in die höheren Einkommensklassen wechselten und sich auch verstärkt um freiwillige Zusatzversicherungen mit entsprechenden Beitragszahlungen kümmerten, kämpften viele Rentner ungeachtet aller im Krieg erfolgten (bescheidenen) Rentenerhöhungen mit ihren geringen Ruhe- und Hinterbliebenenrenten um die Sicherung des täglichen Lebensunterhalts. Auch wenn viele Rentner durch Wiedereinstieg in das Berufsleben und rüstungswirtschaftliche Arbeitskräftemobilisierung zusätzliche Verdienste und Arbeitseinkommen hatten, so blieb das Rentenniveau im Krieg auch bei den Angestelltenrentnern niedrig. Die Durchschnittsrente in der Angestelltenversicherung betrug zwischen 60 und 70 RM im Monat, bei Wanderversicherten waren es zwischen 70 und 80 RM. Witwen und Waisen mussten mit noch erheblich niedrigeren Renten auskommen. Die Renten erhöhten sich von 1939 bis 1941 gerade einmal um ca. 20 Prozent bei ungleich stärkerem Anstieg der Lebenshaltungskosten. 1942 trat sogar ein Rückgang der Durchschnittsrenten ein. Der Grund dafür war, dass nach § 17 des Leistungsverbesserungsgesetzes zur Erfüllung der Wartezeit schon ein einziger Beitrag zur Angestelltenversicherung genügte. Tatsächlich gab es dadurch zwar mehr Rentenberechtigte, aber mit oft nur geringen Leistungsansprüchen, sprich niedrigen Renten. Bei der Feststellung der Durchschnittsrente in den früheren Jahren waren nur Ruhegelder mit wenigstens 60 Beitragsmonaten zur Angestelltenversicherung berücksichtigt worden.

Tab. 27: Entwicklung der Durchschnittsrente (Vollrenten) 1939 bis 1942 (in RM pro Monat)

Jahr	Ruhegeld	Witwenrente	Waisenrente
1939			
Angestelltenrentner	62,04	30,20	22,62
Wanderversicherter	75,42	38,30	26,21
1940			
Angestelltenrentner	63,75	29,13	20,97
Wanderversicherter	76,49	37,44	24,07
1941			
Angestelltenrentner	74,00	30,29	21,78
Wanderversicherter	89,55	40,40	25,22
1942			
Angestelltenrentner	66,80	29,08	21,48
Wanderversicherter	81,84	38,14	25,11

Quelle: Vgl. die diversen statistischen Angaben, in: RfA-Archiv Nr. 79.

Die Zahlen verbergen aber auch hier die erheblichen Bewegungen, die sich Jahr für Jahr im Bestand der Rentenempfänger vollzogen – altersbedingte Zu- und Abgänge, durch Gesetzesänderungen verursachte oder kriegsbedingt ausgelöste Versicherungsfälle. Monat für Monat wurden tausende Rentenkonten gelöscht und neue angelegt. Auch von der tatsächlichen Struktur der Rentnereinkommen jenseits einfacher Durchschnittsberechnungen bekommt man keinen verlässlichen Eindruck. Ein kleines Schlaglicht hierauf erlaubt immerhin eine im März 1940 vorgenommene Sonderauswertung der RfA, in der sie aus einem Sample von knapp 264.000 Ruhegeldempfängern, das waren immerhin 75 Prozent des damaligen Gesamtbestandes, die jeweiligen Renteneinkommensklassen eruierte. Die maximal mögliche monatliche Höchstrente war demnach 131,60 RM Ruhegeld und 65,80 RM Witwenrente, minimal gab es 32,50 RM Ruhegeld, was praktisch kaum über dem Fürsorgesatz lag.

Tab. 28: Schichtung der laufenden Angestellten-Ruhegelder, Stand 1. März 1940

Monatliche Ruhegelder	Männer	Frauen	Insgesamt
10 bis 50 RM	26.652 (14,1 %)	33.021 (44,0 %)	59.673 (22,6 %)
51 bis 100 RM	138.017 (73,1 %)	40.935 (54,6 %)	178.952 (67,8 %)
101 bis 150 RM	23.744 (12,5 %)	1.064 (1,4 %)	24.808 (9,4 %)
Über 150 RM	420 (0,2 %)	15 (0,02 %)	435 (0,1 %)
Insgesamt	188.833 (71,6 %)	75.035 (28,4 %)	263.868 (100 %)

Quelle: Zusammengestellt und berechnet nach den Angaben im Vermerk vom 24.4.1940, in: RfA-Archiv Nr. 79.

Das Augenfälligste der obigen Tabelle ist zunächst die im Vergleich zu 1937 anhaltende große Diskrepanz der Renteneinkommen zwischen Männern und Frauen. Weibliche Rentenempfänger rangierten nahezu ausschließlich in den niedrigen Ruhegeldbezugsklassen bis 50 RM und wenig darüber, während die Männer überwiegend deutlich höhere Ruhegelder bis 100 RM und mehr bezogen. Vergleicht man die Zahlen mit der Erhebung von 1937, dann hat sich nicht nur der Anteil der Frauen insgesamt an den Ruhegeldempfängern leicht, aber dennoch signifikant zu Lasten der Männer erhöht; die Schichtungsstruktur hat sich jedoch wohl auch aufgrund dieser Verschiebung tendenziell verschlechtert, d. h. der Anteil der Frauen, aber auch der Männer, in den unteren Renteneinkommensklassen bis 50 RM im Monat hat sich erhöht.[293] Dabei beschwerten sich aber auch nach wie vor Angestelltenrentner mit fast 140 RM im Monat massiv bei der RfA über die unzureichende Altersversorgung und forderten eine „zeitgemässe Erhöhung" der Ruhegeldbezüge.[294] Zahlenmäßig absolut gehörten die meisten Rentenempfänger bei den Männern zur Gruppe derjenigen, die zwischen 70 und 79 RM im Monat bezogen, bei den Frauen dagegen bekam die größte Zahl von ihnen gerade einmal zwischen 40 und 49 RM. Die überwiegende Mehrheit der Rentenempfänger lag tatsächlich in der Kategorie der Durchschnittsrenten, allerdings lag mit einem Viertel aller Angestelltenrentner ein nicht unbeträchtlicher Teil auch unterhalb des Durchschnittsniveaus. Leider fehlen Angaben, die Aufschluss darüber geben könnten, ob und wie sich diese Rentnerschichtung in den folgenden Kriegsjahren noch weiter veränderte.

Letztendlich war das Vermögen der RfA im Laufe des Krieges weiter deutlich angewachsen. Bei Kriegsende im Mai 1945 standen 10,2 Mrd. RM in den Büchern, das waren 125 Prozent mehr als 1939, wo ein Vermögen von 4,5 Mrd. RM verbucht worden war.

293 Vgl. dazu die Angaben in Kapitel 4.4.

294 Vgl. etwa das Schreiben vom 6.1.1943, in: RfA-Archiv Fach 111, Nr. 10.

Tab. 29: Vermögensentwicklung der RfA 1939 bis 1944/45 (in Mrd. RM)

Jahr	
1939	4,527
1940	5,361
1941	6,368
1942	7,366
1943	9,249
1944/45	10,200

Quelle: Zusammengestellt und berechnet nach den Angaben in den Geschäftsberichten 1939 ff., bei Mörschel, S. 640 und Verwaltungsbericht 1945–1952, S. 38. Dort auch der Rechnungsabschluss für die Zeit vom 1.1.1944 bis 8.5.1945.

Rein rechnerisch bestand damit allerdings nach wie vor ein erheblicher Deckungsfehlbetrag, denn den 7,3 Mrd. Vermögen des Jahres 1942 standen, wie Grießmeyer auch auf einer Sitzung des Haushalts- und Rechnungsausschusses betonte, insgesamt Anwartschaften von zehn bis elf Mrd. RM gegenüber.[295] Dazu kam, dass 1944/45 der Großteil mit 7,1 Mrd., mithin über 70 Prozent, nur aus Wertpapieren, sprich Reichsanleihen bestand, die mit Kriegsende wertlos wurden; jeweils etwas mehr als eine Mrd. setzte sich aus Darlehen bzw. Hypotheken zusammen. Der erzwungene Umschichtungsprozess der Anlagearten, gegen den sich Grießmeyer anfangs zu widersetzen versucht hatte, hatte sich damit rasant fortgesetzt, hatte der Anteil der Reichsanleihen bei Kriegsbeginn doch erst wenig mehr als 30 Prozent betragen, der Anteil des Reinvermögens insgesamt in Form von verbrieften Forderungen gegen das Reich jedoch schon 48,6 Prozent.[296] 1940 betrug dieser Anteil bereits 57 Prozent und dieser Trend setzte sich mit rasantem Tempo fort. Selbst von den lukrativen Reichbahnvorzugsaktien musste man sich im Laufe des Jahres 1940 trennen und den Gegenwert stattdessen in vierprozentige Reichsanleihen anlegen.

Gleichzeitig war die traditionelle Förderung des sozialen Wohnungsbaus aus Mitteln des RfA-Vermögens praktisch zum Stillstand gekommen. „Die Betätigung auf dem Markt für hypothekarische Beleihung von Bauvorhaben, die wir in früherer Zeit mit besonderem Eifer und Erfolg gepflogen haben", so berichtete Grießmeyer im April 1942 dem Beirat, „wird aller Voraussicht nach für längere Zeit nur in engstem Rahmen

295 Vgl. Auszug aus der Niederschrift des Haushalts- und Rechnungsausschusses vom 20.4.1942, in: RfA-Archiv Fach 13, Nr. 1.

296 Vgl. dazu den Jahresbericht der RfA für 1939, S. 5, in: BArch R 89/3470 und auch der Bericht Grießmeyers auf der Beiratssitzung vom 20.4.1942, S. 3, in: BArch R 89/3671.

weitergeführt werden können."[297] Grund dafür waren die massiven Interventionen des NS-Regimes in den sozialen Wohnungsbau, wodurch der Bereich für einen Finanzierungsträger des freien Kapitalmarkts, wie ihn die RfA darstellte, völlig unrentabel geworden war. Obwohl Hauptanteilseigner und Eigentümer der Gagfah hatte die RfA von ihrer Wohnungsbaugesellschaft seit 1939 gleichfalls auf Geheiß des Wohnungsbaukommissars keine Dividende mehr erhalten.[298] Schon auf der Beiratssitzung im April 1939 hatte Grießmeyer mit deutlich kritischem Unterton vermieden, von einer Kapitalanlagepolitik der RfA zu sprechen, da es an entsprechendem Betätigungsfeld fehle.

> Die Ströme des Sparkapitals können sich in Deutschland gegenwärtig nicht ein Bett nach eigenem Gefallen suchen, sie werden nach einheitlichem Plan gelenkt vom Willen der Reichsregierung, vom Willen des Reichsfinanz- und Reichswirtschaftsministers. Es gibt keinen freien Kapitalmarkt [mehr].[299]

Sosehr sich Grießmeyer auch gegen die erzwungene Zurverfügungstellung der RfA-Rücklagen für Reichsanleihen und damit für die ungedeckte Rüstungs- und Kriegsfinanzierung wehrte, so blieb ihm nichts anderes übrig, als Jahr für Jahr gegenüber dem Beirat den Vollzug der Maßnahmen mit den entsprechenden Folgen für die Vermögensstruktur der RfA zu vermelden. Dennoch hatte man behördenintern im Januar 1940, wohl auch vor dem Hintergrund der damaligen allgemeinen Annahme eines baldigen erfolgreichen Kriegsendes, eine „Denkschrift über die voraussichtliche Entwicklung der Vermögenslage der Reichsversicherungsanstalt für Angestellte" erstellt.[300] In der 21-seitigen Ausarbeitung war bis 1990 ein Szenario der voraussichtlichen Beitragseinnahmen, Leistungszahlungen und anderen Ausgaben erstellt worden, um unter anderem die Frage zu beantworten, wie lange die RfA mit eigenen Mitteln, also ohne Beitragsübertragungen von der Arbeitslosenversicherung und ohne Reichsmittel ihren Verpflichtungen nachkommen könnte. Die Berechnungen ergaben, dass die RfA vor gewaltigen Herausforderungen stand, würden doch die Belastungen durch männliche und weibliche Ruhegeldempfänger mit 1,6 Mio. Rentnern im Jahr 1990 gegenüber ca. 240.000 Rentnern zum Zeitpunkt der Denkschrifterstellung sieben- bis achtmal größer sein.[301] Allerdings gingen die RfA-Beamten von falschen Prognosen aus: Man rechnete mit deutlich sinkenden Zahlen weiblicher Versicherter und Rentner aufgrund des Ausscheidens durch Heirat, und vor allem spielte der Krieg mit seinen demographischen Folgen überhaupt keine Rolle in den Szenarien. Gemäß der Denkschrift hätten im Jahr 1948, immer ausgehend von stabilen Beitragssätzen, erstmals die Ausgaben die Beitragseinnahmen übertroffen, im Jahr 1956 hätten Bei-

---

297 Ebd.
298 Vgl. dazu die Niederschrift der Beiratssitzung vom 2.12.1940, S. 11, in: BArch R 89/3470.
299 Niederschrift der Beiratssitzung vom 17.4.1939, S. 5, in: ebd.
300 Die Denkschrift als gedruckte Fassung in der Bibliothek der DRV-Bund, Signatur II A 5 8824.
301 Vgl. ebd., S. 14.

träge und Zinseinnahmen nicht mehr ausgereicht, die Ausgaben zu decken, und es hätte mit der Verflüssigung des Vermögens begonnen werden müssen, das im Jahr 1982 vollständig aufgebraucht gewesen wäre, so dass spätestens dann Zuschüsse des Staates notwendig gewesen wären. Das Problem hätte dann aber gelöst werden können, so die Schlussfolgerung der Denkschrift, wenn die gesetzlichen Beiträge um 55 Prozent erhöht worden wären.[302]

Die Zahlen der Vermögensentwicklung zeigen auch, dass sich der Krieg mit seinen wachsenden Finanzierungsanforderungen für die RfA im Zuge ihrer geographischen Ausbreitung praktisch nicht negativ niederschlug, obwohl die RfA bis auf Luxemburg ja in allen Ländern und Gebieten, in die sie ihre Aktivitäten und Zuständigkeiten ausdehnte, eher desolate Vermögensverhältnisse der dortigen früheren Versicherungsträger vorgefunden hatte. Von einer vielleicht auch bei den Beamten in der Vermögensverwaltung der RfA ursprünglich erwarteten Übernahme und Einverleibung größerer Vermögensbestände in den angegliederten, besetzten und eroberten Gebieten konnte keine Rede sein.[303] Nennenswerten Zuwachs gab es im Zuge der Expansion allein beim Grundbesitz insbesondere aus dem Bestand der ehemals österreichischen, tschechischen und Danziger Angestelltenversicherungsträger, von denen ein Teil als nicht zur Daueranlage geeignete Objekte wieder verkauft wurde.[304] 1938 stand noch Grundbesitz im Wert von 33,4 Mio. RM in den Büchern, 1941 waren es bereits 53,1 Mio. RM.[305] Die Bilanz von 1942 verzeichnete weitere nicht spezifizierte Vermögensteile in Höhe von insgesamt 10,2 Mio. RM, die entweder bereits übernommen worden waren oder aber „noch nicht endgültig vereinnahmt werden konnten“.[306] Den Löwenanteil machten 3,985 Mio. RM der früheren Angestelltenversicherungsanstalt Wien aus, gefolgt von Vermögensteilen der Allgemeinen Pensionsanstalt Prag in Höhe von 2,6 Mio. RM, weitere 3 Mio. RM standen noch von den Pensionsinstituten in Böhmen und Mähren aus sowie 702.480 RM an Kapital und Zinsen aus dem Ostgebiet Oberschlesiens. Unter dem Strich jedoch kamen immer neue ungedeckte Versicherungs- und Anwartschaftsverhältnisse hinzu, die – denkt man nur an die ca. ein Mrd. RM Belastung aus der Übernahme der „Ostmark“ – mittel- und langfristig die Vermögensbilanz der RfA erheblich belastet hätten. Insofern war man mit dem verlorenen Krieg auch eine unkalkulierbare Belastung losgeworden.

302 Vgl. ebd., S. 21.

303 Vgl. dazu unter anderem den Bericht über den Stand der Vermögensübernahmen in Österreich, den sudetendeutschen Gebieten, in Ostoberschlesien und in Danzig vom 3.5.1940, in: BArch R 89/3457.

304 Vgl. Geschäftsbericht der RfA für 1941, S. 7, in: BArch R 89/3471.

305 Vgl. Bilanz im Geschäftsbericht der RfA für 1938 sowie Bilanz im Geschäftsbericht für 1941, in: BArch R 89/3470 bzw. R89/3471.

306 Vgl. Bilanz 1942, S. 11, in: Geschäftsbericht der RfA 1942, BArch R 89/3471.

8 Die RfA 1944/45 und der lange Weg der rentenversicherungsrechtlichen Aufarbeitung der NS-Zeit

Die RfA erwies sich auch in den letzten Monaten des totalen Kriegs als effiziente Behörde. Allen Gefahren und Einschränkungen des immer intensiver werdenden Bombenkriegs in Berlin zum Trotz beschäftigte man sich weiterhin mit der verwaltungsmäßigen Bearbeitung rentenversicherungsrechtlicher Probleme, die ihrerseits zunehmend ein Spiegelbild der späten Kriegsjahre waren. Seit Juli 1944 konnten etwa auch jene Versicherten von den besonderen Wartezeitregelungen profitieren, die bisher nur für Wehrmachtsangehörige gegolten hatten. Bei Versicherten, die infolge von Luftangriffen invalide geworden oder gestorben waren, galt die Wartezeit als erfüllt und bei Vorlage der benötigten Urkunden konnte der Antrag auf Berufsunfähigkeits- oder Hinterbliebenenrente gestellt werden.[1] Im Dezember 1944 meldeten sich Flakwehrmänner bei der RfA, die ihren Einsatz als Wehrmachtszeit behandelt sehen wollten und entsprechende Anrechnung auf die Wartezeit forderten.[2] Im April 1945 musste man sich in der Ruhrstraße zudem mit der Versicherungspflicht und rentenversicherungsrechtlichen Stellung der Volkssturmangehörigen beschäftigen.[3] Kurz zuvor hatte sich die RfA noch einen deutlichen Rüffel des RVA gefallen lassen müssen, da der Reichstreuhänder der Arbeit bei der Behörde seiner Ansicht nach eine abweichende Haltung festgestellt hatte, über die er sich umgehend beim Reichsarbeitsministerium beschwerte. Es ging um die Anerkennung der Versicherungsfreiheit von Beamtenehefrauen, eigentlich eine eher nachrangige Frage bei der Auslegung der bestehenden Gesetze, aber das RVA missbilligte mit deutlichen Worten die Verwaltungspraxis der untergeordneten Behörde.[4] Man habe zwar lange Zeit wie die RfA die Auffassung vertreten, dass auch dann eine während des Krieges aufgenommene Tätigkeit vorliege, wenn die Angestellte schon vor September 1939 beschäftigt gewesen sei, sich während des Krieges ihre Beiträge wegen Heirat habe erstatten lassen und dann die Beschäftigung fortgesetzt habe. Aufgrund eines Erlass des RAM vom 28. Februar 1944, der eine enge Auslegung der Bestimmungen forderte und damit für die eher kulante Praxis der RfA zugunsten der Versicherten keine Spielräume mehr ließ, müsse nun jedoch eine Änderung der Haltung vorgenommen werden.

RAM und RVA produzierten ungeachtet der Kriegslage weiterhin eine Fülle von Gesetzesneufassungen, Verfügungsänderungen und Verwaltungsvorschriften. Von

1 Vgl. Schreiben der RfA an einen Ortsbürgermeister vom 20.7.1944, in: RfA-Archiv Nr. 97, Nr. 1.
2 Vgl. das Schreiben an die RfA vom 9.12.1944, in: RfA-Archiv Fach 97, Nr. 4.
3 Vgl. das Auskunftsschreiben der RfA an einen Volkssturmangehörigen vom 5.4.1945, in: RfA-Archiv Fach 77, Nr. 9a.
4 Vgl. das Scheiben des RVA an die RfA vom 14.12.1944 und auch noch vom 25.1.1945, in: RfA-Archiv Fach 79, Nr. 2.

 https://doi.org/10.1515/9783110652741-009

besonderer Bedeutung ist hier die „Erste Verordnung über die Anpassung der Reichsversicherung an den totalen Kriegseinsatz“, deren Beratungen bereits im Juli 1944 eingesetzt hatten und zu dem das RAM dann Ende August 1944 einen ersten Referentenentwurf vorlegte, der unter anderem auch an den zuständigen Beamten im Speer-Ministerium als Reichsbevollmächtigter für den totalen Kriegseinsatz ging.[5] Die Verordnung umfasste nur zwölf Paragraphen mit einer Reihe von Vereinfachungsmaßnahmen, hinter denen sich jedoch radikale Änderungen des bisherigen Leistungsrechts verbargen. Erstens sollte das bisherige Rentenfestsetzungsverfahren mit der genauen Berücksichtigung der jeweils entrichteten Beiträge für die weitere Kriegsdauer außer Kraft gesetzt werden. Anstelle der Individualrenten würden unter Zugrundelegung von Lebensalter und Entgelt einheitliche Vorschüsse geleistet. Die individuelle Rentenberechnung, die ein Spiegelbild des gesamten Arbeitslebens darstellt und die Dauer wie die Qualität der geleisteten Arbeit berücksichtigt, wurde mit einem Federstrich beseitigt. Zweitens wurde für die Vorschüsse das Anwartschaftsrecht völlig beseitigt und drittens wurden auch sämtliche Vorschriften über die Wanderversicherung für die weitere Kriegsdauer außer Kraft gesetzt.[6] Durch das neue Gesetz würde, so die Berechnung im RAM, die Arbeit im Rentenfeststellungsdienst der Versicherungsträger, die jährlich über 800.000 Renten festzusetzen hatten, um ca. 40 Prozent vermindert.[7] Die neuen Pauschalrenten sollten allerdings nur für neu festzusetzende Renten gelten, die laufenden Renten blieben davon unberührt.

Dass die damit zweifellos entstehende Zweiklassengesellschaft unter den Rentenempfängern einen gesellschaftlichen und damit auch politischen Sprengstoff implizierte, war den Gesetzesmachern im RAM durchaus bewusst.

In der Gesetzesbegründung heißt es:

> Da die Renten nach geltendem Recht, insbesondere in der Rentenversicherung der Arbeiter, eine völlig unzureichende Höhe haben, dürfen die Vorschüsse, die künftig aus einer kurzen Tabelle übersichtlich abgelesen werden können, im Durchschnitt nicht ebenso niedrig sein, wie die nach geltendem Recht festzusetzenden Renten. Die Tabelle macht das Ausmaß der Versorgung der deutschen Arbeiter und Angestellten für ihren Lebensabend und ihre Hinterbliebenen derart offenbar und durchsichtig, dass von den schaffenden Volksgenossen noch viel mehr als schon jetzt berechtigte Kritik an den Leistungen der deutschen Rentenversicherung geübt werden müsste. Es wäre, namentlich für die Dauer des Krieges, verhängnisvoll, wenn durch eine Vereinfachung des Leistungsrechts in der Rentenversicherung unerwünschte psychologische Rückwirkungen bei den schaffenden deutschen Volksgenossen auftreten würden. Es wäre deshalb vom propagandistischen Standpunkt – auch im Hinblick auf die Wirkung auf das Ausland – nicht vertretbar, die Vorschüsse so niedrig zu bemessen, dass auf den ersten Blick die unzureichende Versorgung erkennbar wäre. Die Vorschüsse müssen daher in einer Höhe festgesetzt werden, dass sie wenigstens einer einigermaßen ausreichenden Mindestversorgung gleichkommen und nach Möglichkeit über die entsprechenden Leistungen des Auslandes, insbesondere der westlichen Demokratien hinausgehen. Dem deutschen Arbeiter muss gleichzeitig durch praktische Hinweise

5 Vgl. den Entwurf mit dem dazugehörigen Anschreiben des RAM vom 25. 8. 1944, in: RfA-Archiv Nr. 37.
6 Vgl. dazu auch die beigelegte Begründung des geplanten Gesetzes, S. 2, in: ebd.
7 Vgl. ebd.

> die Auffassung vermittelt werden, dass die Vereinfachungsmaßnahmen in der Rentenversicherung nicht nur nicht zu einer Verschlechterung seiner Ansprüche führen, sondern dass sie sogar mit einer Verbesserung seiner Versorgungsansprüche verbunden werden.[8]

Trotz der 40 Seiten, auf denen das RAM eine detaillierte Begründung für die beabsichtigten Änderungen des Leistungs- wie Beitragsrechts zu geben versuchte, stießen die Pläne sowohl beim RVA wie beim Reichsverband Deutscher Rentenversicherungsträger auf massiven Widerspruch. Während Ersteres mit den einschneidenden Neuerungen eine völlige Veränderung des bisherigen Gefüges der Sozialversicherung und „ernste Gefahren“ für deren Durchführung sahen,[9] kritisierte der Reichsverband die unterschiedliche Behandlung der alten und neuen Rentenempfänger. [10] Es sei zu erwarten, dass daraus Unzufriedenheit unter den Rentnern entstehe, da sich die recht erheblichen Unterschiede in der Höhe der Vorschüsse und der Renten unter den Leistungsempfängern schnell herumsprechen würden. Zudem zeigte sich, dass von dem Gesetz nur die Arbeiter profitieren würden, während die geplanten Vorschüsse in der Angestelltenversicherung etwa den Renten nach geltendem Recht entsprachen. Ungeachtet dessen arbeitete man im RAM weiter an den Entwürfen und am 17. März 1945, als bereits zehntausende von Ostflüchtlingen nach Berlin strömten und die russische Offensive auf die Reichshauptstadt unmittelbar bevorstand, trat das Gesetz tatsächlich noch als Erste Verordnung zur Vereinfachung des Leistungs- und Beitragsrechts in der Sozialversicherung in Kraft.[11] Der Geltungsbereich des Gesetzes war allerdings deutlich eingeschränkt, da zu diesem Zeitpunkt große Gebiete des Deutschen Reichs bereits von den Alliierten besetzt waren. Dennoch setzte RfA-Direktor Koch Mitte April 1945 die neue Verordnung in eine fast neun Seiten lange Abteilungsverfügung um – „Richtlinien für die Bearbeitung der Leistungsanträge nach der Ersten Verordnung zur Vereinfachung des Leistungs- und Beitragsrechts“.[12]

Auch anderweitig hatte die RfA in diesen Monaten eifrig weitere Abteilungsverfügungen produziert, unter anderem im Zusammenhang mit weiteren Maßnahmen zur Rationalisierung. Hintergrund dessen war, dass das RAM Mitte August 1944 die leitenden Beamten der RfA zu einer weiteren großen Besprechung über Einsparungsmöglichkeiten bei der Behörde einbestellt hatte, an der neben den jeweiligen Abteilungsdirektoren auch Präsident Grießmeyer persönlich teilnahm.[13] Dabei machten die RfA-Beamten deutlich, dass sie die größte Vereinfachungs- und Arbeitseinsparmög-

8 Ebd., S. 4.
9 Schreiben des RVA an das RAM vom 17.7.1944, in: ebd.
10 Schreiben des Reichsverbands an das RAM vom 13.9.1944, in: RfA-Archiv Nr. 37.
11 Vgl. dazu Reidegeld, S. 497 und auch Schlegel-Voß, S. 103 ff. Der Abdruck der Verfügung im Reichsgesetzblatt vom 11.4.1945, Nr. 10, in: RfA-Archiv Fach 109, Nr. 1. Vgl. dazu auch den Rückblick von RVA-Vizepräsident Kühne über die deutsche Sozialversicherung im Jahre 1944, in: Deutsche Sozialversicherung, Februar 1945, Heft 1, S. 1–4 sowie Mitteilungen der RfA Nr. 1, 1945, S. 1–3. Vgl. dazu auch Bonz-MS, S. 548.
12 Vgl. die Richtlinien vom 18.4.1945, in: RfA-Archiv Nr. 69 b.
13 Vgl. Niederschrift der Besprechung vom 14.8.1944, in: RfA-Archiv Nr. 37.

lichkeit darin sehen würden, eine gleichmäßige Behandlung aller deutschen Angestellten einschließlich der eingegliederten Gebiete zu praktizieren. „Die verschiedenartige Behandlung der Angestellten in den eingegliederten Gebieten verursacht zur Zeit eine erhebliche Mehrarbeit; es sind drei Dienststellen mit rund 75 Arbeitskräften allein nur für diese Gebiete erforderlich.“[14] Im August 1944 erhielt RfA-Bürodirektor Minow zudem aus dem RVA einen Anruf mit der aus Sicht des Versicherungsträgers absurden Anfrage des RAM, ob grundsätzlich Bedenken gegen vierteljährliche Rentenzahlungen bestünden und dies verwaltungstechnisch möglich sei. Offenbar machte man sich im RAM keine Gedanken darüber, dass dadurch jährlich rund 1,3 Mio. RM an Renten überzahlt werden würden, weil eine entsprechende Zahl von Rentenempfängern innerhalb dieser drei Monate versterben würde, und auch die bei der RfA eintretenden erheblichen Zinsverluste spielten keine Rolle, ganz abgesehen davon, dass viele Rentenempfänger den Betrag vorzeitig ausgeben und danach in Not geraten würden.[15] Am 11. Januar 1945 erstellte dann die Versicherungsabteilung eine vierseitige Abteilungsverfügung, die sich mit den Auswirkungen der Erlasse vom 10. September und 24. Oktober 1944 befasste, in denen es um Mehrarbeitszuschläge und Entgeltbemessungsgrundlagen sowie deren Rückwirkungen auf die Beitragsentrichtung zur Angestelltenversicherung ging.[16] Und auch das Eiserne Sparen und dessen Zusammenhang mit den kranken- und rentenversicherungspflichtigen Bezügen war im Januar 1945 nach wie vor ein Thema.[17]

Nach wie vor bekam die RfA auch Post von den Versicherten wie Rentenempfängern. Im Januar 1945 wandte sich ein Versicherter mit Vorschlägen zur Änderung der Wartezeitbestimmungen an die Behörde, die man im Februar tatsächlich auch freundlich, aber bestimmt ablehnte.[18] Ein anderer Versicherter beantragte die Einführung von höherwertigen Versicherungsmarken – bis zu 200 RM statt nur maximal 50 RM – zugunsten freiwilliger Beiträge und höherer Versicherungsklassen. Des Weiteren regte er an, eine Mitteilung an jeden Kontoinhaber über den derzeitigen Stand seines Versicherungskontos zu verschicken, damit im Hinblick auf den Bombenterror die zukünftige Rentenberechnung sichergestellt sei.[19] Auch diesen Brief beantworteten die RfA-Beamten ausführlich, jedoch gleichfalls ablehnend. Mit zunehmendem Vorrücken der alliierten Truppen und dem absehbaren Untergang des Dritten Reichs häuften sich bei der RfA aber auch die Anfragen von Versicherten, die – gleichsam als verzweifelte Versuche zur Schaffung einer Form von Sicherheit in der völlig ungewissen Zukunft – noch um eine Nachentrichtung der Beiträge zur Alters-

14 Ebd.

15 Vgl. dazu den Besprechungsvermerk von ORR Hartmann vom 17.8.1944, in: RfA-Archiv Nr. 82. Vgl. den Vermerk Minows vom 22.8.1944, in: RfA-Archiv Nr. 206.

16 Vgl. die Abteilungsverfügung vom 11.1.1945, in: RfA-Archiv Fach 22, Nr. 6.

17 Vgl. die Anfrage der Deutschen Hydrierwerke Rodleben vom 22.1.1945, in: RfA-Archiv Fach 15, Nr. 3.

18 Vgl. die Schreiben vom 10.1. und vom 8.2.1945, in: RfA-Archiv Fach 113, Nr. 5.

19 Vgl. das Schreiben vom 5.3.1944 und das Antwortschreiben der RfA vom 26.4.1944, in: RfA-Archiv Fach 114, Nr. 15.

versorgung baten.[20] Erschütternde und von nicht minder großer Verzweiflung geprägte Dokumente sind auch die zu diesem Zeitpunkt massenhaft bei der RfA eingehenden Beihilfe- und Unterstützungsgesuche von weiblichen Versicherten, sei es zur Übernahme von Entbindungskosten, zur Linderung des erlittenen Flucht- und Vertreibungsschicksals, seien es Krankenhauskosten, Zuschüsse zu Hebammenkosten, Wohn- und Stillgeld, Babywäsche oder auch Sterbegeld für den gefallenen Sohn bzw. Bestattungskostenbeihilfen.[21] Die vielen Anfragen wurden von der RfA bald mit einem Vordruckschreiben beantwortet, in dem auf die rechtliche Unzulässigkeit derartiger Leistungen nach dem Angestelltenversicherungsgesetz verwiesen wurde. Es gab auch weiterhin zahlreiche Beschwerden, Widersprüche und vor den Spruchkammern der Oberversicherungsämter ausgetragene Streitfälle. Im Dezember 1944 musste sich Grießmeyer mit einer Dienstaufsichtsbeschwerde gegen ihn bzw. seine Behörde beim RVA befassen, da angeblich eingezahlte freiwillige Beitragsleistungen nicht oder verspätet verbucht worden waren.[22] Aber auch zwischen Dezember 1944 und März 1945 gab es weiterhin zahlreiche Beschwerden wegen ausstehender Rentenzahlungen, abgelehnter Härteausgleichszahlungen, gegen verspätete Ruhegeldbewilligungen wegen versäumter Fristen der Antragstellung oder gegen negative Bescheide zu Ruhegeldanträgen wegen nicht erwiesener Berufsunfähigkeit.[23] Unter den Bedingungen des Krieges, sei es auf dem Schlachtfeld oder im Bombenhagel der Luftangriffe, gab es bei den Versicherten und deren Angehörigen eine spezifische Überschneidung von individuellen Versorgungs- und Existenzängsten. Viele machten sich Sorgen um die Versorgung im Alter nach dem Krieg, obwohl niemand wusste, ob er am nächsten Tag angesichts feindlicher Kugeln und Luftangriffen noch am Leben sein würde.

Auch hinsichtlich der Maßnahmen zum Ruhen der Renten wegen vermeintlich staatsfeindlicher Tätigkeit war die RfA weiterhin aktiv. Im August 1944 wandte sich die Ehefrau eines wegen Abhörens eines Fremdsenders verhafteten und zwischen November 1943 und Juli 1944 ins Gefängnis gekommenen Rentners verzweifelt an das RVA. Seit März 1944 hatte sie das monatliche Ruhegeld des Ehemannes von 81,40 RM im Monat wegen der Verurteilung nicht mehr erhalten und befand sich in großer wirtschaftlicher Not, aber selbst nach der Entlassung verzögerte nun offenbar die RfA die Rückgängigmachung der Ruhensbestimmungen und die Wiederaufnahme der Rentenzahlung.

Und es gab in den letzten Kriegswochen kurios anmutende Einzelfälle von Versichertenproblemen, mit denen die RfA-Beamten konfrontiert wurden. So erschien im März 1945 in den Büroräumen des RVA in Berlin ein Versicherter, der wegen staatsfeindlicher Betätigung im KZ Sachsenhausen als Schutzhäftling einsaß, um eine Weiterzahlung seiner seit August 1944 ihm zustehenden, jedoch ruhenden Rente an

---

20 Vgl. das exemplarische Schreiben an die RfA vom 22.1.1945, in: BArch R 89/23091.
21 Vgl. dazu die Unterlagen, in: RfA-Archiv Akte 1944/45, ohne Signatur.
22 Vgl. dazu das Schreiben Grießmeyers an das RVA vom 9.12.1944, in: BArch R 89/3465.
23 Vgl. die Einzelfälle dazu für die Zeit zwischen Dezember 1944 und März 1945, in: BArch R 89/23091.

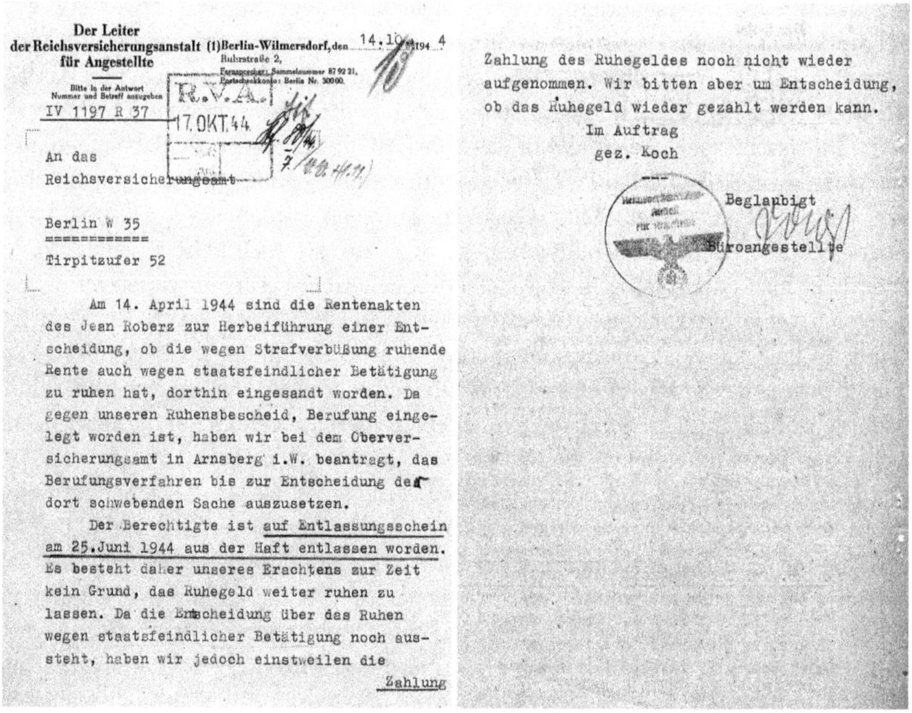
Der Leiter
der Reichsversicherungsanstalt für Angestellte
(1)Berlin-Wilmersdorf, den 14.10.1944
Ruhrstraße 2,
Fernsprecher: Sammelnummer 87 92 21,
Postscheckkonto: Berlin Nr. 30000.

Bitte in der Antwort Nummer und Betreff angeben
IV 1197 R 37

R.V.A.
17. OKT. 44

An das
Reichsversicherungsamt

Berlin W 35
Tirpitzufer 52

Am 14. April 1944 sind die Rentenakten des Jean Roberz zur Herbeiführung einer Entscheidung, ob die wegen Strafverbüßung ruhende Rente auch wegen staatsfeindlicher Betätigung zu ruhen hat, dorthin eingesandt worden. Da gegen unseren Ruhensbescheid, Berufung eingelegt worden ist, haben wir bei dem Oberversicherungsamt in Arnsberg i.W. beantragt, das Berufungsverfahren bis zur Entscheidung der dort schwebenden Sache auszusetzen.

Der Berechtigte ist auf Entlassungsschein am 25. Juni 1944 aus der Haft entlassen worden. Es besteht daher unseres Erachtens zur Zeit kein Grund, das Ruhegeld weiter ruhen zu lassen. Da die Entscheidung über das Ruhen wegen staatsfeindlicher Betätigung noch aussteht, haben wir jedoch einstweilen die Zahlung des Ruhegeldes noch nicht wieder aufgenommen. Wir bitten aber um Entscheidung, ob das Ruhegeld wieder gezahlt werden kann.

Im Auftrag
gez. Koch

Beglaubigt
Büroangestellte

Abb. 61: Schreiben der RfA an das RVA vom 14. Oktober 1944 wegen Ruhens der Rente aufgrund staatsfeindlicher Tätigkeit

seine Ehefrau zu erreichen. Der Betreffende hatte sich in dieser Angelegenheit schon einmal im Oktober 1944 an die RfA und auch den Reichsarbeitsminister gewandt, aber die Eingabe war ohne Bescheid geblieben, so dass die Rente von 101,40 RM durch die RfA weiterhin vorläufig nicht ausbezahlt worden war.[24] Der zuständige RVA-Beamte versprach, sich um die Angelegenheit zu kümmern und Mitte April 1945 ging daraufhin tatsächlich eine offizielle Aufforderung des RVA an die RfA, „das Erforderliche zu veranlassen" und dem Betroffenen bzw. seiner Ehefrau die Rente auszuzahlen.

Gleichzeitig war der Kontakt zu den Versicherungsämtern weitgehend aufrechterhalten geblieben. Noch im Juni bzw. September 1944 trafen aus den Versicherungsämtern in Bialystok und Königsberg Anfragen zur Klärung versicherungsrechtlicher Details ein, ehe beide Ämter wenig später infolge des Vormarsches der Roten Armee aufgelöst wurden. Während die Behörde vom städtischen Versicherungsamt in Coburg im Januar 1945 noch einen detaillierten Bericht über die im Jahr 1944 durchgeführten Betriebsprüfungen erhielt, meldete etwa das Versicherungsamt des Landkreises Stendal nach Berlin, dass infolge des starken Zuzugs von Evakuierten und

24 Der Vorgang, in: BArch R 89/23308.

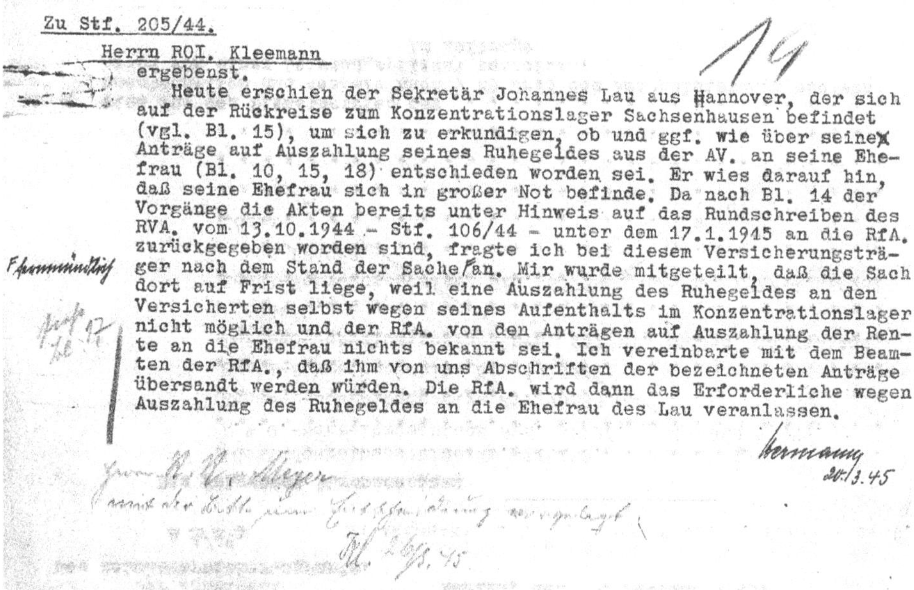

Zu Stf. 205/44.
Herrn ROI. Kleemann
ergebenst.
Heute erschien der Sekretär Johannes Lau aus Hannover, der sich auf der Rückreise zum Konzentrationslager Sachsenhausen befindet (vgl. Bl. 15), um sich zu erkundigen, ob und ggf. wie über seine Anträge auf Auszahlung seines Ruhegeldes aus der AV. an seine Ehefrau (Bl. 10, 15, 18) entschieden worden sei. Er wies darauf hin, daß seine Ehefrau sich in großer Not befinde. Da nach Bl. 14 der Vorgänge die Akten bereits unter Hinweis auf das Rundschreiben des RVA. vom 13.10.1944 - Stf. 106/44 - unter dem 17.1.1945 an die RfA. zurückgegeben worden sind, fragte ich bei diesem Versicherungsträger nach dem Stand der Sache an. Mir wurde mitgeteilt, daß die Sach dort auf Frist liege, weil eine Auszahlung des Ruhegeldes an den Versicherten selbst wegen seines Aufenthalts im Konzentrationslager nicht möglich und der RfA. von den Anträgen auf Auszahlung der Rente an die Ehefrau nichts bekannt sei. Ich vereinbarte mit dem Beamten der RfA., daß ihm von uns Abschriften der bezeichneten Anträge übersandt werden würden. Die RfA. wird dann das Erforderliche wegen Auszahlung des Ruhegeldes an die Ehefrau des Lau veranlassen.

Kleemann 20./3.45

Abb. 62: Notiz eines RVA-Beamten vom 20. März 1945 betr. Rentenzahlung an einen KZ-Häftling

Ostflüchtlingen der Umtausch von Versicherungskarten erheblich zugenommen habe, und bat daher um die Zusendung der nötigen Unterlagen wie Aufrechnungsbescheinigungen, Angestelltenversicherungskarten, Ruhegeldanträge und Hinterbliebenenrentenanträge.[25] Vor allem aus den Bürgermeisterämtern erhielt die RfA nun zahllose verzweifelte Anfragen, wie mit den Flüchtlingen und Evakuierten und deren oft fehlenden Versicherungsunterlagen umgegangen werden sollte.[26] Auch aus zahlreichen Betrieben und Unternehmen trafen dringende Anfragen zur Zusendung neuer Versicherungskarten in der Ruhrstraße ein.[27] Die Bemühungen der RfA-Beamten und -Angestellten, den Dienstbetrieb trotz der nun häufigen Luftangriffe und zusammenbrechenden Kommunikationsmöglichkeiten aufrechtzuerhalten, waren erheblich. Im April 1945 funktionierte der Postverkehr nur noch im Stadtgebiet von Berlin leidlich.[28] Die Zahlung der Renten ins Generalgouvernement, aber auch nach Frankreich, Holland und Rumänien waren schon Ende August 1944 eingestellt worden. Nach Italien allerdings wurden für die dortigen 77 Empfänger die Renten zuletzt noch im April 1945 überwiesen. Zu diesem Zeitpunkt transferierte die RfA auch noch 100 Mio. RM an die

25 Vgl. das Schreiben vom 29.3.1945, in: RfA-Archiv Fach 15, Nr. 4.
26 Vgl. dazu eine Anzahl von Schreiben vom März 1945, in: RfA-Archiv Fach 6, Nr. 3.
27 Vgl. dazu etwa das Schreiben der Gefolgschaftsabteilung der IG Farbenindustrie AG, Werk Auschwitz vom 15.12.1944, in: RfA-Archiv Fach 75, Nr. 2.
28 Vgl. dazu auch BArch R 89/3462.

Generalpostkasse, damit die Rentenauszahlungen für die Angestelltenrentner im zerfallenden Deutschen Reich wenigsten bis Ende Juni sichergestellt wären.

Die RfA musste sich aber auch weiterhin mit verschiedenen NS-Ämtern und Parteidienststellen auseinandersetzen. Seit Oktober 1944 gab es etwa einen anhaltenden Schriftwechsel mit der Organisation Todt (OT) über die versicherungsrechtliche Bewertung des sogenannten OT-Solds. Die RfA machte in einem Schreiben an den zuständigen Rüstungsminister Speer deutlich, dass man der Auffassung, dieser Sold sei dem Wehrsold gleichzustellen und daher bei der Beitragsberechnung für die Angestelltenversicherung nicht heranzuziehen, nicht beipflichten könne.[29] Seit Juli 1942 gab es – ungeachtet einer Sondergenehmigung des RAM – Ärger mit der Organisation Todt wegen der Nachzahlung rückständiger Versicherungsbeiträge für die in den verschiedenen Bau- und Transport-Stäben und -Einheiten der OT eingesetzten Personen. Im Sommer 1944 lag ein Antrag des Bürgermeisters von Dachau auf dem Tisch, der sich über erhebliche Arbeitsbelastungen hinsichtlich der 2000 SS-Zivilangestellten beschwerte, deren Versicherungskarten regelmäßig umgetauscht, vorgelegt und neuausgestellt werden mussten. Die SS-Leute waren über das gesamte Reich verstreut in den verschiedenen KZ tätig, wurden aber von der Besoldungsstelle der Waffen-SS in Dachau zentral betreut. Er forderte daher die Errichtung einer eigenen Ausgabestelle von AV-Versicherungskarten in der SS-Standortverwaltung. Der Antrag, den auch die SS begrüßte, wurde von der RfA jedoch aus formalrechtlichen Gründen abgelehnt, denn die Befugnis zur Ausgabe von Angestelltenversicherungskarten war auf örtliche Kommunalbehörden beschränkt.[30] Eine ähnliche Anfrage kam Ende Dezember 1944 auch von der Verwaltung der Mittelwerk GmbH, die mit der Produktion der V 2-Raketen befasst war und wegen der besonderen Abwehrbestimmungen und des Geheimschutzes sowie nicht zuletzt der großen räumlichen Entfernung von der nächsten Ausgabestelle der inzwischen unter Tage verlegten Mittelbau-Werke die Errichtung einer eigenen Ausgabe- und Umtauschstelle für AV-Karten erbat.[31] Mitte Januar 1945 erhielt die RfA auch Post von der Gehaltsbuchhaltung der Auslands-DAF, Arbeitsbereich Niederlande, die die offenbar kurz vor ihrer Auflösung aufgrund der Kriegsereignisse zur Sicherung der Rentenansprüche sämtliche beim überstürzten Rückzug geretteten Unterlagen und Versicherungskarten ihrer ehemals über 50 Angestellten nach Berlin schickte.[32]

Vor allem aber gab es erhebliche organisatorische Bemühungen der Behörde, unter den Bedingungen des totalen Krieges die Verwaltungsfunktionen weiter aufrechtzuerhalten und die ihr aufgetragenen Aufgaben zu erfüllen. Das Hauptaugenmerk galt dabei der Sicherung des Kontenarchivs und der darin enthaltenen Versichertenunterlagen, dem Herzstück der Behörde. Die Sicherungsmaßnahmen waren

29 Vgl. Schreiben der RfA an das Reichsministerium für Rüstung und Kriegsproduktion vom 20.10.1944, in: RfA-Archiv Fach 77, Nr. 2.

30 Vgl. das Schreiben an die RfA vom 30.6.1944, in: RfA-Archiv Fach 5, Nr. 5.

31 Vgl. das Schreiben vom 29.12.1944 an die RfA, in: ebd. Der Antrag wurde gleichfalls abgelehnt.

32 Vgl. dazu RfA-Archiv Fach 18, Nr. 5.

nicht zuletzt auch deshalb notwendig, da viele der vertriebenen, evakuierten oder flüchtenden Versicherten aus den Ostgebieten infolge der überstürzten Abreise ihre Unterlagen zurückgelassen oder verloren hatten, bzw. diese als verloren meldeten.[33] Auch um den möglichen Betrug mit bewusst unrichtig angegebenen Beitragsleistungen auszuschließen, waren die Unterlagen des Kartenarchivs als Basis für die späteren Beweissicherungsverfahren unabdinglich. Im April 1943 bereits hatte die RfA nach einem Fliegerangriff erstmals vor der Situation gestanden, dass die Buchungsunterlagen über die bis Ende 1919 in bar eingezahlten Beiträge vernichtet worden waren und daher für eine Nachprüfung etwaiger Unstimmigkeiten – zwischen den Eintragungen in den damaligen gelben Versicherungskarten und der bei der RfA geführten Kontokarte – nicht mehr herangezogen werden konnten.[34] Im Februar 1944 war dann per Rundschreiben an alle Ausgabestellen der Angestelltenversicherung verfügt worden, dass, „um der Gefahr des Verlustes der Versicherungsunterlagen der Angestelltenversicherung durch Fliegerangriffe vorzubeugen“, den Versicherten diese Karten selbst ausgehändigt werden sollten, soweit der Betriebsführer nicht in der Lage war, diese bombensicher aufzubewahren.[35] Mitte Juli 1944 begann man dann mit der großangelegten Verlagerung der Kartei an gesicherte Orte außerhalb Berlins, und in einer ausführlichen Präsidialverfügung wurde das weitere Auskunfts- und Bearbeitungsverfahren mit den ausgelagerten Versicherungskarten geregelt.[36] Die ganze Aktion erforderte erheblichen logistischen Aufwand. Beginnend mit dem Ende des Alphabets wurden die Karteischränke mit den darin aufbewahrten Versicherungskonten unter ständiger Kontrolle und Überwachung durch RfA-Beamte mit Möbelwagen zunächst zur Bahn transportiert, dann in Güterwagen umgeladen und plombiert.[37] Bestimmungsort war ein stillgelegter Stollen eines Salzbergwerkes in Grasleben, wo die Kästen in 430 Metern Tiefe wieder aufgestellt wurden. Dort versahen in der Folgezeit Bedienstete der Kontenverwaltung ihren Dienst und sorgten für den notwendigen Austausch der Informationen mit der Ruhrstraße. Allerdings wurde die Aktion wohl wegen des Aufwands schon nach den ersten Verlagerungen abgebrochen, so dass nur die Konten der Buchstaben „Schanz“ bis „Z“ in den Stollen gelangt waren, der Rest der Konten und Karten aber weiterhin in der Berliner Ruhrstraße lagerte. Doch man hatte Glück. Bis auf 1500 Versichertenkonten, die in den letzten Kriegsmonaten durch Brandbomben zerstört wurden, überstand das riesige Kontenarchiv der RfA den Krieg unbeschadet.[38] Im Falle der nun immer häufiger werdenden Verlustmeldungen von

33 Vgl. dazu u. a. das Schreiben der RfA an den Überwachungsbeamten in Gera vom 6.12.1944, in: RfA-Archiv Fach 74, Nr. 3.

34 Vgl. dazu Abteilungsverfügung vom 12.4.1943, in: RfA-Archiv Nr. 33.

35 Rundschreiben vom 15.2.1944, in: RfA-Archiv Ordner Specialia III, ohne Signatur.

36 Vgl. die Präsidialverfügung vom 17.7.1944, in: RfA-Archiv Fach 36, Nr. 6.

37 Vgl. dazu die 1955 mit Hilfe der damals Beteiligten nachträglich rekonstruierte Verlagerungsaktion, in: ebd.

38 Vgl. dazu auch die Aussagen des damaligen Leiters der RfA-Kontenverwaltung, Paul Keck, vom 1.7.1960, in: ebd.

Versicherungskarten, die bei Luftangriffen auf Unternehmen vernichtet worden waren, konnte die RfA daher regelmäßig aufgrund der eigenen Unterlagen Ersatzbescheinigungen ausstellen.[39]

Auch die Überwachungsbeamten waren bis zuletzt im Einsatz. Ende August 1944 berichtete der zuständige Überwachungsbeamte in Danzig von einer Besprechung beim dortigen Oberversicherungsamt, bei der der Reichsverteidigungskommissar für den Gau Danzig-Westpreußen unter anderem eine einstweilige Einstellung der Betriebsprüfungen angeordnet hatte.[40] Tatsächlich sah sich Grießmeyer auch seinerseits wenig später zu einer Änderung der Aufgaben des Überwachungsdienstes gezwungen. Per Rundschreiben informierte er am 21. September 1944 die Überwachungsbeamten, dass zum 1. Oktober die planmäßige örtliche Prüfung bei Handwerkern und sonstigen Selbständigen sowie freiwillig Versicherten einzustellen war und die Beamten sich zur Entlastung des Innendienstes mit folgenden kriegswichtigen Aufgaben zu befassen hatten: Ersatz zerstörter Versicherungskarten, Auskunftserteilung, Aufklärung der Ausgabestellen und Versicherungsämter sowie Erledigung von Sonderaufträgen.[41] Im Rundschreiben Nr. 98 vom 23. Oktober 1944 wurde dann von Seiten der RfA das immer akuter werdende Problem des Ersatzes von durch Feindeinwirkung zerstörten Versicherungskarten ausführlich behandelt. Dabei mussten sich die Überwachungsbeamten ebenso wie auch die damit in der Ruhrstraße befassten RfA-Angestellten mit einem absurden Erlass des Chefs der Sicherheitspolizei und des SD in Berlin auseinandersetzen, der darauf Wert legte, „dass bei der Ausstellung von Bescheinigungen über verlorene oder zerstörte Versicherungskarten jeglicher Hinweis darauf unterbleibt, dass der Verlust oder die Zerstörung durch Fliegerangriff eingetreten ist“.[42] Die bereits auf den entsprechenden Vordrucken der Ersatzbescheinigungen stehenden Worte „durch Fliegerangriff“ mussten daher unkenntlich gemacht werden. Mit vielen Überwachungsbeamten kam es bis Ende Januar 1945 noch zu einem intensiven Schriftwechsel, unter anderem etwa mit dem zuständigen Überwachungsbeamten in Wien über die Auslegung und Handhabung einzelner Gesetzesmaßnahmen.[43] Das letzte Rundschreiben, das die Ruhrstraße an ihre Überwachungsbeamte schickte, ist vom 14. Februar 1945 datiert und trägt ausgerechnet die Nr. 100.[44] Darin geht es um Sprechstundenbekanntmachungen der Überwachungsbeamten, den Ersatz von Versicherungskarten, die Kenntlichmachung von Dienstpost, die Bekanntgabe eines Erlasses der SD-Hauptverwaltung über die Beitragsentrichtung ihrer hauptamtlichen Angehörigen sowie die AV-Versicherungspflicht der Bühnen-

39 Vgl. dazu etwa die entsprechende Anfrage der Gefolgschaftsabteilung der IG Farbenindustrie AG vom 31.8.1944, in: RfA-Archiv Nr. 33.

40 Vgl. das Schreiben vom 26.8.1944, in: RfA-Archiv Fach 6, Nr. 3.

41 Vgl. Schreiben an die Überwachungsbeamten vom 21.9.1944, in: RfA-Archiv Fach 68, Nr. 3.

42 Schreiben des RVA an das RfA vom 13.11.1944, in: RfA-Archiv Fach 9, Nr. 6.

43 Vgl. RfA-Archiv Fach 22, Nr. 10.

44 Vgl. RfA-Archiv Fach 68, Nr. 3.

mitglieder und Theaterangestellten. Man hätte denken können, dass ringsum bürokratische Normalität herrschte.

Doch schon im August 1944 hatte man die Anstrengungen zur Mobilisierung der letzten Arbeitskraftreserven auch bei der eigenen Belegschaft zu spüren gekommen. Im Juni 1944 war eine vorläufig letzte – infolge von Beförderungen, vor allem aber wegen des Einzugs zur Wehrmacht nun immer häufiger notwendig werdenden – Umverteilungen der Referate, Zuständigkeiten und Arbeitsorganisation erfolgt.[45] Bis Ende August plötzlich zwei Vertreter der Kreiskommission im Dienstgebäude der RfA standen und von dem anwesenden Vizepräsidenten Schaefer ultimativ forderten, 30 Prozent der Belegschaft, d. h. rund 400 Personen, für Wehrmacht und Rüstung zur Verfügung zu stellen.[46] Durch ausführliche Darlegung des Geschäftsbetriebs und der Bedeutung der RfA gelang es Schaefer immerhin, die Zahl der freizustellenden Mitarbeiter auf knapp 100 herunterzuhandeln. Aber auch so war das Vorgehen der Reichsverteidigungskommission in den Augen der Behördenleitung für den angespannten Geschäftsbetrieb der RfA eine Katastrophe, der man sich jedoch nicht entziehen konnte, zumal die verzweifelten Versuche Schaefers vergeblich geblieben waren, zur Unterstützung gegen den unangenehmen Besuch irgendwelche Verantwortliche beim RVA zu erreichen.[47] Anfang September 1944 waren vermutlich auch deshalb die vorgeschriebenen Behördendienstzeiten erneut verlängert und auf insgesamt 57 Stunden in der Woche angehoben worden – 10 1/4 Stunden jeweils Montag bis Freitag und 5 3/4 Stunden am Samstag. Zudem wurde angeordnet, dass die Arbeitsplätze künftig nicht schon bei öffentlicher Luftwarnung verlassen werden durften, sondern erst bei richtigem Alarm. In der entsprechenden Präsidialverfügung Grießmeyers hießt es:

> Der totale Kriegseinsatz verlangt restlose Hingabe an die Arbeit. Ich bin überzeugt, dass die Gefolgschaftsmitglieder der Reichsversicherungsanstalt zu jedem Opfer, das dem Vaterland nützt, bereit sind, und vertraue darauf, dass sie den Notwendigkeiten durch willige Einordnung und pflichtgemäßes Verhalten Rechnung tragen.[48]

Im Dezember 1944 erging schließlich eine Anordnung des RAM zur Eingliederung auch der Angehörigen der RfA in den Volkssturm.[49]

RfA-Präsident Grießmeyer, inzwischen 65 Jahre alt, war zu diesem Zeitpunkt noch allenthalben inner- wie außerhalb der Behörde präsent. Ende Juli 1944 hielt er in seiner Funktion als stellvertretender Leiter des Reichsverbandes Deutscher Rentenversicherungsträger bei der feierlichen Amtseinführung des neuen RVA-Präsidenten

45 Vgl. dazu den Arbeitsplan für 1.6.1944, in: RfA-Archiv ohne Signatur.
46 Vgl. den Bericht Schaefers an das RAM vom 23. und 24.8.1944, in: BArch R89/3497.
47 Schaefer hatte sich daraufhin direkt an das RAM gewandt, wo er immerhin Staatssekretär Engels telefonisch erreicht hatte. Für das Vorgehen musste sich Schaefer später dann sogar eine deutliche Rüge des RVA gefallen lassen. Vgl. Vermerk vom 7.11.1944, in: ebd.
48 Präsidialverfügung vom 29.8.1944, in: RfA-Archiv Nr. 3.
49 Vgl. ebd.

Schmitt noch die Festansprache.[50] Am 7. und 21. Dezember 1944 erschienen die beiden letzten Präsidialverfügungen Grießmeyers. In der einen wurde der Gefolgschaft kryptisch die Weitergabe einer ministeriellen Bekanntmachung angekündigt und dazu die Versammlung sämtlicher RfA-Angehörigen angeordnet; in der anderen ging es um die Unterzeichnung von Antwortschreiben bei anhängigen Verfahrenssachen gegenüber Gerichten und Behörden, die künftig nicht mehr von ihm selbst, sondern von den zuständigen Unterabteilungsleitern vorgenommen werden konnten.[51] Danach findet sich in den RfA-Akten merkwürdigerweise zumindest keine direkte Spur mehr von Grießmeyer. Offizielle Schreiben wurden seit Januar 1945 entweder von Vizepräsident Schaefer oder von RfA-Direktor Granzow unterzeichnet. Dass Grießmeyer nicht spurlos verschwunden war, legt allerdings das vermutlich letzte Schreiben nahe, das das Reichsarbeitsministerium Anfang April 1945 direkt an den RfA-Präsidenten gerichtet in die Ruhrstraße schickte. „In der Anlage übersende ich Ihnen wie gewünscht", so heißt es darin, „den Entwurf eines Erlasses betreffend Feststellungen von Leistungen der Angestelltenversicherung im Fall einer Behinderung der RfA. Ich werde mit erlauben, Sie in dieser Angelegenheit morgen früh anzurufen."[52]

Das Kriegsende und die Besetzung Berlins waren von dramatischen Ereignissen geprägt. Um das Dienstgebäude der RfA entbrannten Ende April und in den ersten Maitagen heftige Kämpfe, bei denen es nicht nur zu Zerstörungen kam, sondern auch zwei Beamten der RfA, die Luftschutzdienst versahen, getötet wurden.[53] Obwohl über ein Viertel des Gebäudes zerstört wurde, blieben die wichtigen Teile unversehrt wie die Tresoranlage, in der sich noch über eine Mio. RM Bargeld befand, die Zentralkartei, die Rentenkartei, das Kontenarchiv und zunächst auch die Röntgenstation. Nach der Besetzung setzten allerdings umfangreiche Plünderungen durch Soldaten der Roten Armee, aber auch von Zivilpersonen ein, dem schließlich die Röntgenanlage und der größte Teil des Bargelds zum Opfer fielen. Monatelang existierte auch noch ein Kriegshilfslazarett, das im Dienstgebäude in der Ruhrstraße noch vor Kriegsende eingerichtet worden war. Bereits am 15. Mai fanden sich dann wieder ca. 300 Angestellte und Beamte in der Ruhrstraße ein und nahmen, so gut es ging, den Dienst-

50 Vgl. die Ansprache, abgedruckt in: Deutsche Rentenversicherung (1944), S. 30.

51 Die beiden Präsidialverfügungen, in: RfA-Archiv Nr. 3.

52 Das Schreiben vom 9.4.1945, in: RfA-Archiv Nr. 37. Merkwürdigerweise verlieren sich mit Kriegsende die Spuren Grießmeyers. Es ist durchaus möglich, dass er sich noch im Zuge einer „Dienstreise" kurz zuvor in seine bayerische Heimat abgesetzt hatte. Angeblich ist er dann 1967 in München gestorben, jedoch lassen sich weder in der Einwohnermeldekartei noch in den Sterberegistern Münchens entsprechende Eintragungen nachweisen. Vgl. dazu schriftliche Auskunft des Stadtarchivs München vom 4.6.2018.

53 Vgl. dazu und zum Folgenden vor allem die tagebuchähnlichen Schilderungen des damaligen Hauptkassenverwalters Walter Ahrens, in: BArch R 59/13519, ausführlich zitiert bei Bonz-MS, S. 621–651 sowie auch Glootz, S. 111 ff. Vgl. dazu auch die Schilderungen im Verwaltungsbericht 1945–1952 der RfA-Treuhandverwaltung, S. 5 ff.

betrieb wieder auf.[54] Neuer kommissarischer Leiter wurde der anwesende dienstälteste und politisch unbelastete Beamte Direktor Ernst Richter, der langjährige Leiter der Vermögensabteilung. Präsident Grießmeyer, als Parteimitglied seines Amtes enthoben, war ebenso wenig anwesend wie Vizepräsident Schaefer, der sich, obschon wie Richter politisch formal unbelastet, offiziell auf einer Dienstreise in Braunschweig befand. Daneben agierte aber auch ein Betriebsrat bzw. Beirat mit zehn Mitgliedern, der sich bald daran machte, unter anderem auch durch die behördeninterne Einrichtung von Wiedergutmachungsausschüssen und Entnazifizierungsgremien, die politische Säuberung der RfA-Belegschaft voranzutreiben.

Ungeachtet des sich bald fast normalisierenden Dienstbetriebs mit täglichem Schrift- und Besuchsverkehr von Rentnern und Versicherten entwickelte sich jedoch gleichzeitig ein heftiger politischer Kampf um die sozialpolitische und sozialversicherungsrechtliche Neuordnung, in deren Mittelpunkt die RfA nun geriet.[55] Von dem ebenfalls zunächst noch existierenden RVA wurde der RfA Anfang Juni 1945 zwar bescheinigt, dass sie als Träger der Rentenversicherung mit Zustimmung der Stadtverwaltung Berlin ihre Tätigkeit wieder aufnehmen könne. Unterschiedliche Vorstellungen der RfA selbst, des Sozialamts der Stadt Berlin und der Besatzungsmächte führten aber dazu, dass die RfA treuhänderisch übernommen, im Juli 1945 der neu errichteten Versicherungsanstalt Berlin unterstellt und schließlich das Ruhen der Anstalt angeordnet wurde. Die Aufgaben in den westlichen Besatzungszonen außerhalb Berlins übernahmen einstweilen die jeweiligen Landesversicherungsanstalten mit. Bei dieser sukzessiven Zerschlagung der RfA spielte Ernst Schellenberg, der spätere Sozialversicherungsexperte der SPD, eine unrühmliche und letztlich bis heute umstrittene Rolle, was unter anderem zur Folge hatte, dass RfA-Direktor Richter – der im September 1945 noch einen letzten verzweifelten Versuch unternommen hatte, die RfA zumindest für die amerikanische, britische und französische Zone wieder in Gang zu setzen – entlassen und unter Polizeigewalt aus dem Dienstgebäude entfernt wurde.[56] Kurz darauf erfolgte eine Entlassungswelle unter den verbliebenen RfA-Beamten, der auch RfA-Direktor Koch, wohl mit der erfahrenste und auch versicherungsrechtlich profilierteste Rentenexperte der RfA, zum Opfer fiel. Koch hatte sich noch Anfang August 1945 in einem Vermerk an den damaligen RfA-Treuhänder gewandt und auf die Gefahren und Probleme der sich abzeichnenden Aufsplitterung der früher einheitli-

54 Vgl. dazu die jeweiligen Schilderungen der Entwicklungen in den einzelnen Dienststellen, in: Verwaltungsbericht 1945–1952, S. 24 ff.

55 Vgl. dazu ebd.

56 Vgl. dazu mit einigen illustrativen Dokumenten Bonz-MS, S. 645 ff. Die Vorgänge hatten ein parlamentarisches Nachspiel, da sich Schellenberg im Juli 1953 anlässlich der Beratungen zum Gesetzesentwurf der Errichtung der RfA-Nachfolgebehörde BfA (Bundesversicherungsanstalt für Angestellte) entsprechenden Vorwürfen gegenüber sah und sich zu rechtfertigen suchte. Vgl. auch Hockerts, Sozialpolitische Entscheidungen, S. 151 f. sowie die biographische Skizze von Winfried Süß, Die sozialdemokratische Sehnsucht nach Sicherheit. Ernst Schellenberg und die Sozialpolitik der Bonner Republik, in: Theresia Bauer u. a. (Hrsg.), Gesichter der Zeitgeschichte. Deutsche Lebensläufe im 20. Jahrhundert, München 2009, S. 297–314.

chen RfA-Funktionen auf besondere Versicherungsanstalten in den einzelnen deutschen Gebieten und der Stadt Berlin hingewiesen.[57] Durch die höchst unterschiedliche Verteilung der Versicherten ergaben sich auch entsprechend voneinander abweichende Beitragsaufkommen, die zur Deckung der jeweiligen Rentenlasten bei einigen Anstalten nicht ausreichten, bei anderen jedoch Überschüsse generierten. Es sei daher notwendig, „baldigst eine Zentralinstanz zu schaffen, die diese Fragen einheitlich für das ganze Reichsgebiet regelt".[58] Da das RVA inzwischen ebenfalls seine Tätigkeit eingestellt hatte, schlug Koch vor, „bei der Militärregierung die baldige Einrichtung einer zentralen Behörde für die Sozialversicherung anzuregen".[59] Die vorübergehende Aufgabenverwaltung der Angestelltenversicherung durch die Landesversicherungsanstalten war zunächst nur als Provisorium gedachte. Doch diese Maßnahme und der mit der Stilllegung der RfA eingetretene rentenversicherungspolitische Schwebezustand sollten bis 1953 Bestand haben.[60] Erst am 7. August 1953 wurde die Bundesanstalt für Angestelltenversicherung (BfA) als neue Trägerin gegründet. Auf sie ging auch das nach der Währungsreform auf 78,5 Mio. DM zusammengeschrumpftet RfA-Vermögen über.[61] Erster BfA-Präsident wurde Erwin Gaber, Grießmeyers langjähriger Personalreferent, dem 1968 Rudolf Schmidt folgte, der gleichfalls während der NS-Zeit Karriere in der Präsidialabteilung der RfA gemacht hatte. Für personelle Kontinuität und damit auch eine jahrzehntelange Verweigerung einer kritischen Aufarbeitung der Rolle von RfA-Präsident Grießmeyer wie der Behörde insgesamt in den Jahren zwischen 1933 und 1945 war damit gesorgt.

Aber auch versicherungsrechtlich war nach Kriegsende und Wieder- bzw. Neubegründung als BfA die NS-Zeit für die Angestelltenversicherungsanstalt keineswegs zu Ende. Schon der spezifische, einer Rentenversicherung innewohnende „time lag" sorgte dafür, dass man noch jahrzehntelang mit den Nachwirkungen der Rentenwelt der NS-Zeit konfrontiert war. Aus den Millionen Versicherten der Jahre zwischen 1933 und 1945 wurden nun in den folgenden Jahren und Jahrzehnten, insbesondere in den 1950er bis 1970er Jahren Rentenberechtigte, und damit kamen alle NS-spezifischen Brüche in den Versichertenbiographien, die Frage der Anrechnung von Ersatzzeiten und die Anerkennung von Anwartschaften erneut auf den Tisch der BfA-Beamten. Mit den ersten Problemen wurde noch die RfA unmittelbar nach Kriegsende konfrontiert, als tausende von Flüchtlingen und Evakuierten, aber auch Versicherte aus den ausgebombten Städten den Verlust ihrer Versicherungsunterlagen reklamierten und nicht wenige dabei darauf spekulierten, dass sie nun für sie günstigere Versicherungskonditionen herausschlagen konnten.[62] Im Verwaltungsbericht der Zeit von 1945 bis 1952 war denn auch bei den neu gestellten Anträgen von auffallend häufigen Fällen

57 Vgl. den Vermerk vom 3.8.1945, in: RfA-Archiv Nr. 69 b.
58 Ebd.
59 Ebd.
60 Vgl. Bonz, S. 633.
61 Vgl. im Detail Verwaltungsbericht 1945–1952 mit den entsprechenden Bilanzen sowie Glootz, S. 127.
62 Vgl. Glootz, S. 121.

die Rede, in denen entweder eine lückenlose Beitragsentrichtung oder vergleichsweise hohe Beitragsleistungen behauptet wurden, ohne aber entsprechende Nachweise zu bringen.[63] Vor allem ursprünglich beitragsbefreite Versicherte, Handwerker, Höherverdienende und Selbständige gaben nun Beitragszahlungen vor. Jeder einzelne Vorgang musste daher nun akribisch nachgeprüft werden, um etwaigen Betrügereien auf die Spur zu kommen. In vielen Fällen erfolgten daraufhin ablehnende Bescheide der BfA-Beamten, was wiederum zu zahlreichen Streitverfahren vor den Sozialgerichten führte. Einer dieser Fälle führte schließlich im Februar 1955 dazu, dass erstmals systematisch die Überlieferungsgeschichte der Kontenverwaltung der RfA rekonstruiert wurde, um eine eindeutige Handhabung in den anstehenden Streitverfahren zu haben.[64] Die von Versicherten behaupteten fehlenden Nachweise durch angebliche Akten- und Versichertenkontenverluste konnten somit von vornherein widerlegt werden. Dennoch sah sich die BfA im Oktober 1960 veranlasst, ein offizielles Beweissicherungsverfahren gemäß § 76 SGG zu beantragen. Die Behörde befürchtete, dass potenzielle Prozessgegner, für die Unterlagen im Kontenarchiv nicht oder nicht in einem dem Antrag entsprechenden Umfang vorhanden waren und deren behauptete Beitragsleistung auch nicht anderweitig bewiesen werden konnte, eine Beweiserleichterung zu erreichen suchen würden, obwohl ein Verlust der Beitragsunterlagen bei der RfA schlechthin auszuschließen war. Es bedurfte daher in diesen Fällen jeweils einer gerichtlichen Feststellung, dass neben den in der Namensliste der BfA vermerkten Verlusten keine weiteren Schäden im Kontenarchiv der RfA eingetreten waren.[65]

Gleichzeitig entwickelte sich nun eine weitverzweigte, neue Sozialgesetzgebung, die die vom Krieg hinterlassenen Notstände aufzufangen und den zahlreichen Geschädigtengruppen rasch und möglichst umfassend zu helfen versuchte.[66] Der bereits aus der NS-Zeit übernommene und kaum noch zu überblickende Dschungel an Verordnungen und Gesetzen in der Rentenversicherung wurde damit erst einmal noch erheblich vergrößert. In dem von Zeitgenossen kritisierten „Irrgarten der Sozialgesetze“ konnten sich selbst die BfA-Fachleute und Rentenexperten kaum mehr zurechtfinden.[67] Ein in diesem Zusammenhang entstandenes zentrales Gesetz war das Fremdrenten- und Auslandsrenten-Gesetz vom 7. August 1953.[68] Es ersetzte schon früher und unmittelbar nach Kriegsende erlassene Verordnungen wie das Flüchtlingsrentengesetz des Süddeutschen Länderrats vom 9. Juli 1947 und wurde dann im Februar 1960 novelliert. Darin wurden unter anderem anrechnungsfähige Beschäfti

63 Vgl. Verwaltungsbericht 1945–1952, S. 19.

64 Vgl. dazu die Anfrage des Landessozialgerichts Celle an die BfA vom 17.2.1955, in: RfA-Archiv Ordner Specialia III.

65 Vgl. Beschluss des Sozialgericht Berlin vom 25.10.1960 im Beweissicherungsverfahren, in: ebd.

66 Vgl. dazu ausführlich Hockerts, Sozialpolitische Entscheidungen, S. 198ff.

67 Vgl. dazu ebd.

68 Vgl. dazu und zum Folgenden: Das Fremdrenten- und Auslandsrenten-Neuregelungsgesetz vom 25.2.1960 in der praktischen Anwendung; Schriftenreihe der BfA Nr. 15, Berlin 1960.

gungszeiten für Vertriebene bestimmt, d.h. auch nichtdeutsche Beitragszeiten berücksichtigt. Das Kernstück des Fremdrentengesetzes war mithin, dass Beitragszeiten und Beschäftigungszeiten aus den nichtdeutschen Herkunftsländern unter bestimmten Voraussetzungen beim Eintritt des Versicherungsfalles so behandelt werden sollten, als ob diese Zeiten im Gebiet der Bundesrepublik Deutschland erworben worden wären. Ungeachtet dessen waren die Sozialgerichte aber auch noch Ende der 1960er Jahre mit Klagen beschäftigt, bei denen es unter anderem um die Anrechnung der von südtiroler Umsiedlern bei deutschen Dienststellen in Südtirol zurückgelegten Versicherungszeiten ging.[69] Daneben gab es jedoch inzwischen auch eine Reihe von Gesetzen, aufgrund derer erlittenes Verfolgungsschicksal als Ersatzzeit und damit zur Begründung eines Rentenanspruchs oder erhöhter Rentenzahlungen anerkannt werden konnte.[70] Entsprechende Regelungen waren noch im August 1949 in dem „Gesetz über die Behandlung der Verfolgten des Nationalsozialismus in der Sozialversicherung" ergangen. Zeiten der NS-Haft und der Arbeitslosigkeit im Zusammenhang mit der NS-Verfolgung konnten als Ersatzzeiten zur Berechnung der Rente anerkannt werden. Eine umfassende Regelung der damit verbundenen Fragen erfolgte dann jedoch erst im Dezember 1970 mit dem „Gesetz zur Regelung der Wiedergutmachung nationalsozialistischen Unrechts in der Sozialversicherung". Es sah unter anderem bei Glaubhaftmachung die Anrechnung verfolgungsbedingt unterbrochener oder beendeter rentenversicherungsrechtlicher Beschäftigungen vor sowie die Möglichkeit zur freiwilligen Beitragsnachzahlung. Die wichtigste Regelung blieb jedoch weiter ausgespart: Das Recht auf ein vorgezogenes Altersruhegeld mit einem Ausgleich für verfolgungsbedingte Voralterung, wie es die Verfolgtenverbände forderten.

Von erheblicher gesellschaftspolitischer Brisanz und nicht minder versicherungsrechtlich kompliziert waren aber die zahlenmäßig nicht geringen Fälle, in denen es um die Anrechnung von Ersatzzeiten und die nachträgliche Anerkennung von Beitragsleistungen durch NS-Funktionäre und Angehörige des NS-Besatzungs- und Unterdrückungsapparates ging, angefangen von den ehemals hauptamtlichen Beschäftigten der NSDAP und ihren Gliederungen bis zu den früheren Funktions- und Amtsträgern der SS-Totenkopfverbände und anderer SS-Stellen. Im Mittelpunkt standen dabei die rund 40.000 hauptamtlichen Angestellten der NSDAP, für die der Parteischatzmeister wie erwähnt 1943 rückwirkend Versicherungsfreiheit beantragt und auch durchgesetzt hatte. Für die Betroffenen ergaben sich dadurch nun nach 1945 prekäre Alterssicherungsverhältnisse, unter anderem schon aufgrund der vielfach von den Militärregierungen bis 1946 dauernden Rentensperrungen für NSDAP-Amtsträger. Diesen finanziellen Problemen sollte mit dem am 17. März 1965 erlassenen NS-Abwicklungsgesetz („Gesetz zur Regelung der Verbindlichkeiten nationalsozialistischer

69 Vgl. dazu mehrere Fälle, in: Registratur der DRV-Bund, R 5250, Akte 3030 – 03/0004.1 bis 0004.4.
70 Vgl. zur Entwicklung der Rechtsprechung Cornelius Pawlita, Rentenversicherungsrechtliche Aspekte verfolgungsbedingter Zwangsarbeit im Nationalsozialismus, in: Zeitschrift für Sozialreform 44 (1998), S. 1–21.

Einrichtungen und der Rechtsverhältnisse an deren Vermögen“) begegnet werden.[71] Schon vorher waren viele Klagen von Betroffenen bei den Sozialgerichten durchaus erfolgreich gewesen. Exemplarisch ist die im März 1957 vor dem Bundessozialgericht verhandelte Revision der beklagten BfA gegen das Urteil des Landessozialgerichts Baden-Württemberg, das im Mai 1956 der Klage eines Mechanikermeisters Recht gegeben hatte, der von 1935 bis Kriegsende hauptberuflich beim Nationalsozialistischen Fliegerkorps (NSFK) gewesen war und die Zeiten bis 1943 bei der Rentenberechnung zu berücksichtigen verlangte.[72] Bemerkenswerterweise hatte das Landessozialgericht seine Entscheidung damit begründet, dass der Kläger in der fraglichen Zeit trotz des Schreibens des Reichsarbeitsministeriums vom Januar 1944 zur Versicherungsbefreiung versicherungspflichtig geblieben sei. „Die Anordnung im Schreiben des RAM sei unwirksam, weil sie sich nicht im Rahmen der dem RAM im § 9 des Gesetzes vom 4. März 1943 erteilten Ermächtigung gehalten habe.“[73] Die Revision der BfA wurde schließlich vom Bundessozialgericht zurückgewiesen und die BfA zu einer neuen Rentenberechnung verurteilt.

Mit dem NS-Abwicklungsgesetz galten nun pauschal die NSDAP-Bediensteten für Zeiten der Versicherungsfreiheit vor dem 1. Januar 1943 als nachversichert, sofern die vor diesem Zeitpunkt zur gesetzlichen Rentenversicherung entrichteten Beiträge nach dem damaligen Gesetz über die versicherungsrechtliche Stellung der NSDAP-Beschäftigten vom 4. März 1943 für unwirksam erklärt worden waren.[74] Diese Rentenpolitik sorgte zur damaligen Zeit für erhebliche öffentliche Diskussionen – nicht nur bei Opfern und Geschädigten, sondern auch bei Tätern und Profiteuren der damaligen Exklusions- und Privilegierungspolitik. Der entsprechende Gesetzesentwurf wurde im Bundesarbeits- und dem daran maßgeblich beteiligten Bundesfinanzministerium lange Zeit ängstlich geheim gehalten.[75] Bis zum Zeitpunkt des Erlasses häuften sich bei den Sozialgerichten Klagen bzw. Forderungen von früheren NS-Kreiskassenwarten, hauptamtlichen Beisitzern bei Gaugerichten und anderen Partei-Angestellten, die seinerseits als unwirksam erklärten Beiträge sowie die dem Parteivermögen verfallenen Beitragsanteile und die sich daraus ergebenden finanziellen Nachteile bei der Rentenhöhe nachträglich anzurechnen bzw. zu beseitigen. Dass damit just jene Personen finanziell entschädigt werden sollten (und wurden), die durch hauptamtliches Wirken dem NS-Staat gedient hatten, sorgte zu einem Zeitpunkt, als noch zahlreiche KZ-Verfahren und auch der Eichmann-Prozess anstanden, für erhebliche politische Spannungen. Bis weit in die 1980er Jahre hinein war die BfA dann mit der Umsetzung

71 Vgl. dazu unter anderem die umfangreichen Schriftwechsel, in: ebd., Akte 300 – 03/13.00.

72 Vgl. den Fall, in: Registratur der DRV-Bund, R 5250, Akte 300 – 03/13.05.

73 Vgl. die Urteilsbegründung und Rekapitulation des Falles im Beschluss des Bundessozialgerichts vom 27.3.1957, in: ebd.

74 Vgl. dazu den umfangreichen Schriftwechsel, in: ebd., Akte 300 – 03/13.30.

75 Vgl. dazu NS-Abwicklungsgesetz, in: Der SPIEGEL 10/1961 vom 1.3.1961, S. 27–28.

des NS-Abwicklungsgesetzes befasst, die oft strittig und infolge der akribischen Rekonstruktion jedes Einzelfalles erheblich zeitaufwändig war.[76]

Besondere Brisanz barg daneben die Frage der Anerkennung von Dienstzeiten als rentensteigernde Ersatzzeiten bei früheren SS-Angehörigen. Das Problem hatte, wie erwähnt, bereits die RfA beschäftigt. In den 1960er und 1970er Jahren liefen nun aber zahlreiche Anträge und Beschwerden von ehemaligen SS-Amtsträgern ein, die den Dienst in den verschiedenen SS-Einheiten und SS-Einrichtungen angerechnet haben wollten und bei ablehnenden Bescheiden nicht selten vor den Sozialgerichten klagten.[77] Auch die BfA folgte bei der Beurteilung der Fälle der zuvor von der RfA geübten Verwaltungspraxis und Auffassung, nach der nur die in der Waffen-SS ausgeübten Tätigkeiten anrechenbar waren, während alle anderen Dienste nicht anerkannt wurden, insbesondere auch die in den zur Bewachung der KZ eingesetzten SS-Totenkopfverbänden. Versicherte, die als Angehörige der Wehrmacht zur Waffen-SS abkommandiert und zur Bewachung von Konzentrationslagern eingesetzt wurden, erhielten damit immerhin keine Anrechnung dieser „Dienstzeit" als rentensteigernde Ersatzzeit.[78] Zur Klärung der entsprechenden Ansprüche mussten die BfA-Beamten jedoch oft auf die jeweiligen historischen Expertisen des Bundesarchivs und des Instituts für Zeitgeschichte zurückgreifen. Geklagt hatte im Juli 1969 etwa ein ehemaliger SS-Obergruppenführer und General der Waffen-SS, dessen Antrag auf höheres Altersruhegeld –aufgrund seiner seit November 1936 erfolgten Beschäftigung als SS-Hauptamtsleiter und Chef des persönlichen Stabes des Reichsführers SS Himmler – die BfA mit Bescheid vom 8. Mai 1969 abgelehnt hatte.[79] Die Klage wurde im April 1973 durch das Sozialgericht München abgewiesen, aber die Berufung hatte dann letztlich im Oktober 1974 doch noch Erfolg. Andere ehemals hauptamtliche Angestellte des NS-Terrorapparats, etwa als Referenten im SD, hatten bei ihren Klagen jedoch kein oder nur teilweise Glück.[80] Die Rechtsprechung der jeweils damit befassten Sozialgerichte war dabei offenbar keineswegs einheitlich. Einerseits konstatierte ein BfA-Abteilungsleiter im September 1955 etwa hinsichtlich der Rechtsprechung zur Umsiedler-Verordnung, dass „das neue Recht am älteren Recht nicht etwa versehentlich ganz oder teilweise vorübergegangen ist, sondern bewusst vor den im älteren Recht ver-

---

76 Vgl. dazu eine Reihe von Einzelfällen auch mit Sozialgerichtsurteilen, in: ebd. Vgl. darin auch eine Stellungnahme des Dezernats 5010 vom 3.7.1985 über die Problematik des NS-Abwicklungsgesetzes und die verwaltungstechnische Durchführung der fiktiven Nachversicherung. Vgl. allgemein auch dazu vier Ordner mit einer Zusammenstellung der wesentlichen Unterlagen zur Bearbeitung dieser Fälle, in: Registratur der DRV-Bund.

77 Vgl. dazu Registratur der DRV-Bund, R 5250, Akte 300 – 03/13.30 sowie R 4301, Akte 309 – 28/1.11.20.

78 Vgl. Registratur der DRV-Bund, R 4301, Akte 309 – 28/1.11.20, hier u. a. der Vermerk vom 12.11.1968. Vgl. auch ausführlich Manfred Schmidt, Dienst in der Waffen-SS als Ersatzzeit, in: Mitteilungen der Landesversicherungsanstalt Oberfranken und Mittelfranken Nr. 10/1983, S. 410 – 422.

79 Vgl. dazu den Fall mit den entsprechenden Unterlagen, in: Registratur der DRV-Bund, R 4301, Akte 309 – 28/1.11.20.

80 Vgl. ebd.

borgenen Schwierigkeiten die Augen geschlossen hat".[81] Andererseits revidierte die Rechtsprechung der Sozialgerichte, wie etwa im Februar 1979 bei der Verhandlung einer Berufsunfähigkeitsrente wegen Kriegsverletzung, die damalige Verwaltungspraxis bzw. die den damaligen Bescheiden zugrunde gelegte Rechtsauslegung der RfA.[82]

Darüber hinaus gab es Auseinandersetzungen auch mit anderen ehemaligen Repräsentanten und Funktionsträgern des NS-Regimes. Im März 1963 etwa wurde vor dem Sozialgericht München der Fall eines früheren Angehörigen des Sonderdienstes im Generalgouvernement verhandelt. Die damaligen oft notdienstverpflichteten Sonderdienstleute hatten polizeiähnliche Aufgaben gehabt und waren den Kreishauptleuten und Landräten zur Durchsetzung ihrer Verwaltungsaufgaben zur Verfügung gestellt worden.[83] Andernorts ging es um die rentenversicherungsrechtliche Bewertung des Kriegseinsatzes der HJ in Form der sogenannten Kampfhelferinnen. Im September 1975 war die Rentenversicherung der Angehörigen der ehemaligen NS-Ordensburgen strittig, die zur DAF gehört hatten und deren Stammpersonal damit mit nachweisbaren Angestelltenversicherungsbeiträgen versicherungspflichtig gewesen war.[84] Im August 1978 wurde vor dem Landessozialgericht Niedersachsen die Klage einer ehemaligen hauptamtlichen Kassenverwalterin bei der NS-Frauenschaft verhandelt, und längeren Schriftverkehr gab es bis Anfang der 1980er Jahre auch um die Rentenversicherungsbeiträge der Organisation Todt bzw. die Forderungen damaliger OT-Angehöriger um die Wiederherstellung des Versicherungsverlaufs bzw. die Nachversicherung entsprechend dem NS-Abwicklungsgesetz.[85]

Ein Großteil der „Renten-Wirklichkeit" der NS-Zeit wurde mithin erst nach 1945 sichtbar, als die verschiedenen gesetzlichen Bestimmungen jener Zeit hinsichtlich Beitragsleistung und den diversen Leistungsversprechen mit Eintritt des Versicherungsfalls wirksam wurden. Die BfA wurde dabei nicht nur mit den – durch die Spezifika der NS- und Kriegszeit in welcher Art und Weise auch immer gebrochenen und geprägten – Versichertenbiographien konfrontiert, sondern auch mit den zahlreichen Widersprüchlichkeiten und Unklarheiten der damaligen Bestimmungen, mit denen schon die RfA zu kämpfen gehabt hatte. Bis weit in die 1970er Jahre hinein war die Behörde daher mit der Klärung dieser „NS-Zeit-Rentenfälle" beschäftigt, die von den Mitarbeitern oft erst mühsam in ihrem Entstehungskontext und der NS-Rechtsauslegung bzw. Verwaltungspraxis der RfA an Hand der zum Glück weitestgehend erhalten gebliebenen RfA-Akten rekonstruiert werden mussten. In der täglichen operativen Verwaltungsarbeit der BfA-Mitarbeiter der 1950er bis 1970er Jahre war die NS-Zeit daher immer präsent. Letztlich sollte es bis weit nach der Jahrtausendwende reichen, bis die nun als Deutsche Rentenversicherung Bund firmierende und inzwi-

81 Vermerk vom 26.9.1955, in: ebd., Akte 300 – 03/9.3.60.
82 Vgl. den Fall, in: ebd.
83 Vgl. den Fall, in: RfA-Archiv, Akte ohne Signatur.
84 Vgl. Registratur der DRV-Bund, U 015, Akte 300 – 03/13.10.
85 Vgl. dazu Registratur der DRV-Bund, R 4301, Akte 309 – 28/0.08 und Akte 300 – 03/13.05.

schen die Angestellten- wie Arbeiterrentenversicherung unter einem Dach vereinigende Nachfolgebehörde mit dem sogenannten Ghettorenten-Gesetz („Gesetz zur Zahlbarmachung von Renten aus Beschäftigungen in einem Ghetto") und dessen Umsetzung – obschon kein Erbe der RfA-Zeit – endlich eine Art verwaltungsorganisatorischen Schlussstrich unter die langen Nachwirkungen der NS-Zeit ziehen konnte.[86]

86 Vgl. dazu zuletzt Michael Wildt, Holocaust und Arbeitsverwaltung. Der jüdische Arbeitseinsatz in den Ghettos der besetzten Ostgebiete, in: Alexander Nützenadel (Hrsg.), Das Reichsarbeitsministerium im Nationalsozialismus. Verwaltung, Politik, Verbrechen, Göttingen 2017, S. 454 ff. sowie Stephan Lehnstaedt: Geschichte und Gesetzesauslegung. Zu Kontinuität und Wandel des bundesdeutschen Wiedergutmachungsdiskurses am Beispiel der Ghettorenten, Osnabrück 2011, ders., Wiedergutmachung im 21. Jahrhundert. Das Arbeitsministerium und die Ghettorenten, in: Vierteljahreshefte für Zeitgeschichte 61 (2013), S. 363 – 390 und Jürgen Zarusky (Hrsg.), Ghettorenten. Entschädigungspolitik, Rechtsprechung und historische Forschung, München 2010.

Schlussbemerkungen

Die Geschichte der RfA zwischen 1933 und 1945 ist in Vielem exemplarisch für die Entwicklung von Verwaltungsbehörden während der NS-Herrschaft. Sie verweist aber auch auf Spezifika dieser Behörde. Taucht man aus der Aktenwelt des RfA-Archivs wieder auf und versucht verallgemeinernd und abstrahierend nach dem Exemplarischen wie Spezifischen für Verwaltung im NS am Beispiel der RfA zu fragen, so hilft es, dabei noch einmal Wolfgang Seibels theoriegeschichtliche Einführung zur Hand zu nehmen. Viele der dort allgemein benannten Problemfelder und Aspekte lassen sich an Hand der RfA-Geschichte noch einmal konkret durchdeklinieren – allerdings gleichsam unter negativem Vorzeichen. Die RfA-Geschichte macht die vielfältigen Grenzen und Begrenzungen von Verwaltung sichtbar, nicht nur verwaltungsorganisatorische, sondern auch politisch und gesetzgeberisch gezogene Grenzen. Deutlich werden auch die verschiedene Ebenen und die sich verändernden Handlungskonstellationen von Verwaltungswirklichkeit, das Zusammenwirken der einzelnen Abteilungen sowie von Innen- und Außendienst (Überwachungsbeamte), und es wurde aufgezeigt, wo und wie Abweichungen von Verwaltungsroutinen auftraten, wo sich Einfallstore öffneten, die der NS-Staat zur Ideologisierung und Instrumentalisierung des Rentenrechts nutzte.

Die RfA war als Behörde auch ein soziales Gebilde, mit spezifischer Belegschaftszusammensetzung, eingespielten Abteilungsstrukturen und einem organisatorischen Selbstverständnis sowie einer tradierten Verwaltungs- und Behördenkultur, zugleich aber auch eine zweckrationale Institution, in der sich vor dem Hintergrund der nationalsozialistisch aufgeladenen neuen Aufgabenzuschreibung innerhalb der Sozialpolitik schrittweise Veränderungen mit Beharrungstendenzen vermischten. Anders als andere Verwaltungen, Organisationen und Institutionen (darunter auch viele Unternehmen), die in der NS-Zeit einen Radikalisierungsprozess durchliefen und sich gleichsam zu pathologischen Organisationen entwickelten und hierbei auch der Entwicklung des NS-Regimes folgten, blieb die RfA gegenüber solchen Tendenzen weitgehend immun und, zumindest nach außen hin, im Zustand einer funktional-sachlichen Verwaltungswirklichkeit. Und mit den von Präsident Grießmeyer unterschriebenen Bescheiden und Briefen blieb auch das Prinzip der personalen Zurechenbarkeit von Verwaltungshandeln gewahrt. Nur einmal und für kurze Zeit wurde die RfA auch Arena für offen ausgetragene Machtkonflikte, bei denen sich jedoch Grießmeyer gegenüber den Rankünen „alter Kämpfer" durchsetzen konnte. Eine „Kaperung der Verwaltung durch Interessengruppen mit der Folge systematischer Zielabweichung",[1] in diesem Fall durch NSDAP-Parteigänger oder DAF-Funktionäre, erfolgte bei der RfA nicht.

Die RfA markiert nicht zuletzt auch in der Person ihres seit 1931 amtierenden Präsidenten die starke sozialpolitische Kontinuität zwischen Weimarer Republik und

1 Vgl. dazu allgemein Seibel, S. 29 und vor allem S. 73 ff.

 https://doi.org/10.1515/9783110652741-010

NS-Zeit. Der Abbau der Leistungen und die Einschränkungen der Selbstverwaltung hatten schon in den Notverordnungsjahren begonnen und die Politik des NS-Regimes knüpfte daran bruchlos an. Auch das Prinzip der Beitragsfinanzierung und die Sozialversicherungsgerichtsbarkeit, d.h. der einklagbare Rechtsanspruch, blieben erhalten, allerdings erfolgten dabei, unter anderem mit der Einschaltung der Rechtberatungsstellen der DAF, zunehmende Aushöhlungen der bestehenden Regelungen und eine Ausrichtung an nationalsozialistischen Grundsätzen. Das „überdrehte Tempo" des Regierens und die „atemlose Unrast des besinnungslosen Aktionismus und der eng gesteckten Zeithorizonte", das das NS-Regime kennzeichnete,[2] spiegelte sich auch und gerade in der Rentenversicherungspolitik des RAM wider. Nicht nur die DAF, die SS sowie die zahlreichen Sonderkommissare waren Teil der „Neuen Staatlichkeit" der NS-Zeit,[3] sondern auch die RfA, der es zum Teil über weite Strecken auch gelang, die DAF-Rechtsberatungsstellen anstelle der früheren Vertrauensleute in ihr Antrags-, Informations- und Beratungsverfahren einzubauen. Dem widerspricht nicht, dass es der DAF ihrerseits aber gleichzeitig gelang, weitgehende Kompetenzen sowie Überwachungs- und Einflussmöglichkeiten hinsichtlich des Leistungsverfahrens der RfA zu erhalten. In Bezug auf die Überwachungsbeamten konnte die RfA jedoch der DAF gegenüber ein maßgebliches Reservoir an behördlicher Autonomie verteidigen. Anstelle der lange Zeit behaupteten Dichotomie zwischen Verwaltungsbehörden sowie Ministerialbürokratie auf der einen und Parteistellen, DAF, NSV und Büro des Stellvertreters des Führers auf der anderen Seite zeigt die Geschichte der RfA die verschwimmenden und miteinander verflochtenen Grenzen und Ebenen zwischen diesen Organisationen und Institutionen und die formellen wie informell verlaufenden Aushandlungs-, Steuerungs- und Koordinationsprozesse.[4]

Im Rückblick wurden die aufwändigen, von erheblichem Verwaltungssachverstand getragenen, zum Teil aber auch verzweifelten Bemühungen der RfA sichtbar, als Leistungsverwaltung ihre Aufgabe zu erfüllen, dabei traten ganz unterschiedliche Konfliktlinien auf: zwischen oft unklaren und unausgegorenen Gesetzen, regierungs- und parteipolitischen Vorgaben und Druck durch die übergeordneten und weisungsberechtigten Institutionen und nicht zuletzt auch angesichts der Erwartungen der Versicherten und Rentner und diesen gegenüber bestehenden Verpflichtungen – eine Konstellation, die im Grunde zwar bis heute das Tagesgeschäft einer Sozialversicherungsbehörde prägt. Dennoch bestand mit der Transformation als Teils des NS-Staates und damit auch des NS-Herrschaftsapparates sowie der wachsenden Ver-

---

2 Vgl. Sven Reichardt, Wolfgang Seibel, Radikalität und Stabilität. Herrschen und Verwalten im Nationalsozialismus, in: dies. (Hrsg.), Der prekäre Staat. Herrschen und Verwalten im Nationalsozialismus, Frankfurt 2011, S. 22.

3 Vgl. dazu die Aufsätze von Rüdiger Hachtmann, zuletzt ders., Elastisch, dynamisch und von katastrophaler Effizienz – zur Struktur der Neuen Staatlichkeit des Nationalsozialismus, in: Reinhardt/Seibel, S. 29–73.

4 Vgl. dazu auch Rüdiger Hachtmann, Reichsarbeitsministerium und Deutsche Arbeitsfront. Dauerkonflikt und informelle Kooperation, in: Nützenadel, Das Reichsarbeitsministerium, S. 137–173.

strickung in nationalsozialistisches Unrecht und Verbrechen ein fundamentaler Unterschied. Unter Grießmeyer wurde die RfA zu einer effizienten Verwaltungsbehörde innerhalb des bürokratischen Systems und Behördenapparats des NS-Staates, die sich auch völlig dessen Zielen unterordnete, ungeachtet dessen, dass die Behörde viele ihrer Routinen und ihren „bürokratischen Eigensinn" beibehielt. Das traditionelle Primat einer unpolitischen Verwaltung war aber schon in der Weimarer Republik aufgegeben worden, so dass die endgültige Abkehr von diesem Grundsatz in den Jahren nach 1933 nicht mehr wesentlich als behördeninterner Kulturbruch wahrgenommen wurde. Dennoch zeigt sich auch am Beispiel der RfA, dass sich Verwaltungsaufgaben nicht ohne weiteres politisieren und für ideologisch-rassische Ziele einspannen lassen, allein schon weil sie einer Eigengesetzlichkeit folgen, die sich politischer Rationalität entzieht.[5]

Die Behördenkultur änderte sich durch Selbstgleichschaltung, Selbstmobilisierung und Ideologisierung, durch Gefolgschaftsappelle und Versammlungen, flankiert von einer Parteipolitisierung der Rekrutierungs- und Beförderungsmechanismen, und nicht zuletzt durch die Neuorganisation der Selbstverwaltung unter nationalsozialistischem Vorzeichen. An dem Gedanken selbst hielten im Selbstverständnis sowohl Präsident Grießmeyer wie auch der neue Beirat weiterhin fest, und die zwei bis drei Sitzungen im Jahr, auf denen Grießmeyer und sein Vizepräsident Schaefer ausführlich Rechenschaft über die jeweils zurückliegenden Entwicklungen ablegten, waren kein bloßes Ritual, sondern oft auch von Beratungen bzw. Diskussionen geprägt. Die RfA blieb immer auch Wissenszentrum in allen Fragen der Angestelltenrentenversicherung. Der DAF gelang es nicht bzw. nur teilweise, als alternative Kompetenzstelle zu agieren und etwa über die DAF-Rechtsberatungsstellen konkurrierende Strukturen aufzubauen. Die RfA besaß in der NS-Zeit ein hohes Maß an Organisationswissen und Verwaltungsroutinen, mit denen erfolgreich und flexibel auf die damaligen (nur zum Teil NS-spezifischen, zum Teil aber permanent vorliegenden) Herausforderungen wie Koordinationsprobleme, Gesetzesdefizite und Vorschriftsmängel, Konformitätsdruck, politische Vorgaben und massiven Zeitdruck reagiert wurde.

Die RfA erwies sich dabei auch als korrekte Verwalterin des Unrechts und der sozialversicherungsrechtlichen Folgen der Judenvernichtung. Gleichzeitig trug sie als kriegswichtige Verwaltungsbehörde zur Aufrechterhaltung der Heimatfront und der sozialpolitischen Normalität auch im Krieg durch ein funktionierendes Alterssicherungssystem mit Rentenzahlungen und Anwartschaftsansprüchen durch Beitragszahlungen bei. Ungeachtet ihres untergeordneten und weisungsgebundenen Behördenstatus innerhalb des sozialpolitischen Kräftefeldes von RAM, RVA und den übrigen Versicherungsträgern verblieben der RfA mithin erhebliche Handlungs- und Ermessensspielräume. Doch die Zwänge nahmen zu, sichtbar unter anderem auch daran, dass und wie die RfA als Behörde an die Grenzen ihrer Möglichkeiten stieß – infolge der geographischen Expansion während des Zweiten Weltkriegs insbesondere

5 Vgl. allgemein Seibel, S. 116.

in Osteuropa sowie des rasanten anderweitig bedingten Anstiegs der Zahl der Versicherten wie Leistungsempfänger und durch das Hinzukommen neuer Betätigungsfelder infolge der nachgerade atemlosen NS-Gesetzgebung. Trotz des markanten personellen wie strukturellen Wachstums der RfA als Behörde, der erheblichen geographischen Ausbreitung und der damit verbundenen wachsenden innerbehördlichen Komplexität blieb die Anstalt effizient.[6] Ein Verwaltungsversagen blieb aus. Selbst noch unter den Bedingungen des totalen Kriegs, des Bombenkriegs und des wieder schrumpfenden Zuständigkeitsbereichs infolge der Kriegsereignisse ab 1944 blieb der Grad an rationalem Verwaltungshandeln gegenüber dem Grad des „Durchwurstelns" erstaunlich hoch.

Die nationalsozialistische Angestelltenversicherungspolitik war – auch aus der Perspektive des NS-Regimes selbst – weder als Loyalisierungsinstrumentarium noch als Maßnahme zur Arbeitskräftemobilisierung erfolgreich. Das hat der der Blick auf den verwaltungsorganisatorischen Alltag und die Behördenpraxis der RfA-Arbeit gezeigt, mit ihren vielen Problemen, Reibungsverlusten, Konflikten und vor allem der Unausgegorenheit der Gesetze. Selbst die vom Nationalsozialismus verfolgte Exklusion und Diskriminierung von „Volksfremden" aus der Sozialversichertengemeinschaft ließ sich bestenfalls partiell verwirklichen. Von erfolgreicher Bestechungspolitik kann ebenso wenig die Rede sein wie von einer Keimzelle moderner Nachkriegssozialpolitik. Das NS-Regime hat in der AV für die *Rentenempfänger* nur geringe Leistungen und ein niedriges Rentenniveau gebracht, für die *Versicherten* dagegen zwar erhebliche Leistungsversprechungen, die aber oft bloße Symbolpolitik in der Hoffnung auf Massenloyalität waren. Dabei wurde die Realisierung der sozialpolitischen Versprechen in die ebenso ferne wie ungewisse Zukunft nach dem Krieg verschoben. Die vorliegende Studie liefert insofern auch einen kleinen Beitrag zur nach wie vor in der Forschung kontrovers debattierten Analyse von Realität, Erfahrungswirklichkeit und Anspruch der „NS-Volksgemeinschaft" in all ihrer Vieldimensionalität.[7] Das Ergebnis der Arbeit der RfA im Sinne des NS-Regimes war nicht „Arbeit statt Rente", wie sie die DAF propagierte, sondern „Arbeit und Rente", um damit für die Ruhegeldbezieher Anreize zu schaffen, wieder einer Beschäftigung in der von Arbeitskräftemangel gekennzeichneten nationalsozialistischen Rüstungs- und Kriegswirtschaft nachzugehen – was jedoch faktisch nur bedingt gelang. Wenn man die Rentenpolitik des RAM aus der Perspektive der ihr untergeordneten Behörde RfA betrachtet, dann kommt man nicht umhin, der RAM-Rentengesetzgebung ein schlechtes Zeugnis auszustellen.

Das Rentenversicherungsrecht in der Angestelltenversicherung steht zudem geradezu exemplarisch dafür, dass die Versuche, nichtdeutsches Versicherungsrecht in den besetzten Gebieten durch deutsches Recht abzulösen und zu vereinheitlichen, besten-

6 Zum Problem von Komplexität und Pragmatismus in der Verwaltung allgemein vgl. ebd., S. 142ff.
7 Vgl. Steber/Gotto und auch Uwe Danker u. a. (Hrsg.), NS-Volksgemeinschaft. Zeitgenössische Verheißung, analytisches Konzept und ein Schlüssel zum historischen Lernen?, Göttingen 2017.

falls rudimentär erfolgreich waren. In zahllosen Ausnahmebestimmungen wurde, auch unter dem Zwang der erworbenen Leistungsansprüche der hinzugekommenen Versicherten und Rentner, auf Besonderheiten Rücksicht genommen, manchmal wurde überhaupt erstmals Recht gesetzt. So entstand ein Mixtum sozialversicherungsrechtlicher Bestimmungen, gepaart mit fremden und deutschen Normen.[8] Der deutschen NS-Gesetzgebung ist es während des Krieges in den besetzten und eingegliederten Gebieten nicht gelungen, die vielfältigen Ungereimtheiten auf einen gemeinsamen gültigen Nenner und eine einheitliche gesetzliche Basis zu bringen. Ambivalent waren auch die sich dabei ergebenden finanziellen Implikationen. Das Einverleiben des Vermögens der früheren Versicherungsträger durch die RfA im Zuge der Expansion, um die neu übernommenen Risiken und Anwartschaften zu decken, bedeutete keine Ausplünderung oder Bereicherung. Im Gegenteil, die Vermögensauseinandersetzungen waren langwierig und letztlich gingen die Aufwendungen für laufende Renten sowie die übernommenen Rentenansprüche der neu hinzugekommenen Versicherten zu Lasten des RfA-Haushalts und -Vermögens. Berechnungen über die Höhe eingesparter Rentenzahlungen an Juden, die emigriert, deportiert und ermordet worden waren, sowie vereinnahmter Beitragsleistungen von diesen ohne Gegenleistungen lassen sich für die RfA auch nur halbwegs seriös nicht vornehmen.[9] Das Faktum der Beitragsvereinnahmung ohne jegliche spätere Gegenleistungen an sich besteht aber ohne Zweifel. Die RfA hat zudem in zahlreichen Fällen vorauseilend und ohne Rechtsgrundlage Rentenzahlungen verweigert und damit gegen Recht verstoßen, und im Fall des wegen staatsfeindlicher Betätigung vorgenommenen Ruhens der Renten geschah dies systematisch und bewusst gewollt. Dies gilt auch für der Einstellung der Rentenzahlung an Juden zunächst im Ausland, dann auch im Inland, wobei diese Maßnahmen, ebenso wie die Exklusion und Diskriminierung polnischer Versicherter und Rentner vielfach durch entsprechende Gesetze und Verordnungen des RAM gedeckt waren.

Das Sozialrecht wurde verletzt, umgangen und administrativ umdefiniert, auch wenn der Schein der formalen Rechtsgültigkeit von der RfA – als untergeordneter und von RVA und RAM beaufsichtigten, weisungsgebundenen Behörde – zu wahren versucht wurde. Dies erleichterte nachträgliche Exkulpationsversuche. Tatsächlich aber war es aber nur in ganz wenigen und eher unbedeutenden Ausnahmefällen dazu gekommen, dass die Verwaltungspraxis der RfA gerügt wurde und die Art und Weise der Ausübung und Umsetzung angeordnet werden musste. Vielmehr funktionierte auch in der NS-Zeit der Effekt der permanenten Anpassung und der Handhabungs- und Optimierungsbemühungen der RfA gegenüber dem pausenlosen Fluss an Erlassen und Verordnungen im Sinne des NS-Regimes. Man kann sich des Eindrucks nicht erwehren, dass NS-Regime und RAM mit großem propagandistischem Getöse ein

8 Vgl. Das Fremdrenten- und Auslandsrenten Neuregelungsgesetz vom 25.2.1960 in der praktischen Anwendung; Schriftenreihe der BfA Nr. 15, Berlin 1960, S. 2.

9 Einen Versuch, ohne allerdings nach den einzelnen Versicherungsträgern unterscheiden zu können, hat Kirchberger, S. 125 vorgenommen. Auch Mierzejewski, S. 142 und dazu auch Anmerkung 147, erstellt eine Schätzung (über 100 Mio. RM), die sich gleichfalls einer seriösen Überprüfung entzieht.

Rentenversicherungsgesetz nach dem anderen erließen, dann aber bei der verwaltungstechnischen und organisatorischen wie auch verwaltungsrechtlichen Umsetzung die RfA als durchführende Behörde allein ließen – das Handwerkerversorgungsgesetz ist dafür nachgerade exemplarisch. Je größer aber diese Defizite und Mängel waren, desto intensiver versuchte gleichzeitig die RfA mit viel Aufwand, Sachverstand und Wissen sowie verwaltungsorganisatorischer Effizienz, doch handhabbare Verfahren zur Umsetzung dieser Gesetze zu entwickeln und zu praktizieren – eine typische Reaktion jeder Verwaltung. Das Problem in der NS-Zeit aber war, dass dies dabei auch das in den Gesetzen enthaltene Unrecht und die ideologisch motivierten Exklusions- und Diskriminierungsmaßnahmen mit einschloss. Diese Studie hat damit auch zumindest ansatzweise das Verhältnis von Regelhaftigkeit und Willkür in der Verwaltungspraxis ausgelotet, nach dem in der Forschung auch hinsichtlich anderer Institutionen und Behörden in der NS-Zeit gefragt worden ist.[10]

Die Geschichte der RfA zeigt, dass das auch in der Sozialpolitik generell konstatierte und mit Dauer des NS-Regimes in zunehmender Geschwindigkeit erfolgende Herausdefinieren „fremden Volkstums" aus dem Leistungsangebot und dessen Zuschneiden nur auf erwünschte Deutsche in der Sozialrechtsordnung des NS-Staates[11] keineswegs so einfach war, wie von den Machthabern gedacht. Juden, Nationalpolen und andere aus völkisch-rassischen Gründen unerwünschten und verfolgten Bevölkerungsgruppen in dem Millionenheer der Versicherten und Rentenberechtigten zu identifizieren, war zunächst verwaltungstechnisch unmöglich und konnte erst nach und nach seinen Niederschlag in den Unterlagen des Kontenarchivs der RfA finden. Die Verfolgungs-, Deportations- und schließlich Vernichtungsmaßnahmen gegen Juden waren allerdings schneller als die verwaltungstechnischen und rentengesetzlichen Maßnahmen von RAM, RVA und RfA, was diese jedoch nicht davon abhielt, ihre Exklusions- und Diskriminierungsanstrengungen ungeachtet allen zynisch anmutenden Hinterherhinkens sukzessive weiter voranzutreiben. Hinzu kam der Krieg als rentenversicherungsrechtliches Ereignis bzw. als Auslöser massenhafter rentenversicherungsrechtlicher Fälle. Die dadurch verursachten Brüche in den Versichertenbiographien veränderten und verschärften wiederum die Verwaltungsarbeit der RfA.

Die vorliegende Studie hat die vielen Dimensionen der Alterssicherung in der Angestelltenversicherung am Beispiel der RfA konkret im Verwaltungs- wie Versichertenalltag vor dem Hintergrund der Dynamiken der Gesetzgebung zwischen 1933 und 1945 sichtbar gemacht: gesamtgesellschaftlich (Arbeiter, Angestellte) aber auch gruppenbezogen (Versicherte, Rentner) und geschlechtsspezifisch (Frauen, Männer) sowie verwaltungstechnisch (Versicherungsträger, Versicherungszugehörige) und nicht zuletzt auch nach Schicksalskategorien (Privilegierungen, Diskriminierungen sowie regionale bzw. gebietsbezogene Unterschiede). Viele Diskrepanzen sind dabei

---

10 Vgl. dazu etwa den Beitrag von Stefan Fisch zum Reichswirtschaftsministerium, S. 18 ff. bzw. S. 63–80.

11 Vgl. Reidegeld, S. 469 und auch S. 572 zur Vielschichtigkeit des Sozialrechtsgebildes der NS-Zeit.

deutlich geworden, unter anderem auch die wachsende Kluft zwischen Rentnern, die fast zehn Jahre auf die Rücknahme der Leistungskürzungen der Notverordnungsjahre warten und dann trotz der Leistungsverbesserungsgesetze mit niedrigen Renten auskommen mussten, und Beitragszahlern bzw. Versicherten, die von vielen Leistungsversprechen des NS-Regimes und erleichterten Rentenzugangsbedingungen profitierten und auch von steigenden Einkommen und Beitragszahlungsmöglichkeiten und damit künftigen höheren Renten. Dieser Blick auf die Rentenwelt des NS erfolgte jedoch aus der Perspektive der allein für die Angestelltenversicherung zuständigen Behörde. Die „Rentenwelt" der Landesversicherungsanstalten und damit die Invalidenversicherung der Arbeiter sah vielfach anders aus und wies deutliche Unterschiede auf, ungeachtet aller ideologisch propagierten und auch gesetzlich wie verwaltungstechnisch eingeleiteten bzw. vorgenommenen Angleichungstendenzen.

Die Geschichte der RfA kann auch als exemplarisch für das Spannungsverhältnis zwischen Regimeumbruch und Verwaltungskontinuität angesehen werden. Dass auch ein noch so radikaler politischer Regimewechsel das Vertrauen der Menschen in den Staat bei weitem nicht so erschüttert, wie der Zusammenbruch elementarer Verwaltungsfunktionen,[12] war offenbar auch den NS-Machthabern bewusst. Daher stand die Funktionalität und Erfüllung der Verwaltungsaufgaben in der Angestelltenversicherung durch die RfA an oberster Stelle. Allerdings zeigten die tiefen Verunsicherungen in weiten Teilen der „Volksgemeinschaft" über die vielfältigen Gerüchte und Folgen des DAF-Gemeinschaftsversorgungswerks, wie prekär und sensibel die Stimmungslage und damit der politische Rückhalt für das Regime andernfalls sein konnte. Zumal die permanent auftretenden nichtintendierten Effekte und Folgen in der Rentenpolitik infolge der diversen nationalsozialistischen Maßnahmen das Regime und die RfA als durchführende Verwaltungsbehörde vor erhebliche legitimatorische Herausforderungen stellte. Dadurch wurde die angestrebte Massenloyalität zum NS-Regime unterminiert, wofür die Machthaber die RfA verantwortlich machten.

Vieles an der Angestelltenversicherungspolitik des NS-Regimes war Symbolpolitik, deren Umsetzung durch die RfA jedoch einen gewaltigen Verwaltungsaufwand bedeutete, zumal das Regime immer wieder Opfer der eigenen Rentenpropaganda wurde und damit gewaltige Erwartungshaltungen auslöste, die zunächst vor allem an die RfA als zuständigen Versicherungsträger gerichtet wurden. Viele dieser dysfunktionalen und den Interessen und Zielen des Regimes zuwiderlaufenden Dynamiken und Probleme in der NS-Sozialversicherungspolitik werden erst dann sichtbar, wenn der Blickwinkel vom abstrakten Gesetzgebungsakt auf die konkrete verwaltungspraktische Umsetzung der ausführenden und umsetzenden Behörde gerichtet wird. Das Ausbaugesetz von 1937, spätestens das Handwerkerversorgungsgesetz und die beiden Leistungsverbesserungsgesetze, und nicht zuletzt auch die Ostgebietsverordnung und das „Polenstatut" sind beredte Beispiele dafür. Die Verwaltungsentscheidungen wurden nur scheinbar unpolitisch und nach rein bürokratischer Sach- und juristischer Gesetzeslage getroffen. Der

12 Vgl. Seibel, S. 34.

Blick in die RfA-Akten und die dabei erfolgte Rekonstruktion von Verwaltungsvorgängen hat zumindest annähernd auch einen Eindruck davon vermittelt, welchen Entscheidungszwängen die RfA-Verwaltungsbeamten ausgesetzt waren. Die langwierigen Diskussionen mit den übergeordneten Behörden RVA und RAM über (unterschiedliche) Auslegungen der Gesetze und Verordnungen waren oft auch von Erosionsprozessen in der Verantwortungsethik der einzelnen RfA-Verwaltungsbeamten begleitet. Verwaltung verschleiert, wie Seibel generell konstatiert hat, unmoralisches Entscheiden als angemessen, wenn dies mit den eingeübten Verhaltensroutinen in Einklang steht.[13] Dies konnte sich allerdings in der NS-Zeit in Form von bürokratischem Rigorismus gleichsam ins Gegenteil verkehren. Das bekamen regelmäßig nicht zuletzt auch diejenigen Parteistellen und DAF-Amtsträger zu spüren, die immer wieder forderten, man möge zugunsten kulanter Entscheidungen von den Verordnungen abweichen, um Härtefälle und Unbilligkeiten zu vermeiden, und sich am ‚nationalsozialistischen Rechtsempfinden' orientieren. Der permanente Verweis der RfA-Beamten auf die Rechtsbindung implizierte auch zumindest tendenziell Gleichbehandlung, Berechenbarkeit und Willkürfreiheit. Andererseits eröffnete gerade die vielfach unausgegorene und lückenhafte oder unklar formulierte Rentenversicherungsgesetzgebung des RAM immer wieder Ermessensspielräume, die die zuständigen RfA-Beamten durchaus im Sinne „ihrer" Versicherten und Rentenberechtigten zu nutzen versuchten, um gleichzeitig aber letztlich doch auf die rasche Beseitigung der Unzulänglichkeiten der Gesetze durch eindeutige Durchführungsverordnungen und Abteilungsverfügungen zu drängen.[14]

In der NS-Zeit kehrte sich der generelle Effekt von Verwaltung als lernender und sich selbst mobilisierender Organisation[15] um, d. h. NS-Staat und RAM konnten darauf setzen, dass die RfA bei der hektischen Rentengesetzgebung „mitdachte" und erkennbare Fehlentwicklungen auch ohne hierarchische Anweisungen zu korrigieren versuchte und neue Möglichkeiten zur Verbesserung der Erledigung der übertragenen Verwaltungsaufgaben erkannte. Damit leistete man aber den Zielen des NS-Regimes und einer Sozialversicherungspolitik unter nationalsozialistischem Vorzeichen Vorschub. Dennoch ist immer wieder erkennbar, dass die RfA bei gesetzlichen Maßnahmen und Vorhaben des RAM auch die Rückwirkungen auf die eigenen Interessen zu antizipieren und mitzubedenken versuchte im Hinblick darauf, ob und inwieweit dadurch behördenspezifische oder abteilungsspezifische Strukturen und Verwaltungsabläufe gefördert oder negativ tangiert werden würden.[16] Von sich aus griff die RfA dennoch praktisch nie in den gesetzgeberischen Entscheidungsprozess ein, sondern beschränkte sich auf die ihr vom RAM traditionell und auch in der NS-Zeit weiterhin zugedachte Rolle bei der Kommentierung von Gesetzesvorlagen. Insofern fungierte die RfA auch in der NS-Zeit als Integrationsinstanz,[17] d. h. sie war Werkzeug

---

13 Vgl. ebd., S. 38.
14 Vgl. dazu allgemein ebd., S. 182f.
15 Vgl. ebd., S. 102.
16 Vgl. diesen Aspekt allgemein ebd., S. 130.
17 Vgl. dazu Seibel, S. 61ff.

des NS-Regimes und organisierte über die Aufrechterhaltung des Alterssicherungssystems und der Rentenzahlungen den Zusammenhalt von NS-Staat und neuer „Volksgemeinschaft".

Der personelle, organisatorische und auch verwaltungstechnische Anknüpfungspunkt der DRV-Bund an die Geschichte der RfA ist inzwischen deutlich kleiner geworden, als er es noch zu Zeiten der BfA war. Präsident Grießmeyer wurde noch im November 1954 durch die Aufstellung einer Bronzebüste in Würdigung seiner vielfältigen Verdienste um die RfA geehrt. Initiator war der damalige BfA-Präsident Erwin Gaber. Die Büste stand bis Anfang der 1990er Jahre im Eingangsbereich des Dienstgebäudes in der Ruhrstraße.[18] Doch Grießmeyer taugt, wie die vorangegangenen Darlegungen zeigen, nicht als Traditionsbezug, weniger wegen seiner NSDAP-Mitgliedschaft, seiner vorübergehenden Zugehörigkeit zur vornehmen Reiter-SS und seiner vielfältigen Bemühungen, die Verwaltungskultur seiner Behörde auf nationalsozialistisches Denken auszurichten und die RfA zu einem tragenden Teil des neuen NS-Staates zu machen. Zu Lasten des RfA-Präsidenten fällt vielmehr seine von Anpassung und von vorauseilendem Gehorsam geprägte Haltung gegenüber den nationalsozialistischen Unrechtsmaßnahmen. Als Erklärung dafür kann das Motiv einer möglichen Existenzsicherung der RfA als Versicherungsträger gegenüber den auf die Schaffung eines einheitlichen „Altersversorgungswerkes" hinsteuernden Plänen der DAF nicht herangezogen werden. Dazu kommt seine Beflissenheit bei der personellen Säuberung der RfA-Belegschaft, die zwar nicht systematisch betrieben wurde, aber doch immer wieder zur Bevorzugung von Parteimitgliedern bei Beförderungen, zur Ausschaltung jüdischer Vertrauensärzte und zum übereifrigen Aufspüren von angeblichen „Staatsfeinden" unter den Rentenbeziehern geführt hatte. Grießmeyer formte die RfA zu einer gegenüber dem NS-Staat loyalen Behörde, obwohl er klar erkannt hatte, dass die erzwungene Anlage des RfA-Vermögens in Reichsanleihen und die damit erfolgte Rüstungs- und Kriegsfinanzierung erhebliche Risiken barg und die materielle Ressourcenbasis der Behörde langfristig unterminierte. Es gab schlimmere, von der NS-Ideologie und dem NS-System bei weitem überzeugtere Behördenleiter (insbesondere im RVA und den Landesversicherungsanstalten) als Grießmeyer. Er war auch keineswegs allein verantwortlich, sondern ungeachtet des formalen Führerprinzips Teil der gesamten Angestellten- und Beamtenschaft in der RfA. Doch das bedeutet keine politisch-moralische Rehabilitierung. Die Bezugspunkte zwischen DRV-Bund und RfA mögen heute erheblich weniger sein, dennoch gibt es nach wie vor einen Traditionsstrang innerhalb der gegenwärtigen Behörde, der in diese Geschichte der RfA zurückverweist und die Verpflichtung zur permanenten Reflexion über die Rechtmäßigkeit und die politische wie gesellschaftliche Verantwortung des täglichen Verwaltungshandelns mit sich bringt.

---

18 Diese Informationen verdanke ich Hans-Jörg Bonz, auf dessen kritische Überlegungen zur (missglückten) Traditionspflege der BfA sich auch die folgenden Bemerkungen stützen. Vgl. Bonz, Die Last der Vergangenheit. Traditionspflege in der Bundesversicherungsanstalt für Angestellte, MS. 5 Seiten, ohne Datum.

Quellen- und Literaturverzeichnis

I Quellenverzeichnis

Ungedruckte Quellen

Kurze Bestandsbeschreibung:
Der relevante Bestand im Bundesarchiv setzt sich zum einen aus der umfangreichen Überlieferung des Reichsversicherungsamtes zusammen. Hier sind vor allem drei Teilbestände betr. RfA wichtig: Erstens 20 Bände zu „Aufsicht über die RfA" (R 89/3387-3467), 23 Bände zu „Personalangelegenheiten RfA" (R 89/3478-3499) sowie neun Bände „Personalangelegenheiten RfA/Einzelfälle" (R 89/3500-3508) und eine Reihe von Kartons mit hunderten von Einzelfallakten insb. zum Ruhen der Rente wegen staatsfeindlicher Betätigung (R 89/22702-22707 bzw. 23084-23087).

Von der RfA selbst bzw. der Nachfolgebehörde BfA wurden nur wenige Akten an das Bundesarchiv abgegeben, so dass der Großteil noch im sogenannten RfA-Archiv bei der DRV-Bund in der Ruhrstraße liegt. Der dortige Bestand umfasst wie erwähnt insgesamt ca. 500 Akteneinheiten oder ca. 60 lfd. Meter mit Laufzeit 1919 bis 1945 (vereinzelt auch darüber hinausgehend bzw. weiter zurückreichend), klarer Schwerpunkt ist aber die NS-Zeit. Der Bestand ist wiederum in zwei unterschiedlich geordnete Teilbestände aufgeteilt. Der erste steht in Aktenschränken und ist mit Signaturen versehen (von Nr. 1 bis Nr. 233), teils nicht nummeriert.. Hier finden sich Überlieferungen zur Organisation der Behörde und ihrem operativen Geschäft bzw. der Verwaltungstätigkeit (allein zehn Akten zu Rentenverfahren der Abteilung I Leistung, Abteilungsverfügungen, Präsidialverfügungen, Geschäftsverteilungspläne, Entscheidungssammlungen und Schriftwechsel mit dem RVA und RAM sowie diversen weiteren Stellen wie DAF und Landesversicherungsanstalten, Protokolle von Direktoriums- und Beiratssitzungen, Stellungnahmen zu den laufenden und geplanten gesetzlichen Maßnahmen, Statistik sowie die Einführung rentenversicherungsrechtlicher Maßnahmen in den besetzten bzw. eingegliederten Gebieten wie Österreich, Polen, Sudetenland). Der zweite Teilbestand umfasst ca. 800 Akten zu zahlreichen versicherungsrechtlichen Einzelproblemen (Generalakten), die in 126 Fächern liegen. Hierzu existiert ein alter, 108-seitiger Aktenplan nach Stichworten und zugeordneten Fachnummern. In allen diesen Akten finden sich hunderte von Briefen und Eingaben der Versicherten selbst an die RfA und die entsprechenden Antwortschreiben der Behörde, so dass nicht nur die Perspektive der RfA, sondern auch diejenige der Versicherten deutlich widergespiegelt wird. Auffällig ist jedoch, dass in dem Bestand des RfA-Archivs keine Akten zu Heilverfahren/Gesundheitsfürsorge (Abt. II) überliefert sind und auch nichts zum sozialen Wohnungsbau/Gagfah zu finden ist. Den Krieg überstanden hatten zunächst auch sämtliche Personalakten, die jedoch nicht im RfA-Archiv abgelegt worden waren. Zu Beginn der 1990er Jahre wurde dieser wertvolle Bestand jedoch vollständig vernichtet.

1 DRV-Bund, Berlin

„RfA-Archiv", Berlin (Verzeichnis wichtiger benutzter Aktengruppen/Kurzrepertorium)

a Verwaltungsorganisation

RfA Nr. 7: Besprechungen Abt. I Leistung 1931–1941
RfA Nr. 18–27: Schriftwechsel Abt. I Leistung Allgemein 1933–1943/44
RfA Nr. 72–77: Geschäftsverteilung der Abt. I Leistung

RfA Nr. 90–98: Schriftwechsel der Abt. I Leistung mit Arbeitgebern/Arbeitnehmern 1931 bis 1945
RfA Nr. 205–206: Geschäftsgang der Abt. I Leistung
RfA o. Sign., 2 Ordner: Rundschreiben an die Überwachungsbeamten 1939–1945
RfA Nr. 1–3: Präsidialverfügungen 1924 bis 1944
RfA, Fach 1, Nr. 1–4: Abteilungsverfügungen 1937–1944
RfA-Archiv, o. Signatur (Regal 5): Abteilungsverfügungen 1921–1942
BA/R89-3468 bis 3470: Protokolle der Beiratssitzungen 1 (25.11.1935 bis 16.4.1943)
RfA Nr. 78 und R 89/3468, R 89/3470: Geschäftsberichte RfA 1935 bis 1938 und 1939 bis 1942.

b RV in den eingegliederten und besetzten Gebieten

RfA Nr. 196, Nr. 196 a: Eingegliederte Gebiete/Sudetenland
RfA Nr. 169, Nr. 170–174 und 176, 177–180: RV Sudetenland und Protektorat
RfA Nr. 68 und Nr. 69, 69 a, 69 b: Einführung RV in Österreich, Sudetenland, Protektorat
RfA, Fach 34, Nr. 3–7: Generalgouvernement/Ostgebiete/Polen
Fach 119, Nr. 1: dito
RfA Nr. 162–163 a–c: Ostgebiete/Polen
RfA Nr. 165 und 165a, Nr. 166, 166 a–e: Ostgebiete/Polen
RfA Nr. 138, Nr. 139
RV in Luxemburg
RfA Nr. 186, 187, Nr. 195 a: RV im Saargebiet
RfA Nr. 130, Nr. 131, Nr. 131 a, Nr. 132, 132 a, Nr. 133, 133 a: RV in Elsass/Lothringen

c Statistische Unterlagen

RfA Nr. 202: Diverse Statistiken
RfA Nr. 66: Zahlungen des Reichs zur RV 1941–1943
RfA-Archiv, Handakte Direktor Granzow, Statistische Sonderhefte der RfA Nr. 1 (1935) bis Nr. 8 (1939)
Fach 13, Nr. 1: Beitragsstatistik
RfA Nr. 200: Kapitalisierung/Finanzierung der RV (Verhältnis IV und RV 1943/44)
Fach 101, Nr. 6–9: div. Monatsberichte 1933–1944/45
RfA Nr. 10 und Nr. 11: Bilanzen
RfA Nr. 79 bis Nr. 81: Statistik/Bilanzen

d Die einzelnen RV-Gesetze und VO und deren Umsetzung

RfA-Archiv, Handakte Direktor Granzow, Gesetzeskommentierungen, Stellungnahmen
Fach 108, Nr. 1–17: Gesetzesänderungen
Fach 109, Nr. 1–19: Gesetzesänderungen
Fach 110, Nr. 1–17: Gesetzesänderungen
Fach 111, Nr. 1–12: Gesetzesänderungen
Fach 112, Nr. 1–9: Gesetzesänderungen
Fach 113, Nr. 1–18: Gesetzesänderungen
Fach 114, Nr. 1–16: Gesetzesänderungen
RfA Nr. 37: VO über Anpassung der RV an totalen Kriegseinsatz 1944

RfA Nr. 67: VO über RV während des besonderen Einsatzes der Wehrmacht vom 13.10.1939
RfA Nr. 35: Auslegung VO vom 1.10.1942
RfA Nr. 36: VO betr. Leistungsverbesserung in besetzten Gebieten 12.10.1943
Fach 55, Nr. 3 und Nr. 4: Kürzungen und Ruhen der Renten aus vorherigen Gesetzen 1933/1934
RfA Nr. 28: Handwerker-Gesetz
RfA Nr. 29: Leistungsverbesserungsgesetz
RfA Nr. 30: KV der Rentner 1941ff.
RfA Nr. 31: Gesetz vom 19.6.1942
RfA Nr. 58:Debatten über Gesetz vom 17.5.1934/Durchführung

e RV-rechtliche Detailprobleme:

RfA Nr. 56, Nr. 57: Wanderversicherte
Fach 96 und Fach 97, Nr. 1–5: Ersatzzeiten WK II/Wehrmacht (Steigerungsbeträge)
Fach 22, 1–12: Entgelt (Anrechnung für SV-Beiträge)
Fach 94, Nr. 1–5: u.a. betr. freiwillige Weiterversicherung
Fach 93, Nr. 1–4: Wartezeit §53, 1932–1944
Fach 78–89: betr. Versicherungspflicht einzelner Berufsgruppen (Schriftwechsel)
Fach 11, Nr. 1–3 sowie Fach 15, Nr. 1–4: Beitragsverfahren (intus: Berichte von Überwachungsbeamten)
RfA Nr. 101 bis Nr. 109: RVA-Entscheidungen/Berufungsverfahren/Klagen gegen die RfA 1923–1945

f Betr. Juden und RV im Ausland

RfA Nr. 167 und Nr. 168
RfA Nr. 88, Nr. 126 und Nr. 127, Nr. 197 und Nr. 198: Juden/Devisen; Rentenzahlungen Ausland.
RfA Nr. 210, 210a, Nr. 214: Rentenzahlungen ins Ausland

g Betr. RfA und DAF

Fach 116, Nr. 9: Rechtshilfe DAF
Fach 119, Nr. 2: Altersversorgungswerk DAF
Fach 19, Nr. 2–3: DAF
RfA Nr. 22: DAF
RfA Nr. 86, Nr. 87: DAF

Registratur der Grundsatzabteilung sowie weiterer Abteilungen

2 Bundesarchiv („BArch“) Berlin,

Bestand R 89: Reichsversicherungsamt
Bestand R 112: RfA
Bestand BArch NS 18/714: Reichsbund der deutschen Kapital- und Kleinrentner

Bestand R 3901 (Reichsarbeitsministerium), 103525, Bd. 1–3 (Personalakte Grießmeyer) Bestand R 2/18562 (Reichsfinanzministerium)
BA/9361-I (OPG) Parteigerichtsverfahren gegen Grießmeyer

3 Privatarchiv Dr. Hans-Jörg Bonz

Hans-Jörg Bonz, langjähriger Ministerialdirektor im Bundesarbeitsministerium bzw. Sächsischen Sozialministerium wurde 1988 mit der Erarbeitung einer Gesamtgeschichte der Rentenversicherung bzw. RfA/BfA beauftragt und dafür drei Jahre freigestellt. Aus dieser Zeit verfügt Bonz noch über ein Privatarchiv an damals gefertigten Aktenkopien (keine Originale), die in 25 Akten Unterlagen vor allem aus dem damaligen „RfA-Bestand" bei der BfA enthalten, die inzwischen zum Teil verloren gegangen sind. Darunter sind insb. zwei Ordner mit inzwischen vernichteten oder unauffindbaren Personalakten für die Zeit von 1933–1945. Daneben ein Ordner Mitteilungen der RfA, ein Ordner Verfügungen der Leistungs- und Versicherungsabteilung 1925 bis 1943; ein Ordner RfA, Aufgaben und Tätigkeit, ein Ordner Treuhandverwaltung, UAB/RfA-Presseberichte 1945 bis 1948; ein Ordner Verwaltungsratssitzungen 1913 bis 1922.

Die Geschichte der Angestelltenversicherung, unveröffentl. Manuskript von 1988, zwei Ordner insg. 652 Seiten.

4 Gedruckte Quellen (überwiegend aus dem Bestand der Bibliothek der DRV-Bund, Ruhrstraße)

25 Jahre Angestelltenversicherung 1913–1937, hrgg. von der RfA, Berlin 1937.
Angestelltenversicherungsgesetz in der Fassung des Ausbaugesetzes v. 21. Dez. 1937 nebst Ausführungsbestimmungen: Kommentar, Verfasser: Allendorff, Franz und Fritz Haueisen; Berlin 1938.
Bericht der Deutschen Revisions- und Treuhand-Aktiengesellschaft Berlin über die bei der Reichsversicherungsanstalt für Angestellte vorgenommene Prüfung der vom 1. 7. 1937 bis 30. 6. 1938 zugesagten Hypothekendarlehen.
Bericht der Deutschen Revisions- und Treuhand-Aktiengesellschaft Berlin über die bei der Reichsversicherungsanstalt für Angestellte vorgenommene Prüfung der Kassengebahrung, der Buchführung und des Rechnungsabschlusses für das Wirtschaftsjahr 1936.
Bericht des Direktoriums (ab 1935 Geschäftsbericht des Leiters/Präsidenten) der Reichsversicherungsanstalt für Angestellte über das Geschäftsjahr 1913–1938, Berlin 1914–1939 [RD 91/2].
Bericht über die Arbeiten des Zweiten Internationalen Kongresses der Sozialversicherungsfachleute in Dresden vom 4.–8. 9. 1936, hrgg. vom Reichsverband Deutscher Landesversicherungsanstalten, Stuttgart/Berlin 1936.
Bericht über die Arbeiten des Dritten Internationalen Kongresses der Sozialversicherungsfachleute in Wien vom 18.–22. 5. 1938, hrgg. vom Reichsverband der Sozialversicherungsträger in Wien, Wien 1938.
Bericht über die Geschäftsprüfung durch das RVA bei der Reichsversicherungsanstalt für Angestellte in der Zeit vom Oktober 1938 bis März 1939 (104 Seiten).
Bericht und Anhang der Deutschen Revisions- und Treuhand-Aktiengesellschaft Berlin über die bei der Reichsversicherungsanstalt für Angestellte vorgenommene Prüfung der Organisation der einzelnen Geschäftsabteilungen, Berlin 31. Oktober 1931.

DAF-Entscheidungssammlung. Entscheidungen aus dem Arbeitsrecht und Sozialversicherungsrecht, hrgg. vom Amt für Rechtsberatungsstellen im Zentralbüro der Deutschen Arbeitsfront, Berlin 1937.

Das Angestelltenversicherungsgesetz, mit sämtlichen Ausführungsbestimmungen und allen sonstigen die Angestelltenversicherung berührenden Gesetzen, Verordnungen, Bekanntmachungen und zwischenstaatlichen Verträgen, nach dem neuesten Stande (1. März 1938–Okt. 1939), Kommentar von Hugo Koch und Otto K. Hartmann, Berlin 1939.

Das Fremdrenten- und Auslandsrenten-Neuregelungsgesetz vom 25. 2. 1960 in der praktischen Anwendung, Schriftenreihe der BfA Nr. 15, Berlin 1960.

Denkschrift über die voraussichtliche Entwicklung der Vermögenslage der Reichsversicherungsanstalt für Angestellte, Berlin 1940.

Der RfA-Beamte. Zeitschrift des Verbandes der Beamten der Reichsversicherungsanstalt für Angestellte, Berlin 1928 – 1933.

Der Überwachungsdienst der RfA (3 S.), Berlin 1934.

Deutsche Rentenversicherung, hrgg. vom Reichsverband Deutscher Rentenversicherungsträger 11 (1939)–15 (1943).

Die Beitragsnachweise der Angestelltenversicherung. Teil 1: Ein Überblick über die Beitragsentrichtung zur Angestelltenversicherung und die Kontenführung bei der RfA/BfA, Schriftenreihe der BfA Nr. 16, Berlin 1964.

Die Rationalisierung der Sozialversicherung: Die Arbeiten des ersten Internationalen Kongresses der Sozialversicherungsfachleute, Budapest 1935.

Dobbernack, Wilhelm, Einführung der Reichsversicherung in den eingegliederten Ostgebieten (16 S.), Berlin 1942.

Gagfah 1918 – 1968. Eine Dokumentation, Hamburg 1968.

Grundsätze für die Ausbildung und Beschäftigung im einfachen mittleren Dienst bei der Reichsversicherungsanstalt für Angestellte, Berlin 1937.

Mischkowsky, Heinz-Georg, Die eingegliederten Ostgebiete und das Generalgouvernement in ihrer Bedeutung für die Dienststelle I Allgemein, unter besonderer Berücksichtigung der Staatszugehörigkeitsverhältnisse in diesen Gebieten (nur für den Dienstgebrauch), Berlin 1951.

Mitteilungen der Reichsversicherungsanstalt für Angestellte, herausgegeben von der Reichsversicherungsanstalt für Angestellte, Berlin 1923 – 1945 [RD 91/4= Jahrgänge 1939 – 1944].

Monatshefte für NS-Sozialpolitik 1 (1933)–11 (1943).

Monatsschrift für Arbeiter- und Angestellten-Versicherung 20 (1933)–31 (1943).

Pin, Josef Otto, Die Umsiedlungsaktionen 1939 – 1945 in ihrer Bedeutung für die Sozialversicherung, Berlin 1959 (MS 203 Seiten); nur für den Dienstgebrauch innerhalb der BfA.

Rechnungsabschluss der RfA für die Zeit vom 1. Januar 1944 bis 8. Mai 1945, Berlin 1951 (Sign. II A 3c).

Richtlinien für die Laufbahn der Anwärter des gehobenen mittleren Dienstes bei der Reichsversicherungsanstalt für Angestellte, Berlin 1938.

Selbstverwaltung in der Angestelltenversicherung vor 1945 (zusammengestellt von der Bibliothek der BfA), Berlin 1958.

Soziale Praxis. Zeitschrift für Aktienwesen, Gesellschaftsrecht und Sozialpolitik 42 (1933)–52 (1943) (1944 wurden die Zeitschriften Soziale Praxis und Monatshefte für NS-Sozialpolitik zusammengelegt unter dem Titel *Die deutsche Sozialpolitik*).

Statistisches Sonderheft der RfA Nr. 1 – 8 (1935 – 1939).

Treuhandverwaltung der stillgelegten Sozialversicherungsträger, RfA, Verwaltungsbericht 1945 – 1952, (erstattet anlässlich des 40-jährigen Bestehens der Angestelltenversicherung), Berlin 1952.

Was muss jeder von der Angestellten-Versicherung (Rentenversicherung der Angestellten) wissen? Eine leichtverständliche Darstellung und Erläuterung nach dem neuesten Stande unter Berücksichtigung der neuen Kriegsgesetze und Verordnungen, Essen 1942 (39 Seiten).
Wolkersdörfer, Hans, Sozialpolitisches Lexikon, Berlin 1938.

Aufsätze und Reden von RfA-Präsident Albert Grießmeyer

Angestelltenversicherung und Wirtschaftskrise, in: Hamburger Fremdenblatt vom 16.9.1931.
Rede Grießmeyers auf der Bezirkstagung der Ortsausschüsse der Vertrauensmänner der Angestelltenversicherung für Württemberg und Hohenzollern in Stuttgart am 8.5.1932, in: Selbstverwaltung in der Angestelltenversicherung vor 1945 (zusammengestellt von der Bibliothek der BfA), Berlin 1958.
Die Angestelltenversicherung im Jahre 1934, in: Der Sozialversicherungsbeamte 3 (1935), S. 178–179.
Das Jahr 1935 bei der Angestelltenversicherung, in: Der Sozialversicherungsbeamte 4 (1936), S. 252–253.
Die Berechtigung und Bedeutung der Angestelltenversicherung in Deutschland, in: Le Assicurazioni Soziali 12 (1936), S. 178–183.
Vortrag über „Die Sanierung der Rentenversicherungen" auf der Sondertagung der Reichsfachgruppe Sozialversicherung am 15.10.1937 in Frankfurt, nur Bericht dazu in: *Soziale Praxis* 46 (1937) sowie in: Deutsche Invalidenversicherung 9 (1937), S. 225–226.
Geleitwort zur Festschrift: 25 Jahre Angestelltenversicherung 1913–1937.
Rede am 17.1.1938 anlässlich Feierstunde zum 25-jährigen Bestehen der RfA, in: RfA-Geschäftsbericht 1937, S. 41–47.
Die Leistungen der Reichsversicherung für Angestellte, in: VB vom 7.1.1938.
Ausführlicher Diskussionsbeitrag zur Vortragsreihe „Vermögensanlage der Sozialversicherungsträger" auf dem Dritten Internationalen Kongress der Sozialversicherungsfachleute in Wien vom 18. bis 22.5.1938, in: Bericht über die Arbeiten des Dritten Internationalen Kongresses der Sozialversicherungsfachleute in Wien vom 18.–22.5.1938, hrgg. vom Reichsverband der Sozialversicherungsträger in Wien, Wien 1938, S. 202–207.
Wesen und Umfang der Deutschen Angestelltenversicherung, in: Le Assicurazioni Soziali 15 (1939), S. 492–498.
Die Altersversorgung des Handwerksmeisters (zusammen mit Felix Schüler), Berlin 1939 (47 Seiten).
Rede (Lagebericht RfA) jeweils auf den RfA-Beiratssitzungen am 17.4.1939, 11.12.1939, 8.4.1940, 2.12.1940, 20.4.1942. in: Niederschriften der Beiratssitzungen BArch R 89/3470.
Gefolgschaftsversorgung bei der sozialen Rentenversicherung, in: Die Deutsche Volkswirtschaft, Januar 1939, S. 40–42.
Betrachtungen zur Altersversorgung für das Deutsche Handwerk, in: Deutsche Rentenversicherung 11 (1939), Nr. 2, S. 18–20.
Angestelltenversicherungsgesetz in der Fassung des Ausbaugesetzes v. 21. Dez. 1937 nebst Ausführungsbestimmungen: Kommentar, Verfasser: Allendorff, Franz und Fritz Haueisen; Mit einem Geleitwort v. Albert Grießmeyer, Berlin 1938 (511 Seiten).
Das Angestelltenversicherungsgesetz, mit sämtlichen Ausführungsbestimmungen und allen sonstigen die Angestelltenversicherung berührenden Gesetzen, Verordnungen, Bekanntmachungen und zwischenstaatlichen Verträgen, nach dem neuesten Stande (1. März 1938- Okt. 1939) Kommentar von Hugo Koch und Otto K. Hartmann, mit einem Geleitwort von Albert Grießmeyer, Berlin 1939.
Die Altersversorgung des Deutschen Volkes, in: Le Assicurazioni Soziali 16 (1940), S. 621–625.

Die Angestelltenversicherung im werdenden Großdeutschland, in: Amtliche Nachrichten für die Reichsversicherung 22, 1942, S. 256–262.

Das Angestelltenversicherungsgesetz: nach dem neuesten Stande (Mai 1942–April 1943) mit sämtlichen Ausführungsbestimmungen, Kommentar, Hrsg./Verfasser: Hugo Koch, Otto K. Hartmann, mit einem Geleitwort von Albert Grießmeyer, Berlin 1943 (789 Seiten).

Ansprache anlässlich der Einführung von Präsident Schmitt durch den Reichsarbeitsminister am 26.7.1944 im RVA (in: Deutsche Rentenversicherung 16 (1944), S. 30).

Aufsätze/Publikationen anderer RfA-Angehöriger:

A. von Altrock, Das Beitragsstreitverfahren der Rentenversicherung, in: Deutsche Rentenversicherung 16 (1944), S. 5–10.

A. von Altrock, Das Problem der Altersgrenze in der Angestelltenversicherung, in: Deutsche Rentenversicherung 10(?) (1941), S. 132–134.

Regierungsrat Dr. Haueisen, Die Reichsversicherungsanstalt für Angestellte als Trägerin von Gemeinschaftsaufgaben, in: Deutsche Rentenversicherung 11 (1939), S. 124–130, 168–169.

Otto Hartmann, Zur neuen Beitragserstattung in der Rentenversicherung der Arbeiter und Angestellten, in: Deutsche Rentenversicherung 11 (1939), S. 23–26.

Hugo Koch, Geschäftsgang und Verfahren der Abteilung I Leistung. (Zusammenstellung der Verfügungen, Referentenbesprechungen und der allgemeinen Grundsätze über das Verfahren nach dem Stand vom 1. April 1935 unter Berücksichtigung der Verwaltungsübung und Rechtsprechung), gedruckte Broschüre, 73 Seiten.

Curt Perlin, Handwörterbuch der Angestelltenversicherung. Rentenversicherung der Angestellten, Berlin/Essen 1939.

Curt Perlin, Die Rentenversicherung im Kampf gegen die Tuberkulose, in: Monatshefte für NS-Sozialpolitik 6 (1939), S. 456–459.

R. Wegener, Ruhen, Kürzung und Einstellung der Rentenzahlung der Angestelltenversicherung an Beispielen erläutert, Berlin 1936.

II Literaturverzeichnis

50 Jahre Angestelltenversicherung, hrgg. von der BfA, Berlin 1963.

Alterssicherung in Deutschland. Festschrift für Franz Ruland zum 65. Geburtstag, hrgg. von Ulrich Becker, Franz-Xaver Kaufmann, Bernd Baron von Maydell und Winfried Schmähl, Baden-Baden 2007.

Aly, Götz, Hitlers Volksstaat. Raub, Rassenkrieg und nationaler Sozialismus, Frankfurt 2005.

Aye, Adolf, Die Selbstverwaltung in der deutschen Sozialversicherung, Weissenburg 1950.

Bonz, Hans-Jörg, Die Stellung der Juden in der Deutschen Rentenversicherung, in: Zeitschrift für Sozialreform 34 (1988), H. 7, S. 425–427.

Bonz, Hans-Jörg, Für Staatsfeinde keine Rente. Das Ruhen der Renten bei staatsfeindlicher Betätigung im nationalsozialistischen Deutschland, in: Zeitschrift für Sozialreform,37 (1991), H. 9, S. 517–531.

Bonz, Hans-Jörg, Geplant, aber nicht in Kraft gesetzt: Das Sonderrecht für Juden und Zigeuner in der Sozialversicherung des nationalsozialistischen Deutschland, in: Zeitschrift für Sozialreform 38 (1992), H. 3, S. 148–164.

Conrad, Christoph, Alterssicherung, in: Hans Günter Hockerts (Hrsg.), Drei Wege deutscher Sozialstaatlichkeit. München 1998, S. 101–116.

Eden, Sören, Marx, Henry, Schulz, Ulrike, Ganz normale Verwaltungen? Methodische Überlegungen zum Verhältnis von Individuum und Organisation am Beispiel des Reichsarbeitsministeriums 1919 bis 1945, in: VfZ 66 (2018), S. 487–520.

Eichenhofer, Eberhardt, Rische, Herbert, Schmähl, Winfried (Hrsg.), Handbuch der gesetzlichen Rentenversicherung, Köln 2011.

Geyer, Martin H., Soziale Rechte im Sozialstaat: Wiederaufbau, Krise und konservative Stabilisierung der deutschen Rentenversicherung 1924–1937, in: Klaus Tenfelde (Hrsg.), Arbeiter im 20. Jhdt, 1991, S. 406–434.

Glootz, Tanja Anette, Geschichte der Angestelltenversicherung des 20. Jahrhunderts, Berlin 1999.

Hachtmann, Rüdiger, Elastisch, dynamisch und von katastrophaler Effizienz. Zur Struktur der Neuen Staatlichkeit des Nationalsozialismus, in: Sven Reichardt, Wolfgang Seibel (Hrsg.), Der prekäre Staat. Herrschen und Verwalten im Nationalsozialismus, Frankfurt 2011, S. 29–73.

Hachtmann, Rüdiger, Reichsarbeitsministerium und Deutsche Arbeitsfront. Dauerkonflikt und informelle Kooperation, in: Alexander Nützenadel (Hrsg.), Das Reichsarbeitsministerium im Nationalsozialismus. Verwaltung, Politik, Verbrechen, Göttingen 2017, S. 137–173.

Heess, W., Fetscher S., Die Kriminalität auf dem Gebiete der Invalidenversicherung und ihre Bekämpfung. In: Archiv für Kriminologie 102 (1938), S. 1–38.

Hockerts, Hans Günter, Sicherung im Alter. Kontinuität und Wandel der gesetzlichen Rentenversicherung 1889–1979, in: Werner Conze, M. Rainer Lepsius (Hrsg.), Sozialgeschichte der Bundesrepublik Deutschland. Beiträge zum Kontinuitätsproblem, Stuttgart 1983, S. 296–323.

Hockerts, Hans Günter, Sozialpolitische Entscheidungen im Nachkriegsdeutschland, Stuttgart 1980.

Hockerts, Hans Günter, Vom Wohlfahrtsstaat zum Wohlfahrtsmarkt? Privatisierungstendenzen im deutschen Sozialstaat, in: Nobert Frei, Dietmar Süß (Hrsg.), Privatisierung. Idee und Praxis seit den 1970er Jahren, Weimar 2012, S. 70–87.

Kirchberger, Petra, Die Stellung der Juden in der deutschen Rentenversicherung, in: Götz Aly u. a. (Hrsg.), Sozialpolitik und Judenvernichtung. Gibt es eine Ökonomie der Endlösung?, Berlin 1987, S. 111–132.

Klimo, Alexander, Rentenversicherung zwischen Arbeitseinsatz und Diskriminierung, in: Alexander Nützenadel (Hrsg.), Das Reichsarbeitsministerium im Nationalsozialismus. Verwaltung, Politik, Verbrechen, Göttingen 2017, S. 214–245.

Klimo, Alexander, Im Dienste des Arbeitseinsatzes. Rentenversicherungspolitik im „Dritten Reich", Göttingen 2018.

Köhler, Peter A., Entwicklungslinien der 100jährigen Geschichte der gesetzlichen Rentenversicherung: Die Zeit von 1891–1957, in: Ruland, Franz (Hrsg.), Handbuch der gesetzlichen Rentenversicherung: Festschrift aus Anlass des 100jährigen Bestehens der gesetzlichen Rentenversicherung, im Auftr. d. Vorstandes d. Verb. Dt. Rentenversicherungsträger (VDR), Frankfurt 1990, S. 51–92.

Mason, Timothy W., Sozialpolitik im Dritten Reich. Arbeiterklasse und Volksgemeinschaft, Opladen 1977.

Mentel, Christian, Weise, Nils, Die Zentralen Deutschen Behörden und der Nationalsozialismus. Stand und Perspektiven der Forschung, hrgg. von ZZF und IfZ, Berlin/München 2016, als PDF unter: https://www.ifz-muenchen.de/fileadmin/user_upload/Neuigkeiten%202016/2016_02_13_ZZF_IfZ_PM_BKM-Studie_FINAL_Neu.pdf.

Mierzejewski, Alfred C., A History of the German Public Pension System. Continuity and Change, N.Y./London 2016.

Miquel, Marc von (Hrsg.), Sozialversicherung in Diktatur und Demokratie, Essen 2007.

Möckel, Benjamin, „Nutzlose Volksgenossen"? Der Arbeitseinsatz alter Menschen im Nationalsozialismus. Eine kulturhistorische und sozialgeschichtliche Untersuchung über den Altersdiskurs und die Sozialpolitik des Alters im Nationalsozialismus, Berlin 2010.

Mörschel, Richard, Die Finanzierungsverfahren in der Geschichte der gesetzlichen Rentenversicherung, in: Deutsche Rentenversicherung (1990), S. 619–661.
Nickl, Walter, Die Selbstverwaltung der Versicherungsträger der Reichsversicherung, Diss. Erlangen 1938.
Nitsche, Michael, Die Geschichte des Leistungs- und Beitragsrechts der gesetzlichen Rentenversicherung von 1889 bis zum Beginn der Rentenreform, Frankfurt 1986.
Nützenadel, Alexander (Hrsg.), Das Reichsarbeitsministerium im Nationalsozialismus. Verwaltung, Politik, Verbrechen, Göttingen 2017.
Pawlita, Cornelius, Rentenversicherungsrechtliche Aspekte verfolgungsbedingter Zwangsarbeit im Nationalsozialismus, in: Zeitschrift für Sozialreform 44 (1998), S. 1–21.
Recker, Marie-Luise, Nationalsozialistische Sozialpolitik im Zweiten Weltkrieg. München 1985.
Reichardt, Sven, Seibel, Wolfgang, Radikalität und Stabilität: Herrschen und Verwalten im Nationalsozialismus, in: dies. (Hrsg.), Der prekäre Staat. Herrschen und Verwalten im Nationalsozialismus, Frankfurt 2011, S. 7–27.
Reidegeld, Eckart, Staatliche Sozialpolitik in Deutschland, Bd. II: Sozialpolitik in Demokratie und Diktatur 1919–1945, Wiesbaden 2006, insbesondere S. 441–561.
Ruland, Franz, Die Geschichte des Verbandes Deutscher Rentenversicherungsträger (VDR), in: Deutsche Rentenversicherung 60 (2005), S. 354–361.
Rücker, Simone, Das Rechtsberatungswesen von 1919–1945 und die Entstehung des Rechtsberatungsmissbrauchsgesetz von 1935, Tübingen 2007.
Sachße, Christoph, Tennstedt, Florian, Der Wohlfahrtsstaat im Nationalsozialismus, in: Zeitschrift für Sozialreform 38 (1992), S. 129–148.
Schäfer, D.-J., 75 Jahre Verband Deutscher Rentenversicherungsträger, in: Deutsche Rentenversicherung 49 (1994), S. 571–636.
Scharf, Gerhard, Die Entwicklung der Angestelltenversicherung in Zahlen, in: Die Angestelltenversicherung 3 (1956), S. 269–276.
Schlegel-Voß, Lil-Christine, Alter in der „Volksgemeinschaft“. Zur Lebenslage der älteren Generation im Nationalsozialismus, Berlin 2005.
Schmiechen-Ackermann, Detlef u. a. (Hrsg.), Der Ort der „Volksgemeinschaft“ in der deutschen Gesellschaftsgeschichte, Paderborn 2017.
Seibel, Wolfgang, Verwaltung verstehen. Eine theoriegeschichtliche Einführung, Frankfurt 2016.
Stolleis, Michael, Historische Grundlagen. Sozialpolitik in Deutschland bis 1945, in: Geschichte der Sozialpolitik in Deutschland seit 1945, hrgg. vom Bundesministerium für Arbeit und Sozialordnung und vom Bundesarchiv. Bd. 1: Grundlagen der Sozialpolitik, Baden-Baden 2001, S. 199–332, hier S. 321 f.
Süß, Winfried, Die sozialdemokratische Sehnsucht nach Sicherheit. Ernst Schellenberg und die Sozialpolitik der Bonner Republik, in: Theresia Bauer u. a. (Hrsg.), Gesichter der Zeitgeschichte. Deutsche Lebensläufe im 20. Jahrhundert, München 2009, S. 297–314.
Tálos, Emmerich, Sozialpolitik in der „Ostmark“. Angleichungen und Konsequenzen, in: ders. u. a. (Hrsg.), NS-Herrschaft in Österreich. Ein Handbuch, Wien 2001, S. 376–408.
Teppe, Karl, Zur Sozialpolitik des Dritten Reiches am Beispiel der Sozialversicherung, in: AfS 17 (1977), S. 195–250.
Wehner, Christoph Die Landesversicherungsanstalten Baden und Württemberg im „Dritten Reich“. Personalpolitik, Verwaltung und Rentenpraxis 1933–1945, Bochum 2017.

Abkürzungsverzeichnis

AOK	Allgemeine Ortskrankenkasse
AV	Angestelltenversicherung
AVG	Angestelltenversicherungsgesetz
BArch	Bundesarchiv
CdZ	Chef der Zivilverwaltung
DAF	Deutsche Arbeitsfront
IV	Invalidenversicherung
KZ	Konzentrationslager
LAV	Lohnabzugsverordnung
LVA	Landesversicherungsanstalt
NSDAP	Nationalsozialistische Deutsche Arbeiterpartei
NS	Nationalsozialismus
NSV	Nationalsozialistische Volkswohlfahrt
OKW	Oberkommando der Wehrmacht
ORR	Oberregierungsrat
OVA	Oberversicherungsamt
PG	Parteigenosse
RAD	Reichsarbeitsdienst
RAM	Reichsarbeitsministerium
RDH	Reichsverband des Deutschen Handwerks
RM	Reichsmark
RVA	Reichsversicherungsamt
RVO	Reichsversicherungsordnung
RWM	Reichswirtschaftsministerium
RfA	Reichsversicherungsanstalt für Angestellte
SA	Sturmabteilung
SD	Sicherheitsdienst der SS
SGG	Sozialgerichtsgesetz
SS	Schutzstaffel
VB	Völkischer Beobachter
VO	Verordnung

Verzeichnis der Tabellen, Schaubilder und Abbildungen

Tab. 1: Rentenbewegungen, Versicherungs- und Beitragsleistungen in der Angestelltenversicherung (1928 bis 1933) —— 28

Tab. 2: Einnahmen der RfA 1926 bis 1933 (in Mio. RM) —— 28

Tab. 3: Ausgaben der RfA für Pflichtleistungen sowie Heilfürsorge (in Mio. RM) —— 29

Tab. 4: Rentenbestand 1926 bis 1933 —— 29

Tab. 5: Rentenstruktur (Art der Leistungen und prozentualer Anteil bezogen auf die Gesamtzahl der Zugänge an Rentenanträgen) —— 29

Tab. 6: Entwicklung der Beitragsrückerstattungen an weibliche Versicherte wegen Heirat (1932 bis 1939) —— 100

Tab. 7: Entwicklung der Berufungen gegen Rentenbescheide der RfA (1932 bis 1939) —— 119

Tab. 8: Regionale Unterschiede in der Gehaltsklassenstruktur der RfA-Versicherten (Beitragsmarkenkauf im vierten Quartal 1939 in Stück und Anteil in Prozent —— 294

Tab. 9: Vergleich der durchschnittlichen Angestellten-Monatsrenten im Altreich, in der „Ostmark“ (Österreich) und im Sudetenland im Jahr 1940 in RM —— 294

Tab. 10: Entwicklung der Versicherten bei der RfA 1933 bis 1939 —— 312

Tab. 11: Gesamteinnahmen der RfA 1933 bis 1939 (in Mio. RM) —— 314

Tab. 12: Ausgaben der RfA für gesetzliche Pflichtleistungen (Renten und einmalige Zahlungen) und Heilverfahren 1933 bis 1939 (in Mio. RM) —— 314

Tab. 13: Rentenbewegung 1933 bis 1939 —— 314

Tab. 14: Entwicklung der Durchschnittsrenten (Vollrenten) 1933 bis 1939 (in RM pro Monat) —— 315

Tab. 15: Schichtung der laufenden Angestellten-Ruhegelder nach dem Stand vom 31. Mai 1937 —— 316

Tab. 16: Rentenbewegung 1939 bis 1944 —— 437

Tab. 17: Entwicklung der laufenden Renten im Altreich, in Österreich und dem Sudetenland (1939 bis 1944) —— 479

Tab. 18: Entwicklung der durchschnittlichen Rentenhöhe im Vergleich von Altreich, Österreich und Sudetenland (1940 bis 1942) —— 479

Tab. 19: Übersicht über die zum Bestand des Altreichs der RfA hinzugekommenen aktiv Versicherten sowie Rentenempfänger in der Untersteiermark und in Kärnten (Stand Ende 1941) —— 497

Tab. 20: Übersicht über die regionale Verteilung der seit 1938 zum Bestand des Altreichs der RfA hinzugekommenen aktiv Versicherten sowie Rentenempfänger in den Westgebieten (Stand Ende 1941) —— 530

Tab. 21: Übersicht über die regionale Verteilung der seit 1938 zum Bestand des Altreichs der RfA hinzugekommenen aktiv Versicherten sowie Rentenempfänger in den Ostgebieten (Stand Ende 1941) —— 542

Tab. 22: Entwicklung der durchschnittlichen Rentenhöhe im Vergleich von Altreich, Österreich und Sudetenland sowie Ostoberschlesien/Polen (1940 bis 1942) —— 562

Tab. 23: Zahl der RfA-Versicherten 1939 bis 1944 —— 582

Tab. 24: Gesamteinnahmen der RfA 1939 bis 1944/45 (in Mio. RM) —— 583

Tab. 25: Ausgaben der RfA für gesetzliche Pflichtleistungen (Renten und einmalige Zahlungen) und Heilverfahren 1939 bis 1944 (in Mio. RM) —— 585

Tab. 26: Entwicklung der laufenden Renten nach Regionen 1939 bis 1944 —— 589

Tab. 27: Entwicklung der Durchschnittsrente (Vollrenten) 1939 bis 1942 (in RM pro Monat) —— 590

 https://doi.org/10.1515/9783110652741-013

Tab. 28: Schichtung der laufenden Angestellten-Ruhegelder nach dem Stand vom 1. 3. 1940 —— 591
Tab. 29: Vermögensentwicklung der RfA 1939 bis 1944/45 (in Mrd. RM) —— 592

Schaubild 1: Organisation der Reichsversicherungsanstalt für Angestellte (RfA) 1931 —— 32
Schaubild 2: Organisation der Reichsversicherungsanstalt für Angestellte (RfA) 1937 —— 170
Schaubild 3: Organisation der Reichsversicherungsanstalt für Angestellte (RfA) 1942 —— 376

(In Klammer die jeweiligen Abbildungsnachweise)

Abb. 1: Bürobote (Bildarchiv der DRV-Bund, Berlin) —— 34
Abb. 2: Das neue Kartei- und Archivgebäude der RfA in Berlin-Wilmersdorf, Ruhrstraße (Bildarchiv der DRV-Bund, Berlin) —— 35
Abb. 3: Modernes RfA-Emblem 1930 (Verzeichnis der Gefolgschaftsmitglieder. Beilage zur Festschrift der RfA „25 Jahre Angestelltenversicherung 1913 – 1937“, Berlin 1937) —— 36
Abb. 4: Protokoll der Sitzung des RfA-internen Ausschusses für die Durchführung des Gesetzes zur Wiederherstellung des Berufsbeamtentums vom 23. September 1933 (Privatarchiv Bonz) —— 48
Abb. 5: Das RfA-Zentralgebäude in der Ruhrstraße 2, Berlin Zehlendorf ca. 1935 (Bildarchiv der DRV-Bund, Berlin) —— 53
Abb. 6: Der Beirat der RfA ca. 1936 (Bildarchiv der DRV-Bund, Berlin) —— 70
Abb. 7: RfA-Merkblatt „Lasst die Anwartschaft nicht verfallen“ von 1934 (RfA-Archiv Nr. 1) —— 77
Abb. 8: Schreiben der Ingolstädter Vertrauensmänner an das RfA-Direktorium vom 15. Dezember 1933 (RfA-Archiv Fach 11, Nr. 9) —— 80
Abb. 9: RfA-Merkblatt „Beitragserstattung bei Heirat“ von 1935 (RfA-Archiv Fach 53, Nr. 4) —— 98
Abb. 10: „Richtlinien für die Rechtsberatungsstellen der DAF über die Art der Mitwirkung bei Durchführung des Angestelltenversicherungsgesetzes“ (Mitteilungen der RfA vom 26. 1. 1935) —— 107
Abb. 11: Schreiben der DAF-Rechtsberatungsstelle Hamburg an die RfA vom 15. Februar 1938 (RfA-Archiv Nr. 86) —— 117
Abb. 12: Programm zur Feier des 25-jährigen Bestehens der RfA am 17. Januar 1938 (Beilage zur Festschrift der RfA „25 Jahre Angestelltenversicherung 1913 – 1937“, Berlin 1937) —— 146
Abb. 13: Brief eines Versicherten an Präsident Grießmeyer vom 8. August 1938 (RfA-Archiv Fach 98, Nr. 1) —— 148
Abb. 14: RfA-Präsident Albert Grießmeyer in Uniform 1939 (Bildarchiv der DRV-Bund, Berlin) —— 152
Abb. 15: Dienstschriftverkehr zwischen dem RAM und der RfA 1935 (RfA-Archiv Nr. 20) —— 178
Abb. 16: Brief eines Versicherten an das RAM vom 20. Januar 1938 mit Kritik am Ausbaugesetz (RfA-Archiv Nr. 116, Nr. 8) —— 188
Abb. 17: Die Anfrage des Sozialbüros der IG Farbenindustrie AG vom Juli 1939 (RfA-Archiv Nr. 91) —— 202
Abb. 18: Brief von Versicherten an die RfA vom 18. Dezember 1938 (RfA-Archiv Fach 11, Nr. 10) —— 204
Abb. 19: Brief eines Versicherten an die Direktion der RfA vom 20. Januar 1936 (RfA-Archiv Fach 108, Nr. 11) —— 207
Abb. 20: Rentendebatte im *Berliner Lokal-Anzeiger* vom Juni 1938 (RfA-Archiv Fach 111, Nr. 9) —— 209
Abb. 21: Versicherungskarte mit geklebten Beitragsmarken (RfA-Archiv o. Sign.) —— 219
Abb. 22: Bericht eines Berliner Überwachungsbeamten vom 31. Dezember 1939 (RFA-Archiv Fach 104, Nr. 9) —— 222
Abb. 23: Schriftwechselkarte zu jüdischen Versicherten 1937 (RfA-Archiv o. Sign.) —— 243

Abb. 24: Bericht des Frankfurter Überwachungsbeamten vom 18. Mai 1939 zum Handwerkerversorgungsgesetz (RfA-Archiv Fach 110, Nr. 6) — 260
Abb. 25: Schreiben der RfA-Abwicklungsstelle Wien an Grießmeyer vom 16. Februar 1939 (RfA-Archiv Nr. 149) — 281
Abb. 26: Schreiben der RfA-Abwicklungsstelle Wien an die RfA Berlin vom 20. März 1939 (RfA-Archiv Nr. 146) — 285
Abb. 27: Beispiel für eine Eingabe an Hitler mit der Beschwerde über Nachteile durch die Einführung der AV in Österreich vom März 1939 (BArch R 89/3493) — 292
Abb. 28: Eingabe des Reichsbundes der deutschen Kapital- und Kleinrentner, Gebiet Sudetenland, vom 14. Oktober 1939 an die RfA (RfA-Archiv Nr. 169 a) — 304
Abb. 29: Schreiben Grießmeyers an das RAM vom 13. September 1941 über die ungeplanten Auswirkungen des Leistungsverbesserungsgesetzes (BArch R 89/3171) — 333
Abb. 30: Schreiben Grießmeyers an das RAM vom 29. Oktober 1940 zum geplanten Altersversorgungswerk der DAF (BArch R 89/3173) — 342
Abb. 31: Briefe verunsicherter Beitragszahler an die RfA bezüglich des geplanten Altersversorgungswerks der DAF vom 14. 2. 1942 (RfA-Archiv Fach 119, Nr. 2) — 344
Abb. 32: Bericht der Überwachungsstelle Chemnitz vom 20. Juni 1941 zu den Auswirkungen der Presseveröffentlichungen zum Altersversorgungswerk (RfA-Archiv Fach 119, Nr. 2) — 346
Abb. 33: Präsidialverfügung Grießmeyers zur „soziale[n] Rechtsfindung“ vom 29.5 Mai 1942 (RfA-Archiv Fach 1, Nr. 3) — 355
Abb. 34: Schreiben der Kreisleitung Rheingau an die RfA vom 12. August 1942 (RfA-Archiv Nr. 87) — 356
Abb. 35: Schreiben der RfA vom 7. Februar 1944 betr. Rentenzahlung an eine jüdische Witwenrentenbezieherin (Privatarchiv Bonz) — 387
Abb. 36: Beschwerdeschreiben der DAF-Rechtsberatungsstelle Minden wegen Verzögerungen der Rentenfeststellung vom 25. August 1944 (BArch R 89/3414) — 408
Abb. 37: Bericht eines Überwachungsbeamten vom 21. Mai 1944 über die Verzögerungen bei der Rentenbearbeitung (RfA-Archiv Nr. 206 b) — 410
Abb. 38: Die Beitragsklassengliederung ab 1. Oktober 1941 (RfA-Archiv Fach 12, Nr. 5) — 429
Abb. 39: Beschwerdebrief an die RfA betr. Beitragsrückerstattung an Frauen vom 30. Januar 1940 (RfA-Archiv Fach 97, Nr. 3) — 431
Abb. 40: Schreiben Grießmeyers an die Reichsministerien vom 8. Januar 1942 betr. Beitragsrückerstattung für Frauen (RfA-Archiv Fach 1, Nr. 1) — 433
Abb. 41: Schreiben des Regierungspräsidenten von Königsberg an Grießmeyer vom 11. Dezember 1940 betr. nicht erfüllter Anwartschaften von Gefallenen (RfA-Archiv Fach 113, Nr. 5) — 441
Abb. 42: Interner RfA-Vermerk vom 12. Juli 1940 betr. Rentenansprüche verwundeter Soldaten (RfA-Archiv Nr. 7) — 450
Abb. 43: Schreiben Grießmeyers an das RAM vom 5. Juli 1941 betr. Überweisung von Rentenleistungen an das Ausland (BArch R 89/3414) — 460
Abb. 44: Dienstanweisung für die Leistungsabteilung vom 27. Januar 1941 betr. Einstellung von Rentenzahlungen an deportierte Juden (RfA-Archiv Regal 5, o. Signatur) — 461
Abb. 45: Schreiben der RfA an das RVA vom 25. Januar 1941 betr. Antrag auf Einstellung der Rentenzahlung wegen staatsfeindlicher Betätigung an einen inhaftierten jüdischen Ruhegeldempfänger (BArch R 89/3408) — 463
Abb. 46: Interne RfA-Vermerke vom 18. Dezember 1941 und 19. Januar 1942 betr. Rentenzahlungen an Juden (RfA-Archiv Nr. 198) — 468
Abb. 47: Bittbrief eines jüdischen Versicherten an die RfA vom Juli 1941 (BArch R 89/3414) — 471

Abb. 48: Schreiben der RfA an das RAM betr. Rentenzahlungen an deportierte Juden in Litzmannstadt und Theresienstadt vom 22. November 1941 und vom 11. August 1942 (BArch R 89/3414) —— 472
Abb. 49: Schreiben des Oberbürgermeisters von Leipzig an die RfA vom 12. Februar 1942 betr. Abnahme von Versicherungsunterlagen deportierter Juden (RfA-Archiv Fach 65, Nr. 6) —— 473
Abb. 50: Beschwerdebrief einer österreichischen Versicherten an die RfA vom 17. März 1940 (BArch R 89/3493) —— 484
Abb. 51: Schreiben der RfA-Abwicklungsstelle Wien an Grießmeyer vom 8. Mai 1944 (RfA-Archiv Nr. 158 a) —— 492
Abb. 52: Beschwerdebrief der NSDAP-Kreisleitung Gablonz an die RfA betr. Lage der sudetendeutschen Rentner vom 3. Januar 1940 (RfA-Archiv Nr. 172) —— 500
Abb. 53: Schnellbrief des sudetendeutschen Reichsstatthalters Henlein betr. Regelung der Renten im Sudetenland vom 7. Dezember 1940 (RfA-Archiv Nr. 173) —— 504
Abb. 54: Briefkopf der RfA, Amtsstelle Strassburg (RfA-Archiv Nr. 132) —— 535
Abb. 55: Beschwerdebrief eines Versicherten vom 14. Oktober 1939 wegen des Volkstumsnachweises (RfA-Archiv Nr. 163) —— 548
Abb. 56: Handschriftlicher Vermerk von RfA-Direktor Koch vom 5. Dezember 1939 (RfA-Archiv Nr. 163) —— 553
Abb. 57: Schnellbrief des RAM an den Regierungspräsidenten in Kattowitz vom 1. April 1940 betr. Einführung der Rentenversicherung in den angegliederten polnischen Gebieten (RfA-Archiv Nr. 163 a) —— 558
Abb. 58: Schreiben der RfA an Parteistellen wegen nicht anerkannter Nachweise der deutschen Volkszugehörigkeit vom Mai/Juni 1940 (RfA-Archiv Nr. 163 b) —— 559
Abb. 59: Beschwerde der DAF-Rechtsberatungsstelle Kattowitz vom 8. Dezember 1941 über unzulängliche Renten (RFA-Archiv Nr. 163 b) —— 563
Abb. 60: Schreiben Grießmeyers vom 23. Dezember 1942 betr. Gewährung von Versicherungsleistungen an Juden in Oberschlesien (BArch R 89/3414) —— 577
Abb. 61: Schreiben der RfA an das RVA vom 14. Oktober 1944 wegen Ruhens der Rente aufgrund staatsfeindlicher Tätigkeit (BArch R 89/23308) —— 600
Abb. 62: Notiz eines RVA-Beamten vom 20. März 1945 betr. Rentenzahlung an einen KZ-Häftling (BArch R 89/23308) —— 601

Chronologischer Überblick über die wichtigsten Gesetze und Verordnungen zur Angestelltenversicherung in der NS-Zeit

Gesetz zur Erhaltung der Leistungsfähigkeit der Invaliden-, der Angestellten- und der knappschaftlichen Versicherung vom 7.12.1933

Gesetz über den Aufbau der Sozialversicherung („Aufbaugesetz") vom 5.7.1934 (mit 14 Durchführungsverordnungen bis 1936)

Gesetz über den Ausbau der Rentenversicherung vom 21.12.1937 (mit Verordnung zur Durchführung und Ergänzung des Gesetzes über den Ausbau der Rentenversicherung vom 1.9.1938)

Gesetz über die Altersversorgung für das Deutsche Handwerk vom 21.12.1938

Verordnung über die vorläufige Durchführung der Reichsversicherung in den sudetendeutschen Gebieten vom 12.10.1938

Verordnung über die Einführung der Sozialversicherung in Österreich vom 22.12.1938 (mit zwei Durchführungsverordnungen vom 9.2.1939 und vom 5.2.1940)

Gesetz zum weiteren Abbau der Notverordnungen in der Reichsversicherung vom 19.4.1939

Verordnung zur Durchführung und Ergänzung des Gesetzes zum weiteren Abbau der Notverordnungen in der Reichsversicherung vom 3.8.1939

Verordnung über die Vereinfachung des Verfahrens in der Reichsversicherung und der Arbeitslosenversicherung vom 28.10.1939

Verordnung über die endgültige Regelung der Reichsversicherung in den ehemaligen tschechoslowakischen, dem Deutschen Reich eingegliederten Gebieten vom 27.6.1940

Verordnung über die Rentenversicherung der Arbeiter und Angestellten sowie die knappschaftliche Pensionsversicherung während des besonderen Einsatzes der Wehrmacht vom 13.10.1939 (mit zweiter Verordnung dazu vom 17.4.1940)

Gesetz über weitere Maßnahmen in der Reichsversicherung aus Anlass des Krieges vom 15.1.1941 (mit Durchführungsverordnungen dazu vom 13.9.1941 und vom 7.3.1942)

1. Verordnung über die Vereinfachung des Lohnabzugs vom 1.7.1941

Gesetz über die Verbesserungen der Leistungen in der Rentenversicherung vom 24.7.1941 (mit Durchführungsverordnung vom 13.9.1941 und vom 7.3.1942)

Verordnung über die Gewährung von Steigerungsbeiträgen im jetzigen Kriege vom 8.10.1941

Zweites Gesetz über die Verbesserung der Leistungen in der Rentenversicherung vom 19.6.1942

Verordnung über die Einführung der Reichsversicherung in den eingegliederten Ostgebieten vom 22.12.1941 („Ostgebietsverordnung")

Verordnung über die Behandlung von Polen in der Reichsversicherung vom 26.8.1942 („Polenstatut")

Verordnung über die Eingliederung von Umsiedlern in die Reichsversicherung vom 19.6.1943

2. Verordnung über Leistungsverbesserungen in der Rentenversicherung in den Alpen- und Donau-Reichsgauen, den ehemaligen tschechoslowakischen, dem Großdeutschen Reich angegliederten Gebieten, den eingegliederten Ostgebieten und der bisherigen Freien Stadt Danzig vom 12.10.1943

2. Durchführungsverordnung zum Gesetz über weitere Maßnahmen in der Reichsversicherung aus Anlass des Krieges vom 5.4.1944

2. Verordnung über die Anpassung der Reichsversicherung an den totalen Kriegseinsatz vom 11.11.1944

1. Verordnung zur Vereinfachung des Leistungs- und Beitragsrechts in der Sozialversicherung vom 17.3.1945

 https://doi.org/10.1515/9783110652741-014

Register

Abfindung 102, 205, 446, 517, 526
Abkommen 74, 199, 229, 246, 275, 295, 309, 456, 498, 501 f., 508 f., 515, 517, 539, 541, 580
Ablehnung 25, 37, 112, 128, 182, 195, 205, 228, 242, 326, 350, 353, 360, 396, 550, 587, 589
Abteilungsverfügungen 31, 33, 85, 115, 236, 242, 270, 284, 311, 323, 389, 390, 439, 539, 575, 597, 598, 622, 624
Allgemeine Pensionsanstalt Prag 499, 594
Altersversorgung 133, 147, 179, 252–257, 262 f., 265 f., 271, 295, 337–341, 343, 345–347, 357, 360, 362, 366, 368, 372, 378, 406, 444, 454, 591, 599
Altersversorgungswerk/Versorgungswerk 253, 271, 319, 336–339, 341–347, 357, 360, 370, 485, 623, 636
Amt für Volkswohlfahrt 118, 283, 487
Anerkennung 11, 98, 121, 191, 195, 238, 269, 272, 324, 348, 351, 435, 448, 461, 509–511, 536, 547, 549, 559, 567, 595, 608, 610, 612
Anfragen 75, 78 f., 81 f., 84, 87, 101, 105, 110, 118 f., 186, 201, 208, 226, 232 f., 244, 250, 260, 267, 301, 325, 330 f., 340–342, 345, 392 f., 401, 414 f., 443, 446–449, 452, 454, 462, 481, 485, 519 f., 549, 554, 598–601
Anwartschaft 11, 14 f., 37, 73–75, 77, 81 f., 85, 90, 95–97, 101 f., 104, 128, 132, 174, 176 f., 179–181, 192–194, 196, 199 f., 208, 210, 232, 237, 250, 253, 261, 270 f., 278–280, 287, 290, 306, 312, 320 f., 332 f., 335, 338, 340, 347, 396, 409, 412, 430, 434 f., 438, 440–442, 444, 447 f., 456, 462, 464, 469, 483, 485–489, 494, 498 f., 503, 507 f., 511, 518, 529, 536, 539 f., 544, 549, 585, 592, 608, 619, 635 f.
Anwartschaftsdeckung 76, 135, 177, 336, 524
Anwartschaftsfeststellung 280, 289, 485 f., 489, 493, 496
Arbeitgeber 17 f., 23, 26, 30 f., 39, 41–43, 46 f., 49, 59, 69 f., 87, 92, 94, 110, 126, 131, 175, 184, 191, 214–217, 219 f., 327, 351, 360, 397–403, 412, 422 f., 425–427, 430, 443, 461, 481 f., 491, 499, 524, 554, 567, 570 f.
Arbeitsdienst 95 f., 196, 435
Arbeitslosigkeit 11, 13, 19, 29 f., 37, 73 f., 82, 125, 193, 201 f., 228, 242, 244, 465, 610
Ausbaugesetz 6, 9, 100, 175, 178–188, 200, 203, 207, 220, 239, 255, 325, 391, 442, 448, 485, 621, 635
Ausland 49, 56, 150, 224, 226–233, 235–239, 248 f., 284, 308, 322, 370, 385 f., 421, 458–460, 464–467, 469, 476 f., 519, 529, 533 f., 539, 544, 564 f., 596, 602, 619, 626, 636
Auslandsrenten 231, 284, 455, 459, 467, 497 f., 609, 619
Auswanderung 226 f., 231, 236, 312, 459, 469, 475

Bauknecht, Otto 93
Beförderung 8, 50, 52, 57, 63, 153 f., 156, 160, 166–168, 317, 383 f., 605, 623
Beirat der RfA 8, 69, 70 f., 135, 138, 141 f., 144 f., 147, 154, 156, 170, 211, 255, 273, 278, 309, 310, 339, 340, 341, 362, 376, 377, 378, 388, 403, 409, 428, 427, 499, 508, 510, 592, 593, 617 Beiträge 14 f., 19, 22, 27, 38, 40 f., 59, 73, 78 f., 81 f., 86 f., 91–95, 97, 99–103, 126, 132, 137 f., 144, 171, 177, 179–181, 183 f., 190–194, 198–200, 205, 208, 216–221, 225, 229, 232, 237 f., 250, 253–255, 261, 263, 265–268, 270, 277, 279, 282, 287 f., 290, 306, 311, 313, 321 f., 325, 331, 337 f., 340–342, 345, 347, 351 f., 357, 362, 367–369, 373, 397, 399–404, 412, 415–417, 420–428, 432, 435, 437, 441, 443 f., 446 f., 455, 457, 461, 464, 481, 483, 485, 487, 491, 507, 514, 517, 519, 521, 524, 526–528, 532–534, 537–539, 549 f., 554, 565 f., 568, 574, 579 f., 594–596, 598, 603, 611
Beitragseinnahmen 13, 15 f., 19, 22, 28 f., 39, 43, 72, 78, 136, 144, 147, 230, 300, 312 f., 366, 404, 426, 508, 523, 526, 532 f., 582, 593
Beitragsentrichtung 27, 76, 200, 214, 216, 218, 225, 230, 290, 319, 349, 359 f., 364, 397, 399, 463, 567, 598, 604, 609

 https://doi.org/10.1515/9783110652741-015

Beitragserhöhung 78 f., 84, 176, 179 f., 329, 399, 404, 491
Beitragserstattung 97–99, 181, 331, 335, 396, 430, 433, 441, 443, 537, 554, 565 f., 635
Beitragsklassen 14, 19, 37, 207, 277, 295, 313, 428 f., 491, 531
Beitragsleistung 15, 28, 37, 104, 177, 179 f., 254, 264 f., 268, 312 f., 321, 336, 351, 359, 362, 392, 397, 403, 405, 412, 430, 443, 477, 494, 518, 528, 532, 537, 581–584, 599, 603, 609 f., 613, 619, 634
Beitragsrückstand 95
Beitragsverfahren 282, 395, 398, 400, 402–404, 490 f., 527 f., 532, 570
Belgien 233, 516–518, 522, 531, 565
Berlin 2 f., 5, 11, 13, 15, 18, 27, 30 f., 35 f., 41, 43, 45, 47, 52 f., 58, 60 f., 65, 69, 93, 95, 99 f., 109–114, 120 f., 123, 125, 128 f., 139, 142–146, 150, 153 f., 158, 167, 187, 189 f., 193 f., 198, 203, 209, 211, 213–215, 217 f., 221–225, 228, 230–233, 236, 239, 245, 248, 256, 258, 263, 270, 278–287, 289–291, 293, 298, 301, 303, 308–310, 327, 350–352, 354, 365, 378–380, 384, 386 f., 391, 399, 401, 412, 415, 418, 421 f., 440, 448, 455, 459, 466, 468, 470, 474 f., 478, 482, 485–487, 492 f., 495–498, 508 f., 521, 524–527, 529, 534, 538–542, 547, 550, 552, 554–556, 574, 580, 588, 595, 597, 599–604, 606–609, 619, 624, 626, 635
Berufsgruppe 143, 182, 189–191, 198, 256, 271, 417–419, 480
Berufsunfähigkeit 25, 29 f., 37, 78, 82, 112 f., 120, 124, 127, 129 f., 142, 173, 180, 198 f., 201, 205, 231, 242, 253, 267, 271, 291, 312, 314 f., 319, 323–325, 329, 350, 357, 364–366, 371, 389 f., 413, 423, 434 f., 437 f., 448 f., 452–454, 461, 480, 499, 584–586, 595, 599
Berufung 25, 45, 47, 56 f., 93, 115 f., 119–121, 127, 129, 131, 149, 228, 248, 287, 308, 330, 349–351, 356 f., 393–395, 445, 448, 462, 466, 476, 481, 490, 552, 566, 612, 634
Beschäftigung 14, 37, 64, 91, 101, 162, 198, 200 f., 203, 284, 303, 319, 323 f., 332, 353, 358, 381, 402, 413–416, 419, 421, 430–434, 436 f., 447, 480, 488, 499, 502, 515, 518 f., 521, 534, 595, 610, 612, 614, 618
Beschwerde 7, 39, 49, 65, 84, 86, 105, 114 f., 121, 127, 129, 132, 140, 189, 197, 205 f., 213, 216 f., 221, 240 f., 269–271, 287, 290–292, 294, 305 f., 322, 327, 330 f., 348, 351, 353, 356, 362, 365–368, 383, 390, 394, 406, 409, 442, 458, 462, 476, 486, 489, 555, 562 f., 579, 581, 588, 599, 612, 636 f.
Bormann, Martin 61 f.
Braß, Otto 52, 167
Braunkohle-Benzin AG 222
Budapest 149 f., 172
Bürckel, Josef 282, 531

Cerny, Ferdinand 384, 485 f.
Chef der Zivilverwaltung (CdZ) 496 f., 516 f., 523–527, 531–540, 547 f., 633
Conti, Nanna 436
Coppi, Hans/Hilde 387

DAF 1–3, 6, 8, 39, 42 f., 45, 47, 52, 59, 62, 66, 69–71, 88, 94, 104–127, 129–133, 138 f., 141–145, 147–149, 153, 160, 166, 181 f., 185, 187, 189–191, 197, 199–203, 210 f., 213, 215, 217–221, 224 f., 229, 231, 252–254, 257, 260–262, 266 f., 270 f., 276, 283, 290, 292 f., 297, 301 f., 310 f., 317–321, 324 f., 329, 336–339, 341–349, 357 f., 365, 370, 372, 377, 382, 384, 390, 393, 395, 397, 399, 407–409, 411, 413, 416–420, 425, 430, 433, 435 f., 442 f., 447 f., 454 f., 470, 481–483, 485–489, 496, 499, 502 f., 505 f., 520, 522, 544, 563, 586, 602, 613, 615–618, 621–624, 626, 633, 635–637
Dänemark 230 f., 233, 459, 516 f., 520
Danzig 47, 230, 233, 235, 367, 406, 541–543, 545, 551, 565 f., 569–571, 576, 580, 589, 594, 604
Den Haag 518–520
Denkschrift 15, 20 f., 40 f., 304, 310 f., 320 f., 372, 405, 544, 593 f.
Der Angriff 131–133, 213, 336, 417 f.
Dersch, Hermann 52, 395
Deutsche Revisions- und Treuhand AG 33
Devisen(stelle/abteilung) 225, 229, 232–234, 236–238, 244, 284, 303, 459, 468, 529
Dienstordnung 154 f., 157, 161, 165, 197, 382
Dienstverpflichtung 382, 415, 417
Diller, Alfred 31, 42, 45

Direktorium 11, 13, 15, 17f., 20f., 23–26, 30, 34, 37–39, 42–47, 53f., 56–60, 62, 66f., 71, 73–75, 79f., 83, 85, 100, 103, 119, 136f., 143, 154, 156, 165, 215, 315, 322, 444, 517, 624, 635

Dresden 36, 124, 127, 149f., 227, 244, 273, 308, 348, 400

Durchführungsverordnung 8, 31, 43, 49, 75, 82, 85–91, 102, 104f., 133, 156, 177, 183, 185, 188, 239, 255, 257–259, 265–268, 270f., 276, 280f., 291, 293, 298, 310, 317, 326, 329, 333, 359, 363, 365, 369, 373, 394, 397, 403, 427, 448, 451, 454, 480, 484f., 492, 501, 520, 525f., 534, 537, 540, 550, 554, 560, 572, 622

Ebbecke, Max 31, 42, 69, 144

Einspruch 27, 45, 49f., 63, 129, 160, 238, 395, 559

Eisernes Sparen 426–428, 598

Elsass 10, 375, 516f., 527, 531–537, 539–541, 589

Entgelt 192, 196–198, 202, 294, 320, 399, 402–404, 417, 422, 424f., 436, 446, 491, 549, 568, 579, 596

Erlass 8, 42, 52, 54, 74f., 78, 84f., 102, 112, 130, 141, 153–155, 157f., 161, 164f., 185f., 192–194, 229, 233, 236, 238f., 242, 244f., 249f., 253, 256f., 273, 280, 284, 290f., 305, 309, 320, 324, 326f., 330, 333, 341, 361, 363, 373f., 382, 394, 396f., 401, 417, 420, 425, 434, 439, 445, 452f., 458, 467, 469f., 475f., 485, 487f., 490, 495, 498, 509, 511f., 518f., 522f., 527, 529f., 534–537, 540f., 547f., 551f., 561, 565, 571–575, 580f., 595, 598, 604, 606, 611, 619

Ersatzinstitut 276, 296, 492f., 495, 499, 501f., 507f.

Ersatzkasse 89f., 136, 143f., 169, 234f., 478, 493, 495, 509f., 532, 538

Ersatzzeit 14, 37, 75, 82, 95f., 129, 185, 192–194, 196, 199, 310, 334, 389, 435, 447, 608, 610, 612

Erstattung 32, 97, 99, 229, 395, 424, 430, 432, 434, 554, 583f.

Erwerbslose 74, 250

Fälschung 369

Faltin, Max 43, 45, 56, 60, 62f., 66

Frankreich 230f., 233, 245–247, 275, 326, 422, 455, 459, 516f., 527–531, 533f., 539f., 601

Frauen 9, 70, 91, 96f., 99–101, 158, 181, 187, 197, 201, 205, 241, 281, 297, 307, 316, 319, 339, 366, 379, 423, 429–437, 440, 442–446, 462, 472, 589, 591, 620, 636

Freiwillige Höher- oder Weiterversicherung 41, 81, 96, 102, 132, 205, 208, 226, 261, 313, 415, 428, 481, 517

Gaber, Erwin 148, 153, 160–164, 167f., 383, 550f., 608, 623

Gagfah 136, 138–140, 145, 147, 173, 593, 624

Gegenseitigkeitsabkommen 231, 233, 235, 245, 422, 467, 518

Gesetz 3, 7f., 10, 13f., 31, 43f., 47, 54f., 60, 67, 75f., 78f., 81–88, 90, 93, 97, 103, 111, 119, 126–128, 131, 134, 165, 170, 175–177, 179f., 182f., 185–187, 189, 203, 216, 224, 239f., 242, 246, 252–259, 261, 264, 266–268, 271, 273f., 276f., 281, 287, 297, 309–311, 317, 320f., 323–332, 334–336, 341, 345, 351, 353f., 359, 362f., 366, 370, 373, 387, 390, 392, 394, 396f., 401, 403, 414, 420f., 424, 427, 440f., 444, 448, 451f., 454, 457f., 470, 478, 482, 489f., 498, 523, 535f., 540, 552, 555, 562, 566, 572, 581, 586, 595–597, 609–611, 614, 616, 618–620, 622, 625, 638

Gesetz zur Wiederherstellung des Berufsbeamtentums 44f., 47f., 67, 69, 91, 93, 635

Gestapo 163, 195, 225, 234, 245f., 250, 424, 466, 474, 530

Gesundheitsfürsorge 57, 140, 143, 161, 329, 370, 373, 427, 586–588, 624

Gimborn, Walther von 55, 140, 142, 159

Granzow, Arthur 15, 31, 58, 87, 100, 173, 175–177, 179, 183, 193, 216, 224, 253, 255, 257, 260, 264f., 267, 269, 271, 312, 321, 339, 389, 494, 507, 606

Graz 291, 483, 491, 493–496

Greger, Max 31, 42, 44

Grießmeyer, Albert 8, 16–19, 21–24, 26f., 30f., 33, 40, 42–47, 49f., 52–69, 71f., 83f., 91, 99, 106, 110f., 114, 116, 120, 122f., 125, 130, 133, 135, 138–142, 144–167, 169–171, 175, 179, 184, 186, 194, 203, 206–208, 210, 213, 215, 217, 224, 229, 234f., 240f., 248, 250, 254–257, 261–

263, 268, 272–275, 277 f., 280 f., 283, 287, 289–291, 294–300, 305 f., 309, 313, 317 f., 327, 332 f., 337–343, 345, 347, 350, 353–355, 357 f., 360–362, 370–374, 376, 378, 380–385, 388 f., 391–393, 395 f., 398, 401, 407 f., 412, 417, 421, 425 f., 428, 433, 436, 441, 446 f., 451, 457, 460, 467, 474, 476, 481, 483, 485 f., 488–490, 492, 494–497, 499, 501, 503, 506, 508 f., 511, 522–524, 528, 531–537, 540 f., 543, 545 f., 548, 553 f., 557 f., 560, 565 f., 570 f., 577, 580, 582 f., 587 f., 592 f., 597, 599, 604–608, 615, 617, 623, 629, 635–637

Haenel, Rudolf 17, 42, 57 f., 62, 67, 84, 90, 135–140, 142, 145, 165
Handwerker 252–255, 257, 259–275, 320, 340, 345, 357–370, 392, 415, 455 f., 480, 582, 604, 609
Handwerkerversorgungsgesetz 252, 255–258, 260–265, 269, 271, 273, 349, 357–360, 362, 365, 367, 369, 457, 480, 515, 620 f., 635
Hasslacher, Jakob 30, 42, 69, 144 f., 377
Hebammen 189, 436 f.
Heeresdienst 197, 437, 454
Heilanstalten 63, 140, 143, 173, 241, 277, 380, 588
Heilfürsorge 29, 69, 114, 140 f., 240, 313 f., 585 f., 634
Heilverfahren 30, 32, 36, 51, 54, 101, 106, 108, 112, 115, 128, 141, 143, 149, 169, 174, 205, 240, 314, 372, 445, 477, 524, 585, 588, 624, 634
Hellersberg, Maria 47
Henlein, Konrad 305, 503–506, 514 f., 637
Hess, Rudolf 61 f., 65, 92, 99, 129, 165, 269, 409, 427
Hilfsdienst 192, 195 f.
Hinterbliebenenrente 9, 24, 29, 106, 129, 154, 187, 233, 249, 266, 273, 311, 314 f., 323, 326, 328, 335, 348, 350, 368, 386, 389, 396, 402, 423, 437–440, 442–447, 455 f., 464, 477, 514, 550, 560, 562, 584, 589, 595
Hitler, Adolf 2, 59–61, 64, 66, 73, 83, 99, 129 f., 134, 143, 151, 153, 157, 165, 222, 291 f., 310, 329, 335 f., 353, 389, 483, 522, 531, 636
Hypotheken 63, 91, 135–139, 174, 507, 592

IG Farben 180, 187, 238, 402
Invalidenversicherung (auch IV) 6, 9, 13 f., 16, 19–22, 24, 27, 37–41, 73 f., 76, 78 f., 86, 100, 116, 122, 142, 150, 168, 176 f., 179 f., 182, 185 f., 189, 191, 194 f., 199 f., 204, 208, 210 f., 213, 216, 219, 223, 259, 267 f., 270, 275–277, 292, 296, 306, 322 f., 326, 328, 330, 332, 335, 350 f., 371–373, 375, 395 f., 400, 409, 415, 417–420, 438, 456, 477, 487, 503, 522, 526, 534, 538, 545, 565 f., 568, 621, 633
Italien 150 f., 233, 422, 455 f., 459, 497, 529, 573, 587, 601

Joerger, Karl 69
Juden 3, 10, 46, 54, 56, 60, 63 f., 67, 131, 160, 217, 223–226, 228, 230, 232 f., 235–244, 284, 303, 317, 319, 348, 352, 385 f., 455, 458–461, 464–478, 486, 529, 534, 539, 551, 569, 574–577, 588, 619 f., 626, 636 f.

Kärnten 496 f., 634
Kattowitz 542, 545, 547, 555–558, 563, 574, 580, 637
Koch, Hugo 31, 38, 54, 74 f., 79, 85 f., 97, 102, 104, 109, 112–114, 120, 124–128, 169, 173, 183, 199 f., 238, 260, 275, 279 f., 283, 286–289, 293, 298–301, 306 f., 320–324, 327, 329, 331, 333, 335, 363, 365, 371, 373 f., 393, 435, 438–440, 445, 447, 459, 467, 469, 475, 480, 486 f., 508, 510, 518, 532–538, 545, 549 f., 552 f., 555–557, 564–566, 597, 607 f., 637
Königshütte (OS) 375, 542 f., 545–552, 554–556, 560 f., 569, 575
KPD 163, 220, 387
Krankenkasse (siehe auch AOK) 218, 234, 282, 297, 301, 330 f., 397–401, 404, 421, 427, 485, 491, 519, 527 f., 570, 586 f.
Krankenversicherung 87, 143, 276, 282, 287 f., 301, 321, 328–331, 372, 391, 397, 482, 495, 528, 564, 585
Kreishandwerkerschaft 218, 258–260, 262, 265 f., 268 f., 272 f., 359–361, 363, 366 f., 369
Kriegsdienst 13, 367, 380, 423, 446
Kritik 22 f., 27, 34, 36, 39–41, 59, 72, 84, 99 f., 131 f., 176, 187 f., 199, 203, 206 f., 210, 263, 273, 290 f., 309, 328, 335, 341,

359, 372, 385, 389, 406, 409, 430, 491 f., 498 f., 525, 567, 596, 635
Krohn, Johannes 26, 38, 77, 254, 347
Kuffer, Nikolaus 524
KZ 193, 249 f., 443, 462, 464, 470, 599, 601 f., 611 f., 633, 637

Landesversicherungsanstalt (LVA) 2, 6, 10, 20 – 23, 31, 38, 68, 74, 97, 112, 114 f., 119, 121, 124, 143, 149 f., 156, 176, 183, 185 f., 189 – 191, 194, 197 – 201, 203, 208, 215 f., 223, 246, 286, 296, 302, 306, 317, 325 f., 334 – 336, 338, 343, 352, 358, 370, 372, 391, 395, 398 f., 409, 417, 419 – 421, 436, 456, 498, 503, 515, 518, 522, 526, 536 – 538, 541, 545 – 547, 565, 567 – 570, 576 f., 580, 586 f., 607 f., 612, 621, 623 f., 633
Lasch, Karl 40
Lebensversicherung 79, 100, 144, 197, 212 f., 252, 254, 258, 262, 264, 266, 269, 272 f., 358, 363, 366 – 370, 457
Leistungen 13, 15, 21, 24, 27, 29, 38, 57, 69, 72 f., 76, 78, 81, 86, 101 f., 104, 108, 113, 128, 136, 142, 144, 146, 184 – 187, 198 – 200, 205, 213, 226, 242, 259, 267, 276, 279, 284, 287, 290, 297 f., 305, 307, 309, 314, 319 f., 323, 328 f., 331, 334, 337, 346, 349, 351 f., 354, 370 f., 373, 381, 390, 392, 403, 422, 424, 426, 438, 443 f., 454 f., 464, 469, 477, 479, 483, 489 – 491, 494, 499, 505 f., 515, 517 f., 524, 526, 532, 535, 538, 542 – 544, 549 f., 562, 566, 568, 571, 573 f., 577 – 579, 587, 596, 599, 606, 616, 618, 634
Leistungsverbesserungsgesetz 320, 328 f., 333 – 336, 363, 372 f., 388 f., 394, 434, 438, 442, 445, 448, 451, 457, 469, 490, 514, 526, 537, 564, 583, 590, 621, 636
Lencer, Rudolf 144, 147 f.
Ley, Robert 47, 104, 336 – 340, 343 – 347, 360, 397, 485
Linz 290, 487, 493 – 495
Litzmannstadt 470, 472, 477, 636
Lochkarten 172, 286 f., 388, 410, 536
Loge 58, 63, 159, 160
Lohnabzugsverordnung 397, 403, 406, 424, 633
Lothringen 10, 516 f., 527, 531 – 537, 539 – 541, 589
Luxemburg 233, 237, 375, 380, 516 f., 523 – 527, 531 f., 534, 546, 589, 594

Marken 14, 35, 73 f., 82, 95, 176, 195, 205, 219 – 222, 224, 259, 265, 347, 365, 397, 400, 402, 528
Markenverfahren 35, 282, 392, 397, 399, 402, 404, 490
Mehrleistung 25 f., 42, 185, 239, 443
Mendelssohn-Bartholdy, Paul von 30, 42, 45 f.
Minow, Paul 173, 279, 384, 508, 560, 598
Mleinek, Clara 31, 38, 42, 44 f.
Möbius, Martin 149, 175, 276, 321, 329, 335, 343, 370, 373, 404, 587
Mosse, Rudolf (Firma) 90 f.

Norwegen 516 f., 520 f.
Notdienst 196, 415
Notverordnung 22 – 26, 33, 37 f., 73 – 75, 84, 176, 179, 310 f., 330
NS-Volkswohlfahrt (NSV) 11, 112 f., 141, 195, 217, 420, 441, 547, 586, 588, 616, 633
NSDAP 1, 8, 40, 43, 51 – 53, 56 – 63, 65, 67, 72 f., 88, 97, 100 – 102, 110, 112, 116, 118, 122, 124 f., 154, 165 – 168, 192, 195 f., 201, 208, 211, 217, 226, 229, 238, 240 f., 252, 256, 283, 291 f., 302 f., 305, 344, 349, 351 f., 354, 365, 373, 399, 405, 407, 411, 414, 420 f., 433, 444, 483, 487 f., 498 – 500, 506, 531, 544, 547, 556, 559, 570, 610 f., 615, 623, 633, 637

Oberversicherungsamt (OVA) 32, 92, 95, 111, 116, 118, 120 f., 126 – 129, 131, 191, 197, 227, 231, 240 – 242, 248, 270, 293, 297, 308, 350 f., 353 f., 356, 401, 415, 418 f., 465 f., 481, 486, 540, 544, 604, 633
OKW 194, 422, 439, 453, 633
Olshausen, Theodor 16
Organisation Todt (OT) 521, 602, 613
Ortsausschüsse 26, 69, 73, 106, 536
Osram 198
Österreich (siehe auch Ostmark) 10, 153, 230, 252, 255, 263, 275 – 280, 282, 284, 287, 289 – 298, 318, 367, 375 – 377, 384, 388, 444, 465 f., 478 – 483, 485, 487 – 489, 496, 506, 508, 516, 525, 530, 549, 594, 624, 634, 636

Ostgebiete 10, 367, 373, 375, 380, 421, 424, 516, 541–543, 545, 550 f., 554, 564, 566–572, 574–576, 579–581, 603, 614, 634
Ostgebietsverordnung 563, 565–574, 576, 578, 621
Ostoberschlesien 375, 543, 546–551, 554, 561 f., 564 f., 568 f., 572, 574, 576, 580, 589, 594, 634

Palästina 227 f., 230–232, 234, 458
Parteigericht(sverfahren) 61 f., 65, 68, 149
Pensionsanstalt 236, 286, 296 f., 299–301, 303, 307–309, 379 f., 475, 494, 506–510, 512, 562
Pensionskasse 38, 90 f., 204, 272, 330, 423, 523–525, 538
Peppler, Karl 43, 45, 47
Personal 8, 16, 52, 59 f., 116, 197, 269, 288, 293, 299, 388, 390, 407, 545
Personalakte 12, 16, 48–53, 58, 154, 161–166, 168, 624, 627
Pohl, Hermann 44 f., 337
Polen (siehe auch: eingegliederte Ostgebiete) 10, 150, 230 f., 233, 319, 385, 421, 455, 478, 507, 516, 542–545, 547, 549 f., 556, 560, 562–565, 567–570, 572–576, 578 f., 581, 589, 624, 634
Polenstatut 541, 563, 568–573, 576, 578 f., 621
Prag 236, 296–301, 303, 307–309, 379 f., 474, 499, 503, 506–512, 514
Präsidialverfügung 52, 55, 57, 112, 116, 130, 151–153, 156 f., 159, 166, 169, 171, 182, 242, 299, 353–355, 375 f., 378, 381, 385, 388, 391, 393, 426, 496, 524, 534, 548, 603, 605 f., 624, 636
Protektorat 308 f., 375, 380, 386, 459, 464, 467, 469, 474 f., 498, 506 f., 514, 564

Raad van Arbeid 518
Rationalisierung 33, 149, 171 f., 597
Rechtsberatungsstellen 8, 42, 69, 105–111, 113–116, 120–125, 127, 131, 181 f., 200 f., 215, 229, 260, 283, 290, 310, 317, 325, 348 f., 390, 395, 399, 407, 413, 433, 443, 455, 482 f., 486, 488, 499, 502 f., 616 f., 635
Reform 8, 13, 76, 176, 322, 337, 377
Reichsanleihen 142, 507, 582 f., 592 f., 623
Reichsarbeitsdienst 185, 196, 416, 435, 633
Reichsarbeitsministerium (RAM) 1–4, 6, 16–23, 25–27, 31, 38 f., 43, 50–52, 54, 57–68, 70, 72, 74–77, 79, 82, 84–86, 88, 90, 94, 99, 101, 106, 110, 114, 118, 121 f., 124, 127, 133, 135, 138–140, 144 f., 147, 149–151, 153–161, 163–166, 176, 178–180, 182, 184, 188, 191–193, 196 f., 199, 205 f., 210, 213, 219–221, 223–225, 228, 231, 234–236, 240–242, 244–249, 252–255, 262, 264–267, 271 f., 274, 276 f., 280, 283, 287–291, 298–300, 302, 305–310, 315, 321, 323 f., 327–329, 331–336, 339–343, 345–347, 349 f., 358–361, 363, 367, 369, 371–374, 376 f., 379–385, 388 f., 394–397, 399–402, 407–409, 411–417, 421 f., 426, 428, 430, 432–435, 437, 440, 445, 447, 451–453, 456 f., 459 f., 462, 465–467, 469 f., 472, 475–478, 482 f., 487–490, 494 f., 498 f., 501–503, 507–512, 514, 517–523, 525–530, 534 f., 538, 543, 546–561, 563–572, 574–581, 588, 595–598, 602, 605 f., 611, 614, 616–620, 622, 624, 633, 635–637
Reichsbund der deutschen Kapital- und Kleinrentner 304, 499, 503, 513, 515, 636
Reichsstand des Deutschen Handwerks 252, 262, 265–268, 358–361, 366, 368
Reichsverband Deutscher Rentenversicherungsträger 149, 321, 326, 329–332, 343, 370, 373, 402, 404, 441, 447, 452, 518, 564, 597, 605
Reichsversicherungsamt (RVA) 1, 11, 17, 24, 31, 38, 49–52, 56 f., 69, 71, 74, 86, 88, 90–96, 99, 102, 105, 110, 112, 114, 118 f., 121–123, 126–131, 135, 137–145, 149 f., 152–156, 158–162, 165–168, 170, 172–175, 177 f., 182–186, 191–193, 195–201, 203, 208, 210, 214, 216, 220 f., 225, 227–229, 231, 234–237, 239–242, 245–249, 252 f., 257, 260, 264–267, 269, 271, 273, 276, 280, 283, 287–291, 298 f., 301 f., 307–309, 311, 320 f., 324–327, 332–335, 337, 339, 341, 350 f., 353 f., 358, 360 f., 363–369, 371–374, 376 f., 380–383, 385, 389–391, 394–397, 399, 401, 407–409, 411 f., 414 f., 417–420, 422, 424, 427, 435, 438, 440 f., 445, 448, 451–453, 457–459, 461–464, 470, 476–478, 481–483, 485–490, 493–495, 499, 501–503, 509–515, 518–520, 529, 539 f., 544, 553 f., 557,

564 f., 569, 576–578, 580, 583 f., 587, 595, 597–601, 604 f., 607 f., 617, 619 f., 622–624, 633, 636 f.
Reichswirtschaftsministerium (RWM) 227, 233, 238, 469, 583, 620, 633
Rentenverfahren 105 f., 111, 113, 233, 250, 451, 505, 624
Reuters, Fritz 69, 144
Revision 32, 86, 115, 119, 121, 127, 129 f., 174, 227–229, 231, 270, 357, 365, 611
Revisionssenat 86, 92 f., 99, 128 f., 131, 178, 227, 242, 248, 308, 351, 418, 481, 539, 544
RfA-Beamte 31 f., 36, 39 f., 47, 49, 51, 71, 82, 87, 90 f., 113, 119, 127, 139 f., 143, 151, 155–157, 159, 162 f., 166, 168, 177 f., 181–184, 187, 189, 193, 195, 201, 205, 208, 210 f., 217 f., 220, 224 f., 231, 233, 243, 245–249, 264, 272, 278 f., 284, 288, 300, 307, 317, 322, 325, 327, 334, 339, 346 f., 351–355, 357, 364, 374, 379, 382, 384, 386, 393–395, 412, 421 f., 447, 450 f., 454, 462, 468 f., 471, 485, 491, 495, 497, 502 f., 505, 507, 510, 512, 522–527, 536, 545, 547–550, 552, 554, 559–561, 565, 567, 569, 572, 575, 593, 597–599, 601, 603, 607, 622
Riga 380, 474
Rom 150 f., 456
Ruff, Paul 57 f., 66–68
Ruhegeld 14, 22, 24 f., 30, 32, 72, 74, 82, 86, 92–94, 101, 106, 108 f., 118, 120, 125, 128, 130, 133, 174, 187, 199–202, 205 f., 230–234, 236, 241, 243–249, 266, 268, 277, 299, 311, 314–316, 323, 330, 350, 364, 368, 392, 398, 413–415, 437 f., 444, 448 f., 451–454, 458 f., 462, 464–466, 470, 473, 476, 479 f., 488, 490, 506, 514 f., 532, 546, 550, 562, 564, 572, 574, 579, 585, 589–591, 599, 634
Ruhen der Renten 3, 10, 225, 245 f., 475, 599, 619

SA 51, 60, 63, 67, 116, 143, 151, 165, 192, 217 f., 384, 420, 424, 487, 633
Saarland 10, 245 f., 275
Schaefer, Hans 17, 38, 42, 57 f., 67, 72, 78, 84, 112, 124, 140–142, 144, 149, 154, 168, 172, 178, 180, 238, 241, 259, 281, 305, 379, 395, 403 f., 409, 411, 430, 551 f., 586–588, 605–607, 617
Schäffer, Hugo 23 f., 123, 493
Schellenberg, Ernst 607
Schmidt, Rudolf 168 f., 257, 440, 608, 612
Schmitt, Peter 327, 337, 372 f., 606
Schwarzes Korps 131, 210
Selbständige 133, 177, 225, 252, 255, 274, 397, 604, 609
Selbstversicherung 14, 182 f., 195, 215, 229, 250, 255, 351, 519
Selbstverwaltung 8, 16, 18, 22, 26 f., 39–42, 44, 68, 71, 84, 88, 141, 308, 376, 395, 406, 616 f.
Siemens 171, 198, 416, 481
Simon, Gustav 106, 121, 523
Sollmann, Friedrich Wilhelm 237 f.
Soziale Praxis 77 f., 84, 88, 120, 148, 176, 179, 182, 250, 252, 254, 273, 336 f., 341 f., 366
SPD 49–51, 59, 69, 220, 228, 237, 247, 381, 607
Spruchkammer 120, 130, 248, 465 f., 481, 486, 599
SS 11, 58, 60, 63, 94, 116, 131 f., 143, 149, 153, 165–167, 192–194, 210, 217, 247, 383, 420, 422, 452 f., 455, 457, 521, 528, 562, 567, 602, 610, 612, 616, 623, 633
Statistik 11, 19, 24, 97, 100, 120, 173, 380, 391 f., 438, 533, 579, 624
Storck, Gottlieb 336 f., 372 f.
Sudetenland 252, 294–297, 300–306, 308 f., 318, 367, 375–377, 381, 388, 445, 468 f., 478 f., 498 f., 503 f., 506–509, 513–516, 525, 530 f., 549, 562, 582, 589, 624, 634, 636 f.
Südtirol 456–458, 610

Theresienstadt 386, 470, 472, 474, 477, 636

Überwachungsbeamte 27, 33, 46, 69, 73, 95, 105, 107, 110, 114 f., 141, 162 f., 166 f., 181, 187, 197 f., 213–218, 221–225, 243 f., 257–264, 269, 290, 318, 323 f., 327 f., 332, 337, 345, 351 f., 357–363, 365, 367–370, 375, 398–401, 403, 409 f., 412, 414 f., 422–424, 426 f., 432, 435 f., 440, 444, 451, 453, 482, 491, 496, 536, 570, 579, 603 f., 615 f., 635 f.
Umsiedler 455–458, 497, 610, 612

Ungarn 150, 233, 459, 467, 475, 506 f., 529
Untereiner, Jörg 377
USA 230, 238, 467

Vermögen 10, 13, 15, 20–22, 63, 72, 84, 89 f., 94, 103, 135–138, 142, 150, 178, 207, 220, 236–238, 242, 245, 275, 277 f., 280, 297, 299, 313, 468, 471 f., 475, 493 f., 506 f., 510, 523 f., 526, 532, 540, 549, 563, 580, 591 f., 594, 608, 611, 619, 623
Vermögensauseinandersetzung 10, 89–91, 302, 304, 478, 492, 494 f., 497 f., 501, 506–508, 510, 512, 525, 540 f., 580, 619
Versicherungsamt 69, 97, 113, 120, 122, 126, 129, 183, 189 f., 218, 236, 257 f., 266, 270, 320, 325, 330, 345, 393, 404 f., 414, 418, 448, 453, 455, 472, 575, 600
Versicherungsfreiheit 94, 124, 191–193, 195 f., 254, 258, 266, 269 f., 273, 363, 372, 424, 502, 595, 610 f.
Versicherungsleistung 97, 102, 179 f., 184, 235, 239, 252, 254, 266, 321, 421, 423, 427, 476, 538, 549, 566, 577, 637
Versicherungspflicht 7, 22, 82, 95, 183, 189–193, 195–197, 214, 252, 254, 258, 263, 266–270, 272 f., 276, 320, 331, 366, 371–373, 417–421, 424 f., 430, 432, 436 f., 454, 481, 491, 502, 519 f., 528, 530, 537, 540, 554, 595, 604
Versicherungsunternehmen 213, 263 f., 266, 271 f., 357, 368, 423
Versicherungsverträge 259, 269
Versicherungszugehörigkeit 143, 190 f., 195, 417 f., 421, 436 f., 480, 491
Vertrauensmänner 26 f., 30, 36, 47, 57, 69, 71, 73 f., 79 f., 82, 95, 103, 105, 108, 113, 119, 200, 214 f., 392, 536, 635
Verwaltungsrat 14, 17–20, 22–26, 31, 38–40, 42–47, 57–59, 62, 69, 71, 75, 78
Völkischer Beobachter (VB) 59, 146, 263, 633

Waffen-SS 167, 194, 450, 452, 454, 540, 602, 612
Wagner, Robert 531
Waisenrente 9, 13, 24–26, 29 f., 37, 56, 97, 123, 128, 185, 205, 239, 249, 295, 310, 314–316, 435, 437 f., 442, 464, 479, 515, 524–526, 532, 562, 579, 584, 590
Wanderversicherter 86, 206, 315 f., 590
Wanderversicherung 20 f., 40, 74, 329, 534, 596
Warschau 542–545, 547–549, 560, 570, 573, 580
Wartezeit 11, 14, 22–24, 26, 40, 75 f., 78, 85–87, 97–100, 129–131, 174, 177, 179, 181, 183 f., 196, 199, 203, 205, 208, 254 f., 307, 320, 323, 325 f., 332, 335, 389, 392, 407, 409, 412, 421, 430, 434 f., 438, 440, 442–444, 447 f., 457, 469, 518, 521, 526, 529, 540, 543, 585, 590, 595
Wehrdienst 325, 379–381, 413, 446, 448, 453
Wehrmacht 149, 151, 185, 196, 320, 326, 333, 348, 368, 380, 385, 390, 412, 437, 439, 441, 446, 448, 452–454, 519, 527, 540, 565, 578, 582, 605, 612, 633
Weltkrieg 2 f., 10, 13, 46, 118, 129, 186, 310, 318–320, 326, 345, 441, 516, 533, 541–543, 581, 617
Wien 150, 263, 276–289, 292–294, 309, 375, 377, 379 f., 384 f., 465 f., 469 f., 480–482, 484–487, 492–496, 594, 604, 635, 637
Wiener Creditanstalt-Bankverein 377, 467
Wiesner, Rudolf 562
Witwen 9, 13, 16, 25, 29 f., 32, 90, 97, 102 f., 118, 123, 128, 134, 136, 187, 249, 295, 298, 314 f., 328, 334, 348, 368, 371, 437–440, 442, 446, 489, 515, 541, 561 f., 579, 584, 589 f.
Wohnungsbau 72, 135 f., 592 f., 624
Wünsche, Hans 377, 510

Zinsen 23, 28, 136 f., 221, 312 f., 358, 368, 495, 507 f., 524, 582–584, 594
Zukunft 20, 26, 33, 43, 45, 50, 68, 73, 147, 159, 167, 186, 256, 266, 303, 326, 340, 393 f., 428, 447, 524, 598, 618

www.ingramcontent.com/pod-product-compliance
Lightning Source LLC
LaVergne TN
LVHW081354011026
849161LV00013BA/2812
* 9 7 8 3 1 1 0 6 4 6 0 8 5 *